U0941136

湖北金融年鉴

湖北金融年鉴编辑部 编

HUBEI FINANCE YEARBOOK 2009

武 汉 出 版 社

协办单位：国家开发银行湖北省分行
国泰君安证券股份有限公司武汉分公司

《湖北金融年鉴》编辑委员会

正确把握经济金融形势 增强做好金融工作的责任感和紧迫感

湖北省副省长 赵斌

金融是现代经济的核心，在推动经济社会发展中发挥着越来越显著的作用，承担着越来越重大的责任。尤其是当前我省正处在“弯道超越”的关键时期，金融的支撑作用更为重要。2008年爆发的国际金融危机，导致世界经济增速明显放缓，我省经济和金融业也受到影响，但总体上是稳定的。全省经济继续保持平稳较快发展，宏观经济运行的积极信号和协调性正逐步增强，经济企稳回升的基础得到进一步夯实。同时，必须认识到国际经济金融形势仍存在较大的不确定性。我们一定要密切关注经济金融形势，增强责任感和紧迫感，在不确定性中努力提高金融工作水平，引领全省金融业发展。

一、湖北金融业运行和发展总体情况

近年来，各地、各金融监管部门及金融机构认真贯彻中央关于金融工作的各项方针政策和宏观调控措施，深化金融改革开放，加强金融监管，推进金融创新，全省金融工作取得了显著成绩。尤其是自2008年国际金融危机爆发以来，各金融机构认真贯彻落实中央应对国际金融危机的各项政策措施，积极支持省委、省政府落实“保增长、扩内需、调结构”各项措施的实施，有力地促进了全省经济社会平稳较快发展。

（一）金融业整体实力不断增强

到2009年9月末，全省金融机构各项存款余额17,205.4亿元，比年初增加3,624.9亿元，同比增长31.5%。各项贷款余额11,777.2亿元，比年初增加3,022亿元，同比增长38.8%。2008年，省政府出台了《关于推进企业上市的若干意见》，大力推进企业上市工作。2009年，我省资本市场捷报频传。光迅科技已于8月21日在深圳交易所中小板上市交易，永安药业、南国置业已通过中小板发审会。中元华电顺利通过中国证监会创业板发审委审核；江通动画等7家企业的申报材料先后获得中国证监会正式受理，申报数量居中部六省之首。保险业发展态势良好。2008年全省保险业实现保费收入317.15亿元，比上年增长63.7%。2009年前9个月仍保持较快增长，保费规模在全国排名第10位。政策性“三农”保险试点工作也取得明显成效。

（二）金融体系改革稳步推进

武汉市商业银行更名为汉口银行并实现跨区域发展。武汉农村商业银行挂牌成立。中国进出口银行武汉代表处升格为湖北省分行。邮储银行及其分支机构的组建顺利完成。新型农村金融机构试点进展顺利。农村信用社改革取得阶段性成果，经营业绩有了较大提升。股份制商业银行的市场份额不断提高，深圳发展银行武汉分行正在筹建之中。保险业服务领域不断拓宽，社会影响日益扩大。武汉金融后台服务中心建设进展顺利，现已有13家金融机构在汉设立后台服务中心或者签订了意向性协议。武汉城市圈信贷市场一体化、票据市场一体化、支付结算一体化、金融信息服务一体化正在积极推进，已初步实现武汉城市圈9个城市间的资金清算一体化。

（三）服务地方经济社会发展力度加大

全省金融机构着力优化信贷结构，大力支持地方产业结构调整和优化升级。2008年武汉城市圈内各项贷款大幅增加。中小企业贷款占企业贷款总额比例同比上升1.8个百分点。对弱势群体的金融扶持力度不断加大，就业再就业小额担保贷款快速增长，助学贷款业务稳居全国前列。保险业的经济补偿功能和社会管理功能进一步强化。

（四）银政合作扎实开展，卓有成效

近两年来，省政府先后与工行、农行、开行、农发行、交行、中行、建行、兴业、浦发、广发银行签订银政战略合作协议。2009年全国“两会”期间，省委、省政府在京与中国银监会、中国证监会举行了合作会谈；省政府在京举行了保险资金投资湖北项目推介会。4月底和5月初，省政府与中国人民银行、中国保监会分别签订了合作协议。同时，着力完善银企合作平台，通过召开银企促进会、重大投资项目新闻发布会和将“银企对接超市”制度化、常态化等方式，推动重大项目、企业等与金融机构的衔接。2009年以来，先后组织在黄石、宜昌、荆门、鄂州等地举办了金融支持经济发展“早春行”银企对接签约仪式，授信企业1,154家，额度667亿元；签订贷款合同的企业562家，额度107亿元。

（五）金融监管和风险防范工作明显加强

人民银行武汉分行加强“窗口指导”与调控，省银监、证监、保监部门加强审慎监管，依法查处了一批违法违规机构、上市公司及相关责任人。配合司法机关，严厉打击了非法集资、金融诈骗、制贩假币等违法犯罪活动。开展清收党政干部、公职人员、行政事业单位拖欠贷款的活动，进一步降低金融机构的风险。

（六）金融生态环境建设有序推进

开展了以企业信用、农村信用、社区信用和区域信用为主体的“四大信用”工程建设，积极改善区域经济环境、行政环境、信用环境、司法环境、信用中介环境和金融环境等金融生态六大环境，积极维护地方金融稳定，社会信用体系建设步伐进一步加快，金融生态监测评价体系处于全国领先水平。

与此同时，也必须清醒地看到，我省金融业与先进省份比还有一定差距，信贷结构有待进一步优化，涉农、中小企业贷款比例偏低，全省40%以上的县（市）存贷比都在30%左右。银行业法人机构改革步伐还有待加快。资本市场建设成效有待进一步提高。保险业发展与经济社会发展的需求还有待进一步适应。

二、紧紧围绕发展战略，做好全省金融工作

当前，我省正在着力实施“两圈一带”战略，加快构建促进中部地区崛起的重要战略支

点。随着国家《促进中部地区崛起规划》和扩大内需政策的实施，我省正迎来加快发展的黄金机遇期。金融工作要紧紧围绕发展战略，围绕“保增长、保民生、保稳定”的要求，增强对全省经济社会平稳较快发展的支持力。

（一）充分发挥货币、资本、保险市场的融资作用

一是要保持信贷平稳较快增长势头。各银行业机构要认真落实中央货币信贷政策，坚决按照省委、省政府提出的“三个高于”目标，抢抓机遇，加大信贷投放，力争全年贷款新增额达到3,000亿元。同时，不盲目追求规模的扩张，控制信贷巨量增长，保持信贷增幅的稳定性，降低金融风险。

二是要大力拓宽直接融资渠道，积极推进资本市场建设。各地、各有关部门要将企业上市作为重点工作之一，抓实抓好。要定期研究和帮助解决企业上市工作中存在的困难和问题，建立绿色通道，为企业上市提供方便、快捷的服务。要密切关注中小板和创业板申报企业的审核情况，全力配合、帮助中小板和创业板申报企业做好上市审核工作。积极做好东湖高新区申请进入代办股份转让系统试点准备工作。

三是要大力提高保险资金使用效益。要完善保险市场体系，吸引国内外各类资本在我省设立保险公司法人机构，探索设立政策性农业保险公司。鼓励责任保险、养老保险、健康保险等专业保险公司来我省设立分支机构，并开办新的险种，以满足全省经济社会多层次、个性化的保险需要。要拓宽保险服务领域，完善保险资金运用机制，引导保险资金投向我省重点基础设施项目、创业投资企业和重大产业项目。要扎实推进政策性“三农”保险工作，真正把这项农民得实惠的政策落到实处。各级财政的保费补贴资金要及时足额到位，为“三农”提供风险保障。同时，要加快发展商业养老和健康保险、各类责任保险，服务社会和谐稳定。我省拟从2010年开始，全面开展创建保险先进县（市）活动。

（二）大力改善和加强金融服务

一是要加强和改善农村金融服务。目前，农村金融是全省金融体系中最薄弱的环节。要继续加大工作力度，加强对农村的金融服务，努力解决“三农”融资难的问题。要积极推进农村信用社改革，确保3年内完成组建30家以上农合行和农商行。要加快新型农村金融机构试点步伐，力争3年内建立56家新型农村金融机构。同时，要积极稳妥地推进小额贷款公司试点工作。目前全省申请设立的小额贷款公司共计49家，注册资本总额17亿元。要切实加强对小额贷款公司试点工作的领导，建立小额贷款公司试点工作联席会议制度，明确监管分工，研究并落实当地支持小额贷款公司发展的扶持政策。

二是要加大对中小企业的信贷支持力度。中小企业在我省县域经济中具有重要的地位，是我省经济发展的重要支柱。各级政府及其相关部门要掌握企业融资需求情况，建立小企业融资信息库，并与金融机构共享。要研究出台小企业贷款风险补偿办法、小企业贷款担保机构风险补偿办法，调动各界参与开展小企业贷款的积极性。金融机构应积极为中小企业提供金融服务和辅导，努力缓解小企业融资难问题。

（三）继续做好金融改革开放工作

一是要加快推进城商行改革，争取两年内取得突破性进展。

二是要加大金融开放力度。要抓住我国金融业全面对外开放的有利时机，坚持“引资、引制”并重，进一步加快全省金融开放步伐，借助“两个市场、两种资源”，激发全省金融业的发展活力。要进一步创造条件，鼓励省内金融企业积极引入战略投资者，完善金融企业

的治理结构，优化股权结构。积极吸引国内外各类商业银行（投资银行）、保险公司在我省设立分支机构，发展金融业务。

（四）高度重视并稳妥做好处置非法集资工作

当前，由于受国际金融危机的影响，诱发我省非法集资活动的不确定因素增多，非法集资活动的手段不断翻新，隐蔽性和欺骗性增强，个别地区非法集资活动一度呈集中高发势头，成为影响社会稳定的一个突出问题。对此，要进一步完善工作体制机制，建立健全监测预警体系，及时准确认定案件性质，打早打小，稳妥做好处置善后工作，加强对社会公众的宣传教育，确保经济、金融稳定。

（五）大力推进武汉区域金融中心建设

要积极推进金融后台服务中心建设。对已落户和有意向落户我省的，要加强跟进协调、主动服务，争取更多的后台中心落户湖北。要大力引进金融机构，对已有意向在湖北设立金融机构的，要积极争取，努力促成。要积极争取设立金融机构，如光谷科技银行、保险公司、汽车金融公司、租赁公司、证券公司等。

三、营造优良环境，促进全省金融业持续健康发展

我省金融业改革发展的任务十分艰巨，做好金融工作，关键要认真贯彻落实科学发展观，切实转变金融发展观念，把思想统一到中央对当前金融形势的分析判断上来，统一到中央关于金融工作的决策和部署上来，进一步加强领导，优化发展环境，形成整体合力，为促进金融业又好又快发展创造有利条件。

一是加强对金融工作的组织领导和协调服务。要不断适应金融发展改革的新形势，努力学习现代金融理念，掌握现代金融知识，树立现代金融意识，自觉按照经济规律、金融规律、市场规律办事，坚持主要靠法治、靠监管、靠人才，推动金融业的发展。要正确处理扩大金融业规模和优化结构、提高质量的关系，正确处理金融企业提高自身效益和支持经济社会发展的关系，正确处理推进金融创新和加强金融监管的关系，正确处理金融改革、发展、稳定三者的关系，促进金融业实现科学发展、安全发展。要切实做到政企分开、政银分开，充分尊重和保障金融企业的经营自主权。

二是营造良好的政策和法制环境。从实际出发，制定和落实支持金融业发展的政策措施。对城市商业银行、农村信用社、村镇银行、小额贷款公司给予税收优惠，促进地方法人银行机构加快发展。为金融机构抵债资产处置提供便利和优惠。对一些关系到国计民生的保险产品，给予必要的财政补贴和优惠的税收政策。对企业改制上市和资产重组给予必要的支持。对金融机构新建或购置办公用房给予政策优惠，为总部落户我省的金融机构的高管人员提供生活便利。加强金融人才队伍建设，加大省内金融从业人员培养力度，鼓励外省金融人才来我省发展。

三是努力改善金融生态环境。加快政府、企业和个人信用体系建设，广泛开展诚信宣传活动，促进银行卡产业和农村支付结算体系发展，支持担保机构发展，积极引导和规范民间融资。继续开展创建“A级金融信用市（州）”和“最佳金融信用县（市）”活动，全面打造“信用社区”。积极培植“A级以上信用企业”，确保每年A级以上信用企业增幅达到10%以上。要深化农村信用工程建设，打造信用乡镇，为金融服务深入农村创造良好条件。力争经过几年的努力，初步建成湖北金融生态良好区域，全省整体信用等级和水平全面提升，促进全省经济金融协调发展。

湖北金融业发展的现状和对策

中国人民银行武汉分行行长 张 静

一、湖北金融发展情况

（一）金融组织体系不断健全。2008年，全省共有银行业金融机构136家，各类金融后台服务中心16个。其中，13家全国性商业银行、3家政策性银行和4家资产管理公司、邮政储蓄银行都在我省设立了分支机构，5家外资银行在我省设立了分行。此外，还有地方性法人金融机构95家。同时，我省还是全国最早开始村镇银行试点的省份之一，已成立村镇银行7家。

（二）金融业务规模不断扩大。截至2008年12月末，全省本外币各项存款余额13,574.9亿元，本外币各项贷款余额8,752亿元。此外，商业承兑汇票、银行承兑汇票、短期融资券等融资业务在我省也有较快发展。

（三）金融改革取得新的突破。全省84家农村信用社共认购中央银行专项票据76.84亿元，置换不良贷款56亿元。截至2008年末，全省79家农村信用社（武汉市6家合并为1家）已有78家成功兑付专项票据，兑付额度68.1亿元。同时，省内工行、中行、建行顺利完成了股份改革；大江、幸福、赛格、华银等一批高风险金融机构得到妥善处置，湖北国投债务重组问题获得成功解决，全省金融态势稳定。

（四）金融服务基础设施更加完善。大额、小额支付系统和支票影像交换系统先后成功上线，银行卡产业发展迅速，截至2008年末，全省银联标准公务卡累计发行25.1万张，实现交易笔数163.2万笔，交易金额26.9亿元，在全国处于领先水平。财税库银横向联网系统升级改造稳步推进，在部分市（州）已成功上线。企业、个人信用信息数据库日趋完善，非银行信用信息采集工作不断加强，信息质量和数量都有了新的提升。

（五）金融生态环境得到有效改善。在全省创建了A级信用市（州）14个、最佳金融信用县（市）33个、信用社区225个、信用乡镇794个，培植A级信用企业14,573户。银行不良贷款率逐年下降，利润显著增加，可持续发展能力不断增强。

尽管从纵向上比较，我省金融业近几年发展较快，但还存在许多亟待解决的深层次问题。国务院已批准了武汉城市圈“两型”社会建设综合配套改革试点方案。“两型”社会建设的实质是产业结构调整和经济社会的转型，这种新的经济格局要求新的金融格局与之相适应，这需要以武汉区域金融中心建设为抓手，加速推动金融一体化建设。

二、以金融改革和创新为突破口，努力实现全省金融业跨越式发展

（一）实现金融市场突破，形成多层次的金融市场体系

第一，以光谷产权联合交易所为基础，推进区域性资本市场建设。光谷产权交易市场的基础制度建设和硬件系统建设比较完善，已形成国有产权转让、知识产权交易、资本市场服务等三大平台，下一步要争取中央企业国有产权交易试点资格，填补中部地区央企产权交易的空白，并争取参加全国第二批三板市场试点，建设成为区域性资本市场中心。

第二，充分利用股票市场，鼓励省内企业上市融资。落实好省政府已出台的《推进企业上市指导意见》，加强对企业上市的辅导和培植，充分利用全国性资本市场，为全省经济建设服务，促进区域经济与资本市场协调发展。

第三，争取设立武汉票据交易所，促进区域票据市场加快发展。通过建立票据交易所，成立票据专营公司，引入票据做市商制度，完善票据交易机制，为企业提供新的融资渠道。

第四，争取发行中小企业集合债券，缓解中小企业融资难问题。要研究制定《湖北中小企业集合发债共同条款及实施细则》，争取尽快发行中小企业集合债券。

第五，推进大宗农产品现货交易市场建设。依托阳朔国家稻米交易中心，建立武汉城市圈大宗农产品现货交易市场，并以此推动期货市场的发展，为农业生产环节提供规避风险的有效途径。

第六，规范引导民间融资。加快小额贷款公司、各种专业贷款公司等非吸收存款类放贷人的立法进程，给民间借贷合法定位，引导其阳光化、规范化发展。

（二）实现金融组织创新的突破，建立基本完备的金融机构体系

第一，发挥本土金融资源作用，鼓励其做优、做强、做大。一是把汉口商业银行做优。通过稳步实施引入海外战略投资者、省外扩张、实施上市三步走战略，把汉口银行建设成为现代化的区域性商业银行。二是把农村信用社做强。因地制宜选择农村信用社改革目标模式，推动有条件的农村信用社组建农村合作银行或农村商业银行。三是做大村镇银行。地方政府、人民银行和监管当局应联手配套，营造良好的金融生态环境，及时解决村镇银行在经营管理上遇到的困难，保证村镇银行发展的可持续性。

第二，大力引进和发展全国性银行业机构。鼓励股份制商业银行在省内其他城市设立分支机构，积极引进外资银行、台资银行到武汉设立区域性总部或分支机构，支持进出口银行武汉代表处升格为分行，争取商业银行总行在武汉设立区域管理总部，努力提高省外金融机构在湖北经济金融发展中的参与度。

第三，发展多样化的非银行金融机构或准金融性机构。大力

发展财务公司、信托投资公司，积极争取组建金融租赁公司和汽车金融公司。加快小额贷款公司、各类专业贷款公司的建设，为中小企业和"三农"服务。

第四，启动产业投资基金设立步伐。积极争取成立东湖高新技术产业基金或湖北环保产业发展。在产业投资基金组建过程中，要注重多渠道资金投入，积极吸引国外风险资本、保险资金、民间资本的参与。

第五，开展辖内金融机构综合经营试点。利用武汉城市圈"两型"社会建设综合配套改革的机会，鼓励金融机构通过设立金融控股公司、交叉销售、相互代理等多种形式，开发跨市场、跨机构、跨产品的金融业务，促进资金在不同金融市场间有序流动，合理配置。

第六，努力营建金融机构后台服务中心。充分利用武汉在人力、IT方面的优势，积极争取成为各大金融机构的数据中心、清算中心、银行卡中心、呼叫中心、灾备中心、区域信贷审批中心，在新一轮金融产业竞争中抢占先机。

（三）实现金融产品创新的突破，增强对"三农"和中小企业的融资服务

第一，探索多种农村金融服务新模式。一是要配套先进的贷款管理方式，简化不必要的贷款手续，提高信贷工作效率；二是扩大农户联保贷款的普及面，解决农民生产性资金需求；三是要推出易被农村消费者接受的消费贷款种类，满足农民生活性资金需求；四是要加强对符合"三农"融资特点的信用新产品、新模式和新服务方式的发掘、总结、推广工作，不断扩大"行业协会＋联保基金＋银行信贷"及"龙头企业+种植基地+行社联合+财政贴息"等信用新模式的试点范围，适时推出种养殖大户信用共同体贷款、农村集体用地使用权贷款、林权质押贷款、农村青年创业贷款等新的贷款品种。

第二，推广产业链融资。产业链融资是银行将核心企业和上下游关联企业（一般是中小企业）联系在一起提供金融产品和服务的一种创新性融资模式。银行可依托产业链中核心企业与关联企业之间的稳固交易关系，以关联企业向核心企业提供服务后的资金回笼为还款保障，建立还款专户，切实支持经营良好、管理规范、产品畅销的中小企业加快发展。

第三，发展产业集群融资。据规划，到2020年武汉城市圈将形成50个特色产业集群。金融机构对产业集群进行融资，可以大大降低金融机构的经营风险和信贷成本，有效解决中小企业融资难问题。

第四，推行应收账款质押贷款业务。应收账款对企业尤其是中小企业而言，是一种切实可用的动产担保资源，可使企业最大限度地盘活资金，提高资金利用率。在目前以不动产担保贷款为主的情况下，大力发展应收账款质押贷款的意义重大。

第五，探索资产证券化的实施。对于我省公路、桥梁、码头等有固定现金流收入的基础建设项目，可将项目建设产生的现金流作为还本付息的资金保障，向社会公众公开发行有价证券，募集建设资金，有效解决基础建设资金投入总量大、投入时间集中与项目建设周期长、收益见效慢之间的矛盾，集中社会资金大规模开展基础设施建设。

（四）实现融资方式创新的突破，积极探索非信贷融资方式的使用

关注金融对经济的支持，不能只看贷款渠道的信贷资金，同时要看非贷款渠道的资金投入。目前，我省非贷款渠道的投入主要有七类：签发银行承兑汇票，金融支持企业签发商业承兑汇票，开发理财产品吸收社会资金，发展信用证、保函等中间业务，核销呆账，票据转让，发行短期融资券。在各种非信贷业务融资中，尤其要关注信托融资。在企业成长的种子期和发展期，资金需求量大，但收益不确定，风险高，银行资金不愿意进入。在风险投资和产业基金尚未成型的背景下，如果信托公司能够承担起风险投资和产业基金的角色，在企业的种子期和发展期介入，将企业培育成熟后交给银行，将是完美的制度安排。

（五）实现金融服务创新的突破，进一步增强和完善金融服务功能

金融服务水平是金融发展整体水平的综合体现。目前我省金融服务水平与优质、高效、便捷的要求仍有相当差距，需要通过金融服务创新改进。根据湖北省人民政府、中国人民银行的指示精神和要求，湖北省金融服务创新活动的主要内容是：树立一个目标，建成五大平台，办好十件实事。"一个目标"就是要加速推进现代金融服务体系建设，为在湖北构建促进中部地区崛起的重要战略支点提供优质、高效、便捷的金融服务。"五大平台"就是建设资金信贷服务、支付清算服务、社会信用服务、外汇综合服务和金融信息服务平台。

三、加快湖北金融业发展的政策建议

（一）统一思想，深化认识，切实将金融作为湖北的支柱产业来做大做强。从产业发展的角度考察，金融是一个具体的产业，金融在为经济发展提供信贷资金支持的同时，还为社会提供就业、税收等方面的支持。应将金融业发展纳入地方经济发展规划，抓紧制定和完善促进金融发展的政策支持体系，在抓好已有优惠政策落实的基础上，继续研究出台更多优惠政策，努力为金融改革发展创造良好的外部环境。

（二）大力开展金融生态环境建设，努力维护地方金融稳定。各级政府要进一步发挥好在金融生态环境建设中的主导作用，认真落实金融生态环境建设领导责任制，继续按照加强区域、企业、社区和农村信用建设的思路，在不同的层次培植"信用细胞"，不断拓展金融生态环境建设的深度和广度，促进金融生态环境有新的改善。

（三）积极推进武汉区域性金融中心建设。在尊重金融中心"自然演进"发展规律的同时，积极发挥"政府主导"作用，切实把武汉区域金融中心建设作为"两型"社会建设的重要工作内容，规划好、实施好。武汉城市圈内城市要主动参与金融一体化建设进程，积极支持本地法人金融机构通过并购、重组等方式做大做强，不断提高外来金融机构在湖北金融发展中的参与度。武汉城市圈外城市也要增强与城市圈金融机构联系互动，寻求经济金融合作机会，力争在武汉区域金融中心影响力辐射下不断发展壮大本地金融业。

（四）加强金融人才引进和培养，努力为金融人才创业、发展创造良好的外部环境。完善引进和培养金融人才的激励机制，加大对金融高端人才、金融急需人才的吸引积聚力度。健全金融人才资源开发与管理体制，制定金融人才培养与发展计划，集合政府、金融部门、高校、社会学术团体等多种资源，进一步加强对本土金融人才和后备金融人才的培养。搭建金融人才服务平台，为金融人才在湖北积聚和发展提供良好服务。

（五）加强地方财税政策与金融政策协调配合，引导金融资金支持经济发展。一是壮大各地中小企业担保公司实力。从地方财政资金中安排足额资金补充当地信用担保机构资本金，以政策和出资引导，吸纳民间资本，引进合作伙伴，提高中小企业贷款担保公司进行担保的能力。鼓励并推动在民营企业之间、个体私营经济组织之间、村组农户之间建立起联保机制，在为中小企业融资提供支持和帮助的同时切实保障金融债权。二是制定金融机构支持地方经济发展的业绩评价办法。开展对金融机构支持项目建设、新农村建设和金融机构自身发展的业绩评价。三是发展产业引导基金，加快落实设立政府引导基金，推动更多企业上市。四是发挥财政资金引导作用，对符合国家产业政策、有市场、有效益、能有效增加就业的中小企业，给予缓交或减免税收等财政政策支持，完善对中小企业贷款的财政贴息与风险补偿办法。

2008年，湖北省人民政府积极开展与各金融机构的合作，先后与中国工商银行、中国农业银行、国家开发银行、中国农业发展银行、交通银行等签订战略合作协议书，协议金额达5,000亿多元。

2008年12月8日，省委书记罗清泉、省长李鸿忠在北京与中国工商银行董事长姜建清、行长杨凯生进行会谈，并签署了《扩内需、促发展、全面合作会谈纪要》。

2008年9月16日，湖北省人民政府与中国农业银行在武汉签署全面深化战略合作备忘录。中国农业银行承诺，未来5年内向湖北省提供不少于1,000亿元的授信额度，积极支持全省“三农”及武汉“1＋8”城市圈建设。省委书记罗清泉，省长李鸿忠，副省长汤涛、赵斌和中国农业银行行长项俊波出席了签约仪式。

湖北省人民政府与国家开发银行签署合作协议，支持武汉城市圈“两型”社会建设，双方将在规划、融资、金融创新、顾问服务等方面进行合作。

2008年10月24日，湖北省人民政府与中国农业发展银行在武汉签署农业政策性金融支持新农村建设合作备忘录。省委书记罗清泉、省长李鸿忠、副省长赵斌、省政府秘书长尹汉宁和中国农业发展银行行长郑晖等出席。

2008年10月10日，湖北省首届金融文化节暨理财博览会剪彩仪式。

湖北省首届金融文化节暨理财博览会现场气氛热烈。

湖北省副省长赵斌、中国人民银行武汉分行行长张静在湖北省金融文化节暨理财博览会上。

2008年4月26日，在第三届中博会金融服务业推介研讨会上，中国银监会副主席蔡鄂生发表重要讲话。

2008年4月26日，第三届中博会“资本市场发展与中部地区崛起高层论坛”在武汉举办。

2008年4月22日，湖北省人民政府召开全省企业上市暨证券期货工作会议，省长李鸿忠和副省长赵斌出席并讲话。全省各市（州）人民政府主要负责人、上市公司、部分拟上市公司和证券期货经营机构主要负责人参加会议。

2008年5月18日，副省长赵斌主持召开武汉区域金融中心建设规划座谈会，武汉市人民政府和中国人民银行武汉分行、湖北银监局、湖北证监局、湖北保监局的主要负责人及有关专家、学者参加。

2008年4月17日，湖北保监局召开2008年度全省保险业抗雪救灾总结表彰大会，副省长赵斌出席会议，强调要高度重视保险业在应对巨灾中的作用。

中国农业银行湖北省分行行长易映森荣获第七届（2008）湖北经济年度风云人物荣誉称号。

2008年6月28日，武汉市商业银行正式更名为汉口银行，省委副书记、武汉市委书记杨松，副省长赵斌，武汉市市长阮成发等领导出席揭牌仪式。

2008年1月22日，中国邮政储蓄银行有限责任公司湖北省分行正式挂牌成立。湖北省副省长任世茂、中国邮政集团公司副总经理冯新生、湖北银监局局长李怀珍、中国邮政储蓄银行副行长吕家进为湖北省分行成立揭牌。

1	2
3	4

2008年5月，天风证券经纪有限责任公司将其总部迁至武汉并举行揭牌仪式，副省长赵斌出席仪式。

2008年9月4日，武汉光谷金融港正式开工建设，以加快武汉市全国性金融后台服务中心建设步伐。省委副书记、武汉市委书记杨松，副省长赵斌，武汉市市长阮成发等领导出席开工典礼。

2008年12月16日，美国花旗银行在公安县设立的贷款子公司正式开业，这是全国第一家由外资银行发起设立的贷款子公司。

2008年9月25日，湖北仙桃北农商村镇银行成功发行“凤凰卡”。这是全国第一张由村镇银行发行的银联卡。

中国进出口银行湖北省分行

THE EXPORT-IMPORT BANK OF CHINA

中国进出口银行湖北省分行于2009年6月1日在武汉正式开业，是中国进出口银行直属全资区域性一级分行，实行总行统一法人制，根据总行的授权经营和管理辖区内的各项业务，经营服务范围为湖北省。

❶ 中国进出口银行湖北省分行党委书记、行长　王新权

中国进出口银行一直助力湖北对外经贸发展，早在1996年就在湖北设立了武汉代表处（中国进出口银行湖北省分行前身），以此为窗口大力推动湖北的开放型经济发展。通过充分发挥贴近地方、贴近市场、贴近客户的优势，在服务地方、方便企业、促进外向型经济等方面作了大量的工作，有力地促进了湖北省船舶、机电产品、成套设备和高新技术产品出口以及战略性资源与关键技术装备进口，推动有比较优势的企业开展对外承包工程和境外投资。此外，中国进出口银行通过对包括长江二桥、武汉天河机场、武汉电信、武汉轻轨、武汉环保及污水处理、华新水泥窑纯低温余热发电在内的一批湖北重大基础设施和公益项目发放外国政府、国际金融组织转贷款，有力地推动了湖北省基础设施建设。

WWW.EXIMBANK.GOV.CN

❷ 2009年6月1日，中国进出口银行党委书记、董事长、行长李若谷与湖北省委书记罗清泉共同为湖北省分行揭牌。

❸ 中国进出口银行党委书记、董事长、行长李若谷与湖北省省长李鸿忠签署战略合作协议。

❹ 中国进出口银行湖北省分行行长王新权赴东风日产天籁轿车总装生产线调研。

▲ 中国进出口银行提供外国政府转贷款支持的武汉凯迪控股投资有限公司生物质电厂（效果图）。

▲ 中国建筑第三工程局有限责任公司承建的巴基斯坦人马座酒店项目（效果图）。中国进出口银行对该项目提供了对外承包工程贷款。

▲ 由中国进出口银行提供进口信贷支持的湖北新冶钢有限责任公司钢铁生产线。

▲ 葛洲坝集团国际工程有限责任公司承建的西非巴马科第三大桥（效果图）。中国进出口银行对该项目提供了对外承包工程贷款。

▲ 武汉钢铁集团公司生产的硅钢。中国进出口银行为武汉钢铁集团公司的硅钢等高新技术产品出口提供信贷支持。

▲ 由中国进出口银行贷款支持的国内出口船舶。

电 话：027-85712403 | 地 址：湖北省武汉市硚口区武胜路泰合广场41楼 邮 编：430033

总经理　晏剑波

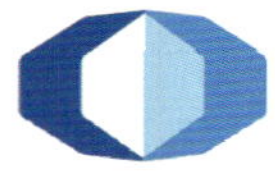

国泰君安证券股份有限公司 武汉分公司

GUOTAI JUNAN SECURITIES CO., LTD.

国泰君安证券股份有限公司（以下简称“国泰君安”）是由原国泰证券有限公司和原君安证券有限责任公司通过新设合并、增资扩股，于1999年8月18日组建成立的，目前注册资本47亿元。公司下辖3家子公司、5家分公司及23家区域营销总部。所辖的113家营业部分布于全国28个省、自治区、直辖市、特别行政区，是目前国内规模最大、经营范围最宽、机构分布最广的证券公司之一。国泰君安湖北分公司下辖7家营业部，分布在湖北省武汉市、荆州市、襄樊市和宜昌市。

历年来，国泰君安以诚信的文化、专业的技术、创新的精神、周到的服务在业内树立了良好的品牌。2001年度被权威媒体评为国内最具综合竞争力的证券公司。2004年在《世界品牌实验室》和《世界经济论坛》联合发布的《中国500最具价值品牌》中，以49亿元的品牌价值位居券商首位。2005年初在国内大型券商中率先获中国证监会批准取得创新试点资格。2006年荣获21世纪“券商综合实力大奖”。2007年再获21世纪“券商综合实力大奖”、“最佳经纪奖”、“最佳自营奖”、“最佳创新奖”、“最佳债券发行奖”、“最佳衍生品套利奖”，并获得第一财经“金融品牌价值榜最佳证券公司”称号。2008年获得上海证券报“2008年度最佳证券经纪商”及“2008年度最佳资产管理人奖”，21世纪“中国最佳品牌建设案例”贡献奖，并入选2008年“中国信息化500强”。

在投资银行业务方面，公司合计完成首次公开发行、公开增发、定向增发、配股、可转债、可分离债逾100家，筹集资金约951亿元；在股权分置改革业务领域，国泰君安累计完成保荐及进入股改程序的项目总市值逾3,200亿元，列各家保荐机构之首；保荐的大中型上市公司（总股本2亿股以上）股改项目的数量在国内

GUOTAI JUNAN SECURITIES

券商中排名第一。2001年国泰君安位居中国证券业协会“主承销商信誉排行榜”第一位，2001年和2003年，在《新财富》评选的中国收购兼并业务排名中，国泰君安均名列第一；2004年1月国泰君安被《新财富》杂志评为“最受尊敬的投行”和“最佳投行团队”；2004年7月《欧洲货币》杂志指出国泰君安是众多首席财务官最青睐的从事兼并收购业务的投行；2006年国泰君安荣获当年财经风云榜“中国最佳投行金牌团队”称号。2008年国泰君安已完成9个股权融资项目，融资、承销总额超过260亿元；完成企业债项目13家，承销总金额达252亿元，位列同行第三。数年来，国泰君安湖北分公司协助总部完成了包括长源电力、东风汽车、京山轻机、湖北宜化、襄阳轴承、武汉中商在内的共计16家湖北地区上市公司上市推荐或主承销工作，在湖北形成了较为明显的比较优势及影响力，国泰君安湖北分公司投行部也成为国泰君安投行的重要组成部分。

在固定收益证券业务方面，公司截至2007年底累计承销企业债券140余家次，其中独立主承销大型债券项目33家次，承销总金额600亿多元，位居全国同行前列。2004年、2006年国债、金融债承销总量均列同业排名第一，2005年列同业排名第二。2006年、2007年债券总承销量（含国债、金融债、央行票据、企业债、短期融资券）排名均为同业前三名。

在零售业务方面，2005年和2006年公司股票基金权证市场份额位居行业第一，2002－2006年连续五年互联网证券成交额居于行业第一，2006年先后被《21世纪经济报道》和《亚洲金融》评为“最佳经纪业务团队”和“最佳经纪商”，2007年第八届中国优秀财经证券网站评选中，“易阳指”手机理财摘取最佳手机无线服务桂冠，公司连续两次蝉联最佳网上交易奖，公司网站荣膺最佳证券网站第二名。

宜昌四新路营业部大户室

在研究开发方面，国泰君安研究所坚持价值投资理念，始终贴近市场、贴近客户，赢得了客户的信赖和肯定。2003-2006年连续被《新财富》杂志评选为“本土最佳研究团队”。4年来，国泰君安研究所被国内几乎覆盖所有基金和主要机构客户评为“最佳分析师”的总数名列第一。研究所的服务质量得到了基金业的普遍认可，分仓收入在券商中的排名稳步攀升并始终保持绝对领先地位。

紫阳东路营业部

国泰君安湖北分公司下辖的7家证券营业部，依托总部雄厚的研究力量、完善的内控机制和内控制度，十多年来一如既往地坚持把客户利益放在第一位，将诚信经营、规范管理、追求阳光利润作为经营原则，奉行“诚信、亲和、专业、创新”的经营宗旨，不断开拓、创新、以先进的技术手段、科学的行业概念、最高的工作效率和热忱的客户服务取得了广大投资者的信任，并赢得了良好的市场信誉。作为国泰君安在湖北当地的区域性总部，湖北分公司将在总公司的领导下，继续振奋精神、鼓足干劲，坚定服务专业化、营销标准化和品牌商业化的道路，扎根湖北当地广袤的证券理财市场，借助湖北中部崛起的东风，为湖北当地的企业、客户更好地服务，精耕细作，为实现具有核心竞争力的现代金融企业、为公司百年老店的战略发展助力推进！

地址：湖北省武汉市武昌区紫阳东路77号伟鹏大厦18楼
邮编：430070
电话：027-87300556

受　人　之　托　　代　人　理　财

董事长：金大建

交银国际信托有限公司

BANK OF COMMUNICATIONS INTERNATIONAL TRUST CO.,LTD.

交银国际信托有限公司成立于1981年6月，原名为湖北省国际信托投资公司，注册资本10,000万元人民币。2001年12月，按照中国人民银行关于信托投资公司清理整顿和重新登记的有关要求，公司改制并更名为湖北省国际信托投资有限公司，并于2003年1月经中国人民银行核准重新登记。

2007年5月，经中国银监会批准，公司引进交通银行股份有限公司实施战略重组。重组完成后，公司更名为“交银国际信托有限公司”，注册资本120,000万元人民币。交通银行股份有限公司持有85%的股份，湖北省财政厅持有15%的股份。公司是国内首家由国有股份制商业银行直接投资控股的信托公司，也是首家按照新“一法两规”重组设立的信托公司。

公司拥有一批具有商业银行、投资银行、信托、基金等资深从业背景的专业团队，并拥有交通银行强大的实力背景、完善的资源网络和卓越的品牌信誉支撑，同时得到湖北省政府的大力支持。自成立以来，秉承“受人之托，代人理财”的经营宗旨和诚信服务的管理理念，根据客户的资产状况和风险偏好，利用信托制度及其独特的功能设计，竭诚提供跨市场、多领域、跨地区的财富管理、项目融资和受托托管等专业化信托服务，以优质周到的服务赢得赞誉。

2008年度是公司重组开业后的第一个完整的财务年度，面对复杂多变的国内外经济金融形势，公司在集团的正确领导下，在地方政府和监管机构的关心支持下，克难奋进，艰苦创业，经营管理和业务发展成效显著，综合实力显著增强，行业排名显著提升，市场影响力、行业地位和品牌形象逐步确立。先后在“第二届诚信托”和“第三届诚信托”评选中分别获得“最具潜力信托公司奖”、“行业新秀奖”及“信托计划产品奖”，同时在“第二届金贝奖”评选中获得“年度优秀信托品牌”、“年度最佳设计与创新团队”称号。

公司将“以三个服务于为导向，创建一流的银行系精品信托投公司”为目标，励精图治，不断创新，回报股东与社会。

地　址：湖北省武汉市汉口建设大道847号瑞通广场B座16、17楼
邮　编：430015
电　话：027-85487350
电子邮箱：jygx@bocommtrust.com

2008年10月28日，在鄂法人金融机构恳谈会在公司召开。

中国银监会非银部副主任陈琼及湖北银监局领导赴公司调研。

武汉信用风险管理有限公司

WUHAN CREDIT RISK MANAGEMENT CO.,LTD.

董事长、总经理：熊　伟

WUHAN
CREDIT
RISK
MANAGEMENT

武汉信用风险管理有限公司是武汉市政府投（融）资平台的重要组成部分，是国内最早从事信用管理研究和信用产业开发的专业机构之一。自1998年成立以来，公司经过十余年的不断创新和持续发展，打造了以征信、担保、投（融）资和个人金融服务为核心的较为完整的信用产业链，构建了以金融投资和金融服务为主业的战略布局，创立了中国信用管理行业的“武汉模式”。

在金融投资领域，公司成功入股汉口银行和武汉市农村商业银行；发起设立了湖北省内规模最大的小额贷款公司——武汉市中联信小额贷款股份有限公司；合资组建了光谷创业投资基金管理公司。

在金融服务领域，公司旗下的武汉资信管理有限公司是国家级社会信用体系建设试点单位、武汉市社会联合征信平台；武汉中小企业信用担保有限公司是中部地区规模最大的信用担保平台；武汉火炬科技投资有限公司是在武汉市发改委正式备案的主流创投机构、湖北省科技成长路线图计划的重点保荐机构；武汉市创业担保有限责任公司是武汉市政府指定的全民创业担保机构。

根据“集团化管理、专业化经营”的战略规划，公司将以专业化子公司实施产业细分，通过产业联动实现跨越式发展，依托深度的金融资源整合和金融业务创新，力争在3-5年内打造成为金融投资管理集团。与此同时，公司将通过新一轮增资扩股和政策性资金的引入，进一步夯实资本实力，并着手规划公司整体上市，更好地为区域经济建设服务。

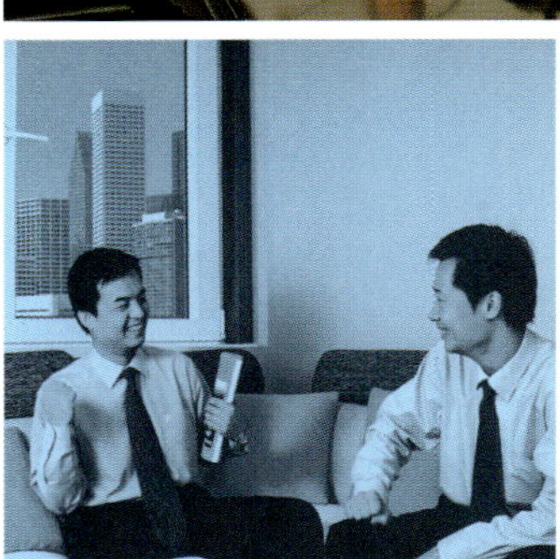

地址：武汉市江汉区新华路25号
伟业大厦10楼
邮编：430022
总机：027-85766650、85766670
传真：027-85766665
网址：www.wuhancredit.com.cn

WUHAN
NEW WORLD HOUSING
DEVELOPMENT
LIMITED

武汉新世界康居发展有限公司

董事长：刘光本

逸峰

国家级住宅试点优秀小区

网球场

社区大型演出

武汉新世界康居发展有限公司由武汉市国有城乡建设投资集团公司与香港新世界发展（中国）有限公司合作成立。公司自1995年成立以来，综合实力排名一直位居武汉市房地产开发企业十强之列，是湖北省房地产业协会会长单位，多次荣获“中国房地产诚信企业”称号，是中国房地产行业500强之一。企业秉承“以人为本，为政府分忧，为市民解难”的宗旨，独立开发常青花园、新华家园住宅区。常青花园历经十余年的建设，已完成投资60亿元、建成各类建筑240万平方米，包括教育、医疗、消防、邮政、电信、商网等齐全的配套设施，为居民提供了安全舒适、便利的生活环境。正在建设的武汉地铁二号线的起点站也设在常青花园。

常青花园先后荣获“国家级住宅试点优秀小区”、“国家级物业管理优秀小区”、“湖北和谐典范社区”、国家建设部“广厦奖”（住宅类）、“全国社区文明风采大赛第一名”、“全国文明单位”等称号。

地址：武汉市常青花园二小区40号楼
电话：027-83921620
传真：027-83921820
网址： www.whnwkj.com

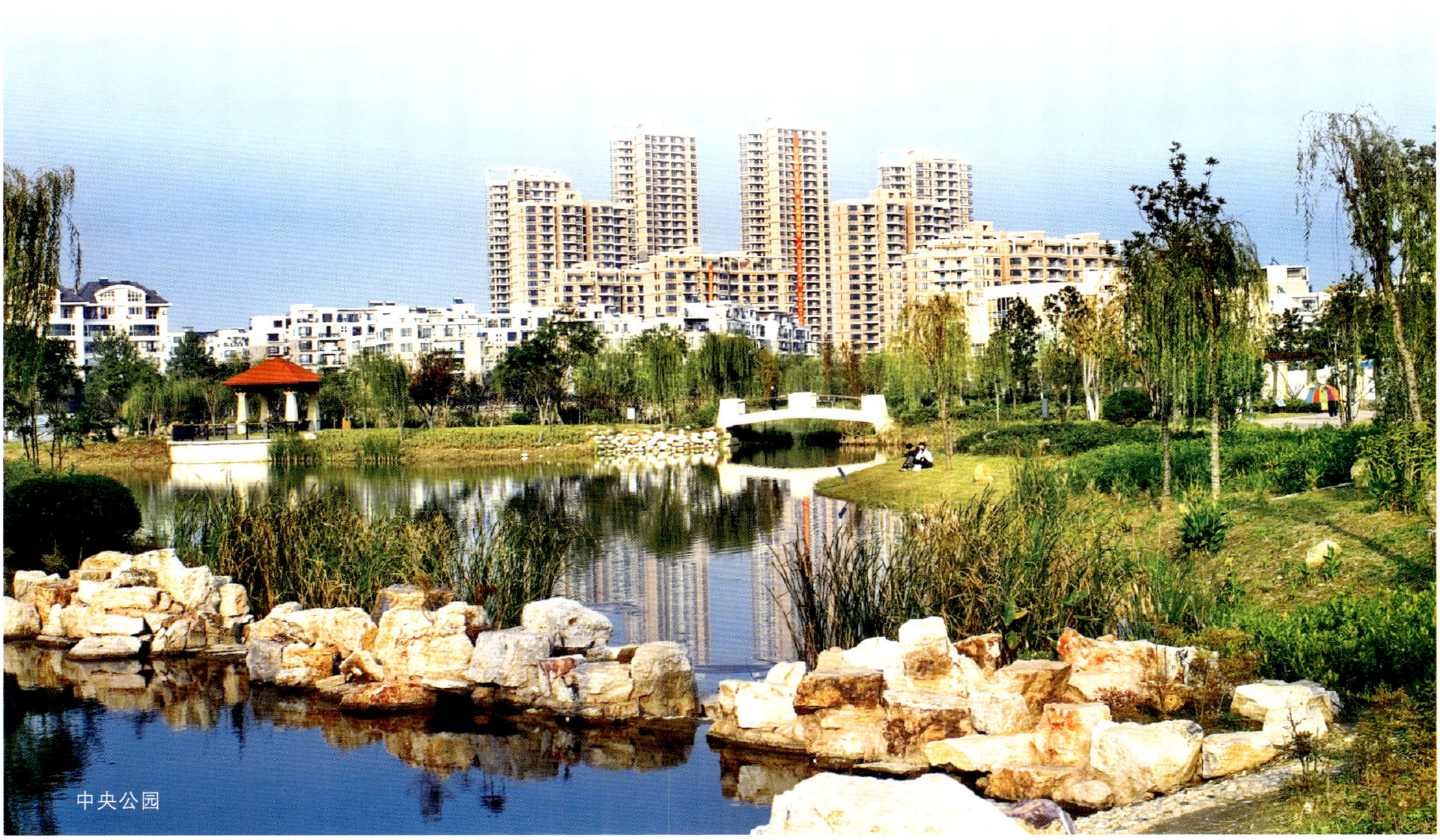

中央公园

湖北钱源 HUBEIQIANYUAN
中小企业信用担保投资有限公司

湖北钱源中小企业信用担保投资有限公司是1999年全国中小企业信用担保体系建设的首批试点单位，2007年4月，被国家发改委、国家税务总局列为免征营业税机构。2007年3月被湖北省经济委员会、湖北省中小企业发展局授予“示范单位”；公司2007年5月被湖北省中小企业信用担保协会授予“先进单位”；2008年12月被孝感市商业银行评为AA级企业； 2009年5月被人民银行武汉分行评为A+级企业；同时被列入“1+8”武汉城市圈特邀担保联盟单位，加入全国第十届全国中小企业信用担保负责人联席会。

公司在开展担保业务的同时，努力打造典当、小额贷款、创业投资、投融资策划、管理咨询服务平台，最大限度地满足企业的多样化融资需求。公司秉承“诚实守信、德荣为先、共赢互惠、开拓创新”的经营理念，牢固树立为中小企业服务、为政府排忧解难、为银行分担风险的宗旨，促进社会的和谐发展。

竭诚欢迎国内外实力机构和优秀专业人士投资、加盟，共创、共赢中小企业信用担保及小额信贷金融事业的辉煌。

董事长　钱运年

湖北钱源 HUBEIQIANYUAN
中小企业信用担保投资有限公司

电话：0712-2856615-8003，8020
传真：0712-2856615-8007，2856815
邮箱：xgqianyuan@126.com
地址：湖北省孝感市槐荫大道191号
邮编：432000
网址：www.xgqianyuan.com

在2009年武汉金融博览会上，赵斌副省长与钱运年董事长亲切交谈。

湖北省人大常务副主任周坚卫、省经委副主任刘进文、孝感市副市长李海华听取公司汇报。

湖北省、孝感市领导到公司检查指导工作。

钱运年董事长参加第五届中国总部经济高层论坛（右一为北京社科院经济研究所赵弘所长）。

在第四届产学研展会上，为省经信委中小企业处领导介绍公司业务发展情况。

公司团队。

目　　录

第一部分　金融综合运行报告

第二部分　金融业概况

第三部分　各地金融运行和工作概况

第四部分　湖北主要经济金融法规及政策

第五部分　金融大事记

第六部分　统计

第七部分 金融机构名录

第八部分 文化

附 录

第 一 部 分

金融综合运行报告

CHAPTER 1

ANNUAL REPORTS OF
ECONOMIC AND
FINANCIAL DEVELOPMENT IN 2008

2008年湖北省经济金融形势

一、对当前湖北省经济运行态势的基本判断

2008年,全省努力克服年初雨雪冰冻灾害和世界经济衰退带来的不利影响,经济保持了较快的增长,但全球金融危机对全省经济的影响有所显现,一些经济领域和行业增长放缓,部分指标呈现负增长,经济下行压力增大。

(一)生产总值增长较快

2008年全省实现生产总值(GDP)11,330.38亿元,比上年增长13.4%,增速仅慢于2007年,为1995年以来的次高水平,是全省经济增长较快的年份之一,连续五年增幅超过10%。

(二)农业生产平稳发展,主要农产品喜获丰收

2008年,全省农村经济虽然受到年初的冰雪灾害、农业生产成本大幅上升等不利因素的影响,但农业生产形势依然较好。全年农林牧渔业增加值1,780亿元,增长6%。除棉花外,主要农产品产量均有不同程度的增长。粮食总产2,227.23万吨,增产41.79万吨,增长1.91%;棉花总产49.86万吨,减产10.53%;油料总产278.60万吨,增产23.85万吨,增长9.36%。

(三)工业经济在高位增长平台上有所"减速"

2008年,全省工业经济总体上增长较快,规模以上工业实现增加值3,842.33亿元,同比增长21.6%,增幅低于2007年2个百分点。从季度增幅看,一、二季度加快,三季度小幅下行,四季度大幅回落,四个季度累计增幅分别为22.6%、23.1%、22.9%、21.6%。

1.轻工业生产增速持续快于重工业,重工业减速导致全省工业增速回落。2008年,轻工业完成增加值1,112.93亿元,增长23%;重工业完成增加值2,729.4亿元,增长20.5%。与8月份相比,全省工业累计增速回落1.4个百分点,其中重工业回落2.2个百分点,轻工业回落0.6个百分点,重工业成为影响全省工业增速回落的主要因素。

2.规模经济进一步壮大,过千亿元行业增加到5个。2008年全省千亿元行业增加到5个,分别是汽车、钢铁、石化、电力、食品,比2007年增加电力、食品两个行业。2008年1—11月,汽车工业实现主营业务收入1,715.29亿元,增长21.3%;钢铁工业为1,581.16亿元,增长52.5%;石化工业为1,469.81亿元,增长30.6%;电力工业1,055.03亿元,增长20.2%;食品工业1,030.6亿元,增长51.4%。

3.工业经济效益指标维持较高水平。2008年,全省规模以上工业完成销售产值12,108.59亿元,比上年增长29.3%,增幅比上年回落0.4个百分点;产销率为97.9%,比上年下降0.12个百分点。2008年1—11月全省工业经济效益综合指数为208.08,同比上升18.8个百分点,比1—8月回落24.4个百分点。

(四)固定资产投资平稳增长

2008年,全省完成全社会固定资产投资5,798.56亿元,比上年增长27.9%,增幅比上年提高1个百分点。其中,城镇以上固定资产投资5,332.67亿元,增长29.1%,增幅比上年上升1.3个百分点。房地产投资892.67亿元,增长23.3%,增幅比上年低4.8个百分点。

1.地方投资和中央投资均衡增长。2008年,全省地方项目累计完成投资4,571.6亿元,比上年增长30.4%,增幅比上年下降1.5个百分点;中央在鄂企事业单位累计完成投资761.07亿元,比上年增长21.8%,增幅比上年提高13.1个百分点。

2.工业投资增长较快。2008年,全省完成工业投资2,223亿元,增长38.2%,增长较快的行业主要有非金属矿物制品业(93.4%)、金属制品业(92.8%)、塑料制品业(79.6%)、化学原料及化学制品业(77.9%)、农副食品加工业(73.2%)、电气机械业(64.8%)、交通运输设备制造业(46.3%)等。

3.第一、二产业投资保持快速增长势头,第三产业投资增幅趋于平稳。2008年,全省第一产业完成投资116.5亿元,比上年增长92.6%;第二产业完成投资2,250.21亿元,比上年增长38.7%;第三产业完成投资2,966.0亿元,增长21.2%。

(五)消费品市场增长保持稳定,消费对经济增长的拉动作用日益增强

2008年,全省实现社会消费品零售总额4,969.82亿元,比上年增长23.4%,增幅比上年提高5.3个百分点。

城乡市场同步发展。城市消费品零售额3,488.76亿元,比上年增长23.4%,增幅比上年高5.4个百分点;农村市场零售额1,481.07亿元,增长23.4%,增幅比上年高5.3个百分点。

住宿和餐饮业增长较快。2008年，批发业零售额637.82亿元，比上年增长25.3%；零售业零售额3,437.46亿元，比上年增长22.6%；住宿和餐饮业零售额661.9亿元，增长25%，比上年加快8.8个百分点。

从品种分类看，2008年，限额以上批发和零售业吃、穿、用商品类零售额同比分别增长30.5%、21.4%和22.5%。重点大类商品增长情况如下：家用电器和音像器材类增长27.9%，体育、娱乐用品类增长13.7%，日用品类增长8.6%，化妆品类增长28.6%，金银珠宝类增长33.1%，汽车类增长14.9%，通讯器材类增长18.1%。

消费与投资增长的差距缩小，对经济增长的拉动作用进一步增强。2008年，全省社会消费品零售总额增长23.4%，投资增长27.9%，二者差距为4.5个百分点，低于2007年的8.8个百分点，也明显低于2004年的14个百分点，是五年来消费与投资增长差距最小的一年。

(六)外贸出口前十个月保持较快增长，但后两个月出口增幅下降明显

2008年，面对全球性金融危机和严峻复杂的国际经贸形势，全省对外贸易仍然保持了平稳快速发展。进出口总值突破200亿美元，达到205.67亿美元，比上年增长38.4%，增幅高于上年11.8个百分点。其中，进口89.7亿美元，增长34.3%；出口突破100亿美元，达到115.92亿美元，增长41.7%，增幅比上年提高11.2个百分点。出口商品中，高新技术产品和机电产品出口均大幅增长。全年全省高新技术产品出口22.2亿美元，增长46.5%；机电产品出口50亿美元，增长45.9%。

但受全球金融危机影响，湖北省出口从2008年11月份开始步入下行通道，出口增幅大幅回落。10月份当月全省出口增长54.6%，但11月份出口增长降至3%，12月份当月出口增长仅为1.2%。

2008年，全省外商投资新批项目343个，下降18.3%；合同外资43.4亿美元，增长24.2%；实际使用外资32.4亿美元，增长17.3%。

(七)财政收入增长平稳

2008年，全省财政总收入完成1,338亿元，比上年增收222.57亿元，增长20%；其中，完成地方一般预算收入710.23亿元，比上年增收119.88亿元，增长20.3%，增幅比上年下降3.7个百分点。地方一般预算收入中，税收收入537.14亿元，增长23.8%，非税收入173.09亿元，增长10.7%。

(八)城乡居民收入稳步提高

2008年，全省按照科学发展观的总体要求，统筹城乡发展，全面建设小康社会，城乡居民收入都有了较大幅度增长。全省城镇居民人均可支配收入达到13,153元，比上年增加1,667元，增幅达14.5%，扣除价格因素影响，实际增长8.5%。2008年，全年农民人均纯收入步入4,000元新台阶，达到4,656.38元，比上年增加658.9元，增长16.5%，扣除价格因素影响，实际增长8.5%。2008年湖北农村居民增收特点：农村居民人均工资性收入增加，在收入中的比重继续提高，第一产业因价格因素增收显著，转移性收入继续增加。

(九)物价涨幅继续回落，通胀压力有所释放

居民消费价格高位回落。受雨雪灾害影响，2月份全省CPI上涨9.7%，创下全年最高涨幅。但受食品和居住类价格持续回落的影响，自3月份以来，全省CPI涨幅呈回落态势，已连续10个月回落。2008年全省CPI累计上涨6.3%，涨幅高于上年1.5个百分点。过高过快的物价上涨趋势得到有效控制，通货膨胀的势头得到抑制。

工业品价格走势前高后低。由于全球金融危机进一步蔓延，国内经济持续走低，市场需求萎缩，12月份湖北省工业品出厂价格(PPI)上涨1.44%，涨幅比上月回落1.44个百分点，是2008年涨幅最低的月份。2008年湖北省工业品出厂价格上涨6.12%，比1—11月回落0.43个百分点。这一方面反映生产企业成本减轻，另一方面说明生产企业需求降低。

此外，2008年全省商品零售价格上涨6.3%，涨幅比上年提高2.1个百分点；农业生产资料价格上涨27.2%，涨幅比上年提高19.2个百分点；原材料、燃料、动力购进价格上涨10.92%，涨幅比上年提高6.42个百分点。

二、金融运行情况及主要特点

2008年，全省金融机构认真贯彻国家金融宏观调控政策，积极支持地方经济发展，各项存款大量增加，贷款增长稳中趋快，特别是最后两个月强势增长，存、贷款增加额均创历史最好水平，银行经营效益继续好转，金融运行保持平稳。主要呈现以下特点：

(一)宽松货币政策效应显现，贷款投放加快

1.落实宽松货币政策，贷款投放力度逐步加大，贷款增加额和增幅均创历史新高。2008年下半年针

对国内外经济形势变化，央行五次降息、四次降低存款准备金率、取消贷款规模限制，货币政策由“从紧”转为“适度宽松”。全省银行机构积极落实宽松货币政策，贷款投放力度逐步加大。12 月末，全省全部金融机构可比口径本外币各项贷款账面余额为 8,752 亿元(不含农业银行股改剥离不良贷款)，按可比口径计算，同比增长 16.76%，增幅比上年提高 0.6 个百分点，贷款增幅创历史新高。

从年度增长情况来看，2008 年全省金融机构可比口径本外币贷款增加额为 1,305.2 亿元，比上年多增 220.9 亿元，为历史上贷款增加最多的一年。

从月度增长情况来看，2008 年最后两个月贷款投放明显加快，11 月份本外币贷款增加 142.2 亿元，同比多增 121.6 亿元；12 月份增加 186.3 亿元，同比多增 190 亿元，为 2008 年月度新增贷款次高。11 月份、12 月份贷款大量增加，改变了多年来贷款增长前高后低、年末增长乏力的局面。

2. 受金融危机、美元汇率波动等因素影响，外汇贷款呈现前增后减特点。2008 年，全省外汇贷款增加 2.73 亿美元，同比少增 2.74 亿美元，折合成人民币为 18.7 亿元(按 1 美元兑 6.8346 元人民币计算)，同比少增 18.8 亿元。

3. 全省贷款主要投向制造业、交通运输仓储邮政业、水利环境公共设施管理业和个人贷款等领域。2008 年，全省制造业新增贷款 369.1 亿元，占全省贷款增加总额的 29.9%；交通运输、仓储和邮政业新增贷款 245.3 亿元，占 19.9%；水利、环境和公共设施管理业新增贷款 133.2 亿元，占 10.8%；个人贷款增加 115.8 亿元，占 9.4%。

4. 工业贷款快速增加，有力推动短期贷款增长。2008 年，全省短期贷款增加 363.6 亿元，同比多增 17.5 亿元。其中，工业贷款增加 198.5 亿元，同比多增 93.5 亿元；私营企业及个体贷款增加 14.1 亿元，同比多增 8.2 亿元；其他短期贷款增加 115.9 亿元，同比多增 8.5 亿元。

5. 投资需求旺盛，中长期贷款持续增长；个人消费贷款受房市调整及车市下行影响增长缓慢。受中部崛起、武汉城市圈“两型”社会建设以及国家 4 万亿元投资拉动，湖北省投资需求旺盛，中长期贷款持续增长。2008 年，全省中长期贷款增加 787.2 亿元，同比多增 1.1 亿元。其中：基本建设贷款增加 398.8 亿元，同比多增 198.4 亿元；技术改造贷款增加 18.9 亿元，同比多增 6.1 亿元。

个人消费贷款增长缓慢。2008 年，全省中长期个人消费贷款增加 85.4 亿元，同比少增 160.2 亿元，仅相当于上年同期的 34.8%。其中住房贷款增加 63.3 亿元，同比少增 157.6 亿元；汽车贷款增加 9 亿元，同比少增 4.3 亿元。下半年来，房屋销量大幅下降，价格震荡加剧，虽然央行连续下调公积金贷款利率，财政部也出台一系列免税政策，12 月 17 日国务院常务会议又出台三条促进房地产市场健康发展的政策措施，但总体来看，对住房需求刺激有限，居民持币观望心态浓厚。据亿房网数据显示，武汉主城区商品房销量连续三个月回升，12 月份销售商品房 5,300 套左右，比上月增加近 1,000 套；成交均价在 5,288 元/平方米左右，比上月下降近 140 元/平方米。但从全年来看，2008 年销售商品房 42,800 套左右，不足上年同期的一半。车市也受燃油税政策、股市财富效应下降等因素影响呈现整体下行趋势。据汽车工业协会统计，2008 年 11 月份中国乘用车销量为 52 万量，较上年同期下滑 10.28%。

6. 武汉城市圈金融运行活跃。2008 年，武汉城市圈各项存款增加 1,680.4 亿元，占全省各项存款增加额的 71.6%，同比提高 8.8 个百分点；各项贷款增加 1,053.1 亿元，占全省各项贷款增加额的 80.7%，同比提高 5.4 个百分点。

(二)各项存款持续较快增长，存款定期化特征明显

1. 各项存款增长较快，存款增加额为上年的 1.6 倍。12 月末，全省全部金融机构(含外资)本外币各项存款余额为 13,574.9 亿元，同比增长 21.08%，增幅比上年提高 6 个百分点；比年初增加 2,363.4 亿元，同比多增 890.5 亿元，存款增加额创历史最高水平。其中，人民币存款增加 2,347.1 亿元，同比多增 852.3 亿元；余额增幅为 21.15%，比上年提高 5.25 个百分点。

2. 企业存款增加额为历史第二高水平，企业资金总体上能满足生产需要。2008 年以来，部分企业效益下滑，银行贷款减少产生的派生存款相应减少，同时由于股市处于调整期，企业通过股票市场直接融资数额相应减少，再加上 2007 年企业存款超常规大量增加，这些因素导致 2008 年企业存款增长不如上年。2008 年人民币企业存款增加额为 679 亿元，同比少增 31.8 亿元。

3. 股市、房市分流作用下降，储蓄存款持续增加。2008 年，我国股市和房市双双回落，两市对储蓄

存款的分流能力明显减弱。武汉市2008年四季度城镇居民储蓄问卷调查资料显示,29.5%的调查对象认为在当前物价和利率水平下储蓄更合算,比上年同期增加14个百分点,是2006年三季度调查以来的次高点。2008年,储蓄存款增加1,314.6亿元,同比多增985.7亿元。

4.定期存款增长快于活期存款,存贷款期限结构趋于一致。2008年全省定期存款(包括储蓄存款与企业存款)增加1,369.4亿元,同比多增1,193.5亿元;活期存款增加624.2亿元,同比少增239.6亿元。定期存款增加额与活期存款增加额之比为2.19(上年同期为0.2),而长期贷款增加额与短期贷款增加额之比为2.17,存贷款期限结构趋于一致。当前证券市场不景气,大量闲置资金转为定期存款,以获取相对较高的利息收入,是定活比上升的一个重要原因。另外,受票据市场不断发展及市场上商品供大于求的买方市场不断扩大等影响,越来越多的企业采用商业汇票作为其在商品销售中主要的结算工具,因此对于企业而言,主动将其活期存款转换为定期保证金存款后用于开立商业汇票的现象较为普遍。

(三)金融机构盈利大幅增长,不良贷款下降明显

2008年,全省金融机构本外币业务比上年增盈78.2亿元。其中,国有商业银行增盈56亿元,政策性银行增盈6.1亿元,股份制银行增盈10.6亿元,城市商业银行增盈1.2亿元,农村信用社增盈5.8亿元。

不良贷款余额和比率大幅下降。受农业银行股改因素影响,全省不良贷款余额和比率明显下降。

2008年,全省金融机构现金收入21,226亿元,现金支出21,060亿元,收支相抵净回笼现金166.3亿元,比上年多回笼现金43.8亿元。

三、金融危机对全省经济带来的影响

相对于东部沿海地区,全省受国际金融危机影响的时间要晚,受影响的程度要小,主要表现在市场疲软、出口受阻、工业增速下滑等方面。

(一)市场需求疲软,企业经营困难

2008年以来,全省经济总体上保持了平稳较快的发展态势。但从第三季度开始,国际金融危机的负面影响逐步显现,企业生产经营面临的困难不断增加,某些行业和企业生产经营出现困难,湖北省工业经济增幅出现回落。一些企业资金状况趋紧,四季度企业资金周转状况DI指数、支付能力状况DI指数与销售款回笼状况DI指数均较上季有较大幅度下滑。但企业家普遍认为,当前企业的经营困难局面,并非由企业资金问题引起,而是因为产品市场萎缩造成。

(二)工业增速下滑,增加值有所减少

2008年9—12月是全省工业经济运行极不平凡的一段时期,主要表现在工业经济运行大幅波动,工业增速大幅下滑,部分工业行业生产减速,一些企业开工不足,企业经济效益持续下滑。前7个月全省工业增速达23.1%,但自8月份起增速逐步下降,8、9两个月累计增速环比均回落0.1个百分点,1—11月下降至22.2%,1—12月下降至21.6%,较上半年下降1.5个百分点。

(三)外贸出口受冲击,增幅下滑

受美国次贷危机的影响,美国对中国的出口订单减少,同时,以德国为代表的欧洲和日本从中国进口的货物数量也相继减少。11月、12月份,全省出口增长速度分别为3%和1.2%,增幅分别较8月份回落61.4个和63.2个百分点。据人民银行武汉分行进出口企业调查资料显示,绝大部分企业家不看好目前的出口形势,在具有出口业务的企业中,有53.19%的企业家认为出口额比上季度有所下降,比上季上升23.4个百分点;有57.45%的企业家认为出口订单额比上季度有所下降,比上季上升25.53个百分点。

(四)房地产开发投资逐步回落,商品房销售面积继续下降

2008年,全省房地产开发投资增长23.3%,增幅比上年回落4.8个百分点。2008年,全省商品房销售面积1,926.98万平方米,比上年下降24.1%;其中,商品住宅销售1,810.76万平方米,比上年下降24%。实现商品房销售额580.12亿元,比上年下降25.2%;实现商品住宅销售额525.89亿元,比上年下降24.8%。2008年全省住房消费贷款增加63.3亿元,比上年少增157.7亿元,仅相当于上年的28.6%。反映出目前房地产市场仍旧疲软,全面回暖仍需时日。

四、经济金融运行中存在的主要问题

(一)工业用电量下降,工业经济呈现下滑趋势

2008年,全省全社会用电量1,058.53亿千瓦时,增长7.01%,其中工业用电772.81亿千瓦时,增长6.11%,增幅较上半年放缓9.79个百分点。7月

份以来全省工业用电量增幅持续回落，10月、11月、12月份工业用电量连续三个月出现负增长。工业用电量作为工业经济的先行指标，用电量下降表明企业开工率仍然不足，工业经济下滑的趋势尚未得到完全遏制。

（二）投资消费意愿减弱

受金融危机影响，企业和居民的投资、消费意愿不足。一是湖北省住房消费处于8年来最低迷期，汽车销售负增长。由于前期受到国际油价大幅波动和国内成品油价格连续上调，现阶段受经济形势预期放慢的影响，汽车类商品销售萎缩低迷。11月份全省限额以上批发零售业汽车类零售额同比下降24.5%，12月份继续下降17.9%。二是房地产市场也出现明显的下跌和成交量萎缩，住房消费处于2000年以来最为低迷的时期。汽车和住房是城市居民第三次消费结构升级的引领产品，也是全省重工业发展阶段国民经济的支柱产业，其销售额大幅减少，不仅会下拉消费需求，也会对整体经济平稳运行产生负面影响。三是除了实体经济的下行周期之外，我国的资本市场也处于前所未有的熊市之中。证券市场的“负财富效应”严重影响了居民购房、购车以及其他高端消费需求。

（三）宏观经济形势总体偏冷，宏观经济热度指数继续下行，银行家信心指数及行业景气指数出现下降趋势

据人民银行武汉分行的问卷调查显示，42.42%的银行家预期湖北省宏观经济形势偏冷及过冷。2008年四季度，湖北省的宏观经济热度指数为38.13%，比上季度下降20.46个百分点；银行家信心指数为52.03%，比上季度下降5.93个百分点。

（四）经济减速导致产业领域的资金链断裂风险加大

在经济处于上升周期，企业扩张较快，一些资金密集型企业具有较高的资产负债率。全球经济危机已更多地波及产业领域，继外贸领域的企业出现困境后，整个制造业都陷入市场萎缩、销售乏力问题，一些企业的资金链可能出现断裂，波及其他行业。

五、对策及建议

（一）贯彻执行适度宽松货币政策，保持信贷总量平稳增长，加大信贷结构调整力度，促进产业结构调整

为应对国际金融危机，保持经济平稳较快发展，国务院常务会议于2008年11月5日将从紧的货币政策转向适度宽松。金融机构要在切实防范金融危机影响和信贷风险的前提下，“危”中寻“机”，进一步加大信贷投放力度和信贷结构调整力度，发挥金融支持经济增长和促进产业结构调整的作用。

（二）大力推进金融帮扶中小企业工程，确保有效信贷需求持续增加

实施金融帮扶中小企业工程既是破解企业融资难问题的重要途径，也是银行实现自身持续发展的重要举措。一是大力开展中小企业信贷客户培植工程；二是中小企业信贷客户培植工程坚持政府主导、企业主体、银行主动、部门参与；三是政府部门要制定配套优惠措施、产业政策，增强专项资金扶持力度。

（三）切实加大对“三农”发展的信贷支持力度

一是要完善农村金融市场多元化格局；二是积极探索发展多种形式的支农信贷产品、模式及服务；三是县域内银行业金融机构新吸收的存款，主要用于当地发放贷款。

（四）大力推动多元化、多层次的融资体系建立

一是要建立多层次的金融机构体系；二是要加快建设多层次的资本市场体系；三是要创新金融产品，拓宽企业融资渠道。

（五）完善国际金融危机监测及应对工作机制，密切关注潜在信贷风险

随着金融危机对我国实体经济影响的进一步加深，有关部门要密切监测国际金融危机发展动态，研究风险的可能传播途径，及时对危机发展趋势和影响进行跟踪和评估。金融机构要密切关注相关行业资金链状况，加强受限行业贷款准入门槛的管理，强化对重点客户的跟踪监测，重视抵押物的有效性，控制和防范信贷风险。

（中国人民银行武汉分行）

2008 年湖北省金融运行报告

一、金融运行情况

2008 年，湖北省金融机构积极贯彻落实国家各项宏观金融调控政策，金融运行与地区经济发展良性互动，金融改革持续深入推进，金融市场交易活跃，金融生态环境建设取得新进展，武汉区域金融中心建设积极推进。

(一)银行业保持较快发展，货币信贷运行平稳

2008 年，湖北省银行业保持健康快速发展态势，货币信贷运行总体平稳，机构改革发展成效显著。

1. 银行业规模效益稳步提高，新型金融机构试点快速推进。2008 年，全省银行业金融机构资产总额继续快速增长，增幅达 24.2%；贷款资产质量不断改善，不良贷款率为中部六省最低，较年初下降 5.7 个百分点；效益稳步提高，利润增长 59.0%。新型农村金融组织试点快速推进，8 家村镇银行已正式开业，数量位居全国首位，贷款公司和小额贷款公司已各开业 1 家。外资银行发展态势良好，数量居中部六省之首，其中日本瑞穗实业银行武汉分行正式获准筹建，法国兴业银行武汉分行成功转制，汇丰银行武汉分行分支机构进一步延伸(见表 1—1)。

表 1—1 2008 年银行类金融机构情况

机构类别	营业网点			法人机构(个)
	机构个数(个)	从业人数(人)	资产总额(亿元)	
一、国有商业银行	2,764	57,912	8,056	0
二、政策性银行	92	2,351	1,911	0
三、股份制商业银行	392	5,058	2,377	0
四、城市商业银行	170	3,445	674	6
五、农村合作机构	2,215	26,466	1,838	84
六、信托、财务公司	8	552	634	6
七、邮政储蓄银行	1,483	3,657	1,008	0
八、外资银行	6	183	26	0
九、新型农村金融机构	10	122	5	10
合计	7,140	99,747	16,529	106

注：交通银行本年度纳入国有商业银行类别统计。
数据来源：中国人民银行武汉分行、湖北银监局。

2. 存款较快增长，定期化特征明显。2008 年，全省本外币存款持续快速增长，增幅同比上升 5.6 个百分点，创历史新高(见图 1—1)。储蓄存款因资本市场深幅调整而持续回流，增加额创历史新高，同比增长 23.9%，而受下半年经济增速减缓、存货资金占用增加以及经营效益下降等因素影响，企业存款增速同比下降较多。企业和居民投资意愿减弱及三季度以来利率下行预期导致存款定期化特征明显，新增定期存款为新增活期存款的 2.2 倍。外资银行存款多增明显，余额同比增长达 145.8%。

图 1—1 金融机构人民币存款增长变化

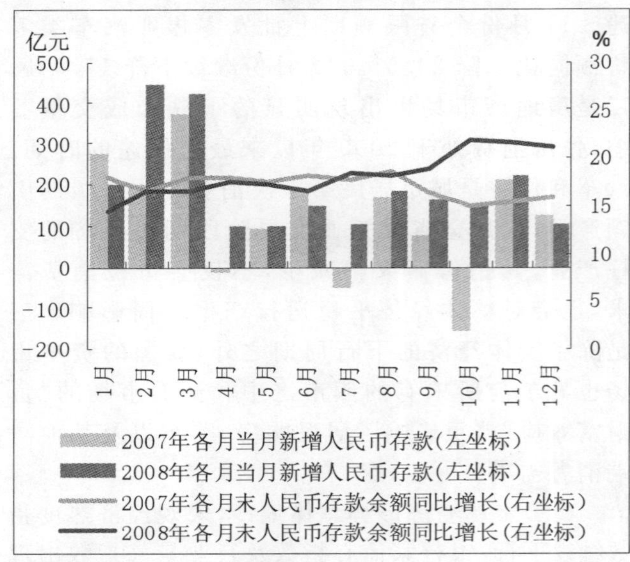

数据来源：中国人民银行武汉分行。

3. 贷款增长适度，投放趋于均衡。随着货币政策适时地由“从紧”转向“适度宽松”，全省人民币贷款增幅呈现出前 8 个月逐步减缓、9 月份以后快速反弹的态势。适度宽松货币政策效应在年末初步显现，全年人民币贷款新增额和增幅均创历史新高(见图 1—2)。新增贷款投放趋于均衡，上半年与下半年人民币贷款新增额之比为 1∶1.02，改变了多年来贷款投放“前多后少”的格局。外汇贷款先增后降，主要与下半年人民币升值预期弱化及人民币贷款挤出效应等因素有关。

信贷结构调整凸显宏观金融调控重点。贷款继续呈现中长期化趋势，尤其是第四季度以来中长期贷款增长迅速。信贷资源重点向国家扩大内需及武汉城市圈“两型”社会建设等领域倾斜，全年新增贷款中七成以上投向制造业、公共服务业和基础设施建设，武汉城市圈内新增贷款占全省的比重上升至 80.7%。金融支持经济运行薄弱环节、社会弱势群

体的力度进一步加大，中小企业贷款和涉农贷款增速均快于各项贷款增速，小额担保贷款和助学贷款累计投放额分别为上年同期的 3.2 倍和 1.6 倍。针对年初历史罕见的雨雪冰冻灾害，信贷投放逾 66.1 亿元，基本满足了抗灾救灾和灾后重建的资金需要。

图 1－2 金融机构人民币贷款增长变化

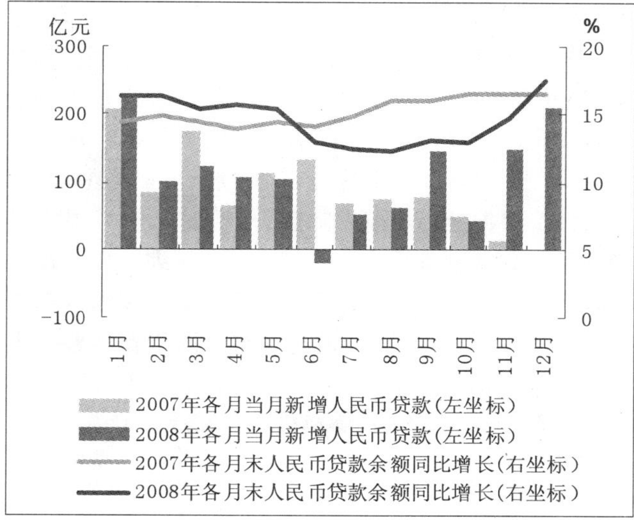

数据来源：中国人民银行武汉分行。

图 1－3 金融机构本外币存、贷款增速变化

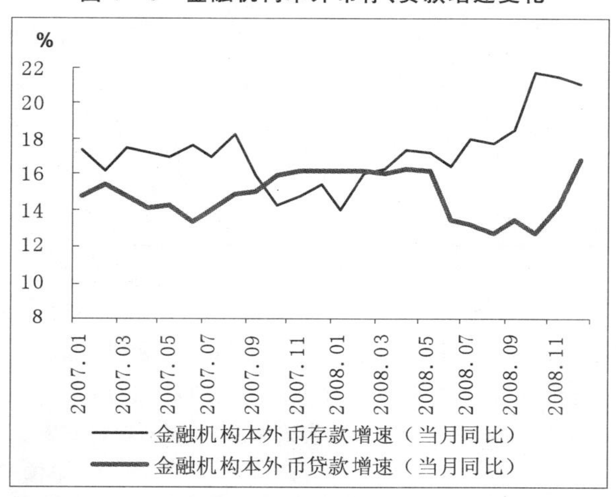

数据来源：中国人民银行武汉分行。

4. 贷款利率先升后降，利率调整效应显现。上半年湖北省金融机构人民币贷款利率总体小幅上扬，下半年尤其是 9 月份以后随着贷款基准利率连续多次下调而逐步回落，全年人民币贷款加权平均利率较上年提高 3 个基点。全年新增贷款中利率上浮贷款占比较上年提高 8.0 个百分点（见表 1－2），其中上半年利率上浮贷款占比明显扩大，但 9 月份以后利率下浮贷款占比有所上升。资金头寸相对充足及大型优质企业、重点投资项目贷款占比较高使得国有商业银行利率下浮贷款占比较上年提高 9.9 个百分点，但股份制银行、城市商业银行和农村信用社利率上浮贷款占比均较上年有所提高。地方中小法人金融机构利率风险意识和管理能力有所增强，浮动利率贷款占比持续攀升。

表 1－2 2008 年各利率浮动区间贷款占比表

单位：%

	合计	国有商业银行	股份制商业银行	区域性商业银行	农村信用社
合计	100	100	100	100	100
[0.9－1.0]	24.9	44.6	22.2	16.5	8.5
1.0	37.0	42.2	44.5	33.8	10.1
小计	38.1	13.2	33.3	49.7	81.4
[1.0－1.1]	16.7	8.8	22.9	19.3	8.9
[1.1－1.3]	11.2	4.1	9.5	26.3	19.2
[1.3－1.5]	5.0	0.1	0.8	3.9	24.0
[1.5－2.0]	5.0	0.2	0.0	0.2	28.0
2.0 以上	0.2	0.0	0.0	0.0	1.4

注：城乡信用社贷款利率浮动区间为[0.9,2.3]。
数据来源：中国人民银行武汉分行。

美元存贷款利率总体振荡走低。受国内外市场美元供求关系及美联储降息等因素影响，全省占比较大的 3 个月以内大额美元协议存款利率和 1 年期美元贷款利率振荡下行（见图 1－4）。

图 1－4 金融机构外币存款余额及外币存款利率

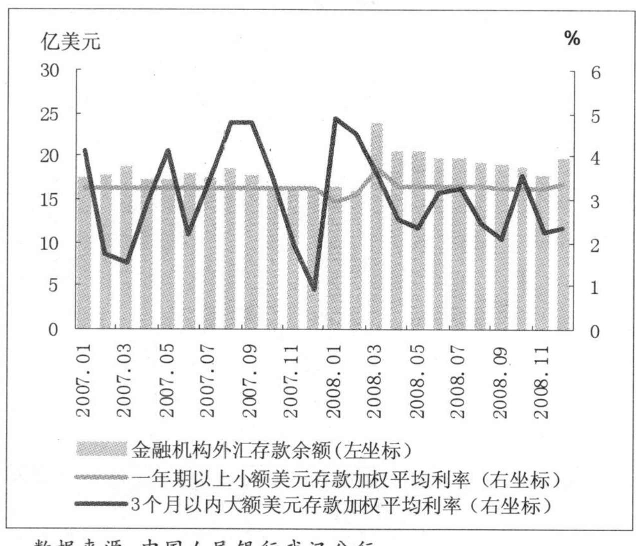

数据来源：中国人民银行武汉分行。

5. 金融机构改革发展亮点纷呈。2008 年，湖北省金融机构改革发展取得新进展。国有商业银行股份制改革不断深化，资产质量、盈利能力稳步提升。农业银

行湖北省分行不良贷款剥离顺利实施。地方法人金融机构改革重组向纵深推进。武汉市商业银行更名为汉口银行并实现跨区域经营。武汉市农信社获国务院批复组建农村商业银行，78家农村信用社（农村合作银行）专项票据68.1亿元已顺利兑付。新型金融机构试点快速推进。8家村镇银行总体经营良好，其中仙桃北农商村镇银行成功发行全国首张村镇银行银联卡。全国首家由外资银行发起设立的贷款公司——公安县花旗贷款有限责任公司和全省首家小额贷款组织——武汉华创小额贷款公司均已正式挂牌营业。武汉区域金融中心建设积极推进，天风证券总部正式迁入武汉，光谷“金融港”建设取得实质性进展，招商银行、交通银行等信用卡中心先后落户。

（二）金融市场交易活跃，融资结构有所变化

1. 直接融资比重下降，融资方式多元化。2008年，湖北省非金融机构通过贷款、债券和股票融资总量增长10.4%。直接融资比重降幅较大（见表1—3），主要是债券融资相对滞后，企业债和公司债发行额均为零，可转债发行额受资本市场大幅调整等因素影响亦有所下降，但短期融资券和中期票据发展势头良好，全年共计4家企业发行短期融资券83亿元，另有1家企业发行中期票据20亿元。其它融资方式发展较快。全年信托融资266.9亿元，同比多增245.8亿元；全省首笔大额金融租赁业务成功实施，武汉地铁集团协议融资20亿元。

表1—3 2008年非金融机构融资结构表

时间	融资量（亿元人民币）	比重（%）		
		贷款	债券（含可转债）	股票
2001年	342.8	88.7	0	11.3
2002年	515.6	97.9	0	2.1
2003年	688.9	99.7	0	0.3
2004年	628.3	82.6	0	17.4
2005年	794.9	86.7	7.3	6.0
2006年	953.7	87.5	11.8	0.7
2007年	1,370.9	79.1	18.0	2.9
2008年	1,476.8	88.8	7.9	3.7

注：公司债纳入本年度债券融资口径统计，此前年度融资总量及比重结构予以相应调整。

数据来源：中国人民银行武汉分行、湖北保监局、湖北省发展与改革委员会。

2. 货币市场交易活跃，资金净融入特征明显。2008年，湖北省金融机构在全国银行间同业拆借和债券回购市场累计成交量创2.8万亿元的历史新高，全年累计净融入资金2.6亿元，同比增长79.6%。债券回购交易仍为地方中小金融机构短期资金融通的主要渠道，占同业拆借和债券回购交易量的97.9%。市场短期资金融通特征明显，7天以内拆借和质押式回购占交易总量的99.0%。货币政策调整效应在货币市场表现明显，拆借和回购利率总体下行且阶段性变化显著。

3. 票据业务快速增长，贴现利率持续走低。2008年，湖北省商业汇票承兑继续快速增长，较好地为企业提供了信用支持，其中银行承兑汇票全年累计承兑额同比增长22.6%，占商业汇票累计承兑总额的97.5%。票据融资规模先降后升（见表1—4），上半年商业银行在从紧货币政策背景下继续压缩票据贴现余额，而四季度尤其是11月份以来票据贴现新增额则因信贷规划指导的调整、贴现利率与短期贷款利差扩大以及票据融资风险相对较小等因素而大幅上升。

表1—4 2008年金融机构票据业务量统计表

单位：亿元

季度	银行承兑汇票承兑		贴现			
			银行承兑汇票		商业承兑汇票	
	余额	累计发生额	余额	累计发生额	余额	累计发生额
1	811.2	482.0	236.7	653.4	8.0	9.6
2	893.7	572.3	238.8	605.9	13.6	12.9
3	990.5	609.5	278.1	722.9	11.6	10.3
4	1,002.6	646.2	369.0	766.3	12.3	10.2

数据来源：中国人民银行武汉分行。

票据市场利率总体持续下行（见表1—5），随着人民银行下调存贷款基准利率及货币市场利率逐步走低，银行承兑汇票贴现利率第四季度较大幅度下降。

表1—5 2008年金融机构票据贴现、转贴现利率表

单位：%

季度	贴现		转贴现	
	银行承兑汇票	商业承兑汇票	票据买断	票据回购
1	6.9331	7.4548	5.7190	5.3442
2	6.4793	7.6008	5.4003	4.4723
3	5.8330	5.8584	5.0135	4.5346
4	4.4316	6.5224	4.3943	2.7425

数据来源：中国人民银行武汉分行。

4. 外汇市场稳步发展，黄金交易持续升温。2008年，湖北省金融机构在全国银行间外汇市场累计成交量同比增长29.9%，其中人民币外汇即期交易同比增

长 29.2%。外汇衍生品交易增长迅速，远期交易同比增长 56.2%。全省 6 家上海黄金交易所会员企业黄金交易活跃，累计交易量同比增长 78.2%。居民黄金投资持续升温，商业银行黄金理财业务发展迅速，全年个人黄金投资累计金额达 57.9 亿元。

二、经济运行情况

2008 年，尽管国际金融危机的不利影响在第四季度以来逐步显现，但湖北省经济总体继续保持平稳较快发展态势，经济结构调整和发展方式转变持续推进。据初步测算，全省地区生产总值首次突破万亿元，达 11,330.4 亿元，同比增长 13.4%，增幅连续第五年超过 10%（见图 1—5）。

图 1—5 地区生产总值及其增长率

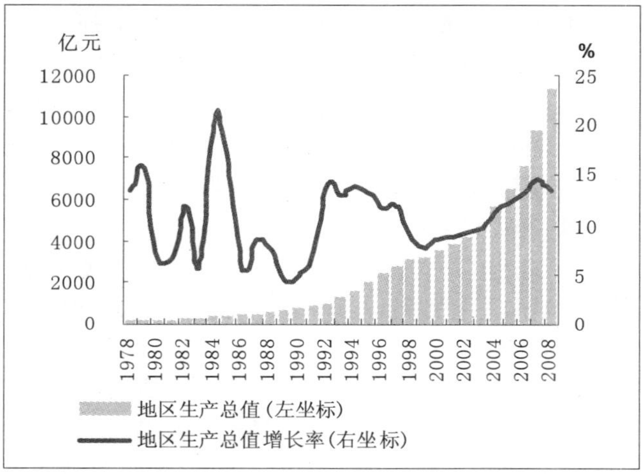

数据来源：《湖北统计年鉴》《湖北省国民经济统计月报》。

（一）三大需求快速增长，协调性不断增强

2008 年，湖北省积极推动经济增长方式的转变，三大需求增长协调性增强，投资稳定增长，消费需求增长明显加速，外向型经济发展势头总体良好。

1. 投资平稳较快增长，利用外资下降明显。2008 年，全省固定资产投资继续保持平稳较快增长，全社会固定资产投资增长 27.9%，其中城镇固定资产投资增长 29.1%（见图 1—6）。三次产业投资增长率分别为 92.6%、38.7%和 21.2%。投资结构优化，制造业投资增长 48.3%，成为带动全省投资增长的主要力量；民间投资高速增长，增长 52.8%，增幅较上年提高 7.9 个百分点。武汉城市圈投资保持较快增长，增长 33.4%，占全省投资比重的 65.1%。城镇固定资产投资资金来源中，自筹资金增速明显上升，但利用外资受国际金融危机等不利因素影响同比下降 36.8%。

图 1—6 固定资产投资及其增长率

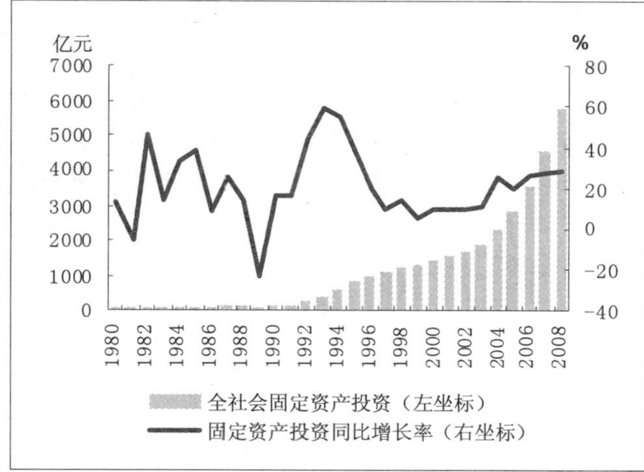

数据来源：《湖北统计年鉴》《湖北省国民经济统计月报》。

2. 消费需求增幅创历史新高，对经济增长的拉动作用进一步增强。2008 年，全省城乡居民收入继续保持两位数的快速增长，为居民扩大消费提供了有力支撑，加之诸如农村新型合作医疗制度等一系列改善民生、统筹城乡发展措施的实施，城乡消费需求持续旺盛。全年社会消费品零售总额增长 23.4%，增幅创 1996 年以来新高，消费对经济增长的贡献率由上年的 37.4%提高到 44.6%（见图 1—7）。城乡居民消费同步增长，农村市场对消费增长的贡献度由上年的 37.4%提高到 44.6%。房地产市场调整对相关消费需求影响较大，建筑及装潢材料类、家具类消费同比分别下降 24.2%和 20.1%。

图 1—7 社会消费品零售总额及其增长率

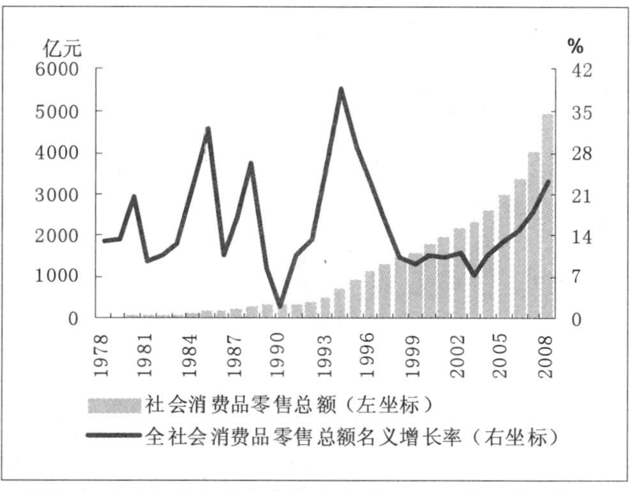

数据来源：《湖北统计年鉴》《湖北省国民经济统计月报》。

3. 进出口增长强劲，利用外资保持快速增长。2008 年，全省进口和出口增速同比分别提高 12.3 个和 11.3 个百分点，贸易顺差再创历史新高（见图 1—8）。

出口产品结构调整加快，机电和高新技术产品出口比重已逾六成。出口市场进一步多元化，对美欧日以外市场的出口增幅超过40%。国际金融危机对外贸影响逐步显现，10月份以来单月进口和出口增速连续大幅下降。实际利用外资保持快速增长。全年外商实际投资增幅同比提高4.8个百分点，制造业仍为外资流入的主要行业，约占全省外资直接投资的60%，第三产业实际利用外资同比增长54.9%(见图1—9)。

图1—8 外贸进出口变动情况

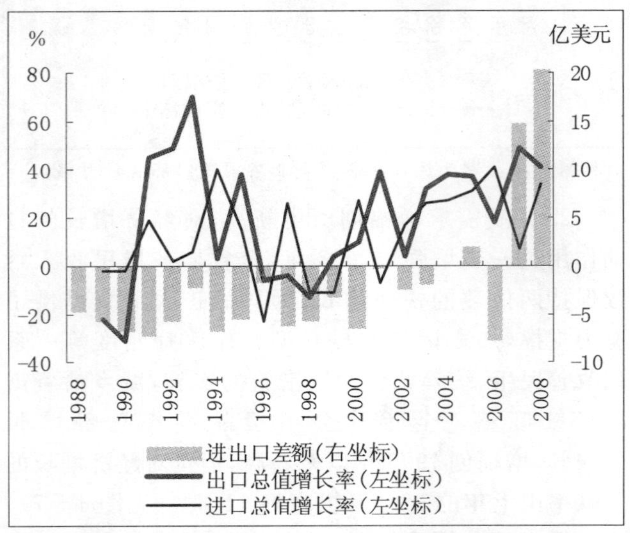

数据来源:《湖北统计年鉴》《湖北省国民经济统计月报》。

图1—9 外商直接投资情况

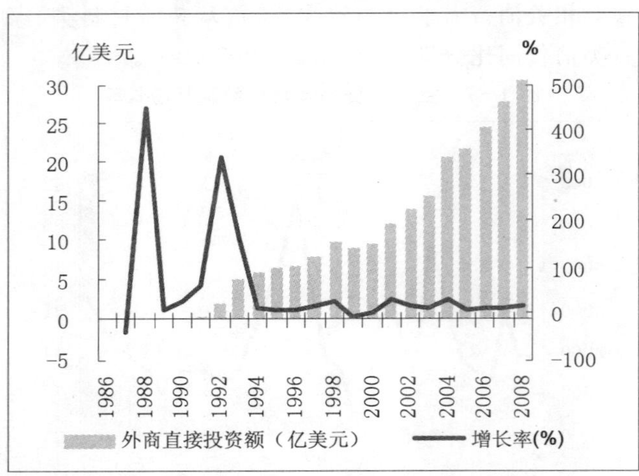

数据来源:《湖北统计年鉴》《湖北省国民经济统计月报》。

(二)三次产业平稳发展，产业结构趋于优化

目前，湖北省经济总体上处于工业化中期的前半阶段，呈现第二、三产业共同推动经济增长的态势。随着工业兴省和新型工业化发展战略的实施以及承接产业转移步伐的加快，第二产业对全省经济增长的贡献率迅速提高。2008年，全省三次产业结构比例由上年的14.9∶43.0∶42.1调整为15.7∶43.8∶40.5，第二产业增加值占比较上年提高0.8个百分点。三次产业对经济增长的贡献率由上年的14.4%、36.5%和49.1%调整为19.1%、47.5%和33.4%。人口就业结构优化，第三产业就业人口比重上升，但农业就业人口依然偏重，三次产业从业人员比重约为47.4∶20.3∶32.4。

1.农业生产加快增长，支农惠农措施成效显著。2008年，湖北省积极克服冰雪灾害、农资价格大幅上升等不利因素的影响，全年农林牧渔业增加值同比增长6.0%，高于上年1.3个百分点，为4年来最好水平。随着国家对农业的补贴力度和范围进一步加大，以及生猪补贴、扶持规模养殖、能繁母猪保险等相关政策措施的实施，主要农畜产品产量均有不同程度增长，其中粮食和油料产量分别增长1.9%和11.3%，生猪出栏数增长11.7%。农业产业化经营不断发展壮大，全省3,321家各类级别农业产业化龙头企业销售收入增长23.7%，新增国家级农业产业化龙头企业11家。

2.工业生产较快增长，经济效益增幅有所回落。2008年，湖北省规模以上工业增加值增长21.6%，但受世界经济增长放缓和国内经济周期性因素叠加影响，增幅较上年回落2个百分点，主要是第四季度较大幅度回落(见图1—10)。产销衔接维持较高水平，全年工业产品产销率为97.9%。利润增幅和利润率均有所回落。1—11月，全省规模以上工业企业利润增长8.8%，同比下降55.4个百分点；平均销售利润率为5.8%，同比下降1.1个百分点。

图1—10 工业增加值及其增长率

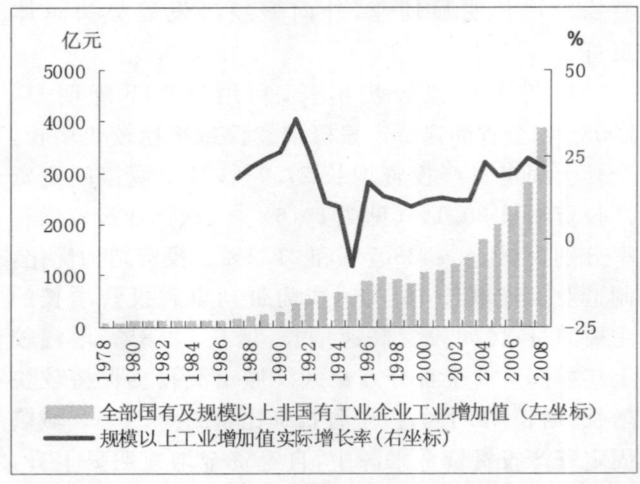

数据来源:《湖北统计年鉴》《湖北省国民经济统计月报》。

工业结构调整持续深入。全省轻重工业结构由

上年的28.0∶72.0调整为29.0∶71.0。“千亿元产业计划”和“中小企业成长工程”成效显著，全省规模以上工业企业单位数突破1万家，工业销售产值超千亿元行业增加至5个。

3. 服务业保持平稳发展，结构趋于优化。2008年，湖北省第三产业增加值增长12.4%，较全国平均水平高2.9个百分点。在第三产业中，批发和零售业、住宿和餐饮业、金融保险业增长较快。随着武汉城市圈“两型”社会建设全面推进，现代物流、旅游及文化信息等现代服务业加速发展。

（三）物价涨幅前高后低，工资水平增加较快

1. 居民消费价格涨幅冲高后持续回落。2008年，受雨雪灾害等因素影响，全省CPI涨幅在2月份达到9.7%的全年最高点，随着食品和居住类等价格涨幅持续下降，3月份以后CPI涨幅连续10个月回落。全年CPI同比上涨6.3%，涨幅较上年提高1.5个百分点。其中，食品价格上涨是推动居民消费价格指数涨幅高于上年的主要原因，全年食品价格指数同比上涨15.1%（见图1—11）。

图1—11　居民消费价格和生产者价格变动趋势

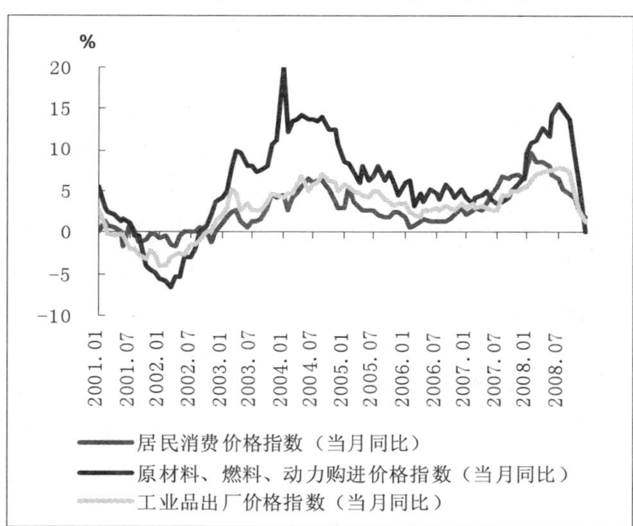

数据来源：《湖北统计年鉴》《湖北省国民经济统计月报》。

2. 工业品价格走势前高后低，农业生产资料价格高位运行。2008年，受国际大宗商品价格大幅波动影响，全省生产者价格指数涨幅前高后低。全年工业品出厂价格上涨6.1%，涨幅同比提高2.2个百分点；原材料、燃料、动力购进价格上涨10.9%，涨幅同比提高6.4个百分点。工业品出厂价格涨幅明显低于原材料、燃料、动力购进价格，企业生产成本压力有所加大。农业生产资料价格上涨27.2%，涨幅同比提高19.2个百分点。农资价格高位运行使得政府支农惠农、促进农民增收的政策效应有所弱化。

3. 工资水平增加较快，劳动力成本有所上升。2008年，全省城镇职工平均工资为17397.0元，同比增长14.7%；农民工人均月工资性收入1057.7元，同比增长29.1%，对农民纯收入的贡献率为43.7%。针对物价尤其是食品价格较快上涨等因素，湖北省政府先后上调最低工资标准和最低生活保证金。

（四）财政收入较快增长，支出结构不断优化

2008年，全省财政收支保持较快增长，地方财政一般预算收入和支出同比分别增长20.3%和28.5%。财政收入质量进一步提高，税收收入占一般预算收入的75.6%，较上年提高2.1个百分点，其中增值税、营业税、企业所得税等税收收入增收较多。财政支出重点向农村和民生领域倾斜，其中农村事务、教育、医疗卫生、社会保障及就业补助支出同比分别增长35.5%、27.6%、38.2%和39.9%，公共财政职能进一步体现（见图1—12）。

图1—12　财政收支状况

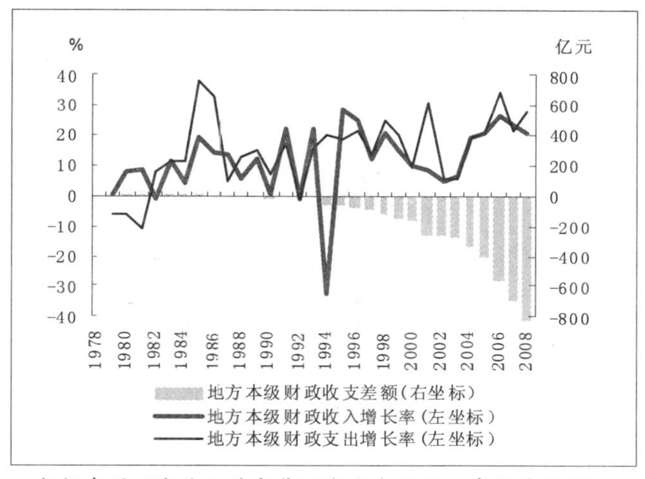

数据来源：《湖北统计年鉴》《湖北省国民经济统计月报》。

（五）房地产市场持续调整，房地产金融总体平稳运行

2008年，在国际金融危机冲击较大、国内经济增长放缓的背景下，湖北省认真落实国家各项房地产调控政策，房地产市场调控效应显现，房地产金融总体平稳运行（见图1—13和1—14）。

房地产投资增幅回落，自筹资金比重上升。2008年，全省房地产开发投资额增长23.3%，较上年下降4.8个百分点。其中经济适用房投资额增长39.8%，占房地产开发投资总额的比重较上年提高0.9个百分点。资金来源结构有所变化。房地产企业自筹资金增长58.3%，比重较上年提

高 14.8 个百分点，成为房地产开发投资首要资金来源；利用外资下降 34.6%，其中武汉市房地产外资流入同比下降 74.0%。

图 1－13 商品房施工和销售变动趋势

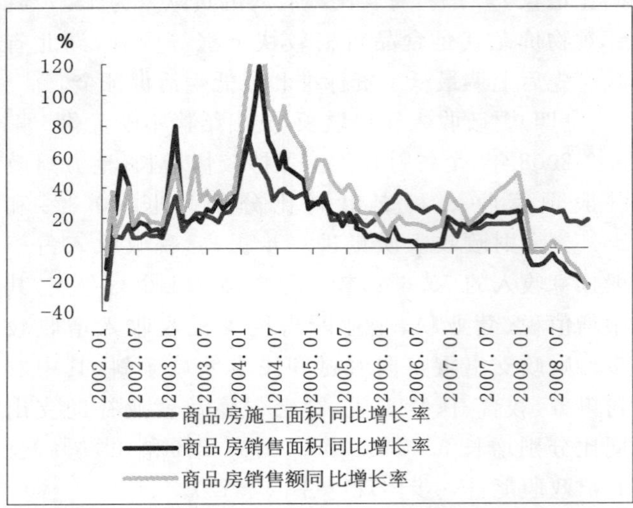

数据来源：《湖北统计年鉴》《湖北省国民经济统计月报》。

图 1－14 武汉市房屋销售价格指数变动趋势

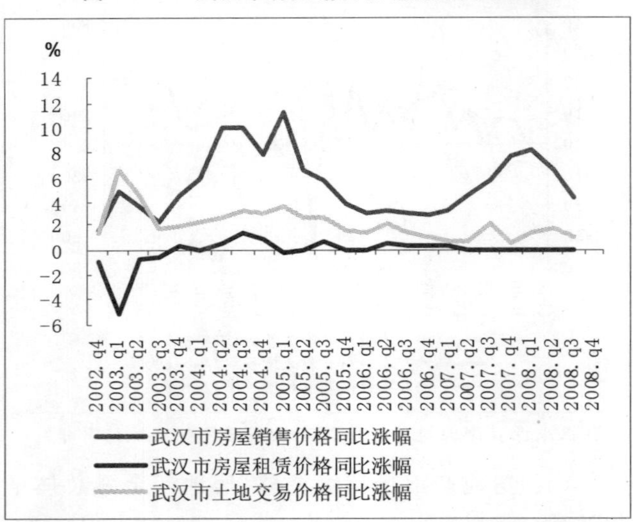

数据来源：《湖北统计年鉴》《湖北省国民经济统计月报》。

房地产供给放缓，保障性住房建设力度加大。全省完成土地开发面积、住宅新开工面积增幅分别下降 13.3 个百分点、16.0 个百分点，而住宅竣工面积同比下降 2.1%。经济适用房供给逆势增长，全年施工面积和竣工面积分别增长 37.1%和 11.8%。

房地产交易清淡，价格涨幅总体持续回落。全省房地产市场观望气氛浓厚，商品房交易呈现“量跌价滞”的局面。全年商品房销售面积和销售额分别下降 24.1%和 25.2%，而空置面积增长 101.1%，其中住宅空置面积增长 144.8%。房地产价格涨幅总体回落，其中武汉市房屋销售价格涨幅由一季度的 8.2%降至四季度的 0.7%。

房地产贷款余额增速放缓。受房地产市场持续调整等因素影响，全省房地产贷款同比增长 14.0%，增幅呈逐月回落趋势。随着国家出台一系列促进房地产市场健康发展的相关政策措施，房地产金融总体平稳运行。

（六）武汉城市圈经济金融一体化积极推进

武汉“1＋8”城市圈由武汉及周边 100 公里范围内的黄石、鄂州、黄冈、孝感、咸宁、仙桃、潜江、天门等 9 个城市行政区域所构成，国土面积占湖北省土地面积 31.2%，常住人口占全省人口的 52.3%。自 2002 年湖北省提出建设武汉城市圈以来，圈内经济规模逐年扩大，产业结构调整成效显著，初步形成了具有全国比较优势和竞争优势的汽车、钢铁、石化三大支柱产业以及装备、纺织、食品、建材四大重点产业，圈内新能源、电子信息、生物、金融、现代物流等高新技术和现代服务业快速发展，成为湖北省乃至我国中部产业和生产要素最密集、最具活力的地区之一。

2007 年 12 月 17 日，武汉城市圈获批为“全国资源节约型和环境友好型社会建设综合配套改革试验区”，圈内经济社会发展开始迈入历史性的发展跨越期。2008 年，圈内地区生产总值达 6,972.1 亿元，占全省地区生产总值的 61.5%，同比增长 14.8%，较全省平均水平高 1.4 个百分点。区域经济金融一体化积极推进，围绕基础设施建设、产业发展与布局、城乡建设、区域市场、环境保护与生态建设的一体化，圈内行政区划限制逐步消除，资源优化和产业整合积极开展；以信贷市场、票据市场、支付结算和金融信息服务为核心内容的武汉城市圈金融一体化建设取得初步进展，城市圈内可通存通兑的武汉城市圈形象银行卡——楚凤卡成功发行。

（中国人民银行武汉分行货币政策分析小组）

2008年湖北省银行业运行情况

2008年，湖北省银行业各项业务继续创出历史新高。但经济下行、企业效益下滑对银行业造成的经营压力和各类风险明显增加，使银行业的持续较快发展面临前所未有的考验。

一、2008年湖北省银行业运行基本特点

2008年，湖北省银行业稳健运行，主要业务继续增长，存款新增过两千亿元，贷款新增过千亿元，贷款增幅高于GDP增幅3.7个百分点，为2002年以来新高，特别是第四季度，新增贷款359.05亿元，有力地支持了湖北经济的快速发展。

需要注意的是，国际金融危机和实体经济下滑，对湖北省银行业的影响日益明显。部分运行指标回落。

（一）存款稳定增长，定期化趋势明显

12月末，全省银行业金融机构各项存款余额13,574.95亿元，比年初增加2,363.36亿元，增量居中部地区第2位，余额同比增长21.08%，增速创历史新高，高于全国平均增速1.8个百分点。存款增长呈现以下特点：一是定期存款多增。定期存款余额5,659.05亿元，比年初增加1,378.2亿元，增长32.0%；活期存款余额5,520.34亿元，仅比年初增加640.65亿元，增长13.13%，低于定期存款增速18.87个百分点。其中企业活期存款少增，仅比年初增长10.12%，增幅同比下降17.02个百分点。二是储蓄存款多增。储蓄存款余额6,800.41亿元，增长23.86%，增幅同比增加18.02个百分点；而企业存款同比增长18.71%，增幅同比下降5.67个百分点。三是外资银行存款多增。外资银行各项存款比年初增长145.78%。

（二）贷款增长总体适度，呈现“前低后高”局面

12月末，全省银行业金融机构各项贷款余额8,752.01亿元，比年初增加1,305.19亿元，增量居中部第2位。贷款增长呈现以下特点：一是后两个月贷款投放迅速增加。国务院扩大内需的十项措施出台后，省内各家银行积极响应，明显加大了投放的力度。11月份和12月份，全省银行业金融机构单月投放142.0亿元和186.3亿元，分别比前10个月平均单月投放量高出44.3亿元和88.6亿元，全年贷款增速比10月末上升4.3个百分点。二是中长期贷款增长较快。中长期贷款余额5,001.78亿元，较年初增长19.63%；短期贷款余额3,041.57亿元，较年初增长11.48%，中长期贷款增幅高出短期贷款8.15个百分点。三是票据融资回升。票据融资余额386.59亿元，比年初增长23.29%，从上年净下降90.7亿元转变为净增加73.0亿元，其中第四季度明显回升，12月末余额比9月末增加95.47亿元，增长32.79%。

（三）贷款质量稳定，不良贷款继续“双降”

12月末，湖北省银行业金融机构不良贷款余额比年初下降381.48亿元；不良贷款率6.34%，比年初下降5.74个百分点，为中部六省最低，全省大型银行贷款质量全部达标。

（四）效益稳步提高，国有商业银行贡献突出

2008年，全省银行业金融机构实现当年结益204.49亿元，在中部六省中居第2位，仅次于河南，比上年增盈75.88亿元，同比增长59.01%。国有商业银行、政策性银行和股份制商业银行分别实现当年结益103.47亿元、31.63亿元、38.92亿元，同比增速分别为127.16%、33.74%、28.76%，国有商业银行盈利能力有了明显提升。

（五）拨备覆盖率扩大，资本充足率持续提高

年末，各类法人机构拨备覆盖率均有较大幅度的提高：财务公司比上年提高6个百分点；城市商业银行比上年提高40个百分点；农村信用社比上年提高7.41个百分点。各类法人机构资本充足率也略有提高：城市商业银行与上年基本持平；财务公司比上年提高0.26个百分点；农村信用社比上年提高2.1个百分点。

（六）案件大幅减少，防控成效更加明显

2008年以来，全省银行业金融机构累计发生各类案件9件，无百万元以上案件，同比分别减少7件和2件，下降幅度分别为43.75%和100%。各类案件涉案金额262.21万元，同比减少1,486.03万元。全省银行业全年累计成功堵截案件11件，其中百万元以上案件2件，因成功堵截案件减少风险金额4,286.51万元。

（七）银行业改革成效和活力进一步增强

一是武汉市商业银行更名为汉口银行并实现跨区域发展。二是武汉市农村信用社产权制度改革取得重大突破，组建武汉农村商业银行的申请已正式获得国务院批复同意，2009年初有望正式挂牌，这是

国务院批复组建的第一家副省级城市农村商业银行。三是中国进出口银行武汉代表处升格为湖北省分行获财政部批复。四是邮储银行及其分支机构的组建顺利完成。五是新型农村金融机构试点取得新的进展，目前全省已有8家村镇银行开业，12月16日，美国花旗银行在公安县设立的贷款子公司正式挂牌开业，这是自2007年湖北省新型农村金融机构试点以来获得的第6项全国第一。六是外资银行保持良好发展态势。日本瑞穗实业银行武汉分行的筹建工作已完成，即将挂牌开业，这将是湖北省引入的第4家外资银行；法国兴业银行武汉分行成功转制；汇丰银行武汉分行中南支行已正式开业，第4家支行沌口支行已批复筹建。七是金融中后台服务和管理机构持续发展。已有9家银行的16个金融后台服务和区域管理总部设在武汉。同时，深圳发展银行准备在武汉设立分行，其他股份制商业银行近两年将在武汉城市圈增设11家分支机构。

（八）信贷投放趋向审慎，部分运行指标有所回落

一是表外业务增幅回落。上半年表外业务发展较快，6月末全省表外业务同比增长57.8%，快于贷款增速44.2个百分点。但受股市下行影响，代理基金等代理业务下降较快，到9月末，表外业务同比仅增长55.1%，比6月末下降2.7个百分点，增长势头有所放缓。二是个人贷款增幅回落。第三季度末，全省银行业个人贷款余额1,125.4亿元，增长2.44%，低于第二季度末增幅0.55个百分点，其中信用卡业务、汽车、个人住房按揭贷款分别较第二季度末增幅下降1.22个百分点、11.8个百分点、0.95个百分点。三是盈利增长回落，全省银行业上半年盈利大幅增长的势头在下半年有所放缓，四个季度分别实现结益57.20亿元、63.7亿元、55.8亿元、27.79亿元，下半年盈利明显减少。

二、2009年湖北省银行业面临的主要问题

（一）经济下行显现，面临行业风险上升压力

2008年，受经济下行影响，湖北省部分经济运行指标增幅有所回落，部分企业销售收入减少、经营出现困难，银行业面临的实体经济效益下滑带来的信用风险明显增大。

（二）企业还款能力下降，面临不良贷款反弹压力

第三季度以来，省内银行业的风险已有所显现。一是关注类贷款增加。全省银行业新增关注类贷款大部分发生在第四季度。二是个人贷款违约增加。三是信用卡风险上升。

（三）资金需求不平衡，面临结构调整压力

今后一段时期，社会资金需求可能出现相对复杂的局面，呈现“两增两减”的趋势：基础设施及相关行业、企业贷款需求迅速增加，中小企业贷款需求增加，而大型优势企业由于调减生产规模，有效信贷需求减少，个人贷款需求则由于资产持续缩水而明显下降。这种非均衡的贷款需求结构，加大了银行信贷结构调整的难度。

（四）理财业务风险增加，面临金融创新压力

受全球金融危机影响，银行个人理财市场发生较大变化，理财产品的收益形势严峻，各类风险突出。一是市场风险突出。全省银行业浮动收益率为负的理财产品同比有所增加。二是声誉风险突出。三是操作风险突出。

（五）宏观政策调整频繁，面临盈利下降压力

一是国家征收燃油税政策调整后，二级公路收费还贷政策机制将取消，银行公路贷款的偿还面临新问题。二是自2008年9月份以来，央行连续5次降息，特别是不对称降息，银行存贷款利差呈收窄趋势。三是房贷新政在影响新发放按揭贷款利率的同时，也使存量按揭贷款的利率相应下浮，按揭贷款可能成为收益率较低的贷款品种，利差缩小，对银行业零售业务发展战略带来影响。

（六）中小企业面临困境，面临信贷支持压力

中小企业资金链紧绷，尤其是经营中遭遇困境的大型企业的上下游中小企业经营状况恶化，急需获得信贷支持。由于中小企业融资信用不足、整体抗风险能力较弱的状况尚未根本改变，加之中小企业贷款的中介担保机构和中介服务体系尚不完善，银行对中小企业信贷营销尽职免责制度还没能完全建立，中小企业信贷融资依然困难。

三、2009年湖北省银行业发展与监管举措

（一）统一认识，坚定信心，全力保增长

当前我国经济增速下行是经济周期性调整、国家宏观调控和世界金融危机叠加影响的结果，但中西部地区在此轮经济下行过程中的经济数据明显优于全国。中西部地区在工业化、城市化和产业结构升级的过程中，地理位置处于扩大内需的市场腹地，接受沿海地区的大规模产业转移，扩大内需的投资计划对中西部地区的拉动效应很有可能较东部地区更为明显，中西部地区将成为2009年经济增长的引

擎。湖北省提出2009年GDP增长10%以上的经济发展目标，高出全国两个百分点，全省银行业贷款增幅力争高于全国平均增幅、高于全省GDP增幅、高于上年贷款增幅。

(二)坚持“三联”，加强合作，扩大内需

按照中央已确定的投资方向和领域，坚持“三联”，即银政联动、银企联手、银银联合。在银政联动上，按扩大内需及具体项目要求安排好2009年的信贷工作，在规范操作、切实防范风险的基础上使资金安排与内需项目对接好、与重点企业对接好、在银行内部操作好。在银企联手上，对暂时困难企业给予充分体谅，尽量简化手续，适当下浮贷款利率，减少企业融资成本。在银银联合上，鼓励对新的重点大项目实行银团贷款；对信用状况和成长性良好但暂时出现资金或经营困难的企业不急于收回贷款；支持实行俱乐部贷款，发挥银行业整体力量，共同帮助企业渡过难关，共同防范银行信贷风险。同时，积极开展有利于促进消费的金融创新，在防范风险前提下扩大银行卡业务，加大对汽车、家电等消费需求的支持，促进城乡消费和消费升级。

(三)区别对待，有保有压，调整结构

按照中央和中国银监会的政策要求，适当限制对一般加工业的贷款，限制对高能耗、高排放和资源消耗型企业贷款，同时抓好重点领域的信贷支持。一是支持大型企业兼并重组，促进技术进步、产业结构调整和资源优化配置，按照《商业银行并购贷款风险管理指引》要求，开展并购贷款业务。二是支持小企业发展。2009年，各银行业金融机构小企业贷款增速应不低于全部贷款增速。设立小企业信贷专营服务机构，实行对小企业不良贷款、信贷综合成本等单独考核，形成有特色的激励约束机制，并提高专业队伍培训的能力。三是加大对涉农信贷的支持。加快发展多种类型的新型农村金融组织，对因自然灾害等不可抗力因素而不能按期还款的贷款实行展期，并视信用记录合理确定贷款分类。

(四)防范风险，严控不良，防止反弹

中国银监会决定2009年不良贷款的监管目标将在保持合理容忍度的基础上，由“双降”调整为“双控”，即要坚决控制商业银行不良贷款余额快速反弹，并将不良贷款比例有效控制在2008年底的水平内。各银行业金融机构结合自身实际提出审慎控制目标，并报监管部门备案。农村中小金融机构仍要坚持不良贷款“双降”目标。

(五)强化治理，规范运作，促进改革

坚持用改革的办法解决湖北银行业的历史遗留问题，夯实湖北银行业持续稳健发展的体制机制基础。一是武汉市农村信用社尽早完成农村商业银行组建工作，湖北省农信联社按照组建银行类机构的要求，积极支持符合条件的地市联社、县联社改制为农村合作银行或农村商业银行。二是进一步完善城市商业银行的公司治理结构，积极引进境内外战略投资者，优化股权结构，继续推进城市商业银行机构向县域延伸和跨区域发展。三是继续推进农业银行股改的准备工作。四是推进政策性银行和邮储银行改制转型。五是继续推进新型农村金融机构试点工作。按照《湖北省2009－2011年新型农村金融机构试点发展规划》要求，扩大试点范围，科学规划，稳妥推进。六是继续推进武汉银行业对外开放。七是积极规范地参与小额贷款公司试点工作。

(中国银行业监督管理委员会湖北监管局)

2008年湖北省证券期货市场运行情况

2008年是我国资本市场经历严峻考验的一年，也是湖北资本市场经受住严峻考验的一年。受历史罕见的雨雪冰冻等严重自然灾害和严峻复杂的国际国内经济形势影响，我国资本市场波动加剧，市场估值水平创历史新低，企业上市和再融资步伐放缓，融资额大幅下降。在省委、省政府的领导和各市（州）政府、省直有关部门的大力支持下，全省证券系统积极应对复杂形势，切实维护市场稳定，充分发挥市场功能，积极推进企业上市工作，努力扩大直接融资规模，不断提高市场主体质量，湖北资本市场改革发展各项工作都取得了新进展。

一、资本市场融资及上市公司运行情况

截至2008年末，全省共有64家上市公司，占境内上市公司总数的3.9%，居各省市第9位。2008年末，全省上市公司总股本335.69亿股，同比增加7.52%；总资产2,969亿元，同比增加13%；净资产1,088亿元，同比增加8.59%；总市值1,856亿元，较2007年末下降64.91%。占同期全省GDP的16.38%。2008年，全省企业上市工作取得积极进展，直接融资规模进一步扩大，上市公司质量有所提高。

1. 企业上市工作取得积极进展。在省政府的强力推动下，各市（州）政府全面贯彻落实《省人民政府关于推进企业上市的若干意见》，积极加强后备资源培育，不断完善上市工作机制，切实加大政策支持力度，推动企业上市工作取得积极进展。2008年全省共新增14家上市辅导备案企业，武汉金凰珠宝股份有限公司、武汉光讯科技股份有限公司、潜江永安药业股份有限公司、武汉南国置业股份有限公司、湖北国创高新材料股份有限公司、武汉高德红外股份有限公司、湖北新火炬科技股份有限公司等7家公司向中国证监会报送发行申报材料，其中武汉光讯科技股份有限公司的首次公开发行股票申请获得中国证监会发行审核委员会审核通过，另有5家公司的发行申请正在审核过程中。截至2008年末，全省尚有16家公司处于上市辅导期，一批企业进入省市各级上市后备资源库，初步形成了“储备一批、辅导一批、申报一批”的上市工作格局，为持续推动企业上市工作储备了资源。

2. 直接融资规模进一步扩大。全年共有6家公司实施再融资，再融资家数超过2007年的5家。其中1家公司（武汉中百）实施配股，4家公司（华新水泥、合加资源、天茂集团、福星科技）实施定向增发，1家公司（葛洲坝）发行可转换债券，共计筹集资金61.1亿元，全省上市公司历年来通过证券市场募集资金累计达到614.67亿元。与此同时，潜江制药的定向增发申请已获证监会核准，还有7家上市公司上报再融资申请材料，为进一步扩大直接融资规模奠定了基础。此外，2008年全省还有4家公司（凯迪电力、ST幸福、ST天华、ST三安）通过向特定对象发行股票购买资产，共计注入资产50.59亿元，进一步壮大了资产规模，改善了资产质量。

3. 上市公司并购重组工作取得积极成效。全年共有10家上市公司进行了并购重组，其中楚天高速、武汉控股、兴发集团等公司通过并购重组进行资源整合，进一步做强做大，经营能力得到明显提高；ST天颐、ST天华、ST幸福相继完成重大资产重组工作，实现了脱胎换骨的转变，资产质量和持续经营能力得到极大改善，有效化解了退市风险；*ST潜药重组方案已获证监会有条件通过；S*ST万鸿、ST国药、ST道博等公司的并购重组也正在推进之中。通过上述工作，全省上市公司结构明显优化，资产质量不断提高。

4. 上市公司经营业绩有所下滑。受国际金融危机和国内经济金融形势影响，全省上市公司整体业绩从2008年第三季度开始出现下滑，第四季度整体亏损，导致全年整体业绩低于2007年水平。2008年，全省上市公司共计实现营业总收入2,099亿元，同比增长24.57%；实现利润总额140亿元，净利润112亿元，分别比2007年下降32%和36%；64家上市公司加权平均净资产收益率10%，同比下降33%；加权平均每股收益0.14元，同比下降51%。

二、证券业运行情况

截至2008年末，全省共有2家证券公司，105家证券营业部，占全国营业部3,088家的3.44%，证券经营机构数量在全国排名第9位。截至2008年底，全省证券营业部资产总额为205.89亿元，占全行业资产总额的2.83%；资产总净值20.3亿元，占全行业的3.09%；证券投资者开户数310万户，占全国开户数7,229万户的4.38%，在全国排名第8位；营业部部均开户数2.92万户，高于全行业平均水平的

2.41万户。2008年，全省证券经营机构坚持合规运作，证券业基本保持了稳健运行。

1. 证券公司创新发展取得积极进展。2008年，长江证券股份有限公司（以下简称“长江证券”）继续探索创新发展，壮大资本规模，拓展业务范围，顺利实施了长江超越理财2号、3号、5号等集合资产管理发行计划，并相继获得了为期货公司提供中间介绍业务（期货IB业务）资格、上海证券交易所大宗交易系统合格投资者资格和公开市场业务一级交易商资格，进一步拓宽了公司参与各项创新业务的范围。公司的定向增发申请正在证监会审核过程中。天风证券经纪有限责任公司（以下简称“天风证券”）于2008年初将注册地由四川成都迁入武汉市。

2. 证券业结构进一步优化。2008年，全省共有8家证券营业部进行同城迁址，4家营业部迁出湖北；42家进入风险处置证券公司在辖区内的证券营业部被创新试点、规范类券商收购，并完成翻牌，营业部资源逐步向优势券商集中；相关证券公司在省内设立的18家违规证券经营网点得到有效清理，全省证券业结构明显改善。

3. 证券公司规范运作水平进一步提高。长江证券、天风证券2家证券公司认真落实各项基础性制度要求，切实健全内部约束机制，完善内部控制制度，从建立风险控制指标、建立“隔离墙”制度、账户规范等方面着手，加强内控管理，规范经营行为，确保了合规稳健经营；2家公司均按期完成了账户清理工作，按要求建立并实施了合规管理制度，做好了2007年年报编制和相关信息披露工作，初步建立了客户回访制度，规范化运作水平得到了进一步提高。

4. 证券公司风险处置顺利收口。武汉证券有限责任公司（以下简称“武汉证券”）于2008年1月8日进入司法破产程序。截至2008年末，全省被处置机构高达5.65亿元的个人债权基本收购完毕，挪用的客户交易结算资金缺口除极小部分待激活的小额休眠户外也全部得到弥补。经过综合治理，全省证券业历史遗留问题风险得到有效化解，行业结构明显改善。

5. 证券业经营压力逐步显现。在2008年全国证券市场出现大幅波动、交易量不断萎缩的情况下，全省各证券经营机构面临的经营压力也开始逐步显现。长江证券和天风证券2008年累计实现营业收入20.72亿元，较上年下降了58.80%；累计实现净利润7.40亿元，较上年下降了68.33%；累计交易金额为8,231.08亿元，较上年下降了40.25%；指定与托管证券市值为735.20亿元，较年初下降了34.12%。全省105家证券营业部全年共实现代理交易额1.82万亿元，占全行业累计交易量的2.91%，同比下降35.91%；实现营业收入32.81亿元，净利润17.99亿元，分别比2007年下降36.27%和38.7%。但从总体来看，经过综合治理，全省证券业抗风险能力明显提升，在2008年市场环境发生重大变化的情况下，全省证券业仍保持了整体盈利，105家证券营业部仅有2家亏损。

三、期货市场运行情况

截至2008年末，全省共有3家期货公司、19家期货营业部。3家法人机构资本金2.38亿元，净资本2.42亿元，客户权益6.49亿元，分别比上年增加25.26%、32.24%和64.30%。2008年，湖北期货市场持续保持高速增长势头，交易活跃，投资者人数和交易保证金继续增加。

1. 期货公司规模进一步壮大。2008年，省内3家期货公司全部完成增资扩股，其中长江期货有限公司增资到1亿元，美尔雅期货经纪公司增资到5,990万元，湘财祈年期货经纪公司增资到7,800万元，公司实力明显增强。3家期货公司全部取得了金融期货交易结算业务资格或经纪业务资格，为拓展金融期货业务打下了基础。

2. 期货经营网点进一步优化。2008年，相关期货公司共在省内新设了8家期货营业部，全省期货经营机构增加到22家，范围基本覆盖全省主要大中型城市和矿产、农作物主产区。此外，省内还有5家期货营业部进行了迁址，布局进一步得到优化。

3. 期货交易量进一步放大。2008年全省期货交易量3,528.45万手，同比上升37.08%；交易额1.74万亿元，同比上升67.30%，占全国市场份额的2.81%，创历史最好水平。各期货经营机构手续费净收入1.32亿元，同比上升60.98%。

（中国证券监督管理委员会湖北监管局）

2008年湖北省保险市场运行情况

2008年，湖北省保险市场发展取得显著成绩。全省全年累计实现原保险保费收入317.15亿元，同比增长63.71%。其中，财产险公司实现保费收入58.32亿元，同比增长22.45%，占市场份额的18%；人身险公司实现保费收入258.83亿元，同比增长77.15%，占市场份额的82%。保险公司各项赔款及给付85.89亿元，同比增长23.45%。其中，财产险公司赔款支出41.55亿元，同比增长42.6%；简单赔付率为71.24%，同比上升10.06个百分点；人身险公司赔款及给付支出44.35亿元，同比增长9.66%；简单赔付率为17.13%，同比下降10.55个百分点。中介渠道累计实现保费收入278.42亿元，占全省总保费的87.89%。其中，专业保险代理机构、保险经纪机构分别实现保费收入4.79亿元和6.43亿元，占全省总保费收入的比重分别为1.51%和2.03%。截至年底，全省保险公司总资产481.77亿元，比年初增加120.83亿元。其中，财产险公司资产总额达51.69亿元，比年初增加10.22亿元；人身险公司资产总额达430.07亿元，比年初增加110.62亿元。

2008年保险市场的发展呈现出以下特点：

一、发展速度明显加快

2008年，全省规模保费和保费同比增幅两项指标持续向好。全年保费规模在全国排名第11位，比上年底提升2位；保费增幅较上年同期提高43.23个百分点，是近十年来增长最快的一年；排名全国第1位，比上年底提升28位。其中，产险公司保费规模在全国排名第17位，和上年底基本持平；保费增幅排名全国第6位，比上年底提升30位。寿险公司保费规模在全国排名第11位，比上年底提升2位；保费增幅排名全国第3位，比上年底提升13位。

二、业务结构明显优化

财产险公司非车险业务较快发展。2008年，财产险公司效益较好的非车险业务实现保费收入20.46亿元，同比增长56.12%，高于车险保费增幅46.44个百分点；对财产险公司新增保费的贡献度为68.76%，较上年底提高了33.16个百分点。

人身险公司险种结构得到改善。在第三季度以来市场下行压力不断加大的情况下，我省投资型业务井喷增长势头得到了遏制。12月当月投资连结保险和万能保险分别负增长73.99%和26.64%；分红保险保费收入同比增幅虽然达59.86%，但发展速度明显放慢，较第二季度末下降了94.74个百分点。同时，人身险可持续发展能力增强，全年累计实现标准保费52.06亿元，同比增长45.15%，增幅高出全国平均水平10.4个百分点。

三、市场秩序明显改善

公司经营成本上升势头得到遏制。2008年，我省财产险公司业务及管理费用率为22.63%，较2007年底下降2.91个百分点，节省支出1.4亿元；已赚保费综合费用率为33.45%，低于全国平均水平2.84个百分点，较2007年底下降3.31个百分点，节省支出1.56亿元。特别是通过加大监管力度，车险手续费率从年初的40%下降到15%，由此减少保费漏损9亿元。同时，人身险公司经营费用也得到有效控制，全年综合费用率为14.79%，同比下降2.17个百分点，节省支出5.63亿元。

风险得到有效防范。剔除雪灾赔付3亿元的因素，全年实际赔付增幅为32.3%，低于全国平均水平1.2个百分点。从财产险公司看，随着私家车“见费出单”制度的贯彻落实，车险应收保费从第二季度末逐月回落，到12月底应收保费总量已下降47.33%；应收保费率为7.39%，在8%警戒线范围之内。从人身险公司看，退保金增速处于历史较低水平，全年全省退保金为27.92亿元，同比下降4.54%，较上年同期降低了32.72个百分点，低于全国平均水平9.34个百分点；退保率为3.71%，低于全国平均水平0.07个百分点。

四、服务经济社会的能力明显增强

紧紧围绕我省农业大省的实际，积极发展“三农”保险，服务全省新农村建设。2008年，共实现政策性“三农”保险签单保费5.17亿元，同比增长392%。其中：水稻保险承保2,523万亩，实现签单保费3.5亿元；奶牛承保29,062头，保费1,046万元；“两属两户”农房承保100.37万户，保费903万元；农民工承保28万人，保费1,420万元；能繁母猪承保238万头，保费1.43亿元。“三农”保险累计赔付2.66亿元，其中水稻赔付1.84亿元，能繁母猪赔付7,239万元，奶牛赔付510万元，农房赔付382万元，农民工赔付73万元。另外，积极开展农村小额人身保险试点。2008年9月下旬，中国人寿在荆州、宜昌等6个地区的16个县(市)正式启动小额人身保险试点工作,到12月底已承保38.91万人,实现保费489.39万元。

重点领域发展进一步加快。一是责任保险服务领域不断拓宽。公众责任险、雇主责任险、产品责任险、职业责任险领域都取得不同程度的进展,环境污染责任险开始试点。到12月底,责任保险实现保费2.29亿元,同比增长24.38%。二是商业养老和健康保险实现较快发展。全年全省年金保险保费收入19.02亿元,同比增长14.58%,给付支出5.41亿元,同比下降0.37%;健康险保费收入15.49亿元,同比增长37.57%,支付赔款7.14亿元,同比增长46%。截至12月底,全省已积累寿险责任准备金656.15亿元。

2008年,湖北省保险市场运行存在的主要问题,一是财产险公司车险业务发展亟待加快。截至12月底,车险业务实现保费收入37.86亿元,较上年同期仅增长9.68%,低于全省财产险平均增幅12.77个百分点。其中,交强险业务实现保费收入14.91亿元,较上年同期增长3.16%,低于车险业务同比增幅6.52个百分点。从各财产险公司看,成立5年以上的11家财产险公司中,有7家公司车险保费收入同比增幅低于全省平均水平。其中,排名末五位的为安邦保险、大地保险、平安产险、天安保险和永安保险,同比分别负增长30.86%、21.17%、13.14%、3.85%和1.37%。车险发展较慢,与车均保费较低密切相关。2008年,我省财产险公司汽车保险业务的车均保费为1,993.69元,同比下降6.75%。二是人身险公司业务结构仍需进一步调整。表现在:首先,直销业务比重小。截至12月底,银邮代理、个险营销及公司直销渠道分别实现保费137亿元、107.3亿元和12亿元,同比增速分别为209.13%、23.58%和-11.72%,三个渠道保费占人身险总保费比重分别为53%、42%和4.6%。直销业务在三个渠道中发展较慢,占比较低的问题十分突出。其次,意外及健康险比重小。2008年,人身险公司意外险和健康险业务保费收入分别为3.53亿元和14.59亿元,同比增幅分别为6.99%和31.35%,占人身险总保费的比重分别仅为1.4%和5.6%。再次,期交业务比重小。截至12月底,人身险公司累计实现新单保费188.47亿元,其中新单期交保费35.98亿元,占新单保费比重为19.08%,低于全国平均水平0.68个百分点。四是保障型业务比重小。截至12月底,我省投资型业务合计实现保费185亿元,占全省人身险保费收入的82%,而传统保障型业务占比只有18%,与上年同期占比(32%)相比下降了14个百分点。三是保险业整体经营效益有待进一步提高。从财产险方面看,各公司承保亏损7.09亿元;综合赔付率81.56%,高于全国平均水平8.48个百分点。其中亏损最大的三家公司分别为人保财险、天安保险和中华联合,三家公司亏损额占产险公司总亏损额的62%。从人身险方面看,短期险经营效益不容乐观。截至12月底,全省人身险公司实现短期险保费收入9.49亿元,同比增长26.4%,超过全国平均增速1.2个百分点。从利润情况看,意外险虽有3,500万元的承保利润,但健康险却出现近1.32亿元的亏损,综合赔付率高达99.9%,使得全省人身险公司的短期险综合赔付率达到73%,高出全国平均水平17个百分点;承保利润率为-26%,比全国平均水平低19个百分点。

(中国保险监督管理委员会湖北监管局)

2008年湖北省国际收支运行情况

一、总体情况

2008年，湖北省通过银行间接申报跨境收付汇总额267.6亿美元，同比增长31.5%，增幅相比上年同期下降12个百分点。2008年湖北省跨境资金流动的总体情况可以概括为：与上年同期相比，收支仍保持增长的态势，收入和顺差增幅急剧下降，付汇增幅略有上升，金融危机的影响从2008年11月开始逐渐显现。

二、特点及原因

(一)金融危机对湖北跨境收支的影响具有时滞效应，拐点出现在10月底

始于2008年初的全球金融危机对湖北实体经济的影响较为滞后，2008年1—10月，湖北经常、资本各账户的收支情况保持了强劲的增长势头，而从11月开始，各项数据均较上年同期有大幅减少。2008年前十个月跨境收支总额同比增长高达42.48%，收入和支出同比增长也分别高达41.85%和43.39%；而11—12月，湖北省跨境收支总额相比上年同期减少14.7亿美元，同比下降34.88%，其中跨境收入同比下降37.04%，跨境支出同比下降31.78%。虽然全年仍维持“双顺差”，但前十个月顺差额同比增幅较大，后两个月顺差额则首次出现同比下降。经常账户和资本账户前十个月顺差相比上年同期分别增长49.85%和30.86%，而11—12月则分别同比减少了3.51%和79.07%，金融危机对湖北实体经济的影响从10月底开始逐渐显现。

(二)全省商品贸易收入增长疲软，贸易顺差增速减缓

2008年湖北省实现贸易顺差26.41亿美元，同比增长20.49%，相比上年同期增幅下降126个百分点，贸易顺差增幅减缓非常明显，原因在于11—12月出口贸易额的急剧下滑。由于国外需求萎缩和国际原材料价格高涨，湖北省2008年对外商品贸易收入112.92亿美元，比上年同期增长30.62%，同比少增10个百分点，而商品贸易支出86.51亿美元，比上年同期增长34.05%，同比多增12个百分点。金融危机爆发后，出口下降较为严重的行业主要有化工业和纺织业。由于国际原油价格在2008年上半年的持续增长和铁矿石价格持续高位，导致湖北省制造业特别是钢铁制造业和汽车制造业进口成本增加。进口增速较快的企业主要集中在资源类进口企业，这充分反映了国际原材料供求情况的变化。

(三)加工贸易收入增长乏力，预期增长潜力较大

湖北省2008年加工贸易收入1.28亿美元，支出1.04亿美元，比上年同期分别增长19.62%和433.8%，收入增长较上年下降而支出的迅猛增长预示着未来几年将有较大规模的加工贸易出口。

(四)服务贸易收入增速大于支出，逆差减少

2008年湖北省服务贸易逆差为5.93亿美元，其中收入5.57亿美元，支出11.5亿美元，年均增速分别为102.07%和16.64%，由于收入增速远大于支出，因而相比上年逆差减少1.39亿美元。但同样受到金融危机影响，服务贸易收支总额前十个月相比上年同期增长42.44%，而后两个月却同比下降42.70%。湖北省服务贸易收入主要来源于建筑安装服务和其他商业服务。

(五)受国外投资者在中国投资收益持续汇出的影响，收益项下逆差进一步扩大

2008年，湖北省收益项下逆差相比上年同期增加0.66亿美元，收益项下逆差进一步扩大。2008年国外投资者直接投资收益汇出3.25亿美元，同比增长47.06%。

(六)经常转移项下支出增速大于收入增速，但总体保持顺差

2008年，湖北省经常转移项下收入3.51亿美元，支出0.41亿美元，同比分别增长14.1%和84.02%，其中前十个月收入和支出相比上年同期分别增长31.15%和101.01%，而11—12月则同比分别下降44.4%和6.45%，拐点显著但并未影响经常转移顺差持续增长的趋势，全年实现顺差3.1亿美元，同比增长8.58%。2008年全省侨汇收入1.6亿美元，占经常转移收入的45.58%。

(七)资本和金融账户顺差略有增加，增幅下降较为明显

2008年，湖北省资本和金融账户收入27亿美元，支出3.37亿美元，收入远大于支出，但收入比上年同期仅增长3.57%，增幅减少73个百分点，支出

比上年同期减少 19.18%。资本和金融账户顺差23.63 亿美元,相比上年同期增长 7.89%,增幅同比减少 57 个百分点。

(八)投资资本金流入保持平稳增长

2008 年我省直接投资资本金收入 17.15 亿美元,比上年同期增长 26.19%。

(九)境外投资缓步增长

2008 年我省对境外直接投资资本金项下支出2,755 万美元,比上年同期增长 8.64%。虽然国家鼓励企业境外投资,通过境外建厂和设立子公司的方式绕开贸易壁垒,但我省企业境外投资意愿不强,2008 年我省对外投资排名前列的企业均为外资企业或合资企业。

(国家外汇管理局湖北省分局)

第二部分

金融业概况

CHAPTER 2

GENERAL FACTS OF FINANCIAL INSTITUTIONS

一、人民银行和金融监督管理部门

中国人民银行武汉分行

2008年，面对复杂的经济金融形势和艰巨的履职任务，中国人民银行武汉分行党委在总行党委正确领导和地方党委、政府大力支持下，坚持用科学发展观统领全局，按照“制度立行、调研兴行、创新强行、从严治行”的工作思路，提前谋划起步，勇于探索创新，在履职和党建等各方面都取得了新的成绩。

2008湖北金融文化节暨理财博览会于10月10—12日在武汉国际会展中心举行。图为湖北省副省长赵斌(左)和中国人民银行武汉分行行长张静(中)在博览会上。

【货币信贷政策】

年初，总行提出执行从紧的货币政策，武汉分行积极加强政策学习，准确把握政策原则和重点，根据辖区实际，坚持将“结构调整”作为贯彻货币政策的着力点，提出了紧中求稳、紧中求进、紧中求活、紧中求新的落实思路，较好处理了执行从紧货币政策与支持地方经济发展的关系。一是密切关注从紧货币政策实施后辖区经济金融稳定。坚持按月监测分析地方法人金融机构的流动性状况，防止发生流动性风险；积极加强窗口指导，努力保证全省信贷总量平衡增长。面对年初雨雪冰冻灾害，分行组织了8个专班，由行领导带队深入灾区调研，了解灾后重建和恢复生产对金融服务的新要求。在此基础上，代省政府起草了《关于恳请进一步加大对我省灾后重建资金支持力度的请示》，被国务院转批财政部、人民银行、银监会办理。及时出台金融支持灾后重建指导意见，利用差额存款准备金、支农再贷款等政策工具，引导金融机构做好恢复生产和春耕备耕的信贷支持。二是坚持有保有压，积极引导金融机构加大对经济社会发展薄弱环节的支持力度。大力支持“全民创业带就业”工作，按季通报金融机构小额贷款发放情况，促进下岗失业人员贷款快速增长。前三季度，全省就业再就业小额担保贷款同比增长149.7%，余额已达3.92亿元；认真协调、督促做好助学贷款工作；积极搭建中小企业融资平台，中小企业贷款占比比上年同期提高了2.5个百分点。三是大力推动发展直接融资。组织了“企业直接融资培训班”，向全省200家企业及金融机构、经济管理部门的负责人介绍了短期融资券、中期票据、企业债券等直接融资工具；2008年全省已有4家企业累计发行短期融资券79亿元，武钢发行中期票据20亿元。四是积极引导金融机构开展信贷创新。根据农村、中小企业融资需求特点，在2007年总结推出“行业协会＋联保基金＋银行”信贷模式的基础上，在全省推介如“龙头企业＋种植基地＋行社联合＋财政贴息”等适合农村、中小企业需要的信贷新产品83种，信用新模式12种，切实起到通过创新一个信贷产品、搞活一个企业、发展一个产业、带动一方经济的作用。

下半年，总行提出增强金融宏观调控的预见性、针对性和灵活性，把握好调控的重点、节奏和力度。对此调整，武汉分行及时向湖北省党政主要领导进行汇报，得到了省委省政府的高度认同。在省政府支持下，武汉分行承办了全省市(县)长金融知识培训班，既普及了金融工作知识，又及时传达了总行金融调控意图。同时，迅速采取有效措施抓好调整后的政策落实。一是及时召开信贷形势分析会、金融联席会议等进行窗口指导，督促各金融机构用足用活信贷规划及相关政策，加大非表内贷款资金投放力度，支持地方重点项目建设。二是对地方法人金融机构信贷规划实行全省调剂并制定了具体的调整实施意见。三是召开中小企业银企合作促进会，下发《加快中小企业贷款需求项目推荐和审批的通知》，引导辖内金融机构抓住实施适度宽松货币政策的机遇，进一步加大对中小企业发展的金融支持力度。四是积极探索对货币信贷政策执行效果进行评估分析，组织湖北辖内各中支结合地方实际情况，建立了以反映人民银行货币信贷政策实施效果为重点的金融机构评估制度，督导金融机构更好地贯彻执行货币信贷政策。

武汉分行执行货币政策的成效比较明显，截至2008年12月末，全省金融机构各项存款余额13,574.99亿元，同比增长21.09%；各项贷款余额为8,752.42亿元，同比增长16.76%，比年初增加1,305.59亿元。月度信贷投放总体均衡，支持全省经济保持了平稳快速增长态势。

【实施“调研兴行”战略】

1. 着力整合调研资源。建立了分行机关调研人才库，按照确定人员、固定领域、重点调研、适时培训、建立档案、动态管理的原则，选拔了45名调研骨干。通过多种形式开展培训和实践锻炼，培养了一批在各领域具有明显专业优势的调研人才，形成了多层次、多领域的调研人才体系。建立分行机关经济金融信息共享平台，制定了相关管理办法，明确工作职责，强化日常管理，在分行内网上实现了各类金融信息数据的有效共享，为推动全行调研工作开展提供基础支撑。

2008年5月8日，中国人民银行武汉分行参加由湖北省人民政府举行的武汉区域金融中心建设工作座谈会，听取专家学者和业内人士对建设武汉区域性金融中心的建议和意见。

2. 深入开展特色研究。继续加强对通货膨胀等具有重大现实意义的金融理论的研究，完成了《货币政策透明度与货币政策有效性——基于透明度指数和有效性系数的研究》等多项研究报告，并被总行通货膨胀专题报告采用。成功举办了“新形势下通货膨胀及治理”高层学术论坛，组织相关专家学者积极为有效治理通货膨胀建言献策。大力推进武汉分行特色课题和年度重点课题的研究工作，编发了武汉分行特色研究报告，组织了武汉分行年度重点课题中期报告会，督促课题承担单位按时完成课题研究任务。

3. 重点推进深度调研。围绕武汉城市圈“两型”社会综合配套改革试点，集中力量组织开展了“支持两型社会建设，推进信贷结构调整，促进区域经济协调发展”大型调研活动，对金融支持武汉城市圈现代服务业、新型工业化、现代农业、循环经济发展，支持弱势群体创业，以及推进全省担保体系建设和现代金融服务业发展等七个专题进行了深入调查研究，有关调研成果得到了省委省政府高度重视，7篇调研报告中有6篇获得省委省政府领导肯定性批示，相关政策建议也被纳入《金融支持武汉城市圈建设的指导意见》。同时，充分发挥分行机关调研人才库的力量，围绕农村金融、外汇管理与汇率政策、金融服务创新、金融系统安全、货币政策有效性等重点领域，开展了分行机关九大重点课题调研活动，完成相关调研报告40多篇，并通过各种渠道上报总行或公开发表。

4. 认真做好统计监测分析工作。继续开展金融统计数据大集中工作，完成了全省金融机构1999年至2006年历史数据入库与新旧系统数据的核对工作。配合地方政府，认真做好第二次经济普查工作，完成了经济普查单位名录的收集上报工作。深入分析辖区经济金融形势，完成并在一定范围内发布了《2007年湖北省金融运行报告》。加强统计制度建设，建立了湖北省金融机构信贷融资统计制度，加强对银行非表内融资业务的统计分析。继续依托已建立的各项监测平台，加强对物价、利率、信贷增长、企业景气、出口换汇成本等指标的监测分析，及时反馈存款准备金率调整、利率调整、金融“国九条”等重大政策出台后各界反映及在辖区的实施效果。全年，武汉分行共向总行和省委、政府反馈各类参阅信息300余篇，其中，《社会各界对金融“国九条”反映热烈》《政策调整后中小企业贷款增速加快》《湖北省金融机构加强金融创新，支持农村经济发展》《日本金融应对巨灾危机的经验及借鉴》等4篇信息被国务院领导签批，另外还有17篇调研分析成果被总行和省领导批示肯定。

湖北省举行征信知识宣传月暨“征信知识荆楚行”宣传接力活动启动仪式。

【金融服务创新】

2008年，武汉分行一手抓金融服务基础工作，着力加强系统安全维护，规范业务处理流程，强化合规性监管，确保在雨雪冰冻灾害期间和奥运会期间各重要业务系统安全稳定运行，向社会提供了优质高效的金融服务。同时，一手抓金融服务创新，在2007年底正式启动湖北辖区金融服务创新活动的基础上，按照“统筹规划、突出重点、整合资源、稳步推进、注重实效”的原则，围绕“建成五大平台，办好十件实事”的目标，确定分行营管部和湖北辖内12个中支承担了22个特色金融服务创新项目，通过精心组织，狠抓落实，目前已在湖北辖内初步形成“一行一品牌，一地一特色”的金融服务创新格局。

1．货币金银管理水平不断提高。继续实行发行基金调拨管理，通过召开省级金融机构季度现金收支分析会、建立人民币流通状况监测预警网络、加大发行基金横向调拨力度等方式，进一步提高了发行基金调拨科学管理水平。继续推进发行库标准化管理活动，在认真贯彻总行新《发行库管理办法》的基础上，结合辖内实际制定了《发行库标准化管理实施方案》，并选择在咸宁市中支开展试点。在部分地区推行无线加密预约管理系统和发行基金职能包装袋系统，有效提高了库房管理水平。继续加强对发行库的监督和检查，对湖北辖内13个中心支库和2个县级支库的制度执行和安全管理情况进行专项检查；认真落实库主任查库制度，督促被检查单位规范业务操作，消除安全隐患。继续开展反假货币工作，以推动“放心钱”工程为抓手，在开展反假货币宣传月活动、组织反假货币收缴工作执行情况检查的同时，重点加强了反假货币工作站建设，目前已在省内所有市（州）和80%的县（市）建立了4,886个长效反假货币工作站点，并在分行营管部成立假币鉴定中心，有效完善了反假货币网络体系。

2．支付清算效率稳步提高。继续加强现代化支付系统建设，成功推广小额支付系统银行本票业务；顺利完成外币支付系统上线工作；稳步推进小额支付系统定期借贷记业务。积极推动金融机构改进支付清算系统，先后为招行开通小额支付系统个人通存通兑业务及本票业务；为邮储银行开通了支付清算系统以及大小额、支票影像系统；并办理了工行、交行、光大银行支票影像系统间连改直连工程。继续加强农村支付清算基础设施建设，启动大小额支付系统直通乡镇工作，开展“三位一体”支付结算体系建设试点，努力实现支付结算服务“三通”目标（即大小额支付系统开通到乡镇、卡机自助设备接通到基层、结算特色服务直通到农村）。积极研究缓解办理银行业务“排长队”问题，拟订了湖北辖内集中代收费模式和相关实施方案，鼓励辖内中支通过开展“金融一卡通”试点等方式，加快推进小额定期借（贷）记业务。继续推动公务卡业务发展，不断优化农民工银行卡特色服务，完成了“武汉城市圈形象卡”发行工作。继续加强支付结算监管，推动账户实名制管理进一步得到有效落实。

3. 国库经理服务不断优化。国库集中支付改革和财税库银横向联网建设取得新进展，财政部、国家税务总局和总行已确定在湖北开展试点，目前全省已有 5 个市（州）财税库银横向联网系统正式上线运行，合计有 16 个国库机构、16 个地税机构、15 个国税机构，200 多家商业银行网点开展了横向联网系统业务。积极开展涉农补贴等国库直接支付业务，全省已有 6 个市（州）依托国库实现涉农补贴和农户养老保险直达农民个人账户，农机具购置补贴国库直达生产厂商。此项工作得到了总行副行长苏宁和湖北省委书记罗清泉的肯定，并在全国国库贯彻金融促进经济发展政策措施电视电话会议上做了交流。加强国库风险防范，组织开展了国库业务实地检查和国库会计等级创建验收工作，督促国库系统进一步强化内控机制，规范业务流程，确保国库会计核算质量和资金安全。继续做好国债发行和国债反假工作，督促商业银行提高鉴别能力，严把柜台审核关，坚决杜绝假国库券入库，防止国债资金遭受损失。

4. 反洗钱履职能力不断增强。认真开展银行业反洗钱评估工作，组织开展了对证券期货、保险业的现场检查，依法将信托、财务公司等机构纳入反洗钱监管范围。继续加强反洗钱资金监测，指导银行、信托等金融机构规范可疑交易信息报送，依法对发现的可疑交易线索开展行政调查，并将部分线索移交公安机关侦查。扎实开展反洗钱专项行动，加强了与公安、司法、外汇管理等部门的情报会商和沟通，协助公安机关破获洗钱及相关犯罪案件 3 起，涉案金额 4.29 亿元。积极做好金融机构大额现金存取管理工作，督促金融机构严格执行大额现金存取款管理规定，认真做好现金存取款管理系统的开发、试点工作。大力开展反洗钱学习调研工作，组织了“中部地区反洗钱论坛”，承担了“中部地区反洗钱特点研究”重点课题，进一步加强了中部地区在反洗钱工作上的交流与合作。

中国人民银行武汉分行开展贯彻落实科学发展观解放思想大讨论活动。

【金融稳定和金融改革】

1. 积极做好金融稳定监测评估工作。建立法人银行机构风险监测周报制度，定期召开辖区金融风险分析例会，加大对中小金融机构风险及跨行业、跨市场、交叉性风险的监测分析力度，按时完成上报了辖区金融运行绩效和金融稳定评估报告。积极做好金融稳定再贷款信息管理系统的上线工作，依法加大金融稳定再贷款清收力度。大力加强金融突发事件应急管理，牵头完成了湖北省金融突发事件应急预案评估和修订工作。继续做好有关金融风险处置工作，全面完成了辖内人民银行牵头处置的高风险金融机构市场退出工作。

2. 积极做好金融改革发展推动工作。认真组织辖区农村信用社改革专项票据兑付考核工作。目前，全省 79 家农村信用社已有 78 家兑付专项票据，共兑付专项票据额度 68.07 亿元。为有效巩固农村信用社改革成果，及时制定农村信用社改革专项票据兑付后的监测预警方案，进一步完善了农村信用社改革监测体系。积极参与武汉区域金融中心建设。根据湖北省人民政府关于武汉城市圈“两型”社会建设和武汉区域金融中心建设的战略部署，分行成立了推进武汉城市圈“两型”社会建设领导小组及办公室，提出了加快武汉城市圈信贷市场一体化、票据市场一体化、支付清算一体化和金融信息一体化建设的思路，受到省政府高度重视并予以采纳。同时，还积极推动和协助省政府启动了小额贷款公司试点工作，拟在全省每个市(州)至少成立一家小额贷款公司。

3. 积极做好辖区金融生态建设工作。开发运行区域金融生态监测评价系统，完善了金融生态监测评估机制，认真组织开展了信用市(州)、最佳金融信用县(市)评审工作。进一步完善了个人和企业信用信息基础数据库，在提高数据录入率和质量的基础上，不断加强系统应用，利用征信系统数据按不同类别生成 20 多种信贷报表，为准确把握辖区经济金融运行形势提供更加丰富统计资料。有效推进中小企业信用体系和农户信用体系建设，为全省 9.7 万户未贷款中小企业、764 万户农户建立了信用档案，其中 1,833 户建档中小企业已累计获得银行信贷支持 120 亿元，221 万户建档农户已累计获得银行信贷支持 216 亿元。继续加强非银行信息采集工作，推动省政府出台了《湖北省个人信用信息采集与应用管理办法》，目前在电信缴费、法院诉讼、企业拖欠工资、质检和环保信息等方面的采集工作都取得了新的突破。继续加强宣传，组织了征信知识宣传月、征信知识荆楚行、征信知识知多少问卷调查等大型宣传活动，有效提升了辖内企业、居民的诚信意识。

【外汇管理和服务】

1. 积极推动贸易投资便利化，大力支持地方涉外经济发展。取消了异地付汇备案，允许直接投资项下外汇账户异地开户，扩大进口报关单无纸化核销试点，有力支持武汉城市圈“两型”社会综合配套改革试点和地方“大通关”建设。加强外汇政策与地方产业政策的配合，运用经常项目管理方式创新和试点政策，支持武汉市汽车及零部件出口基地建设，及时帮助富士康、武汉新芯集成电路公司等高新技术企业解决进口付汇中的困难，有力支持了地方高新技术产业发展；继续深化集团公司外汇集中收付改革试点，在帮助武钢财务公司做好外汇资金集中收付改革的基础上，又成功为其申请内部结售汇业务资格，目前，武钢财务公司是中西部第一家获得结售汇业务资格的非银行金融机构。同时，还扩大了外汇集中收付改革的试点范围，支持中远财务公司 6 家湖北省境内成员公司参加外汇资金集中管理。

2. 认真落实资金流入流出均衡管理的方针，努力维护国际收支平衡。加强短期外债管理，严格将金融机构短期外债控制在总局规定的范围之内。认真做好外商直接投资外汇业务信息系统的推广和上线运行工作。认真执行出口收结汇联网核查、企业货物贸易项下预收货款外债登记管理等新政策，在政策范围内灵活、妥善解决政策执行中银行、企业面临的问题。同时，认真做好国际收支统计分析，加强跨境资金流动监测和调研，《湖北省外汇资金加速流出值得关注》等多篇信息被总局采用，为总行、总局领导决策提供了信息支持。

3. 切实加大外汇监管检查力度，努力维护良好的外汇市场秩序。认真学习贯彻新的《外汇管理条例》，倡导“和谐执法”理念，制定《湖北省银行外汇业务分类检查暂行办法》，创新交叉检查、分类检查方法，提高了检查成效。强化对金融机构外汇业务管理，通过实施“约见监管、内控监管、跟踪监管、纵深监管”，把外汇管理政策要求渗透在各个外汇业务环节中。加强与公安部门、反洗钱部门、支付结算部门的协调配合，较好完成了总局交办的各项外汇检查任务，并探索建立了一套行之有效的本外币协同监管、内外部相互协作的工作机制。开展外商投资企业资本金结汇及结汇资金使用情况等专项检查，严厉打击“地下钱庄”、网络炒汇和非法买卖外汇等违法犯罪活动，维护金融外汇秩序。

(中国人民银行武汉分行)

中国银行业监督管理委员会湖北监管局

2008 年，中国银行业监督管理委员会湖北监管局(简称湖北银监局)在中国银监会及湖北省委省政府的正确领导下，以科学发展观为指导，积极应对国际经济金融形势和国家宏观调控的变化，不断增强监管的针对性和有效性，充分发挥监管引领作用，促进了辖内经济金融的持续、协调、健康发展。

1. 积极引导银行业贯彻落实宏观调控要求，促进经济金融协调稳健发展

通过强化监管的“窗口指导”

作用，督促辖内银行业按照国家宏观调控要求加大了对经济的支持力度。国务院扩大内需十项措施出台后，迅速组织召开各银行机构负责人座谈会，并到十堰、襄樊、咸宁、鄂州、荆门、黄石等地开展调研，要求各行统一思想，抓好机遇，积极调整信贷策略，进一步促进地方经济又好又快发展。一是督促落实“四个加快”。根据国务院扩大内需促进增长的总体部署，迅速成立了支持湖北省银行业扩大内需、支持经济发展工作专班，在规范操作的前提下，督促各行加快项目的对接，加快企业的对接，加快内部的操作，加快向上级部门的汇报，在有效防范风险的前提下合理增加配套信贷投放，有力支持地方经济发展。二是督促制定“五个单子”。督促各家银行密切关注宏观调控动向，及时跟踪了解银行业经营情况，年底前制定五个单子：政策单子、措施单子、项目单子、总量单子、合作单子，把扩大内需政策落实到实际行动中去。同时，鼓励银行业通过发展银团贷款、俱乐部贷款以及组建银行债权团等方式加强同业合作，共同应对宏观经济形势不利变化下的经营风险。据统计，湖北银行业将对18个贷款项目组成银团，涉及贷款金额602.5亿元。三是督促加大金融支持力度。在充分调研的基础上，加大对基层银行机构的指导力度，督促其通过加快改革发展和健全运行机制进一步增强对中小企业、“三农”经济的支持力度，增强对县域和农村地区经济的渗透力。

2008年5月20日，湖北银监局与人民银行武汉分行联合召开全省银行业金融机构抗震救灾专题会议，积极动员全省银行业金融机构参与湖北省抗震救灾晚会的募捐工作。

2008年4月，在第三届中博会金融服务业推进论坛上，中国银监会副主席蔡鄂生发表重要讲话。

2.积极推进银行业改革和发展，服务武汉区域金融中心和“两型”社会建设

一是武汉市商业银行顺利更名为汉口银行并实现跨区域发展。二是武汉市农信社产权制度改革取得重大突破，组建武汉农村商业银行的申请已正式获得国务院批复同意，正紧张筹备。这是全国首家副省级城市设立的农村商业银行，对促进中部崛起战略的实施、武汉城市圈“两型”社会建设和社会主义新农村建设将产生深远而积极的影响。三是村镇银行等新型农村金融机构试点取得制度突破。按照“市场运作、模式多元、机制优先、积极稳妥”的原则，目前湖北省已有8家村镇银行开业，村镇银行数量居全国之首。9月，湖北仙桃北农商村镇银行成功发行了全国第一张村镇银行银联卡，这是我省新型农村金融机构试点以来荣获的第5项全国第一。此外，由美国花旗银行分别在赤壁市、公安县两地设立的贷款子公司，于9月正式获批筹建，其中，公安县贷款

2008 年 7 月 31 日，湖北银监局以十堰建行为试点行，组织推动欠发达地区经济资本管理优化模型试点工作，这是湖北银监局在常态化监管环境下，实施科学监管的又一重要举措。

子公司于 12 月 16 日挂牌开业，这是全国第一家由外资银行发起设立的贷款子公司，我省新型农村金融机构品种将更加丰富。四是外资银行保持良好发展态势。2008 年 8 月，瑞穗实业银行（中国）有限公司武汉分行正式获准筹建，这是落户武汉的第四家外资银行分行；法国兴业银行武汉分行成功转制；外资银行支行分支机构进一步延伸，汇丰银行武汉分行中南支行已正式开业，第 4 家支行沌口支行已批复筹建。五是金融中后台服务和管理机构持续发展。目前，已有 9 家银行的 16 个金融后台服务和区域管理总部设在武汉。金融中后台服务和管理机构在汉聚集，已成为武汉推进区域金融中心建设的一大特色和有利资源。六是多家股份制商业银行有意向“1＋8”城市圈域延伸机构。湖北银监局研究制定的《湖北省银行业支持武汉城市圈“两型”社会建设指导意见》下发后，多家股份制商业银行有意将其分支机构向“1＋8”城市圈延伸。据与各家银行总行沟通了解，未来 2－3 年内将有 11 家机构在武汉城市圈内增设分支机构。

3.积极强化监管引导，有效防范各类金融风险

一是做好风险提示。在宏观调控的新形势下，重点组织了全省银行业对房地产贷款业务、个人理财业务和集团客户等 3 个方面的风险评估，督促各银行业金融机构加强对重点行业、重点客户、重点业务的跟踪管理，既实现了风险关口前移，又强化了银行业风险意识。二是加强大额不良贷款监管。研究制定了《湖北银监局大额不良贷款风险处置工作的意见》，要求银行业认真开展大额不良贷款风险处置工作，并健全了大额不良贷款风险处置工作机制。三是武国投化债工作基本完成。经过长期的努力和耐心细致的工作，为下一步重新登记奠定了基础。四是处置非法集资工作步入常态化。组织召开了第二次湖北省处置非法集资联席会议，进一步完善了处非工作机制，制定印发了《湖北省 2008－2009 年处置非法集资宣传教育工作方案》，特别是开发了利用手机短信平台进行非法集资风险提示的新办法，贴身提示风险，引导社会公众自觉抵制和远离非法融资和非法集资活动，引起了省内有关媒体和公众的积极响应。五是案件治理取得明显成效。强化了对重点机构、重点地区的案件

2008 年 8 月 26 日，中国银监会主席刘明康在湖北省副省长赵斌陪同下与湖北银监局处以上干部进行座谈。

治理督导工作，对已发案件的整改和责任人追究情况进行了督导，确保责任追究落实到位。

4.积极推动监管创新，不断增强监管有效性

一是完善大额票据核查登记系统建设。根据系统要求，建立了湖北省票据市场运行状况季度分析制度，对大额票据登记核查系统密钥人员新增及变更加强管理，并对辖内各银行业金融机构大额票据录入情况进行核查，有效防范了操作人员内部操作风险和因缺录或录入不及时造成的查询风险。二是深入推进欠发达地区经济资本优化模型试点工作。针对经济资本管理在欠发达地区出现“市场失灵”现象，湖北银监局在建行十堰分行正式启动了全省第一家欠发达地区经济资本管理优化模型试点工作，引入地区GDP增速等指标，对经济资本占用和经济增加值进行了“修复性矫正”。试点效果良好。三是创新开展集成式现场检查。采用集成式、专家式的检查方式，对“东方花都”等3家房地产信贷业务进行了现场检查。在检查对象上，由银行机构转向重点楼盘；在检查方式上，由单纯检查银行机构转向同时注重借款人、中介机构等相关单位的延伸调查；在检查组织上，由监管处室单兵作战转向集成式检查；在检查效果上，由事后被动整改转向主动边查边改，收到了预期效果。四是认真开展监管资源整合。按功能监管的有关要求，对监管资源进行了整合配置，将银行一处、银行二处、股份制处、政邮处合并调整为非现场监管一处、二处，现场检查一处、二处，突出了市场准入、非现场监管和现场检查的职能作用，进一步提高了监管质效。五是举办了高管人员和重要岗位人员“2008年度金融法规及内控知识考试”，全省共有8,136人参加，是历届考试中规模最大的一次。至此，这项考试经过四年轮考基本完成。

2008年11月6日，中国银监会副主席蒋定之到武汉市农信联社调研武汉农商行组建情况。

5.积极推动改善金融服务，努力提升银行业社会公信力

一是积极构建支农新格局。进一步理顺了农信社管理体制，明晰了产权关系，农信社的管理体制改革取得了预期效果。全省邮政储蓄银行组建工作全面完成，邮储银行湖北省分行及各市（州）分行和县以下机构正式开业，标志着我省邮储银行改革步入全新的历史发展阶段。明确了农发行、国开行、农行等机构的支农功能，支持三家银行机构逐步向农村金融市场进行战略性渗透。通过发挥农信社、农行、农发行、村镇银行、邮储银行、国开行等6类涉农金融机构的功能作用，初步形成了“政府支持、监管推动、市场运行”的“六龙活水”的良好态势和格局，较好地支持了农村经济的持续、健康发展。二是积极改善农村金融服务环境。针对农信社历史包袱较重问题，积极争取省政府出台税收减免等优惠政策，并采取“政府推动、市场运作、引资改制、持续发展”的化解思路，制定了切实可行的处置方案，为取得化解突破迈出了基础性的一步。针对村镇银行经营中存在的风险补偿、可持续发展等问题，积极争取省政府在全国率先下发了《省人民政府办公厅关于支持村镇银行发展的通知》，就实施税收优惠政策、增强村镇银行支农实力、减轻村镇银行负担等问题进行了明确规定。同时，在中国银联总公司的支持下，村镇银行银联入网费按照注册资本金的1%（大约10万元）的标准收取（原标准300万元），率先解决了村镇银行发卡入网的难题。积极协调全省村镇银行零会费加入银行业协会，享受同业会员一切权利。三是稳步推进银团贷款。组织召开了银团贷款与交易委员会座谈会，进一步完善了《银团贷款合作协议》，2008年以来，全省签订银团贷款协议2个，贷款金额26.8亿元，使四年来我省银团贷款

2008年12月11日，湖北银监局召开全省城市商业银行2008年高管人员座谈会。

规模达到668亿元。四是小企业贷款推进工作迎难而上。面对从紧货币政策环境，湖北银监局组织部分银行交流灵活运用规模管理、落实有保有压政策、创新“六项机制”的经验及做法，得到了银监会的肯定。与省经委联系组织召开了全省中小企业银企合作促进会，现场签订贷款意向协议40亿元，承诺贷款153亿元。五是推动文明服务活动。会同银行业协会共同举办了“2008年迎奥运文明规范服务示范单位”和“服务效率先进单位”的评选活动，评选出全省80家文明规范服务示范单位和35家省级示范文明服务网点，以及20家服务效率先进单位和十佳理财产品，充分发挥了优秀典型的示范作用。六是积极组织抗震救灾活动。在汶川“5·12”特大地震发生后，迅速号召全省银行业大力发扬“一方有难，八方支援”的优良传统，以高度的社会责任感和对灾区人民的无限关爱，通过建立捐款资金汇划绿色通道、向灾区奉献爱心、发放特殊信贷紧急支援救灾商品生产等多种方式积极投入抗震救灾，充分展示了湖北银行业的良好形象。

6.不断规范内部管理，确保机关高效协调运转

一是努力提高干部队伍素质。大力推动监管专业带头人培养，建立了学分管理制度、考试督导制度和流动淘汰机制；认真组织“模范职工之家”、“青年文明号”、“青年岗位能手”等评选活动，形成了学先进、比奉献的良好氛围；开展“和谐银监会，温暖大家庭”主题演讲试点工作，调动了爱岗敬业的积极性。二是深入开展反腐倡廉教育。党委中心组带头加强反腐倡廉专题学习，选定中心发言人，定期集中学习中央纪委全会、国务院廉政工作会议和银监会纪检监察工作会议精神，较好发挥了榜样示范作用；认真组织开展警示教育活动和党风廉政建设巡查，保持了全系统廉政勤政的良好势头。三是着力推进财务管理标准化。继续深入推进“财务管理标准化”试点，在制度标准化、流程标准化、管理标准化、监督标准化、考评标准化等方面进行了积极探索和不断完善，同时召开了“财务管理标准化”现场推介会，为规范财务管理打下了基础。四是顺利搬迁，为机关高效运转创造良好工作环境。在银监会的大力支持下，湖北银监局于10月份顺利搬入新办公楼。针对搬迁后大楼人员复杂、管理难度较大的实际问题，迅速召开机关干部职工大会，要求全体员工牢固树立主人翁意识、规范意识、效率意识、节约意识、监管文化意识等五种意识，努力构建规范高效、文明和谐、有品位、有生机的良好办公环境，收到了明显效果。

7.认真部署学习实践科学发展观活动，确保活动取得实际效果

紧紧围绕党委提出的“提高监管有效性，以科学发展观指导监管实践，促进湖北银行业持续稳健发展，助推中部崛起战略实施和武汉城市圈‘两型’社会建设”的实践活动主题，结合监管工作实际开展了多种形式的学习实践活动。一是采取多种学习方式提高学习效果。采取开辟专栏、编发简报、制作板报、主要领导专题辅导等方式丰富学习形式，增强干部职工学习的互动性与实效性。二是班子成员深入基层调研。一方面，局领导分别与绝大多数处室干部职工座谈，面对面地沟通交流，听取改进工作的意见建议。另一方面，为应对当前国际国内经济金融形势变化，全面了解基层银行业经营状况，11月12日至14日，局党委班子成员分别带队，深入襄樊、十堰、咸宁、荆门、黄石、孝感等地，对银行业在宏观调控政策下的运行情况及改革发展问题等进行深入细致的调研，掌握了大量第一手信息，为下一步制定有关监管工作方案，确保科学发展观教育活动取得实效提供了重要依据。

（湖北银监局办公室）

中国证券监督管理委员会湖北监管局

2008年，中国证券监督管理委员会湖北监管局（简称湖北证监局）坚持以邓小平理论和“三个代表”重要思想为指导，认真学习实践科学发展观，深入贯彻党的十七大和全国证券期货监管工作会议精神，牢牢把握资本市场发展形势的变化，不断巩固股权分置改革、上市公司清收大股东及关联方欠款和证券公司综合治理成果，大力加强监管机制建设、信息系统建设和干部队伍建设，积极推进一线监管工作转型，切实加强投资者教育和诚信建设，全力维护市场稳定，努力提高一线监管工作质量和水平，各项工作都取得了明显成效。

【上市公司监管】

1. 支持企业上市融资。推动建立企业上市的领导和协作机制。配合省政府两次召开企业上市及证券期货市场工作会议，推动省政府出台了《关于推进企业上市的若干意见》，确立了市场导向、企业自主、政府推动的上市工作基本原则，明确了企业上市工作的目标和政策扶持措施。并通过签署备忘录等形式，与武汉、黄冈等市人民政府建立了推动企业上市的协作机制，就加强上市后备资源培育、推动企业上市工作和加强协同监管等事宜作出了明确规定。加强对拟上市公司的辅导监管。全年共对26家企业的上市辅导工作进行了监管，其中新增辅导备案企业14家；对武汉金凰珠宝股份有限公司、武汉光讯科技股份有限公司、潜江永安药业股份有限公司、武汉南国置业股份有限公司、湖北国创高新材料股份有限公司、武汉高德红外股份有限公司、湖北新火炬科技股份有限公司等7家公司的辅导工作出具了监管报告，其中武汉光讯科技股份有限公司的首次公开发行股票申请获得中国证监会发行审核委员会审核通过。截至2008年末，全省尚有16家公司处于上市辅导期，为持续推动企业上市工作储备了资源。

2. 支持上市公司做优做强。支持符合条件的上市公司再融资。2008年，全省共有1家上市公司实施配股，5家公司实施增发，1家公司发行可转换债券，共计筹集资金68.19亿元。支持绩优上市公司并购重组。支持湖北楚天高速公路股份有限公司、武汉三镇实业控股股份有限公司、湖北兴发化工集团股份有限公司等公司通过并购重组进行资源整合，进一步做强做大，提高经营能力和竞争力。推动高风险公司优化重组。2008年，湖北辖区天颐科技股份有限公司、湖北天华股份有限公司、湖北幸福实业股份有限公司相继完成重大资产重组工作，实现了脱胎换骨的转变。此外，湖北潜江制药股份有限公司的重组方案获得中国证监会有条件通过；万鸿集团股份有限公司、武汉国药科技股份有限公司和武汉道博股份有限公司等公司的并购重组工作也在推进之中。

3. 加强上市公司监管。加强信息披露监管。年初专门下发通知，强化各上市公司董事会在定期报告编制和披露工作中相关职责。在做好定期报告审核和日常信息披露监管的同时，组织开发了网络舆情监控系统，每日搜集网上相关信息。全年共针对定期报告审核、日常信息披露监管中发现公司在财务信息披露、关联交易、同业竞争、大小非减持及履行股改承诺等方面存在的问题，向相关上市公司及其大股东、有关中介机构下发了60余份监管关注函和监管意见函。严把上市公司重大事项审核关。全年共对8家上市公司重大事项出具审核意见。加大现场检查力度。全年共对辖区31家上市公司进行了公司治理检查、专项核查或巡回检查，重点检查与大股东及其关联方的资金往来情况、关联交易、上市公司的独立性以及防止资金占用的内控制度等。针对检查发现的问题，综合采用下发限期整改通知书、约见董事长谈话等各种手段督促公司整改。

4. 推进公司治理专项活动。在2007年全面开展加强上市公司治理专项活动的基础上，继续加大工作力度，对4家新上市及进行过重大并购重组公司进行了公司治理专项检查，并专门下发通知，督促各上市公司切实落实整改方案。截至2008年11月30日，辖内64家沪市上市公司中已有57家按照证监会要求完成了核查整改任务，完成比例达89%。2008年新发现22个问题已全部在年内整改完毕，上年遗留的22个未整改问题已解决12个，切实做到了“新增问题一个不放，遗留问题逐个突破”，公司治理水平逐步提高。为进一步提高上市公司规范运作意识和能力，还组织辖区360余名上市公司董事、监事及高管人员进行了相关法律法规的培训；组织开展大股东及其关联方非经营性占用上市公司资金情况自查自纠工作，督促3家上市公司彻底解决了大股东期间占用资金问题及与大股东共用账

2008年4月22日，省政府召开全省企业上市暨证券期货工作会议。

户问题。督促各公司规范关联交易，完善问责机制，并按季报送关联方资金占用情况说明表，建立防止大股东及其关联方占用上市公司资金、侵害上市公司利益的长效机制。督促上市公司加强现金分红。引导辖区上市公司改变“重融资轻回报”的观念，增强回报投资者意识，加强股利分配。在2007年年度分配方案中，全省64家上市公司有31家分红，其中29家实施了现金分红，共计分红53.51亿元，占全省上市公司当年实现净利润总额的35.5%。积极引导上市公司大股东增持。推动5家公司（武汉钢铁股份有限公司、湖北兴发化工集团股份有限公司、华工科技产业股份有限公司、长征火箭技术股份有限公司、湖北三环股份有限公司）控股股东择机增持了上市公司股份，共计增持股份2,322万股，在提升投资者信心、稳定公司股价方面进行了积极尝试。

5. 继续推动上市公司股权分置改革。针对年初4家未完成股改公司的具体情况，逐家研究分析，明确责任主体，强化督导责任，推动武汉石油（集团）股份有限公司、天颐科技股份有限公司2家公司完成了股权分置改革，督促天发石油股份有限公司聘请了股改保荐机构，同时积极督促万鸿集团股份有限公司加快重组和股改进程，力争全面完成辖区上市公司股改任务。

【证券机构监管】

1. 支持证券公司创新发展。支持长江证券股份有限公司（以下简称“长江证券”）创新发展，壮大资本规模，拓展业务范围。2008年，长江证券顺利实施了长江超越理财2号、3号、5号等集合资产管理发行计划，并相继获得了为期货公司提供中间介绍业务（期货IB业务）资格、上海证券交易所大宗交易系统合格投资者资格和公开市场业务一级交易商资格，进一步拓宽了公司参与各项创新业务的范围。公司的定向增发申请正在证监会审核过程中。经过与证监会相关部门及相关派出机构协调，天风证券有限责任公司（以下简称“天风证券”）于2008年初将注册地由四川成都迁入武汉市。

2. 优化证券营业部布局。支持证券营业部调整布局。全年共核准8家营业部进行同城迁址，4家营业部迁出辖区。协助做好被收购营业部翻牌工作。42家进入风险处置证券公司在辖区内的证券营业部被创新试点、规范类券商收购，营业部资源逐步向优势券商集中。切实规范证券经营网点，督促相关证券公司完成了辖内18家违规网点的清理工作，并研究制定了剩余16家违规网点的后续清理工作方案。通过近年来的调整，辖区证券业结构明显改善。

3. 落实基础性制度。督促长江证券、天风证券健全内部约束机制，完善内部控制制度，从建立风险控制指标、建立“隔离墙”制度、账户规范等方面着手，加强内控管理，规范经营行为，确保合规稳健经营。督促2家证券公司按期完成了账户清理工作，不断完善账户管理系统，积极探索建立账户管理长效机制；督促2家证券公司按要求建立并实施合规管理制度，设立合规总监，全面履行合规管理职责；督促2家公司做好了2007年年报编制和相关信息披露工作；配合中国证监会机构监管部做好了2家公司的分类监管评价工作；督促辖内证券经营机构初步建立客户回访制度，对回访对象、方式、频率做出明确要求。

4. 加强合规监管。以合规监管为核心，以高管人员执业资格审查和持续监管为重点，切实加强对辖区各证券经营机构的日常监管和现场检查，积极督促辖区各证券机构依法合规经营，有效防范出现新的风险。全年共对40余名证券

2008年11月14日，中国证监会副主席范福春在东风汽车股份有限公司调研。

公司高管人员和证券营业部负责人进行了任职资格审核；完善诚信监管制度，健全了辖区证券机构及高管人员的诚信档案，积极发挥诚信档案在日常监管和行政许可工作中的作用；积极规范市场营销行为，切实加强证券经纪人管理，确保市场有序竞争；加强对基金销售活动的监管，对相关证券机构和商业银行的基金销售行为进行了全面现场检查；加大对各类违规行为的查处力度，严厉查处了武汉新兰德证券投资顾问有限公司操纵市场案，对个别机构违规开展证券营销活动的行为进行了调查处理。

5. 证券公司风险处置收口工作。推动武汉证券有限责任公司（以下简称“武汉证券”）于2008年1月8日进入司法破产程序。同时，积极协调国务院法制办、最高人民法院等有关部门，促成了武汉证券被冻结1.8亿元专项资金问题的最终解决；积极协调地方政府和相关托管清算机构，认真组织做好辖区被处置证券机构个人债权的收购兑付收尾工作。截至2008年12月底，辖区被处置机构高达5.65亿元的个人债权基本收购完毕，挪用的客户交易结算资金缺口除极小部分待激活的小额休眠户外也全部得到弥补。经过综合治理，辖区证券业历史遗留问题风险得到有效化解，行业结构明显改善。

【期货机构监管】

1. 支持期货公司发展壮大。积极支持期货公司增资扩股，壮大资本规模。2008年，全省4家期货公司均完成增资扩股，其中湖北金龙期货经纪有限公司增资扩股后将注册地迁出湖北，另3家期货公司注册资本金由年初的1.9亿元增至2.26亿元，实力明显增强；积极支持期货公司申请金融期货资格，拓展业务范围。全省3家期货公司均已成为中国金融期货交易所的交易会员或交易结算会员，取得金融期货交易结算业务资格或经纪业务资格，为拓展金融期货业务打下了基础。稳步增设期货营业部，适当扩大市场规模。2008年，湖北证监局相继批准相关期货公司在省内新设了8家期货营业部，3家期货公司在异地新设网点，核准5家期货营业部进行了迁址，期货营业网点基本覆盖全省主要大中型城市和农作物主产区。

2. 加强期货公司风险防范。以注册资本金和客户保证金“两金”监管为重点，加强辖区期货公司年报审阅及财务分析，认真组织开展以净资本为核心的风险监管指标专项检查工作，及时向3家净资本处于预警标准以下的期货公司发出整改通知；认真调查处理中国期货保证金监控中心预警信息，抓好盘中透支现场检查工作，积极应对突发系统性风险，督促相关期货公司及时稳妥处理了3起客户持仓预警及1起穿仓事件。

3. 督促期货公司规范运作。加强期货公司高管人员管理，全年共对15名期货公司高管人员任职资格进行了审核。推动期货公司开户实名制工作，截至2008年5月底，辖区期货公司开户实名制工作完成率平均达到有效账户数的96.1%，超过了中国证监会规定的95%的标准。

4. 加强创新业务监管。对辖区内41家拟开展期货IB业务的证券营业部进行了现场检查，了解证券经营机构在管理制度、人员培训、硬件设备、信息公示等方面的准备工作情况，督促各机构强化风险隔离措施和监督制约机制，积极、稳妥地开展新业务准备工作。

【中介机构监管】

成立中介机构监管工作小组，专门负责会计与评估机构日常监管。督促中介机构及时填报信息数据，做好档案管理基础工作。以新会计制度的实施为重点，通过实施年报审计事前提示、过程监管和事后监管，督促审计机构切实提高上市公司财务信息披露质量。开展中介机构现场检查，强化规范执业。结合对省内上市公司2008年年报事后审核工作，对2家会计师事务所的审计项目进行了现场检查。组织力量对武汉众环会计师事务所有限责任公司进行了全面检查，配合中国证监会会计部对大信会计师事务有限公司进行了现场检查。

【稽查办案】

1. 加大稽查办案力度。全年共办理案件15起，其中主办案件5起，协助调查案件10起，有效打击了各类违法违规行为；积极开展非正式调查，全年共办理非正式调查案件4起，实现了稽查与日常监管的有效结合和良性互动。

2. 严厉打击非法证券活动。联合工商、公安等部门，共同查处了26起涉嫌非法证券活动，其中9起已移送公安机关，积极配合司法机关的后续侦查、审理工作。联合证监会非上市公众公司监管部共同举办了全省打击非法证券活动工作研讨会，对省打击非法证券协调小组各成员单位和各市（州）公安、工商部门相关人员进行了培训。与此同时，不断加大宣传力度，有效遏制了辖区非法证券活动的蔓延势头，维护了辖区证券市场秩序。

【维护市场稳定】

1. 加强对维稳工作的组织领导。于2008年初成立了辖区证券市场维稳工作领导小组。按照局长负总责、分管局长分兵把口、各处长具体负责的原则，逐层落实维稳责任，严格实行维稳工作首问责任制，切实落实应急值班和维稳信息报送机制。

2. 做好维稳工作部署。2008年，湖北证监局先后9次下发文件，4次召开各证券期货经营机构负责人参加的会议，就应对雪灾和震灾影响、维护网络及信息系统安全运行、做好安全稳定运营工作、加强敏感时期的应急值班等工作做出部署，要求各证券期货机构完善应急预案，加强安全防范，严格执行值班制度和每日维稳情况零报告制度。

3. 加强风险排查和安全隐患检查。年内共3次组织对辖区证券期货机构信息系统和安全保卫工作分别进行拉网式检查，全面排查风险隐患，逐户建立风险台账，及时下发整改通知，逐户进行跟踪督促，逐户验收整改情况，确保风险隐患得到有效化解。

4. 认真办理群众信访工作。通过修订完善信访工作制度，强化首办责任，深入开展重信重访专项整治工作，不断提高信访办结率和群众满意度。全年共接听投诉咨询电话1,695次，接待群众来访86批、137人次。受理各类信访事项287件，办结回复率为96%，较好地维护了投资者合法权益。

5. 稳妥处置突发事件。会同省市政府、公安部门及时稳妥处置了多起突发事件，有效维护了辖区证券市场和社会稳定。

【投资者教育】

针对证券期货市场波动加剧的情况，督促辖区各证券期货经营机构主动做好市场风险揭示工作，把风险教育与新产品推介结合起来，引导投资者树立正确的投资理念，理性对待投资风险，增强对市场风险的认识、防范和管理能力。加强客户分类管理。督促各证券期货经营机构建立客户风险甄别制度和回访制度，对持有权证等高风险产品的客户建立备案制度，按照风险偏好对客户分类，建立重点客户档案，加强风险提示和管理，引导投资者从自身风险承受能力实际出发，审慎投资。加大对相关机构开展投资者教育情况的现场检查力度。将开展投资者教育及

湖北证监局开展深入学习实践科学发展观活动。

建立相关制度的情况纳入对各证券期货经营机构现场检查的内容。

【监管机制建设】

1. 优化监管资源配置。在A、B角制度的基础上，按照专业搭配、分工协作的原则，探索在上市公司监管一、二处各成立了3个专业小组，分别负责综合信息、合规审核、拟上市公司监管、中介机构监管等专项工作，进一步完善了辖区监管责任制的组织形式。并在试行的基础上，研究制定了《湖北证监局上市公司监管小组工作制度》；结合证券机构监管工作实际，将机构监管工作按工作任务分为现场检查组、非现场检查组和综合审批组三个工作小组，在市场准入、日常监管、行政执法三个环节上顺畅配合，大大提高了日常监管工作效率；建立以监管责任人为主、监管工作实行条块分工的期货监管框架。

2. 规范监管工作流程。加强监管制度建设。配合加强上市公司治理专项活动的开展和建立证券机构常规监管机制，组织制定了《上市公司现场检查指引》《上市公司治理监管指引》《中介机构现场检查指引》《财务顾问监管指引》《保荐人监管指引》等五个规范性文件等一系列工作规程和指引，完善了《辖区期货公司营业部设立标准》，推动了各项工作的有序开展。完善监管工作档案。全面系统整理了辖区监管对象历史资料和监管工作档案，建立了完整、持续的监管工作档案和监管对象基础档案。制定了各项业务监管档案管理办法，对后续档案建设作出了具体的制度及机制安排。加强局内监管协作。就长江证券上市后的监管、证券机构IB业务监管、非正式调查等事项，建立了跨处室的协作机制，明确了主办处室及协办处室的职责分工。

3. 加强信息系统建设。加强信息平台建设。组织开发了网络舆情监控系统和市场数据统计分析系统，有效提高了监管信息收集和数据分析处理的效率。推进政务公开。切实加强了外网网站建设，及时做好信息更新工作；加强诚信档案建设。认真落实中国证监会关于加强诚信档案建设的部署，制定了《湖北证监局诚信档案工作制度》，并指定专人负责诚信档案录入工作，按期完成了历史诚信信息的记入工作，并实时录入新增诚信监管信息。

4. 完善综合监管机制。加强与省政府及相关部门的沟通，建立了信息报送制度，强化了对省政府的日常信息报送，及时报告中国证监会有关决策部署精神及辖区上市公司及证券期货市场重要信息。配合、协助地方政府建立健全上市公司风险处置应急机制和高风险上市公司托管机制，形成提高上市公司质量的合力。完善金融联席会议机制。加强了与人民银行武汉分行、湖北银监局等部门的日常信息沟通和监管协作。结合维护市场稳定、打击非法证券活动等工作，切实加强了与公安、工商等部门的协作，建立了打击非法证券活动的联合办案机制。

【机关建设】

1. 政治理论学习。认真组织开展深入学习实践科学发展观活动。按照中央和中国证监会党委的统一部署，湖北证监局党委成立了专门的领导机构和办事机构，认真制订活动方案，认真组织学习培训，广泛开展调查研究，深入开展思想解放大讨论；结合召开党委班子民主生活会，深入进行分析检查，认真查找存在问题，进一步明确了贯彻落实科学发展观，推动辖区资本市场稳定发展的基本思路。通过深入开展学习实践活动，进一步深化了全局干部职工对科学发展观的认识，切实增强了贯彻落实科学发展观、推动辖区资本市场稳定健康发展的责任感和紧迫感。

2. 干部队伍建设。精心组织完成了2008年招录工作人员工作，新录用2名干部。推行干部竞争上岗，公平、公正选拔任用干部。按照公开、透明的原则，组织了处级干部竞争上岗工作，通过严格的笔试、面试、民主测评和考查公示等程序，5名主任科员被提拔为副处长，4名主任科员被提拔为副处级调研员。组织开展上市公司一、二处监管小组长竞聘工作，选拔了6名业务骨干担任组长。扩大轮岗范围，加大干部培养力度。结合竞争上岗和处室新设，对10名处级干部、2名处以下干部进行了轮岗。鼓励干部参与竞争，接受组织挑选。推荐了5名正处级干部参加会管干部选拔，其中2名同志进入面试程序，1名同志进入考查范围。不断拓展干部交流锻炼的渠道，从省政府选调了1名处级干部，并派出1名干部到地方政府进行挂职锻炼。

3. 干部专业培训。围绕"建立学习型、创新型机关，打造专业化、复合型干部队伍"的干部队伍建设目标，通过开展多种形式的专业培训和实务锻炼，努力提高干部职工的专业理论水平和监管实务能力。充分发挥会计、法律、财经等专业小组的作用，积极加强专业培训，组织开展了专业学习、案例研讨等多种形式的培训活动。深入开展调查研究。结合近年来监管法规政策和市场形势的变化，组织相关业务处室对新会计准则执行、股改承诺履行、上市公司现金分红、证券经纪人管理等问题进行了专题调研，并有针对性地提出了加强和改进监管工作的措施。组织撰写了辖区多家上市公司并购重组案例、武汉证券有限责任公司风险处置等监管案例。积极创造条件，派工作人员参加证监会机关各业务部门组织的各类学习培训活动，共有1人参加境外培训，2人参加证监会党校学习，3人到中国证监会机关“以岗代训”、“以干代训”。此外，还积极组织监管干部赴兄弟派出机构学习监管工作中的先进经验，开阔视野，拓宽思路，有效提高了监管干部的专业素质和监管工作能力。

4. 党风廉政建设。深入学习贯彻第十七届中央纪委二次全会、国务院第一次廉政工作会议精神和中国证监会纪检监察工作会议精神，研究制定了年度党风廉政教育工作计划，坚持开展“每月一课”，切实加强廉政教育；配合中国证监会第三巡视组完成了对湖北证监局的巡视工作，根据巡视组提出的整改意见，认真研究制定了整改方案，积极构建反腐倡廉的长效机制。切实加强廉政监督。逐层签订廉政责任书，深入落实党风廉政建设责任制。严格落实现场检查廉政监督卡制度，认真组织开展“每季一查”、“半年一评”活动，切实加强了对干部遵守廉政纪律情况的内、外部监督。

（冯新彦）

中国保险监督管理委员会湖北监管局

2008年，在中国保监会和湖北省委、省政府的正确领导下，中国保险监督管理委员会湖北监管局（简称湖北保监局）以科学发展观为统领，认真贯彻全国保险工作会议、全国保险监管工作会议精神，坚持抓监管、防风险、促发展的总体思路，切实保护保险消费者利益，锐意进取，求真务实，有力促进了湖北保险业又好又快发展。

1. 保险业务实现健康快速发展

一是保费收入快速增长。2008年，全省累计实现保费收入317.15亿元，同比增长63.71%，增幅较上年同期提高46.23个百分点，排名全国第1位，比上年底提升28位。保费规模在各省市列11位，比上年底提升2位。其中，财产险公司保费规模在全国排名第17位，和上年底基本持平，增幅排名全国第6位，比上年底提升30位；人身险公司保费规模在全国排名第11位，比上年底提升2位，增幅排名全国第3位，比上年底提升13位。二是业务结构明显优化。全省财产险公司效益较好的非车险业务实现保费收入20.46亿元，同比增长56.12%，高于车险保费增幅46.44个百分点，其中企业财产保险、家庭财产保险、机动车辆保险原保险保费收入同比增长分别为12.63%、11.24%、9.68%；人身险公司投资型业务井喷增长势头得到遏制，12月投资连结保险和万能保险分别负增长73.99%和26.64%，分红保险发展速度明显放慢。三是市场秩序明显好转。恶性竞争得到遏制，费用支出有效控制。2008年，我省财产险公司业务及管理费用率为22.63%，较2007年底下降2.91个百分点，节省支出1.4亿元；已赚保费综合费用率为33.45%，低于全国平均水平2.84个百分点，较2007年底下降3.31个百分点，节省支出1.56亿元。人身险公司全年综合费用率为14.79%，同比下降2.17个百分点，节省支出5.63亿元。

2008年6月，湖北省人民政府召开政策性“三农”保险工作电视电话会议。

2. 保险业经济补偿和社会管理功能得到有效发挥

一是保障经济作用得到进一步发挥。全省保险业全年支付各类赔款和给付达85.89亿元,同比增长23.45%;全年共承保财产险649.46万件、人身险2,687.02万人次,特别在年初雨雪冰冻灾害期间,全省保险业及时启动应急响应机制,开辟绿色通道,雪灾赔付超过3亿元,捐款超过1,000万元。截至2008年底,全省保险公司总资产481.77亿元,比年初增加120.83亿元。二是积极开展政策性"三农"保险,规范发展农村保险市场。2008年湖北省被顺利纳入中央财政农业保险保费补贴地区。县域农村保险发展稳定健康,全省县及县以下地区共实现保费收入101.03亿元,同比增长61.81%,其中,县域财产险保费收入17.11亿元,同比增长35.19%;人身险保费收入83.92亿元,同比增长68.58%;县域机构达1,896个,从业人员达5.65万人,同比分别增长4.29%和12.81%。三是大力支持开展保险创新。村组干部综合责任保险、村级卫生室医疗责任保险、泥石流地质灾害保险在部门地区开展试点。太保财险和中华联合开展旅游保险创新,将全市215家旅行社纳入到统保序列,有效防范和降低了旅行社的经营风险,并成为"武汉模式"向全国推广。科技保险创新试点积极开展,截至目前,共有3家保险公司为武汉市38家高科技企业办理了科技保险,实现签单保费610万元。

3. 加强和改善保险监管,有效防范市场风险

2008年,是全省保险市场规范工作出重拳、见实效的一年,也是坚持寓监管于服务之中、进一步提高监管能力和水平的一年。一方面搭建三个平台,即保险业、地方政府与大中型企业的合作平台,保险行业与新闻宣传部门的合作平台,保监部门与政法系统的监管合作平台,为保险业发展营造了更好的环境;另一方面,进一步加强了市场监管。第一,坚持三项监管要求。即:以监管促发展的要求、引领发展的要求和正面宣传保险业品牌形象的要求。第二,制定实施三项监管制度。一是新闻发言人制度,将保险业发展与规范情况定期向社会公布,接受社会监督。二是独立检查人制度,对一些严重违规违法行为聘请外部力量独立检查,增强查处效果。三是行政处罚票决制,对违规违法行为处理意见进行无记名票决,更好地保证对其处理到位。第三,构建三张监管网,即:上下联动、齐抓共管的省内监管网;信息共享、协力查处的周边省市监管网;重点整治、全国一盘棋的全国监管网。第四,坚持突出重点,综合治理。整合保监局、行业协会和社会力量,对车险业务开展了集中巡查。集中监管干部,对财产险省级分公司驻点督导。出台了规范车险市场的九条措施,实施车险"见费出单"制度。对部分寿险公司开展内控专项检查,制定实施了规范农村乡镇网点建设、航意险业务和招投标业务管理的一系列监管制度。进一步完善专业中介市场准入和退出机制,加强了对专业中介渠道经营车险业务的检查,开展了专业中介机构2007年度外部审计,制定实施了营销员持证上岗和挂牌展业管理办法。据统计,2008年共派出117个检查组共441人次,对117家保险公司分支机构、保险中介机构进行现场检查,实施行政处罚52家次。其中,对机构罚款154万元,对个人罚款12万元,警告2家机构和24名责任人,责令撤换高管人员2人,吊销了3家中介机构(含分支机构)的经营许可证。同时,实施了其他监管措施51家次。

2008年7月,湖北保监局联合省政法委、省高法、省检察院、省公安厅召开湖北省保险综合监管联席会议。

4. 扎实推进保险监管重点工作，积极营造发展环境

2008年，湖北保监局按照保监会统一部署，紧密结合湖北实际，推进七项重点工作顺利有序进行，并取得阶段性成效。一是搭建保企合作平台。湖北保监局联合省发改委等6部门印发了《关于进一步加强我省大中型企业及重大在建项目保险工作的意见》，有效解决了保企双方因彼此不了解而导致合作不深入的问题，促进了双方合作共赢。截至11月底，我省企财险保费收入达4.5亿元，同比增长16%。二是开展对口扶贫。全省保险企业已筹集了超过百万元的资金，对有前景、缺资金的农村企业进行集中帮扶。三是试行“1+4”的综合监管办法，有效整合保监局和党委、纪委、政法系统、社会各界的监督力量，提升监管效能。四是推动保险业分类发展。研究出台了分类发展指导意见，配套出台了分支机构建设指引，促进保险分支机构建设进一步规范化、科学化。五是积极创建保险先进市（县）。草拟了相关考评办法，为各级政府进一步提高对保险业的认识，更好的支持保险业发展提供了一套系统的评价体系。六是切实加强保险宣传。进一步完善了保险行业与新闻媒体的沟通合作机制，组织召开了湖北保监局成立以来规格较高的保险宣传工作会议，汇编了近年来湖北省典型理赔案例，不断扩大行业影响。七是探索监管干部派驻协会工作制度，研究出台了分区派驻监管暂行办法，加强了市（州）以下保险市场的监管。

5. 保险消费者利益得到有效保护

一是进一步做好客户服务工作，建立了保险合同纠纷快速处理机制。制定实施了《湖北省保险合同纠纷快速处理机制》，并配套建立了《湖北省保险合同纠纷调解委员会调解规则》《湖北省保险合同纠纷调解与仲裁中心调解员管理暂行规定》和《湖北省保险合同纠纷调解自律公约》，将人民调解模式与仲裁模式相结合，成立了“湖北省保险合同纠纷调解中心”和“武汉仲裁委保险合同纠纷仲裁中心”。到2008年底，已接到咨询50余起，受理各类保险合同纠纷30余起，其中调解成功3起，进入仲裁程序1起，促成纠纷双方协调解决20余起，为维护投保人利益提供了便捷的新渠道。二是加强信访投诉服务。截至12月底，共接听来电1,450余次，接待来访142人次，受理书面信访253件；各公司信访工作质量有不同程度的提高，切实保护了消费者合法权益。此外，对全省寿险公司的新单回访，重点是电话回访情况开展了调查，撰写了《湖北省寿险新单回访现状、问题及对策》，针对电话回访中存在的问题及时下发了《湖北省人身保险公司新单回访办法》，对新单回访工作提出了明确要求。同时编写印发了《保险知识简易手册》，在金融文化节暨理财博览会上宣传，有效提高了消费者的维权意识和保险意识。三是下发了《关于加强退保业务管理的通知》，每周收集整理了各公司上报的退保数据报表，密切关注公司的业务发展动态，及时防范化解了业务退保风险，防止因退保而引发群体性事件，有效保护被保险人利益。

（湖北保监局）

国家外汇管理局湖北省分局

2008年，国家外汇管理局湖北省分局在总局的正确领导下，认真践行科学发展观，按照“推改革、促流出、重监管、抓手段”的工作思路，严格跨境资金流动监管，进一步提高外汇管理与服务水平，不断促进贸易和投资便利化。

【外汇管理改革】

1. 加强出口收结汇联网核查，确保新政策在湖北平稳运行。政策出台后，通过有力的组织保障、高效的宣传培训、严密的部署安排，确保了新政策在湖北辖内迅速试行和平稳运行。在系统运行过程中，采取主动协调部门工作、广泛开展多种形式的宣传培训、实地督导答疑、设立热线电话等方式广泛听取银行和企业的意见，收集了有关系统自身、银行操作、企业运转、外汇局执行等多方面、多层次、全方位的信息，还就有关部门配合问题与海关、税务部门加强了沟通和协调，并提出了许多有针对性的政策建议，得到总局的充分肯定。

2. 全力推广直接投资外汇业务信息系统。按照总局的统一部署和安排，于2008年5月1日起在我省推广上线直接投资外汇业务信息系统（以下简称“FDI系统”）。截至7月14日，全省共录入2008年新设企业162家，录入率达100%，共导入2008年以前设立企业2,320家，导入率接近100%，受到总局李东荣副局长的批示肯定，湖北省分局也被总局资本司评为“直接投资外汇业务信息系统推广优秀分局”，并在全国会议上作经验交流发言。

2008年4月,国家外汇管理局湖北省分局副局长陈炳才率考察组在广东省分局学习交流外汇管理与服务工作经验。

3.深入理解政策意图,加强贸易信贷登记管理。第一时间组织中支、银行和企业进行培训,对系统操作进行演练或说明,提高各方的政策执行水平。加强调研,及时了解政策实施效果,指导支局提高政策执行水平。坚持管理与服务相结合,在审核企业贸易真实性的前提下,通过特批的方式提高企业预收货款额度,截至12月,全省共特批预收货款380笔、5.4亿美元。其中涉及新企业128笔,为船舶业特批额度35,768万美元,既满足了企业的正常经营需要,又有效阻断了异常资金的流入,收到了良好的政策效果与社会效果。

4.进一步发挥涉外管理部门整体合力,加强外商直接投资和境外投资监管。一是按时启用升级版资本项目外汇业务报表及软件系统,提高外资监管水平。二是密切与商务等部门的合作,明确外商投资的相关管理政策,形成了监管合力。2008年,湖北省参加外汇年检的外商投资企业2,532家,参检率为102.1%,年检通过率达到95.46%。三是积极开展境外投资联合年检。及时与省商务厅联合下发《关于开展2008年境外投资联合年检和综合绩效评价工作的通知》,联合商务部门对湖北境外投资企业进行全面清理,督促境外投资企业参检,使应参检的44家企业全部参加了年检,年检率达到100%。

5.强化短期外债管理。短期外债管理政策调整后,我省金融机构的外债指标由2007年的5,800万美元逐步削减到4,000万美元,外债管理范围也有所调整,对相关金融机构产生了一定影响。湖北省分局积极做好宣传解释工作,合理划分、调剂外债指标,取得相关机构的理解和支持,将我省金融机构短期外债控制在了总局规定的范围之内。

6.顺利完成新版国际收支网上申报系统的上线工作。全面清理外汇局和金融机构基本信息,为旧版系统数据顺利导入新系统扫清障碍。积极参与总局网上申报系统的测试,加强人员培训,提高业务素质,保证了新系统运行后国际收支统计申报数据的准确性、及时性和完整性。

7.继续抓好服务贸易新系统试运行工作。一是定期对系统数据进行核对、维护,提高系统数据质量和稳定性。二是继续关注系统各项功能测试工作,查找系统缺陷和原因,及时向总局进行反馈,得到了总局肯定。三是针对总局草拟的服务贸易外汇管理暂行办法和实施细则,提出了诸多具体的意见和建议。

8.认真贯彻《银行外汇业务综合考核办法》。结合各项业务实际制定了具体的考核细则,对省级各外汇指定银行9月份的国际收支申报质量进行考核和评分,听取银行对于考核方式的意见,并进一步完善考核制度,为下一步整体考核工作的开展打下了基础。

9.积极参与总局的改革攻关。起草贸易外汇非现场监测预警指标体系的建设思路和方案,被总局经常项目非现场监管统计监测指标体系建设研讨会采纳。配合总行、总局开展跨境资金流动监管、贸易信贷、境内外币支付系统制度建设、国际收支申报条例修订、总局经常项目数据整合、贸易进出口核销和贸易出口收结汇联网核查等攻关论证工作,受到总局领导的好评。

【外汇服务】

1.初步完成外汇行政许可电子政务平台的开发工作。在近年建设外汇行政许可管理系统的基础上,依托互联网开发了外汇行政许可电子政务平台,并在十堰市中心支局进行了试点,开通了网上申请、网上发布审批信息等功能,建立了内外网行政许可信息的安全交换机制，实现了内部审批流程的电子化，极大提高了行政许可审批核准效率，为解决偏远地区银行、企业办理外汇行政许可的不便提供了新途径。

2.简政放权，优化业务操作流程，促进贸易和投资便利化。改进了外商直接投资管理，允许武汉城市圈内的外商投资企业在异地开立直接投资项下外汇账户，进一步改善武汉城市圈外商投资企业的经营环境。积极推广出口收汇“网上核销”，从自愿报名的企业中选择了15家进行试点，使企业人员能够足不出户在线办理出口核销业务。在武汉城市圈内推广进口报关单无纸化核销，解决了部分企业因纸质核销单证不全不能正常核销的问题，提高了核销效率。在全国率先试行取消进口异地付汇备案手续，便利企业就近选择银行付汇。对外商投资资本金账户按照外币或折人民币金额的等值外币确定最高限额，较好解决了因人民币汇率变动带来的实际到资与资本账户限额不匹配的问题。统一企业延期付汇额度核定、出口合同履约保证金退汇等业务操作，支持了“大通关”和武汉市汽车及零部件出口基地的建设。各中心支局也加大力度向县(市)支局下放业务权限，目前，全省共在28个县(市)设立了外汇服务窗口，县(市)支局的功能也开始逐步完善，为支持县域经济发展和新农村建设奠定了基础。简政放权，支持涉外经济发展的做法得到李鸿忠省长的充分肯定。

3.支持大型企业集团集中管理外汇资金，提高外汇资金使用效率。主动帮助武钢集团公司制定了《外汇金融服务试点方案》和《外汇资金集中管理方案》，经总局批准，武钢集团获准在境内外企业之间统一调配使用外汇资金，对境外放款实行余额管理，武钢财务公司也成为中西部地区首家获准开办结售汇业务的非银行金融机构，于2009年1月1日正式开始运作。在几家大型企业集团推广了外汇资金集中收付管理模式，规范了企业的外汇资金管理，加速了企业资金周转，为支持湖北发展“总部经济”探索了新的路子。

2008年7月15日，《中国外汇》杂志社在武汉举办“出口收结汇联网核查”与“贸易项下外债登记管理”培训班。

4.支持辖内新型金融机构开办外汇业务，促进地方金融业发展。开展银行经营结售汇业务备案情况调查，及时约见银行负责人，通报银行结售汇业务备案管理存在的各类问题，督促有业务资格的个人结售汇网点安装“个人结售汇系统”，规范了银行结售汇市场准入、退出管理，得到总局领导的肯定。支持邮政储蓄银行开办结售汇业务，促进其业务转型。积极协助随州曾都汇丰村镇银行开办外汇业务，特批湖北咸宁赤壁和湖北荆州公安花旗贷款有限责任公司开立资本金账户和资本金结汇，支持了新型金融机构发展。统一个人本外币兑换网点及外币代兑机构标识，标识覆盖面达到100%，满足了奥运会期间个人本外币兑换的需求。将省级各外汇指定银行的外汇业务联系人、联络电话等信息在柜台张贴，在分局网页上发布，方便企业选择合适的银行办理外汇业务。做好外币清算业务工作，稳定了清算业务运行。

5.合理运用政策，对重点项目、重点企业简化审批程序，优先办理，支持了重点项目建设。在集体审议的基础上，参照特区做法，为全球500强企业之一的富士康集团简化了进口付汇手续，支持了重点企业发展。妥善解决原湖北省国际信托投资有限公司债权资金的结汇问题，保全了国有资产。特批武汉新芯集成电路制造有限公司提高延期付款额度，促进了高新技术企业发展。

6.进一步加强外汇政策宣传。加大对银行企业的培训力度。2008年，全省外汇局共举办各类外汇政策培训班近300期，培训银行、企业人员13,000余人次，使企业、银行准确掌握政策要点，更多地享受到外汇政策调整带来的便利。以新《外汇管理条例》为重点，采取街头宣传、组织知识竞赛、发送公益短信、张贴宣传画等方式，在全省开展了声势浩大、形式多样的“诚信兴商”宣传活动，为新《条例》的贯彻执行创造了良好的社会舆论环境。

2008年8月，国家外汇管理局副局长邓先宏带领外汇局、海关总署和商务部有关负责人到湖北就出口收结汇联网核查等政策执行情况进行调研。

【外汇统计】

1.制定了《国际收支申报业务考核试行办法》，加大交叉核查、非现场核查以及现场核查力度，审核各项申报要素近1,000万条，保证了国际收支统计申报质量，数据考核指标继续保持较好水平。加强对银行业务人员的培训和现场指导，外汇账户统计数据质量不断提高。全年累计纠错3,000多笔，外汇账户交互平台的错误率由年初的近3%下降到0.62%，低于全国1.98%的平均水平。

2.不断提高外汇统计监测分析质量。一是建立企业出口换汇成本监测反馈机制。一方面要求企业及时向外汇局反映经营变动等方面情况，另一方面向企业反馈全省同行业监测数据、监测期内有关国家外汇管理等宏观政策要点、银行规避汇率风险的金融衍生产品介绍等多方面的信息。实现了与企业出口换汇信息的双向沟通，调动了企业参与监测工作的积极性，提高了监测水平和质量。二是认真开展贸易信贷调查，及时反映我国贸易信贷管理体制存在的不足，为总局实施贸易信贷登记制度提供了参考。三是改进分析方法，加强对银行结售汇、外汇存贷等涉外经济状况的动态监测与分析，及时反映了国际金融危机背景下湖北省外汇形势的五大变化。首次邀请银行参加湖北省外汇形势分析座谈会，听取银行反映的新情况、新问题，为丰富外汇收支形势分析提供了有益的尝试。首次参加了以往只涉及沿海分局的全国外汇形势分析会，显示了总局对湖北外汇形势分析工作的重视和认可。

3.加强外汇数据综合利用，提高外汇非现场监管水平。建立外汇数据共享平台，极大方便了外汇局和银行对数据的利用和分析，提升了外汇数据服务质量。加强外汇收支统计数据的分析利用，对部分企业的账户数据进行比较核对，进一步规范账户收支行为；通过服务贸易非现场监管系统，密切监测服务贸易外汇流入、结汇的变化信息，防止异常资金利用服务贸易、收益和经常转移等渠道流入境内；密切跟踪境内个人大额资金结汇异常情况，及时发现了某银行为境内个人办理大额现钞违规分拆结汇的问题。

4.加强信息安全保障，为改善外汇监管和服务提供支持。首次对分局信息安全进行了风险评估，坚持按周对分局7个重要业务系统进行实时监测，确保奥运期间信息安全，在总局奥运安全工作总结交流会上作了经验交流。完善应急管理机制，及时处置技术支持方面的突发事件，共排查处理了6起银行业务系统、3个中支服务器的故障险情，处理了分局设备故障需求290多份，并在服务对象间建立了服务质量签名、回访制度，有力保障了业务部门正常需求，先后7次得到总局信息安全保障工作领导小组的通报表扬。

【外汇检查】

1.继续深化外汇检查和谐执法的内涵，取得了新的成效。一是外汇检查与促进银行加强内控管理相结合。二是外汇检查与培训指导相结合，发挥外汇检查的预防、警示和服务功能。三是将听证

2008年9月，外汇局湖北省分局会同有关商业银行开展“诚信兴商宣传月”街头宣传活动。

环节“前移”，充分听取行政相对人的意见。

2008年，全省办理案件数量95个，结案率和罚没款收缴率均为100%，由于执法得当，全年没有一起当事人要求听证和提起诉讼、复议的情况，涉汇主体积极配合外汇检查工作，主动整改错误，和谐执法的效果进一步显现。

2.继续贯彻《分局关于加强和改进外汇检查工作的指导意见》，落实大检查工作机制。试行由业务部门提供检查项目和检查对象、由检查部门具体组织实施的工作模式，通过开展联合检查和协同检查，统筹安排分局的各项执法检查与业务指导检查，既发挥了分局各处的监管合力，又减轻了银行重复接受检查的负担。全年分局外汇检查处共接受其他处室移交案件48起，极大提高了检查效率。

3.联合公安、反洗钱部门，继续严厉打击各种外汇违法违规行为。2008年，分局建立并启动与公安、反洗钱部门联合打击跨境资金违规流动工作机制和联合办案机制，按照“联系密切，配合有力，各有侧重”的原则，集中力量严厉打击“地下钱庄”、网络炒汇和非法买卖外汇等违法活动，有力震慑了外汇违法分子，维护了我省的外汇市场秩序。

4.完善分类检查、交叉检查办法，提高外汇监管效率。制定了《湖北省银行外汇业务分类检查暂行办法》，细化分类依据和指标，规范分类方法，区分不同对象采取不同检查方法开展检查。进一步扩大交叉检查的范围，实行检查方案、检查内容、检查进度、检查要求“四统一”，达到了公开程序、统一标准的目的，进一步保障了交叉检查的公正性和公平性，取得了较好的效果。

5.深入推进外汇信用体系建设。全年共上报外汇违法（负面）信息和外汇违法逃逸类企业信息93条。同时，定期查询总局在国际互联网站上公开披露的外汇违法案件信息，关注其他省份披露的与本辖区涉汇主体相关联的信息，注重信息资源共享，提高外汇违法（负面）信息的利用效率。

【外汇信息调研】

1.完善制度，做好信息调研的组织工作。形成了一批有价值的调研成果。改进信息调研考评办法，将总局刊物采用情况作为信息工作考评的主要依据，鼓励干部职工多出调研精品。加强信息调研工作情况通报，在分支局形成了“比、赶、超”的工作局面。实行信息调研审稿制度，有效提高了信息调研的质量。

2.建立信息快速反馈机制，提高信息反馈的时效性。加强与中心支局和银行的联系，建立了快速调查网络和信息调研快速反馈机制。《人民币兑美元“破7”对湖北涉外企业影响》《出口收结汇联网核查政策实施情况快速调查》《湖北省企业出口订单情况调查》等一批“短、精、快”的信息被总局采用。《FDI系统推广工作情况汇报》《多发并举宣传政策，释疑解惑效果良好——湖北省分局及时贯彻过渡期内企业预收货款可结汇额清单政策》两篇信息得到总局李东荣副局长的批示肯定。

3.围绕热点、难点问题，加强重点课题研究。撰写的《湖北省劳动密集型企业出口现状调查》《外汇指定银行自身结售汇情况的调查及改进建议》《远期结售汇业务发展现状、问题与对策》《非居民账户跨境收支情况调查》《湖北省农村外汇服务基础设施建设情况调查》《建设外汇行政许可电子政务系统的构想》等被总局刊物采用。

【内部管理】

1.进一步完善内部管理制度，

加强内控检查。建立了外汇行政许可业务办理情况的报告制度和事后监督制度;修订完善对中心支局的年度工作考评制度;组织修订并下发外汇管理内控制度。对2007年以来内控制度执行情况进行了自查,并接受了总行的依法行政专项审计,对发现的问题及时进行整改。组织对部分中心支局开展了内控检查,提高了中心支局的内控管理水平。

2.加强应急管理。进一步完善了分局突发事件应急预案实施方案,制定了简明操作指引,使应急管理工作更加规范。建立了湖北省分局应对国际金融危机应急工作小组,切实做好应对国际金融危机影响的风险防范和处置工作。按照总局的统一要求,对个人结售汇管理等业务系统开展了应急演练,提高了应急管理能力。

3.加强交流培训,提高干部职工业务素质。如组织到广东、上海分局学习考察外汇管理与服务的先进经验,组织分局机关新进人员到银行实习,完善知识结构,熟悉业务,邀请总局有关领导就当前的国际收支形势和《外汇管理条例》进行专门培训等。

4.加强工作考核和正向激励。组织了外汇管理先进单位的评比活动,对分局各处工作完成情况进行量化考核。连续两年开展外汇管理优秀信息调研员和外汇岗位服务标兵的评选活动,对FDI系统推广过程中涌现出来的先进集体和先进个人进行表彰。

(李艳萍 何 磊 刘小溪 罗 丹)

二、银行业

国家开发银行湖北省分行

【综述】

2008年是国家开发银行湖北省分行发展历程上不平凡的一年。面对国际和国内错综复杂的经济形势,面对开行正式转制为商业银行的挑战,该行积极构建以市场为导向、以客户为中心的运行机制,逐步完善银行功能,不断创新管理体制,切实提高风险防控水平,进一步提升发展能力和发展质量,取得贷款余额跨越千亿元历史性台阶、多项指标创历史新高的良好业绩,并荣获全国金融工委授予的金融"五一劳动奖状"。年末贷款余额1,131亿元,较年初增加215亿元,列湖北省金融机构首位,较上年多增86亿元,增长23.4%;全年发放贷款496亿元,同比多发放159亿元,增长47%;不良贷款率0.72%,较上年下降0.12个百分点,连续7年保持在1%以下;本息回收率99.4%,连续8年保持在99%以上;实现利润总额19.4亿元,增长22.3%;人均利润1,304万元,比上年增加144万元。

【信贷资金计划管理】

积极适应宏观调控从"两防"到"一保一控"到"保增长、扩内需、调结构"政策变动的要求,立足早研究、早安排、早落实,加强各项业务的灵活调配,确保业务可持续发展。根据总行下达的有限信贷规模,千方百计扩大贷款发放量,不断提高金融对地方经济社会发展的支持力度,一是科学编制不同场景的经营业务情景计划,实现业务发展上中下游的有序衔接。二是根据项目重要性和成熟度进行优先等级排序,制定全年需求一规模平衡方案,对有限的贷款规模资源进行合理配置。三是坚持"月月有计划,周周有调度,日日有沟通"的动态监控和调度,做到了"规模上有保有压,安排上有先有后,调度上有张有弛",在支持地方重大项目建设的同时,保证了各项信贷业务计划的顺利完成。

【中小企业贷款】

把提供中小企业金融服务作为支持地方经济发展的重点工作,以风险控制能力建设为核心,建立和完善基层金融业务合作机制,并通过建立高效快捷的内外部审议决策机制,进一步提高中小企业服务质量。一是建立中小企业项目信息库,提前培育和引导企业,帮助其改善财务状况和提高决策经营水平。二是在内部决策上,引进外部专家参与评审并提出风险判断意见,加大贷审会召开频度,以适应中小企业项目多、额度少、贷款急等特点。三是积极探索新的担保方式,解决中小企业担保难问题,发放全省首笔知识产权质押贷款。5月,在全省县域经济工作会议上进一步明确提出推动体制机制创新促进中小企业发展,得到省委、省政府的高度肯定。6月,在仙桃召开推进"仙桃模式"支持县域经济发展工作会议,并明确30个重点支持示范市、县,突出支持小企业发展,此举得到了省经委、人民银行武汉分行、湖北银监局等部门的肯定和赞同。

与团省委密切合作,联合发布《关于深化"青年创业小额贷款项目"的通知》,安排一定额度用于青

2009年1月12日,国家开发银行与湖北省人民政府签订开发性金融合作协议。

年创业贷款，积极支持“青年创业小额贷款项目”，对团组织提交的青年创业项目优先受理、优先评审、优先安排规模，先后发放青年创业贷款 9,000 万余元。向武汉市新农村建设“星火富民工程”按照“公司＋公司＋农户”模式发放贷款 1,940 万元，用于 1,590 余户科技示范农户种植水稻、食用菌，养殖螃蟹、淡水鱼等，户均贷款 1—2 万元，取得较大的社会反响，《长江日报》《湖北日报》等多家媒体进行了报道。

全年发放中小企业贷款 13.6 亿元，较上年多发放 5.7 亿元，贷款余额达到 22.2 亿元，支持中小企业达到 300 余家。中小企业贷款已覆盖至全省大部分市、县、区，重点支持了我省成长型中小企业、百家重点中小企业和百家民营排头兵企业、科技型企业、带动农民增收和就业的农业产业化龙头企业，促进了地方中小企业的发展，拉动了 GDP 和财政收入的双增长。

为了进一步改善农村金融服务现状，投资组建的大冶、宜城国开村镇银行成立一年来，共发放中小贷款 8,000 万余元，全部投向农业产业化、小企业、微小企业、个体工商户和农户，以较少的资金投入，服务更多的农户和个体工商户等群体。

【项目开发与贷款发放】

在项目开发工作中，始终紧扣发展主题，即使在年初国家执行从紧货币政策、信贷规模紧张的情况下，仍坚决摒弃规模约束等同于业务停滞的消极思想，努力保持客户接触频度和项目开发评审力度。一是坚持政府合作和规划先行，抢占项目开发先机。抓住武汉城市圈建设国家资源节约型和环境友好型社会综合配套改革试验区和国家实施扩大内需政策的重要历史性机遇，积极促成省政府与国开行签署新一轮合作协议，将汉宜等 6 个铁路项目、8 条高速公路、武汉新港、核电、武汉轨道交通、国家生物产业基地、大东湖生态水网、汉阳六湖连通、青山棚户区改造、光谷金融港等 93 个重大项目纳入协议项下，协议合作额度达到 1,000 亿元。二是进一步加大高端领域开发评审力量，提升客户关系管理水平。根据竞争形势和改革要求，成立了专门管理中央企业的客户处，利用宏观调控契机，精心研究业务策略，努力在客我关系上占据主动地位，在大客户、重大项目开发上取得明显成效。特别是在重大产业领域取得重大突破和较快发展，与武钢、鄂钢、广电的合作不断深化，与中交二航局签订 50 亿元开发性金融合作协议。全年新开发项目 411 亿元，比上年增长 63.7%。

2008 年，国家开发银行湖北省分行荣获由中国金融工会颁发的“全国金融五一劳动奖状”。

凭借充足的项目储备，全年发放贷款 496 亿元，创历史新高，全年贷款新增额列全省金融机构首位，为湖北省经济社会建设提供了强有力的融资支持，充分发挥了大额中长期贷款对经济周期波动的平抑作用和对投资的乘数拉动作用，得到省委、省政府的充分肯定，开发性金融服务政府发展战略的形象进一步彰显。

在贷款发放工作中，认真贯彻落实国家宏观调控政策，优化信贷投向，促进结构调整。一是全年向能源、交通和公共基础设施三大行业发放贷款 352 亿元，较上年增长 35%，占全年贷款发放额的 71%。其中向国家和省属重点项目发放贷款 133 亿元，支持了金沙江溪洛渡、向家坝水电站、湖北省交通厅多条高速公路、武汉市出口公路、南水北调中线一期主体工程等重大项目。特别是对作为国家扩大内需政策投资重点的铁路项目加大支持力度，全年发放铁路贷款 33 亿元。二是向武汉城市圈发放各类贷款 354 亿元，较上年增加 172%，支持了长江隧道、天兴洲大桥、博览中心等项目，积极推动武汉城市圈“两型”社会建设。向新农村及县域发放贷款 90 亿元，较上年增长 43%，支持了农村公路、农村电网、农村安全饮水、农村医疗卫生和中小企业发展等。三是大力支持高新技术与产业整合，向中芯国际12英寸芯片建设、武钢集团防城港、神龙技术改造等产业项目发放贷款118亿元。四是重点支持了环境保护、保障性安居住房和教育等民生领域发展，服务和谐社会建设。全年发放环保贷款66亿元，较上年增长69%；发放保障性安居住房贷款18.6亿元，较上年增长170%；克服人手短缺困难，受理贫困学生申请4.7万人次，发放生源地助学贷款2.87亿元，资助3.5万余名贫困生进入大学校园。

【信用建设与风险管理】

积极利用政府、信用协会等各方面的风险防控力量，建设社会化的风险防控体系。不断推动以政府合作为基础，以风险分担和补偿为保障的机制建设，推进省内融资平台承担投融资规划、项目开发、贷后管理、风险控制及化解等方面的组织协调工作，完善风险分担和缓释机制，提高风险抵御能力。

根据商业银行转型及巴赛尔新资本协议进入实施准备阶段的要求，积极建设全面风险管理机制，形成信用风险、合规风险、操作风险三位一体的风险管理组织架构。风险经理和业务经理在全业务流程中平行作业，风险经理全面参与项目开发入库、信用评级、债项评审、合同签订、贷款发放、资金支付、贷款条件变更、资产质量分类、抵（质）押物分类、风险化解等各环节风险的识别、防范、监控和处置工作，形成信贷风险的识别、计量、监控与处置的风险管理闭环，实现风险经理和业务经理全业务流程中的联动与制衡，提升了信贷业务风险防控的有效性和风险管理能力。

【经营管理】

不断优化以客户为中心的运行机制，改进内部管理模式。一是积极应对内部形势变化对经营管理的影响，在日益激烈的竞争中，扬长避短，快速反应。研究建立了业务运行组制度，对贷款发放调度、上下游业务运行、重大业务推动和内外部信息沟通等重点工作进行统筹协调，提高内部运转效率和对外的反应速度。二是构建适应商业化转型发展的运行机制，改进内部流程，优化资源配置。不断完善"客户处以客户为中心、全行以客户处为中心"的闭环运行模式，确保各个业务环节畅通、高效衔接。积极探索由单一的项目评审转变为贯穿整个客户融资链条的全程服务，提高对高端客户的贴身服务水平和竞争能力。三是不断改进中后台服务职能，为业务发展提供保障。认真做好各项基础性工作，提高公文运转和费用报销等内部流程工作效率。同时，进一步加大宣传力度，建立与主流媒体的密切联系，为业务发展创造良好的外部舆论环境。

2008年12月28日，由国家开发银行湖北省分行支持的武汉长江隧道建成通车。

【财务管理】

通过加强费用计划管理与财务分析，充分发挥财务管理对经营决策的支持作用。坚持"财会日常运行与长远发展"相统筹的原则，保障重点业务需要，压缩一般费用需求。逐月通报营业费用开支情况，分析费用开支中存在问题，提高费用透明化管理程度。运用"事前预警、事中分析、事后总结"的分析模式，深入分析经济资本回报率、非利息净收入占比和资产质量等因素对财务指标的影响，提出相关建议，为经营决策提供依据。将管理会计原理运用于财务管理中，促进管理会计数据的应用和分析，不断完善财务管理模式。

【金融合作】

不断推动金融合作的深度和广度，对重大项目积极推动银团贷款，实现银行间的优势互补，有效分散风险，协助建立银行间竞争新秩序。一是对贷款金额在10亿元以上的项目，在评审阶段即着手组建银团，先后在湖北省牵头组建了300亿多元银团贷款，负责银团行之间的发起、筹组和分销工作，对借款人进行贷前尽职调查，协助代理行进行银团贷款管理。二是通过信托债权转让、引进社保基金等方式成功为武汉两站、鄂钢、省广电、公铁两用大桥、长江隧道、中百仓储、经济适用房和世行交通等项目筹集资金，为支持地方建设做出贡献。三是在农村金融服务领域，进一步加强与农信社及邮储的合作，引导90亿元资金回流县域，支持农村基础设施建设。

【稽核检查工作】

建立了党风廉政建设巡访制度，将纪检监察延伸至信贷检查、项目现场检查等工作中，通过构建与各级政府和客户的直接沟通渠道，改进工作和员工队伍管理，树立了廉洁从业形象，把加强和改进党的建设与推动业务发展更加紧密地结合起来。还创造性地将纪检监察工作引入到风险控制环节，要求纪检监察办公室介入项目审议阶段，授权纪检监察办公室主任作为常设独立委员参加分行贷款路演，列席分行贷款委员会会议，探索由事后监督转变为过程监督，推动风险关口前移。

进一步推进逐笔稽核工作对信贷业务的全覆盖，加大信贷业务稽核监督力度。继续完善内控工作机制，制定了《国家开发银行湖北省分行信贷业务现场检查办法(试行)》等制度，明确工作职责、程序和要求，保证监督检查工作依法依纪有效开展。

（王宇佳　杨　迪）

中国农业发展银行湖北省分行

【综述】

2008年，中国农业发展银行湖北省分行在总行党委和省委省政府的坚强领导下，坚持以科学发展观为指导，以业务经营为中心，按照“好中求快、稳中求活、创新发展”的总体思路，团结一心、奋力拼搏，各项工作逆势而上，实现了新突破、取得了新成效。

1. 信贷支农成效显著，各项业务全面拓展。全行准确把握国家宏观调控政策，认真履行信贷支农职能，积极支持农村改革发展，加大对粮棉油收购、农业开发和农村基础设施建设、农业产业化、中小企业和县域经济的投入力度，彰显了在农村金融中的骨干和支柱作用。全年累计投放支农贷款313.5亿元，同比增加85.8亿元，增幅达37.7%，是建行以来贷款累放额度最大、增加最多、增速最快的一年。

2. 经营效益大幅提高，资产质量明显改善。全年实现利润同比增长55.9%。不良贷款实现大幅“双降”。不良贷款余额比年初净下降达72.5%，是建行以来不良贷款下降最多、最快的一年。年末不良贷款占比较年初净下降4.2个百分点。

3. 基础管理得到加强，经营风险有效控制。一是计划调整管理卓有成效。争取总行先后4次将该行节余的政策性计划调整为商业性中长期贷款计划，既避免了计划资源的闲置浪费，又保障了中长期信贷业务发展的需要，同时也把人民银行贷款规模调控的不利影响降低到最低程度。二是风险管理效果明显。在坚持封闭管理的基础上，认真落实棉花贷款“双线”政策，同时积极探索和完善动产质押、收益权质押等新型贷款担保方式。主动开展风险排查。三是信贷管理更加精细。全面落实《贷款管理尽职手册》和《贷前操作尽职记录》。坚持和完善了会计主管委派制、县级支行财务开支报账制、坐班主任短期交流制的后续管理工作。编写了《会计结算尽职手册》。加强了会计辅导和检查。同时，内部监督力度不断加大，信息技术保障得到改进。

4. 和谐办行稳步开展，队伍建设深入推进。一是深入开展了学习实践科学发展观活动。认真开展了学习培训活动；深入开展了思想大讨论活动；扎实开展了分析检查活动，同时注重突出实践特色，坚持用科学发展观的理念推动全行工作，取得了阶段性的成效。二是领导班子和干部队伍建设切实加强。“四好”领导班子建设深入开展。各级行领导班子和班子成员的考评机制得到完善。干部队伍的思想建设和作风建设稳步推进。三是人事制度改革稳步推进。在机关全面推行岗位绩效考核管理。顺利完成了业务岗位聘任管理改革。四是党风廉政建设和反腐倡廉工作深入开展。各项廉政制度不断完善，“四无”创建活动和廉洁办贷“十不准”评议活动取得实效。安全保卫工作有效开展，“平安农发行”建设深入推进。五是企业文化建设取得新成效。深入开展“一学三创”活动，制定和推行《文明礼仪实用手册》。认真开展了“六无客户经理”、特殊贡献奖评选等多层次的劳动竞赛活动。大力开展了向地震灾区、向困难职工“送温暖、献爱心”活动。同时，组织办公、机关党建、后勤保障、对外宣传等工作也取得了新成效。

【信贷支农】

作为全省唯一的农业政策性金融机构，认真贯彻落实中央和省委省政府关于新农村建设的方针政策，加快体制机制创新，不断完善服务功能，努力增加有效投入，积极构建支农长效机制，为推动我省新农村建设发挥了积极的作用。全年累计投放支农贷款313.5亿元，同比增加85.8亿元，增幅达37.7%。年末各项贷款余额净增72.0亿元。全年支持收购粮食133.4亿斤，同比多收24.9亿斤；收购油脂5.9亿斤，同比多收1.5亿斤；收购棉花873.1万担，收购量居全国第二位。在粮食增产、市场多变的情况下，全省粮棉油收购没有出现大的问题，保护了农民利益。及时发放商业性贷款，帮助企业克服困难、化解危机、稳定经营，全年支持产业化龙头企业及加工企业224家、农业小企业111家，支持农业科技成果转化项目7个、农村流通体系建设项目6个，支持储备化肥12万吨，有力地推动了全省农业产业化经营。认真落实国家推进新农村建设以及扩大内需保增长的政策要求，全年支持大中型农村建设项目117个，支持新建或改建农村道路1,500公里，改造加固病险水库298座，增加、改善灌溉面积3.6万亩，建设和改造农村电网2,200公里，解决了60万农村人口的饮水问题。积极推动农村改革，累计支持城乡一体化建设项目38个，在促进城乡统筹协调发展方面做出了积极的贡献。

在做好信贷支农工作的同时，坚持以业务结构战略性调整为抓手，着力推动各项业务全面协调发展。一是中长期贷款业务发展步伐加快。年末，中长期贷款占贷款总额的17.6%，同比上升9.7个百分点。二是同业存款业务取得较大进展。与11家商业性金融机构建立了长期稳定的同业存款合作机制。三是金融服务业务稳步拓展。网银和信用卡业务进展顺利。国际结算和贸易融资业务顺利起步。国际业务的客户量同比增长1.3倍，业务量同比增长6.6倍。四是贷款客户营销和管理取得成效。“双龙头”战略成效明显，储备企业和龙头企业所占收购贷款份额已达87.8%。全年新增贷款客户176家，同时对87家贷款客户实行了信贷退出。

【信贷资金计划管理】

以科学发展观为指导，以提高信贷计划使用效率和信贷资金使用效益为目标，认真实施信贷计划和资金分类管理，稳步推进资金营运和计划管理进程。一是信贷计划调控水平不断提高，资金使用效率创新高。按照“两确保、两调整”的要求，先后争取总行对湖北省分行信贷计划进行调整，使年底中长期贷款规模比年初核定的计划增加53%。对商业性中长期信贷计划“实行计划跟着项目走”，坚持执行非经营性中长期贷款项目与县级财政应承担的第二轮挂账贴息到位挂钩政策，优先匹配优质商业性贷款项目，推动商业性中长期贷款业务迅猛发展，同比多增14.6亿元。全行信贷计划执行率为98.3%，有效提高了信贷资源利用率及其规模效益。认真做好资金的需求、预测和调度，努力改进资金调拨方式，大力完善系统内借款占置费收取办法，有效减少了低生息资金占用。年末全行资金运用率达108.9%，超年初计划13.9个百分点，比上年提高6.3个百分点。二是日均存款为历年最高。年末全口径存款余额净增25.4亿元，增幅25.9%。全口径存款日均余额同比增加67.3亿元，增幅91.1%；信贷资金自给率达19.0%，比上年提高2.6个百分点。三是财政补贴资金管理工作取得历史性突破。2008年从地方财政补贴资金中收回利息同比增长37.6%；收息率57.6%，同比上升11.2个百分点。积极推行“双挂钩”和第二轮财务挂账县级财政贴息到位后10位预算扣款政策，促使省财政应负担的第二轮财务挂账贴息资金及时到位。四是综合协调和服务水平不断提高。

【中间业务】

保险代理业务呈现“总量加快增长、程序规范到位”的良好发展态势。一是狠抓保贷结合，特别是在投放商业性贷款时，全面推行信贷、保险业务“捆绑式”营销，奠定保险代理业务发展的根基。二是在遵照“应保尽保”的原则持续做好老客户续保工作，坚持企业贷款与保险同步办理，不断拓展新的客户来源。三是狠抓代理保险手续费全额入账工作。四是进一步完善费用挂钩考核和竞赛奖励机制，充分发挥良性机制的推动和引导作用。确定保险代理奖励考核办法，先后与太平洋财险、人保财险等公司联合，开展一系列保险代理营销竞赛活动。五是严格实行“四个统一”，即“统一签订《代理协议》、统一代理手续费入账标准、统一手续费结算方式、统一培训费用比例”，确保了业务流程、操作手续的合规合法。六是认真挑选优秀的保险公司作为合作对象，签订合作协议，积极搞好工作协调。七是积极指导协调理赔工作，确保了受灾企业的赔付款及时迅速到位。

在国际业务的发展上，加大基础建设力度，为国际业务的可持续和跨越式发展奠定坚实的基础。一是抓住机遇扩大网点建设，为全省搭建服务网络平台。荆州、宜昌、襄樊、咸宁4家二级分行的网点成功开业，在解决制约国际业务发展的“距离”瓶颈问题上取得突破，为业务的全面拓展奠定了营销和技术基础。二是抓住重点加强系统管理，为全省开展业务提供组织保障。切实贯彻落实总行提出的国际业务“本外币一体化”的经营思路，出台了《湖北省分行国际业务管理暂行办法》，明确了计划、信贷、财会、风险、结算等管理部门职责，从上至下理清了业务办理涉及各部门的归口管理关系，同时明确了委托行与代理行的工作职责。三是加强业务营销，促进实现国际业务的有效发展。注重业务品种结构的合理组合和营销，国际结算中间业务收入的综合收益率达到2.6%(元/美元)，客户拓展面达到了我省现有涉外客户数的60%。四是加强从业队伍培训，培训各类人员112人次。五是加强激励制度建设，为国际业务的发展增强动力。

【信贷管理】

紧紧围绕全行中心工作，以促进信贷业务有效发展为目标，规范信贷业务流程，努力提高办贷效率，严格客户信用管理，着力CM2006系统管理，加大非现场监管力度，有效地促进了全行业务的稳健发展。一是坚持业务发展与风险防控并重，在履行审查职责上有新举措。将防范信贷风险始终贯穿于信贷管理之中，认真履行信贷审查职能，全年审批商业性贷款123亿元，尽职尽责地完成了信贷业务的报批、报备审查工作。二是坚持项目审查与贷款审批分离，在执行审批议程上有新改革。认真落实审贷分离制度，按照贷款操作流程，明确岗位职责，规范工作程序，达到分清办贷责任、缩短办贷时间，提高办贷效率的目的；规范贷款审查。强调对材料的合规性审查，要求从行业风险、技术风险、融资风险、抵押风险、项目风险、环保防疫风险、市场风险、政策风险等八个方面进行客观分析，并标明风险提示。项目审查、审批做到了全面、公正、程序、规范。三是坚持贷后管理风险监测并重，在贷后管理上有新方式。以信贷政策为依据，实时监控贷款行业投向，对节能减排、非经营性项目、银团贷款等进行重点检测和分析；建立贷款后评价制度，真实反映企业贷款形态的变化。切实加强贷后管理，规范业务操作，防控信贷风险，下发《信贷员尽责手册》，认真落实贷款管理责任制，严格执行贷后管理的基本要求，多次组织开展各种信贷检查，及时发现贷后管理工作中存在的问题，提出了改进措施和整改建议。四是坚持信用等级、客户授信标准，在完善信贷管理机制上有新措施。严格按有关要求进行信用等级评定，根据总行客户信用等级评定工作的意见，加强对申报材料的完整性、合规性及财务报表的真实性审查。开展客户统一授信管理，确保所有客户纳入内部授信管理范围。对优质客户实施公开授信。严格控制特别授信。五是坚持电子化建设与立足科技立行并重，在CM2006系统控制上有新办法。将CM2006系统的正常运行和平时维护作为管理的重点。进一步进行CM2006培训工作。加强存量录入数据的核对工作，推行贷前条件审查制度。强化征信上报、贷款报备，监管二级分行贷款审批。完成人行证信系统(CIES)的自动对接，实现证信系统数据共享；建立NOTES交流论坛，为各行对证信系统出现的问题提供交流平台。六是坚持规范信贷档案管理，在加强基础建设上有新突破。进一步强化“大档案”意识，明确责任，密切配合，共同做好信贷档案管理工作。

【风险管理】

紧紧抓住压缩和降低不良贷款、提高全行信贷资产质量和风险管理工作水平这个工作重心，把强化风险管理职能、拓宽不良贷款清收转化处置渠道、全面改进贷款风险分类办法等工作摆到突出的位置，使不良贷款余额及占比均实现“双降”，贷款结构和资产质量得到较好改善。年底全行不良贷款比年初下降了4.16个百分点。一是多措并举，着力处置不良贷款。确定清收目标，推行清收挂包制度。实行挂包行领导、挂包处室、项目负责人和清收责任人四方一体的清收责任制。强化考核措施，确保清收成效。制定了《2008年不良贷款清收处置挂钩考核办法》，将现金清收任务与各二级分行领导班子经营绩效奖金挂钩，其他方式清收任务与业务管理费用挂钩。定期召开清收专题会议，推进清收工作进度。二是积极创新，加强风险事前防范。创新风险监测管理方法，实行操作规范化、内容程序化、流程制度化管理。创新风险监测管理手段，实行“三阶段控制”。调查阶段，对新出现的风险资产，由省分行组织专门调查组对企业的基本情况、风险形成的原因、经营行初步采取的控制措施等情况进行实地调查。制定控制方案阶段，根据风险资产的具体情况，由省分行召开专题会议，确定不同的风险控制方案。划分责任阶段，对通过各种救济措施后仍然有可能形成损失的风险资产，对具体经办人、所在支行的主要负责人进行责任界定。创新风险监测工作思路，实行"两个介入"。介入信贷调查环节。设立咨询服务中心，通过与专业中介机构合作对贷款项目的前期研究和贷款项目评估提供服务等措施，积极审慎地开办咨询服务业务，在一定程度上实现了风险关口的前移。介入信贷审查环节。对贷款抵(质)押物的合法性、抵押值情况进行审查，并按照总行的有关规定由专人对抵(质)押品进行专人专账管理。三是更新观念，推进了风险管理文化建设。突出法律事务作用，提高依法经营意识。做好法律咨询工作、法制宣传教育工作和法律审查工作。积极推行风险经理制度，完善风险管理队伍架构。在省分行、二级分行和县市支行分别设置了专职和兼职风险经理，初步建立了风险管理队伍。开展不同形式的培训，提高员工的素质。

【财务会计管理】

坚持以效益为中心，创新财会管理方式，完善绩效考评机制，扎实做好基础工作，财务经营成效明显，经营利润创历史新高。一是加强财务收支管理，有效促进经营效益稳步提高和业务经营全面发展。修订和完善经营绩效考评办法，兼顾考虑资产质量及其他业务发展指标，使考评结果更加公正、公平，有效激发创利潜力。合理核定财务计划，不断优化资源配置。大力开展增收节支，努力提高经济效益。始终把收息工作作为重中之重，努力挖掘收息潜力，做到应收尽收。从严控制费用支出，努力降低经营成本，有效提高财务资源使用效益。加强财务监测分析，及时提供决策参考。按月开展财务分析，针对经营中的重点、难点问题，提出后期工作改进措施和努力方向。二是深化巩固财会管理体制改革，进一步提升财会内控监管和风险防范水平。深入开展财会主管委派制，切实强化财会监督职能。继续在全省推行二级分行财会主管委派制。全面推行经费开支报账制，进一步规范财务开支行为。实施坐班主任交流制，有效改进营业机构柜面监管。认真开展会计检查辅导，切实防范财会风险。三是加强系统管理，夯实运行基础，确保各项业务系统安全稳定运行。加强组织领导，明确系统管理工作目标。进一步明确各级财会、信息技术、客户、信贷管理等部门在系统管理中的岗位职责，要求各部门通力协作，按月召开联席会议，为实现系统安全运行提供组织保障。加大考核力度，提高系统运行质量。按季开展系统运行分析和通报考核，稳步提高系统运行质量。加强支付系统管理，确保资金汇划畅通。四是提高固定资产使用效益，为业务发展提供有力支撑。优化固定资产配置，全力支持业务发展。提高资产处置收益，有效降低采购成本。坚持公开、公正、合理的处置原则，严格按照规定程序处置闲置资产。积极开展统保工作，切实规范固定资产管理。积极争取基建政策，稳步推进营业办公用房建设。五是加大推广合作力度，牡丹金山卡及网上银行合作业务取得新进展。明确工作任务，确保行内所有员工的发卡工作和机关财务 POS 业务开办的按期完成；确保每个网点选择 1－2 家企业开办网银业务的试点工作按期完成；积极对开户企业进行开办商务卡、员工个人联名卡、收单 POS 和财务 POS 的业务营销。签订合作协议，搭建业务平台。与省工行签订业务合作框架协议，制定网上银行服务方案和资金监控操作流程，印发《牡丹金山卡和网上银行业务合作资料汇编》，逐步规范信用卡及网上银行业务操作管理。积极开展营销，加快推广进度。六是强化会计基础管理，努力提高财会服务水平和队伍素质。认真做好 2007 年年终决算的后续工作，切实抓好规章制度的贯彻落实。组织编写《财会结算人员尽职手册》。加强财会队伍建设。时刻将遵纪守法作为第一原则，坚持抓好财经纪律教育和党风廉政建设教育，深入学习科学发展观，引导财会人员牢固树立法纪观念。

【政策性金融稽核】

围绕中心工作，突出审计重点，前移审计关口，注重标本兼治，促进了业务健康、有效发展。一是树立大局意识，努力完成总行直审任务。抽调骨干力量参加总行项目审计，共选派人员 40 人次，先后分别参加了农发行监事会对上海、山西、河北及新疆分行的全面检查；总行内审部对河北、河南、陕西三省的信贷业务审计；广州内审特派办对江西、湖南、海南等省分行的财务收支及经营信息真实性审计和 2008 年信贷审计等活动。二是围绕中心工作，认真开展日常审计监督。制定了《中国农业发展银行湖北省分行序时审计实施方案》,合理选定审计对象,明确审计重点,以财务收支、信贷业务、内外部检查发现问题整改情况等为主要内容,有针对性的组织实施。适时开展信贷业务专项审计。先后审计了3个二级机构、9个县级支行,并延伸检查了18户贷款企业。认真分析了在新业务发展、贷后管理和风险控制的等方面存在的漏洞和不足,提出了具有针对性的审计建议。及时开展分支行行长任期经济责任审计。坚持“逢离必审”和“先审后离”的原则,对离任的分支行行长开展经济责任审计;对任期达到规定年限的分支行行长及时开展了任期内经济责任审计。切实做好主要经营管理指标审计监测工作。对全省13个二级机构及80余个支行2007年度及2008年上半年的主要经营管理指标进行了监测,并生成报表和形成分析报告,及时、准确上报总行。三是狠抓问题整改,完善内部管理。立足于发现问题、堵塞漏洞、完善管理、促进规范的原则,将审计整改工作列为重要工作来抓好、抓实。对反映问题进行梳理归类,逐行下发整改通知,逐条提出整改意见,并通过后续审计来跟踪监督整改。还督促各行对所反映问题举一反三地进行自查自纠,认真清理类似问题,深层次的剖析产生问题的原因,找准经营管理中的薄弱环节,强化管理,完善制度。

【电子化建设与信息科技】

树立“信息创造价值,科技引领发展”理念,以实现信息化建设跨越式发展为目标,进一步加强系统推广维护、信息检查指导、计算机安全管理、信息技术管理、信息技术队伍建设,为中心工作提供了安全有力的科技支撑。一是切实加强系统的推广、维护,确保了各业务系统的稳定运行。顺利推广网络视频会议系统,提高了工作效率,节约了费用开支。完成省分行机房预警监控系统建设。将省分行、各二级分行的所有核心网络设备和全省各级行网络通断纳入监控范围,对网络异常状况的监控能力得到大幅提高,降低了运行风险。依托电信通信网络平台组建了语音虚拟网。利用电信公司提供的增值服务功能,组建16个虚拟网。做好综合业务系统改造项目(一期)上线、支付系统前置机软件升级、国际结算业务网络、统计数据集中管理系统(2.0版)升级的技术支持和维护。认真做好了电子公文、邮件系统等10多个重要应用系统的日常维护。开展计算机系统故障维护分析。二是进一步深化信息技术检查指导考核,促进信息技术管理水平提高。开展信息技术考核工作。下发了《关于全省信息技术工作考核情况的通报》,组织开展了2008年度信息技术考核工作检查,强化了信息技术管理。开展计算机使用情况检查。下发了《关于加强全省计算机安全管理的紧急通知》《关于对全省计算机使用情况检查的通报》文件,进一步规范计算机使用,确保了业务系统的正常运行。开展数据异地备份检查。建立数据异地备份平台,配备一台专门服务器,用于全省各行的远程异地数据备份。按月对二级分行上传到省分行数据备份服务器的应用系统备份数据进行检查,做到有备无患,把风险的影响降到最低程度。三是大力加强计算机安全管理,保障信息安全无事故。召开保密工作会议,针对保密工作存在的问题提出整改意见,进一步提高新形势下保密工作的认识,增强了保密防范能力。制定信息安全文件。出台《中国农业发展银行湖北省分行机关计算机信息安全保护规定》,制定《中国农业发展银行湖北省分行机关计算机上国际互联网管理办法》。落实奥运会期间重要信息系统安全保障工作。积极配合银监局开展信息技术风险奥运专项检查,对检查发现的问题,制定整改措施,及时改正,排除风险。严格执行重要信息系统安全保障工作值班制度,技术人员每天到机房巡查四次,检查机房环境、服务器、路由器、交换机、UPS电源等重要设备及软件系统的运行状态,确保奥运会期间信息系统安全稳定运行。建立网络监控机制。加强对全省局域网和广域网数据流量的监控力度,及时发现网络中异常流量,减少网络运行故障,确保网络运行安全。加强UPS电源管理。对UPS电源使用情况进行调查,加强对UPS电源的管理和维护,确保UPS电源主机和电池的正常运行。四是进一步加强信息技术管理,科技管理水平迈上新台阶。加强了制度建设。编制《中国农业发展银行湖北省分行信息技术制度汇编》,下发《中国农业发展银行湖北省分行省级数据中心备份实施细则》等文件。加大信息化建设投入力度,规范电子设备管理。加强培训工作。

【企业文化建设和文明创建】

树立“至诚服务、有效发展、以人为本、构建和谐”的核心理念,打造“中国农业发展银行,建设新农村的银行”的品牌形象,提出“坚持以人为本、培育高效队伍,树立廉洁行风、创造良好业绩,打造现代银行、实现和谐发展”的特色企业文化发展思路，突出制度文化、行为文化、专业文化等特色文化建设，建立“党委领导、行长负责、部门协调、全员参与”的企业文化建设领导机构和工作机制；制定企业文化发展短中长期规划，纳入年度目标考核。组织开展了“树立社会主义荣辱观、加强企业文化建设”和“创建学习型银行，争做知识型员工”的学习实践活动，以“知荣辱、树新风、促和谐、兴农发行”为主题，精心组织敬业奉献行动、学习求知行动、文明礼仪行动、团结互助行动、共铸诚信行动、增收节支行动。结合农发行的实际，将“八荣八耻”细化为“十荣十耻”，通过探索荣辱观教育与业务经营有机联系的结合点，培养和形成符合社会主义荣辱观要求的农发行员工的价值观、道德观。开展以青年文明号、“先进职工之家”、文明部室为载体的多种形式的“文明单位”创建活动，使全行员工对农发行的认同度、参与度和归属感进一步增强，和谐办行水平进一步提升，形成了风正、心齐、气顺、劲足、绩优的良好局面。

（董锦铭）

2008年12月23日，中国进出口银行武汉代表处获准升格为湖北省分行。2009年6月1日，湖北省委书记罗清泉与中国进出口银行党委书记、董事长、行长李若谷共同为湖北省分行揭牌。

中国进出口银行武汉代表处

【综述】

2008年，中国进出口银行武汉代表处以科学发展观为指导，紧紧抓住国家促进中部崛起战略和建设武汉城市圈“两型”社会综合配套改革试验区的有利时机，立足地方经济，积极开拓市场，加快业务创新，加强风险防范，完善内部管理，实现规模、质量和效益良性循环，为进一步发展奠定了良好的基础。2009年6月1日，武汉代表处正式升格为湖北省分行。分行成立后，将进一步加大对湖北企业的金融支持力度，将更好的企业、更多的资金引进湖北，同时帮助湖北企业“走出去”，让更多的湖北企业走向世界，促进湖北省新型工业化的发展，为湖北省的崛起做出应有的贡献。

【信贷业务】

营销力度不断加强。武汉代表处在对湖北外向型经济形势进行深入分析的基础上，通过建立领导带队、分片包干、小组作业的立体营销模式，对符合支持条件的企业做拉网式排查，深入企业了解信贷需求并宣传信贷政策，积极举办、参与各类业务推介会、座谈会，密切加强与代理行的信息沟通和业务互补，努力培育与客户的合作关系，取得了良好的效果。

业务规模快速增长。2008年，武汉代表处累计获得批准贷款106.04亿元人民币，发放贷款76.47亿元人民币，收回贷款36.69亿元人民币[①]。截至2008年末，代表处贷款余额89.41亿元人民币，较年初增加38.59亿元人民币[②]，增幅达75.93%。

业务品种日趋丰富。业务支持领域从出口信贷延伸到进口信贷，由政策性贷款业务延伸到自营贷款业务，由传统出口卖方信贷业务延伸到台资企业贷款、文化产品等新业务领域；由传统的转贷贷后管理延伸到世行节能贷款的贷前开拓业务。

经营效益明显增强。2008年，

① 按1美元：6.8346元人民币，1欧元：9.646元人民币折算。
② 汇率变动造成余额减少1.19亿元人民币。

2009 年 6 月 1 日，湖北省委书记罗清泉亲切会见来湖北参加中国进出口银行湖北省分行开业典礼的中国进出口银行董事长李若谷，进出口银行湖北省分行行长王新权陪同。

代表处积极转变经营理念，不断增强效益观念，优先支持社会效益与经济效益“双优”项目，取得了较好的经济效益。

【贷后管理及资产质量】

2008 年，武汉代表处进一步强化贷后管理工作：制定贷后管理年度工作计划，合理安排贷后管理工作；召开辖区内代理行工作会议，提高代理行工作成效；整理汇编各项信贷业务的贷后管理办法和实施细则，从制度上明确贷后管理的内容和要求；积极配合行内外有关部门检查，落实整改、规范操作；现场、非现场检查方式相结合，确保信贷资产安全；积极处置早期形成的不良贷款，综合运用催收、诉讼、核销等方式化解存量不良贷款。2008 年，武汉代表处在确保不发生新不良贷款的同时，不良贷款绝对额比年初下降 5,325 万元，不良贷款率较年初下降 1.45 个百分点，实现不良贷款“双下降”。

【风险防范与控制】

武汉代表处高度关注经济金融形势变化对信贷资产安全的影响，采取多种措施强化风险防控。按月动态排查贷款风险，密切关注企业经营状况，客观分析还款来源，研究制定还款措施，并及时上报动态监控信息。充分利用人民银行征信系统、银监会客户风险披露等信息来源渠道，加强对贷前调查、贷时审查和贷后管理的风险预警和提示。

【新业务和新产品】

业务创新成为武汉代表处优化服务质量、开辟业务增长空间、带动经济效益增加和提升竞争力的重要举措。为平衡国际收支，促进产业结构调整，保证国家资源安全，大力开办进口信贷业务；为促进大陆与台湾的经贸合作，为台资企业提供融资支持，在台商中反响良好；为保障国家水运经济和能源运输安全并满足节能减排需要，进一步促进沿海及沿江内陆地区对外开放和进出口贸易的发展，提升我国沿海及沿江运力水平，为航运企业提供沿海及沿江航运船舶贷款支持；为推动国内资本市场发展，推动企业融资方式由间接融资向直接融资转变，加大短期融资券承销业务开拓力度；为落实国家发改委制定的《节能中长期专项规划》，支持十大重点节能工程，发放世行节能转贷款配套资金，帮助企业通过技术改造和设备更新达到提高能源使用效率和降低温室气体排放的目的。

【内控体系建设和基础管理工作】

高度重视内控建设，始终坚持以业务为中心，以内控为保证，一手抓业务开拓，一手抓内控监督，建立第一责任人制度，实行“谁主管，谁负责，一把手总负责”的内控责任制，逐步建立健全一套具有代表处特色的比较完善的内部控制机制。

全面清理规章制度，使管理制度逐步系统化、规范化、科学化。建立岗位职责，严格岗位分工，因事设岗，因岗定人，明确各岗位和员工在业务操作中的责权划分以及应承担的责任，使每一项业务环节都纳入控制过程，根据“授权有限、相互牵制”的原则，按照全面、具体、精炼、有针对性、便于操作的要求，不断完善制度。

建立以市场为导向的新业务流程和管理流程，遵循“分工合理、职责明确、报告关系清晰”的原则，结合业务开展的实际状况，对流程进行优化和改进，推动基础管理工作的明晰化、规范化和科学化。

（丁　凡）

中国工商银行股份有限公司湖北省分行

2008年1月16日，工商银行湖北省分行行长左新亚为牡丹信用卡最新的发卡量——138万张揭晓。

【综述】

2008年，中国工商银行股份有限公司湖北省分行认真贯彻落实国家经济金融政策及省委、省政府和总行的一系列工作部署，积极助推"中部崛起"战略实施和武汉城市圈"两型"社会建设。一年来，全行新增本外币存款364亿元，同比多增320亿元，增长23.8%，其中储蓄存款增加208亿元，对公存款增加156亿元；新增本外币贷款157亿元，同比多增40亿元，增长18.2%；实现中间业务收入10.2亿元，同比增加1.6亿元，增长19.0%；按照总行考核口径，实现拨备前利润28.0亿元，拨备后利润26.7亿元，净利润21.0亿元，同比分别增长19.1%、18.7%和36.9%。

【个人金融业务】

一是突出源头抓储蓄。抓住资本市场调整时机，加大了储蓄存款市场拓展力度。对工资代发工作进行了具体安排，以代发代收业务为突破口，抢占储蓄存款源头；分阶段制定并落实营销方案，重点发展灵通卡等介质类产品和"灵通快线"业务，增大储蓄存款流量；加强第三方存管业务营销，做好做细各类理财产品销售和营销工作，促进客户资金回流。二是突出联动抓个贷。以开发贷款投入为先导，强化"开发与按揭"的联动工作。在做好传统个人贷款业务的同时，引进资质良好的担保公司和保险公司，积极拓展"直客式"个人住房贷款业务；加快个人商铺贷款、固定利率贷款等产品的组合营销和试点工作；积极探索贷款营销模式，充分利用房地产经纪公司等社会中介机构的资源优势拓宽营销渠道。三是突出挖潜抓中间业务收入。立足市场，抓住居民理财保险意识不断增强的有利时机，着重把代理理财产品销售、个人结算业务和代理保险列为个人中间业务的重要领域空间进行拓展。四是突出分层抓服务。结合现有个人客户资源的实际情况，制定了《个人中高端客户维护管理办法》，构建省行、二级分行、支行、网点、客户经理的纵向服务体系以及各支行、网点联动的横向服务体系，将优质客户服务纳入绩效考核，建立奖罚分明的考核机制。五是突出品牌抓网点整合。成立营业网点整合改造工作领导小组，对各行网点整合规划情况逐行进行现场调研，研究和确定了网点布局和功能定位，制定了优化网点布局、提升网点功能的三年规划。加强了对贵宾理财中心的建设、管理、考核以及督导工作。

【公司业务】

一是公司贷款继续保持又好又快发展势头。继续加大重大项目、优质客户的贷款营销和投放力度，及时调整房地产开发贷款投放的区域结构和客户结构，稳步推进中小企业金融业务，积极推广国内贸易融资等信贷新品种。年末，人民币公司贷款比年初增加141.8亿元，增长21.2%，继续保持省内同业第一和系统领先地位。其中国内贸易融资贷款比年初增加8.4亿元；AA一级以上(含定性评级)客户贷款余额占比同比上升3.39个百分点。二是投资银行、企业年金等新业务快速发展。全行加大了交叉销售、综合营销力度，大力推广新的业务品种，推动公司金融业务转型。年末，投资银行业务收入2.43亿元，同比增加1.51亿元；管理个人年金账户17.1万户，比年初增加16.3万户。信贷资产证券化、中期票据、理财产品投资于信托计划、金融租赁、信贷资产回购等新业务均取得了较大突破。三是小企业金融业务稳步发展。按照"统一认识，建设队伍，明晰客户，对接产品，完善机制，防范风险”的发展思路，稳步推进小企业金融业务，进一步增加优质小企业客户数量，提高产品覆盖率。小企业贷款累计投放12.2亿元，新增3.2亿元。四是公司存款增长创历史新高。年末，全行人民币公司存款(含保证金)比年初增加84.3亿元，增长20%。

【机构业务】

一是围绕重点领域，开展特色主题营销。全年围绕银保、银证、银银、银政、银军、银期6大领域开展了15项大型主题营销活动，取得了明显的成效。二是提升服务效率，推动机构负债业务持续发展。增强“存款第一”意识，狠抓重点领域。提高综合营销技巧，稳存量添新户。积极开展部队客户抗震救灾金融服务工作，高效、快捷地满足了参与抗震救灾部队的资金需求。三是加大创新力度，加快机构业务转型步伐。资产托管业务规模和效益同步增长。第三方存管业务和银保业务稳步健康拓展。与合众人寿、太平洋财险等17家保险公司联合开展了“银保牵手，合作双赢”专项营销活动；加强银保通推广工作，使所有合作伙伴，所有网点、所有代理的保险产品均能畅通无阻地使用银保通系统。与长江期货和美尔雅期货公司分别开展了集中式银期转账业务专题推介会，举办了期货交易大赛活动。与省农业发展银行、省邮政储蓄银行、进出口银行的合作进一步加深。

【结算与现金管理业务】

一是积极推进账户大发展工程，向第一结算银行目标大步跨进。制定了全行账户发展三年规划，组织开展了“对公结算账户双提升”和“对公结算有奖积分”等营销活动，账户发展取得明显的成效。二是加快现金管理客户发展，迅速扩大现金管理客户规模，当年新增现金管理客户1,901户。三是加快“百强对公业务网点”建设步伐，优化对公业务流程。组织开展了“百强对公业务网点”竞赛活动，推广“财智账户”品牌，加快产品营销，提升服务质量和优化对公业务流程。四是加大新产品推广力度，拓展中间业务收入渠道。依托总行超短期、固定收益、资本市场、全球市场等四条对公理财主线，针对辖内对公客户开展了持续、不间断的营销，全年对公理财产品销售183.72亿元。大力拓展贵金属业务，实现贵金属交易量13吨。

【银行卡业务】

一是完善营销模式，推动发卡规模快速扩张。树立以项目发卡推动卡量规模快速增长的发卡思路，全行项目发卡超过百万张。二是改进收单业务方式，促进消费额快速增长。大力拓展特约商户和特惠商户，通过改善用卡环境，为持卡人提供实实在在的优惠服务。在巩固传统批发业务领域基础上，进一步拓展了大额消费领域。三是更新经营理念，努力做大资产规模。树立资产业务是信用卡核心业务的经营理念，在积极拓展电器等日用消费品分期付款业务的基础上，逐步将分期付款业务延伸至车市、房市等大额个人消费领域。四是严格资产管理，确保透支资产质量。全行建立了标准化透支催收作业流程，明确了催收职责、量化了各环节尽职追索标准，风险控制前移和基础管理工作逐步得到加强，有力控制了透支资产风险。

【电子银行业务】

一是加大市场宣传力度。积极发挥整体营销优势，实施电子银行品牌营销战略，促进客户和业务规模快速增长。通过电视台、电台、报纸和网站等媒体，大力宣传“金融@家”、“工行财e通”、“U盾”、“95588”等品牌，以广告、知识讲座等形式，全面宣讲工行各项电子银行产品及功能，创造了良好的品牌效应。二是全力做好奥运金融服务工作，提升95588服务品质和信息服务水平。在奥运期间，对全省已开通电子商务网站运行状况进行了检查。在省内主要新闻媒体上开展电子银行安全知识普及宣传。加强了对电子银行服务示范区、自助机具设备以及各类电子银行业务宣传广告中电子银行相关品牌及中英文标识的检查。加强对95588客户服务事件的督办和回访力度，全面核对和更新95588资料库营业部网点服务信息，制定涉外客户以及夜间应急服务方案等工作措施，圆满完成奥运金融服务工作，实现了奥运期间95588客户服务无差错、无风险、无投诉。三是电子商务工作稳步推进。开展武当山电子商务营销活动，通过优质高效的服务，展示了工行良好的形象。与湖北省通信管理局联系，取得全省ICP经营许可证名单，同时加强了与全省排名前20位的酒店及旅行社的业务合作。四是着力推动电子银行服务区建设。在原示范网点的基础上，通过各行筛选自报，湖北省分行严格审批，新增电子银行服务示范网点102家。五是完成了多个电子银行系统、版本的测试、投产工作。推出了企业网上银行代理实物黄金业务、贵宾网银、小额结售汇、手机短信认证、网银续缴保费、WAP手机银行、公务用卡审核报销、银企互联特色业务平台、二代“U盾”、银行户口和客户行为分析系统等多项新功能，进一步适应了市场和客户需求。

【国际业务】

一是多措并举，国际结算量大幅攀升。将国际结算和贸易融资业务作为全行国际业务发展的重中之重，强化组织推动，完善考核机制，狠抓重点区域、重点进出口客户、重点项目“三个重点”，国际结算量大幅攀升，全年完成国际结算量45.7亿美元，同比增长82.7%。二是整体联动，贸易融资份额居同业第一。加强国际业务与授信审批、公司业务和信贷管理等部门的整体联动；逐步推广贸易融资核准制，简化审批环节，提高了审批效率；加快重点客户审批进度，贸易融资重点客户由总行批复的56家增加到目前的73家，同时对重点客户扩大并转授了单笔贸易融资业务权限，重点客户业务份额得到进一步提升。全年完成国际贸易融资累放量2.13亿美元，在四大行中排名第一位。三是创新产品，资金交易业务稳步推进。积极发展远期结售汇业务，业务的地域范围和客户对象不断扩大；加强对即期结售汇工作的指导，找出问题，挖掘潜力；加强结售汇业务与国际结算、贸易融资业务的联动，不断拓展结售汇业务空间；大力发展人民币结构性存款业务，实现了该项业务零的突破。全年完成外汇资金交易量28.3亿美元，同比增长29%。

【信息科技】

一是加快科技创新，提升全行综合竞争力。投产了NOVA2.5.3等7个综合版本及其433个补丁，每一次新版本的投产，都在原版本基础上进行了功能优化和扩充，共在18个系统中优化和新增了近1,300个应用程序和产品。加大了本地特色金融创新的步伐，全年共开发投产30个新应用程序和产品，并启动了14个产品的研发工作。二是建立高效信息系统，支撑全行业务的快速发展。采用科学管理和技术改造的措施，使信息系统运行效率更高、更稳、更安全，全年信息系统处理业务量达81,085万笔，日均处理业务量达259万笔，总体可用率达到99.98%。通过加快核心系统的优化改造、加快网点设备更新和服务渠道的整合更新步伐，提高了系统的效率。通过改造生产机房、规范流程、完善应急方案等措施提升了系统运行的稳定性。通过不断推进管理和操作的自动化，增强刚性控制措施，提升了系统的安全性。三是增强科技综合实力，夯实科技发展基础。落实制度，提高综合管理水平。为推动制度的执行，对本部科技人员进行了制度考试，对各二级分行科技管理人员进行了培训，在全行组织开展了信息科技风险奥运专项自查工作。加强风险评估，提高防控风险能力。对信息科技工作进行了全面自评估；在奥运专项自查后，再次对信息系统进行了信息安全风险评估，并重点对安全等级为二级的系统从安全管理及安全技术两方面进行了全面测评。

【资产负债管理】

一是统筹把握宏观调控与业务发展，全力支持资产业务优先发展。前三季度，面临贷款旺盛的需求与规模紧缺的矛盾，一方面，积极争取总行的政策支持，促成总行增加湖北省分行专项规模20.1亿元，并多次调增信贷规模90.4亿元；另一方面用活用足有限的贷款规模资源。进入第四季度，抓住国家扩内需、促增长的市场机遇和适度宽松的货币信贷政策的良好环境，加快信贷投放力度，第四季度各项贷款增量72.84亿元，占全年贷款增量的42.7%。二是发挥价格导向作用，合理引导结构调整，促进资产负债业务协调发展。出台补偿措施，鼓励负债业务发展，通过调整存款产品利差这一敏感、精细化的杠杆工具，有效提高了存款业务的实际利润空间，调动了各行大力发展负债业务的积极性。强化资金管理，调节引导资金投向。通过发挥资金集中配置系统对资源配置的硬约束，有效引导了资金投向经营效益好、风险低的领域，实现了风险收益的较好匹配。三是多措并举，实现资金运作科学化和管理精细化，不断提升资金营运的贡献度。全行通过科学管理、精心运作共增加资金营运利润1.07亿元，实现系统内往来资金净收入15.3亿元。

【财务会计管理】

一是充分发挥预算管理的调控作用，在复杂的经济形势中促进综合经营效益稳步提高。改进预算编制方法，提高预算编制合理性、可行性和透明度；实行预算过程控制与核算管理、财务预算事中预测、预算执行进度相结合，进一步强化预算过程控制；强化按月分析和通报，及时总结预算执行经验，认真分析、揭示存在的问题，为领导决策提供参考。二是着力完善经营绩效考评体系和资源配置机制，进一步强化了经营导向和激励作用。建立完善以业绩价值为主导，以实现可持续发展为目的，以二级分行绩效综合考评为主、以城区支行县级支行绩效考评、专项业务考评为辅的多层面考核体系，对巩固和扩大全行在主要业务领域的竞争优势起到引导作用。优化资源配置，建立了以经济增加值为核心、以价值创造为导向的费用资源配置机制，在费用及其他指标的分配上坚持“阳光”操作，指标分配办法简晰、透明，费用总额可算、可控。三是努力克服国际金融风暴的不利影响，进一步强化中间业务组织推动。建立实施中间业务“一把手”工程，基本建立了优先发展中间业务的政策体系。进一步改进中间业务收入预算管理，将中间业务计划纵向分解到各行，横向落实到相关部门。建立、完善工作机制和激励机制，进一步强化激励约束。进一步完善中间业务考核体系，加强对分专业和分产品的考核，保证各专业计划和品种计划的均衡发展。同时，依托电子化科技手段，开展中间业务现场、非现场检查监测，延伸监控触角，扩大监测范围，努力促进中间业务健康发展。四是以强化财务基础管理为重点，丰富了财务精细化管理内容。充分发挥财务中心的把关监督作用，加强了财务支出控制。建立健全财审会工作体系，提高了财务风险防控能力。加强会计核算与财务信息披露体系建设，按时完成了外部信息披露报表及外部审计报表的编制工作。创新财务管理机制，加强了应税事务管理。优化固定资产配置，加大了网点整合装修投入。完善集中采购发展模式，提升了集中采购层次。

【风险管理】

一是风险管理制度体系建设取得新进展。制定了《2009－2011年风险管理战略规划》《全面风险管理评价办法》等系列制度，全面风险管理制度体系初步形成。二是风险管理委员会运行机制进一步健全。以风险管理委员会为工作平台，建立了“报告—审议—决策—落实—反馈”的工作流程，扩大了审议决策范围，风险管理委员会决策作用得到进一步发挥。三是风险报告水平迈上新台阶。积极创新工作机制、方法，建立了“全面风险管理报告—专题风险管理报告—行业风险报告—重大风险事件报告—风险管理情况通报—风险提示”相结合的报告体系，风险报告的预警提示功能及决策参考作用得到有效发挥。四是风险管理评价工作深入开展。按季对全行各分支机构的风险状况和风险管理情况进行系统量化考评并纳入行长绩效考核体系。五是不良贷款清收处置成效显著。加强大户督办和参与力度，分类施治、多法并举开展不良贷款压降，全年累计清收处置不良贷款 10.34 亿元，完成年度计划的 154.29%；不良贷款余额比年初减少 2.42 亿元，占比比年初下降 0.51 个百分点，保持了在系统内和同业中的领先优势。

【内控合规管理】

一是整体联动，扎实推进，“精细化管理年”活动成效明显。在全行范围开展了以“优化经营环境、明晰岗位职责，加强风险防控、提升竞争能力”为主题的“精细化管理年”活动，通过分阶段、有计划、有重点地推进该项工作，较好地解决了管理粗放问题，管理质量和经营成效明显提升。二是分步实施，齐抓共管，内控规划三年目标如期实现。全面落实了“一把手”亲自分管内控工作的要求，逐步形成了各级行内控委员会统一领导下的“分级管理、条块结合、横向到边、纵向到底”的内控管理模式。制定了内控案防“双线问责”制度、激励约束制度、违规记分管理等一系列管理制度办法，构建了涵盖各专业的内控案防长效机制。三是严格程序，查评结合，内控评价等级水平全面提升。一方面将内控评价和日常审计检查紧密联系起来，充分运用审计检查成果，将其作为评价指标计分依据纳入评价之中，全面反映和准确评价各级行的内控状况；另一方面将内控评价纳入到行长绩效考核体系，将评价结果与年度评比、奖励晋升等直接挂钩，并实行严格的问责制度，促进各行切实加强内控管理，不断提高内控评价的质量和效率。四是分级监测，预警风险，操作风险掌控能力逐步增强。不断完善操作风险监测指标体系，定期发布操作风险监测通报，形成了分级监测、逐级汇总的工作机制；持续开展操作风险动态监测，对各项业务流程中可能存在的操作风险事项进行了排查，对超出操作风险可接受范围和警戒值的及时向有关单位进行了预警和提示；完善了操作风险报告机制，制定下发了《操作风险损失事件统计管理实施细则》。五是突出重点，揭示问题，合规检查和审计水平不断提高。各级内控合规部门积极围绕全行中心工作，从保障全行业务持续健康发展入手，切实履行合规检查和常规审计职能，不断创新工作方法和检查手段，全年内控合规部门共计开展审计检查项目 203 个，及时防范各项风险，促进了合规管理水平稳步提高。六是完善机制，健全制度，反洗钱工作开创新局面。制定下发了《反洗钱规定实施细则》和《大额交易和可疑交易报告管理办法实施细则》，确保了大额、可疑交易数据按时准确报送；建立了反洗钱重点联系行制度，明确各专业反洗钱工作的操作流程和要求，提高了反洗钱规范化管理水平；认真做好反洗钱监管信息报送和各类协查工作，得到监管部门肯定。

【人力资源管理】

一是扎实开展深入学习实践科学发展观活动。认真贯彻落实中央及总行党委有关要求,高标准推进准备动员、学习调研和分析检查等环节和阶段的各项工作,较好地做到了"两手抓、两不误、两促进"。二是不断加强各级管理人员队伍建设。深入开展"四好"班子创建活动,提高各级领导班子领导科学发展、践行"四好"标准的能力。积极做好干部交流调整和选拔任用工作,对省分行营业部以及黄石等10个分行领导班子进行了局部调整,对黄石等分行的4个副行长岗位进行了公开选拔。认真组织做好对省分行本部员工和省分行管理的系统干部的年度考核工作,全面掌握管理人员的工作业绩和德能勤绩表现。三是深入抓好薪酬机构人员管理。不断深化薪酬制度改革。适时调整绩效工资挂钩指标和权重,修订和完善工资总额分配办法,形成了更为完善、充分体现价值创造的工资总额分配机制;对取得CFA、CFP等职业资格的员工、销售类岗位和营业网点员工实行工资调节系数,落实了岗位绩效工资制度。有序推进机构管理体制改革。深入落实总行2007-2009年三年机构规划,加快优化机构网点布局和渠道整合升级,扎实推进分层分类功能服务体系建设,加大贵宾理财中心、自助银行规划和建设力度,全行网点服务形象得到明显提升。积极谋划人员管理工作。积极招聘应届大学毕业生充实员工队伍,全行人员结构进一步优化。制定了《员工内部流动方案》,内部人才市场建设得到加强,全行系统内员工流动进一步规范。四是全力做好员工培训工作。以提高人力资源核心竞争力为目标,以人才培养为核心,以制度建设为基础,认真做好管理层、营销层、专业层、操作层等各类人员培训,较好地完成了各项培训工作任务。

(张治安)

中国农业银行股份有限公司湖北省分行

【综述】

2008年,在总行党委和湖北省委、省政府的正确领导下,中国农业银行股份有限公司湖北省分行按照总行工作部署,深入贯彻科学发展观,围绕"树形象、抓发展、增效益"的经营方针,在切实保障改革大局、扎实做好股改准备的同时,深化"三农"金融服务,加快推进有效发展,实现了形象全面提升、发展全面提速、效益全面提高,各项任务超额完成,各项工作协调发展的总体目标。截至2008年末,全行存款余额达到2,086亿元,总存款净增413.7亿元,同比多增182.2亿元,当年净增额超历史最高纪录,在四大行中增量份额32%,排第1位,储蓄存款连续四年保持同业第一。人民币贷款余额达到773.8亿元,贷款净投放130.3亿元,同比多投放30亿元,是历史上资产业务营销成果最大的一年。实现中间业务收入10.26亿元,同比增收2.7亿元,是有史以来中间业务发展的最好水平。在存款、贷款、清收、中间业务四项主体业务全面超额完成总行计划和自定发展目标的同时,经营效益大幅度提高,有效收入同比增长15.55%,经济资本回报率提高1.86个百分点,实现经营利润22.23亿元,同比增盈5.24亿元,创历史最佳业绩。

中国农业银行湖北省分行是中国农业银行在湖北省设置的一级管辖分行。截至2008年末,中国农业银行湖北省分行机构总数958个,包括:省分行本部,省分行营业部,12个二级分行,3个直管市支行,115个一级支行,1个村镇银行,939

2008年9月16日,在农行服务"三农"楚天行动启动仪式上,湖北省省长李鸿忠与农总行董事长项俊波签署湖北省人民政府与中国农业银行合作备忘录。

个营业网点。在岗人员18,037人，其中大学本科以上学历占26.87%，中高级职称人员占18.15%。

【股改准备工作】

严格按照总行统一部署，切实加强组织领导，坚决落实责任制，强力推进股改准备工作。认真加强与中介机构协调配合，顺利完成以2007年12月31日为基准日的审计评估工作。全面清理、认定、消化各项财务包袱，做实财务数据；加快抵债资产处置变现，全面启动信贷审批体制改革和信贷业务网上作业，专设风险管理部门和委托资产处置机构。顺利完成28.6万户不良资产的剥离和档案移交工作，做到了“真实反映、剥离到位”，为股改后的发展奠定了基础。

【资产业务发展】

提出了“合理安排信贷总量，全程监控计划执行，突出重点有保有压，抓住机遇调整结构”的工作思路。坚持以“三大两优”为导向，以大型营销活动为支点，以系统联动高效营销为手段，不断加大了对重点区域、重点客户的营销力度，有力促进了资产业务持续快速增长。元月举办的武汉“1＋8”城市圈500亿元授信大型签约仪式，9月和省政府联合举办的以“共建新型农村、共创两型社会”为主题的中国农业银行服务“三农”楚天行动，以及与长江电力总公司签署战略合作备忘录活动，取得了很好的营销效果和良好的社会影响，已向武钢集团、湖北电力公司、长江电力、武广铁路客运专线等省内重点企业、重点项目累计投放贷款180多亿元，省内重点项目、大型企业和垄断行业客户市场份额明显提升。10月份以来，根据宏观经济形势与货币政策变化，积极响应国务院和总行扩大内需、增加信贷投放的有关精神，配套实施了一系列刺激政策，充分调动了各级行营销积极性，资产业务实现了快速有效增长。

2008年8月18日，农总行行长张云为湖北汉川农银村镇银行揭牌。

【“三农”业务发展】

一是深入推进“三农”试点。系统总结“公安模式”，并选择仙桃等11个县（市）支行作为服务“三农”联系行，全面推广公安支行“三定、五包、两控险”的成功做法，下半年，又确定孝感、荆州分行为服务“三农”试点分行，支持二级分行做好服务“三农”的制度机制创新、资源配置优化等试点工作。二是完成村镇银行开业。经过大量细致的准备工作，8月18日，由农总行作为主要出资人，与省内五家企业联合出资设立的湖北汉川农银村镇银行正式开业，这是全国首家由国有商业银行控股成立的两家村镇银行之一，也是该行在服务“三农”经营模式上做出的新探索。三是大力发行惠农卡。迅速制定管理细则和推广方案，选择5个有代表性的支行作为惠农卡发行试点行，按照重点突破、由点及面的方式，有力地保障了惠农卡发行与小额农贷工作的深入推进。四是创新信贷机制。制定更具操作性的“三农”信贷管理实施细则和办法，降低县域担保机构最低注册资本金准入门槛，放大“三农”客户担保总额。制定城市基础设施类信贷业务流程与操作模板，开展县域基础设施信贷业务专项培训，全面开展县域基础设施项目调查与授信工作。五是积极落实支农工程。以“54321”支农工程为重点，积极履行活动协议，不断加大对“三农”和县域信贷投放力度。

【经营转型工作】

提高零售业务考核分值，将中间业务收入指标所占权重提高；实行资源倾斜政策，专门配置费用与零售业务挂钩，并加大了网点转型投入力度，为零售业务和中间业务的加快发展奠定了坚实基础。积极推进网点转型工作，劳动组合优化、功能分区等工作有序进行，一批理财中心和精品网点相继建成，有力地促进了零售业务和中间业务的快

农业银行湖北省分行行长易映森（右）荣获“第七届（2008）湖北经济年度风云人物”。

速发展。强化营业网点“五支队伍”建设，全行网点主任、低柜柜员、个人客户经理和理财经理等五类营销人员队伍进一步壮大。以总行金钥匙“春天行动”为主题，广泛开展法人客户高管批发营销活动、“五进三扫”营销活动、金融理财产品营销集中推介会等各类活动，全面取得营销先机。还积极开展个人金融资产“1＋5”组合营销、金融服务进社区等活动，指导各级行在多变的市场形势下，因势利导，贴近大众，积极开展新产品、新业务的组合营销。2008年，该行个人金融资产业务实现较大突破，个人存款余额及增量、基金代销额、保险代理手续费用收入、银行卡收入等9项指标均居同业首位和系统内前10位。中间业务收入快速增长，增幅达到40.2%，市场份额提高2.8个百分点。

【内部基础管理】

坚持一手抓发展，一手抓严管，不断强化合规建设和基础管理，风险控制能力稳步增强。继续加强风险经理、会计主管、财会监管员和法律事务审查员等“四员”制度建设，全面推行“四员”委派制，构筑网点负责人与会计主管内控“防火墙”，严格执行信贷叫停及问责等信贷制度，逐步实现了风险管理的垂直化和精细化。迅速制定整体移位管理办法，并对2个县支行领导班子和6个基层营业网点实施整体移位试点，成效明显。坚持安全飞检和信贷年检制度，严格落实检查和审计责任制，认真执行“谁检查、谁负责”的规定，切实提高了检查发现问题的能力。积极配合总行集中审计活动，对检查揭示的问题，逐项落实责任人进行认真整改。全面推行违规积分管理办法，规范员工日常行为。以制度建设和合规教育为手段，深入开展案件专项治理、员工行为守则教育和企业文化建设大讨论活动，积极开展安全教育，加大安全设施投入，落实安全工作责任制，推进安全工作管理集约化。

【和谐农行建设】

建立健全领导干部个人学习、集体学习和脱产进修“三位一体”的长效机制。完善干部选拔任用制度和公开竞聘制。建立省分行职能部门巡视制度，加强对二级分行和县市支行领导班子成员尤其是“一把手”履职情况的监督检查。加强党风廉政建设，推动领导干部廉洁自律工作的深入。健全职工代表会议制度，凡涉及员工切身利益的重大事项均能交到职代会讨论，通过后才付诸实施。出台“两个必须到位”的硬政策，即所有营业网点正常运营费用必须到位，所有临柜人员基本工资必须到位。同时，努力确保员工平均工资水平与业务发展同步增长，让全行员工充分享受到加快有效发展的好处，员工队伍思想比较稳定，和谐农行氛围逐步形成。

【社会公益事业】

湖北冰雪灾害期间，该行在全力确保网点正常运营的同时，积极到总行争取救灾专项信贷规模，向电力、农业产业化等受灾较重的行业累计投放救灾贷款50亿元。此外，职工自发捐献抗雪救灾款项13万余元，单位代表总行捐款150万元。四川汶川大地震后，该行迅速落实有关救灾捐款免收手续费的政策，坚决保证捐款便捷汇出、及时到账，全行员工又自发捐款232.7万元，还在全省抗震赈灾晚会上现场捐赠100万元，得到社会各界好评。同时，圆满完成奥运服务任务。该行主动承担社会责任，赢得了广泛赞誉。公安支行服务“三农”等工作事迹三上中央电视台《焦点访谈》等栏目，助建“两型”社会大型营销、湖北汉川村镇银行设立等新闻屡上中央及地方重要媒体，易映森行长还被评为第七届（2008）湖北经济年度风云人物。

（宋连升　蔡　瑰　汪　徽）

中国银行股份有限公司湖北省分行

2008 年 11 月 26 日，中国银行股份有限公司湖北省分行与武汉工商行政管理局联合举办“工商 e 线通”新闻发布会现场。

【综述】

2008 年，中国银行股份有限公司湖北省分行整体经营呈现出稳健发展、持续增长的良好态势，开创了多年发展的新局面。截至年末，人民币各项存款余额 861.45 亿元，比年初增加 206.03 亿元，人民币各项贷款余额 411.12 亿元，比年初增加 56.1 亿元。外币存款余额 67,181 万美元，外币贷款余额 114,745 万美元。全年实现中间业务净收入 49,171 万元，比上年末增加 11,911 万元。全年实现税前利润 15.54 亿元，税后净利润 13.61 亿元。

【公司金融业务】

加大营销拓展力度，将信贷资源向核心客户倾斜、向综合收益高及产品需求种类多的客户倾斜。组建公司业务部武昌分部，提升对重点客户的营销和服务能力，已初步拓展富士康、湖北联合发展投资公司、武汉重工等 10 多家优质客户。主动调整优化授信资产结构，制定公司授信客户重点项目清单，提高重点客户贷款占比，一批重点项目营销取得了实质性进展。其中，武广铁路项目已实现实质性提款 19.5 亿元，向咸宁核电出具 260 亿元人民币贷款承诺函。积极跟进海外联动项目，对武钢、神龙、三峡等一大批省内企业实施“走出去”战略给予了大力支持，继续保持了在湖北市场国际业务领域的领先地位。成立产品研发与推广小组，开展产品研发和组合设计，大公司板块各类产品达到 260 个。大力拓展财务顾问和企业年金业务，成功取得湖北电力公司年金账管、托管双资格。顺利推广新版网银，实现武钢集团外币资金集中管理项目交易量达 58.36 亿元，位居全国第 6 位。存放同业规模突破 100 亿元，获超常规发展。

【个人金融业务】

围绕“渠道、队伍、机制、客户、产品、服务、模式、品牌”，强化基础和基层建设；深入推进网点个金转型，加强网点基础建设、转变服务模式、提高产品销售能力，全面提升网点综合产能。大力推行“网点个金标准化”管理，对全辖网点布局改造实行集中统一管理，撤并机构 6 家，完成机构装修改造 108 家。深化“厅堂制胜”理念，确定网点转型一把手工程，充实网点队伍配置，全辖实现了专职大堂经理配置率和开放式柜台配置率超过 80%，组建以 730 人的专（兼）职客户经理、150 人的理财经理为核心的专业化队伍。加强服务标准化管理，统一制作标准化服务模拟光碟，着力提升销售服务水平。大力营销个人高端客户，50 万元以上高端客户较上年末增加 3,903 户，50 万元以上客户资产规模较上年末增加 24.33 亿元。加快个金业务营销模式创新，大力推广交叉销售，针对政府部门、高校、大型企业集团开展消费信贷定向开发，创建“直客式”营销模式，建立优质楼盘项目库。

【中间业务】

继续深入开展各类业务竞赛活动，加强条线业务指导和管理职能，积极推动产品和服务创新，努力拓宽销售渠道，利润贡献度明显增强。国际结算业务不断加大产品创新推广力度，业务营销取得较大突破，进一步拓展了中行与全省进出口业务排名前列重点企业的业务合作空间。2008 年，国际结算业务实现市场占比 41%，继续保持同业领先地位。启动银行卡中间业务净收入分润，激励条线发卡积极性，实现银行卡中间业务收入 3,523 万元，同比增长 58.43%，增幅位居全国系统内前列。

【风险管理】

优化调整资产结构，增强主动控制风险能力。通过拓展优质客户、退出低质客户、清退无本有息户等措施，实现了资产结构优化。截至2008年12月末，全行正常类贷款占比较上年末上升4.88个百分点；BB级以上客户授信占比较上年末上升5.88个百分点。

强力推进专业化清收模式，加快不良资产处置步伐。本着审慎、及时的原则，对全辖公司类贷款系统梳理，细化一户一策化解方案，对化解方式、化解进度和责任人作出明确要求，强力推进专业化清收模式，有力促进不良"双降"。截至12月末，全辖完成不良资产压降24.04亿元。坚持授信资产的"四盯"管理模式，对辖内前十大不良项目和列入总行重点项目的不良资产，采取重点项目、重点突破的战略，取得一定进展。加大可疑类上划项目处置进程，进一步加大诉讼清收力度。

【内控合规建设】

严格按照总行党委要求，坚决贯彻从严治行方针，深入推进综合治理整顿，进一步完善矩阵式内控管理体系，加强内控管理机制建设，全行内部控制水平稳步提升。

进一步完善矩阵式内控管理体系，加强内控管理机制建设。加强对一道防线业务指导，规范二道防线的检查工作流程，充分发挥二、三道防线沟通协调，提高内控检查工作质量。创新深化内控考核办法，加强内控管理机制建设。调整操作风险减值准备计提办法，将省分行各部门纳入操作风险减值准备管理，强化业务条线操作风险管理职能，建立识别、监控和评价操作风险的长效机制。推广基层经营性分支机构自查管理系统平台，填补一道防线内控工具的空白，提高基层机构"自控力"，促进业务流程的统一化和标准化，改善基层机构内控环境，加强基层机构内控建设。

加紧落实内审外查问题的整改，对历史遗留问题的整改率明显提高。通过加大稽核检查科技投入、建立内控评价指标量化评分体系、完善评价规划与模型等多种手段，截至2008年12月末，对2004年至2006年度发现的问题整改率达95.99%。加大对各类违规违法行为的惩戒力度，严肃查处各类违规违纪行为，彻底纠正责任处理不到位的问题。全面加强安全管理，认真做好雪灾、地震、奥运期间的安全生产工作，加快推进押运和金库守卫社会化管理。

（陈　玲）

中国建设银行股份有限公司湖北省分行

【综述】

2008年，中国建设银行股份有限公司湖北省分行（不含宜昌地区）有营业网点570个，在岗从业人员12,654人。资产总额本外币2,002.71亿元。本外币全口径存款余额1,942.06亿元，当年新增289.32亿元。各项贷款余额达到956.48亿元，当年新增133.17亿元。全年实现中间业务收入11.68亿元，当年新增2.67亿元。全年实现账面利润26.46亿元，实现考核利润29.05亿元。

【业务发展】

2008年，湖北省分行完成网点转型355家，开展了以"促转型、比服务、创佳绩"为主题的优质服务年活动，加强网点弹性排班管理。大力推进业务创新，全年共销售基金、保险、利得盈、建行财富、黄金等理财产品329亿元；企业年金业务实现零突破，银团贷款业务取得新进展，百易安业务实现快速发展。承销短期融资券40亿元；完成国际结算量40.7亿美元；信用卡客户净增23.3万户，借记卡数量新增204万张；电子银行活跃客户新增28.9万户，实现电子银行业务收入4,422万元。

2008年，湖北省分行加大专业化经营力度，加快小企业经营中心的建设，小企业贷款余额达到47.6亿元，新增10.5亿元。积极推进信贷结构调整，认真把握信贷投放节奏。大力营销重点基础设施建设项目和优质大客

中国建设银行湖北省分行办公大楼。

户，当年投放贷款中的A级以上客户投放额占比达到92.2%。深化风险条线管控体制改革，设立了武昌、汉口、汉阳三个风险管理分部，初步建立起相对集中的城区风险管理模式；强化信贷风险防控，制定了应对金融危机的12项措施，组织实施了全行信贷大检查；加强操作风险和安全运营管理，深入开展“平安年”创建活动，建立了奥运服务与安全运营应急管理保障体系，确保了奥运前后的安全运营，实现了全年无重大安全责任事故。

【企业文化】

2008年，湖北省分行在员工中推行“六必贺、三必访、一补助”制度，开展“爱心一日捐”活动，关心老同志和困难员工生活，营造和谐、进取的氛围，全行有8名先进个人、13个先进集体被市（州）以上人民政府和省级以上工会授予荣誉称号。积极履行企业公民责任，累计为年初雪灾和“5·12”汶川大地震捐款443万元，开展了“资助贫困高中生”、“英模母亲”和“爱心六送”等活动，企业形象得到有效提升。

（胡和清）

中国建设银行股份有限公司三峡分行

中国建设银行股份有限公司三峡分行（简称“三峡建行”）作为建设银行总行直管的38家一级分行之一，是宜昌区域内唯一一家由总行直管的分行，也是区域内唯一连续三届荣获省级“良好银行”称号的金融机构。2008年，三峡建行认真贯彻落实国家宏观调控政策，坚持以科学发展观为指引，以加快发展为第一要务，积极推进业务转型和结构调整，强化营销，深化改革，严控风险，提升服务，加强队伍建设，着力打造具有最强竞争力的精品银行。

2008年，三峡建行紧密结合实际，进一步解放思想，转变经营观念，统一“加快发展、科学发展、特色发展”的重要认识，全面谋划和全力推动各项经营管理工作，实现了各项业务优质高效增长，为今后可持续发展奠定了坚实基础。

截至2008年末，实现账面利润47,496万元。贷款总量及新增、一般性存款总量与新增、企业存款总量与新增、储蓄存款总量与新增、中间业务收入总量等关键指标在区域同业均稳居首位。战略性业务取得重大突破。国际业务实现飞跃。国际结算量突破5亿美元大关，国际结算量、结售汇量和贸易项下国际结算量首次实现了同业“三项第一”。企业年金业务突破第一单。成功地营销了宜昌市电影发行公司的企业年金业务，开创了湖北省建行系统年金业务的先河。

2008年，着力业务转型和强化市场营销，各项业务领域实现新突破。一是核心客户营销服务继续深入。成功促成建设银行总行与三峡总公司签订了《金沙江溪洛渡向家坝水电站融资框架协议》。二是坚持“优中选优，突出重点，有保有压”的指导思想，进一步优化公司信贷结构，确保了优质贷款总量增长。三是改善服务，网点制胜，个人业务竞争基础更加夯实。加大了网点购置和装修改造力度及自助设备布放和网点服务设施配置力度。通过推动柜面业务分流，有效缓解了柜面业务压力。通过全面推广服务规范三十条，组织实施“客户接待日”活动，开展“迎奥运、比服务”系列活动等措施，服务品牌和服务形象再上一个新台阶。四是为进一步支持中小企业发展，设立了小企业经营中心，探索了“信贷工厂”运营模式，半年时间发放“速贷通”贷款3,130万元。

在基础管理上，严格实行全面风险管理，扎实推进信贷资产风险十二级分类工作，并广泛开展了对基层机构关键风险点的监控检查。做好了各关键时期和“奥运”期间的安全技术保障工作，扎实开展了“平安建行”创建活动，确保了全行营运安全。在全行开展了《合规手册》、职业操守及“两个办法”的学习宣传年活动，对基层机构负责人进行了三次全面的合规管理知识培训，全行合规守法意识得到了进一步提高。

本着“二线为一线服务、中后台为前台服务、全行为客户服务”的理念，在全行大力开展机关作风建设，启动了机关服务基层考核评价工作，建立了分行部门对口联系基层机构制度，大力提倡和开展调研活动，切实帮助和指导基层解决实际问题，机关工作作风和效率有了明显改观。

高度重视人力资源在业务发展中的核心作用，视广大员工为最宝贵的财富，先后采取了一系列措施，着力改善员工工作、生活、学习及成长环境。加强青年人才、核心人才的储备与选拔，加大了专业技术岗位人员队伍建设的力度，并认真做好员工职业生涯规划，大力加强员工培训，全行共组织培训班 55 期，参训人员 2,525 人次，提高了员工队伍的整体素质。

2008 年，各项工作井然有序，有条不紊，展现了全行员工良好的综合素质和社会责任意识。在突如其来的汶川大地震中，全行职工捐款达到 420,231 元，党员缴纳特殊党费共计 325,443 元，团员交缴特殊团费合计 11,170 元。2008 年被宜昌市委、市政府授予全市文明行业创建十大贡献奖，港窑路支行、当阳支行营业部被中国银行业协会命名为文明规范服务示范单位。三峡建行系统共被授予全国各级文明单位 36 个，企业形象得到了社会各界的普遍认可。

（朱　俊）

交通银行股份有限公司武汉分行*

【综述】

2008 年，交通银行武汉分行立足二十年持续发展新平台，聚焦“财富管理”新目标，稳步推进业务发展和内部管理，有效推动了改革发展全面跃上新台阶。截至年末，全行本外币资产总额 714.82 亿元，比年初增加 115.12 亿元；人民币各项存款余额 642.7 亿元，比年初增加 107.3 亿元；人民币各项贷款余额 435.07 亿元，比年初增加 67.2 亿元；外币存款 2.25 亿美元，外币贷款 0.53 亿美元。全年实现中间业务收入 2.96 亿元，同比增加 0.82 亿元。完成国际结算量 35.9 亿美元，同比增长 30.5%；实现本外币账面税前利润 14.54 亿元。

【财务管理】

2008 年，以战略转型的内在要求为主轴，以经营发展的战略目标为主线，对内优化预算财务管理机制，强化计划、协调、服务和控制职能，对外强化公共关系管理，营造有利的发展与管理环境。一是加强内部控制，健全、完善财务管理制度。二是紧扣业务发展脉搏，不断完善绩效考核体系。三是加大新管理方式的探索力度，宣传武汉分行的管理品牌。四是财务资源管理动态化，有力推动业务开拓。五是结合内外部形式变化，为管理层当好参谋，为经营发展保驾护航。

【计划资金管理】

将发展目标与自身经营结构和外部经营环境动态结合起来，始终保持经营策略与中央、地方经济金融和总行工作方针政策的高度适应性，确保资产负债业务稳健运行。一是存贷款规模、效益保持系统内大行地位，主营指标在系统内大多争先进位，稳固在当地同业的优势地位。二是资产负债管理“三性”和谐统一。流动性核心指标良好，存差水平保持稳定；安全性指标保持在正常区间，“两息”不断攀升的势头得到遏制；盈利性稳步提升，规模效益同步增长。三是信贷资产与非信贷资金渠道并用。建立资金运用匹配对冲新机制，顺势而为，创新而为，在债券、票据转贴与回购、信贷资产回购上实现了新突破。

【授信管理】

认真贯彻执行国家宏观调控政策和总行信贷投向要求，分析市场变化，抢抓发展机遇，紧密结合本地区经济发展特点，优化信贷投向，加大结构调整力度，全行信贷业务实现增速快、结构优、质量好的良好发展态势。一是全年新增贷款主要投向先进制造业、电力、交通运输、城市基础设施、保障性住房建设、小企业等领域，与本地区经济发展特点吻合。二是新增贷款期限结构明显优化，中长期贷款占比明显提升，有效支持了本地区重点项目的中长期资金需求。三是开展持续的信贷客户动态风险排查，潜在风险贷款减持退出成效明显，全年减持退出潜在风险贷款 4.6 亿元，通过减持退出的信贷资源向优势企业倾斜。四是推广绿色信贷，实行信贷客户环保达标与否一票否决制，充分履行了社会责任。五是实行客户价值管理，提高发展质量，通过推广内部评级，测算信贷客户的信用风险成本和收益，为授信决策提供有力支撑。六是强化集团客户、异地授信、大额授信、借新还旧等重点领域风险管理，通过制度完善和实施，全行整体信贷风险控制能力显著增强。

【公司业务】

2008 年，公司业务围绕“打响蕴通财富品牌”的中心，实现了公司业务的快速、协调发展，为全行战略转型提供了有力支持。一是负债业务

* 从 2009 年 1 月 18 日起，交通银行省名，相应地，“交通银行股份有限公司武汉分行”名称变更级分行名称正式由省会城市冠名改为以省（自治区、直辖市）冠为“交通银行股份有限公司湖北省分行”（简称交通银行湖北省分行）。

2008 年 8 月 29 日，交通银行襄樊分行隆重开业。

快速发展，通过细分市场，开展针对性营销，负债业务发展呈现三个“明显”特征，增长速度明显加快、规模明显扩大、发展活力明显增强。二是中间业务超常规发展，通过深挖传统业务潜力，将中间业务发展与信贷业务相结合，形成营销合力，扩大中间业务产品的市场容量；通过推进总分支行联动营销，加快新兴业务的推进步伐，进一步提升营销的针对性和专业性，强化营销效果，租赁、信托、对公理财业务初步形成新兴业务“铁三角”。三是高端客户群体贡献度进一步提升，通过针对性地做好综合回报高、经济资本占用小等重点客户的关系管理和产品推广工作，中高端客户得以迅速发展。

【个人金融业务】

以市场为导向，以客户为中心，业务发展、服务水平等都迈上新台阶。一是以“龙腾计划”为起点的系列营销宣传活动推动全行个人金融业务的快速发展。二是加强个人金融销售队伍建设。通过充实人员、完善序列、强化培训、理顺体制，全面提升个人金融销售队伍综合素质。三是以“客户体验”为中心，逐步完善服务管理工作，进一步在省内树立了交行良好的品牌形象。在 2008 年银行业文明规范服务示范网点的评选活动中，东湖支行、武昌支行、青山支行、硚口支行和利北支行、花桥支行等 6 个网点被评为湖北省银行业协会文明规范服务示范网点，5 家网点入选中国银行业协会文明规范服务示范网点。四是加大投入、统筹资源，搭建立体化的营销体系。以立体化的营销思路为导向，充分发挥第三方力量的作用；强化后期执行，有序推进全行个人金融业务宣传。

【国际业务】

着力拓展新市场，客户结构进一步优化，各项业务继续稳定快速发展。一是面对 2008 年动荡的市场环境，在业务发展的同时强化风险管理，保证了外汇资产业务的安全性、合规性；外汇存款市场份额、中间业务收入均位居湖北省同业前列。二是针对市场变化和客户需求，依托“融资快线”产品系列，积极运用国际业务新产品，既满足了客户需求，也使外汇业务收益稳步提高。三是注重提高员工素质，强化内部管理，提升服务品质，打造了一支能适应国际竞争、具备跨文化沟通能力和市场营销能力的国际人才队伍，以优质、高效的专业服务赢得客户的好评。四是坚持把加强管理作为业务发展的坚实基础，保证了国际业务在量和质两方面同步发展。

【电子银行业务】

一是加强“金融快线”品牌营销，积极探索多种营销模式，提高营销效率。根据品牌全年营销推广规划方案，开展多种营销活动，通过各种渠道加大品牌宣传力度；在各中心支行设立“金融快线”体验专区，注重客户体验，加快网银业务的推广普及。二是加强重点企业客户营销，顺势发展 B2C 特约商户。配合经营单位对一些重点企业进行银企直联、银企通、蕴通账户等业务的营销和上线工作，并建立部分重点客户销售平台。三是建设全方位自助银行服务网络，强化维护管理，提升运行效率，同时加大离行式自助银行拓展力度，2008 年全行自助服务网点总数达到 147 个。

【风险管理】

在全面风险管理建设推进过程中，着眼于构建全面风险管理体

2008年3月22日，交通银行武汉分行与中海油气开发利用公司、开元运贸有限公司签署三方业务合作协议。

系的目标，采取多种举措，强化风险的专业化、综合化和一体化管理。一是不断完善风险管理组织架构。加大组织架构调整力度，整合各专业条线的部门职责，在大风控、大保全基础上，初步构建起职责分工明确，前、中、后台各司其职的立体化风险管理框架。二是积极推进风险管理方式创新。在风险管理中摆脱传统的思维模式，积极引入新的思路和方法，加强风险管理力度。三是重视贷后监控精细化管理。推行检查、督促和指导、服务相结合的理念，运用互动培训的形式对检查发现的问题进行案例点评和深度分析，促进客户经理不断增强风险意识，夯实风险监控的成效，在全行上下共同筑起风险防范的层层壁垒，确保业务健康持续的发展。

【会计结算】

一是配合全行业务发展，通过管理方式创新、流程优化创新，加强制度建设，结合新系统及各项流程变化，启动制度先行、培训到位的强化执行力工具，推进科学、高效的管理模式。二是构筑长效会计风险管理体系，稳步推进会计主管委派制，严格执行会计人员强制休假制，建立公正、公平、公开的会计管理工作考评机制和激励约束机制。三是注重人员培训，通过系统化、差异化、多样化的专业培训，并持续深化责任文化、风险文化教育，建立“专业、精业、职业”的高素质队伍。四是以“示范行”创建活动为契机，通过业务操作规范、流程处理科学、内控管理高效的示范网点，形成以点带面的创优氛围，促进全行会计条线的管理水平稳步、均衡、全面提升。

【内控管理】

一是充分运用各类业务风险管理系统，加大远程监控力度，风险监控重点由账务风险转向资金风险，监控范围由全面排查向有针对性的重点检查转变，通过先进、科学的运行模式推动分行会计工作高效、安全运营。二是持续推行风险联动管理模式，通过风险管理、检查辅导、风险监督的联动管理，提高对会计操作风险的主动识别能力和预警能力。三是构建检查辅导风险控制体系，采用现场常规检查与非现场检查相结合、常规检查与重点检查相结合、检查辅导与培训考核相结合手段，通过推行“一行一策”辅导机制，强化专职及兼职检查辅导员队伍建设，运用多元化检查辅导手段完善检查辅导风控体系建设。

【稽核监督】

一是围绕全行改革与发展的中心任务，以内部控制为核心，以操作风险防范为重点，坚持风险导向检查，促进基层营业网点加强内控管理。二是了解和反映真实情况，监督检查基层单位执行内控制度、防范操作风险的情况。三是实行检查报告制度，推动检查意见的落实。针对检查中发现的问题提出改进意见，并限期整改。四是做好后续督促整改工作，对前次检查出现的问题及总行内审部门和外审单位检查提出的问题及时跟踪和督促整改。

（彭德文）

招商银行股份有限公司武汉分行

【综述】

2008年，招商银行股份有限公司武汉分行以“积极应对变化，全面提升管理，强化分行主导，创新促进发展，经营价值客户，成就理财银行”为指导，较好克服了宏观形势变化带来的不利影响，各项业务继续持续、健康、协调发展。截至12月末，分行营业网点27家，离行式自助银行63家，从业人员1,258人，资产总额人民币459亿元，比年初增长24%。人民币各项存款余额403亿元，比年初增长21%，人民币各项贷款余额292亿元，比年初增长14.5%。全年实现账面利润人民币近12亿元。

2008年5月9日，招商银行武汉天然气一卡通首发仪式举行，招商银行武汉分行行长段昌峰(左)出席。

【改革发展】

积极稳妥地实施组织管理体制改革，推动改革取得关键性进展。一是重构并完善系统。进一步突出事业部形态，提升各业务系统在管理体制、业务流程、报告路线、绩效考核、资源配置方面专业化和精细化程度。二是努力实现从销售产品到经营价值客户的经营理念转变。加强各业务系统价值客户交叉销售体系的设计，使经营价值客户的理念与交叉销售的措施实现有机融合。三是强化分行主导，加强集约管理。在批发银行、零售银行等条线形成更加细化的分层管理体系。

【零售银行业务】

大力推进以高端客户与中间业务收入为核心的市场策略，着力突出理财、保险销售的经营导向，开展各类主题营销竞赛，加大对金葵花客户开发与理财、保险等高收益产品的推动力度，先后通过开展“百万连线暨百场理财沙龙，万人一对一关怀”等各类主题营销推广，展现招行优质财富管理能力，树立区域市场高端服务品牌的良好形象。进一步拓宽服务与发展思路，创造性地将中国移动通讯服务引入所辖营业网点，武汉地区首家银企合作专区——中国移动—招商银行“电子服务互动专区”于6月正式启动。

截至12月末，实现当年“一卡通”发卡规模近300万张，新增标准金葵花计划完成率达158%。理财产品累计销售计划完成率达297%；保险销售计划完成率达183%。

【个人信贷业务】

进一步细分客户，大力开展营销创新。结合不同客户群体特点，设计形成了“置业新生贷”、“U车贷”品牌等系列创新产品，为各类置业者提供贷款便利。9月，个贷业务规模成功突破100亿元，成为总行系统内第5家个贷规模过百亿元的分行。积极响应政府号召，大力推动个人经营性贷款发展。截至12月末，个人经营性贷款发放金额超过5亿元。

【批发银行业务】

以客户价值提升为主导，大力开展特色产品营销。成功利用特色产品“跨银行现金管理平台(CBS)”突破中百集团等重点企业，较好满足客户加强资金管理的需要。努力搭建授信模式平台，创新整合融资产品。一是以供应链融资为手段，积极拓展多种融资方式。在钢材期货市场上，从传统的工商银三方协议项下延伸开发出提货权控制融资业务、货权转现货质押业务、货权质押转直供终端用户业务，适应不同经销商面对不同性质客户导致的不同融资需求。二是积极扩展现货质物品种，拓展思路挖掘客户。三是积极尝试出租车经营权质押担保方式，开发出租车公司融资业务。

【国际业务】

面对市场外币资金趋紧的局面，该行大力推广福费廷二级市场业务，较好满足客户融资和避险需求。创新推出结构型贸易融资产品，成功叙做全行首笔船舶经营租赁融资1,500万美元。截至12月末，累计办理福费廷业务近千万美元，较上年同期增长一倍。在湖北省金融同业中，该行以10%的市场份额位列股份制商业银行榜首。在招行系统内，该行列中西部地区分行之首，被总行誉为“中西部分

2008 年 4 月 2 日，招商银行二手房交易资金监管"送百万保险"新闻发布会举行。

行国际业务标杆"。

【同业业务】

强化同业负债基础地位，大力推进同业负债业务快速增长。加强与武汉属地券商合作，提前半年双超总、分行全年营销任务，稳居招行系统"生死时速计划——第三方存管业务营销专项工作"第一集团军行列。同时，积极与外资银行业务合作，成功吸收某外资银行巨额外汇资本金。加强与其他股份制银行同业资产业务合作，2008 年，该行同业银行业务被招商银行总行列为银财合作、银证合作业务示范行。

【投行业务】

成立招行系统内首家分行级投行及资金交易部，加大与信托公司的合作力度，以产品为导向，以市场变化为契机，依托票据、信贷资产类产品，竭力打造"财富立方"品牌形象。初步构建投行业务运作平台，专项财务顾问业务超额完成全年任务。专项财务顾问业务，全年签约客户数突破 40 家，超额 74%完成总行任务，实现中间业务收入逾 600 万元。

【票据业务】

票据业务在顺利实现集约化经营的情况下保持稳健发展趋势。积极推动电子票据、代理申请票据贴现等新产品应用，并成功办理首笔实票托管业务。全年共办理代理申请票据贴现 15 亿元。截至 12 月末，票据业务总量达到 367 亿元。票据直贴利差收入比上年同期增加 64%；转贴利差收入比上年同期增加 91%。

【风险控制】

构建分行直管的信贷管理体制架构。实现风险经理分行直管。按照"整合资源，界定职能，突出客户，强化独立履责"的原则，将派驻审贷官队伍重新组合成风险经理团队和审贷官团队，集中后的授信审批条线，变过去对授信条线纯粹的分支行层级管理结构为分行集中、统一、直接的管理。加强对信贷客户的专业审查，建立"首贷面谈制"。建立全方位有效的风险预警体系，加强对突发事件的应急处置力度。一是初步建立有效的非现场检查与风险预警信息系统，开发了一套信贷客户资金往来监测程序，监测信贷资金的真实流向，把握贷款用途。二是推行信贷条线全员风险预警制度。成功处置多起重大风险资产，降低资产风险。

【网点建设】

加快网点建设改造步伐，推动网点优化转型。一是建立网点管理量化监测评审指标，实现网点自助业务替代率量化科学管理。全行自助设备替代率突破 80%，自助渠道效能得以充分发挥。二是加快机构建设速度，实现网点优化布局。机构建设步伐显著加快，全年共完成新建支行 3 个、离行自助银行 4 个、自助设备取款点 5 个、财富管理中心 2 个，网点布局更加科学化、合理化。三是积极推动网点转型。引导干部员工转变观念，积极探索、强化执行网点"由交易型向销售型转变"战略调整，落实流程改造、资源配置、岗位职责梳理。按照分行综合改革要求，进一步明确网点负责人领导下的网点管理体制，清晰网点负责人的准确定位，赋予网点负责人相应的责权利并强化考核管理。

【内控与合规】

一是搭建管理平台，进一步完善合规管理组织体系。2008 年，进一步完善了全行合规管理组织体系，积极推出合规督导员考核制度，深化条线风险管理，努力构筑合规管理的三道防线。二是组织合规风险点梳理工作，完善流程管理，最终形成一套涵盖各业务领域和管理领域的制度体系。三是开展合规宣传与培训工作，积极培育和倡导合规

2008年5月10日，招商银行武汉分行举办第二届理财教育公益行活动。

文化理念。在湖北银监局组织的“湖北省银行业金融机构2008年度金融法规及内控知识考试”中，分行在武汉城区17家参考机构中排名第2位，位列股份制银行第1。四是持续常年开展反洗钱知识学习和操作培训，提升反洗钱意识。全年组织了7次反洗钱培训，建立了“员工反洗钱培训档案”，员工的反洗钱意识明显提升。8月，成功堵截117万美元的大额离岸可疑资金拆分汇入多个境内居民个人账户，湖北省外汇管理局对其认真履行代位监管职责的行为进行了通报表扬，这是该局成立以来首次对外汇指定银行发出的通报表扬。

【安全保卫】

积极开展形式多样的反腐倡廉教育，以强化员工的异常行为管理为重点，突出内部欺诈风险管理，大力促进诚信体系建设。严格落实外防内控措施，进一步夯实安全保卫工作基础，充分运用和发挥人防、物防和技防手段和措施，紧盯安全工作重要部位和重要环节，加大安全和内控管理的日常检查督导力度，及时查堵和整改安全隐患。有效防范各类案件和重大安全责任事故的发生，确保了“百日奥运活动”期间全行的安全运行，实现了全年无案件、无重大安全责任事故和人身伤亡事故的工作目标。充分发挥技防手段的作用，继续完善分行系统在武汉地区远程电视监控报警联网网络的功能。

【信息技术】

努力提升IT支持能力，保障新系统平稳上线。按计划完成分行主机房KVM系统的安装和配置工作，新改造完工的机房通过了总行机房专家组的验收并获得了高度评价，为业务系统的平稳运行和升级扩容提供了强有力的硬件支撑。

完成新系统上线前的本地化项目迁移开发30多个，成功开发省福利彩票无纸化投注项目、武汉市财政非税收入系统、银联信用卡还款项目、市供电实时签约项目等多项重要项目开发工作，为业务营销和前台操作提供了软件保障，顺利实现新系统上线。

【客户服务】

重构客户服务体系，提升优质服务能力。对客户服务中心的工作职责进行重新定位，明确其服务管理和监督职责，同时在各条线和系统明确其服务管理职责，设立服务管理专员。精心组织开展迎奥运文明规范服务系列活动，圆满完成了奥运金融服务各项工作。在中国银行业协会和省银行业协会组织的查访中，共获得了3家全国先进示范单位称号、3家省级先进示范单位称号和2家省级服务效率先进示范单位称号的优异成绩。其中有2家网点成绩并列全省第1位。分行营业部作为湖北省唯一一家网点代表推荐到中国银协参加评选全国“十佳网点”，并作为湖北省唯一代表被邀请出席北京召开的表彰会议。持续开展“微笑管理，阳光激励”活动，建立全员尊重、鼓励、协作的服务文化氛围。不断完善贵宾标准化服务体验，巩固和扩大高端零售客户基础。按季编制《贵宾标准化服务运行情况分析报告》。切实保障高端客户的经营服务质量，全力打造理财型银行形象。

【党建和企业文化建设】

积极做好新体制下党的基层组织建设工作，党建工作得到进一步加强。举行第五期入党积极分子培训班，发展新党员30人，积极推组织系列岗位练兵，成功组织分行第十四、十五届业务技术比赛，推动全行员工业务技能水平稳步提高。开展“为贫困学生建设一座知识库”文化扶贫，帮助云南武定、永仁县建设“招银希望图书馆”；“5·12”汶川大地震灾害发生后，及时组织制作公益宣传海报，公布捐款账号，开辟市民捐款“绿色通道”，公布当天，仅在分行营业部就接受市民爱心汇款近50万元。同时,分行员工通过总行和地方政府向灾区捐款近90万元,缴纳特殊党费5万多元。持续做好云南永仁、武定两县定点扶贫工作。2008年派出一位扶贫干部挂职武定县副县长,支持当地扶贫事业,向这两个县捐款22万余元,衣物500余件。8月,中华全国总工会、中国金融工会同时授予分行营业处全国“工人先锋号”、全国金融系统“工人先锋号”、全国金融“五一劳动奖状”等三项国家级大奖,并成为招行系统内唯一家同时获得三项大奖的分行。

(林　磊)

中国民生银行股份有限公司武汉分行

【概况】

中国民生银行股份有限公司武汉分行是总行设在华中的区域性分行,成立于1997年12月。该行成立以来,迅速崛起,资产、存款、贷款规模均已位居当地10家股份制银行首位,并保持了良好的资产质量,实现了规模、效益、质量的协调发展,树立了充满生机与活力的崭新的商业银行形象。

截至2008年底,该行有营业网点19个,离行式自助银行55家;全行从业人员700余人。各项资产总额346.2亿元,比年初增长28.8亿元,增幅为9%;负债总额338.9亿元,比年初增长30.1亿元,增幅为9.7%。人民币各项存款余额320.2亿元,较上年增加27.6亿元;人民币各项贷款余额253.5亿元,较上年增加5.4亿元;不良贷款余额0.75亿元,比年初下降0.73亿元;不良贷款比例0.3%,比年初下降0.3个百分点,拨备充足,风险抵补能力进一步提高。全年实现中间业务收入4,127万元,与上年基本持平。

为让客户的价值最大化,民生银行武汉分行不断进行创新,形成了贴近市场、贴近客户的快速反应机制和服务机制,在业务组织架构、管理制度与服务方式方面进行了改革,大力推行专业化营销、专业化服务与专业化管理,与此同时,继续完善和丰富金融产品,以最大限度满足客户全方位、多层次、高品位的需求。

【业务发展】

2008年,中国民生银行武汉分行各项业务稳步发展。

公司银行业务。顺应总行改革要求,努力做大做强武汉地区特色业务,有力支持湖北省中部崛起战略和武汉城市圈“两型”社会建设。加强与上级行的沟通汇报,积极申报重点项目授信,贷款业务主要投向能源、冶金、交通、教育、市政建设等领域,全年共新发放对公贷款30亿余元,对公贷款净增7.5亿元,有力地支持了地方经济的增长。

零售银行业务。坚持以客户为中心,改善服务、创新产品、提升销售,推进标准化服务的流程建设工作。围绕第三方存管、特约商户、代发工资和理财开展交叉营销,截至年末,储蓄存款余额84.6亿元,较年初增长11.4亿元;个贷余额67.27亿元,较年初增长3.15亿元;第三方存管业务营销完成总签约4万户,有效户1.2万户,签约客户金融资产总额31.4亿元。

(潘丽莉)

中国光大银行股份有限公司武汉分行

【综述】

2008年,中国光大银行股份有限公司武汉分行坚持关系营销和产品营销两手抓,以发展基本客户为主要目标,坚持调整业务结构和客户结构,大力创建窗口星级服务,强化风险管理,实现了效益结构服务质量四改善,连续两年被湖北银监局评为“良好银行”。

调结构。一方面抓业务结构调整,对公以大力发展链式金融为重点,调整业务结构,同时在公司内部成立货押业务小组,统一推进,强化管理;对私稳健发展个贷业务,大力发展财富业务、信用卡业务。另一方面抓客户结构调整,对公全年共退出和部分退出综合贡献率低和非基本客户5家,贷款18.65亿元;新增授信客户69户,授信额度39.1亿元;对私紧密围绕优质客户开展工作,新增财富VIP客户1,138户,总量达到8,409户。

增效益。加强对财政系统的持续深度营销,基础进一步夯实,新增财政存款日均8.55亿元;成功营销对公授信项目69个,授信39.1亿元,累计投放信贷资金68.3亿元;吸收15家同业存款日均16亿元,代理3家保险公司销售保险1,206万元,与5家证券公司合作第三方存管业务新增客户5,000多户。新增储蓄4.05亿元,销售理财产品23.77亿元,其中同业代销6亿元,财富总量达到13.31亿元;发放个人贷款16亿元,当年新增5亿元,在武汉同业增长率第一。

抓服务。全行树立服务营销

的意识，按照“一年打基础、三年创品牌、五年成优势”的总体目标大力创建窗口星级服务，服务形象得到全面改善。全行产生三星级服务人员 29 名、四星级服务人员 7 名；青山、硚口、武昌等三个支行被评为三星级服务窗口，新华支行被评为四星级服务窗口，同时被评为全国银行业协会奥运服务文明规范单位。

控风险。审批中心坚持审批前移，积极实施平行作业。对于疑难和重大项目积极与总行进行实地或电话沟通，提高服务效率。全年，对公授信管理中心共终审 242 笔授信，月均审查量为 22 笔，申报金额 446.35 亿元，通过 232 笔，金额 415.17 亿元，笔数通过率 95.86%，金额通过率 93.01%，笔数及金额通过率均超全行平均水平。加强授信后管理及操作风险管理，全面开展风险排查，启动操作风险自我评估工作，计划完成率 100%。

截至 2008 年 12 月底，中国光大银行武汉分行设有营业网点（含筹）15 个，从业人员 485 人，资产总额人民币 168.47 亿元，比年初增长 25.97；本外币存款余额 133.04 亿元、较上年增加 9.26 亿元，增长 7.48%；各项贷款余额 113.71 亿元，较上年增加 4.43 亿元，增长 4.05%；不良贷款率 1.16%，较年初下降 0.29 个百分点。全年实现中间业务净收入 4,547 万元；完成国际结算 3.39 亿美元，比上年减少 3 亿美元；全年实现账面利润 3.67 亿元，较上年增加 0.52 亿元，增长 16.5%。

【零售业务】

一是不间断地开展增存揽储活动，每季进行总结评比，充分调动员工的积极性和工作的紧迫感。同时，通过阳光行车卡、阳光万里行卡、支付易、电子银行业务、保险代理、出国金融业务的推广，贵宾服务体系的完善，一方面方便客户，提升自我形象，另一方面也有效地促进了储蓄业务的增长。二是主动适应市场环境的变化和规范管理的要求，积极开展项目营销，充分利用中介平台，加大产品创新力度。加强与总行的沟通，争取总行支持，坚持将房贷业务作为个贷业务的发展重点。考虑到依据 FTP 价格房贷业务创利低，主动采取调高房贷创利系数等措施调动客户经理营销积极性。在武汉当地十家股份制银行中，个贷增长率居第一，新增额排第三。三是大力发展信用卡业务。通过进一步加强信用卡直销团队的建设，理顺直销人员的人事管理体制和考核体制，强化激励与约束，提高直销团队的战斗力。同时，发挥支行渠道在发卡中的重要作用，稳步推进特约商户拓展工作，通过方程式赛车卡、母亲水窖卡发卡仪式加强信用卡形象宣传。四是积极拓展同业代销与保险代理业务，分别与仙桃农信社、九江商行、荆门农信社、潜江农信社、孝感农信社、天门农信社、咸宁农信社、随州农信社、应城农信社共 9 个机构进行代销合作商谈，全年实现同业代销 6.49 亿元。与太平洋公司开展保险代理合作，并对太平洋人寿保险产品进行了试点代销，实现了零的突破。五是配合风险条线加强个贷业务运作规范化，同时通过强化零售授信后管理中心的职能作用，对个贷业务发展中存在的问题早发现、早预警、早防范；理财业务风险是银行风险管理的新课题，通过对理财产品的分析，在销售时，把握好目标客户，在兑付时，如没达到预期收益，做好沟通和矛盾化解工作；通过加强信用卡人员和业务操作流程管理，明确信用卡风险管理标准，防止信用卡欺诈案件。

【公司业务】

一是根据业务发展的实际情况，对部分支行进行了低风险业务的转授权，并对银行承兑汇票承诺费的费率审批向各经营机构进行了转授权，在一定程度上提高了经营机构的工作效率。二是制定了《武汉分行二次营销管理办法》，大力整合资源，提倡协作营销，按照办法对江西铜业、省交通厅公路局、中铁物资等客户进行资源整合，提升客户贡献度。三是成立了由公司部、风险部、贸金部、同业部、清算中心共同组成的协作营销小组，累计召集会议 14 次，有效、快速地解决了经营机构工作中存在的问题。四是制定了《武汉分行重点客户管理办法》，对纳入其中的 20 户重点客户，在领导拜访、贵宾服务、上账支持、紧急事项处理、授信辅助等方面，进行了制度化约束，取得了较好的效果。五是加强客户经理培训管理，编撰了《客户经理必读》，为客户经理快速了解和掌握业务基本要点和相关政策提供了支持；制定了《武汉分行货押业务营销指引》，基本实现了该项业务营销的模板化，为全行货押业务的开展起了积极的作用。六是首次导入了客户经理定性考核指标，改变了过去由单一的定量考核为主的考核方式，使客户经理的考核评价方式趋于多元化、合理化，更加利于客户经理成长与发展。七是成立了年金营销团队，通过引进专业人员、实行专业培训，并与四家保险机构形成了信息互通、资源共享的良好合作态势，继而成功营销了武商联、国佳评估、凯天国际等三家客户的年金集合计划，同时还储备了省煤炭投资公司、中南设计院、武汉市经发投等一批正在投标实施中的客户。

【风险管理】

一是不断提高授信审批效率和质量，坚持审批前移，对符合平行作业条件或重大项目风险经理实施平行作业，对公授信审批中心全年共终审授信笔数及金额通过率均超全行平均水平；零售授信中心终审量 5,170 笔，较上年增长 10%，仍位居全系统第一。二是努力完善、做实授信后管理和风险预警工作。对武汉荣华、襄樊奔飞、武汉阔达、光谷鸿景、中坚工贸、嘉捷印务等公司客户和光谷花园、恒昌花园、盘龙居等系统性零售项目风险状况进行了及时的提示，并逐户分析制定了清收化解措施，取得了较好的效果；成立了对公授信后管理中心，专职履行授信后管理职能，有效提高了授信后管理工作的质量，年末全行授信后用途检查、三类客户授信后 30 日常规检查、授信后 90 日全面检查完成率均分别达到 100%；对私授信后管理中心制定了《零售授信业务授信后管理实施细则》，开展了对有授信往来的合作中介重检，并规范了合作单位准入流程、合作协议、起存保证金及账户状态的管理。三是认真解决好风险个案问题，有效降低了经济波动对全行业务风险的冲击，保障业务健康发展。下半年，国内外经济形势动荡，汽车、钢铁和出口客户相继出现逾期，针对不同客户的具体情况分别制定契合实际的化解措施，累计全部收回逾期客户 2 户，金额 650 万元；部分收回逾期贷款 2 户，金额 908 万元；并对 4 户及时采取了保全或诉讼措施。四是在加强合规教育、着力培养合规文化的基础上，将操作风险管理作为全行风险管理工作的一项重要基础工作。并不断加大检查和处罚力度，实现有效控制风险的目标。完成了合规案例汇编，组织全行员工进行合规演讲比赛，制定出台《武汉分行操作风险管理实施细则》，全面启动武汉分行操作风险自我评估工作；组织实施全行业务全面风险排查工作，圆满完成接待总行中西部审计中心常规审计和人行反洗钱专项检查工作；持续做好反洗钱、非法律诉讼合同文本审核、呆账核销和内控评价等日常工作。五是认真仔细作好全行风险系统管理和统计分析工作，改版《全行风险动态月刊》，不断提高风险管理水平。

【会计结算】

一是顺应总、分行组织架构调整，适应职能转换，围绕着总行管理工程，进一步推行对公业务集中处理改革措施，发挥中后台的支持保障服务作用，努力完成平衡计分卡的各项目标，为客户提供优质、高效的服务，全力支持业务发展。二是以提高工作效率和防范风险为突破口，优化操作流程，控制操作风险，继续保持全行对公业务集中处理工作的平稳运行，实现全行网点对公业务上收后“降低成本、提高效率、控制风险”的预期目标。三是加强督导检查，落实部门风险管理职责，切实防范操作风险。通过对支行开展业务检查，确保全行柜台人员熟练掌握清算结算相关的规章制度，强化柜台人员执行制度、控制风险的意识与自觉性，坚持合规操作。四是进一步加强清算结算条线人员队伍建设，提高员工队伍的综合素质和专业技能，强化激励机制，促进“人才工程”建设。同时，大力推行企业文化，全面提高员工的凝聚力和归属感，构建和谐银行，推进“人心工程”，确保银行持续健康发展。五是进一步完善柜台经理派驻制工作，抓柜台经理队伍建设，充分发挥柜台经理的中坚作用，坚持每月一次的柜台经理例会制，坚持柜台经理月报告制度、周检查制度、柜台经理工作日志制度，打造一支素质过硬的风险管控队伍。六是狠抓柜台人员服务效率提升，运用绩效考核手段，通过对柜员、柜台经理、对公集中业务柜员业务量、服务评价，支行财富总量、业务质量评价、组织管理评价、服务态度、劳动纪律评价等指标考核，从管理机制上切实抓好全行柜员业务素质、服务效率、服务质量、窗口服务规范的推动工作，落实业务量等考核激励机制，奖优罚劣，全面提升柜员的服务效率。七是继续做好全行银企对账工作，抓紧时间、认真落实，确保对账回收率，实现通过银企对账达到防范风险的目的。八是落实 ISO 质量认证监督评审纠正和预防措施，根据组织架构的调整对体系文件作相应的修改，对《质量手册》中的各项质量目标、量化指标作重新的认定，确保质量管理体系得以有效实施。开展体系管理评审工作，达到持续改进，顾客满意的目的。

【计划财务】

一是积极组织、配合做好光大上市前涉及分行层面的各项财务准备工作。配合毕马威审计师，保质保量地完成了2008年4月末的财务审计工作；配合中锋资产评估公司做好上市阶段的资产评估工作；准确及时完成了2.78亿元打包不良资产的账务处理工作；根据《中国光大银行暂收暂付管理办法》的要求，组织全行对暂收暂付款项进行全面清理。二是加强预算管理，推动分行预算目标实现。继续完善财务预算体系，在条线预算的基础上，通盘考虑，综合平衡，分解下达了各经营单位及分行前台部门共计28个单位的预算指标；进一步完善内部资金转移价格等财务参数的设计，不仅与总行政策的对接，又充分考虑了分行的经营实际；积极探索条块结合的费用配置方案，优化财务资源配置，对公业务费用全部与净收入挂钩，向负债业务倾斜，对私业务主要与业务量挂钩，向增量业务倾斜；适时做好全行预算执行情况的监测、统计分析。三是调整、优化平衡计分卡的指标体系，推进战略举措有效实施。两次对经营单位的平衡计分卡部分指标的权重、计分方法作了修正调整，进一步突出总行的战略主题，加大了对负债业务的考核力度，努力实现与总行平衡计分卡的有效对接。四是进一步加强财务费用管理，力求费用开支合理合法，防范财务风险。制定了《中国光大银行武汉分行2008年变动费用使用管理实施细则》，对费用报销的管理和操作作了详尽的规定，强调了各项费用支出必须合法合规、科学合理，严格预算管控，加强检查监督，保证了费用管理有章可循，按规操作；强化了费用和固定资产开支的预算管理制度，每季初按标准核定各单位变动费用预算，所有固定资产购置必须事前申请，分行相关部门审批同意后方可采购，做到了对费用开支的事前控制；坚持大额开支集体审议制度，坚持10万元以上的物品采购、网点装修等项目由大额开支审查委员会成员集体研究决策，保证程序到位，投入有效。

【科技工作】

一是组织了银联2.0代收费平台的改造工作，完成了湖北省和武汉市二个非税项目的开发上线工作。二是配合分行星级服务创建工作，开发了会计人员业务量统计的程序，对会计人员工作量进行了量化处理。三是配合理财部银联支付易项目的推广工作，开发了银联支付易系统程序。四是配合个贷部武汉市公积金贷款项目的工作，开发了武汉市公积金贷款系统的接口程序。五是为配合行车卡项目，完成了行车卡相关程序开发工作。六是对支付系统、银联代收费系统、电信代收费系统、财税库行系统、同城支付系统等十几个系统进行了软件升级改造。

（林　琳）

中信银行股份有限公司武汉分行

【综述】

2008年，面对全球金融危机和宏观经济政策调整的严峻挑战，中信银行股份有限公司武汉分行在良好运行的基础上，不断优化业务结构，不断强化经营管理，不断深入推进经营战略转型，整体经营能力稳步提升，经营效益显著增强，全面超额完成各项经营指标和工作任务，保持了高位之上的持续、健康、快速发展。武汉分行总体负债规模、盈利水平、资产质量、资本利润率及主要人均指标继续居武汉地区股份制商业银行最前列，一些主要指标甚至超过了本地区部分国有银行。截至2008年底，资产总额人民币453.64亿元，比年初增长13%。各项存款余额423.81亿元，比年初增加79.40亿元，增幅达23.05%。本外币贷款余额264.15亿元，比年初增加48.17亿元，增幅达22.30%。按五级分类口径，不良贷款余额5,515.53万元，不良率仅0.21%。全年分行实现中间业务净收入1.23亿元。完成贸易项下收付汇量19亿美元。全年实现利润8.57亿元，比上年增加2.84亿元。

2008年，新成立黄石支行和武钢支行，其中黄石支行为首家异地支行。首家二级分行襄樊分行获得银监会批准，开始筹建工作，计划2009年6月开业。

【计划财务管理】

健全和完善资产负债管理，密切跟踪资产负债管理指标，合理控制和缩小目标值偏离度。在复杂多变的金融环境中提高利率敏感度，提高分行定价水平和预测贷款规模的准确度，严格执行信贷规模调控。优化财务管理体系，健全财务授权制度，适应外部市场变化，加强财务收支管理与监控。为经营决策提供合理依据，保障各项财务指标的顺利完成。完善费用管理办法，调整和优化费用结构，费用支出得到有效控制，加强资本性支出管理，积极推行集中采购，确保重点项目的设备投入。继续做好本外币资金流动性管理，针对新成立的异地支行完善管理办法、规范资金操作。完整、及时、准确地对系统内外相关部门报送了各类统计报表，做好全行统计信息的服务工作，及时提供有关统计数据，帮助相关管理部门做出经营决策。

【公司业务】

继续深化“双优”、“双主”战略，以主流银行为战略目标，以“抓存款、抓收入、抓队伍”为主要工作内容，努力提升公司银行核心竞争能力，强化分行公司业务主线区域营销管理中心的地位。战略客户营销进一步深化，机构客户开发取得较大突破，基础客户群得到稳步增长，客户覆盖面有效扩大，截至2008年底，分行的有效对公客户数量达到12,424户，较年初增长1,033户，增幅达9.1%。对公存款总量突破300亿元大关，存款余额、存款增量、贷款增量三项核心指标居武汉市股份制商业银行第一位。坚持全产品营销策略，推动资金资本、投行、国际业务各专项业务协调发展。投行业务成功承销发行长航集团8亿元短期融资券、和左高速4亿元资金信托，与中信嘉华银行合作完成了新世界酒店项目贷款，开办了神龙汽车供应商保理业务，实现中间业务收入4,705万元。资金资本业务及时退出高风险的复杂衍生产品，转为销售相对简单安全的理财产品和外汇业务产品，在未形成任何风险敞口的前提下，全年完成各类资金资本市场交易量81亿元，较上年增长376%，实现利润2,345万元，较上年增长56%。产业链金融竞争优势更加巩固，通过对经销商的系统分析，及时调整经营策略，提升了与核心厂商的合作层次，使相关业务得以向纵深发展。截至2008年底，以武汉分行为主办行的汽车销售金融服务网络达22家，汽车金融经销商288家，钢铁金融经销商39家，保兑仓经销商40家，各类经销商日均存款40.83亿元，较年初增加2.12亿元，进一步巩固了分行产业链金融的传统优势。

【零售金融业务】

分行零售业务以经营客户为核心理念，以体系搭建为中心工作，以全产品营销为突破重点，各项业务实现持续稳步发展。截至2008年末，全行零售客户管理资产余额达到81.09亿元，新增16.01亿元。本外币储蓄存款时点余额达到60.62亿元，较年初增加7.82亿元。储蓄日均余额为44.39亿元，较年初增加12.07亿元。代发工资、信用卡有效卡、网银和第三方存管业务大幅增加。切实推进“继续扩大基础客户群”的发展策略，零售基础客户群体得到进一步扩充。截至2008年末，分行零售业务客户总数突破66.7万户，比上年增长12.5万户。加强零售银行体系建设，进一步夯实零售业务基础。完成了零售业绩管理系统、客户关系管理系统和全产品积分管理系统的大部分模块开发工作，分行零售银行互联网正式对外启用。

【国际业务】

加强对高端客户的开发和维护工作，努力扩大分行高端客户的市场份额，不断提升对大客户的营销服务水平，为大客户提供各种绿色服务通道，在内控和风险可控的前提下简化操作流程，提高业务办理效率。加强对贸易融资业务的管理，及时做出风险提示。重点加强对“两头在外”企业和异常类客户的融资管理。主动从一些对分行信贷依赖程度高、综合风险较高的企业中退出。加强与出口信用保险公司的合作，推荐客户办理出口信保，提升分行贸易信贷资产的安全度。加强内控管理，做好各项业务的自查工作，顺利通过外管局对分行的检查。2008年，分行累计实现贸易和非贸易中间业务收入3,095万元，比上年同期增加985万元，增幅46.68%。

【信贷管理】

继续实行“积极稳妥”的信贷政策，贯彻落实“双优双主”的客户定

中信银行武汉分行营业部外景。

中信银行武汉分行第一家异地支行——中信银行黄石支行于2008年8月19日开业。

位,对重点行业、重点客户实施积极的投放策略,争取扩大主要市场份额。全年共审查公司授信项目1,200笔,金额811亿元,通过率91%;审查个人贷款2,900笔,金额7.7亿元,通过率97.6%。继续进行信贷调整,优化信贷资产结构。全年共退出有风险隐患且收益较低的项目金额累计达20亿元。强化贷后管理,通过细化放款操作流程,促进放款操作规范化,提升风险管理质量。根据行业经营形势的变化,加强对重点业务的专项检查,及时排查风险并督促整改。对客户经理进行授信管理与风险识别的培训,增强一线员工规范经营的意识和能力。落实信贷责任制,对客户经理的贷后管理工作进行考核,增强客户经理的责任意识,促进规范操作,保障了资产质量。

【会计管理】

稳步推进会计系统建设,强化系统控制风险能力,分行账务集中系统按时顺利上线;大力完善会计基础建设,切实提升内控管理水平,不断优化会计操作流程,保障业务实现快速发展,全年分行会计日均业务量达2.03万笔,实现了核算工作零差错,全年现金安全无事故。持续开展队伍建设,着力构建高素质会计团队。强化服务体系建设,全面提升服务品质水平。强化服务意识,细化考核评价,完善硬件设施,树立崭新服务形象,初步实现服务品质领先同业,在2008年度中国银行业文明规范服务示范单位评选活动中,分行营业部和江汉路支行均荣获"2008中国银行业文明规范服务示范单位"、"2008湖北省银行业文明规范服务示范单位"、"2008湖北省银行服务效率先进单位"等荣誉称号;在湖北省银行业协会和《武汉晨报》组织的"神秘眼看银行"的活动中,新世界支行和开发区支行荣获"湖北省精品银行营业网点"荣誉称号。

【风险管理】

进一步理顺内部管理关系、大力完善基础管理工作、有效配置资源,提升风险管理和基础管理能力,实现内控机制日趋健全、业绩稳步增长、管理水平逐步提高、无案件发生的良好经营局面。在分支行两个层级,重点打造"主动识别风险和主动化解风险"的核心能力,并在"预防为主,早期介入治疗为主"的原则指引下,加大对早期预警信息的快速沟通,对问题授信迅速制定解决方案。进一步完善风险预警机制,通过经营单位、公司、信管和保全部门的协同配合,及早发现并快速介入有风险隐患的项目,成功化解了武汉商业城、国中医药、光谷鸿景等项目合计3亿多元的风险贷款。强化资产保全措施,积极压降不良贷款。加大对存量不良资产的清收力度,取得了明显成效,全年共清收不良资产1,483.14万元,使资产质量继续保持优良状态。加强安全保卫工作,推行安全责任制度,完善防范设施,强化队伍建设,提高安全防范水平,实现了全年安全无事故、无案件。在中国银监会年度监管评级中,武汉分行获得最高评级——一级。

(中信银行股份有限公司武汉分行办公室)

华夏银行股份有限公司武汉分行

【综述】

2008年,华夏银行股份有限公司武汉分行积极应对内外部环境的重大变化,坚持科学的银行发展观,按银行的规律办银行,按照"好字优先,实现又好又快发展"的总体要求,大力开拓市场,转变发展方式,深化结构调整,各项业务较快发展,资产质量持续改善,经营

2008 年 11 月，华夏银行总行领导到武汉分行指导工作。

效益明显提高，各项工作取得了新的突破，经营管理中的亮点频出，各项业务全面完成总行下达的任务目标，全行实现利润总额 4.59 亿元，完成总行计划的 106%；新增不良贷款余额为 1,617 万元，低于总行的控制指标；一般性存款余额 171.67 亿元，完成总行计划的 101.54%；储蓄存款余额 29.37 亿元，完成总行计划的 103.14%；国际结算量 65,234 万美元，完成总行计划的 107%，实现了全面、协调、可持续发展。

【公司业务】

1. 推动业务持续快速发展，全面完成主要经营指标，存贷款规模迅速增长，客户群体有效扩大。截至 2008 年 12 月底，对公各项存款余额 172.27 亿元，日均存款余额 166.61 亿元，分别完成计划的 101.34% 和 103.48%。纯贷款余额 130.48 亿元，较年初增加 22.51 亿元。对公客户增长 548 户，增长 6.29%；有效户增加 269 户，增长 11.19%。

2. 深化营销模式转型，搭建全方位营销平台。紧贴当地市场，服务主流客户，实施大市场策略，着力提升营销层次，形成了以分行公司部为中心，以分行行业营销部、支行以及支行特色业务部为主力的多层次、立体化公司业务营销体系。分行围绕“区域、主流、产品、团队”开拓市场，大公司业务概念形成。继续深化行业营销部建设，财政、钢铁、汽车、航运等 4 个主流行业业务持续发展，存款日均较年初增长 11 亿元，占存款增量的 40%。引导支行立足周边区域，开展“板块式”营销，不断扩大营销边界，存款过 10 亿元的支行较上年增加 5 家。以支行特色业务为主线，在支行陆续打造了钢铁、汽车、交通、高新、电力、高校、铁路等九个特色业务部，逐步形成营销特色，武钢、东本存款余额最高点分别是上年末的 10 倍和 3 倍。

3. 强化效益风险理念，客户质量不断提高。不断夯实客户基础，有效扩大客户群体。组织对武汉市场进行摸排，编制详细的市场规划，细分目标市场和客户。在大户开发方面，以湖北省内 20 家重点大户为业务主线，整合全行资源，制定营销策略和方案，明确考核分配，定期召开营销分析会和大客户营销听证会，落实开发进度，动态跟进营销效果。不断优化信贷投向，坚持调整客户结构。根据区域经济发展环境和行业风险特点，明确钢铁、有色金属、汽车、先进机械装备制造、交通运输、通信、能源、市政基础设施等行业以及周边省市煤炭、装备制造等行业中的优质客户作为重点目标。坚决贯彻有保有压的指导思想，逐步清退压缩房地产、建筑、教育、一般贸易企业贷款以及低信用评级贷款、低质量保证贷款等贷款客户。适时做好客户储备，围绕铁路、公路、能源、先进装备制造业、现代物流业等重点行业领域，储备项目达 70 多个，金额 86.38 亿元，发展后劲增强。

4. 推进产品营销，不断拓宽业务渠道。一是着力打造物流金融、现金新干线、投资理财、投行等创新产品。以武钢、东本等核心厂商为重点，不断完善武钢工商银、东本汽车经销商管理办法，开发物流金融客户 101 家，业务结算量达 228 亿元，新增业务量 39.95 亿元。成功举办“融资共赢链”武汉站品牌发布会，在武汉同业树立物流金融创新品牌。二是大力开展金融合作，发挥联合优势，拓宽金融服务边界。三是开拓电子交易渠道，成为主流客户的重要电子结算和营销服务平台。

5. 完善激励机制，强化团队建设。一是完善多层次绩效考核，引导客户经理以利润为核心开展针对性营销。二是强化营销队伍考核激励，鼓励客户经理做大。三是注重人才引进和培养，有效提升了客户经理业务素质。四是开展主题鲜明的劳动竞赛活动。针对分行业务重点和薄弱环节，以存款增长、贷款增长、客户开发、新产品运用、人才引进等为主题，大力开展劳动竞赛活动，调动营销激情。

2008 年 7 月，华夏银行在武汉举行"融资共赢链"活动。

【个人业务】

2008 年，面对全球金融动荡和国内经济出现较大波动的宏观环境，该行储蓄存款始终保持稳定增长的态势。

1. 优化完善考核办法，积极引导支行开展工作。一是早动手早准备，优化完善考核办法，引导支行重点开展工作。年初，出台了 2008 年新的个人业务考核办法。依据工作重点，2008 年个人业务考核方式突出"储蓄存款＋理财产品＋基金产品"的多元化综合考核。提出"求实、求新、求变、求高"的发展主线，将产品销售作为 2008 年个人业务的重要课题。二是开周会、抓例会，制定竞赛方案，鞭策支行有效开展工作。针对支行发展较弱的项目制定劳动竞赛方案和营销方案，开展支行间的良性竞争，较好地调动了全行员工积极性，确保了各项业务的全面大幅增长。

2. 加强队伍建设，明确组织架构。一是制定岗位标准，实施准入制度。对各岗位人员实行定员、定岗、定性、定编、定责。二是加大考核力度，突出了分行的专业指导支撑能力、服务团队的服务意识、销售团队的营销力度。三是优化现有人员，加快人员引进。

3. 积极开展各类营销，实现重点业务有效增长。一是积极开展"旺季营销"，抢占储蓄业务发展制高点。年初，针对储蓄旺季，出台专项"旺季营销方案"，以贵宾回馈、休闲旅游、精致礼品赠送等方式，以代发工资业务为重点实现储蓄的有效增长，辅以理财、基金、第三方存管、黄金等产品同时开展营销。二是积极进行产品营销，抓住储蓄业务发展关键点。围绕着产品拉动业务发展的主线，对个人业务重点产品进行整合，目标仍然是利用产品拉动储蓄业务增长。全年先后推出了"存管选华夏，精彩在华夏"等十多项营销活动，带动个人负债业务更为全面地增长。三是坚持进行制度营销，确保储蓄业务连续发展。鼓励支行积极开展大项目营销。坚持开展支行"四进"、贵宾联谊活动，各支行已经形成了定期做客户活动的习惯。四是联合进行公私联动，抓住储蓄业务资源共享点。开展了多项产品的公私联动合作，力求解决公司业务与个人业务营销脱节、个人客户经理单打独斗的现象。

4. 狠抓平台环境建设，实现业务持续增长。一是完善贵宾服务平台。梳理现有贵宾服务平台，保证贵宾服务流程更加顺畅。该行的贵宾服务平台已持续建设两年多，深受贵宾客户的好评，在武汉地区已经形成一定的品牌效应。二是丰富自助发卡机项目、出国留学业务等一系列个人金融产品。

【国际业务】

2008 年，该行国际结算量和国际结算收入都保持了良好的增长势头，稳定性进一步增强。全年实现国际结算量 6.9 亿美元，同比增长 35%；实现国际结算收入 1,100 万元，同比增长 41%。国际业务在该行业务中的重要性进一步提升。一是客户基础建设进一步加强。将国际业务有效客户数作为季度竞赛重点，激励机构抓好基础客户群体的建设。年末全行国际结算有效客户数 89 户，新户结算量达到 1,000 万美元的客户 4 户，老户结算量新增结算量达到 2,000 万美元的客户 2 户，初步形成一批以生产制造型客户为主，外贸客户和资本金客户为辅的客户群体。二是合规建设和风险防控进一步加强。对国际业务每个环节进行认真排查和梳理，重点抓了合规风险、操作风险和市场风险的防控。三是提升服务意识，更新服务理念，丰富服务手段，改进服务方式。

【会计结算】

支付结算质量不断提高，在当地人行每月《支付结算运行通报》中，全年查询查复率保持在100%；同城票据交换工作年度评比在全市排名第2位，有12家营业机构获得优胜奖，获奖率85.7%；电子支付系统运行年度评比在全市排名第6位，14家营业机构全部获得优胜奖，获奖率100%。

1. 完善制度，把制度作为操作的唯一规范和准则。一是制定完善了各类会计操作流程和核算办法，使会计业务操作有据可依。二是提高了制度执行力。通过定期开展检查辅导、分支行二级培训、业务考试等多项措施，有效提高了会计人员执行制度的自觉性和能动性。

2. 规范会计操作行为，保障了会计运行安全。一是以会计业务ISO9001质量管理监督评审为契机，规范操作行为和管理流程，实现持续改进。二是以会计规范化管理升级为目标，规范全行业务操作，强化风险控制。三是充分发挥分、支行三线监督、二级管理体制，加强对业务操作合规性的监督审核，杜绝和消除不规范操作行为。四是进一步明确了业务操作规范，完善风险防范措施。五是认真学习《9人工程会计业务操作规程》，规范操作行为。

3. 加强会计管理，防止差错重犯，提升会计管理水平。防止差错重犯是提升会计管理水平的重要措施，根据总行开展防止差错重犯工作的有关要求，进一步加强会计管理工作，坚持"四不放过"原则，通过制定防止差错重犯预案、强化内控管理、落实考核奖惩、严格尽职履责等有效措施，将防止差错重犯工作落实到了会计管理的每个环节，提高了工作质量与效率，提升了管理水平。

4. 做好柜台优质文明服务工作，不断提高服务质量与水平。积极响应总、分行"携手2008，文明、安全、规范服务在华夏"系列活动的号召，落实"中国银行业迎奥运文明规范服务系列活动"方案，为提高文明服务意识，规范优质服务流程，树立良好的服务形象，制定了相应措施，规范了大堂的服务质量，提高了员工的服务水平。坚持以客户为中心，用心为客户服务。截至年末，客户满意评价系统客户满意率达99.98%。

【风险管理】

截至12月底，该行贷款余额131亿元，五级不良贷款余额3,627万元，比年初下降2,830.83万元，逾期贷款余额2,571万元，比年初下降5,528万元，非应计贷款余额2,527.34万元，比年初下降3,543.66万元，欠息贷款余额4,062.89万元，比年初下降5,308.44万元，展转贷款余额13,244万元，比年初下降24,401万元，2008年的资产规模进一步扩大，同时资产质量稳步提升。

1. 结合地区经济发展特点，制定业务营销与风险管理策略，优化贷款结构。研究制定了《2008年武汉地区授信业务营销与信用风险管理策略》，从行业投向、客户结构、营销目标方面对分行信贷营销提出了明确的指导意见，并结合自身业务特点制定了针对性的风险管理策略。一是明确了地区授信营销的指导思想，加大了对优质客户的授信营销力度，优化授信业务结构，引导信贷资源向优势行业、优质客户倾斜。二是加大了调整、淘汰类客户的退出力度，关注重点授信业务运行质量。从实际运行情况看，到2008年底，该行BBB级以下客户贷款占比12.84%，比年初下降了18.75个百分点；从行业结构来看，房地产行业贷款占比较年初下降了3.86个百分点，教育类贷款占比较年初下降了3.28个百分点；中长期贷款占比较年初下降了9.46个百分点；全年退出风险贷款65户，金额10.8亿元，信贷结构得到进一步优化。

2008年3月，华夏银行武汉分行与东方神马实业(武汉)有限公司签署银企合作协议。

华夏银行武汉分行坚持开展贵宾联谊活动，以促个人业务有效增长。

2. 建立营销沟通机制，从源头严把质量关。为从源头提高资产质量，信用风险部积极探索，建立了“2＋2＋1”的沟通机制，即由1名授信分析员、1名专职审批人加上2名分行公司部人员组成1个专班，实行行业分工与支行对口相结合，将分行所辖支行划片分工，由各小组对口辅导。辅导小组在分行关注的重点项目营销阶段就提前介入，辅导支行识别申报项目的风险，提出防范措施，并提前收集企业信息，有效地提高了授信质量。

3. 深入开展行业调研，加强对调控行业的风险防范。上半年重点组织了风险较为突出的房地产、高校、建筑业、商贸流通、电力、公用基础设施等八个行业的调研，涉及客户221个，贷款余额60.32亿元。通过调研，充分揭示了上述行业所面临的问题和潜在的风险，并针对房地产、民办教育和物流金融业务提出了具体的风险防范措施。

4. 密切关注宏观经济形势，加大风险排查频率。认真组织做好贷后检查与风险排查工作，按照“发展一批、巩固一批、调整一批、淘汰一批”的管理策略对客户进行细化分类，加大风险客户退出力度，调整优化存量客户结构。

5. 加大潜在风险贷款清收力度，确保资产质量的稳步提升。一是对潜在风险贷款实行分类处置。对能够维持经营的企业加固担保措施，合理安排退出计划，逐步压缩退出；对经营恶化的企业，加大催收力度，掌握有效资产，为法律清收作准备；对停止经营的企业加强对应收账款、对外股权投资等财产线索的清查和追索力度，密切关注重组情况，积极参与重组进程，维护合法权益。对年初内部认定的重点潜在风险贷款45户、13.3亿元，经过清收累计退出34户，收回现金3.68亿元，其中全部退出27户，现金清收3.4亿元，部分退出7户，现金清收0.28亿元。二是加大了收息管理力度，对潜在风险贷款逐户落实专人负责收息；对正常贷款，建立预存利息制度，要求企业预存两个月的利息，并落实利息清收责任人。通过以上措施，使贷款收息率由年初的99.22％上升到目前的100.86％。

6. 狠抓合规建设，严防操作风险。一是加强授信分析、实地见证、放款管理、贷后监控环节对业务的合规把关，全年共退回15笔不合规项目，涉及金额9.28亿元，发现并堵住虚假董事会决议两起、虚假房地产“四证”一起，新增对公信贷业务放款条件落实率100％。二是加强合规检查，按月组织“信贷系统信息质量百分制”评比活动，通过通报和奖罚等手段，提高信贷操作合规性。三是组织动态口令卡、抵押物管理等专项检查，加大对风险节点的控制力度。四是加大授信尽职调查和责任追究力度，严肃信贷纪律，提高信贷队伍合规操作的自觉性。对认定的不尽职行为，移交相关部门按照有关规定处罚。

（石家洪）

兴业银行股份有限公司武汉分行

【综述】

2008年，面对复杂多变的宏观经济形势，在湖北省委、省政府以及中国人民银行武汉分行、湖北银监局的领导下，兴业银行股份有限公司武汉分行认真贯彻执行总行党委的战略部署和各项要求，冷静应对，灵活调整，抢抓机遇，加快发展，深化改革，强化管理，各项业务保持快速发展。主要呈现以下几个特点：

1. 经营效益大幅提升，收益结构明显优化。全年实现考核利润3.4亿元，完成总行计划102.59％；资产利润率为1.45％，比上年提高0.17个百分点；存贷款利差为4.63％，比上年提高0.19

2008年12月31日，赵斌副省长到兴业银行武汉分行视察。

个百分点；成本收入比29.21%，比上年下降1.52个百分点；实现中间业务净收入3,861万元，比上年增加683万元，增长21.47%，盈利能力不断增强，收入结构明显优化。

2. 资产负债稳步增长，业务规模逐步扩大。总资产244.87亿元，比年初增加52.8亿元，增长27.49%。各项存款突破200亿元大关，年末余额204.64亿元，比年初增加32.81亿元，增长19.1%，同比多增26.74亿元。其中公司存款余额124.18亿元，比年初增加10.78亿元，增长9.5%；储蓄存款余额20.89亿元，比年初增加8.38亿元，增长66.94%，增幅在武汉股份制银行中排名第1位；同业存款余额51.87亿元，比年初增加14.66亿元，增长39.4%。信贷投放力度加大，各项贷款余额144.36亿元，比年初增加36.57亿元，同比多增16.83亿元。其中公司贷款余额96.46亿元，比年初增加27.89亿元，增长40.67%；个人贷款余额34.23亿元，比年初减少2.59亿元；全年票据直贴量71.4亿元，在总行票据直贴业务竞赛中列二类行第2名。

3. 核心客户有效拓展，业务基础不断夯实。公司客户数6,799户，比年初净增1,727户，其中核心客户827户，比年初增加155户，核心客户占比为19.74%。全年代发工资561户，新增151户，累计代发金额6.73亿元。零售VIP客户新增536户。个人网银新增100,087户；企业网银新增516户，完成总行计划334%。同业核心客户12户，银银平台上线4户。办理结售汇6.15亿美元；国际结算10.98亿美元，同比增加4.43亿美元，计划完成率总行排名第2位，市场占比稳步上升。

4. 重点产品实现突破，市场影响不断扩大。能效贷款实现有效突破，累计发放4.57亿元，总行排名第2位；与省发改委联合举办节能金融创新服务论坛，逐步树立“绿色银行”形象。投行业务取得进展，与邮科院、三江航天、双环科技签订24亿元短券主承销协议；财务顾问签约16户，实现财务顾问收入206万元。“兴业通”推广成效显著，营销商户6,276户，带动储蓄存款1.05亿元，均在总行排名第2位。中小企业客户达165户，全年累计发放贷款109.72亿元，贷款余额84.89亿元，获总行年度中小企业营销三等奖。财富管理业务交易量达46.4亿元，完成总行计划575%，在系统内继续保持领先优势。

5. 风险管理全面加强，经营质量持续向好。按照经营与管理分开原则，积极做好内设机构的归并

2008年12月21日，兴业银行武汉分行与湖北省发改委签署战略合作协议。

整合，有效防范风险。加强内控制度建设，对2002年以来的所有规章制度进行梳理和完善，共清理各类文件1,494个，有效提高了各项制度的时效性和规范性。严格信贷准入，提高审查质量，把好风险关口。严格落实贷后双线检查，中小企业贷后检查覆盖面达到100%，开展专项贷后检查14次，完成重点行业风险压力测试。结合总行审计报告，对分行存在问题专人跟踪、逐项整改，整改面已达到90%以上。加强不良贷款清收，全年累计收回各类不良贷款和特殊资产1.54亿元；年末不良率0.58%，资产质量持续向好。

6. 服务渠道不断拓宽，服务水平明显提高。完善服务渠道建设，全年新建2家支行、5家离行式自助银行，完成4家支行的改造，其中青山支行实现搬迁改造，武昌支行获得中国银行业协会授予的“2008年度中国银行业文明规范服务示范单位”称号，光谷支行获得武汉市文明办授予的“湖北精品银行网点”称号，分行购置办公大楼方案也获总行同意。发行兴业银行“城市圈形象卡”，启用天河机场贵宾厅和武昌火车站新贵宾厅，服务渠道有效拓宽。

7. 基础管理不断夯实，全行实现安全运营。完善办公制度，推广无纸化办公，推行行务公开，对重大事项集中讨论、民主决策。建立健全综合经营管理考评体系，改变重经营、轻管理的考评架构，实现经营与管理良性互动。加强财务管理与沟通协调，成功从税务局退回税款907万元。加强信用审查流程痕迹管理，审批效率有效提高。狠抓会计基础管理，建立支付结算月度运行报告制度。科技信息系统安全运营，安全保卫工作连续六年获得“社会治安综合治理先进单位”。完善员工考核机制，倡导团队营销，取消对经营机构负责人个人业绩的考核，改进客户经理考核办法，团队营销氛围逐步形成。队伍“精锐化”建设稳步推进，全年共清理各类用工116人，提拔基层以上干部58人，建立后备人才库，改善员工待遇，稳定优秀人才。党的建设、企业文化建设稳步推进，品牌形象不断提升。

8. 银政关系逐渐密切，主流市场初步介入。2008年11月10－12日，总行高建平董事长就开展深入学习实践科学发展观活动到武汉分行调研，并作重要讲话，要求分行牢固树立科学发展观，积极应对形势深刻变化，打进主战场，做主流业务。分行党委认真贯彻高董事长的讲话精神，迅速行动起来，主动依靠政府，积极响应省委省政府扩大内需的号召，不断加大对地方经济建设的信贷投入，实现全年贷款新增36.57亿元的好成绩，有力支持了湖北省的经济建设。

（陈迪喜）

上海浦东发展银行股份有限公司武汉分行

【综述】

上海浦东发展银行股份有限公司武汉分行成立六年来，秉承“笃守诚信、创造卓越”、“新思维、心服务”的经营理念，以服务地方经济、推动社会进步为己任，积极导入国际标准，充分发挥上海—湖北经济关联效应，服务于省内重点行业、重点企业、重点基本建设项目和科、教、文、卫等重点产业，在自身业务取得长足进步的同时，为推动地方经济的发展和提升居民消费需求提供了有效的资金支持和良好的金融服务。

截至2008年末，表内外资产总额324亿元，各项贷款余额152.7亿元，各项存款余额184.6亿元，实现同口径账面利润43,721万元，比上年同期多盈利9,912万元，增长29.3%。实现本外币中间业务收入7,836万元，比上年同期增长38.5%。

2008年2月28日，浦发银行武汉分行与武汉市城投集团举行天兴洲大桥银团贷款项目签字仪式。

2008年8月1日,赵斌副省长会见上海浦东发展银行副行长刘信义。

【公司金融业务】

积极拓展对公业务渠道。2008年2月,首次作为银团贷款的牵头行签订天兴洲大桥银团贷款协议,这也是中部地区首例由股份制银行作为牵头行的银团贷款项目。

在第三届中国中部投资贸易博览会上对"浦发银行15周年"、"浦发创富"、"卓越理财"三大主题进行了宣传。

在"2008年武汉市中小企业融资洽谈会"上以"成长型企业金融服务方案"为主打产品,与30多家企业现场进行了沟通,现场与武汉东进塑胶有限公司签订了总额为1,500万元的授信协议。

举办了"债券融资与结构融资研讨会"。邀请中诚信国际信用评级有限公司和上海国际信托投资有限公司投行业务专家以及湖北省内100多家重点企业的主要领导和财务负责人与会。介绍了浦发银行投行业务的发展历程、产品结构和武汉分行的成功案例,获得较好反响。湖北省楚天广播电视信息网络有限责任公司当即表示将企业年金业务交浦发银行办理。

作为首席合作伙伴与中国中小企业协会联合主办"2008中小企业大巡诊"第六站。吸引了近300家中小企业的积极响应和踊跃参与。通过现场面对面交流,深入了解企业的各种需求,为下一步营销活动储备了大量有价值的信息、资源。

通过组织参加系列活动,不仅树立了对外品牌形象,也进一步深化了客户对浦发银行的了解,有助于推动各项业务的全面开展。

【个人银行业务】

1. 客户定位:

按个人业务自有的运作方式,以高校、大型企业、新技术开发区、省市政府机关、重点医院、高档社区为目标市场,以武汉地区白领及高收入阶层为目标客户群体,依靠产品、渠道、服务和品牌,实现个人银行业务的战略性成长,迅速提高个人银行业务的市场规模和对全行盈利的贡献度。

2. 品牌和渠道:

以"轻松理财"为品牌,多次在本地监管系统的评级中获得最佳评级,并连续两年获"良好银行"称号;在多家商业银行参与的各类业务评比中也屡获殊荣,形成了良好的市场口碑;同时,12个综合型营业网点和50多个自助网点也成为该行服务推广、品牌展示的重要渠道,有力地提升了市场认知度。良好的品牌效应逐渐成为营销推广的有效平台。此外,依托多元化营销活动宣传,覆盖了整个销售渠道,并通过电台、报纸、电视台等媒体宣传产品提高品牌知名度。

3. 产品、业务、功能创新:

在个人存款方面,新推出"周周赢"通知存款业务。

在个人理财方面,推出了"基金精品屋"、"第三方存管"、"信托T计划"、"新股直通车"、"汇理财"和"保险"等多样化产品。并根据市场和客户需求不断创新和调整产品。

在个人贷款方面,对制造业、批发业、零售商贸业、物流运输业及其他国家优先发展、重点扶持的行业优先考虑发放个人企业经营贷款,如持续经营过程中临时性、季节性流动资金周转、购置(维修)有关设备、装潢经营场所等。

在银行卡方面,推出了万达影迷卡,产生了良好的市场号召力和吸引力。

【新业务品种】

1. 新周周赢通知存款业务,以原通知存款为基础,兼顾资金流动性与收益性,新增"约定转存"功能,实现了自动转存、约定互转、自动通知。

2. 校园卡充值业务,实现了银行卡向校园IC卡自助充值业务功能。

2009 年 2 月 12 日，浦发银行武汉分行—武汉市水务集团 10 亿元短期融资券发行仪式在武汉举行。

3. 个性化还贷——万能还款方式，从客户的需求出发，根据客户收入、所处职业阶段等特征，为客户量身打造贷款方案，满足他们对融资便利以及降低贷款成本的要求，从而真正达到“我的贷款我做主”的目的。

4. 上海浦东发展银行个人专项理财产品 2008 年第八十二期组合信贷资产计划，根据客户风险属性分为稳健型、进取型、激进型三个子产品，产品组合运用于上海国际信托有限公司(以下简称“上海国托”)设立的单一资金信托，该信托资金用于购买上海浦东发展银行合法持有的信贷资产包。产品资金分配顺序首先是稳健型投资者的本金和收益，然后是进取型投资者的本金和收益；最后是激进型投资者的本金和收益。武汉分行仅销售稳健型和进取型产品。

5. 信托理财产品：

发行了以中建三局股份有限公司为主体的信托理财产品，合计募集资金 3 亿元，获得中间业务收入 52.27 万元，成为全行首例运用信托理财工具为企业获得低成本融资的成功案例。

6. 企业年金集合计划：

企业年金集合计划是将多个企业及其职工(委托人)的企业年金基金交付给同一受托人集中统一管理、并由受托人事先指定账户管理人、托管人和投资管理人履行相应职责，并按投资组合进行基金投资运营的企业年金计划。

已分别与太平人寿、泰康养老、中国人寿联合推出集合计划产品，为争取企业年金市场份额奠定了基础，并开创了参与企业年金市场竞争的新格局。

7. 能效融资项目：

“能效融资项目”是总行以“拓展节能减排市场、发展成长性企业”为核心，与世界银行集团所属的国际金融公司开展的能效融资项目合作。融资对象是能效设备的综合服务商、专业的节能服务公司、能效设备的最终用户。项目范围是能够在建筑、工业流程和其他能源最终应用方面显著改善能源生产、销售及消费等环节效率的项目、商品或服务投资；可再生能源的生产和应用等；通过实施可以显著减少温室气体排放的项目。

【风险管理】

1. 完善组织架构：

风险管理条线组织架构采取分管风险行长领导下的两部制——风险管理部和授信审查部。现授信审查部从原风险管理部分拆独立形成专业项目审批部门，在保持原基础上，并对全行授信审查审批流程进行了再造，使其更加符合地域实际和业务实际。风险管理部则在整合原人力资源、进一步明确部门职责的基础上，对部门人员实行定岗定责，强化部门人员业务分工，着重细化信贷业务贷后管理专业化、板块化、及时化、动态化管理流程，为对分行全辖的全面风险管理建设和全面内控管理打下坚实基础。

2. 制定授信政策：

制定了《2008 年度武汉分行行业信贷政策指引》，同时为突出对中小企业的全面支持力度，还配套出台了《2008 年度武汉分行中小企业信贷业务政策指引》，将其贯穿 2008 年分行信贷结构调整及新增信贷投向的全过程中，指导全行有重点、有目标地开展客户营销，防范和控制信贷业务风险，不断促进信贷资产的最优化配置。

3. 授信业务风险管理：

一是公司贷后检查。制定了《武汉分行 2008 年公司业务风险检查计划》，对全行风险检查提出了“常规化、标准化、档案化”的管理目标，并积极探索实现目标的管理方法和手段，逐步完善了分行风险检查工作流程和考核监督机制，以推动建立控制信用风险的内控管理机制建设。

二是在个贷业务风险管理方面。争取个贷后督以合署办公、现场后督的形式，发现问题及时与个贷部及客户经理沟通，就确认的风险问题及时发布存疑贷款处理单，并要求立即整改；对于批量风险问

2008 年 2 月 13 日，浦发银行武汉分行向遭受雪灾的湖北灾区捐赠 100 万元。

题，及时发布风险预警及相关风险提示。

三是风险预警系统试运行。总行风险管理总部在部分分行试点运行“公司授信业务贷后风险预警系统”。武汉分行作为四家试点分行之一，参与了该系统的试运行工作。

四是资产保全工作。年初根据资产质量状况，将特别关注、企业经营性现金流明显不足、企业逾期不能归还及后三类贷款（含个金移交的后三类）纳入了资产保全岗保全工作范围，确定了专职资产保全人员。

按保全难易程度，分行资产保全工作采取了指导、督促经办客户经理催收、对经办机构清收提供法律支持、移交至专职资产保全岗人员负责清收以及成立资产保全工作小组等多种形式。

五是贷后档案管理。尝试建立贷后检查电子档案库，电脑设备已经到位，电子档案目录已经初步建立，电子档案文件数据包正在逐步建立。分行将根据实际工作情况制定相应的《武汉分行贷后管理电子档案管理办法》，以进一步规范和完善电子档案管理。

【内控体系建设】

1. 内控体制、机制建设：

在完成了组织架构改革的基础上，对分行各类委员会进行了完善和调整。成立了分行资产负债管理委员会（下设中间业务管理委员会），分行风险管理委员会（下设分行信贷审查委员会、分行信贷责任认定及追究委员会），分行内控管理委员会（下设分行内控项目办公室、分行综合考核管理类指标考核办公室、分行尽职问责及责任追究委员会、分行保密委员会），分行财务审查委员会（下设分行招投标办公室），分行薪酬管理委员会等。各类委员会的运作规程正在逐步建设中，目前已完成的有中间业务管理委员会、分行信贷审查委员会、分行内控项目办、分行综合考核管理类指标考核办、财务审查委员会、分行招投标办、分行薪酬管理委员会运作规程等。

2. 推进内控体系项目建设：

在风险管理部设立了内控项目领导小组办公室。重新制定了内控建设推进工作方案。目前体系文件的差异分析及相关文件编制工作已基本完成；已完成分行内控手册的编写工作、内控体系文件上挂总行电子文件柜及试运行工作。现在，分行内控建设工作正在按总行的工作安排进入到内控评价阶段。

3. 运营流程再造项目（特色项目）：

截至 2008 年 5 月，武汉分行集中业务系统、信用运营系统、运行监测系统顺利上线，实现运营处理流程的转变，对操作风险的有效控制取得了一定的效果。

【合规管理】

1. 合规部门设置：

分行合规部设总经理 1 名，负责分行合规部全面工作；设法律事务及合同文本审核岗 1 名；全行各部室、支行经营实体共设兼职合规员 28 名。兼职合规员任职条件是具有三年以上（含）银行从业经历，对所属机构或条线的业务熟悉，为所属机构或条线的业务骨干，上一年度的年度考核应不低于 C 档。

2. 合规工作情况：

一是组建了 28 人的兼职合规员队伍。职责包括报送本单位的业务及检查信息，案件、风险事件、事故记录及举报核查记录；配合合规部合规测试，跟踪、监督、报告检查整改落实情况；配合部门负责人落实合规管理工作；负责与合规部的日常联系。

二是开展“法制教育、合法合规教育、职业道德教育”活动。

三是开展案件及风险排查工作。各部室、支行经营实体完成了自查，条线完成了排查。排查结果表明，分行案件防范及合规风险管理整体较好但存在薄弱环节，各条线排查工作成果明显。针对排查出的问题，已通知各条线、支行经营实体制定整改方案，实施整改。

【信息系统建设】

1. IT 基础设施：

2008年,分行全力加大了IT基础设施建设。分行核心业务系统已采用总行数据集中模式。近几年,陆续使用了中心机房基础环境监控系统、集中网络监控系统、HP OVO系统、Eagleeye系统管理平台、ATM监控系统等机房环境及系统管理设备和软件。

2. 信息系统:

分行信息系统主要分为业务系统和办公系统两类。业务系统主要有核心柜面系统(包括零售业务和部分对公业务)、集中业务系统(包括大部分对公业务)、外围外挂系统(包括ATM、银联、支付系统、基金、分行特色业务等)。办公系统主要有内部邮件系统、SAP系统(包括人力资源、物资管理、财务管理等)、内部实时消息系统、内部网站等。

其中业务系统在业务网络上运行,办公系统在办公网络上运行。通过对业务网络和办公网络的物理隔离,实现了业务系统和办公系统在各自独立网络中运行,保证了系统运行的安全性。

3. 运营管理:

对各关键业务系统均使用了系统监控工具,保证了对各关键业务系统的实时监控;同时对各分行核心前置和网络系统等关键系统每季度进行性能评估,保障关键系统的正常运行。

同时,结合计算机系统管理的实际情况,发布了《上海浦东发展银行武汉分行计算机系统操作权限管理办法》等规章制度,对计算机系统的设计、开发、运行、维护及其相关的管理等活动过程中涉及的操作进行了统一规范。

(杨　硕)

广东发展银行股份有限公司武汉分行

【综述】

2008年,广东发展银行股份有限公司武汉分行领导班子带领全行员工努力开拓市场,提高服务质量,严控经营风险,稳步推进各项工作。截至2008年底,人民币存款余额达96.23亿元,比年初增加28.42亿元,增幅41.91%;人民币日均存款达64.03亿元,贷款余额70.87亿元;比年初增加12.35亿元,增幅21.11%;贷记卡发卡61,670张,增幅45.27%;累计办理票据贴现104.61亿元,实现净利差6,164万元;累计完成国际结算2.5亿美元。全年实现中间业务收入3,737万元,增幅55%;实现账面利润16,631万元,增幅19.08%。徐东支行、东西湖支行顺利开业,常青、银丰2个自助银行网点获准开业,业务服务平台得到拓宽。内控案防工作成效显著,全年实现"零案件"。

【公司业务】

1. 建立健全大客户营销体系,切实推动大客户业务增长。严格按照总行文件要求,认真做好大客户集中营销试点工作,组建了独立的部门负责大客户营销管理和推进,从分行层面介入大客户营销和挖潜工作,在贷款定价、方案设计和产业链开发等方面加强对一线单位的指导,切实推动了分行大型对公客户业务规模的增长。截至2008年末,全行已完成集中44户,敞口余额38.8亿元,较年初增加4.0亿元;各项存款余额11.3亿元。同时,积极推动短期融资券承销发行业务,丰富了大客户产品线。

2. 积极营销贷款,严控信用风险,实现了市场营销、风险控制和收益的平衡。2008年,克服国家宏观调控、国际经济衰退和国内经济下行等不利影响,在资产规模稳步增长的同时努力控制风险。一是积极推进信贷业务,贷

2008年8月19日,"广发之夜——广东发展银行武汉分行五周年庆大型音乐晚会"在武汉琴台大剧院举行。

2008年11月5日，广东发展银行武汉分行在江汉区西北湖广场用数千盆菊花摆放出广发品牌LOGO，宣传企业形象。

款规模比年初大幅增加。2008年末，一般贷款比年初增加19.67亿元，增幅39.5%。银承余额22.86亿元，比年初增加4.55亿元，增幅24.9%。二是扩大授信客户群体，授信客户数量明显增加。2008年新增授客户123户，年末敞口授信客户289户，比年初增加86户。三是加大调整力度，信贷客户、行业结构得到优化。加大了对基础设施、重点项目、优质制造业及行政事业单位的授信投放力度，新增一批关系国计民生的优质授信客户；同时退出一批合作效益差、潜在风险大的存量授信客户，优化了客户结构及行业结构；四是推进业务创新，丰富授信业务品种，新推出了联保体授信、国内保理、信保押汇等创新业务，更好地服务于中小客户。

3. 认真做好中小客户的开发营销。为巩固在中小客户服务上的品牌优势，加大了中小客户的集中开发营销，先后组织召开了5次具有一定影响的中小企业融资洽谈会，新引入40户优质客户。积极创新服务产品模式，尝试商户联保授信业务，全年累计办理联保体5组，授信客户21户，授信敞口5,800万元，无一笔出现风险，实现了银企双赢。

【个人业务】

面对经济增长趋缓、资本市场冷清的形势，积极调整业务发展和考核重点，大力加强团队建设，着力做好了储蓄存款、保险代理和信用卡业务。一是积极发展储蓄业务，开展了5周年行庆大型个人业务路演，在行庆音乐会、菊展、新年答谢会等活动中积极开展个人业务营销；进一步丰富宣传形式，在电台、公交广告、平面媒体上采取多种形式进行宣传，取得了良好效果。同时积极开展个人业务营销活动，组织了"喜上添喜"、"新片抢先看"等系列活动，取得了较好的社会反响。经过努力，全行第8月末即提前完成总行下达的储蓄日均存款年度任务，并累计完成保险代理1,169万元。二是积极开展银行卡市场营销，组织开展了刷卡赠礼、"样样行"分期付款、行内员工刷卡竞赛等活动，提升了信用卡业务规模和活跃率，全年新增信用卡61,670张，比上年多增1.82万张，增幅41.77%；信用卡交易额超10亿元。同时有效控制了信用卡风险，不良率比上年下降46.93%。

【国际业务】

2008年，进一步加强了国际业务营销力度，国际业务客户群扩大较快，新开发了30多家国际业务客户。全年累计完成国际结算量2.5亿美元，是上年同期的276%；实现外汇中间业务收入330万元，是上年同期的198%；外汇存款972万美元，是上年同期的191%；衍生产品推广工作成效显著，在总行"赢在金秋"竞赛活动中取得C组第二名，受到总行的通报表扬。

【票据业务】

2008年，累计办理票据贴现104.61亿元，实现净利差6,164万元。深度挖掘行业内尖端客户，扩大业务范围，积极拓展重点行业，并对其上游客户进行跟踪及挖掘，重点在授信客户群中发掘、培养票据优质客户，对出票企业及其上下游客户的票源有效拓展，全年实现票据直贴64.64亿元，完成全年计划的133%。随着规模扩大，效益不断提升，票据业务利差以每年至少50%的速度增长，从2003年的564万元增长为2008年的6,164万元。

【中间及代理业务】

深化银企合作，为企业提供票据业务、中间业务与资产负债业务的整体产品方案，提高银企合作效

2008 年 11 月 16 日，广东发展银行武汉分行在武汉举办“广发 20 年，与中国一起飞”主题路演活动。

益，促进中间业务收入稳步增长。加强银保使用业务，拓展个人业务新的利润增长点。一是逐步丰富银保产品，全年代理信诚人寿标准保费 1,071 万元，代理中国人寿保险股份有限公司标准保费 1,202 万元。二是加大理财产品的营销力度，在销售本行稳健型理财产品的同时，通过延长产品预约期，实现中间业务收入增长。三是抓住市场机遇，及时推动第三方存管业务，抢抓市场短期反弹时机，积极与券商开展合作营销客户。

【风险管理】

1. 严防信用风险。为控制金融危机背景下的信用风险，采取四项措施，强化了信用风险防范工作。一是加强行业分析，防范系统性风险。2008 年下半年，针对大宗原材料价格大幅波动等变化，先后召开了钢铁经销商、质押动产监管公司、联保企业、汽车供应商保理业务专题会议，及时掌握行业动态，提示潜在风险，跟进管理措施，较好地防范了行业、系统风险。二是全面进行信贷业务风险排查，并组织专班对动产质押和专业担保公司保证担保信贷业务进行核查，对问题贷款提早介入，直接参与贷后管理和风险化解工作。三是认真落实整改，完善信贷管理。根据总行信贷检查提出的问题，认真落实整改，成立了出账审核中心，所有信贷业务均由出账审核中心进行出账前审核。对信贷档案进行清理，并按标准进行装订归档。四是积极转化、处置不良资产，2008 年先后收回逾期贷款近 8,000 万元；共对 3 个客户提起诉讼，其中判决 2 个，资产保全工作取得一定进展并积累了经验。

2. 严防操作风险。深入开展“排雷工程”和“百日大清查”活动，以“信贷、财会（结算）、科技、三防一保、信用卡、反洗钱”六项业务为重点进行了全面的风险排查，对暴露出的各类内控违规事项进行了严格问责。经过努力，全行员工的风险防范意识不断增强、业务水平不断提高，年中武珞支行成功堵截了 3 起假冒银行印章进行虚假验资的险情，硚口支行成功堵截了 1 起使用虚假企业资料开户的险情，分行营业部和东湖支行被人民银行评为 2008 年度武汉市反假货币工作先进集体。

3. 加强对重要岗位的监督。加强了纪检监察和思想政治工作，组织开展了纪律教育学习月活动，着力提高员工的思想道德水平；对重要岗位和敏感环节工作人员进行 8 小时内外监督，并制定了《重要岗位人员轮换岗及强制休假办法》，全年轮换岗 50 人，强制休假 6 人。

【会计结算】

1. 通过票据影像交换系统，实现全行电脑验印。电子验印系统于 2008 年 9 月 1 日顺利上线。为保障电脑验印系统高效、安全、稳定运行，规范预留印鉴的使用管理，制定了《广东发展银行武汉分行电脑验印管理办法（暂行）》，明确了印鉴卡的设立、建库和注销，电脑验印的日常管理，系统管理，以及特殊情况和应急处理。

2. 继续加强银企对账工作，实现分行集中统一对账。为确保记账与对账相分离，并及时督促网点全面对账，对全行的对账工作实行了集中统一管理，从对账函的制作、投递、回收到数据的统计、再次投递等全部上收分行。

3. 加大会计检辅工作力度，严防操作风险。按季对网点的会计结算工作进行全面自查，检查的内容包括结算账户管理、挂账和过渡类科目核算的管理、主管卡的使用以及现金和重要空白凭证的管理、尾箱的管理等，通过检查、现场处罚和督促整改等方式有效防范操作风险，提高会计规范化水平。

2008年12月22日，“广发之夜”新春贺岁演出在武汉田汉大剧院举行。

4. 全行开展“防范会计操作风险劳动竞赛”活动，达到会计业务处理结果及过程中无违规、违纪、无案件的最终目标。

5. 加强事后监督工作力度。为建立健全会计事后监督机制，提高防范会计业务风险能力，该行重新修订了会计事后监督管理办法，进一步规范事后监督工作流程，促进该行事后监督向重点业务、风险控制转化。

6. 按照上级行的统一布置，确保各业务系统顺利上线运行。2008年，新一代柜面系统、依托小额支付系统办理本票业务、空头支票系统、商业汇票管理系统等陆续上线实施。在系统功能宣传、操作人员业务培训、上线前测试和上线后的监测等方面做了大量工作，确保各系统上线后快速、高效、安全、稳定运行，提高了该行的整体结算水平。

【科技工作】

1. 科技管理。按照银行业金融机构信息风险内、外部评价要点的要求进行了自查和整改，设立了专职信息安全岗位和专职信息安全员，加强计算机安全检查力度，坚持每季度进行一次安全检查。加强对支行计算机日常安全管理的培训。完善了各前置业务系统、网络系统应急预案，并组织了相关演练。

2. 安全生产。一是加强了对生产运行各填制表格的检查频率，对生产变更、系统预维护、应急演练等操作明确了双人操作要求。二是加强对各系统监控。三是加强对系统预维护、应急演练工作，保证了各系统的良好运行。四是确保“两会”和奥运期间各项系统安全、稳健、持续运行，加强对机房环境、重要系统网络运行状况的实时监控，加强系统运行维护日常巡检频度和监控力度，实行每日零报告制度。五是完善应急处理机制，加强故障处理和业务差错处理效率，有力地支持了业务正常运转。

3. 业务支持。完成东西湖支行，银丰、常青自助银行的开业准备工作。完成银联统一接入项目武汉分行银联接口的撤并工作；配合总行完成PMS系统撤并数据校验和测试工作；完成全行验印系统测试、上线工作。

【业务创新】

在原有家庭理财产品和对公理财产品的基础上，新推出了国内保理、信保押汇等创新业务。

国内保理业务是指银行与卖方之间签署保理协议，卖方将其现在或将来基于与买方订阅的国内贸易货物销售/服务合同所产生的应收账款转让给银行，并由银行为其提供贸易融资、应收账款管理、账款催收和坏账担保等综合性金融服务。

信保押汇是指出口商（下称申请人）在中国出口信用保险公司（以下简称“信保公司”）投保短期出口信用保险并将赔款权益转让给银行后，银行给予申请人一定金额的出口押汇，在发生保险责任范围内的损失时，信保公司根据《赔款转让协议》的规定，将按照保险单规定理赔后的赔款直接支付给银行的业务。出口信用保险仅仅帮助申请人规避了因国外买方的商业风险和买方所在国或地区的政治风险而导致的收汇风险，而由于申请人原因造成银行融资款无法收回的风险需要由银行承担。

【客户服务】

在进一步强化“一线为客户服务、二线为一线服务，全行为市场服务”的大服务意识的基础上，突出了“服务创新价值”理念，提高客户满意度。一是注重加大以金融服务方案为核心的综合营销力度。二是实施了客户关系管理。建立了客户档案资料信息库，并大力丰富服务内涵。三是强化柜台职能。

实现了柜台结算窗口、服务平台、营销渠道三项职能的一体化。四是实施服务营销。营销和服务相结合，与武汉市工商联签约，并向各区工商联以及数十家民营企业进行产品推介；组织承办了武汉市政府中小企业融资洽谈会，落实合作意向企业15家。五是以奥运金融服务活动为契机，健全机制，在完善硬件设施的同时，不断提升软服务水平，确保奥运金融服务平稳过渡。分行营业部在获得湖北省“文明规范服务示范单位”的基础上再次在全国范围内荣获该称号。

【企业文化建设】

2008年，围绕“激情飞扬奥运年，加快发展齐争先”的主体思想，打造积极向上、团结和谐的企业文化。进一步加大了培训工作的力度和针对性，举办各类培训达87次；积极开发人力资源，有力保证了员工队伍的生机与活力。重点完善了客户经理管理机制，实行客户经理待遇等级浮动制，按季对客户经理享受的待遇等级进行调整，累计调整客户经理等级近百人次；加强了党团建设，围绕业务发展，在全行党员和入党积极分子中间组织开展“争先创优，促发展，迎七一”活动。积极履行社会责任。汶川地震发生后，全行员工持续开展“抗震救灾捐款献爱心”活动，全体党员积极交纳“特殊党费”，捐款总额达372,222元。同时，分行各营业网点均开设了供捐款专用的“绿色通道”，免收电子汇划费、汇划手续和工本费，倾力为抗震救灾工作做好服务。在行庆和新春之际分别举办两场“广发之夜”大型文艺晚会，促进武汉地区文化产业的发展。

（杨　璐）

汉口银行股份有限公司

【综述】

2008年，汉口银行股份有限公司按照年初提出的经营管理指导思想，以更名、跨区域发展和流程银行变革为契机，努力拓展业务，严格控制风险，积极改善管理，业务持续发展，相继启动了发展战略、组织架构、人力资源和业务流程等咨询项目，对总行组织架构进行了梳理、整合与优化，改革发展不断取得新突破。6月25日，经中国银监会批准，原武汉市商业银行正式更名为汉口银行。8月，在湖北鄂州成功设立首家异地分行，迈出了跨区域发展的第一步。

截至2008年末，汉口银行从业人员1,819人，营业网点87家；本外币资产总额430.40亿元，比年初增加62.99亿元，增幅17.15%。本外币各项存款余额345.73亿元，比年初增加32.76亿元，增幅10.47%。本外币各项贷款余额211.90亿元，比年初增加18.31亿元，增幅9.46%。按五级分类口径，不良贷款余额比年初下降1.23亿元，不良贷款率为1.90%，比年初下降了0.81个百分点。当年实现拨备前利润7.17亿元。

2008年，积极开展新客户营销，客户培育效果逐步体现，各项存款继续保持良好增长；信贷结构进一步优化，信贷客户综合收益提高，资产质量状况继续得到改善；进一步加大贵宾客户、代发业务、特殊储源的营销力度，实现储蓄存款余额超百亿元，达到107.8亿元；在武汉汉正街成立专为小企业和个体经营者服务的小额贷款中心，从机构设置、人员配备、业务管理、产品创新等方面探索一条适应汉正街区域内客户需要的具有特色的业务发展模式，更好地满足汉正街市场中小企业的贷款需求，不断彰显服务中小企业的经营特色；继续推进金融产品创新，“九通旺

2008年6月25日，武汉市商业银行正式更名为“汉口银行”，并举行更名揭牌仪式。湖北省委副书记、市委书记杨松，副省长赵斌，武汉市市长阮成发等省市领导和监管部门领导出席仪式。

业'会商银'贷款"被评为"2008 年度湖北银行业优质金融产品"。

【计划财务管理】

2008 年,汉口银行继续加强资产负债管理,实施新会计准则,进一步完善经营管理目标考核体系,健全流动性管理制度,积极推进计划财务管理。

1.加强资产负债管理。对宏观经济金融环境、利率汇率、市场流动性以及政策变化等进行紧密跟踪、分析和研究,提高对资产负债分析的水平和报告频率,积极推动全行资产负债结构调整,进一步加强资产负债管理工作。

2.实施新会计准则。为适应中国银监会提出的城市商业银行自 2008 年起按新会计准则编制财务报告的监管要求,提高会计信息质量和可比性,组织实施了新旧会计准则的转换工作。组织全行相关业务人员展开新会计准则学习和培训,实现按新会计准则编制 2008 年度财务报告。

3.编制 2008 年总体经营管理目标计划,完善经营管理目标考核体系。深化经济资本运用,突出以风险调节后的效益为中心的经营理念,不断对目标考核体系进行检视和完善。

4.完成各类统计报表报送工作。完善银监会非现场监管信息系统填报体系,正式启用中软融鑫金融统计信息共享平台项目,组织完成了银监会监管评级等相关工作。

5.健全流动性比例监测制度。按日监测头寸变化情况、存贷款变化情况、存贷比、备付率等,按月评估和分析流动性状况,参照银监会《压力测试指引》确定的程序原则,以中国银监会 1104 报表有关内容为参考,建立期限缺口分析与现金流量分析相结合的流动性压力测试方案。

6.强化财务管理。依据《金融企业财务规则》有关规定,继续强化预拨费用管理,加强成本项目核算,完善各项财务管理制度,并通过以会代训等形式提高全行干部员工的成本效益意识。

2008 年 8 月 7 日,汉口银行第一家异地分行——鄂州分行正式开业,从而迈出了跨区域发展的步伐。

【信贷管理】

2008 年,汉口银行努力强化信贷风险管控能力,不断提升风险控制水平,积极清收处置不良资产,资产质量稳步提升。

1.加强风险管控能力,提升风险控制水平。持续升级改进核心业务、信贷 MIS、资金交易等科技信息系统,对信贷审批、资金交易、柜面业务等重点业务环节进行授权管理和限额管理,不断提高风险管控能力。

2.加强不良贷款的清收处置力度。积极运用协议处置、诉讼清收等多种措施,加强总支行联动,提高清收效率,共清收次级类、可疑类贷款 6,177 万元,共处置历年抵债资产 7,251 万元,取得了较好的清收成绩。

3.持续加强信贷风险排查工作。2008 年,随着金融危机向实体经济蔓延,信贷风险日益凸现。为此,持续进行信贷风险排查工作,对受金融危机影响的行业和企业,贯彻落实"有保有压"的政策精神,力争将金融危机带来的不利影响降到最低。

4.加强信贷风险的责任追究力度。对发生风险贷款的责任人员,严格责任追究,有效遏制新的不良贷款上升发生。

【授信审查】

按照年度经营计划,积极克服外部经济金融环境急剧变化带来的不利影响,以"提升效益、扩张规模"为核心,执行积极审慎的信贷政策,不断完善各项内部信贷管理制度,积极开展各项信贷业务工作,促进地方经济增长。全年新增信贷投放总计 29,540 笔、353.63 亿元。

1.通过对国家宏观经济金融

2008 年 12 月 26 日，汉口银行在汉正街成立全市第一家小额贷款中心，以更好地满足汉正街市场中小企业的贷款需求。

形势和地方经济特点的调查分析，制定全年的授信政策指引，从行业、区域、客户、产品、担保和期限等维度提出明确的信贷投向指引以及对存量客户的优化调整措施，为全年信贷业务的开展指明工作思路，明确信贷投放的目标方向，并辅之以日常审查工作的督导，促进信贷业务的健康发展。

2. 不断总结宏观经济形势变化可能引发的潜在风险、部分行业及客户群体的风险特征等，逐步建立信贷客户的选择标准作为授信审查的参考工具，并加强信贷“三查”工作，增强风险防范能力，严防信贷风险。

3. 根据新的组织结构和业务发展需要，重新修订信贷审查审批流程和贷审会议事规则，并推行行业分类审查，不断改善内部工作机制，完善审查人员工作职责，增强信贷审查的专业化水平，提高审查工作质量和效率。重新制定信贷审批书，优化信贷申报流程，促进规范化操作。

4. 积极参与地方城市基础设施建设和重点项目建设，重点支持地方重点企业、支柱产业以及教育、医疗、自来水、电力等关系民生的社会公用事业，扶持中小企业成长。全年对中小企业的信贷投放额为 201.33 亿元，占信贷投放总额的 56.93%。

【公司金融业务】

通过一系列举措，整合营销资源，搭建业务发展平台；组织业务条线改革，建立业务专业化队伍；深化客户经理制度改革，进一步完善考核机制；深化与战略客户的合作关系，增加信贷创新品种，公司金融业务继续保持协调、稳健的发展势头。

1. 业务稳健发展。截至 2008 年末，对公贷款余额 201.65 亿元，较年初增长 18.88 亿元，增幅 10.33%；对公存款余额 237.92 亿元，较年初增长 9.61 亿元，增幅 4.21%。

2. 继续加大信贷投放，积极支持地方经济社会发展。一是提供信贷支持，促进城市基础设施建设和支柱产业发展。二是积极构筑中小民营企业融资平台，通过与多家担保公司合作，对担保公司授信，加大对中小企业的支持、培育力度。中小企业信贷余额已占汉口银行信贷总量的一半以上。

3. 启动管理体制改革，强化公司条线执行力，建立健全营销机制，打造公司银行业务核心竞争力，为客户提供个性化和专业化金融服务。

4. 加强业务宣传。通过参与金融产品博览会、中小企业融资需求洽谈会、客户金融服务签约仪式等形式，扩大业务影响力，巩固与优质大客户及中小企业的关系，在各级政府、企业客户中展示支持地方建设、支持中小企业发展的业务品牌形象。

【个人金融业务】

2008 年，汉口银行零售业务实现了历史性的突破，进入了一个新的发展阶段。

1. 2008 年本外币储蓄存款余额首次突破 100 亿元大关，年末余额为 107.82 亿元，较年初新增 23.28 亿元，增幅为 27.54%，创造了储蓄存款规模增长的新高。

2. 借更名契机，在全行范围内组织开展了形式多样的营销活动，并通过建立贵宾客户信息管理系统，加大了贵宾客户的日常管理和维护力度，进一步巩固了储蓄存款的市场份额。

3. 在全行范围内组织开展了“发扬奥林匹克精神、人人争当营销明星”的个人结售汇营销活动，为向境外游客提供优质银行服务打下了良好的基础。

4. 成功开发和推出了 7 期个人理财产品，满足了客户多样化的个人金融服务需求。

5.在确保资产质量良好的前提下，稳步发展个人消费贷款业务，并严格控制贷款风险，保持了较高的资产质量。

【国际业务】

1.根据国家产业政策调整转变外汇业务结构，在实现全行市场信息共享的基础上，采取总支行联动营销等手段，促进外汇业务发展。全行共办理外汇业务5,981笔，笔数同比增长16.57%，累计办理国际结算5.2亿美元。

2.适应支行业务发展需要，进一步扩大支行业务范围。增加办理对公结售汇业务支行2家，对私结售汇业务支行2家，使全行具备对公或对私结售汇业务资格的支行分别达到23家和25家；全行24家支行安装了直接投资外汇业务操作系统。支行业务功能的完善，简化了业务流程，为客户就近办理外汇业务提供了便利。

3.与遍布全球的297家银行建立代理行关系。在境内外共拥有10多家账户行，可以对7种主要货币进行清算。积极开展同业授信，先后与3家同业开展了授信合作，与代理行的新增合作业务有福费庭、进口代付和代理远期结售汇等。

【中间及代理业务】

1.积极拓展各类代发业务，进一步巩固代发业务优势，扩大了储蓄存款来源。

2.在继续加强特色服务品牌——“缴费一户通”宣传的同时，对协议代扣、电话银行、网上银行、多媒体查询终端等自助缴费渠道不断进行优化，进一步提高交易成功率，为广大市民提供优质方便的缴费服务。

3.积极拓展理财、国债、保险等中间代理业务。一是不断丰富理财产品，在加大理财业务营销宣传力度、大力吸纳行外储蓄资金的同时，根据监管要求，加强专业人员培训，完善理财业务风险控制和规范化管理。截至2008年末，累计发售各类型理财产品7期，金额8.18亿元。二是积极完善凭证式国债代理业务系统，成功实现个人客户通过该行网上银行购买凭证式国债的服务功能。截至2008年末，累计代理销发售5期凭证式国债，金额5.87亿元。三是在继续巩固原有各项代理业务优势的基础上，积极拓展代理保险业务品种，满足不同客户需求。

【消费信贷业务】

1.通过深入了解楼盘与客户，开展“一楼一策”的楼盘针对性营销，通过向有个人住房贷款需求的客户提供个性化服务吸引客户，增加个人消费贷款发放额。

2.根据监管部门的要求，制定《个人消费贷款贷后管理实施办法》，组织开展多次针对个人消费贷款的全行性检查，切实控制业务风险。

3.认真落实中央三部委文件精神，积极推进针对就业和再就业人员的小额担保贷款业务。截至2008年末，累计发放小额担保贷款1,496笔，金额7,167万元。

4.积极配合公积金中心实施相关系统的转换工作，根据住房公积金贷款新政策，修改完善公积金贷款操作模式和操作流程，确保了转换工作的平稳过渡。

【银行卡业务】

2008年，汉口银行九通卡业务继续保持快速发展。

1.借记卡业务。截至2008年末，累计发行借记卡458万张，较上年新增160万张，增幅53.67%。依托中国银联的跨行交易网络平台及资金清算系统，借记卡刷卡消费达338万笔，较上年增加64万笔，增幅23.36%；交易金额18.26亿元，较上年增加1.36亿元，增幅8.05%。

2.贷记卡业务。截至2008年末，累计发行贷记卡14,235张，较上年末新增4,235张，累计授信额度1.72亿元，实际透支余额2,635万元，刷卡消费金额2.23亿元。

3.自助设备使用。投入各类运营自助设备达200台，全年累计受理取款441万笔，较上年增加73万笔，增幅19.84%；交易金额38亿元，较上年增加11亿元，增幅40.74%。

【风险管理】

1.优化风险管理的组织架构。对组织架构进行调整和优化，董事会层面设立风险与关联交易委员会，高级管理层下设风险管理委员会，总行设立风险管理部，集中管理信用风险、市场风险、操作风险，风险管理的组织架构得到健全和完善。

2.配套条线化改革，探索搭建适合自身特点的，覆盖信用风险、市场风险以及操作风险的全面风险管理体系。

3.加强资金交易业务的风险管理。资金交易系统一期正式上线，按照部门、岗位分设的原则，风险管理部门初步承担了资金交易业务的日常风险管理，为今后市场风险的规范管理打下了基础。

【会计结算】

1.统筹安排新核心业务系统

切换的组织工作，确保系统切换后各项柜面业务的平稳过渡。历时一年多时间完成了核心业务系统项目开发、测试验收。新一代核心系统的上线，将多级多本账归整为一本账，精简了核算的层次和环节，减轻了柜面工作压力，为优化管理层次提供了技术支撑。对一些流程化、线条性强的业务，统一系统操作模块，并在操作风险的识别与控制上加大系统自动识别判断的控制力度，降低发生风险差错的几率，提高了前台操作风险的防控能力。

2.严格履行会计结算管理职能，确保结算业务顺利开展。在完善结算管理制度体系方面，除根据核心业务变化拟定近35万字的操作手册外，还根据流程化银行的设计理念，与管理咨询公司合力进行前台业务流程化梳理，着手实施“作业指导书”制度体系的建设工作，为加强内控制度建设、优化结算流程提供基础。在内部管理检查方面，切实履行检查工作职责，重点关注资金流程、内部管理制度落实等风险环节，加强基层网点自我检查力度，注重问题的整改落实，通过检查与辅导，进一步规范柜面各项业务的操作。在监督管理的手段上，完成了事后监督系统的改造工作，通过凭证扫描、OCR识别、重点监督、实时预警等方式，提高即时风险防范力度。

3.合理规范柜面劳动组合，逐步建立与调整完善综合柜员岗位资格、等级柜员、内控责任人管理制度。在结算人员入口关上，严格把握进入结算序列人员资质；合理确定综合柜员岗位资格，有序组织综合业务窗口开设工作。组织进行等级柜员考评，为调整柜员薪酬管理结构提供有效数据。关注结算人员操作权限与岗位资格的配比性，确保岗级与能级的合理配备。

4.积极探索异地分行设立模式，切实履行业务监督指导工作。汉口银行第一家异地分支机构——鄂州分行设立后，即就鄂州分行业务范围内的各项业务制度进行梳理，结合鄂州分行的地域特点和业务差异性，重新拟定适用鄂州分行的文件制度，为鄂州分行各项业务的规范、稳健运行提供有力的制度保障与支撑。

5.通过对会计结算管理体制问题的检视及思考，从柜面结算制度、柜员操作管理以及全面风险监控等方面分析现有制度的缺失，明确制度执行力、制度时效性等方面存在的不足，提出相应的变革方案，为后续结算管理条线化改革打好基础。

【业务(产品)创新】

1.零售业务(产品)：

(1)九通卡卡下质押贷款业务。充分利用九通卡一卡多分户的特点，将存款、国债、贷款等账户集中在一张银行卡下，直接实现质押贷款的放款——质押——还款——解除质押等流程的自助化办理，在有效控制风险的前提下，提高了业务办理效率。

(2)理财产品质押贷款业务。在参照权利质押贷款管理办法的基础上，推出了以理财产品为质押物的质押贷款管理办法，逐步开展此类业务，满足客户的资金需求。

(3)推出以银行承兑汇票为投资方向的九通理财B计划产品和以央行债券为投资方向的九通理财Z计划产品，实现了个人客户在低风险下的资产增值。

(4)个人住房贷款固定利率业务。即在指定期限内的个人住房贷款业务贷款利率固定不变。

(5)新增个人储蓄账户的“活转活”及“活转通知”功能。即在指定的两个储蓄账户间的活期存款协签转账功能和个人账户下活期与通知账户的自动转存功能。

2.公司业务(产品)：

开发了银库通、动产质押、劳动密集型小企业贷款、贷款支付融资业务等产品。“会商银”产品获湖北省优质金融产品奖。

3.国际业务(产品)：

设计和论证了“海外代付”新业务，为客户提供价格合理的融资。即为满足开立进口信用证的开证申请人的融资需求，在开证申请人承担融资利息的前提下，指定或授权境内外代付行向受益人代为偿付，增加了客户的业务收益。

【内控管理和审计监督】

1.紧紧围绕“以风险为导向”的工作原则积极采取新举措，加强内部控制建设。一是修订、完善审计管理制度，强化审计结果运用，督促总行部门修订、增补相关业务管理制度。二是初步建立全行审计监督管理体系，构建起项目审计、结果运用(评价)、问题整改“三位一体”的审计流程。三是实施任期经济责任或离任审计，促进干部管理监督制度的完善。

2.深入开展业务审计工作，加强风险提示和监督，实现对全行业务发展的全面监督。一是积极推进案件防范专项治理及风险排查工作。每季度定期组织召开全行案件防控专题会议，有针对性地布置与落实风险排查项目，持续将案件防控工作推向常态化。坚持案件防控分析和风险项目排查相结合的工作方法，布置个人住房按揭贷款专项排查、部分支行新增贷款专项排查、大额定期存款和大额取现专项排查、监控设备设置专项排查、各项检查问题整改落实情况的专项排查，将风险隐患控制在初始阶段。二是加大审计力度，完成年初制定的7大项12小项审计计划，超计划完成突击性审计项目11项。三是实施风险项目审计，针对信贷、结算、内部控制等风险薄弱环节实施重点审计。

【客户服务工作】

1.培育首批大堂经理，积极维护客户关系。按照“大堂经理是银行的窗口，代表银行的形象”这一要求，通过业务知识考试、职业性格测试、竞聘答辩等层层选拔，从柜面员工中选拔出首批20位大堂经理并进行专业培训。

2.根据各项营销活动和业务发展需要，积极发挥96558客户服务中心的作用。秉承“以客户为中心”的服务理念，先后配合更名、央行调息、国债发行、理财产品上线、新保险业务品种推出、全行股息发放等工作，积极向客户做好耐心的宣传、解释工作，树立和谐发展、服务市民的良好形象。

（严 骏 汪 颖 琚喜臣 秦 松）

黄石市商业银行股份有限公司

【综述】

2008年，黄石市商业银行股份有限公司发展基础进一步巩固，综合经营质量得到了新的提升。一是总资产、存贷款及利税实现持续增长。全行总资产42.4亿元，增幅16.5%；各项存款余额38.6亿元，增幅15.6%；各项贷款余额24.8亿元，增幅17%；各项经营收入2.1亿元，增幅29.6%；税后利润5,456万元，增幅51.9%。二是不良贷款再次实现“双降”。全行不良贷款余额3,995万元，不良贷款率1.6%，比年初下降0.34个百分点。三是主要监管指标得到新的提升。资本充足率12.8%；拨备覆盖率153.3%；贷款损失充足率221.8%；流动性比例65%；成本收入比、资产收益率、资本收益率都有大幅度的提高。

【计划财务管理】

注重资金计划管理，确保全行支付安全。一方面按照监管部门的要求做好流动性风险压力测试，另一方面合理筹措、调度资金，加强全行资金进出的统计、跟踪，确保资金“借得进来，融得出去”，既保证了支付需要，又在资金充裕的时候取得了经济效益。以市场为导向，以利润为中心，提高资金营运水平。2008年，结合资金现状及人民银行调控要求，积极发展期限短、收益率相对较高、便于计划调控的贴现业务，既有效满足了忠诚客户的需求，又取得了较好的经济效益。强化资本自我约束和监管理念，推进业务经营的“集约化、扁平化”的管理模式。继续推进对支行利润考核，引导支行树立成本约束观念；在注重规模适度扩张的同时，对全行的资本充足率进行实时监测，实现了经济效益和资本约束的协调发展。推行事后监督制度，防范和化解柜面风险，员工风险意识日益增强，柜台操作日趋规范，事后监督的效果得到初步显现。

【公司业务】

贷款投向突出重点、信贷结构日趋优化。截至2008年末，全行贷款余额24.8亿元，比年初增长3.6亿元。作为地方性商业银行，一方面围绕“市民银行，中小企业主办银行”的市场定位，把地方中小企业作为重点信贷投放对象，继续保持对中小企业的信贷投入力度，另一方面加大对黄石市重点企业及优质行业企业信贷投放力度。

2008年12月31日，黄石市委常委、常务副市长朱中华等市领导到黄石市商业银行慰问。

2008 年 1 月 17 日，黄石市商业银行召开迎春客户座谈会。

全年累计向大型企业投放 4.4 亿元，占新投放的 12%；向中小企业投放 26 亿元，占新投放的 70%；向行政事业单位投放 4.7 亿元，占新投放的 13%；其他投放 2.1 万元，占新投放的 5%。积极创新，改进中小企业金融服务，提高竞争力和影响力。为中小企业量身打造了“融资通”系列金融产品，优化中小企业服务流程，降低信贷准入门槛，加大对“有效益、有市场、有信用”中小企业的金融扶持力度。加强教育培训，提高营销队伍的综合素质。定期组织各支行(部)营销队伍召开业务交流会，与基层加强交流沟通，增进业务水平。按照培训计划目标，对全行客户经理和各支行(部)分管行长开展多次专业业务知识培训，并取得积极效果。

【个人业务】

以居民个人和家庭为主要服务对象，推出了包括个人存款、贷款和个人中间业务等全方位、多层次的个人业务金融产品或服务。截至 2008 年末，全行储蓄存款余额 155,847 万元，其中定期储蓄余额 104,310 万元，个人存款业务取得较大发展。

【中间及代理业务】

开办了多项代理业务项目，包括代理、代缴固定电话费、小灵通话费、电费、学费、养老、医疗、失业保险、城镇居民医疗保险等。

【消费信贷业务】

消费信贷业务包括个人质押贷款、个人房产抵押贷款、个人住房贷款、汽车贷款、房屋装修贷款、下岗失业担保贷款、个人自助贷款授信等。该行是黄石市唯一一家下岗失业担保贷款的主办行，扶持了一大批下岗失业人员再就业。同时，为方便自然人贷款，简化手续，明确规定 30 万元以下抵押类贷款，在控制风险的前提下直接由个私业务部自行审批。截至 2008 年末，个人贷款余额为 23,123 万元，比年初增加 7,552 万元。其中个人自助贷款授信总额达 3,673 万元，贷款余额达 2,134 万元，较年初增加了 960 万元；个人住房按揭贷款余额 10,295 万元，较年初新增了 3,400 万元。2008 年新增个人贷款份额中以个人按揭住房贷款居多，占全年新增个贷的 45%，个人消费类风险较小的贷款比重提高，贷款结构得到优化，全行实现了新增个人资产业务不良率为零的目标。

【银行卡业务】

自 2003 年发行九通卡以来，卡业务持续快速发展，业务规模不断扩张，网络、产品功能进一步完善。截至 2008 年末，共发行九通卡 22.5 万张。

【风险管理】

根据国家宏观经济政策和监管部门的要求，以全面风险管理为原则，加强制度建设，对重点客户、重点贷款进行全面监控，化解风险贷款，持续提高风险控制和管理能力。一是加强贷后管理。对重点客户进行实时监测，要求相关客户经理每十天到企业现场查看，详细了解企业生产经营情况。总行相关部门每月汇总客户信息，撰写分析报告，作为领导决策的参考。做到风险早发现、早预防，切实防范和化解风险。二是加强制度建设。根据宏观经济形势和监管部门要求，制定了《黄石市商业银行在当前经济金融形势下授信业务责任追究补充规定(暂行)》，对确实因受本轮危机影响巨大而造成风险的可实行尽职免责。为加强当前经济环境下的流动性管理，修订了该行《流动性管理规定》。三是加强贷款用途的管理，严格要求支行督促企业按贷款申报用途使用贷款。风险管理部每季度进行一次贷审会纪要执行情况的检查，确保信贷资金的安全。

【会计结算】

一是严格执行结算制度，确保

资金安全。指派专人负责大、小额支付系统管理，及时处理同城资金清算业务，确保清算资金安全准确到账，坚持定期进行账务核对，真正做到账账、账实相符。及时反馈大、小额支付系统中出现的问题和风险隐患，保证了结算汇路的畅通与资金安全。二是加大培训力度，不断增强柜台人员的业务技能。先后组织了新员工的岗前培训、第三方存款业务培训，举办了柜员经验工作交流会、会计主管经验讲座等。三是推动反洗钱活动深入开展。借助反洗钱报送系统上线的契机，完善反洗钱各项制度。以账户管理为重点，对开立的账户与人民银行的账户系统进行核对，实现了银行结算账户的规范管理。四是落实会计主管工作责任制，强化柜台业务的督查监管。通过会计主管工作例会、会计主管月度总结报告、会计主管日常登记簿以及不定期现场检查等方式，发现和纠正柜面操作业务环节的不规范行为，寻找潜在的风险点，从制度和科技手段上加以控制完善。

2008 年 12 月 29 日，黄石市商业银行黄金山支行隆重开业。

【业务(产品)创新】

在个贷业务方面推出了商贸区综合授信，为数码城、东方装饰城内中、小经营户的展业经营提供更方便快捷的贷款支持，针对代发工资户拟推出工资账户质押贷款，为中、高端个人客户的消费需求提供及时的融资服务，致力于提高个贷的规模、质量和综合效益。

在理财业务方面，自主设计开发了两期理财产品“双赢一号”、“双赢二号”，填补了在理财业务方面的空白，满足了市民和百姓的理财需求。在银行卡业务方面，积极筹备自主发行借记卡，作为独立成员入网银联，为今后银行卡业务的创新发展赢得足够的条件和空间。在电子银行方面，拟借助核心业务系统上线的有利时机，开发网上银行和电话银行(客服中心)，弥补电子银行业务方面的空白，为客户提供更优质的服务。

【内控管理与稽核监督】

继续深入推行 ISO9001 质量管理和内控体系建设，对于体系中相关文件做相应的修改，以适应业务工作的发展需要。实施常规稽核检查，2008 年度共对柜面业务操作、科技风险控制、票据审核、资金营运等经营管理工作进行常规检查，将检查结果及时通报，对违规违纪行为进行责任处理，力求实现全行内控管理横向到边、纵向到底，真正从源头上杜绝各类操作风险。组织开展综合管理专项检查，提升制度执行力。按照《黄石市商业银行综合管理考核办法》的要求，对全行业务合规、制度执行、内控管理和安全保卫等情况进行全面检查和综合考评，逐步规范内部管理，有效地控制和防范操作风险。为增强支行行长在任职期间的合规经营、依规管理意识，配合该行实施的中层干部年休假与强制休假制度，适时开展了离任审计工作。综合、客观地对其履职情况进行公正的评价，提出了经营管理中存在的问题与风险，有效防范银行内部风险。

【客户服务工作】

坚持以客户满意为目标，成立了以总行行长任组长、分管副行长任副组长、各支行行长(营业部主任)任组员的优质文明服务工作领导小组，加强了对服务工作的组织领导；在业务量较大的支行增设了大堂经理和贵宾服务区，在营业网点配备了业务查询机、饮水机、报夹和宣传资料等；总行每季度对各支行的服务质量进行一次检查，并将检查结果与员工等级评定和绩效收入直接挂钩；为每名综合柜员配备了服务质量考评器，由客户对员工的服务进行即时评价。聘请行外人员对员工行为进行监督和评价。

(黄石市商业银行办公室)

荆州市商业银行股份有限公司

2007年12月10日，荆州市委书记应代明为荆州市商业银行第一家县市支行开业剪彩。

【综述】

1. 经营规模稳步扩张。截至12月末，全行总资产达到67.9亿元，比年初增加17.3亿元，增幅34%；总负债达到63.9亿元，比年初增加17亿元，增幅37%；所有者权益4亿元，比年初增加0.1亿元，增幅4%。

2. 存贷款业务快速发展。截至12月末，全行各项存款余额431,960万元，比年初增加63,039万元，增幅17%，其中，储蓄存款余额181,348万元，比年初增加41,408万元，增幅30%；对公存款余额250,612万元，比年初增加21,631万元，增幅9%。各项贷款余额216,702万元，比年初增加43,427万元，增幅25%。业务的快速发展为效益快速增长提供了保障。

3. 不良贷款余额和占比实现双降。截至12月末，贷款按五级分类，后三类不良贷款余额为3,599万元，比年初减少176万元，减幅5%。不良贷款率1.66%，比年初减少0.52个百分点。

4. 经营效益再创历史新高。截至12月末，全行实现总收入25,820万元，比上年增加7,600万元，增幅42%。其中：利息收入15,920万元，比上年增加4,343万元，增幅38%。实现拨备前利润7,408万元，比上年增加3,178万元，增幅75%。实现净利润1,530万元，比上年增加342万元，增幅29%。全行综合竞争力大大提升，各项经营指标全面实现计划任务。

5. 主要监管指标全面达标。截至12月末，资本充足率为12.45%，净资产利润率3.86%，资产利润率0.26%，成本收入比44%，贷款损失准备充足率151.79%，拨备覆盖率为165.92%，均达到湖北省"良好银行"监管标准。

【计划财务管理】

1. 加强费用预算精细化控制。采取"总量控制，指标管理，双线考核、超额审批，超限停支"等手段，全面推行净收入费用管理，严格财务审批程序，各项费用支出做到事前有预算、用中有控制、用后有监督，坚持分级审批制，确保有限的财务资源发挥最大效益，力求实现费用的精细化管理。全年，在人事费用和营业费用增加等因素下，全行费用控制在计划以内，实现拨备前利润7,408万元，比同期增加3,178万元，利润水平创出历史最好成绩。

2. 提高资金营运使用效益。一是加强头寸监控。加强现金限额管理，减少非生息资金占用，提高资金的有效利用率。二是完善资金调度流程。明确专人负责资金调拨管理工作，对现金出库实行计划申报、大额转账实行预约登记，承兑资金、营运资金实行备案管理。做到资金调拨与业务计划的衔接，增强了资金与计划双重宏观调控作用，避免了资金供应脱节情况的发生。三是充分利用盈余资金增加收益。将盈余资金投放向业务部室倾斜，向资金营运部、票据中心超计划追加资金投入4亿元，既减少了流动性风险，又让盈余资金得到充分利用，有效地提高了资金的使用效益。

【公司业务】

1. 突出资金组织，全面开展与荆州区、沙市区、开发区的合作。充分利用地方银行享有的行政资源优势，在住房公积金、房屋维修基金、医保基金三项基金归集工作上取得了突破性进展。三项基金存款总额达到5.6亿元，占对公存款总额的22.4%。

2. 突出资金运用，确保有效信贷投放。根据央行先紧后松的货币调控政策，合理把握好信贷投放总量和节奏，在严格授信准入的同时加大对好项目、好企业的信贷支持，确保了2008年贷款规模的合理增长。在信贷投向上，对限制类行业严格控制，对高污染高能耗行业、资源耗费性行业、房地产行业严格把关，防范金融危机冲击下信用风险的扩大。同时，把发展小企业贷款作为培养核心竞争力和新的利润增长点，充分利用政府的信息资源、行政资源，与荆州区、沙市区、开发区全面开展银政合作，重点支持中小企业发展。全年投放中小企业贷款17,732万元，占全行投放信贷总量的10.6%。

3. 开展大型信贷对接活动拉动信贷增长。先后组织和参与了“银政企新春座谈会”、“灾后赶产临时贷款活动”、“1+1+1，赢动力”等多项大型信贷对接活动，收到了良好的社会效应和经济效应。通过这些活动，共投放贷款21,100万元，与一批骨干企业和中小企业客户建立了良好的关系，赢得了政府和企业的高度认同。

【个人业务】

储蓄业务实现开门红。紧抓元旦、春节旺季营销，锁定计划，锁定客户，做到早部署、早安排、早落实，一举改变了过去储蓄存款被动局面，第一季度就完成全年计划的70%，全行储蓄存款实现历史性的突破。

【票据业务】

截至2008年末，债券投资余额293,304万元，比年初增持债券13.5亿元，增幅87%，回购资金余额194,675万元，放大交易资金倍数2.78倍，累计实现投资收益7,456万元，同比增加3,158万元，累计实现净利润1,551万元。票据贴现余额29,533万元，占贷款总额的13.7%，实现净利润512万元。

【中间及代理业务】

为拓宽中间业务收入渠道，推行了多项中间业务新产品及制度改革。一是与会计师事务所签订合作协议，对企业提供报表审计及项目评估服务。二是对客户评级收费标准由原来单纯以信用等级级别确定收费标准，变更为既按信用等级级别又按贷款规模双重标准来确定收费标准，既提高了收费率，也相对减轻了企业财务负担。三是以抓POS营销为中心拓展卡业务。新增发行九通卡7,000张，实现手续费收入18万元。四是拓展特约商户成为中间业务的发展亮点。紧抓财政改革契机，在特约商户发展上取得成果，新增特约商户82户，特约商户存款余额4,697万元，创收近20万元。

荆州市商业银行积极开展银政企合作。

【消费信贷业务】

截至2008年末，全行个人贷款余额10,936万元。其中：个人按揭贷款余额7,304万元，占比为66.8%；个人小额贷款余额2,393万元，占比21.9%；其他个人贷款余额1,239万元，占比为11.3%。信贷管理逐步向规范化、制度化迈进。

【银行卡业务】

截至2008年末，累计发行九通卡6.7万张，比上年新增发行7,000张，卡下余额达2.1亿元，卡均余额达3,133元。全行特约商户总户数达213户，比上年末新增82户。全年累计实现手续费收入18万元，其中实现银行卡手续费收入7万元，POS消费手续费收入11万元。一是加强对ATM安全运行管理，确保ATM全年运行无事故。二是加大内控检查力度，确保业务安全开展。开展了九通卡业务开卡环节、批量发卡业务检查。同时加强日常检查力度，查找风险隐患。三是严格公务卡管理，及时防范规避公务卡透支信用风险。四是加强了特约商户非法套现的风险防范。

【风险管理】

一是完善制度建设，构建风险防范长效机制。二是预防各类风险，严格执行轮岗、强制休假制度。三是以全面风险管理为目标，探索

荆州市商业银行微贷业务发展迅速。

建立了市场风险和流动性风险管理体制。四是依法合规经营，规避法律风险。五是加强安全保卫工作，严防案件发生。

【会计结算】

完成了综合业务系统的升级、反洗钱、业务培训等各项工作任务。

1. 完成了核心业务系统上线前期前台交易的测试和业务处理流程的拟定、新旧系统数据的模拟移植、账务联调核对、业务知识培训等准备工作。

2. 强化会计检查工作，努力促进前台业务合规操作。共开展了4次会计专项检查，组织了2次交叉检查，以及6次尾箱突击检查，发现各类问题99个，下达整改意见书34份，提出整改意见92条。

3. 继续加强对会计主管的管理，提高会计主管的管理能力和风险防范意识。

4. 认真做好全行清算工作。2008年经清算中心调拨的现金总额达24亿元，同时为支行开出银行承兑汇票2,726笔，金额74,412万元；兑付银行承兑汇票3,252笔，金额78,945万元；查询查复业务2,684笔。被评为全省支付清算工作先进单位。

【业务产品创新】

一是立足市场定位创品牌。2008年，为加强小企业贷款业务的专业经营和集中管理，对小企业贷款推行单独信贷资金计划、制定单独的评价体系、定价标准和考核办法，设计单独的审批流程和授权体系，特别是为小企业量身打造了“成长之路”系列小额贷款产品。二是以客户需求为中心推品种。与沙市区政府合作积极开展“1+1+1，赢动力”专项信贷活动。将政府行政资源优势与银行的资金优势充分结合起来，支持的客户涉及机械加工、建筑建材、纺织印染、食品生产等多个行业，为全市中小企业融资构建了一个全新的平台。截至年末，共发放“1+1+1，赢动力”贷款1,550万元，带来派生对公存款800万元，真正体现出了“银行赢效益、政府赢发展、企业赢成长”的良好发展态势。三是引进微贷技术办业务。与国家开发银行合作，引进德国IPC公司信贷技术，在湖北省银行业首家推出了针对个体工商户和微小企业的微贷产品。微贷款业务从4月份启动以来，共发放微贷款351笔，共计1,928万元，收息75万元，贷款回收率100%，支持的客户涉及超市、日用品等零售行业及食品加工、运输业、小型制造企业、小型日用品与食品批发企业等，其中90%的客户过去从来没有获得过银行贷款，培养了很多潜在的客户群体，带来了存款、结算、中间业务等综合业务的同步增加。

【内控管理与稽核监督】

一是以清收盘活为重点，提升资产质量。清收、压缩超比例贷款，降低信贷风险集中度。全年压缩大额贷款6户，金额1.78亿元，并将压缩的低收益贷款规模全部用于投放高收益贷款。既有效化解了授信集中度风险，又提高了资产收益能力。强化维权保权。对丧失诉讼时效、仅有物权时效的借款户，联合公安部门开展维权行动，维权金额达到479万元。强化依法清收。完成天发集团持有的荆州市商业银行2,500万股权过户工作，收回天发系贷款抵押土地使用权拍卖款1,349.5万元。加大了不良贷款责任追究力度，严格执行不良贷款下岗清收制，对3名支行行长给予了下岗清收、收回重新上岗的处理。二是以风险控制为保障，强化风险管理。加强了风险防控制度建设。加大了检查的频率和力度。年内在全行连续开展了多项检查。共排查机构26家，重要岗位人员176人次，共查处各类风险隐患问题99条，下达整改意见书34份，提出整改意见

92 条。此外,在内控管理上还实行"双线问责"和严格的责任追究制度。全年全行实现安全运行无案件,得到了市委、市政府和省、市银监部门的充分肯定。

【客户服务工作】

2008 年奥运期间,在所有支行增设了大堂经理和贵宾服务区,配备了业务查询机、报夹和宣传资料等。对全行营业网点进行经常性的优质服务检查,并组织对优质服务开展情况进行综合考评,考评结果与绩效挂钩,有效促进了优质服务工作的开展。

【科技工作和网点建设】

成立了信息系统安全稳定运行保障领导小组、网络安全及保密工作领导小组、信息系统应急领导小组、信息系统应急执行小组、应急保障小组等,完成了老新系统数据转换工作。对新综合业务系统、非税收入收缴管理系统、财—税—库—银联网系统、财务管理系统、反洗钱报送系统、支票影像系统、信贷管理系统、非现场监管数据报送系统等新信息系统建设项目及相关外围子系统进行了测试验收,圆满完成了新信息系统软硬件招标采购工作,预计 2009 年 6 月新系统就将上线运行。

2008 年,荆州市商业银行继续扩展县域机构,继石首支行之后,松滋支行又成功开业运营。2009 年还将实现荆州辖内县域机构的全覆盖,进一步拓展发展空间。同时,为有效提升服务形象,该行 2008 年对银海、江汉、广厦等支行进行了装修改造,主要网点配备了 ATM 机,使营业网点焕然一新,便民服务设施完备。

（陈　卉）

孝感市商业银行股份有限公司

【综述】

2008 年是孝感市商业银行股份有限公司"资产质量管理年",也是该行经营模式持续转型的一年,该行以科学发展观为指导,以审慎经营为前提,以保护客户、股东、员工利益为目的,视资产质量为生命。截至年底,存款余额达 23.2 亿元,增长了 17.7%;贷款余额达 13.4 亿元,增长了 19.9%;实现拨备前利润 3,389 万元,增长 28.5%;全年实现税收 1,522 万元,增长 25%;不良贷款实现"双降",不良率仅为 1.95%,比上年末下降了 2.05 个百分点;资本充足率为 13.48%,比上年度增加 1.12 个百分点。主要监管指标都达到了银监部门"良好银行"的标准。

1. 优化股权结构,深化公司治理。经过第二次增资扩股后,该行的总股本金达到 20,063.5 万元,并成功注册。建立健全了股东大会运行机制,使股东特别是新股东通过股东大会行使自己对公司的管理权。

2. 拓展筹资市场,存款持续增长。全行存款 23.25 亿元,净增 3.51 亿元。新成立了安陆、汉川支行,各项存款达 2.41 亿元,占全行净增的 41%,初步实现了开辟县(市)市场的目的。

3. 完善信贷流程,支持经济发展。该行提出了"用制度管人,用流程管事"的工作理念,对信贷业务流程进行了完善。在贷款审批程序上,按照"围绕一个中心,构建五道防线":即以信贷资产质量管理为中心,构建初审、复查、合议、流程、例会五道控制信贷风险的防线,将信贷风险层层过滤。全年累计投放贷款 15.45 亿元,累计签发银行承兑汇票 7.3 亿元,两项合计对全市的信贷投入总量达到 22.75 亿元。

4. 强化风险管控,夯实质量基础。通过强化对重要岗位和风险部位的监督和检查,重视加强思想教育和案例警示,预防和控制风险源头等措施,保证了业务的稳健快速发展,实现了无重大责任事故的

2009 年 2 月 10 日,孝感市市长梁伟年(左一)到孝感市商业银行调研。

2008 年,孝感市商业银行经过第二次增资扩股后,总股本金达到 20,063.5 万元。

安全目标。

5. 改善收入结构,增强盈利能力。全年实现拨备前利润 3,389 万元,税收 1,522 万元。货币市场累计交易量为 50 亿元,实现收入 1,217 万元,资金收益率为 3.9%。货币市场收入占主营业务收入从上年的 5%提高到 11.7%。

6. 坚持以人为本,培育企业文化。推行了企业 CI 形象战略,极大地提升了该行在公众中的形象和地位。开展银企联谊会、军民春节联欢、专题论坛、户外拓展训练、"七一"歌咏会、金融之夜、金融春韵文艺汇演,为汶川地震灾区、孝南区水灾和新农村建设捐款、捐物、献血,充分展现了该行"厚德载物,诚信兴行"的企业文化精髓。

【计划财务管理】

1. 规范财务管理,完善考核经营目标。将全行各项目标考核指标分解到各经营单位,制定出行之有效且切实可行的财务计划,按照相应的管理办法和考核制度。同时对支行经营目标责任考核管理、财务收支及费用管理、系统内资金管理、呆账核销管理暂行等办法做出适当修改和制定。

2. 树立新理念,积极稳妥开展货币市场业务。一是加强全行资金头寸监测,做好资金调度工作。在保证全行支付前提下,积极做好资金调度工作,让多余资金尽量投放到货币市场和存放同业。二是加大货币市场运作,资金效益同比增幅较大。全年货币市场交易量 50 亿元,实现收入 1,217 万元,分别比同期增加 23 亿元和 777 万元,货币市场收入占主营业务收入的 11.7%。三是提高资金使用效益,做好与行外同业间业务往来。

【公司业务】

基本职能是:审贷分离、额度授信,支行营销、分级审批、集中出账。一是根据监管要求和业务管理的需要,增设授信审查部、放款中心,真正实行审贷分离制度。二是公司业务部、零售业务部不再自营贷款业务,主要从事管理和相关业务品种的研发工作。总行设公司业务部、授信审查部、放款中心、风险管理部等四个信贷业务职能部门。建设了信贷管理系统,从 2008 年 1 月 9 日,商业银行贷款审批开始正式走上了"电子"流程,标志着该行从部门银行向流程银行转变。

【个人业务】

全行各项存款余额达 232,567 万元,比年初净增 35,152 万元,完成年计划的 100%;存款日均余额达 191,589 万元,比年初净增 11,040 万元。

1. 加强业务的管理和指导。根据全行零售业务产品的发展战略和计划,拟订 2008 年零售业务工作的总体目标、工作思路和措施,为全行零售业务的拓展提出了指导性的意见。

2. 抓好存款管理和督办工作。一是认真做好存款变动趋势的分析预测工作。二是做好支行大客户存款的管理与维护工作。三是积极做好支行揽储能手的经验交流与推广工作。四是明确了任务和新的考核方式,激励员工切实组织存款。五是开展劳动竞赛工作。六是做好市场客户资源的拓展工作。七是做好支行前台存款的转存工作。

【中间及代理业务】

通过资源整合,加大了中间业务及代理业务的营销力度,开办了代收地方税费、代收国税税费、代发工资、代收交警罚没款、代理保险、代发最低生活保障金等业务,满足了各个层次客户的不同需求。

【银行卡业务】

发行九通卡 10,572 张,总量达到 3.5 万张;卡平旬存款余额

2,068元；POS交易额达4,696万元；当年安装POS机23台，安装ATM机3台。一是组织了中间业务产品的推广、培训及管理工作。二是利用代发工资来营销“九通卡”业务。三是改善用卡环境。增设ATM机3台，更好地服务市民。四是做好“九通卡”的考核工作，将数量考核转变为质量考核。五是提高了POS交易额指标，取消了原系统规定的POS交易限额，方便客户，提高交易量。

孝感市商业银行与企业携手，共同抵御金融风暴造成的对当地企业的影响。

【风险管理】

1. 进一步完善风险管理规章制度，建立健全信贷风险预警机制。按照风险贷款责任追究制的规定，对2007年7月1日以后发放的到期贷款进行了清理和核查，均未出现新增不良贷款。

2. 履行信贷风险管理监督职能，完善管理流程。加强到期贷款的监督与管理，设计印制到期贷款征询书和到期贷款催收通知书，要求及时填报和发送。

3. 加强贷款迁徙管理，按季开展信贷资产五级分类工作。严格控制不良贷款占比，动态掌握资产质量状况。

4. 增强风险意识，及时对信贷资产状况进行风险提示。先后对贷款集中度、企业追加贷款、抵押物的有效性等进行了提示。

5. 加大不良贷款清收力度，努力降低信用风险。将支行和支行行长的绩效收入与清收任务直接挂钩，促进了资产质量的提高。

【会计结算】

继续完善和简化综合业务系统规范管理，比技能，强化反洗钱工作。

1. 完善综合业务系统。一是不断完善综合业务系统。二是新增交易，简化前台操作程序。三是统一全行登记簿，实现了电子化登记。

2. 强化会计基础，深化会计改革。举办了新《企业会计准则》培训，并对新旧科目进行合理分类和调整，并严格按照新会计准则进行核算。

3. 稳步推行综合柜员制。推行了综合柜员制，规范了综合柜员制的管理。

4. 狠抓业务技术，提高服务质量。组织开展了有汉字录入、数码字录入、单指单张点钞、多指多张点钞四个项目的业务技能达标和第六届“奉献杯”业务技能竞赛。

【内控管理和稽核监督】

全年共完成29项稽核工作，其中常规稽核3项、专项稽核4项、离任稽核22项，此外，扎实开展经营绩效考核工作，质量管理体系改进工作。

1. 认真开展稽核检查，切实防范经营风险。一是开展了全行利率政策、财务管理专项稽核，规范利息收支行为，加强支行财务管理。二是对全行会计基础工作和授权支行审批信贷业务进行专项稽核，严格防范操作风险。三是坚持原则，实事求是，搞好干部离任审计。四是扎实做好经济目标考核工作。五是对机关业务部室内控尽职尽责进行稽核，促进内控和风险管理落实。

2. 认真做好质量管理体系的改进工作。针对2007年SGS公司对质量管理体系改进工作存在的问题，督促责任单位及时整改。认真做好文件清理规范、流程持续更新、质量管理体系维护工作。顺利通过SGS公司年检。

【客户服务工作】

为各个不同层次和类别的客户提供多种形式的服务。一是充分利用“九通卡”的功能，做好企事业单位的工资发放工作，促进业务的发展。二是抓内控，提高风险防范能力。利用每个双休日，在支行开展了以抓学习、练技能、强内控、防风险的学习活动，为夯实柜员制成果提供有力的保障。三是抓业务技能学习,促业务工作的开展。四是加大宣传力度,提高社会认可度。五是改善办公环境,做好网点的改造工作。六是统一网点标识。七是在全行开展优质文明服务活动,评选“服务标兵”、“文明服务单位”。

（周尚伟）

宜昌市商业银行股份有限公司

宜昌市商业银行股份有限公司成立于1998年1月8日,是一家由宜昌市财政、地方主要骨干企业以及众多个人股份共同组成的区域性股份制商业银行,现注册资本为5.73亿元人民币。主营业务范围是:吸收公众存款;发放短期、中期和长期贷款;办理结算、办理票据贴现、发行金融债券、代理发行、代理兑付、承销政府债券;买卖政府债券、从事同业拆借、提供信用证服务及担保;代理收付款项及代理保险业务、代理销售他行理财产品。实行“一级法人、两级经营”的管理体制,下设22个支行和1个营业部,全行在职员工574人。截至2008年末,总资产为92.98亿元,各项存款余额79.83亿元,各项贷款余额49.23亿元。

自成立以来,严格按照股份制企业的架构体系运行,已建立起了以董事会为中心的决策系统、以监事会为中心的监督系统、以经营班子为中心的经营系统的三位一体的管理模式。董事会下设人事提名与薪酬管理委员会、风险与关联交易控制委员会、审计委员会。完善了董事会、监事会议事规则与决策程序,实行集体决策原则,确保了董事会决策的民主性和科学性。股东大会、董事会、监事会、经营班子职责明确、协调运转、有效制衡,较为合理的公司治理结构已搭建起来并不断得到完善。

坚持以人为本,树立全面、协调、可持续发展观,充分发挥地方政府银行、一级法人银行、股份制银行三大经营优势,稳健经营,规范管理,各项业务取得了快速发展。资产规模有效增长,市场份额不断扩大;存款总量大幅攀升,资金运行平稳增长;信贷规模质量并举,有力支持地方经济发展;盈利能力明显提高,经济效益不断改善;清收盘活成效显著,资产质量不断优化。

1.科学实施市场战略,发展后劲继续增强。深入开展各类营销活动,早准备,早动员,早营销,早投放,为全年业务发展奠定坚实基础。加快产品创新,针对中小企业融资难推出了授信承诺、生产经营型按揭贷款等新业务,加快推进汽车按揭贷款、贷记卡、“夕阳红”卡、天然气充值、理财产品、保险产品等授信、个人和中间业务的创新与整合,有效拓展了客户群体。继续强化银政合作,大力挖掘政府资源,深层次构建互利共赢的业务平台,在支持地方经济发展的同时,有效提高了该行的市场份额。积极谋划跨区域经营,在宜都、当阳两市设立分支机构,为全面实施跨区发展积累了宝贵的实践经验。

2.切实加强风险控制,有效应对金融危机。进一步完善授信制度与流程,推行风险经理制度,科学实施业务授权,大力强化贷后管理,严格内控稽核和责任追究等有效手段,全行风险管理水平得到较快提升。紧跟国家政策变化,灵活调整信贷投向,在2008年前三季度,执行央行“规模控制、增幅下降”的信贷投放原则,在国家扩内需、促增长的政策出台后,适时调整了信贷政策,严格敏感行业授信和大额授信客户增信政策,严防授信风险。深入开展调查研究,提高企业走访频率,总行领导亲自带队,深入基层一线,了解企业经营情况,有针对性地采取应对策略。成立风险应急领导小组,制定应急处理程序和制度,建立突发事件处理应急通道,提高处理和应对突发

2008年8月8日,宜昌市商业银行召开第四届董事会第三次会议。

2008年9月19日，宜昌市商业银行当阳支行开业。

事件的速度和能力，确保信贷资产安全。强化监管达标，提高备付能力，加强流动性监测，大力清收盘活不良资产，努力控制经营风险。

3.加快推进管理创新，经营活力持续提升。推行流程化管理，不断改进管理制度和业务流程，提高工作效率和工作质量，一级法人的体制优势进一步得到体现。深入推进管理创新，全面改善工作细节，总行的决策能力和管理水平显著提升，全行服务业务、服务客户的意识和能力空前增强。推行全员考核评价，完善激励约束机制，全体干部员工的工作积极性和创造力得以充分调动。狠抓队伍建设，外部引进与内部培训相结合，加大人员结构优化步伐，队伍素质得到快速提升。开展企业文化建设，组织丰富多彩的员工文化活动，银行凝聚力和向心力明显增强。

4.深入开展品牌建设，社会形象显著改善。加快网点升级改造，提升网点服务功能，开展客户满意度调查，丰富优质服务内涵，使一线服务水平得到大幅改善。加强公共媒体宣传，积极引导正面的新闻报道，使银行更加贴近社会、贴近公众。积极主办“宜昌市商业银行企业高峰论坛”、“湖北省金融同业业务合作座谈会”、“巴曙松解析国际金融形势”等大型活动，在银行界和客户中获得良好影响。积极参与“宜昌市‘三八’妇女节万人健步走”、“政风行风热线”、北京奥运火炬接力活动，组织为雨雪冰冻灾害、汶川地震灾区和社区贫困居民捐款捐物，帮扶五峰县横茅湖村新农村建设，社会影响不断扩大。

（宜昌市商业银行行务办公室）

襄樊市商业银行股份有限公司

【综述】

2008年是襄樊市商业银行股份有限公司建行的第二年，也是银行理顺内外环境、加强经营管理、夯实发展基础的关键一年。在市委、市政府坚强领导和人民银行、银监部门的有效监管下，克服金融危机和经济下行等多种经营困难交织等不利因素影响，牢固树立科学发展观，紧紧围绕“发展、管理、防险、创新、增效”的十字经营方针，克难奋进，勇于开拓，全面完成了股东大会和董事会确定的各项工作目标，取得了“两稳”、“两优”、“两降”、“三增”、“一没有”的优异成绩，实现了业务经营持续稳定健康发展。

1.“两稳”。即存款和贷款规模保持稳定。各项存款余额达到20.04亿元，比年初上升2亿元。各项贷款余额达到12.74亿元，比年初增加0.4亿元。

2.“两优”。即存款和贷款结构有所优化。储蓄存款余额达到1.99亿元，比年初净增1.05亿元，占总存款的比重达到9.45%，比年初上升4.8个百分点，存款的稳定性有所增强。房地产贷款占贷款总量的比重由年初的26.87%下降20.33%，当年新增54户中小企业贷款，中小企业贷款占比达到80%。

3.“两降”。即实现了不良贷款余额和比率持续双下降，不良贷款比年初下降2万元；不良贷款率为1.31%，比年初下降0.04个百分点。不良贷款率远低于全国同业平均水平。

4.“三增”。一是效益大幅度增长。实现利润总额5,018万元，比上年增长156.86%；实现净利润3,746万元，比上年增长183%。人均创利37万元，比上年增加6万元，盈利水平连续两年居全市银行业领先地位。二是贷款拨备覆盖率增加。当年新提取贷款呆账准备136万元，贷款拨备覆盖率达到205.58%，比年初增加8.4个百分点。三是流动性比例增加。流动性比例达到49.7%，比年初增加

2008年7月18日，襄樊市商业银行汉江支行开业。

13.21个百分点。

5.“一没有”。即没有发生一起经济案件和业务安全事故，保持了零案件和零事故发生率的良好记录。

【计划财务管理】

1. 严格执行费用开支授权审批制度和财务审查委员会管理制度，严格控制成本，加强财务核算管理，保证了各项监管指标和财务指标健康合规。

2. 加强资产负债比例管理。每周召开资产负债比例管理会议，优化存贷款结合，加强资金管控，最大限度地压缩非生息资金占用，合理调度头寸，用好用活资金，重点加强了存贷款利率管理，提高了资金使用效率和效益。全年资本利润率达到24.17%，比上年增加9.84个百分点；资产利润率达到1.70%，比上年增加0.73个百分点。

3. 扩大收入来源。建立了贷款利息清收考核机制，加大对贷款收息率和结息面的考核力度，做到应收尽收；拓宽增收渠道，大力拓展中间业务，积极参加网上融资，努力实现多渠道增收。年末，实现贷款利息收入10,804万元，较上年增加1,694万元，增长18.59%，占总收入的89.47%，较上年增长2%，贷款综合收益率8.86%，较上年增长1.17%。手续费收入159万元，较上年增加116万元。

4. 加强财务信息分析，为领导决策提供依据。一是制定财务计划，严格考核机制。二是编制中期财务会计报告和年度财务会计报告，并通过内部审核，在规定期限内向财政部门以及其银监部门和人民银行报送。三是及时准确向财政、人民银行及银监部门报送各类报表，科学分析财务运行情况。

【风险管理】

1. 控制风险，强化风险管理制度建设。修改和完善《信贷资产风险分类实施方案》《信贷资产风险分类实施细则》《信贷资产风险分类操作流程》《不良资产责任认定与追究制度》等风险管理和识别办法，细化了风险识别标准，制定和转发了《关于进一步防范化解金融机构客户集中度风险的通知》《关于转发继续深入贯彻国家宏观调控政策切实加强房地产贷款管理有关文件的通知》《转发中国银监会办公厅关于金融机构发放高耗能高污染和产能过剩行业贷款风险提示的通知》《不良贷款清收管理办法》(试行)《关于当前宏观调控下贷款业务值得关注问题的通知》等风险管理文件。同时，还加强了贷款的法律风险审查，坚持在审查合格的前提下审批授权信贷业务。

2. 加强风险识别能力的培训。共组织客户经理和各支行信贷人员参加的信贷业务培训和贷后管理与风险预警的培训达70多人次，提高了风险防控意识。

3. 坚持适时、动态监控信贷资产迁徙变化，强化风险监测。建立贷款迁徙变化月报分析制度、提前预警、大额报备、贷后管理报告分析制度、房地产贷款季度分析制度，通过按月监测分析报告的统计，重点对不良贷款迁徙变化进行动态监测，对每户贷款占用形态和重点行业进行变化分析，及时化解风险。

4. 抓风险化解，尽力弱化信用风险。一是全面清理全辖诉讼案件，分解积案消化任务。全年共清理、消化积案5件，待执行标的128.4万元、正在执行标的128.4万元。二是抓好重点案件分类处置与协调。对因历史遗留的疑难案件，加强与执行法院沟通，对逐个案件作现场分析，商讨对策，并专题上报，通过与法院的协调，成效显著。年末，执行债权85万元。三是加强对到期、逾期贷款的管理。对到期、逾期贷款在综合分析成因的情况下，采取上门清收借款人、催收担保人、介绍人、媒体曝光

2008年6月13日，襄樊市召开金融生态建设暨银企合作座谈会。

等方式共清收回不良贷款22户，总金额7,855万元。对于长期逾期又未按还款计划归还贷款的依法提起诉讼。年末，有1家已审结并进入执行程序，1家在审理过程中，2家预计在下一年一季度审结。

【公司业务】

截至12月末，企业存款余额180,508万元，比年初增加7,098万元，增幅4.09%，各项贷款余额达到12.74亿元，比年初增加0.4亿元。

1. 利用政策导向。重新修订了绩效考核办法，突出"两个加大"、"两个鼓励"。即加大绩效向一线的倾斜力度，加大对拓展新户大户的考核激励力度；鼓励各营业单位争先创优，鼓励全员多争绩效、多做贡献。同时，持续开展了全行范围内的存款劳动竞赛。

2. 加大营销力度。进一步充实了营业机构的存款营销力量，大力引进资源性客户经理，实行全员存款营销，对存款大户采取"大员"上阵，行领导亲自出面做工作，密切联系客户，多措并举。截至2008年底，新增公司客户200多个，客户数量翻一番。

3. 突出支持中小企业。为更加适应国家宏观政策和自身市场定位的要求，把信贷结构调优、调强作为信贷工作的着力点，以"调整信贷结构、支持中小企业、配置优质客户、做优资产质量"作为信贷工作原则，以中小企业作为信贷支持主体，通过调整信贷结构，创新支持方式，拓宽支持渠道，全年累计向123家中小企业客户提供各类信贷支持638笔、21.61亿元，同比增加1.56亿元，其中：发放贷款183笔、12.68亿元，签发银行承兑汇票455笔、8.93亿元，贷款客户新增加123户，较好地履行了服务地方经济发展的职责。

【个人业务】

截至12月末，全行个人存款余额19,904万元，比年初净增10,663万元，增幅115%，实现了储蓄存款翻番。储蓄存款占总存款的比例达到9.93%，比年初上升4.8个百分点。

1. 重新制定了绩效考核办法。持续开展了全行范围内的存款劳动竞赛，通过宣传发动，明确阶段任务，组成竞赛对子，严格兑现奖惩，形成了比、学、赶、帮、超的工作氛围，充分调动了全员增存工作的积极性和能动性。

2. 提高服务质量。在加强服务设施，提高服务技能、服务效率、服务信誉和创新特色服务上狠下功夫，对所有营业网点的服务设施和服务标准进行了统一规范，按照"以点带面，示范引路，整体推进"的工作思路，以汉江支行为试点和标杆，将规范服务的经验和做法推广到全行各营业机构，大力开展竞赛，树立了良好的品牌形象，该行的认知度和认同感不断提升。

3. 加大营销力度。截至2008年底，新增个人客户12,000多个，客户数量翻一番，储蓄存款由年初的0.94亿元上升至1.99亿元，余额翻了一番，高于本市储蓄存款平均增幅50多个百分点。

【银行卡业务】

襄樊市商业银行于2008年3月31日获准成为中国银联基本成员，4月28日正式加入银联网络，4月29日在襄樊市汉江国际酒店举行了"汉江借记卡"发行仪式。

"汉江借记卡"的发行为个人客户的拓展提供了有效的工具，将个人业务渠道由市、区6个支行8小时营业拓展到全球30个国家和地区24小时营业，将过去的纯人工服务拓展为人工服务加自助服务的综合服务方式，由过去存折这一简单的现金、结算功能拓展为集现金、结算、理财、消费于一体的综合服务功能。

"汉江借记卡"发行后，及时推出了"汉江卡特惠商户"计划，整合涉及市民日常生活的6大行业，吸引有实力的商户加盟该计划，有效

襄樊市商业银行向汶川地震灾区捐款30万元。

拓展了服务半径，增强了服务功能，首批已有30余家商户加盟，实现了银行与商户的优质客户资源共享、强势品牌相互促进。

截至2008年12月31日，“汉江借记卡”共发行14,250张，卡内存款余额4,618.84万元，汉江卡交易（消费、取款、存款）笔数11.11万笔，交易金额78,222.27万元，其中POS刷卡消费1.15万笔，金额1,475.35万元。

【中间业务及代理业务】

年末实现手续费收入159万元，较上年增加116万元，主要是代理“汉江信托1号理财产品”收入92万元，中间业务增长增加收入24万元。投资收益126万元。

成功打造了理财品牌——“汉江信托系列”人民币理财计划。“汉江信托1号”于年底推出，仅9天时间即募集资金1.15亿元，“汉江信托1号”的成功发行，极大提升了银行的品牌形象和知名度，完善了业务品种，锻炼了员工的营销能力，拓展了一批优质个人客户和企业客户。

【会计结算】

1. 完善制度及业务流程。对现有业务流程进行了重新梳理，修订了《印鉴卡管理办法》《现代化支付系统业务流程》《重要空白凭证管理办法（修订）》《银行承兑汇票贴现、转贴现业务操作流程》《银联资金清算流程》《大额交易和可疑交易补录业务操作流程》等内控制度，规范了会计结算业务操作。

2. 加强会计基础培训工作。全年共对反洗钱、反假币、银行卡、汉江理财产品等业务进行培训达27次，参训员工达2,000余人次。同时还组织了业务技能比赛，有效提高了前台会计人员操作技能，提高了工作效率。

3. 狠抓支付结算体系管理。一是抓好资金清算业务。解决了小额支付系统与人行对账存在的问题，避免了因为跨日重复发账的现象，也规范了银行当前现代化支付系统的业务操作。二是抓好票据业务。全年共签发银行承兑汇票2,212笔，金额72,389万元，实现手续费收入36.2万元；同时广拓票源，办理贴现114笔，金额9,781万元，实现贴现利息收入277万元。三是抓好出纳业务。做到大额支取有预约，现金调拨有计划，节假日、周末、月末有效控制库存额度，进一步提高了现金使用效率。四是抓好事后监督。全年事后监督共监督各类业务传票54万笔，发现各类差错36笔，并下达了差错整改通知书，及时消除了各类风险隐患。五是抓好银行卡的运行管理、业务指导、银联对账、差错调整等工作，解决了银行卡业务运行中遇到的各类问题，保证了客户的正常使用。六是抓好货币市场业务。顺利完成了货币市场业务学习、会员登记、硬件配置、岗位设定、制定制度等一系列工作，为下一步货币市场业务正式开展做好了充足的准备。

【稽核监督】

全年共完成29项稽核工作，其中开展常规现场稽核13次，专项稽核检查5次，离任稽核11次。此外，积极探索具有自身特色的内控产品，推出了“网点操作风险跟踪”内控产品，将网点操作风险细分为8大风险点和111个风险指标，提前予以掌控化解。

1. 着力构建内部控制长效机制。一是整合了业务管理流程。按照风险控制的要求，对组织架构进行了初步梳理整合，从整合信贷业务流程着手，调整了信贷业务部门和职责。初步整合了业务管理流程，加强全行业务创新的管理和存款业务的拓展和指导。二是加强了制度建设。在每项新业务推出前，都严格按照“制度先行”的原则首先建立健全内控制度，根据业务发展和经营管理需要，全年先后出台了80多项规章制度，使内控制度基本涵盖到经营管理的各层面、各岗位、各环节，确保了开展各

2008年4月29日，襄樊市商业银行成功发行“汉江借记卡”。

项工作都有章可循、有规可依、按规操作。三是积极探索具有自身特色的内控产品，推出了“网点操作风险跟踪”内控产品。四是坚持内控管理会议制度。每季度召开内控管理会，对全行内控工作进行分析总结和安排，切实解决存在的问题和不足，加强对风险点的控制管理，及时堵塞风险漏洞，化解风险隐患。

2. 扎实开展了风险防控工作。一是深入推进风险防控常态化管理工作。认真抓好反洗钱和反假币工作，积极开展宣传活动，扎实做好防范和上报工作。切实加强内部档案管理、印章管理和中心机房管理，确保了行务系统健康规范运行。二是加强了员工道德教育和技能培训，全年仅组织开展全行性员工培训教育就达27次，参训员工达2,000余人次。三是加大了检查监督和处罚力度，全年共开展内控检查10次、安全检查108次，处罚61人次，对检查发现的问题全部督促整改、落实到位。四是对金融危机的持续风险影响予以了高度重视，多次召开党委会议和行务会议进行分析研究，确立了“防险第一、稳健发展”的整体工作思路。

【客户服务工作】

专设客户服务中心，为客户提供业务咨询、接受客户投诉、进行投诉回访，进一步完善了该行的服务链条。选派了学历水平高、综合素质和能力较强的员工担任客户中心接线员，实行7×24小时全天候优质服务。全年人工座席共接听电话1,556余个，解答各类咨询近1,900余次。

（张　琴）

法国兴业银行（中国）有限公司武汉分行

法国兴业银行是世界上最大的银行集团之一，创建于1864年5月，总部设在巴黎。银行采取了在当时还很不平常的有限公司的形式。公司成立之后就开始招收员工并建立办公室，法国的业务覆盖率稳定增长。到1870年，银行已经在巴黎有15家分行，在其他省有32家分行。1871年银行在伦敦设立了永久办事处。

现在，法国兴业银行集团已成为欧元区领先的金融机构之一。截至2008年底，法国兴业银行在82个国家设有机构，招募了来自119个国家的163,000名员工，为超过3,000万名个人和企业客户提供服务。法国兴业银行的核心业务主要有三块：零售银行业务和专门金融服务、全球投资管理和服务以及企业与投资银行业务。法国兴业银行的标准普尔评级为A＋、惠誉评级为A＋、穆迪评级为Aa2。2009年2月，法国兴业银行董事会通过2008年的财务报告，其中集团收入净额20亿欧元（第四季度为1亿欧元）。巴塞尔协定Ⅱ一级资本充足比率达到8.8％

1981年，法国兴业银行在北京开设代表处，法国兴业银行（中国）有限公司于2008年8月4日获得中国银行业监督委员会的批准成立，在中国市场建立外商独资银行。新成立的银行实体名称为法国兴业银行（中国）有限公司，为其母公司法国兴业银行集团的全资子公司。法国兴业银行（中国）有限公司从2008年9月16日起正式开业。目前法国兴业银行在中国的网点数量居外资银行前列，已在北京、上海、天津、广州和武汉等商业中心城市开设分行，其中在广州和武汉开设的分行均是当地第一家获准开业的外资银行。这些网点主要为国际投资者提供商业银行和咨询服务，同时金融和资本市场机构亦为所有客户提供内容丰富的金融服务。目前，法兴银行在中国的业务包括：企业与投资银行业务、零售银行业务、私人银行业务等。

2008年11月18日，法兴银行北京分行零售网点正式开业，2009年3月23日法兴银行第二家分行零售网点于在广州开业，2009年4月13日在上海开设上海零售网点。这些分行零售网点开业后，可以向国内客户提供个人理财、信贷等一揽子金融业务及服务，这也使得法兴银行成为迄今为止唯一一家在华提供零售银行个人业务的法资银行。

法国兴业银行为中国客户在全球范围提供在商业银行、资本市场以及投资银行服务等方面的支持。

法国兴业银行与大型金融机构、企业以及政府监管机构之间建立了密切的联系。并在中国创建了主要由本地专业人才组成的团队，团队所具备的丰富知识和职业操守是法国兴业银行业务发展和不断满足客户需求的重要基础。

在注册为本地银行之后，法国兴业银行为武汉分行进一步拓展业务空间，增加商业和个人银行及消费信贷等产品服务，进一步加深和中国客户之间的关系。对于中国客户和中国整体金融市场的承诺始终如一。鉴于对中国市场的信念和承诺，将继续积极扩大在中国的业务，并为中国的消费者、企业及银行界同仁创造更多的利益。

（祝雪琼）

汇丰银行（中国）有限公司武汉分行

【综述】

汇丰银行（中国）有限公司（下称“汇丰中国”）于2007年4月2日正式开业，总行设于上海，由设于香港特别行政区的母行——香港上海汇丰银行有限公司全资拥有。

汇丰集团在全球86个国家和地区设有约9，500间分支机构。截至2008年12月31日，集团的总资产达25，270亿美元，是世界上最庞大的银行和金融服务机构之一。

截至目前，汇丰中国共有82个网点，包括19间分行和63间支行。其中19间分行设于北京、长沙、成都、重庆、大连、东莞、广州、杭州、宁波、青岛、苏州、上海、深圳、沈阳、天津、武汉、厦门、西安和郑州。在中国内地，汇丰是网点最多、地域覆盖最广的外资银行。

汇丰是最早落户武汉的外资银行之一，早于1985年就设立了代表处，并于1998年升格为分行。多年来，得益于湖北省政府、武汉市政府以及各监管机构的大力支持和指导，汇丰在武汉广泛支持经济建设和招商引资，积极参与本地经济发展。

汇丰武汉分行是湖北省武汉市首家可以经营全面外汇服务的外资银行，也是首家获批提供全面人民币服务的外资银行。凭借对内地市场的深入了解和专业经验，汇丰武汉分行为客户提供广泛优质的金融服务。在对公业务方面，汇丰武汉分行在商业融资、企业存贷、资金管理、贸易服务等方面向中、外资企业提供全面金融支持；在个人金融服务方面，汇丰武汉分行为本地居民、外籍人士及港澳台同胞提供丰富的本外币金融服务，侧重提供汇丰全球的财富管理品牌“卓越理财”：一个账号连通世界，客户只需在一个国家或地区成为汇丰卓越理财客户，即可获得全球身份认可，享受“无国界”理财。

2008年8月，汇丰武汉分行的第三家支行——汇丰武汉中南支行获批开业，该支行专注提供汇丰全球的财富管理品牌“卓越理财”，为个人客户提供一系列量身订制的产品和金融服务，满足更多个人客户的财富管理需求。

2008年11月17日，汇丰在全

2008年8月，汇丰银行（中国）有限公司武汉分行的第三家支行——汇丰武汉中南支行开业。

国17个城市同步发行银联标准借记卡，可同时关联人民币和外币账户，这是外资银行发行的首张具备此种功能的借记卡。通过关联外币账户，经常出国旅行的持卡人在境外进行外币取现时可以减少汇兑费用，为汇丰个人银行客户带来全球便利和增值服务。

作为湖北省的省会城市，武汉在国家“中部崛起”的经济发展战略中处于举足轻重的地位。近年来，武汉经济的繁荣也显示了其巨大的发展潜力。目前，汇丰在武汉有1家分行和3家支行。2009年，汇丰将继续投资于网点和人员，并将把握每一个机遇，进一步扩展服务范围来支持当地经济建设，满足客户需求，从而为中部地区经济发展做出更大的贡献。

（海　燕）

东亚银行(中国)有限公司武汉分行

【综述】

香港东亚银行有限公司(以下简称东亚银行)于1918年在香港创立，是香港最大的独立本地银行。成立以来，一直竭诚为香港、大中华区乃至海外客户，提供全面的零售和商业银行服务。截至2008年12月31日，东亚银行的综合资产总额已达4,153亿港元(535.8亿美元)。东亚银行于香港联合交易所上市，为恒生指数成份股之一。

早于1920年，东亚银行已看准中国市场庞大的发展潜力，于上海成立首间分行，多年来从未间断在国内的业务。

在中国业务方面，2007年4月2日，东亚银行(中国)有限公司(以下简称东亚中国)在国内正式成立，于上海浦东设立总部，承继东亚银行庞大的内地银行和金融业务网络，为广大客户，特别是内地居民，提供更多元化的金融产品和服务。东亚中国在中国市场稳居领先地位，不但是首批获中国银行业监督管理委员会颁发合资格境内机构投资者资格(QDII)的外资银行之一，也是首间取得QDII外汇额度的外资银行，同时亦是在首批获许经营对内地居民人民币定期存款服务(最低存款额人民币100万元)的银行之列。而2008年，东亚中国成为首家推出个人银行借记卡和信用卡的外资银行。

目前，东亚中国于内地设有64个网点，包括18间分行和45间支行，遍布上海、深圳、厦门、广州、珠海、大连、西安、北京、成都、杭州、重庆、青岛、沈阳、武汉、南京、天津、乌鲁木齐和合肥等各大城市。东亚中国获准经营全面的个人银行和企业银行服务，亦可为内地居民和企业提供境外投资服务，以及通过分行代理一般保险和人寿保险产品。

除了东亚中国的网络外，东亚银行保留上海分行从事外汇批发银行业务，并设有3间代表处，分别位于福州、苏州和东莞。

2007年9月20日，东亚银行(中国)有限公司武汉分行(以下简称武汉分行)正式开业，并于11月26日获准经营人民币业务。

武汉分行可为企业、机构和居民提供全面的人民币和外币银行服务。产品和服务范围涵盖本外币储蓄、理财和财富管理、楼宇按揭贷款、私人贷款、电子网络银行、贸易融资、银团贷款、汇款等。

在个人客户方面，作为首批改制进入武汉市场的外资银行，武汉分行个人银行业务致力于服务本地市场，服务于本地经济建设。设立和推广“显卓理财中心”服务品牌，为广大中高端个人客户提供先进的理财理念和产品，在合规经营的基础上培育本地市场投资者的正确投资意识；以专业化的服务和丰富的代客境外理财产品、保本理财产品服务于本地居民，2008年底，武汉分行先后推出借记卡和信

2008年4月26—28日，东亚银行(中国)有限公司武汉分行参加在武汉召开的中部博览会。

用卡，进一步方便客户处理日常现金提取和各方面的消费。

在企业客户方面，主要业务包括房地产开发贷款、贸易融资、定期贷款、承兑汇票及贴现业务、重大项目的银团贷款等。另外，也提供中间业务(包括保险中介等)以及国际业务(包括对外收、付汇等)，以此增加非利息收入，优化收入结构。2008年武汉分行推出代发工资业务，并将继续开发不同的系统协助企业解决其业务需要。

东亚银行现于全球设有逾240个网点，庞大的国际网络覆盖香港、大中华区、美国、加拿大、英国、英属处女群岛和东南亚等国家及地区。

(朱卫东)

荷兰银行有限公司武汉代表处。

荷兰银行有限公司武汉代表处

荷兰银行历史悠久，于1824年创立于荷兰。2007年10月，由比利时富通银行、苏格兰皇家银行和西班牙国际银行所组成的银行财团(RFS)，成功竞购荷兰银行，荷兰银行在中国的大部分业务，包括荷银(中国)有限公司以及荷银总行在中国各地的代表处，都归苏格兰皇家银行集团所拥有。

在中国，荷兰银行的前身——荷兰贸易商会于1825年在上海开设了一家规模较小的办事处，经过不断发展，于1903年成为荷银在中国的首家分行。迄今荷兰银行分别在北京、上海、深圳、成都及重庆设有提供商业银行服务的分行与“梵高贵宾理财”中心，并在广州、天津及武汉设有代表处，为零售、商业、企业及机构客户提供多种金融产品及服务。

荷兰银行(中国)有限公司(ABN AMRO Bank China Co., Ltd.)成立于2007年6月29日，由原荷兰银行有限公司(ABN AMRO Bank N.V.)上海分行转制成中国当地法人银行。截至2008年底，荷银(中国)注册资本金为40亿元人民币，在中国境内共有5家分行10家支行。

荷兰银行有限公司武汉代表处的主要任务是市场调研和联系客户，向现有及潜在客户提供咨询和协助。并且，代表处通过向区域总部汇报和反映当地的经济发展变化和当地政府的政策支持及发展战略，为总部在中国的全面发展战略的制定提供及时、准确的信息。

2008年，尽管受到全球金融危机的影响，荷兰银行有限公司武汉代表处仍一如既往地进一步完善本行在华中地区的服务。配合总行全球发展战略的调整，针对当地的重点行业、大型项目，以及大型企业进行市场调查，协助了解该地区的经济情况和金融市场。

本年度内，2008年，武汉代表处全力协助区域总部和分行，针对在本地的现有客户提供全面、及时、准确地咨询、联系等服务；同时，继续积极向该行中国区总部推荐武汉的优质企业客户，在当前新的经济环境下，对中国及本地区未来的经济发展持积极乐观的态度。作为荷银在华中地区的金融窗口，荷兰银行武汉代表处将自身银行的优势和专长，继续为湖北及武汉的经济发展贡献绵薄之力。

(刘 静)

瑞穗实业银行(中国)有限公司武汉分行

【综述】

日本瑞穗实业银行股份有限公司从属于瑞穗金融集团，是以大企业、金融法人和海外投资的日本企业为主要客户的银行，成立于

2002年4月1日，拥有资本金10,709亿日元。瑞穗金融集团是世界最大规模的综合金融集团之一，是由前第一劝业银行、富士银行、日本兴业银行于2002年4月进行经营统合成立的金融集团，具有银行、证券、信托、智库等各种业务功能。

瑞穗实业银行将中国定位为国际业务的最重点地区，早在1981年9月就进驻中国，开设北京代表处(现为北京分行)，1982年12月开设上海代表处，1991年8月成立上海分行，1997年3月成为第一批获准开办人民币业务的外资银行之一。2004年2月上海分行成为首批获准经营对中资企业的人民币业务。2004年6月所有在华分行获准开办金融衍生产品交易业务，更加广泛地满足了客户的各种需求。

2009年3月30日，瑞穗实业银行(中国)有限公司武汉分行正式对外揭牌。

在中国银行业全面履行入世承诺的形势下，于2007年6月首批经中国银监会批准将在华分行改制成立瑞穗实业银行(中国)有限公司，其总行设在上海，在大连、北京、深圳、无锡设有分行。此后，瑞穗(中国)先后于2007年7月开设了天津分行、同年10月在大连经济技术开发区开设了支行、2008年4月开设青岛分行以及同年9月开设广州分行，2009年3月将原武汉代表处升格为武汉分行，包括银行的2个代表处(南京、厦门)在内，业已形成充实的中国内地业务网络，通过开发和融合最先进的金融产品，满足企业客户的商务需求和风险转化需求，为中国的金融市场发展做出贡献。

作为日本的银行首家获准在中国开办网络银行业务，不仅用中文提供数据，还与中国的大型软件开发商进行系统接口等，提供细致周到的环球现金管理服务(GCMS)。与四大国有商业银行及大型中资本地银行开展业务合作，与包括武汉市政府在内的地方政府等签订业务合作协议等，构筑起了能够全方位支援客户发展事业的体制。

瑞穗实业银行武汉代表处是由原第一劝业银行和原日本兴业银行武汉代表处与2002年8月1日合并而成。原第一劝业银行武汉代表处和原日本兴业银行武汉代表处分别成立于1995年7月和11月。

自中国在2004年的工作报告中明确提出中部崛起战略以来，以武汉为中心的“1＋8城市圈”已被列为继长三角、珠三角、环渤海三大经济发展区之后的重点发展区。一直以来中国采取了先发展沿海地区的经济、然后再利用他们的活力带动内陆地区发展经济的长期政策，目前中国的政策中心正在由沿海向内陆地区转移。为了积极响应中西部大开发以及中部崛起战略，于2008年2月向中国银监会提交筹建瑞穗实业银行(中国)有限公司武汉分行的申请以来，经过一系列积极认真地筹备工作后，于2009年2月正式取得了中国银监会的开业许可和金融许可证，并于3月30日正式开业，同时武汉代表处获准关闭。

瑞穗实业银行(中国)有限公司武汉分行是日资银行在中国内陆地区设立的第一家营业机构。其注册资本金为1亿元人民币。主要面向湖北省、四川省、重庆市和江西省境内的各类客户提供范围广泛的外汇业务和对除中国境内公民以外客户的人民币业务：如吸收公众存款；发放短期、中期和长期贷款；办理票据承兑与贴现；买卖政府债券、金融债券，买卖股票以外的其他外币有价证券；提供信用证服务及担保；办理国内外结算；买卖、代理买卖外汇、代理保险；从事同业拆借；从事银行卡业务；提供保管箱服务；提供资信调查和咨询服务等。此外，在中国创建和谐社会的目标指引下，该行将努力促进拥有资源节约、环境保护相关技术的日本企业到中国来投资。目前，武汉分行设有营业科、总务资金外汇科、业务科、会计风险管理科以及合规管理科，各部门的职责均由专业人员任职，最初人员编制为29名。

受由美国爆发的金融危机的影响，全世界经济下滑不断加深。现在全世界正期待着中国、特别是内陆地区的经济发展成为牵引全球经济复苏的主要力量。正积极开展全球化经济活动的瑞穗实业银行，此后必将以武汉分行为崭新的平台，确实发挥跨国企业的有效职能，努力为促进中国内陆地区的经济发展做出更大的贡献。

（陈志惠）

湖北省农村信用社联合社

【综述】

2008年，在省委、省政府的正确领导下，在人民银行武汉分行、湖北银监局的监管指导下，全省农信社深入贯彻落实科学发展观，立足"三农"，深化改革，转换机制，加强管理，业务经营实现了"五个明显提升"。

存贷规模明显提升。各项存款余额1,316亿元，比上年增加230亿元，增加额创历史最好水平；各项贷款余额745亿元，比上年上升114亿元，增长18.1%。

支农服务明显提升。开发支农信贷产品15个、区域性信贷产品14个，"三农"贷款余额485亿元，比上年上升73亿元，增长17.7%。

资产质量明显提升。全年清收不良贷款28.9亿元；不良贷款占比19.4%，比上年下降4.97个百分点。

盈利水平明显提升。在提取专项拨备3.5亿元的基础上，实现账面利润13.95亿元，比上年增加5.58亿元，增幅66.7%，创历史新高。

社会形象明显提升。2008年，全省农信社全面开展"优质服务年"活动，9个网点获评"湖北银行业优质服务示范单位"，5个网点获评"中国银行业优质服务示范单位"。

【信贷管理】

1.加强制度体系建设，夯实信贷管理基础。2008年，省联社对现行信贷制度进行全面清理、修订和完善，建立了以基础制度、担保制度、产品创新制度为内容的信贷制度新体系。一是加强基础制度建设。出台了《授信工作尽职免责办法》《贷款审批责任追究办法》《贷款审批差别化管理办法》等5个基础制度，进一步完善全省农信社的信贷基础制度体系。二是加强担保制度建设。出台了《贷款保证担保管理办法》《贷款抵押担保管理办法》《贷款动产质押担保管理办法》等3个担保制度，构建多层次保证担保体系。三是加强专项产品制度建设。开发了农户小额担保贷款、商业性物业抵押贷款等通用性信贷产品，出台了《区域性信贷产品开发及管理指导意见》，开发有特色、有效益、低风险的区域性信贷产品14个，逐步形成"以省联社开发的通用性产品为主导，以各地自主开发区域性产品为补充"的信贷产品体系。

2.加强信贷规范化管理，确保合规稳健发展。一是落实"四包一挂"信贷管理制度。推行以"包发放、包管理、包收回、包赔偿，与绩效挂钩"为内容的"四包一挂"制度考核，强化信贷人员的风险意识、规则意识和责任意识。二是加强贷款风险监测和预警。严格到期贷款收回率考核，严格风险监测，严格落实责任追究，有效堵防新增不良贷款。三是实行贷款审批差别化管理。根据各级联社信贷经营管理等级、到期贷款收回率、不良贷款率和信贷制度执行情况，实行审批权限差别化、动态化管理。对贷款管理好的地方，下放审批权限；对贷款管理差的地方，上收审批权限。通过差别化管理，强化了各地贷款审查审批责任，增强了控新降旧工作实效。

3.加强信贷队伍建设，提高信贷人员素质。一是加大教育培训

赵斌副省长（左二）在省联社调研。

省联社理事长徐新(左一)在鄂州市联社调研。

力度。将信贷人员的教育培训作为一项长远性、基础性工作来抓,初步建立了以集中培训、分层培训、以会代训等方式并用,业务培训与日常操作相结合的持续培训机制。二是加强资格准入和等级管理。组织了全省农信社2008年信贷从业人员资格考试。对取得从业资格的人员严格进行了评级考核。全省农信社共考核评定一级信贷员3,602名,二级信贷员3,047名,三级信贷员2,503名。通过资格准入和等级管理考核,保障了信贷从业人员的基本素质。三是加强合规文化建设。坚持"从严管贷"的理念,严厉惩治违规,积极倡导合规,以合规来评判信贷经营管理的每一个环节。通过完善信贷制度、组织业务知识竞赛、开展专项治理、严格责任追究等有力措施,打造全新的合规文化。

【支持"三农"】

1.积极发放救灾小额贴息贷款。面对年初罕见的冰冻雨雪灾害天气,省联社与农业、财政部门紧密协作,成立工作专班,明确操作流程,开辟贷款绿色通道,实行专账、专人、专夹管理,共向5万多户受灾农户发放救灾小额贴息贷款10亿元。发放抗灾救灾贷款14.2亿元,支持5.1万农户重建房屋,支持12.7万农户购买农业生产资料,支持20多个协会的100多个会员发展生产。

2.积极支持春耕生产。各级农信社通过走村入户、召开座谈会等形式,及时开展春耕备耕调查,摸清农户资金需求情况,并投放农户小额贷款130亿多元,切实解决了农户的春耕资金需求。

3.积极支持涉农龙头企业和专业大户。大力支持有技术、有市场、有效益、守信用的涉农龙头企业、中小企业,带动主导产业、优势产业发展,发挥涉农龙头企业和专业大户企业在县域经济发展中的支持和主渠道作用。全年共扶持涉农龙头企业408个,投放贷款12.9亿元。

4.积极开发支农贷款品种。根据农村的经济特点和发展形势,细分农村市场和客户对象,进一步完善了农户小额信用贷款,新开发了农户小额担保贷款、农村专业组织联保贷款、农村青年诚信创业贷款、森林资源抵押贷款等支农贷款品种,拓展了农村信贷资金市场,有力地促进了新农村建设。

【个人金融业务】

2008年,全省农信社不断加强个人贷款产品创新,拓展融资渠道,努力满足农户、城镇居民资金需求。

1.规范农户小额信用贷款管理。为了进一步做实做精农户小额信用贷款,满足农户小额贷款需求,省联社结合工作实际,对原农户小额信用贷款的管理办法进行了修订,分别以农户小额信用贷款和农户小额担保贷款来满足农户的资金需求,保证小额农贷健康发展。

2.创新个人贷款品种。针对居民贷款需求,推出个人住房按揭贷款、商业用房按揭贷款、个人住房最高额抵押循环贷款等多个贷款品种,满足城镇居民全方位、多层次的贷款需求。2008年,全省农信社发放个人住房按揭贷款和商业用房按揭贷款4.2亿元;住房装修贷款1.1亿元;其他个人消费贷款5.5亿元。

【存款业务】

1.把握资金回笼旺季吸存。利用春节期间人流、物流、资金流高峰有利时机,加强媒体宣传,开展客户联谊,组织竞赛活动,仅春节期间就吸收打工存款和农户存款40.4亿元,个体工商户和城镇居民存款59.36亿元。

2.把握系统大户引存。加大对财政、土地、教育、卫生等系统大户的公关力度,拓展国税代收、电话费代收、社保代收等业务。年末,全省农信社对公存款余额415.14亿元，比年初增加77.06亿元。

3.把握经济走势增存。以股市和楼市低迷、存款利率上调为契机，改造营业网点形象，加大网点硬件改造力度，开展优质文明服务活动，强化绩效考核力度，实现了存款的快速增长。

【农村信用工程建设】

1.健全机制，协调联动。各级农信社在县市、乡镇两级政府的领导下，坚持由政府牵头，农信社主导，部门配合，整体联动，积极开展信用乡镇、信用村的评级评定工作。到2008年末，全省信用村已达13,250个，占全省26,549个村的49.91%，比上年上升8.24个百分点；信用乡镇828个，占全省1,080个乡镇的76.67%，比上年上升8.27个百分点。

2.动态监测，规范管理。按照信用登记动态化管理的要求，全省农信社对上年已评定的信用农户、信用村、信用乡镇进行了年审，对符合条件的年审对象重新进行等级授信，对不符合条件的年审对象坚决取消或下调原信用等级。

3.强化诚信意识，优化环境。以信用户、信用村、信用乡镇创建活动为载体，把打击逃废债、保护金融债权纳入创建农村信用工程评定活动中，着力构建农村金融机构与农村经济组织之间诚实守信的信用体系。

【不良贷款抓降工作】

1.突出重点抓清收。年初制定下发了《湖北省农村信用社不良贷款清收盘活攻坚活动方案》，集中开展"5个一批"清收活动，即：对有还款能力的贷款户清收一批；对不确权的保全一批；对逃废债务的起诉一批；对恶意拖欠的同业制裁一批；对已置换不良贷款打包处置一批。2008年，全省农信社不良贷款余额净下降9.13亿元，不良贷款占比比年初下降4.96个百分点。

2.激励引导抓清收。制定了《省联社关于奖励清收单户五百万元以上不良贷款的意见》，对亲自主持和参与清收全过程，在收回资金中发挥关键和实质作用的市(州)联社、办事处班子成员个人，清收2002年底以前已经形成的损失类不良贷款，单户现金收回在500万元以上的，给予一定的奖励。通过领导包户、挂帅清收，2008年全省清收"三级100户"不良贷款8.38亿元，其中省级100户共清收2.58亿元，销户17户。

3.依法维权抓清收。采取统一诉讼、集中管理的办法，不断加大维权力度。截至2008年底，全省农信社在参加全省法院系统"执行难"金融债权专项活动中，执结案件2,030件，执行标的额31,183万元。

2009年1月，省联社举行第一届社员代表大会第五次会议。

【法律事务】

一是加强与各级司法审判机关的协调沟通，积极维护农信社权益。省联社先后协调省高院等有关部门解决拆借资金纠纷等案件，挽回经济损失4,000万多元。二是在全省农信社系统中开展法律知识的教育及普及工作，增强全员法律知识和法律意识。三是各级联社积极解答基层信用社各类法律咨询，强化对各类规章制度的法律审查。

【资产风险管理】

加强对不良资产的监测、考核和管理，做好经营风险的预警，防范金融风险。一是严格不良贷款监测考核。按照《湖北省农村信用社不良资产监测和考核实施细则》的要求，对不良资产质量持续恶化和清收进度连续靠后的单位实行严格的责任追究和绩效考核，分析原因，制定措施，明确工作要求和目标，加强检查督办。二是开展流动性风险监测分析和重点联社的支付风险监测。以县联社为单位按月开展流动性指标监测分析，对次月流动性缺口进行预测。对超存贷比的鄂州、黄州区、通城、红安、嘉鱼联社进行持续监测,按月监测,按季通报,到12月底上述联社存贷比全部控制在标准以内。三是建立风险提示书制度。以各级农信社为提示主体,对资本风险、资产风险、流动性风险、市场和政策风险、操作风险等进行适时预警,及时规避风险。四是完善非信贷资产管理。按照动态调整、按季监测、定期考核的管理要求,做好非信贷资产风险状况的动态调整和监测分析工作,全面监控非信贷资产风险状况变化情况。对抵债资产进行了专项清理。对2008年3月31日以前账务反映的抵债资产,进行账表、账账、账卡核对,摸清抵债资产的家底和风险状况,建立管理台账,落实资产管理责任,制定分类处置计划。对抵债资产处置损失部分的管理作出了相关规定,明确了账务处理方法,落实了分期限摊销时限,建立健全了抵债资产经营管理机制。五是全面开展风险评级工作。完成了全省农信社2008年度风险评级工作,同时对银监部门2007年监管评级为6B级机构的应城、汉川、安陆、孝南4家联社风险管理情况进行持续监测和考核。

全省农信社深入学习实践科学发展观活动演讲比赛。

【增效工作】

2008年,全省农信社实现账面利润13.95亿元,比上年增加5.58亿元,增幅为66%。2008年全省农信社各项收入达93.36亿元,同比增加22.6亿元,增幅为31.94%,比上年增加10.87个百分点。从收入构成上看,利息收入占总收入的55.26%;金融机构往来收入占总收入的18.66%;投资收益占总收入的23.98%。2008年总支出为79.4亿元,总支出的增长幅度低于收入增幅4.68个百分点。从营业费用的管理效果来看,各县级联社充分发挥统一法人的优势,减少管理环节、从严管理费用,成本管控的效果比较明显,表现为“三降”:营业费用占总支出的比例由2007年度的33.14%降为32.54%;综合费用率由上年的29.22%降为27.68%;成本收入比由上年的87.08%降为82.83%。

【会计结算管理】

一是组织了全省农信社财务会计大检查,各市、州、县农信社自查、复查,省联社对121个机构进行了现场抽查。对检查发现的问题进行了通报和整改。二是进一步加强财会操作风险防范。狠抓会计行为规范化,严格操作和授权岗位、交易传票审核、业务印章、重要空白凭证、各类银行结算账户的管理。认真落实会计检查辅导、轮岗制度等。三是加强了对结算业务的培训,提高临柜人员的结算业务操作技能和风险防范意识,保证了结算安全和业务量稳定增长。2008年,全省农信社发生现代化支付系统业务93万笔,金额37,546亿元;系统内省辖业务53万笔,金额1,352亿元;全国农信银通存业务68万笔,金额94亿元。

【争取优惠政策】

一是落实扶持政策。全省除武汉市外,其余78家联社68.07亿元央行票据资金全部兑付,兑付率居全国前列。省政府各项扶持政策落实到位。二是争取工作支持。省联社积极向省政府汇报,争取系统养老保险统筹移交,协调省劳动和社会保障厅完成了移交前的有关工作任务。协调法院系统解决债权纠纷、拆借资金纠纷案件4起,挽回经济损失近千万元。加强与财政、土地、教育、卫生等系统大户的沟通协调,争取财税、新农合等多个专户在农信社开立账户,组织资金59亿元。

【防案控险】

一是深入开展了七项审计。先后开展2007年度会计决算真实性审计、单户100万元以上到期未

全省农信社优质服务培训。

收回贷款审计、对51名市县联社领导干部经济责任审计、控新降旧评估审计、对鄂州市联社开展了贷款全面性审计、员工个人账户专项审计、对省联社网络中心、资金中心进行了全面性审计。二是扎实开展了案件百日整治活动,追究责任人380人次。三是加大案件惩戒力度,实行案件治理由标本兼治向治本转变,巩固案件专项治理成果,建立教育、防范、查处相结合的案件防控长效机制。2008年,全省农信社发生案件数量比上年下降28.57%;涉案金额下降23.38%;成功堵截案件2起,避免经济损失20.75万元。四是加强信访调查,实现了全省信用社信访总量、非正常上访量持续下降,全年无群体性事件发生。五是加强内控制度建设。对《湖北省农村信用社员工违反规章制度处罚办法》全面修订,收集意见460多条,制定了《湖北省农村信用社员工违规行为处理暂行规定》。

【科技工作】

2008年2月,全省农信社管理分析系统和机构风险评级系统正式上线投入运行,实现了统计信息和评级报告的集中管理。通过系统自动采集统计信息,实现统计数据在线分析,向各级管理部门和业务管理者提供及时、准确的信息资料,增强了监管能力,提高了监管效率。3月同城异地灾难备份系统上线运行。7月完成了信贷风险管理系统的优化升级,加快了信贷资产管理、经营管理信息化进程。7月15日推出了专门针对信用社高端客户的VIP福卡,当年发行5,495张,大大提升了福卡的社会知名度和影响力,对促进提高发卡量和交易量发挥了积极的作用。12月完成了柜员身份认证系统改造,由传统的刷卡+密码方式转变为指纹身份识别方式。

不断对业务操作系统及管理程序进行优化改造,共实施同步改造、批量剥离改造等结构性技术改造6项,实施利息税改造、无折卡改造、定期利息计提、集中对账等系统的功能性改造10多项,新增、完善和优化定期提前支取、农信银通存通兑、小额借记等36项系统需求改造,使各项应用技术和业务处理效率不断提高,晚间批量运行时间从以前的10个多小时缩短到现在的不到4个小时。

【产品创新】

及时改进和优化网络系统,与财政、移动、电信等部门建立客户资源共享、业务相互渗透的合作关系。推出国税代收、移动话费代收、联通话费代收、社保代收、电信代收、烟草资金代付及省域集中式财税库行等中间业务产品。目前,财政非税系统已推广到黄石、荆州、荆门、武汉、黄冈、鄂州、恩施、咸宁、十堰等9个市(州);国税电子办税系统已推广到荆门、十堰、随州、恩施等4个市(州);社保资金代收系统已推广到黄石、鄂州、十堰、仙桃、襄樊等5个城市。烟草资金代付系统已推广到恩施、十堰、宜昌、襄樊四个主要烟草产区。

大力推行惠农资金"一卡通",将各项补贴资金集中整合,实现了"国库—农信社—农户"三点一线的拨付新模式,确保补贴资金安全、及时、足额发放到位,最大限度保护农户利益,方便农户,不仅受到广大农户的欢迎,还收到良好的社会效果。

截至2008年底,全省农信社累计发行福卡572万张,较年初增加253万张;卡存款余额180亿元,较年初增加95.47亿元,增幅达118.89%;受理农民工卡交易金额3.57亿元,较年初增加4,600万元,增幅14.8%;ATM机总量406台,较年初增加184台,增幅86.7%;POS商户总量1,789户,较年初增加916户,增幅达103.4%;特惠商户从无到有,全年拓展50户;实现银行卡业务手续费收入952万元,较上年增加449

万元，增幅达89.2%。全行数据中心都启用了“96568”电话银行，开通了客户“短信通”服务，目前客户已达5.5万人。

2008年，省联社被中国银联湖北公司授予“银联标准卡发行二等奖”和“科技创新奖”；获得中国银联“2007年度区域性银行业机构推广银联标准卡杰出贡献奖”；被人民银行武汉分行授予“支付结算先进单位”；获得中国银联湖北公司“银行卡市场受理拓展竞赛三等奖”。

【机构网点和人力资源情况】

截至2008年底，全省农信社共有机构网点2,256个，员工35,488人，其中在岗员工26,070人，离岗退养员工3,479人，离退休员工5,939人。

2008年，全省农信社人事教育工作坚持以科学发展观为指导，紧紧围绕省联社中心工作，不断开拓创新，为全省农信社的改革发展提供了有力的人力资源保障。一是规范对管理人员的管理。严格执行有关人事管理政策，做好管理人员选拔任用工作。二是扎实抓好教育培训工作，着力提高员工素质。共举办县级联社以上领导班子成员培训班4期，基层信用社主任培训班2期，培训近700人；各级联社开展多种形式的员工教育培训，确保每位员工轮训一次，通过教育培训统一思想，提高全员素质，促进农信社合规经营和健康发展。三是着力调整优化员工队伍结构。共招录新员工1,164人，办理离岗退养378人，新招员工全部充实到基层一线岗位。四是认真贯彻落实《劳动合同法》。规范签订劳动合同，全面推行工勤岗劳务派遣用工机制，合同管理得到规范和加强。五是着力构建和谐劳动关系。制定了《集体合同》，稳步改善“两退”人员生活待遇，积极稳妥解决用工遗留问题，努力化解劳动纠纷，较好地维护了员工的合法权益。六是党建、工会工作不断加强。组织开展了全系统学习科学发展观活动演讲比赛、支援四川地震灾区捐款、综合业务技能竞赛、乒乓球比赛、慰问困难职工等一系列活动，增强了企业凝聚力和活力。

（朱思爽　孙宝军　王文军）

中国邮政储蓄银行有限责任公司湖北省分行

【综述】

2008年是中国邮政储蓄银行有限责任公司湖北省分行的开局之年。2008年1月22日，中国邮政储蓄银行有限责任公司湖北省分行正式挂牌成立，800家银行机构于上半年挂牌组建，下半年，完成了二期注资，实现了邮银财务分账和成本费用追溯调整，初步建立了邮储银行的财务会计预算、核算体系，基本完成了邮银之间的人员划分工作。为适应市场发展和金融改革的需要，中国邮政储蓄银行湖北省分行努力深化改革，加快发展，强化管理，促进机构转型、观念转型、队伍转型、经营转型、管理转型、服务转型，通过加快发展为改革的顺利推进创造条件，逐步由邮政内设机构向商业银行转型。

【邮政储蓄业务】

通过邮政储蓄跨年度竞赛及跨年度宣传营销活动的开展，邮储余额继续增长，到年底达到954.55亿元，较上年新增156.19亿元，为历年之最，增幅16.34%，其中自营网点邮储余额238.49亿元。

【代理保险业务】

代理保险保费规模达到45.03

2008年1月22日，中国邮政储蓄银行有限责任公司湖北省分行正式挂牌成立。副省长任世茂（右三）和中国邮政集团公司副总经理冯新生（左三）等领导出席揭牌仪式。

亿元，在湖北保险市场仅列中国人寿之后，并牢牢占据银代市场首位，手续费收入1.68亿元，同比增长2.5倍。

【绿卡业务】

全年新增发卡315万张，绿卡户数达到1,200万户，布放“商易通”话机9,518部，通过合作经营，ATM台数达到1,151台，居省内各家金融机构之首。

【理财业务】

基金、人民币理财产品销售7.56亿元，资产价值达到8.4亿元，全省个人理财用户达到9.9万户。

【资产业务】

小额贷款发放14.8亿元，小额质押贷款发放8.72亿元，个人商务贷款开始试点。银团贷款结余62.45亿元，协议存款15亿元，票据转贴现2亿元。

【公司业务】

2008年5月23日公司业务第一批网点上线，到年底，共有162个网点开办了该业务，在全国邮银系统排名第2位，公司业务余额达到30.3亿元，累计对公结算量137.1亿元。

【汇兑业务】

2008年国内汇兑开发笔数568.30万笔，开发金额120.41亿元，兑付笔数1,186.86万笔，兑付金额233.06亿元，收入5,062.48万元，其中2008年入账汇款实现汇兑收入3,896.86万元，占汇兑收入的75.01%。代理西联汇款17,131笔，1,827.32万美元，笔数和金额分列全国第13位和第15位；受理银邮汇款880笔，956,314.20美元；兑付普通邮政电子汇款45笔，30,403.30美元。

【资金风险管理】

2008年，邮政金融始终对风险控制、合规管理、案件治理等工作紧抓不放，努力实现事前有制度，事中有监控，事后有检查。邮银双方紧密合作，开展邮政储汇风险排查和客户对账百日会战，铁腕清理客户经理，从源头上遏制柜台外营销风险。全年召开案件专项治理会议5次，组织较大规模专项检查18次，保证了案件专项治理的高压态势。完善内控制度和合规文化建设，出台了“五条铁规”、制定邮政储蓄前台业务处理“十不准”，全员推行储汇从业人员违规行为积分考核和电子稽查台账运用。为使风险管理更加规范，稽查审计工作更有力度，制定了《中国邮政储蓄银行湖北省分行稽查审计工作考核评分标准》《中国邮政储蓄银行湖北省分行2008年风险合规工作指导意见》等指导性文件，提高了全体邮政金融从业人员的合规经营意识，在邮储银行的第一年营造了良好的改革发展环境。

【信息化建设】

2008年5月24日，全省公司业务系统成功上线，全省84个市县管理平台、会计平台和7个试点网点公司业务系统正式运行。此外，还完成了邮储银行信用卡业务系统上线、储蓄系统升级、企业网银业务上线。同年12月4日完成了资金调拨流程改造，12月8日完成了公司业务系统与汇兑大集中系统的互通测试，在汇兑大系统中新增对公入账汇款、商户资金转入指定单位账户等功能。2008年12月22日正式完成“绿卡通”项目上线工作，2008年12月29日“商易通”系统完成二期升级。

（夏季桃）

中国银联股份有限公司湖北分公司

2008年，中国银联股份有限公司湖北分公司认真贯彻落实总公司决策部署，抢抓中部崛起和武汉城市圈“两型”社会建设的战略机遇，加快推动各项业务发展。全省标准卡发卡量、市场份额、交易规模、交易成功率、联网商户数、新业务规模、经营效益等主要业务指标均创新高，银联品牌优势和竞争实力大幅提升，分公司创新发展能力、综合服务能力和精细管理能力显著增强，全省银行卡产业发展形成了各方联合、和谐共赢的良好局面。

一是标准卡快速增长，市场份额显优势。全年新增银联标准卡1,470万张，占全省新增发卡的83%。其中借记卡1,348万张，完成计划的123%；信用卡122万张，完成计划的122%。

二是跨行交易稳步攀升，规模质量创新高。全年完成成功交易2亿笔、1,749亿元，分别比上年同期增长40%和32%。其中，ATM成功交易11,049万笔、369亿元，分别比上年同期增长33%和45%，POS成功交易8,966万笔、1,380亿元，分别比上年同期增长49%和29%，交易成功率达到99%。

三是受理市场深度开发，新增商户超历史。全省直联商户和POS达到36,571户、56,011台，全年新增11,414户、20,084台，分别

2008 年 7 月 19 日，湖北召开全省银行卡市场发展工作会议。

完成计划的 136%和 143%。

四是新兴业务迅猛发展，交易规模上台阶。全年新增手机支付用户达 24.9 万户，完成计划的 125%，手机支付交易金额突破 60 亿元，完成计划的 120%。固网支付小业主收款业务发展个体商户 8,000 余户，实现交易金额 8 亿元。

1. 建设自主品牌，营造和谐的产业环境。

充分发挥银行卡联合组织的作用，积极争取各级党委、政府、人行及相关部门对银行卡产业发展的重视和支持，联合产业各方协同行动，营造了和谐的产业环境，推动了全省银行卡的健康快速发展。一是积极争取各级领导的重视和支持。联合各成员机构，通过专题汇报、会上呼吁、上门沟通、多方协调等形式，积极向政府、人行、财税等寻求指导支持，得到了各方重视配合，形成了较强的产业发展合力。二是积极推动出台湖北银行卡公约。依托银行业协会，成立了湖北省银行卡市场管理委员会，在全国率先出台了《湖北省银行业银行卡公约》，规范发卡和受理市场秩序，强化行业自律；组织专项检查，营造了公平有序、良性竞争的市场环境。三是积极完善沟通协调工作机制。充分发挥银行卡联合组织的作用，全年组织召开全省银行卡工作会议、年中座谈会、ATM 服务表彰会、公务卡联席会、风险管理工作会等，为各行提供沟通交流、协调行动的平台；健全成员机构服务体系，通过专人对口服务、上门交流互动等形式，极大提高了各行对银联服务的满意度；通过经常组织联谊活动、加强重大事项沟通协调、完善利益补偿机制等方式，与产业各方密切了感情，深化了合作，营造了“共同事业、共求发展”的良好氛围。四是积极搭建产业和谐发展的平台。围绕银行卡自主品牌建设这个中心，联合银行组织“迎奥运，放心用卡，安全支付”、等大型主题路演活动，为自主银行卡品牌搭建了宣传平台；召开媒体恳谈会、业务宣传会，通过主流媒体系列报道，营造了产业发展良好的舆论氛围；聘请知名专家和学者分析银行卡产业发展的机遇，争取主管部门和银行对自主品牌的支持。

2. 增强自主银行卡产业核心竞争力。

(1)强化与各行的合作，大力推进银联标准卡发行。

银联标准卡的市场份额是自主银行卡产业建设的基础，也是拥有产业发展主导权和话语权的决定因素。

第一，深化公务卡应用和在二级地市的推广。召开了湖北省公务卡推广应用工作会，总结梳理前期推广工作，表彰先进单位和个人，研究探讨下阶段工作中面临的新问题和新任务，及时明确了全年公务卡工作的重点；同时，联合各发卡银行重点做好二级地市和发达县市公务卡发行的跟踪服务，及时解决推广工作中出现的问题，通过举办营销活动、改善当地受理市场用卡环境，推动公务卡应用向纵深发展；引导各银行使用“628”公务卡专用 BIN 号段，做好已发行的非“628”公务卡的换卡工作。截至 2008 年底，全省累计发行银联标准公务卡逾 22.1 万张，累计交易额 26.9 亿元，其中本年度发行银联标准公务卡 13.9 万张，实现交易金额 22.8 亿元。

第二，寻找新资源，借助主题事件促发卡。积极配合人民银行武汉分行，推动省内各商业银行发行银联标准“武汉城市圈形象卡”，该卡是湖北地区首张区域性认同卡，实现了卡片名称统一、卡面设计统一、卡片品种统一、功能应用统一、宣传推广统一，为各发卡银行创造了一个开放、共享的银行卡发卡平台，只要各商业银行发卡条件符合“城市圈形象卡”的产品定位均可参与形象卡发行。持卡人在城市圈内持该借记卡提取现金，享受免除“异地”交易手续费待遇，

2008年7月17日，中国银联湖北分公司召开村镇银行入网申请座谈会。

是全国范围内首张消除“异地交易”概念的银行卡产品。该项目通过银行卡这一特殊的载体宣传展示武汉城市圈建设的时代风貌，提升银联服务区域经济和民生的良好形象。

第三，以地方特色项目促发卡。2008年，各行积极推出地方特色发卡项目，扩大信用卡发卡量。工行与住房公积金管理中心联合推出“公积金联名卡”、并启动“中国红卡”在本地的发行工作，中信银行发行了湖北地区首张银联标准文化传媒联名卡——“中信长江商报联名卡”，光大银行联合联通发行“光大联通联名卡”，招商银行推出了“大洋百货联名卡”，农行启动“环保卡”的推广工作，推动银联标准信用卡的发卡进度进一步加快。工行运动卡、建行数字龙卡、民生中百联名卡等项目，通过举办开卡有礼、刷卡送礼等营销活动，促进银联标准信用卡的发卡规模进一步提升。

(2)全面推进受理市场建设。

2008年，湖北银联联合银联商务及各行大力发展受理市场，高度重视风险防范，积极规范市场秩序，不断改善用卡环境。认真做好二级地市和发达县市市场拓展、受理市场秩序专项整治和农民工银行卡特色服务等工作，引导和推动受理市场健康快速发展。

第一，推进行业合作应用，以扩大行业合作来拓展商户受理面。一是传统项目加快延伸。以全省保险行业全面推广“先收款，后出保单”的业务模式为契机，与平安保险、人寿保险等保险公司签订全面合作协议；推动京珠高速MIS系统改造成功上线运行，并逐步向其他高速公路收费站推广；针对省石化的个性化需求，提供量身定做的业务解决方案，帮助其完善资金归集流程，200多家收费站已全部能受理银行卡。针对电力、天然气客户面广、交易笔数多的特点，积极推广MIS系统，武汉市各大营业网点以及各二级地市的电力MIS系统均已顺利上线，资金结算领域的银行卡受理环境不断优化。二是创新项目快速推广。通过与政府部门合作，地税刷卡缴费项目和医保代收项目迅速在武汉各个城区全面上线。在武汉市内14个地税征收大厅、60余个征收所已全部安装MIS刷卡系统，武汉市居民医保代收已在城区1,400个社区网点内全面展开，同时，为进一步贴近行业、走进社区，搭建了“城市生活服务平台”，各项公用事业缴费业务全面上线，“街道一站式服务”深入推广。

第二，重点推进银联网络向二级地市与发达县市延伸。湖北银联联合银行和收单机构组织工作专班，到各地市调研市场发展情况，组织当地商业银行、商户代表召开银行卡工作座谈会，商讨制定各地市受理市场拓展方案，及时启动了各地刷卡无障碍景区、街区项目建设，推动各地营销、培训活动的开展。2008年，全省二级地市新增商户6,695户，新增直联POS机具11,959台。

第三，做好农民工银行卡特色服务工作。湖北银联和人民银行武汉分行、省农信合于年初深入各二级地市对业务受理情况进行检查和督导，紧抓7—8月的农忙“双抢”营销契机，联合省农信合开展全省业务受理竞赛，并及时启动各地市的营销活动，有效刺激交易量的增长；经过多方的共同努力，农民工银行卡特色服务受理环境得到进一步优化，全年全省农民工特色服务业务交易金额达3.2亿元，比上年增长191%。

第四，受理市场专项整治工作有序开展。湖北银联协调湖北银监局、湖北省银行业协会联合各商业银行召开了促进湖北省银行卡市场健康发展工作会议，根据中国银联总公司在全国范围内开展受理市场秩序专项整治活动的部署，于9月下旬组织在汉的17家成员机构和银联商务共70余人举办了为期两天的商户MCC码编制、商户拓展规范培训班。湖北银联领导班子组建了工作专班，落实成员机构和银联商务公司学习和培训，通过近一个月的调研和整改，各商业银行普遍认可此举有利于规范全省受理市场发展秩序，维护全行业的整体利益，确保湖北银行卡受理市场的稳定、有序发展。

第五，风险管理水平不断提高。加强全省银行卡风险管理委员会工作联系和交流，定期召开各行风险管理联系人会议，构建有效的沟通及风险联防机制。加强商户风险防范工作，落实日常巡访检查、风险监控和调单工作，完善风险套现商户信息数据库，把风险管理从业务流程上前移。充分发挥总公司商户风险预警平台的作用，坚持做好日常风险排查工作，并配合人民银行、公安厅开展“迎奥运、安全用卡、放心支付”联合宣传活动，深入社区普及用卡常识、切实提高公众防范银行卡风险的意识和能力。

(3)组织制定业务拓展方案，加快创新业务的市场推广。

在电话转账支付方面，在前期开通信用卡还款业务的基础上，通过系统开发，进一步实现了借记卡的实时入账，大力推广小业主收款业务。已有兴业、光大、中信、民生等银行实现业务上线，发展小业主收款个体商户8,000余户，实现交易金额8亿元。在网上支付方面，集中组织各商业银行和省内多家大型商户进行业务推介，积极推动汉口银行、农信合接入银联互联网安全支付系统，先后与工贸家电、付家坡长途汽车站、企业信息化推进中心、对外友好服务中心等多家商户达成网上支付业务合作意向，签订业务合作协议。在手机支付方面，加大与移动和联通的合作力度，积极扩大手机支付定制用户规模。截至12月底，全省已有60万户手机支付定制用户，全年实现交易金额60亿余元。

3. 强化服务体系、管理机制、人才队伍和企业文化等建设，增强创新发展力。

(1)完善对成员机构的服务体系，以服务促发展。

第一，建立针对商业银行的“一站式”服务机制。针对各商业银行提出的业务要求，建立由市场、业务、技术三个部门的人员组成的联合服务小组，由市场部银行服务代表负责与商业银行的联系、协调工作，改变多头服务、重复上门的状况。通过创新服务体制机制，切实落实服务第一的理念，推动对商业银行服务质量和服务水平的不断提高。

第二，强化技术支持服务，提高交易成功率。与各行通力协作，通过进一步加强运行监控、设备检查、主备线路切换演练、重点行跟踪分析等措施，配合入网银行优化业务系统，提高交易成功率。定期编制和发送《业务通报》，跟踪分析跨行交易，为差错率较高的银行提供解决方案，帮助银行降低差错率。开通对商业银行的短信数据服务，通过每天向各行分管行长、银行卡部及技术部负责人发送交易量、交易成功率、承兑率的方式，使各家入网银行实时掌握银行卡跨行交易数据及系统运行质量，密切与银行联系的同时促进公司业务的快速发展。

第三，强化商户和持卡人服务，提升美誉度。大力拓展省内特惠商户，为标准卡持卡人提供更多的专享服务。加强银联华彩俱乐部的建设，积极探索优惠折扣、商旅预定、创新支付等增值服务功能。加强了对入网机构、商户的业务技术培训，启动商业服务业收银员银行卡知识、技能竞赛，引导和带动全市收银员学习银行卡知识，提高技能水平。

(2)强化管理机制建设。

第一，加强风险管理，确保市场健康发展。成立全省银行卡风

中国银联湖北分公司积极开展“迎奥运，放心用卡，安全用卡”宣传活动。

险管理委员会，确立各行风险管理联系人，建立了有效的沟通及风险联防机制。召开全省银行卡风险管理工作会议，对直联商户开展了二次大规模违规套现商户集中整治工作，定期向各行发送《风险管理简报》，完善月度通报制度，加强了商户风险防范。

第二，加强安全管理，确保万无一失。严格落实跨行交易系统安全运行责任制和问责制，加强应急预案演练，深入开展“跨行交易质量月”活动，确保跨行系统运行安全稳定运行。完善安全保卫工作责任制。

第三，加强制度建设，规范办事流程。狠抓精细化管理，梳理完善规章制度，梳理岗位责任，建立岗位问责制，加强了内部管理和内控建设。

(3)强化人才队伍建设。

认真组织全体员工学习十七大精神，切实加强党的基层组织、党风廉政建设和党员队伍建设，充分发挥了党组织的战斗堡垒作用和党员的先锋模范作用；大力实施人才战略，积极为优秀人才脱颖而出创造条件，积极打造学习型分公司，综合利用各类培训资源，加大全员培训力度；深入推进人本管理，充分调动员工的积极性来推进各项工作。

(4)强化企业文化建设。

加强公司的企业文化建设，积极营造求真务实、奋发有为的良好氛围。加强工会和群团组织建设，积极推行司务公开、深化民主管理，广泛征求员工的合理化建议，积极实施“凝聚力工程”，增强了分公司的凝聚力和归属感。

(易　凌)

中国华融资产管理公司武汉办事处

【综述】

中国华融资产管理公司武汉办事处（以下简称华融武汉办）是中国华融资产管理公司（以下简称华融公司）在湖北地区的分支机构。华融公司是具有独立法人资格的国有独资金融企业，业务范围包括：收购并经营银行和金融机构的不良资产（含商业化收购）；追偿债务；对所收购的不良资产形成的资产进行租赁或者以其他形式转让、重组；债权转股权，并对企业阶段性持股；资产管理范围内公司的上市推荐及债券、股票承销；发行金融债券，向金融机构借款；向中央银行申请再贷款；财务及法律咨询，资产及项目评估；接受委托代理处置不良资产；对管理范围内的实物资产追加必要的投资；中国银行业监督管理委员会、中国证券监督管理委员会批准的其他业务。

华融公司全面完成政策性资产处置任务。截至2008年末，华融公司资本金由组建时的100亿元增至147亿元，实现了国有资本保值增值的目标。公司盈利能力不断提高，32家分支机构和5家子公司运行状况良好。其中华融租赁、融德公司、华融证券、华融信托的平台效应已逐步显现，信东公司房地产项目的前期策划工作积极推进；公司全面风险管理体系基本搭建，基础管理进一步加强；公司总部、办事处、子公司“三位一体”发展模式基本形成，逐步实现商业化转型。

华融武汉办充分依托总公司业务平台的投（融）资功能，运用自身的专业优势、资源优势和品牌优势，在湖北地区不断创新金融服务，积极推进不良资产的经营业务、金融租赁业务、证券业务、委托业务、投资业务、信托业务等商业化业务的开展，为促进湖北经济发展和深化金融改革服务。

【资产经营管理与处置业务】

目前可开展的业务主要有四类：一类是以不良资产为主的资产收购、受托管理和处置业务，包括

2008年12月，中国华融资产管理公司副总裁郑万春到华融武汉办调研。

华融武汉办开展建党87周年庆祝活动。

收购金融机构的不良资产、受金融机构、企业或社会其他投资者委托，处置不良资产、应收账款等。二是关闭与破产、清算业务，包括受国家有关部门、地方政府、法院、债权人等有关方面的委托，对企业(含金融机构)实施关闭、破产、重整、清算。三是企业托管与重组业务，如接受国家有关部门、地方政府主管部门、股东或投资者委托对金融机构、上市公司和其他企业(集团)实施托管、提供重组与处置服务。四是财务顾问及其他委托业务，包括不良资产尽职调查、投(融)资服务等业务。

【金融租赁业务】

华融金融租赁股份有限公司充分发挥融资租赁在促进投资、加速技术进步、涵养税源等方面的独特功能和优势，走出了一条富有特色的金融租赁发展之路。近年来在深化传统租赁的同时，坚持探索专业化、精细化、网络化、特色化的服务道路，积极开拓公交、水务、印刷和工程机械、医疗设备等业务领域。公司是中国金融学会金融租赁委员会会长单位，位居国内金融租赁业前列。可经营的业务有：直接租赁、回租、转租赁、委托租赁等融资性租赁业务；经营性租赁业务；接受法人或机构委托租赁资金；接受有关租赁当事人的租赁保证金；向商业银行转让应收租赁款；租赁物品残值变卖及处理业务等经批准开展的业务。

【证券业务】

华融证券股份有限公司是经中国证监会批准，由华融公司作为主发起人，联合中国葛洲坝集团公司共同发起设立的全国性证券公司。公司总部设在北京，下设21家营业部和8家服务部，可为客户提供股票发行上市、债券发行上市、并购重组、财务顾问、资产证券化、投资咨询、证券经纪等多方面服务。

【投资业务】

投资业务是根据国家政策和公司战略转型发展规划，利用华融公司雄厚的资本金实力进行投资，以资本金投入取得所有权、经营权和资本收益权的投资经营活动。本着“符合政策、行业熟悉、收益稳定、风险可控”的管理原则，投资主要集中在三个方面：一是对子公司股权投资，即对租赁、证券、期货、信托、担保和资产管理等业务平台进行股权投资，以实现新业务的长期经营；二是对金融业的战略投资，以建立公司新的资产管理结构。战略投资注重投资对象的成长性和收益性，通过投资实现国有资本的保值增值；三是资产收购投资，继续发挥公司资产管理业务的专业优势，参与企业重组、并购和其他资产市场运作业务，发挥投行功能，实现投资收益。对公司战略转型期的投资管理，实行公司集中管理体制，公司总部对投资业务进行审批。

【信托业务】

华融公司在重组原新疆国际信托投资有限责任公司基础上成立了华融国际信托投资有限责任公司，华融公司为控股股东，持股比例为94.14%。可经营的本外币业务有：资金信托；动产信托；不动产信托；有价证券信托；其他财产或财产权信托；作为投资基金或者基金管理公司的发起人从事投资基金业务；经营企业资产的重组、购并及项目融资、公司理财、财务顾问等业务；受托经营国务院有关部门批准的证券承销业务；办理居间、咨询、资信调查等业务；代保管及保管箱业务；以存放同业、拆放同业、贷款、租赁、投资方式运用固有财产；以固有财产为他人提供担保；从事同业拆借；法律法规规定或中国银行业监督管理委员会批准的其他业务。

【风险防范与内控审计】

华融武汉办积极探索风险控制办法，完善内控机制和风险管理体系。一是成立华融武汉办风险管理和内部控制委员会,加强风险管理和内部控制的组织建设。二是强化内审,积极探索与商业化经营相适应的效益型审计、管理审计方式,充分发挥内部审计的作用。三是建立对员工行为的动态分析管理制度。四是在各个环节建立有效的风险隔离。五是开展对授权管理、法律审查、合同管理、评估审查等重点环节的专项治理工作。六是在开拓商业化业务时将风险管理工作提到了重要位置,积极采取措施加强对经营风险、操作风险、合规风险等风险的管理工作。

(刘 蕾)

中国长城资产管理公司武汉办事处

【综述】

中国长城资产管理公司成立于1999年10月18日,是经国务院批准、具有独立法人资格的国有独资金融企业。武汉办事处是公司在湖北省的派出机构,在公司授权范围内开展工作,于2000年3月18日组建。根据国家关于不良资产剥离收购的有关政策规定,武汉办事处于2000年共收购农业银行湖北省分行不良资产19,251户、收购金额合计203.64亿元,在系统内居第三位。几年来,武汉办事处利用公司特殊的法律地位,通过专业化运作,努力实现不良资产价值回收的最大化,最大限度地保全国有资产,取得良好成效,截至2006年底超额完成财政部和公司下达的政策性不良资产处置考核目标。同时对推进国企改革和地方产业结构调整,对建立正常的社会信用秩序及保持社会稳定发挥了积极作用。

现阶段,武汉办事处按照公司统一安排,积极推进商业化转型,主要面向国内金融机构、政府部门或企事业单位等各类客户提供不良资产收购及代理处置服务;提供财务顾问、资产和项目评估及法律咨询服务;提供项目投资、并购重组、经营发展等方面的服务和智力支持;为资产管理范围内企业提供上市推荐、证券承销、上市融资和债权融资服务。同时,还通过资产证券化、金融租赁等不断创新的金融产品和金融工具,以及监管部门批准的其他业务活动,不断满足客户新的需求。

2008年,面对商业化转型发展的新形势,武汉办事处坚持以科学发展观为统领,紧紧围绕"整体盈利和转型发展"两大主题,坚持以利润为核心,紧密结合实际,坚持业务经营和党建工作"两手抓"、改革与发展"两不误",各项工作平稳有序开展,取得了明显成效,并保持了良好的发展态势。全年实现经营利润1,239万元。良好的工作成效获得了各方的充分肯定,荣获总公司授予2008年度"先进单位"称号;省政府领导在办事处工作报告上作出重要批示,对其2008年工作给予了高度评价。

【资产经营】

在总公司和省委、省政府的正确领导下,在监管部门的大力关心下,在地方政府及有关部门的有力支持下,武汉办事处以高度的责任感和使命感,以最大限度地保全国有资产、减少损失为己任,按照"公开、公平、公正"原则,综合运用债务追偿,资产置换、租赁、转让与销售,债务重组及企业重组,债权转股权等手段,有效加快资产处置,实现不良资产价值回收最大化。2008年回收现金10,042万元,截至年底,政策性资产经营处置累计回收现金20.19亿元,完成公司核定现金回收目标的137.8%;剩余政策性待处置债权资产余额13.5亿元,待处置物权资产公允价值余额0.2亿元,政策性债转股及其他股权公允价值余额0.85亿元。

武汉办事处政策性债转股项目共计8户,但均非牵头人,转股

中国长城资产管理公司武汉办事处2008年工作会议现场。

2008年9月，中国长城资产管理公司武汉办事处面向社会公开招聘工作人员。

债权总额为27,923万元。债转股后，实际持有8户企业股本总额27,923万元。几年来，武汉办事处与其他牵头公司一起加强企业股权管理，按照国家政策要求，积极谋求退出，已实现全部退出4家、部分退出1家。截至2008年底，剩余政策性股权7,988万元。

【业务拓展】

2008年4月，武汉办事处成功竞得光大银行武汉分行33户、3.14亿元不良资产包。随后，加大对光大资产包的精细化处置力度，取得良好效果，全年已回收现金4,421.6万元。继续推进宜昌、襄樊、孝感三个政府资产包代理处置工作，全年实现代理收入200万元，比上年增长37%，同时两年来的代理工作获得了有关政府部门的高度认可。立足现有资源，与地方政府联手打造参与地方经济发展的业务平台，实现政司双方共谋发展。8月，与宜昌夷陵国有资产经营公司合作，共同组建湖北长宜投资有限公司。11月底，长宜公司正式开业，注册资本2,000万元。全年还拓展金融咨询服务及财务顾问项目5个、实现收入90万元，比上年增长125%。

在新业务开拓上，围绕公司转型总体战略和发展目标，还与省内外多家金融机构、地方政府和有关部门进行了紧密接洽，在搭建商业化业务发展平台和新业务拓展上做了大量有益的探索。

【资本经营】

继续抓好资本金经营管理。办公楼非自用部分全年实现租赁收入130.6万元，比上年增长18.4%。服从公司资本金项目结构调整的转型战略要求，抢抓机遇，谋求退出，取得了显著成效：一季度在二级市场减持退出了104.22万股汉商股份，收回资金972.7万元，实现了国有资产的保值增值。目前，汉商集团股票尚余95.78万股有待择机退出。

【估值服务】

武汉办事处是总公司2008年确定的为全系统提供异地内部估值服务的四家专业团队之一，通过完善机制、确保质量，较好地服务了客户方资产经营处置工作的有序开展。全年完成长沙、南宁、重庆、福州四家办事处28个项目的异地内部估值工作任务，取得估值收入105.5万元。

【基础管理】

加强内部管理，确保业务经营的有效、稳健运行。一是制定《2008年经营业绩激励考核办法》，强化考核激励约束，提高效益工资比例，加大考核奖励力度，有效调动部门履行职责潜能，运行机制进一步优化。二是制定《员工年度考评管理办法》，尽可能科学地评价员工工作，有效调动和挖掘员工积极性和潜能。三是制定《员工考勤管理办法》，实行考勤管理制度，加强员工日常工作行为管理。四是重新修订了费用管理实施细则，全面加强费用预算管理，加大对业务招待费、车辆运转费、差旅费等重点费用的管理力度，严格控制公用费用支出。五是制定《效益管理和成本分摊实施方案》，将成本效益管理的要求落实到各部门或环节，按业务线加强成本效益核算。六是按照公司统一部署，完成了薪酬改革工资套改及实施。七是认真组织实施ISO9001质量/风险管理体系，规范调整内设机构，理顺决策、执行体系，健全了风险防范制度体系和业务运行监控机制；制作了工作手册，全面、清晰地描述了办事处的组织结构、角色分布、岗位职责；全面推进体系文件贯彻执行，促使基础工作进一步加强，工作作风进一步好转。

【党建与队伍建设】

2008年，武汉办事处以深入贯

中国长城资产管理公司武汉办事处业务技能测试会场。

彻落实十七大精神为重点，大力加强思想政治工作，取得较好成效。一是切实加强组织队伍建设。紧紧抓住思想政治工作这根主线，在理论学习上，坚持中心组学习制度，务求实效；在作风上率先垂范，以身作则；在工作上务实高效，带好队伍，切实形成真抓实干的良好氛围和工作局面。二是深入开展学习实践科学发展观活动。严格按照公司党委部署要求，结合实际提出以"抓改革，促发展，创效益，为推进公司整体盈利和转型发展目标的顺利实现作贡献"为办事处学习实践活动载体，促进科学发展。三是有效开展群团活动。充分发挥群团组织职能作用，不断健全工作机制，通过开展党性教育、团队意识教育等多种有益活动，增强责任感和使命感，增强工作技能，服务经营发展，促进和谐队伍创建工作。全年相继组织举办"感动汶川·感受责任"主题教育、秋季体育运动会、业务知识与技能测试、金融改革30年论文征集等多项活动。四是切实加强党风廉政建设。贯彻落实《健全惩治和预防腐败体系2008－2012年工作规划》，加强思想政治教育，注重治本和预防。组织召开中心组学习、中层干部会议、全员大会等不同层次的会议，邀请湖北省纪委有关领导进行反商业贿赂与预防职务犯罪专题讲座。通过多种形式，全面加强廉政教育，强化干部员工职业道德和行为操守意识，不断增强法纪观念。认真落实党风廉政建设责任制。签订《党风廉政建设和风险防控目标责任书》，落实履职问责制度。

（吴四平）

中国东方资产管理公司武汉办事处

【综述】

2008年中国东方资产管理公司武汉办事处按总公司的要求，以可疑类资产减亏做平为工作重点，全力寻求处置手段和方式、整体营销和处置收现上的根本性突破，经过最新尽职调查和资产估值，结合市场营销的进展情况，权衡各种经营处置模式的利弊，适时调整了可疑类剩余资产经营处置思路，取得了全年收现7.14亿元的成绩，各项费用控制在合规的水平内。

【资产管理与处置】

经过近八年的处置，武汉办事处的中行政策性不良资产剩余项目102个，贷款本金8.89亿元，其主要是中行自办公司贷款和通过国家计划内破产的项目，项目主要分布在武汉市，按相关政策规定无法处置；损失类项目2,957个，贷款本金60.67亿元，项目分布全省各地。

武汉办事处为加大这两类资产的处置力度，启动了政策类10户结构性交易资产包，并在原有的基础上重新进行了尽调、估值，对省中行提供的拟交易的100多个项目进行了尽职调查，基本上摸清了项目的情况，为进一步的交易提供依据。对损失类项目处置根据具体情况，武汉办事处采取广泛的招商，抓住机遇进行处置。

【商业化处置】

年初，为应对巨大的收现压力和保平减亏的矛盾，武汉办事处党委迅速调整了经营思路，即在精耕细作处置的同时全面展开资产营销工作，力求实现处置方式和处置收益的双突破。为更好地将资产推向市场、吸引更多有实力的国内外投资者合作经营处置资产，成立了资产营销小组，确定了可疑类资产整体营销和个案处置并举的战略思想。

1. 可疑类资产整体营销。

对可疑类资产的整体营销，采取了面向政府、面向市场的方针，同步展开，相互推动和促进，并针对政府、市场对武汉办事处可疑类资产关注重点不同的特点，找准切入点，确定适合的营销方式。在对

中国东方资产管理公司武汉办事处积极推进可疑类资产的处置和经营。

政府营销工作中，武汉办事处以政府关注的国有企业改制为突破口，积极寻求与省、市政府全面合作的契机，总公司领导也专程到武汉办事处，指导武汉办事处与省、市两级政府主要领导进行了多轮洽谈，争取地方政府的支持，合作推进可疑类资产处置。

2. 充实力量、加强委托管理，适时调整、完善考核激励机制，充分发挥委托清收团队处置收现的重要作用。

委托清收团队受托资产占武汉办事处可疑类剩余资产的50%以上，涉及地区多，覆盖面广。武汉办事处对团队清收工作的管理常抓不懈，发现问题，及时研究解决，对每个委托团队都派出项目经理，加强管理，经常深入现场督促指导团队处置收现工作。根据2008年收现任务，适时调整团队目标任务和激励标准，将奖励绝大部分发放到一线人员手中，最大限度地发挥委托团队处置收现的积极性。

【业务创新】

2008年，武汉办事处可疑类资产面临着完成序时任务和控亏减亏的双重压力。为了寻求突破，在总公司的大力支持下，经过大量的调研和分析，积极展开分层信托方式，通过引进新的经营机制和考核激励机制，提高处置效率和回收率，使回收最大化，以达到控亏和减亏的目的。7月26日，武汉办事处与中信信托有限公司正式签订不良资产收益信托合同，8月20日，成功发行优先Ⅰ级信托受益权5亿元。这种资产证券化的处置方式有利于大力提高资产处置的效率和效益，是根本性突破武汉办事处目前处置困难局面的有效途径。

在确定了可疑类不良资产整体上的分层信托为主要处置模式新思路后，武汉办事处在班子分工、组织架构、人员选拔、激励机制、费用管理等方面进行了周密安排。在班子分工上，充分发挥班子成员的特点；在组织架构上，采用了扁平化的管理模式，减少了管理层次和环节，缩短管理半径；在人员选拔上将处置业务骨干几乎全部放在服务商团队，组长的选拔采用了公开竞聘方式；建立了上不封顶、下不保底、清晰直观的激励机制，同时，还制定了管理费用和业务费用的管理办法。

按照资产量和入账成本分布的比例情况，武汉办事处将收现任务分解下达到各个项目小组，并进一步落实到每个项目经理，坚持执行项目按月调度的制度，有计划、有步骤地开展资产处置，各项目小组针对问题找对策、针对难点找突破口、针对缺口找来源、针对市场找方式，根据不同地区、不同类别资产的质量优劣以及信用环境的差异，制定不同的处置策略和方案，在计划整体处置的同时，不放松个案的收现，否决有可能增值的项目，努力使回收最大化，方案成熟一个上报一个，克服资产处置中的种种矛盾和障碍，提高资产回收率。

【稽核监督】

上半年，武汉办事处与各部门签订了党风廉政建设责任书，实行责任追究制并与考核挂钩。同时，各部门明确了专人负责宣传教育工作，经常开展遵纪守法、合规经营教育。同时加强对各业务风险点的控制，特别是武汉办事处委托清收团队较多、委托资产处置较多、委托处置人员较多，加大了处置风险，采取对部分清收团队进行了全面检查的方式，防范道德风险的发生。另外，武汉办事处还采取工（工作）、教（教育）相结合的方式，充分利用省市传统教育基地多、当地又有武汉办事处不良资产要处置的特点，采取实地参观的形式，开展革命传统教育。下半年，武汉办事处加大检查力度，充分发挥纪监、审计、合规岗人员的作用，采取多元化方式处置不良资产，对于发现的不良苗头和倾向性问题，采取积极采取防范措施，避免案件的发生。

（周　宁）

中国信达资产管理公司武汉办事处

【综述】

中国信达资产管理公司武汉办事处(以下简称“武汉办事处”)是经财政部、中国人民银行批准成立、按国有独资商业银行省级分行管理的国有独资非银行金融机构,1999年8月28日在武汉挂牌,是全国第一家成立的金融资产管理公司的派出机构。

截至2008年底,武汉办事处有正式员工43人,平均年龄41岁,党员占比79%;具有大学本科以上学历的占86%,其中硕士以上学历的占19%。办事处内设综合管理部、审核委员会办公室、资金财务部、法律事务部、业务一部、业务二部、业务三部等部门。

中国信达资产管理公司经营范围是:收购并经营金融机构剥离的本外币不良资产;追偿本外币债务;对所收购本外币不良贷款形成的资产进行租赁或者以其他形式转让、重组;本外币债权转股权,并对企业阶段性持股;资产管理范围内公司的上市推荐及债券、股票承销;经相关部门批准的不良资产证券化;发行金融债券,向金融机构借款;财务及法律咨询,资产及项目评估;根据市场原则,商业化收购、管理和处置境内金融机构的不良资产;接受委托,从事经金融监管部门批准的金融机构关闭清算业务;接受财政部、人民银行和国有银行的委托,管理和处置不良资产;接受其他金融机构、企业的委托,管理和处置不良资产;对所收购本外币不良贷款形成的资产进行租赁或者以其他形式转让、重组;运用现金资本金对所管理的政策性和商业化收购不良贷款的抵债实物资产进行必要投资;中国银行业监督管理委员会等监管机构批准的其他业务。

武汉办事处在信达总公司授权下开展业务,主要负责湖北地区建设银行、国家开发银行、中国银行、交通银行、工商银行剥离的不良资产的收购、管理和处置。自成立以来,武汉办事处累计收购和接受委托不良贷款517.13亿元(其中购入债权口径金额为430.44亿元)。

【经营管理情况】

2008年,武汉办事处在公司党委正确领导下,以科学发展观总揽工作全局,围绕公司商业化转型的战略部署,紧紧依靠全体干部员工,加快商业化资产处置,积极开拓市场化业务,各项工作取得了较好成绩,全面完成总部下达的综合经营计划,内部管理进一步规范,队伍建设取得新的进步。

1. 较好完成现金回收任务,全面完成综合经营计划。武汉办事处2008年全口径回收现金6.03亿元,三项费用支出控制在总部核定的预算额度内,比上年下降17.74%。一是集中力量打好商业化资产处置攻坚战。中国银行资产处置回收是全年商业化资产处置的重中之重,武汉办事处要求全体员工进一步牢固树立珍惜资源、精耕细作的意识,积极争取应得的利润;要求全体员工把项目处置和区域经济发展结合起来,拓宽视野,进一步优化处置方案,力求最佳。在处置方式上,坚持以我为主,立足于每一个项目,处置方式服从提高回收率的要求,同时积极运作重大疑难项目,推进项目处置,积极争取按计划回收。二是合理安排,加强调度,努力做到计划执行进度均衡。要求各部门精细化管理,均衡安排进度,处理好提高回收率和完成进度的关系,提前规划好谈判、评估、法律、公告等各个环节工作,做到统筹兼顾;同时密切关注企业筹资变化情况,牢牢盯紧回收资金落实环节,切实避免债务人不能按期履约的风险。

2. 积极落实公司转型部署,业务拓展取得重要突破。武汉办事处认真分析了资产存量情况,结合公司转型要求,提出了一手抓资产处置、一手抓业务开拓的工作思路,加强业务开拓组织领导,加大

中国信达资产管理公司武汉办事处办公大楼。

拓展市场的资源投入，强化业务开拓考核奖励，业务开拓取得了新进展。一是与信达证券联动，大力拓展投行业务。2008 年，武汉办事处利用在当地资源和人脉优势，独立承揽了 4 个 IPO 项目和 1 个上市公司股权转让的财务顾问项目，并抽调专人与信达证券相关人员共同成立联合项目组承做上述项目工作。二是与信达投资合作，开发当地市场资源。2008 年为了抓住设立武汉 1＋8 城市圈的机遇，拓展服务范围，积极促成信达投资与武汉长江资产经营管理公司共同设立了武汉长信资产管理公司，着力发展武汉 1＋8 城市圈的托管清算、区域内不良资产的收购处置以及相关企业的顾问咨询等业务，运营不到半年时间，取得营业收入 90 万元，预计 2008 年可实现股东分红 20％以上。三是积极拓展中间业务，超额完成总部计划。2008 年，不含上述与信达证券合作的 5 个项目，武汉办事处独立完成的中间业务项目有 8 个，实现中间业务收入 326 万元，完成总部下达计划的 109％。四是稳妥推进股权投资，实现资产保值增值。经过多年的处置和探索，并充分考虑当前的经济形势，武汉办事处依托现有债权项目资源，拟在汉投资收购一家五星级酒店，已向总部申报方案。若收购成功，通过后期装修改造和完善经营管理，不仅可实现公司股权投资的保值增值，而且最终通过转让股权可实现较高的投资收益。五是参与光大银行不良资产竞购，展示专业水准。2008 年湖北新增公开招标的不良资产主要是光大银行不良资产。按照总部的统一部署，武汉办事处负责光大银行武汉分行 31 户、本金 27,851 万元资产包的尽职调查和竞标报价工作。在科学组织尽职调查、准确估算回收金额、合理测算竞标价格的基础上，提出了既保证实现合理利润又具有较强竞争力的竞标方案。

3. 内部管理进一步加强，业务运行安全平稳。2008 年，武汉办事处严格执行统一法人授权，严格按制度和程序办事，员工风险教育常抓不懈，保证了工作有序开展和业务平稳运行，做到了行使权力安全、业务运行安全、资金使用安全、项目处置安全、员工成长安全。一是严格执行统一法人授权，做到凡事有据。认真组织学习总部颁布的统一法人授权，加深了对统一法人授权体系的理解，提高了对统一法人授权重要性的认识，做到凡事有根有据。在执行中，各部门、各岗位各司其职、认真落实、经常提醒、互相监督，杜绝因为疏忽而违反统一法人授权的情况，取得了较好的效果。二是以 ISO 质量体系为标准，严格执行制度。公司 ISO 质量体系认证启动后，及时组织员工学习并检查整改，促进了制度的有效执行，在公司 2008 年质量管理内审中，武汉办事处质量管理体系运行情况得到了检查组的好评。同时，积极配合推广无纸化系统上线运行，以先进的科技手段保障了 ISO 质量体系各项规定的实施，提高了对风险的防范能力。三是以审计监督检查为契机，提高内控水平。针对审计检查中发现的问题，认真查找原因，积极整改，并以此为契机，不断提高内控管理水平，在审计检查中未发现有明显问题，监管单位对办事处的内控管理给予较高评价。四是以终结项目审计为手段，规范各项管理。武汉办事处以终结项目审计为手段，促进资产管理处置的进一步规范，并以此为契机，完善了档案的归集和管理，对档案室进行全面改造，完成了项目档案的重新整理装订，将终结项目审计工作与档案管理达标工作有机地结合起来，取得了较好效果，2008 年武汉办事处内审工作得到总部的表扬，档案管理工作在总部组织的评比中也取得了较好的成绩。五是努力提高财会管理水平，保障资金安全。武汉办事处认真开展了财务管理情况自查，不断加强财会基础工作，财会管理水平稳步提升。六是优化项目处置审核流程，严把审核质量关。在政策性资产处置过程中，严把审核关，强化项目组的尽职尽责和对中介机构的管理，控制资产处置风险点。随着商业化资产的大规模处置，在继承政策性审核优良传统的同时，为适应商业化资产处置新要求，进一步提高处置审核水平，武汉办事处将审核关口前移，提前介入项目处置，促进了处置方案的优化，2008 年上报总部方案通过率继续保持 100％，方案质量多次得到总部肯定。七是教育员工提高风险意识，防范道德风险。加强风险意识教育，2008 年办事处各项业务运行平稳，未出现重大安全事故。

4. 加强思想政治工作，队伍建设取得新成绩。一是认真组织开展了学习实践科学发展观活动。按照公司党委的部署与要求，在公司指导检查组的正确指导下，办事处党委高度重视，周密部署、精心组织、严格要求，迅速开展学习实践科学发展观活动各项工作，认真贯彻落实科学发展观，以科学发展观指导工作实践，为业务发展提供了思想保证。二是通过构建和完善企业文化，让先进的文化理念在每个员工心中扎下根来，取得了“统一员工思想，促进工作成效，培养核心竞争力”的良好效果，在取得突出业绩的同时，员工队伍的思想观念、工作作风发生了根本变化，队伍素质和职业素养稳步提高。三是注重班子建设。在思想上重视学习实践，积极组织党委中心组学习；在组织上坚持民主集中制，按规定召开民主生活会；在作风上讲求务实。武汉办事处强有力的领导班子对业务发展和风险控制起到了关键性的作用。四是坚持以人为本，理解员工、关心员工、让广大员工满意。一方面真心实意地关心员工，帮助员工解决实际困难，倡导健康向上的生活方式，另一方面尽力创造学习锻炼的机会，努力搭建员工施展才华的平台，在总部2008年组织的高管人员竞聘考试中武汉办事处有4人通过笔试，在全国办事处中是通过人数最多的，通过交流和竞聘，在为总部输送人才的同时也为员工个人的发展创造了空间。

（吴雪松）

交银国际信托有限公司

【综述】

交银国际信托有限公司成立于1981年6月，原名为湖北省国际信托投资公司，注册资本10,000万元人民币。2001年12月，按照中国人民银行关于信托投资公司清理整顿和重新登记的有关要求，公司改制并更名为湖北省国际信托投资有限公司，并于2003年1月经中国人民银行核准重新登记。

2007年5月，经中国银监会批准，公司引进交通银行股份有限公司实施战略重组。重组完成后，公司更名为“交银国际信托有限公司”，注册资本120,000万元人民币。交通银行股份有限公司持有85%的股份，湖北省财政厅持有15%的股份。公司是国内首家由国有股份制商业银行直接投资控股的信托公司，也是首家按照新“一法两规”重组设立的信托公司。

公司拥有一批具有商业银行、投资银行、信托、基金等资深从业背景的专业团队，并拥有交通银行强大的实力背景、完善的资源网络和卓越的品牌信誉支持。自成立以来，秉承“受人之托，代人理财”的经营宗旨和诚信服务的管理理念，根据客户的资产状况和风险偏好，利用信托制度及其独特的功能设计，竭诚提供跨市场、多领域、跨地区的财富管理、项目融资和受托托管等专业化信托服务，以优质周到的服务赢得赞誉。

（乐思为）

武汉国际信托投资有限公司

【综述】

2008年武汉国际信托投资有限公司在控股股东的领导下，紧紧依靠武汉市委、市政府及湖北银监局的大力支持，全面完成了资产负债的清理工作，认真执行中国银监会有关《13家历史遗留问题信托公司重新登记内部操作指引》（以下简称《操作指引》）的各项规定，使公司的规范保留和重新登记工作取得了重大进展。

1.加强组织建设，有效推进和落实了各项规范保留工作。

2008年4月公司控股股东成立了武汉国际信托投资有限公司规范保留工作组。同时，在工作组的领导下组建了三个专门工作小组，即债务清偿小组、招商秘书组和资料申报组。根据《操作指引》的原则要求，严格遵循有关资产负债清理、引进战略投资者和十项申报材料的规定，缜密计划，合理安排各项规范保留工作，有序推进公司规范保留及重新登记工作。

2.依靠各级支持，全面完成了资产负债的清理工作。

根据《操作指引》及湖北银监局的指导意见，经清理后必须实现公司负债为零，资产为零或保留部分优质资产。在负债清理方面，公司为有效促进债务化解工作，起草了《债务化解工作方案》和《债务化解操作流程管理办法与审批流程管理办法》，明确化债工作措施、步骤和时间，规范化债操作流程，从组织制度上保证了化债工作的有序推进。通过现金及其他资产兑付、依法核销、债权债务冲抵、转由第三方承接等方式，全面顺利完成债务化解工作。在资产清理方面，通过清收、变现、作价转让和全额计提准备以及账务冲销等方式进行处置后，账面资产全部转化为系统内部应收账款，基本达到《操作指引》要求。资产负债清理工作已经湖北银监局认定的武汉中勤万信会计师事务所审计确认，并按监管要求于2008年11月1日在《金融时报》及《长江日报》上予以公告。

3.加快重组步伐，引进了新的战略投资者。

公司重组是监管部门审批公司规范保留的一项重要工作。在省、市政府及湖北银监局的大力支持下，公司就重组和引进新的战略投资者问题，积极开展工作。一是申报预审核并通过了方正集团的股东资格，原则确定了方正集团的持股份额，奠定了以方正集团为主重组公司的基础。二是通过招商引进新的战略投资者，以“寻找武汉地区有影响有实力的国有企业集团”做战略投资者为思路，本着立足武汉、辐射中部的中短期发展战略，公司引进了武汉市某大型投资集团作为战略投资者。该集团作为武汉市政府的投(融)资主体，承担着武汉市国家和地方重点建设及地方基础设施建设等多个重大项目，可以为重组后的公司提供大量优质的项目支持，实现公司的顺利起步和持续发展。战略投资者的相关资料已上报湖北银监局并等待监管部门最终审批。

4.再创登记条件，做好各项申报材料的准备工作。

根据《操作指引》，信托公司申请重新登记第一步须提交十项申报材料，主要涉及公司资产负债清理、重组和股权变更的相关情况说明和证明材料。公司为争取时间，在积极开展资产负债清理和股东引进工作的同时，提前做好信证分业证明材料、公司章程草案和公司可行性研究报告等申报材料的准备工作。

公司信证分业工作已于2002年完成，根据要求须重新提交原6家营业部的工商变更资料。6家营业部中有4家在异地，公司通过各种方式将6家营业部工商变更登记资料一一搜齐，并已整理成档；根据新的“一法两规”及《信托公司治理指引》的要求，结合实际，重整了《章程》；同时，通过借助中国人民大学信托与基金研究所支持，完成了《公司可行性研究报告》，这不仅为公司重新登记创造了条件，而且为未来战略发展提供了重要文件。

2008年在《操作指引》的政策指导下，公司规范保留工作得以快速有序推进，全面完成了资产负债清理工作，引进了新的战略投资者，备妥了应有的申报材料，重新登记工作取得积极而富有成效的进展，公司将顺利步入复牌和开业之路。

（元粮钢）

武汉钢铁集团财务有限责任公司

【综述】

2008年，武汉钢铁集团财务有限责任公司本着“立足武钢、服务客户”的宗旨，规范运作，开拓创新，取得了较好的经济效益：全年实现利润3.2亿元，年末总资产263亿元，营业收入7.5亿元，均创历史新高；继续保持金融风险事故为零，重大设备、火灾、治安事故为零的良好纪录；首次被评为武钢“三个文明红旗单位”，继续被评为武钢“长安工程标样单位”和“综合治理先进单位”；党支部荣获机关“先进党支部”荣誉称号。理论研究工作也取得了较好成绩，《银团贷款研究与运用》《系统税收筹划》《集团境内外外汇跨境集中运营》等课题或成果，在省市现代化管理成果评审或集团重点劳动竞赛项目评比中均获得较好成绩。

【存款业务】

受实体经济下滑的影响，武钢集团资金压力进一步增大。为保证武钢集团资金需求和业务稳定开展，公司努力拓宽资金来源渠道。一是继续做好优质客户的存款组织，抓住武钢股份分红和武钢集团发行短期融资券、中期票据、筹集广西钢铁公司注资款等契机，通过协定存款等金融产品促进公司存款规模大幅度上升。二是重建重客系统，成功实现了异地销售中心货款直接回笼。三是探索开展广西钢铁公司和昆钢股份公司

2008年4月，武汉钢铁集团财务公司成功实现了武钢全球外汇资金集中管理平台的运行。

2008年10月，武汉钢铁集团财务公司举行“十一五”规划前期实施效果评价及后期工作推进研讨会。

的存款工作，为拓展异地存款市场进行了有益的尝试。

【贷款业务】

在武钢集团中西南战略的资本运作中，公司为武钢集团重组柳钢、设立广西钢铁公司提供信贷支持，对昆钢股份进行实地考察、提供授信和信贷支持，为后期金融服务奠定了基础。继续加强对武钢集团公司、武钢股份和国贸公司等优质资源的贷款营销，保持了相对稳定的贷款市场份额。在此基础上，积极开发潜在客户，对新成立的武钢平煤联合焦化公司探索了新的信贷投放形式。

【结算业务】

公司进一步厘清结算业务流程和票据业务风险点，通过岗位职责的重新划分、操作细则的优化和票据影像管理等措施，狠抓结算服务组织与管理。进一步挖掘票据系统的功能，将票据服务延伸到武钢集团异地销售层面，首次实现了武钢集团异地成员单位票据集中，向武钢集团异地成员单位推广和积累了公司票据系统成功经验。积极配合实施了武钢集团月度资金计划、大额联签、预算管理等工作，结算服务质量和服务效率进一步提高。

【业务创新】

公司大胆探索，积极稳妥地开展业务创新：成功实现了以公司为平台的武钢集团境内外外汇资金集中运营，结售汇业务资格获得国家外汇管理局批准，相关软硬件准备工作获顺利验收；适时调整投资策略，以固定收益的中短期投资品种和货币市场基金为主，尝试短期人民币理财产品，在保证流动性的前提下提高了资金收益，经过中国证监会、中国银监会的批准获得中国证券业协会“询价对象”资格，为公司业务拓展和积累大型资本运作经验奠定了基础；克服上半年各金融机构信贷规模受控的困难，保证了武钢集团公司“十一五”规划和鄂钢公司宽厚板等银团贷款项目的顺利执行，为武钢集团增加了低成本的资金来源；创新代签银承业务，有效利用公司授信额度，降低了客户签发银承业务的相关费用，满足了客户签发银承选择承兑行的要求。

【基础管理】

公司进一步夯实基础管理，实现可持续发展：加强风险事前事中事后控制，充分发挥内部稽核作用，确保公司合规经营和规范运作，有效防范了各类风险；加强信息安全软硬件建设，信息化水平逐步提高，为预防和及时发现信息系统中存在的运行故障、异常事件的追查和数据恢复提供有效保证，确保公司信息系统设备安全和数据安全；加强财务精细化管理，引导业务经营正常开展，积极实施预算精细化管理，实现了年度预算到月度预算的过渡，完成了增资扩股方案的测算。

【企业文化】

公司加强企业文化建设和激励机制建设，积极构建和谐向上的企业形象：开展了贯穿全年的“解放思想，转变观念，改革创新，科学发展”主题实践活动，集思广益，促进了民主管理和科学发展；在特大雪灾中，重点安全岗位员工坚持24小时值守，加强设备维检，保障了大楼各项设备安全运行；汶川地震后，公司及全体员工捐款44万余元；面对当前的严峻形势，及时传导压力，降本增效，优化用油、用电操作模式，非生产性支出在2007年基础上下降10%；在公司成立15周年之际，组织员工开展集团战略讲座、制度考试和公司“十一五”规划实施情况等系列学习研讨活动，加大宣传力度，节俭办司庆，营造良好的学习研究氛围，树立公司良好的外部形象。

（谢　飞）

中国电力财务有限公司华中分公司

2008年5月13日，中国电力财务公司华中分公司与中国银行湖南省分行就湖南拓溪扩机项目的银团贷款签约。

【综述】

中国电力财务有限公司华中分公司2001年改制前为华中电力集团财务有限责任公司，1992年11月经中国人民银行总行批准，以股份有限公司的形式成立，1993年3月正式开业，是武汉市和全国电力系统第一家财务公司。2001年2月18日，为适应电力体制改革需要，经中国人民银行总行批准，华中电力集团财务有限责任公司改制为中国电力财务有限公司华中分公司，营运资金为2.3亿元人民币，业务范围覆盖湖北、湖南、河南、江西、四川、重庆五省一市电网公司成员单位。经过15年的经营发展，目前已成为金融服务品种齐全，结算系统高效快捷，风险体系健全，管理体制高效，经营规范的金融公司。

1. 按照金融业务许可证的范围，公司的经营范围包括：对成员单位办理财务和融资顾问、信用鉴证及相关的咨询、代理业务；协助成员单位实现交易款项的收付；办理成员单位之间的委托贷款及委托投资；对成员单位办理票据承兑与贴现；办理成员单位之间的内部转账结算及相应的结算、清算方案设计；吸收成员单位的存款；对成员单位办理贷款。

2. 组织设置齐全，员工综合素质在不断提高。该公司共有员工175人，员工获得本科学历的比例为83.43％，其中具有研究生学历的比例达9.72％；员工获得高级职称的比例达21.71％。

3. 始终以“立足集团、服务集团”为宗旨，围绕电力企、事业单位提供优质、高效的金融服务，现已经成为一个具有全面混业经营能力的金融机构，不但能够从事存款、贷款、结算等传统业务，还能为成员单位办理委托业务、咨询业务、代理发行企业债券。另外，为降低华中电网、五省一市电力公司财务费用、缓解电费欠费压力，积极利用银行承兑汇票，商业汇票保证、承兑，参与债务置换，提供电力买方信贷和电费清欠服务。

2008年，中国电力财务有限公司华中分公司按公司计划要求，顺利完成与各网省公司签订资金管理服务协议的工作。

【业务运行状况】

2008年，在总公司正确领导下，以推动公司发展再上新台阶为中心，紧紧围绕建设“一强三优”现代金融企业战略目标，深化服务，规范管理，控制风险，稳健发展，圆满完成了各项工作任务，经营指标、基础管理工作和服务水平再上新台阶。2008年，公司全年平均存款达151.79亿元，创历史新高。贷款规模达107.18亿元，平均余额达94.95亿元；资产规模达176.90亿元。至此，公司资产规模已连续10年保持在100亿元以上。

1. 主营业务和经营指标再达新水平。加强存款工作，积极拓展市场，存款规模稳步增长；采取有效措施，努力提高资金管理水平，加快建设坚强资金管理平台；加大了银团贷款组织力度，加强对电网企业的融资服务；建立风险管理模式，加大不良资产清收力度；强化信息系统保障支持，确保信息系统和网络安全。

2. 经营管理水平再上新台阶。2008年，全面、深入贯彻公司“十一五”战略发展目标，积极推动发展再上新台阶，顺利完成湖北业务部整合、四川和重庆业务部接收，集团化运作、一体化管理得到有效提升；强化预算管理，大力加强增收节支；全面梳理各项制度，全面实施“强化管理，规范运作”活动，进一步强化规范化管理，夯实基础工作，公司经营管理水平再上新台阶。

3. 抗冰保网，抗震救灾，大力支持灾后重建。2008年华中地区遭受冰雪大灾，汶川遭受特大地震，在抗灾过程中，公司全体员工特别是业务部一线员工，坚守岗位，确保业务结算正常运行，第一时间向灾区提供17.48亿元保网、维网灾后重建信贷支持，有力支援了受灾省公司的抗灾抢险工作，受到了好评。

4. 党建和精神文明建设工作齐头并进。大力开展“迎奥运，讲文明，树新风”系列文体活动，加大文明创建工作力度，再次顺利通过湖北省最佳文明单位验收组的验收，积极开展“情系震区奉献爱心行动”，向四川地震灾区捐赠钱物共计17.84万元。大力加强诚信建设，提升全员诚信意识，努力构建诚实守信和谐企业形象。坚持“两手抓、两手硬”，紧密结合经营形势的变化，巩固精神文明建设成果，加强和谐文化建设。

（中国电力财务有限公司华中分公司）

三江航天集团财务有限责任公司

【综述】

2008年，受全球金融危机、国内经济增速减缓以及宏观调控政策等因素的影响，公司经营面临极其复杂严峻的外部环境，出现了诸多不确定和不利因素。公司坚持以“配合集团产业战略发展需要，做好资金运作，保持公司经营稳健；重点搞好风险控制管理工作，确保营运资产安全；发挥金融功能，在资本市场创新开展业务；继续完善金融服务，提高服务水平；按安全效益原则审慎进行证券投资；全力以赴处置风险资产，化解历史包袱”为指导思想，按照审慎经营的原则，在控制风险的基础上，努力做好公司各项经营业务。

2008年，公司全年累计实现营业收入19,041万元，完成年度预算指标的106.14%；累计实现利润总额12,092万元，完成年度预算指标的100.77%。

【业务经营】

1. 存款业务：

2008年，公司资金集中效益显著。截至年末，公司各类存款余额52.8亿元，与上年同期相比增长16.3%；其中信托存款余额28.4亿元，委托存款余额24.4亿元。

2. 贷款业务：

2008年，公司努力克服国家货币政策变化所带来的不利影响，以“围绕集团产业发展，为集团产业发展项目提供支持”为首要工作，在资金方面重点支持符合集团产业发展规划的项目，同时根据新实施的《物权法》积极探索并逐步开展应收账款质押贷款业务拓宽企业融资渠道。全年公司共发放自营贷款68,246万元，年末余额190,230万元，同比增长27.2%；委托贷款119,842万元，年末余额182,942万元，同比增长25.8%；全年贷款余额373,172万元，同比增长26.5%。

3. 结算业务：

全年累计办理结算业务100,197笔，比上年同期增长11%，累计结算金额762.52亿元，较上年同期增长23%。全年新增内部电子转账系统客户9个，成员单位通过电子转账系统提供网银指令67,413笔，网上结算金额为249.42亿元，分别比上年同期增长13%和22%。此外，有12家成员单位的16个工行账户，3家成员单位的4个中行账户，3家成员单位的3个农行账户实现了余额及交易明细的查询。

4. 中间业务：

2008年，公司根据客户业务发展需要，积极开展客户急需的金融服务品种，努力支持其业务快速发展，全年为成员单位办理商业承兑汇票贴现16笔，金额2,045万元；开具保函17笔，担保金额29,256万元；办理资信证明业务32笔；代理集团成员单位各类保险业务300笔，保费金额267万元，保险责任金额54,369万元。

5. 风险资产处置：

圆满完成年度风险资产清收任务，全年累计收回资金3,282万元，公司资产质量不断提高。

【基础管理】

一是开展全员竞聘上岗，70%以上的员工实现轮岗。二是完善内控体系，制定和修订各类文件109个。三是清理银行账户，控制资金管理风险，取消了14个银行账户。四是编制《年度培训计划》

和《员工培训管理办法》,加强员工培训,提高业务学习能力,全年累计参加各类学习培训62人次,员工素质得到提高。五是认真做好纪检监察工作和内部审计,签订党风廉政责任制,全年开展效能监察项目3项,管理审计项目11项。

(李　威)

东风汽车财务有限公司

2008年6月12日,东风汽车财务有限公司召开七届一次董事会。

【综述】

2008年,公司继续保持了又好又快的发展态势,经营业绩再次打破历史纪录。

截至年末,公司资产规模达到155.98亿元,较上年增加47.29亿元,增幅为43.51%;2008年,公司实现营业收入3.17亿元,较上年增加1.48亿元,增幅为87.56%;实现利润总额2.08亿元,较上年增加1.32亿元,增幅为173.34%;资本利润率达22.15%,较上年增加14.03个百分点,增幅为172.78%;资产利润率达2.52%,较上年增加1.12个百分点,增幅为80%。

【存款业务】

2008年,公司继续深化资金集中管理服务,资金集中效应显著。截至年末,各类存款余额147.73亿元,其中信托存款余额64.99亿元,委托存款余额82.74亿元。

【贷款业务】

2008年,公司累计发放委托贷款150.97亿元,累计发放自营贷款40.51亿元,累计收回委托贷款126.11亿元,累计收回自营贷款34.24亿元。年末委托贷款余额82.75亿元,自营贷款余额29.12亿元。

【结算业务】

2008年,公司办理结算业务5.1万笔,结算金额985.30亿元,日均结算量4.04亿元;2008年,进一步推广资金集中管理系统(简称CMS系统),参与CMS系统的集团成员单位增加至46家;完成了CMS系统的升级改造,对异地单位的结算效率及服务质量进一步提高。

【票据业务】

2008年,公司利用东风汽车有限公司票据集中管理系统,积极为成员单位服务,切实解决成员单位的资金需求问题,全年共办理票据贴现2.8亿元。

【汽车消费信贷业务】

2008年,汽车消费信贷业务快速成长,促销成效更加显著。新增新经销商27家,合作经销商达131家,业务区域扩大到了27个省、市、自治区。商用车贷款促销量占东风商用车公司市场销售总部同期销量的16.1%,较上年提高了5.6个百分点,有力地支持了东风商用车营销事业。

2008年,全年汽车消费信贷累计核准12,137台,较上年增加2,079台,增幅达20.67%;累计拨款11,759台,较上年增加2,081台,增幅达21.5%;累计投放消费贷款资金23.86亿元,较上年增加5.84亿元,增幅达32.41%;年末消费信贷贷款余额22.85亿元,较上年增加6.2亿元,增幅达37.24%;全年累计收回汽车消费贷款月供款19.39亿元,接近上年的2倍。

【业务创新】

1. 公司把握市场机遇,适时、创新地开展应收账款转让业务,全年办理应收账款转让业务67笔,转让金额40,358万元,在有效地保证成员单位资金流动性要求的同时创造了效益。

2. 公司构建了资金拆借平台,通过资金拆借平台全年办理资金拆借业务70笔,拆借交易量达到112.4亿元。

3. 公司顺利通过中国银监会审

批，获准了有价证券投资业务范围。

【风险控制】

2008年，公司开展了为期半年的以银监会汽车贷款风险提示要求为指导，以“抓管理、补短板、打基础、防风险”为主要内容的自查自纠整改工作，促进了汽车经销商风险管理能力的整体提高，提升了业务人员的风险管理水平；公司修订和完善了风险管理相关制度，进一步健全了风险管理制度体系；公司还制定了汽车消费贷款资产五级分类办法及损失准备计提办法，正式启动了对汽车消费信贷进行资产质量五级分类工作，并以此为依据开始了消贷资产的损失准备计提，增强了公司抵御和消化商用车消费信贷风险的能力。

2008年，公司汽车消费贷款月供款均按时足额回收，未形成贷款账面逾期，不良贷款及不良资产比例控制在监管指标范围之内。

【基础管理】

2008年，公司成立了新一届董事会和监事会，适时召开了七届一次、七届二次董事会、监事会以及临时董事会，调整了内部组织机构，重新界定和完善了部门职责，新的组织架构设置更加科学合理，更加适应公司发展要求和监管需要；公司各部门根据各自工作的实际情况和特点，整理修订内部管理制度、流程，完善内部管理机制，促进内控制度在科学管理的基础上得到贯彻，有效地推动了公司内控建设和业务发展；党工团组织继续以一系列主题实践活动为载体，推进业务改善和素质提升；通过各项党工团各项活动的开展，公司和谐企业建设取得新进展，活力得到加强。

（刘曙东）

三峡财务有限责任公司

【综述】

三峡财务有限责任公司是专门服务于中国长江三峡总公司及其成员单位和三峡工程建设的非银行金融机构，2008年注册资本增至24亿元人民币。公司始终坚持“依托集团、服务集团”的发展战略，秉承“规范稳健、开拓创新”的经营理念，为发展成为三峡总公司的综合性金融服务平台而不懈努力。2008年，公司紧跟集团战略发展，拓展服务的广度和深度，加大信贷资产等低风险资产配置力度和短期资金运用力度，扩大收入来源，优化业务流程，改善绩效管理，完善风控机制，不断推进内部管理与改革。

【存款业务】

全年日均存款余额54.65亿元，同比增加9.83亿元，增长21.93%，综合付息率1.02%。在集团内负债增长较快的情况下，公司减少了信贷资产转让、同业拆借业务规模，降低集团外负债比例。全年集团外负债日均规模7.45亿元，同比下降45%，平均成本率4.82%。

【贷款业务】

全年自营贷款及贴现的平均规模27.04亿元，实现利息收入1.81亿元，同比增长28%，委托贷款及担保手续费收入74万元。贷款收息率为100%，不良贷款率为零。全年累计向成员单位发放自营贷款2.96亿元，累计向施工单位提供了0.43亿元贷款，阶段性买入中行、建行、开行信贷资产40亿元，在年内贷款到期36亿元的情况下，公司年末信贷资产余额仍然达到33.6亿元。

【投行业务】

1.2008年，股票市场呈单边下跌走势，上证指数全年下跌了65%，公司证券投资收益大幅下降。全年证券投资业务实现收益3,060万元，同比减少7.75亿元，下降96%。

2. 公司利用金融同业存款利率放开政策，努力提高同业存放资金收益水平，全年同业存放资金日均规模32.2亿元，实现收益7,152万元，收益率2.22%，其中活期存款利率最高达到3.33%。

三峡财务公司召开成立十一周年座谈会。

3.2008年,公司完成了向成都银行财务性投资入股,出资1.98亿元,占总股本的2.03%。完成参与发起设立民生加银基金管理公司,出资0.2亿元,持股比例10%。

4.2008年,公司抽调专人参与三峡总公司整体上市、云南煤化项目、沐若项目等工作,负责财务和法律尽职调查、交易方案设计、财务测算、编制资金流计划、税务咨询等财务顾问工作。

【受托资产管理业务】

2008年,公司密切跟踪市场收益率变化趋势,动态调整受托户的配置品种,减少了股票、基金的配置,增加了固定收益品种的投资比例。年末除总公司年金和长投四期受托户合计持有0.22亿元权益类投资外,其他受托户已无权益类投资,受托理财整体的权益类投资占比为0.33%。全年共管理10期受托资产管理合同,未清算合同累计规模129.59亿元,本金余额62.60亿元,账面浮盈6.58亿元,收益率为5.08%;剔除总公司年金户出售中国国航实现的1.74亿元收益,收益率为3.73%。

【代理电费回收业务】

公司积极完善电费回收工作流程,加强制度建设,理顺合作金融机构的关系,全年应收电费178.46亿元,实际回收199.31亿元,电费回收率达111.68%。电费回收进度与同期相比,略有提前。

【稽核审计和风险控制】

2008年,公司按照监管规定进行了风险等级自评,积极配合湖北银监局对公司开展的以投资业务为重点的现场专项检查工作,对监管意见和建议均逐项进行了整改落实。发挥稽核监督作用,通过向各部门发放风险调查表以及稽核人员现场跟学等方式,完成了公司《岗位风险综合报告》,总结揭示了公司当前岗位设置安排中存在的风险,并加以规范。为保证业务合法合规经营,共开展投资、信贷、资金管理业务等18项次专项稽核检查,检查覆盖率达到95%以上。组织风险专题分析研究会8次,为流程优化梳理工作打好基础。

【电子服务系统升级】

2008年3月,公司根据董事会决议正式启动了电子服务系统升级改造项目。为了切实做好该项工作,公司成立了项目工作组,计划在2年内完成改造工作。2008年,项目组走访了分布在宜昌、金沙江、北京、上海区域的各个成员单位和国内19家财务公司、银行及软件开发企业,了解服务需求,汇集先进经验。在此基础上,编制完成系统需求报告书,并先后向总公司资产财务部、信息中心做了全面汇报,听取意见。12月完成了项目招标工作。应成员单位POS机业务使用需求,公司联合银行成功开发了POS机业务操作流程,率先实现财务公司领域内POS机运用。

【信息化建设】

从2007年6月开始,公司着手开发证券核算管理系统。在总公司资产财务部和信息中心的大力支持下,在用友公司的配合下,历时一年,完成了证券核算管理系统的开发工作,2008年8月系统上线运行,9月通过了总公司信息中心、资产财务部、公司信息部、计财部、宜昌纵横计算机公司的联合验收,正式投入使用。

【增资扩股】

2008年6月,经湖北银监局《关于三峡财务有限责任公司增加注册资本、调整股权结构及修改公司章程的批复》(鄂银监复[2008]199号)批准,由公司原五家股东单位共同增资,增资后公司注册资本金由人民币10亿元增加至人民币24亿元。

【履行社会责任】

为帮助四川地震灾区人民抗震救灾,履行企业社会责任,经报总公司批准同意,公司通过宜昌市红十字会向四川地震灾区捐款人民币200万元,使用意向为独立援建四川省汉源县的一所希望小学。公司积极组织员工开展捐款活动,72名员工累计捐款(含特殊党费)8.2万元。

(刘云德　王城栋)

葛洲坝集团财务有限责任公司

【综述】

2008年,葛洲坝集团财务有限责任公司在集团公司"又好又快、好中求快"发展理念指导下,坚持"依托集团、服务集团"宗旨,践行合规经营、稳健发展方针,全面落实"依法、从严、精细"的治企标准,始终以防范风险为主题,以资金管理、信贷管理和投资管理为工作重点,深入贯彻落实科学发展观,积极创新服务手段,不断拓宽服务范围,在全球性金融危机的背景下迎难而上,不断取得进步。一是克服危机下的不利形势,继续巩固公司的经营实力。在2008年国际国内经济形势剧烈动荡、国家实行紧缩货币政策不断压缩信贷规模的不利情况下,年末公司总资产仍保有

45亿元，所有者权益5.55亿元，资产规模虽略有下降，但公司在危机下的经营能力明显增强，经营实力得到进一步巩固。二是积极创新盈利方式，实现利润超计划指标。公司贷款利息收入突破7,900万元，在投资上能及时转变策略，审慎稳健投资，获利近2,910万元，使公司增利方式更加多样化。2008年，公司全年实现营业收入12,309万元，创造利润5,647万元，均超额完成计划指标；总资产收益率1.19%，资本金收益率11.29%，流动比率125.32%，资产负债流动性较好，盈利能力得到快速提升。三是资产质量不断提升，抗风险能力进一步增强。年末公司不良资产余额5,094万元，不良资产比例2.7%，分别比年初减少1,220万元和下降0.3个百分点；不良贷款余额94万元，不良贷款率0.08%，分别比年初减少1,220万元和下降0.95个百分点，不良贷款余额和不良贷款率实现“双降”。不良资产比例和不良贷款率均低于监管当局要求的4%和5%的警戒指标。年末公司资本充足率36.07%，远远高于10%的监管预警指标，贷款利息回收率达99.89%，各项资产减值准备均足额提取，公司的抗风险能力进一步增强。

葛洲坝集团财务公司办公大楼——葛洲坝金融大厦。

【存款业务】

2008年，公司继续深化资金集中管理服务，截至年末，累计吸收的存款余额为38.72亿元，其中活期存款余额76,721万元，定期存款余额43,566万元，委托存款余额26.74亿元。

【贷款业务】

2008年自营贷款发放50笔，规模在2007年的基础上继续扩大到19.27亿元。收回贷款67笔，共计19.89亿元；发放外汇贷款3笔，计440万美元；发放委托贷款14笔，计8.70亿元，收回35笔，计11.20亿元。年末，公司贷款余额38.87亿元，其中自营贷款余额11.82亿元、委托贷款余额26.74亿元、外汇贷款余额440万美元。

【代理业务】

全面累计办理内部转账结算11.51万笔，日均471笔，累及结算金额3,227亿元；为客户办理托收款项183万元；办理贷款担保1亿元，办理保函39笔1亿元；办理资信证明27笔。

【稽核审计】

一是在纳入上市公司管理之后，公司依法实施了新会计准则，使财务管理更加科学透明。二是加强了法规学习和制度建设。公司组织学习了反洗钱的相关法规及《金融机构大额交易和可疑交易报告管理办法》等，制定、完善了《葛洲坝集团财务有限责任公司反洗钱工作规定》及《葛洲坝集团财务有限责任公司大额交易和可疑交易报告操作规程》等制度，使公司的稽核管理有制度可依。三是精心组织，加强对各部门的内部稽核工作，完成了公司资金内控制度及资金使用效率、本外币信贷业务及贷款管理基础工作等的调查工作，进一步促进了公司各项工作的规范运作。

【社会责任】

公司长期以来坚持履行社会职责。2008年“5·12”汶川大地震后，公司积极发扬“一方有难、八方支援”的优良传统，率先向灾区捐款5万元，并组织全体员工捐款22,500元；此后，公司党总支组织全体党员缴纳特殊党费19,000元，团总支组织公司青年、团员为集团公司“扬起希望——汶川地震专项救助基金”捐款2,750元。在支援灾区建设的同时，有力地展现了公司的良好形象。

（杨守全）

三、证券业

长江证券股份有限公司

【综述】

2008年，面对国际金融危机加速蔓延、宏观经济不确定因素增大、特大自然灾害相继发生、国内资本市场单边下跌等严峻挑战，长江证券股份有限公司克难攻坚，保证了各项业务的平稳发展。公司全年营业收入20.73亿元，营业利润9.73亿元，净利润7.02亿元。公司现有分布在全国各主要城市的营业网点60多个，从业人员2,921名。2008年末公司资产总额为181.91亿元。

2008年6月19日，湖北省副省长赵斌到长江证券股份有限公司视察指导工作。

【经纪业务】

2008年，公司启动零售客户业务体系改革，大力发展基础客户，以适应经纪业务市场的发展变化和激烈竞争；积极开展各项营销活动，大力发展渠道营销和社区营销；建立内部培训师队伍，加强对营销人员的培训；根据客户分级、产品分类、服务分层的原则确定客户服务体系框架，初步完成了相应的制度建设，逐步推进了客户服务工作。公司2008年实现证券交易总额10,604.57亿元，全行业排名第19位，其中股票基金交易量7,806.38亿元，市场份额达到1.43%。

2008年4月，长江证券股份有限公司承办第三届中博会"资本市场发展与中部地区崛起高层论坛"。

【投行业务】

长江证券承销保荐有限公司（以下简称长江承销）为长江证券股份有限公司全资子公司，是国内目前唯一一家由证券公司全资控股的投行子公司，公司注册资本1亿元人民币。

2008年，长江承销加大对湖北省内市场的开发力度，切实履行作为武汉市政府、湖北省发改委财务顾问的职责。2008年公司完成了三个主承销融资项目，融资额47.25亿元，股票主承销金额在全国排名第12位，完成在审项目2个，完成财务顾问项目36个。

2008 年 12 月，长江证券股份有限公司受聘为武汉市人民政府财务顾问。

2008 年全年实现营业收入 6,743.36 万元，占长江证券股份有限公司营业收入的 3.25%，实现利润总额 716.65 万元。

【固定收益业务】

公司 2008 年全年累计承销国债 88 亿元，累计承销金融债 175.30 亿元，累计承销央行票据 300.90 亿元，综合排名位居券商前 10 位。公司在银行间债券市场现券交易量为 3,075 亿元，较上年同期增长 149%，同业排名第 6 位，较上年上升 1 位。主承销的 2008 兵器债发行规模 45 亿元，是迄今为止国内发行规模最大的无担保企业债券。

【资产管理业务】

2008 年公司集合资产管理计划取得长足进展，设立了超越理财 2 号、超越理财 3 号和超越理财增强债券共三期集合资产管理计划，发行规模分别达到 10.07 亿元、2.69 亿元和 1.97 亿元，产品种类丰富，业务得到了稳步推进。

【金融衍生产品业务】

公司积极探索稳定的业务发展模式，深入了解客户需求，不断设计、调整出符合市场需求的套利产品。经过大半年的实践和摸索，进行了多次的 ETF 套利系统升级，在基本系统平台的基础上，通过新的套利策略和方法，提高了 ETF 套利的效率和利润。

【基金管理业务】

截至 2008 年末，公司旗下长信基金管理有限公司共管理 6 只基金，管理的基金资产规模突破 230 亿元，基金资产净值由上年的全行业第 30 名上升至 28 名，市场占有率从 1.28%上升至 1.4%；实现营业收入 34,705.92 万元，利润总额 12,878.05 万元，净利润 9,655.29 万元，与上年相比，营业收入增长 24.34%，利润总额增长 42.06%，净利润增长 27.97%，净资产增长 21.50%，净资产收益率增长 1.81%。公司旗下诺德基金管理有限公司共管理 2 只基金，管理的基金总份额为 53.18 亿份，管理的基金资产净值总额为 33.68 亿元，实现营业收入 9,171.01 万元，利润总额 2,556.60 万元。

【期货业务】

2008 年，公司旗下全资子公司长江期货有限公司新开 5 家营业部，强化了自主营销能力，积极推动产品创新和客户服务创新，成功推出系列创新产品，还将渠道业务引入期货，并取得突破性进展。2008 年，长江期货有限公司新增客户超过 6,600 户，增长 150%；全年交易额累计达到 3,610 亿元，与上年同期比较，增加幅度为 135%，远超过期货市场 76%的增加水平；市场占有率稳步增长，较上年同期增长 36%；年末客户权益保持持续增长，较上年同期增长 67%。2008 年实现营业收入 3,370.60 万元，利润总额 807.43 万元。

（长江证券股份有限公司办公室）

天风证券经纪有限责任公司

【综述】

天风证券经纪有限责任公司（以下简称“天风证券”），其前身为 1995 年设立的成都联合期货交易所，2000 年 3 月改组成证券公司。

为了积极响应湖北省、武汉市政府将武汉建设成为“中部区域金融中心”与将东湖新技术开发区建设成为武汉金融服务平台的战略规划，充分发挥证券公司在资本市场的中介作用，提升武汉市与东湖开发区作为中部金融中心的融资能力与辐射能力，促进公司更好更快地发展，公司把注册地迁到了武汉。2008 年 1 月中国证监会批准了公司注册地变更申请，2008 年 2

2008年5月,天风证券经纪有限公司总部迁入武汉东湖新技术开发区。

月公司注册地由成都变更为湖北省武汉市东湖新技术开发区关东园路2号高科大厦。

公司目前在全国设有12家分支机构,主要分布在深圳、大连、成都、南京等地区。公司抓住股指期货这一难得的历史机遇,收购了北方期货经纪有限责任公司,并将与天风证券进行配套经营,一方面满足天风证券客户投资股指期货的需要,另一方面借助期货公司的经营网点拓展天风证券的客户源,进一步拓宽业务渠道,完善经营体系,加速公司的发展步伐。

【经纪业务】

(一)经纪业务运行情况

2008年,公司面对艰难的市场环境,积极开展金融营销活动,提高服务水平,公司12家网点全年实现交易额(A股、基金、权证)554.48亿元,比2007年的860.22亿元减少305.74亿元,下降了35.54%,略低于市场下降水平38.19%;公司市场占有率为万分之8.12,较2007年的万分之7.91上升了0.21个万分点。

(二)账户管理情况

1. 基本情况:

公司2008年新开户12,643户,较2007年的27,168户降低了53.46%;截至2008年12月31日,公司共有第三方存管上线客户69,158户。

2. 不合格账户规范验收工作:

根据监管部门的要求,公司下发书面文件和通知十余份,指导、组织公司营业部、服务部顺利完成不合格账户规范工作。截至2008年12月5日,公司共托管A股证券账户144,474户,其中由登记公司确认的小额休眠账户3,694户(10月5日),公司认定的休眠账户9,667户(10月5日),不合格账户14户(4月25日),无司法冻结类不合格账户和风险处置账户,其余131,099户全部为合格账户,且合格账户全部完成了第三方存管的上线工作。

(三)投资者教育及营销人员规范管理

1. 投资者教育:

制作了投资者教育手册和宣传资料,揭示股票投资风险,让投资者充分认识到“股市有风险,投资需谨慎”,领悟“买者自负”的投资原则。并要求各营业网点在开户环节就加强投资者教育和风险提示工作,并通过后期客户服务电话回访检查督促。

2. 营销人员规范管理:

执行第三方存管以后,为加强银行渠道的营销工作,公司开展了驻银行网点营销工作。专门招聘工作人员并进行培训,制定工作制度、流程,加强日常管理。每周派人员到各银行网点巡查,检查驻点人员的出勤情况。组织营销人员的日常管理、学习、培训、考核,全年共举办较大规模的集中培训5次。

(四)公司经纪业务相关制度整理及编制

根据业务发展需要,进一步修改并完善了公司现有经纪业务制度,并制度了新的规定。

【信息技术】

(一)基本情况

2008年,根据监管部门和证券业协会要求,公司信息技术工作主要围绕“维护稳定”和“规范发展”的精神开展。面对雨雪冰冻和地震等重大自然灾害,公司通过加强基础安全应急保障工作,保证了信息技术系统全年稳定运行。奥运期间,对公司信息系统提前排查隐患,防患未然,坚持每日报告信息系统安全运行情况,顺利完成信息系统维稳工作。

此外,公司信息技术系统在保持安全稳定运行的前提下,在IT制度建设、应急保障、系统安全、人员配合等方面都取得了重大进展。

(二)基础设施

2008年度公司的基础设施建设主要集中在营业部的升级改造

和搬迁上，除了受四川大地震影响较大的什邡和江油两家服务部进行了灾后重建外，新津和资阳两家条件比较差的服务部也进行了搬迁和升级改造建设，另外多家营业部和服务部都更新了 UPS 供电系统。

（三）网络与通信

2008 年度，公司对网络与通信系统进行了新建完善和改造升级：一是根据营业部和服务部的特点，规范了营业部和服务部的网络拓扑架构。二是公司在原有的基础上新增了一套 VPN 链路，新增的 VPN 链路增强了公司通讯链路的冗余备份。三是新增了网络监控系统，及时了解并记录网络设备和链路的运行状况，提前预知网络上的异常情况，加强了网络的运维能力。

（四）核心设备

为了保证交易系统的稳定和业务处理能力的充分冗余，2007 年底至 2008 年初，公司更换升级了集中交易服务器和温备交易服务器，同时保留了原来的温备服务器，提高了交易服务器的处理能力和稳定性，同时加强了备份服务器的冗余。更新以来，对服务器状态持续跟踪监控，运行情况良好。

（五）应用系统

公司行情揭示系统、集中交易系统、网上交易系统，法人清算系统、三方存管系统、运行保障系统（内部风控、异常交易监控、反洗钱、结算资金报送）等系统全年运行保持稳定，没有出现影响业务的重大事故。

2008 年，公司三方存管系统在原有合作的建行、农行、工行、招行基础上，增加了中行三方存管系统。

2008 年，公司增加了核心同花顺网上交易和 WEB 交易系统，移动掌上通手机炒股系统。内控系统增加异常交易监控模块，实现了对实时交易异常情况进行监控管理等。内控反洗钱系统针对人民银行下发文件《证券期货业大额交易和可疑交易报告数据报送接口规范（2008 修订）》进行升级，实现新接口顺利过渡。

（六）安全保障措施

1. 制度建设：

公司建立了《天风证券信息系统管理制度》《天风证券中心机房管理准则》《天风证券网络管理制度》《天风证券计算机病毒防范制度》《信息技术部外来人员出入机房管理制度》《信息技术部日常工作制度》《信息技术部交易系统留痕管理制度》《信息技术部集中交易系统数据备份管理制度》《信息技术部集中交易系统各级用户密码管理制度》等一系列安全管理制度。

2. 网站建设：

公司与天络科技公司合作重新开发了新版天风证券网站，新网站建设的主要目的就是加强网站的安全等级，采用全新的系统结构，实现了数据库服务器与 WEB 服务器的分离，降低了被入侵的风险。

2008 年 4 月，天风证券经纪有限公司在武汉召开经纪业务研讨会。

【风险管理】

（一）基本情况

为了能及时防范和化解经营风险，有效防止和纠正证券经纪业务中的违规行为和合规风险管理体系上的缺陷，公司在 2008 年度成立了合规部并选任合规总监，制定一系列的措施并出台了一系列文件。同时公司稽核部在年度结束后，对证券经纪业务实时监控数据进行了统计、分析，并且就公司合规经营的有效性进行了检查与评估，以便于有效掌握内控制度与业务流程规范、证券经纪业务风险防范等情况。

（二）组建合规部门

公司经营工作例会研究决定，将公司法律事务部改组为合规部，具体负责合规管理工作。合规部定位于独立对公司整体范围内的法律及合规风险实施有效管理的内控部门，其主要工作职能包括：

天风证券四川营业点在地震后坚持为客户服务。

为公司内部管理制度和业务规则的合规性把关并监督执行；对公司重大决策和主要业务活动进行合规审核；对公司的合规状况以及内部控制的有效性进行监测和检查，并按规定向公司董事会、股东会和监管部门做合规状况报告；对公司可能发生的不合规事项进行质询和调查，负责制定不合规事项的整改计划和方案，并督促落实，负责与监管部门之间的沟通协调工作；负责组织公司管理层和全体员工对法律、法规、规章、规范性文件和公司制度的学习、培训，为公司决策层、管理层和业务部门提供合规咨询；审核、修改公司有关法律事务文书，代理公司参加其他单位或个人和公司之间发生的诉讼、调解和仲裁等事务。同时，公司在各营业网点设置合规岗，指派专职或兼职的合规管理人员负责营业网点的日常合规管理工作，由公司合规部垂直领导，并向合规部、合规总监报告。

（三）主要稽核工作

公司的主要稽核工作有：证券经纪业务实时监控统计与分析；开展对营业部（服务部）例行稽核；完成对各营业部2007年度财务报表的审计；实施对第一责任人的离任审计；对营业部财务经理、电脑经理的离任或轮岗进行了审计；根据账户规范清理情况进行了内部核查；对账户规范后续整改工作进行了自查；对账户规范情况进行了后续现场自查工作；做好反洗钱监控与上报工作；实现了以净资本为核心的风险控制指标的实时监测；开展了经纪业务流程及关键环节检查；实施了对营业网点信息系统安全性的检查。

【财务管理】

2008年，公司进一步完善财务管理职能，健全和规范各项财务管理制度。一是制定和实施《预算管理办法》。公司总部各职能部门、分支机构应根据公司总的年度预算，编制各预算单位的预算。二是修订了《费用管理办法》。根据公司的目前的实际情况，修订了各项日常费用的支出标准和费用审批权限，并且建立起费用的考核、分析和反馈制度。三是修订了《固定资产管理办法》。修订后的《固定资产管理办法》根据新会计准则的要求确定了固定资产范围和账务处理办法，同时对固定资产购置、验收入库、内部调拨、保险维护和修理、盘点和清理等的处置流程和审批权限。

【客户服务】

（一）客户服务制度化建设

公司在梳理经纪业务流程及相应制度中发现，以往的业务流程主要是对内部的管理和对客户交易风险的监管，缺乏客户服务的制度和标准，在广泛征求意见的基础上，制定了《天风证券营业厅服务环境管理规范》《天风证券营业厅工作人员礼仪规范》《天风证券营业厅操作人员服务规范》《天风证券营业厅客服主管服务规范》等制度和标准。

（二）规范服务流程

营业部对客户分类管理，注重提供细节和差别化服务，电话营销中心的座席配合交易部对重点客户进行了跟踪服务，对营业部有异动的客户进行了细致的服务，制定了《电话营销中心礼貌用语》《客户投诉管理制度》《客户服务方案设想》《营业部客户管理和服务体系构建》等制度。

（三）加强技术革新，引入新的委托方式，积极寻求新的服务管理方式

1. 积极与中国移动“手机证券”综合业务平台的技术提供方和业务运营发展商联系洽谈，并与北京掌上网科技有限公司签订了“手机证券”业务合作协议，为公司的客户提供了通过手机上网查询行情、委托交易等服务。

2. 为了适应公司的客户服务体系需要，为客户和服务人员提供

一个有效的沟通平台，树立天风客户服务品牌形象，提出了建设新的客户服务平台（即呼叫中心系统）的要求，并广泛地同相关技术开发和建设方沟通洽谈，收集行业内已建呼叫中心系统的使用情况、系统优劣、扩展能力等信息，准备申请呼叫中心系统建设的立项审批。

（四）加强了对非现场客户的维护工作

非现场交易客户的增加，给客户服务提出了新课题，针对这一现象，各营业部建立 QQ 群，通过电子邮件、MSN、QQ 发送每日资讯；每日为客户统一发送信息，信息内容尽量简明扼要，包括财经、证券要闻、新股提示、上市公司动态等；每天有针对性地对客户进行电话回访，并做好记录，对问题及时进行反馈和解决。

（五）加大咨询力度，帮助客户正确应对市场变化

2008 年上半年市场呈现单边大幅下跌的走势，相应的咨询工作难度增加，但员工没有畏难情绪，没有减少咨询力度，在保证日常的咨询工作以外，通过公司网站和《天风投资》月刊及时发布正规渠道的信息和公司研究报告，得到市场和客户的好评。营业网点的咨询部人员还利用业余时间，进行市场研究，多看、多写研究报告，提升自己的业务素质，完善客户服务。6 月末在各营业部举办了《天风证券 2008 年下半年投资策略报告会》，在市场惨淡、变幻莫测的情况下，公司本着为投资者认真负责的态度，为投资者提供参考和指导，得到了广大投资者的称赞和认同。

（六）危难之处彰显服务精神

2008 年 5 月 12 日，公司处在重灾区的什邡、江油服务部等遭受了特大地震，在地震发生时，公司启动应急预案，首先组织客户撤离，保护公司财产，由于疏散得力，现场客户未遭受重大伤害和财产损失。服务部第一时间向客户公布了成都营业部委托电话及详细拨打方法，并在地震后第二天开设了帐篷临时交易点，满足了部分客户的需要；由于当地政府要求不得聚集交易，一时间无法在营业厅营业，但是，交易所未停止交易，客户非常希望恢复交易，在电力、通讯等条件许可下，什邡、江油服务部因地制宜，在本地广场上搭建了有数十台委托机的临时交易活动房，满足客户的交易需求。

（杜　耕　姚苗苗）

广发证券股份有限公司湖北分公司

【综述】

广发证券股份有限公司是国内首批综合类券商之一，是一家与中国资本市场一同成长起来的新型投资银行，拥有提供全面证券业务服务的能力，分支机构遍布全国，致力于为个人投资者、企业、政府部门提供种类齐全、各具竞争优势的产品和服务。凭借着创新的服务理念、广布的营业网点、精准的投资分析及丰富的投资经验，至诚为客户提供最优质的服务，与客户共同成长。公司以“知识图强、求实奉献”为核心价值观，以使命感、事业心和专业追求致力于为客户提供创造性的服务。2008 年被评选为中国最佳证券经纪商。

广发证券股份有限公司湖北分公司是总公司在湖北地区经纪业务的授权管理机构，于 2006 年 2 月成立，所辖范围涵盖湖北、河南、湖南三省境内共 16 家营业部、4 家服务部，在册员工 218 人。其中湖北省内有 14 家营业部、4 家服务部，湖北分公司通过不断努力，在湖北证券市场始终处于主导地位，目前市场占有率、资产规模、利润均位居湖北地区前三甲，在 2008 年度总公司总裁奖励基金评选中荣获优秀团队奖。

1. 网点优势。广发证券股份有限公司湖北分公司下辖 19 家营业网点，在武汉市的网点有 10 家，分布于武汉三镇，网点数量居全省第一，为银证业务办理及现场服务咨询提供了强大的网点支持。

2. 强大的服务优势。一是强大的 CRM 服务系统支持。借助总公司博士军团的研发产品与子公司——广发基金的先进投资理念，将资讯产品通过手机短信、电子邮件等形式第一时间发送给客户，为客户提供重要的投资参考。二是完整的“金理财”服务资讯体系。按照客户投资需求情况为客户提供“金指南”、“金管家”两种资讯品种。三是专业的分析师团队。目前湖北分公司有 20 余名分析师，其中高级分析师 2 名，通过投资策略报告会及其他互动交流的形式，为客户提供及时的投资建议。四是强大的 Call－center 中心，第一时间处理客户投资过程中遇到的问题。

3. 品牌优势。公司以稳健规范经营为原则，是国内首批创新试点券商，连续 12 年列为全国十大券商之一，被誉为证券行业的“博士军团”，得到了市场的广泛认可。

（彭桂霞）

注：广发证券股份有限公司湖北分公司由原广发证券股份有限公司湖北总部更名。

中信建投证券有限责任公司华中地区营业部

【综述】

2008年，受全球金融危机影响，我国证券经营形势日趋严峻，中信建投证券有限责任公司华中地区各营业部稳妥调整内部机构，努力提高在区域市场的竞争实力，取得了好于预期的经营业绩。2008年，完成股票基金权证交易量1,165.60亿元，市场占有率稳步增长。在业务发展上，深化与银行渠道的合作，组织了多次重点营销活动，积极开发客户资源，扩大在区域市场的覆盖面；同时，按照证监部门和总公司的要求，紧张高效地完成客户账户清理规范工作，在雪灾、地震及奥运期间，各营业网点均保证了安全运营。总体上，华中地区各营业部较好地完成了当年各项工作，巩固了经营成果，为树立公司品牌、实现可持续发展奠定了基础。

【经纪业务】

2008年，华中地区营业部通过完善渠道、建设队伍、重点营销、加强风控，整体的市场拓展能力大大增强，客户引进工作取得了较好的成绩，经营发展更趋稳健。各营业部全年累计完成股票基金权证交易量1,165.60亿元，市场占有率1.702‰，比上年增长4.76%，销售偏股型开放式基金1.76亿元，客户总户数达22.58万户。

1. 积极加强营销渠道和营销队伍建设。2008年，华中地区营业部抓住客户保证金三方存管契机，与各家银行在区域市场深入开展第三方存管业务合作，为三方存管客户提供了高质量的服务。各营业网点还做好营销队伍建设，结合区域市场实际设置营销团队，强化日常管理，落实奖惩激励，坚持优胜劣汰。营销人员克服市场困难，努力开拓市场，引进和服务好各类型客户，客户群体规模进一步扩大。部分营业网点还招聘全日制本科生充实营销人员队伍，培育了生力军。

2. 高效有序地完成客户账户清理规范工作。湖北各营业网点按照证券监管部门和公司部署积极开展账户清理工作，各营业网点高标准地装备了档案存放硬件设施，添置了档案柜，客户档案全部做到一户一档，整齐有序地妥善存放，有的还加装了安防系统，档案存放的硬件环境普遍跃上新台阶。由于全辖人员工作细致到位，5月初，相关营业部通过了上级监管局委派机构的现场和非现场检查。各营业部也借此契机，建立起科学的账户及档案资料管理体系，为客户资源分类，针对不同客户提供差异化服务打下良好基础。

3. 认真细致地做好投资者教育工作。2008年，华中地区营业部投入经费几十万元，印制了精美的《投资者交易手册》和宣传折页，制作了投资者园地、债券学习园地、反洗钱宣传栏等各类型展板和宣传横幅。部分营业网点还在当地电视台报刊等媒体设立专栏，举办各类知识讲座，不断完善和更新投资者园地的各项内容，通过各种途径发放投资者教育宣传资料近万份，引导投资者学习投资知识，提高投资者的风险意识。各营业网点还建立了畅通的信息反馈渠道，在公司网站和营业场所的显著位置公示了投诉电话、传真、电子信箱和监管部门的投诉电话，指定了专门的客户投诉部门和接待人员，公布了投诉电话，受理客户投诉，及时解决客户提出的问题。

【风险管理】

元月中旬，湖北地区遭遇雪灾，各营业网点紧急行动起来，保障了交易系统正常运行，未发生任何人员和业务事故。“5·12”汶川大地震发生时，湖北震感比较强烈，各营业网点启动应急方案，在短时间内妥善疏散客户，保障了运营安全。奥运会期间，严格按照公司和地方监管当局的部署，组织了各营业网点全力做好安全维稳工作，确保了稳定运营，未发生一起不安全事件，圆满达到公司和监管机关的要求。10月下旬，营业部组织对各其他营业网点的消防、安防情况进行全面检查，对发现的问题逐一整改，投入了几十万元专项改造费用，整修消防设施，消除了安全隐患，确保各项设施的可靠性和可用性。

【客户服务】

各营业部、服务部通过多种渠道提供客户咨询和信息服务，在营业场所内启用了广播播报系统，为现场客户提供信息咨询，使客户及时掌握市场动态；举办了多场投资报告会，坚持每日“股市沙龙”讲座，定期开展理财讲座；通过短信平台系统向客户发送信息，积极推广了公司研究所《分析师短信》，部分营业网点还在营业场所外安装滚动屏，加强宣传和服务。部分营业部通过重点服务好投资能力和风险控制能力强的核心客户，带动新老客户，盘活存量资产，有效提高了市场占比。各营业网点还启动了对2008年新开户客户的电话回访，深入了解客户需求，有针对性地改善和提高服务质量。

【企业文化建设】

华中地区营业部坚持开展企业文化建设，加大培训教育力度，组织了多次业务知识培训，举办了两期大型培训活动，提高了员工证券专业技能和水平。针对2008年雪灾、地震等自然灾害，各营业网点纷纷响应上级号召，踊跃开展捐款活动，累计捐款约30万元。华中地区营业部党委各党支部积极开展党十七大会议文件知识的学习竞赛、党风廉政建设教育、科学发展观学习活动等，全体党员获得了充分的政治理论知识教育。工会还举办中信系统运动会、乒乓球比赛等体育活动，促进了系统内员工的交流。

（中信建投证券有限责任公司华中地区营业部）

国泰君安证券股份有限公司武汉分公司

2008年，面对较为严峻的市场环境，在公司总部的正确指引下，围绕全年总体经营目标，武汉分公司扎实开展阶段性工作，积极应对国内外经济环境的诸多不利因素，依托公司强大的营销平台，全面推进各项工作。

【经纪业务】

2008年以来，武汉分公司认真贯彻“立足经纪业务、发展全面业务、突出创新业务”经营战略，深化对公司经营管理工作的指导思想和总体目标的认识，周密部署、细致安排各项工作，分解指标、明确责任，采取切实有力的措施加强管理。

1. 强化非现场交易导向，占比大幅增长。

2008年，非现场业务工作通过佣金策略、加大宣传、完善服务等方式成效显著。一是襄樊营业部狠抓扩大非现场交易工作重点开展“手机炒股”的宣传工作，安排专人帮助客户下载安装手机证券，为客户开设培训课，走向小区做宣传。全年手机证券交易发展较快，并坚持安排专人为客户提供网上交易上门服务。二是宜昌四新路营业部借迁址之机，着重推广总部互联网经纪业务中台所提供的各类资讯及服务，借助飞信、QQ等网络工具与客户进行及时沟通，使非现场交易客户满意度大幅提升。三是宜昌珍珠路营业部在2007年创建“淘金园”网上交易咨询博客的基础上，继续坚持办好“淘金园”，有效解决非现场交易中客户遇到的最常见的共性问题，疏通客户网上交易障碍，减少电话咨询服务中不必要的重复性劳动，及时为网上交易客户提供大量的证券投资资讯信息，还为开展投资者教育等提供了阵地。开博以来“淘金园”博客累计访问量达21.5万多人次，有效地服务了非现场交易客户，提高了工作效率，扩大了国泰君安证券在当地的知名度和影响。

公司呼叫中心和营业部面对受股灾影响的客户电话时，采取认真倾听、耐心解释、积极引导的服务方式，更加贴近客户，提高了对非现场客户的服务水平和客户满意度，非现场交易占比不断提升。

2. 联名卡销售实现突破性增长。

2008年，武汉分公司在促进联名卡销售工作中通过实施优惠政策，支持营业部开展促销活动，开卡量大幅增长。上半年，公司确定了以免费开户、开办联名卡赠送食用油的促销策略，并首先在襄樊营业部展开试点，然后在全省推开。“襄樊联名卡促销模式”效应很快在各营业部得到推广，紫阳东路营业部在开展促销活动中借助与银行间的密切伙伴关系，以互利互惠的协作方式得到银行方的大力支持。银行方不仅主动承担活动中的礼品经费，为营业部节约费用数万元，而且还积极帮助营业部销售联名卡，引进客户资产。洞庭、荆州营业部发扬以工作为重、以大局为重、舍小家顾大家的奉献精神，销售竞赛活动期间表现突出，超额完成了任务。宜昌两家营业部联手做联名卡促销活动，确保宜昌地区营销活动的整体性，先后与4家银行的合作网点进行充分的沟通和交流，取得了较好成绩。

3. 居间业务发展迅猛，居间人队伍初具规模。

2008年武汉分公司通过完善管理体系，深入研究开展居间业务的途径、方式及相关政策，加大推动渠道建设实施力度。从招聘材料的组织和与媒体间的沟通，到人员的面试、分期培训，到团队的设立、办公场地的改造、设备的配置，以及后期的营销策略跟踪指导，居间业务取得重大突破性进展，在各大银行系统建立了多条营销渠道。

4. 加强客户开发工作，重点客户开发实现突破。

客户开发和客户服务是营销工作最主要的两个方面，在弱势格局下维护存量客户至关重要，而有效开发客户则更具挑战性。各营业部不断创新客户结构，拓展业务领域，利用多种交易分析系统和手机理财“易阳指”、“银证联名卡”等服务手段，大力开发股权管理、私募基金等新型客户，为优化客户结构和拓展业务领域奠定了良好基础，充分发挥自身潜能，为其带来可观新增客户资源。尤其是襄樊营业部在客户开发过程中，建立了比较独特的渠道营销，加强与银行、企业合作联系，使台基半导体、农行、建行、襄樊林场等单位的客户和员工转化成营业部的证券客户。

5. 突出开展新业务特色并稳步推进，积极筹备未开展业务。

一是在权证业务方面，公司襄樊营业部利用自身优势实现特色业务的突破。他们抓住市场机遇，大力培养权证客户，深入挖掘客户潜力，利用权证T+0交易规则，通过给客户提供费率优惠等措施，大力提高客户资金周转率和利用率。同时在营业部设立金融衍生产品专区，为权证交易客户提供便利优越的交易环境，从而实现了跨越式发展。

二是在基金业务方面，在公司重点基金——德盛红利基金销售中，公司领导高度重视，克服时间紧、任务重的困难，全面动员，精心部署营销工作，超额完成了销售任务。

三是在期货业务方面，总公司下发《关于重视期货中间介绍(IB)业务检查的通知》后，武汉分公司立即部署工作，要求各营业部按照监管部门的要求完成开业准备，并对营业部进行了初查，跟踪落实改进情况。邀请湖北省证券监督管理机构检查验收，全省7家营业部中已有4家通过湖北证监局的开业检查。

四是在融资融券业务方面，全年共参加3次总部培训，组织员工积极参与融资融券模拟交易，进行交易练兵，提高员工融资融券业务水平。全年共组织员工参与3次模拟大赛，近百余人次参与融资融券模拟大赛交易。

6. 夯实客户服务工作基础，不断扎实推进。

为了降低核心客户流失率，武汉分公司首先规范了佣金设置和转户流程，强化内部控制。针对核心客户分配率不足的问题，实施了未分配核心客户的二次分配政策，进一步加强对核心客户的服务工作。在武汉各营业部反映其他券商纷纷以低佣金吸引分公司的客户，流失率有所提高的情况下，分公司结合当前佣金政策，出台佣金指导意见，稳定现有核心客户，积极拓展新增客户，快速扩大客户资产规模，提高市场份额。

在落实维稳工作，缓解客户矛盾方面，按照监管部门工作要求，武汉分公司成立了维稳工作组，要求各营业部认真做好客户的情绪疏导和安抚工作，并及时收集营业部维稳工作中的最新情况，做好上报和及时处理工作。其中洞庭营业部因客户亏损威胁员工闹事、荆州营业部疑似爆炸物等情况，分公司反应迅速，处理及时，将相关情况及时上报主管部门。宜昌四新路营业部将亏损排名前50名投资者的交易情况进行认真分析，寻找对策、有的放矢，安排前台具备业务专长的营销人员以不同方式进行沟通和拜访，有效安抚了客户情绪并化解了潜在风险，未出现一例因亏损而引发的风险事件，将维稳工作落到实处。

7. 群策群力，保质保量完成专项工作。

2007年底，证监会要求各券商“不合格不规范账户的清理规范工作”分期分批限时完成，不合格账户的规范工作成为关系到证券市场健康发展的重要基础性工作。根据总公司的统一部署和要求，一、二类账户清理必须在2月底完成。为此，武汉分公司研究决定要求各营业部将应规范的账户分解到前台人员。通过共同努力，按时完成了客户清理工作，账户清理工作取得圆满成功。

【投行业务】

2008年，总公司提出大投行业务要继续坚持“大中小型项目全面开拓、重点布局”的战略定位，要求加紧布局和备战中小项目、创业板、三板、公司债业务和直接投资业务，以完善大投行业务链条；将大投行部门的专业技术优势和分支机构区域资源优势相结合，从而带动公司大投行业务继续发展。武汉分公司高度重视区域内大投行业务机会的把握。机构客户部作为此项业务的具体责任部门，利用长期积累培育的大投行业务资源，在企业融资总部(深圳)大力支持下，争取到4家优秀中小企业中小板或创业板上市项目，同时储备了若干企业作为债券业务、直投业务、IPO业务后备项目。

1. 企业融资——IPO项目。

在IPO方面，武汉分公司的主要项目有武汉华中数控股份有限公司、湖北鼎龙化学股份有限公司、武汉新华扬生物股份有限公司、湖北科益药业股份有限公司等。其中，武汉分公司与华中数控的项目于2008年初正式进入辅导程序。鼎龙化学于2008年6月在湖北证监局进行了辅导备案，目前进入辅导第二阶段。2008年5月，武汉分公司公司与新华扬生物有限责任公司签订了股份制改造财务顾问协议。该企业已于9月10日完成了股改程序,办理完毕工商变更登记,并领取了股份有限公司营业执照。武汉分公司对这些企业进行集中授课,内容涉及资本市场运作规律、A股市场全面法规知识、A股上司公司规范运作、信息披露和履行承诺等方面的责任和义务,以及建立健全公司财务会计管理体系等。同时,组织召开了中介协调会,并督促企业就相关问题进行了整改,持续督促其落实整改方案。

同时,武汉分公司投行部与武昌造船厂、武重机床厂、丹江口水利水电、大冶有色等大型国企相关人员进行多次沟通,就重组及IPO事宜进行商讨。

2. 企业债储备项目。

下半年,武汉分公司机构客户部与固定收益总部、企业融资总部有关人员一起拜访武汉经济发展投资(集团)有限公司相关领导人,就企业债及IPO事宜进行沟通,并达成初步全方位合作意向。

3. 直投业务。

年初,机构客户部与收购兼并总部相关人员共同参加了2008武汉中博会之分会"2008湖北创业风险投资论坛及投融资洽谈会",并作为投资机构在会场开设展台,并走访了光谷创业街内的若干中小型创业企业,就武汉分公司直投业务情况向其进行推介。少数企业对武汉分公司此项新业务表示了合作意愿,为机构客户部和总部相关部门在湖北直投业务的开展开了个好头。

此后,机构客户部向湖北省发改委有关部门介绍了武汉分公司直投业务发展情况,并拟定了对湖北省优秀企业的联合调研计划,进一步推动了直投业务的发展。

4. 其他基础性工作。

武汉分公司机构客户部作为专家应邀参加湖北省上市工作办公室组织的武汉南国置业股份有限公司等多家拟上市企业的上市工作专家评审会,并就企业上市相关问题提出建议;参加了武汉市政府、湖北省科技厅、武汉市科技局举办的科技型企业上市工作座谈会,并做专题发言;在由湖北省科技厅组织实施的"湖北省科技型中小企业成长路线图计划"中,经过机构客户部的争取,省科技厅同意武汉分公司作为唯一一家券商加入该计划,这为直投项目和创业板项目的开发创造了有利条件。

同时武汉分公司机构客户部还受武汉市金融办邀请,参加英中贸易协会举办的"走出去——迈进国际金融市场研讨会",并与与会部分企业进行了深入交流;陪同固定收益总部(北京)的相关人员一起走访了湖北省若干地区的农信社及城商行,就国债交易情况与上述机构进行交流,并就分公司担任主承销商的两支企业债券进行推介;根据总公司研究所的调研要求,联系并安排了研究所研究员及部分基金相关人员在湖北省发改委、武汉城投、交通银行武汉分行、华夏银行武汉分行、汉口银行的调研活动。

(游 泓)

申银万国证券股份有限公司湖北总部

2008年,申银万国证券股份有限公司湖北总部按照公司的经营目标要求,积极稳定推进各项工作,在组织抓好管理、督导、协调和业务开发的同时,注重企业文化建设,充分调动员工积极性,各项工作取得新进展。

2008年湖北总部在集中力量协助投行总部进行湖北祥云化工集团股份有限公司IPO项目的推进,即尽职调查和招股说明书材料制作的同时,又以公司名义签约了两家整体改制并上市辅导项目,总部本部与五家企业达成改制、辅导和上市签约意向,总部本部在相关营业部的协助下独立地操作两家企业的改制财务工作。向公司收购兼并总部联系推荐了两家兼并和定向增发企业项目。公司在湖北地区大投行工作取得进展。

截至9月底,湖北总部区域营业部完成沪深交易总量800亿元,其中A股交易量657亿元,市场占有率为0.16%,实现利润9,650万元,部均创利1,608万元,继续在湖北地区券商中名列前茅,在公司内部109家营业部的排名位置继续得到巩固并略有提高,6家营业部中有5家营业部1—8月份综合排名较上年年底有所上升,最多上升14名。此外,在总部的组织协调下,各营业部在服务部建设方面加大了工作力度,为升格为营业部打下了良好的基础。

1. 开拓进取,积极加大投行开发力度。

2008年,湖北总部的投行开发工作取得新进展。积极与武汉市和湖北省相关部门联系,参加政府部门组织的活动,如湖北省上市促进会、武汉市企业上市推进会、湖北工业经济年会等;积极与风险投资公司、会计师事务所和律师事务所建立联系;积极与有上市意向和重组意向的企业加强联系。

2008年,湖北总部以湖北祥云

化工集团的IPO上市工作为重点，积极主动协调上市有关问题，在环评、会计审计和土地证办理等方面，帮助企业上下联络、不断攻关，有力地推进了该公司上市的相关工作。同时重点盯紧武汉海波钢构公司和武汉元丰汽配公司的整体改制及财务顾问工作，签订框架合作协议，这两家公司将分别有望在2009年和2010年由湖北总部辅导IPO上市。此外，继续推进追日电器、华大电机、银海棉业、金源化工等企业的改制工作，储备了一批实力较雄厚的项目和企业。

2. 不断深化认识，认真督导营业部账户清理。

湖北总部认真学习证监会和总公司的相关文件，不断深化认识，着力推进区域内营业部账户清理工作。在了解相关情况的基础上，有针对性地就各家营业部在账户清理方面存在的问题和薄弱环节进行了剖析和重点关注，并组织交流和学习，总部区域内6家营业部账户清理工作完成情况良好。

3. 加强督导工作，努力推动营业部经营业绩的提高。

继续依据《湖北总部督导工作规程》，加强对区域内营业部的督导工作。一是办好《督导周报》，使之成为湖北总部内部的一个交流平台和联系窗口。二是认真进行半年现场督导，并结合公司的内控制度大检查，有效地推动营业部经营管理水平的提高。三是认真上报《督导报告》。针对个别营业部业务出现较大滑坡、管理松懈的情况，经过认真调研和现场督导，撰写了较为详细的督导报告上报总公司，督促整改。四是加强月度报表汇总和统计工作，有力地推动了信息的流动，从而推进总部内各项工作的正常开展。

4. 积极主动为营业部分忧解难。

积极开展协调服务工作。重点就电力供应、电脑运行、安全保卫等工作，及时深入相关营业部开展协调服务。此外在服务部建设、投资者教育、人力资源建设等方面，积极调查了解，帮助营业部理清工作思路，寻找突破口。

5. 加强风险管理，配合公司完成各项检查稽核工作。

密切配合和协助总公司开展的各项检查稽核工作，使得相关的工作进展顺利、效果良好。在员工工号权限管理、档案资料的清理、机房建设、反洗钱、投资者教育、临聘人员清理等方面均做了一些促进协调组织工作。

6. 以党建工作为抓手，营造团结向上的企业文化。

积极加强党建工作，健全组织体系，加强党员队伍建设，认真开展中心组学习、民主生活会和革命传统教育等工作。积极做好特大冰灾、奥运维稳等工作，积极参加地震等灾后募捐。继续推进“文明窗口”、“文明部室”建设。同时，继续本着党建促业务发展的宗旨，以工作交流会的形式进行了两次较大规模的会议，有效地推进了区域内营业部经理业务的发展。

（韦利军）

四、保险业

中国人民财产保险股份有限公司湖北省分公司

【综述】

中国人民财产保险股份有限公司(简称人保财险,下同),是由原中国人民保险公司(已变更为中国人民保险集团公司)发起设立的目前中国内地最大的非寿险公司。作为国内第一家海外上市的金融企业,人保财险于2003年11月6日在香港成功上市,2005年成为北京奥运会全球唯一保险合作伙伴。多年来,公司始终履行"人民保险,造福于民"的宗旨,遵循"以市场为导向,以客户为中心"的经营理念,经过多年发展,形成了多方面雄厚的经营管理优势。

中国人民财产保险股份有限公司湖北省分公司是人保财险在湖北设立的分支机构。分公司设立省级分公司1个,地市分公司13个,支公司109个,营业部218个,保险营销服务部159个,农村网点710个;全省系统共有正式员工2,721人。省公司本部现设13个部门,在编员工78人。其中,武汉市分公司被人保总公司作为副省级城市分公司,在武汉市有分支机构30家,保险服务人员近4,000人。

2008年是中国人民财产保险股份有限公司湖北省分公司改革发展进程中不平凡的一年,公司始终坚持以科学发展观为统领,紧紧围绕新的发展战略,团结奋进,业务实现了快速增长。2008年,公司实现保费收入29.74亿元,同比增长22.51%,市场份额为51%。业务发展创自1996年分业经营以来最好水平。

2008年2月4日,人保财险湖北省分公司向冰雪灾害灾区捐款350万元。

【大力发展"三农"保险】

2008年,公司在湖北省委、省政府,湖北保监局及相关职能部门的支持和帮助下,开办了水稻、能繁母猪、奶牛、农房、农民工意外险等5个政策性"三农"保险险种,累计实现保费收入4.03亿元,承担"三农"保险责任632亿元,惠及农民900万户,建成农村网点710个。

1. 扩大了保险在"三农"的服务领域。2008年6月6日,省政府下发《关于做好全省政策性"三农"保险试点工作的通知》,并召开电视电话会议全面启动全省政策性"三农"保险工作。公司发动员工近5,000人,用一个月的时间突击完成了省政府要求的承保任务,水稻、奶牛和"两属两户"农房保险承保率分别达到77%、50%和100%,在全国名列前茅。通过政策性"三农"保险的开展,带动了大棚蔬菜、芦笋、玉米、香菇种植、森林火灾、养鱼、养鸡、养鸭、生猪等37个险种的发展,形成了重点突破,全面试点,险种涉及种养殖业全领域的"三农"保险格局。

2. 转移了农业生产风险。2008年,公司共支付"三农"保险赔款2.49亿元,转移了农业生产风险,稳定了农村社会。年初的冰雪灾害致使6,400头能繁母猪冻死,公司通融赔付640万元;7月,我省孝感、襄樊、荆门等地遭遇暴雨灾害,全省系统紧急动员查勘水稻245万亩,支付水稻赔款1.3亿元。7月2日,30年一遇的特大暴雨袭击武汉市黄陂区、新洲区,对当地

2008年5月22日，在湖北省大型抗震赈灾晚会《我们心相连》现场，人保财险湖北省分公司联合人保寿险湖北省分公司、人保健康湖北分公司共同捐赠130万元。

水稻、芦笋、小龙虾三类农产品造成了严重的破坏。公司第一时间到达现场处理灾后施救定损工作，并在3日内支付赔款9万元。7月10日，孝感应城市茶棚村遭遇龙卷风灾害，公司迅速将4,560元赔款送到了陈先伢等农户手中。

3. 实现了农险规范经营。在“三农”保险工作中，坚持做到了惠民政策公开、承保情况公开、理赔赔款公开；保险宣传到户、保险凭证到户、保险赔款到户；实现农民、政府、保险公司“三满意”。并实施了农险“见费出单”。公司制定了农险见费出单制度，必须缴齐农户自缴部分保费，系统才能打印有效保单。此举可以有效规避农险经营风险，保证农险业务健康持续发展。推行了财务集中支付制度。系统13家市（州）分公司在“三农”保险承保时均以网上银行或转账的方式进行集中支付，理赔时直接将赔款划到农户的“一卡通”，实行零现金支付。此举提高了资金周转速度，同时也方便了客户，防范了资金风险和农险操作风险。

【积极履行社会责任】

1. 积极参与抗灾救助工作。2008年初，湖北省遭受了五十年一遇的特大冰雪灾害，公司及时启动了应急预案，派出200个查勘组、1,450名查勘人员，及时对受灾客户支付赔款和提供救灾服务。雪灾期间，公司处理赔案64,947起，支付赔款2.73亿元。灾害发生后，人保集团向湖北灾区捐款350万元。省委书记罗清泉、省长李鸿忠亲自签署感谢电，表示对公司抗灾和捐助工作的感谢和肯定。

2. 忠实履行企业社会责任。公司积极参与扶贫开发和社会捐助工作。自1989年以来，对口联系点遍及全省17个市（州）近100个乡镇村，投入扶贫资金450万元，支援贫困地区发展。在2008年的冰雪灾害和四川汶川地震灾害中，公司和员工共计捐款近700万元。公司购买了帐篷、雨具、手电等救灾物资直接运送四川灾区一线，还派出理赔查勘车和志愿者到达四川，支援灾区理赔救灾工作。2000年以来，公司上缴各类税金11.64亿元，连续8年被评为先进纳税单位。

3. 树立良好的企业形象。通过“三农”保险、抗灾救助等工作的开展，公司树立了良好的社会形象。2008年，公司两次荣获省政府表彰，先后被授予“湖北省第九届守合同重信用企业”和“优质服务金融单位”荣誉称号。2009年，被评为湖北省“最具爱心的十大国有企业”。李鸿忠省长在致吴焰总裁的信函中对公司的评价为：“2008年，中国人保驻鄂机构积极投身于抗雪救灾工作，为我省去年在大灾之年实现经济社会平稳较快发展作出了重要贡献；在政策性‘三农’保险工作中，中国人保以高效、规范的承保和全面、优质的服务深受广大农民群众的信赖和好评。”

【创新发展责任保险】

2008年，公司创新发展责任保险领域，积极探索建立我省责任保险制度，以实际工作落实中央、省委“保增长、保民生、保稳定”的工作方针。

1. 责任保险的创新开展保障了经济发展有序运行。受金融危机影响，部分企业出现了经营困难。公司积极通过建立责任保险制度，分散和转嫁企业各种责任风险，保持生产经营的稳定性。如公司推行的安全生产风险抵押金与安全生产责任保险配套改革，购买了安全生产责任险的企业，可以不缴存安全生产风险抵押金。采取这种二选一的模式，用安全生产责任险逐步代替安全生产风险抵押金，减轻了企业风险和经济负担，也为伤亡职工赔付寻求新的途径与办法。公司承保的科技保险有

2008年,人保财险湖北省分公司开办了水稻、能繁母猪、奶牛、农房、农民工意外险等5个政策性“三农”保险险种,惠及900万农户。图为公司在枝江市现场兑现农险赔款。

一笔典型赔案,被保险人武汉康博生物技术有限公司销售的酵母提取物被不明细菌污染,发生产品质量问题,公司赔偿货损及运费共计8.3万元,帮助企业及时得到补偿并恢复生产。

2.责任保险的创新开展维护了人民群众的根本利益。公司通过大力发展各类责任保险业务,直接介入责任事故的事后救助和善后处理,使人民群众的生命和财产利益得到有效保护。如我省恩施州巴东县处于三峡库区和水布亚库区,是滑坡和泥石流频发区,给人民生命安全带来了极大的巨灾风险。为此,在湖北保监局的引导下,公司开发了泥石流地质灾害综合保险,由当地政府出资为巴东县境内已纳入重点监测范围内地质灾害点的6,073户、22,642人投保。此举为泥石流灾区人民提供了全面的保险保障。目前,高危行业的员工从事着风险较大的工作,他们的生命安全备受党委政府和社会的关注。为此,公司开办了安全生产责任险,共承保高危行业从业人员14,327人。2008年支付赔款691万元,保障了人民群众的利益。

3.责任保险的创新开展维护了社会稳定。公司通过大力发展责任保险,参与社会应急事故处理,转移政府社会管理风险,保障正常的社会秩序。在发生保险事故后,公司均第一时间到达现场进行查勘并参与救助。对于损失较大、责任较为明确的事故,通过采取预付赔款的方式,迅速进行事故善后处理。2008年7月12日,荆州九州旅游公司车辆在宜昌市峡口风景区发生特大交通事故,当场9人死亡,16人受伤。由于事故多方责任,协调的难度很大。公司解政府、群众之忧,迅速预付赔款240万元,得到了省委领导的好评。

【优化提升诚信服务水平】

为了进一步提升客户服务水平,保护广大消费者利益,公司在客户服务上不断创新服务方式。一是推出了符合市场需求的服务承诺及举措。全省系统开展了小额赔案快速结案机制,在营业窗口设立了快赔窗口和快赔中心,对5,000元以下的车险赔案、2,000元以下的非车险赔案简化索赔手续,做到小额赔案立等可取。公司推出“人性化理赔服务六法”受到客户欢迎。二是实施了客户增值服务。公司推出了手机短信服务、客户赔案处理查询、大客户俱乐部、人员伤亡紧急救援等创新服务内容。武汉市分公司成立了车险客户俱乐部,提供一条龙保险服务和代办年审、故障救援等增值服务;公司在全省行业率先推广了远程定损系统,大幅度提高了理赔效率,方便了广大客户。三是客户服务回访良好。全年共回访客户11万次,客户平均满意度达到86.5%。投诉处理客户“平均满意度”为100%。

(李 斌)

中国太平洋财产保险股份有限公司湖北分公司

【综述】

中国太平洋财产保险股份有限公司湖北分公司在湖北省各地级市共设有12个中心支公司,50个县级机构,在武汉市内设有6个支公司,5个营销部,全公司从业人员1,168人。为统一服务标准、提高服务质量,公司构建了全省通赔的理赔服务体系,在全省各经营机构都设立了客户服务部,负责全司出险后的查勘定损、审批核赔和“95500”全天候、24小时服务热线的管理、理赔数据的统计、汇总、分析、质量检查和回访工作。

2008年4月，太保产险湖北分公司参展中博会。

2008年是中国太平洋保险集团上市的第一年，也是湖北分公司实施三年发展规划的开局之年，公司累计入账保费5.8亿元，比上年同期增长53.83%。其中车险累计入账保费3.6亿元，占总入账保费的62.21%，同比增长56.04%；非车险累计入账保费2.2亿元，占总入账保费37.79%，同比增长50.32%。武汉市累计保费收入2.8亿元，同比增长63.44%，其中车险累计入账保费1.74亿元，非车险累计入账保费1.06亿元。

2008年，公司通过改革创新，加快发展步伐，防范经营风险，转变增长方式，提升服务质量，努力实现公司的协调、稳定和可持续发展。

一是业务发展较快，市场份额稳中有升，比上年同期增长65.9%，其中车险同比增长75.9%，非车险同比增长52.5%，创历史同期最好水平。

二是重大项目续保率和投标中标率继续保持较高水平。公司在参与重大项目承保方面凭借公司的品牌优势，良好的客户关系以及优质服务和合理价格，共收保费近亿元，重大项目续保率为80%以上。

三是县级机构发展较好。截至2008年底，已有6家县级机构保费规模突破500万元，形成公司新的发展亮点，为公司发展增强了后劲。

（龚　榄）

中国平安财产保险股份有限公司湖北分公司

【综述】

中国平安财产保险股份有限公司湖北分公司于1992年进入武汉并设立办事处，1995年5月经中国人民银行批准成立省级分公司，是中国平安财产保险股份有限公司在湖北地区设立的全资省级分公司，业务覆盖湖北省各市、区、县。湖北分公司以客户为中心，拥有两核、销售等专业管理团队，不断推进科学管理和人本管理，并制定了一系列有效的公司管理制度，秉承诚信规范经营的公司文化，逐步在湖北地区树立起良好的市场信誉和品牌。

2008年，公司承保金额共2,003.46亿元，同比增长8.96%，其中车险77.13亿元，同比负增长9.3%，财产险1,112.92亿元，同比增长9.13%，意健险813.40亿元，同比增长10.85%。2008年全年湖北分公司承保利润共计-3,887.7万元。

【公司业务】

湖北分公司的业务经营范围包括机动车辆保险、财产损失保险、意外及健康保险、责任保险及信用与保证保险等一切法定财产保险业务及国际再保业务。近年新开发并推出了个人抵押贷款房屋保险、个人分期付款购车保证保险、律师责任保险、会计师责任保险、医师责任保险、董事及高级职员责任保险等符合市场需求的新险种，经营的险种超过300个（含主险和附加险）。

中国平安财产保险股份有限公司在国内同业中率先实行了核保核赔制度，率先实现了车险全国通赔服务；在行业内首创分险种核算管理，在全系统推行全预算管理；全面导入ISO9001：2000国际质量认证体系，顺利通过了国际权威认证机构SGS的认证，管理品质不断提升，并连续六年获评“最受尊敬企业”。

【业务经营】

湖北分公司连续多年为湖北省电力公司提供保险服务，续保湖北省电力公司财产一切险、机器损坏险和供电责任险一揽子保险，合计保费1,517万元；续保华润雪花

2008 年 9 月，平安财保湖北分公司总经理原廷会(左)做客电台，为客户答疑解惑。

啤酒(武汉)有限公司财产一切险、机器损坏险和产品责任险等一揽子保险，合计保费 117 万元；续保中国长江三峡工程开发总公司财产一切险、机器损坏险和公众责任险一揽子保险，合计保费 425 万元；成功中标湖北省校方责任险统保项目，全年累计保费 300 万元；续保武汉元丰汽车零部件有限公司国内贸易短期信用保险，合计保费 210 万元。

【内控合规】

公司以合规经营、健康超越为理念，在内控合规方面设置法律合规室。对公司的内控制度、业务流程、反洗钱等合规工作进行事前风险防范、事中风险治理、事后合规信息的整合交流。在制度方面，根据总公司制定的平安财产保险股份有限公司管理指导手册，对业务中的风险点进行梳理，提出防范措施。在反洗钱方面，制定了《平安产险客户洗钱风险划分标准及管理办法(2008 版)》《客户身份识别制度(试行)》《平安产险可疑交易判断细则》《湖北产险反洗钱组织体系及岗位职责》《反洗钱录入操作手册》等内控制度，进行风险管理、合规经营。

【承保情况】

公司自成立以来，始终以高效、务实的作风和差异、领先的产品以及优质、超值的服务，获得了广大客户的信赖。先后承保或参与承保了中国长江三峡工程开发总公司、湖北省电力公司、武汉烟草(集团)有限公司、武汉钢铁(集团)有限公司、东风汽车有限公司、武汉市公共交通集团有限责任公司(需车险核实，无财产险)、湖北华电襄樊发电有限责任公司、百胜餐饮(武汉)有限公司、大冶有色金属有限公司等单位的大宗项目。一直以来，竭诚为广大客户提供卓越的保险服务和充分的保险保障，为湖北省的经济和金融发展作出贡献，为构建和谐社会做出不懈努力。

(张　敏)

天安保险股份有限公司湖北省分公司

【综述】

2008 年，天安保险股份有限公司湖北省分公司在全省设立 13 个中心支公司，7 个支公司，26 个营销服务部。截至年底，共有从业人员 661 人。全年实现保费收入 21,346.61 万元，同比增长 0.6%。其中企财险业务增长显著，实现保费收入 1,584.42 万元，同比增加 35.32%。业务规模在天安系统排名第 10 位，在湖北产险市场 17 家财产险公司中居第 6 位。累计已决赔款 24,550.92 万元，已决赔付率 115.01%，同比上升 54.98%。未决赔款准备金提转差 3,684.01 万元，未决赔付率为 16.58%，综合赔付率为 124.61%。累计亏损 16,201.53 万元。

【业务发展】

2008 年，天安保险股份有限公司湖北省分公司紧紧围绕“合规、效益”这一发展主题，牢固树立“以市场为重心，以客户为导向，以利润为中心”的经营指导思想，深入学习实践科学发展观，努力探索可持续发展之路。在市场竞争异常激烈、公司内部发生重大变故的情况下，仍然维持了业务正增长。2008 年，公司加大了大项目攻关力度，成功承保了湖北省人民政府采购车险业务、武汉市人民政府采购车险业务、武汉市城管局环卫工人团体人身意外险、武汉地铁二号线建工险、鄂州电厂一切险、宜化集团企财险等优质业务。在总公司组织的各种销售竞赛活动中，湖北省分公司全部获胜，在总公司系统排名第 5 位。在积极开拓市场的过程中，公司始终坚持以诚信为本，将合规经营视为公司的生命线，积极履行社会责任，将快速理赔视为公司品牌的内涵，以“为客户提供更及时、更全面、更专业、更道德的服务”作为自己的天职，积极履行社会责任，为恩施电网财产险、长江隧道工程建筑工程险、武汉环卫工人人意险等大额赔案提供了及时、周到的理赔服务，以实际行动诠释了“化险为夷、补天爱人”的企业精神。

2008年下半年，湖北省分公司为深入贯彻落实中国保监会70号文件精神，有计划、有步骤地在全辖开展规范经营自查、分公司现场检查、分公司专班“回头看”复查等整改活动，对检查出的问题突出机构专门成立督导检查组驻点进行整改，并撤换了相关负责人、处理了有关责任人。通过一系列的整改活动彻底杜绝了假批单退费、撕单埋单、阴阳单证、系统外出单等违法违规行为。公司根据中国保监会要求，坚决推行车险“见费出单”，从10月份开始实施车险由分公司集中核保的管控措施，并对特大风险标的限制承保，从制度上、源头上有效防范数据不真实以及违纪违规行为的发生。通过多措并举，合规、效益意识逐步深入人心，算账经营、降本增效逐渐成为自觉行为。

为全力打造湖北省分公司利润中心地位，着手清理整顿基层营业机构，对那些无骨干力量、无规范保证、无业务规模的“三无”机构，或者开业已满两年、连续两年实收保费低于100万元的机构，一律实行关停并转，为2009年轻装上阵，完成各项计划任务奠定了基础。

湖北省分公司注重人力资本的培育，将人才队伍的培养、引进作为公司发展的根本力量。目前已建立起一支知识化、专业化、年轻化的干部员工队伍，为公司的健康、稳定、可持续发展奠定了坚实基础。2008年下半年湖北省分公司在新的领导班子带领下，不断加强内部风险管控，规范工作流程，强力重塑公司品牌形象，努力提高盈利能力，公司正以全新的面貌展示在社会公众面前。

2008年，湖北省分公司被湖北省劳动和社会保障厅授予“劳动保障守法诚信用人单位”光荣称号，是21家获奖单位中唯一获此殊荣的金融企业。

（何久香）

太平保险有限公司湖北分公司

【综述】

2008年是太平保险有限公司湖北分公司以科学发展观为统领，以价值管理为核心，保持品质，改善服务，可持续发展之年。全年实现保费收入2.295亿元，同比增长13.88%，在湖北市场规模排名第5位。

2008年，公司积极承担社会责任，独家承保了第三届中博会车辆保险，为汶川赈灾救援捐赠款项和提供保险服务，主动支持贫困地区经济建设。公司荣获了湖北优质服务金融单位、湖北省保险宣传先进单位等荣誉，保险品牌影响力逐步显现。

【业务发展】

一是坚持错位经营。加快向县市机构延伸，政策和资源配置向地市倾斜，同时在武汉地区理赔服务能力增强的情况下，逐步取消了对远城区业务的承保限制，寻找新的发展空间。二是差异经营，精耕细作。大力发展非车险业务，出租车、私家车坚持净费条件稳步发展。加大企业攻关力度，大力发展财产险、进出口货运险、意外险，重点关注建工意外险和医疗保险。

2008年7月10日，太平保险湖北分公司总经理奚新国到对口扶贫村孝昌县周巷镇三星村慰问。

公司再次获得了湖北省、武汉市政府公务车保险供应商资格。三是强化应收保费管理。实行月度考核，多管齐下，联动管理，定期清理催收和通报。所有车险业务实行见费出单，杜绝了管理风险；严格按缴费约定理赔，防范投机行为；坚持收支两条线，严禁坐扣保费、虚挂应收。四是积极处理好雪灾及汛期理赔工作。车险报案件数位居全国系统第一，达到4,000多件，成立专班合理安排，统筹部署，制定了24小时全天候紧急应对方案，规定时间内车险结案率为全国最高。雪灾期间支付各类赔款570万元，保证了赔款及时到位。在全国太平系统抗震救灾总结表彰中，公司理赔部被评为先进单位。五是积极服务经济社会发展。独家承保了第三届中部投资博览会工作用车车辆保险；在汶川赈灾捐赠活动中，组织员工捐款、党员上缴特殊党费、公司捐赠累计达20万多元，为湖北省运送救援物资赴灾区的车队42人提供保额60万元的保险保障；积极走访对口扶贫村孝昌县周巷镇三星村，捐赠10万元修路款项。

【客户服务】

坚持"诚信为本，专业服务"的服务理念，推行"完善服务，再造流程，推进服务标准化建设"是湖北太平保险着力打造专业品牌的重要举措。在做好客服标准化工作的同时，开展岗位练兵和岗位能力测评工作，有针对性地开展规范客服人员文明礼仪培训及职场管理检查，将客服工作水平和能力与个人薪酬挂钩，切实改善服务态度。加快理赔速度，实现"方便快捷"。在武汉地区增设理赔武昌分部，缩小工作半径，使得车险理赔案件得以就近处理。在4S车商渠道选择优质车商实施快捷理赔通道，小额案件简化手续，快速理赔。

（施　丹）

中国大地财产保险股份有限公司湖北分公司

【综述】

2008年，中国大地财产保险股份有限公司湖北分公司现有正式营业机构59家，其中：省级分公司1家，武汉市内支公司、营业部6家，地市级中心支公司15家；正式员工338人，其中公司本部72人，地市州266人；各类营销人员279人。全年签发承保单139,762件，承担风险责任总金额1,136.9亿元，实现保费收入1.6亿元。其中，车险保费收入10,983.3万元，结构占比为67.8%；非车险保费收入3,959万元，结构占比为24.5%；人身险保费收入1,248.1万元，结构占比为7.7%。

【财务管理】

一是加强财务预算管理。对公司经营预算、固定资产预算、经营费用预算、现金流预算的执行情况进行实时监控，并对预算达成率进行严格考核，硬化财务预算的约束力。二是实行"资金池"管理模式。为进一步加强资金管理，减少支出户的沉淀资金，公司对支出户资金实行"资金池"管理模式。科学合理的测算出日资金存量，建立从总公司到基层机构之间资金下拨的快捷渠道，提高资金使用效率，以确保基层机构顺利支付赔款资金。三是认真做好收付费标准化全面推广工作。为确保收付费管理标准化推广工作能够保质保量地完成，分公司积极制定切实可行的落实措施和管理考核规定，采取多种形式对相关人员进行学习培训。对检查验收中发现的问题进行认真整改，不断完善和规范收付费标准化执行的过程，有效防止和遏制滚单行为的发生。四是对出单员和收付员实行垂直管理，坚持保费欠收单制度，严禁保费滚单入账，对应收保费清收不力和滚单入账现象突出的机构进行了严厉处罚。五是加强单证管理，堵塞隐性应收漏洞。以业务历史数据规律作参考，控制好出单点和代理机构空白保单领用周转量，对于容易产生问题的定额单证，将减少周转量，缩短周转时间。同时，增加日常检查清理的力度，决不允许形成埋单的现象。

【客户服务】

一是大力推行电话销售车险业务。电话销售是公司渠道创新的重大举措，仅为车主提供便捷的投保渠道，更以明显的价格优势满足车主全方位的投保需求。二是积极探索集中车险理赔管理模式。在全省范围内积极推行了分公司集中管控的车险理赔模式，目前已经实现调度、立案、报价、法律事务的集中操作，全省理赔费用的集中审核，全省理赔人员工资集中发放。通过这一举措为进一步提升理赔服务品质奠定了物质基础。三是积极摸索人伤援助服务新方式。针对客户出险（特别是发生人伤事故）后，积极探索拓宽人伤服务范围，使人伤工作人员提早介入现场，力求能为客户在补偿经济损失之外更能提供交通事故处理的一揽子方案，有效减少理赔矛盾，提升理赔服务标准。四是加强投诉管理，提升服务质量。为做好理赔服务管理工作，公司设立了客户关系维护岗来处理客户的投诉，进行案件回访，听取客户意见、建议，及时化解矛盾，提供优质的服务。五是继续宣传推广公司“赔案在线查询”系统，将公司赔案处理过程置于“阳光”地带，让客户享受透明服务，自觉接受客户监督。

（彭优俐）

永安财产保险股份有限公司湖北分公司

【综述】

永安财产保险股份有限公司湖北分公司以保障社会财产安全、服务地方经济建设为己任，凭借现代化的管理系统、信息技术处理系统和高效、快捷、灵活、先进的服务网络，以及精通业务、训练有素的员工队伍，竭诚为广大客户提供优质的服务。公司按照“以效益为中心，坚持以人为本，坚持改革创新”的工作思路，外拓市场，树立形象；内抓管理，夯实基础，取得了较好的成绩，险种结构不断优化，内控制度日臻完善，队伍素质明显提高，诚信经营及良好的服务形象得到社会公众的认可和广大客户的信赖。2008 年 10 月，荣获湖北省“金融服务优质单位”；同年 11 月，荣获“2008 年度湖北省保险宣传工作先进单位”。

2008 年，公司保费收入 15,191.85 万元，比上年同期增长 7.26%。其中，车险业务实现保费 12,396.74 万元；财产险 1,924.20 万元；人身险 869.73 万元。全年累计支付赔款 11,356.41 万元，为受灾企业和居民恢复生产生活，为湖北经济建设做出了突出贡献。

【计划财务管理】

在总公司框架制度基础上，建立健全并完善了财务管理制度，财务管理工作更加严密。一是加强成本预算和核算，严格控制经营成本和费用支出，提高盈利水平。二是加强资金管理，建立资金需求报告制度，提高资金划拨和使用的计划性，严格账户及收据管理，强化现金管理和结算制度。三是加强应收保费管理，防止保费流失，控制经营风险。四是加强单证管理，严格领销制度，实行专人专管，开展定期清理，防止和杜绝因单证管理不善而引发的道德风险。五是成立了武汉市财务管理中心，实行统一结算，统一管理，较好地发挥了财务管理的职能作用。

【车险业务】

严格实施车险精细化管理，落实见费出单制度，车险业务应收率控制在规定范围内。根据各机构的经营情况，实行“一司一策”核保政策，打破平均费率，真正让投保人享受到安全行车无赔款优待，让事故频发者提高成本，促进保险业科学发展，有效避免了重规模、轻效益，重发展、轻服务的倾向，把客户利益、个人利益与公司利益有机地结合起来，实现多方共赢。全年实现车险保费收入 12,396.74 万元。

【财产保险业务】

坚持以经济效益为中心，以人为本，改革创新，大力发展非车险业务，努力提升盈利能力是公司一贯的经营思想。公司企业财产保险、建安工程保险、各类责任保险、船舶保险等业务发展迅速，经营管理步入稳定健康发展的快车道。但是，在发展中受个案和 2008 年年初持续冰冻雨雪灾害的影响，被保险财产险损失严重，满期赔付率大幅升高，导致经营亏损。

【团体保险业务】

公司永远为客户着想，努力营

2008 年 6 月，永安财产保险股份有限公司总经理倪正到湖北分公司视察工作，其间拜会了湖北保监局领导。

造和谐共赢的环境，依法合规诚信经营，成为客户忠实的朋友和最信赖的伙伴，公司业务涵盖党政机关、社会团体、事业单位、大专院校、大型企业、服务业等领域。2008年，团体保险业务发展较快，全年实现团体保费收入6,980万元，占总保费收入的48%。

【个人保险业务】

随着经济的迅猛发展，居民收入逐年增长，国民保险意识也不断增强，个人保险业务前景看好。家庭自用车、拖拉机和摩托车保险、责任险、意外险、信用保险增幅较大。2008年个人保险业务保费收入4,996万元，占年度保费收入的33%。

【意外险及健康保险业务】

意外险及健康保险是保障被保险人人身及生命安全，转移企业事故风险，预防和控制事故发生的重要手段。意外险是公司的效益险种，发展潜力较大。公司十分重视意外及健康保险业务，成立各级专业管理部门，加强管理及业务拓展力度。目前，意外及健康险业务占公司整体业务的6%左右，已形成一定规模。

【财务会计工作】

一是组织财务会计培训，提高专业素质、法纪意识和责任意识。二是坚持收支两条线，确保每笔业务往来清晰可见，指导一线人员制定合理的费用支出计划，搞好费用预算，严格控制费用支出。三是深入各经营机构进行财务检查，对违规现象进行通报批评并责令限期整改。四是与稽核部门配合，以经济责任、经营绩效为重点，开展任期经济责任检查和离任财务检查。

【稽核监督】

按照监管部门的规定和行业规范要求，坚持依法合规经营。公司成立了合规风险管理部，增加了人员，健全完善制度与责任，一手抓科学发展，一手抓内控管理，防范风险。通过稽核审计促进管理制度落实到位，规范业务操作流程，强化内部管控、充分发挥风险预警作用、有效防范化解经营风险，保障公司有序经营和健康持续发展。

【业务(产品)创新】

公司把创新贯穿于企业发展的全过程，优化产品结构，不断创新和改造旧产品，以满足市场需求。2008年，研发推广各类责任、意外险系列产品，实现保费收入380万元。

【核保核赔】

公司坚持社会效益与经济效益相结合、效益险种与亏损业务相结合、小型险种与团体保险相结合的经营原则，走出了一条质量兴司、兼顾社会效益的发展路子。以保障和服务民生、服务经济社会建设为重点，以核保核赔为突破口，从严控制经营风险，确保经营活动合规合法。一是组织核保核赔人员培训和资格考试，不断提高从业人员的法规意识、专业水平和操作技能。全省38名从事“两核”工作人员已全部获得初、中级资格证书，熟悉经营管理规定，对于促进公司“两核”工作规范化、专业化起到推动作用。二是授权分级核保、核赔，完成日常“两核”工作。定期组织回头看和检查，及时纠正工作中的偏差。

【电子商务和信息技术】

公司完善了电子化、信息化基础设施建设，使用VPN技术，实现了社会公众互联网与公司内部网络的对接，开发了操作简便的保险业务平台，对承保、理赔等环节进行全程监控，有效地防范和化解了经营风险。一是建立完善各类数据库，满足统计、分析、报表、共享信息的要求。二是设置信息的接收、处理权限，监控和管理业务数据，随时掌握公司经营动态。三是采用GPS卫星定位系统，监控和就近调度查勘车辆，实施高效、快捷的理赔和事故救援服务。四是实现永安保险系统信息互联，促进相互沟通与了解。五是开通了全省内网视频系统，节约了会费开支，提高了工作效率。

2008年11月，永安财产保险股份有限公司副总经理冯智勇到湖北分公司调研。

在2008年10月10日举行的湖北金融文化节开幕式上，胡锴总经理代表永安保险湖北分公司领奖。

【客户服务工作】

一是坚持以人为本，重视队伍建设。采取招聘方式引进人才，激活用人机制，注重培养、选拔和任用，队伍素质和服务客户的能力不断提高。二是95502电话服务专线365天、24小时全天候受理咨询、投诉、查询、报案等服务，推行短信问候和电话回访，提升了服务功能和服务品质。三是整合资源，创新架构，集中报立案。成立了集服务、管理、监控于一体多功能的客户服务调度中心，依托GPS系统和查勘车的合理布局，形成了高效严密的交叉服务网络和服务机制，为客户提供了高效、快捷、优质的服务。四是创新服务方式，提升服务品质。公司全体人员向客户提供全方位、全过程、全新的服务，提供风险分析和风险保障，帮助保险消费者实现人生梦想。

【宣传公关工作】

针对《国务院关于保险业改革发展的若干意见》和《省政府关于进一步加快全省保险业改革发展的意见》的颁布实施，公司通过内部刊物《永安简报》、电子宣传屏、办墙报、出专栏、印制宣传手册等形式，积极开展“进社区、进学校、进农村”活动，开展了丰富多彩的宣传活动，介绍了新产品、新条款，宣传了公司的服务新举措，为业务发展创造了良好的外部环境。利用“3·15”消费者维权日和“12·4”全国法制日等时机广泛宣传保险知识和消费者维权方法，帮助广大客户维护合法权益，保障被保险人的切身利益。

（温世安）

华安财产保险股份有限公司湖北分公司

【综述】

2005年4月，华安财产保险股份有限公司湖北分公司开始正式运营。主要经营各种财产险、责任险、信用保证险、农业险、意外伤害险、短期健康险以及上述保险的再保险业务。

2008年，公司在湖北地区共设有8个中心支公司，2家营销服务部，33家连锁式营销服务部，截至年底，共有从业人员311人。全年签发承保单3.2万件，全年实现保费收入6,694万元，其中车险保费收入1,480万元，非车险保费收入5,214万元。在非车险保费收入中，企财险保费收入156.43万元，人身意外险业务保费收入38.49万元，责任险保费收入3万元，理财险保障金收入为167.91万元，学贷险保费收入为4,848.61万元。

2008年，公司的工作重点为以打造金融控股集团的中长期发展战略目标为指引，遵循客观规律，“创新开拓四大业务体系”，即创新开展连锁式营销服务部建设运营工作、理财险业务、学贷险业务推进及积极拓展公司业务；“全力打造四大后援平台”，即：客户服务、人力资源、行政后援、计划财务四大后援平台建设，推进公司的经营管理水平再上新台阶。公司的各项工作突飞猛进，取得了突破性发展。

【规范经营】

2006年底开始，公司正式启动和强力推进全面彻底规范化经营战略，2007年初起就提出：彻底摒弃不规范的保险业务，要在全面规范经营的前提下阳光健康地发展保险业务。同时夯实客户服务工作，为业务的后续发展打下坚实的基础。

规范经营工作仍是公司2008年重点工作之一，特别在保监会《关于进一步规范财产，保险市场秩序工作方案》70号文推行后，多次组织员工学习并贯彻落实全面彻底规范经营的方针政策。在深

2008 年 3 月 3 日，华安保险湖北分公司第一批连锁式营销服务部开业。

刻领会总公司规范经营战略精神和 70 号文的基础上，强化内部控制，加强风险管控。

【连锁营销模式】

2008 年 3 月，为深刻领会“国十条”精神，落实中国保监会“三进入”的倡导，华安保险湖北地区首批 10 家连锁式营销服务部在武汉顺利开业。4 月，公司第二批 23 家连锁式营销服务部在武汉、十堰、宜昌、荆门、荆州等地顺利开业。经过近 8 个月的运营，门店得到显著的成效，截至 2008 年 12 月 31 日，公司 33 家连锁式营销服务部共签单 3,500 余笔，保费收入近 500 万元，收集社区客户信息 3—4 万余条。

通过近大半年的运营，该营销模式得到了市场和客户的广泛接受和认可，特别是华安连锁式营销服务部在居民社区开展的形式多样的“保险进社区”活动，得到了广大社区居民的大力支持和积极参与，取得了良好效果，华安品牌、服务理念及营销模式深入人心。在抗冻救灾、抗震救灾过程中，公司主动帮困、扶老携幼，得到附近居民的高度赞扬。

【学贷险业务】

2006 年，华安保险本着“关注弱势群体，承担社会责任”的经营理念，对国家助学贷款的政策、模式、发放情况等做了细致而深入地调查研究，开发了国家助学贷款信用保险（简称“学贷险”），并针对国家助学贷款风险建立了一套全新的风险管控体系。

2008 年 3 月，公司与中国农业银行湖北省分行签订合作协议，该行共计 22 家经办行将 2004 年国家助学贷款新机制下发放的国家助学贷款全部向华安保险投保了国家助学贷款信用保险，保险金额 72,745 万多元，获得保障的贫困大学生达到 104,639 人次。

在解决诚信和就业问题上，公司抓住保险“三进入”契机，积极开展保险进学校、进社区、进农村活动，致力于保障大学生学业的完成，将学贷险受惠面延伸到每一个贫困学子当中，2008 年及今后还将对大学生诚信教育作为后期金融服务的一部分，全面开展诚信教育活动。虽然该险种风险和管控难度大，但公司积极履行社会责任，受到政府、高校、大学生及其家人的高度好评。

【客户服务工作】

2008 年，公司依旧贯彻“比出险客户的亲人早到三分钟”的客户服务理念，丝毫不懈怠车险的客户服务工作，坚决将不拖赔、不惜赔、

2008 年 11 月 3 日，华安保险湖北分公司搬迁至新世界国贸大厦。

客户利益高于一切的原则贯彻于整个理赔流程。根据客户需求不断进行调整、完善,尽最大努力给客户高效、高质量、人性化的理赔服务,充分发挥了勇担社会责任、恪守诚信的企业精神。

根据公司连锁式营销服务部网路特点,客户服务部依托门店推出"小额案件立等可取"理赔服务,完善理赔工作体系,进一步深化了客户服务工作。

在2008年的抗雪救灾工作中,公司客户服务工作以最简化、最快速的理赔流程及最热忱、最高效的服务态度为客户服务,在全省抗雪救灾表彰大会上,公司查勘员被授予先进个人的荣誉称号。

(刘江华 凃丛恋)

中华保险湖北分公司参加湖北省棉花种植保险启动仪式。

中华联合财产保险股份有限公司湖北分公司

【综述】

2005年5月28日,中华联合财产保险公司湖北分公司正式挂牌营业。总公司前身为"新疆兵团财产保险公司"主要经营除人寿险以外的财产保险业务,包括:货物运输保险、机动车辆保险、企业财产保险、意外险、健康险等。到2005年底,在短短7个月时间里实现签单保费收入突破1亿元,2006年更是达到4.2亿元。在湖北12家保险财产保险公司中排名第2位。两年时间里公司基本完成各级机构的铺建工作,在各地设有12家中心支公司,82家县支公司,6家营销服务部。机构遍布全省。2006年6月11日,总公司经国务院同意,中国保监会批准,公司更名为"中华联合财产保险股份有限公司",至2007年2月底,全国各级公司完成更名,公司成功完成改制。

三年多来,湖北分公司得到了社会各界的肯定,品牌得到了认可,服务得到了客户的好评。2006年,公司被湖北"天天3·15"调查中心授予"优质服务先进单位"、"消费者满意单位";被中国湖北金融理财文化节组委会评为"最受信赖产险公司"。2007年,湖北保监局、湖北省保险行业协会委托湖北省统计局信息中心,对湖北省保险公司诚信经营情况进行测评,湖北分公司在16家财险公司中居第3位。2008年4月,公司被湖北省消费者委员会纳入"3·15网站诚信单位"。在2008年10月10日省政府举办的2008湖北金融文化节暨理财博览会上,公司被组委会授予"优质服务金融单位"称号。

【业务发展】

2008年,公司全年签发保单302,745万件,承担保险责任总金额1,286.92亿元,比上年增加65.6%;实现保费收入5.98亿元,同比增长18.67%。其中商业车险2.83亿元,交强险1.72亿元;实现非车险1.44亿元,其中财产险2,828.8万元,人身险1,737.2万元,农险9,806.5万元。

【赔付情况】

2008年,公司系统累计赔款支出4.48亿元,同比增长18.95%,简单赔付率74.92%,同比上升0.17个百分点;综合赔付率84.08%,同比下降31.36个百分点。

(邱卫兵)

永诚财产保险股份有限公司湖北分公司

【综述】

永诚财产保险股份有限公司是一家由五大发电集团在内的12家实力雄厚的大型电力企业集团

永诚财保湖北分公司 2008 年上半年工作总结会议。

和产业集团共同发起组建的全国性股份制财产保险股份有限公司。公司于 2004 年 9 月 10 日获中国保监会批准开业，总部设于上海，注册资本金 10 亿元人民币。

永诚财产保险股份有限公司湖北分公司自 2005 年 6 月 20 日正式获准开业以来，在武汉市双墩、武昌设立了 2 家营销服务部；2006 年 8 月在武汉市武昌、汉阳分别设立了 2 家中心支公司；2007 年 1 月，襄樊、宜昌 2 家中心支公司相继开业；2008 年，荆州、黄石、荆门、十堰、汉口 5 家中心支公司开业。2008 年，湖北分公司全年实现保费收入为 12,471.97 万元，考核计划达成率 107.53%，同比增长 106.85%。其中，车险保费收入 7,930.11 万元，考核保费计划达成率为 102.99%；非车险保费收入 4,541.86 万元，考核保费计划达成率为 100.64%；考核应收率 2.98%。车险满期赔付率 65.7%，非车险满期赔付率 42.45%，综合成本率为 108%。

湖北分公司主要经营财产损失保险、责任保险、信用保险和保证保险、短期健康保险和意外伤害保险、再保险业务、国家法律法规允许的保险资金运用业务及经中国保监会批准的其他业务。公司以强大的股东背景、可观的保险资源和专业的技术优势，为客户度身定制保险产品，不断创新和开发新的保险产品，并与国际知名的保险公司保持广泛的业务往来与技术合作，为客户提供优质的服务。

湖北分公司坚持专业化的发展方向，立足电力行业保险，积极为能源行业提供风险保障，不断提升公司在行业内的专业技术优势，增强公司在产品和服务方面的核心竞争力。一是开发独具特色的电力保险产品，针对性强、选择性强、操作性强。二是建立一对一的客户服务代表服务制度。客户服务代表定期拜访客户，保持与客户信息的沟通。三是具备独有的电力专家网络支持体系。由电力能源行业的专家组成的专业技术团队，为公司的安全生产、风险控制出谋划策，并为理赔等提供专业意见。四是研发更加专业的风险管理技术，由国际再保险和国内电力保险专家共同制定风险控制方案。

湖北分公司本着“客户至上、服务社会、创造价值、回馈股东”的经营宗旨，通过专业化、个性化的产品和服务，为客户生产经营和生活稳定提供有效的风险管理解决方案和保险保障。公司成立以来，参与承保了长江三峡、华中电网、

永诚财保湖北分公司在湘鄂西根据地瞿家湾开展革命传统教育活动。

湖北省电力、国电长源、中国人民银行武汉分行、交通银行湖北省分行、建设银行、广州地铁、天河机场、武汉市总工会、武汉市财政局、武汉工贸家电、长飞光纤光缆、武荆高速、省能源集团等众多大型项目的财产险及工程险业务；2006—2007 年，公司相继成为湖北省人民政府、武汉市人民政府的政府采购保险定点单位；2008 年，公司同时获得湖北省人民政府、武汉市人民政府的政府采购保险定点单位。

湖北分公司积极投身于社会公益事业，履行社会责任。2008 年 5 月四川汶川县发生地震后，公司全体员工通过各种方式共捐款 159,225 元。同月，向武汉市吴天祥爱心帮扶领导小组活动办公室、长江日报报业集团武汉晚报社公益扶助中心捐款 5,000 元，帮扶老、弱、病、残、特困群体。

湖北分公司倡导"诚信、专业、效率、和谐"的价值观，追求"以人为本、求实创新、团结协作、锐意进取"的企业精神，坚持行业特色鲜明、专业化经营的市场定位和运作模式，积极探索民族保险专业化发展之路，努力建设成为机制先进、经营规范、管理科学、技术领先、人才优秀的专业化综合性财产保险公司。

（刘　菁）

2008 年 10 月 30 日，中国保监会副主席魏迎宁到华泰财保湖北分公司调研。

华泰财产保险股份有限公司湖北省分公司

华泰财产保险股份有限公司是中国第一家全国性股份制财产保险公司，1996 年 8 月 29 日在北京正式开业，公司注册资本金 13.83 亿元人民币，50 余家股东多为实力强、规模大、效益好的大型企业和企业集团，覆盖金融、石油、电力、冶金、煤炭、化工、航空、造船、航运、机械等 30 个行业。公司开展财产损失保险、责任保险、意外伤害保险、健康保险四大类保险业务，涵盖国计民生诸多领域。到 2008 年，公司在全国近 60 个城市设有分支机构，形成面向全国的经营布局。

2002 年 5 月，世界著名保险集团——美国 ACE 集团参股公司，为公司带来了先进的经营理念和全球性业务支持网络。2005 年，以公司为投资主体的华泰资产管理公司和华泰人寿保险公司开业，标志着公司在向集团化发展的道路上迈出了坚实的步伐。经过几年来的发展，华泰资产管理公司和华泰人寿都已成为业内具有较强竞争力的优秀企业。

公司成立 13 年来，坚持规范管理、稳健经营、创新发展的方针，逐步走出了一条"集约化管理、专业化经营、质量效益型发展"的道路，创造了自成立以来年年盈利、年年分红的优良业绩。2008 年，公司实现原保险保费收入 24.88 亿元，实现净利润 2.26 亿元，净资产达 39.46 亿元，期初净资产回报率为 6.04%，每股净资产 2.85 元，公司总资产达 314.82 亿元，偿付能力充足率达到监管部门规定标准的 11.07 倍。

华泰财产保险股份有限公司湖北省分公司经中国保监会批准，于 2005 年 6 月开始筹建，并于同年 8 月 8 日正式挂牌开业。目前分公司拥有江南支公司和江北支公司两家分支机构。湖北省分公司将始终坚持"集约化管理、专业化经营、质量效益型发展"的战略，不断地开拓创新，发挥现代保险功能，服务经济社会发展，为构建和谐社会做出一份贡献。

（段　瑞）

安邦财产保险股份有限公司湖北分公司

安邦财产保险股份有限公司(以下简称"安邦保险")是一家由上海汽车集团股份有限公司(SAIC)、中国石油化工集团公司(Sinopec Corp.)等十余家"世界500强"企业投资组建的实力雄厚的经营财产保险和意外险业务的全国性保险公司,于2004年6月9日正式获得中国保监会批准筹建,2004年9月30日获准正式开业,注册地在中国浙江省宁波市,总部设在中国北京市。

安邦保险实力雄厚,注册资本为51亿元,在国内中资财险公司中名列第2位,仅次于中国人民财产保险股份有限公司。安邦保险以"品质优先、效益为本"的经营理念,"凭借智慧、遵从规律;随需而变、马上就办"的企业文化,不断创新,锐意进取。截至2008年12月,安邦保险全国累计保费收入近150亿元;分支机构1,400余家,网络已遍布全国37个省、直辖市和大部分经济发达的县(市),理赔现场查勘最长时间将缩短至两小时以内。

安邦财产保险股份有限公司湖北分公司自2005年9月2日正式开业以来,已在全省所有地级市开设中心支公司,在经济较发达的县级市开设营销服务部,网络已基本覆盖全省。湖北分公司本着"遵纪守法、合规经营"的指导思想,规规矩矩做业务,扎扎实实做服务。经过近四年的努力,公司已在市场上逐步创立起了自己的品牌。

(李晓飞)

都邦财产保险股份有限公司湖北分公司

【综述】

2008年,都邦财产保险股份有限公司湖北分公司认真贯彻全国保险监管工作会议精神,以科学发展观为统领,严格执行湖北保监局的各项监管措施,坚持总公司"两个转变"(管理上由粗放式管理向精细化管理转变;经营上由单纯追求速度的快速成长向注重效益、稳健发展转变)的战略方针,以"效益为主,健康发展,严格管控,服务至上"的理念,本着注重品质、健康发展的原则开展各项工作。在车险业务方面,根据团队特点和目前车险市场竞争状况,将发展重点放在交强险、公务车2吨以下货车、私家车。同时,根据地区特点在车险结构上争取差异化灵活核保政策,在险种结构组合上强调合理化组合(从品质、风险管控、效益三方面),尤其是在保证规模、保证保费充足前提下,大力拓展短期提车险业务。在非车险业务方面,积极开拓市场,做到每笔业务都有专业的核保人员现场验标,把握风险,注重品质。通过加强队伍建设,重点强化非车险业务技能培训,提高非车险业务服务能力,坚持现场验标承保,由于风险管控到位,经营状况良好。

1. 规范市场秩序,开展自查自纠。

根据中国保监会《关于规范财产保险市场秩序的通知》和总公司《关于落实保监会规范财产保险市场的自查通知》的文件精神,公司高度重视,并组织专班对分公司和各级机构进行自查自纠。分公司与各机构分别组建检查小组,实行组长负责制,对财务、销售、人事、客服等各个部门开展全面、彻底的清查,对发现的问题形成了书面报告,并及时拿出了具体的整改措施。整改措施有跟踪有落实,可行有效,责任落实到人,各环节有效管控。

2. 常规稽核纠察、整改违规

都邦保险湖北分公司总经理卢翔在黄冈市委负责人陪同下考察渡河口村。

经营。

总公司稽核监察部于2008年9月16—28日派出稽核小组，对湖北分公司开展了常规稽核，稽核人员按照内部审计准则的规定，通过查阅相关财务业务资料、员工访谈、调查问卷等方式，对湖北分公司2007年10月至2008年10月的两核、财务及人事、综合管理等各方面的情况进行了检查。

3. 加强内控管理、依法合规经营。

在内控措施落实方面，重点督促分公司各部门、各分支机构按照内部审计指引的规定，健全内审组织架构，明晰报告路线，增强监管力度。同时，加强高管人员监管力度，强化责任追究，建立高管人员任职档案，对分公司和机构的高管人员履职、培训、考核、处罚等情况进行记录，绝对不允许任何人违规后异地任职，强化责任追究，完善对高管人员的问责制度。

4. 实施“见费出单”制度。

按照《关于印发〈湖北省私家车见费出单指引(试行)〉的通知》以及《关于对所有车险业务实施见费出单的通知》的要求，公司于2008年11月10日进行了“见费出单”系统功能测试，并于11月17日正式发布，对于文件要求的所有车险业务均已实现必须先确认保费到账后(通过刷卡、支票到账确认)，保单方能生效、善制的业务流程控制功能，所有车险业务(包括政府采购车辆)都已统一纳入见费出单系统管理，目前业务流程控制功能正常，业务系统运转顺畅。

5. 服务社会主义新农村建设。

在湖北保监管局和总公司的领导下，秉承“打造中国服务最好的保险公司”的理念，积极发挥保险功能，努力为社会主义服务新农村建设提供最好的保险产品和保险服务。公司在黄冈市委、市政府的支持下与黄冈市渡河口村结成对口扶贫单位，公司总经理卢翔于9月份亲自带队到渡河口村进行考察，对当地新开辟的山林果园提出了给予每株200元的承保方案；对五保户家庭财产给予10,000元的房屋保险；对村干部给予30,000元的人身保障。

(刘德胜)

天平汽车保险股份有限公司湖北分公司

【综述】

天平汽车保险股份有限公司是于2004年12月经中国保险会批准设立的全国性金融机构，是中国第一家专业汽车保险公司。公司总部设在上海浦东陆家嘴金融区，主要经营机动车交通事故责任强制保险和机动车商业保险，同时还经营企业财产险、家财险、货运险、责任险、短期意外险和健康险等业务。湖北分公司于2007年1月16日在武汉成立，公司设有5个后线管理部门，2个内设经营单位，3家营销服务部，5个地(市)理赔服务网点。公司员工40名，其中80%具有本科及以上学历，员工平均年龄为30岁。截至2008年12月31日，湖北分公司累积实现保费收入4,650.29万元，其中车险4,589.58万元，财产险2.1万元，意外险58.6万元。2008年累计支付赔款2,960.29万元，综合赔付率71.26%。

【经营模式】

公司是第一家实行非核心业务外包模式的保险公司。在销售方面，采取整合社会资源，从汽车产业链的角度，以与专业保险中介和兼业保险代理机构(银行、邮政、汽车4S店等)开展战略合作为主，以自营的电话销售直营方式为辅的销售模式。在理赔服务方面，采取常规案件委托保险公估公司查勘、大案和疑难案件由公司人员组织复勘、小额单方事故实行客户自助查勘的售后服务模式。这一经营模式有利于整合和优化社会资源，给客户带来了便利和公正，实现了社会、企业和被保险人的价值提升。

【车险特色业务】

公司拥有中国车险市场上除A、B、C三套行业产品外，唯一一套个性化的专业车险产品，形成了车险条款“3+1”的市场格局。公司的车损险借鉴国外车损险条款，将传统的车损险分为车碰车车辆损失险、车辆损失综合险、车辆损失一切险，保障范围层层递进。这一设计体现了“以人为本”的理念，即根据不同消费群体消费偏好和驾驶习惯，不同标的车辆的风险状况来将车险产品进行细分，以增加消费者的选择范围。

2008年3月，公司正式在武汉市推出电话车险业务，成为湖北省第三家实施电话销售的保险公司，这对满足消费者多样化选择趋势及提供便利车险服务上起到了一定推动作用。

【稽核监督】

从防范经营风险、管理风险出发，公司实施了比较严格的稽核监督制度，总公司稽核管理部定期实施对机构的业管、理赔、财务、销售管理、行政人事管理等重要环节的内部控制状况进行调查和评估，并在预估风险重要性水平的条件下，抽取部分资料和档案进行符合性测试。2008年审计报告表明,湖北分公司2008年的经营规模平稳,顺利实现全年保费计划,在公司管理及内部控制方面,承保、财务、理赔、行政管理等条线的基础管理及各项流程清晰,运转有序。

【客户服务】

2008年,在业务承保方面,公司积极配合武汉城市圈的建设,加大了对武汉城市圈区域的资源投入,增设了黄石营销服务部等服务网点,经营网点达到3家,理赔服务网点达到5家。

在理赔服务方面,以保障被保险人利益为根本出发点,不断提高理赔时效,并在打击保险欺诈和处理客户投诉等理赔服务方面取得了明显成效。仅在打击保险诈骗,维护被保险人切身利益方面,累计挽回经济损失近100万元。

【社会责任】

在服务社会方面,积极参与了2008年"5·12汶川大地震"的捐款活动,公司捐款5万元人民币,员工累计捐款1.38万元人民币。同时,开展扶贫助学活动,2008年分公司对革命老区的恩施市龙凤镇小龙潭小学进行捐助,对学生就餐环境及饮水工程进行了改善。

(韩同高)

阳光财产保险股份有限公司湖北省分公司

阳光财产保险股份有限公司湖北省分公司是阳光财险的二级机构。截至12月底共处理赔案13,385笔,支付赔款33,940,073.12元。及时立案率在93.21%(车险93.21%),立案率99.60%(车险99.60%),结案率超过85.27%(车险85.27%),赔付率为64.76%(车险66.96%),案均赔款2,970.48元(车险2,781.03元)。湖北分公司积极贯彻总公司"高起点组建,远战略发展"的方针,在员工队伍组建上,通过多种形式面向全社会进行人才引进,形成了一支从业经验丰富、专业水准高,知识结构合理、综合素质突出的员工队伍,并将设立多家三级机构和若干个销售团队。

【保险业务】

2008年阳光财险完成财产险保费收入1,556万元,实现意健险业务保费收入681.24万元,在全国市场地位不断地得到提升,目前在全国32家机构中排名第12位,保费收入的同比增长达到了100%以上。承保了国内省内有影响力的中铝大冶铜板带有限公司、国水投资集团调兵山风电有限公司、武汉天马微电子有限公司、长江武汉航道局、山河建设集团有限公司等企业,还承保了中铁十一局集团石武客运专线湖北段TJⅡ标项目、汉宜高速铁路、兰渝铁路、中铁十七局集团有限公司杭甬铁路客运专线工程等国家重点投资项目,并在通用航空保险中承保了中国飞龙专业航空公司。一是公司在全省财产险公司的市场排名从2007年底的第13位提高到第10位,市场占比从2007年底的0.85%提高到1.44%。二是机构网络日趋完善。已在黄石、黄冈、荆州、荆门、宜昌、襄樊、十堰设立了中心支公司7家,并下设了营销服务部,为推进公司业务快速发展及有效实现理赔服务奠定了良好基础。三是员工素质逐步提高。共有员工242人,平均年龄34岁;其中非销售类管理人员107人,销售类管理人员16人,销售人员119人;管理人员中,研究生及以上学历人员8人,占比7.4%,本科学历45人,占比42%,大专学历51人,占比47%,大专以下学历3人,占比2.8%。

1. 培养全员成本核算意识。明确"成本、盈利、发展"的核心主题,培养全员成本核算和效益意识,主动摒弃净保费率低、出险频度高、赔付率高、外部成本高的业务,不断提高业务品质和经营质量。

2. 培育强大的销售能力。加快三四级机构建设和高效团队引进,完善展业平台;加大业务考核和业务竞赛,提高人均产能和日均平台;搭建信息资源平台,在计委、发改委、建委等政府职能部门、湖北省百强企业和纳税前100名的企业发展一批信息人员,及时掌握政府计划项目和企业技改项目情况,组织有针对性的公关和配套方案;做好股东业务的跟踪维护,提高新增保费和续保率;加大非车险业务发展,打造有专业能力、高绩效的非车险销售人才和团队,发展直销业务;大力发展专兼业代理渠道,发展大项目业务或共保业务;结合市场需求,寻求市场空白点和新增点;开展银保合作、产寿险交叉销售,开展进社区、进工会、进洗车行、进学校等活动,培育属于自身的业务销售网络。

3. 强化核保管理。认真推行目标市场管理,严格红黄蓝业务划分标准,大力发展蓝区业务,适度发展黄区业务,严格控制红区业务,并加强对黄色业务承保条件的改善，使其向蓝色业务转变；强化核保队伍建设，定期对核保人员专业技能进行全面考核，引进一批专业素养高、认同公司文化、执行力强的核保人员，不断提高核保队伍的整体风控水平；加强对三级机构的管理和指导力度，分公司派人驻点进行帮扶，通过查找日常经营活动中的不足，帮助机构建立完善相关的管理制度，并通过开展相关岗位的培训，提高业务技能。

4. 科学匹配业务费用。以盈利为价值发展导向，将公司有限的费用向高品质险种、业务倾斜，通过对赔付率、高品质险种规模、应收率的考核，实行费用差异化管理，引导业务又好又快发展。

5. 加强应收管理。坚决执行“见费出单”制度；将代理机构的应收率与代理费用挂钩；杜绝净费出单；对小型企业的业务，一律不准分期缴费。

6. 扎实推进、积极践行阳光文化，先后开展了“做阳光人，干阳光事”以及“阳光发展观价值观大讨论”等文化学习和建设活动。

7. 全方位提升业务销售能力。认真贯彻落实《销售基本法》，提升业务团队及业务人员的销售能力；加快机构建设，为构建销售与服务作业平台奠定基础。目前已设立中心支公司7家，支公司和营销服务部17家；积极引进非车险专业销售人才，加快非车险业务的发展；全面推进车险“八进入”及非车险“六进入”市场拓展活动，有序推进渠道业务专属管理；建立健全各项业务考核机制，开展各种形式的销售竞赛活动，不断提升人均产能和日均平台。

8. 非车险业务重点围绕业务发展抓好“七个落实”。将非车险计划逐级分解，并建立“一把手”负责制；制定车险和非车险差异化的费用政策，引导非车险业务发展；建立各部门、各中支之间高效的沟通协调机制，实现信息和资源共享；建立各地核心企业、重点项目、标志性项目、市政工程、重点客户信息库，并组建专门班子进行跟踪公关；强化单证和协议管理，严禁违规操作；建立非车险考核机制，对业务发展和经营效益良好的机构与个人给予相应的精神和物质奖励。

【客户服务工作】

秉持诚信服务的理念，通过提供优质稳定的全程服务，获得客户的信赖。建立以先进的系统为主的客户服务平台，为高品质服务的实现奠定良好的软、硬件基础。一是电话中心95510实行365×24小时全天候受理报案、咨询、投诉、查询等服务，坚持电话回访，短信提示，提升服务功能和品质。二是客服人员实行竞聘上岗制度，定期考核，末位淘汰，秉承稳定、优质服务的理念不断提高服务水平和专业技能。三是践行阳光文化，雨天为客户提供阳光雨伞、夏天为客户提供矿泉水、寒冬为客户提供御寒的棉衣，查勘车上备有小药箱随时为客户提供简单的医疗日常用品。

1. 核赔工作：

在理赔环节将风险管控前置，维护被保险人的合法利益，赔款合理快捷。一方面不断加强核赔人员的专业技能提升，定期组织培训和上岗考试，实现持证上岗；另一方面实行分级授权制度，对于不同核赔资质人员授予不同等级和核赔权限，确保对案件质量的审核和把关。

2. 防骗打假工作：

打击虚假赔案，杜绝理赔水分，公司建立与经侦、独立调查人等渠道的外部联合打假机制，有效地介入案件的调查与取证，严厉杜绝被保险人和修理厂制造的虚假赔案，为规范行业秩序、创造良好风气做出贡献。公司机关管理人员实行夜间跟车打假，从虚假赔案高发的夜间入手，逐案跟踪查勘，第一时间发现虚假赔案及时上报，避免经济损失30万余元。

（刘飞 陈波 侯青）

中国出口信用保险公司武汉营业管理部

中国出口信用保险公司(简称“中国信保”)是经国务院批准成立的、我国唯一承办出口信用保险业务的政策性国有独资保险公司。公司成立于2001年12月18日，总部设在北京，不以盈利为经营目的，资本来源为出口信用保险风险基金，并纳入国家财政预算管理。武汉营业管理部作为中国信保在汉设立的一级分支机构，于2008年1月8日正式开业运营，业务范围覆盖全省17个市州。

中国信保武汉营业管理部的主要职能是：依据国家外经贸、产业、财政、金融、外交等政策，围绕各级政府的经济发展战略和产业政策导向，通过政策性出口信用保险手段，支持货物、技术和服务等出口，特别是高技术、附加值大的机电产品等资本性货物出口，支持中国企业向海外投资，为企业开拓海外市场提供收汇保障、融资便利、信息咨询、风险管理、商账追收等方面的配套服务。

自在湖北开展业务以来，武汉营业管理部在全省范围内全面开展了政策性出口信用保险业务，为我省企业分担出口风险、保障收汇安全提供了强有力的保障。2008年，武汉营业管理部超额完成总公司下达的各项指令性经济指标。开业以来，共受理可损及索赔案件逾百起，赔付672万元，帮助出口企业追回欠款250万余美元，带动企业融资近10亿元。在业务实现快速发展的同时，紧紧围绕湖北省出口导向政策和出口市场多元化战略，支持了一批湖北省主要出口骨干企业和对外承包工程企业的境外工程承包业务。出口信用保险在支持企业拓展国际市场、稳定和促进出口增长、优化出口融资环境、推动出口结构转型升级、保障经济社会和谐稳定等方面，较好地发挥了政策性职能作用。

（刘思思）

2008年3月12日，渤海财产保险股份有限公司湖北分公司正式开业。

渤海财产保险股份有限公司湖北分公司

【综述】

渤海财产保险股份有限公司（以下简称“渤海保险”）是由天津泰达投资控股有限公司、天津联津投资有限公司、天津泰达集团有限公司、天津保税区投资有限公司、北方国际信托投资股份有限公司五家天津市、滨海新区实力雄厚的国有骨干企业发起设立的全国性股份制财产保险股份有限公司。公司于2005年10月18日获中国保监会批准开业，总部位于天津，注册资本金11亿元人民币。

渤海保险遵循主动、严谨、高效、诚信的服务宗旨，通过与百余家保险公估公司、商检部门以及海外专业查勘公司建立合作伙伴关系，形成了渤海保险的基本服务网络。运用先进的技术手段，提升服务水平，让客户真切感受到“渤海式”的温馨服务。

2008年5月4日，中国保监会在北京召开保险文化与品牌建设座谈会，王建东总经理应邀参会，并作为中小保险企业代表在会上发言，介绍渤海保险在保险文化建设方面的举措和成绩。11月26日，由中国企业文化促进会主办的“科学发展观·企业文化高峰论坛暨2008全国企业文化建设工作年会”在海口市召开。渤海保险在此次会议上获得“全国企业文化建设先进单位”称号，公司总经理王建东荣获“全国企业文化建设优秀管理者”称号。

渤海财产保险股份有限公司湖北分公司自2008年3月正式获准开业以来，在武汉市双墩、武昌设立了2家营销服务部；6月，襄樊、十堰2家中心支公司相继开业；8月，荆州、荆门、咸宁3家中心支公司开业。2008年，湖北分公司开业当年共实现保费收入4,414万元，完成年计划的108.76%。其中，车险保费收入3,800万元，占比86%，其中交强险保费收入1,980万元，占比55%；非车险保费收入614万元，占比14%；已决赔款530万元，未决赔款310万元，综合赔付率61%，应收保费率控制在2%以内；费用支出797万元，综合费用率为53%；概算成本率110%，基本完成总公司各项预算目标。作为2008年3月才登陆湖北的省级分公司，在“迎司庆”全国系统十佳评选活动中一举荣获“十佳单位”、“十佳管理者”、“十佳经营团队”、“十佳销售经理”和“十佳销售明星”五项荣誉，同时也成为公司系统内第一个完成年度保费计划的省级分公司。

湖北分公司秉承“积极、稳健、专业”的企业文化及经营理念，按照总公司确立的以环渤海地区为中心、东部沿海发达城市为重点、中西部和东北地区为两翼，逐步实现全国机构布局的发展战略，通过建设绩效导向型的企业文化、制定行之有效的员工职业规划、设计有吸引力的激励与薪酬体系，为员工搭建一个持续发展的平台。公司

渤海财保湖北分公司在将军县红安开展革命传统教育，种下“渤海林”。

充分考虑客户需求，为广大客户精心设计了门类齐全、保障充分的保险产品。目前，已开发了十一个大类、70余个保险产品。业务经营范围主要包括中国保险监督管理委员会核准的人民币、外币的各种财产保险、工程保险、运输保险、交通工具保险、责任保险、信用保证保险、意外伤害保险、短期健康保险及上述保险的再保险业务，及国家法律、法规允许的各类保险业务和资金运用业务。

2008年4月3日，渤海保险申请开办的“渤海保险电话营销商业车险产品”获得中国保监会批复，成为行业内继中国平安、大地保险和天平汽车保险之后第四家获准开办此项业务的公司。12月8日，湖北分公司电话营销商业车险产品全国上线项目获批，标志着公司销售渠道创新工作又取得了新进展。

湖北分公司热心公益事业，履行社会责任。2008年5月四川汶川县发生地震后，向援助四川地震灾区的天津消防官兵、特警和医疗队每人赠送保额为20万至30万元的团体人身意外伤害保险，总保额达1.1亿元。公司青年员工自发形成“渤爱汇”爱心公益组织，开展义拍义卖，筹得善款8万余元，为四川灾区儿童送去学习用品和书籍。目前“渤爱汇”已启动爱心公益基金。教师节前夕，渤海保险出资20万元捐建的蓟县官庄镇南营中学新校舍交付使用。渤海保险助学基金也再次启动，10名优秀高中毕业生获助。湖北分公司还开展众多回馈社会活动，如开展文化拥军、在四川地震灾区学校设立渤海保险奖学金、全辖各级机构开展公益日活动等。

（黄莉莉）

民安保险（中国）有限公司湖北分公司

1949年10月1日，香港民安保险有限公司正式在香港开业，经营非寿险保险业务。经历近六十年的发展，民安保险背靠祖国，扎根香港，勇于面对挑战，不断改革创新，成为香港保险业中实力雄厚、信誉卓越、深具影响力的公众上市企业。

2005年，经中国保险监督管理委员会批准，香港民安保险有限公司深圳分公司改建为

2008年8月，时值北京奥运举办期间，民安保险湖北分公司成功举办“中国加油，北京加油，民安加油；我参与，我签名，我快乐”主题签名活动，共同为奥运加油。

具有独立法人资格的民安保险(中国)有限公司,经营区域扩展到全中国,公司在国内业务的发展进入了一个跨越式发展的新阶段。

2008年5月20日,民安保险(中国)有限公司湖北分公司在武汉正式开业,成为湖北第一家境外的财产保险公司。公司现设行政人事部、财务部、直销个代部、经纪代理部、银保/重客部、运营支持部六个职能部门,现有人员中95%以上具有保险从业经验,大多数骨干人员的保险从业经验达5年以上,本科及以上学历占总数的95%以上。

公司秉承"和谐社会、民安为先"的理念,把"努力打造区域内独具品牌特色和专业价值的产险公司"作为自己的历史使命,把"创业+经营"作为公司的主线,在"创新经营"和"创新服务"中,坚持稳健迈好三大步:2008年,稳健起步,夯实基础,搭建客服平台,推出特色经营;2009年,创新销售渠道,强健员工队伍,拓宽业务覆盖面,完善客服平台,深化特色经营;2010年,巩固销售渠道,细分目标市场,完善差异化策略,提高市场竞争力,努力达成客户服务零投诉,优化特色经营。

作为香港中国保险集团的旗舰企业,民安保险(中国)有限公司将积极拓展国内保险市场,以稳健务实的经营作风,坚持走质量效益优先,风险管理先行的可持续发展道路,努力发展成为独具品牌特色的专业保险公司。

(王存美 孙 琴)

中国人寿保险股份有限公司湖北省分公司

【综述】

中国人寿保险股份有限公司于2003年6月30日在北京成立(其前身是成立于1949年10月的原中国人民保险公司及其分设于1996年2月的中保人寿保险有限公司),是国内最大的专业寿险公司。公司于2003年12月17日、18日及2007年1月9日分别在纽约、香港和上海三地上市,成为国内首家"三地上市"的金融保险企业。公司是中国最大的机构投资者之一,并通过控股的中国人寿资产管理公司成为中国最大的保险资产管理者,是连续五年入选《财富》"全球500强"(2007年列第192位)及世界品牌实验室"世界品牌500强"的中国人寿保险(集团)公司的核心成员。目前拥有超过8,600万份有效的个人和团体寿险保单、年金合同及长期健康险保单,提供超过6亿人次的长期和短期保单客户服务。中国人寿保险股份有限公司湖北省分公司是中国人寿保险股份有限公司设在湖北省的一级分公司,现有机构1,176个,其中省公司1个、地市级分公司13个、县级支公司101个、县级营业部12个、乡镇营业部197个、营销服务部852个。此外,经保险监管部门批准的兼业代理机构3,900余家。全省系统现有员工4,600余人,营销员25,000余人。

【业务发展】

2008年,公司保费规模一举突破100亿元大关,为历史首次,更是湖北保险业历史首家。其中,股份公司总保费95亿元,同比增长66.82%。长险首年保费64.97亿元,同比增长109.70%;首年期交保费10.71亿元,同比增长4.5%;续收保费24.82亿元,同比增长16.25%。短险保费收入5.2亿元,同比增长12.9%。公司在全省寿险市场份额(含集团公司业务)为39.38%,股份公司在全省寿险

2008年2月5日,湖北省副省长赵斌出席中国人寿保险股份有限公司湖北省分公司向湖北省雨雪冰冻灾区捐款仪式。

市场份额为36.7%，继续保持市场领先地位。

【内控管理】

2008年，公司大力建设具有湖北特色的内控管理防御体系，风险防范能力有效提高。一是建立了由各销售、业务财务管理、审计监察内控部门共同参与的多层立体防御体系，将风险防范关口延伸至业务前端，风险防范重点落实到基层一线。二是完善了《业务集中实施细则》《财务集中实施细则》《财务人员派驻制管理办法》《费用专户资金拨付办法》和《收付费实施管理细则》。三是推行了《业务异常情况报告制度》《财务异常情况报告制度》和《财务监督检查工作制度》。四是进一步加强了监督检查和责任追究力度。

【客户服务】

公司设立了全国统一的"95519"客户服务电话，提供24小时咨询、查询、投诉、挂失登记、报案登记等一系列服务。2008年，公司重点通过开展"客户服务节"、"牵手国寿，健康生活"、"进农村、进社区、进学校"、"诚信服务标兵评选"等活动，大力打造国寿"1+N"客户服务品牌，有力促进了公司品牌形象的提升。

【队伍建设】

2008年，公司通过大力加强领导班子建设、员工队伍建设、销售队伍建设和作风建设，公司核心竞争力得到明显提升。一是加强班子的日常化考核和管理，建立了市、县两级公司领导人员工作业绩档案，调整充实了12个分公司领导班子，同时举办了高管人员培训班，对县支公司一把手进行了教育培训。二是通过向社会和大学校园招聘，引进了部分新员工，并先后组织了计算机、柜面、职称、核保师、核赔师等专业技能考试。三是在个险渠道开展了"楚才争锋"活动，净增销售人力近7,000人；在银邮渠道开展了客户经理、理财经理、银邮讲师三支队伍建设，销售队伍过千人；在全省中心城区加快了区域收展制推广工作，建成收展部13个，收展队伍规模达到1,096人。四是在全省系统积极开展了深入学习实践科学发展观活动，各级领导班子带头转变作风，深入基层，靠前指挥，调查研究在一线，解决问题在现场，促进了工作的落实。

【社会责任】

面对2008年初雨雪冰冻灾害和"5·12"汶川特大地震，公司系统上下快速反应，以高度的大局意识、责任意识、服务意识和奉献精神积极投入到抗灾救灾中。抗击雪灾中，全省系统按照特事特办的原则，为受灾客户赔付170万多元，同时落实好中国人寿总公司向湖北300万元捐助工作，受到了省委、省政府和社会各界的赞誉。"5·12"汶川特大地震发生后，系统上下充分发扬"一方有难、八方支援"的精神，全省系统党员、员工、营销伙伴共捐款、缴纳特殊党费200万余元；近千名员工踊跃报名参加国寿理赔援助团，先后选派31名同志深入四川灾区一线，协助开展理赔服务工作，受到了灾区人民群众的充分肯定。此外，公司选择6个市(州)的16家县支公司开展了农村小额人身保险试点工作，共承保42万人，实现保费506万元，为广大农民提供了保障，得到了广大农民和各级政府的充分肯定。

（胡　波）

中国太平洋人寿保险股份有限公司湖北分公司

【综述】

2008年，中国太平洋人寿保险股份有限公司湖北分公司积极贯彻总公司可持续价值增长的发展理念，坚持"诚信天下，稳健一生，追求卓越"的企业核心价值观，把发展作为第一要务，在保持内涵价值持续增长的前提下实现核心业务的增长；按照"创3A而不是保3A"的经营思路，实现思想大解放，业务大发展的良好态势。全年实现保费收入27.71亿元，同比增长64%，系统内排名第10位，比上年提升了1位；标准保费收入20.56亿元，同比增长40.82%，系统内排名第9位，与上年持平。

【业务发展】

1. 个险业务实现稳步增长。个险营销实现规模保费收入116,150万元，计划达成率为100%，同比增长10%，系统内排名第7位；标准保费收入129,828万元，系统内排名第7位，同比增长8%。完成寿险新保保费收入26,828万元，其中期缴19,401万元，期缴率为91%；个人意外险完成保费收入2,212万元，同比增幅5%，系统内排名第6位；个人健康险完成保费收入787万元。个险完成续期保费收入86,323万元，年度计划达成率为101%，较好地完成了全年计划。

2. 团险业务实现新突破。开展了完善社会保障体系的团险业务渠道的意外险业务，意外险销售

省委常委、宣传部长李春明(前排左六)、副省长赵斌(前排左五)、湖北保监局局长左绪文(前排左七)等领导看望参加2008年湖北金融文化节暨理财博览会的太平洋寿险湖北分公司员工。

重点依托社会保险渠道、农村信用社渠道,推动业务快速发展,队伍基础不断巩固,渠道专业化水平进一步提高。团体直销规模保费收入10,139万元,计划达成率为52%,同比下降38%,下降原因主要在于团体年金险的负增长。标准保费收入8,704万元,标准保费收入在系统内排名第20位。其中,团体意外险完成保费收入3,340万元,计划达成率为93%,同比增长39%,系统内排名第19位。

3. 银行邮政代理业务创新高。银保业务规模上实现较大突破,业务结构进一步改善,分红险占比达36%,期缴业务发展迅速,形成期缴业务较为稳定的业务平台。银行邮政规模保费收入150,686万元,计划达成率为195%,同比增长了222%,系统内排名第8位;标准保费收入67,062万元,系统内排名第8位,较上年底上升了7位。在半年内提前完成了全年的经营目标。

【内控建设】

1. 合规经营管控卓有成效。公司以“发展坚定不移,合规重中之重,改革稳步推进”为指导思想,制定了一系列合规制度,开展合规管理工作。相继建立健全了《湖北分公司2008年风险管理工作要点》等10项合规管理制度,建立和完善的合规风险管理体系,建立了合规风险的审核、咨询、识别、预警、自查、责任追究等合规管理工作流程。

2. 建立了以规范会计核算为基础的核算流程和将风险前置的风险预警和照会制度。重视前期预警、事中提示、事后监督的过程管理。

3. 从机制上规避风险。建立并实施了机构“一把手”定期交流制度,对辖内财务经理实行异地委派制,对财务人员实行分公司集中管理。据湖北保监局的统计数据,公司全年的信访件7件,是全省保险行业内接到客户投诉和信访最少的,全面维护和保障客户权益。

4. 积极开展反洗钱培训。公司从2008年3月份以来,开展了形式多样的反洗钱培训。通过早会培训、制作反洗钱法制投影片、印发《反洗钱知识手册》、开展反洗钱知识考试等方式,使培训学习落到实处。

【内部管理】

1. 创新管理模式。一是对

2008年6月21日,太平洋寿险湖北分公司在武汉国际会展中心广场开展环保袋路演公益活动。

太平洋寿险湖北分公司荣获“2008年度最佳服务保险公司”和“2008年度最具社会责任感公益奖”两项大奖。

机构实行内部重组，整合资源。突破机构行政区划的限制，采取“以强带弱，以大带小”的方式，让机构之间实现优势互补。二是实行“一把手”跨机构兼职，用活优秀干部资源。三是实行县级机构升降制，调动基层干部积极性。四是对个别机构的重点业务项目（如社保渠道）实行分公司条线直管，这样既便于集中优势进行业务攻关，又能有效地控制风险。

2. 加大人员集中管控力度。一是加大劳动用工风险防范力度，实行全省劳动合同集中管理；分公司员工社会保险已基本实现“五险合一”。二是对机构高级管理人员和中层干部的任免由分公司集中审批发文。三是全部员工的聘用或解聘由分公司统一把关，在人力资源管理系统中统一进行。四是完善了考核机制，统一了各机构班子成员、财务经理、行政经理、银邮、团险业务员和客服专员的薪酬标准，体现了一线导向、绩效导向。五是改变了人员配置方式，对机构和分公司部门负责人实行公开选拔、竞聘上岗。

3. 教育培训系统化。以培训提升管理水平。加强了对高级管理人员、管理人员、内勤人员和县级机构经理的培训。以培训带动销售，各业务条线加强了业务系列人员的培训，共有7,603人次参加了各类培训，进一步提高了员工素质。

4. 加大机构投入和建设。继续加大对县级机构硬件的投入。对每个县级机构重新配发了全套电脑办公设备，保证了一线业务发展和客户服务的需要，保证各县级机构的系统操作正常进行。在全省范围内全面实现县级综合管理系统的上线，提升了服务质量和效益，对客户的服务更加方便。保全、理赔业务依靠县级系统的支持，实现小额件的即时、柜面处理。

5. 财务集中管理得到加强。2008年全省系统内财务集中管理取得了重大进展：实行了费用预算集中管控模式，通过差异化的费用政策引导业务发展；初步实现了财务人员垂直管理；实行了会计核算物理集中，辖内14家机构的会计核算已全部上收；推广了“业务收支零现金”措施，提高了资金使用效率，防范了资金风险；实行了资金集中收付。

【客户服务】

以“有利于一线、有利于客户、有利于管控”为导向，深入推行服务延伸，优化作业流程，不断提高业务品质、提升服务时效，以优质的服务与高效的管理促进业务的持续稳定发展；通过提高理赔时效和保全后台集中的两大工作，推进客户权益维护工作的全面发展，促进业务与服务水平的提升。一是继续开展了以时效和服务为主题的“理赔服务年”活动，实行简易理赔流程，全面实施报案理赔优化流程。二是实行《重大疑难案件专案组区域管理办法》。三是在县级机构综合管理系统上线运行的基础上，全面推动简易理赔向县市基层延伸，提高县市简易理赔赔案的时效。四是积极推广“一线通”，强化保全省级集中，使个险、银邮渠道的通融退保、特殊给付、关注业务、挂失业务的审批工作纳入分公司统一审批。五是电话回访实行了省级集中管理。完成省级集中回访工作；制定回访管理及考核办法，并落实到专人负责，保障了回访质量。六是认真做好诚信业务员评选表彰工作，继续倡导依法合规经营。自2007年“诚信业务员”评选工作开展以来，公司共有1,154人荣获“诚信业务员”称号。

【公益活动】

1. 积极履行社会责任，做好公益事业。2008 年 2 月，向冰冻雪灾严重的湖北灾区捐款 50 万元。在 2008 年“5·12”汶川大地震发生后，公司全体员工积极开展赈灾捐款活动，赈灾捐款总金额达到 422,747 元。公司全体党员积极响应中组部发出的“特殊党费”缴纳号召，共缴纳特殊党费 47,966 元。及时开展“买一份保单，献一份爱心”活动，募捐到 8 万元爱心善款。同时，积极做好对口扶贫工作，为扶贫点办实事。全省各机构都投入到服务新农村建设中，完善和补充社会保障体系，积极做好农村小额人身保险和大病医疗保险，为农民提供疾病和意外风险的保障。

2. 主办了环保袋路演公益活动。6 月 21 日，公司在武汉国际会展中心广场开展环保袋路演公益活动，以推动 6 月 1 日“限塑令”的实行，展示了“负责任的保险公司”的形象。

3. 参加了第三届中博会获好评。4 月 26—28 日，公司参加了以“承接产业转移，促进中部崛起”为主题的第三届中国中部投资贸易博览会，圆满完成了展览期间的接待、咨询工作，受到举办单位的好评。

4. 公司开展“众志成城建家园”行动。5 月 30 日，公司“众城行动”经理培训班在武汉举办。全省 60 多个县级机构负责人参加了培训，在唱响“万众一心迎奥运，众志成城建家园”的主旋律中，启动了 6—8 月“增员建家园”的大行动。

（童前甫）

中国平安人寿保险股份有限公司湖北分公司

【综述】

中国平安人寿保险股份有限公司湖北分公司是中国平安人寿保险股份有限公司在湖北省设立的省级分公司。1994 年 7 月，中国平安保险公司率先在湖北开展个人寿险营销业务。截至 2008 年 12 月末，湖北分公司在省内共设有 11 个中心支公司，8 个支公司，47 个营销服务部，1,083 个银邮代理网点，湖北分公司共有保险代理人 1.4 万余名，实现总保费收入 27 亿元，成为湖北寿险市场业务量第二位的寿险公司。

湖北分公司以客户服务满意度为工作核心，全面推广热情及时、便捷可靠的 P—star 五星服务，持续改善契约服务满意度、理赔服务满意度和柜面服务满意度。公司率先在湖北市场上建立了全方位的续期电子化交费平台，提高了保全业务风险内控水平；简化契约服务手续，加快承保时效，为客户进行理赔疑难解答，显现出集中作业优势。2008 年 9 月，公司荣获由市社科院、长江日报报业集团、市精神文明办、江汉区人民政府、市商务局等 7 家单位联办的首届“武汉市现代服务业百强企业”荣誉称号。2008 年 10 月，公司荣获由省政府金融办、湖北保监局、湖北日报传媒集团举办的 2008 湖北金融文化节暨理财博览会“优秀服务金融单位”荣誉称号，并荣获由武汉市商务局、武汉市工商行政管理局、武汉市消费者协会、武汉商业总会颁发的“诚信维权单位”荣誉称号。公司在 2008 年集团甲 A 机构全年品牌宣传业绩考核排名中名列第 2 位。在湖北保监局和省保险行业协会的宣传排名中位居前列，荣获由省保险行业协会、省保险学会授予的“全省保险宣传工作先进单位”荣誉称号。2009 年 2 月，公司在由省内多家金融监管单位评定的“2008 中国（湖北）理财总

2008 年 4 月，第三届中部投资贸易博览会在武汉国际会展中心举行。湖北平安寿、产、养三家分公司统一规划，联合布展。

评榜”评选中，荣获“2008 年度最受信赖的保险公司”、“2008 年度最具竞争力保险公司”、“2008 年度最受欢迎的保险理财产品”等三大奖项，公司获奖数量在全省同业中排名第一。

湖北分公司一直致力于社会公益活动，积极践行企业公民责任，在平安希望小学的援建和中国平安励志计划的开展中取得了丰硕成果，赢得了社会各界的好评。2008 年 4 月，公司成功举办了“中国平安·楚天万人健步迎奥运”大型公益活动，公司代表活动参与者捐出善款，用于平安希望小学援建。“5·12”汶川地震发生后，公司积极响应抗震救灾的号召，为灾区同胞捐钱捐物，献血献爱心，共捐款 65 万余元，同时向灾区捐赠价值约 5 万元的帐篷。2008 年 8 月，公司积极资助贫困大学生，并获得 2008“资助贫困大学生特别慈善午餐会爱心企业”的称号。9 月，公司成功举办中国平安人寿第 13 届客户服务节闭幕式，平安人寿代表 60 位担任“平安服务监督使者”的 VIP 客户向“中国青少年发展基金会”捐赠 10 万元，专款将用于平安希望小学的建设和发展。12 月 12 日，“2008 中国平安励志计划学术论坛暨颁奖典礼”在华中科技大学成功举办，中国平安首次颁发奖学金，高额奖学金奖励 15 所高校品学兼优的学子。

【稽核管理】

公司内控管理实行高度独立的职能组织架构，是事前、事中、事后三位一体的风险管理体系，是信息共享、工作衔接的统一系统平台，形成了合规、风险管理、稽核监察明确分工、紧密合作的整体。通过全系统稽核监察架构改革建立的稽核垂直管理体制，实现了稽核监察资源的集中管理和调配，审计的独立性得到最大程度的保证。同时通过优化稽核、审计平台，推行远程审计，提高了稽核检查监督的工作效率。事前、事中、事后风险管控相辅相成，相互制衡的内控管理三道防线愈加坚固，有效防范了经营决策及管理风险，确保了公司的稳健经营。

2008 年 4 月，平安人寿湖北分公司成功举办“中国平安·楚天万人健步迎奥运”大型公益活动。

【合规经营】

2008 年以来，合规管理工作逐步深入各机构并覆盖各业务部门，合规管理工作进入巩固提升阶段，制定了风险评估方法和工具，梳理各项风险列表，制定并实施了合规工作的自我评价标准和方法。合规部通过持续的事前合规风险管理、事中风险管理的适当介入及事后稽核监督的信息交流等方式，有效的提高公司的业务管理及流程管理，降低各环节风险程度；通过跨部门、跨专业沟通协调，积极推进新业务新流程合规管理，促进公司多元化经营、交叉销售、各系列资源共享的目标达成。

【客户服务】

1. 回访服务。公司建立有全国统一的电话中心、专业的电话回访人员，严格按照保险监管部门的要求，建立并实施客户回访制度，对投保客户实行 100% 新契约回访，电话回访不成功的，安排工作人员进行上门亲访；公司建立有强大的客户服务信息管理系统（CCS 系统），保留完整的相关录音文件或书面回访记录，有完善的《新契约回访操作作业指导》及《新契约回访问题件处理作业指导》等相关制度，有明确的回访范围和回访内容。设有专门的工作人员对回访中客户反馈的信息进行后续追踪处理、分析，维护客户的合法权益。同时，公司对保全业务生存给付、理赔业务等也实行电话回访，确保投保人的利益不受侵害。

2. 咨询投诉服务。

一是设立有专门的投诉处理部门——客户服务部咨诉室，统一负责所有渠道（如上门亲访、信函投诉、电话投诉、向政府部门或消费者协会、保险监管机关投诉等）客户投诉的受理、处理；客户来访有专人接待，客户每个问题件件有回复。

二是全国统一电话服务中心——95511 为客户提供 24 小时

服务咨询、预约服务、投诉受理。对咨询业务,95511 通过 CCS 系统将信息输送到相关部门,设专人进行处理、回复;对于预约服务,设专人进行服务人员安排、并追踪服务效果;对客户投诉,建立有完善的咨询投诉处理程序,对相关问题进行调查核实、分析、反馈,并及时整改,制定《投诉业务处理规定》等系列文件制度,确立明确的受理、处理、结案程序。

三是实行服务承诺制度,对 95511 电话服务中心受理的客户投诉,在 2 个工作日内回应,与客户进行联系处理。一般案件在 10 个工作日内处理完成,不能及时处理完成的,会在每五个工作日与客户进行联系。

【核保核赔】

一是住院客户慰问探访,对在定点医院住院及时报案的客户,上门进行慰问探访,附送慰问卡和小礼品,向客户讲解办理理赔所需的手续和应注意的事项,方便客户出院后办理理赔。二是全国通赔,异地出险的客户只需及时报案,申请理赔时可在异地平安机构直接办理,省去来回奔波之苦。三是注重理赔案件时效,承诺常规案件在 10 个工作日内结案,特殊原因不能在 10 日内结案的,主动电话联系客户,说明原因使客户及时了解理赔进展情况。四是 24 小时理赔 95511 报案热线受理的重大报案,提升重大案件理赔反应速度,确保第一时间理赔调查介入。五是重大疾病和伤残客户委托法医鉴定机构鉴定,对行动不便或其他有特殊情况的客户联系法医上门鉴定。六是对受益客户定期回访,了解客户对理赔服务的建议和意见,不断改进服务质量。2008 年,湖北分公司理赔 10 日结案率 92.56%,受益客户满意度 94.7%

【银行保险业务】

公司银行保险部成立于 2001 年 8 月,是最早在湖北开展银行保险业务的保险公司,分为销售部和销售支持部两个职能部门,下设 10 个业务部门分别为武汉本部、宜昌银保部、荆州银保部、十堰银保部、襄樊银保部、黄石银保部、孝感银保部、咸宁银保部、随州银保部和荆门银保部。在全省范围内与工行、建行、交行、中行、农行、中信等渠道开展了银行代理合作,业务合作范围包括柜面代理保险业务、代收代付、质押贷款业务、IC 项目业务等;主要产品包括分红险、万能险、投资连结险。自 2001 年 8 月成立至今,队伍不断壮大,现有专业人员 130 人;业务发展迅速,截至 2008 年末累计完成总保费 120,033 万元。

(孙　璐)

泰康人寿保险股份有限公司湖北分公司

【综述】

2008 年,泰康人寿保险股份有限公司湖北分公司始终以总公司发展战略和全保会、省保会精神为指导思想,认真规划县域保险发展,解放思想,狠抓组织发展、机构建设。三年业务翻一番,无论是业务发展还是后援支持,都实现了"又好又快"的可持续发展。截至 2008 年底,公司已在湖北省全境开设了 11 家中心支公司,72 家营销服务部,111 家县域乡镇网点,拥有内勤人员 761 人,营销人员 20,725 人,为全省近 120 万户客户提供高品质的寿险服务。

公司始终坚持"专业化、规范化、国际化"的发展战略和稳健经营、开拓创新的发展方针,自 1998 年 9 月成立以来,各项业务取得了快速、健康的发展。2008 年,全省实现总保费收入 26.16 亿元,较上年增长 90.8%。全省营销新契约达成规模保费 4.14 亿元,标准保费 3.6 亿元,计划达成率 160%,同比增长 80%;续期业务实现保费收入 61,045 万元,同比增长 27%。全省团体保险业务实现保费收入 1.9 亿元,同比增长 27%。全省银行保险业务实现保费收入 13.98 亿元,同比增长 158%。

【财务管理】

公司财务工作整体良好而稳健。公司依照保监会要求于 2008 年 1 月 1 日起实现"管理流程层面的切换"和"会计账目层面的切换"。同时公司严格按照《会计法》和《企业财务报告条例》的规定及总公司制定的《月度报表编报流程与要求》定期编制财务报表,以保证报表数据真实、完整、准确。所有的实物资产均由办公室或总公司物控中心按本公司的有关规定进行采购和管理,并按国家有关规定和公司的财务管理制度进行资产的核算、维护、折旧、报废更新和处理。根据总公司精算部门按监管机关的有关规定计提各项责任准备金。公司实行全面预算管理制度,各项收入和支出都纳入到预算内进行管理,对全部费用支出都按照预算的规定和公司的授权制度进行审批和开支,赔款、给付等各项业务支出也按授权授信制度进行审批。

目前使用 SAP 系统作为公司的核心财务处理系统,为公司财务

2008年10月18日，湖北省副省长赵斌在武汉会见泰康人寿保险股份有限公司董事长陈东升。

制度的执行和财务信息的处理提供了有力的技术支持和保障，从技术上保证公司的财务会计信息真实、准确。公司严格按照总公司《资金管理办法》的要求，实行收支两条线。收取保费及时上划，坚决控制银行账户资金沉淀。业务给付和费用需求均在SAP中完成资金需求申请流程，做到有凭有据、合理支付。2008年进一步推进全省财务集中工作，13家中支机构的会计核算全部由公司进行账务处理；佣金、工资实行全省统一发放；工行、农行、建行和邮政储蓄均开通了全省代收代付渠道，极大地提高了业务收支转账率，有效控制资金风险。

公司所有的财务人员均参加了全国新会计准则竞赛；总公司也开展了全系统财务人员的新会计准则培训与竞赛。2008年公司全省财务人员参加了由湖北省中央企业会计学会组织的《企业所得税法》和《企业会计准则》培训。

【业务管理和风险管理】

2008年，公司完善银保管理，将银保工作完全有效的整合到业务管理部，并强化管理，进一步规范。利用现场培训、网络培训、现场检查等各种途径，将总分公司的各项政策进行宣导强调，贯彻执行。积极探索运营前置流程和试点，支持县域业务发展。加强品质管理，出台考核办法及差异化政策，利用各种管理工具，合理控制风险。稳定理赔队伍和受理员队伍，保证人员素质。

【稽核监督】

2008年，公司继续加强对各级经营单位的监督管理力度，坚持业务发展与风险管控齐头并进，互促互进，协调发展。在管理过程中，继续强调内控自我评价的重要作用，不断改善和优化经营管理过程，提高管理效率；另外，通过不定期开展的各类专项自查自纠工作，对行业较为敏感、风险较为集中、矛盾较为突出的经营环节进行专项检查和治理，有阶段、有重点、有目的地查漏防弊，提高经营管理水平；同时，总公司派出华中稽核特派办对公司及部分中心支公司实行了独立稽核检查，针对检查指出的问题，公司注重后续整改的效果，指定专人负责追踪，限期整改到位。通过多种形式的监督管控，公司有效地规避了经营管理中的主要风险，实现又好又快发展。

【业务(产品)创新】

2008年，公司在全省大力推进县域保险的发展和组织建设的发展，在农村推行农村小额保险产品。农村小额保险主要针对低收入群体的意外死亡和意外残疾等特定风险提供小额保险保障服务，具有保费低廉、保障适度、除外责任少、保单通俗、理赔快速等特点，是农村金融的重要组成部分。“泰康无忧卡”就是该公司推出的一款低收入群体买得到、买得起、看得懂的小额保险产品，年保费仅为50元，比较符合农民的需求和实际情况，受到了农民群众的欢迎。

【核保核赔】

2008年，公司在全省共承保11.6万件，共赔付17,974件，赔付金额共计3,774.96万元，平均结案天数5.98天，十日结案率83.57%。

【电子商务和信息技术】

2008年，公司建立了到全省服务部和部分网点的网络会议系统。对全省网内电脑实行了网络MAGEFEE杀毒软件进行病毒防范。增设了省级网络会议服务器，保证在省内可以召开地市内机构或者地市间机构的网络会议，大大提高会议效率，降低成本。

进一步发挥公司内部网站作用，配合公司自动化系统，实现无纸化办公。对代理人营销员提供展业应用软件，和电脑应用知识培训，持续提供培训资料和代理人展

2008 年 10 月 18 日，泰康人寿董事长陈东升与湖北分公司干部亲切合影。

业软件，提高代理人展业能力。

【客户服务】

2008 年，公司客户服务以“专业、效率、服务、创新”为工作指导思想，以“集中、前置、整合、优化”为工作重点，以建立、健全公司运营体系为工作目标，以改善客户体验、提高客户满意度为中心，不断加强增值服务创新和品质提升。2008 年，全省完成个险保全业务 101,945 件，银保保全业务 55,726 件，共计 157,671 件；全省完成个险电话回访 98,240 件，银保电话回访 47,189 件，共计 157,671 件，良好地维护了公司运营，在公司和客户之间搭建了双向沟通的桥梁。为给客户提供更满意的服务，公司实施“以客户服务为先导”的差异化竞争策略，在湖北省保险业界首推的“100％客户电话回访”、客户权益告知书、透明化保单、保费银行自动转账、保单通存通兑、“一站式”服务等，实现了“客服活动月月有，每季都是客服节”的服务目标。

（郑　毅）

新华人寿保险股份有限公司湖北分公司

【综述】

新华人寿保险股份有限公司湖北分公司自 2001 年 4 月份进入湖北寿险市场以来，在省保监局和各级地方政府的关怀和支持下，业务规模逐年迅速增长，2001－2008 年累计实现保费超过 72 亿元，其中 2008 年实现规模保费 33 亿元，寿险市场占有率排名第二。经过 7 年多的努力，已在省内设立 11 家地市级分支机构，员工队伍 3 万多人，作业网点覆盖全省除神农架林区外的主要经济区域。

截至 2008 年 12 月 31 日，公司全省 2008 年度总保费收入达到 33 亿元，同比增长 219％。其中：个人新契约标准保费达到 3.60 亿元，同比增长 69％；银行代理业务保费收入 23.59 亿元，同比增长 430％。个人续期业务保费收入 5.22 亿元，同比增长 56％；团体业务短险保费 1,591.44 万元。

1. 个险业务。截至 12 月底，湖北个险标保突破 3.5 亿元、达到 3.6 亿元，同比增长 69％，标准保费稳居全国第 4 位。

2. 银行业务。业务结构持续优化，1－11 月实现规模保费 22 亿元；其中趸缴保费 20.8 亿元，期缴保费 1.2 亿元，业务规模稳居湖北市场第 2 位。

3. 团险业务。以业务发展为导向，以队伍培养为重点，以品牌建设为核心，扎实工作，奋力开拓。全年实现短险保费 1,591.44 万元，第一次完成总公司计划。

4. 续期业务。不断完善各种流程制度，全年全省累计实现个险续期保费 5.22 亿元，除恩施外的其他 10 家中支均超额完成个人续期累计任务，超额近 5,300 万元。

【业务发展】

1. 市场规模跃升第二。2008 年，公司在湖北省寿险市场总体占有率为 12.60％。其中，个险新契约市场占有率为 11％。总体市场份额比 2007 年底提高超过 5 个百分点，预计全年市场占有率在 13％左右，稳居市场排名第 2 位。

2. 核心业务发展迅猛。个险标保跃居市场第 2 位，银保期缴总量位居市场第 1 位，团体短险首次完成总公司任务，是全国第六家完成任务的机构。

【队伍建设】

1. 前线销售队伍进一步壮大。个险营销队伍不断壮大，从年初的 15,000 多人增长到 26,000 多人；同时在 2008 年第一季度和第四季度分别晋升3位营销总监，创造新华系统之最。银代和团险队伍骨干同样得到持续壮大，为2008年业务的发展奠定了坚实的基础。

2. 后线骨干力量更加专业。机构总队伍、区经理队伍以及机构各部门经理等骨干力量，通过业务快速发展和各种会议和培训，提升了工作能力和专业程度。

【品牌建设】

1. 硬广告投入效果显著。在省公司本部—武汉地区内环进行了广告布局；各中心支公司和营业区以不同的形式完成广告布局。户外广告彰显了公司实力，提升了公司形象和知名度。

2. 软广告的有效补充。2008年，公司积极同《武汉晨报》《楚天都市报》《湖北日报》《中国保险报》、湖北广播电台等媒体建立良好的合作关系；利用省内一系列大型品牌宣传活动，多角度报道强化公司产品和员工形象，为业务员提供良好的展业环境，提升了公司的美誉度，第四次蝉联"消费者满意单位"奖项；在"2008湖北金融文化节暨理财博览会"上，夺得"理财大赛"和"优质服务金融单位"双奖。

【基础建设】

1. 职场改造。2008年，公司在全省范围内进行大规模的新职场搬迁和客服柜面改造。5月22日，省公司管理本部正式入驻武昌区中南路中建广场。同时，黄石、孝感、青山等机构，紧跟分公司步伐，先后搬进了新职场；县级机构的职场也在加快搬迁和改造进度。一系列的改造大大提升了公司的外在形象和知名度。

2. IT建设，引领全国。软件方面，信息化建设初具规模，已形成通讯、数据、资讯、公司文化等多方面的IT支持体系。员工已逐渐形成上班接收报表、上内部网站看资讯、通过RTX沟通、上营销专区找资料的工作习惯。RTX即时通讯网络已覆盖全省中心城市和县级营服，并逐渐覆盖营业部。在硬件方面，启动了四级机构专网铺设工作，目前有10家机构专线已开通，15家机构在建，占全省四级机构的40%。2008年电脑配置重点已下沉到营业部层级。

【机构管理】

1. 中心机构百花争艳。2008年，武汉本部个险标保荣登全国第一，并以独特的组织发展模式享誉全国新华系统。外围机构11家中支，全部入围全国做大做强机构方案。恩施中心支公司的开业标志着新华保险在湖北全境完成布局，开业仅两个月个险标保承保就达1,100万元，一度创造全系统开业之最。在分公司排名文化、荣誉挑战目标的鼓舞下，各机构争先恐后，迎难而上，实现"大而强"、"小而强"的机构发展。

2. 机构发展雁阵模式。雁阵模式成型。机构间业务和队伍平台差距极小，相互间竞争激烈；没有龙头，但也没有弱体，襄樊、黄石、荆门、咸宁、青山等中支轮番领跑。2008年，机构考评从达成率转化为规模考核，龙头效应显现。孝感、江北、襄樊、黄石等大型机构出现，单月标保达600万元。

2008年，为湖北阳新县捐款80万元支援当地雪灾重建工作，捐款20万元给恩施希望小学，并积极组织员工捐款87万元给四川汶川地震灾区。

（新华人寿保险股份有限公司湖北分公司办公室）

太平人寿保险有限公司湖北分公司

【综述】

太平人寿保险有限公司湖北分公司自2004年7月成立以来，秉持"用心经营、诚信服务"的经营理念，追求卓越，持续成长，始终坚持科学发展观，在贯彻执行监管部门做大做强中国保险业指导思想的同时，格外注重分公司

2008年2月1日，太平人寿湖北分公司"风雪送温暖"活动走进贫困家庭。

2008年12月22日，太平人寿湖北分公司在武汉国际会展中心举行“博士论坛暨2008年年终表彰会”。

的业务品质和内涵价值，不断提升服务质量、完善服务体系，切实发挥保险业对社会经济的推动和保障作用。

四年来，公司高举“高素质、高品质、高绩效”的旗帜，创造了令人瞩目的成绩。2008年，公司为湖北市场贡献保费总量高达7.03亿元，服务客户10万余人次，并相继被评为“2006年度最受信赖寿险公司”、“2007年度湖北省诚信理赔保险公司”、“2007年度最佳服务保险公司”称号。截至2008年底，公司共开设9家中心支公司、1家支公司及24家营销服务部，机构布局覆盖至省内绝大多数地区。

【个人营销业务】

在个险营销队伍建设方面，公司坚持不懈地践行“高素质、高品质、高绩效”的发展战略，改变了保险行业传统营销模式的“人海战术”及所谓“规模定律”。个险营销团队成员以大专以上学历和25—35岁的青年为主，保持100%的客户回访率，为国内营销市场带来了全新发展气息，有力地提升了保险行业从业人员的形象。

公司始终坚持专业规范化的管理，代理人考试通过率最高达100%，率先成为湖北地区第一家内外勤保险代理人100%持证上岗的保险公司。个人保险全新的营销模式——高活动率、高人均标保、高人均件数吸引了一大批热爱保险行业的精英，为客户提供高素质的保险代理专业服务。

本着“真诚服务，用心经营”的理念，公司在产品创新方面始终将满足客户的需要放在第一位。根据市场需求，太平人寿推出了一系列新产品。继2005年成功推出“福禄双至”、“卓越人生”，2006年推出“高诊无忧”后，2008年又相继推出了“太平智胜投资连接保险2007”和“太平福寿连连两全保险（分红型）”。

【银行保险业务】

银行保险业务作为公司三大业务系列之一，始终秉持立足长远、专业诚信和优势互补的原则，致力于与合作银行建立更深入、更紧密、更牢固的战略合作伙伴关系。经过多年的发展，公司银保业务取得了长足的发展，市场品牌初步确立。

银保业务自开业以来就致力于渠道建设，截至2008年底，已成功开拓了工行、农行、建行、交行、招行、邮储、中行、民生、浦发八大渠道。公司以坚持客户利益最大化为原则开发新产品，坚持产品选择和网点经营两方面着手，选择有高价值的产品在银行网点销售。坚持与合作银行共同建立以提升银行员工业务能力、素质为目的的培训体系，并实行分级管理，合理安排课程，为合作银行建立一支专、兼职理财队伍，使银行员工真正成为金融专家、理财顾问。公司与合作银行举办了PTT讲师培训、成长训练、专业化销售培训等形式丰富的培训课程，累计培训银行销售人员达3,500人次，为合作银行打造一支专业的银行理财业务队伍，同时也树立太平人寿培训营销的品牌。

早在2004年，太平人寿就根据市场需求，从投资型保险向健康、疾病、医疗等保障型保险转变，回归保险的保障功能，真正满足客户的需求。另一方面，为满足客户对养老、教育储蓄的需求，在主推分红型趸缴产品的同时，推出中长期的期缴型产品，如金彩人生、黄金十年等。2005年，太平人寿推出万能型产品——太平盈利多两全保险（万能型）后，2008年在原银保产品盈盛两全保险C款（分红型）的基础上，推出其新一代产品盈盛两全保险D款（分红型），将稳健与浮动收益，还有风险保障多种因素有机结合，提供多维理财时代的新选择。

【团险业务】

公司在湖北地区开展团体业务以来，本着真诚服务、用心经营的理念，以专业化和国际化管理为行动标准，为客户提供一站式的服务，立志成为湖北市场上最优秀的员工福利产品供应商。在一年多的时间内，公司得到了湖北地区广大客户的认同和好评，业务范围遍及钢铁、建筑、制造、金融、服务等行业。

太平人寿团险系列时刻以市场需求为先，坚持以创新促发展，在经营理念、产品开发、行销技能、大项目管理方面保持领先，以VIP客户服务团队、全国统一标准服务等差异化优势打造“科技领先，服务卓越”的战略。2005年10月，公司已获得太平养老公司湖北地区企业年金代理资格，其团险系列为湖北地区广大客户提供更加专业的企业年金咨询及服务。

此外，太平人寿保险公司也是世界最大的跨国公司共保计划IGP在中国大陆地区唯一的成员，通过与其开展独家合作，湖北分公司将更好地为江城团体客户提供专业、优质、高效的服务方案。

【社会责任】

2008年是巨灾频发的一年，作为保险企业，太平人寿与全国人民一起，奋战在前线，勇担责任，用实际行动践行公司“用心经营、诚信服务”的企业理念，充分发挥保险业经济“助推器”和社会“稳定器”的作用，不仅在业务经营上取得可喜进步，更勇担社会责任，热心公益事业，促进社会稳定与和谐。

2008年，公司第二届客户服务节开幕，通过举办多种讲座及报告会普及教育、理财、健康、企业管理等知识，给客户带来高附加值的服务。同时关注民生，积极为弱势群体和受灾地区捐款捐物。在汶川地震发生后，公司第一时间筹集11.6万元善款委托湖北省慈善总会送抵灾区，同时还通过其他形式和途径向灾区人民积极奉献爱心。

【客户服务】

在客户服务体系方面，除了保持100%客户回访及零投诉记录外，更是创新举措频出。开设了全省统一的客户服务专用电子邮箱，开发了智能化短信、电邮系统，为客户提供生日问候、续期收费提醒、转账不成功提醒、保费到账确认等短信服务项目，还通过自动规则校验系统上线和对业务人员提供承保短信、电邮通知等措施，拓宽了服务渠道，提升了承保的效率，降低了服务成本，同时，使客户享受到了更加便捷、高质的标准化服务。公司还将凭借IT优势，推动更多客户服务项目，以将太平人寿“以客户为中心”的服务理念推向极致。

【机构网点建设】

湖北分公司发展迅速，已相继在宜昌、荆州、黄石、襄樊、荆门、十堰、黄冈、随州和咸宁9个二级城市开设中心支公司，并在武汉市拥有武昌、汉阳、青山、新洲、江夏、黄陂、阳逻、洪山8家同城营销服务部。

【诚信建设】

湖北分公司持续加强诚信教育，提倡“讲诚信，不误导；讲品质，不做假；讲专业，不跟风”，在营销员培训中，将诚信展业作为独立的重点培训课程，将监管部门的有关政策及规定做强化宣导，建立坦诚、敬业、言行一致、保持公正的团队文化。同时，针对诚信建设组织了一系列如诚信建设演讲、诚信营销员评比等活动。公司在建设“三高”团队的基础上，注重对营销人员的培训和培养，公司营销员持证率达到100%，是湖北省最早达标的保险公司。

（黎小波）

生命人寿保险股份有限公司湖北分公司

【综述】

生命人寿保险股份有限公司湖北分公司于2004年11月在武汉开业，经过四年的创业发展，已经成为湖北保险业成长最快的新型寿险公司之一。2008年，公司坚持以业务发展为中心，求真务实，稳健经营，取得了良好的经营效果和社会效益。公司下辖8家中心支公司，30个营销服务部，保险从业人员3,600余人，全年共实现保费收入9.7亿元，同比增长53%。

1. 稳健经营，科学发展。公司以价值为核心，以科学发展观为统领，以寿险行业的发展规律为指导，以全面强化公司科学管理为手段，优化经营，公司品质进一步提升。

2. 目标明确，执行有力。个险、银保、团险等主要业务渠道平稳发展，业绩平台稳步提升，全年保费收入增长率超过50%。全年新单保费9.09亿元，同比增长49%。其中个险保费收入9,419万元，同比增长131%；团险保费收入3,737万元，同比增长33%；银代保费收入77,463万元，同比增长45%。业务发展实现新的突破。公司在湖北寿险市场

2008年初，生命人寿湖北分公司向湖北电力公司抗击冰雪灾害的一线电力职工捐赠意外伤害保险。

份额为3.7%，在系统内内涵价值排名第一。

3. 夯实基础，全面发展。以现有机构的业务发展为基石的，注重基础工作的完善和提高，各项基础性关键指标得到改善。各级机构的经营能力和发展基础得以提升，业务渠道之间的不平衡逐步消除，呈现了全面发展的良好局面。

4. 服务社会，建立“和谐生命、健康生命”的经营思想得到充分体现。公司积极履行社会职责，发挥保险在灾害救助、经济补偿、稳定社会和安全生产的服务职能，积极参与地方经济建设，开展为2008年雪灾和汶川赈灾，支援黄冈革命老区脱贫等公益事业。

（颜学军）

合众人寿保险股份有限公司

【综述】

合众人寿保险股份有限公司（以下简称“合众人寿”）是经中国保险监督管理委员会批准的综合性人寿保险公司。企业性质为全国性、股份制寿险公司。作为综合性人寿保险公司，公司可经营一切人身险险种（含各种法定保险）。合众人寿股东由中发实业集团、意大利欧利盛人寿股份有限公司、日本太阳生命保险株式会社等国内外知名企业组成。合众人寿以中国传统思想的精髓“和合”文化为企业理念的基石，以“和合各方利益，实现多赢共好”为核心价值理念，倡导一种简单和谐、共同分享的企业文化。

2008年是合众人寿从“创业期”跨步进入“发展期”的开篇之年，在资本市场起伏波动和全球金融危机导致中国经济增速减缓的不利条件下，合众人寿仍然保持了业务的稳定健康发展，资产规模突破100亿元，保费收入达到54.51亿元，比2007年增长了77.74%，并成功发行11亿元次级债，财务状况稳健，偿付能力充足。在实现保费快速增长的同时，合众人寿各渠道保费占比、产品结构和业务品质等指标均明显改善，迅速向中型保险公司靠拢。截至2008年底，合众人寿开业及筹备分公司共26家，中心支公司127家，营销服务部共482家，内勤人员近6,000人，代理人5.1万人，全国机构和人员布局基本完成。在保持机构适度增长的同时，公司大力推动“标准营销服务部”建设，实现资源的规模配置效益，建立统一、规范的营销体系，并成立弱体机构帮扶项目小组，使部分弱体营销服务部顺利实现达标。

2008年，合众人寿遵循“回归寿险真谛，主推保障型传统产品”的策略，正确把握保险市场发展脉动，积极推动产品结构转型。同时，成立了合众人寿保险管理委员会产品功能小组与创意小组，旨在根据市场变化及客户需求开发具市场潜力的新产品，从而有效提升了业务的内含价值。

合众人寿突出专业化的经营管理，2008年公司确定“服务年”的经营管理主题，旨在树立全员服务意识，提升员工服务技能。同时，加强总公司的职能发挥，加大对机构业务发展的支持力度。努力建立架构简洁、流程清晰、职责明确、授权合理、人员精锐、业务与综合管理能力高的总公司，打造强力支持业务前线发展的一流服务平台。在经营管理上不断提升“系统化、专业化、规范化、标准化”的运作水平，高标准、严要求，向国际化先进水平看齐。2008年，合众人寿成功通过ISO27001信息安全管理体系认证，获得由BSI（英国标准协会）颁发的安全体系认证

合众人寿保险股份有限公司董事长戴皓作为第十一届全国政协委员参与政协选举。

证书，标志着合众人寿信息安全管理水平达到了一个崭新的高度。

合众人寿成立伊始秉承“客户至上”的理念，坚持把服务好客户作为出发点和落脚点，倡导“友善、便捷、专业”的客户服务准则，提出“合众保险，理赔不难”的服务战略，推出了7×24小时电话受理报案、咨询，上门服务，延滞付利息，简单案件即时结案，预付赔款，结案通知及回访六大服务特色。通过公司持续地推动与执行，理赔不难的品牌逐渐被市场接受和认同。同时搭建起高起点、高标准、高效率的客户经营和运营服务系统，不断完善95515电话服务平台，增强快速反应能力。积极探索创新服务渠道、改善服务管理模式、优化服务流程、提升客户维权和服务水平，努力建起真正意义上的“以客户为导向”的服务营销和管理。公司也因此获得“理赔最佳服务奖”和“维护消费者权益诚信服务满意单位”的奖项。

合众人寿积极承担社会责任，将公益活动作为对社会的最大回馈。2008年初南方雪灾，合众人寿快速反应，捐赠了湖南三位烈士子女从现在到大学毕业的学费，紧急派出4支慰问组到雪灾一线看望受灾群众，共捐赠善款近200万元，同时合众人寿还向全社会承诺：向所有2008年抗击雪灾的烈士子女捐赠学费，直至大学毕业。“5·12”汶川地震发生后，合众人寿及员工向灾区捐赠427万元资金用于抗震救灾及灾后重建工作；紧急购买价值20余万元的救灾物资运往灾区。同时，合众人寿宣布优先录用地震灾区在外就读的大学生，以保证灾区子弟能够尽快解决工作之忧，参与建设家乡的工作；并将此次抗震救灾工作中牺牲的烈士子女纳入“合众助学行”，捐助他们从现在起至大学毕业的学费。合众人寿的公益成就，得到了社会各界的广泛认可，在2008年第五届中国最佳企业公民评选活动中获得“中国最佳企业公民成长大奖”。

（李馨郁）

合众人寿保险股份有限公司湖北分公司

【综述】

在湖北省委、省政府关心和大力支持下，在湖北保监局的指导和帮助下，合众人寿保险股份有限公司湖北分公司于2005年2月3日正式开业。公司自成立以来就一直秉承公司“和合各方利益，实现多赢共好”的核心价值理念，实施正确的品牌战略和人才战略，敏锐把握市场需求的命脉，细分市场，以质量和服务求生存，以创新求发展，在经过四年的摸索之后，公司各项管理工作日趋成熟规范，业务发展成效显著，公司的综合实力、竞争能力、公司品牌度和市场占有率均大幅度提高，在竞争激烈的湖北寿险市场逐渐开辟出了一条独具特色的新路子。

【业务发展和机构铺设】

2008年，公司共实现保费收入54,651.4万元。其中，个人代理新单业务实现保费收入11,086.97万元，标保计划达成率116.7%；续期保费6,718.63万元，保费计划达成率101.15%；团险保险新契约业务总保费收入1,780.38万元，保费计划达成率101.7%，银行代理新单业务收入35,065.43万元，保费计划达成率166%。全省机构铺设基本完成，在宜昌、荆州、襄樊、十堰、黄冈、黄石、咸宁、孝感、荆门、鄂州等地设立了分支机构。

【人才队伍建设】

在快速发展过程中，逐渐建立起了一套标准、规范、完善的公司

合众人寿保险股份有限公司冠名首届湖北金融高峰论坛。

运行机制、管理模式和工作流程。“和合”文化及“湖北人自己的保险公司”的旗帜吸引了保险业大批精英人士加盟，公司组建了一支专业、精干、高效、稳定的骨干员工队伍。充分体现“公司为员工负责”精神，同时培养“员工在公司奉献”的品质，让员工在实现自我发展的同时，快乐工作，享受生活，与公司共同进步和成长。

【文化建设】

公司以中国传统文化的精髓“和合”为立司之本，和谐、共赢、共好、合作，在这种大的文化背景下公司营造了“成长、分享、快乐；尊重、信任、责任”的人才文化，产生了合众人寿的品牌文化“合众和你在一起”以及与之相关联的品牌服务口号，即“合众保险，理赔不难”。公司大力倡导“分享”理念，将“分享”贯穿企业文化和价值观之中，实现公司成长与员工、客户的分享。

【内控管理和品牌建设】

一是注重制度建设，完善内控体系。公司在原有124项规章制度的基础上，制定并实施《职场规范管理办法》《湖北分公司出纳操作手册》《湖北分公司OA工作流程》等36项规章制度。

二是加强风险管理，坚持合规经营。为有效控制因经营情况和市场环境变化产生的新风险分公司总经理室组织公司风险评估小组对各类已识别风险进行事前的评估和持续的监控，为公司各项业务的合规经营和保单质量的提高提供技术支持。

三是宣传内控知识，提升员工素质。坚持内控优先的原则，将内部控制宣传作为全年的主要工作之一。

四是增强内审监督，降低经营风险。内部审计作为风险防范第三道防线，也是内部控制主要组成部分之一。公司稽核工作以完善内部控制制度，堵塞漏洞，提高风险防范能力为目的，稽核工作不仅局限于发现问题，更注重分析问题产生的原因，提出建议并进一步督促整改，使各项业务控制在规定的风险范围之内。

在品牌建设方面，公司倾力打造真正的“湖北人自己的保险公司”。2008年，公司凭借“友善、便捷、专业”的优质服务在湖北保监局组织的“湖北省保险行业诚信测评活动”中获得第一名，并先后获得了湖北省“优质服务金融单位”、“2008最佳服务保险公司”、“十大爱心企业”等多项荣誉。

【服务体系建设】

公司一直秉承“最好的产品在合众、最好的服务在合众”的服务战略和“诚信服务、始终如一”的服务理念，力求以专业、规范的服务，通过长期不懈地努力，培育公司忠诚客户群，提高公司持续发展能力，力求使客户享受到最方便、快捷的理赔服务。

（朱俊峰）

信诚人寿保险有限公司湖北省分公司

【综述】

信诚人寿保险有限公司成立于2000年10月13日，由中国中信集团公司和英国保诚集团共同发起创建，是中国第一家中英合资人寿保险公司，总部设在广州，注册资本为19.8亿元人民币，中信集团和保诚集团各占50%的股份。秉承“聆听所至，信诚所在”的经营理念，自成立以来，不断推出符合客户需求的产品和服务。公司产品涉及保障、储蓄、投资、养老及医疗等诸多领域。

信诚人寿保险有限公司于2005年正式进入湖北省保险市场，成为湖北省第一家中英合资的人寿保险公司。其主营业务为人寿保险、健康保险和意外伤害保险等保险业务，以及上述业务的再保险

雪灾无情信诚有爱，信诚人寿湖北分公司为武汉市新洲区邾城四中捐资助学。

业务。2008年，公司各项业务保持快速稳健的发展，湖北省分公司全年实现总保费收入22,120万元，较上年增长45%。其中，营销员渠道实现保费收入16,422万元，同比增长14%；银行保险渠道实现保费收入5,536万元，同比增长590%；团险渠道实现保费收入162万元，同比增长47%。

公司狠抓基础管理，实施统一的财务管理体系，不断完善财务集中化管理工作。进一步强化项目费用报批制度，从事前审批、事中控制和集中支付、事后反馈和目标达成考核等各方面进行全过程监控。同时加大稽核监督力度，建立健全内部控制和内部审计体制，较好地发挥了审计监督、评价和建议的职能。

在2008年雪灾和地震灾害中，湖北省分公司积极发起了系列"聆听·关怀——信诚人寿爱心赈灾捐资助学行动"，号召公司广大员工捐钱捐物，奉献爱心。在2008年4月，为武汉新洲希望小学援建了该校第一个"信诚爱心图书室"；5月，向武汉新洲邾城四中捐赠8万元善款修缮校园；9月，为荆州东区联校捐赠12万元，湖北首个"信诚爱心小学"成立。11月，公司和武汉市交管局继2006年后再次发起"关爱童行"交通安全调查，吸引人们关注儿童出行安全问题。

2008年，公司不断丰富着产品线，相继推出了"未来有数"保险计划、信诚"至佳搭档"医疗健康保险计划、"宝康"少儿医疗健康保险计划、"医本无忧"防癌保险计划和信诚附加"安心倚"终身医疗投资连结保险，以满足广大消费者对保险的不同需要。

除了提供多元化的保险产品外，公司一直致力于提升客户的增值体验服务。与全球领先的医疗救援服务公司国际SOS展开全方位全球紧急救援服务及VIP客户专享尊贵服务的合作。并建立了区域性的免费咨询热线4008838838，可进行24小时查询及一些理赔报案等热点的操作。在湖北市场上树立了专业规范的市场形象，并赢得了好的口碑。

（赵理攀）

平安养老保险股份有限公司湖北分公司

【综述】

平安养老保险股份有限公司湖北分公司下辖十堰、襄樊、宜昌3个中心支公司，保险业务经营覆盖省内武汉、十堰、襄樊、宜昌、荆州、荆门、潜江、黄石、仙桃8个市（州）。截至2008年末，公司共有从业人员196人。全年承保客户数与2007年同期相比增长34%，其中新签约企业年金客户55户，同比增长511%。全年实现保费收入6.2亿元，同比增长47.6%。在湖北团险市场的占有率为37.1%，位居市场第一。

【团体寿险业务】

2008年，团体寿险业务共实现保费收入31,551.23万元。其中，短期险业务实现保费收入9,532.06万元，同比增长17.43%，长期险业务实现保费收入22,019.17万元，同比增长0.12%。团体保险合计赔付54,070件，赔付金额为7,545.2万元，其中短期险业务共计赔付54,000件、赔付金额7,402万元，长期险业务共计赔付70件、赔付金额143.2万元。2008年，97%赔案结案时间在7天内，赔款支付已逐步实行银行转账，银行转账率68%。

【团体养老保险及年金业务】

2008年，团体养老保险业务实现保费收入22,019.17万元，企业年金标准规模达到30,292.75万元。作为在湖北最早开展企业年金业务的专业养老保险公司，截至2008年12月31日，累计签约客户72家，累计受托及投资两资资产规模超过10亿元，受托及投资业务市场份额、客户数量在湖北市场上名列前茅。

【财务管理】

实行全面预算管理机制。在全面贯彻落实总公司各项方针和措施的基础上，开展全面预算、聪明经营的管理机制，有效利用全面预算这一管理工具，指导各部门、各机构做好规划与细化经营，掌握前瞻性、预见性的聪明经营方式。在全面规划建设目标的基础上，合理规划投入产出比，对重点项目、渠道开发、人才引进给予资源支持，提高效能，对效益型险种和规模性业务测算综合成本率，定期进行分渠道、分客户、分产品、分机构的盈利能力分析，树立长远的经营理念、成本意识，切实提高企业内含价值。

【业务管理与风险管理】

业务管理严格遵循国家有关法律、法规和监管部门规定，在总公司统一制定的业务管理制度和作业规则指导下运作，契约、保全、理赔均采用当地受理全国统一集中处理的作业模式，统一规范的操作规则使后台作业时效和品质不断提高。专业的两核队伍、严格的内控制度，构建了先进的业务品质管理和技术支持体系，为养老险业务、团体寿险业务健康、持续、长足发展保驾护航。

【稽核监督】

公司内控管理实行高度独立的职能组织架构，是事前、事中、事后三位一体的风险管理体系，是信息共享、工作衔接的统一系统平台，形成了合规、风险管理、稽核监察明确分工、紧密合作的整体。高度独立的内控职能组织架构有利于客观公正的实现职能，避免利益冲突，避免职务冲突。通过全系统稽核监察架构改革建立的稽核垂直管理体制，实现了稽核监察资源的集中管理和调配，审计的独立性得到最大限度的保证。同时通过优化稽核、审计平台，推行远程审计，提高了稽核检查监督的工作效率。事前、事中、事后风险管控相辅相成、相互制衡的内控管理三道防线愈加坚固，有效防范了经营决策及管理风险，确保了公司的稳健经营。

【业务(产品)创新】

为满足有境外工程项目或商务往来以及对外劳务企业的保险需求，推出境外意外险的方案，包含意外伤害和意外医疗保险责任。根据客户各方面的需求，对现有产品进行设计包装，推出新的产品组合套餐及自助卡，在产品中对节假日期间保额增加，使客户在节假日不需要重新购买新保障，带来更全面、贴心的保险服务。

【核保核赔】

全面提升核保作业高效、标准、规范化水平和服务品质，打造领先的养老险运营平台，核保集中化、标准化、自动化、提高对销售的核保支持能力。建立合同、单证管理标准化规范和流程，加强品质管理。完善健康险业务经验数据库，对重点业务进行定期监控与分析，逐步提升风险管控能力。理赔工作方面注重服务时效和服务品质，为出险客户提供贴心、周到、便捷的理赔服务，理赔全程安心无忧。

【电子商务和信息技术】

平安通过实施信息化战略，建立了中国第一个综合金融服务网站 www.pingan.com，网站的企业保险服务中心的自助服务专区可以提供实时的投连分红查询

2008年4月24日，平安养老保险湖北分公司与汉江水利水电(集团)有限责任公司正式签订受托企业年金合同。

服务、网上理赔查询和团体 VIP 客户专区。并且推出平安一账通服务，客户可以通过一账通查询到包括银行、保险、年金、信托、证券、基金、信用卡等一系列信息。PA18 网站将会为平安的业务提供一个新的更大的市场增长空间，为客户提供一个集保险、证券、银行、理财顾问为一体的综合性理财社区。

【客户服务】

秉承专业、领先、便捷、高效的服务宗旨，以贯穿售前、售中、售后各环节的“大客服模式”，支持跨系统、多产品的客户服务，优化基础服务、强化服务支持、创新服务建设，通过基础服务提升客户满意度，通过附加和增值服务提升客户感受度和认同度，通过养老险企业年金服务热线4008195511全新升级开通，在全国范围内为客户提供企业业务咨询和查询服务；团体保险英文电话服务和养老险企业年金英文网站成功上线。双语服务的开展，更快速地推动公司的国际化进程，使平安养老的服务水平由国内延伸至国际；支付宝理赔直通车上线。实现客户跨行、跨区域一站式支付；围绕“让每颗心灵拥有平安”的主题，开展“客服节”活动，主动深入企业提供防灾防损服务、贴心关怀服务等全方位的服务树立平安养老险在市场上的服务品牌和知名度。

【宣传公关】

2008 年，平安养老保险股份有限公司湖北分公司积极参与社会的各项文化和公益活动。2 月份，公司联合长安经纪公司向湖北电力公司每位员工捐赠 10 万元的意外伤害保险，为奋战在荆楚大地抗击雪灾抢险一线的 6.9 万名电力员工送去保障；4 月份，平安养、寿、产险三方联合参加了在武汉举办的中国中部投资贸易博览会，并组织了“迎奥运——中国平安 2008 年武汉万人健步跑活动”；5 月份，公司在第一时间启动“5·12”汶川地震紧急预案，成立防震抗灾应急小组，部署各项抗震工作。同时，公司全体员工踊跃捐款，总额达 54,590 元；10 月份，又联合参加了省政府金融办、人行武汉分行、省银监局、省证监局、省保监局、湖北日报传媒集团联合主办的 2008 湖北金融文化节暨理财博览会，达到了较好的宣传效果。

（余 莺）

中国人民人寿保险股份有限公司湖北省分公司

【综述】

2007 年，在国务院、中国保监会亲切关怀下，中国人民人寿保险股份有限公司在全国 25 个省、市全面筹建省市机构，当年全国 29 家省级分公司开业。同年 10 月 18 日，中国人民人寿保险股份有限公司湖北省分公司（以下简称“人保寿险湖北省分公司”）正式在湖北武汉注册开业，经营范围包括养老、医疗类长期寿险和短期人身意外险等所有人身类保险业务。

2008 年，公司认真贯彻党的十七大精神和全国保险工作会议精神，全面落实科学发展观，以“速度、效益、诚信、规范”为工作指导，坚持“规模效益化”的指导思想、“三零四平五盈利”的经营目标，实施“城乡并重”的市场拓展策略，在正式经营的第一个完整经营年就实现规模保费 100,191 万元，在湖北寿险市场 17 家主体中排名第 6 位。已在宜昌、襄樊、十堰、荆州、荆门、黄冈、咸宁、孝感、鄂州和恩施自治州等市、州以及武汉汉口正式开业 11 个地市机构，并在 16 个县市设立了四级机构，同时借助人保财险的资源，与人保财险紧密联系，组建了 70 多家人保财险“互动部”，兼业代理人保寿险业务，已基本形成了“网络齐全，服务到位”的网络机构，成功实现布局合理、有序发展。

【营销业务】

公司十分重视营销业务，在业务发展上坚持“期交业务最大化，趸交业务市场化”的业务发展策略，围绕营销员《基本法》推广，快速组建销售队伍，年末营销规模人力达到 400 多人，完成保费 320 万元。

【团体保险业务】

在“规模效益化”的要求下，加快业务发展速度，积极抢占市场，打造精干、高素质的销售团队；建立健全相关管理制度；加大培训力度，已与十几家知名企业及一批中、小企业建立了合作关系，实现保费 23,606 万元。

【银行保险业务】

银邮渠道实现保费 68,068 万元，在湖北银邮市场上排名第 6 位。银邮渠道已形成以“工、农、中、建、邮”为主干，地方中小

2008 年 10 月 18 日，湖北省副省长赵斌（左三）、省人民政府副秘书长、金融办主任邹贤启（左二）、武昌区区长吴志振（左一），湖北保监局局长左绪文（右二）、以及人保寿险总裁李良温（右三）、人保寿险湖北省分公司总经理钱晓勤（右一）出席人保寿险湖北分公司开业周年庆典。

银行为补充的银邮服务网络，银邮合作网点达到 2,460 个网点，在邮政、中行、农行顺利开通了银保通。

【互动保险业务】

根据集团战略部署，借助人保财险的网络、客户资源和行业经验优势，发挥寿险的培训、销售人力优势，和人保财险、人保健康互动合作，交叉销售，完成保费规模 5,420 万元，其交叉销售业绩已经列入系统前三甲。

【业务管理和风险管理】

在业务高速发展的同时，公司大力加强合规理念宣导，始终把“强化内控合规管理，提高风险防范能力”作为工作重点。一是完善内控合规工作机制，实行内控合规工作“一把手”负责制，将内控合规纳入领导班子绩效考核，实行风险管理一票否决。二是加强制度建设和审计工作。三是强化风险防控。

【积极履行社会责任】

2008 年，公司紧紧围绕省委、省政府的中心工作，把关注民生、服务社会作为业务发展的突破口和增长点，把针对弱势群体的各项业务纳入重点工作。在 2008 年冰雪灾害期间，集团公司吴焰总裁亲临湖北指导救灾工作，代表集团向湖北省捐款 350 万元；全省系统在员工少、基础薄弱的情况下，捐款 2 万余元和价值 1 万多元的物资。在“5·12”汶川特大地震发生后，公司积极开展爱心捐赠活动，全系统共计捐款近 27 万元，在湖北寿险行业排名第 2 位。同时公司积极落实湖北保监局提出的七项重点工作要求，启动了长阳都镇湾镇和罗田泰发贸易股份有限公司的对口扶贫工作。公司关注民生，服务社会，以实际行动践行着“人民保险，服务人民”的企业使命。2008 年 10 月在湖北省人民政府组织、《湖北日报》承办的 2008 年湖北省优质服务金融单位评比中，公司荣获了“湖北省优质服务金融单位”荣誉称号。

（中国人民人寿保险股份有限公司湖北省分公司综合部）

嘉禾人寿保险股份有限公司湖北分公司

【综述】

嘉禾人寿保险股份有限公司湖北分公司于 2007 年 12 月 8 日正式开业。公司成立伊始，就把打造“深受客户信赖的保险公司”作为公司愿景，确立了“以服务树品牌”的经营战略。公司竭尽全力为客户提供高效、便捷、周到的服务，让客户投保前有信心、投保后能放心、理赔时能安心，努力成为“最了解客户心理、最能满足客户需求、最能保障客户利益”的保险公司。经过近一年的努力，已在武汉市内先后设立了宝丰、首义、红钢城、育才 4 家营销服务部；并在省内设立了宜昌、襄樊、荆门 3 家中心支公司。自开业以来，本着持续、健康、高效、合规经营的发展思路，不断进取，顽强拼搏，从而实现了业务规模稳步增长，市场地位逐步提升，机构建设纵深推进的成效。

2008 年，全辖在职人员 750 人，全年签发保单 11,131 件，累

嘉禾人寿湖北分公司办公大楼外景。

计实现保费收入 16,579 万元。上半年，公司以业务发展为核心，主打产品“嘉禾财智赢家万能寿险”受到了市场的热烈欢迎；下半年，顺应市场潮流，适时调整产品业务结构，回归寿险传统保障型产品。

公司以“终生对客户负责，时刻为客户服务”为服务宗旨，坚持以系统建设为基础，扎实开展客户服务工作，做到系统建设和客户服务两不误。充分利用总公司电话服务的运营、第二条客服专线 4007795581 开通，进一步提升了公司客户服务水平和服务能力。全年公司团险短险发生赔案 518 件，赔付金额 367,528.11 元；其他业务渠道共发生赔案 8 件，赔付金额 10,893.6 元。既发挥了保险的功效、保护了广大保险人的合法利益，也提升了嘉禾人寿的品牌知名度。

（王　飞）

海尔纽约人寿保险有限公司湖北分公司

【综述】

海尔纽约人寿保险有限公司由海尔集团和美国纽约人寿保险公司合资组建，经中国保险监督管理委员会批准，于 2002 年 11 月 28 日正式成立于上海，注册资本现为人民币 8 亿元，专门为社会大众提供各类人寿保险、健康保险和人身意外伤害保险等产品。

公司拥有以代理人渠道为主并兼顾银保、电话行销及团险的多元化销售渠道，且在渠道开拓和创新上成绩卓越。代理人渠道沿用集纽约人寿 160 多年寿险管理精华的“GOLD”（黄金系统）培育出了一支高品质、高产能的代理人队伍。

公司的产品开发始终紧随市场主流，针对不同人群的需要，努力开发新产品。从最初的保障型产品，到目前方便理财的两全保险，储蓄保障两用的终身寿险，满足退休需求的年金产品，再到兼顾投资保障、操作灵活的万能、投连产品，以及广为大众关注的终身健康险产品，公司的产品体系日益完善。

公司的客户服务秉承了海尔集团“真诚到永远”的服务理念和创新精神。不仅在服务的质量上严于要求，在服务措施上更是要求不断、推陈出新，推出了多项便捷、个性化的服务，深受客户好评。

2007 年 11 月 18 日，海尔纽约人寿保险有限公司湖北分公司获中国保监会批复，并于 12 月 11 日完成工商登记等相关手续正式成立。湖北分公司将在保险监管单位的指导下，在股东大力支持下，通过历经严格筛选和训练的专业营销队伍为湖北人民提供满意的专业寿险服务，共同繁荣和发展湖北的保险市场。

（孟　娇）

2009 年 3 月，海尔纽约人寿湖北分公司与神农架玉泉绿色产品有限公司签约，开始了对湖北贫困地区企业进行扶持的活动。

阳光人寿保险股份有限公司湖北分公司

【综述】

2008年是阳光人寿保险股份有限公司湖北分公司创业元年。公司在阳光文化指引下，坚持快速发展、价值成长原则，实现了从无到有的跨越式发展。2008年全年累计实现规模保费收入25,944.8万元，在湖北省18家寿险公司中排名第10位，市场占有率达到1%。全年获批筹建6家中心支公司、8家支公司和2个营销服务部，初步形成了立足武汉、辐射全省的服务网络。

【营销业务】

2008年营销渠道本着“六线并进大营销，打造阳光价值包”的原则，坚持“健康人海战略”，业务发展快速起步。全年实现规模保费收入2,687.7万元，其中内含价值较高的期交长险业务占比在95%以上；初步组建了一支业务骨干架构合理、有一定规模、有一定比例高绩效标杆的、千人以上的专职营销员队伍。

【团体保险业务】

2008年团险渠道在团险经营见效益原则的指导下，通过加强团险精英团队建设，实现短期意外险业务的快速发展。团险渠道已经形成种类齐全、特色明显的产品体系，全年实现保费收入292.5万元，其中效益较好的短险保费收入50.3万元。

【银行保险业务】

2008年银保渠道本着服务客户、迅速提高阳光保险品牌知名度的原则快速抢占湖北寿险市场，7月、8月两个月银保渠道累计实现规模保费收入1.8亿元，迅速打开了市场。全年累计实现规模保费收入22,951.1万元，其中内含价值较高的期交业务111.2万元。银保渠道产品特色明显，可以为客户提供涵盖意外、重疾和住院医疗保障在内的综合保障计划。

2008年6月10日，阳光人寿保险股份有限公司董事长兼总裁张维功(前排左四)到湖北分公司指导工作，图为与公司员工及外勤代表合影。

【财务管理】

公司严格推行全面预算管理、严格费用支出逐级审批制度、建立预算监控预警机制，确保全年费用控制目标的实现；同时认真做好会计核算工作；加强对银行报回盘、有价单证领用和转账件交费等关键环节进行有效的管理和监控。

【业务管理和风险管理】

公司坚守“阳光不做市场破坏者”的承诺，在各项业务发展中严格规范运作。营销渠道加大《基本法》《阳光人寿保险股份有限公司营销员品质管理办法》等规定宣导力度，通过实施《阳光品质工程》《阳光关爱工程》，最大限度控制和防范销售误导问题的发生；下发《关于规范犹豫期撤件流程的通知》和《关于下发个人营销自保件、互保件、拆单件和转换件管理办法的通知》，实时监测退保情况，在第一时间发现和处理违规行为，维护消费者的合法权益。银保业务方面公司通过强化客户经理培训和加强客户回访等措施，切实有效地防范银行保险产品销售误导行为。公司严格执行有价单证、非有价单证分渠道条线管理的规定，严格有价单证的领用和核销制度，所有非有价单证和各类宣传资料均由总部统一印制下发。

在风险管理方面，公司科学设置运营流程，实施严格的零现金收费制度，原账户退费原则、新契约百分之百回访制度，确保了公司业务规范、有序开展；在机构发展和员工管理方面，严格人员引进、职场租赁装修对外签约、公章使用等重要环节的风险管控措施，对外签

2008年4月8日，湖北保监局对阳光人寿湖北分公司财务与运营系统对接进行现场验收。

约一律先签报，经总公司律师审查通过后签约；任何业务需要使用公章、营业执照等重要资料的，必须先签报后使用，确保风险防范措施落实到位。

【稽核监督】

公司注重内部挖潜，在目前部门架构体系下，指定专人担任公司内审外查工作和内、外部审计稽核工作联系人，积极配合总部和相关监管机构，有效开展内部审计和外部检查工作。全年接受总公司筹建期稽核一次，并以稽核问题整改为契机，对各级机构全体员工进行一次深入的风险防范意识宣导和责任追究警示，有效提升公司内控管理水平。

【核保核赔】

公司核保核赔由总部集中管理，主要负责相关新契约资料的搜集和录入、理赔案件的调查和理赔结论沟通工作。本着有限服务、无限关爱原则，郑重承诺“阳光保险，阳光理赔”，确保客户理赔全程指导、客户出险温馨探视、客户理赔快速结案。

【电子商务和信息技术】

公司自筹备伊始就将信息系统建设放在突出位置，总、分公司之间采用高带宽SDH数字电路专线，并且准备了ADSL线路备份。强调无纸化办公，进行全员KOA操作培训，确保绝大部分工作内容通过KOA电子化办公平台便捷、有效地达成。

【客户服务】

注重推进标准化客户服务建设，打造湖北运营细节关爱5＋1的服务特色，对每个一个客户都要有一杯水、一个微笑、一句问候、一个承诺、一件礼物的关爱服务；全面推进标准化柜面礼仪、标准化电话接待礼仪、标准化柜面环境、标准化内务管理、标准化的业务流程等方面下功夫，逐步树立阳光人寿湖北分公司便捷、快速、人性化的客户服务形象。

【宣传公关】

公司向湖北省体操队捐赠意外保险，黄石中支向黄石港区环卫局环卫工人捐赠保额364万元的团体意外残疾保险保单，充分彰显了阳光诚信与关爱的企业文化。

积极组织稿件宣传阳光经营特色和重大举措，全年被总公司采用稿件30余篇，各三级机构上报分公司90余篇稿件，外部媒体发稿24篇。公司内部稿件上报数量及采用数量居全系统前列。

（毛新云　曾　晖）

中国人民健康保险股份有限公司湖北分公司

【综述】

中国人民健康保险股份有限公司湖北分公司（以下简称“人保健康湖北分公司”）是中国人民健康保险股份有限公司在湖北地区设立的省级分公司，于2008年4月28日对外公告开业。中国人民健康保险股份有限公司（以下简称“人保健康”）系经国务院同意、中国保监会批准成立的第一家专业健康保险公司，是由中国人民保险集团公司联合欧洲最大的商业健康保险公司DKV德国健康保险股份公司及国内其他知名企业，发起设立的现代股份制保险企业。公司依托PICC的品牌和资源优势，借鉴国际健康保险经营的成熟技术和管理经验，坚持专业化运作和精细化管理，积极探索中国商业健康保险专业经营模式，全面引领中国商业健康保险市场，致力打造中国第一专业健康险品牌。

人保健康湖北分公司的诞生，标志着湖北健康保险专业化经营

人保健康湖北分公司向黄陂区蔡榨镇医院捐赠医疗设备，设立人保健康爱心病房。

的开始。人保健康湖北分公司将秉承集团理念，依托 PICC 品牌，借助集团公司和 DKV 资源优势，不断超越，精心培育核心竞争力和持续领先优势，塑造良好社会形象，努力建设成为理念先进、制度科学、技术领先、影响广泛的专业健康保险公司，成为湖北商业健康保险的开拓者和领跑者。

2008 年，公司共受理了新契约投保 4,973 件，实现保费收入 13,991.62 万元，在全国 25 家省级公司中，排名 14 位。公司目前共有从业人员 305 人，其中，正式员工 67 人，保险代理人 238 人。

【健康管理】

健康保险领域的健康管理是指保险管理和经营机构，在为被保险人提供医疗服务保障和医疗费用补偿的过程中，利用医疗服务资源或与医疗服务提供者的合作，所进行的健康指导和诊疗干预管理活动。

公司现开展有健康短信、健康通讯服务、健康咨询热线、绿色通道服务、健康讲座、健康体检服务、个人健康评估服务、膳食服务、健康档案管理、慢性病健康管理等一系列全方位的健康管理服务。

【团体保险业务】

人保健康湖北分公司团险销售部是分公司直属销售序列，主要负责管理团体大项目、社保补充业务及中介渠道拓展等。为促进与保险中介代理机构的业务合作，团险销售部下设直属销售部和中介营业部，其中，直属销售部负责为政府部门，企、事业单位和各团体提供健康保险解决方案；中介营业部专门负责为全省保险中介代理机构提供团体客户健康保险解决方案，并致力于与全省保险中介代理机构合作，开发团体中介渠道健康保险产品。

团险销售部在售的产品主要有：关爱专家短期重疾（推广版）团体疾病保险；守护专家社保补充团体医疗保险；守护专家门诊费用团体医疗保险；守护专家住院费用团体医疗保险；守护专家住院定额团体医疗保险；守护专家特需医疗团体医疗保险；守护专家境外旅行保险（此险种符合欧洲申根协议国家使馆签证要求）；守护专家意外医疗（推广版）团体医疗保险；福佑专家人身意外团体意外伤害保险；福佑专家交通工具团体意外伤害保险；建设工程施工人员团体意外伤害保险等。

【个人寿险业务】

人保健康湖北分公司个险销售部是分公司直属销售序列，通过持有《保险代理从业人员资格证书》的专业人员热心、周到以及个性化的服务为广大客户提供个人医疗、个人疾病、个人意外伤害（含意外医疗）以及个人护理等全方位、多方面的保险保障方案。

个险销售部在售的产品主要有：“医诊无忧”社保补充个人医疗保障计划；守护专家住院定额个人医疗保险；守护专家住院费用个人医疗保险（推广、推荐、推崇版）；关爱专家重疾个人疾病保险（定期、终身）；“锦绣前程”少儿重大疾病保障计划；守护专家意外医疗个人医疗保险；守护专家境外旅行个人医疗保险（推广、推荐版）；福佑专家个人意外伤害保险（境外旅行、人身意外、交通工具）；健康宝个人护理保险（万能型）；全无忧长期护理个人健康保障计划等。

【银行保险业务】

人保健康湖北分公司团险销售部是分公司直属销售序列，主要负责与银行进行接洽、沟通，寻求相互融合渗透的战略，充分利用和协同双方的优势资源，通过共同的销售渠道、为共同的客户群体、提供兼备银行和保险特征的金融产品，以一体化的经营形式来满足客户多元化金融需求的一种综合化金融服务。

银行保险部在售的产品主要有：健康专家个人防癌疾病保险保障计划；健康人生个人护理保险增值计划（万能型，B款）；健康人生个人护理保险计划（万能型，C款）等。

【财务管理】

遵循客观、真实、严谨、透明的工作准则，以公司价值最大化为工作目标，依托完善的制度体系和先进的管理系统，为业务一线提供强有力的支持，为客户提供方便快捷的服务。

财务管理各环节都建立有科学完善的规章制度，会计核算完全符合会计准则、金融企业会计制度和公司会计核算办法，为客观真实提供公司经营成果和财务状况提供基础保障。预算管控对收入、成本、利润进行全方面预算，对预算执行情况进行定期考评，确保公司经营活动目标的实现。

前台系统采用中科软开发的《核心业务管理系统》，集多功能模块于一体，承保、理赔、收付结算流水作业，保证了工作的高效性和准确性。后台财务系统采用从德国引进的SAP财务管理系统，集核算、成本管控、财务指标分析等多功能于一体，与前台业务系统无缝连接，为科学先进的财务管理工作提供了技术支持。

【业务管理和风险管理】

资金管理实行“收支分离”的管理体制和“零现金”的收付方式，成本费用采取预算管理制度，所有开支均经过经办部门、财务部门、分管领导逐级审批，保费收入、赔款支出、保险金给付全流程系统内自动流转，关键数据无法进行人工修改，有效防范公司内控管理和经营风险。

【业务(产品)创新】

公司在湖北省新华医院设立了VIP室，是湖北地区首个健康管理体验中心，为客户提供热情、周到、快捷及个性化的服务。

【核保核赔】

属于保险责任且不需要调查的案件，公司在10个工作日内作出理赔决定并向申请人反馈，对10个工作日内不能确定结果的案件，10个工作日前将进展情况通知申请人，并说明可能需要的时间。结案后，公司通过发短信的方式通知被保险人或申请人理赔结果。让被保险人或申请人及时了解理赔情况。

人保健康湖北分公司组织机关员工向四川“5·12”大地震灾区捐款。

【电子商务和信息技术】

1. 网上KYN系统的个人评估：客户可以通过公司网上主页的个人评估KYN系统，进行个人自我评估，在7－10个工作日后，可以在网上查询评估结果。

2. 公司主页上健康咨询：客户可以通过网上留言做健康咨询。

3. 公司主页上健康自我测试：客户可以通过网上做健康自我测试，从而可以发现一些不健康的生活方式。

4. 公司主页上健康专栏：提供一些健康和保健小常识。

【客户服务】

1. 开设投诉电话：客户可以通过拨打公司投诉电话027－82703578投诉有关事项。

2. CRM投诉系统：通过总公司CRM系统显示投诉事项，公司接到后将在7个工作日完成。

3. 开设柜面投诉点：客户可以直接到公司柜面投诉有关事项。

（田　丁）

招商信诺人寿保险有限公司湖北分公司

招商信诺人寿保险有限公司湖北分公司于2008年8月27日获中国保险监督管理委员会批准成

立，同年9月4日在湖北武汉正式开业。招商信诺人寿保险有限公司位于中国深圳，是第一家将总部设在深圳的中外合资寿险公司，也是中国进入WTO之后第一家获准筹建的中外合资公司，由两家信誉卓著的百年名企共同出资创立，投资双方股东分别为美国信诺集团和招商局集团下属子公司。湖北分公司是招商信诺人寿保险有限公司在中国开设的第七家分支机构。

美国信诺集团始创于1792年，是美国最大的保险公司之一，尤其是在员工福利方面。早在1897年，该公司的前身公司就成为第一家获得清朝政府颁发的、在中国经营保险业务的营业执照的美国保险公司。信诺在全球26个国家和地区注册，拥有28,600多名雇员，其核心业务包括医疗健康、人寿、意外、残疾险及相关员工福利产品。信诺是《财富》500强的成员之一，拥有资产810亿美元，年收入超过182亿美元。

招商局集团创办于1872年，是中国近代民族商业现代化进程中最早的企业之一，也是“洋务运动时期”中国对外引进西方先进工业技术、商务模式的重要窗口之一。作为香港著名中资企业的招商局集团，其全资、控股和重要参股企业已有250多家，其中包括14家上市公司。

公司通过继续沿用信诺集团在全球的成功保险经营理念，致力于成为中国市场上通过非代理人的直接营销方式提供包括寿险、意外险和补充医疗等“保障型”保险产品和服务的专家和领军企业，为客户及其家庭提供意外和疾病时的财务保障。

（陈艳思）

民生人寿保险股份有限公司湖北分公司

【综述】

2008年11月6日，民生人寿保险股份有限公司湖北分公司正式开业，成为湖北市场上的第18家寿险公司。在筹建期间，筹备组以“统筹安排、加强管控、分工负责、分步实施”为指导原则，严格遵守相关法律法规，并按照监管机构要求开展各项筹建工作，经过数月的艰辛努力，公司通过湖北保监局的验收，顺利开业。开业以后，公司始终以总公司发展战略和全保会、省保会精神为指导思想，以科学发展观为行动准则，坚持稳健经营、科学发展的思路，认真规划全省保险发展战略，解放思想，狠抓组织发展、机构建设，力求以武汉为中心，打响民生品牌，不断拓展全省布局。公司在开业后的一个多月里，无论是业务发展还是后援支持，都实现了“又好又快”发展。截至年底，实现了营销新契约达成规模保费235万元，在全省范围新筹2家中心支公司、2家支公司，拥有内勤人员67人，营销人员1,100人，为全省客户提供高品质寿险服务打下了良好的基础。公司将坚持以诚信为立司之本，秉承“民生人寿保民生”的经营理念，用一年左右时间发展为湖北市场最具发展潜力的寿险公司；用三年左右时间成长为湖北市场最有品质的新兴寿险公司，成为寿险业第三集团的“领头羊”；用五年左右时间打造为湖北市场最受尊敬的寿险公司。

【营销思路】

全面坚持价值导向，全面加强基础管理，统筹兼顾产品结构、发展速度、偿付能力、内控管理、投资收益、当期损益等经营要素的内在关系，继续坚持以个人期交业务为重点，多渠道发展优质业务，走内涵式发展道路，不断提高经济效益、竞争能力和可持续发展能力，努力做到速度与品质相协调，规模与效益相统一，全面推进公司业务发展和经营管理水平的提升。

2008年11月，民生人寿湖北分公司开业庆典剪彩仪式。

1. 个人寿险业务。一是进一步加快人力发展，保持人力良性增长。二是积极改善组织架构，加大长期低效人力的清虚力度，优化团队结构。三是以会议经营为重点，完善业务督导体系，初步形成周督导、月分析、季研讨的会议制度。四是持续强化教育训练，理顺培训讲师组织架构，丰富教材序列，教育训练体系进一步完善。五是抓好产品行销支持，为市场开拓提供有力支撑。

2. 银行保险业务。始终把握市场变化，调控银保业务结构与发展节奏，加强品牌建设，调整银保机构布局，稳步推进业务转型，实现平稳过渡，保证银保业务持续稳健发展。

3. 多元业务。稳步发展中介渠道，积极推进联办代理项目试点，大力发展合作伙伴，加强与规模较大的中介集团公司的合作，逐步打开全省中介市场。

【客户服务】

让客户享受到最方便、最快捷的服务既是民生人寿对客户的庄严承诺，也是民生人寿永恒的服务追求。公司建立有全国统一的电话中心，拥有专线号码95596和专业的电话回访人员，严格执行保险监管部门要求的客户回访制度。同时，为提高公司服务品质、打造公司服务品牌、促进公司业务发展，公司开展了“非常6＋1”爱心天使在行动快速理赔服务：“及时雨”——上门送赔款服务；“倒赔钱”——延滞支付利息服务；“解燃眉”——预付赔款服务；“快回答”——投诉案件快速书面回复服务；“加急报”——给付通知及回访跟踪服务；“马上给”——小额案件即时给付服务；“1”——“一切以客户为中心”。

（胡志雄）

五、金融自律组织

湖北省银行业协会

2008年是湖北省银行业协会成立十周年之年，也是协会规范发展之年。一年来，协会致力于为会员单位服务，促进政银企的沟通、交流与合作；加强会员间的合作，反映会员呼声，维护银行业的正当权益和经营秩序；开拓创新思路，秉承科学办会、和谐办会的理念，坚定了办会宗旨，取得了一定成果，协会工作迈上了一个新台阶。

1.强化行业自律，营造有序经营环境。

2008年，协会根据银行业整体业务发展需要，按照自律公约的要求，不断加强和完善行业自律制度建设，推进银行业市场秩序的自律和规范。

一是抓住热点问题，积极开展调查研究。协会密切关注全省金融运行中存在的突出问题，努力把贯彻国家宏观调控政策同促进会员单位的改革发展结合起来，站在支持同业发展、提升银行市场竞争力的高度，围绕企业逃废银行债务、银行服务效率、信用卡用卡环境和代收代付业务等问题，组织开展了多次专题调查，分析问题，提出建议，为监管部门决策和会员单位制定政策提供了依据。

二是做好行业公约的完善和落实，规范行业经营行为。协会充分发挥银行业自律组织的作用，逐步研究和建立银行业的相互监督和自我约束机制。针对湖北银行卡市场存在的商业银行自主品牌信用卡意识不强、第三方专业化服务机构恶意抢夺市场存量商户以及业务规范和业务风险的问题，组织开展了银行卡受理市场业务检查，印发了《关于进一步规范银行POS机刷卡收费标准的通知》，纠正了部分会员的违约行为，维护了银行卡市场秩序。

2008年12月27日，湖北金融家与企业家国际俱乐部挂牌仪式。

三是提高文明规范服务水平，建立长效机制。协会以迎奥运文明规范服务为契机，提高银行服务水平，组织开展了2008年度湖北银行业文明规范服务系列活动。评选出80家网点为湖北银行业文明规范服务示范单位；从中评选出38个营业网点，推荐参加全国示范单位的评选，另外还评选出20家湖北省银行业服务效率先进单位和10个湖北银行业优质金融产品。

2.开展行业维权，维护行业合法权益。

2008年，协会紧紧围绕探索维权新方式，创造性地开展了维权工作，维护了行业合法权益。

一是强化核查，制裁维权。帮助会员单位开展债务核查与催收，打击逃废金融债务行为。为了维护湖北银行业的合法权益，确保金融稳健运行，湖北银行业建立了零售信贷违约、小企业贷款违约、担保中介公司担保贷款和欠息大户内部通报等五项制度，及时向会员单位进行风险提示，共同维护金融债权，切实维护银行业合法权益。一年来，协会组织召开了两次金融维权工作委员会，印发《敦促偿还银行债务核查函》18件，维权金额27,856万元。经过多次协调，拟对武汉华寅工贸公司、武汉蓝光集团等拖欠银行贷款又不履行还款协议的企业实施同业制裁。

二是加强合作，联合维权。2008年，协会积极参与宏林集团银行债权行的协调会，研究分析了宏林集团自主资产重组的可行性，主张通过强制拍卖股权、引入战略投资者，一揽子解决银企的债务问题。先后在国家开发银行湖北省分行召开银企协调会，赴十堰市政府和竹溪县政府通报维护银行合法权益的有关情况，争取地方政府的协助与支持，并一同到鄂坪水电站进行了现场调查，债权有望取得实质性突破。

三是探索仲裁维权新方式。2008年上半年，协会与武汉市仲裁委联合成立金融仲裁院，依据法律法规和行业规则，组织熟悉银行业务的专家和专业人士，充分利用与发挥仲裁灵活、专业、便捷和保密等优点，运用调解或仲裁的方式，为会员搭建银行债权调解与仲裁中心的协调平台，公平合理、低成本、高效率地帮助会员解决债权争议与纠纷，达到为会员单位维权的目的。

3.加强同业协调，积极推进银团贷款。

协会围绕工作机制建设、项目信息共享、组织协调推动和调查研究等做了大量的工作，湖北银行业同业合作再上新台阶，逐渐形成大同业合作格局，银团贷款取得了明显成效。

一是成立银团贷款委员会，搭建了专业工作平台。2008年，协会成立了湖北银行业银团贷款与交易委员会，制定和完善了《银团贷款与交易委员会工作规则》《银团贷款与交易业务信息报送制度》。组织银团贷款业务培训，学习相关政策和贷款规则，促进银团贷款业务的大力开展。

二是组织签订《银团贷款合作协议》，促进形成合作机制。2008年4月，协会组织国开行、工、农、中、建等省分行的分管领导和相关部门负责人进行座谈，通过协商和讨论，拟定了《银团贷款合作协议》，从合作原则、合作方式、多边承诺和信息报送等四个方面作了进一步的制度安排。

三是积极推动银团贷款合作与发展。协会坚持“监管部门作后台、银行协会搭平台、金融机构唱主角”的原则，与省发改委建立联系，摸清2008年省重点项目建设计划，完善银团贷款信息项目库，为会员行组织银团贷款提供项目信息服务；组织交流银团贷款项目信息，进一步明确了开展银团贷款的相关事宜，具体研究了沙市热电厂、十堰潘口水电站等银团贷款项目的合作要点；推动银团贷款项目运作，武汉天兴洲长江大桥青化路立交项目6亿元银团贷款由上海浦发银行武汉分行和广发银行武汉分行两家合作，创造了中部地区股份制商业银行共同合作组建银团贷款的先例，为推动中部地区商业银行加强合作、分散风险、利益共享，整合资金资源，提供了新的思路；组织银团贷款洽谈，重点对荆州热电厂20.5亿元贷款组团前期工作的沟通、协调。

截至2008年12月，湖北银行业组织签约银团贷款项目17个，项目总投资额1,593亿元，银团贷款687.9亿元；其中2008年新增项目3个，银团贷款21.5亿元。目前处于评估、承诺、上报和准备签约的项目15个，新增申报银团贷款406.69亿元。

4.拓展服务领域，创造沟通交流条件。

为了加强银行业金融机构的沟通、协调与合作，建立政银协调沟通机制，协会从制度、组织、工作机制方面入手，为会员单位提供多方位的服务，在协调、沟通方面做了大量工作。

一是教育培训上新台阶。2008年来，协会组织了多个层次的教育培训，形成了较为系统的教育培训服务体系。组织参加中国银行业协会从业资格考试的人数达21,560多人，比上年增加7,500多人。为方便考生，协会在荆州、黄冈增设了考点，在全省共设立了14个考场(是全国考场最多的省份之一)，并认真进行了考试巡查，保证了考务工作的圆满完成。为配合文明规范服务系列活动开展，协会组织了银行业文明礼仪培训，组织了赴深圳中高级管理人员风险控制管理培训，与上海启明金融研究院在武汉举办了银行零售业务高端巡讲，组织了第二届“金融创新与法律保障”资本论坛。组织会员单位主要负责人赴美参加零售业务的考察学习。目前，湖北银监局正式发文将辖内银行机构高级管理人员任职资格考试委托协会组织实施。

二是政银企协作开创新局面。协办第四届中国·湖北产学研合作项目洽谈会，有6家会员单位参展，现场发放了5,000余份金融资料，获得了160个签约单位及80个技术转让签约项目的资料。协会获得“最佳组织奖”和“最佳设计奖”；协办“2008湖北金融文化节暨理财博览会”，会员单位有20个“优质金融服务单位”、10个“十佳理财团队”、14名“金牌理财师”获奖。组委会还邀请了中国银行业协会专职副会长杨再平莅临论坛，作了题为《地方经济发展中的金融战略及国内外最新经济金融形势思考》的主题演讲。

三是对外交流取得突破。在

2008 年 12 月 12 日，中部六省银行业协会联席会议在武汉举行。

加强与各会员单位行长制度化联系的基础上，协会还加强与中国银行业协会、外地银行业协会的交流和往来，接待了香港银行学会、西藏银行业协会等兄弟单位的来访，主办了首届中部六省银行业协会联席会议。通过这些联系与交流，协会及时掌握行业内的信息以及各地协会的工作动态，达到了相互学习、相互借鉴、共同提高的目的。

四是宣传工作呈现新气象。一年来，协会以“两刊一网”为载体，特别是《今日财富》(金融版)的推出，及时准确地将上级精神、协会信息、会员单位经营管理情况和异地协会动态提供给会员单位，加强了会员单位之间、会员与社会、政府部门之间的沟通交流。

5.创新管理机制，提高协会服务水平。

协会以引领湖北银行业健康发展为己任，加强内部管理，提高人员素质，为全省银行业的可持续发展和地方经济建设做出了应有贡献。

一是建立定期联系工作机制。一年来，协会工作得到了湖北银监局的大力支持，形成了“监管促协会，协会促监管”的良性互动局面。3—4 月份，湖北银监局纪委书记何学良、副局长阙方平先后到协会调研指导工作。9 月，湖北银监局局长李怀珍亲自听取协会的工作汇报，指导协会的工作，确定了分管局长每月到银行业协会调研一次、局长每季度与协会座谈一次的工作机制，共同研究解决协会工作中的有关问题，促进工作开展。

二是建立健全激励考核机制。为了提高协会工作人员素质，促使协会向职业化、年轻化、专业化方向发展，2008 年下半年，协会开展了“工作就是责任”教育活动。通过学习刘明康主席视察中国银行业协会和湖北银监局李怀珍局长对协会工作的指示，营造“重品行、做表率、讲奉献”的良好氛围，规范内部管理，提升服务效能。此外，协会还开展了“五个一”教育活动，制定了绩效考核方案，增强了协会工作人员的敬业精神，提高了业务技能。

三是改革创新协会工作思路。2008 年，协会以十周年庆典为契机，在做好第五届理事会换届选举的基础上，在湖北银监局领导和新会长的带领下，在工作思路、活动方式和运行机制上进行了改革创新，秉持创新办会理念，努力实现了四个转变：由单一的维权向全方位的维权转变，突出正面维权；由单一的协调向多方位的协调转变，突出对外协调；由单一的、浅层次的宣传向深层次的宣传转变，突出行业整体形象的宣传；由单一的常规性培训向专业化培训转变，突出高端培训。通过加强与政府、监管部门和企业之间的协调，加强银行与证券、保险公司之间的业务协调，加强与湖北省中小企业协会的联系，建立银行与中小企业信用合作联合会，启动“1＋8”城市圈中小企业信用培植工程，推动银企互惠互利、合作共赢。

（周泽民　刘　洁）

武汉证券业协会

武汉证券业协会成立于 1999 年 10 月，现有会员单位 42 家，设理事长 1 名，副理事长 4 名，理事 24 名。协会的常设机构为秘书处，设秘书长 1 名，秘书处工作人员 2 名，负责协会日常工作。

协会职能有：协助证券主管部门教育和组织会员执行证券法律、行政法规；根据宪法、法律、法规和国家政策，制定本行业共同遵守的行为准则、职业道德规范等自律管理规章，积极配合证券监管部门加强行业和从业人员自律管理；维护会员的合法权益，保障会员的正当利益，正确、及时地向有关部门反映本行业的重大问题，并提出相应的建议；对会员之间、会员与客户之间发生的纠纷进行调解；收集、整理国内外证券市场信息，编辑出版有关本行业的内部资料和书籍刊物，向会员提供咨询服务；组织开展有关证券市场的理论研究与业务开发的学术交流活动；组织会员单位的从业人员培训，提高从业人员的职业道德、业务技能和管理水平；监督、检查会员行为，对遵纪守法、自觉履行会员义务、成绩显著的会员及从业人员进行表彰、奖励；对违反协会章程或规则的会员及从业人员进行处分；对会员的其他违法违纪行为，向有关部门提出处罚建议；开展符合协会宗旨及证券主管部门批准、委托的其他活动。

2008年资本市场和协会实行行业自律管理和服务工作进入了一个新的发展阶段，各种积极因素为行业规范发展提供了广阔的空间和巨大的增长潜力。面对历史性的发展机遇和严峻挑战，协会充分发挥行业自律组织的引导作用，切实强化行业自律管理，全面推进行业发展。协会工作紧密依靠会员单位的支持，坚持从会员中来，到会员中去，充分运用行业整体优势，进一步强化“自律、服务、传导”的职能，积极认真的开展协会各项工作。

1. 强化风险提示，积极开展投资者教育工作

2007年是中国证券市场发展取得重大进展的一年，投资者队伍在这一年里迅猛增加，截至年底，沪深两市投资者开户数达到1.32亿户，随着大量缺乏风险意识和风险承担能力的新投资者入市，市场违规行为也有所抬头。2008年，武汉证券业协会按照中国证券业协会的部署和监管部门的统一要求，督促、组织各会员单位开展投资者教育和风险揭示工作，并定期对辖区内证券经营机构开展投资者教育工作情况进行检查评估。各会员单位充分结合自身实际，以丰富多彩的形式，扎实开展投资者教育活动。

2. 加强行业自律，维护行业整体利益

当前，证券经纪业的佣金价格战已成为行业各方共同关注的焦点，佣金价格战将对行业整体利益造成巨大损害。因此，加强行业自律，遏制恶性佣金价格竞争，维护行业整体利益是2008年工作的重点。2004年武汉证券业协会第三次会员大会上，全体会员签订了《湖北地区证券营业部遵守诚信诺言，执行佣会自律规则的公约》。通过近几年实践和对部分证券营业部的走访调查情况来看，这个公约所规定的佣金下限是符合湖北地区证券市场情况和广大会员利益的。2008年，协会行业自律工作重心以证券营业部为重点，巩固行业自律的成果，拓宽行业自律领域，把行业自律工作的落脚点放在营业部这个层面上来，把工作做扎实。一是以营业部为单位考核佣金自律的执行情况。二是协调会员利益，维护行业的竞争秩序。综合运用多种自律管理和服务手段，遏制恶性竞争，倡导行业建立依靠专业化素质、高水平服务和优良的技术手段的公平、公正、良性竞争秩序。三是抓好执章必严和违章必究两个问题，加强包括谈话提醒、自律惩戒在内的行业自律监察工作，建立健全行业内部自律规章制度。

3. 继续抓好证券从业人员考试、后续职业培训和年检工作

2008年，武汉证券业协会按照中国证券业协会的统一部署，认真组织和实施湖北地区的证券从业资格考试工作，并大力加强考试的宣传推广工作力度，同时，为配合2008年6月1日起实施的《证券公司监督管理条例》，2008年7月在武汉增加从业资格考试一次，为未取得从业资格的证券经纪人提供更多考试机会。

随着中国证券业协会《证券从业人员资格管理办法》修订和颁布，结合年检工作的开展情况，配合证监会合规制度建设，增加了对证券机构从事证券从业人员持证上岗情况的检查力度，并在信息平台上对持证上岗情况进行公示，还利用远程培训系统开展后续职业培训。2008年，武汉证券业协会按照中国证券业协会的要求，全面启用远程培训系统，推出统一内容、统一课件、统一评估标准、及时更新的远程培训模块。同时，积极宣传、推广和督促远程培训系统在辖区内各会员单位的应用。

（武汉证券业协会）

湖北省保险行业协会

湖北省保险同业协会成立于1997年4月1日，由6家保险公司共同组建。2001年10月19日更名为湖北省保险行业协会，现有团体会员36家。

湖北省保险行业协会是在市场经济条件下成立的湖北省保险行业自律性组织，是我国保险业政

府监管、公司内控、行业自律、社会监督四位一体监管体系的重要组成部分。其宗旨是“自律与服务”，基本职能为“自律、维权、协调、交流、宣传”。

湖北省保险行业协会成立以来，秉承协会章程，履行职责，积极开展了多方面的服务工作。多年来，协会积极配合湖北保监局向政府有关部门反映行业呼声和诉求，维护会员公司和被保险人的合法权益，营造和谐健康的内外关系和环境。一是积极履行行业自律重要职能。协会自成立以来，组织会员公司，签订了《湖北省保险行业机动车辆保险自律公约》《湖北省银(邮)保险代理业务自律公约》《湖北省保险行业规范短期意外险、短期健康险业务自律公约》《湖北省违规保险营销员行业禁入自律公约》和《湖北省保险业人才流动自律公约》等行业自律性文件，为行业自律和规范市场行为打下良好基础。二是不断加强协会组织自身建设。2008 年 7 月，协会换届以来，协会秘书处对新一届协会人员和组织进行了调整。新一届协会，机构配置更趋合理，工作目标更加明确，自律和协调工作效率逐步提高，受到广大会员公司的好评。2008 年协会换届以来，结合金融危机影响下出现的新形势、新任务，先后签订了《新车保险集中服务公约》等行业自律《补充协议》，召开了一系列自律规范工作会议，并严格按照自律公约和会议纪要开展车险、银邮代理保险等一系列规范市场的检查，使会员公司依法合规经营情况进一步得到改善。三是加强行业内执行组织建设。新一届协会在原有基础之上，先后加强了对协会下设“一会二组三中心”的组织、领导和机制建设，进一步发挥了这些组织机构在自律和协调方面的职能作用。尤其是在 2008 年底，针对航意险市场出现的违法违规现象，进行了大力调整和整顿，维护了广大航意险保险消费者的利益。四是适应形势发展需要，不断创新协会工作。2008 年第三季度，新一届协会成立之初，针对车险市场发展形势，召开了全省第二次车险联席会议，制定了新的《湖北省保险行业机动车辆保险自律公约》，为我省新车保险市场的进一步自律和规范，发挥了积极作用；圆满完成我省第二次(秋季)中国人身险从业人员资格在湖北的考试工作；建立了保险合同武汉仲裁中心和保险合同纠纷调解中心，为深化保险功能，调节被保险人情绪，缓和保险企业和客户之间矛盾，创造了一个新的平台；对协会刊物和网站进行的全面调整，新的刊物和网站在宣传行业热点、难点问题上，主题鲜明、重点突出，通过开设“封面人物”等多种专栏，全方位、多角度地宣传了业内典型人物、保险热点话题、行业新政策、企业新形象等。五是协会组织开展行业性的大型宣传、研究、座谈活动。2008 年第四季度，协会配合学会，先后参与并组织了“中部六省保险理论研讨会”和 2008 湖北保险理论研讨活动，对推动行业理论与实践工作起到了积极作用。组织参与了“湖北金融文化节”等大型宣传与交流活动。在携手会员公司做好行业宣传的同时，相继召开了新闻媒体记者座谈会，对全省保险业宣传先进工作者进行了表彰，努力营造良好的社会环境，提升行业的社会形象。

近年来，协会加强了与兄弟省市保险行业协会的交流，包括日常刊物信息资料交换、网站信息沟通和接待兄弟省市保险行业协会的来访交流，多年来先后共接待天津、辽宁、四川、山东、湖南、江西、福建、深圳、江苏镇江等多个兄弟省(市)保险行业协会来鄂考察团队。在湖北省保险市场主体迅速增加、市场竞争加剧的过程中，协会不可替代的作用日益显现。

湖北保险行业协会将深入贯彻落实“十七大”精神，秉承“自律和服务”的宗旨，竭诚为会员公司服务，进一步加强诚信建设，以科学发展观为指导，加大创新力度，扎实开展工作，为实现湖北保险业又好又快发展贡献力量。

(陈　军)

六、人民银行和武汉辖内金融机构

中国人民银行武汉分行营业管理部

2008 年元旦，武汉市财税银系统座谈会参会领导合影。

【综述】

2008 年，中国人民银行武汉分行营业管理部面对复杂多变的国际国内经济金融环境和突如其来的特大自然灾害等严峻挑战，坚持以科学发展观为指导，扩大了货币政策助推地方经济平稳较快发展的政策效应，开拓了基层央行金融服务促进地方经济科学发展的服务领域。截至 12 月末，武汉地区银行业金融机构本外币各项存款余额 6,497.92 亿元，当年新增 1,105.73 亿元，同比增长 20.95%；本外币各项贷款余额 5,176.23 亿元，当年新增 881.17 亿元，同比增长 20.22%；全年投放货币 348 亿元，回笼货币 548 亿元，净回笼货币 200 亿元。

【货币信贷管理】

2008 年上半年，按照总行实施从紧货币政策的总体要求，针对武汉地区推进“两型”社会建设的经济发展实际，采取了一系列贯彻落实措施。一方面，结合武汉实际，制定货币信贷指导意见和武汉地区金融机构执行信贷政策综合评估报告制度，按照“有保有压”的信贷政策，积极引导金融机构保持合理的信贷投放力度、节奏和投向。另一方面，正确处理对地方法人金融机构的信贷调控与支持地方经济发展的关系，及时向上级行反馈辖内法人金融机构在执行信贷计划中存在的问题，出台金融支持全民创业的指导意见，引导金融机构贯彻落实中小企业融资支持政策。11 月份实施适度宽松货币政策以后，及时调整金融工作思路，贯彻落实人民银行总行五项具体措施，以优化金融服务为先导，引导金融机构适应扩大内需的形势需要增加信贷投入，支持地方经济平稳较快增长。

积极扩展小额担保贷款帮扶弱势群体和中小企业融资的覆盖面，花大气力解决下岗失业人员、就业再就业人员贷款难问题。积极推进武汉市小额贷款公司试点，并在 2008 年 12 月 18 日成立湖北省首家小额贷款公司。2008 年，武汉市累计发放小额担保贷款 8,382 笔，金额 4.43 亿元，其中，劳动密集型小企业贷款余额 26 笔，金额 12,227 万元。

引导商业银行以大力培植中小企业信贷客户为载体，转变经营理念，创新中小企业信贷服务，创新信贷产品和担保方式，拓展银企合作渠道，不断发掘和培植新的信贷客户，使一大批原来与银行没有信贷往来的企业成为银行的信贷客户，加快了中小企业成长步伐。

【监测分析】

全面提升监测分析水平与能力，强化统计管理，针对重点问题进行调研。充分利用和挖掘金融统计信息管理系统的潜力，加强数据采集，采取走出去、请进来、发放调查表等多种形式，深入广泛地开展调查研究，按月对金融统计数据异常变动进行分析，完成武汉地区金融运行情况月度分析和季度分析。成立重点课题调研小组，完成对信贷投放变化情况、银行业中间业务、小额担保贷款、企业资金状况、房地产金融风险、从紧货币政策的影响以及存款准备金率、利率

2008年12月1日，人民银行武汉分行清算中心新址落成并举行揭牌仪式。图为人民银行清算总中心副主任杨文杰(左二)、人民银行武汉分行副行长赵以邗(右二)和人民银行武汉分行清算中心主任袁豪民(左一)共同揭牌。人民银行武汉分行副行长、人民银行武汉分行营业管理部主任徐涌(右一)主持仪式。

调整等专题的调查与分析，完成了2008年1—4季度储蓄问卷调查分析材料。

【支付结算】

在全辖支行推行同城票据交换资金清算模式改革，消除了风险隐患。自主开发建设了武汉空头支票管理系统，加强对签发空头支票行为的处罚管理，修订行政处罚工作流程，开展声势浩大的拒绝空头支票宣传活动，空头支票发案率明显大幅下降。对支付系统信息安全进行风险评估、安全技术测评、实时监测与日志分析等工作，确保支付系统安全稳定运行。加强对支付系统运行维护。至12月末，三大业务系统共处理业务2,092万笔，同比增长14.9%，金额20万亿元，同比增长35.25%。大、小额支付系统日均处理支付业务5.21万笔，金额748.68亿元；武汉票据自动清分系统日均处理同城票据交换业务2.80万笔，金额54.23亿元；武汉电子支付系统日均处理业务3,578笔，金额8.39亿元，安全运行率达到100%，有力地支持了武汉城市圈经济发展。

【国库业务】

切实履行经理国库职能，组织开展人行支库国库等级创建活动，推动代理支库加强国库事后监督工作，开展中心城区央行国库管理等重点课题调研。认真落实国库风险防范工作责任制，切实加强国库内部监督制约机制。加强国库会计核算系统安全运行管理，核算数据的安全备份管理，推进国库系统建设，提高国库电子化应用水平。根据上级国库部门的部署及时进行国库核算系统(TBS)的升级，推广使用国库会计数据集中系统(TCBS)。加强国库核算管理，核算质量明显提高，通过核算系统堵住差错273笔，涉及国库资金7,673.88万元。

【货币发行】

不断完善货币发行管理体系，在全国首创将ISO9001质量管理体系全面导入货币金银业务管理，细化了58项业务操作细则。成立全国首家“货币真伪鉴定中心”，面向社会无偿提供货币鉴定、残损人民币兑换标准鉴定、反假货币信息和反假业务培训指导等服务。建立联合反假机制，持续开展打击假币专项行动，大力开展“放心钱”工程建设。强化服务保障供应，以旺季投放为重点，较好地完成旺季供应工作。

【征信管理】

以人民银行的企业和个人征信系统、中小企业信用体系建设、应收账款质押公示系统等四大系统为基础，建立人民银行—信用评级机构—商业银行—企业之间协调沟通渠道，积极拓展征信服务和系统应用。加强企业征信系统、个人征信系统运行的监督管理，面向社会提供查询服务。组织开展中小企业信用培植暨征信标准化培训月活动，成功举办了15期大型培训班。有效推进金融生态环境建设，严格把好信用乡镇、信用社区考评验收关，评定武汉市信用乡镇42家；对青山区新桥社区进行复审，授予该社区为武汉市第一家信用社区。武汉市连续6年被授予“湖北省A级信用城市”称号，四个远城区先后获得湖北省“最佳信用区”称号，武汉市正式步入全面A级信用区。

【金融服务】

进一步拓展“一站式”服务

人民银行武汉分行营管部开展"我与奥运同行"体育活动。

的深度和广度，提高基层央行服务效率和水平，狠抓制度建设，建立"一站式"服务工作联席会议制度，改进业务操作流程，整合窗口服务人员，重新制定业务审批和办事流程，提高工作效率。拓宽"一站式"服务项目，依托武汉金融政务网自主开发武汉地区贷款卡网上预审服务系统，将个人信用报告异议查询、武汉货币鉴定中心业务纳入"一站式"服务平台。截至12月末，"一站式"服务窗口共受理贷款卡业务9,297笔，贷款卡年审比上年增加1,000余户，增幅16%；办理核准类账户业务14,987户，较上年增加55.8%；受理人民币残币兑换鉴定1,887张，金额105,219元；受理个人信用资信查询5,859笔；接受社会公众现场及电话咨询12,660余人次，社会各界反应良好。

【内部管理】

加强制度建设，全面修订内部管理制度并汇编成册；编制完成涵盖各部门、各岗位、各环节，共计18篇、近10万字的《业务流程图》；加强党风廉政管理，规范党风廉政建设责任书签订工作，健全党风廉政建设量化考核机制和廉政建设执行情况定期报告制度，实行领导干部廉政档案规范管理，实现了"零案件"目标；规范办公秩序，提高办公效率，针对四地分散办公的实际，推出部重大决定事项限时督办制度；组织开展"提高执行力、增强公信力"大讨论活动，建立与业绩考核体制相配套的绩效奖励制度；规范财务核算行为，严格控制财务费用开支；抓安全管理，提高防风险能力，围绕"操作无违规、交接无差错、防卫无失控"的总目标，开展了安全生产百日督查专项行动；建立了定密责任人制度，加强科技信息系统安全，做好"两会"、"抗震救灾"及奥运会期间网络及信息安全情况监测工作，完成应急演练项目17个。

（姚旷怡）

中国农业发展银行湖北省分行营业部

【综述】

中国农业发展银行湖北省分行营业部是1996年11月由中国人民银行批准成立，为省直和武汉市提供农业政策性金融服务的副厅级金融机构，下辖新洲、黄陂、蔡甸、江夏、汉南、东西湖、汉口等7个支行和1个营业室。2008年是营业部自成立以来支农力度最大、业务发展最快、经营绩效最优、改革形势最好的一年，超额完成了各项工作任务，在全省同组经营绩效考评中名列第一。全年累计投放各项支农贷款61.09亿元，比上年增加26.08亿元，增幅达74.5%。年末贷款规模首次突破100亿元，达到101.5亿元，比上年净增19.45亿元，若考虑核呆因素，实际比上年净增加22.21亿元，增长27.06%；不良贷款实现余额和占比"双下降"，年末不良贷款余额比年初净下降2.87亿元，占比下降3.69个百分点；全年财务收支轧差实现盈利首次突破2.5亿元大关，达到1.67亿元，比上年增盈0.83亿元，支行盈利面达100%，三个支行（室）进入一类行之列。信贷投放、贷款规模、增长速度、利润增长四项指标均创造了自成立以来的历史最好水平。所辖汉口、新洲区支行被评为全省有效发展"十强"县级支行；东西湖、江夏区支行被评为全省贷款有效投放前十位县级支行；东西湖、蔡甸、汉口支行被评为全省存款组织前十位县级支行；营业室被评为全省中间业务收入前十位县级支行；东西湖区支行被评为全省经营效益前十位县级支行，实现了安全经营无事故、无案件。

【粮棉油信贷业务】

认真履行政策性银行职能，切实落实国家粮棉购销政策，大力支持粮油政策性收储和粮棉油市场化购销，全年累计发放收购贷款31.46亿元，支持企业收购粮食93,377万公斤、油脂8,305万公斤、皮棉198万担，比上年分别增加16,919万公斤、4,557万公斤和减少71万担。全年没有出现区域性农民卖粮卖棉难问题，有效地保护了农民利益，较好地履行了政策性银行职能。一是支持中央储备粮油轮换和地方三级粮油储备体系建设，全年累计投放储备贷款11.57亿元，同比增加8.01亿元。二是支持国家调控粮油收购和粮棉油临时储备政策的落实，全年累计投放调控粮油贷款4.04亿元，同比增加3.09亿元。三是支持符合条件的市场主体开展粮棉油购销业务，累计投放粮棉油购销贷款15.85亿元，同比增加2.07亿元。

2008年10月23日，中国农业发展银行党委书记、行长郑晖(中)到营业部调研。

【商业性贷款业务】

坚持稳中求进、好中求快的要求，突出“两翼”，继续加大客户营销力度，加快商业性和非经营性中长期贷款业务发展步伐，逐步扩大了商业性贷款占总贷款的比重、中长期贷款占商业性贷款的比重以及财政垫付性农村基础设施建设和农业综合开发贷款占中长期贷款的比重。全年共营销贷款项目84个，支持客户个数达到147家，其中产业化龙头及加工企业59家，全年累计投放商业性贷款29.63亿元，同比增加12.91亿元，占全年贷款投放总量的48.51%；累计投放中长期贷款14.49亿元，同比增加10.93亿元，占全年贷款投放总量的23.72%。商业性贷款余额33.57亿元，比年初增加17.38亿元，占贷款总增量的78.27%。支持农林牧副渔业和粮棉油产购销、科工贸产业链龙头企业发展，基本覆盖了全市主要农副产品生产加工领域，为产业化龙头企业创造了宽松的融资环境和渠道，促进了相关产业集群的形成。积极支持农村基础设施建设和农业综合开发，在农村金融中的骨干和支柱作用得到初步体现。同时，新洲、黄陂、蔡甸、江夏等四个郊区行发展迅速，扭转了以往业务萎缩的局面，成为业务发展的突出亮点，基本形成了郊区行和城区行齐头并进的良好态势。一是制定了2008年贷款营销工作意见和中长期贷款项目营销方案。二是开展

2008年7月30日，农发行湖北省分行营业部召开2008年年中行长汇报会议。

银企对接，建立了2008年中长期贷款项目库，并将项目分为获批待投、等待调查和正在营销三大类，逐类锁定目标，提出了营销时间和争取投放时间，按支行、项目或行业分类以及进展情况对任务进行了分解。在项目的营销、储备上，全系统始终保持着20多个新的项目储备，确保了项目营销、储备不断档。三是加大营销培训和激励。举办了中长期贷款项目营销培训班，对全市项目营销人员进行了项目贷款调查和评估培训，帮助客户经理掌握操作要领；制定了《低风险贷款及产业化龙头企业中长期贷款特殊贡献奖励办法》，采取奖金直接分配到项目组、分配到个人的方式，以充分发挥激励效果。四是落实营销责任，健全营销机制。严格执行重点项目责任制，实行“定营销目标、定营销措施、定营销时间表和定营销责任人”的“四定”措施，对每一个项目都要求确定上报行及审批行项目经办人、项目领导，并制成表格，登记项目办理情况，客户服务部根据制订的中长期项目贷款营销步骤及日程安排，督促支行抓好落实，以确保落实营销责任，确保掌控营销进度，确保项目按计划按步骤营销到位。建立健全快速反应机制，实行营销关口前移，帮助支行制定高端客户的具体营销方案，积极参与和指导对重点项目和重点企业的营销，对高端优质的企业客户，集中营销力量，推行高层营销，实施重点突破。

【存款与中间业务】

1. 进一步降低资金成本，资金自给能力显著增强。通过大力发展资产业务，以贷引存；通过认真搞好企业账户管理和开展存款账户检查，堵塞资金管理漏洞，以管增存；通过加强部门沟通协调，增加财政性专项存款，以拨稳存；通过与其他金融机构协商合作，积极做好同业存款工作，以奖促存。企业存款、财政存款和同业存款共同发展的多渠道筹资机制初步建立。年末各项存款余额达到28.48亿元，比年初增加12.58亿元，增长79.16%，全口径日均存款余额26.51亿元，计划完成率110.6%，企业存款、财政存款、同业存款的余额和净增额均在全省系统内排名第一。存贷比达到28.07%，同比上升8.69个百分点。

2. 稳健发展中间业务，稳步拓宽收入渠道。全年实现中间业务收入183万元，人均中间业务收入7,656元，同比增加2,299元。其中，入账代理保险手续费收入135.24万元，同比增加13.23万元；办理本部国际结算业务80笔，结算量达到1,245万美元，比上年增长12倍。在国际贸易融资等新业务发展上也有较大的突破，共办理打包贷款2笔，涉及金融75万元，减免保证金开证3笔，涉及金额660万美元。

【信贷与风险管理】

1. 增强风险意识，加大事前控制力度。一是坚持资格认定制度，严把信贷准入关口。对准入客户的财务指标作了严格限定，明确了信贷支持的重点，即地方政府重点关注的、具有区域特色和产业集群优势的客户，尤其是科技含量高、产品附加值高的企业。二是严格限定贷款担保措施，对小企业一律采取由第三方专业担保公司保证担保的措施。三是根据贷款风险程度，要求风险相对较高的企业法定代表人或主要股东附加个人财产无限连带责任担保。

2. 加强贷后管理，防范经营风险。一是借助社会专业评估机构的力量，组织相关人员到企业进行贷后检查，将企业短期流动资金和中长期贷款使用的来龙去脉查准、查实，并根据检查情况下发贷款管理意见书。二是继续抓好粮棉流动资金贷款的“年度清场”，有效防范市场风险。积极应对复杂多变的市场行情，密切关注价格变化情况，如积极帮助新洲棉花公司争取储备计划，积极为中排与中储粮公

2008年9月25日，农发行湖北省分行营业部召开高级业务岗位竞聘大会。

司之间牵线搭桥，促成了上、下游企业与银行的“三赢”。三是密切跟踪棉花现货、期货价格趋势，研究市场行情和发展趋势。多次召开客户座谈会，合理评估贷款风险状况，提醒客户采取多种方式防范价格风险，并根据各家企业的风险承受能力掌控棉花贷款投放进度。在价格波动大、趋势不明朗期间切实控制投放进度，而对争取到国储棉计划、风险能够锁定的企业积极支持，加快投放进度，有效防范了市场价格大幅波动带来的市场风险。四是监测贷款主体的潜在风险并发出预警风险提示，发现违约时及时制止并采取补救措施。对所有可能影响还款的风险因素进行持续监测分析，并形成书面监测报告。

3. 加快不良贷款清收处置进度。一是将不良贷款清收盘活纳入全年重点工作指导计划，建立了专项奖励和年度奖金挂钩制度。二是建立了清收处置不良贷款工作责任制，将每个企业不良贷款清收处置目标明确到个人，实行按月检查、按季通报，年中考核、年底结总账。三是加强了与地方党政机关及有关部门的协调配合，加快破产清算和申报呆账核销进度。全年共现金清收不良贷款1,122万元，呆账核销27,596万元。年末不良贷款余额8,388万元，比年初下降2.87亿元；不良贷款占比为0.83%，比年初下降3.69个百分点。

【计划与财务管理】

1. 资产规模不断壮大，收息来源大幅增加。2008年，资金调度灵活，信贷资金运用率继续保持较高水平。年末资金运用率107.7%，同比增加5.5个百分点，持续保持高水平。贷款规模考虑核呆因素，实际比上年净增加22.21亿元，增长27.06%，全年贷款利息收入4.83亿元，比上年增加1.3亿元，增长36.95%。

2. 财政补贴收息率进一步提高，收息结构发生积极变化。贷款综合收息率达到84.62%，同比提高4.19个百分点。其中中央财政贴息贷款利息收回率为95.8%；地方财政贴息贷款利息收回率为68.58%，由企业自筹承担利息贷款利息收回率为87.28%，各项利息收回率均高于全省平均水平。各项财政补贴资金实际拨补51,136万元，同比增加14,063万元，各项财政补贴拨补到位率为71.04%，同比增加0.41个百分点；各项财政资金当年实际收回利息25,651万元，利息收回率93.73%，同比增加4.27个百分点。特别可喜的是，在江夏区支行的带动下，四个涉农行第二轮粮食财务挂账贷款地方贴息首次当年到位60%，2009年度全部纳入区级财政预算，实现了历史性突破。

3. 狠抓财务管理，增收节支成效明显。全年实现各项财务收入5.53亿元，同比增加1.43亿元；各项支出3.03亿元，同比增加0.59亿元；收支轧差，账面盈利2.5亿元，同比增加0.83亿元；考虑视同到位因素后盈利2.53亿元，完成省分行下达全年计划的148.89%；实现人均创利89.54万元，同比增加25.84万元。与此同时，资产利润率达到2.68%，同比增长0.41个百分点；资金综合运用率达到107.7%，同比上升5.5个百分点；收入成本率7.71%，同比下降1.56个百分点；在2008年全省同组经营绩效考评中名列第一，各支行盈利面达100%，营业室、汉口、东西湖等三个支行进入一类行之列。

【电子化建设和安全管理】

1. 进一步加强计算机网络运行管理和维护，确保业务顺利开展。一是积极为各类业务系统的推广运用提供技术保障。2008年，积极推广使用综合业务系统和CM2006信贷业务系统，保证了各项业务的正常运行。二是切实做好设备和网络维护。进一步加强

2008年10月30日，农发行湖北省分行营业部举办员工文明礼仪知识竞赛。

了中心机房计算机设备、综合业务系统会计子系统、人力资源系统、电子邮件服务器以及机关局域网的日常维护和管理,确保网络畅通。建立电子设备档案,对电子设备使用和维修进行详细登记,并对营业部系统的电子设备进行清理更新,保证了业务发展的需要。三是加强了网络安全管理。严格执行内外网的物理隔离制度和专机专用制度,建立健全了信息安全检查通报机制,组织开展了信息安全自查,有效地堵塞了安全漏洞,防止金融信息泄密事件的发生,及时做好计算机防病毒工作。

2. 切实加强安全保卫工作。严格坚持“群防群治、防查并举、标本兼治、重在预防、安全第一”的方针,全面落实了安全保卫工作责任制,充分发挥职能部门服务保障作用,加强安全保卫规范化管理,努力抓好人防物防技防建设,确保了内部安全稳定,全年没有发生重大刑事案件、重大火灾、重大群体性事件、重大治安灾害事故及安全责任事故。

【人力资源管理】

1. 进一步加强领导班子和干部队伍建设。一是按照科级干部管理办法的要求,组织了机关29名科级干部对2006—2007年度履职情况进行述职,同时进行民主测评,合格率达100%。二是为了加强青年干部培养,制定了机关科级干部竞聘上岗实施方案并组织了落实,共选聘了11名主任科员、9名副主任科员。三是为加强基层行领导班子建设,对营业部部分支行领导班子成员进行了调整并提拔了1名区支行副行长。四是组织完成了营业部11名员工参加省分行机关招聘交流干部的报名考试等相关工作。五是积极稳妥地全面推进员工岗位绩效考核,认真做好业务岗位聘任工作。开展了1名资深和10名高经业务经理(专员)岗位竞聘工作,指导支行完成了业务经理类岗位竞聘上岗工作,聘任了9名业务副经理。

2. 深入学习实践科学发展观,进一步加强组织建设。一是按照总行《关于举办“中国农业发展银行学习党的十七大精神和党章知识竞赛”的通知》的要求,组织全系统完成了学习十七大精神和党章知识竞赛活动。二是为继续发挥基层党组织的战斗堡垒作用和党员的先锋模范作用,在营业部系统通报表彰了2个先进基层党组织、2名优秀党务工作者和17名优秀共产党员,营业部向省分行推荐的1个基层党组织、1名优秀党务工作者和2名优秀共产党员获得省分行党委通报表彰,同时东西湖区支行王君同志被总行授予“优秀共产党员”称号。三是为纪念建党87周年,组织开展形式多样的党员教育活动。四是按照党员先进性的要求,落实了年度党员民主评议制度。五是下达了2008年度新党员发展指标,发展预备党员5名,办理了5名预备党员的转正手续。六是按时做好党费一年两次的收缴工作。七是按照《中国农业发展银行深入学习实践科学发展观活动实施方案》要求,组织做好学习调研、解放思想大讨论和分析检查阶段的各项工作。

3. 群团工作更富成效。一是民主管理进一步深化。年初召开了省分行营业部第三届一次职代会,充分发挥了职工参政议政的积极性和创造性,提高了营业部民主管理、民主监督和科学决策水平。二是开展丰富多彩、形式多样的文化活动。三是组织落实了营业部抗震救灾捐款(缴纳特殊党费39,860元)活动。四是认真细致地做好营业部全系统227名员工的红双喜保险兑付前准备及兑付到位工作。五是“号”、“手”工作得到进一步深化,1名青年职工被授予“中国农业发展银行青年岗位能手”称号。六是在总行团委纪念改革开放30周年“我与祖国共发展”主题征文活动中,营业部2篇征文分获二、三等奖。

【企业文化建设】

一是认真抓好“一学三创”活动,大力推动企业文化建设向纵深发展。在归纳、总结、提炼各专业文化的基础上,进一步丰富了执行力文化。加大了以规范员工行为为重点的行为文化建设,根据营业部出台的客户服务“五不准”行为准则和机关员工“十不准”工作纪律等制度,进一步规范员工行为。加强了企业文化的形象宣传,制作了300多幅企业文化电子宣传幻灯片,坚持滚动播放。二是加强了文明创建工作。东西湖支行被推荐为总行级文明单位、金融系统青年文明号;汉口支行被推荐为总行先进党组织、全国金融系统文明窗口示范单位。三是加强了宣传调研信息宣传调研信息工作。在上半年成功举办了一期营业部系统宣传调研信息骨干通讯员培训班。全系统各单位全年共在各级新闻媒体发表各类稿件1,194篇,其中省及省级媒体(不含网站)以上采用352篇,稿件采用量名列全省农发行第二名。四是进一步加强制度建设,并将相关的考核办法梳理、编纂形成体系,汇编成册。五是切实加强党风廉政建设。认真组织学习中共中央关于《建立健全惩治和预防腐败体系2008－2012年工作规划》。严格落实总行"廉洁办贷十不准"及省分行"十二个严禁"，重点抓好信贷领域的反腐倡廉工作，员工队伍的廉洁意识和综合素质进一步提高。五是扎实开展学习实践科学发展观教育活动，党员及领导干部思想政治水平和贯彻科学发展的理念有了新提高。

（杨正强）

中国工商银行股份有限公司湖北省分行营业部

【综述】

2008年，中国工商银行股份有限公司湖北省分行营业部拥有营业网点213个，在岗从业人员4,333人。全部存款余额894.78亿元，较年初增加191.92亿元，各项贷款余额513.22亿元，较年初增加73.83亿元，存贷款增量均位居同业第一；不良贷款占比下降0.11个百分点，降至1.05%；实现中间业务收入4.28亿元；实现拨备前账面利润18.11亿元，较上年增加4.39亿元。

【计划财务管理】

进一步改革和完善预算管理机制、资源分配机制和绩效考评机制，加快推动经营转型，调整优化收入结构，努力增收节支，提高财务管理效率。制定了《支行经营绩效和业务发展考评办法》，以效益管理、风险与内控、可持续发展与竞争能力以及业务协调发展四类主体考评指标和经济增加值单项排名为主要内容，同时加大重点业务指标考核权重，推动战略转型，促进市场竞争能力的提升。编制下达2008年度经营计划，并根据经营目标完成进度及内外部经营环境变化情况，及时调整财务预算和业务发展计划，促进全行主要经营目标的顺利实现。优化费用资源配置，将增量费用分配与经济增加值挂钩，并对各行中间业务收入、新增存、贷款和理财产品销售额配置激励费用，加大了费用对市场竞争重点业务挂钩力度，推动全行竞争同业市场，实现主要经营指标同业排名的提升；设置专项费用，加大网点建设投入，改进和完善硬件设施，促进服务渠道整合升级；规范各项费用列支渠道，在总量范围内合理安排各项费用开支和费用结构，努力实现费用精细化管理。严格落实集中采购和财务审查委员会工作规则，严格遵循采购工作"公开、公平、公正"原则，规范集中采购行为、提高集中采购工作效率、保证采购质量。

【信贷管理】

加强信贷经营管理，强化信贷经营全过程风险控制，不断提高信贷资产质量。完善贷款大户风险管理，对贷款风险做到定期分析、提前预警、及时化解。针对资本市场、房地产市场变化和部分贷款大户相继出现的资金紧张、成本上升等问题，加强对经济形势走势的分析、把控，规范贷款管理；重点关注房地产行业相关情况，贯彻"坚持警钟长鸣、积极化解风险、严防道德风险"要求，一户一策，明确责任支行及责任人，全力防范、化解贷款风险。强化个贷风险防范，对全行个贷抵押情况进行清理，规范个贷权证管理；加强日常个人住房贷款按揭批量存款监测分析，疑似假按揭贷款的清收转化工作取得较好效果。坚持不良贷款重点大户跟踪督办，会诊分析，审处分离、集体决策制度和不良贷款清转项目经理制等，大力推进不良贷款清收工作，全年清收转化处置不良资产41,892万元，其中：压降法人客户不良贷款5,922万元，清转个人不良贷款30,625万元。

【公司业务】

坚持资产业务优先发展战略，抢抓武汉城市圈"两型"社会改革试点和国家"保增长、促内需"宏观调控政策实施机遇，累计投放公路、铁路建设贷款68.7亿元；向武汉市城市基础设施建设发放贷款15亿元；积极支持武汉市钢铁、石化、电力、电信、电子信息等支柱产业发展，全年累计发放贷款36.35亿元。积极运用金融租赁、资产转让、承销企业中期票据等新型金融服务手段助力地方经济发展，创新融资方式，通过金融租赁方式帮助企业获得20亿元资本金，开创了国内轨道交通建设使用金融租赁方式融资的先河；赢得武钢中期票据发行的承销商资格，帮助企业拓宽融资渠道和降低融资成本。营销推广国内贸易融资产品，重点支持武钢、凯迪电力和中百等29户核心企业，链接上下游企业453个，全年营销国内贸易融资3亿元。建立和完善小企业信贷经营管理机制，加强"财智融通"小企业金融品牌宣传，重点对武汉市十大产业集群及其上下游客户、两大国家级开发区主导产业配套的小企业实施跟踪服务，全年发放小企业贷款1,620万元。

【个人金融业务】

继续实施“定位中端、竞争高端、培育潜力”个人金融发展战略，积极适应个人金融资产多元化配置的市场形势，引导客户合理配置储蓄、基金、保险、国债、定投等金融资产，紧紧围绕代发工资、养老保险资金、社保资金、拆迁补偿、第三方存管业务等资金源头，加速储蓄存款业务发展，年末储蓄存款余额474.53亿元，增长94.81亿元；加大“稳得利”、“灵通快线”、“汇财通”等理财产品销售力度，个人类理财产品累计销售228.96亿元，个人金融现金流量新增108.32亿元，余额达到586.35亿元；加强理财金账户和灵通卡E时代两大核心品牌营销，打造“汇款直通车”和“储蓄异地通”两大结算品牌，全年理财金账户新增3.1万户，总户数达到8.03万户。努力打造“幸福贷款”品牌，大力发展个人住房贷款业务，全年累计发放个人贷款23.28亿元。积极拓展银行卡业务市场，加强公务用卡、联名卡营销推广，成功营销公积金联名卡项目，实现公积金项目发卡15万张；围绕“奥运”和“分期付款”两大主线，持续开展“工行服务日”上门服务和各类促销活动，信用卡发卡量达到85.3万张。

【中间业务】

把加速中间业务创新发展作为推进增长方式转变的重点，加大专业推动和转型力度，继续拓展人民币结算、代理及个人理财、银行卡等基础类业务规模，实现业务收入21,197.5万元；深入组织开展法人客户产品覆盖和“十大产品营销大行动”，加大债务融资、“信托+理财”、银团贷款、财务顾问、法人客户理财等营销推广力度，成功突破湖北省首单中期票据承销发行；与长航、地铁集团签订租赁业务协议；成功运作5.1亿元票据类信托资产证券化业务；实现对公理财产品累计销售112.1亿元。大力开展“工行金行家、引领掘金时代”贵金属业务专项营销活动，实现黄金交易倍速增长。积极推进现金管理品牌战略，新发展现金管理客户718户。积极拓展银保代理、企业年金、资产托管等业务市场。坚持本外币一体化经营战略，跟踪营销中博会109个外资项目，新开立资本金账户39个；突破进口代付、进出口双保理等新品种；推广外汇资金业务，办理人民币结构性存款3.8亿美元。

【电子银行业务】

加速电子银行业务发展，强化市场宣传营销，努力提升品牌影响。创新推广网上票据托管、网上国债、B2B、网上信用证等业务新功能，银企互联、贵宾室和企业财务室客户分别达到17家、33家和1,144户。加大营业网点电子银行服务区建设力度，电子银行客户规模、业务量占比、自助设备使用率等指标明显提高，营业网点服务效率有效提升。强化电子银行售后服务工作，对所有银企互联、贵宾室等核心客户实行贵宾专线服务，进一步完善营业部、支行、网点“三位一体”服务支持体系，促进了电子银行业务推广。全年实现电子银行交易额1.13万亿元，电子银行业务量占比达47.4%。

【内控管理】

坚持从严管理，不断完善风险防范、质量管理和内控案防体系。扎实深入开展“精细化管理年”活动，积极推进内部控制体系建设，按照三年规划要求逐一完成任务目标；继续推进“五位一体”内控管理制度、“扫雷工程”以及员工思想行为分析管理，加强重要风险点预警提示和风险控制，核算差错率同比下降54%，所属9家单位被湖北银监局评为“良好银行”，同比增加6家，被总行评为内控等级一级行。落实安全保卫工作责任制，深化押运社会化工作，保证奥运期间营运安全，连续第6年实现安全经营无事故。强化全面风险管理，加强对全行整体或突出的风险状况的评估和检测，提高各类风险的识别和掌控能力；选择13个一级支行试点开展全面风险管理工作，推进全面风险管理延伸覆盖。深化资产质量攻坚，完善信贷管理的组织架构和职责界定，加强信贷经营全过程风险控制；针对经济形势的变化，加强对重点行业和个贷风险的防范；坚持不良贷款重点大户跟踪督办、会诊分析、审处分离、集体决策制度和不良贷款清转项目经理制度，积极清收转化处置不良资产。

【机构网点建设和人力资源管理】

加快推进渠道建设，积极跟进城市新兴区域和资源增长区域，加快贵宾理财中心和离行式自助银行建设，巩固扩大物理网点主渠道作用，形成物理网点与自助网点互为补充的机构设置体系。持续推进人才兴行战略，不断将人员优势转化成人才资源和人才优势。加强各级领导班子建设，加强中青年干部的选拔和培养；扎实深入开展学习实践科学发展观活动各阶段工作，深入开展竞争力调查研究，围绕科学发展献计献策，查找不足，明确发展定位和工作措施，有效提升全行领导力、执行力。强化系统党建和廉政建设，组织副处级以上领导干部参加总行党委贯彻党的十七大精神轮训班（视频）学习，并将学习成果转化为指导工作的科学思维和决策思路；积极在一线青年业务骨干、空白网点和优秀代理用工中发展党员。把基层行落实党风廉政建设责任制的情况纳入行长经营目标管理，开展警示教育，抓好专项整治，严格责任追究，实现了各级管理人员无腐败现象，全年零案件。加强员工技能培训，组织各类业务培训256期，16,761人次。积极履行社会责任，紧紧围绕服务抗雪救灾、抗震救灾和奥运金融需求，做好金融服务和救助捐赠工作，累计对外捐款捐物124万元，“抗震救灾”中缴纳“特殊党费”73万元。将文明单位创建与品牌战略、企业形象管理相结合，一级支行文明单位创建面保持100%，申报国家级文明单位1个，汉口支行被总行党委授予“中国工商银行文明建设先进单位”称号。

【服务管理】

大力改进金融服务，努力提升服务水平。稳步推进网点运营标准化工程建设，改进了业务流程，优化了岗位和分区设置，重点加强50个核心竞争力项目示范网点的经营管理，提升营销、服务平台作用。加强营业网点服务现场管理，统一办公用品和宣传用品，加强检查考核和投诉管理，有效提升了服务形象和服务质量。该行在武汉市文明委和媒体联合举办的“神秘眼看银行”活动中，跻身“金融服务六强”，所属4个网点被评为“精品网点”；王家墩支行、大江园储蓄所被湖北省银行业协会评为“文明规范服务示范单位”。

（周一宁）

中国邮政储蓄银行有限责任公司武汉市分行

【综述】

2008年3月20日，中国邮政储蓄银行有限责任公司湖北省武汉市分行正式挂牌，开启了武汉邮政金融发展的新纪元。顺利完成了分支机构的组建工作，共组建了一级支行12家，二级支行100家及市分行营业部1个。全年新建和迁址机构18处，改造网点42个；新增ATM机83台，总量达到229台；新增银联POS商户337家，总数达到705家；完成了公司业务、小额贷款业务、结售汇业务、95580电话银行和绿卡通等信息系统工程建设。

2008年，面对国家货币政策调整和资本市场跌宕的剧烈影响，该行积极调整经营策略，通过细分客户市场，建设营销渠道，拓展金融产品，促进了业务收入增长源头的多元化，实现了邮政金融业务快速、健康和持续发展。

【邮政金融业务】

2008年末，实现人民币存款余额148.23亿元，较上年末净增31.2亿元。储蓄存款的市场占有率达6.3%。

2008年，重点开展了绿卡商易通、代收代付等营销项目。共开发绿卡商易通商户2,879户，沉淀余额0.8亿元，户均余额2.78万元；代收养老金户数较年初净增10万户，代收金额净增7,000万元；代收养老金累计沉淀余额达到11亿元，较上年增加1.8亿元；代收学费2.6亿元。全年共销售“天富”、“财富”类理财产品25只，销售金额9,500万元。

该行通过实施“经营绿卡”战略推动经营发展。全市共发新卡55.7万张，同比增长27.75%，累计发展绿卡用户174.26万户，卡户余额26.69亿元，同比净增6.93亿元；POS交易业务达235.66万笔。全市邮储ATM交易量超过600万笔，增幅达到45%，交易金额17亿元，增长128%，其中跨行

2008年3月20日，中国邮政储蓄银行湖北省武汉市分行正式挂牌。

交易105万笔，增长57%；异地交易57万笔，增长40%。

全年发放小额贷款1,861笔、放贷金额1.39亿元，结余1.25亿元，不良贷款率为零。小额质押贷款累计放贷7,302万元，结余811万元。

公司业务自5月23日开始运营，已开办网点共28个，全市各行政区覆盖率达100%。开立对公账户1,398个，年末存款余额达到8.66亿元。

全年共实现汇兑收入1,763.78万元，比上年增加12.3%；办理国内汇兑业务收汇182.2万笔，比上年增长8.67%，兑付68.9万笔，比上年下降48.2%；办理国际汇兑业务1.34万笔，比上年增长4.69%。

【内控管理】

随着邮政改革的不断深入，在金融业务管理上，突出了内控制度的完善，提高从业人员素质，结合新开办的公司业务、信贷业务以及系统实现的新功能，组织业务稽查员、设备管理员、窗口营业员等，开展业务培训共千余人次，涉及业务种类10多个。

在稽查工作方面，一是加强稽查体系建设，规范稽查管理。实行了城区集中式稽查，更新了稽查车辆，增配了稽查处理设备。进一步加强了支行稽查人员的管理，按月开展履职评价，加强稽查培训工作。二是创新稽查方式，加强了专项稽查、非现场稽查、突击稽查、整改复查的力度，增加了稽查频次，注重了后台监控岗位的履职检查，建立了异常情况和薄弱环节的跟踪检查制度，先后在全市范围内组织开展了隐患治理、整改回头看、风险排查及客户对账等案件专项治理检查活动。组织开展了内控评价活动，通过强化检查，确保了全年无案件、资金零损失。三是加强警示教育，强化合规意识。开展从业人员日常行为排查，防范道德风险；对支行行长、网点负责人开展任职资格审查和以风险教育为主题的谈心活动，进行了案例分析和风险点培训；对新员工以观看警示片、学习风险手册、签订风险控制承诺书等方式开展风险意识教育，推动了内控文化建设。

在资金安全和运用上，实行了城区储汇资金社会押运，加强了银行头寸调度、中间业务平台资金以及库存备用金的管理，资金运用率达到85%以上，在余额大幅增长的情况下库存现金同比下降300万元。

（刘照君）

中国人民财产保险股份有限公司武汉市分公司

【综述】

2008年，武汉市人保财险系统认真贯彻落实“促发展、保效益、防风险”的经营方针，全面落实“抓实收、清应收、抓新增、上非车”的业务发展思路，较好地完成了全年的各项任务，实现实收保费104,491万元，完成年计划的107.95%，同比增长25.4%，首次突破10亿元大关；在遭遇年初雨雪冰冻灾害的情况下，实现利润3,500万元。全年累计承保各类风险总额7,302亿元，同比增长45.46%；处理各类理赔案件134,298起。在雨雪冰冻灾害期间，处理各类赔案13,669起，赔款金额12,224万元。

【参与社会管理】

一是积极开展政策性农业保险的试点。2008年，累计承保中央政策性、地方政策性和商业性保险共计19个品种，承担各类农业风险14.05亿元，全市115.74万户农户受益。二是开展科技保险的试点，为武汉市高新技术的发展提供风险保障。加强科技保险产品的开发与研究，在武汉三个开发区（武汉经济技术开发区、武汉东湖新技术开发区、武汉吴家山台商工

2008年初，中国人民保险集团公司总裁吴焰到武汉市可口可乐公司视察灾情。

2008年11月8日,湖北省首家保险行业俱乐部"人保之友"(武汉)客户俱乐部成立。

业园区)100多家高新科技企业中进行积极宣传和展业,承担科技保险风险金额17亿元。三是积极开展各类责任保险,用商业手段协调解决社会各种矛盾和法律纠纷;开发报备了专门的保险产品;大力推行校园方责任险,防范化解校园管理风险;继续为武汉市黄陂区近25万名外出务工人员提供意外伤害保险及意外伤害医疗保障;继续为武警湖北省消防总队、全市公安系统警务人员提供保险服务。

【产品创新】

专门设计科技保险条款,为高新科技企业提供保险服务;为促进民营经济发展,设计开发了专门针对民营企业的组合保险产品,帮助企业有效防范化解各类风险,保障企业稳健经营和健康发展;设计小额农贷保险条款和助学金贷款保险条款,努力为农民和贫困学生提供保险保障;除能繁母猪保险、奶牛保险和水稻保险外,将农房保险、蔬菜保险等纳入省政府政策性农业保险范围;积极探索开办钢架大棚保险及附加薄膜、附加大棚瓜果、蔬菜保险,蔬菜、瓜果种植保险,小龙虾养殖保险,螃蟹养殖保险,家禽养殖保险,蘑菇保险,林木火灾保险,养殖设施财产保险,农田水利设施财产保险,苗木保险,茶叶保险,农用机械、"五小"车辆保险等12个主要险种业务;配合武汉"两型"社会建设,研发和开办环境污染责任保险;配合"全民创业",探索小额贷款保证保险和安全监督责任保险的发展途径;积极开办企业职工补充医疗保险和新农合保险业务,扩大旅行社责任保险、会计师责任保险、律师责任保险、物业责任保险的承保规模。

【服务创新】

率先在武汉地区开通365天24小时服务专线95518;首家开通远程定损系统,方便客户就地拆卸、就地定价、就地理赔、就地修理;实行车险小额快赔,赔款立等可取。2008年11月8日,"人保之友"客户俱乐部正式揭牌,标志着人保财险武汉市分公司发起成立了湖北省第一家保险行业的客户俱乐部,通过客户俱乐部搭建平台、增值服务、聚集客户、滚动发展、逐步巩固,提升客户的服务价值体验。这一系列的服务创新举措,得到了政府和社会各界的高度认可。2008年,公司被武汉市人民政府授予"信用建设示范企业"。

(余汉勇)

第 三 部 分

各地金融运行和工作概况

CHAPTER 3

FINANCIAL SITUATION IN OTHER CITIES AND DISTRICTS IN HUBEI PROVINCE

武 汉 市

2008 年 1 月 1 日，湖北省副省长李宪生(右二)、武汉市市长阮成发(左二)、副市长孙亚(右一)、人民银行武汉分行行长张静(左一)参加在人民银行武汉分行营管部召开的武汉市财税银系统座谈会。

【经济运行概况】

2008 年武汉市经济总体保持了增长较快、结构优化、价格回稳、民生改善的良好局面。

1. 经济发展再上新台阶。全年实现生产总值 3,960.08 亿元，比上年增长 15.1%(高于全国 6.1 个百分点)。完成财政收入 791.3 亿元，增长 24.8%，其中：地方财政收入 376.91 亿元，同比增长 27.2%。全社会固定资产投资 2,252.05 亿元，增长 30%(高于全省 3.8 个百分点，高于全国 4.5 个百分点)。社会消费品零售总额 1,850.05 亿元，增长 21.8%(高于全国 0.2 个百分点，高于上年 4.4 个百分点)，增幅创 12 年新高。

2. 城市建设大规模提速。总投资达 311 亿元，增长 33%，规模、增幅创新高。铁路、航空、港口、公路、桥梁、隧道等枢纽型、功能性、网络化重大基础设施工程建设加快推进，城市综合服务功能进一步增强。

3. 综合配套改革试验开局良好。制定了《武汉市资源节约型和环境友好型社会建设综合配套改革试验实施方案》和三年行动计划。启动 12 项专项重点工作，循环经济加快发展，“两型”社区、企业、机关和学校创建活动进展良好，全市初步形成建设“两型”社会的浓厚氛围。

4. 新农村建设取得新进展。完成 500 个行政村“家园建设行动计划”创建任务，解决 70 万人饮水安全问题，新增、改善基本农田有效灌溉面积 40.6 万亩，新建农村通湾道路 2,114 公里。农村生产生活设施进一步改善。

5. 全民创业成效明显。全市登记注册私营企业 11 万户，增长 18%；登记注册个体工商户 37 万户，增长 16%。新增规模以上工业企业 466 户，是上年新增户数的 3.7 倍。非公有制经济占全市生产总值的比重达到 46.9%。

6. 人民生活水平不断提高。城市居民人均可支配收入达到 16,712.44 元，增长 16.4%；农民人均纯收入达到 6,349 元，增长 18.2%，增幅均创 12 年来最好水平。

【金融运行概况】

2008 年武汉地区金融运行由紧转松，信贷支持力度不断加大，总体保持了较快增长，经济运行呈现出增长较快、结构优化、价格回稳、民生改善的良好局面。从全年情况看，武汉地区金融运行有以下一些特点：

1. 企事业存款持续增长，增幅同比回落。2008 年末，武汉地区金融机构本外币企事业单位存款余额 2,845.94 亿元，同比增长 22.59%，增幅同比下降 1.24 个百分点；当年新增 446.44 亿元，同比少增 24.46 亿元。企业存款增幅下降的主要原因是受国际金融危机和宏观经济形势影响，部分行业增长放缓，中小企业生产经营资金趋于紧张。受证券市场投资收益下降影响，企业将部分闲置资金转为定期存款，使企事业定期存款增加较快。

2. 储蓄存款快速增长，定期化趋势明显。2008 年末，武汉地区金融机构本外币储蓄存款余额 2,428.02 亿元，比年初增长 24.57%，增幅高于上年同期 21.13 个百分点。2008 年股市、房市持续调整，理财产品收益下降，居民资金回流银行体系现象明显，使储蓄存款快速增长。从存款结构看，定期储蓄存款增加较快，在储蓄存款中占比达到 61.38%，比上年同期上升了 3.86 个百分点。

3.货币政策效果初步显现，信贷总量较快增长。2008年武汉地区信贷投放较多，贷款增幅高于上年同期2.53个百分点，贷款增量完成年初计划的120.73%，是上年增量的1.33倍。从贷款进度看，前三季度国家实施从紧的货币政策和信贷规划控制，金融机构贷款平稳增长，第四季度货币政策适度宽松，贷款投放速度明显加快。从新增贷款投向看，先进制造业、基础设施行业贷款增加较多。

4.短期贷款、中长期贷款快速增长，票据融资回升。2008年末武汉地区金融机构本外币短期贷款余额1,649.57亿元，同比增长19.99%，本外币中长期贷款余额3,145.67亿元，同比增长20.80%，中长期贷款增量占全部新增贷款的60.77%。金融机构本外币票据融资209.90亿元，同比增长14.09%，受信贷规模适度放松影响，第四季度票据融资业务呈现出快速上升趋势。

5.金融对全民创业支持力度加大，就业再就业贷款快速增长。在武汉市政府和人民银行武汉分行营业管理部共同推动下，金融机构不断增强社会责任感，积极支持就业再就业工作。年末，全市就业再就业贷款余额34,029.8万元，是上年同期的3.7倍，当年新增24,832.8万元。

6.个人消费信贷增幅回落，汽车消费贷款增长较快。2008年末，武汉地区金融机构人民币个人消费贷款余额为686.54亿元，同比增长6.40%，增幅较上年回落36.59个百分点；当年新增41.28亿元，同比少增152.72亿元。消费贷款增幅下降的主要原因是个人住房消费贷款增长放慢，受燃油税等政策利好影响，汽车消费升温，汽车消费贷款大幅增长。

【货币信贷】

2008年是国家宏观调控政策的调整之年。货币信贷政策经历了从收缩流动性、控制信贷过快增长到加大信贷投入，扩大内需，刺激经济增长的过程；利率政策工具频繁使用，利率走势从上半年的上升通道"扭头"向下，进入了"下降"区间。实施了近一年的"从紧货币政策"转向"适度宽松的货币政策"。面对政策的调整，人民银行武汉分行营业管理部以科学发展观为指导，积极传达贯彻宏观调控政策，带动武汉地区金融机构以支持地方经济发展为己任，增强责任感和使命感，顺时而动，积极创新信贷方式，加大有效信贷投放，为全市经济平稳较快发展做出了积极贡献。

密切关注武汉市经济建设重点，引导金融机构加大对地方经济的支持力度。通过多次协调举办银企座谈会、项目推介会，加强与城市圈城市的沟通与联系，积极推动城市圈信贷一体化进程。为督促和引导金融机构贯彻落实货币信贷政策，人民银行武汉分行营业管理部试点建立了《武汉地区金融机构执行信贷政策综合评估报告制度》，探索新形势下发挥信贷政策作用的有效手段，提高了信贷政策的实施效果。2008年第四季度货币政策由紧转松后，积极传达贯彻"国十条"和"金九条"，引导金融机构切实贯彻"扩内需、保增长"政策，收到了良好效果。2008年后两个月，武汉地区商业银行新增人民币各项贷款186.73亿元，占全年新增贷款的35.2%。

各银行机构有计划有组织地开展了信贷营销和中小企业培训、帮扶活动，促进更多的中小企业达到授信条件，成长为优良的市场主体和优质的信贷客户。在缓解中小企业贷款难、促进地方经济发展的同时，也培植了新的利润增长点。2008年新培植信贷客户968家，同比增长76.32%；贷款余额325.82亿元，同比增长442.1%。人民银行武汉分行营业管理部出

2008年6月12日，"征信知识荆楚行"宣传接力暨"信用报告关爱日"活动武汉站启动仪式引起了市民广泛关注。

2008 年 12 月 26 日，2007—2008 年度武汉市反假货币工作联络员会议召开。图为获奖的反假货币工作先进集体。

台了《关于银行业金融机构支持全民创业指导意见》，引导金融业加大对全民创业的支持力度。通过完善小额担保贷款工作机制、代偿机制、监测机制；创新“三个举措”，即扩大扶持范围，降低担保门槛，畅通“绿色通道”，使全市小额担保贷款笔数和金额大幅度增长，有力促进了全市创业、就业和再就业的发展，全年新发放贷款 5,252 笔，贷款金额 3.16 亿元，是前五年的 2.5 倍。其中，发放个人小额担保贷款 5,239 笔，金额 2.39 亿元，劳动密集型小企业贷款 13 笔，金额 7,590 万元。

加快推进农村金融产品和服务方式创新，积极支持“三农”和社会主义新农村建设。各涉农银行机构积极配合市委、市政府开展“农村家园行动计划”，以推动农村金融产品和服务方式创新为着力点，进一步改进和提升农村金融服务，努力满足多层次、多元化的“三农”金融服务需求。利用农业三项资金的市场化运作，通过对 36 户农业核心示范户发放贷款 2,900 万元，直接带动农户 1.1 万户。

顺应建设“大武汉”历史机遇，积极推进武汉城市圈信贷市场、票据市场一体化进程。2008 年是“武汉城市圈改革实验区”建设的起步之年，各银行机构在人民银行武汉分行营业管理部组织推动下不断转变经营观念，拓宽业务发展空间，以中心城市为龙头，带动和促进城市圈经济金融协调发展。为推进信贷市场一体化建设，人民银行武汉分行营业管理部加大与周边城市政府和人民银行的协调沟通，先后组织中行、建行、中信、兴业、民生和汉口银行参与孝感、鄂州、咸宁等地的银企融资洽谈会，对三地新增授信 35.62 亿元。为推进票据市场一体化进程，按照“积极推动、审慎管理、稳步发展”的工作原则，采取渐进式推进策略，在城市圈推广武汉地区商业承兑汇票运作模式，产生了较好的社会影响。

（姚旷怡）

附表

武汉市主要经济、金融指标

表 3－1　　2008 年末　　单位：亿元

项目	金额	同比增减额	同比增减幅度(%)
国内生产总值	3,960.08	818.18	15.10
工农业总产值	1,660.35	333.71	26.00
其中：工业总产值	1,515.65	318.16	18.20
农业总产值	144.70	15.55	3.00
地方财政收入	376.91	80.53	27.20
地方财政支出	654.34	135.53	27.00
社会消费品零售总额	1,850.05	331.75	21.80
商品零售价格指数(%)	105.10	2.10	2.00
金融机构各项存款	6,680.15	1,184.54	22.00
财政存款	76.89	10.75	17.00
企业存款	2,989.15	494.09	20.00
储蓄存款	2,428.02	478.14	25.00
金融机构各项贷款	5,632.37	938.32	20.00
短期贷款	1,676.74	290.33	21.00
中长期贷款	3,487.10	548.48	19.00
现金投放(＋)回笼(－)	－198.45	6.57	－3.00
保险费收入			
保险赔款支出			

黄 石 市

2008年7月，全国人大财经委副主任委员吴晓玲(右三)到黄石市调研。

【经济运行概况】

2008年，黄石市经济呈现速度较快、结构优化、民生改善的良好发展态势。全市地方生产总值达到556.57亿元，同比增长11.6%；规模以上工业增加值达到258.2亿元，同比增长12.6%；全市规模以上工业企业突破500家，比上年新增114家；财政收入达到61亿元，同比增长18.5%，其中地方一般预算收入达到24.09亿元，同比增长22.2%；全社会固定资产投资达到232.67亿元，同比增长29.4%；社会消费品零售总额达到215.56亿元，同比增长23.2%；外贸出口7.09亿美元，同比增长44.6%；实际利用外资3.08亿美元，同比增长16.2%；城镇居民人均可支配收入达到12,734元，同比增长14.2%；农民人均纯收入达到4,374元，同比增长16.9%；单位生产总值综合能耗、化学需氧量、二氧化硫排放量预计分别下降5.1%、1.2%、3.3%。

【金融运行概况】

黄石市金融机构种类齐全，2008年末金融机构达到36家，其中银行类金融机构12家，证券类金融机构5家，保险类金融机构19家。全市金融业管理与监督机构有2家，即人民银行黄石市中心支行和黄石银监分局。与全市经济又好又快发展相得益彰，黄石市金融业安全稳健运行，呈现出存贷款双增、银行效益增加的良好局面。2008年末全市金融机构各项存款余额481亿元，比年初增长26%；各项贷款余额241.3亿元，比年初增长11%；各项金融性投入137.2亿元，其中：累计对企业签发银行承兑汇票53.24亿元，同比增加9.51亿元；累计签发信用证41.77亿元，同比减少7.15亿元；累计签发保函9.2亿元，同比增加1.96亿元。全市银行类金融机构总体盈利达8.21亿元，与上年同期相比多盈利3.9亿元。

【货币信贷管理】

坚持以促进信贷结构调整为关键，深入贯彻执行人民银行总行货币政策。黄石市政府转发了人民银行黄石中支《关于金融支持黄石经济又好又快发展的指导意见》，引导商业银行加大信贷投入，减轻国际金融危机对黄石企业的影响程度。切实完善银企合作长效机制，及时与市发改委共同组织全市重点项目建设暨银企合作对接活动，落实信贷支持项目38个，授信额度达61.99亿元。协同相关经济管理部门建立黄石市银企信息互动平台，加强了银企信息的交流与沟通。加大对弱势群体的支持力度，通过召开座谈会、组织学习文件、上门沟通协调、向政府领导汇报反映等多种形式，协调财政、劳动保障、担保公司等部门共同推动小额担保贷款工作。截至2008年末，下岗失业人员小额担保贷款余额达1,565万元，累计发放下岗失业人员小额担保贷款6,050万元。

【金融创新】

为支持“三农”发展，人民银行黄石中支在阳新县选择农业产业化龙头企业——远东麻业有限公司为切入点，推出了“龙头企业+种植基地+行社联合+财政贴息”新型信贷模式，取得了“龙头带动、四位一体”的多边共赢效应，该模式得到了国务院办公厅、人民银行总行及武汉分行的肯定，并在人民银行武汉分行货币信贷工作会议上进行了推广。引导金融机构以农村信用社为主要平台，重点推行“旺铺信用贷款、打工创业贷款、农经合作组织联保贷款、小额信用贷款”等惠农信贷品种，累计发放贷款近1.3亿元，有效地支持了全市农村经济的发展。大力发展直接

2008 年 12 月，黄石市委书记王建鸣(右一)到人民银行黄石市中心支行指导工作。

融资，鼓励银行向企业推介直接融资工具，引导企业采取短期融资券、企业债券、信托融资、企业上市等多种方式化解贷款难矛盾。扎实开展票据融资，人民银行黄石中支先后推荐了大冶有色、华新水泥、东贝集团等 21 家企业加入了武汉 1+8 城市圈商业承兑汇票俱乐部，银行机构对商票的授信额度达到 16.5 亿元，企业累计签发商业承兑汇票 20 亿元。

【金融稳定】

积极支持农村信用社的改革和发展，累计兑付中央银行票据 1.18 亿元，分别为商业银行和农村信用社争取再贷款各 1 亿元，为商业银行办理再贴现 5,746 万元，增强了金融机构的流动性。进一步完善了金融风险监测指标体系，开发实施了中小法人银行机构系统性金融风险监测预警系统。深入推进反洗钱工作，对黄石滨江银行、中信建投证券公司等 4 家金融机构进行了反洗钱检查，对全市 33 家金融网点反洗钱工作进行了评估，顺利完成了大额及可疑交易报告系统建设工作并实现了“总对总”联网报送。加强金融应急管理，组织了 TBS 系统、ABS 系统、电子邮件系统、公文传输系统、办公自动化系统等应急演练，提高了应对和处置危机的能力和水平。

【支付结算】

2008 年，完成了黄石市商业银行及人民银行黄石中支大小额支付系统的升级工作，保证了支付业务系统的正常运行。及时制定了《黄石市依托小额支付系统银行本票业务操作规程》，主动与市财政部门商议，共同就进一步扩大市级预算单位公务卡运用工作拿出了具体的办法和措施，并以文件形式发至各相关部门执行。截至 2008 年底，全市 200 余家市直行政事业单位累计发行公务卡 12,560 张，累计刷卡消费金额达 300 万余元，发展银行卡特约商户 1,500 余家，业务发展居全省前列。人民银行黄石中支在大冶市、阳新县等地火车站组织开展了以“亲情银行卡，服务农民工”为主题的宣传活动，受到外出务工人员的欢迎。

【货币管理】

人民银行黄石中支创新货币发行服务模式，深化精细操作，实施规范管理，健全和细化各项规章制度，发行基金调拨准确率达到 98%以上。采取有效措施，保证了全市现金的及时供应。深入推进人民币服务创新“清洁工程”，建立了以黄石市区 5 家金融机构、10 家企事业单位、2 个县支行为主的人民币流通监测网。深入开展以服务“三农”为主题的反假人民币宣传活动和人民币反假“慧眼”行动，建立社区反假工作站 156 个，农村反假工作站 104 个，收缴假币 122.9 万元。

【国库业务】

人民银行黄石中支创新国库服务监管方式，及时出台《商业银行、信用社代理国家金库支库业务操作标准和业务流程》，对辖内各代理支库业务工作进行了全面规范。2008 年 7 月份，人民银行武汉分行到黄石中支召开湖北省国库代理支库管理工作现场会推介了该项工作经验。认真做好财税库横向联网(TIPS)系统上线工作，不断完善国库监管机制，强化对预算收支执行情况的监督和对经收处、集中支付代理银行的监管，人民银行总行国库局对黄石中心支库土地出让收支业务监管工作做法进行了推介。

【征信与信用管理】

2008 年底，全市已经建成信用乡镇 26 个，信用村 269 个，信用农户 18 万户，建立农户信用档案 18 万户，发放农户贷款证 23 万户，全

2008年12月，人民银行黄石市中心支行金融政务公开工作通过ISO9001认证。

市信用社区达到32个，A级以上信用企业达到578家，顺利通过了金融信用A级标准验收，实现了黄石市全辖A级金融信用区域"三连冠"的工作目标。进一步完善了金融生态建设组织协调平台、银企合作对接平台、经济金融协调发展平台和金融信贷反哺平台，全市信用环境得到明显改善。积极打造中小企业信贷支持平台，建立了全覆盖的中小企业信用信息库，为中小企业提供了多功能的融资服务。2008年，全市金融机构累计为348家中小企业提供信贷支持50.3亿元。在征信服务中，累计为企业办理贷款卡5,215张，受理企业信用查询121笔，受理个人信用查询150笔，各项查询做到了当日办结并回复客户。

【外汇管理】

2008年，黄石市银行结售汇总额9.76亿美元，同比增长11.42%。其中：结汇5.15亿美元，同比增长26.66%；售汇4.61亿美元，同比下降1.78%。人民银行黄石中支创新外汇服务工作手段，指导并协助华新水泥股份有限公司实现定向增发A股融资20亿多元，帮助7家中小企业增加50万美元贸易信贷额度，解决了中小企业资金周转困难。通过多种形式组织银行、企业工作人员培训800人次，保证了外商直接投资、贸易信贷登记管理、出口收结汇联网核查、国际收支网上申报等信息化管理系统的顺利上线，黄石中心支局获得全省"外商直接投资系统推广工作先进单位"。全年对6家外汇指定银行、4家涉外企业的外汇业务进行了检查，对违规收购境内股权、擅自境外投资等行为进行了立案查处，进一步规范了外汇市场秩序，树立了外汇监管权威。

【内部管理】

人民银行黄石中支认真开展学习实践科学发展观活动和"党员要成为业务中坚力量"活动，理论学习工作被省委宣传部授予"2006—2007年度先进单位"，人民银行黄石中支营业室被授予湖北省学习型先进单位。制定实施《职工思想引导和行为管理规范》，积极营造了健康和谐的工作氛围。组织向四川地震灾区人民献爱心，共计交纳特殊党费和捐款12万多元。深入推进行风建设标准化管理，实现了依法行政文明规范、政务公开阳光透明、服务操作规范有序、内外监督有力到位和服务对象满意信任的目标，此项工作经验在人民银行武汉分行、人民银行总行工作会议上进行了交流，行风建设标准化管理工作系列制度被人民银行武汉分行以文件形式转发全辖借鉴学习。

【政务公开】

编制完成了《政务公开目录》和《政务公开工作指南》，健全了政务公开督办和考核制度。引入ISO9001质量管理模式，编制出台《政务公开质量管理手册》《政务公开程序文件》《政务公开作业指导书》，全面推行表单式的日常记录、考评和管理，形成既具备规范性又不失操作性的文件体系。在公开内容上力求做到真公开、全公开和常公开；在公开管理上着力推进大厅员工的服务标准化、规范化；在公开监督上进一步完善自我监督、社会监督和舆论监督相统一的监督机构，确保了政务公开与业务工作相互渗透、共同提高。2008年底，人民银行黄石中支顺利通过了金融政务公开服务ISO9001：2000国际质量管理体系认证。

（中国人民银行黄石市中心支行）

附表

黄石市主要经济、金融指标

表 3－2　　2008 年末　　单位：亿元

项目	金额	同比增减额	同比增减幅度(%)
地区生产总值	556.57	89.88	11.60
工农业总产值	932.07	162.58	21.13
其中：工业总产值	865.57	156.41	21.30
农业总产值	66.50	6.17	12.72
地方财政总收入	61.00	9.53	18.51
财政支出	69.55	24.83	55.51
社会消费品零售总额	215.56	40.59	23.20
商品零售价格指数(%)			
金融机构各项存款	481.21	99.69	26.12
财政存款	17.08	9.25	118.13
企业存款	156.62	34.32	28.06
储蓄存款	262.79	47.33	21.96
金融机构各项贷款	241.35(剥离前)	22.99(剥离前)	10.52
短期贷款	94.48	－0.67	－0.70
中长期贷款	104.98	19.67	23.06
现金投放(＋)回笼(－)	32.33	4.77	17.31
保险费收入	12.20	5.09	71.58
保险赔款支出	3.33	0.64	23.79

注：农业银行因股改剥离不良贷款 88,463 万元。

襄 樊 市

2008年1月23日，人民银行襄樊市中心支行组织召开了由市统计局、房管局、规划局、经委、国土资源局等十个部门参加的经济金融形势分析会，对2007年的经济金融运行状况进行了通报，并就各部门所掌握的宏观经济金融信息进行了充分沟通。

【经济运行概况】

2008年，面对严酷的自然灾害和不断深入的全球性金融危机的影响，襄樊市着力抓好扩大内需、调整结构、深化改革、东引西进、扩大开放，全市经济继续保持平稳较快发展态势，经济总量和产业扩张实现了历史性跨越。据统计，2008年，全市地区生产总值达到1,002.46亿元，比上年同期增长14.6%；其中：第一产业增加值完成175.6亿元，同比增长5.5%；第二产业增加值450.92亿元，同比增长17.2%；第三产业增加值完成375.94亿元，同比增长15.8%。人均地区生产总值17,154元，同比增长18.5%。全市经济运行呈现以下主要特点：

1. 农村经济稳定发展，主要农作物喜获丰收。2008年以来，全市农业和农村经济继续保持稳定发展势头。据统计，全年全市粮食作物面积625.36千公顷，比上年扩大21.84千公顷，同比增长3.62%，单产每亩440.4千克，比上年提高4.3千克，粮食总产量413.12万吨，比上年增产18.33万吨，同比增长4.6%。全年棉花种植面积达38.57千公顷，比上年扩大4.65千公顷，单产每亩73.6千克，总产量4.26万吨，同比增长13.8%，油料种植面积106.30千公顷，比上年扩大13千公顷，单产每亩达195.07千克，总产量为31.10万吨，比上年增加3.09万吨，同比增长11.02%，全年蔬菜总产量309.91万吨，同比增长0.04%。全市主要畜禽产品的产量全面增长。生猪出栏达到458.23万头，同比增长13.0%；羊出栏110.68万只，同比增长12.04%；牛出栏40.34万头，同比增长16.01%；家禽出笼6,453.2万只，同比增长14.7%；禽蛋产量20.17万吨，同比增长15.5%；水产品产量14.69万吨，同比增长28.97%。

2. 工业增长加快，整体运行良好。全市紧抓东部产业转移机遇，加快调整产业结构，在大力发展汽车产业的同时，积极推进食品、纺织、医药化工及能源工业的发展。2008年，全市工业增加值412.92亿元，同比增长18.3%。其中：规模以上工业完成增加值318.32亿元，同比增长28.1%，比上年加快5.9个百分点。新增食品和纺织两个“百亿元”产业，烟草食品产业完成总产值157.79亿元，同比增长77.4%；纺织产业完成总产值106.48亿元，同比增长18.4%。全年汽车、纺织、烟草食品、医药化工、能源电力完成工业总产值939.39亿元，同比增长33.4%，占规模以上工业总产值比重达到86.8%。

主要产品产量平稳增长。全市规模以上工业企业完成白酒产量2.96万千升，同比增长23.5%；卷烟产量347.38亿支，同比增长22.4%；纱产量21.27万吨，同比增长12.7%；布产量6.19亿米，同比增长21.1%；服装产量1,767.16万件，同比增长1.08%；水泥产量398.98万吨，同比增长12.1%；汽车产量24.1万辆，同比增长24.1%，发电量104.17亿千瓦小时，同比下降3.3%。

建筑业稳定发展。全市建筑业完成增加值38.0亿元，同比增长8.4%。

3. 固定资产投资快速增长，投资结构有所改善。2008年，全市全社会固定资产投资完成373.77亿元，同比增长40.6%。其中：城镇以上固定资产投资338.59亿元，同比增长43.2%，施工项目1,552个，同比增加145个，其中：新开工

2008年3月19日，襄樊市首次反洗钱工作联席会议召开，人民银行襄樊市中心支行、市中级人民法院、检察院、公安局、司法局、财政局等19个成员单位的主管负责人参加了会议。

项目1,248个，比上年净增367个。市委、市政府确立了100个过亿元的重点建设项目，完成投资168.4亿元，占城镇以上完成投资的50%，成为推动全市投资快速增长的主要支撑力量。

投资结构不断优化，新型工业化项目比重提高。从投资的产业结构看，第二产业完成投资182.98亿元，同比增长37.8%。其中工业完成投资182.64亿元，占城镇以上投资比重达53.9%，同比增长38.2%，成为襄樊市经济健康发展的一大亮点。在工业投资中，制造业完成投资162.38亿元，比上年净增63.22亿元；电力燃气及水投资完成16.8亿元，比上年减少14.52亿元，同比下降46.3%。100个亿元项目中，先进制造业项目有62个，占100个亿元项目62%。

房地产开发增幅趋缓。全市房地产开发投资46.21亿元，同比增长25.3%。房屋施工面积达到489.2万平方米，同比增长23.0%；商品房销售面积128.3万平方米，同比下降15.3%；商品房空置面积45.1万平方米，同比增长18.6%。

4. 国内贸易持续增长，城乡消费品市场快速发展。2008年，全市社会消费品零售总额410.29亿元，同比增长24.8%。分地域看，市级消费品市场实现零售额315.25亿元，同比增长25.3%；县级消费品市场实现零售额25.58亿元，同比增长24.9%；县以下零售额完成69.46亿元，同比增长22.31%。分行业看，批发业消费品零售额68.14亿元，同比增长26.4%；零售业消费品零售额241.27亿元，同比增长24.7%；住宿和餐饮业消费品零售额44.53亿元，同比增长31.0%；其他行业56.34亿元，同比增长18.6%。

5. 对外贸易形势良好，利用外资进展加快。一是外贸进出口总额再迈新台阶。2008年，全市外贸进出口总额52,461万美元，同比增长30.2%。其中：外贸出口额达37,529万美元，同比增长35.4%；一般贸易出口总额36,826万美元，同比增长35.5%；进口额14,932万美元；进出口贸易顺差为22,597万美元。二是利用外资快速发展。2008年，全市实际使用外资16,928万美元，同比增长58.2%，超额完成目标任务12,300万美元的37.63%。2008年，新批外资项目22个，项目总额20,914万美元。其中：来自东南亚国家或地区的企业共20家，合同外资金额16,954万美元，占总额的81.1%。

6. 交通运输、邮电通信和旅游业稳步发展。2008年全市等级公路通车里程22,741.9千米，其中高速公路270.3千米。新增通村水泥路1,410千米。货物周转量478,375万吨公里，同比增长6.0%，旅客周转量38.785万人公里，同比增长5.9%。全市邮政业务总量3.47亿元，同比增长11.2%，电信业务总量16.64亿元，同比增长12.3%。全年接待入境游客3.08万人次，同比增长20.3%，旅游外汇收入1,473.32万美元，同比增长46.4%，接待国内游客820.1万人次，同比增长9.2%，国内旅游收入46.8亿元，同比增长16.2%。

7. 财政收入态势良好。2008年，全市财政总收入完成82.4亿元，同比增长19.9%。其中地方财政一般预算收入完成30.6亿元，同比增长25.2%，高出全省平均增幅4.9个百分点，这是五年来首次超全省平均水平。其中：税收收入完成21.9亿元，同比增长24.9%，占一般预算收入的73%。

8. 保险事业快速发展。全市保费收入30.16亿元，同比增长49.8%。其中财产险保费收入5.5

亿元,同比下降3.7%;寿险保费收入24.67亿元,同比增长71.1%,其中健康险保费收入1.38亿元,意外险保费收入0.31亿元。全年各项赔款和给付支出5.56亿元,同比下降24.4%。

9. 城乡居民继续增收。2008年,襄樊市在实现经济又好又快发展的同时,城镇居民收入也实现快速增长,全年城镇居民人均可支配收入12,292.1元,比上年同期的10,912元人均增加1,380元,增幅达12.65%,这是继2007年人均收入突破万元大关后,又突破1.2万元。市区居民人均消费性支出9,459元,同比增长11.97%,城镇居民家庭恩格尔系数为38.7%;城镇居民人均居住面积为28.32平方米,减少0.86平方米。全市农村居民人均纯收入4,880元,同比增长18.6%;农村居民家庭恩格尔系数为49.83%;农村居民人均住房面积35.70平方米,增加0.41平方米。

10. 社会保障工作全面发展。全市职工参加基本养老保险人数44.84万人,参加失业保险人数42.01万人,参加医疗保险人数65.67万人。城镇居民最低生活保障金由上年的185元提高到215元,15.22万多名城镇困难居民享受低保,12.65万多名农村特困群众获得低保救助,3,352户农村危房得到改造。同时,襄樊市积极参与抗震救灾,接待援川部队81个军列,35,903人,筹集各项捐款2,217.8万元,捐助救灾帐篷2,000顶。

11. 环境保护力度不断加大,安全生产情况良好。2008年,市区环境空气质量优良天数为312天,占全年天数的85%,比上年增加1天;各县市城关镇(市区)环境空气质量均达到国家二级标准。主要污染物总量减排工作取得新进展。据测算,全年的主要污染物化学需氧量排放量比上年减少6.78%,二氧化硫排放量比上年减少3.55%。2008年襄樊市安全生产四项指标总体下降,事故起数增长7.1%,死亡人数、受伤人数和直接经济损失同比分别下降6.4%、47.8%和13.8%。

2008年5月11—14日,人民银行信用评级重点联系行现场交流会议在襄樊市举行。

12. 市场物价涨幅明显回落。2008年,襄樊市居民消费价格同比上涨5.2%,比上年提高0.1个百分点,较之一季度、上半年、三季度,分别回落3.5、2.9、1.5个百分点。其中,备受关注的食品价格总体上升但涨势也出现回落趋势。2008年12月份全市食品类价格上涨2.5%,其中,肉禽及制品、蛋、油脂价格出现下降,粮食、水产品、豆制品价格上涨幅度较大,同比分别上涨7.1%、9.8%和13.3%。肉禽及制品价格特别是肉类价格仍是影响食品类价格变动的主要因素。2008年,工业品出厂价格累计上涨7.88%,高于上年5.62个百分点;原材料购进价格累计上涨13.35%,高于上年8.4个百分点。

【金融运行概况】

2008年,襄樊市银行业金融机构紧紧围绕市政府年初确定的国民经济和社会发展目标,努力克服宏观环境变化和全球金融危机影响带来的各种困难,积极发挥信贷支撑作用,加大有效信贷投入,与全市经济发展良性互动,较好地发挥了支持经济协调发展的作用,实现了紧中求活、求进、求发展的目标。截至2008年12月末,全市银行业金融机构各项存款本外币合计余额达到834.41亿元,比年初增加148.77亿元,增长21.7%,比上年多增111.57亿元,增幅高于全国、全省平均水平。本外币贷款余额达到379.55亿元,剔除农行剥离不良贷款、农发行核销呆账贷款因素,比年初增加57.52亿元(农行剥离29.33亿元、农发行核销4.39亿元,合计33.72亿元。不剔除剥离、核销因素,全市银行账面贷款余额比年初增加23.8亿

2008 年 7 月 14 日,国家外汇管理局襄樊市中心支局举办"出口收结汇联网核查与贸易信贷登记管理"培训会。

元),增幅为 17.86%;比上年多增 19.67 亿元,增幅为 51.97%。贷款净增量仅次于武汉,列全省第 2 位,在地市州中排名第 1 位。贷款增幅继 2006 年后再次超过全省平均水平。其特点可概括为"三个双增"、"两个下降"、"一个稳定"。

1. 银行存贷款、外汇收支、金融营运效益和社会效益双增。

第一,银行存贷款双增。一是银行各项存款大幅增加,襄樊市 2007 年受股市利好的影响,全年存款仅增加 27 亿元。2008 年受股市大幅下挫影响,存款大量回流银行体系,全年增加 148.77 亿元,仅零头就超过 2007 年全年水平。而且储蓄存款成为主导力量,增加额达 104.93 亿元,占全部新增存款的 70.53%。中央、省级财政拨补资金陆续到位,带来财政存款大幅增加。年末全市财政存款比年初增加 10.69 亿元,比上年多增 13.72 亿元,是多年来从未出现过的现象。银行存款大幅度增加的因素还包括农民工收入转存、利息转存和派生存款增多等。如:数万农民工返乡,不仅带回了打工收入和积蓄,而且也带回了在沿海发达地区兑现的社保资金,2008 年全市存款利息支出达到 14 亿元,大都转换成了新的存款。二是银行各项贷款大幅增加,体现了银行支持经济力度的加大。具体表现为"四增"的特点:中长期贷款增加,截至 2008 年 12 月末,全市中长期贷款按可比口径净增加 31.47 亿元,占全部新增贷款的 54.71%,是贷款增长的主力军,有力地拉动了全市重点项目建设;短期贷款增加。2008 年,全市金融机构一改往年短期贷款长期逐步走低的势头,可比口径净增加 21.64 亿元,比上年多增 16.03 亿元;票据融资增加。自 2007 年初银监会加大对异地票据的监管以后,全市票据融资业务一直呈下降趋势,2008 年上半年受信贷规模限制各行大力签发银行承兑汇票,导致本地票据业务量大增,后两个月随着宏观调控转向,信贷规模控制放松,全市票据融资业务出现了大幅度反弹,12 月末净增加 5.97 亿元,比上年多增 18.64 亿元;贷款户数增加。2008 年全市有 767 家规模较大企业当年获得贷款,比上年全年的 716 家增加 51 家,全市信贷集中的情况开始有所缓解。

2008 年襄樊市银行贷款在从紧货币政策条件下实现适度增长,得益于金融改革步伐的加快、银行服务经济发展意识的增强和银行信贷创新能力的提高。特别是工、中、建三家城市行改革基本到位,活力开始显现,在创新信贷新产品支持地方经济发展方面都做出了实质性的努力。如工行专门成立了小企业部,针对小企业特点,开发了有别于大客户、大项目的中小企业融资服务品牌——"财智融通",加大了支持中小企业发展的力度;建行被总行确定为全国重点城市行,自主审批权限进一步扩大,开发了专门支持小企业的"速贷通"和"成长之路"信贷产品,并利用信托凭证、"乾图理财"等非信贷融资产品为火电厂、航宇公司募集资金;中行积极发展进口汇利达、融付通、远期结售汇、掉期业务,加大了对外向型企业的支持。三家城市行贷款分别比上年增加 14.29 亿元、3.18 亿元和 16.52 亿元。农业银行在 2007 年大规模投放的基础上,2008 年加快了股改的步伐,信贷投放虽然有所放缓,但在小企业贷款方式上进行了创新,如通过全面推行多种形式的贷款担保方式,在一定程度上缓解了小企业担保难问题。农发行在继续保障农副产品收购资金供应的同时,加大了对城乡基础设施建设的支持力度。市商业银行在创新开办"小灵贷"、"助成长"、"金循环"贷款管理办法的同时,还借鉴宜城的做法,与市女企业家协会就建立联保贷款共同体达成了合作协议。市农村信用联社在做好宜城“行业协会＋联保基金＋银行信贷模式”的基础上，还推出了“开发商担保＋经营户联保”等新的信贷模式，为创业者提供了很好的创业帮助。市交通银行2008年8月底才正式成立，当年就扩大信贷投放3.11亿元。市邮储银行成立当年主营信贷业务——小额贷款就做到了全省第一，已经开始向真正的商业银行迈进。

第二，银行外汇收支双增。2008年，全市跨境外汇收支总额达到58,306万美元，比上年增长40%。其中，收入38,924万美元，增长37%；支出19,382万美元，增长46%；收入大于支出19,542万美元，但支出增速快于收入增速9个百分点。全市银行结售汇总额49,591万美元，比上年增长31%。其中，结汇收入34,007万美元，增长28%；售汇支出15,584万美元，增长39%；结售汇顺差18,432万美元，增长21%。

第三，金融营运效益和社会效益双增。截至2008年12月末全市银行业金融机构本外币合计累计实现营业收入76.31亿元、营业支出65.84亿元，实现账面盈利10.25亿元，比上年多盈利8.14亿元，增幅达385.78%。全市金融机构营业税金及附加在政策调减的情况下仍然达到1.45亿元，比上年1.14亿元增加0.31亿元。

2. 银行业金融机构不良贷款余额和不良贷款占比大幅下降。

截至2008年12月末，全市银行业金融机构不良贷款余额为12.09亿元，比上年底下降36.09亿元。不良贷款占比为3.18%，比上年底下降10.37个百分点，达到国际间银行评价标准良好区间(2%—5%)水平，为襄樊市金融机构抗击金融风险奠定了良好的基础，为金融机构的下阶段信贷投入创造了良好的条件。

2008年5月8日，为落实中部崛起和新农村建设中的金融支持问题，中国人民银行研究局副局长汪小亚率国务院中部办、财政部、发改委、保监会等五部委联合组成的调查组，对宜城市“农村金融创新”情况进行调研，对宜城市“行业协会＋担保基金＋银行贷款”的创新模式给予了高度的肯定。

3. 金融体系高度稳定。一是金融机构不良贷款占比低。二是盈利能力强。三是无突发性金融事件、案件，更无跨系统金融风险。

襄樊市金融运行的良好表现和支持经济发展的良好业绩，受到人民银行和其他各家金融机构上级行的高度评价。人民银行襄樊市中心支行被人总行授予“先进单位”称号，并被推荐为全国人行系统仅有的三个“全国金融五一劳动奖状”获奖单位之一。其他各家金融机构也都在系统内获得了较好的名次。

【货币政策与金融生态建设】

1. 认真贯彻执行国家货币信贷政策。

紧密结合国家宏观调控政策和货币政策转向的要求，在加强利率、存款准备金率执行情况监测的同时，及时通过召开金融联席会、形势分析会，印发《关于认真落实宏观调控政策　加大信贷投入支持扩大内需的通知》等方式，引导金融机构加大有效信贷投入，支持地方经济又好又快发展。截至11月末，剔除农行、农发行11月份剥离、核销不良贷款32.1亿元的因素外，全市金融机构本外币贷款实际余额达407.3亿元，比年初净增51.6亿元，增长14.5%，金融支持地方经济发展的力度进一步增强。

2. 引导金融机构不断优化信贷结构。

人民银行襄樊市中心支行制定了《关于改进金融服务支持经济发展的指导意见》，被襄樊市政府批转全市执行；实施了襄樊市银行机构货币信贷政策导向评估，对金融机构执行货币信贷政策、支持地方经济发展情况进行考核测评；分别为襄樊市农村信用社和襄樊市商业银行提供支农再贷款9,000万元、专项再贷款1亿元，积极加

襄樊市大力开展金融生态环境建设。

大金融支持灾后重建和中小企业发展的力度;组织召开各类银企洽谈会、项目对接会30余次,积极搭建银企交流合作平台。其中,在6月份召开的全市金融生态环境建设暨银企合作座谈会上,现场组织8家银行业金融机构与19家企业及3个联保体签订授信协议达13.19亿元。

3. 加大对弱势群体的信贷扶持力度。

认真落实国家助学贷款、农民工金融服务政策,着力推动下岗失业人员小额担保贷款发放;与市劳动和社会保障局联合开展相关调查,认真解答政协提案及政府门户网站政风行风信箱中有关小额担保贷款的问题,在襄樊广播电台《创业之路》栏目及全市创业再就业辅导会上对小额担保贷款业务进行宣传,同市财政局、劳动和社会保障局三方联合行动,积极推动小额担保贷款的发放。截至10月末,全市金融机构共发放下岗失业人员小额担保贷款1,101万元,向1,594名贫困学生发放助学贷款2,285万元。

4. 推动金融生态环境建设,为扩大信贷投放提供良好的融资环境。

2008年初,襄樊市进一步明确了金融生态建设及创建信用市(州)和最佳金融县(市)的目标,提出了"一个定位,八个着力方向"的总体工作思路。"一个定位"就是主要做好与信用环境相关的工作。"八个着力方向"是指:以"四大信用工程"为核心加强金融生态环境建设,以经济金融发展的"实体工程"促进"信用工程"建设,以考核监督、正向激励促进金融生态环境建设,以活动促进金融生态环境建设,以征信体系建设促进金融生态环境建设,以监测评价促进金融生态环境建设,以法制建设规范金融生态环境建设和以更加宽泛的治理优化经济发展环境促进金融生态环境建设。

一是推进企业信用工程,为加大信贷投放培植载体。襄樊市把培植A级信用企业当做推进工业立市、推进全市经济发展的长期战略任务来抓,通过加强组织领导,落实培植A级信用企业责任制。鼓励各金融机构加大内部评级力度,积极推广第三方信用评级,建立信贷激励机制等措施,调动了企业创建A级信用企业的积极性。到2008年底,全市A级信用企业达到1,003家,在全省排第3位。

二是开展农村信用工程,促进农村社会经济的发展。督导农村信用社以实施铺天盖地、顶天立地工程为契机,以信用乡镇、信用村组、信用农户建设为重点,大力开展了农村信用工程建设。确立信用乡镇占乡镇总数的比例达到90%以上,辖内信用农户等级评定面达到85%以上,信用村占行政村总数的60%以上,信用农户占农户总数比例达到80%以上等量化目标,以目标引导工作;成立县、乡、村三级专班,把这项工作纳入各级政府的日常工作内容,实现了"农户、村委会、镇政府、信用社"四位一体抓的工作格局。加大农村信用工程建设的宣传力度。充分利用报纸、电视、标语、宣传单、宣传画等多种形式,全方位宣传创建信用户、信用村、信用镇的条件及其享受的扶持政策,引导广大农民讲信用、守信用,不断增强信用意识。

三是开展信用区域创建,形成齐头并进局面。在做好全市创建A级信用市的同时,加大了对县市区的指导和督办,全市信用创建工作继续向前推进,形成了上下联动、齐头并进的可喜局面。尤其是一些过去发展不平衡县市,如南漳、宜城,不仅成立了高规格的领导小组,南漳宜城都由行政一把手亲任组长,落实了创建工作专班和办公经费,开展动员,目前各项创建工作正在有序推进。对没有人民银行分支机构的襄阳区安排2名工作人员具体指导开展创建工作,目前该区的各项创建工作正有序开展。

四是启动环境监测，进一步夯实创建基础。市政府正式出台了《襄樊市金融生态环境建设工作指导意见》，把建立金融生态环境监测工作作为一项制度固定下来；建立了部门协调制度。为增强金融生态环境建设工作的针对性、实效性，以《襄樊市金融生态环境监测评价办法》为指南，自上而下切实加强与市统计局、国土局、房管局、各担保公司、各金融机构等13个金融生态环境建设成员单位的联系，建立健全金融生态环境建设工作机制，全面、准确把握金融生态环境建设工作脉搏，努力提高工作质量；正式启动了环境监测工作。从二季度起，开始了环境监测数据的采集、报表的编制、监测报告的撰写、监测结果的内部通报工作。

2003—2008年，襄樊市已经连续六年被省政府授予A级信用市的称号。谷城、枣阳、保康、河口4个县(市)先后被授予最佳金融县(市)称号。政银企的密切合作进一步推动了全市金融生态环境建设。

5. 坚持推动政银企联动机制建设，为扩大信用投放提供平台。

2008年6月13日，人民银行襄樊市中心支行、市经委配合在南湖宾馆水上礼堂召开了"襄樊市金融生态环境建设暨银企合作座谈会"，市委书记唐良智、市委副书记万桃元、市委常委、常务副市长施真强、市委常委、副市长虞国旗、副市长杨绪春等市委、市政府领导，各县市区长、政府有关部门负责人、市直各家银行与信用社、中小企业代表共180多人参加了会议。在会上市领导为获得最佳金融信用县市区的单位进行了颁奖，并对进一步加强金融生态环境建设进行了动员。会后，人民银行与经委还现场组织参加会议的银企代表进行了座谈，并有8家金融机构与20户中小企业和2个联合担保体签订授信协议13.19亿元。湖北省副省长赵斌对此批示："襄樊市党政主要领导高度重视金融生态建设，这是十分明智之举。必将促进这一地区经济金融良性互动和协调发展"。

襄樊市积极部署金融支持灾后重建工作。

【金融稳定】

1. 调控与支持并重，支持中小法人金融机构健康发展。

2008年上半年，为了防止高通胀的形成，人民银行襄樊市中心支行在坚决贯彻从紧的货币政策的同时，一手抓调控，一手抓支持，在信贷规模控制较严的情况下，加大了对辖内法人金融机构的监测力度，在确保投放不超计划的基础上，引导农村信用社、城市商业银行合理合规使用信贷指标，做到有保有压，保证了资金流向"三农"、中小企业、弱势群体及与民生相关的产业和行业。压缩了固定资产投资、房地产信贷。同时，针对改制新生的城市商业银行(2007年9月16日由城市信用社改制为商业银行)的实际，采取有效措施，解决其资金筹措难的困境。

2008年下半年，为保增长，从9月份淡化了信贷规划，并明确了各银行业金融机构信贷规划在年初规划的基础上增加10%，新增贷款必须主要用于中小企业、"三农"和灾后重建等领域，在辖内及时传达与贯彻实时货币政策，从政策指导、宣传引导、协调督导积极推动金融创新，在辖内成功推广了宜城"行业协会＋联保基金＋银行信贷"模式。引导市商业银行推出了"小灵贷""助成长""金循环"贷款；工商银行推出了"财智融通"，创新抵质押方式；建设银行专门为小企业量身定做了"速贷通"。增加了辖内各金融机构的信贷投放力度，引导产业结构调整，优化资源合理配置。投放速度逐月加快，较好地体现了中央银行货币政策变化意图。1—5月份，全市贷款仅净增加10.76亿元，同比少增5亿元。7—10月，襄樊市分别新增贷款2.28亿元、3.28亿元、8.48亿元、11.15

亿元，贷款投放逐月加快。

2. 确保央行专项票据考核兑付工作真实有效，支持农信社改革。

一是实时分项监测，及时反馈整改。2008年以来，人民银行襄樊市中心支行按季开展对当地农村信用社改革专项中央银行票据工作的现场或非现场检查，实现了对农村信用社改革时期的资本充足性、不良贷款变化、费用控制、盈利水平、利润分配、法人治理结构、内部控制、外部约束以及支农服务等情况的动态监测。并运用监测系统，全面、实时地掌握和了解农村信用社经营状况、资产质量、财务变动、制度建设等情况，提高了监测分析的准确性和时效性。并按季组织对农村信用社进行现场检查，并对检查发现的问题及时向农村信用社进行反馈，督促其及时整改。

二是对照兑付标准，按季筛选分类。按照《关于对农村信用社兑付专项中央银行票据进行筛选分类的通知》文件要求，按照"明确标准、客观评价、纵向比较、定期调整"的原则，将全市农村信用社改革专项票据兑付考核工作依照条件、标准和要求，对全市还未兑付的4家县级联社按季进行动态考核分类。通过筛选分类，使全市农村信用社明确与兑付标准的差距，开展有目的的整改，为全市专项票据兑付工作打下坚实的基础。

三是认真兑付审核，严把关保通过。按照考核的标准和要求，经县市信贷部门初审、市信用联社推荐，再由中支票据兑付评审小组把关集中会审，符合条件的正式上报分行。继保康县农村信用联社实现2,312万元的央行专项票据兑付后，前三季度，谷城县、宜城市两家农村信用联社又先后成功兑付央行专项票据8,936万元和16,982万元。同时，对各级预审筛选下联社可查漏补缺，为下一步正式申报打下基础。

四是加大监测力度，巩固改革成果。对已兑付专项票据的保康、谷城、宜城农村信用联社采取定期监测、评估、现场检查、法人谈话、情况通报等监测方式，加大对襄樊市辖农村信用联社改革进展监测力度。宜城支行对兑付后的信用社监测到位，对信用社资产、经营、风险方面等开展了不定期检查、信息反馈、监测分析等项工作。

3. 加强对中小法人金融机构的监测评估，确保辖内金融机构的稳定运行。

中小法人金融机构抗风险能力较弱，因此在完善季度监测指标体系的基础上，加强对其监测力度，同时，每半年对其经营情况进行一次评估，以应对可能出现的风险苗头。一是为解决其临时资金不足，向人民银行武汉分行申请短期再贷款限额8,000万元，全年累放2.6亿元。二是为有效满足中小企业发展合理资金需求，向人民银行武汉分行争取到了支持中小金融机构专项再贷款1亿元，由其面向全市中小企业发放，既积极支持襄樊市中小企业的发展，又壮大了其自身实力。对农村信用社，则分类对襄樊市城区农信社和老河口市农信社累放9,000万元支农再贷款进行了支持，确保了辖内中小法人机构业务的稳定运行。

4. 开展普法宣传，组织应急演练，提高公众和中小法人金融机构风险防范意识。

为了使广大投资者了解金融风险，结合"五五普法"活动于8月5日在襄樊市南湖广场举办了以投资者教育为核心的金融普法教育为主题的宣传活动，以普及金融安全知识，提高社会公众的风险意识以及对金融行为合法性的判断能力。为了确保辖内金融机构特别是中小法人金融机构一旦出现风险可积极处置应对，11月在辖内枣阳市举办了以会带训，并指导进行了非现场演练。

【金融服务】

1. 深入推进金融服务创新。

襄樊市成立了金融服务创新领导小组和办公室，制定并实施了襄樊市金融服务创新方案、金融服务创新工作制度，建立了较为完备的金融服务创新工作机制；将进出口核销、贷款卡审批、预算拨款、征信咨询等金融服务项目纳入营业大厅，实行"一站式"服务，并通过新闻发布会、政府门户网站等途径，广泛向社会公布业务办理流程，增强了政务公开透明度，提高了金融服务水平和效率；举办了"加强征信系统非银行信用信息采集，发挥系统惩戒作用"、"推动支付清算体系建设，提高支付结算服务水平"新闻发布会，开展了"诚信兴商"宣传月、"信用记录关爱日"、"金融知识进社区"、"迎奥运，放心用卡，安全支付"宣传月等大型金融知识宣传活动，促使社会公众的金融意识进一步提高。

2. 建立健全现代化支付体系。

组织全市银行业金融机构依托"金融一卡通"工程大力推广小额定期借贷记业务，建成拥有3,000余户小额支付系统定期借(贷)记业务合同协议号的数据库，进一步畅通支付结算渠道；与公安机关联合开展了整治银行卡违法犯罪活动，加强用卡环境安全检查，维护了银行卡正常使用秩序；

襄樊市积极开展金融服务创新工作。

组织辖内农村信用社、邮政储蓄银行网点全部开通农民工银行卡特色服务，继续推进谷城县“推广运用银行卡，服务建设新农村”活动，积极改善农村地区支付结算环境；建立并落实银行业金融机构支付结算工作考评制度，深入开展反洗钱工作评估，对平安人寿、安邦财险、银河证券、工商银行4家金融机构进行了反洗钱工作现场检查，促使辖内支付结算和反洗钱工作质量稳步提升。

3. 积极改进现金管理。

制定并落实了金融机构存取现金预约制度和现金投放回笼分析例会制度，在全市建立了57个人民币流通状况监测网点，科学预测和调拨发行基金，保证了辖内现金供应；深入开展发行库标准化管理活动，建立起发行库制度执行监督机制，先后对辖内人民银行发行库开展检查35次，提高了发行库管理水平；对辖内32个金融机构网点开展了人民币管理现场检查，在全市1/3的城市居民社区、村镇建立反假货币工作站，加大反假货币宣传力度，联合公安、工商等部门深入开展打击非法使用人民币图样、利用人民币宣传“法轮功”活动，进一步加强了流通中的人民币管理。

4. 大力优化国库管理和服务。

认真落实国库风险防范责任制和国库主任查库制度，深入开展国库业务实地检查和国库会计基础工作评估，切实防范国库资金风险；探索实施国库监管指标体系，创新国库经收处非现场监管方式，建立并落实对县（市、区）国库监管员的综合考评管理机制，进一步提升国库监管水平；全面推广人民银行直接办理无记名国债兑付和社保基金收支业务，积极办理抗击雨雪冰冻灾害、抗震救灾款项的拨付，加强凭证式国债的组织发行，积极履行国库服务职责。

5. 不断完善征信体系建设。

继续推进企业信用工程，制定并落实了培植A级信用企业责任制，鼓励金融机构加大内部评级力度，积极推广第三方信用评级，加大信贷投放培植载体。督促和指导辖内农村信用社以实施铺天盖地、顶天立地工程为契机，大力开展信用乡镇、信用村组、信用农户建设，切实推动农村信用工程深入开展。与市财政局、市劳动和社会保障局联合印发了《襄樊市创建信用社区试点方案》，在18个信用基础较好、经济较发达、就业和再就业资金需求较多的社区开展信用社区创建工作，努力提升信用社区创建档次和质量，为小额下岗失业贷款和创业贷款发放搭建平台。建立健全金融生态环境建设协作机制，加强了同市统计局、国土局、房管局、担保公司等13个金融生态环境建设成员单位的联系，准确把握金融生态环境建设工作脉搏，努力提高工作质量。

6. 切实推动金融产品和信用模式创新。

组织推广“行业协会＋联保基金＋银行”信贷模式和林权抵押贷款模式，引导金融机构依托女企业家协会、花生协会、生猪养殖协会发放联保贷款，探索开办磷矿开采权抵押贷款业务；积极引导金融机构创新“开发商担保＋经营户联保”信贷模式、“公司＋农户＋合作社＋银行信贷”组合信贷模式，进一步加大对县域经济和中小企业的信贷支持力度；加大对打包贷款、“速贷通”、“融付通”、“成长之路”等信贷新产品的宣传力度，满足经济发展中多样化融资需求。

【外汇管理和服务】

1. 深入落实国家外汇管理政策。

加强外汇管理业务系统建设，提前完成直接投资外汇业务信息系统历史数据导入和外汇年检工作；认真开展外商投资企业资本金收结汇和“关注企业”收结汇专项检查、银行外汇业务合规性全面检查，继续完善查管结合的外汇管理长效机制,促使各项外汇管理政策规定落到实处;不断优化外汇服务,简化行政审批流程,改进服务方式,积极落实过渡期内企业预收货款可结汇额清单政策,切实推进涉外贸易投资便利化。截至2008年12月末,全市实现国际收支总额5.28亿美元,同比增长42%,实现银行结售汇总额4.25亿美元,同比增长23%,新办理外汇登记的外商投资企业有18家,合同外资1.08万美元,实到外资4,165万美元,是上年同期的3.6倍。

2. 构建立体网络,深化查管结合的长效工作机制建设。

一是认真组织推广各项外汇管理信息系统。先后顺利完成FDI、出口收汇联网核查、贸易信贷登记、新版国际收支等信息管理系统的推广上线工作。在历时三个月的FDI系统上线过程中,提前完成了既存企业的历史数据导入工作。

二是切实加强非现场监管。针对新、老国际收支统计监测系统并行期间数据汇总困难的问题,要求运行新系统的银行建立申报台账,整合新老系统的数据,逐月形成完整的襄樊市国际收支统计报表,为开展外汇形势分析、预警提供了可靠依据。根据政策调整要求,及时新增企业外汇账户234户,其中结算户78户,待核查账户156户,使全市企业的有效外汇账户达到295户。在此基础上,加强外汇账户、国际收支等统计监测系统的交叉核对,密切关注异常外汇资金流动,及时纠正各类错误信息512笔,金额合计1,265万美元。同时对全市办理结售汇的银行网点进行清理整顿,统一本外币兑换服务标识,明确对公、对私结售汇业务市场准入的机构管理部门,并在内部建立结售汇机构信息台账,对辖内银行的新设、退出、信息变更进行实时监测。截至到2008年12月底,全市共有办理结售汇业务的银行机构149家,其中新开结售汇机构43家,退出5家,办理信息变更101家。

三是加大现场检查和案件移交的工作力度。全年开展外汇检查4次,立案6起,结案6起,结案率100%。抽调业务人员组成检查组,对辖内办理外商投资企业资本金结汇业务和关注企业收结汇业务的所有外汇指定银行及其分支机构执行政策情况进行了专项检查,对农行经营外汇业务的合规性进行全面检查,发现关注企业结汇手续不全、资本金结汇支付指令不规范、国际收支申报错误、贸易收汇和结汇手续不齐、个人收结汇信息不完整等五大类问题,分别给予限时整改、立案处罚等行政处理。同时,进一步完善内部案件违规线索的发现、移交、处理和反馈机制,及时查处内部移交案件3起,结案3起。

四是继续加强外汇市场信用体系建设。9月份,开展"诚信兴商"宣传月活动,通过政府网站短信通功能发送宣传短信1,000余条,组织银行在其主要营业网点统一悬挂宣传横幅15幅,制作摆放展板32块,张贴宣传资料50张,散发宣传资料3,000多份,全市100多家金融机构的电子显示屏24小时滚动播放宣传信息。另外,通过约见谈话、通报会等形式,及时反馈政策执行情况,发现问题及时督促整改。对新开办业务的银行和企业,提前进行政策宣传和沟通,提示容易出现的风险点。

3. 大力优化外汇服务,努力当好涉外经济发展的"助推器"。

首先,优化审批流程,实行阳光操作。一是优化审批流程。严格按照不刁难、不为难、不误时的"三不"原则对待客户,实行首问负责制、经办直管制、特事报备制、业务限时制"四制"服务;进一步简化审批流程,实行分级授权管理,对进出口核销、外资外债登记等经常性办理的审核登记类业务,授权科长和经办人员直接办理。二是提高行政效率。将业务量最大的进出口核销业务下放到综合服务大厅办理,对于进出口核销、外资外债、外汇账户等审批审核业务,在政策范围内、符合条件、手续齐全的即时予以办理,7日内未办理的,及时通过集体审议研究解决或上报解决。三是实行外汇管理行政许可零收费,在全市所有涉外汇管理部门中第一个公开承诺,对所有的审批审核项目不收取任何费用。

其次,提供"三全"服务,当好企业"保姆"。一是提供全天候服务,设立值班电话,随时为企业服务。二是提供全过程服务。对企业提出的正当的、合理的业务需求,在把握真实性的基础上,具体问题具体分析,特事特办,急事急办。三是提供全方位服务。在办理业务过程中,主动为客户当好顾问,围绕热、难点问题解惑释疑,围绕企业发展需求献计献策,为地方经济发展当好参谋,对客户办理外汇业务的事前、事中、事后给予指导和帮助。通过以上措施,先后解决了六六纤服装公司、东风康明斯发动机股份有限公司等公司在办理业务过程中遇到的现实问题。

第三,创新工作方法,大力推进贸易投资便利化。2008年,外汇管理总局先后出台直接投资系统、出口联网核查、贸易信贷登记、资本金结汇、出口网上核销、取消进口付汇异地备案、新版国际收支系统等外汇新政，在把握贸易真实背景的前提下，注意原则性与灵活性相结合，一方面，认真学习外汇政策，维护政策的严肃性，先后组织辖内银行与企业的培训5次，参加培训人员400余人，为银行和企业解答有关政策问题上千次，确保了外汇新政在辖内的有效贯彻与落实；另一方面灵活准确地把握政策，及时解决企业结汇难问题，先后为企业办理特批申请结汇额度20余笔，金额400万多美元，解决了新政出台后正常出口企业收汇难、结汇难的状况，受到企业好评。

【内部管理】

1. 健全和完善内部控制制度体系。

制定并实施了责任追究实施办法、科级领导干部管理责任处罚实施细则、机关工作人员违反规章制度行为经济处罚暂行办法，完善了授权管理暂行办法、机关干部行为管理实施细则，印发了关于进一步加强基础工作、强化内部控制的指导意见，督促辖内各单位进一步建立健全"标准化业务操作流程"、"工作质量考评及责任追究处罚制度"、内部核查制度等内控管理办法。

2. 大力开展安全检查和内部监督。

全面启动"制度落实年"活动；进一步完善内控风险评估机制，继续强化内部监督，认真落实安全生产责任制和社会治安综合治理目标责任制，积极开展安全生产百日督查专项行动和安全生产隐患排查治理工作，重点加强对发行库、枪弹保管、武装押运、机要保密、信息安全、资金清算等重点部位的安全管理，切实消除安全风险隐患。

3. 加强计算机信息系统安全管理。

制定了便携式计算机管理办法和涉密移动存储介质管理办法；先后对机关计算机和移动存储介质进行了全面的安全检查，对中央银行会计核算系统（ABS）、国库会计核算系统（TBS）、人民银行内联网进行了信息系统等级保护安全技术测评；对机关内联网用计算机进行了检查设置，逐台落实了实名制、工作组，进行Symantec和LANDesk升级及有效性审核；认真做好了雪灾期间计算机和网络系统安全保障工作，加强了春节和"两会"期间网络与信息安全保障，有效维护了计算机系统安全稳定运行。

4. 深入做好突发事件应急管理工作。

结合实际制定并完善了地震、防汛、抗旱等应急预案，健全了突发事件应急预案体系；以现有应急预案为基础制定了应急预案简明操作手册，并探索建立了应急预案定期评估制度，增强了应急预案的可操作性；进一步加强了地震、强降雨、奥运期间的突发事件监测和信息报送工作；加强同武警、公安、铁道、银监等部门的沟通联系，协同建立了应急物资储备、调用和联动工作机制；加强了公共安全知识、灾害知识和公众自救互救知识的宣传，深入开展了办公自动化系统、国库业务系统、计算机房安全等11项应急演练工作，有效提高了干部职工的应急处置能力。

5. 加强央行文化建设。

组织开展了"女职工文明示范岗"、"青年文明号"创建，以及向地震灾区捐款、向贫困山区儿童献爱心、组织中支347位党员主动交纳"特殊党费"8.76万元；积极宣传抗击冰冻雪灾、抗震救灾先进事迹和先进典型；在全行成立书画摄影、文学朗诵、体育健身等10个文体爱好者协会，大力开展《卓越员工的12项修炼》读书活动、迎新春文艺晚会、"我与奥运同行"健步走、围棋比赛等健康向上的文体活动，进一步活跃职工文化生活，丰富"和谐央行"的文化内涵。

（周德清　汪　星）

附表

襄樊市主要经济、金融指标

表 3-3　　　　2008 年末　　　　单位:亿元

项目	金额	同比增减额	同比增减幅度(%)
国内生产总值	1,002.46	217.46	14.60
工农业总产值	1,403.73	341.94	32.20
其中:工业总产值	1,082.43	290.01	35.60
农业总产值	321.30	51.93	3.60
地方财政收入	30.06	6.00	25.10
地方财政支出	96.60	25.08	35.10
社会消费品零售总额	410.29	81.42	24.80
商品零售价格指数(%)	105.20	0.09	
金融机构各项存款	831.67	146.08	21.70
财政存款	19.34	10.70	123.70
企业存款	154.44	15.47	11.10
储蓄存款	574.79	105.04	22.40
金融机构各项贷款	373.35	57.85	18.34
短期贷款	165.58	17.25	11.60
中长期贷款	193.02	34.81	22.00
现金投放(+)回笼(-)	23.90	2.10	9.64
保险费收入	30.16	10.03	49.80
保险赔款支出	5.56	-1.79	-24.40

荆州市

【经济运行概况】

2008年,面对复杂多变的国内外大环境,全市上下在市委、市政府的坚强领导下,认真贯彻党的十七届三中全会精神,全面落实科学发展观,扎实推进工业兴市战略,深入开展新农村建设,积极应对冰冻雪灾、宏观调控等各种挑战,特别是下半年以来愈演愈烈的金融风暴对全市经济的冲击,攻坚克难,全市经济继续呈现出增长较快、质量提升、结构优化的良好发展态势。全面实现了年初预定的各项目标。同时,经济运行中也出现了一些突出的矛盾和问题,受国际金融动荡、世界经济增长放缓等多种因素影响,荆州市经济增长出现了高位回落新情况,给全市经济持续稳定较快增长带来压力,需高度重视并认真加以解决。

初步核算,2008年全市生产总值624亿元,按可比价格计算比上年增长12.6%。全市生产总值增幅创建市以来最好水平;全市人均生产总值为9,663元,达到1,400美元。随着经济发展,全市工业化程度继续提高,三次产业内部结构不断优化,二、三产业继续成为全市经济增长的主要力量。其中,第一产业完成187.91亿元,增长8.4%;第二产业完成211.12亿元,增长16.8%;第三产业完成224.95亿元,增长12.0%。三次产业结构为30.1∶33.8∶36.1,三次产业在GDP增长中所占份额分别为18.2%、45.8%、36.0%。

(一)三次产业协调发展,结构不断优化

1. 农业发展速度明显加快。

全市坚持以农业增效、农民增收为目标,积极应对年初的冰雪灾害、农业生产成本大幅上涨和全球金融危机对实体经济传导等因素不利影响,合理调整农业内部产业结构,扎实推进社会主义新农村建设,确保了全市农村经济又好又快发展。全市实现农林牧渔业总产值为335.7亿元,比上年增长10.2%。其中:农业产值为151.5亿元,增长4.2%;牧业产值为84.4亿元,增长14.3%;渔业产值为92.6亿元,增长19.3%。主要农产品全面增产。

粮食喜获丰收,产量稳步上升。2008年气候对稻谷生产比较有利,加之病虫害防控及时,稻谷全面增产。全年粮食播种面积729.7万亩,比上年增加7.4万亩,增长1.0%;粮食总产量344.53万吨,比上年增加25.39万吨,增长8.0%。全年粮食产量为近10年最好水平。其中夏粮总产33.97万吨,增长8.4%。早稻总产43.24吨,增长11.6%。中稻总产206.35万吨 ,增长9.8%。晚稻总产52.71万吨,增长9.8%。

油料产量增产显著。全年油料总产48.43万吨,比上年增长8.1%。

棉花因灾减产。全年棉花播种面积189.5万亩,比上年增加6.5万亩,增加3.6%;因雨水渍害影响,单产下降,棉花总产量15万吨,比上年减少4.3%。畜禽生产加快发展。全市以创建畜牧生产大县为契机,抓住畜禽产品市场价格回升的有利时机,加快推进养殖方式转变,规模化生产水平明显提高,现代化和产业化步伐加快。全年出栏肉猪358.4万头,比上年增长13.3%;年末生猪存栏264万头,比上年增长16.5%;全年家禽出笼4,763万只,比上年增长27.8%。

水产品产量大幅增长。在“重抓水产”的发展要求推动下,水产养殖面积进一步扩大,特色养殖发展迅速,水产品加快发展效果显现。全市水产养殖面积已达188万亩,增加20%。其中:池塘养殖面积比上年增加27.5万亩,增加30.2%。全年水产品产量达84.4万吨,比上年增加15.3万吨,增长22.3%。水产养殖实用技术、优化模式的普遍推广,提高了养殖产量和效益。

2. 工业经济较快增长。

全市工业增加值为190.1亿元,增长20.7%,其中规模以上工业完成增加值173.9亿元,比上年增长24.5%,超过全省平均水平2.9个百分点,总量居全省第六位。各种经济成分工业全面增长,市区和县市工业同步增长,轻工业和重工业同步发展,工业生产呈现多元化的驱动格局。与上年相比,国有、集体、股份制和“三资”企业分别增长了21.8%、34.7%、26.0%和15.8%,轻重工业分别增长了24.8%和24.4%,城区工业和县市工业分别增长了23.4%和27.7%。工业用电需求保持较高水平,全市工业用电量30.5亿千瓦时,比上年增长11.8%。

3. 第三产业发展加快。

全市商贸、住宿及其他服务业保持较快增长态势。全市交通运输、仓储及邮政业增加值21.32亿元,增长7.3%,批发和零售业增加值55亿元,增长14.4%,住宿和餐饮业增加值17.09亿元,增长13.4%,金融保险业增加值8.84亿元,增长8.1%,房地产业增加值

23.47亿元，增长1.7%，其他服务业增加值99.23亿元，增长14.2%，其中：电信业增加值增长14.3%，教育、卫生及社会服务业也获得了较快的发展。旅游业继续升温。全市接待国内旅游564万人次，增长10%，国内旅游收入31亿元，增长14.0%。入境旅游者2.89万人次，增长4.3%，旅游外汇收入1,083万美元，增长10.3%。

（二）三大需求全面增长，对经济拉动作用增强

1. 固定资产投资大幅增长，城市建设步伐加快。

全年全社会固定资产投资294.5亿元，比上年增长38.3%。其中：城镇以上项目完成投资255.2亿元，比上年增长48.6%。房地产完成投资26.6亿元，比上年增长19.8%。全市在建项目1,647个，比上年同期多588个，其中新开工项目1,349个，比上年多605个。其主要特点有：

一是地方项目投资仍占主导地位，民间投资仍保持高速增长。全市城镇地方项目累计完成投资235.6亿元，同比增长51.2%，地方项目投资占全市投资的比重达到92.3%，在全市投资中占主体地位。全市城镇投资中的民间投资累计完成193.4亿元，同比增长64.9%，高于全市投资平均增长水平16.3个百分点，占全市投资的比重达到75.7%，比上年上升7.4个百分点。其中：集体经济投资累计完成11亿元，增长2.3倍；私营个体投资累计完成182.4亿元，增长60%。国有投资完成61.9亿元，增长13.4%。

二是农业投资力度加大，工业投资增长强劲。在投资总量增加的同时，投资结构有所调整。为了充分发挥投资在结构调整中的先导作用，生产性投资在投资中的比重上升。2008年全市重点加强了现代农业、工业项目的建设力度，引导社会资金投向养殖、工业等生产领域。一是现代农业投资热情较高，城郊农业投资规模大。全市农业投资11.1亿元，比上年同期增长了1.9倍，一批现代化的养殖基地加紧建设。以工业园区为载体，工业投资增长强劲。全市完成工业投资133.96亿元，增长59.6%，工业投资在城镇投资中所占比重上升到52.4%。

三是园区投资力度加大。一批工业项目不断向园区集中。全市11个开发区工业园完成投资112.2亿元，比上年增长48.9%，占城镇以上投资总额的47.6%。

四是重点建设项目投资进展顺利。全市50个重点项目完成投资48.0亿元；总投资22亿元的荆岳长江大桥，全年完成投资6.7亿元，东荆河大桥主体工程完工，汉宜高速铁路及铺架基地动工建设，荆岳铁路前期工作进展顺利。郢都路、南环路、东环路、塔桥路黑化升级，长港路改造等城市道路项目改造，极大地改善了城市道路状况，城市形象得到明显提高。一批投资过亿元的重点工业项目，有力的支撑了全市投资增长，如：国电长源热电联供完成5亿元、纺织印染工业园完成投资4.6亿元、岑河针纺工业园完成1.5亿元、湖北楚源完成2.3亿元；香港越美集团完成投资1.8亿元；监利凯迪生物发电完成1.8亿元；松滋白云边完成投资2.1亿元，松滋双七水泥完成投资1.4亿元。

2. 消费市场继续活跃。

全年社会消费品零售总额370.6亿元，比上年增长23.7%，增速比上年提高5.8个百分点。分行业看，批发零售贸易业增长25.2%，增幅比上年加快6.2个百分点。住宿餐饮业增长22.5%，增幅比上年加快1.4个百分点。随着城乡居民收入提高，消费升级加快，全市市场商品销售呈现加快态势。消费品市场呈现新的特点。一是城乡市场共同发展。城市实现社会消费品零售额193.7亿元，农村176.9亿元，分别比上年增长27.3%和20.0%。二是市场销售的规模化效应凸现。全市限额以上批发零售企业实现零售额24.2亿元，同比增长46.9%。三是消费结构升级倾向明显。绿色食品、通讯家电、化妆品、文化娱乐用品等方面的销售增幅较大。餐饮市场活跃、节日消费明显、消费热点突出。住房消费有所降温。全年商品房销售面积下降5.9%，其中：住宅销售面积下降3.3%。

3. 出口保持较快增长。

1—11月全市出口5.71亿美元，比上年同期增长29.4%，出口增幅回落。1—11月份，全市规模以上工业出口交货值45.27亿元，比上年同期增长23.6%。其中有25家企业出口交货值比上年减少，有45家企业出口交货值比上年增加。

（三）经济运行质量继续提高

1. 工业经济效益继续攀升。

全市规模工业实现利税总额32.23亿元，比上年增长13.8%，实现利润17.03亿元，比上年增长14.5%。工业经济效益综合指数174.93%，比上年同期提高14.9个百分点。分行业看，农副产品加工、饮料、造纸、化工、黑色金属冶炼及压延加工、医药、实现利润增加较多。化工、农副产品加工、汽车零部件、纺织、黑色金属冶炼

及压延加工等主导产业规模继续扩大，五大产业销售收入占全市工业总量60%以上。

2. 财政收入继续增长。

全市实现财政收入42.02亿元，比上年增加7.93亿元，增长23.3%，其中一般预算收入18.71亿元，比上年增长22.7%。税收占财政收入的比重达到83.7%。财政支出达到99.4亿元，比上年增长39.6%。其中一般预算支出66.1亿元，比上年增长26.3%。社会保险基金收入22.9亿元，比上年增长43.3%。

3. 城乡居民收大幅度提高。

2008年荆州市城镇居民收入平稳增长，生活质量不断提升，消费需求趋于活跃，居民消费不断升级换代，跨上新台阶。全市城镇居民人均可支配收入达到12,195元，比上年增加1,355元，增长12.5%。工薪收入仍是城市居民家庭收入的主要来源，财产性收入和转移性收入对收入增长的贡献日益增强。居民消费性支出8,364元，增长6.5%。消费结构进一步改善：衣、食、住、行等居民生活的基本费用支出有所增加。价格推动食品消费支出增长，消费量有所减少；衣着消费有所增长；居住类消费支出上升较快；交通费支出上扬；服务性消费持续升温；教育支出快速增长；旅游等休闲娱乐消费显著上升。

全年农民人均纯收入4,889元，比上年增加749元，增长18.1%。农业增产、农产品价格提高以及对外出打工增多成为农民增收的三大因素。全年农民增收的主要特点：一是农民家庭经营增收成为农民收入增长的主要来源。农民人均家庭经营纯收入为3,009元，比上年增加399元，增长15.3%，占农民人均纯收入增加额的53.3%。二是工资性收入增长成为农民增收的重要来源。农民人均工资性收入为1,701元，比上年增加279元，增长19.6%，占农民人均纯收入增加额的37.2%。全市继续狠抓农村劳动力转移培训工作，农民外出打工人数持续增长，外出务工人员素质进一步改善，工资水平稳步提高。三是各项惠农政策推进农民收入增长。2008年农民人均得到各项政策性补贴等转移性收入153元，比上年增加67元。

居民储蓄大幅增加。年末金融机构存款余额730亿元，比年初增加143.3亿元，由于城乡居民收入增长较快，城乡居民储蓄存款增加较快，年末城乡居民存款余额531.2亿元，增长23.1%。金融机构贷款余额305.2亿元，比年初增加32.8亿元，其中工业贷款增长2.9亿元，农业贷款增加5.8亿元、商业贷款下降4.1亿元，中长期贷款增加19.4亿元。

4. 物价涨幅明显回落。

为遏制物价的过快上涨，中央采取了一系列的宏观调控措施，成效明显。全市物价自4月份以来逐月回落。12月份全市居民消费价格涨幅已回落到2.5%。前期影响全市物价上涨的主要因素猪肉价格，12月份也比上年同期下降22.1%。原材料能源、工业品出厂价格近3个月也出现一定程度的回落。与上年同期相比，居民消费价格、工业品出厂价格和原材料能源价格分别上涨6.4%、8.6%和9%。

（四）和谐社会建设稳步推进，就业进一步扩大

全市城镇新增就业9.4万人，培训农村劳动力5.5万人、转移13.3万人，全市城镇登记失业率控制在4.4%以内。

养老、医疗、失业保险事业加强，社会救济体系不断完善。城镇社会保险费完成征收22.9亿元，比上年增收6.93亿元，增长43.3%。全市社会保险新增8.1万人次。全年城镇居民最低生活保障人数14.5万人，全年低保支出2.43亿元，比上年增长60.9%；农村居民最低生活保障人数14.81万人，农村低保支出8,174万元，增长1.1倍，保障水平不断提高。

各项社会事业得到加强，全年财政用于教育、医疗支出18.4亿元和4.18亿元，分别比上年增长32.0%和51.8%；社会保障和就业支出3.65亿元，比上年增长7.9%；环境保护支出比上年增长3倍。

【金融运行概况】

2008年全市金融部门认真贯彻落实总行、分行和全市金融工作会议精神，在市委市政府正确领导下，围绕全市经济战略发展目标，在从紧、灵活审慎、适度宽松的货币政策调整中努力提供优质服务，在继续保持金融业稳健发展的同时加大金融服务力度，有力地支持了地方经济发展。

（一）金融运行情况

2008年全市金融运行状况良好：各项存款提速增长且定期化趋势明显，各项贷款周转略有加快且结构优化，现金收付总量下降但回笼加大，金融资产质量和效益双提升。

1. 各项存款呈现出定期化多增的态势。12月末，荆州市金融机构本外币各项存款余额732.48亿元，比年初增加142.71亿元，同比多增77.94亿元，增长24.2%，增

速同比加快11.87个百分点。其中:人民币各项存款余额729.98亿元,比年初增加143.25亿元,同比多增78.14亿元,增长24.41%,增速快11.93个百分点。全年人民币各项存款增长表现出两个主要特点:

(1)居民储蓄是存款多增的主要来源。年末储蓄存款余额为531.17亿元,比年初净增99.53亿元,同比多增63.63亿元,占各项存款增量的69.48%,占比提高14.35个百分点。居民储蓄存款多增一方面得益于全市经济总体保持平稳发展,城乡居民收入得以持续增加;另一方面资本市场的波动使居民投资意愿降低,促进资金向银行回流。

(2)定期存款占比迅速提高。全年储蓄存款和企业存款定期增量占存款总增量的53.93%,同比上升35.59个百分点,其中企业存款增量中,定期占比为43.72%,而同期仅为11.39%;储蓄存款增量中,定期占比为66.63%,比同期提高39.47个百分点。企业定期存款多增集中在6月至9月,表明在经济运行拐点出现过程中,企业经营活跃度下降,投资行为趋向谨慎,在资金使用效率下降的情况下,转向追求收益相对较高的存款品种。居民定期储蓄存款多增是在资本市场剧烈波动和楼市持续低迷的环境中,居民消费与投资意愿迅速降低下的情况下,维护资产收益的表现。

2.金融机构贷款反映为结构性优化的特征。元月至12月全市金融机构累计发放贷款289.74亿元,比同期多发放30.19亿元,贷款周转次数为0.8次,比同期加快0.03次,2008年信贷形势表现以下特点:

(1)账面反映贷款净增额同比少增。12月末,荆州市金融机构本外币各项贷款余额306.27亿元,比年初增加31.71亿元,同比少增3.21亿元。其中,人民币各项贷款余额305.2亿元,比年初增加32.8亿元,同比少增7.4亿元(人民币贷款少增与本外币贷款少增差额,为2007年市中行对荆州长江大桥发放人民币贷款置换外币贷款所致),其中:短期贷款增加4.12亿元,同比少增16.11亿元;中长期贷款净增19.4亿元,同比少增2.75亿元;票据融资净增9.31亿元,同比多增10.97亿元。

(2)贷款少增主要来自于全国性金融机构。国有商业银行净增贷款15.46亿元,同比少增2.2亿元,仅建行同比多增3.35亿元;农发行贷款增加1.35亿元,同比少增8.12亿元;邮政储蓄银行净增1.17亿元,同比多增0.97亿元;地方法人金融机构新增贷款14.83亿元,同比多增1.96亿元。

(3)贷款少增的主要因素是收购贷款下降和不良贷款处置。一是2008年农发行收购贷款投放环境发生较大变化,国家粮食调控贷款未启动和棉花收购价格持续走低,致使收购贷款净投放同比减少9.27亿元。二是不良贷款处置力度加大,全市金融机构积极争取政策对不良贷款进行核销,工行、中行、建行、发行分别核销1.85亿元、0.4994亿元、1.97亿元、1.16亿元,共计5.48亿元;通过现金清收、以物抵债等方式收回不良贷款1.58亿元;农行剥离27.29亿元;共计34.35亿元。收购贷款与核销贷款两项使各项贷款同比少增14.75亿元。

(4)信贷结构不断调整和优化。若剔除贷款核销因素后,2008年金融机构向地方净投入本外币贷款37.2亿元,比同期同口径实际净投入本外币贷款少增加2.9亿元。这表明全市金融机构在以从紧、灵活审慎货币政策为主的2008年中,依然为支持地方经济发展作出了努力,给予了较强的信贷支持。从增量结构看,2008年投放的重点领域符合国家支持"三农"、地方"工业兴市"、改善基础设施与居民消费的要求。表现在:一是农业得到了有效支持,在2007年净投10亿元的基础上再净投7亿元。二是工业信贷投入得到了加强,净投入工业领域贷款11.4亿元,占比29.87%,同比多投5.5亿元。三是加强基础设施建设,对荆岳长江大桥、荆监一级公路、东荆河大桥、沪汉蓉铁路湖北有限责任公司等投入贷款5.9亿元。四是在房地产市场持续走弱的情况下,个人中长期消费信贷净投4.8亿元,同比持平,保持了较强的支持力度。

各家机构除了通过投放贷款支持经济发展外,还积极运用各种信用工具满足经济主体多方面的信用需求。据统计,各家机构通过银行承兑汇票、信用证、保函、委托贷款等累计为企业融通资金18.93亿元,同比多增加0.5亿元。

3.现金收付总量下降,回笼量增加。近几年,金融部门在改善结算环境、优化结算方式等方面做了大量卓有成效的工作,相继上线了大小额支付系统、支票影像系统、居民身份核查系统、网上银行系统,推出了支付密码器、同城支票借记,拓展了POS机结算点,为社会提供了高效、安全的结算渠道,使现金使用量有所下降。2008年全市金融机构柜面现金收入为1,550亿元,比同期减少25.34亿元,下降幅度为0.16%;现金支出1,526亿元,比同期减少29.05亿元,下降幅度为1.87%;现金净回笼23.82亿元,比同期多回笼3.71亿元。在2008年现金收付业务中有两个值得关注的现象:一是居民储蓄现金收支出现同比负增长,某种程度反映居民经济活跃程度的下降。二是在农业生产丰收的形势下,农副产品采购支出增幅同比下降18.86个百分点,反映农民对农产品惜售较普遍。

4.金融资产质量与效益双提升。12月末,全市金融机构不良贷款余额239,860万元,比年初减少343,459万元,占比7.83%,下降11.49个百分点。四家国有商业银行下降21.57个百分点,其中工、农、中、建分别下降8.16、35.15、8.88、11.79个百分点,荆州市商业银行下降0.52个百分点,荆州市农信社下降5.41个百分点。不良贷款"双降"主要得益于农行不良贷款剥离、金融机构争取政策核销呆账、加大不良贷款清收力度以及新增贷款的稀释。

12月末,全市金融机构人民币账面当年结益79,813万元,同比增盈72,422万元,7家机构均盈利。金融机构效益的提升归结于:不良资产大幅下降带来的准备金冲回和营业外支出的大幅下降,以及投资收益和金融机构往来净收益的提高。同时金融部门缴纳税款大幅增长,全年共缴纳营业税及附加税11,072万元,同比增长25.96%。

(二)金融工作情况

2008年,在国家宏观调控政策的方向、重点、力度不断转换和遭遇国际金融危机的背景下,全市金融机构按照市委、市政府工作要求,以服务地方经济发展为己任,紧紧围绕实施"工业兴市"战略和支持新农村建设,苦练内功,开拓创新,克难奋进,取得了较好的工作成绩。

1.信贷支持积极有力。年初,根据国家"从紧"的宏观调控精神,金融工作紧中求活,及时加大对"三农"、中小企业、自主创新、节能环保以及扩大就业等方面的信贷支持。雪灾降临后,各金融机构加大了对抗灾赶产的信贷支持力度,为保障灾后恢复生产作出了积极贡献。针对上半年中小金融机构贷款投放过快过猛的问题,年中及时召开联席会议,重申均衡投放、重点支持等要求,协调金融机构有效压缩了不合理的资金运用。在货币政策转入"适度宽松"阶段后,及时召开促进经济金融科学发展座谈会,共同研究落实"国十条"和加快支持荆州经济平稳较快增长的措施和意见。从全年情况看,一、四季度信贷投放多,二、三季度投放少,呈"两头高,中间低"的格局,表明金融部门根据国际国内市场变化,在积极贯彻国家宏观政策与支持地方经济发展中找到了结合点,信贷操作具有较强的科学性和针对性。2008年在金融形势十分严峻的情况下,全市累计信用融资总量达309亿元,创历史最好纪录;人民币贷款净增投放38.2亿元,是近五年来的次高点。

从各机构的主要工作看:人民银行和银监局充分发挥协调、指导和推动作用,引导金融机构开展"金融服务县市行"、跟进"满园工程"和"支持农业产业化龙头企业"活动,与158家企业签约授信60.6亿元,对31个重点项目发放贷款28.9亿元,重点项目资金需求满足率达到96.8%。人民银行对农村信用社发放的支农再贷款实现了限额和累放额历史"双突破",争取到8亿元的限额,累放11.4亿元。工商银行在中小企业贷款权上收的情况下,灵活调整策略,加大对企业厂长、经理的个人贷款投放,弥补了对中小企业贷款的不足;跟踪服务大工程大项目,对东荆河大桥、长源电力、两铁路两高速公路等项目投贷10亿元,发放国内外贸易融资贷款1.5亿元,培植A级信用企业35户,并成功与荆州市政府签订3年100亿元框架合作协议,为支持区域经济发展打下了坚实基础。农业银行创新开办船舶抵押、林权抵押贷、土地鱼塘经营权抵押等贷款新品种,成为支持地方经济发展的新亮点。中国银行重点支持以进出口业务为主的沙隆达集团、湖北骏马纸业有限公司、沙市轻工机械有限公司等企业,为其办理保函、保理及进口开证、进出口押汇、出口票据贴现业务,最大限度满足进出口中小企业的出口融资需求。建设银行重点加大对中小企业的帮扶力度,行长亲自带队访百家企业,了解企业资金状况,及时进行信贷跟进,新增"速贷通"贷款73笔7.5亿元,是上年度的2倍多;同时对重点项目的信贷资金做到了及时跟进。市商业银行针对受灾企业开办的"灾后赶产临时封闭贷款",使32家受灾企业获得贷款2.2亿元;针对企业流动资金短缺状况,发放"1+1+1,赢动力"专项贷款8笔1,500万元;与国家开发银行签订微小企业贷款业务协议,发放贷款2,150万元。农发行率先在全省实现业务转型,开办了工业园区基础设施开发型经营信贷业务,该模式在7个县市区发放贷款6亿元;在公安开办"第三方库存监管"业务,为11家棉花加工企业提供贷款3.5亿元。农村信用社探索建立了农户信用评价体系,对160万户农户进行了信用评级，建立农户信用档案140万户，建立信用农户电子档案50万户；及时发放灾后抗灾贷款、救灾贷款、贴息贷款，帮助农民迅速恢复生产，增强农民从事农业生产的信心；常年保持信贷投放高位运行，新增贷款余额月均保持在15亿元以上，全年累放和月均贷款余额均达到历史最好水平；在沙市区开办的“百姓创家业”信用贴息贷款，使308名创业者获创业资金1,403万元。邮储银行开办的“农户小额保证贷款”业务，较好地解决了农户联保贷款中成员额度相差过大而无法取得贷款的问题。

2.金融服务不断深化。在抗击冰雪灾害期间，凡涉及“救灾”的财政拨款、现金供应、支付结算、开立账户等业务，银行机构一律优先办理，特事特办，保证了灾区的企业和灾民的资金及时足额到位。银行卡特色服务中，全面开通农民工银行卡，合力推广公务卡结算方式，推行银行卡银商合作营销模式，全年累计刷卡消费突破50亿元，同比增加14亿元。搭建税费收入电子缴库平台，率先在全省试点开通财税库银税收电子缴库系统（TIPS系统），使税款从申报到入库由原来的1天半时间缩短到20分钟，有效缩短了税款的在途时间。加强反假宣传，在乡镇、社区、村组、学校广泛开展反假币宣传活动，增强了群众的反假能力。抓住奥运会火炬传递途径荆州和世界华商500强科技论坛在荆州举办的有利时机，成功推动城区3家四星级酒店与外汇银行签约建立外币兑换点，方便外地游客和市民自由兑换外币。取消进口企业异地付汇备案，推动进口企业异地付汇便利化，全市进口企业异地付汇1,593万美元，同比增长696.5%。

3.金融业改革稳步推进。市建行、中行、工行在相继完成股份制改革后，经营机制逐步完善，资产质量明显改善，盈利能力和风险控制能力不断增强。市农业银行股改进展顺利。人民银行对农村信用社改革的资金支持全部到位，全市8家农村信用社共兑付票据7.7亿元。邮政银行挂牌成立，小额贷款业务全面铺开。市商业银行积极延伸业务网点，先后在石首、松滋设立分支机构，成为支持县域经济发展的又一重要力量。农业发展银行业务拓展和内部改革顺利推进，对农业产业化经营服务力度不断加大。全省首家贷款公司在公安县挂牌成立，小额贷款公司筹备工作有序开展。

4.信用环境建设取得重大突破。经过全市各级政府、各金融机构及相关部门的共同努力，荆州市在2008年再次获得了“省A级信用市州”的荣誉称号。目前，全市共有松滋、石首、公安3个“省最佳金融信用县市”，有94个信用乡镇、26个信用社区、487个信用企业、65万户信用农户，社会信用体系建设更加完善，社会诚信意识明显提高。为了把“诚信荆州”建设引向深入，2008年7月9日，市委常委会专题研究信用环境建设工作，对重点企业重大项目形成的不良贷款，市委市政府主要领导亲自上阵，实行了重点企业重大项目的信用全覆盖，较好地解决了荆州长江大桥和大桥连接线项目等历史遗留问题。各县市加大信用环境建设的探索力度，并取得了实质成效，如石首市针对农村信用社改革过程中不良贷款的处置问题，采取优质土地置换不良资产的办法，减轻信用社包袱，使其轻装上阵支持新农村建设；松滋市把信用环境建设工作列入市委市政府重点工作进行督办，书记市长亲自抓，常抓不懈，使松滋成为荆州市内唯一三度荣获“省最佳金融信用县市”称号的县市。

总体来看，在各机构的共同努力下，全市金融业发展加快，不仅为全市经济持续快速健康发展提供了重要保障，而且为优化经济结构和产业结构，增强区域发展活力和后劲做出了贡献。

【货币政策】

1.抓指导，科学贯彻国家宏观调控政策。年初，根据国家适度从紧的宏观调控精神，结合辖内经济金融的实际情况，提出了2008年全市货币信贷工作指导意见，配合市委市政府召开了全市金融工作会议，加大对“三农”、中小企业、自主创新、节能环保以及扩大就业等方面的信贷支持，紧中求活，稳中求进。针对上半年中小金融机构贷款投放过快过猛的问题，及时召开联席会议，重申均衡投放、重点投放等要求，协调中小金融机构有效压缩了不合理的资金运用，辖内信贷投放基本控制在计划以内。在货币政策转入灵活审慎进而转入适度宽松阶段后，进一步加强了辖内经济金融形势的调查与分析，组织金融机构重点加强了金融海啸对辖内外贸企业进出口、中小企业、房地产业影响的调研分析，提请市委召开了促进经济金融科学发展座谈会，共同研究落实“国十条”、加快荆州经济发展的措施和意见。提出了要以适度宽松的货币政策统领金融工作，放开了对中小金融机构的规模控制，专题研究制定了金融支持中小企业、支持农村改革的指导意见，把组建小额贷款公司、农村资金互助组织等纳入议事日程，同时鼓励金融机构在危机面前抓住机遇加大信贷投放力度，做大做强，确保全年既定目标的实现。进入10月份以后，金融机构明显加快了信贷投放力度。

2.抓创新，有效带动就业和地方经济发展。合理调剂支农再贷款限额分配计划，将支农再贷款的发放与农村信用社投放“三农”贷款的情况挂钩，全年发放支农再贷款11.4亿元，支持信用社加大对“三农”的信贷投入力度。创新小额担保贷款方式，指导农村信用社在沙市区、松滋市试点开办“百姓创家业”信用贴息贷款，累计向308名创业人员发放政府贴息贷款1,403万元，预计将带动就业3,000人，促进新增就业15,000人，有效支持了农民工返乡创业。协调荆州市经济局和荆州市商业银行共同启动“灾后赶产临时封闭贷款”，32家受灾企业获贷款2.2亿元，及时满足了受灾企业的灾后赶产资金需求。指导村镇银行推出了“协会＋农户＋银行”贷款新品种，有效解决了规模养殖户求贷难、程序繁、贷款慢的难题，仙桃北农商村镇银行通过养鸡协会信贷支持养鸡业贷款余额400万余元，当地养鸡产业取得长足发展，且未出现一笔不良贷款和欠息。指导荆州市商业银行推出了“1＋1＋1，赢动力”即“政府＋银行＋企业”贷款新模式，推动荆州市商业银行与国家开发银行签署微小企业贷款业务，将城市商业银行发展战略与解决中小企业融资难相结合，已审批发放“1＋1＋1，赢动力”专项资金贷款8笔、1,500万元，“微贷款”2,150万元。继续强化“金融服务县市行”、“支持满园工程”、“支持农业产业化龙头企业”三个活动平台，组织市直各金融机构与县域企业无缝对接；引导金融机构向开发区内高新技术产业增加投入；与市农业局一道组织辖内的农业产业化龙头企业向银行推介项目，通过支持农业产业化的发展带动辖内新农村建设。全年共进行了4次大型的银企对接活动，各金融机构与150多家企业签约60.6亿元，对全市31个重点项目发放贷款28.9亿元，重点项目资金需求满足率高达96.8%，有力地支持了地方经济发展。

3.抓监测，全面确保辖区经济金融稳健运行。成立改革专班，创新工作方法，推出了信用社专驻员制度、信用社考核进度情况“四公开”制度、“飞行检查”和兑付后季度监测评估制度，密切监测农村信用社的财务指标、资本充足率和法人治理结构，认真审查改革进度，严格按程序管理专项票据，切实把“花钱买机制”落到实处，有力支持了辖内农村信用社改革发展，辖内11家联社已全部实现央行票据兑付，兑付金额13.7亿元已全部到账。截至12月末，全辖农村信用社实现盈利2.81亿元，同比增加1.21亿元，增长75.6%。先后开展了支农再贷款使用、存款准备率缴存和同业拆借情况检查。对支农再贷款使用不规范、发放贷款的用途把关不严、内部管理不完善以及台账建立不规范等问题，督促金融机构及时整改；对少缴财政性存款和一般性存款准备金的违法行为，依法给予行政处罚，并责令限期补缴到位。建立了辖内法人金融机构流动性监测体系，密切关注地方法人金融机构的流动性状况及宏观调控政策实施效果。面对国际金融危机开始对我国实体经济产生影响，进一步加强了对中小法人金融机构的风险监测，确保金融机构稳健经营和金融市场稳健运行。全面深化荆州市金融稳定协调机制，不断完善江汉平原金融稳定协调机制，探索建立两湖平原金融稳定协调机制。加强了对原潜江幸福信用社5,000万元再贷款的管理，积极做好向汇达资产管理公司移交待处理资产的工作，2008年再次成功移交两项待处理资产，至此，全辖5个应交项目全部移交完毕。

【金融服务】

1.探索政银商合作营销模式，推动银行卡产业大发展。探索制定了荆州市银行卡产业“政银商”合作模式工作方案，从提供行政保障、调整银行卡产业发展战略重心、建立银行卡宣传长效机制、培养群众刷卡消费习惯等方面进行了制度设定，并就政、银、商合作模式的相关内容与政府、财政、税务、商家等进行了沟通协商。借助荆视平台，通过开辟银联专栏节目、播放银行卡宣传短片、开展优秀银联特约商户评选等活动，向广大居民宣传刷卡消费理念，介绍银行卡相关知识，宣传银行卡工作新举措，开创了银联、银行、媒体、商户互利共赢的银行卡发展有利局面。继续实行了刷卡消费有奖制度，全年兑现奖金43,400元，极大地调动了居民刷卡消费热情。与市公安局协调配合，深入开展了打击银行卡违法犯罪专项整治行动，截至12月底，各银行机构共移交涉嫌银行卡违法犯罪案件96起，涉案金额80万余元，有力维护了银行和持卡人的合法权益，营造了良好的用卡环境。全辖累计刷卡消费总量突破50亿元，同比增加14亿元。

2.搭建税费收入电子缴库平台，加快国库信息化建设进程。结合荆州实际情况制订 TIPS 推广实施方案，做好系统上线的宣传发动、学习培训、接口程序开发、联调测试等工作。确保了率先在全省上线 TIPS 系统，首次在全省将地方性金融机构成功接入，保证了系统覆盖和服务于城乡所有纳税人；首次在全省签署税务机关、纳税人、开户银行三方协议，完成市直企业签约 110 家，签约率达 82%，保证了系统有较为稳定的业务运行处理量。TIPS 系统的上线，使税务人员发起申报纳税业务到人民银行国库收妥税款入账，全程不到 20 分钟，仅税款入库速度至少提前 1 天以上，并同步完成银行、征收机关、国库的三方对账工作。积极开展国库会计数据集中系统(TCBS)联调测试，向上级部门反馈问题及建议 47 条，为总行进一步优化系统提供了第一手信息参考。

3.优化货币金银服务，构建全民反假网络体系。科学编制发行基金调拨计划，在全辖建立监测网点 72 个，密切关注辖内支库和市直金融机构业务库现金投放回笼情况。综合运用出入库预约服务、金融机构库存调剂、支库横向调拨等多种手段，积极应对雪灾、地震自然灾害，确保现金合理供应。截至 12 月 31 日，全辖共办理金融机构现金出入库 8,511 笔、358.2 亿元，净回笼 18.3 亿元。进一步加强城乡人民币反假网络建设，按照“235”工作模式建立反假工作站 95 个，初步形成了以乡镇社区为主体，金融机构为依托，反假货币办公室为主导的反假网络体系。在全辖组织了声势浩大的人民币反假宣传月活动，开展了反假宣传“农村行、校园行”、“湘鄂边反假宣传”、百店千户反假货币活动示范店(户)评比等活动，建立“辨真园”、利用互联网开展反假货币宣传，增强群众反假能力，打造全民反假网络。同时，及时准确地进行涉案货币真伪鉴定，积极配合公安机关加大了对制贩假币犯罪活动的打击力度。

4.强化业务指导与执法监督，促进辖区反洗钱工作水平整体提升。2008 年 4 月组织召开了全市金融系统反洗钱监管工作联席会议，通报了上年度反洗钱现场检查情况，针对各金融机构反洗钱工作中存在的主要问题提出了具体意见和要求。组织市直 37 家金融机构部门负责人和一线操作员共 126 人参加了“荆州市金融机构反洗钱培训班”，并将培训内容制作成光碟下发各金融机构，有效扩大了培训覆盖面。进一步加强反洗钱执法力度，全年共调阅档案资料 1,430 余册、检查账户 3,800 余户、查看交易流水 1,000 余条，查证违规问题 7 类，涉及账户 114 户；查证漏报大额和可疑交易信息 21 笔，涉及金额 7,300 万余元，做出罚款行政处罚 23 万元，引起了各金融机构的警醒和高度重视，有力地促进了辖区反洗钱工作意识和水平的整体提升。

5.创建全省“A 级信用市(州)”，推进农村信用环境建设步伐。认真开展信用创建目标考核验收，协调市政府有关部门完成了对全市 100 个申报信用乡镇和 34 个申报信用社区的考核验收。认真核查创建“A 级信用市州”各项指标数据，整理申报资料，先后 3 次向省信环办作专题汇报，积极申报，并配合市政府认真做好了省政府专家组对全市现场检查期间各项工作，推动全市顺利通过考核验收，成功跨入湖北省“A 级信用市(州)”行列。试点开展农村信用体系建设，开展“个人信用评价”工作。推动农村信用社 255 个营业网点共建立信用档案 141 万户，评定信用等级 78 万户，分别占全辖农村金融机构营业网点总数的 90%、农户总数的 84%和 47%。制定了农户信用评价指标体系，并运用指标对潜江、公安两地 8 个基层信用社 200 名农户的信用信息进行了采集和测试。进一步拓展非银行信息采集领域，开展了环保信息、质监信息和拖欠职工工资信息采集工作。联合荆州市慈善总会、红十字会共同建立抗震救灾捐赠信息采集制度，首批 556 家企业 1,500 万元的抗震救灾捐赠信息登记到企业信用信息基础数据库。

6.贯彻外汇管理改革措施，支持辖区外向型经济发展。建立了企业进出口换汇成本监测机制，完善各项制度，构建信息平台，初步形成了局企联动、信息共享、风险共防的监测局面。抓住奥运会火炬传递途径荆州和世界华商 500 强科技论坛在荆州举办的机遇，加强政策引导，成功推动城区 3 家四星级酒店与外汇银行签约建立外币兑换点。认真开展了企业出口收结汇网上核销试点，8 家试点企业均成功进行出口收结汇网上核销。启动仙桃、天门和潜江三个城市圈支局的无纸化核销试点工作，提高了工作效率，加快了核销进程。取消了市内进口企业异地付汇备案表，推动进口企业异地付汇便利化。截至 12 月底，全辖进口企业异地付汇 164 笔，金额 1,593 万美元，同比增长 696.5%。稳步推进国际收支网上申报系统上线试点，提前完成直接投资外汇业务信息系统(FDI)推广运行。将外汇年检与 FDI 系统上线工作有机结合,在年检同时采集企业历史数据,工作效率大大提高。

7.创新行政执法模式,提高综合监管效率和水平。围绕综合行政执法的模式、范围、对象、程序等进行了详细研究论证,做到了实施综合行政执法能够在加强对金融机构监管的同时保证其正常经营,做到了综合执法项目与上级行安排工作之间的统筹兼顾。出台了《综合行政执法检查实施办法》,对综合行政执法的组织、实施、要求、纪律以及综合行政处罚的程序进行了严格规范。中支2008年度综合行政执法检查共组织机关6个执法部门,投入检查人员28人,历时25个工作日,查证违规行为8类149个,依法对5家金融机构合计做出罚款39.9万元的行政处罚决定,并已全部执行到位。在促进金融机构依法合规经营,打击金融领域违法行为的同时,提高了行政执法效率,锻炼了行政执法队伍,树立了基层央行金融监管权威。

8.深化"调研兴行"理念,服务领导决策有新作为。提出了深化"调研兴行"的七条具体措施,出台了《中支机关重点调研人才库管理办法》,进一步健全调研信息工作激励机制,落实信息联络员培训制度,牢固树立"精品意识",围绕国家大政方针和领导关注的难点、社会反映的热点采写信息。同时,结合履职新工作、新任务,找准突破口,开展深入调研。如针对人民银行政务公开工作,积极探索政务公开在基层开展的有效途径,撰写《政务公开与央行公信力探讨》获批示肯定,《调查显示:干部职工对政务公开工作较为满意但基础工作仍需加强》被总行《送阅信息》采用。调研信息全年被上级行采用163篇,总行、分行领导批示4篇。

(李俊峰)

附表

荆州市主要经济、金融指标

表 3－4　　2008 年末　　单位：亿元

项目	金额	比上年增减额	比上年增减幅度(%)
国内生产总值	623.98	104.35	20.10
工农业总产值	546.82	102.34	23.00
其中：工业总产值	211.12	36.97	21.20
农业总产值	335.70	65.37	24.20
地方财政收入	42.02	7.93	23.30
地方财政支出	99.44	28.07	39.30
社会消费品零售总额	370.60	71.01	23.70
商品零售价格指数(%)	106.70		
金融机构各项存款	729.98	143.25	24.40
财政存款	18.10	4.30	31.20
企业存款	120.48	23.78	24.60
储蓄存款	531.17	99.54	23.10
金融机构各项贷款	305.24	5.52	1.80
短期贷款	169.69	－45.48	－21.10
中长期贷款	102.87	18.32	21.70
现金投放(＋)回笼(－)	－23.82	－3.67	18.20
保险费收入	20.53	7.71	60.10
保险赔款支出	3.85	0.20	5.50

宜 昌 市

【经济运行概况】

2008年宜昌市经济发展态势良好，综合实力不断壮大。生产总值、工业总产值分别突破千亿元大关。实现生产总值1,026.6亿元，增长14.6%；全地域财政收入197.6亿元，增长20%；地方一般预算收入44.3亿元，增长24.5%。

1. 工业经济快速增长。2008年实现工业总产值1,210.9亿元，增长33.9%；规模以上工业增加值452亿元，增长22.8%；利税236.9亿元，增长16.5%。电力、化工、食品医药三大支柱产业不断壮大，实现增加值340.6亿元，占规模以上工业增加值的75.3%。装备制造业增势强劲，年主营业务收入达到123.7亿元，增长51.7%。高新技术产业快速发展，实现增加值66.1亿元，增长29.8%。新增规模以上工业企业186家，达到847家。

2. 农村经济稳定发展。2008年实现增加值137亿元。粮油、水产、畜牧业增产增收。六大特色产业占农业总产值的比重达到74%，成为农民增收的重要来源。农业产业化向纵深推进，新增市级以上龙头企业22家、农民专业合作社161家。"全国农业机械化示范区"建设成效显著，机械化作业综合水平达到50%。林业生态建设加强，完成人工造林22万亩。农技推广力度加大，农业科技贡献率达到56%。农村生产生活条件逐步改善。改造低丘岗地10万亩，新建通村沥青水泥路1,150公里，新增"一池三改"农户4.4万户，新建末级渠道584公里，解决了20.2万人饮水安全问题。耕地保护得到加强。

3. 第三产业持续增长。2008年实现增加值338.2亿元，增长11.3%。鄂西生态文化旅游圈区域合作加强。三峡人家等重点景区标准化建设加快。水路客运港口资源整合全面推进。成功举办了第九届中国宜昌三峡国际旅游节。全年接待境内外游客992.3万人次，实现旅游总收入65.1亿元。三峡物流中心建设启动，现代服务业发展提速。城乡市场活跃稳定，实现社会消费品零售总额388.2亿元，增长24.6%。金融稳健运行，盈利增加。

4. 县域经济活力增强。2008年宜都、枝江、当阳、夷陵工业总产值突破100亿元，全地域财政收入过10亿元。城区经济实力壮大，生产总值占全市的比重达到52.2%。

5. 项目建设力度加大。2008年发展后劲继续增强。完成固定资产投资523.5亿元，增长34.1%。市县属投资397.1亿元，增长36.7%。80个重点项目顺利推进，完成投资129.1亿元，占年计划的128.4%。南玻多晶硅一期、宜化40万吨磷酸二铵二期、三宁化工"4030"工程等一批骨干项目竣工投产。招商引资成效明显，新开工招商项目182个，实际到位资金118亿元，增长38.8%。深圳工业园建设顺利启动，已有一批项目陆续落户园区。

6. 改革开放稳步推进。2008年发展活力持续提升。行政审批改革不断深化，电子政务全面推行。国有资本经营预算制度不断完善，市直机关企事业单位脱钩改制工作稳步实施。农村公益性服务以钱养事新机制逐步健全，集体林权制度改革基本完成。投资、财税体制等各项改革深入推进。对外开放进一步扩大。实现出口总额9.1亿美元，增长48%。新批外商投资企业17家，实际直接利用外资1.6亿美元，增长18%。对外经济合作领域进一步拓宽，完成对外经济合作营业额6.6亿美元，增长128%。

7. 社会事业全面进步。2008年人民生活逐步改善。就业和再就业工作加强，新增城镇就业8.4万人，新增农民转移就业8.7万人。城镇居民人均可支配收入11,733元，增长14.6%。农民人均纯收入4,686元，增长16.5%。社会保障水平提高，社会保险扩面新增23.2万人，城镇居民医疗保险参保率达到54%。义务教育标准化学校建设加快，经费保障新机制实现城乡全覆盖。职业教育快速发展，三峡职业技术学院成为省级示范高职学校，三峡旅游职业技术学院正式成立。公共卫生服务体系日益完善，新型农村合作医疗参合率达到94%。人口继续保持低生育水平。食品药品监管力度加大。市档案馆升级为国家一级档案馆。新图书馆投入使用。成功举办了奥运火炬接力传递、"宜昌·九歌"钢琴音乐会等大型活动。扶贫开发深入推进，解决了1万名绝对贫困人口温饱和1.5万名低收入人口脱贫问题。

【金融运行概况】

1. 存款较快增长，金融机构资金较为充足。截至12月末，宜昌市金融机构各项存款(本外币合计)余额1,007.2亿元，较年初增加119.3亿元，增长13.4%，同比少增50.69亿元，增幅下降10.3个百分点。

2. 贷款稳定增长，较好地支持了宜昌经济社会发展。截至12月末，宜昌市金融机构各项贷款(本外币合计)余额707.4亿元，按可比口径(还原三峡农行剥离29.6亿元不良贷款以后)计算，较年初增加50.2亿元，增长7.3%，同比少增70.5亿元，增幅下降14.1个百分点。全市金融机构累计投放贷款610.7亿元，同比多投88.5亿元，较好地支持了宜昌经济的发展。

3. 金融机构经营状况良好，收入大幅增长。2008年，宜昌市金融机构实现了良好的经营效益，本外币累计盈利16.52亿元，同比增盈0.19亿元。一是通过扩大贷款投入，优化信贷结构，金融机构的贷款利息收入大幅增加，全年实现利息收入69.5亿元，同比增加17.8亿元。二是金融机构进一步加大了金融创新和中间业务营销的力度，规范和完善了银行卡、代理收付、代理销售等金融产品，并创新开发出网上自助贷款、自助票据兑付等新金融产品，全年实现中间业务收入4.2亿元，同比增加5,990万元。

4. 金融资产质量提高，信用环境进一步趋好。2008年，金融机构处置、清收不良资产收到显著成效，三峡农行剥离历史遗留不良贷款29.6亿元，因此全市不良贷款余额和占比大幅下降，资产质量得到明显提高。12月末，全市不良贷款余额13.6亿元，较年初减少34.4亿元；不良贷款占比2.1%，较年初下降5.5个百分点。同时，宜昌信用环境进一步趋好，连续6年获得全省“A级金融信用市”称号，辖内已有8个县市区获得了全省“最佳金融信用县(市)”称号。

【货币政策执行】

1. 窗口指导力度进一步加大。年初，为认真贯彻落实从紧的货币政策，宜昌市人行坚持“紧中有活、紧中有稳、紧中有进”，起草制定了《从紧货币政策下支持宜昌经济发展的信贷指导意见》，引导全市金融机构切实执行“总量调控、区别对待、有保有压”的信贷政策。11月上旬，国家财政政策、货币政策调整后，宜昌市人行又及时结合宜昌实际制定了《关于落实适度宽松的货币政策促进宜昌经济平稳较快发展的工作意见》，指导、引导金融机构加大信贷投入，确保国家扩大内需、促进经济平稳增长的政策意图在宜昌辖区得到贯彻落实。截至12月末，全市金融机构各项存款余额1,007.2亿元，较年初增加119.32亿元，增长13.44%；各项贷款余额707.39亿元，较年初增加50.23亿元，增长7.64%(农行剥离本外币贷款合计29.11亿元)，连续多年实现了信贷总量增加和结构调整的均衡发展。

2. 政策传导渠道进一步畅通。2008年宜昌市人行重新修订了综合年度评价指标体系，加大了金融机构履行社会责任的考核力度，会同市财政局制定了《全市金融机构信贷投入奖励制度》，建立了货币信贷政策年度评价的正向激励机制。

3. 信贷政策作用进一步显现。再就业小额担保贷款和助学贷款工作继续走在全省前列，创新农户救灾小额贴息贷款工作得到分行肯定。修订了《宜昌市劳动密集型小企业再就业小额担保贷款实施办法》。截至12月末，全市小额担保贷款余额10,156万元，较年初增加3,947万元，增长63.6%，累计投放6,150万元，贷款余额继续居全省地市首位。同时，积极落实对信用社区小额贷款免反担保措施，全年共发放免反担保再就业小额担保贷款112笔、224万元；着力推动省属高校生源地助学贷款工作，至12月末全市助学贷款余额7,338万元，较年初增加628万元，增长9.4%，累计投放2,268万元；积极引导金融机构支持灾后重建工作。根据人民银行总行刘士余副行长3月中旬对宜昌受灾情况进行现场调研时的指示，宜昌市人行指导、督促农村信用社开办了农户救灾小额贴息贷款，有力支持农业生产和灾后重建工作，截至12月末，全市金融机构累计发放救灾抗灾贷款24.4亿元，重点支持了湖北采花茶叶公司、湖北宜化集团有限责任公司、安琪酵母、长江电缆等重点企业恢复生产；全市农村信用社共投放抗灾贷款2.8亿元，重点支持受灾农户和涉农小企业的灾后恢复生产，其中发放救灾小额贴息贷款11,055万元，应贴息金额1,100万元。

4. 服务“三农”及中小企业进一步深入。积极引导信贷产品和信贷模式的创新，在进一步推广长阳“基地＋农户＋银行”信贷模式和远安“农村产业大户综合授信服务”模式的同时，指导城郊农村信用联社、秭归农行推出了商户交叉联保贷款、外派海员委托助学贷款、农村贫困劳动力转移培训贷款等支农信贷新产品；积极协助市政府启动“服务‘三农’，支持农业产业化银企项目对接”活动，搭建银企合作互动平台，建立金融支持“三农”的长效机制，3家涉农金融机构分别与宜昌萧氏茶叶、湖北枝江酒业、安琪酵母、湖北采花茶业等21家市级以上龙头企业签订贷款协议9.35亿元，全市金融机构对140家市级以上农业龙头企业的综合授信总额超过60亿元，12月末信贷签约金额已落实92.6%；积极推动“三位一体”中小企业融资担保体系建设，夷陵区试点工作成效显著，截至12月末，夷陵区中小企业协会新接收5家企业，认购协会股220万元，按照1∶5的比例放大，为5家企业各提供担保1,300万元，有力地促进了中小企业和地方经济的发展。

【金融稳定】

区域金融运行稳定。进一步完善辖内金融稳定协调机制和信息共享，积极推动三峡库区鄂渝毗邻地区金融稳定协调机制的运转，会同市建委、房管局、土管局及辖内金融机构起草制定了宜昌市房地产市场与房地产信贷监测信息通报联席会议制度；认真开展法人金融机构的风险监测与评估，完成并向分行报送了对宜昌市商业银行2007年度及2008年上半年风险监测评估报告，完成上报了从紧货币政策对农村信用社、对城市商业银行流动性风险分析监测分析报告以及法人金融机构改革进展情况及存在的主要问题、房地产金融发展情况及存在的主要问题等专题研究报告；加强对金融稳定再贷款管理，加大对原自办城市信用社资产清收力度，积极维护央行债权；组织学习《突发事件应对法》及各项规定，进一步健全应急管理体系，修订完善各项应急管理预案，认真开展各类应急预案的培训和演练，及时、准确地向上级行报送辖内重大紧急事件及各类应急工作信息及报表。4月，及时向人民银行武汉分行报告辖内部分县市遭受特大暴雨及冰雹灾害的情况，分行主要领导作出重要批示。

【金融生态建设】

1.“信用工程”建设成效显著。区域信用工程创建保持领先，2008年，宜昌市及所属的6个县（市）通过了省信用环境（金融生态）建设领导小组组织的现场考评和复审。至此，宜昌市9县市区已经有8个获得了全省“最佳金融信用县（市）”荣誉称号，宜昌市连续6年获得全省“A级金融信用市”称号；信用乡镇创建得到进一步巩固和扩大。截至12月末，全年全市评定信用乡镇69个，占比64.68%，较上一年度增长21%；信用社区创建呈现良好的发展态势。截至12月末，全市250个社区有70个信用社区，占比28%，信用社区的总量与增量在全省名列前茅；A级信用企业培植和创建工作进一步深入。截至12月末，全市银行金融机构A级企业893户，占贷款企业总数的68.01%，全市无湖北省银行同业公会制裁企业名单。

2. 征信管理规范有序。切实加强征信系统日常管理与维护，不断规范窗口服务，积极推广系统普及与应用，认真做好贷款卡发放、年审及征信系统查询与异议处理工作，全年共办理贷款卡发放1,780户，年审1,313户，共受理企业及个人系统查询433笔，受理个人系统异议处理54笔，全部办理完结；努力探索建立中小企业信息采集长效机制，通过上下联动、部门联动，积极开展中小企业信息采集和更新。进一步巩固和发展非银行信息采集工作，对城区公积金信息按月进行了更新，并实现了信息共享。先后与劳动和社会保障、环保、法院、电信、质监等部门开展协商协作，建立了拖欠工资报送制度，扩大了环保和法院信息采集数量，实现了电信和质监信息采集零的突破；组织开展了声势浩大的“征信知识宣传月”活动，6月份，宜昌市人行组织各县（市）支行和金融机构开展了“征信知识宣传月”活动，通过新闻媒体、网站、金融机构网点宣传征信知识。6月14日，组织开展了以“信用报告关爱日”为主题的宣传活动，全市各金融机构通过采取摆放宣传展板、播放宣传短片、散发各类征信知识和金融业务知识宣传材料、现场答疑等多种形式，提供个人信用报告现场查询服务。7月24日，组织举办“征信知识荆楚行”（宜昌站）知识竞赛暨征信知识宣传月活动闭幕仪式。

【金融服务】

1. 支付清算安全便捷。先后完成了支付系统银行本票、支票截留业务、非现金支付工具及境内外币支付系统的推广工作，定期对系统进行检查维护，开展应急演练，确保支付系统稳定、清算资金安全；组织开展支付结算业务宣传，积极引导客户通过小额支付系统办理水、电、煤气等公用事业费用缴纳、工资养老金发放等业务，充分发挥小额支付系统社会低成本、业务容量大的服务功能；进一步规范账户管理，开展清理检查，落实实名制，规范行政许可，严肃结算纪律，全年共办理各类开户许可共11,848户，撤销开户许可共8,015户，全年共接受公、检、法等司法部门查询600次；进一步规范银行卡受理市场秩序，联合开展打击银行卡违法犯罪专项活动，切实改善农村地区支付环境，大力宣传新型支付结算工具在农产品购销、商品交易、投资理财等方面的应用，积极做好年末农民工银行卡特色服务宣传，利用春节农民工返乡之际，组织农村信用联社、银商集团宜昌办事处到车站、码头开展以“亲情银行卡服务农民工”为主题的农民工银行卡特色服务宣传活动，共发放宣传折页3,200多份，接受农民工咨询550人次。

2. 国库TIPS横向联网成功。在2007年与地税部门联网成功的基础上，2008年，将国库TIPS横向联网系统范围扩大到国税部门，进一步扩大委托银行扣税签约单位，增加扣税业务种类，涉及税种涵盖地税部门征收的所有税种，上线运行单位拓展到3家国库、3家税务单位及8家金融机构。全市的TIPS联网建设工作，得到了人民银行武汉分行的重视和支持，被其确定为特色金融服务创新项目。为确保项目的顺利实施，制定了《宜昌中支国库TIPS联网系统建设实施方案》，编写了《宜昌市财税库银联网电子扣税业务流程》。目前，全市TIPS正式上线的各项工作已经准备就绪，系统基础参数设置全部录入完成；推行国库工作问责制，规范国库资金退库审批流程，探索实现全辖国库核算系统数据远程异地集中备份，确保了国库业务核算的连续性和国库服务的可持续性，提升了国库系统处置突发事件的应急能力，实现了突发事件预防与处置的有机结合，强化了国库业务系统应急资源储备，有效防范国库账务核算数据毁损丢失风险，保证了国库核算数据的安全，得到人民银行总行国库局局长邵长年的批示肯定。

3. 现金供应科学合理。科学编制上报发行基金调拨计划和现金投回分析预测报告，确保现金供应万无一失；建立流通中人民币质量监测网点，全市共建立78个人民币流通状况监测网点，定期收集反馈流通中人民币券别结构和需求、整洁度等情况，有效发挥了人民币流通状况监测作用；疏通硬币流通渠道，开展了“唤醒沉淀硬币，共建和谐金融”活动，与《三峡晚报》联合开展了“免费换币”活动，各家商业银行积极响应，开通硬币兑换绿色通道，开设零残币兑换窗口，为兑换200枚以上硬币的客户实行预约服务，保证了小面额货币需求供应；积极推进“放心钱”工程建设，推出了“加强反假货币工作站建设”、“重新布局货币真伪鉴定和残损人民币兑换服务网点”等十项措施，举办了“建‘放心钱工程’展金融职工风采”反假货币知识竞赛及反假宣传月活动，加大了反假货币和残损币、零钞兑换工作力度，坚决防止印有“法轮功”反动标语的人民币流入市场。

4. 外汇管理与服务不断加强。优化服务手段，提升服务质量，通过公开办事流程、对重点企业实行上门服务、与外汇指定银行通过网络传输进行信息交换等措施，节约了成本，优化了资源，进一步提高服务效率和质量，得到了外汇指定银行和相关企事业单位的一致好评；创新管理模式，强化外汇监管，引进省内交叉检查机制，提升了检查水平，全年立案7起，罚款13.05万元，结案率达到100%，有效维护了外汇管理秩序，确保国家外汇管理政策落到实处；多措并举，稳步提高国际收支申报质量，国际收支连续以100%的无差错申报率位居全省前列，结售汇统计、分析及反馈做到了“快、准、全”；扎实做好直接投资外汇业务系统推广上线及外商投资企业网上年检工作，重点把好系统数据收集、审核、导入关，共导入既存企业信息163家，新增企业信息15家，共审核发放外汇业务登记IC卡178家，资本项目资本金账户信息登记122笔，受理外资验资询证66笔，金额8,589.3万美元，确保了系统上线运行正常；大力开展“诚信兴商宣传月”活动，通过街头宣传、发送短信、树立展板、发放宣传资料和悬挂横幅等多层次、多形式的宣传活动，营造了良好的外汇管理工作氛围。

（李红俊）

附表

宜昌市主要经济、金融指标

表 3－5　　2008 年末　　单位:亿元

项目	金额	比上年增减额	比上年增减幅度(%)
国内生产总值	1,026.60	205.70	14.60
工农业总产值	688.35	73.75	12.00
其中:工业总产值	551.36	88.03	19.00
农业总产值	136.99	6.53	5.00
地方财政收入	197.58	33.20	20.20
地方财政支出	105.30	26.42	33.50
社会消费品零售总额	388.19	76.64	24.60
商品零售价格指数(%)	105.60	105.60	
金融机构各项存款	1,002.40	119.17	13.40
财政存款	22.80	4.00	21.20
企业存款	309.20	26.70	9.40
储蓄存款	504.78	108.82	27.40
金融机构各项贷款	698.41	53.69	7.30
短期贷款	195.70	－0.45	
中长期贷款	421.90	53.30	14.40
现金投放(＋)回笼(－)	－5.23		1.00
保险费收入	29.80		61.10
保险赔款支出	6.70		

十 堰 市

十堰市积极探索建立银企合作机制，构筑银企发展平台。

【经济运行概况】

2008年，十堰市经济继续保持平稳较快增长。全市完成生产总值487.6亿元，按可比价格计算，比上年增长10.7%。其中，第一产业增加值57.7亿元，增长6.3%；第二产业增加值225.0亿元，增长6.8%；第三产业增加值204.9亿元，增长16.3%。三次产业结构比由2007年的11.1∶48.1∶40.8调整为11.8∶46.1∶42.1，第三产业增加值在GDP中所占比重上升。在第三产业中，金融保险业增长10.4%，批发和零售业增长12.9%，住宿和餐饮业增长9.6%，房地产业增长4.9%，其他服务业增长20.5%。固定资产投资规模和增速均创历史新高。2008年全社会完成固定资产投资185.4亿元，比上年增长30.9%，其中城镇以上项目投资171.5亿元，增长30%。全年实现社会消费品零售总额210.18亿元，比上年增长23.5%，扣除物价因素实际增长15.3%，比上年提高3.6个百分点。全市新批外商投资企业8家，新增投资总额6,665万美元，注册资本5,155万美元，合同外资5,127万美元，实际到资5,045万美元，同比增长22.7%。进出口总额21,147万美元，同比增长98.9%。其中外贸出口总额18,769万美元(含东风有限)，增长128.1%，创历史最高水平。全年财政收入44.9亿元，增长19.5%；其中地方财政一般预算收入完成19.9亿元，增长27.6%。城镇居民人均可支配收入10,535元，比上年增加1,285元，增长12.2%。农村农民人均纯收入2,841元，比上年增加352元，增幅14.1%。

【金融运行概况】

2008年，全市金融运行平稳，实现存款、贷款双增长。全年金融机构各项存、贷款分别为578.3亿元、235.1亿元，比年初分别增加103.5亿元和47.9亿元，其中企业存款比年初增加16.7亿元，财政存款增加2.6亿元，储蓄存款增加64亿元；新增贷款量比上年多增加16.6亿元，其中，中长期贷款增加24.8亿元，有效保证了国家重点工程基本建设、东汽公司技改项目和县域小水电建设，金融运行符合宏观调控和经济结构调整要求，保持了货币信贷合理增长。

【货币信贷管理】

一是及时召开金融机构联席会，将金融宏观调控意图全面准确地传递给金融部门。二是做好对地方党委政府汇报工作，帮助地方政府了解最新金融动态，争取地方政府对金融工作的理解、重视与支持。三是及时参加政府相关工作会议，为地方政府出谋划策、当好参谋。四是抓“三农”经济信贷投入，结合中央1号和人民银行总行1号文件精神，研究制定了一系列扶持“三农”经济发展的信贷指导意见，出台了相应信贷政策措施。如对支农贷款、农民工贷款不设规模限制，对涉农贷款实行优惠利率，对农户因灾造成的逾期贷款不加息罚息，加大农村信用社再贷款、再贴现支持力度，提高支农贷款审批效率等，引导金融机构加大对“三农”经济信贷投入，促进农民增产增收。五是保重点企业、重点项目资金需求。通过鼓励金融机构积极向上争取资金和规模，开展信贷服务“春风行动”，把十堰支柱产业做大做强。全年金融部门累计向重点企业、重点项目新投入资金25亿多元，促进十堰经济在从紧货币政策情况下依然保持较快增长。六是加大对中小企业信贷投入。通过完善中小企业担保机制、举办银企发展促进会等形式，引导金融机构加大对中小企业信贷投入，配合政府实施成长工程，促进了中小企业民营经济快速发展。七是做好弱势群体金融支持工作。充分利用国家下岗失业人员就业再就业小额担保贷款、助学贷款、扶贫贴息贷款等相关政策，加强与相关部门协调配合，建立工作联动机制，促进了相关政策落到实处，累计发放各类政策性贷款1.6亿元，使党的“温暖工程”惠及千家万户。截至2008年12月末，全市金融机构各项贷款余额235.1亿元，比年初增加47.9亿元，增长20%，贷款增幅高于全省平均水平，位居全省第二，成为继前两年之后又一个高增长年份。

【金融服务】

一是积极探索建立“农村贫困劳动力转移培训助学贷款”新模式。充分利用国家助学贷款、扶贫开发贷款、支农再贷款等相关政策，与扶贫办、教育主管、劳动保障等部门密切配合，将有关政策捆绑使用，探索建立了“农村贫困劳动力转移培训助学贷款”新模式，实行“财政担保、扶贫贴息、银行借款、学校承贷、学生转贷、就业还贷”运作方式。已累计发放贷款9,100万多元，受益学生达到1.8万余人，这一做法受到了广大学生热烈欢迎，得到了地方政府充分肯定，并引起媒体的广泛关注。

二是积极探索建立“外汇管理电子政务平台”。在全省率先推出了“外汇管理电子政务系统”，并在互联网上与十堰市人民政府门户网站链接，实现了外汇企业足不出户即可向外管部门申请办理外汇行政许可及审批事项，办理、查询相关业务。这一做法，得到了上级部门充分肯定，在全省具有推广价值。

三是探索建立银企合作机制，构筑银企发展平台。在市政府大力支持下，成立了十堰市银企发展促进会，主要宗旨是：通过项目推介、信息咨询、融资担保、金融理财等方式，推动银企合作，达到“同求发展、共避风险、互利双赢”的目的。各行(社)成立了由分管行长(主任)任组长，信贷管理部门负责人为成员的工作领导小组，加强与企业沟通联系，提供个性化服务。2008年11月21日，召开了十堰市首届银企发展促进会，发展中小企业会员200多家，现场签约贷款项目12个，金额29亿元。

四是加强支付结算管理，开辟绿色服务通道。针对年初南方雨雪灾害和“5·12”汶川大地震等自然灾害，多次召开金融机构联席会，重申支付结算纪律，实行责任追究，并要求相关部门和人员，坚守工作岗位，尽职尽责，为资金汇划提供绿色服务通道，确保了结算渠道畅通，保证了救灾款项及时划拨。

五是积极推进农民工用卡特色金融服务。积极引导金融机构、银联公司加大对农产品集散地和重要旅游景点银行卡机具投放力度，方便资金结算。在农村地区强力推出农民工用卡特色金融服务，通过组织开展“银行卡知识乡村行”活动，设立“惠农服务窗口”、“便农服务热线”、建立“农民工用卡示范户”等措施，改善了农村地区银行卡受理环境，使农民工用卡这一惠民工程落到实处。

六是贴近百姓生活，加强人民币宣传。为庆祝中国人民银行成立暨发行人民币60周年，组织开展了新中国钱币实物展，制作了宣传专题片《新中国钱币概况》，在全市引起了良好反响，日均参观流量达3,000多人。

七是深化反洗钱协作。加强了与公安部门密切配合，将反洗钱工作触角由金融机构拓展到社会经济层面，建立了部门例会和情报会商制度，并及时将现场检查中发现的有价值可疑交易信息资料提交给公安部门，实现了反洗钱工作可疑信息移交“零立案”的突破。针对非现场监管工作中存在的信息质量不高、时效性差、填写不规范等问题，及时召开金融机构反洗

2008年3月4日，十堰市召开全市金融支持灾后重建工作推进会，积极支持灾后重建。

2008年11月20日，人民银行武汉分行副行长马天禄（右一）在十堰参观庆祝中国人民银行成立暨发行人民币60周年钱币展。

钱工作会议，督促金融机构切实提高非现场监管信息报送质量，明确责任人和报送时间。通过风险提示和情况通报，进一步规范反洗钱信息报送工作。为提高反洗钱工作质量，制定出台了《十堰市金融机构反洗钱工作评估实施细则》，做好反洗钱评估工作。接受分行委托，严格按照法定程序，开展了两起反洗钱行政调查工作，圆满完成了工作任务。

【金融生态建设】

一是加大征信宣传，强化征信管理。深入开展征信宣传活动，提高社会信用意识。6月14日，在全市组织开展了“信用关爱日”宣传活动，面向社会公众，开展个人信用信息现场查询，利用网络、媒体、展板、海报、问卷等形式，加大征信宣传，开展“征信宣传荆楚行接力”、“征信宣传进校园”等活动。二是加大非银行信息采集力度。促请市政府下发了《关于加快建设企业和个人征信系统建设的通知》，为非银行信息采集提供依据，完成了工资拖欠、环境违法、电信、质检、地税欠税等相关信息采集工作。三是提高征信服务水平。利用企业信用信息数据库，参与了工商部门组织的“重合同、守信用”企业评选活动，参与了海关部门组织的进出口企业信用评定工作，参与了市政府组织的上市公司信用资格初审工作。

【金融稳定】

根据金融稳定会议精神，将金融稳定工作重点转向金融风险监测与评估上来，积极探索研究区域金融风险监测和评估方法，增强对区域金融稳定评估定量分析和实证分析力度。按照人民银行武汉分行制定的《金融稳定再贷款管理操作规程》，做好金融稳定再贷款数据统计、分析及资料管理工作，切实维护中央银行债权。对中支原自办经济实体和融资中心剩余资产，加强与资产管理公司沟通，签署法律文书，顺利办理移交。作为成员单位，参加了鄂豫渝陕川毗邻地区金融稳定联席会议，进一步完善了毗邻地区金融稳定协作机制。

【金融改革】

在推进农村信用社改革中，一手抓监测考核，一手抓兑付审查，严把日常监测、现场检查以及材料上报关，确保了全年两批上报的8家农村信用联社获总行审核通过，全市9家农村信用联社认购的5.2亿元专项票据全部兑付成功。与此同时，认真做好兑付后监测评估工作，督促农村信用社进一步深化改革。目前，十堰辖区农村信用社在明晰产权关系、完善法人治理结构，尤其是在加强内部管理方面，取得了明显成效，全市农村信用社发展势头良好，支农服务能力明显增强。

（王　勤　尹长举）

附表

十堰市主要经济、金融指标

表3－6　　2008年末　　单位:亿元

项目	金额	同比增减额	同比增减幅度(%)
国内生产总值	487.60	76.20	10.70
工农业总产值	816.40	100.00	14.00
其中:工业总产值	720.00	81.00	12.70
农业总产值	96.40	19.00	24.60
地方财政收入	44.90	7.40	19.20
地方财政支出	71.40	17.40	32.20
社会消费品零售总额	210.20	40.00	23.50
商品零售价格指数(%)	107.10		7.10
金融机构各项存款	578.30	103.50	21.70
财政存款	15.50	2.60	20.10
企业存款	136.10	16.70	13.00
储蓄存款	339.80	64.00	23.20
金融机构各项贷款	235.10	27.80	13.40
短期贷款	99.70	3.20	3.20
中长期贷款	117.60	16.50	16.30
现金投放(＋)回笼(－)	19.90	－2.30	－10.30
保险费收入	19.40	6.70	53.00
保险赔款支出	6.70	1.30	24.20

孝感市

人民银行武汉分行行长张静在孝感参观订单农业受益农户。

【经济运行概况】

2008年,全市生产总值596亿元,同比增长14%。财政总收入39.1亿元,同比增长14%,其中:地方一般预算收入20.8亿元,同比增长25.4%。全社会固定资产投资274.9亿元,同比增长40.3%。全社会消费品零售额270.5亿元,同比增长23.9%。外贸出口达到2.3亿美元,同比增长25%。直接利用外资1.4亿美元,同比增长20%。城镇居民人增均可支配收入12,400元,同比增长14%,农民人均纯收入4,637元,增加837元,同比增长18.4%。万元生产总值能耗下降4.5%,化学需氧量下降3%,二氧化硫排放量下降2.3%。新增就业5.3万人,居民消费价格涨幅7%。

【金融运行概况】

1. 存款超速增长。2008年,孝感市存款净增额超过历史最好水平。全市人民币各项存款余额503.07亿元(余额数均不含村镇银行),较年初增加99.63亿元,同比增长24.70%。从增量结构看,以储蓄存款增加为主。12月末,储蓄存款余额比年初增加67.36亿元,增长23.51%,占存款增量的67.61%。财政性存款、机关团体存款大幅增长,财政性余额达17.73亿元,比年初增长5.27亿元,增幅达42.30%,机关团体存款20.22亿元,比年初增长8.23亿元,增幅达68.64%。企业存款增幅低于上年,年末余额达89.88亿元,较年初增加15.36亿元,增长20.61%,较同期少增0.54个百分点。从存款增长的结构分析,年底存款大幅上升是季节性和宏观经济环境双重因素影响的结果。

2. 贷款均衡快速增长。在宏观调控政策总体偏紧情况下,孝感市金融机构用足用活政策,各项贷款实现了均衡快速增长。全市银行业贷款累计发放175.11亿元,同比多投12.43亿元,增长7.6%,贷款累计回收142.39亿元,同比少收17.75亿元。各项贷款余额为243.81亿元,较年初增加34.58亿元,增长15.74%,达到近三年的最高水平,基本满足了地方重点企业和支柱产业发展对资金的需求。

3. 改革稳步推进。辖内金融改革稳步推进。信用社票据置换取得重要进展,辖内汉川信用社等7家信用社8.5亿元央行专项票据通过人总行考核获得兑付。继孝感市邮政银行3月20日挂牌设立,各县市区邮政储蓄银行先后成立,并陆续开展小额质押贷款、有限的信用贷款试点,各项贷款达到9,365万元。农业银行股份制改造有条不紊进行,至12月底剥离不良贷款30.92亿元,并在汉川新河镇成立了全国首家国有商业银行控股的村镇银行,12月底村镇银行存款余额达3,125万元,贷款余额达1,160万元。农业发展银行商业性信贷在扩大业务范围、拓展服务对象、增加信贷品种等方面均有所进展。

4. 经营效益大幅增长。孝感市经营性银行业金融机构实现当年结益55,218万元,比上年增长16.7倍。从机构情况分析,全市经营性银行业机构全部实现盈利。

【货币信贷管理】

一是抢抓"两型"社会建设机遇,突破属地融资局限,年初组织10家在汉股份制商业银行与孝感辖内的45户企业进行了信贷对接,现场签约18.7亿元。已对孝感辖内61家企业投入25.13亿元,履约率达到134.39%,推进了汉、孝经济金融一体化进程,支持了孝感经济又好又快发展。

二是加强窗口指导,大力实施金融扶弱工程。印发了孝感市实施信贷优扶工程的通知、金融机构执行货币信贷政策综合评估制度，提请市政府出台了支持龙头企业发展的指导意见、加强创业带就业工作的通知，协调搞好税费减免和财政贴息工作，适时推出协会贷款、大额农贷、订单农业等模式，缓解了长期困扰农民大额贷款难的问题。下半年，根据国家由年初的“双防”转变为“一保一控”以及后来适度宽松的货币政策，及时进行窗口指导和调研推动，取消辖内法人机构信贷规划，市县两级人民银行全年共组织、参与信贷营销活动8次、信贷签约金额96亿元，较好地保证了全市重点项目、骨干企业、优质中小企业、“三农”、助学贷款以及下岗失业等弱势群体信贷需求。申请2008年支农再贷款额度5.45亿元、发展再贷款1亿元，累计发放支农再贷款21,200万元。

三是着力培植黄金客户。通过培训、会议、宣传等形式引导规范中小企业的行为，着力督促金融机构开展黄金客户培植。黄金客户总数达到476家。

四是做好特大冰雪灾害、“5·12”汶川大地震和“8·30”暴雨灾情的灾后重建金融服务工作，全面了解孝感受灾情况，协调金融机构支持灾害重建，踊跃捐款，将灾害受损程度降到最低。

五是推动辖内县市人民银行和金融机构创新推出了9个信贷品种，即订单农业贷款模式、林权质押贷款、大额农贷、协会会员联保贷款、隐蔽保理业务、仓单质押信贷、第三方监管及第三方保证信贷、农民工贷款和权利质押贷款。

六是完成了2007年度市直各金融机构的考评工作，兑现了市政府拨付的奖金，调动了金融机构支持地方经济发展的积极性。

【金融稳定】

一是深化农村信用社改革，辖内7家联社8.5亿元央行票据通过人总行考核全部获得兑付，为支持“三农”注入了强有力的资金支持，促进了农信社经营机制的转换。

二是加强辖区银行间债券市场、国债柜台交易的监管和承兑汇票市场的监测工作，同时积极拓宽资金融通渠道，辖内7家信用联社全部批准加入全国银行间同业拆借市场。

三是建立完善了法人金融机构风险监测指标体系，汇编了应急预案手册、金融机构突发事件应急处置预案，开展了投资者风险教育和两期金融稳定知识培训班。

四是认真开展金融稳定再贷款系统上线前的准备工作，做好人民银行待处理资产移交工作，与汇达公司签订移交资产协议62份，指导云梦2家企业成功处置1.85亿元的金融债权。

五是稳步推进辖内利率市场化改革，按月汇总上报9类16种利率监测报表和季度分析报告，建立了外汇及外贸企业监测分析制度。

【金融生态环境建设】

一是持续改善区域金融生态。经过多方努力，孝感市连续六年获得“A级金融信用市”称号，辖内孝南区、汉川市和应城市也被评为全省“最佳金融信用县(市)”；及时制止了湖北金梦达纺织有限公司涉嫌逃废债的行为，促成了云梦新源国资中心出资买断了信达公司1.85亿元的债权；拓展信用社区创建，在云梦试点把信用社区创建与金融服务、政务公开有机结合；进一步推进规费减免工作，协调孝感市政府出台了减免办法。

二是全力加强征信体系建设。全面完成了人民银行总行下达的中小企业信用信息采集任务，在大悟试点农村信用体系建设建档4.5万份，在应城试点与工商部门联动更新信息取得较好效果。充分挖掘征信数据服务功能，丰富个人信用信息数据库系统数据，并通过个人信用数据库查询个人信用信息82笔。全力开展非银行信用信息

人民银行孝感市中心支行行长张绍基(右一)向总行领导汇报涉农信贷创新工作。

的采集。共采集电信、公积金、养路费、环保等信息34,554条，均成功征集导入中心数据库。开展征信知识宣传月和“6·14”信用记录关爱日活动，普及征信知识。

【支付结算】

积极推广小额支付系统定期借贷记业务，抓好奥运期间支付系统的安全稳定运行，完成小额支付系统银行本票业务上线任务，加强农村地区支付清算环境建设。辖内已有8家(市)县级农信社开通了大小额支付系统，153家营业网点开通了综合业务系统，全部开通了农民工银行卡特色服务业务，累计发放农民工银行卡175万张，累计交易322万笔共45亿元；孝感邮政储蓄网点与全国4万余个邮政储蓄网点实现互联互通，80%左右的储汇网点分布在农村地区。抓好公务卡在预算单位的推广工作，已在全市12家单位开办，每月结算100万多元。实施金融机构支付结算服务评议制度，切实加强银行结算账户管理，督促提升服务效率。推广网上支付、电话支付、移动支付等电子支付业务，缓解了“银行排队”现象。

【反洗钱工作】

成立了支付清算与反洗钱科，组织开发了反洗钱现金监测系统，把大额现金交易纳入反洗钱监管的范围，提高了现金监测的效率和技术手段。加强反洗钱现场检查，先后成立了4个反洗钱检查组，投入80多个工作日，对邮储、财险、证券等单位开展了现场检查。完善了金融机构反洗钱工作信息报告制度，建立了金融机构组织机构及内控制度建设等非现场监管档案，把保险业、证券业金融机构纳入反洗钱工作网络。加强与公安等司法机关的合作和配合，查清了1宗涉案资金的来源去向，向公安机关移交6宗怀疑涉案的可疑交易线索，对其中1宗可疑交易予以立案侦查，高压严打各类洗钱犯罪。

【国库业务】

出台了国库业务现场和非现场监管操作规程，规范国库监管；开展国库应急演练，提升了应对突发事件的能力；服务地方经济建设，2008年7月设立开发区支库；加强国库监管，对56家国库经收处、代理行进行了检查处理；对国库印章进行了全面清理；积极为救灾资金提供绿色通道，确保救灾资金准确及时拨付到位；直接办理无记名国债兑付业务，为投资者提供便利；积极开展“国债乡镇行”活动，安排国债面向农村销售，增强广大农民投资意识；积极推动城镇居民廉租住房补贴国库直拨。

【货币发行】

以推进“放心钱”工程建设为契机，优化货币金银服务质量。做好发行基金调拨、预测和账务核算工作，确保辖内现金总量充足和券别合理，实现了安全无事故；开展发行库标准化管理活动，严格落实残损人民币集中复点的监督，加强残损币上交安全管理，不断提升发行库管理水平；创建“服务示范区”，实现了无库行的系统管理；探索“流动超市”，完善了无库行的有形服务；构建“调剂机制”，确保了无库行所在地金融机构的现金供应；积极实施和扩展“放心钱”工程建设，建立人民币流通状况监测点，动态监测现金供应和券别需求；加大现金收付复点管理和明察暗访力度，严防假币流入流出银行；实施强制性配额投放和零币有偿横向调剂制度，加大硬币等小面额货币投放力度；实行零辅币、残损币首兑问责制，通过举报查处确保兑残绿色通道畅通；发挥大型企业集团现金流量大、纵横连锁优势，开展了“放心钱”工程企业行活动；借助科技、卫生、文化三下乡的社会影响，开展“放心钱”工程乡村行活动；利用反假打假成果的震慑效应，开展“放心钱”工程灾区行活动；顺应边远山区对人民币知识的需求，开展“放心钱”工程老区行活动；继续构建辖内“两个网络”建设，在城市建立反假工作站30个，农村建站49个。

【外汇管理】

以支持大通关建设为中心，全力打造外汇服务综合平台，制定了“大通关”实施方案、涉外企业规避汇率风险指导意见、改进外汇服务指导意见，为涉外经济发展创造良好环境。将出口收汇核销窗口延伸到全辖6个县(市)，建立出口换汇成本反馈机制，完善贸易信贷调查方案和重点企业联系点制度，确定维达纸业作为进口付汇报关单无纸化核销的试点，对孝感市城区出口量前5位的企业推出了预约核销、集中核销两种新的核销方式，确定了孝感市17家出口企业为第一批网上核销企业，帮助保丽家具、爱普科斯、福星科技等涉外企业规避汇兑风险，减少汇兑损失。组织“诚信兴商宣传月”活动，开展了外汇管理政策法规知识竞赛活动。以外汇年检为重点，强化资本项目外汇管理；以逾期未核销监管为重点，强化经常项目外汇管理；开展交叉检查，强化银行代位监管现场检查力度，维护了外汇管

人民银行孝感市中心支行行长张绍基(右二)走访信贷产品创新受益企业。

理的严肃性和权威性;加强出口收结汇联网核查及贸易项下外债登记管理,组织培训,宣传政策,确保两项新政策的平稳运行。广泛宣传、多方配合,顺利推广应用外商投资外汇业务信息系统和贸易信贷登记管理系统,目前共导入FDI系统113家外商投资企业,发放IC卡113家,顺利完成了FDI系统上线推广工作。

【内控管理】

1. 党风廉政建设。一是层层签订了党风廉政建设责任书,积极开展了"廉政文化建设年"活动,组织观看廉政教育影片,开展廉政漫画巡回展,开办廉政宣传橱窗,开展了廉洁自律执行情况检查。二是加强了作风建设,组织开展了党风廉政建设责任制和安全制度落实情况检查。在总结完善云梦支行"行业五化标准"的基础上,加强了行风建设标准化管理。三是加大了责任制落实力度,加强同级监督,严格执行述职述廉、诫勉谈话、函询和党员领导干部报告个人有关事项等制度,积极开展了"提高执行力,增强公信力"大讨论活动。四是抓住"权力运用、重点岗位、要害部位、关键环节"等诱发案件部位,加强案防教育。五是修订和完善强制休假、定期轮岗、交叉检查等制度,杜绝各类违规违纪问题。接待分行执法监察组,对中支办公楼维修、集中采购,进行了执法监察,在辖内开展了"制度落实年"活动。

2. 信息系统安全。加强应急管理和保密教育,先后开展了国库业务系统、IT系统、OA及电子公文传输、计算机机房进水、失火、供电应急演练、网络应急演练、邮件系统应急演练、ABS应急演练和TBS应急演练等多项演练;建立了抗灾救灾的快速反应机制,在孝感年初雪灾和四川震灾中积极协调全市金融机构投放救灾贷款,协助人民银行武汉分行采购抗震救灾帐篷500顶紧急捐建灾区,受到分行通报表扬;奥运期间,对全行干部职工进行了"计算机信息安全与窃密技术防范"影视教育,与有关部门协调配合积极抓好金融系统间的工作协调;对全行计算机应用系统进行了两次风险检查、评估和二次评估、二次整改,对全行所有计算机和移动存储设备进行了全面摸底检查和隐患整改;认真落实网络监控、病毒监控、非法外联监控,发现情况及时处理;2008年,辖内全年无一例网络高风险事件发生。

3. 安全保卫和社会治安综合治理。落实各项安全责任制,签订了综合治理目标责任书,开展了一次大规模信访排查活动,组织了全体保卫人员参加的实弹射击训练和考核,对运钞途中防抢预案进行了演练,全面落实了发行库区封闭式安全管理。

(朱敬忠　殷成国)

附表

孝感市主要经济、金融指标

表3－7　　2008年末　　单位:亿元

项目	金额	同比增减额	同比增减幅度(%)
国内生产总值	593.06	76.01	14.70
工农业总产值	375.66	46.25	14.04
其中:工业总产值	243.95	39.98	19.6
农业总产值	131.71	6.27	5.00
地方财政收入	39.31	7.94	25.30
地方财政支出	54.09	10.15	23.10
社会消费品零售总额	270.45	52.17	23.9
商品零售价格指数(%)	107.00	7.00	7.00
金融机构各项存款	503.07	99.63	24.70
财政存款	17.73	5.27	42.30
企业存款	89.88	15.36	20.61
储蓄存款	353.88	67.36	23.51
金融机构各项贷款	243.81	34.58	15.74
短期贷款	129.46	3.74	2.47
中长期贷款	91.96	16.39	20.36
现金投放(＋)回笼(－)	6.96	－2.27	－24.58
保险费收入	8.95	0.89	11.05
保险赔款支出	3.78	0.91	31.71

荆 门 市

【经济运行概况】

2008年，荆门市综合经济实力进一步增强，全市地区生产总值达520.40亿元，比上年增长14.0%。

（一）农业和农村经济稳步发展，农民进一步增收

2008年，全年实现农林牧渔业总产值226.61亿元，比上年增长6.3%。全年粮食种植面积322.45千公顷，比上年减少10.71千公顷；粮食总产量240.50万吨，比上年增产16.24万吨，增长7.2%；棉花种植面积41.89千公顷，比上年减少7.55千公顷，棉花总产量4.28万吨，减产0.28万吨，下降6.1%；油料种植面积139.77千公顷，比上年增加42.76千公顷，油料总产量34.75万吨，增产9.86万吨，增长39.6%；蔬菜面积42.87千公顷，比上年减少5.30千公顷，蔬菜产量158.22万吨，增产11.92万吨，增长8.1%；水果34.29万吨，增产2.88万吨，增长9.2%。农民人均纯收入5,332元，比上年增加680元，增长14.6%。

（二）工业经济发展较快

2008年，全市完成工业增加值191.90亿元，比上年增长20.7%。其中，规模以上工业企业增加值172.17亿元，增长25.0%。年末规模以上工业企业784家，增加170家。全市工业经济效益综合指数为221.66，比上年提高41.21个百分点；实现主营业务收入611.79亿元，增长35.8%；实现利税15.38亿元，下降50.0%，其中利润净亏3.18亿元，和上年相比由盈转亏16.86亿元。在全市利税总额中，市属企业实现利税30.19亿元，增长44.3%；实现利润17.72亿元，增长44.9%。

2008年1月21日，荆门市召开金融工作座谈会，市委书记傅德辉、市长王玲作重要讲话。

（三）固定资产投资增势强劲

全市全年完成全社会固定资产投资210.08亿元，比上年增长37.1%。其中，城镇以上完成投资181.91亿元，增长45.2%；农村投资28.17亿元，增长0.7%。在城镇投资中，国有及国有控股投资44.89亿元，比上年下降13.8%。分产业看，第一产业投资8.91亿元，增长120.1%；第二产业投资104.73亿元，增长58.8%；第三产业投资68.26亿元，增长23.5%。分行业看，制造业投资92.24亿元，增长109.5%；电力、燃气、水生产供应业投资8.43亿元，下降56.7%；交通、信息传输业投资12.63亿元，增长17.3%；房地产投资16.84亿元，增长47.9%；贸易餐饮业投资11.03亿元，增长6.5%；水利、环境、公共设施投资17.56亿元，增长25.0%；教育、卫生、文化科技投资2.99亿元，下降23.9%。在城镇投资中，全市到位建设资金180.43亿元，其中：国家预算内资金12.17亿元，占全部到位资金的6.7%；国内贷款16.08亿元，占全部到位资金的8.9%；企业自筹及其他资金145.59亿元，占全部到位资金的80.7%。当年完成投资5,000万元以上的项目45个，完成投资29.14亿元。

（四）内外贸易增长较快，市场物价持续上涨

全年进出口总值32,651万美元，比上年增长49.2%。其中，出口20,931万美元，增长20.7%。在出口中，国有企业出口4,080万美元，下降22.8%；三资企业出口10,247万美元，增长36.1%；其他企业出口6,604万美元，增长45.8%。全年实际利用外资11,909万美元，同比增长15.6%。其中，外商直接投资10,187万美元，增长6.8%。全年社会消费品零售总额188.86亿元，比上年增长24.6%。其中，城市消费品零售额84.46亿元，增长27.1%；农村消费品零售额104.40亿元，增长22.7%。全市居民消费价格总水

2008年2月19日，人民银行武汉分行副行长林建华到荆门市调研灾后重建工作。

平比上年上涨5.8%。商品零售价格上涨5.8%。农业生产资料价格上涨22.3%。工业品出厂价格上涨9.2%，原材料、燃料、动力购进价格上涨12.1%。固定资产投资价格上涨8.7%。房屋销售价格上涨6.8%。

（五）财政运行稳定

全市全年实现地方财政总收入34.80亿元，比上年增长18.6%。全市地方一般预算收入14.70亿元，增长21.8%。地方财政一般预算支出（含省专款）48.91亿元，增长27.0%。

【金融运行情况】

（一）各项存款快速增长

截至12月末，全市金融机构人民币各项存款余额425.48亿元，比年初增长81.05亿元，增长23.53%；同比多增42.66亿元，增幅同比上升10.99个百分点。一是企业存款大幅增加，增幅高于上年同期。截至12月末，金融机构企业存款余额71.22亿元，比年初增加14.69亿元，增长25.99%，同比多增5.86亿元，增幅高于同期7.48个百分点，企业存款中活期存款比年初增加10.25亿元，定期存款比年初增加4.44亿元。从全省情况来看，荆门市金融机构人民币企业存款余额居全省第8位，增幅位于第3位。二是储蓄存款总量突破300亿元大关，定期存款增长迅猛。截至12月末，全市金融机构储蓄存款余额307.07亿元，比年初增加59.75亿元，增长24.16%，同比多增44.38亿元，增幅同比上升17.53个百分点，其中活期存款比年初增加16.78亿元，同比多增2.94亿元；定期存款比年初增加42.97亿元，同比多增41.44亿元。从全省情况来看，荆门市储蓄存款总量位居全省第7位，增幅处于第4位。由于全球经济金融持续走低，面对物价上涨、股市持续低迷等不利因素的影响，居民没有更多的理财投资渠道可供选择，大多倾向于将资金储蓄起来并转向利率更高的定期存款以获取更多收益。

（二）贷款投放继续保持增长

截至12月末，全市金融机构各项贷款余额206.41亿元，比年初增加22.23亿元（剔除农业发展银行核销不良贷款3.02亿元的因素），增长11.88%。从全省情况来看，荆门市各项贷款余额位居全省第8位，增幅处于第7位。

1. 农业贷款略有减少。因农行股改剥离不良贷款和农发行核销呆账贷款的因素，农业贷款余额同比下降，截至12月末，全市金融机构农业贷款余额22.24亿元，比年初减少0.02亿元，下降0.09%，同比少增3.52亿元。

2. 工业贷款持续增长。截至12月末，全市金融机构工业流动资金贷款（包括乡镇企业贷款、三资企业贷款、私营企业贷款）余额为17.38亿元，比年初增加2.36亿元，增长15.71%，同比增加1.1亿元。

3. 中长期贷款增长稳中有降。截至12月末，全市金融机构中长期贷款余额为90.68亿元，比年初增加11.56亿元，增长14.61%，同比少增11.58亿元。其中：基本建设贷款余额49.49亿元，比年初增加4.88亿元，增长10.94%。中长期贷款投放主要集中在一批大型固定资产建设项目上，如国电长源三期、天茂实业二甲醚、葛洲坝子陵生产线及城市建设等项目。

4. 商业贷款增量放缓。由于上半年国内商品价格的不断上涨，以及经济环境的不景气，居民消费实力不高，市场呈现疲软状态，资金占用由商业向工业转移，商业企业结算方式由钱货两清向延期付款转化。2008年末，全市金融机构商业贷款余额58.54亿元，比年初增加0.98亿元，增长1.70%，同比少增3.11亿元。

5. 票据融资大幅增加。截至12月末，票据融资余额6.17亿元，比年初增加3.76亿元，增长156.12%，同比多增7.72亿元，票据融资大幅增加的原因主要是金融机构加大了票据贴现的力度。

6. 个人消费贷款稳步增长。截至12月末，个人消费贷款余额10.73亿元，比年初增加1.64亿元，增长18.04%，同比少增1.68亿元。其中：短期个人消费贷款余额为0.63亿元，比年初减少0.17亿元，下降了36.96%；中长期个人消费贷款余额10.10亿元，比年初增加1.85亿元，增长22.42%。个人消费贷款仍然主要用于居民的住房和汽车消费，截至12月末，中长期个人住房贷款余额8.61亿元，占中长期个人消费贷款余额的85.25%，比年初增加1.71亿元，增长24.78%，占中长期个人消费贷款新增额的94.48%；中长期汽车贷款余额1.03亿元，与上年同期相比基本持平，占中长期个人消费贷款余额的10.2%。

（三）金融机构资产质量明显提高

截至12月末，全市金融机构不良贷款余额（本、外币合计）34.92亿元，比年初减少18.50亿元，不良贷款占比为16.90%，比年初下降9.48个百分点。全市金融机构2008年全部实现盈利，账面盈利5.58亿元，同比增盈2.12亿元。

（四）现金大幅回笼

截至12月末，全市金融机构累计现金收入966.76亿元，现金支出957.99亿元，收支轧差净回笼8.77亿元，同比多回笼4.12亿元。现金回笼较多的原因：商品销售累计收入78.01亿元，同比多回笼12.27亿元，增长18.67%；城乡个体经营累计收入55.97亿元，同比多回笼9.42亿元，增长20.24%。

【货币信贷政策】

中国人民银行荆门市中心支行主动应对宏观经济形势变化，积极探索和疏通货币政策传导渠道，组织推动金融机构信贷产品与信用模式创新，引导金融机构调整信贷投向，加强对货币政策运行情况的监测、分析和反馈，确保了货币政策得到贯彻落实，促进了地方经济又好又快发展。截至2008年12月末，全市金融机构各项存款余额425.48亿元，比年初增加81.05亿元，增长23.53%；全市金融机构各项贷款余额206.41亿元，比年初增加22.23亿元，增长11.88%。一是加强“窗口指导”和监测反馈，积极疏通货币政策传导渠道。通过向市委、市政府专题汇报，召开金融联席会议，组织“解放思想、开放崛起”大讨论，在新闻媒体进行宣传等形式，全面解读金融宏观调控政策的内涵和取向，加强货币政策宣传贯彻，提高了全社会对货币信贷政策的认同度，营造良好的政策实施环境。大力推行货币信贷政策导向效果评价工作，从10个方面对银行业金融机构贯彻执行货币信贷政策的情况进行量化评价，促进了货币政策传导有效性的不断提高。二是加强监测，及时反馈货币政策实施效果。积极构筑调查研究外部联席机制、内部交流机制、采样监测机制、信息预警和目标考核奖励机制等“五大机制”，建立重点工业企业景气监测表、城镇居民消费监测报表等一系列监测指标体系，健全重大货币政策实施效应反馈机制，围绕辖内经济金融运行中的热点问题和敏感问题组织开展40多项课题调研，为上级行决策提供了大量有针对性、时效性的信息支持服务。

【金融服务】

（一）积极搭建银企合作平台，促进信贷投放合理增长

组织召开了全市优质信用企业、项目推介洽谈会议，市发改委、

2008年5月22日，荆门市召开金融生态建设工作暨优质信用企业、项目推介洽谈会，金融机构共与269家企业签订合作协议，合作金额达100.94亿元，与34家小企业签订了帮扶协议。

市经委、市农业局和市商务局向金融机构推介优质信用企业和项目333个，信贷需求总额85.08亿元；各行、社经过筛选和协商，与269家企业签订合作协议，合作金额达100.94亿元，年底，履约率超过100%，确保了全市农业、重点企业、重点项目、中小企业的资金需求。

(二)引导金融机构支持弱势群体，促进民生改善

组织金融机构与34家小企业签订帮扶协议，促进了企业信用等级逐步提升。积极推动小额担保贷款业务发展，累计发放小额担保贷款400万元，并实现了劳动密集型小企业小额贷款零的突破。面对50年不遇的冰雪灾害，组织金融机构加大对抗灾救灾的信贷支持力度，为全市抗灾救灾和灾后重建工作提供了有力的资金支持。

(三)积极推动信贷产品与信用模式创新，破解中小企业和“三农”领域的融资难题

针对农村经济实体有效抵押担保不足的问题，组织金融机构大力推行农机具按揭贷款、农业产业化龙头企业综合贷款和林权质押贷款，使农村经济发展的融资渠道进一步拓宽。针对财政资金与信贷资金整合不够的问题，以京山县为试点，大力推行“经济主体＋财政资金＋信贷资金”的信用投入模式，充分发挥财政资金与信贷资金合力支农的效应，为新农村建设提供了强有力的资金支持。

(四)加快现代支付体系建设

针对冰雪、地震等自然灾害对支付结算的影响，积极引导金融机构通过大小额支付系统和同城清算系统分流汇划资金，保证了抗灾救灾资金及时划拨到位。为解决农村支付结算渠道不畅的问题，在钟祥市开展了改善农村支付结算环境试点，建立了“以推广延伸大、小额支付系统为核心，以银行业金融机构卡基支付系统及自助设备为支撑，以网上银行、电话银行等特色支付工具为补充”的“三位一体”的农村地区支付结算体系，取得了明显成效。目前，钟祥市已实现了现代支付系统全开通、卡基支付工具全覆盖和特色支付服务全辐射，农村资金周转速度大大提升。8月，人民银行武汉分行在钟祥市召开现场会，将这一创新项目在全省进行了推广。

2008年9月，人民银行荆门市中心支行组织开展“诚信兴商宣传月”活动。

(五)进一步优化国库经理服务

积极推广财税库横向联网系统，完善“三位一体”国库监管体系，组织开展对代理支库年审和国库经收处检查工作，促进了预算收入及时、足额入库。切实优化国库服务，在人民银行武汉分行辖内率先开办了无记名国债直接兑付业务，深受广大群众好评。积极开展涉农资金国库直接补贴，组织开办了“农机补贴直通车”，利用国库内部资金汇划系统和现代化支付系统，将国家农机补贴直接汇划至生产厂商账户，实现了资金“零在途”，为广大农户带来了实惠。截至2008年12月末，全辖共完成三级预算收入369,495万元，一般预算支出594,075万元，社会保险基金支出117,188万元，完成5期凭证式国债发行2,211万元，完成1期电子式储蓄式国债发行3,373万元。

(六)加强和改进货币发行服务

加强现金投放回笼分析和预测，重点保证小面额货币的市场供应，较好地满足了市场需要。围绕群众长期反映的“零钞少”、“残损币兑换难”、“假币难识别”等问题，组织金融机构大力构建人民币流通状况监测网络、反假货币工作网络和残损人民币兑换网络等“三大网络”，全市共建立了13个人民币流通状况监测点和27个企事业单位监测点，建立反假货币工作站486个，同时，各金融机构都设立了残损人民币兑换窗口，使人民币服

2008年11月12—13日，人民银行武汉分行副行长赵以邗在荆门市调研农村金融服务基础设施建设情况。

务水平进一步提升。

（七）切实改善外汇服务

认真落实外汇管理改革举措，广泛宣传外汇管理政策，为企业提供更方便快捷的外汇服务，积极探索外汇业务管理权限下放县支局的新方式，提高外汇管理效率，进一步推进了辖区贸易投资便利化。

【金融生态建设】

中国人民银行荆门市中心支行加强金融生态建设监测考评，着力解决制约金融生态发展的突出问题，全面推动社会信用体系建设，促进了辖区金融生态环境质量的逐步提升。一是进一步推动金融生态环境建设。继续推动“区域信用工程”、“企业信用工程”、“农村信用工程”和“信用社区工程”建设，督促农村信用社大力清收盘活不良资产，建立了农村信用社不良贷款旬监测和月通报制度，多次召开全市农村信用社不良贷款清收专题工作会议，切实解决影响金融生态建设的突出问题。加强金融生态建设监测考评，通过了省政府金融生态环境考评专家组对荆门市的考核验收，连续六年获得全省“A级金融信用市”的称号。二是全面推动社会信用体系建设。加强中小企业信用信息档案库建设，共征集非贷款中小企业信用档案1,720户，提前超额完成人民银行武汉分行确定的征集任务。加大非银行信息采集力度，在诉讼、捐赠、纳税信息等方面取得了新突破。建立征信数据定期更新机制，及时对电信、公积金、企业环境违法、质检等四类常规信息进行了更新采集。大力举办“征信知识宣传月”活动，将征信知识带进社区、厂矿、学校，在全社会营造了讲诚信、守信用的良好风气。

【金融稳定】

中国人民银行荆门市中心支行加强风险监测和监督管理，切实维护了辖区金融稳定。一是继续做好农村信用社改革监测和票据兑付申报工作。加强对农村信用社改革兑付央行专项票据的监测考核，督促农村信用社进一步完善经营机制，全面完成辖内县级联社票据兑付工作，增强了农村信用社支农实力。二是加强金融稳定评估和风险化解。建立了辖区金融稳定报告制度，要求各金融机构按照预警监测指标体系对风险进行监测，并按季报送监测情况。加强金融稳定评估，组织召开金融稳定分析评估专题会议，有侧重地评估辖内金融运行中潜在的风险，促进了辖区金融体系健康稳定运行。三是加强金融监督管理，维护金融秩序稳定。建立反洗钱非现场监管信息报送监测台账，认真开展反洗钱非现场监管分析，对银行、保险、证券机构反洗钱情况进行检查，反洗钱工作质量进一步提高。建立和完善涉外企业外汇管理非现场监管平台，加强对辖内外汇指定银行居民个人收汇结汇情况非现场监测，组织开展辖内外汇指定银行收汇结汇业务的非现场核查，切实防范了外汇风险。开展人民币账户管理情况现场检查，维护了辖区良好的结算秩序。

（张代刚　李雪冰）

附表

荆门市主要经济、金融指标

表 3－8　　2008 年末　　单位:亿元

项目	金额	同比增减额	同比增减幅度(%)
国内生产总值	520.40	63.90	14.00
工农业总产值	418.51	46.34	12.45
其中:工业总产值	191.90	32.91	20.70
农业总产值	226.61	13.43	6.30
地方财政收入	34.80	5.45	18.60
地方财政支出	48.91	10.25	26.51
社会消费品零售总额	188.86	37.29	24.60
商品零售价格指数(%)	5.80	1.10	
金融机构各项存款	425.48	81.05	23.53
财政存款	11.74	5.06	75.75
企业存款	71.22	14.69	25.99
储蓄存款	307.07	59.75	24.16
金融机构各项贷款	206.41	22.23	11.88
短期贷款	109.52	3.85	3.64
中长期贷款	90.68	11.56	14.61
现金投放(＋)回笼(－)	－8.77	4.12	88.60
保险费收入	16.61	7.34	79.10
保险赔款支出	4.75	0.50	11.80

鄂 州 市

【经济运行概况】

2008年，受国际金融危机的影响，鄂州市钢铁、电力等骨干行业生产效益出现了历史上少有的巨幅波动。但由于前七个月全市工农业生产的强劲支撑，以及11月以来国家扩大内需的系列积极财政和货币政策的刺激，投资消费持续拉动，使全市经济运行总体上保持了持续增长的发展态势，为超额完成2008年主要目标任务。

(一)主要经济指标全年完成情况

全年实现地区生产总值(GDP)269.79亿元，比上年增长15.8%。农业，全年实现农林牧渔业总产值65.5亿元(现价)，比上年增长7%。全年规模以上工业完成增加值126.54亿元，比上年增长26.1%；实现产品销售收入352.2亿元，比上年增长35.0%；实现利税总额22.6亿元，比上年增长13.8%。全年全社会固定资产投资完成150.0亿元，比上年增长42.8%，其中城镇固定资产投资145.8亿元，比上年增长43.3%。全年实现社会消费品零售总额104.89亿元，比上年增长24.0%。全年完成海关出口总额9,300万美元，比上年下降8.1%。全年完成财政总收入25.31亿元，比上年增长20.8%；完成地方财政一般预算收入10.7亿元，比上年增长25.8%。居民消费价格总指数为106.4，比上年涨6.4个百分点。全年城镇居民人均可支配收入为12,244元，比上年增长13.1%；农民人均收入5,096元，比上年增长16.0%。

(二)经济运行成效：三产业税收强劲增长，居民收入稳步提高

从财政收入构成来看，受1—7月财政收入连续高位增长支撑，1—12月，全市实现财政总收入25.31亿元，同比增长20.8%，国税和地税收入共增长21.2%，第三产业税收增长46.7%，高于第二产业税收35.8个百分点。分地区来看，鄂城区、华容区、梁子湖区、葛店开发区财政总收入增幅分别达到37.1%、48.0%、51.2%、45.2%，对推高全市财政收入增幅贡献明显。

居民收入稳步提高。1—12月，城镇居民人均可支配收入同比增长13.1%；农民人均纯收入同比增长16.0%。城乡居民储蓄存款余额97.69亿元，同比增长21.7%。

(三)经济支撑要素：工农业总体增长格局基本保持，投资消费继续走强

农业方面：生产迅速恢复，近期增速回落不明显。2008年前三季度，农产品价格持续高位，第四季度价格下滑对农产品产出负面影响滞后，国家对农业和粮食生产的政策支持力度加大，农业基础地位得到进一步巩固。主要农作物收成令人满意，遭遇雪灾严重影响的夏粮夏油生长恢复良好，占夏收作物经济总量70%的油菜籽实现了面积、总产量双增，占夏收作物经济总量30%的夏粮面积基本稳定，全年粮食产量32.34万吨，比上年增长9.9%。畜牧业、渔业增长势头依然看好，全年生猪出栏78.0万头，增长11.4%；家禽出笼1,060万只，增长6.1%；水产品产量27.3万吨，同比增长11.9%。

1. 工业方面：增长点陆续跟进，能源消耗持续下降。1—12月，全市完成规模工业增加值126.54亿元，增长26.1%，增速同比加快1.8个百分点。

一是工业项目建设渐入收获期。一年多来，涂层板(带)、冷轧薄板等大中型项目相继投产，净增工业增加值4.5亿元，成为支撑全市工业抵御危机、保持1—7月增长态势的重要力量。

二是中小企业成长工程成效显现。前11个月共新增规模以上工业企业123家，净增工业增加值4.3亿元，规模工业集群进一步壮大。

三是前三季度支柱行业增长对全年支撑作用明显。1—9月，全市钢铁冶炼、机械设备、化工医药、纺织服装、水泥建材五大行业同比多实现增加值19.56亿元，占到全年新增总量的91.6%，对全市全年工业经济增长的贡献率达到81.2%。

四是重点企业积极应对危机。11月8日鸿泰钢铁在停产不到10天即恢复生产，11月18日鄂钢公司4号1,080立方米高炉在停炉检修35天后恢复生产，11月26日吴城钢铁在停产33天后恢复生产，以鄂重、华中重机为龙头的机械装备制造业生产增势不减，建材行业稳中有升，以多佳、枫树为龙头的纺织服装行业运行平稳。

五是经济转型有新进步。鄂州规模以上工业企业综合能源消费量增速低于工业增加值增速17.5个百分点，单位增加值能耗由上年同期的4.29吨标准煤，下降到2008年的3.30吨标准煤。

2. 投资方面：基础设施投资快速增长，亿元项目建设带动效果明显。1—12月，全市基础设施投资达20.45亿元，同比增长45.9%。

其中，以观音阁江滩公园、滨湖园林为重点的市政公共设施建设管理投资同比增长94.5%，以路网干线为重点的交通工程建设投资增长97.4%，电力建设投资增长30.0%，电信和其他信息传输服务业共完成投资同比增长59.3%。1—12月，全市施工项目340个，比上年增长16.4%，其中亿元项目69个，增加23个，增长50.0%。亿元项目完成投资额76.79亿元，占整个投资的比重达55.7%，武钢集团鄂钢公司4,300mm宽厚板及配套工程、省能源集团葛店电厂二期、葛店开发区南区路网建设、世纪新峰公司二期工程等带动作用明显。

3. 消费方面：餐饮市场火爆，食品与汽车类持续增长。1—12月，全市社会消费品零售总额104.89亿元，比上年增长24.0%，增幅继续创历史新高。受价格强劲上扬的影响，粮油、餐饮等刚性消费类商品增势明显，家用电器类、金银珠宝类销售额增长迅猛，汽车类消费大幅增长，消费升级商品继续看好。

（四）金融海啸对鄂州经济的即期冲击

一是工业、投资增速放缓。9—11月，全市规模工业累计完成增加值同比增长16.8%，比1—8月回落了12.1个百分点；10—11月，全市城镇以固定资产投资月均实现额仅相当于9月份的38.1%，相当于8月份的50.9%，指标回落态势明显。

二是财政收入增幅回落。北京奥运会结束后，房地产市场拉力不足，国际需求大幅下滑，国内钢材价格整体进入快速下跌通道，钢铁等大宗商品行情陡转直下，并波及电力行业，鄂钢、吴城、鸿泰等骨干企业短期限产减产，全市工业用电量增幅由7月份的10%下降到11月底的零增长，重点企业效益锐减，致使8—11月四个月国税收入迅速回落。1—11月，全市财政总收入虽然同比增长21.7%，但自7月份以来，累计增幅已连续四个月下降。

三是利用外资后继乏力。金融危机最突出的表现就是资本市场流动性减弱，市场上的热钱不但不敢流出来，反而大量回笼，各大金融机构轻易不敢放贷，甚至银行与银行之间的拆借都大打折扣，使得投资资金大幅度减少。2008年1—11月，全市招商引资总额9.25亿美元，虽然同比增长了73.5%，但10—11月引资额实际同比下降了37.9%。外商实际到资也由1—9月的45.4%下滑到1—11月的28.7%。

四是企业效益恶化。由于前期高位吃进的原材料消化而导致的高进低出及市场需求的急剧下滑，9—11月，全市钢铁、水泥、机械设备等行业的近期收入与成本费用支出出现“倒挂”，全市规模工业实现销售收入增长3.5%，而成本费用支出增长15.1%，亏损企业亏损额同比增长23.2倍，鄂钢、电厂出现大幅亏损。

五是就业形势趋于严峻。企业从业人员数增长明显趋缓。三季度末，全市城镇单位从业人员仅增长0.6%，增幅同比回落0.3个百分点，其中规模以上工业企业从业人员仅增长2.5%，增幅同比下降3.6个百分点。沿海开工不足，农民工回流，就业压力进一步加剧。据抽样调查，华容、杜山镇、东沟镇、沼山镇、涂家垴镇等5个乡镇共有外出务工人员5.72万人，已返乡0.92万人，占外出务工人数的16%。

【金融运行概况】

截至12月末，全市各金融机构各项存款总额157.98亿元，比年初增加30.69亿元，增长24.12%，同比加快12.96个百分点；各项贷款总额78.38亿元（按可比口径计算，应加上11月市农行剥离10.92亿元不良贷款和4月农发行上划0.88亿元储备粮贷款，实际应为90.18亿元），比年初增加13.64亿元，增长17.82%，同比加快13.74个百分点；各金融机构实现账面利润1.38亿元，同比少增0.03亿元。

（一）各项存款大幅增长，保证了银行业充裕的流动性

1. 企业存款稳定增长。截至12月末，企业存款余额34.51亿元，比年初4.2亿元，同比少增0.7亿元。由于受宏观经济形势影响，市场基本面发生巨大变化，企业营运资金状况趋紧，存款增势有所下滑。

2. 储蓄存款大幅增长。截至12月末，储蓄存款余额97.69亿元，比年初增加17.44亿元，增长21.73%，同比加快15.77个百分点，创近几年来储蓄存款增长速度新高。储蓄存款增加原因主要有：一是自2007年下半年以来，股市、楼市大幅下滑及持续低迷，居民的投资资金的回流。二是2008年上半年CPI不断走高，下半年企业景气下降，居民收入减少，就业压力增大，居民对预期的不确定性增加，消费意愿减弱，自我保障意识增强。

3. 其他存款快速增长。截至12月末，财政存款、机关团体存款及其他存款余额23.64亿元，比年初增加8.59亿元，同比多增4.99亿元。其他存款的快速增长，有效缓解了部分金融机构由于不良贷

款剥离导致资金占用而形成的流动性不足问题。

(二)各项贷款增长提速,改善了信贷结构,提升了资产质量

1. 贷款总额放大，投放速度加快。截至12月末,各项贷款余额90.18亿元,比年初13.64亿元,同比多增10.68亿元。各项贷款增长速度为17.82%,贷款增幅一举扭转了近年来低位徘徊的局面,处于1998年以来的第三高位,在全省13个市(州)中的排名也由上年的最后一位提升到第7位。

2. 期限结构调整,投放行业优化。一方面是期限结构得以调整。各项贷款比年初增加13.64亿元。其中:中长期贷款增加14.89亿元,占全年新增总额的109.16%,增长72.80%,同比加快16.87个百分点,中长期贷款主要支持了鄂钢宽厚板工程(新增10.2亿元)以及鄂州电厂二期(新增3亿元)的建设,中长期贷款增长已成为拉动本地信贷增长的主要引擎,同时也为地方经济增强了发展后劲。另一方面是投放结构得以优化。信贷增长主要支持了对地方经济发展具有拉动作用的制造业,电力、燃气、自来水生产及供应业,交通运输业以及个人消费等行业领域,分别增加7.8亿元、1.4亿元、0.5亿元、2.2亿元。

3. 使用效率提高,资产质量改善。1—12月,全市金融机构贷款平均周转次数为11.6次,比上年同期提高22.13%,贷款平均周转时间为31.5天,比上年同期缩短31.26%。截至11月末,全市银行业金融机构不良贷款率同比下降14.68个百分点,主要是农行由于股改原因剥离不良贷款和农发行上划储备粮贷款形成,进一步优化了全市银行业资产质量。

【货币政策】

(一)疏通货币政策传导机制,积极推动政策落实

完善经济金融联席会议制度,加强货币信贷政策的宣传,与市人大、市政府、市政协及市经委等政府相关经济部门和各金融机构共同解读政策导向,分析政策效应,研究对策措施,货币政策的执行得到地方党政及其相关经济部门的理解和支持,人民银行鄂州中支制定的《全市银行业金融机构支持全民创业的指导意见》《鄂州市劳动密集型小企业贴息贷款管理办法》等文件,都被市政府及时转发,要求政府各级部门认真贯彻执行。

(二)强化金融机构窗口指导,合理引导信贷投放

出台《鄂州市银行业金融机构货币信贷政策执行效果考评办法》,督促金融机构落实货币信贷政策;加强对地方法人金融机构的信贷指导,合理控制农村信用社信贷投放总量和节奏,指导农村信用社开展利率定价机制建设,灵活运用差别存款准备金率和再贷款,及时满足农村信用社合理的资金需求,截至12月末,累计为农村信用社提供再贷款支持达到7.28亿元。

(三)拓宽中小企业融资渠道,努力促成银企双赢

开展了融资知识培训,以债券融资、融资技巧以及纳税筹划为内容举办了第二期中小企业融资知识培训班,全市120多家中小企业负责人参加了培训班的学习,工作受到了政府、企业、和媒体的广泛关注和好评;推动了贴息贷款发放,组织全市金融机构召开了实行贷款贴息促进中小工业企业健康发展会议,引导金融机构积极为中小企业办理贴息贷款;推进了信贷融资创新,组织金融机构开展利用应收账款系统进行信贷融资的培训;搭建了银企合作平台,以“进企业,访客户,解难题”为主题开展了“银行行长支持中小企业发展行”活动,人民银行鄂州中支领导带领全市各金融机构负责人走访全市30家中小企业,实地考察企业,现场解决难题,促成了银行与中小企业的合作,受到了中小企业的欢迎。

(四)积极推进信贷模式创新,大力实现信贷扶弱

一是担保基金更加充足,经人民银行鄂州中支与劳动就业和财政部门的联系与协调,力促新增担保基金500万元,总额达到1,000万元。二是放贷比例更加扩大,在人民银行鄂州中支多方努力下,担保基金的放贷比例由原来的1∶3扩大到了1∶5。三是贷款品种更加丰富,人民银行鄂州中支制定了《鄂州市劳动密集型小企业贴息贷款管理办法》,推动了劳动密集型小企业贴息贷款的发放。四是贷款模式更加优化,推行了“创业带头人+创业培训+小额贷款”的新模式,发挥了小额担保贷款促进就业的倍增效应,带动了更多人实现就业,全市累计发放小额担保贷款2,321万元,扶持1,187名下岗失业人员创业,小额担保贷款的发放在全省名列前茅,工作经验被人民银行武汉分行《参阅件》(2008年108期)进行介绍并推广,省、市媒体也对中支创新小额担保贷款模式的作法进行了报道。

(五)完善经济金融监测体系,不断提高反应能力

及时完成数据集中系统中1999—2007年历年的数据清理核对和录入,顺利实现统计信息系统与数据集中系统并轨运行,提高了

监测的连续性；适当合并企业家问卷和企业资金定点监测问卷填报项目，减轻企业填报负担，提高监测的时效性，工作得到分行经济监测检查组充分肯定；积极开展为企业提供金融政策信息服务、贷款卡年检预约、对监测企业授牌等活动，促进企业如实、客观地填写数据，提高了监测的真实性；不断充实对民间借贷、工业景气调查、汇改企业承受力的监测项目和指标，提高监测的准确性，健全了全方位、立体化、多视角的经济金融监测体系。

(六)加强经济金融调研力度，有效发挥参谋作用

围绕货币政策调控效应、金融服务武汉城市圈“两型”社会建设等上级行和地方政府关注的问题，人民银行鄂州中支行领导亲自挂帅，深入基层，开展调研，树立了“调研兴行”的良好行风，推出了一批对上级行和地方政府具有重要价值的研究成果。全年完成专题调研 36 项，撰写调查报告 29 份，专题分析报告 43 份，在分行级以上刊物发表 46 篇，市委市政府刊物采用 24 篇。其中：行长调研报告《鄂州市中小企业贷款需求情况调查》，被市委《领导参考》刊发，鄂州市市长范锐平批示：报告很好，分析翔实，建议可行；行领导主持的调研课题《基于不同假说的农户信贷需求差异性研究》被评为武汉分行重点研究课题成果三等奖。

【金融稳定】

(一)金融生态环境日益优化

鄂州市 2008 年再次获得“A 级信用城市”荣誉称号，创争工作再创佳绩；市委、市政府在人民银行鄂州中支的大力倡议下继续出台减免措施，规费的收取在原鄂州政办发[2006]72 号的基础上，进一步加大减免力度，企业负担大幅降低，规费减免更添实措；人民银行鄂州中支主动与法院、银行等部门进行协调金融积案工作，积极争取司法支持，通过法院对拖欠金融机构贷款的单位和个人予以公告，公告共涉及 73 家单位和个人，金额达 2 亿多元，消除积案卓有成效。

(二)地方金融机构日显成熟

及时传达总行兑付审核中相关考核指标的变化及新的兑付精神，组织农村信用社相关人员认真学习贯彻，发挥了指导职能；督促农村信用社对照兑付条件积极整改，强化了监督作用；组织召开中支农村信用社改革票据兑付评审委员会会议，一致同意农村信用社申报向分行票据兑付，推动了农村信用社改革进程。

(三)征信服务能力日渐增强

开展了张贴宣传海报、发放宣传资料、开展问卷调查等征信宣传活动，征信宣传力度进一步加大；开设了个人信用报告查询服务，指定专人，设置专线，接受群众咨询，全年接受群众咨询 70 多次，征信服务项目进一步创新；采集了全市 1,300 家企业向汶川地震灾区捐赠信息，为正确评价企业所履行的社会责任提供了依据，非银信息采集进一步拓宽；收录了 1,195 家中小企业信息，提前完成人民银行武汉分行下达的全年采集任务，并超计划完成 47 家，其中 151 家企业已得到银行贷款和承兑汇票等信贷支持 2.44 亿元，信息服务水平进一步提升。

(四)反洗钱效应日渐展现

完善反洗钱部门联席会议制度，建立了成员单位之间互相协调、整体联动的工作平台，体现了部门合力效应；综合运用非现场监管和现场监管手段，促进金融机构开展反洗钱工作，体现了央行权威效应；督促金融机构强化反洗钱法律法规的学习和培训，体现了法规引导效应；建立了以人民银行为中心、各金融机构共同参与、辐射全社会的反洗钱宣传机制，向社会普及反洗钱知识，体现媒体宣传效应。

【金融服务】

(一)保障系统通畅，展现奉献精神

2008 年，我国接连发生雨雪冰冻和地震等自然灾害，为确保抗灾资金汇划的畅通，人民银行鄂州中支及时启动应急预案，会计、营业室、国库、货币金银、后勤服务、科技等部门各司其职，各负其责，以高度的责任心和饱满的热情，主动放弃休假，加班加点，坚守岗位，保障了救灾期间全市资金清算系统安全稳定的运行。

(二)提供技术指导，支持机构发展

邮政储蓄银行鄂州市分行和汉口银行鄂州分行是 2008 年新成立的金融机构，机构成立之初，人民银行鄂州中支根据他们的申请及时为其分配同城行号，生成同城密钥，安装了同城电子支付交换网点系统，并组织力量帮助开展同城清算业务培训、操作培训和模拟测试，帮助两家金融机构顺利实现同城清算系统上线运行。

(三)改进支付手段，提高结算效率

圆满完成小额支付系统银行本票业务上线运行，提高了清算效率，加速了资金周转；积极推广农民工银行卡特色服务，实现辖内农村信用社开通全部农民工银行卡

特色业务，工、农、建等其他金融机构的银行卡均能通过信用社的网点办理取款、查询等业务；逐步拉开公务卡应用推广的序幕，制定了公务卡应用推广实施方案、管理办法及结算暂行办法。

（四）夯实国库基础，保障资金安全

推行国库会计核算质量控制体系，建立内部监督员岗，强化国库内部控制管理；制定《鄂州市财政国库管理制度改革资金支付管理办法》，积极协调农村信用社开展代理结算业务，保证了财政集中收付在区级全面推广、乡镇逐步试点；开展对国库经收处进行账户管理检查，并根据检查结果及时下发整改通知书督促整改，规范了代理国库业务操作。

（五）深化发行管理，服务社会民生

合理把握发行基金调拨的主动性和灵活性，全年发行基金投放24.48亿元，发行基金回笼17.78亿元，保证了全市现金供应总量充足；认真组织残损人民币复点销毁工作，全年完成残损人民币复点销毁8.9亿元，保证了全市流通人民币的光洁度；大力开展人民币宣传活动，全年发动宣传人员1,080人，遍布全市145个金融机构网点，散发宣传资料7,000余份，接受群众咨询2,000多人次，现场办理残损币兑换近万元，提高了人民群众对人民币的认识；完善了《鄂州市反假货币工作站建设实施方案》，建立18个反假工作站，全年累计收缴假人民币71,649元，有效维护人民群众的合法权益。

（六）强化外汇监管，促进服务便利

积极推广直接投资外汇业务信息系统工作，做到专机填报，专人指导，专柜服务，方便了外商投资企业顺利开展外汇年检；制定了《鄂州市出口预收货款管理暂行办法》，强化了对企业出口预收货款的管理；制定了《鄂州外汇业务分级授权表》，对外汇业务按其性质和金额具体规定了办理权限，控制和降低了业务风险。

（七）推进政务公开，方便社会监督

出台了深入推进政务公开的指导意见，明确了政务公开的原则、内容、形式；制定了《中国人民银行鄂州中支心行政务公开评议制度》《中国人民银行鄂州中支心行政务信息依申请公开制度》等管理制度，明确了对政务公开的评议、监督和责任追究；公布了《中国人民银行鄂州市中心支行信息公开指南》《中国人民银行鄂州市中心支行信息公开流程》等内容，广泛接受社会各界的监督和评议。

（八）扩大金融宣传，普及金融知识

借助《鄂州日报》“金刊”，坚持开展日常金融知识宣传普及，巩固了金融宣传阵地；依托人民银行鄂州中支政务网站，推出在线服务功能，提供了企业贷款卡年审报告书，中小企业信息录入、贷款卡基本信息等表格下载，增强了宣传服务能力；通过“看电影，学金融”，在全市城乡、社区开展百姓金融知识普及工程，在全市214个村和38个社区放映金融知识宣传短片共200多场，足迹遍及乡村、工厂、学校和社区，探索了一条基层央行普及金融知识工作的新路子，工作经验被人民银行武汉分行以《工作简报》形式进行介绍和推广，并被人民银行总行《金融新闻宣传工作》（2008第13期）予以报道。

（陈敬喜）

附表

鄂州市主要经济、金融指标

表 3－9　　2008 年末　　单位：亿元

项目	金额	比上年增减额	比上年增减幅度(%)
国内生产总值	269.79	61.08	29.27
工农业总产值	189.61	49.30	35.12
其中：工业总产值	148.09	39.80	36.75
农业总产值	41.52	9.50	29.67
地方财政收入	25.31	4.36	20.80
地方财政支出	23.96	6.12	34.30
社会消费品零售总额	104.89	20.30	24.00
商品零售价格指数(%)	106.50	100.00	6.50
金融机构各项存款	157.98	30.69	24.11
财政存款	11.23	3.78	50.75
企业存款	34.51	4.16	13.71
储蓄存款	97.69	17.44	21.73
金融机构各项贷款	78.38	13.64	21.07
短期贷款	35.93	－1.12	－3.02
中长期贷款	35.34	14.89	72.81
现金投放(＋)回笼(－)	8.32	－0.11	－1.30
保险费收入	4.74	2.42	104.31
保险赔款支出	1.27	－0.30	－19.11

黄 冈 市

【经济运行概况】

截至12月底,全市规模以上工业企业发展到1,140家,当年新增355家;规模以上工业增加值130.5亿元,同比增长25.7%;主要农产品全面增长。全市地区生产总值545亿元,比上年增长15%。

1—12月,规模以上新建项目1,183个,同比增加561个;新开工项目953个,增加542个。城镇以上固定资产投资完成250.9亿元,同比增长65.6%,增幅居全省首位。社会消费品零售总额248.8亿元,同比增长26.3%,增幅居全省第2位。外贸出口4.48亿美元,同比增长46.6%。

全年全市全口径财政收入完成59.62亿元,为年度任务的109.7%,超收5.29亿元,同比增收14.35亿元,增长31.7%。年末,全市国库库存资金21.58亿元,同比净增6.97亿元,增长47.68%。完成财政支出121.72亿元,同比增支32.65亿元,增长36.7%。其中,一般预算支出102.28亿元,同比增支27.8亿元,增长37.3%。

全年城镇居民人均可支配收入增长15%以上,农民人均纯收入增长12%以上。1—12月,全市城镇新增就业5.14万人,组织农村劳动力转移就业13.9万人,城镇登记失业率为4%。

全市单位生产总值能耗同比下降4.6%,化学需氧量和二氧化硫净削减1.72%和1.84%。

【金融运行情况】

1.各项存款强势增长,增速排名全省第1位。年末,金融机构人民币各项存款余额突破600亿元大关,达635.13亿元,同比增长26.85%,增幅比上年同期提高14.21个百分点;比年初增加134.42亿元,同比多增78.23亿元,存款年度净增额首次过百亿元。人民币存款增速比全省平均水平高5.77个百分点,在全省13个地市中排第1位。

2.贷款投放稳中趋快,结构不断优化。年末,剔除农行股改剥离不良贷款因素,金融机构人民币各项贷款余额252.44亿元,可比口径同比增长15.73%,增幅比上年同期略降0.91个百分点。当年新增贷款34.31亿元,同比少增3.12亿元。如果考虑农发行政策性贷款比年初减少9.21亿元,金融机构银行承兑汇票、保函、信用证、委托贷款、融资租赁、理财+信托计划、转贴现等表外融资比上年同期多增加3亿多元,金融机构表内外融资可比口径比年初增加46亿元,比上年多增近10亿元。

3.银行业金融机构盈利大幅增加。盈利水平大幅提高。全年金融机构实现人民币账面盈利6.41亿元,同比增长9.5倍,同比多盈利5.8亿元。其中商业银行账面盈利4.28亿元,同比减亏增盈4.92亿元;农信社盈利0.98亿元,同比多盈利0.82亿元;农发行盈利1.14亿元,同比多盈利0.43亿元。

【金融运行形势分析】

(一)流动性分析

1.银行体系流动性充足,为信贷可持续增长打下了雄厚的资金基础。年末银行业金融机构各项存款余额635.13亿元,扣除15.5%水平的法定存款准备金约100亿元(农村信用社存款准备金率要低于15.5%),提取2%平均水平支付清算准备金约15亿元,减去6.68亿元库存现金占用,剔除64.89亿元有价证券及投资,考虑现有贷款余额252.44亿元,年末银行业金融机构可用信贷资金约200亿元。

2.银行体系流动性受体外、辖外因素影响大,内生性增长有待强化。从辖内银行体系流动性与社会体系流动性相互转化角度看,黄冈银行体系新增流动性主要来源于招商引资引致的辖外社会资金、境外国际资本以及激活的辖内民间资本,各级财政转移支付;银行信贷派生流动性占银行体系新增流动性比例低,银行对社会体系流动性的控制力和影响力有待提高。2008年,新增贷款34.31亿元,占新增存款134.42亿元之比为25.5%。中央和省两级财政转移支付高达62.1亿元,同比增长41.8%,占当年新增存款的46.2%。招商引资实际投入资金149.98亿元,一是辖外社会资金和国际资本,约为40亿元,占银行体系新增流动性的30%左右。二是银行体系流动性在层次间流动,如从M2定期存款流向M1活期存款。三是银行体系流动性在主体间重新配置,如居民购买商品房后储蓄转化为开发商新开发项目资金,后两部分对银行体系流动性新增没有贡献。由于贷款用途、招商引资开支具有相对开放性,财政支出具有相对封闭性,虽然银行业金融机构对社会体系流动性运转起着支撑作用,但财政转移支付和招商引资无疑对辖内银行体系新增流动性贡献更大。

3.银行体系流动性结构进一步优化。从资产负债表流动性看,年末流动资产为513.73亿元,比年初增加112.32亿元,其中存放联行款项289.42亿元，比年初增加116.3亿元；年末长期资产为125.7亿元，比年初增加10.75亿元，其中中长期贷款比年初增加22.79亿元，长期投资比年初减少12.24亿元。年末短期流动资产占资产总计之比为80.5%，比年初提高2.7个百分点；长期资产占比为19.7%，比年初下降2.6个百分点。年末流动负债为342.05亿元，比年初增加53.44亿元，其中短期存款增加29.9亿元，活期储蓄增加19.27亿元；年末长期负债为282.85亿元，比年初增加63.89亿元，其中定期储蓄增加55.52亿元。年末流动负债占负债总计之比为53.6%，比年初下降2.4个百分点；长期负债占比为44.3%，比年初上升1.8个百分点（见表3—10）。综合来看，银行体系资产流动性进一步增强，资产负债表规模和结构变化进一步提升了银行体系流动性水平，银行体系流动性结构进一步改善。

表3—10 黄冈市银行业金融机构资产负债表

2008年末

单位：亿元

项目	余额	比年初	项目	余额	比年初
流动资产	513.73	112.32	流动负债	342.05	53.44
1.现金及银行存款	5.76	0.43	1.短期存款	111.63	29.90
2.存放中央银行	18.09	3.34	2.活期储蓄存款	124.45	19.27
3.存放同业	1.26	1.08	3.财政性存款	5.64	2.01
4.存放联行款项	289.42	116.30	4.向中央银行借款	0.02	
5.拆放同业	0.01	—0.14	5.同业存放	0.14	
6.短期贷款	133.18	—34.22	6.联行存放	57.09	—5.26
7.应收账款	3.92	2.76	7.同业拆入		
其中：应收利息	1.92	0.79	8.应解汇款及临时存款	0.18	—0.27
8.减：坏账准备	0.21	0.13	9.汇出汇款	0.68	—0.18
9.短期投资	62.27	22.94	10.委托存款	0.02	0.01
10.减：短期投资跌价准备			11.卖出回购资产	25.31	3.09
11.委托贷款及投资			12.应付及预提账项	11.41	4.08
12.买入返售资产			13.存放短期保证金	5.43	0.77
13.待处理流动资产损失		—0.02	14.发行短期债券		
14.其他流动资产	0.03	—0.03	15.其他流动负债	0.05	0.01
长期资产	125.70	10.75	长期负债	282.85	63.89
15.中长期贷款	117.54	22.79	16.长期存款	20.68	5.90
16.减：贷款损失准备	3.78	1.41	17.定期储蓄存款	256.52	55.52
17.长期投资	2.62	—12.24	18.存放长期保证金		
18.减：长期投资减值准备	0.66	—0.01	19.发行长期债券		
19.固定资产净值	8.65	1.41	20.其他长期负债	5.65	2.47
固定资产	12.88	1.34	所有者权益	13.26	5.20
减：累计折旧	4.23	—0.07	21.实收资本	18.15	—0.74
20.固定资产减值准备	0.10	0.01	22.资本公积	0.20	0.01
21.固定资产清理	0.09		23.公积金		—0.25
22.在建工程	0.52	0.27	24.公益金		
23.减：在建工程减值准备			25.未分配利润	—6.99	6.17
24.待处理固定资产损失	0.84	—0.06	其中：本年利润	6.47	6.47
无形递延及其他资产	—1.27	—0.56	26.一般准备金	1.89	
25.无形递延及其他资产	—1.18	—0.57			
26.减：抵债资产减值准备	0.02	—0.01			
27.减：无形资产减值准备	0.07				
28.减：其他资产减值准备					
资产总计	638.16	122.52	负债总计	638.16	122.52

注：不含邮政储蓄银行。

表 3－11 2008 年银行存贷款基准利率与市场利率(shibor)比较(月末数)

月份	1月	2月	3月	4月	5月	6月	7月	8月	9月	10月	11月	12月
shibor	4.66	4.6953	4.7014	4.7027	4.7097	4.7124	4.707	4.7036	4.672	4.4482	3.257	2.3597
存款	4.14	4.14	4.14	4.14	4.14	4.14	4.14	4.14	4.14	3.87	2.52	2.25
贷款	7.47	7.47	7.47	7.47	7.47	7.47	7.47	7.47	7.2	6.93	5.58	5.31
存差	0.52	0.5553	0.5614	0.5627	0.5697	0.5724	0.567	0.5636	0.532	0.5782	0.737	0.1097
贷差	2.81	2.7747	2.7686	2.7673	2.7603	2.7576	2.763	2.7664	2.528	2.4818	2.323	2.9503

注:此处存差指“shibor——存款基准利率”,贷差指“贷款基准利率——shibor”。

表 3－12 2008 年黄冈市银行业金融机构损益表

单位:万元、%

行列名称	本外币	占比	本币	占比	外币	占比
一、营业收入	539,824	100.00	537,897	100.00	1,928	100.00
利息收入	158,378	29.34	158,364	29.44	14	0.71
金融机构往来收入	362,439	67.14	360,578	67.03	1,860	96.49
手续费收入	18,216	3.37	18,163	3.38	53	2.73
证券销售差价收入	265	0.05	266	0.05		－0.02
汇兑收益	72	0.01	72	0.01		
其他营业收入	455	0.08	453	0.08	2	0.08
二、营业支出	495,730	100.00	494,432	100.00	1,298	100.00
利息支出	100,000	20.17	99,573	20.14	427	32.93
金融机构往来支出	306,674	61.86	305,803	61.85	871	67.07
手续费支出	1,441	0.29	1,441	0.29		
营业费用	72,051	14.53	72,051	14.57		
汇兑损失	119	0.02	119	0.02		
其他营业支出	15,445	3.12	15,445	3.12		
三、营业税金及附加	9,178		9,178			
四、营业利润	34,917		34,287		630	
加:投资收益	28,128		28,128			
加:营业外收入	2,339		2,339			
减:营业外支出	2,211		2,211			
加:年度损益调整	－134		－134			
五、利润总额	64,730		64,100		630	

注:不含邮政储蓄银行。

(二)盈利性分析

1. 存贷利差缩小,存贷差额扩大,银行盈利传统主渠道受冲击。2008 年 9 月 16 日利率调整步入降息通道,存贷利差由 3.13%降为 3.06%,而 2006 年存贷利差高达 3.60 个百分点。另一方面,年末存差高达 385 亿元,比年初增加 100.11 亿元,虽然存贷款运行都向高利率区间移动,但新增高成本存款远大于新增高收益贷款,银行存贷款利差收入可持续增长压力增大。

2. 银行筹资成本接近市场利率,信贷收益率偏离市场利率,盈利空间增大,比较 2008 年银行存贷款基准利率与市场利率(shibor)(见表 3－11),9 月以前,市场利率在银行存贷款基准利率水平之间运行,与银行存贷款利率之间的利差相对固定;9 月以后,银行存款利率水平迅速靠近市场利率(shibor),贷款利率与市场利率间的利差相对扩大。这便利于银行低成本筹资,有利于促进银行扩大贷款规模,提高盈利水平。

3. 银行系统内依赖进一步增强,收支结构有待改善。根据 2008 年黄冈市银行业金融机构损益表(见表 3－12),金融机构往来收入占营业收入的 67.14%,比上年提高 8.71 个百分点;利息收入占 29.34%,比上年下降 7.19 个百分点;手续费收入虽然绝对额有增加,但占比下降 1.49 个百分点。从营业支出看,金融机构往来支出占营业支出的 61.86%,比上年提高 6.85 个百分点;利息支出占 20.17%,比上年下降 3.53 个百分点。总的来看,银行损益对系统内上级行依赖性进一步增强,经营的主动性有所削弱。

(三)安全性分析

近年来,四家国有商业银行分支机构和农村信用社进行了一系列改革,不良资产通过剥离、核呆以及票据置换等实现了大幅下降,内部治理结构不断改善,可持续发展机制不断完善。

1. 不良贷款降至历史低点,存量风险得到有效化解。经过 2000 年、2004 年、2005 年和 2008 年四次较大规模的不良贷款剥离以及加大核呆力度,金融机构不良贷款占比大幅降低。

2. 内部治理结构不断完善,资产风险得到有效防控。工、中、建按上市银行要求不断规范内部治理,农行股份制改革顺利推进,农发行积极扩大支农范围,农信社"花钱买机制"效果不断显现,邮政储蓄银行挂牌后自主经营能力不断提高,2008 年银行业金融机构营业费用同比下降 0.93 亿元,占营业支出之比同比下降 4.99 个百分点。年末银行金融机构正常贷款比年初增加 39.32 亿元,资产质量不断提高。

3. 资产结构调整初见成效,综合盈利能力稳步增强。2008 年金融机构投资收益 2.81 亿元,比上年增加 1.68 亿元,增长 1.49 倍;占当年银行业金融机构利润总额的 43.4%,与营业利润基本持平。

【货币信贷政策】

上半年,根据"两防"调控要求,把结构调整作为贯彻从紧货币政策着力点,按照"区别对待,有保有压"的原则,引导银行金融机构重点支持了中小企业、"三农"、节能环保、自主创新等行业发展资金需要。下半年,按照"两保一控"要求,切实把握落实从紧货币政策与促进地方经济发展的平衡点,结合黄冈实际,提出了支农、扶弱信贷工作重点,引导辖内金融机构加大对弱势群体的支持力度,支持了黄冈民生工程建设。1—12 月,全市新增就业再就业贷款 1,057 万元,同比增加 432 万元,累计发放助学贷款 3,057 万元,贷款满足率 100%。9 月以来,国家调控重点转向"保增长",人民银行黄冈市中支遵循适度宽松货币政策要求,加强行为引导,提高对金融机构信贷行为的影响力,取得了明显成效。到 12 月末,全市金融机构实现人民币各项贷款 252.44 亿元,可比口径同比增长 15.73%,其中,对农业贷款 50.13 亿元,比年初增加 4.51 万元。

【加强金融监管,防范金融风险】

充分运用央行各项监管职能,始终保持对金融违规行为的高压态势,大力开展银行业和非银行业金融机构的现场检查活动:开展了人民币银行结算账户管理检查。重点对辖内 2 个县(市)11 家金融机构 2007 年以来人民币银行结算账户的开立、撤销、使用及账户资料的保存情况进行了检查,依法对违规行为进行了严肃处理,整顿了结算市场秩序;开展了反洗钱现场检查。组织对华泰证券黄冈营业部反洗钱组织机构、内控制度、交易记录、大额和可疑资金报送等情况进行了检查,依法对违规行为给予了 1 万元罚款,产生了积极的反洗钱监管效应;开展了国库工作检查。组织全辖开展税款入库工作专项检查,共检查行、社营业网点 43 个、资金 3,702 笔,共计 9,571 万元,对全市 9 个支库进行了国库统计、国库监管和国库实地检查,针对违规行为,及时下发了检查情况通报,作出了限期整改要求,有效提高了辖内支库风险控制能力,确保了国库资金安全;开展了现金管理检查。对全市人民币管理条例执行情况、假币收缴与鉴定管理办法执行情况进行了检查,进一步改善了市场流通中人民币的整洁度;开展了外汇业务的全面检查。依法对 2 家外汇违规企业处以罚款 3 万元,1 家企业列入"关注企业"名录,对不按规定及时办理外汇登记的 3 家企业按政策实施了简易处罚,维护了外汇市场秩序。

银行监管部门坚持"六突出六强化",以增强监管持续性,提高监管有效性为重点,加大现场和非现场检查力度,有效地促进了银行业持续稳健运行。全年共组织开展了 16 项现场检查活动,派出检查组 23 次,检查内容涉及银行机构高管履职情况、金融服务情况、"十大联动"落实情况、银行信息安全等。根据现场检查情况,提出整改意见 238 条。共办理审批事项,批准设立机构 1 项,变更机构 14 项,撤销机构 2 项,审查并核准了 107 名高管人员的任职资格。配合邮政储蓄银行机构改革需要,严格按程序完成邮政储蓄银行 74 家机构的开业审批。

【金融服务】

坚持贴近市场,贴近金融机构,不断创新金融服务工具,改进金融服务手段,提高金融服务效率,推进了金融服务工作的制度化、规范化和科学化。国库服务水平不断提高,探索财政涉农补贴资金国库支付新方式，确保涉农补贴直达农户；支付结算功能不断完善，制定了《黄冈市银行卡产业发展指导意见》，加强了农民工银行卡特色服务，实现了大小额支付系统向农村信用社乡镇营业网点延伸，有效支持了“三农”经济发展；发行工作内容不断丰富，全面展开了反假货币工作站建站工作，实现了反假工作“进社区、进乡镇、进村组”的目标；征信管理工作不断深入，开展了以“农户建档案、幸福来相伴”为主题的“征信知识荆楚行——黄冈站”宣传月活动和以“珍爱信用记录，享受幸福人生”为主题的“信用记录关爱日”活动，营造了良好社会信用环境和舆论氛围；反洗钱监管体系不断健全，全面加强了对反洗钱信息的监测分析，组织开展了对证券、保险业的现场检查；外汇服务领域不断拓展，加强外汇服务创新，积极推进了贸易投资便利化，全年全市实现国际收支总量 20,003 万美元，实现国际收支申报率 100%。

【证券业运行和发展】

2008 年证券市场大幅调整，市场交易量大幅萎缩。据华泰证券黄冈营业部统计，年末股民开户数 32,102 户，当年新增股开户数 3,315 户，仅是 2007 年新增开户数的 18.5%；保证金及市值余额 5.2 亿元，比上年减少 9.13 亿元；全年累计交易量 196.21 亿元，比上年减少 90.93 亿元。银行业金融机构当年累计代理销售基金额达 19 亿元，比上年减少 33 亿元。

【保险业运行和发展】

保险机构同业竞争加剧，与银行业金融机构的合作水平提升，全年累计实现保费收入 22.2 亿元，同比增长 77.88%；全年赔款和给付支出累计 13.4 亿元，同比增长 186.3%。保险业在经济社会中所发挥的风险保障功能进一步增强。

（陈腾兵）

附表

黄冈市主要经济、金融指标

表3-13　　2008年末　　单位:亿元

项目	金额	比上年增减额	比上年增减幅度(%)
国内生产总值	600.80	127.06	15.00
工农业总产值	396.81	89.08	
其中:工业总产值	204.23	46.85	20.00
农业总产值	192.58	42.23	7.10
地方财政收入	59.60	14.33	31.70
地方财政支出	121.70	32.62	36.70
社会消费品零售总额	282.27	58.61	26.21
商品零售价格指数(%)			
金融机构各项存款	635.13	134.42	26.85
财政存款	27.29	8.92	48.56
企业存款	86.67	21.69	33.37
储蓄存款	464.22	86.91	23.03
金融机构各项贷款	252.44	34.31	15.73
短期贷款	126.59	-3.67	-2.82
中长期贷款	117.49	36.49	45.05
现金投放(+)回笼(-)	4.65	-4.33	1,350.00
保险费收入	22.20	9.72	77.88
保险赔款支出	13.40	8.72	186.30

咸宁市

2008年8月14日，人民银行武汉分行行长张静(中)在咸宁市中心支行调研。

【经济运行概况】

2008年，全市经济继续保持良好的发展态势。工业经济平稳较快发展，固定资产投资高速增长，居民收入稳定增加，消费市场持续活跃，财政金融形势稳定。

1. 工业经济快速发展。2008年，全市地区生产总值完成359.19亿元，同比增长28.28%。规模以上工业企业单位户数达627家，同比增加91家，完成工业增加值113.41亿元，同比增长30.5%。

2. 固定资产投资高速增长。全社会固定资产投资200.83亿元，同比增长45.1%，超额完成目标任务180亿元的11.6%。其中城镇以上固定资产投资完成164.52亿元，同比增长49.8%。

3. 居民收入持续增加。全年城镇居民可支配收入11,529元，同比增长15.4%；农民人均纯收入4,411元，同比增长18%。社会消费品零售总额136.81亿元，同比增长29.2%，居民消费能力进一步增强。

4. 财政收入超目标。2008年全市财政总收入26.56亿元，同比增长28%；地方一般预算收入完成14.32亿元，同比增长29.1%，均超额完成目标任务。

【金融运行情况】

2008年，全市金融机构良性平稳运行。各项存款强势增长，净增额和增幅创历史新高，各项贷款快速增长，对全市重点项目、重点企业、重点行业和重点区域的信贷支持力度加大，金融业盈利能力不断增强，经济金融呈现和谐共赢的良好局面。

1、存款增长再创新高，资金来源稳定充足。2008年末，全市金融机构人民币各项存款余额278.93亿元，较年初增加53.67亿元，增幅23.8%；比上年增加6个百分点，同比多增23.87亿元，净增额和增幅均创历史新高，金融机构资金来源稳定充足。其中：企业存款余额53.27亿元，比年初增加10.59亿元，增幅24.8%。12月末，全市储蓄存款余额185.84亿元，比年初增加32.99亿元，增幅21.6%。居民预防性动机还引起了储蓄定期化，全年定期储蓄存款较年初净增21.11亿元，增幅25.7%，高于活期增幅将近9个百分点。定期储蓄存款占比呈上升趋势，增强了金融机构资金来源的稳定性。

2. 贷款投放再超历史，信贷结构不断优化。2008年末，全市金融机构人民币各项贷款余额122.03亿元，较年初增加6.81亿元。剔除农行剥离10.54亿元因素，全市各项贷款较年初实际增加17.35亿元，增幅15.1%。其中：中长期贷款余额62.25亿元，比年初增加11亿元(不含农行剥离3.48亿元)，实际增长14.48亿元，增幅28.3%。中长期贷款的快速投放，保证了武广电路客运专线、阿深、杭瑞高速等国家重点项目的顺利实施和企业基建技改项目的资金需求；短期贷款余额58.26亿元，剔除农行剥离因素，短期贷款比年初增加2.91亿元，全年累计发放短期贷款43.38亿元，很好地满足了湖北华润电力、中石特钢、田野集团、华新水泥等全市重点企业的资金需求。个人消费贷款余额10.19亿元，比年初净增3.7亿元，增幅高达57.1%，同比多增3.7亿元，大大满足了居民的消费需求。全市金融机构能动地贯彻落实宏观调控政策，信贷结构不断优化，在调控中实现各项贷款的快速增长，全年累计发放各项贷款89.04亿元，同比多投放12.7亿元，累放额再超历史记录。

3. 资产质量明显改善，经营效益大幅提高。2008年末，全市金融机构不良贷款余额17.21亿元，比

2008年6月27日，中国人民银行解放思想创新党建工作座谈会在咸宁市中心支行召开，图为总行党委委员、副行长马德伦(右二)在座谈会上作重要讲话。

年初减少9.92亿元，降幅36.56%；不良贷款占比14.07%，比年初下降9.46个百分点。其中：四家国有商业银行不良贷款余额3.20亿元，比年初减少8.89亿元，降幅73.52%；不良贷款占比4.73%，占比比年初下降13.18个百分点。农发行不良贷款余额8.60亿元，比年初减少0.14亿元，降幅1.65%；不良贷款占比33.10%，比年初下降2.46个百分点，降幅6.93%。农村信用社五级分类不良贷款余额5.40亿元，比年初减少0.88亿元，降幅14.05%；不良贷款占比19.77%，占比比年初下降4.55个百分点。全市金融机构账面盈利2.61亿元，比同期增加1.04亿元，增长66.24%。其中：四家国有商业银行盈利1.67亿元，比同期增加0.97亿元，增长138.57%；农发行盈利0.62亿元，比同期增加0.30亿元，增长93.75%；农村信用社盈利0.31亿元，比同期增加0.54亿元，增长234.78%。

4. 金融市场日趋完善，金融改革稳步推进。全市金融生态环境进一步改善，金融市场发展不断加快，金融改革稳步推进。继湖北省嘉鱼吴江村镇银行落户咸宁后，花旗银行海外投资公司出资250万美元，拟在赤壁成立花旗贷款有限责任公司，咸宁市小额贷款公司也正在积极筹备中。邮政储蓄银行正式挂牌成立，并启动了小额信贷业务，全年累计发放贷款1,876笔，金额1.36亿元。农行股改不断深入，已于11月底完成了不良资产处置工作，剥离资产达到10.54亿元。农村信用社成功兑付央行票据3.97亿元，农信社法人治理结构进一步完善，业务经营稳健发展，基本上达到了“花钱买机制”的效果。

【货币信贷政策】

1. 强化政策宣传，着力增强货币政策传导的透明度。一是利用新闻媒体宣传，增加社会公众的认知度。通过及时向金融机构通报存款准备金率、存贷款利率调整情况，适时在《咸宁日报》、咸宁电视台等主流媒体开展货币政策宣传专栏，大大增强了社会公众对货币政策的解读能力。二是组织专题会议宣传，增强职能部门的理解度。通过季度经济金融形势分析会、金融工作座谈会，向有关职能部门及时宣传解释从紧货币政策和适度宽松货币政策含义，争取有关部门的配合和支持，大大降低了货币政策传导工作阻力，使经济政策、财政政策与货币政策的合力作用得到较好发挥。三是上门汇报宣传，争取地方政府的支持。通过举办地方党政干部金融知识培训班，及时向地方党政干部讲授中央银行职能、货币政策工具与目标、次贷危机的影响等金融知识，增强了中央银行货币政策传导的影响力。全年共开展专题辅导讲座2次，培训党政干部300余人，取得预期效果。

2. 加强窗口指导，努力拓宽货币政策传导渠道。通过督促金融机构认真贯彻落实宏观调控政策，建立货币政策执行效果评估机制，增强了货币政策执行效果。一是实行重点指导，满足有效信贷需求。围绕产业结构调整重点，积极引导金融机构加大对市直支柱行业、骨干企业的信贷投入力度，及时跟进通山大畈核电、嘉鱼簰洲湾油气田开发等重大项目，确保了重点项目、支柱型产业的信贷需求。二是实行分类指导，做到投放有保有压。根据企业信用等级、节能减排、劳动密集型等情况，引导金融机构加大对经济效益好、有发展前景行业的信贷支持，加强对高新技术、自主创新、节能减排、有订单、有信誉企业的金融服务，严格控制对“两高”项目的信贷投放，实现了在保护中支持，在持续中发展。三是实行现场指导，确保信贷政策落实到位。通过组织开展金融服务进企业、下农村等活动，积极引导金融机构不断改进信贷支持方式，加大对回归经济、旅游经济、民营经济的信贷支持力度，大额农贷、就业再就业小额担保贷款等信贷业务实现了新的突破。全市金融机构共发放支农贷款5.9亿元，扶持农业产业化龙头企业78家，预计实现产值46亿元；发放就业再就业小额担保贷款385万元，大力支持了劳动密集型企业发展。

3.加强调研、监测和反馈，切实提升货币政策传导效能。通过围绕新货币政策出台实施效应开展调研、围绕经济金融运行走势进行监测、围绕辖区支柱型产业和特色经济实施反馈，为宏观调控决策提供了实证依据和参考。全年共完成调研监测课题54项，被人民银行武汉分行以上刊物采用调研监测分析材料80余篇，其中：外汇资金异常流动的监测分析报告被国家外汇管理总局刊物采用；银保贷款调研信息被人民银行总行《送阅信息》采用，新型工业化金融支持问题研究被《金融参考》采用。有两人分别被人民银行总行评为调查统计、政务信息先进个人。

2008年8月21日，武汉咸宁金融合作银企对接见面会在咸宁市会议中心举行。

【金融服务】

1.创新信贷产品，大力支持地方经济又好又快发展。结合辖内各县（市、区）资源禀赋差异的实际，因地制宜，积极实施“一县一品”金融服务创新“惠民工程”，支持了县域经济发展。针对嘉鱼水产养殖大县的情况，试点开展“银行＋农业担保公司＋关联企业包保服务”银保贷款新模式，大力支持了该县水产养殖业的发展；针对通城生猪产业较快发展的势头，试点开展“龙头企业（合作社社员）＋担保公司（担保基金）＋保单（联保）＋银行（信用社）”信贷强农新模式，有力支持了该县生猪产业的发展；针对咸安禽畜生产规模优势，推行“龙头企业＋专业大户＋保单＋信用社”信贷富农新模式，切实支持了该地禽畜产业的发展，带动了周边9个乡镇、26个村、180户农民脱贫致富奔小康；针对通山核电库区移民的特点，试行“小额信用贷款＋财政贴息＋创业培训＋种养基地”支持移民创业致富信贷支农新模式，大大改善了库区移民生产、生活环境。全年全市信贷投放总量达93亿元，贷款净增17.5亿元，增长15.1%，贷款增长率连续三年在全省位居前列。

2.创新支付结算工具，不断拓宽农村金融服务功能。为充分发挥支付结算工具的作用，更好地服务“三农”，依托现代化支付系统和银行结算、邮政农资配售网络，以网上银行为基础，在农村大力推广非现金结算工具，在嘉鱼试点开展“农村支付结算实时通”服务创新工作，取得初步成效。自试点以来，农村经纪人累计开出收购凭证100多张，交易金额70万多元；安装转账电话32户，交易笔数525笔，金额343.5万元。“实时通”的实施，大大减少了农村地区的现金流通量，加快了农村资金结算速度，丰富了银行卡在农村地区的结算空间，改善了农村支付结算环境。

3.创新基础性金融服务方式，进一步提升基层央行服务质效。通过以创新为手段，以管理为抓手，进一步强化结算、国库、现金、外汇等基础性金融服务功能，有效提升了金融服务的质量和水平。在抗灾和奥运期间，通过建立24小时全天候值守制度，建立金融服务“快速通道”，实行特事特办，急事速办，确保了抗灾和奥运期间的现金供应、资金拨付和信贷支持。通过大力开展外汇服务延伸到县的工作，在人民银行通城支行增设外汇服务窗口等工作，切实解决了边远地区外汇业务申报难、核销难、结售汇难等问题。通过组织金融机构，开展“现金收付百日优质

2008年6月15日，人民银行咸宁市中心支行启动征信知识宣传月活动。

服务竞赛”、“信用记录关爱日”、“社保资金联网征缴”等服务活动，进一步增强了金融机构的服务意识，在社会上取得了良好的反响。通过开展账户、反洗钱、外汇和财政性缴存款等专项执法检查，以管理促规范，以规范求质效，积极地履行了基层人民银行金融管理职能，为更好地服务地方经济发展提供了支撑保障作用。

【金融生态环境建设】

通过以金融信用反哺社会信用，以社区信用辐射公众信用，以村组信用引导农户信用，着力破解三大难题，优化三大环境，取得良好效果。咸宁市连续六年被授予湖北省A级信用市，6个县（市、区）全部成为全省最佳金融信用县（市），金融生态环境建设评价系统被省政府以文件下发全省推广。通过破解依法执行难，联合司法部门建立金融债权积案台账，开展“金融债权积案集中执行月”活动，全市当年金融胜诉案件执行率和历年积案执行率分别比上年同期提高了16个百分点和18个百分点，大大优化了金融司法环境；通过破解贷款抵押难，围绕降低企业抵押贷款和银行处置费用成本，争取市政府组织开展规费减免执行情况专项检查，大大降低了企业融资成本，大大优化了行政服务环境；通过破解信用担保难，协助地方政府，不断健全信用担保管理机制，建立担保基金扩充和风险准备补充制度，有效缓解了中小企业贷款难的矛盾，全市担保基金总量达1.3亿元，先后为200多家中小企业提供贷款担保1亿多元，大大优化了信用中介环境。

（夏旺春）

附表

咸宁市主要经济、金融指标

表 3－14　　2008 年末　　单位:亿元

项目	金额	同比增减额	同比增减幅度(%)
国内生产总值	359.19	79.19	28.28
工农业总产值	512.02	146.81	40.20
其中:工业总产值	399.71	146.27	57.71
农业总产值	112.31	0.54	0.48
地方财政收入	26.56	5.89	28.50
地方财政支出	54.99	18.59	51.07
社会消费品零售总额	136.81	30.95	29.24
商品零售价格指数(%)	106.00	6.00	6.00
金融机构各项存款	278.93	53.67	23.83
财政存款	15.87	6.72	73.44
企业存款	53.27	10.59	24.81
储蓄存款	185.84	32.98	21.58
金融机构各项贷款	122.03	6.81	5.91
短期贷款	58.26	－4.52	－7.20
中长期贷款	62.25	11.36	22.32
现金投放(＋)回笼(－)	10.25	0.98	10.57
保险费收入	8.48	3.38	66.27
保险赔款支出	1.50	－0.42	－21.88

随 州 市

【经济运行概况】

2008年，随州市在国内外经济不利因素影响下，经济继续保持平稳较快增长。经济结构改善，效益提高，活力增强，节能减排取得积极成果，以“专用汽车之都”为主体的产业集群经济正在形成，消费增速加快，市场物价逐步回落，就业人员增加。

(一)全市经济运行保持平稳较快增长

2008年全市生产总值超过300亿元，同比增长14.5%。增幅同比提高0.6个百分点。物价逐步回稳。12月份居民消费价格指数为106%，同比上涨0.7个百分点，居民消费价格指数累计同比上涨6个百分点，高于上年同期1.8个百分点。就业人员增加。2008年城镇新增就业2万人，帮扶下岗失业人员就业再就业5,000多人，农村劳动力培训转移就业3.2万人。

(二)总收入持续增长，工农业生产形势较好

一是农业平稳增长。全年粮食总产量146.29万吨，同比增产9.2%；棉花总产量1.45万吨，同比增产11.1%；油料产量5.96万吨，同比增产14%；蔬菜产量139.63万吨，同比减产5.7%。生猪出栏149.91万头，同比增长23.6%；家禽出笼2,058.19万只，同比增长10.7%；水产品产量6.08万吨，同比增长12.4%。二是工业生产仍在快速增长区间运行，但增幅回落。2008年，全市规模工业完成增加值87.91亿元，增长21.7%，比上月回落1个百分点，五大支柱产业累计完成工业增加值61.4亿元，增长20%。其中，汽车机械完成工业增加值23.74亿元，增长17.7%；纺织服装完成工业增加值8.49亿元，增长33%；食品饮料完成工业增加值17.5亿元，增加30.8%；医药化工完成工业增加值6.53亿元，同比增长24.8%。

(三)总需求平稳增长，需求结构逐步改善

一是固定资产投资强劲增长。2008年，全社会固定资产投资完成147.07亿元，增长44.3%，增幅同比提高0.7个百分点。其中：城镇固定资产投资完成113.65亿元，同比增长44%。其中第一产业投资增长迅猛，投资4.55亿元，同比增长104.5%；第二产业投资完成49.49亿元，同比增长34.2%；第三产业投资完成59.61亿元，同比增长49.9%。二是消费市场持续繁荣稳定。2008年全市实现社会消费品零售总额152.32亿元，增长24.1%。三是外贸进出口形势良好。全年实现外贸进出口总额35,047万美元，同比增长67.0%，其中：出口33,655万美元，增长67.4%；进口1,392万美元，增长59.2%。批准外资项目18个。全年实际利用外资3,906万美元，增长22.0%。四是房地产投资开发增长较快。全年累计完成投资15.96亿元，同比增长75.3%，商品房施工面积235.57万平方米，其中住宅面积219.74万平方米，比同期增加88.7%，商品房销售面积为54.67万平方米，比同期增长28.9%。

(四)财政和居民收入稳步增长，民生逐步改善

2008年全市财政总收入14.65亿元，同比增长18.8%。其中实现地方一般预算收入6.68亿元，同比增长22%。居民收入稳定增加。2008年，城区居民可支配收入达到11,592元，同比增加568元，增长15.6%。全市农民人均收入4,967元，同比增加790万元，增长18.9%。

(五)保险业运行稳健

全年保费收入9.58亿元，同比增长142.0%。其中：财产保险公司实现保费收入1.40亿元，增长24.4%；人寿保险公司保费收入8.19亿元，增长188.5%。支付各类赔款及给付4.66亿元，增长81.0%，其中，财产保险公司赔付1.15亿元，同比增长55.9%；人寿保险公司赔付3.52亿元，同比增长91.0%。

【金融运行概况】

2008年，随州市金融机构运行平稳，各项存款持续增加，各项贷款增长平稳，金融机构资产质量和经营效益进一步提高。

(一)各项存款持续增加，为金融机构提供了充足的资金来源

12月末，全市金融机构可比口径本外币各项存款余额为280.11亿元，比年初增加53.9亿元，增长23.83%，增幅同比上升10.71个百分点。

1. 企业存款增势平缓。12月末，全市企业存款余额为36.89亿元，比年初增加1.47亿元，增长4.15%，增幅同比下降22.57个百分点。其中活期存款余额25亿元，比年初减少7,687万元，下降3%；定期存款余额11.89亿元，比年初增加2.24亿元，增长23.24%，增幅同比提高10.24个百分点。企业存款呈现小幅上涨的态势，年内增长较为平缓。

2. 储蓄存款增势强劲。12月末，全市储蓄存款余额为213.02亿元，比年初增加42.05亿元，增长24.6%，同比多增15.34个百分点。其中，活期储蓄余额58.49亿

元,比年初增加 9.54 亿元,增长 19.49%,同比多增 4.88 个百分点;定期储蓄余额 154.53 亿元,比年初增加 32.51 亿元,增长 26.64%,同比多增 19.39 个百分点。2008 年股市持续低迷,股民信心锐减,大量资金回流,助推全市储蓄存款迅猛增长。

(二)各项贷款增势强劲,有力地支持了地方经济的发展

12 月末,全市本外币各项贷款余额为 80.79 亿元,比年初增加 4.84 亿元,增长 6.37%。剔除农行不良贷款剥离因素(剥离 7.2 亿元)影响,实际贷款比年初增加 12.04 亿元,增长 15.85%,同比多增 8.28 个百分点。全年全市累放贷款 62.27 亿元,加上银行承兑汇票 6.76 亿元,贴现 10 亿元,信贷证明 1 亿元,信用卡透支 1 亿元,全市循环信用总量达 81.03 亿元,与上年基本持平。

1. 短期贷款稳步增长。12 月末,短期贷款余额 54.81 亿元,比年初减少 4,040 万元。剔除农行不良贷款剥离因素(剥离短期贷款 5.54 亿元)影响,短期贷款实际比年初增加 4.9 亿元,增长 8.84%,增幅同比提高 3.68 个百分点。其中,工业贷款余额 5.66 亿元,同比减少 2.12 亿元,剔除农行不良贷款剥离因素(剥离工业贷款 3.6 亿元)影响,工业贷款实际同比增长 19.02%,同比提高 7.13 个百分点;商业贷款余额 22.98 亿元,同比减少 8,671 万元,剔除农行不良贷款剥离因素(剥离商业贷款 1.6 亿元)影响,商业贷款实际同比增长 3.1%,同比提高 0.7 个百分点。农业贷款余额 19.02 亿元,同比增长 7.54%,同比提高 13.48 个百分点。

2008 年,国家为了控制国内通货膨胀和应对全球金融危机,先后实行了紧缩的货币政策、适度宽松的货币政策与积极的财政政策。人民银行随州市中心支行紧密结合不同时期的货币政策,及时开展调查研究,并结合地方实际制定金融支持地方经济发展的指导意见,确保中央货币政策与地方经济金融发展的迅速有效融合。先后印发了《随州金融支持中小企业发展指导意见》《关于进一步促进外向型经济发展的意见》《随州金融贯彻落实扩大内需促进随州经济平稳较快发展的意见》,均被随州市政府批转执行,发挥了基层央行在统筹均衡配置金融资源中的窗口指导作用。

各金融机构紧紧围绕国家货币政策,进一步加大信贷投入,提升金融服务水平,有力支持了地方经济的发展。一是重点支持了汽车、医药、商贸等行业的发展和城市基础设施建设。如农行向汽车行业贷款 1.23 亿元,向医药卫生行业贷款 1.03 亿元,向商贸流通领域贷款 7,525 万元;建行先后向湖北楚胜专用汽车制造有限公司、湖北成龙威专用汽车制造有限公司、随州东正专用汽车有限公司贷款 1,800 万元,为湖北齐星车身股份有限公司办理贴现 5,671 万元,向随州市城市投资集团有限公司贷款 3,000 万元;农发行向随州市玉龙供水有限公司贷款 3,500 万元。二是加大了信贷支农力度。农村信用社继续发挥支农主力军作用,年末贷款余额 23.36 亿元,其中"三农"贷款 18.93 亿元,占比 81.04%;全年累放贷款 12.2 亿元,其中"三农"贷款 9.43 亿元,占比 77.3%。农发行除继续做好传统的粮棉油收购、储备流通贷款外,还加大了对农业产业化龙头企业、农业小企业和农村基础设施的信贷支持力度,全年市农发行累放农业产业化龙头企业贷款 9,300 万元,投放农业小企业贷款 850 万元,农村基础设施贷款 3,500 万元。三是积极开展了信贷产品创新。如农行推出的惠农卡、湖北随州曾都汇丰村镇银行探索的存货浮动抵押贷款、汽车底盘合格证质押款、农民专业合作社联保贷款等,极大地满足了公众对金融产品的多元化、个性化的需求。

2. 中长期贷款大幅增加。年末,中长期贷款余额 25.1 亿元,同比增加 5.56 亿元,剔除农行不良贷款剥离因素(剥离中长期贷款 1.66 亿元)影响,实际中长期贷款比年初增加 7.22 亿元,增长 37.41%,同比多增 23.25 个百分点。中长期贷款大幅增长,主要是铁路、高速公路等项目贷款和房地产开发贷款大幅增加所致。如随州市工行累计向武襄铁路、信陈铁路、随岳高速公路发放贷款 4.4 亿元,农行发放房地产开发贷款 1.83 亿元。

(三)票据融资大幅下降

年末,票据融资余额 8,085 万元,比年初下降 31.36%。主要原因一是在前期紧缩的货币政策下,受贷款规模的控制,金融机构压缩了票据融资规模;二是由于贴现利率较低,银行积极性不高。

(四)金融机构资产质量和经营效益进一步提高

截至 12 月底,全市金融机构不良贷款余额 17.35 亿元,占比 21.47%,比年初下降 12 个百分点。四家国有商业银行不良贷款占比 1.59%,比年初下降 24.06 个百分点;农发行不良贷款占比 42.8%,比年初下降 5.7 个百分点;农村信用社不良贷款占比 28.4%,比年初下降 1.74 个百分点。全市"五行一社"经营效益进一步提高,2008 年,全市金融机构

账面盈利22,678万元,同比增盈9,813万元。

(五)现金呈现投放状态

1—12月份,全市金融机构累计实现现金收入544.9亿元,同比增加22.51亿元,增长4%;现金支出556.15亿元,同比增加24.35亿元,增长5%。收支轧差净投放现金11.25亿元,同比多投放1.84亿元,多投20%。

【货币政策】

创新机制,有效传导货币政策,进一步加强窗口指导的科学性。为保证不同时期货币政策与基层经济金融的协调发展,着力于货币政策传导机制的五个创新点,引导金融机构合理调整信贷结构,强力助推地方新一轮经济增长。

(一)创新经济金融联席会议机制,增强货币政策传导的及时性。制定一系列制度办法,及时召开金融联席会议,贯彻落实国家货币政策,引导金融部门抢抓机遇,扩大投入,助推经济增长,发挥了基层央行在统筹均衡配置金融资源中的窗口指导作用。

(二)创新货币政策执行效果评估机制,增强窗口指导的针对性。制定了《货币政策执行效果评估制度实施办法》,全年开展了两次评估,重点对上半年从紧货币政策和下半年扩大内需促进经济平稳较快发展政策贯彻落实情况进行了评估,共收到各金融机构自查报告17份。通过评估,全面了解金融机构贯彻落实货币政策、促进地方经济发展工作情况,使得窗口指导更具针对性和实效性,便于更好地引导金融机构合理调整信贷结构,加大信贷投放力度,全力支持区域经济发展。

(三)创新银企对接机制,增强引导金融机构在合理配置信贷资源中的主动性。积极搭建银企合作的平台和载体,充分发挥基层央行的信息资源优势和桥梁纽带作用。组织开展了两次大型银企合作签约活动,共有63家企业与6家金融机构签订了8.8亿元的银企合作协议,签约率达100%,协议履行率达76.2%。同时积极引导金融机构创新信贷产品,与随州市经委、汇丰村镇银行合作,创新推出了“中小企业信用促进会+担保基金+银行贷款”的信贷模式;协助农村信用社推出了农村合作经济组织成员联保贷款,到2008年11月底,已审批联保小组15个(62户),授信金额2,658万元;其中对12个联保小组(47户)发放贷款2,135万元。

【货币市场】

2008年,随州市金融机构积极参与货币市场各项交易,坚持以防范资金风险为前提,以提高资金营运效益为中心,以做好系统内资金调节服务工作为己任,有力地保障了货币市场的平稳运行。其中,随州市农村信用社作为本地参与全国银行间货币市场交易的唯一金融机构,实现各项收入11,978万元,同比增加6,619万元,增幅123.51%。

(一)参与全国银行间货币市场交易情况

1. 灵活选择交易对象,加大同业拆借和同业存放工作力度,提高资金收益。2008年,在同业拆借和同业存放业务上,随州市农村信用社本着安全性和效益性的原则找寻交易对手。在对同业拆借对象的选择上,以大行为主,以农村信用社为主;在利率的执行上,就高不就低;在期限管理上,根据市场走势确定期限。在同业存放上,本着互惠互利的原则,以市内农业发展银行为主,在利率执行上以高出货币市场同档次利率为条件,全年交易同业拆借业务17笔,累计金额12.38亿元;办理同业存放业务14笔,累计交易金额35.8亿元,实现收入3,171万元,平均市场利差100个基点,实现市场利差收入792万元,从而提高了资金收益。

2. 规避风险,审慎投资,积极参与债券买卖业务。2008年,全国资本市场复杂多变,央行先后两次大的政策变化,引起了债券收益率大幅调整——先扬后抑。针对市场环境的变化,市农村信用社积极找同行多交流,理性地分析市场,在投资策略上,采取审时度势的态度,抓住时机,以流动性较好的国债、央行票据、政策性金融债为主,以短期融资券、AA以上的中期票据和商业银行金融债为辅作为买卖对象。在债券持有上,上半年采取谨慎的态势,保持年初6.5亿元的规模,下半年,在市场普遍认为建仓机会已到来的形势下,大幅增加债券投资15.6亿元,至12月底,持债量达22.02亿元,占富余资金的100%,实现债券投资收入3,599万元。

3. 降低成本,加大质押式回购操作频率。为了提高流动性和效益性,降低经营成本,市农村信用社加大回购业务操作频率,坚持不以利小而不为、不以利大而为之的宗旨,根据市场变化,以“出长借短”的模式进行业务操作,逆回购以一个月以上期限为主要品种,全年实现累计交易132.5亿元,实现收入1,549万元;在正回购操作上,以一天为主要品种,全年累计实现交易160亿元,支出298万元,仅11月和12月两个月就降低成本

120万元，从而增加了效益。

(二)票据市场运行情况

随州市工、农、中、建四家国有商业银行积极参与票据市场交易，截至年底，实现银行承兑汇票交易余额28,839万元，贴现余额7,104万元，与同期相比均有大幅增长。全年，四家国有商业银行银行承兑汇票累计发生额67,554万元，贴现累计发生额100,610万元。金融机构的积极参与极大地推进了随州市票据市场的发展。

【金融服务】

(一)改善支付结算环境，全面推进城乡一体化支付环境建设

一是制定了《关于构建支付结算优质服务平台支持地方经济又好又快发展的意见》和《随州市银行业金融机构支付结算工作评估办法》，积极支持汇丰村镇银行和邮储银行加入相关支付清算系统，引导银行业金融机构在更深层次、更宽领域上主动适应社会各界对支付结算工作的新需求。二是制定了《随州市建设乡镇大小额支付系统实施方案》，成功试点启动9个乡镇大小额支付系统建设工作，完善了农村地区资金清算体系，提高了农村资金汇划速度和资金使用效益，被人民银行武汉分行确定为“特色金融服务创新项目”，并以《专报信息》上报人总行。三是实现了账户管理系统直通乡镇信用社，方便农村信用社办理人民币账户业务，促进农村信用社支农作用的进一步发挥。四是积极组织开展银行本票业务，丰富支付结算工具体系。共开办银行本票业务3笔、10.2万元。同时与公安部门开展了联合打击银行卡犯罪活动，改善了银行卡使用环境。

(二)开展“国债送村组”活动，进一步发挥国库监管和服务作用

一是拓展国库监督管理手段，确保国库业务规范有序运作。组织开展了预算收入入库检查和国库经收业务培训，汇编了国库经收实用手册，切实加强国库经收管理。根据《省财政厅进一步加强与规范财政资金专户管理的通知》要求，严格审批财税专用账户。加强国库柜面监督，全年共划退不合规拨款、退库业务78笔，金额14,280万余元。二是设立开发区金库。迅速完成了账户、系统参数设置和模拟测试工作，召开两次财、税、库、银座谈会，部署了账户开立使用、资金汇划方式选择、账务核对、调库方式等工作，确保了8月份开发区金库顺利运行，得到随州市政府领导的充分肯定。三是组织农行、邮储银行开展了两次“国债送村组”活动。共发行五期凭证式国债1,254万元，三期储蓄电子国债1,940万元，凭证式国债面向农村发行320万元。四是规范社保资金的收纳入库，2008年6月与地税部门联合印发《关于社会保险费缴库问题的通知》，减少社保费征收入库环节，为缴费单位和民众提供了便利。

(三)建立人民币流通监测点，提高货币发行服务质量

一年来，发行基金计划、投放、回笼预测准确率达到95%以上，达到并超过人民银行武汉分行规定比例。建立了15家人民币流通监测点，通过定期监测，为有效合理调整和摆布辖内发行基金提供了保证。加强损伤券回笼和残损币复点工作，组织开展了反假货币宣传活动，认真构建和夯实反假货币工作站，维护人民币流通秩序。2008年，随州市共上交销毁残损券8.07亿元，超额完成全年任务；已搭建起反假货币工作站212个，共收缴假币39万元。

(四)实行限时办结承诺，促进外向型经济发展

一是进一步完善《外汇服务重点企业联系制度》《首接首问负责制》《“关注企业”提示函制度》和《核销员联系卡制度》，举办了6次外汇指定银行和企业外汇业务培训班，建立了与随州市商务局、国税局、财政局、工商局等相关部门的横向联系制度，实行限时办结承诺，提高服务效率。二是继续完善和执行对外汇指定银行“代位履职”管理和综合考评，开展银行执行资本金结汇政策和执行“关注企业”相关政策专项检查工作，运用非现场数据做好统计监测核对工作，强化外汇市场监管。三是开展形式多样、内容丰富、以“诚信兴商”为主题的系列宣传活动，打造诚信外汇市场环境。四是顺利完成了全市外商投资企业历史数据信息采集、录入和IC卡登记证换发等项工作，共为全辖69家外商投资企业换发了IC卡外汇登记证。

(五)推行规范化管理，反洗钱能力显著提高

一是完善反洗钱工作联席会议制度，指导汇丰村镇银行开展反洗钱工作，引导金融机构建立可疑交易信息补录奖惩制度，组织开展代理国际汇款业务反洗钱工作调查，进一步健全了反洗钱工作机制。二是制定《随州市金融机构反洗钱规范化示范点建设工作方案》，分别选择1家银行机构、1家财产保险机构、1家人寿保险机构先期定点启动后逐步全面推广，实现辖内金融机构反洗钱组织体系到位、内控机制健全、操作规程优化、资金监测有效的工作目标。三

是通过约见谈话等手段警示风险，严格审查反洗钱非现场监管报表，确保了上报数据的准确性和完整性，强化了反洗钱非现场监管工作。四是与随州市法院、检察院、公安局建立了协作会商机制，联合制定了《随州市反洗钱行政主管部门与司法机关反洗钱协作会商办法》，明确了协作会商形式、内容和方式，使反洗钱行政主管部门与司法机关反洗钱深度协作步入了制度化的轨道。

2008年11月26日，随州市金融生态环境建设工作会议召开，会议总结了2008年以来工作进展情况，确定了后期创建攻坚目标。

【金融生态建设】

立足三个重点，推进金融生态建设，进一步创造金融支持地方经济的良好环境。

(一)立足信息采集工作，继续推动征信系统建设

一是加大征信知识宣传力度。组织了“信用记录关爱日”、“征信知识下乡镇”、征信知识讲座等活动，在报纸、广播电台、电视台、政府信息网等媒体上设专栏、播短剧、挂信息，在市中心繁华地段，设立咨询台，散发宣传单和宣传手册，向市民宣传征信知识。二是做好贷款卡办理及年审工作，到11月底共为企业办理贷款卡111张，办理年审362份，占比36%。三是做好企业信息的采集工作。积极与市、区两级工商局联系，现场导入企业数据库。四是做好住房公积金、法院未结金融积案等非银行信息采集工作，已采集企业质检信息3,035条，法院诉讼信息2条。

(二)立足突出“四创”，有效推进信用工程建设

一是开展“市区同创”。制定了《随州市金融生态建设工作指导意见》和《随州市金融信用环境市区同创工作实施意见》，进一步明确了“市区同创”工作的指导思想、工作目标、任务和要求。二是创建“信用社区”。制定了信用社区创建实施方案、信用社区评定办法、规范社区工作台账等制度，明确了信用社区创建工作目标、实施步骤、考核条件和工作要求，建立了以市(区)人民政府为主导，人行、民政、工商、财政、劳动保障、金融机构参与的协调机制。三是创建“A级信用企业”。制定颁布了《创建A级信用企业工作意见》，将金融机构、企业和政府有关职能部门纳入“A级信用企业”培植体系，形成政府统筹、上下联动、齐抓共管的工作格局。每家金融机构每年至少培植5至10家“A级以上信用企业”。将A级信用企业直接纳入重点支持的黄金客户目录。四是创建“信用乡镇”。制定颁布了《随州市信用乡镇评定办法》。信用乡镇创建坚持以当地政府主导、农村信用社组织协调、相关部门积极配合的工作机制，严格标准，切实加强对“信用乡镇、信用村、信用农户”的评审工作，不断扩大评级授信面。

(三)立足金融债权维护，切实加大清收力度

通过经济、行政和法律手段，积极开展国家公职人员和行政事业单位拖欠银行贷款清欠清收工作。会同司法部门大力开展金融积案执行活动，取得了较好的效果。

【金融稳定】

关注农村信用社和农业银行两大改革，防范系统性风险，进一步维护区域金融稳定。一是继续做好农村信用社改革工作。制定农村信用社改革专项票据兑付后的监测预警方案，认真做好广水市农村信用社改革专项票据兑付考核工作，目前已成功兑现票据，巩固了农村信用社改革成果。二是密切关注农业银行改革，以及邮政储蓄银行和汇丰村镇银行设立后的业务营运。同时，大力加强金融突发事件应急管理，高度重视宏观调控背景下银行体系的流动性风险，按月监测分析地方法人金融机构的流动性状况，制定了《2008年随州市辖区金融稳定报告》制度。

(汪 冰)

附表

随州市主要经济、金融指标

表 3－15 2008 年末 单位:亿元

项目	金额	同比增减额	同比增减幅度(%)
国内生产总值	300.00	37.99	14.50
工农业总产值	207.69	13.57	6.98
其中:工业总产值	137.15	17.37	14.50
农业总产值	70.54	3.80	5.69
地方财政收入	14.65	2.32	18.82
地方财政支出	31.73	4.27	37.40
社会消费品零售总额	152.32	29.57	24.10
商品零售价格指数(%)	101.60		
金融机构各项存款	280.11	53.90	23.83
财政存款	12.08	5.39	80.56
企业存款	36.89	1.47	4.15
储蓄存款	213.02	42.05	24.60
金融机构各项贷款	80.79	4.84	6.37
短期贷款	54.81	－0.40	－0.72
中长期贷款	25.10	5.56	28.81
现金投放(＋)回笼(－)	11.25	1.84	20.00
保险费收入	9.58	5.62	141.90
保险赔款支出	4.66	2.09	81.00

恩 施 州

2008年12月6日，恩施州委、州人民政府有关领导到人民银行恩施州中心支行听取金融工作情况汇报。

【经济运行概况】

(一)规模以上工业保持较快增长

2008年，全州规模以上工业企业完成总产值97.92亿元，同比增长41.4%；完成销售产值(现价)96.20亿元，增长41.3%；产品销售率98.24%，与上年基本持平，企业产销衔接较好。

规模以上工业完成增加值39.86亿元，扣除价格因素，增长33.0%。其中轻工业实现增加值12.50亿元，增长21.3%；重工业增加值27.36亿元，增长39.0%。

工业增长值分行业看，全年电力行业增加值19.71亿元，占全部规模以上工业增加值的49.4%，居主导地位，其增速为47.8%。增加值过亿元的行业还有农副食品加工业、非金属矿物制品业、饮料制造业、医药制造业和煤炭开采和洗选业，增加值分别为5.09亿元、3.32亿元、2.38亿元、2.13亿元和1.46亿元，占全部增加值比重分别为12.8%、8.3%、6.0%、5.3%和3.7%。

主要工业产品产量有增有减。其中：磷肥、轻革、发电量增幅较大。磷肥(折含PO纯)18,034吨，同比增长187.3%；轻革39.31万平方米，同比增长83.7%；发电量75.58亿千瓦时，同比增长80.4%。同比产量有所下降的主要是机制纸及纸板、化学药品原药、布、炸药和原煤等。

(二)固定资产投资实现快速增长

2008年，全社会固定资产投资累计完成139.37亿元，同比增长20.1%。其中，城镇50万元以上项目投资完成投资额107.77亿元，增长22.8%；房地产开发完成投资16.48亿元，增长1.6%；农村50万元以上项目投资4.34亿元，增长31.3%；农村私人投资10.77亿元，增长22.3%。

三次产业投资中：第一产业有一定幅度下降，第二产业继续保持增长，第三产业增势仍然强劲。其中，第一产业投资7.36亿元，下降6.3%；第二产业投资61.70亿元，增长13.3%；其中工业投资61.63亿元，增长13.2%；第三产业投资70.31亿元，增长30.7%。

施工项目同比大幅增加。2008年，全州城镇投资施工项目736个，同比增加183个。其中，新开工项目484个，同比增加102个。

2008年，商品房施工面积204.29万平方米，增长8.1%；竣工面积66.44万平方米，增长7.2%；销售面积54.15万平方米，下降15.4%。商品房销售额为10.22亿元，下降7.0%，比上年同期有所下降，其中商品住宅销售额7.77亿元，下降13.2%。

(三)消费品市场保持繁荣活跃

2008年，全州实现社会消费品零售总额93.80亿元，同比增长23.5%。按销售单位所在地分，城镇市场(市、县以上)实现零售额58.02亿元，占全社会消费品市场份额的61.9%，同比增长23.4%；农村市场实现零售额35.77亿元，增长23.7%，农村市场占全社会消费品市场份额的38.1%，增速略快于城镇市场。

分行业看，批发和零售业实现零售额78.01亿元，增长25.1%；住宿和餐馆业实现零售额12.28亿元，增长16.2%；其他行业实现零售额3.50亿元，增长16.5%。

(四)城乡居民收入稳定增长

2008年，全州城镇居民人均可支配收入9,446元，较同期人均增加1,172元，同比增长14.2%。剔除CPI的因素影响，城镇居民人均可支配收入实际增长6.0%。城镇居民人均消费性支出7,094元，同比增长9.9%。剔除CPI的因素影响，人均消费性支出实际增长2.0%。

2008年，全州农民人均现金收入2,414.43元，同比增收329.93元，增长15.8%；现金支出2,541.26元，同比增收285.47元，增长12.7%。

(五)全年平均物价涨幅呈现回落趋势

12月份全州物价涨幅继续回落，居民消费价格指数涨幅3.5%，比11月份下降1.2个百分点。1—12月，CPI平均增幅为7.7%，比1—11月份下降0.4个百分点。

分类别看，12月份，所有大类商品仍有不同程度的上涨，但各大类涨幅均低于10%，居住是涨幅较大的一类商品，涨幅为8.2%。居民消费价格总指数上涨速度呈放缓趋势。2008年，全州商品零售价格总水平上涨7.7%；农业生产资料价格同比上涨23.1%，工业品出厂价格平均上涨8.9%；原材料、燃料、动力购进价格平均上涨6.0%。

(六)地方财政总收入超计划完成全年预算

2008年，全州共完成地方财政总收入40.52亿元，完成全年预算32.01万元的126.6%，同比增长30.2%；全地域财政收入累计完成51.60亿元，同比增长27.7%；税收收入完成37.09亿元，同比增长31.6%。

地方一般预算收入完成15.40亿元，完成全年预算12.44亿元的123.8%，同比增长18%；中央税收收入完成22.23亿元，完成全年预算17.27亿元的128.7%，同比增长40.8%；省级税收收入完成2.89亿元，完成全年预算2.31亿元的125.3%，同比增长27.1%。

全州地方一般预算支出完成73.54亿元，完成年度支出指标60.12亿元(其中:省专款20.03亿元)的122.3%，同比增长34%。

(七)旅游接待人数同比略增，旅游收入较快增长

2008年，全州累计接待游客466.84万人次，同比增长9.7%。其中国内游客444.88万人次，增长11.0%；外宾21.96万人次，减少10.8%。

全州累计创旅游收入5.59亿元，同比增长37.1%，其中外汇收入457.11万美元，同比增长6.5%；全州累计创旅游综合收入24.03亿元。

(八)外贸出口情况较好，提前超额完成年度计划

1—11月，全州外贸出口达4,907.10万美元，较同期增长91.3%，超额完成年度计划的7.8%。分县市看，全州有4个县市已提前完成年度出口计划，分别是建始、巴东、宣恩和恩施，巴东是全州出口业绩最大、增长速度最快的县，累计完成出口1,239.87万美元，同比增长8.8倍，完成年计划的187.9%，占全州出口总额的25.3%。建始是完成出口计划最多的县，额超全年计划的158.8%。

【金融运行概况】

(一)各项存款继续增加，但速度趋缓

12月末，全州金融机构人民币各项存款余额290.62亿元，比年初增加58.41亿元，增长25.15%，同比多增14.2亿元，增幅比同期低1.86个百分点。其中：居民储蓄存款余额171.07亿元，比年初增加36.43亿元，增长27.06%；企业存款余额62.02亿元，比年初增加9.73亿元，增长18.61%；财政和机关团体存款余额45.50亿元，比年初增加10.37亿元，增长29.52%(见表3—16)。

(二)各项贷款较快增长，有力支持了全州经济发展

12月末，全州金融机构人民币各项贷款余额157.98亿元，按可比口径比年初增加32.03亿元，增长25.43%(超过存款增幅)，同比多增6.85亿元。其中：中长期贷款余额117.43亿元，比年初增加28.72亿元，增长32.38%；短期贷款余额39.48亿元，比年初增加2.93亿元，增长8.02%(见表3—17)。

(三)不良贷款呈现"双降"，信贷资产质量有所提高

12月底，全州银行业机构不良贷款整体呈现"双降"的良好态势。不良贷款余额13.571亿元，占比

表3—16 2008年恩施州银行业金融机构人民币各项存款统计表

单位:亿元

机构	2008年余额	比年初增加	增长率(%)
工商银行	41.09	9.92	31.83
农业银行	55.94	12.35	28.33
中国银行	20.34	5.72	39.12
建设银行	40.70	7.14	21.28
农业发展银行	3.65	—1.74	—32.28
农村信用社	47.27	9.70	25.82
邮政储蓄银行	55.21	10.49	23.46
村镇银行	1.20	0.96	

表 3－17 2008 年恩施州银行业金融机构人民币各项贷款统计表

单位：亿元

机构	2008 年余额	比年初增加	增长率（%）
工商银行	34.33	7.97	30.24
农业银行	21.36	2.47	13.08
中国银行	9.60	1.10	12.94
建设银行	46.24	12.05	35.24
农业发展银行	15.97	2.74	20.71
农村信用社	28.72	4.12	16.75
邮政储蓄银行	0.94	0.75	
村镇银行	0.82	0.29	54.72

8.59%，分别比年初下降 18.74 亿元、15.56 个百分点。

（四）金融机构经营效益显著增长

2008 年全州金融机构结益 3.66 亿元，同比多盈利 2.05 亿元，增长 1.27 倍。

（五）现金收支稳定，货币投放速度下降

全年累计现金收入 556.88 亿元，同比增长 10.16%；累计现金支出 565.50 亿元，同比增长 8.91%；净投放现金 8.62 亿元。

【货币信贷管理】

2008 年，人民银行恩施州中心支行拟订了 2008 年《金融支持民族企业发展方案》被州政府转发全州执行。积极发挥民族地区优惠利率政策对民族企业发展的支持作用。2008 年，人民银行为恩施州民贸民品企业累计贴息 1,020.67 万元，共有 95 家民族企业受益，受益企业家数比上年增加 82 家。各县市积极行动，建始县、利川市等县市先后出台金融支持民族企业发展实施方案，建立了联席会议制度，收到较好效果。建始县民族企业数量从年初的 31 家上升至 45 家，获得贷款支持的企业从 13 家上升至 25 家，提前 4 个月完成 2008 年民族企业贷款增长目标。利川扩充担保公司注册资本金 1,000 万元，其注册资本金达到了 2,000 万元，民族企业贷款担保需求满足率达到 80%，并将民族企业的担保费率由 2‰降低为 1‰，民族企业贴息贷款额增加近 9 倍。

指导农村信用社专项中央银行票据全部兑付。通过采取加强培训、强化监测、争取地方政府支持等一系列措施，加强对农村信用社兑付专项中央银行票据的指导，取得明显效果。截至 2008 年 12 月 4 日，全州 8 家农村信用社专项票据 35,873 万元分四批全部兑付，累计获得专项央行票据利息收入 1,502 万元。为巩固农村信用社改革所取得的成果，进一步加大后续监测力度，认真实施季度评估通报制度，督促和引导农村信用社建立可持续的长效发展机制。

加大金融扶持就业力度。推动就业小额担保贷款业务发展。加大力度引导金融机构发放劳动密集型小企业贷款，2008 年，金融机构劳动密集型小企业小额担保贷款满足率达到 100%。充分发挥社区的作用，创新社区金融服务，建立“信用社区创建＋创业培训＋就业再就业担保贷款”长效联动机制，督促金融机构简化审批程序，累计受理就业小额担保贷款 530 笔，发放贷款 530 笔共 993 万元，个人贷款余额达到 1,246 万元，促进了社区充分就业。

促进县市委领导提高经济金融化的认识。先后为来凤、建始两个县委中心组开展金融知识专题讲座，两县副处级以上领导、科（局）长、乡镇书记（镇长）等共计

2008 年 4 月 2 日，人民银行恩施州中心支行组织召开金融支持灾后重建暨货币政策“窗口”指导工作会议。

2008年4月15—16日，人民银行武汉分行征信工作会议在恩施州中心支行召开。

160余人听取讲座。为加强对适度宽松的货币政策宣传解释，2008年12月1日，主持工作的常青副行长在中共恩施州委党校举办题为《当前国际国内经济金融形势及几个热点问题》的讲座，在党校参加培训的县(市)科(局)级干部、乡(镇)长、新招录的公务员及新近通过公开竞聘选拔的副县级干部近200人听取讲座，收到良好效果。

认真开展金融知识国民教育，加强对社会公众金融知识的宣传与普及。与重庆黔江中支联合举办“手拉手鄂渝边征信知识宣传暨演出活动”，得到武汉分行肯定。在《恩施日报》开辟专版，宣传反假币、反洗钱、账户管理、征信管理、外汇管理、经理国库等金融知识。

【征信管理】

进一步促进中小企业信用体系建设。建立中小企业信用档案1,431户，完成了分行下达任务的105%。依托企业征信系统，推动银企合作，金融机构累计对69户以前从未发放过贷款的企业发放贷款20,838万元，比同期增加3.4倍。继续引导借款企业参与第三方信用评级，138户企业参与企业外部信用评级，其中72家企业被评为A级信用企业。

不断拓展征信应用领域。通过加强宣传引导，征信工作越来越受地方政府、企业和个人重视。不仅信贷申请需要查询信用报告，地方政府和社会组织在开展恩施州优秀企业管理人员的评选、经济能人竞选、政协人大代表资格审查、招标资格审查等工作时等都主动查询信用报告。接受企业和个人信用信息异议8起，全部得到解决，没有出现因为异议处理不当而引起社会不良反应的情况。

【支付结算】

进一步深化银行卡特色服务。组织邮政储蓄银行、农村信用社及银联集团恩施办事处在咸丰县开展涉农电子支付结算服务试点，为单个农户或者专业合作社安装固定和移动POS机，直接在田间地头完成刷卡交易，安全及时回收销售货款。经过三个多月的试点，咸丰县9个农户及专业合作社共收购销售土特产品通过刷卡交易348次，交易额达6,978万多元，为农民节约交易成本支出近66万元。这项电子支付结算服务“三农”试点工作得到地方党政领导、农户及持卡人的一致肯定。

推动农村信用社营业网点全部开通农民工银行卡操作业务，所有乡镇信用社均能办理农民工银行卡柜台取款、余额查询等业务，为农民工务工收入“返乡”提供安全便捷的服务，深受农民朋友欢迎。

认真做好ABS、AAS系统升级换版工作、小额支付系统银行本票业务上线、邮政储蓄银行加入支付清算等工作，认真组织开展存量单位银行结算账户信息核实工作，进一步完善基层人民银行清算体系。

【反洗钱工作】

监管与服务并举，切实履行反洗钱职责。2008年，恩施州中支紧密结合恩施州的实际情况，在开展形式多样的反洗钱宣传培训、深化反洗钱监管工作、深入开展反洗钱工作调查研究、广泛建立反洗钱工作机制等方面，积极探索，注重监管与服务并举，扎扎实实履行基层央行反洗钱工作职责，取得了较好的工作成效。

在认真总结分析2007年工作的基础上，结合实际情况，参照《湖北辖内中心支行反洗钱工作考核办法》，制定出2008年反洗钱工作要点，明确全年工作目标。开展广泛的、多层次的反洗钱法律法规及规章的宣传活动，立足普及与服务，收效甚好。

【国库业务】

探索国库资金风险防范新路

子，在宣恩县开展“国库资金安全区”创建试点。指导宣恩支行制定《宣恩县创建国库资金安全区的实施方案》，敦请宣恩县政府以文件印发，建立了由人民银行、财政、各征收机关等部门参与的监管合作机制，形成了多部门间相互监督、相互制约、相互促进的良好工作格局，最大限度地保证了资金的安全。人民银行国库总局局长邵长年同志就此项工作作了肯定性批示。

探索实行民生资金国库直达，构筑惠民支付绿色通道。巴东国库直拨三峡库区移民补贴，得到分行肯定，并上报总行。建始县支行推行“一卡通”支付方式，使养老、失业、医保、退耕还林、粮食直补等民生资金由国库直接拨付到广大受惠民众手中，较好地落实了国家惠民政策，受到地方党政领导、广大群众和社会各界的一致好评。

率先在全省开通了财税库银横向联网业务，加快了税款入库速度，降低了税务征收成本，提升了中央银行公共服务能力。

【金融服务】

2008年，人行恩施中支始终把金融服务工作摆在十分重要的位置，以创建州城优质服务窗口为龙头，大力推进金融服务创新，促进辖区金融服务水平进一步提升。一是积极应对，全力做好灾后重建金融服务工作。二是重点突破，创造性地开展“创建州城优质服务窗口打造恩施金融服务品牌”活动。三是依靠科技，大力构建农村支付结算体系。四是拓展服务，推进征信体系建设。五是大胆创新，积极探索国库服务的新领域。六是扎实反假，大力推进“放心钱”工程。七是业务延伸，大力助推外向经济发展。八是整体联动，进一步强化反洗钱工作职能。

【外汇服务】

努力做好出口核销工作，促进贸易便利化。加强外汇政策宣传与培训；建立代位监管问效机制；加强外汇服务网点建设，外汇指定银行由3家增加为4家，结售汇网点由5个增加到23个，新批设外币代兑点2家。

进一步改进和完善贸易外汇收汇与结汇管理，为企业营造良好的外部环境。进一步优化对“关注企业”的管理和服务，形成了外汇管理和企业运营的“双赢”局面。做好FDI系统推广上线工作，加强外资企业经营的后续监管。密切关注异常资金通过个人渠道流入境内，得到总局肯定。

【内部管理】

1. 深入开展“平安中支”创建。狠抓安全保卫工作。加大社会治安综合治理，构建“大安全”长效机制。认真开展“规范管理年”活动，从细节入手，狠抓守卫值班、货币押运等八项安全保卫行为规范，中支的“规范管理年”活动实施方案被人行武汉分行保卫处转发湖北辖内各中支学习借鉴。2008年，恩施中支实现了辖内安全保卫零事故、零差错目标。

狠抓保密、信息安全。开展计算机涉密专项检查活动，对中支机关和各县市支行所有计算机逐一进行保密安全排查，对查出的问题和隐患认真整改，加以规范。同时，坚持在重大节日之前开展保密和密码工作的检查，无泄密事故的发生。认真开展“计算机信息安全月”活动，确保网络信息安全，提升了辖内计算机信息安全管理水平。

狠抓内控机制完善。健全内部控制制度，制定印发《中国人民银行恩施州中心支行工作人员违反规章制度行为经济处罚实施办法（试行）》，进一步夯实了内部控制基础。切实加强内审监督，认真开展业务操作标准年活动，开展履职审计、绩效审计、离任审计、专项审计、审计调查项目9个，加大审

2008年4月11日，人民银行恩施州中心支行于组织召开金融机构优质服务联席会议。

计后续监督，督促落实整改建议，提高内审成效。切实加强事后监督，监督会计国库发行核算业务371,278笔，监督金额2,306亿元，下发差错通知书33份，促进业务差错和事故不断减少。充分发挥“大监督”职能，适时对重点业务和重要部门开展突击检查，进一步促进各项业务操作规程、规章的严格执行和有效落实。

2. 深入开展“文明中支”创建。努力构建文明创建整体联动格局。紧紧围绕抓班子、带队伍、促业务三个重点，把文明单位创建与学习型组织创建、平安央行创建、和谐央行创建、效能央行创建同安排、同部署，形成有机统一，采取“六点”结合(即以思想政治工作为切入点、以机制完善为立足点、以档案建设为基本点、以营造氛围为着力点、以交流学习为提升点、以调查研究为深入点)的方法开展创建工作，在中支辖内再次掀起创建新高潮。

充分发挥工会等群团组织桥梁纽带作用。积极探索实施工会会员积分考核办法，建立干部职工积极参与工会活动的长效机制，此办法被人行武汉分行工会《工会文件选登》宣传推广，并被总行肯定。通过开展征集“金点子”活动、“解放思想，践行科学发展观，争做学习型员工”读书活动、“普通话应用”推广活动、“青春共建和谐社会区行动·金融知识进社区”活动等一系列活动，增强工会工作的感召力、吸引力和凝聚力。先后开展7项竞赛活动，不断掀起“比、学、赶、超”热潮，强化员工团队意识，促进业务工作发展。开展“我与奥运同行”等系列文化体育活动，丰富职工文化生活，被总行授予“我与奥运同行活动优秀组织单位”。指导鹤峰支行创建全总级“模范职工小家”，鹤峰支行被全国总工会表彰为“全国模范职工小家”，是2008年度表彰的湖北省9家单位之一、也是恩施州唯一一家。

积极支援抗灾抢险。雨雪冰冻、汶川地震等灾害、灾难发生以后，全辖干部职工共捐款128,210元，捐物485件，缴纳特殊党费41,150元。中支团委组织人行、中行、工行团员青年到帮扶联系村——宣恩县椒园镇黄坪村义务劳动，组织农信社发放救灾贴息小额贷款，使“支持灾后重建，金融服务建功”活动深入到田间地头，深受农民朋友好评。

3. 深入开展“效能中支”创建。坚持行务公开。每季度召开行务公开例会，及时发布行务公开事项，如干部晋升、职称晋级、集中采购等，畅通行务公开渠道，增进理解信任，营造良好的民主管理氛围。

严格财务管理。扎实开展“创建节约型基层央行活动”，得到分行肯定。对县市支行财务费用支出实行“报账审批制”，强化财务预算约束。加强特殊项目资金管理，对2007年的特殊补贴预算资金实施专项现场审计检查，确保项目资金的专项使用和落实到位。严格基建项目管理，坚决防止基建“三超”，严格执行招标、大额集中采购等管理规定，得到分行会计财务处的充分肯定，在分行财务工作会议上作了经验交流发言。

努力改善办公环境。在人行武汉分行的大力支持下，中心机房建设顺利完工，并正式投入使用，机房建设和迁移工作得到分行科技处肯定。中支发行库项目建设进展顺利，主体工程完工，验收合格(已通过省优工程验收)。鹤峰县、宣恩县支行办公楼改造装修已顺利完成，利川市、建始县支行新建办公楼已被人行武汉分行立项。强化机关后勤管理，狠抓节能工作，探索物业管理公司化运作模式，改善食堂服务，后勤保障水平进一步提高。

4. 深入开展“和谐中支”创建。加强维稳工作。按照“属地管理、

2008年4月22日，人民银行恩施州中心支行组织召开外汇指定银行联席会议。

分级负责；谁主管、谁负责”原则，认真落实维稳责任制，建立全辖维护安全稳定工作协调机制。加强应急管理，为适应各类业务不断发展的新情况，及时更新和完善25个应急预案，加强应急预案的学习、培训和演练，应急处置能力进一步加强。保证突发事件信息反馈渠道通畅，做到及时准确地反馈、传递信息。加大督办工作力度，确保政令畅通。

坚持行领导间定期交流沟通，达到领导班子的高度和谐融洽；坚持行领导与群众的日常沟通，坚持行长接待日制度。

努力提高依法行政水平。规范行政许可和行政处罚程序，强化执法监督和金融维权工作。

加强对县市支行工作的指导和推动。实行重点工作中支机关与县市支行上下联动，切实提高县市支行履职水平，促进县市支行安全高效运行。

【社会公益】

2008年，由州人民银行牵头，州工商银行、中国银行三家联合组成的新农村建设工作队进驻宣恩县椒园镇黄坪村。通过多措并举，使黄坪村的新农村建设初具规模，村容村貌焕然一新。

一是有效解决了农民贷款难问题。截至2008年末，该村贷款余额291万元，获得农村信用社信贷支持的农户440户，占该村农户总数的80%。根据椒园镇农村信用社统计，2006年至2008年，农户贷款满足率达到了95%以上。特别是2007年，全村共获得信用社贷款550万元，创历史之最，贷款余额增幅高于全县金融机构贷款增幅44.48个百分点，贷款规模在全县282个行政村中位居第一。

二是加快了农村产业结构调整，促进了农民增收。2006年至2008年，在人民银行的引导下，宣恩县农村信用联社累计向该村发放贷款1,337万元，其中发放小额扶贫贴息贷款153万元，占累放总额的11.44%；发放大额农贷328万元，占累放总额的24.53%；发放生态家园建设专项贷款20万元，占累放总额的1.5%；发放小额农贷648万元，占累放总额的48.47%；发放打工创业贷款188万元，占累放总额的14.06%。重点支持了黄金梨、蔬菜、茶叶等种植业和生猪等养殖业的发展。目前，黄坪村的经济模式已由原来的传统种植业向现代农业迈进，初步形成了以黄金梨果园发展为主，养殖、加工相结合的产业格局，共发展特色产业黄金梨果园达到了1,850亩(户均拥有3.35亩)，林下套种蔬菜1,100亩，发展茶叶420亩，人均达到一亩高效经济作物，年出栏生猪4,500头，家禽养殖2万余只。黄坪村的产业结构调整已渐成气候，村级经济得到快速发展。2008年末，该村实现农业总产值达到了958万元，比2006年增加248万元，增幅达到了34.93%

三是净化了农村金融生态环境，促进了村风文明。在支持黄坪村新农村建设试点中，农村信用社提出了耳熟能详，广为人知的宣传口号，即：“大可贷、小可贷，不讲信用不能贷；穷可贷、富可贷，违法乱纪不能贷。”以此来约束和规范农户的信用行为，努力营造良好的农村信用环境。截至2008年末，剔除外出务工人员和孤寡老人外，农村信用社共为该村480户农户建立了信用档案，为402户农户评定了信用等级，占建档农户总数83.75%，为400户农户授信总额352万元，户均授信额0.88万元。同时，农村信用社信贷资产质量大大提高，经营效益逐年上升。截至2008年末，该村不良贷款余额25.9万元，占比8.9%，大大低于全县平均水平。2008年末，该村所在地的椒园信用社实现收入146万元，比2006年末增加52万元，收入增幅达到了55.32%，三年时间内，该信用社各

2009年9月12日，人民银行恩施州中心支行、恩施市人民政府、共青团恩施州委共同举办“青春共建和谐社区行·金融知识进社区”活动。

2008年1月29日，人民银行恩施州中心支行党委书记、行长刘绍新带队到扶贫联系点——宣恩县黄坪村看望慰问困难农户，并送去生活物资和慰问金。

项收入年均增长了24.66%。

四是畅通了农村地区支付结算渠道。人民银行积极引导涉农金融机构为该村农户提供方便快捷的金融服务，累计发放银行卡722张，户均拥有银行卡1.31张。其中信用社发放福卡384张，校园卡38张；农行率先把该村作为金穗惠农卡推行的示范点，2008年度在该村率行启动全县金穗惠农卡的启动工作，发放惠农卡近300张，并着手开展对该村领卡农户进行授信，利用金穗惠农卡直接为农户提供金融信贷支持。

五是改变了村容村貌，改善了农民居住环境。金融在支持新农村建设中，除重点支持产业结构调整外，还结合新农村建设总体要求，积极支持黄坪村民改水、改厕、改厨、改路、改圈、建沼气池，三年来，共建成通村油路10.8公里，硬化村级公路23.5公里，建水池11口，建水窖500口，建沼气池530口，配套三改280户，民居美化140栋，村容村貌焕然一新。

【证券业发展】

2008年度，华泰证券恩施营业部共实现交易量92亿元，完成基础市场份额0.14‰，理财产品销售4,425万元，日均保有量1.65亿元，营业部新增客户开户数2,986余户，资券总值3.5亿元，证券业务得到了长足快速的发展。

一是强化营销队伍建设。通过晨会、夕会、行情形势分析会、专业知识和营销技能培训会等形式不断提高证券从业人员的业务素质。二是积极拓展业务渠道。2008年证券营业部在银行开设网点30个，自建网点5个，证券网点已基本覆盖全州。三是不断提高服务质量。营业部充分利用CRM系统平台对客户进行分类管理，通过提高实战技能有效降低股市风险，做到风险可控、服务优质、管理规范。

【保险业发展】

2008年是恩施州保险业务迅速发展的一年。在湖北保监局、州委、州政府，以及各家保险上级公司的领导和大力支持下，全州保险业全体员工团结一心，奋力拼搏，克服了几十年一遇特大冰雪、暴风雨等自然灾害困难，业务发展又上新台阶。

一是保险业务快速发展。全州实现保费收入85,680万元，比上年同期增长39%。保险深度3.6%，比上年增长0.6个百分点，保险密度217元，比上年增长59元。

二是服务功能不断增强。全州保险业在服务全州经济全局发展方面做了大量工作，重点业务领域又有新突破。全年"三农"保费收入2,864万元，同比增长27%。农村小额贷款保险、重点建设工程保险、责任保险等都有新发展。

三是补偿功能充分发挥。保险的经济补偿和社会管理功能得到充分发挥，全年共计支付赔款和给付款43,052万元，同比增长37.6%。其中，各类赔款支付20,825万元，同比增长88%。

（常 青 王公明 陶 军 姚昌平）

附表

恩施州主要经济、金融指标

表 3－18　　2008 年末　　单位:亿元

项目	金额	比上年增减额	比上年增减幅度(%)
国内生产总值	249.18	38.83	11.5
第一产业	89.42	10.06	4.5
第二产业	63.06	13.4	22
第三产业	96.7	15.37	12.2
地方财政收入	40.52	9.41	30.2
地方财政支出	73.54	18.65	34
社会消费品零售总额	96.8	17.86	23.5
商品零售价格指数(%)	107.7	1.8	
金融机构各项存款	289.42	57.45	24.77
财政存款	25.14	3.86	18.4
企业存款	62.02	9.73	18.61
储蓄存款	171.07	36.43	27.06
金融机构各项贷款	157.16	31.38	24.95
短期贷款	39.48	2.93	6.46
中长期贷款	117.43	28.72	28.28
现金投放(＋)回笼(－)	2.3	－5.09	－37.13
保险费收入	8.57	3.35	39
保险赔款支出	2.08	1.84	88

第四部分

湖北主要经济金融法规及政策

CHAPTER 4

MAIN REGULATIONS AND POLICIES ON HUBEI PROVINCIAL ECONOMY AND FINANCE

一、湖北经济金融法规政策选编

湖北省个人信用信息采集与应用管理办法(试行)

湖北省人民政府令第319号

2008年6月4日

第一条 为建立健全个人信用信息管理体系,规范个人信用信息采集、应用等行为,保护个人信用信息安全,维护社会经济秩序,营造和谐、良好的市场信用环境,根据有关法律、法规,制定本办法。

第二条 本省行政区域内对个人信用信息的采集、应用等管理行为,适用本办法。

第三条 中国人民银行武汉分行在各相关部门配合下,依托省政府电子政务平台,组织有关国家机关、金融机构和社会公共服务机构等信息源单位,建立个人信用信息采集、应用平台。有关个人信用信息源单位应当依照本办法的规定,向个人信用信息平台报送个人信用信息,并享有个人信用信息平台提供的个人信用公共信息。

金融机构依照法律、法规及国家其他有关规定,采集和披露个人有关信用信息。

第四条 个人信用信息的采集和应用管理应遵循客观、真实、公正、审慎的原则,维护社会公共利益,尊重并依法保护个人隐私、商业秘密。

第五条 个人信用信息包括下列内容:

(一)个人基本信息:个人身份识别信息、职业等信息;

(二)个人信贷信用信息:各商业银行提供的个人在贷款、贷记卡、准贷记卡、担保等信用活动中形成并经主管机关和行业协会披露的履约信息;

(三)个人商业信用信息:除个人信贷信用信息之外的个人与商业机构、公用事业服务机构发生商品交易和服务关系而形成的个人赊购、缴费信息;

(四)个人社会公共信息:个人纳税、参加社会保险的信用信息;

(五)个人其他信息:涉及个人信用的民事、刑事、行政诉讼判决、裁定和行政处罚决定等信息。

第六条 除法律、法规另有规定外,个人信用信息平台不采集下列信息:

(一)种族、家庭出身、宗教信仰、政治归属;

(二)身体形态、基因、指纹、血型、疾病和病史;

(三)储蓄存款、有价证券及其他个人财产状况;

(四)已经纳税、缴纳社会保险等费用的具体数额;

(五)法律、法规规定禁止采集的其他个人信息;

(六)与个人信用无关的其他信息。

前款(三)、(四)项中,涉及储蓄存款、有价证券、纳税数额、缴纳社会保险数额等与个人资产有关的内容,在个人自愿提供或公开的情况下除外。

第七条 个人信用信息的采集应保证信息来源渠道的正当性、合法性和信息的客观性。

信息采集的格式和标准应统一规范。信息经审查后录入平台。

第八条 个人信用信息平台管理机构在录入了个人基本信息、正面信息和负面信息后,允许信息主体人持有效身份证件免费查询其被录入的信息。信息主体人在查询后的10个工作日内没有异议的,视为同意。

第九条 有下列情形之一的,可以依法查询个人信用信息:

(一)金融机构向信息主体人提供信贷、保险等服务的;

(二)单位和个人对信息主体人提供赊销、租赁、担保等服务的;

(三)公用事业单位对信息主体人提供服务的;

(四)司法机关和行政机关依法进行调查的;

(五)信息主体人或其授权的其他单位或个人进行查询的。

除前款第(四)项和法律、法规规定的特别情形外,信息主体人以外的其他单位或个人对信息主体人信用信息的查询应征得信息主体人的书面同意,并持有查询单位的机构代码证、查询人身份证等有效证件,方可查询。

第十条 个人在就业、创业、助学、留学、职务升迁等事项中需要提供个人信用证明材料的,由信息主体人或书面委托他人查询个人信用信息,个人信用信息平台管理机构应当予以提供。

第十一条 信息主体人或其委托人可以每年两次免费查询自己的个人信用信息。

第十二条 信息源单位和个人信用信息平台管理机构应指定或者建立异议处理机构，安排专人负责异议处理。

第十三条 信息主体人认为所记录的本人的信用信息不准确、不完整或是错误的，有权向信息源单位或个人信用信息平台管理机构提出异议申请。

第十四条 信息主体人对其个人信用信息提出异议并提交了相应证明材料的，信息源单位和个人信用信息平台管理机构应及时进行核查，并在异议核查期间对申请人提出的异议信息予以异议标识。

第十五条 信息源单位和个人信用信息平台管理机构核查异议申请后，按下列规定处理：

（一）经核实异议信息有错误或者存在不准确等缺陷的，应及时予以删除或更正；

（二）经核实异议信息无误或无法核实，而信息主体人仍持有异议的，对异议信息可以不做修改，但应在相关信息后注明信息主体人的异议和相应理由。

信息源单位和个人信用信息平台管理机构应在收到信息主体人的异议申请之日起20个工作日内完成对异议信息的处理，并书面告知信息主体人。

第十六条 信息源单位发现已采集的个人信用信息不准确、不完整或是错误的，应主动通知个人信用信息平台管理机构予以更正或删除。

个人信用信息平台管理机构发现已录入平台的个人信用信息不准确、不完整或是错误的，个人信用信息平台管理机构应通知信息源单位进行核实，经信息源单位确认不准确、不完整或错误的信息，应及时予以更正或删除。

第十七条 个人信用信息平台管理机构对信息源单位报送或更新的信息应自收到之日起5个工作日内录入信用信息平台。

第十八条 个人信用信息平台管理机构应在省政府电子政务平台管理机构的监督下，建立健全严格有效的个人信用信息平台内部运行和外部访问的监控制度，密切监控个人信用信息平台用户的操作，防范对个人信用信息平台的非法入侵。

第十九条 信息源单位应根据个人信用信息平台管理的有关规定，明确本单位在信息管理、数据上报和信息查询方面的职责和权限，制定相关个人信用信息的采集、报送、异议处理和安全管理等方面的内部管理制度和操作规程，设立互不兼职的信息管理员、数据上报员和信息查询员。

第二十条 信息源单位未及时报送或更新个人信用信息，以及个人信用信息平台管理机构在接收到信息源单位报送或更新的个人信用信息后未及时录入，导致个人信用信息长期缺失或不实，造成个人利益受到损害的，依法承担民事责任。

第二十一条 信息源单位或个人信用信息平台管理机构有下列情形之一，对信息主体人利益造成损害的，依法承担民事责任。对负有相关职责的工作人员，由所在信息源单位或个人信用信息平台管理机构依法给予行政处分；涉嫌犯罪的，依法追究刑事责任：

（一）报送或采集个人信用信息出现重大失误的；

（二）将查询结果用于本办法规定之外的其他目的的；

（三）违反异议处理规定的；

（四）违反本办法安全管理要求，造成个人信用信息被泄露的；

（五）篡改、毁损信用信息的；

（六）与自然人、法人或其他组织恶意串通，提供虚假信用信息的；

（七）其他违反本办法规定的情形。

第二十二条 信用中介组织进行个人信用信息服务活动的管理办法，以及对个人信用的授信和等级评价制度另行规定。

第二十三条 本办法中的相关术语定义：

个人信用信息：是指具有民事行为能力的自然人，在金融、商务等交易活动中产生的个人基本信息、信贷履约信息、商业信用信息、社会公共信息以及反映个人信用状况的其他信息。

信息主体人：是指享有信用信息权并负有提供个人信用信息义务的个人。该信用信息用来反映信息主体人的信用状况。

信息源单位：是指由于部门职能或经营管理的需要，保存了与部门职能或业务相关的个人信用信息的单位或组织，这些信用信息一般是个人与该部门或单位发生信用关系时留下的原始信用记录。

个人信用信息平台：是指我省向合法使用个人信用信息的单位和个人提供个人信用信息数据的、具有社会公共服务职能的信息平台。

个人信用信息平台管理机构：是指负责个人信用信息平台建设、运行和管理的单位。

第二十四条 本办法自2008年8月1日起施行。

关于进一步规范商业银行个人理财业务的通知

鄂银监办发[2008]166号

2008年5月20日

各监管处室，各银监分局，各国有商业银行湖北省分行（武汉分行）、股份制商业银行武汉分行、外资银行武汉分行，武汉市商业银行：

为进一步规范商业银行个人理财业务市场秩序，防范理财业务风险，现就进一步加强个人理财业务的规范管理提出如下要求。

一、健全产品设计管理机制，审慎、规范地开发设计理财产品。辖内各商业银行应根据理财产品的风险状况和潜在客户群的风险偏好和风险承受能力，设置适当的销售起点金额，理财产品的销售起点金额不得低于5万元人民币（或等值外币）。

二、建立客户评估机制，切实做好客户评估工作。辖内各商业银行应建立规范的客户资料档案和客户评估机制，针对不同的理财产品设计专门的产品适合度评估书，对客户的产品适合度进行评估，并由客户对评估结果进行签字确认。商业银行应在营业网点当面对理财客户进行产品适合度评估，不得通过网络或电话等方式进行。

三、规范产品宣传材料，加强产品宣传与营销活动的合规性管理。辖内各商业银行应在宣传和介绍材料最醒目位置揭示风险，说明最不利的投资情形和投资结果，并提供含有解释收益和风险的示例。对于在宣传和介绍材料中无法提供科学、准确的测算依据和测算方式的理财产品，不得在宣传和介绍材料中出现“预期收益率”或“最高收益率”字样。

四、切实做好信息披露工作。辖内各商业银行应与客户约定联络和信息传递方式，并保持有效联络。在与客户签订合同时，应明确约定与客户联络和信息传递方式，以及在信息传递过程中双方的责任，确保客户及时获取信息，避免导致客户因未及时获知信息而错过资金使用和再投资的机会。

五、健全客户投诉处理机制，妥善处理客户投诉。辖内各商业银行应建立全面、透明、方便和快捷的客户投诉处理机制。客户投诉处理机制应至少包括处理投诉的流程、回复的安排、调查的程序及补偿或赔偿机制。商业银行应为客户提供合理的投诉途径，确保客户了解投诉的途径、方法及程序，采用统一的标准，公平、公正地处理投诉，并配备足够的资源，确保客户投诉处理机制有效执行。

六、严格理财业务人员管理，提高理财业务人员素质。辖内各商业银行应配备专业理财业务人员向客户提供理财投资咨询顾问意见。应建立理财从业人员持证上岗管理制度，完善理财业务人员的处罚和退出机制，加强对理财业务人员的持续专业培训和职业操守教育。应建立问责制，对发生多次或较严重误导销售的业务人员，及时取消其相关从业资格，并追究管理人员的责任。

七、各级监管部门应加强对商业银行个人理财业务的监管力度。一是及时约见商业银行高管人员谈话，通报暗访情况，提出具体监管意见，督促开展整改工作。二是6月份，各级监管部门要对所辖商业银行个人理财业务进行专项检查。对本次暗访中存在的问题整改落实不到位的商业银行，要责令其暂停相关理财业务，并追究相关高管人员的责任。

关于进一步加强大额不良贷款监管工作的通知

鄂银监办发[2008]197号

2008年6月19日

各银监分局、直管办：

按照银监会《关于加强大额不良贷款监管工作的通知》(银监发[2007]66号)文件要求，我局综合运用非现场监管、现场检查、延伸检查、责任追究等措施，加强大额不良贷款风险防范和化解，取得明显成效。为进一步深入推进全省大额不良贷款监管工作，有效化解银行信用风险，促进提高辖内商业银行信贷管理水平，根据银监会2008年大型银行监管会议的有关精神，现就进一步加强大额不良贷款监管工作提出如下要求：

一、提高认识，将加强大额不良贷款监管作为重中之重。各级监管部门要充分认识做好大额不良贷款监管工作的重要性、紧迫性，把以大客户为中心的大额不良贷款检查作为一项创新的监管方式长期坚持下去，把大额不良贷款监管作为一项常规工作，坚持不懈、扎扎实实做下去。

二、转变观念，高度重视对大额借款人的检查。一是突破过去现场检查单一检查银行的局限性和片面性，既要重视检查商业银行存在问题，更要重视对银行客户的检查。要以还原商业银行不良贷款形成过程为主线、以清收化解不良贷款为目标，把是否存在恶意套用、骗取、挪用、逃废银行债务等问题彻底查清。二是突破过去现场检查以单一银行机构为检查对象的局限性，以借贷项目或企业为整体，将相关主要银行的贷款全部纳入检查范围，并实现银行间信息互通共享。

三、合理有效使用监管延伸检查权。各级监管部门在大额不良贷款的检查中，要积极尝试、有效使用监管延伸检查权，深入企业和相关部门检查核实有关情况。要根据检查项目的需要主动争取各级地方政府、部门和相关单位的理解和支持，协同开展现场检查和取证工作。

四、加强联动，充分调动商业银行的能动性，形成合力并进的工作局面。各级监管部门在开展大额不良贷款检查时，要与相关商业银行加强联动，帮助商业银行提高认识，自觉把化解大额不良贷款工作放在突出位置，积极配合监管部门检查，树立银行业协同作战的良好形象。要督促商业银行抓紧建立自我核查机制，主动通过自查找出大额不良贷款形成原因，逐户进行清理，提出风险处置方案。

五、加强组织，确保大额不良贷款检查的有效性。一是集成监管资源。对大额不良贷款的检查由省局统一组织，原则上实行属地监管、属地检查。必要时省局将组织“项目承包”，从全省抽调或安排异地分局组成项目检查组。相关银监分局要根据检查任务的需要统一集成辖内监管人力资源，必要时可跨部门组成强有力的检查队伍，确保检查工作优质高效。二是突出检查重点。要围绕不良贷款的形成过程认真分析，抓住重点线索一查到底，并做到铁证如山。三是规范检查报告。在阐述检查发现的问题时，主要从借款企业、商业银行、相关社会中介及其他部门等三个层面分别分析。在提出监管意见或整改要求时，要清晰明确、精炼具体，明确告知被查单位“做什么、谁来做、什么时候完成”。

六、严格问责，认真落实大额不良贷款责任追究。一是要追究借款人的责任，根据借款人存在的问题，采取报送上级监管部门和上级行、抄送地方政府、移送公安机关等处置措施，对有严重违规问题的借款人形成强大威慑力。二是追究贷款人的责任，要加大商业银行不良贷款责任追究和问题整改的落实力度，防止屡查屡犯。今后，对由于银行自身原因，屡屡出现重复问题而形成大额不良贷款的，首先要追究银行业机构现任高级管理层的责任。

七、完善台账监测，逐户跟踪大额不良贷款风险化解情况。要继续完善监管部门和银行业机构的大额不良贷款双向台账监测制度。各监管处室与相关银行一级分行每半年核对台账情况，每半年向银监会报告台账变化情况。同时，要做到定期监测分析与适时跟踪分析相结合，根据每户大额不良贷款的风险变化情况，采取相应措施及时处置。

湖北省银行业金融机构金融创新指导意见

鄂银监通[2008]21号

2008年4月5日

一、目的与原则

（一）为进一步引导、规范湖北省辖内银行业金融机构（以下简称银行业机构）金融创新活动，提升银行业机构创新能力和竞争能力，促进银行业金融创新持续健康发展，根据《中华人民共和国银行业监督管理法》《中华人民共和国商业银行法》《商业银行金融创新指引》等法律和有关规定，制定本指导意见。

（二）在湖北省境内设立的银行业机构适用本指导意见。

（三）本意见中的金融创新主要是交易业务的创新，重点引导辖内银行业机构在银行同业交易，银证、银保交易，银企交易及银行与其他客户交易等领域开展创新，实现服务产品、方式的突破和风险管理能力的提高。

（四）银行业机构开展金融创新活动，应坚持依法合规、公平竞争、尊重知识产权和成本可算、风险可控、信息充分披露的原则；遵守职业道德标准和专业操守，完整履行尽职义务，充分维护金融消费者和投资者利益。

（五）辖内各银行业机构应指定专门的部门或人员负责金融创新工作。

银行业机构应组织多种形式的金融创新培训活动，确保员工熟悉创新产品和服务的特性及操作流程。

二、银行同业交易创新

（六）辖内银行业机构应充分认识加强同业合作、提升整体竞争合力的重要性，要大力开展同业合作创新，构建新型的同业竞争和合作关系，实现互补共赢。

辖内银行业机构要积极开展融资、代理、电子银行、银行卡、担保、外汇、资本、信息共享等领域的全方位合作，通过开展丰富多样的合作，分散市场风险，实现创新价值、共享利益、共同发展的目标。

（七）辖内银行业机构应加强贷款合作，开展银团贷款、联合贷款、委托贷款、俱乐部贷款、贷款回购、贷款转让等业务，实现优势互补。对超过10亿元的贷款项目，鼓励和支持发放银团贷款。

鼓励银行业机构根据网点、资金、客户资源优势与管理经验差异，与外资银行就银团贷款业务开展合作。

（八）鼓励辖内中小银行在“1＋8”城市圈内成立跨区域中小银行银团贷款联合会，积极探索贷款合作方式的创新。

（九）支持政策性银行根据贷款管理技术和管理半径的需要，在上级行授权和法律法规规定的范围内，积极开展同业委托贷款或委托资金监管，弥补网点不足的缺陷，扩大管理半径。

（十）鼓励村镇银行与其发起银行开展县域融资合作，积极支持农村中小法人机构代理政策性银行、股份制商业银行的业务，实现大小银行相互取长补短，促进银行业务向县域延伸。

（十一）邮政储蓄银行应提升同业联接能力，加强与国有大型银行的业务合作，充分发挥自身点多面广、资金充足的有利条件，借助大银行客户资源、项目储备充裕的优势，通过购买项目、联合贷款等方式，积极拓展资产业务，增强盈利能力。

（十二）鼓励辖内银行业机构在风险可控的前提下开办贷款回购业务，以降低融资成本，调整资产结构，增强流动性。

（十三）辖内中小法人金融机构应积极创新资本合作方式，通过引进有先进风险管理经验的大银行或外资银行作为战略投资者，以改善资本结构，提高经营管理水平，增强竞争能力。

（十四）鼓励辖内银行业机构进行资源共享和信息共享合作创新。资源共享主要包括品牌共享、资金清算系统共享和ATM资源共享；信息共享主要包括贷款信息共享、信用评级信息共享和票据业务信息共享。

（十五）鼓励信托公司、财务公司、租赁公司等非银行金融机构根据市场需求和自身业务发展需要，在产品开发、企业融资、客户管理等方面加大创新力度，加强与商业银行、政策性银行等其他银行业机构的合作与互补。支持辖内信托公司创造条件申报集合资金信托业务创新试点。

鼓励其他银行业机构代理发行信托产品。其他银行业机构在风险可控的情况下，在法律法规许可范围内，可根据自身流动性和风险偏好购买信托产品。

三、银证、银保交易创新

（十六）辖内银行业机构应创新交易理念，积极推进信贷市场与资本市场、保险市场的连接，积极开展与证券、保险公司的合作创新，在风险可控和依法合规的前提下加大跨市场金融工具的创新力度，增强盈利能力，提高盈利水平。

（十七）银证、银保合作创新应遵守相关法律法规，提高风险预警能力，有效建立银行与证券市场、保险市场之间的“防火墙”，严格防范跨市场、跨行业风险转移。

（十八）鼓励具备技术管理条件的银行业机构与证券公司在资金汇划清算、基金托管、短期拆借、搭桥贷款、券商自营股票质押贷款等业务方面加强合作。

鼓励具备资格的银行业机构积极开展资产证券化业务试点，提高运作水平，创造条件积极争取开办资产证券化业务。

（十九）银行业机构可与符合条件的证券公司联合开办投行业务，由证券公司提供担保，向拟发行股票的或拟配股的上市公司发放搭桥贷款。

（二十）鼓励辖内城市商业银行积极创造条件，申报开办银证通、基金托管等代理业务，实现银证合作领域的突破。

（二十一）银行业机构应充分利用自身网点、网络、人力资源、市场等优势，加大与保险业合作的力度，积极开展代理保险、代收保费、代付保险金、住房按揭贷款保险、寿险保单质押贷款等业务。

（二十二）银行业机构应建立代理保险业务激励机制，制订和完善代理保险手续费收入与营业费用支出、个人收入挂钩的办法，从费用支出机制和个人收入上推动基层行大力开展代理保险业务，扩大保险代理品种，提高中间业务收入水平。

（二十三）银行业机构应充分运用保险分散风险的功能，深化创新银保合作，积极探索对个人住房贷款抵押物财产保险、对抵押人出现意外伤亡丧失还款能力人寿保险、借款人因保险合同约定的因素而不能履约借款合同保险，引进新的风险管理手段，降低和分散银行经营风险。

四、银企交易创新

（二十四）银行业机构应抓住“中部崛起”战略实施和“武汉城市圈综合改革试验区”建设的机遇，主动适应宏观经济政策要求，积极围绕改善企业金融服务开展体制创新、机制创新、产品创新，构建科学的风险管理体系，将机构、业务、人才等资源重点向支持武汉城市圈改革、社会主义新农村建设及小企业发展聚集。

（二十五）鼓励银行业机构围绕“两型”社会的改革要求，创新信贷管理机制，扩大对圈域内银行业分支机构授权授信，支持银行业机构打破现有的地域界限，对有效益、有市场、有信誉的企业项目自主发放贷款。

银行业机构应优先支持节能降耗、资源综合利用和环保产业等循环经济产业、企业和建设项目的资金需要，加大对钢铁、汽车等传统制造业围绕环境保护、降低能耗、资源综合利用技术改造的信贷支持力度，加大对光电等高新技术产业的金融支持，促进产业结构调整和优化升级。

（二十六）银行业机构应积极推广使用商业承兑汇票，支持、鼓励和引导产供销稳定、资信优良的企业，通过签发商业承兑汇票衔接产销关系，加速资金周转，拓宽融资渠道。

（二十七）农发行、农信社、农业银行、邮政储蓄银行、村镇银行和国开行要依据各自业务功能和特点，明确各自的市场定位，大力推进农村金融领域的改革和创新，加快构建适应“三农”特点的多层次、广覆盖、可持续的农村金融体系，建立农村资金回流机制，增强金融为“三农”服务的功能。

（二十八）银行业机构应在利率的风险定价机制、独立核算机制、贷款审查机制、激励约束机制、人员培训机制、违约通报机制等方面加大创新力度，不断改善小企业金融服务，调整和优化信贷资产结构。

（二十九）银行业机构应不断深化小企业辅导制度，建立小企业辅导项目库，从金融服务、财务顾问、信息咨询、经营诊断等四个方面开展小企业辅导工作，加大对小企业的培植力度，着力构建小企业服务的长效机制。

（三十）鼓励城市圈内的地方中小银行与圈内外大型金融机构合作开展小企业授信业务，通过引进、吸收和消化，探索适合小企业的授信标准、方法和流程。

（三十一）支持银行业机构在“1＋8”城市圈组织跨地域的中小企业银企洽谈会，实现信息的交流互动，有效解决银企之间的信息不对称的矛盾。

（三十二）鼓励银行业机构在法律法规允许的范围内创新小企业担保制度，探索在动产和权利上设置抵押和质押，丰富担保品种，拓宽担保方式，积极推进对小企业仓单质押、保付代理、个人财产抵押综合授信等融资业务，增强对小企业资金扶持力度。

（三十三）积极争取和推动地方政府增设担保公司，在武汉城市圈内成立跨区域的担保公司，对现有的担保公司增资扩股，进一步壮大担保实力，完善小企业贷款风险补偿机制。

（三十四）鼓励银行业机构特别是农村信用社按照现有政策及法律法规要求，加大不良贷款处置力度，积极探索卖断、重组、资产证券化等多种不良贷款处置方式。

五、银行与其他客户交易创新

（三十五）银行业机构应以客户为中心，以市场为导向，加大对零售业务产品和服务方式的创新力度，提高个人金融服务水平，满足不同层次的金融消费者的个性化需要。

（三十六）银行业机构应在审批制度、贷款期限、还款方式等方面创新个人住房金融服务。鼓励银行业机构根据客户对贷款利率的敏感程度、资信评分等级实行差别定价，增加盈利水平。

支持银行业机构利用自身的网络和机构优势，发展二手房金融服务业务，创新住房中间业务服务。

（三十七）积极支持和推动在汉设立汽车金融公司、租赁公司等非银行金融机构，为消费者提供专业化、个性化、多样化的金融服务。

（三十八）银行业机构要根据市场需求变化，积极调整业务发展战略，充分利用网点和客户资源，增强代客理财的功能，大力开拓以增加手续费收入为基础的中间业务。

（三十九）银行业机构应积极发展和利用以业务处理自动化、管理信息化、决策科学化为目标的金融电子化创新体系，不断提高交易电子化、服务网络化、管理现代化的质量和层次。

（四十）银行业机构应进一步创新网上银行、电话银行、手机银行等电子银行业务品种和风险管理技术，丰富电子银行服务功能，改进结算服务质量，推动自助设备的配置、非现金支付工具的使用，以提高服务效率和质量。

银行业机构应通过完善信息网络服务系统，创新个人理财销售和服务渠道，为客户提供高端科技服务。

（四十一）银行业机构应积极开展银行卡业务创新，丰富业务品种，加大借记卡和贷记卡营销力度，进一步增强银行卡附加功能、理财功能，为客户提供更为便捷的服务。

（四十二）鼓励银行业机构通过市场细分，以适应客户不断变化的需求为目标，加大为客户提供财务分析、财务规划、投资顾问、资产管理等个人理财业务的创新力度，为个人客户提供更加丰富的理财品种。

（四十三）银行业机构应从优化前台操作流程、延长营业时间、增设专项业务窗口、分流服务对象等方面创新窗口服务方式，减少客户排队等候时间，提高客户满意度。

（四十四）银行业机构应建立有效受理客户投诉以及建议的渠道，及时高效负责地处理客户投诉，定期汇总分析客户投诉情况，向有关人员和部门定期报告客户投诉及处理情况，研究和处理客户对金融创新的潜在需求和改进建议，不断提高金融创新的服务质量和服务水平。

六、银行监管支持创新

（四十五）辖内银行业、银行业协会和银行业监督管理部门（以下简称银监部门）三方应按照“银行唱戏、协会搭台、监管推动”的原则进行创新互动合作，增强银行业机构金融创新的整体协作效应。

（四十六）银监部门与银行业机构、银行业协会应共同加强对社会公众金融知识的宣传和教育，通过多种形式普及金融知识，提高社会公众对金融创新的认识程度和风险防范意识。

（四十七）银监部门应坚持引导和规范并重、督促和防险并举的监管原则，在防范风险的前提下，积极引导和支持银行业机构的创新活动，营造有利于金融创新和公平竞争的市场环境。

（四十八）银监部门应通过定期召开创新经验交流会、创办创新刊物、开展创新活动评选和业务、产品流程效率评价等方式，营造创新气氛，交流创新经验，加强对金融创新发展问题的分析和研究，推动银行业机构有效提升创新水平和层次。

（四十九）银监部门应实行新业务的窗口指导和跟踪评价制度，深入了解银行业机构新业务的开展情况，并及时跟踪反馈新业务开展的相关信息，对创新活动的风险管理、内部审计、定价机制、信息披露以及退出环节的全程风险控制提供指导性意见。

（五十）银监部门应建立和完善金融创新激励和约束机制，根据银行业机构金融创新成效与创新力度的差异实施差别监管，并将创新成效与创新力度作为良好银行评选的重要内容。

对创新品种多、创新效益好、创新质量高、内控制度完善的银行业机构，银监部门应将创新业绩记入相应机构的高管人员档案，作为高管人员履职评价的重要参考内容。

对创新效益差、消费者投诉多、管理不善的银行业机构，银监部门可采取增加业务现场检查频率等监管约束措施。

（五十一）银监部门应建立与其他金融监管部门的交流与合作机制，积极推动银证、银保金融创新活动的有序发展。

（五十二）湖北省银行业协会应认真履行协调与服务职能，组织各会员单位开展会员信息沟通、交流和同业合作，为同业合作创新搭建平台。

湖北省银行业协会应加强与湖北省中小企业协会等有关方面的联系和沟通，采取有效措施推动和开展小企业信用培植工程。

湖北省银行业支持武汉城市圈“两型”社会建设指导意见

鄂银监通[2008]22号

2008年4月8日

为有效引导湖北省银行业支持武汉城市圈“两型”社会建设，促进圈域银行业持续健康发展，特制定本指导意见。

一、健全组织体系

积极支持武汉城市圈朝着金融资源集聚、金融体系完备、金融运行高效、在全国有影响、在中部有较强辐射力和吸纳力的区域金融中心发展。

（一）大力引进中外资金融机构。加大引进外资金融机构力度，促进圈域银行业的对外开放和外向型经济发展。积极支持政府引进港澳地区外资银行按照CEPA补充协议（四）的规定在圈域内城市设立分支机构；积极引进其他外资银行在武汉布点；积极支持外资银行业机构在汉设立区域性总部；对具备基本条件的外资银行分行，支持其设立同城营业网点；大力支持圈域内地方银行业金融机构引进境外战略投资者。支持尚未在圈域设立分支机构的全国性股份制商业银行入驻城市圈，进一步完善圈域商业银行服务体系。加强与地方政府及有关方面的联系和沟通，创造条件设立汽车金融公司、金融租赁公司及企业集团财务公司等非银行金融机构，为圈域发展提供个性化金融服务。积极支持中国进出口银行武汉代表处升格为分行，增强圈域政策性银行服务功能。

（二）支持股份制商业银行跨地域设立分支机构。对股份制商业银行在武汉城市圈内所有地域设立分支机构按同城标准管理。制定武汉城市圈股份制商业银行同城化管理操作规程，规范准入管理行为。支持具备条件的股份制商业银行按同城标准和程序在圈域内跨地域设立分支机构，增强辐射力，促进股份制商业银行稳健发展。

（三）扶持地方商业银行做大做强。督促武汉城市圈域内各城市商业银行完善法人治理结构，奠定发展基础。支持圈域内各城市商业银行间、城市商业银行与其他金融机构间加强业务合作，弥补网点少、规模小等不足，增强发展合力。支持圈域内城市商业银行加大引进战略投资者的力度，优化股权结构，引进先进的管理、技术和产品，提高市场竞争力。支持圈域内城市商业银行将分支机构和业务延伸到县域。重点支持武汉市商业银行发展壮大，协助地方政府将其发展成为覆盖全圈域、逐步辐射全省乃至中部地区的区域性商业银行。

（四）继续深化农村金融机构改革。支持农业银行做好股份制改革的准备及相关工作，按照面向“三农”的市场定位，充分发挥对圈域“三农”的支持作用。督促省邮政储蓄银行妥善处理好成立后的相关后续工作，构建良好的内部运行与风险控制机制，有效发挥对圈域邮政储蓄分支机构的管理、控制与指导作用，尽快完成圈域邮政储蓄银行分支机构组建工作，协调解决其组建过程中的困难和问题；支持邮政储蓄银行在风险可控前提下发展资产业务，发挥其在新农村建设中的积极作用。支持国家开发银行与圈域农村合作金融机构或与农村地区商业性银行业金融机构开展业务合作，壮大农村金融机构资金运用能力。

继续积极稳妥地发展村镇银行和其他新型农村金融机构。鼓励在武汉城市圈域内组建农村商业银行和农村合作银行，支持圈域农村信用合作社向纵深推进产权改革。

(五)支持引进区域性金融服务与管理中心。一方面，积极支持银行业金融机构的总行在武汉城市圈域内设立全国性或区域性金融中后台运行与服务机构，使总行的信用卡中心、数据备份中心、客户服务中心、区域业务处理中心、培训中心等机构落户圈内，为武汉区域金融中心的构建提供基础保障。同时，争取银行业金融机构的总行在圈域设立更多的区域性授信审批中心、稽核监督中心、审计中心等区域性管理中心，提升圈域银行业风险管理水平。

二、完善体制机制

建立高效的圈域银行业机构管理体制、信贷管理体制、沟通联动机制和激励约束机制，逐步实现“管理同城”。

(一)改进圈域银行机构管理体制。一是理顺大型银行分支机构管理体制。针对天门、潜江、仙桃等地部分大型商业银行分支机构管理体制目前尚未彻底理顺、影响业务发展的现状，协调有关商业银行省级分行进一步加强与总行的沟通，争取总行支持，尽快将上述机构划归省分行直接管辖，为圈域内所有银行业金融机构和各地区经济均衡发展创造条件。二是构建适应武汉城市圈改革要求的银行业机构同城管理体制。引导并推动圈域内银行业金融机构按照武汉城市圈发展总体规划的要求，结合自身发展战略，制定圈域内分支机构发展与调整规划，科学整合营业网点，调整相关部门职能，协调相关方面将圈域内武汉外的其他8家城市内银行分支机构纳入武汉同城机构管理，形成有利于圈域银行业健康高效运行的机构管理体制。

(二)改善圈域信贷管理机制。推动建立武汉城市圈信贷管理同城机制。协同相关方面将武汉城市圈内的8个异地城市纳入武汉“大同城”信贷管理范围，协调商业银行将8个异地城市的信贷准入条件按武汉同城标准掌握；支持银行业金融机构在风险可控的前提下，对圈域分支机构适当下放授信管理权限，减少审批环节，简化贷款手续，缩短审批时间，对优质客户和重点支持产业建立快速审批通道。

(三)建立圈域沟通联动机制。一是建立信息共享机制，加大信息交流。指导银行业协会建立“1＋8”城市圈同业信息交流机制，实现圈域内银行同业信息共享；在湖北银监局网站开辟武汉城市圈信息网页，实现城市圈信息监管部门共享；引导银行业机构积极参加政府主办的银企交流会，掌握武汉城市圈建设政策信息，掌握圈域项目投资状况和企业经营情况，及时了解企业对银行业的服务需求；引导银行业金融机构利用自身的客户资源优势，积极协助地方政府的招商引资，帮助政府引进有实力的企业和个人投资城市圈。二是完善协调合作机制，深入推进同业合作。指导银行业协会建立、完善并形成务实、有效的银行同业沟通、协调、交流、反馈机制，在金融创新、同业合作、银企联谊等方面开展多样化活动，扩大银行同业间的交流合作范围；进一步加大银团贷款的推进力度，满足城市圈域内大型项目的信贷需求；尝试进行贷款转让，调剂各行贷款规模余缺，解决宏观紧缩背景下贷款供应不足的矛盾，用好用足银行信贷资源；加强银行与信托、财务、租赁、担保公司及风险投资基金等非银行机构之间的合作，创新服务体系和服务方式。

(四)完善圈域激励约束机制。促进银行业金融机构修订和完善对武汉城市圈内分支机构的绩效考核体系，把其对经济的渗透力和支持度、对客户服务的满足程度列入考核内容；对风险管理水平高、服务质量优、对经济渗透力强的分支机构予以奖励，鼓励其发展壮大。引导各省级银行业金融机构建立针对武汉城市圈内下属分支机构的信贷投向考核体系，对圈域内信贷投入额及重点支持行业、中小企业和农村地域的贷款实行单独考核，原则上小企业和涉农贷款增速不低于全部贷款增长水平。

三、改善服务方式

创新产品和服务方式，优化信贷结构，增强服务功能，满足圈域各层次对银行业的服务需求。

(一)有效整合现有产品与服务，实现传统业务的标准化。引导银行业金融机构对现有产品和服务进行全面摸底，合理分类，并根据分类情况制定相应的服务规范。对贷款类业务，督促其进一步改进审查、申报、审批、贷后管理等各环节的操作流程，明确相关人员的尽职与服务要求，合理调整有关部门职责，科学整合人力资源，减少各环节间的传递时间，提高办事效率。对存款、结算类业务，按照流程银行的要求，进一步加大改革调整力度，改善业务流程，提升服务标准，实现所有客户的一条龙快捷服务。对现有其他类业务和产品，根据不同的业务特征，制定规范的产品说明与服务标准，做到流程高效、服务优良。

(二)创新金融服务方式，满足多样化需求。积极支持银行业金融机构加快金融创新步伐，大力开拓中间业务，设计和推出有利于支持武汉城市圈建设过程中出现的产业链条化、客户多元化、经营活动多样化等新形势的产品和服务。引导银行业金融机构根据企业需求，提供现金管理、贸易融资、电子银行和投行类产品；针对企业的生产经营特点，提供信用增级、资金融通、支付结算、外汇理财等组合产品，为产、供、销各环节提供有针对性的一揽子金融产品和服务；为具备条件的企业提供企业债券评级、债券发行服务，帮助企业降低筹资成本。鼓励银行业金融机构根据企业需要，提供资产证券化、境内外IPO及并购顾问服务，提供公司治理、公司经营等管理增值服务。

（三）改善小企业贷款机制，提升小企业金融服务水平。改善小企业贷款抵押担保机制。支持建立武汉城市圈统一的担保机构，拓宽小企业抵押担保领域，促进圈域小企业信贷供求的有效对接；支持银行业机构扩大房产抵押、提单质押、仓单质押等担保方式范围，改善小企业机器设备贷款抵押方式，探索用企业的应收账款等作为质押发放贷款，支持采用专利权、名誉商标权、特许经营权等权利质押贷款方式，有效扩大抵押、质押贷款范围。完善小企业信用贷款机制。引导银行业金融机构在建立和完善小企业贷款风险定价、财务核算、贷款审批、激励约束、人员培训、违约信息通报等机制的基础上，建立科学合理的小企业信用评级制度，设定适合小企业特点的信贷准入标准；在强化风险识别和规避措施的基础上，适当放宽小企业信用贷款准入条件。

（四）调整信贷结构，优化贷款投向。引导银行业金融机构贯彻落实国家宏观调控和产业政策，紧紧围绕“两型”社会的改革要求，制定适应“两型”社会建设要求的圈域授信投向指引，调整和优化贷款结构。严格控制对“三高一汰”行业和武汉城市圈发展规划限制发展产业的信贷投入。优先满足武汉城市圈产业发展规划重点支持的行业、企业和项目的信贷资金需求。加大对圈域内科技含量高、单位能耗少、环境污染低的高科技、环保等企业的资金扶持力度，支持中小企业和优质企业发展。

四、优化发展环境

加强协调配合，改进监管服务，共同营造圈域和谐的银行业发展环境。

（一）搭建贷款平台，疏通融资渠道。一是支持完善湖北省中小企业融资信用担保体系。支持成立“1＋8”城市圈统一的担保机构，协助培育各类小企业互助担保基金，引导银行业金融机构配合龙头企业或行业协会成立各类小企业专业合作组织，不断健全小企业担保组织体系，充分发挥政府及各类经济主体承担小企业贷款担保的功能。二是引导银行业机构协助政府和有关部门搭建专利权、商标权和林地、水域权等权利抵押贷款平台，主动加强与地方政府及行政主管部门的配合，建立有关权利使用权的评估、登记、交易、流转等市场服务体系，协调有关部门简化抵押、评估、登记等手续，降低收费标准，改善市场服务环境。三是支持建立健全企业资产拍卖转让市场、产权转让市场，解决抵、质押物处置难的问题。

（二）加强诚信建设，改善信用环境。积极向当地政府和有关部门提出改善信用环境的建议，协调银行业金融机构支持地方政府和有关部门创建信用工程建设，增强企业和个人的信用意识，共同营造政府及其有关主管部门、银行、社会共同改善信用环境的良好氛围；协助政府加速征信系统建设，扩大征信系统覆盖面，增强金融基础设施建设的有效性；引导银行业金融机构支持有关部门加强对从事企业会计、财务、审计和资产评估等中介机构执业行为的监督，查处为企业做假账等违规行为，促进中介机构增强诚信意识，遵守职业道德，提高市场信息的真实性和透明度；积极推进信用环境综合治理工作，建立圈域违约信息通报制度，指导银行业协会加大违约信息披露和制裁力度，积极利用湖北银监局大额票据登记系统，加大对异常票据的监管和风险提示力度。

（三）推进信息交流，实现多方共享。积极协调银行业金融机构配合政府和相关部门建立银行业金融机构与有关政府主管机构和公共服务部门的合作与信息共享机制，降低银企信息不对称，实现工商、税务、司法、房地产登记等单位信息与银行共享。引导银行业金融机构支持政府及有关部门建立武汉城市圈内货物仓储管理信用登记及信息共享机制，定期对仓储企业的管理水平、信用状况进行评定，实现仓储信息与银行共享，降低贷款风险，为银行大力开展贸易融资业务提供保障。

（四）优化市场准入，设立“绿色通道”。协助制定武汉城市圈银行业机构发展整体规划，使银行业服务体系与武汉城市圈建设规模和进度相适应。对圈域内银行业金融机构的市场准入事项加快审核进度，缩短准入时间。对新进入武汉城市圈、圈域内跨行政区域增设和调整分支机构、圈域内现有机构升格等市场准入事项设立“绿色通道”，实行优先审批。

关于进一步加强和改进银行业金融服务工作的通知

鄂银监通[2008]27号
2008年4月14日

各政策性银行湖北省分行(武汉代表处)、国有商业银行湖北省分行(武汉分行)、股份制商业银行武汉分行、外资银行武汉分行(代表处)、金融资产管理公司武汉办事处,城市商业银行,中国邮政储蓄银行湖北省分行,湖北省农信联社:

为进一步提高银行业金融服务水平,促进社会主义和谐社会建设,根据银监会有关文件精神,现就进一步加强和改进银行业金融服务工作通知如下:

一、切实加强理财产品风险提示

(一)理财产品(计划)的名称应恰当反映产品属性,避免使用带有诱惑性、误导性和承诺性的称谓,风险揭示应充分、清晰和准确。商业银行在为理财产品(计划)、尤其是非保证收益型理财产品(计划)命名时,应避免使用蕴含潜在风险或易引发争议的模糊性语言。商业银行对理财产品(计划)的宣传和介绍材料及对客户投资情况的评估和分析等,应按照《商业银行个人理财业务管理暂行办法》规定,包含相应的风险揭示内容,并以通俗的语言和适当的举例对各种风险进行解释。

(二)商业银行应充分告知保证收益理财产品(计划)、保本浮动收益理财产品(计划)和非保本浮动收益理财产品(计划)等各类产品的区别及各自风险。其中,保证收益理财产品(计划)或相关产品中高于同期储蓄存款利率的保证收益,应是对客户有附加条件的保证收益;对非保证收益理财计划,在与客户签订合同前,应提供理财计划预期收益率的测算数据、测算方式和测算的主要依据。

(三)采取有效方式及时向客户披露重要信息。一是商业银行在与客户签订合同时,应与客户明确约定相关信息的披露方式和途径,以及在信息传递过程中各方的责任。二是在理财产品(计划)的存续期内,商业银行应至少每月向客户提供一次(商业银行与客户另有约定的除外)其持有相关资产的账单,账单应列明资产变动、收入和费用、期末资产估值等情况。三是商业银行应在理财计划终止时,或理财计划投资收益分配时,向客户提供理财计划投资、收益的详细情况报告。

(四)加强理财产品(计划)营销过程中的合规性管理。商业银行要加大对理财产品的合规性检查力度,4月底之前对现有理财产品广告或宣传材料的内容、形式及营销人员的销售行为进行一次全面自查。从5月1日开始,坚决禁止在营业网点及其他地方张贴或发放风险提示不明确、带有误导性的宣传材料,禁止营销业务人员将理财产品(计划)、代理保险产品等当做一般储蓄产品,进行大众化推销;禁止营销业务人员误导客户购买与其风险认知和承受能力不相符合的理财产品(计划)或代理保险产品;严肃处理有意隐瞒或歪曲理财产品(计划)重要风险信息等欺骗手段销售理财产品(计划)的业务人员。各银行业金融机构于5月10日之前将自查和整改结果报告我局,我局将根据各行自查和整改情况有针对性地组织现场检查。

二、加强支持灾后恢复重建的金融服务工作

(一)切实加大信贷资金投放力度。各银行业金融机构要认真做好从紧货币政策下的信贷安排,在有效防范风险和维护资金安全的前提下,优先安排灾后恢复重建信贷资金。要重点保障煤电油运特别是地方局域电网重建,以及农副产品生产流通和农户春耕备耕的合理资金需求。对于优质企业客户要及时增加信贷投放,帮助尽快恢复生产。对于分散农户和农村小企业灾后恢复生产所需资金,要继续贯彻执行银监会《关于银行业金融机构大力发展农村小额贷款业务的指导意见》(银监发[2007]67号)有关精神,因时、因地制宜拓宽授信范围、授信额度、授信期限等要素,确保满足农户春耕备耕资金需求。

(二)允许贷款合理展期。对经营正常、信用良好,仅因灾害造成偿债能力下降的企业和农户,要充分考虑借款人的实际需要和灾害等带来的客观影响,允许其贷款合理展期,原则上信用评级不降低,贷款展期、延期不罚息。对农户种养殖业的展延期限,应与其生产周期相匹配。对虽然有到期贷款未还,但灾后恢复生产又有新的贷款需求的,在注意防范风险前提下,可追加信贷投放。

(三)适当简化贷款手续。对灾后恢复重建所需贷款，要在确保法律要素齐全的前提下，尽量简化贷款手续，缩短贷款审查时间，确保资金早投放，早到位，早发挥作用。原则上对老客户的小额农户贷款应在一天内办结，新客户的小额贷款应在一周内办结，煤电油运、农副产品生产流通企业和农村小企业贷款应在一周内办结。

三、有效推进下岗失业人员小额担保贷款工作

（一）提高认识，进一步加强小额担保贷款的宣传、引导。下岗失业人员小额担保贷款（以下简称“小额贷款”）是国家实施再就业工程的一项扶持政策，各商业银行应通过各自网点，加大对下岗失业人员小额贷款的宣传力度，提高政策宣传、普及力度；小额贷款涉及社区推荐、劳动保障部门审查、贷款担保机构审核及商业银行核贷等多个环节，贷款审批时间跨度较长，由于银行处于最后环节，有的借款人经常误认为是银行拖延时间，或有的借款人因不符合借款条件而被拒绝，也误认为是银行故意为难。对此，商业银行应耐心向其说明原因，做好细致地宣传解释工作，避免矛盾纠纷。

（二）加强服务，切实为下岗失业人员提供优质便捷的金融服务。商业银行要简化手续，为申请贷款的下岗失业人员提供开户和结算便利，因申请人不符合贷款条件而不能提供贷款的，应向申请人说明理由，提出改进建议，并将有关情况定期向上级行报告；贷款期间，贷款银行要加强贷后管理，定期与借款人联系，了解其资金使用和经营情况，提供必要的财务指导。

（三）完善机制，积极与有关部门协商建立小额贷款联动机制。加强与有关部门协商，探索建立财政部门、担保机构、银行机构“三位一体”的风险共担和部门联动机制；探索建立激励机制，对贯彻政策较好、推荐质量高、贷前审查严格的基层社区和劳动部门给予必要奖励，提高其工作积极性；认真贯彻国家再就业政策，细化相关办法，完善授权授信制度，在加强风险管理的同时，进一步改进服务，努力实现下岗失业人员和银行业金融机构的双赢。

四、进一步推进小企业贷款工作

（一）各银行业金融机构要在全面、准确理解和贯彻宏观调控政策的基础上，认真落实《银行开展小企业授信工作指导意见》（银监发[2007]53号）和《商业银行小企业授信工作尽职指引（试行）》（银监发[2006]69号）的有关要求，进一步加强“六项”机制建设，更新经营理念，革新体制机制，创新信贷产品，大力发展小企业授信业务。当前，要重点满足个体工商户、农业种养大户、农业种养企业、劳动密集型企业、服务业、进入成长期的科技创新企业、能耗和环保达标的制造业等各类小企业的信贷需求和城乡小额信贷需求。

（二）各银行业金融机构要在执行宏观调控政策的前提下，努力增加对小企业的有效信贷投入，把对小企业的信贷倾斜作为优化信贷资产结构的具体措施，在年度信贷规模中单列计划、单独管理、单项考评。在对大、小企业的信贷支持上，不能因总量调控保大压小，不能因结构调整以大挤小，不能因短期利益重大轻小，确保全年小企业贷款增幅不低于本机构今年全部贷款的平均增幅。

（三）各银行业金融机构要完善利率风险定价机制，着力提高小企业授信风险定价能力，坚持收益覆盖成本和风险的原则，根据风险水平、筹资成本、管理成本、授信目标收益、资本回报要求以及当地市场利率水平等因素，自主确定贷款利率，对不同小企业或不同授信实行差别定价，并随风险变化及时调整。

在新一轮宏观调控政策形势下，各银行业金融机构应积极研究当前经济周期性波动对银行业的影响，通过调整经营策略，优化信贷资产结构，将信贷投放重点向国家政策支持的行业和“三农”倾斜。要通过分散经营风险，降低风险集中度，切实有效满足小企业及灾后恢复重建企业的金融服务需求，将实现商业银行自身发展与履行社会责任相统一，更好地促进经济金融和谐、健康发展。

关于进一步发展湖北农村银行业市场更好地支持和服务"三农"的意见

鄂银监通[2008]37号

2008年5月27日

近几年,辖内银行业金融机构不断拓宽支农服务领域,加大支农力度,在推进农业产业结构调整和升级,促进农民增收,激活农村消费市场方面发挥了重要作用,但我省农村金融市场资金外流、服务不充分、发展相对滞后等问题仍十分突出,一定程度上制约了农村经济又好又快发展。为进一步整合农村金融资源,构建农村资金回流机制,引导辖内银行业金融机构加大创新力度,更好地支持和服务"三农",现提出如下指导意见:

一、深化体制改革,着力发展农村银行业市场体系

(一)我省农村银行业市场发展的目标和模式。针对农村金融需求多样化的特点,建立健全分工合理、投资多元、功能完善、有序竞争、服务高效,多层次、广覆盖、可持续的农村银行业组织体系,形成以农业银行、农业发展银行为骨干和支柱,以农村信用社为主力军,以国开行、邮政储蓄银行、村镇银行等其他银行业金融机构为生力军的全方位支农新格局,增强金融服务"三农"的功能。

(二)农业银行应充分发挥在农村金融市场中的骨干作用。按照改革的市场定位和要求,稳步推进改制步伐,进一步深化经营制度、管理模式和考核体系等方面的改革,加快健全完善服务"三农"的组织机构。要调整信贷管理方式,下放信贷管理权限,提高县域资金运用水平。要进一步稳定和发展在农村地区的网点和业务,强化为"三农"服务的市场定位和责任,充分利用在县域的资金、网络和专业方面的优势,提升为"三农"和县域经济服务的功能和水平。在服务重点上要科学界定"三农"金融服务领域和业务边界,要以农业产业化、农村基础设施、特色资源开发、农村商品流动和优质中小企业等为重点,做好"三农"金融服务工作。在区域选择上要因地制宜,区别对待,积极探索经济强县、粮棉大县以及贫困县域分类运营管理模式。在客户选择上要重点加大对国家级龙头企业、传统农业链上主导产业企业、有成长潜力的优势资源型企业以及现代流通体制下的"万村千乡"市场、新型农资连锁超市、大中型农产品批发市场等支持力度。

(三)农业发展银行应在农村金融体系中发挥支柱作用。要按照现代银行企业管理要求,积极深化内部改革,完善功能定位和运作机制,为实现商业化转型打好基础。要依照国家关于粮棉油收购政策,积极支持粮棉油、肉、糖、化肥等专项储备贷款业务,促进重要农产品和农用生产资料市场价格稳定。要在规范开展政策性业务的基础上,健全风险控制机制,积极审慎发展商业性贷款业务,重点支持符合国家政策意图、能够确保还本付息的农田水利设施、病险水库除险加固、中低产田改造、农业生态和农村饮水、道路等建设项目;支持成长性强、带动面广、信用度高的农业产业化企业,特别是生猪、油料、奶业等生产加工企业;支持技术和市场成熟、农业发展迫切需要的农科技项目以及为大中型龙头企业提供配套产品和服务的上下游农业小企业。要稳步实现政策性业务与商业性业务分类管理、分账核算,积极构建支农长效机制。

(四)农村信用社要充当农村金融发展的主力军。要继续深化农村信用社改革,继续完善县级联社为基础的法人制度,从体制上保障服务"三农"的方向。要不断完善和改进行业管理方式,发挥行业管理机构指导和服务功能,完善法人机构的公司治理机制。要争取地方政府支持,积极处置不良资产,建立资本金补充机制,增加持续支农能力。要进一步转换经营机制,深入推进县级联社职能转变,充分利用点多面广,贴近"三农"、了解农村的优势,做大小额农贷,做好联保贷款、循环贷款,做强微小客户贷款业务;积极探索支持县域经济发展的新模式,加强与各类协会、农业合作社的合作,重点抓好对特色农业、订单农业、种养大户、产业化龙头企业和农村流通体系建设的支持,促进农业生产、加工的规模经营、集约经营,提高支农的针对性和有效性。

(五)国家开发银行要积极发挥开发性金融在新农村建设中的引导作用。按照中央关于金融体制改革的要求和步骤,积极实施商业化改革,要把关注民生作为业务转型的重要方面。要积极发挥国开行与政府合作和风险管理方式创新的优势，积极推动助贷机构建设，积极运用市场化和商业化方式，统筹推进农村基础设施建设、小城镇建设、中小企业、农产品流通体系、农村饮水安全、农民工培训、农村医疗卫生、小额微型贷款、低收入家庭住房建设和助学贷款等基层金融业务；要进一步加强同业合作，通过银团贷款、联合贷款等形式，扩大农村业务规模，以发起人方式设立村镇银行，积极渗入农村市场，促进农村经济发展。

（六）邮政储蓄银行要完善服务“三农”功能，积极促进邮政储蓄资金回流农村。按照邮政储蓄银行组建的条件和要求，加快完成邮政储蓄银行分支机构组建工作，不断完善公司治理机制，正确处理与邮政公司的业务合作关系；按照国家对邮政储蓄银行的市场定位，围绕服务社区和服务农村两大领域增加业务品种，积极扩大小额贷款业务试点范围。要积极创造条件，申报开办相关资产业务，增加邮储资金回流农村的渠道，要积极以绿卡为载体，为农村居民提供小额信贷、质押贷款、代理保险等金融业务。要强化对金融同业的连接能力，积极发展与国有大型银行的业务合作，借助大银行客户资源、项目储备充裕的优势，通过购买项目、联合贷款等方式，大力开展资产业务，增强盈利能力。要充分发挥邮储网点遍及城乡及全国联网的优势，加快对边区山区、贫困地区的金融服务，实现全国农村地区金融业务服务全覆盖目标。

（七）村镇银行要在服务“三农”上充分发挥体制机制灵活的优势。村镇银行要坚持“立足城乡、服务‘三农’、服务中小企业”的市场定位，充分利用体制、机制灵活的优势，积极创新涉农金融产品和风险管控方式，倡导金融支农新理念，要在农村金融市场中发挥“鲶鱼”作用，增强农村银行业市场的活力。要积极发挥自身的平台作用，加大对特色农业、特色产业板块、特色基地的信贷扶持力度。要与大银行和母行开展合作，采取联合贷款、委托贷款等多种方式，扩大业务规模，进一步增强村镇银行支农功能和力度。

（八）积极培育和发展新的农村银行业市场主体，增强农村银行业活力。增加村镇银行的数量，鼓励各类银行作为发起人，引导各类资本到县市乡镇设立村镇银行；同时，支持已有村镇银行在乡镇设点，增加渗透力；支持符合条件的商业银行设立专营贷款的全资子公司；对符合条件的市、县农村信用联社积极改制为农村合作银行；进一步优化农村网点布局，合理控制农村地区银行机构收缩，保持农村和县域网点总量稳步增长。支持各银行业金融机构在农村、县域地区设立分支机构。优先鼓励股份制商业银行和武汉市商业银行到武汉城市圈农村范围内增设机构网点，其他城商行在所辖县域设立分支机构。

二、加快业务创新，增强农村银行业机构对农村市场的渗透力

（一）进一步拓宽担保渠道。辖内银行业金融机构要结合农村经济特点，积极探索新的涉农信用担保方式。要充分发挥政府的组织协调优势，加强对政府背景的融资平台和各类信用担保机构的信用评审，合理确定风险限额；对有效抵押不足但有市场、有效益的涉农中小企业，采取股东联保的方式化解担保能力不足的问题；对于风险较大的大额农户贷款，在农户联保贷款的基础上，采取“农户信用协会”信贷模式，解决会员大额贷款的资金需求；扩大对农村动产和不动产物权抵押担保贷款范围，积极推行应收账款、林权抵押、农产品仓货抵押、订单质押、渔权等权利质押方式，提高涉农企业、农户的获贷能力。

（二）积极探索多边信用模式。辖内银行业金融机构要拓宽视野，在传统信用模式基础上，积极培育新的信用模式。对符合新农村建设规划的农村住房和公共基础设施建设，采取“融资平台＋担保平台”的模式，积极依托各级政府的融资平台，在确保还款来源的前提下提供相应金融支持和服务；对具备区域资源优势、特色鲜明、竞争力强的农业产业化龙头企业，采取“公司担保、联合共管、分环节投资”的方式，以“公司＋基地＋农户”的模式集中资金重点扶持；对有市场、有效益的涉农中小企业，在“购、储、销”一条龙经营中，以“工商联营”的信贷模式，查单放款、专款专用、购贷销还；对农村种植养殖大户的生产经营，采取“公司＋农户”的信贷模式，以公司与农户签订的种养殖合同为标的，发放订单农业担保贷款；对农村劳动力转移培训，要将金融支农、扶贫助学、就业培训三者有机结合，以财政担保、扶贫贴息、学校承贷的方式运行管理。

（三）大力开发适农金融产品。辖内银行业金融机构要根据农村市场变化，创新金融业务和贷款品种，满足广大涉农经济主体的金融需求。要积极开发农村建设专项配套贷款、小康家园贷款等信贷产品，支持社会主义新农村建设；要积极开发打工创业贷款、扶贫贴息贷款、农业订单质押贷款、大额农贷等信贷产品，支持农村种植、养殖业大户及县域中小企业发展；要在已有的银证转账、委托贷款、稳得利、绿卡等投资理财、代理和结算业务的基础上，加大改进和开发力度，积极推出适合农村市场需求的负债业务和中间业务，努力满足农村市场多样化的金融需求。

（四）不断深化涉农信贷机制创新。辖内银行业金融机构要建立支农信贷投入稳定增长机制，按照“有保有压，区别对待”的原则，加大信贷支农力度，原则上，银行业金融机构在县域内新增存款，在使用上主要向当地倾斜；要进一步扩大贷款合作范围，积极开展银团贷款、联合贷款、委托贷款、俱乐部贷款、贷款回购、贷款转让等业务，实现优势互补；根据农村经济结构及经济发展状况，调整县域涉农业务运作方式，给予农村分支机构一定额度的涉农贷款审批权；完善贷款风险利率定价机制，结合自身的信贷成本分析和农业产业收益率，进行合理的利率定价；改变贷款的“春放秋收”管理方式，把信贷资金的流动性、效益性和农村市场的生产周期结合起来，灵活掌握贷款期限；实行合理的贷款责任追究制度，建立有效的激励约束机制，充分发挥员工积极性，真正做到权责利有机结合。

（五）进一步优化金融服务。辖内银行业金融机构要积极改善适合广大农村市场特点的服务方式，提高对农村的金融服务水平。针对农村信息滞后、技术短缺，资金不足的实际情况，因地制宜开展为广大农民送信息、送技术、送资金活动，贴心服务“三农”发展；通过员工“包村服务”形式，了解农村金融服务需求情况，收集、反馈农户信息，评定信用等级，审核发放农户贷款证，快捷满足农户一般性融资需求；加大农村地区 ATM 等自助机具、电子银行、银行卡的推广使用力度，为农村地区提供方便快捷的服务；充分发挥邮储代理网点作用，提供对边远地区的金融服务，确保金融服务全覆盖。

三、完善配套措施，积极构筑农村银行业市场可持续发展的保障体系

（一）积极发挥监管推动作用。进一步提升银行业对农村经济的渗透力。各级银行业监管部门要引导各银行业金融机构抓住“中部崛起”战略实施和武汉城市圈“两型”社会改革试验区建设的契机，结合各自实际，制订工作计划，加大对县域内银行业金融机构支农工作的考核力度，鼓励商业银行在县域以下增设具有有效贷款功能的分支机构，研究探索建立对银行业机构支农服务的有效渠道及相应监管评级制度，积极创造良好的监管环境。要积极协调当地人民银行分支行，尽快解决村镇银行清算行号、银联卡等问题，为新型农村金融机构的业务正常办理以及征信系统的开通创造良好条件；积极协调相关部门争取政策，强化支农再贷款和再贴现的导向功能，适当补偿银行业金融机构涉农信贷资金成本，扩大资金运用能力。

（二）进一步加强信用环境建设。各级银行业监管部门要积极协调地方有关部门进一步建立和完善农村企业和农户信用信息库，有效整合信息资源，加大违约信息通报力度，实现信用信息资源共享，为农村信贷风险控制提供依据；积极协调地方政府加大对逃废银行债务行为的打击力度，积极支持银行业金融机构维护债权的工作，强化社会公众的信用意识；积极参与全省“最佳金融信用县（市区）”创建工作，继续做好信用户、信用村的评定工作，努力营造良好的农村信用环境。

（三）建立农村家园建设融资平台和担保平台。各级银行业监管部门要积极协调争取当地政府进一步整合各种支农资金的资源，按照现代企业的运作要求，建立和完善支农融资平台，探索建立一个平台、一个信用、一个账户的“三个一”贷款模式，重点支持农村基础设施、农业资源开发、农村社会事业等项目，并以此平台为依托，筹集农村基础设施建设资金，加大对“三农”的投入力度。要按照“政府扶持、金融支持、企业参与、市场运作”的方式，筹建一批专业性的农村信用担保机构或小额担保公司，多渠道筹措担保资金，解决中小型农业企业融资担保难的问题。

（四）加大金融支农的财税等配套政策支持力度。积极推动有条件的地方政府出台、落实对涉农金融机构实行财税优惠政策，如对为“三农”服务的金融机构实行营业税减免，所得税先征后返等；对涉农贷款过程中的登记、评估以及保全、处置等各类费用给予减免；将应由地方财政补贴消化的粮食财务挂账本息纳入各级财政预算；采取用土地、房产和其他优质资产置换农信社不良资产，尽快解决农村信用社的历史包袱；建立风险补偿基金，并纳入年度财政预算，按比例弥补涉农信贷资金形成的损失；按照涉农贷款余额及新增额对金融机构给予奖励等等。要充分发挥地方财政资金支持农村建设的杠杆作用，引导银行业金融机构的信贷资金投入农村建设。

（五）加快推进农业政策性保险业务。针对农业生产的特点，银行业监管部门要积极推动建立农业政策性保险制度，提高农业经营主体的信用地位，引导金融资本投向农业，分散银行业金融机构承担的农业系统风险和社会成本，维护农村金融体系的稳定。在目前没有专门农业政策性保险公司的情况下，积极争取地方政府的支持，对代办农业保险的商业保险公司亏损给予相应补贴，提高其承保积极性。

湖北省人民政府关于推进企业上市的若干意见

鄂政发[2008]42号
2008年7月25日

各市、州、县人民政府，省政府各部门：

为深入贯彻落实党中央、国务院关于推进资本市场改革发展的重要精神，抢抓我国建立多层次资本市场体系的机遇，加快我省资本市场建设，推进企业上市，鼓励和引导全省上市后备企业利用资本市场加快发展、做大做强，促进全省经济又好又快发展，现提出如下意见：

一、充分认识推进企业上市的重要性和紧迫性

企业上市不仅是最有效、最直接的融资方式，而且是现代企业提升产业层次、做大做强的最有效途径。截至目前，我省共有68家企业通过境内外资本市场募集资金5,578亿元，为全省经济社会发展做出了重大贡献。但近年来上市后备资源缺乏，上市后续支撑力不足，企业上市步伐减缓，上市公司规模不大，企业直接融资比例偏低，资本市场结构不合理，与我省经济快速发展现状、与构建促进中部崛起的战略支点要求相比存在较大差距。各地、各有关部门要充分认识推进企业上市的重要性和紧迫性，将其作为当前我省发展资本市场的一项重要任务，加大上市后备资源培育力度，加快企业上市步伐，为促进全省经济社会又好又快发展做出新的贡献。

二、总体要求、基本原则和主要目标

(一)总体要求。以科学发展观统揽全局，进一步解放思想，抢抓机遇，按照“培育一批、上市一批、储备一批”的基本思路，采取力争主板、立足中小板、抢抓创业板、拓展境外资本市场、鼓励非上市股份公司进入股权代办转让系统等多策并举，加快我省企业上市步伐。

(二)基本原则。

1. 市场导向。企业上市要遵循市场经济规律，适应资本市场运行要求，充分发挥市场配置资源的基础性作用。

2. 企业自主。企业是证券市场发展的主体，推进企业上市，要充分调动企业的积极性，发挥企业的主体作用。

3. 政府推动。各地、各有关部门要高度重视企业上市工作，采取必要的政策措施，加强资本市场建设，努力为企业上市创造良好的外部条件。

(三)主要目标。到2010年，各市(州)至少新增1家上市公司，全省在境内外上市公司的总数达到100家以上，累计融资总额达到1,000亿元以上。

三、加强上市后备企业培育

(一)充分发挥企业的主体作用。充分调动企业参与资本市场的积极性，发挥企业的主体作用，加大对拟上市企业的培育扶持力度，鼓励和引导企业利用资本市场直接融资做大做强。企业要进一步解放思想，准确把握资本市场的功能和作用，在规范运行和不断提升公司质量的基础上，积极参与并充分利用资本市场直接融资，促进企业不断发展壮大。

(二)优化省上市后备企业资源库。省政府有关部门和各市、州、县人民政府要创新思维，拓宽视野，切实把符合产业发展方向、科技含量高、资产质量优、发展前景好和上市积极性高的企业遴选出来，不断充实、优化上市后备资源库。省上市后备企业资源库平台建在省发展改革委，入库的企业由市、州、直管市、神农架林区和省相关部门推荐。

(三)上市后备企业的基本条件。

1. 合法存续、具有上市意愿的股份有限公司(或可整体改制为股份制公司的有限责任公司)；

2. 公司最近2年净利润累计在800万元以上或最近1年净利润在500万元以上，净资产在2,000万元以上；

3. 公司生产经营符合国家产业政策和环保要求；

4. 公司生产经营具有较强的竞争力；

5. 具备健全且运行良好的组织机构；

6. 具有持续盈利能力，财务状况良好，近两年无不良信用记录、无重大违法行为。

(四)上市后备企业的遴选程序。省上市后备企业采取企业申报和市(州)、省相关部门推荐，由省发展改革委(省企业上市领导小组办公室，下同)会同省有关部门择优遴选确定。省属国有及国有控股企业经省国资委同意，可直接向省发展改革委报送申报材料；高新技术企业可以向科技主管部门申报；其他企业的申报材料按属地原则或隶属关系由所在地发展改革委(或具体负责企业上市的工作部门,下同)受理。各市(州)发展改革委收到企业申报材料后,会同本级财政、科技、经委、国资等有关部门,按照申报条件对企业的申报材料进行初审,并将初审合格的申报材料集中报送省发展改革委。省发展改革委根据各市(州)、省属国有及国有控股企业以及高新技术企业申报情况,在征求省经委、科技厅、财政厅、国土资源厅、农业厅、国资委、工商局、环保局、地税局、国税局及人民银行武汉分行、湖北证监局等有关部门的意见后,确定省上市后备企业名单,并予以公布。

(五)实行上市后备企业动态管理制度。省上市后备企业资源库实行动态管理,每年对后备企业进行调整,条件成熟的企业要尽量吸收进来,使省上市后备资源库始终保持100家以上的储备,其中至少30家企业进入辅导程序,20家企业进入发行申报程序。

四、加大政策扶持力度

(一)建立企业上市直通车制度。各市、州、县人民政府对上市后备企业在改制、资产重组、上市申报等过程中涉及的各项审批及相关查询、咨询等方面要采取"一企一议"的办法,开辟"绿色通道",简化程序,特事特办。各有关部门应指定1名领导作为责任人,负责协调处理本部门推进企业上市工作,并指定专人为企业上市提供全方位服务,包括通报有关政策法规、提醒办理事项,帮助协调解决有关问题、协助企业办理各项手续等。

(二)支持企业进行股份制改造。

1. 省上市后备企业按照上市要求进行股份制改造时,对由于历史原因未能如实反映的存量资产,经具有资质的中介机构评估认定并报同级发展改革委审核备案后(其中国有及国有控股企业须经国有资产管理部门核准),可作为作价依据,不影响股份制改造手续的办理。

2. 对企业改制前存在的未缴纳职工各类保险、拖欠银行贷款、与环境保护不相符合等问题,要采取适当的措施妥善处理,使其符合上市要求。

3. 企业改制上市过程中,对审计评估后净资产增值部分,应依法补缴所得税;应根据上市规范要求,补缴以前年度所应补缴增值税和所得税;对按规定量化到个人的资产及因未分配利润、盈余公积金转增股本,应按规定缴纳个人所得税。企业缴纳上述税费后,地方财政要视情况给予一定的资金扶持。

4. 对因执行新《企业会计准则》导致会计事项发生变化的,追溯调整后引起以前年度应税所得额或应税收入变动的,企业净增应税额,在上市以前可按照法律规定补正申报、补缴税款,企业自行补正申报、补缴税款的,税务机关不予处罚。

5. 上市后备企业历年来享受国家有关优惠政策形成的资产,经财政部门审核并报当地政府批准,可归原企业股东持有;从股份公司设立到上市期间,仍享受原有优惠政策。

(三)降低企业上市成本。

1. 减免上市后备企业在改制重组过程中办理资产置换、剥离、收购、财产登记过户的交易税费和其他费用。企业改制涉及产权变更过户且实际控制人没有发生变化的,可直接变更企业名称,免交除工本费外的其他一切费用。因历史原因未办理产权证并无争议的,依法补齐产权证并列入企业资产,收费一律按规定的最低收费标准征收。

2. 上市后备企业土地使用证、房产证、车船使用证、给排水及供电计划指标、资质等级、自有工业产权过户时,公司控股股东没有发生重大变化的,视为变更登记,免收变更、过户手续费;公司控股股东发生变化或有交易行为,有关税费全额缴足后,地方政府对企业发展给予适当支持。

3. 上市后备企业在改制过程中的审计、资产评估、验资、公证等中介收费按国家和省规定标准的下限收取。

4. 上市后备企业改制设立股份有限公司并辅导备案后2年内(不足2年上市的,至上市日止),省及省以下按企业每年新增所得税,同级财政要视情况给予企业一定的支持。

5. 上市后备企业自建自用的生产性建设项目,自与合格的上市保荐机构签署保荐协议之日起2年内(不足2年上市的,至上市日止),免交城市基础设施配套费。

(四)加大资金支持力度。对符合条件的省上市后备企业,省发展改革、财政、科技、经委、信息产业等有关部门要在申报国家和省高新技术产业专项、中小企业发展专项和科技型中小企业创新基金以及国债项目财政贴息等各类政策性资金方面给予优先支持。省级预算安排的各项政策性扶持资金要优先向上市后备企业倾斜。对符合有关政策规定的上市后备企业投资高新技术项目、重点技术改造项目,优先推荐享受国家及地方贴息贷款和科技扶持资金。各市、州、县人民政府应根据实际需要安排资金,用于推进企业上市的奖励、培训、宣传推介等工作。

(五)优先安排项目用地。对上市募集资金的投资计划项目所需建设用地,各地要优先保证土地计划指标,优先办理核准预审和及时报批,优先供地。上市后备企业在股份制改造过程中,对原以划拨方式取得的土地,以出让方式处置的,土地使用权出让金可按所在地工业用地最低价格标准核定。在改制时一次性缴纳土地出让金确有困难的,可先在当地国土资源部门申请办理土地证,然后在2年内分期缴清;上市成功后则要在半年内缴清。

(六)建立奖励激励机制。企业上市后,省政府对每户上市企业一次性给予200万元奖励,由省企业上市主管部门按程序办理。企业所在地政府要对成功上市的企业法定代表人及相关人员进行适当表彰奖励,在评定劳动模范、"五一"劳动奖章时优先予以考虑。省政府和各市、州、县政府要整合财政资金设立本级企业改制上市奖励扶持资金,用于对企业改制、上市培育期所发生的各种成本费用给予补贴,分担企业上市成本,并对上市有功人员进行表彰、奖励。由省发展改革委、省财政厅、省政府金融办等部门研究制定资金管理办法。

(七)改善金融服务。

企业上市主管部门要加强与银行的协调与沟通,积极向金融机构推荐上市后备企业,引导信贷资金支持上市后备企业的发展。对推荐的重点上市后备企业,金融机构应优先安排贷款。优先推荐上市后备企业申报发行企业债券。鼓励政策性银行依托地方商业银行等中小金融机构和担保机构,开展以上市后备企业为主要服务对象的转贷款、担保贷款等业务。商业银行要完善内部程序,提高质押贷款办理效率,积极探索上市后备企业凭无形资产进行质押贷款的方式。

(八)引进风险投资。

1. 鼓励风险投资来我省投资。抓住沿海地区向内陆资本扩张的机遇,大力引进创业投资、种子基金、风险投资等,引导和聚集社会资金投向上市后备企业,推进上市后备企业规范运作、快速发展。鼓励风险投资机构通过购买股权、提供贷款或既购买股权又提供贷款的方式,将风险资金投入我省高成长、高技术企业,促进高新技术成果尽快产业化。

2. 设立创业投资政府引导资金。省和市(州)设立创业投资政府引导资金,与国内外业绩优秀的创业投资公司合作,实行政府资金引导、社会资金参与、市场化运作,吸引社会资金流向创业投资企业。支持发展创业投资企业,鼓励境内外投资机构和个人来我省设立创业投资公司,拓宽中小企业融资渠道,促进高新技术企业发展壮大。

3. 支持证券公司、信托投资公司、产权交易机构和创业投资机构等专业机构或其他有条件的企业发起组建基金管理公司、具有独立法人资格的保险公司,培育一批专业的机构投资者,不断壮大我省资本市场投资的主体。

(九)加强人才培养。发展和利用资本市场需要大批高素质专业人才,要加大培训工作力度,不断提高资本市场从业人员的整体素质。要制定优惠政策,创造良好环境,吸引和引进人才,造就一支有较高理论素养和丰富实践经验的专业人才队伍,增强我省资本市场发展的竞争优势。

(十)加强诚信建设。切实加强社会信用体系建设,提升我省资本市场信用水平。强化上市公司和拟上市公司的诚信责任,规范上市公司信息披露,提高上市公司规范化运作水平。加强证券经营机构、中介服务机构行业自律;支持实力强、信誉好的境内外证券公司、会计师事务所、律师事务所、风险投资公司等中介机构在湖北开展业务,查处上市相关中介机构作假、欺诈行为,净化中介服务市场。大力整顿经济秩序,为资本市场发展创造良好环境。

五、强化组织领导

为加强对推进企业上市工作的领导,成立省企业上市工作领导小组,办公室设在省发展改革委,承担日常工作。各市、州、直管市及神农架林区和有条件的县(市、区)政府要设立相应的领导机构,建立工作专班,安排专项经费,扎实做好企业上市和后备企业培育工作。各市、州、县人民政府要切实履行工作职责,把推进企业上市工作作为促进地方经济发展的大事列入重要工作日程,建立企业上市工作领导责任制。省发展改革、经委、科技、财政、信息产业、商务、国土资源、农业、环保、工商、劳动保障、国资、税务及人行武汉分行、湖北证监局、海关等相关部门要结合本部门职责,制定推进企业上市的具体工作措施。证券、期货、律师、会计师、信托、创投、产权交易等机构要发挥自身优势,提升资本运作能力,积极为企业上市服务。

二、湖北主要经济金融法规政策目录

1.行政类

湖北省个人信用信息采集与应用管理办法(试行)

(湖北省人民政府令第319号 2008年6月4日)

湖北省人民政府关于推进企业上市的若干意见

(鄂政发[2008]42号 2008年7月25日)

2.银行业

转发中国人民银行关于开展人民币利率互换业务有关事宜的通知

(武银[2008]26号 2008年2月18日)

转发中国人民银行关于进一步落实个人人民币银行存款账户实名制的通知

(武银[2008]98号 2008年7月21号)

关于加强农村合作金融机构股金监管的通知

(鄂银监办发[2008]114号 2008年4月7号)

关于进一步规范商业银行个人理财业务的通知

(鄂银监办发[2008]166号 2008年5月20日)

关于规范商业银行与外部担保咨询等中介机构业务合作的通知

(鄂银监办发[2008]171号 2008年5月26号)

关于进一步加强大额不良贷款监管工作的通知

(鄂银监办发[2008]197号 2008年6月19日)

关于进一步加强和改善小企业金融服务工作的通知

(鄂银监办发[2008]280号 2008年8月21号)

关于加强外资银行理财业务风险管理的通知

(鄂银监办发[2008]417号 2008年12月8号)

关于国家燃油税改革过程中控制相关资产风险的通知

(鄂银监办发[2008]430号 2008年12月24号)

关于印发《湖北省银行业金融机构金融创新指导意见》的通知

(鄂银监通[2008]21号 2008年4月5日)

关于印发《湖北省银行业支持武汉城市圈"两型"社会建设指导意见》的通知

(鄂银监通[2008]22号 2008年4月8日)

关于进一步加强银行业信息交流工作的通知

(鄂银监通[2008]26号 2008年4月14号)

关于进一步加强和改进银行业金融服务工作的通知

(鄂银监通[2008]27号 2008年4月14日)

关于印发《进一步发展湖北农村银行业市场更好地支持和服务"三农"意见》的通知

(鄂银监通[2008]37号 2008年5月27日)

关于进一步加强辖内银行从业人员流动管理及违规责任追究的通知

(鄂银监通[2008]42号 2008年7月1号)

关于进一步防范银行卡犯罪的通知

(鄂银监通[2008]47号 2008年6月27号)

关于湖北银监局大额不良贷款风险处置工作的意见

(鄂银监通[2008]48号 2008年7月13号)

关于进一步加强湖北省农村合作金融机构高级管理人员管理有关事项的通知

(鄂银监通[2008]54号 2008年8月14号)

3.保险业

关于非税收入收缴管理有关事宜的通知

(鄂保监发[2008]1号 2008年1月4日)

湖北保监局关于加强保险机构远程出单点管理的通知

(鄂保监发[2008]6号 2008年1月15日)

关于加强我省保险业抗灾应急处置工作的通知

(鄂保监发[2008]12号 2008年2月3日)

关于加强湖北省寿险公司乡镇营销服务部建设与管理的指导意见

(鄂保监发[2008]26号 2008年3月27日)

关于印发《湖北保监局2008年整顿和规范保险市场秩序工作方案》的通知

(鄂保监发[2008]43号 2008年5月14日)

关于印发《湖北保险业应对洪涝灾害预案》的通知

(鄂保监发[2008]49号 2008年5月22日)

三、国家有关经济金融法规政策目录

(一)法律

中华人民共和国循环经济促进法

(中华人民共和国主席令第4号　2008年8月29日)

中华人民共和国企业国有资产法

(中华人民共和国主席令第5号　2008年10月28日)

(二)行政法规

1.行政类

国务院关于修改《价格违法行为行政处罚规定》的决定

(中华人民共和国国务院令第515号　2008年1月13日)

中华人民共和国个人所得税法实施条例

(中华人民共和国国务院令第519号　2008年2月18日)

国务院关于经营者集中申报标准的规定

(中华人民共和国国务院令第529号　2008年8月3日)

公共机构节能条例

(中华人民共和国国务院令第531号　2008年8月1日)

中华人民共和国劳动合同法实施条例

(中华人民共和国国务院令第535号　2008年9月18日)

中华人民共和国增值税暂行条例

(中华人民共和国国务院令第538号　2008年11月10日)

中华人民共和国消费税暂行条例

(中华人民共和国国务院令第539号　2008年11月10日)

中华人民共和国营业税暂行条例

(中华人民共和国国务院令第540号　2008年11月10日)

公务员职务任免与职务升降规定(试行)

(中组发[2008]7号　2008年2月29日)

公务员调任规定(试行)

(中组发[2008]7号　2008年2月29日)

新录用公务员任职定级规定

(中组发[2008]20号　2008年7月16日)

救灾捐赠管理办法

(中华人民共和国民政部令第35号　2008年4月28日)

机关事业单位工作人员带薪年休假实施办法

(中华人民共和国人事部令第9号　2008年2月15日)

2.银行业

中华人民共和国外汇管理条例

(中华人民共和国国务院令第532号　2008年8月5日)

3.证券业

证券公司监督管理条例

(中华人民共和国国务院令第522号　2008年4月23日)

证券公司风险处置条例

(中华人民共和国国务院令第523号　2008年4月23日)

金融企业呆账核销管理办法(2008年修订版)

(财金[2008]28号　2008年6月30日)

(三)部门规章

1.银行业

银行间债券市场非金融企业债务融资工具管理办法

(中国人民银行令[2008]第1号　2008年4月9日)

汽车金融公司管理办法

(中国银行业监督管理委员会令[2008]第1号　2008年1月24日)

银行业立法规划

(中国银行业监督管理委员会令[2008]第2号　2008年3月27日)

中国银行业监督管理委员会农村中小金融机构行政许可事项实施办法

(中国银行业监督管理委员会令[2008]第3号　2008年6月27日)

2.证券业

上市公司重大资产重组管理办法

（中国证券监督管理委员会令第 53 号 2008 年 4 月 16 日）

上市公司并购重组财务顾问业务管理办法

（中国证券监督管理委员会令第 54 号 2008 年 6 月 3 日）

关于修改上市公司现金分红若干规定的决定

（中国证券监督管理委员会令第 57 号 2008 年 10 月 9 日）

证券发行上市保荐业务管理办法

（中国证券监督管理委员会令第 58 号 2008 年 10 月 17 日）

3.保险业

保险公司偿付能力管理规定

（中国保险监督管理委员会令 2008 年第 1 号 2008 年 7 月 10 日）

保险保障基金管理办法

（中国保险监督管理委员会令 2008 年第 2 号 2008 年 9 月 11 日）

中国保险监督管理委员会政府信息公开办法

（中国保险监督管理委员会令 2008 年第 3 号 2008 年 11 月 18 日）

保险公司财务负责人任职资格管理规定

（中国保险监督管理委员会令 2008 年第 4 号 2008 年 12 月 11 日）

(四)公告类

中国人民银行公告[2008]第 5 号

（2008 年 1 月 22 日）

中国人民银行　国家发展和改革委员会公告[2008]第 4 号

（2008 年 1 月 23 日）

关于规范上市公司重大资产重组若干问题的规定

（中国证券监督管理委员会公告[2008]14 号 2008 年 4 月 16 日）

证券公司分公司监管规定(试行)

（中国证券监督管理委员会公告[2008]20 号 2008 年 5 月 13 日）

关于进一步规范证券营业网点的规定

（中国证券监督管理委员会公告[2008]21 号 2008 年 5 月 16 日）

证券公司定向资产管理业务实施细则(试行)

（中国证券监督管理委员会公告[2008]25 号 2008 年 5 月 31 日）

证券公司集合资产管理业务实施细则(试行)

（中国证券监督管理委员会公告[2008]26 号 2008 年 5 月 31 日）

证券公司合规管理试行规定

（中国证券监督管理委员会公告[2008]30 号 2008 年 7 月 14 日）

公开发行证券的公司信息披露编报规则第 26 号——商业银行信息披露特别规定

（中国证券监督管理委员会公告[2008]33 号 2008 年 7 月 25 日）

关于上市公司以集中竞价交易方式回购股份的补充规定

（中国证券监督管理委员会公告[2008]39 号 2008 年 10 月 9 日）

上市公司股东发行可交换公司债券试行规定

（中国证券监督管理委员会公告[2008]41 号 2008 年 10 月 17 日）

证券公司业务范围审批暂行规定

（中国证券监督管理委员会公告[2008]42 号 2008 年 10 月 30 日）

(五)规范性文件

1.行政类

国务院办公厅关于施行《中华人民共和国政府信息公开条例》若干问题的意见

（国办发[2008]36 号 2008 年 4 月 29 日）

国务院办公厅转发发展改革委关于 2008 年深化经济体制改革工作意见的通知

（国办发[2008]103 号 2008 年 7 月 22 日）

国务院办公厅关于当前金融促进经济发展的若干意见

（国办发[2008]126 号 2008 年 12 月 15 日）

国务院办公厅关于促进房地产市场健康发展的若干意见

（国办发[2008]131 号 2008 年 12 月 20 日）

2.银行业

中国人民银行　中国银行业监督管理委员会关于印发《经济适用住房开发贷款管理办法》的通知

（银发[2008]13 号 2008 年 1 月 18 日）

中国人民银行　中国银行业监督管理委员会　中国

证券监督管理委员会 中国保险监督管理委员会关于金融支持服务业加快发展的若干意见

(银发[2008]90号 2008年3月19日)

中国人民银行 中国银行业监督管理委员会关于村镇银行、贷款公司、农村资金互助社、小额贷款公司有关政策的通知

(银发[2008]137号 2008年4月24日)

中国人民银行 中国银行业监督管理委员会关于金融促进节约集约用地的通知

(银发[2008]214号 2008年7月29日)

中国人民银行 银监会 证监会 保监会关于汶川地震灾后重建金融支持和服务措施的意见

(银发[2008]225号 2008年8月6日)

中国人民银行 中国银行业监督管理委员会关于加快推进农村金融产品和服务方式创新的意见

(银发[2008]295号 2008年10月15日)

中国人民银行 中国银行业监督管理委员会关于印发《廉租住房建设贷款管理办法》的通知

(银发[2008]355号 2008年12月3日)

中国银监会关于印发《银行并表监管指引(试行)》的通知

(银监发[2008]5号 2008年2月4日)

中国银监会关于2008年大型银行监管工作的意见

(银监发[2008]7号 2008年2月22日)

中国银监会关于银行业金融机构支持服务业加快发展的指导意见

(银监发[2008]8号 2008年3月12日)

中国银监会关于银行业金融机构进一步加大支持力度 促进农业和粮食生产发展的意见

(银监发[2008]15号 2008年4月3日)

中国银行业监督管理委员会 中国人民银行关于小额贷款公司试点的指导意见

(银监发[2008]23号 2008年5月4日)

中国银监会关于进一步加强房地产行业授信风险管理的通知

(银监发[2008]42号 2008年5月26日)

中国银监会关于印发《信托公司私人股权投资信托业务操作指引》的通知

(银监发[2008]45号 2008年6月25日)

中国银监会关于国家开发银行软贷款业务监管意见

(银监发[2008]46号 2008年6月23日)

中国银监会关于印发《商业助学贷款管理办法》的通知

(银监发[2008]49号 2008年7月11日)

中国银行业监督管理委员会、中国证券监督管理委员会关于印发《银行、证券跨行业信息系统突发事件应急处置工作指引》的通知

(银监发[2008]50号 2008年7月14日)

中国银监会关于认真落实"有保有压"政策 进一步改进小企业金融服务的通知

(银监发[2008]62号 2008年8月29日)

中国银监会关于加强个人住房贷款风险管理的通知

(银监发[2008]71号 2008年10月24日)

中国银监会关于进一步加强高校国家助学贷款管理的通知

(银监发[2008]75号 2008年11月13日)

中国银监会关于银行建立小企业金融服务专营机构的指导意见

(银监发[2008]82号 2008年12月1日)

中国银监会关于印发《银行与信托公司业务合作指引》的通知

(银监发[2008]83号 2008年12月4日)

中国银监会关于印发《商业银行并购贷款风险管理指引》的通知

(银监发[2008]84号 2008年12月6日)

中国银监会办公厅关于进一步完善属地联动监管工作机制的补充意见

(银监办发[2008]3号)

中国银监会办公厅关于汽车贷款风险提示的通知

(银监办发[2008]4号 2008年1月3日)

中国银监会办公厅关于《中华人民共和国银行业监督管理法释义》能否作为处罚依据的意见

(银监办发[2008]9号)

中国银监会办公厅关于建立助学贷款违约统计制度的通知

(银监办发[2008]14号 2008年3月27日)

中国银监会办公厅关于农村合作金融机构已撤销农村信用代办站案件风险提示的通知

(银监办发[2008]18号 2008年2月1日)

中国银监会办公厅关于进一步加强信贷资产证券化业务管理工作的通知

(银监办发[2008]23号 2008年2月4日)

中国银监会办公厅关于加强农村合作金融机构流动性风险管理的通知

(银监办发[2008]28号)

中国银监会办公厅关于商业银行从事境内黄金期货

交易有关问题的通知

（银监办发[2008]35号 2008年3月7日）

中国银监会办公厅关于银行业金融机构员工离职后流向借款企业有关问题风险提示的通知

（银监办发[2008]43号 2008年3月21日）

中国银监会办公厅关于进一步规范商业银行个人理财业务有关问题的通知

（银监办发[2008]47号 2008年4月3日）

中国银监会办公厅关于印发《银行业重要信息系统突发事件应急管理规范（试行）》的通知

（银监办发[2008]53号 2008年4月24日）

中国银监会办公厅关于印发《外资银行跨境监管沟通机制》的通知

（银监办发[2008]60号 2008年4月30日）

中国银监会办公厅关于向救灾专用账户捐款免除跨行转账手续费的通知

（银监办发[2008]65号 2008年5月14日）

中国银监会办公厅关于信用卡套现活跃风险提示的通知

（银监办发[2008]74号 2008年5月19日）

中国银监会办公厅关于加强中小商业银行克隆票据风险防范的通知

（银监办发[2008]78号）

中国银监会办公厅关于印发《农村合作金融机构2008－2010年主要风险指标及监管评级达标升级规划》的通知

（银监办发[2008]79号 2008年5月20日）

中国银监会办公厅关于加强商业银行典当机构贷款业务管理的通知

（银监办发[2008]87号 2008年5月29日）

中国银监会办公厅关于鼓励信托公司开展公益信托业务支持灾后重建工作的通知

（银监办发[2008]93号 2008年6月2日）

中国银监会办公厅关于银行业金融机构开办外汇保证金交易有关问题的通知

（银监办发[2008]100号 2008年6月6日）

中国银监会办公厅关于印发《银行业金融机构信息系统安全保障问责方案》的通知

（银监办发[2008]142号 2008年7月9日）

中国银监会办公厅关于进一步加强农村中小金融机构安全防范工作的紧急通知

（银监办发[2008]171号 2008年7月30日）

中国银监会办公厅关于印发《中国银行业监督管理委员会属地监管工作中并表局对报告局协助工作绩效评价办法》和《中国银行业监督管理委员会关于属地监管职责分工及报告路线的规定》的通知

（银监办发[2008]173号 2008年7月29日）

中国银监会办公厅关于调整邮政储蓄银行一级分行和金融资产管理公司办事处高级管理人员任职资格许可有关事项的通知

（银监办发[2008]175号 2008年7月31日）

中国银监会办公厅关于实施助学贷款违约通报制度的通知

（银监办发[2008]181号）

中国银监会办公厅关于印发行政处罚文书式样的通知

（银监办发[2008]237号）

中国银监会办公厅关于做好当前处置非法集资工作有关问题的紧急通知

（银监办发[2008]238号 2008年10月10日）

中国银监会办公厅关于进一步加强商业银行代客境外理财业务风险管理的通知

（银监办发[2008]259号 2008年10月23日）

中国银监会办公厅关于印发《银监会客户风险信息异议查询管理办法》的通知

（银监办发[2008]263号 2008年10月28日）

中国银监会办公厅关于商业银行服务收费有关问题的通知

（银监办发[2008]264号 2008年10月28日）

中国银监会办公厅关于商业银行开展代理销售基金和保险产品相关业务风险提示的通知

（银监办发[2008]274号 2008年11月10日）

中国银监会办公厅关于进一步加强二手房抵押贷款管理防范有证无房贷款诈骗风险的通知

（银监办发[2008]314号 2008年12月29日）

中国银监会办公厅关于商业银行重要网络设备技术风险提示的通知

（银监办通[2008]11号）

中国银监会办公厅关于做好灾后恢复重建金融服务工作的紧急通知

（银监办通[2008]44号 2008年2月19日）

中国银监会办公厅关于做好春耕备耕金融服务工作的紧急通知

（银监办通[2008]49号 2008年2月25日）

中国银监会办公厅关于印发《国家环境保护总局

中国银行业监督管理委员会信息交流与共享协议》的通知

（银监办通[2008]50号 2008年2月26日）

中国银监会办公厅关于在从紧货币政策形势下进一步做好小企业金融服务工作的通知

（银监办通[2008]71号 2008年3月11日）

中国银监会办公厅关于部分银行理财产品有关问题的通报

（银监办通[2008]88号 2008年4月11日）

中国银监会办公厅关于进一步加强和改善银行业协会管理工作的通知

（银监办通[2008]107号 2008年4月17日）

中国银监会办公厅关于做好抗震救灾金融服务有关工作的紧急通知

（银监办通[2008]129号 2008年5月13日）

中国银监会关于进一步提高数据质量做好非现场监管工作的通知

（银监通[2008]10号 2008年2月25日）

中国银监会关于印发第一批新资本协议实施监管指引的通知

（2008年9月18日）

国务院扶贫办 财政部 中国人民银行 中国银行业监督管理委员会关于全面改革扶贫贴息贷款管理体制的通知

（国开办发[2008]29号 2008年4月23日）

财政部、教育部、银监会关于大力开展生源地信用助学贷款的通知

（财教[2008]196号 2008年9月9日）

财政部 证监会 审计署 银监会 保监会关于印发《企业内部控制基本规范》的通知

（财会[2008]7号 2008年5月22日）

住房和城乡建设部 国务院纠风办 监察部 财政部 中国人民银行 审计署 银监会关于印发《关于开展加强住房公积金管理专项治理工作的实施意见》的通知

（建保[2008]93号 2008年5月20日）

公安部 工商总局 银监会关于整治中介机构从事非法金融活动的通知

（公通字[2008]47号 2008年9月4日）

3.证券业

关于整治非法证券活动有关问题的通知

（证监发[2008]1号 2008年1月2日）

4.保险业

关于发布《保险标准化工作指南》行业标准的通知

（保监发[2008]4号 2008年1月18日）

中国保险监督管理委员会 中国人民银行关于发布《银行保险业务财产保险数据交换规范》行业标准的通知

（保监发[2008]5号 2008年2月25日）

关于加强寿险公司内部控制自我评估工作有关问题的通知

（保监发[2008]16号 2008年2月21日）

关于实施农村保险营销员资格分类管理有关事宜的通知

（保监发[2008]17号 2008年2月22日）

关于印发《保险公司董事、监事及高级管理人员培训管理暂行办法》的通知

（保监发[2008]27号 2008年4月15日）

关于《保险公司合规管理指引》具体适用有关事宜的通知

（保监发[2008]29号 2008年4月18日）

关于保险资产管理公司年度财务报告有关问题的通知

（保监发[2008]31号 2008年4月29日）

关于印发《保险公司偿付能力报告编报规则第14号：保险集团》及其实务指南的通知

（保监发[2008]33号 2008年4月30日）

关于印发《中国保监会关于在行政执法中及时移送涉嫌犯罪案件的规定》的通知

（保监发[2008]37号 2008年5月8日）

关于健康保障委托管理业务有关事项的通知

（保监发[2008]42号 2008年6月2日）

关于印发《农村小额人身保险试点方案》的通知

（保监发[2008]47号 2008年6月17日）

关于编报保险集团偿付能力报告有关事项的通知

（保监发[2008]55号 2008年7月3日）

关于印发《关于规范保险公司章程的意见》的通知

（保监发[2008]57号 2008年7月8日）

关于印发《保险公司董事会运作指引》的通知

（保监发[2008]58号 2008年7月8日）

关于保险集团(控股)公司、相互制保险公司资本保证金提存有关问题的通知

（保监发[2008]66号 2008年8月12日）

关于执行《保险公司董事和高级管理人员任职资格管理规定》若干问题的通知

（保监发[2008]83号 2008年10月6日）

关于执行《保险公司关联交易管理暂行办法》有关问题的通知

（保监发[2008]88 号 2008 年 10 月 14 日）

关于实施《保险公司偿付能力管理规定》有关事项的通知

（保监发[2008]89 号 2008 年 10 月 21 日）

关于公布保险理赔(给付)程序 进一步做好理赔服务工作的通知

（保监发[2008]100 号 2008 年 11 月 14 日）

关于印发《中国保监会关于适用〈外国保险机构驻华代表机构管理办法〉若干问题的解释》的通知

（保监发[2008]101 号 2008 年 11 月 14 日）

关于做好机动车辆保险承保工作有关问题的通知

（保监发[2008]111 号 2008 年 12 月 5 日）

关于缴纳保险保障基金有关事项的通知

（保监发[2008]116 号 2008 年 12 月 19 日）

关于进一步加强财产保险投资型保险产品精算工作的通知

（保监发[2008]123 号 2008 年 12 月 26 日）

关于明确保险公司法人机构直接经营保险业务行为监管有关问题的通知

（保监发[20C8]384 号 2008 年 4 月 2 日）

(六)其他法规

关于进一步规范代理制保险营销员管理有关问题的通知

（保监厅发[2008]27 号 2008 年 5 月 21 日）

关于保险机构在办理交强险业务中代收代缴车船税有关问题的复函

（保监厅函[2008]87 号 2008 年 4 月 14 日）

关于保险索赔代理公司有关问题的复函

（保监厅函[2008]112 号 2008 年 5 月 5 日）

关于机动车商业保险条款费率有关问题的复函

（保监厅函[2008]113 号 2008 年 5 月 7 日）

关于商业车险“客户忠诚度”、“投保年度”费率调整系数使用条件有关意见的复函

（保监厅函[2008]248 号 2008 年 8 月 20 日）

关于外资保险公司关联交易范围界定问题的复函

（保监厅函[2008]280 号 2008 年 9 月 25 日）

第五部分
金融大事记

CHAPTER 5
BIG EVENTS IN HUBEI FINANCIAL INDUSTRY

2008年金融大事记

1　月

3日

△中国农业银行股份有限公司湖北省分行举行大型签约仪式，与武钢集团、武汉城投、武汉经发投、阳逻开发区开展全面合作。总行副行长杨琨和湖北省分行行长易映森出席了签字仪式。

△中国人民银行上海总部以银总部复[2007]60号文批准三峡财务有限责任公司同业拆借最高拆入、拆出资金限额均为10亿元人民币。

5日

△信诚人寿保险有限公司湖北省分公司40名2007年年收入超过12万元的员工到武汉地税局涉外分局进行个税申报，继2006年、2007年之后再次成为该年度武汉市第一家集体申报的外资单位，获媒体一致好评。

7日

△兴业银行股份有限公司武汉分行成功办理首笔保证金利息模式衍生产品财富管理业务，实现衍生产品业务零的突破，在二类区行中率先办理该项业务。

8日

△兴业银行股份有限公司武汉分行发放首笔能效贷款——湖北京兰集团下属企业湖北永兴水泥有限公司水泥窑余热发电项目，贷款金额3,200万元，期限四年。

△中国出口信用保险公司武汉营业管理部正式挂牌营业。

12日

△阳光人寿保险股份有限公司湖北分公司经中国保监会批准筹建。

12—28日

△湖北省遭受50年来最严重的雨雪冰冻灾害，中国人民财产保险股份有限公司湖北省分公司及时启动了应急预案，派出200个查勘组、1,450名查勘人员，及时对受灾客户支付赔款和提供救灾服务，共处理赔案64,947起，支付赔款2.73亿元。

14日

△汇丰银行(中国)有限公司武汉分行开始对境内及境外客户提供人民币联名账户服务。

15日

△由交通银行主办、交银国际信托有限公司承办的“银信携手，互利共赢”银信业务联动工作会议在上海召开，会议旨在探索建立银信合作机制，促进母子公司共同发展。

△中国人民财产保险股份有限公司湖北省分公司顺利续保长江三峡水利枢纽营运资产财产险，总保险金额134.6亿元。

15—17日

△《湖北日报》连续刊登国家开发银行湖北省分行支持湖北经济社会发展情况和对行长林放的专访，对该行支持“两基一支”、城乡发展、民生富民和金融创新、党建工作等进行了全面报道。

16日

△中国工商银行股份有限公司湖北省分行举行牡丹信用卡发卡量突破百万张庆典暨新闻发布会。

△中国银行股份有限公司湖北省分行召开2008年企业家年会，特邀北京天则经济研究所理事长张曙光教授和武汉大学经济与管理学院博士生导师伍新木教授解读2008年宏观经济金融形势、探讨武汉获批“新特区”后，武汉城市圈的发展规划愿景和财富增值商机。

△招商银行股份有限公司武汉分行在全辖范围内正式启用“招商银行武汉分行身份证信息系统”，成为招商银行系统内及武汉地区银行业内首家使用新型身份证识别系统的银行。

18—20日

△汉口银行股份有限公司新一代核心业务系统切换上线。新系统上线后，将全行多级多本账归整为一本账，精简了核算的层次和环节，有利于理顺前台岗位关系，规范业务操作流程，提高前台操作风险的防控能力。

22日

△上海浦东发展银行股份有限公司武汉分行与武汉英德置业

有限公司举行浦发银行大厦项目签约仪式，其办公大楼正式落址武汉金融服务区。

△中国邮政储蓄银行有限责任公司湖北省分行正式成立。湖北省副省长任世茂、中国邮政集团公司副总经理冯新生、湖北银监局局长李怀珍、中国邮政储蓄银行副行长吕家进为湖北省分行成立揭牌。省邮政公司总经理张荣林主持成立暨揭牌仪式。

23—31日

△中国信达资产管理公司武汉办事处主任王乔生出席政协湖北省十届一次会议，并当选为政协湖北省十届委员会常委、省政协港澳台侨和外事委员会副主任。

28日

△招商银行股份有限公司武汉分行获得代理1亿美元进口买方信贷业务。同日，该行与湖北省福利彩票发行中心签订协议，正式开通"银行卡无纸投注"系统。

△宜昌市商业银行第一家县域支行——宜都支行开业。

29日

△国家开发银行湖北省分行与沪汉蓉铁路湖北有限责任公司举行武合铁路40亿元借款合同签字仪式。武合铁路是铁道部"四纵四横"快速客运网之一——沪汉蓉通道的重要组成部分，也是铁道部要求2008年通车的四条干线铁路之一。

30日

△全国公务卡改革试点电视电话会议在武汉召开，中国人民银行武汉分行副行长赵以邗参加。

31日

△国家外汇管理局湖北省分局召开全省外汇管理工作会议，传达贯彻全国外汇管理工作会议精神，研究分析当前的经济金融和国际收支形势，总结2007年全省外汇管理工作，安排部署2008年的工作任务。

△国家开发银行湖北省分行与湖北省农信社完成2008年首批项目合作。以老河口农信社为牵头社，省内近40家农信社参加，签署了22个项目的联合贷款合作协议，协议资金6.83亿元。此次合作涉及18个县(市)的22个项目，满足了各地春节前用款需求，有力地支持了全省县域经济的建设。

1月

△经中国证监会核准，天茂实业集团股份有限公司以非公开发行股票的方式向5家特定投资者发行了8,200万股人民币普通股(A股)，每股发行价格8.18元，募集资金67,076万元。

△经中国证监会核准，武汉中百集团股份有限公司按照每10股配2股的比例向全体股东配售股份65,093,962股，每股配股价格6.90元，募集资金净额440,136,855.52元。

△湖北省遭受50年来最严重的雨雪冰冻灾害，造成直接经济损失27.9亿元。湖北保监局及时组织辖内保险公司积极应对，部署防雪、防冻、抗灾救灾工作。

△受特大暴雪灾害影响，百胜餐饮(武汉)有限公司、南昌肯德基公司、长沙肯德基有限公司的企业财物受损严重。经现场查勘确认，中国平安财产保险股份有限公司湖北分公司承担财产一切险保险责任，赔付金额285.6万元。

△中国大地财产保险股份有限公司湖北分公司承保宜昌东阳光火力发电有限公司的建筑工程保险，总保费69万元。

△受特大暴雪灾害影响，永诚财产保险股份有限公司湖北分公司承保的十堰电网设备及资产遭受不同程度的损坏，公司落实快查勘、快赔付的方针，核准赔付198万元。

△华泰财产保险股份有限公司湖北省分公司成功取得武汉市政府车辆采购供应商资格。

△合众人寿保险股份有限公司湖北分公司向奋战在抗灾一线的武汉市交警赠送了总保额达2亿元的意外伤害保险，并紧急筹集价值近20万元的生活物资送到受灾较为严重的武汉市黄陂区三里镇受灾村民手中。

2　月

1日

△中国建设银行股份有限公司湖北省分行开始采用单轨制开展信贷资产十二级分类工作，不再进行五级分类。该工作的顺利实施，是信贷资产精细化管理的重要标志。

2日

△交通银行股份有限公司武汉分行召开"风雨同舟二十年、携手再创新辉煌"庆祝分行重新组建20周年大会。

△平安养老保险股份有限公司湖北分公司启动理赔应急绿色通道，按正规作业流程在8小时内

迅速理赔湖北省内第一例雪灾身故案件，并将6万元身故款送达受益人手中。

4日

△湖北省人民政府、湖北保监局举行抗雪灾捐赠仪式，中国人民财产保险总公司副总裁郭生臣代表中国人民保险集团公司向湖北省捐款350万元，支援灾区。

△中国人民银行武汉分行下发《关于进一步支持灾后重建金融服务工作的通知》（武银发［2008］24号）。

△平安养老保险股份有限公司湖北分公司联合长安经纪公司向湖北电力公司每位员工捐赠10万元的意外伤害保险，为奋战在抢险一线的6.9万名电力员工送去保障。

5日

△中国人寿保险股份有限公司湖北省分公司向湖北省遭受雨雪冰冻灾害地区捐款人民币300万元。

13日

△上海浦东发展银行股份有限公司武汉分行向湖北遭受雨雪冰冻灾害地区捐款人民币100万元。

14日

△中国农业银行向湖北遭受雨雪冰冻灾害地区捐款150万元支持灾后重建，这是继2月4日湖北省分行机关员工向灾区群众捐款13.2万元后，再次以中国农业银行名义向灾区人民捐助的第二笔善款。

△中国建设银行股份有限公司湖北省分行完成铁路单位集团账户资金归集全面上线工作。此次铁路账户监管和资金归集工作为建行总行与铁道部进一步加强合作，以及后期二级账户签约工作的顺利开展打下基础。

△湖北保监局下发《关于阳光财产保险股份有限公司湖北省分公司开业的批复》（鄂保监产险［2007］18号），同意该公司开业，营业地址为武汉市汉口沿江大道69号4楼。并核发《经营保险业务许可证》，核准陈双桥副总经理（主持工作）、石甫军副总经理、陈皓总经理助理任职资格。同日，经省工商局核准登记注册，取得《营业执照》正式开业。

15日

△中国人民银行武汉分行下发《关于评估银行业金融机构反洗钱工作的通知》（武银发［2008］25号）。

△生命人寿保险股份有限公司湖北分公司向全省8万名电力职工赠送保额为每人10万元的意外保险。

18日

△荆州市委书记应代明、市长王祥喜率市政府金融办、市财政局、市土地局、荆州银监分局、市城投公司等单位的负责人到荆州市商业银行，专题调研推进该行加快发展事宜。

18—20日

△中国太平洋财产保险股份有限公司董事长霍联宏一行到武汉指导抗灾理赔工作，并代表集团公司向湖北遭受雨雪冰冻灾害地区捐赠现金100万元。

19日

△由招商银行股份有限公司武汉分行自主设计发行并在全国销售的“金葵花”新股申购18期（新股＋信贷资产）理财计划成功完成销售工作，共募集资金逾34亿元。

22日

△中国太平洋财产保险股份有限公司湖北分公司与中国农业发展银行湖北省分行签署银保合作协议。

22—25日

△兴业银行股份有限公司武汉分行行长于晓青赴十堰、襄樊、荆州、宜昌等地市分别与十堰市农信社、襄樊市商业银行、荆州市商业银行、宜昌市商业银行、宜昌夷陵信用联社洽谈业务合作，并考察深南玻宜昌分公司。

24日

△中国大地财产保险股份有限公司湖北分公司成功进入湖北省电力公司的“爱心·平安”保险共保体，承保份额20%，总保费141万元。该保险险种涉及团体意外伤害保险、重大疾病保险和交通意外伤害保险。

26日

△中国银监会、中国银行业协会在北京召开“中国银行业迎奥运文明规范服务系列活动（电视电话）动员大会”，湖北银监局、湖北省银行业协会及各会员单位分管金融服务的领导参会。

28日

△中国光大银行股份有限公司武汉分行与中船重工集团公司第七一七研究所举办银所合作签约仪式。

△中信银行股份有限公司与中国长江航运（集团）总公司签署企业短期融资券承销协议及银企战略合作协议，这是中信银行股份有限公司武汉分行承办的第一笔短期融资券业务。

△以上海浦东发展银行股份有限公司武汉分行牵头的武汉天兴洲长江大桥青化路立交项目6亿元银团贷款成功签约，开创了中部地区股份制银行共同合作组建银团贷款的先例。

29日

△中国工商银行股份有限公司湖北省分行正式开办品牌金销售业务。

2月

△经中国证监会核准，华新水泥股份有限公司向瑞士Holchin B. V.非公开7,520万股股份，发行价格为26.95元，募集资金净额20.06亿元。

△时任湖北保监局党委书记、局长的任建国同志当选为第十一届全国人大代表。

△黄石市委书记王振有、市政协主席吴兴龙等领导到黄石市商业银行慰问。

△中国大地财产保险股份有限公司湖北分公司承保中国长江三峡工程开发总公司的一揽子保险，总保费320万元。

3　月

1日

△湖北省推进武汉城市圈“两型”社会建设综合配套改革试验区建设领导小组召开第一次会议，中国人民银行武汉分行副行长赵以邗参加。

3日

△华安财产保险股份有限公司湖北分公司湖北地区首批10家连锁式营销服务部在武汉顺利开业，这是公司在湖北首批投入运营的连锁式营销服务部，标志着公司财险销售模式及服务方式的变革获得实质性进展。

5日

△中国光大银行股份有限公司武汉分行与仙桃市农村信用合作社联合社举行合作洽谈会，双方达成5,000万元的固定收益投资理财协议。

△湖北省首批赴厄立特里亚志愿者出征仪式在华中农业大学举行，中国人民财产保险股份有限公司湖北省分公司作为独家赞助单位，为8名援外志愿者捐赠400万元保额的意外保险，并为湖北省青年志愿者协会提供10万元工作经费。

6日

△孝感市委宣传部、市妇联、孝感日报社、市广电局联合表彰孝感市“十佳创业成功女性”，孝感市商业银行董事长李少平获此殊荣。

12日

△渤海财产保险股份有限公司湖北分公司开业。同日，公司与天定高速公路签订工程险，保额为10亿元，保费146.5万元。

14日

△招商银行股份有限公司武汉分行成为区域市场内首家可以与湖北省住房资金管理中心、武汉市房改委资金管理中心两级政府公积金管理部门同时全面开展二手房公积金业务的股份制商业银行。

△荆州市商业银行与石首市经济局联合举办“石首市灾后赶产临时封闭贷款”政企银对接会。

17日

△湖北省副省长赵斌到中国农业银行股份有限公司湖北省分行调研。

17—21日

△国家外汇管理局湖北省分局先后召开全省外汇检查工作会议、国际收支工作会议、经常项目外汇管理工作会议和资本项目外汇管理工作会议，安排部署2008年外汇管理各专业工作。

18日

△中信银行股份有限公司与《长江商报》共同推出联名信用卡，这是国内首张文化领域的联名信用卡。

20—21日

△湖北辖内财务公司2008年监管工作会议在宜昌举行，三峡财务有限责任公司副总经理李镇光在会上作关于公司2007年经营发展情况和2008年工作计划的专题发言，并就公司发行债券、参与年金管理、新会计准则全面实施对监管指标影响等问题进行了汇报。

24日

△中国人寿保险股份有限公司湖北省分公司与东风汽车有限公司共同签署了《独生子女及供养

直系亲属医疗保险和员工意外伤害保险协议》，作为主承保公司承担了东风有限业务份额的65%，总保费规模2,000万元。这是目前湖北寿险市场保险标的最大的一笔团体短期险业务。

24—29日

△广东发展银行股份有限公司武汉分行与中国邮政储蓄银行湖北省分行就引进10亿元的同业存款达成合作意向。

26日

△国家外汇管理局综合司、管检司有关领导在湖北调研外汇管理专项经费的使用情况。

27日

△东风汽车财务有限公司通过全国银行间同业拆借中心本币交易系统成功办理第一笔资金拆借业务。

△永诚财产保险股份有限公司黄石中心支公司与湖北西塞山发电有限公司签订企财险，保额为2.52亿元，保费43.5万元。

31日

△中国银联股份有限公司批复同意襄樊市商业银行成为其基本成员。

3月

△中国邮政储蓄银行有限责任公司湖北省分行开办人民币理财业务。

△三峡财务有限责任公司与长江电力就2008年长江电力委托公司代收电费事宜签订《委托代收电费协议(2008年度)》。

△天风证券经纪有限责任公司总部正式由四川成都迁入武汉东湖新技术开发区。

△华泰财产保险股份有限公司湖北省分公司承保武汉青山船厂船建险，保费230万元。

△天平汽车保险股份有限公司湖北分公司获准在湖北地区开展车险电话销售模式，客户只需要拨打公司客服电话95550或4006706666，即可享受到电话销售的便捷与价格优惠。

△“3·15”期间，新华人寿保险股份有限公司湖北分公司针对湖北省遭遇50年来最严重的雨雪冰冻灾害，在全省范围内推出主题为“重建灾区，情牵你我，新华保险百万客户爱心大行动暨3月客户服务节”大型咨询活动。

△阳光财产保险股份有限公司湖北省分公司与中国工商银行湖北省分行签订了合作协议，联合开展中小企业金融服务营销活动。

4　月

1日

△武汉市副市长孙亚率团到孝感考察，商讨汉孝两地商业、金融合作事宜。

△中国邮政储蓄银行有限责任公司湖北省分行在人民银行武汉分行营管部开立超额存款准备金账户。同月，全省按人民银行要求对人行汇兑户及人行新存款户进行销户，重新开立人行准备金账户，标志着人民银行将中国邮政储蓄银行有限责任公司湖北省分行正式作为商业银行进行管理。

5日

△湖北银监局下发了《湖北省银行业金融机构金融创新指导意见》。

7日

△湖北省副省长赵斌到中国信达资产管理公司武汉办事处调研。

8日

△湖北银监局下发了《湖北省银行业支持武汉城市圈“两型”社会建设指导意见》。

9日

△湖北保监局批复《关于民安保险(中国)有限公司湖北分公司开业验收的请示》(民保中报[2008]022号)、《关于高管人员任职资格的请示》(民保中报[2008]021号)，批准民安保险(中国)有限公司湖北分公司开业。

△中信银行股份有限公司武汉分行举行成立八周年庆典暨客户答谢会，省市领导、监管部门领导、100家公司业务战略客户、100位零售业务贵宾客户、中信银行系统在汉兄弟单位及在汉主要媒体共约400人参加。

△湖北省银行业协会召开了17家会员银行银行卡部门负责人参加的专题工作会议，讨论了《关于开展受理市场专项调查的方案》，并根据方案的安排布置了调查任务。协会秘书长郝飚担任调查领导小组组长。

11日

△天安保险股份有限公司湖北省分公司成功承保武汉市轨道交通二号线一期工程建筑安装工程保险及第三者责任险保险项目，实现保费收入565.99万元。

12日

△中国平安人寿保险股份有限公司湖北分公司成功举办了“中国平安·楚天万人健步迎奥运”大型公益活动，公司捐出善款，用于平安希望小学援建。

14日

△中国人民银行上海总部综合管理部批准襄樊市商业银行进入全国银行间同业拆借市场。

14—24日

△中国工商银行股份有限公司内控合规部牵头组织，由北京、上海、重庆、四川、广东等13个分行财务管理专家参与的财务管理合规检查非现场分析会在湖北省分行召开。

16日

△国家外汇管理局在武汉召开“11·15”、“12·28”专案查处协调会，对典型案例进行分析讨论，并明确下一阶段检查目标。

17日

△中国人民银行武汉分行下发《关于改进和加强对农民工金融服务工作的指导意见》(武银发[2008]48号)。

△湖北保监局召开2008年全省保险业抗雪救灾总结表彰大会，全面总结了湖北保险业抗雪救灾工作，表彰了21个先进集体和52个先进个人。湖北省副省长赵斌、省政府副秘书长邹贤启出席会议。

18日

△中国长城资产管理公司武汉办事处成功竞得中国光大银行武汉分行3.14亿元不良资产包。

△武汉钢铁集团财务有限责任公司组织召开中国财务公司协会华南分会会员大会，各会员单位就外汇业务的开展、存款准备金和人才培养等问题进行交流学习。

21日

△阳光人寿保险股份有限公司湖北分公司获得湖北保监局颁发的《经营保险业务许可证》。

22日

△湖北省企业上市暨证券期货工作会议在武汉召开，省长李鸿忠、副省长赵斌出席会议并作重要讲话。全省各市(州)、直管市和神农架林区政府市(州、区)长、发改委主任、科技局局长，省企业上市领导小组成员单位负责人，各上市公司、拟上市公司、证券期货经营机构和相关中介机构负责人200余人参加会议。

△中国人民银行武汉分行举办金融支持武汉城市圈“两型”社会建设、促进产业结构调整调研大纲讨论会，副行长林建华主持会议。

△华泰财产保险股份有限公司湖北省分公司科技保险第一笔赔款在24小时内理赔完毕，获得客户的好评。

23—27日

△中国工商银行股份有限公司监事长王为强参加全国政协经济委员会专题组赴湖北省调研，并深入随州支行和恩施分行检查指导工作。

24日

△平安养老保险股份有限公司湖北分公司与汉江水利水电(集团)有限责任公司签订企业年金基金受托管理合同，汉江集团总规模约1.2亿元的企业年金正式交付公司进行市场化运作。同日，公司与湖北省烟草公司举行企业年金受托合同签约仪式，企业年金规模4,000万余元。至此，湖北省烟草系统已经办理了企业年金的市(州)均由公司担任受托人和投资管理人。公司已占据湖北省烟草系统70%以上的份额，已中标和已签约的年金资产规模逾4亿元。

26—28日

△第三届中国中部投资贸易博览会在湖北武汉国际会展中心举行，会议以“承接产业转移，促进中部崛起”为主题，邀请了20,000名境内外嘉宾和客商参会。其间举办了相关高层论坛和研讨会。

27日

△中国农业银行股份有限公司湖北省分行、中国电信股份有限公司湖北分公司、北京银信网创有限公司“‘电话钱包’业务合作签约暨中国汉正街电子商务平台开通仪式”在武汉国际会展中心举行。

28日

△湖北银监局以“鄂银监发[2008]3号”文件强调积极推动武汉国际信托投资有限公司的重组保留工作，要求尽快达到中国银监会信托重组保留的“三项要求”。

△华安财产保险股份有限公司湖北分公司第二批23家连锁式营销服务部在武汉、十堰、宜昌、荆门、荆州等地开业。

△中国人民健康保险股份有限公司湖北分公司正式公告开业。

29日

△兴业银行股份有限公司武汉分行成功签约首笔中小企业财

务顾问业务。

△襄樊市商业银行在襄樊举行“汉江卡”发行仪式，推出了独具特色的银行卡——“汉江借记卡”，并正式上线运行。

4月

△湖北保监局对武汉城市圈财产险市场违规问题进行综合治理，抽调100多人，分30多个组，对9个城市161个财产保险机构开展检查。

△中国工商银行股份有限公司湖北省分行与中国农业发展银行湖北省分行签署了《电子银行业务、银行卡业务合作框架协议》，双方的业务合作全面展开。

△武汉钢铁集团财务有限责任公司抓住武钢集团开拓境外市场和外汇资金集中管理的契机，以公司综合业务系统为平台，积极构建境内、境外两个外汇现金池，成功实现了武钢集团境内外外汇资金集中运营。

△太平保险有限公司湖北分公司成为第三届中博会会务用车指定保险服务商。在中博会期间，公司为组委会100台会务用车提供保险服务。

5 月

9日

△招商银行、武汉天然气一卡通联名卡正式发行。该卡是武汉市首张金融机构与天然气公司联名发行的银行卡，除具备“招行一卡通”基本服务功能外，还享受武汉市天然气有限公司提供的优惠、优质服务或专享服务。

9—12日

△中国光大银行股份有限公司武汉分行联合武汉中利担保公司、武汉阳光易居按揭服务有限公司共同在武汉国际会展中心举办的第26届春季房交会参展，大力宣传分行举办的“二手房金融服务直通车”活动。

10日

△阳光财产保险股份有限公司湖北省分公司领导陈双桥、陈皓与中铝大冶铜板带有限公司在黄石签署全面保险合作暨高精度铜板带项目保险协议。

12日

△自“5·12”汶川大地震发生后，全省金融机构积极捐款捐物表爱心，相关机构启动应急预案，积极参与抗灾救灾工作。

△兴业银行股份有限公司与中国银联股份有限公司湖北分公司举行“兴业通”签字仪式。

13日

△湖北省委、省政府召开全省县域经济工作会议，国家开发银行湖北省分行作典型发言。省委书记罗清泉对该行主动将业务从“两基一支”重点项目向基层延伸，服务县域发展的做法给予了充分肯定。

△武汉市举办第三届“银联杯”商业服务业收银员银行知识、技能竞赛。

△中国电力财务有限公司华中分公司和中国银行湖南省分行在长沙就湖南柘溪水电站扩机工程建设项目与湖南省电力公司签订了2.6亿元的银团贷款合同。

17日

△湖北省人民政府和中国人民银行武汉分行联合对湖北省“A级信用县市”进行表彰授牌，中国人民银行武汉分行行长张静、副行长赵以邗参加表彰授牌仪式。

20日

△民安保险（中国）有限公司湖北分公司正式挂牌开业。

22日

△湖北省举办了《我们心相连——湖北抗震赈灾专题晚会》，在鄂各金融机构纷纷捐款，再次向汶川地震灾区表达关爱。

△阳光财产保险股份有限公司湖北省分公司在全省13家保险主体的竞争中胜出，独家中标华中科技大学公务车辆保险，承保车辆113台，打开了学校保险业务突破口。

22—23日

△国家外汇管理局国际收支司在湖北宜昌召开国际收支统计申报条例座谈会。

23日

△根据中国邮政集团公司总体部署，中国邮政储蓄银行有限责任公司湖北省分行作为全国第二批开办公司业务的单位，正式开办对公业务。

24日

△阳光财产保险股份有限公司湖北省分公司成功参与了武汉籍农民外出务工人员意外伤害保险项目，占5.5%份额，保费近20万元。

26日

△兴业银行股份有限公司武汉分行与呼和浩特城郊联社签订全面业务合作协议，双方就融资授

信业务、银银平台业务及中间业务达成合作意向。

5月

△经中国证监会证监许可[2008]636号文核准,并经深圳证券交易所同意,合加资源发展股份有限公司公开增发人民币普通股A股3,000万股,募集资金净额为41,322.71万元。

△全省保险业积极响应中国保监会和省委省政府号召,不仅在技术救援上积极支持四川地震灾区保险工作,而且在物质和精神上努力帮助灾区救援和重建,湖北省保险行业协会系统共捐资32,950元,全省保险业捐资超过1,300万多元。

△中国建设银行股份有限公司湖北省分行在系统内首批试点,实现了武汉市区行票据提入业务规模化、工厂化、流程化集中处理,降低了网点在票据业务方面的作业风险,促进了对公网点转型。

△中国大地财产保险股份有限公司湖北分公司承保武汉至广州客运专线新建武汉动车段施工的工程保险,总保费76万元;承保溇水江坪河水电站的建筑工程保险,总保费251万元。

△永安财产保险股份有限公司湖北分公司承保中铁集团有限公司包西铁路建筑工程团体意外保险。公司向天一机械有限责任公司赔款20万元意外险。

6 月

2日

△中国邮政储蓄银行有限责任公司信用卡业务系统在湖北省分行上线。

6日

△湖北省人民政府组织召开电视电话会议专题部署全省政策性"三农"保险试点工作。湖北省副省长赵斌要求各地各部门精心组织,建立健全"三农"保险工作领导和协调机制,加强工作配合,加大宣传力度;要求经办保险机构严格把握"三农"政策,加强经营管理。中国人民财产保险股份有限公司湖北省分公司独家承保湖北省"两属两户"农房保险,并承保除黄冈市、鄂州市以外所有市(州)的政策性"三农"保险业务。

△武汉地区首家银企合作专区——中国移动—招商银行"电子服务互动专区"在招商银行股份有限公司武汉分行正式启动。

12日

△中国人民银行武汉分行举办湖北省征信知识宣传月暨征信知识"荆楚行"宣传接力活动,行长张静、副行长马天禄参加启动仪式。

△兴业银行股份有限公司武汉分行办理首笔金额7,275万元的人民币债券结算代理业务,成为全国系统内以企业客户投资理财需求为出发点,办理债券结算代理业务的首家分行。

△长江航运集团设立财务公司获准组建。

15日

△由合众人寿保险股份有限公司与中国保护消费者基金会共同举办的为期三年的全国性公益活动——合众人寿保险维权知识大讲堂在北京正式启动。

16日

△中国光大银行股份有限公司武汉分行与中国银联股份有限公司湖北分公司举行"光大支付易"签约仪式。

△中国银联股份有限公司湖北分公司面向各家入网银行正式开通短信数据服务。

18日

△中国建设银行股份有限公司湖北省分行率先在全国试点上线批量代收付业务后台集中处理系统,实现了全省批量代收付业务后台集中处理。

△湖北省农村信用社联合社召开了全省农村信用社案件专项治理暨百日整治活动动员会议,下发了《关于进一步加强案件百日整治活动的通知》。

19—20日

△国家外汇管理局局长胡晓炼到湖北调研指导工作,分别与中部四省分局负责人和湖北12家进出口企业代表进行座谈,通报外汇形势并听取政策建议。

20日

△中国光大银行股份有限公司武汉分行与中国人寿养老保险股份公司湖北省中心及中国人寿保险股份公司武汉市分公司共同举办"国寿光大永祥企业年金集合计划推广联席会议",此次会议标志着双方在武汉地区年金业务合作的全面启动。

25日

△武汉市商业银行正式更名为"汉口银行",在总行大楼前举行更名揭牌仪式,湖北省委副书记、市委书记杨松,副省长赵斌,武汉

市市长阮成发等出席仪式。

△湖北省银行业协会评选出80家湖北银行业文明服务示范单位、20家湖北省银行业服务效率先进单位，另外还评选出35个营业网点，推荐参加全国示范单位的评选。

26日

△经中国证监会核准，中国葛洲坝集团股份有限公司公开发行了139,000万元认股权和债券分离交易的可转换公司债券，并于2008年7月11日起在上海证券交易所挂牌交易。

30日

△中国工商银行股份有限公司湖北省分行与长江期货有限公司开通集中式银期转账业务。

6月

△经中国证监会证券公司分类监管评审，天风证券经纪有限责任公司以107分的成绩被评为B类BB级券商，属于风险管理能力较好的覆盖其现有业务规模、应对市场变化能力较强的公司。

△中国建设银行武汉生产基地建设项目落户武汉，中国建设银行股份有限公司湖北省分行作为实施主体具体负责基地的建设工作。武汉生产基地建设项目基建总投资近20亿元，其中包括全行灾备中心、武汉开发中心、营运管理部南方运行中心、95533电话银行武汉中心及湖北建行信息技术管理部。

△永安财产保险股份有限公司湖北分公司承保东风裕隆公司产品质量保证保险。

△民安保险(中国)有限公司湖北分公司与东亚银行武汉分行签订合作协议，正式开始银保合作。

7　月

1日

△为落实党和国家的惠农政策，湖北省农村信用社联合社在全省农信社推出涉农补贴资金“一卡通”业务，实现“国库—农信社—农户”三点一线的惠农资金拨付新模式，将补贴给农民个人的粮食直补、林业补贴等17个大项43个小项的涉农资金，通过“一卡通”安全、及时、足额发放到位。

△东风汽车财务有限公司商用车消费信贷经销商信用评价系统正式上线。

△中国大地财产保险股份有限公司湖北分公司成功共保武汉籍农民外出务工人员的人身意外伤害保险，承保份额34%，总保费241万元。

7日

△国家开发银行行长陈元到湖北调研。称赞湖北省分行在国内、国外的各种业务中能占据高端，并取得很好成绩。

9日

△湖北保监局召开有省政法委、省高级人民法院、省检察院、省公安厅参加的保险综合监管联席会议，讨论建立综合监管联席会议制度。

13日

△湖北证监局组织召开了辖区证券机构监管工作会议，部署辖区机构监管工作。

14日

△兴业银行股份有限公司武汉分行首次为其公司客户单独创设发行一期信托理财产品，销售金额2亿元。

15日

△《中国外汇》杂志在武汉举办“出口收结汇联网核查”与“贸易项下外债登记管理”培训班。国家外汇管理局副局长邓先宏出席培训班并就新政策出台的背景和意义做重要讲话。湖北省银行、企业和外汇局相关人员100多人参加了培训。

△招商银行股份有限公司武汉分行成功将某集团的出口保理业务转让到境外，并以7,700万美元的交易金额成为招商银行系统境内外保联璧联动业务单一客户最大一笔。

△中信银行股份有限公司武汉分行举行“信福年金”品牌发布会暨年金托管合作签约仪式，共有70多家企业100多名客户代表参加。在活动现场，武汉分行与湖北化学研究院和武汉市建筑设计院分别签订了年金业务合作协议。

△中国人民财产保险股份有限公司湖北省分公司车险远程定损系统顺利上线，该系统实现了理赔流程优化，保证效率与效益的同步提高。

16日

△襄樊银监分局以襄银监复[2008]47号批准襄樊市商业银行汉江支行开业。该支行为襄樊市商业银行建行后设立的首家分支机构，并于7月18日正式开业。

17日

△交银国际信托有限公司领导会见汇丰环球资本市场亚太区代表——汇丰中国战略总监何善

文一行，双方就主要业务种类、经营优势和特点进行充分沟通，初步磋商了未来合作的事宜。

19日

△湖北省银行业协会召开五届一次会员大会，32家会员单位代表参加了会议，会长易映森代表第四届理事会向大会作了工作报告。会议审议通过了湖北省银行业协会第四届理事会工作报告及财务预决算报告；审议通过了关于湖北省银行业协会章程修改，关于第五届理事会、监事会推荐方案等若干议案，选举产生了以中国银行湖北省分行行长王少俊为会长的第五届理事会、以苗海军为监事长的第二届监事会。

△湖北省银行业规范银行卡市场发展工作会议召开。

23日

△第三届"合众助学行"大型公益活动在北京启动。合众人寿保险股份有限公司从全国寻访近千名贫困学子，给予其上学和生活费用资助。自8月1日起至10月31日，客户每购买一份保险（非意外险），合众人寿对等捐出10元钱，用于对贫困大、中小学生的捐赠。

25日

△湖北省人民政府发布了《省人民政府关于推进企业上市的若干意见》（鄂政发[2008]42号），明确了企业上市工作的目标和政策扶持措施。

△长江证券承销保荐有限公司主承销的"2008年中国兵器工业集团公司企业债券"于发行首日即告售罄。2008年兵器债发行规模45亿元，是目前为止国内发行规模最大的无担保企业债券。

26日

△阳光财产保险股份有限公司湖北省分公司与武汉市公共交通集团签署了《意外伤害保险合作协议》，独家承保公交集团7个营运公司、出租车公司、汽渡所等9个单位的1.1万余名一线大客营运驾驶员人身意外伤害保险。

28日

△湖北省农村信用社联合社成立三周年，改革与发展取得了重大阶段性成就。

29日

△中国电力财务有限公司与河南省电力公司在郑州市正式签署《资金管理服务协议》，又与华中电网、湖北、湖南、四川、重庆、江西省电力公司签订了资金管理服务协议。至此，中国电力财务有限公司华中分公司按总公司计划要求，顺利完成了与各网省公司签订资金管理服务协议的工作。

△三峡财务有限责任公司注册资本增至24亿元人民币。

△阳光人寿保险股份有限公司湖北分公司向湖北省体操运动管理中心体操队捐赠1,100万元保额的意外伤害保险。

31日

△湖北银监局在中国建设银行十堰分行正式启动了全省第一家欠发达地区经济资本管理优化模型试点工作。

7月

△武汉钢铁集团财务有限责任公司"询价对象"资格获得中国证券业协会批准，标志着公司在新股发行价上具有话语权，为业务拓展和积累大型资本运作经验奠定了基础。

△永诚财产保险股份有限公司湖北分公司承保武汉天河机场财产险，保额为7.6亿元。

△民安保险（中国）有限公司湖北分公司与中保集团旗下兄弟公司——太平人寿湖北分公司正式签署综合开拓协议，业务合作正式开始。

△嘉禾人寿保险股份有限公司湖北分公司双子星产品上线，向产品结构转型迈出了步伐。

△湖北省保险行业协会、湖北省保险学会换届大会举行。

8 月

1日

△上海浦东发展银行股份有限公司副行长刘信义在武汉参加2008年资产托管业务研讨会暨部分分行公司银行业务座谈会，并拜会了湖北省副省长赵斌。双方就进一步加深合作，充分发挥上海—武汉经济关联效应，支持"中部崛起"和武汉"1＋8"城市圈建设，构建"两型"社会进行了交流。

4日

△中国证监会发行审核委员会2008年第116次会议审核通过了武汉光迅科技股份有限公司的首次公开发行股票申请。

△中国平安保险集团副总经理曹实凡拜访武钢集团总经理彭辰，双方就企业财产保险和企业年金事项进行了友好交谈。

6日

△湖北保监局、省发改委、省经委、省财政厅、省国资委、省安监局和省地税局联合印发《关于进一步加强我省大中型企业及重大在建项目保险工作的意见》(鄂保监发[2008]71号),强调要加强对大中型企业及重大在建项目的保险服务工作。

7日

△汉口银行第一家异地分行——鄂州分行正式开业,迈出了跨区域发展的步伐。

△日本瑞穗实业银行(中国)有限公司武汉分行正式获准筹建,这是落户武汉的第四家外资银行分行。

8日

△黄石市委常委、常务副市长朱中华等领导到黄石市商业银行调研,对其下一步的工作思路作了重要指示。

△交银国际信托有限公司领导会见中国信托业协会秘书长陈玉鹏,陈秘书长充分肯定公司成立以来在信托主业上所取得的成就,并交流了对国内信托行业发展趋势的看法。

△永诚财产保险股份有限公司黄石中心支公司与湖北华电黄石发电股份有限公司签订了保额约为21.5亿元的企业财产保险。

12日—12月8日

△中国人寿保险股份有限公司湖北省分公司选择6个市(州)的16家县支公司开展了农村小额人身保险试点工作,实现承保42万人,实现保费506万元。

14日

△中国建设银行股份有限公司湖北省分行在湖北地区首次成为银团贷款牵头行,与其他参与行(工行、农行、中行)签署《银行间协议》,为国电长源荆州热电有限公司承贷20.5亿元人民币银团贷款,其中建行承贷金额10亿元。

16日

△湖北省银行机构安全用卡环境评比表彰会召开。

18日

△由中国农业银行作为主发起人发起设立的汉川农银村镇银行正式开业,这是湖北首家由大型国有商业银行发起设立的村镇银行。至此,湖北省已有8家村镇银行开业,村镇银行数量位居全国前列。

△汇丰银行(中国)有限公司武汉分行中南支行开业,该支行是汇丰在武汉所开设的第三家支行,专注提供汇丰的全球财富管理品牌——卓越理财服务,以更好地满足当地市场对财富管理的需求。

18—19日

△国家外汇管理局副局长邓先宏带领总局、海关总署和商务部有关负责人到湖北就出口收结汇联网核查等政策执行情况进行调研,分别与湖北省21家银行、企业以及湖北、湖南、江西三省分局负责人和海关、商务部门有关人员进行座谈。

19日

△中信银行股份有限公司武汉分行第一家异地支行——中信银行股份有限公司黄石支行开业。

20日

△中国工商银行湖北省分行与三峡财务有限责任公司签署结算合作协议。

22日

△中国长城资产管理公司武汉办事处最大的政策性债权资产项目——陆氏实业集团(武汉)有限公司债权竞价项目经过竞价,最终成功对外转让。

25日

△湖北证监局开始对广发证券股份有限公司湖北分公司辖区营业部股指期货IB业务验收,截至9月4日,武汉地区营业部已验收完毕。

27日

△中国人民财产保险股份有限公司恩施巴东支公司成功签下泥石流地质灾害综合保险单,为巴东县境内地质灾害点的6,073户、22,642人承保农房、意外保险,为其提供了全面的保险保障。

28日

△汇丰银行(中国)有限公司武汉分行开办商业汇票承兑业务。

△三峡财务有限责任公司联合国家开发银行湖北省分行、宁波分行,与慈溪长江风力发电有限公司签订3.66亿元银团贷款合同。

30日

△中国光大银行股份有限公司武汉分行在武汉徐东销品茂举行中国光大银行方程式赛车信用卡首发仪式。

△因宜昌、孝感、荆门地区发生50年一遇的特大暴雨,大量农田被淹,中国人民财产保险股份有限公司湖北省分公司启动水灾理赔应急预案,派出300多个查勘理赔小组查勘定损,支付水稻保险赔款1.3亿元。

8月

△经中国证监会核准，湖北福星科技股份有限公司采用网上、网下定价的方式发行人民币普通股(A股)18,000万股，每股发行价格人民币6.95元，募集资金净额为人民币1,213,012,051.11元。

△中国进出口银行副行长刘连舸到湖北出席宜昌小水电项目转贷协议签字仪式。

△中国工商银行股份有限公司湖北省分行企业年金计划全面启动并顺利完成。

△中国建设银行股份有限公司湖北省分行最后一批转型网点全部高分顺利通过总行验收，标志着全行561家零售网点转型全部成功。

△中国邮政储蓄银行有限责任公司湖北省分行正式开办个人即期结售汇业务，经营币种为美元。

△武汉钢铁集团财务有限责任公司结售汇业务资格获得国家外汇管理局批准，外汇资金集中实现突破性进展。

△天风证券经纪有限责任公司完成了对北方期货经纪有限责任公司的股权收购及增资扩股工作，并参加召开了北方期货2008年第一次临时股东会会议。

△中国大地财产保险股份有限公司湖北分公司承保麻城到武汉高速公路的土建工程保险，总保费274万元。

9　月

1日

△“招商银行武汉分行出租车行业银企座谈会”成功举行，标志着招商银行与武汉市出租车行业开展全面合作的开始。

△永诚财产保险股份有限公司黄石中心支公司与黄石长江公路大桥经营有限公司签订了保额约为69.2亿元财产综合险，保费约为69.2万元。

5日

△深圳证券交易所发布公告，长江证券股份有限公司股票于2008年9月22日正式入选为深证成分指数样本股。公司同时入选由中证指数公司编制的沪深300指数样本股。

△中国平安人寿保险股份有限公司湖北分公司成功举办中国平安人寿第13届客户服务节闭幕式，公司代表60位担任“平安服务监督使者”的VIP客户向“中国青少年发展基金会”捐赠10万元，专款将用于平安希望小学的建设和发展。

8日

△湖北省发展和改革委员会与长江证券股份有限公司签订合作框架协议，公司受聘为省发改委的财务顾问。

10日

△广东发展银行股份有限公司武汉分行与武汉市工商联正式签署合作协议，双方将共同为民营企业搭建一个政、银、企合作推进平台。

11日

△湖北省小额贷款公司试点工作联席会第一次会议在武汉召开，中国人民银行武汉分行副行长林建华参加会议。

16日

△“共建新型农村　共创‘两型’社会——中国农业银行服务‘三农’楚天行动”正式启动。湖北省人民政府与中国农业银行签署全面战略合作备忘录，湖北省委书记罗清泉、省长李鸿忠、副省长汤涛、赵斌、中国农业银行行长项俊波、副行长杨琨等出席了签字仪式。

△法国兴业银行武汉分行成功转制。

16—17日

△湖北省银行业协会组织会员单位参加第四届湖北产学研合作项目洽谈会，获得160个签约单位和80个技术转让签约项目。

18日

△三峡财务有限责任公司证券核算管理系统通过验收，正式投入使用。

20日

△三峡财务有限责任公司电子服务系统开通工行POS缴款系统。

22日

△湖北省副省长赵斌一行到交通银行股份有限公司武汉分行检查指导工作。

△《金融时报》头版以《国开行提升贷后管理水平　“统一直付”模式取得显著成效》为题，报道开行针对审计署审计意见，大力加强信贷管理，在全行系统推行湖北分行摸索出的“集中管理、统一支付”的贷后管理新模式。

25日

△湖北仙桃北农商村镇银行成功发行了“凤凰卡”，这是全国第一张由村镇银行发行的银联标准

借记卡，中央电视台新闻频道也予以报道。

26 日

△美国花旗银行在湖北赤壁市、公安县两地设立的贷款子公司同时获批筹建，其中，公安县贷款子公司于 12 月 16 日正式挂牌开业，这是全国第一家由外资银行发起设立的贷款子公司。

28 日

△中国人民银行武汉分行与湖北省人民政府金融办联合举办 2008 湖北金融文化节暨理财博览会组委会会议，副行长马天禄参加。

△永诚财产保险股份有限公司湖北分公司和渤海财产保险股份有限公司湖北分公司车险“见费出单”系统全面上线。

9 月

△中国工商银行股份有限公司湖北省分行与葛洲坝集团财务有限责任公司签署了信贷资产回购协议，成功办理首笔金额 1 亿元、期限 1 个月的信贷资产回购业务。

△中国建设银行股份有限公司湖北省分行个人高端客户（AUM 值 300 万元以上客户）总数达到 1,058 户，首次突破千户大关，较年初新增 485 户，实现了个人高端客户业务发展的历史性突破。

△中国邮政储蓄银行有限责任公司湖北省分行完成了邮政与银行分账核算追溯调整，实现了邮储银行财务的完全独立运行。

△武汉市农信社组建武汉农村商业银行的申请获国务院批复同意，这是全国首家副省级城市设立的农村商业银行。

△中国平安财产保险股份有限公司湖北分公司续保武汉元丰汽车零部件有限公司国内贸易短期信用保险，合计保费 210 万元。

△永安财产保险股份有限公司湖北分公司武汉中原发展汽车物流有限公司货运险赔款 25 万元。

△华泰财产保险股份有限公司湖北省分公司参加大广南高速公路建工一切险 4 个标段的招标成功中标，保费 170 万元。

10 月

6—8 日

△中央电视台《焦点访谈》栏目组到中国农业银行股份有限公司湖北省分行就信贷服务“三农”工作进行采访，对该行信贷服务“三农”的做法及成绩进行宣传。

8 日

△中国人民银行武汉分行主办湖北省的市、州、县政府领导货币政策及金融知识培训班，行长张静、副行长马天禄参加开班仪式。

9—11 日

△2008 年上半年全国资本项目形势分析会议在湖北召开，国家外汇管理局副局长李东荣出席。

10 日

△国家外汇管理局湖北省分局举办出口收汇网上核销培训班，全省外汇局和部分企业代表 70 余人参加了培训。

△中国邮政储蓄银行有限责任公司湖北省分行企业网银业务成功上线。

10—12 日

△由湖北省人民政府与中国人民银行武汉分行联合举办、湖北省银行业协会协办的 2008 湖北金融文化节暨理财博览会在武汉举行，20 家会员银行等相关金融机构参加。

11 日

△中国工商银行股份有限公司湖北省分行将巴东支行由三峡分行划归恩施分行管理，并通过跨地区撤并方式完成账务划转。

10 月 11 日和 11 月 5 日

△中央电视台一套《焦点访谈》栏目分别报道了湖北省农村金融服务情况和仙桃北农商村镇银行支农情况，介绍了湖北银监局推动农村金融改革和农村金融服务改善的一些先进经验和做法，在社会上引起了良好反响。

13 日

△在湖北保监局的指导下，湖北省保险行业协会联合武汉仲裁委，成立了“湖北省保险合同纠纷调解中心”和“武汉仲裁委员会保险合同争议仲裁中心”。

△东风汽车财务有限公司七届二次董事会通过对武汉东风裕隆保险经纪有限公司投资的决议，投资金额为 220.28 万元，占股 20%。

16 日

△武汉货币真伪鉴定中心成立，中国人民银行武汉分行行长张静、工会主任肖作霞参加揭牌仪式。

18日

△泰康人寿保险股份有限公司湖北分公司在武汉琴台大剧院举行十周年庆典。湖北省副省长赵斌、省政府金融办主任邹贤启、湖北保监局局长左绪文、泰康人寿总公司董事长陈东升等领导出席。

22日

△武汉市江岸区人民法院对武汉兆隆公司涉嫌非法证券活动案件作出判决,这是湖北省首例因非法从事证券活动而被判处的案件。

28日

△荆州市商业银行松滋市支行正式开业。松滋市市长王祥喜、市委书记张静等出席了开业庆典并剪彩。

△交银国际信托有限公司举行在鄂法人金融机构业务恳谈会,10家机构负责人受邀参会。会议围绕如何发挥自身优势,加强业务合作,实现资源、利益共享等方面达成了共识,并签署了合作倡议书。

△宜万铁路马鹿箐隧道项目保险赔付仪式在武汉举行,中国人民财产保险股份有限公司湖北省分公司向中铁十一局集团公司兑现赔款3,000.3万元。这是该公司成立以来的最大单笔赔案。

30日

△湖北银监局以"鄂银监办发[2008]340号"文件决定继续推进武汉国际信托投资有限公司化债和重组申报工作。抓紧引进合格战略投资者,优化股权和公司治理结构,开展重新登记申报工作。

△民生人寿保险股份有限公司湖北分公司与湖北泛华东方世纪保险代理有限公司举行了合作签约仪式。

△新华人寿保险股份有限公司湖北分公司召开"总公司总精算师杨智呈先生媒体专访暨'吉星高照'产品上市发布会"。湖北分公司总经理赵子良等出席会议。

10月

△在湖北银监局积极争取下,湖北省人民政府在全国率先下发了《省人民政府办公厅关于支持村镇银行发展的通知》,明确了从2008年至2012年,村镇银行比照有关农村信用社的税收优惠政策执行。

△湖北银监局开展监管资源整合和内设机构调整,将银行一处、银行二处、股份制处、政邮处合并调整为非现场监管一处、二处,现场检查一处、二处,突出了市场准入、非现场监管和现场检查的职能作用,进一步提高了监管质效。

△中国进出口银行武汉代表处发放第一笔沿海及沿江航运船舶贷款。

△在中国银联总公司的支持下,湖北省村镇银行银联入网费按照注册资本金的1%(约10万元)的标准收取(原标准为300万元),在全国率先解决了村镇银行发卡入网的难题。

△武汉钢铁集团财务有限责任公司完成销售公司广州分公司票据集中试点,首次实现了武钢集团异地成员单位票据集中。

11 月

1日

△武汉国际信托投资有限公司在《长江日报》及《金融时报》上正式公告偿清全部历史债务。

3—5日

△国家外汇管理局"奥运信息安全保障工作总结交流会暨网络技术培训班"在湖北召开,总局信息中心主任贾吉恒、副主任徐光贤以及全国36个分局代表共80余人参加会议。

4日

△湖北银监局开始组织全省银行业对房地产贷款业务、个人理财业务和集团客户等三个方面的风险评估,督促各银行业金融机构加强对重点行业、重点客户、重点业务风险的防范和控制。

6日

△民生人寿保险股份有限公司湖北分公司在武汉举行开业庆典。

6—7日

△中国银监会副主席蒋定之到湖北就农村金融改革等问题进行调研。

8日

△民生人寿保险股份有限公司湖北分公司与湖北华康保险代理有限公司举行合作签约仪式。

9日

△宜昌市商业银行举办了2008年理财知识竞赛决赛。邀请了金融界的理财专家作为评委,并邀请了邮储银行的领导出席。

10日

△汇丰银行(中国)有限公司开始开展银行卡收单业务,包括境内银行卡的收单业务。

△中国人民财产保险股份有限公司湖北省分公司实行车险全险种“见费出单”。

11—12日

△中国光大银行副行长谢植春到武汉考察，与武汉市副市长孙亚就双方合作成立金融租赁公司事宜进行了友好会谈，敲定在武汉设立金融租赁公司框架协议。

12日

△长江证券股份有限公司实现了账户管理系统的全面上线运行，至此公司账户管理系统由业务试点阶段正式转入生产运行阶段。

13日

△中国银监会下发《中国银监会关于批准东风汽车财务有限公司新增业务范围的批复》(银监复[2008]465号)，正式批复东风汽车财务有限公司新增有价证券投资业务范围。

△天平汽车保险股份有限公司湖北分公司向湖北的老苏区、少数民族聚居地——恩施土家族苗族自治州恩施市龙凤镇小龙潭小学开展扶贫助学活动，向该小学进行项目捐助，用于改善学生就餐环境及饮水工程改造，并增加学生工具书和课外读物。

17日

△汇丰银行(中国)有限公司在包括武汉在内的全国17个城市同步发行银联标准借记卡，可同时关联人民币和外币账户，这是外资银行发行的首张具备此种功能的借记卡。汇丰中国的持卡人能够使用带有银联标识的境内外近50个国家和地区的ATM机，以及汇丰集团在40个国家和地区的ATM机。

△为进一步增强资本金实力、优化公司股权结构，适应未来发展的需要，天风证券经纪有限责任公司向中国证监会提出增资扩股的申请，增资扩股工作于2009年正式完成。

18日

△上海浦东发展银行股份有限公司武汉分行与武汉港航管理局联合主办“‘黄金水道’中小企业船舶融资产品发布会”。湖北银监局、湖北省港航管理局、武汉市交通委员会等部门领导及40多家航运企业代表参加。

19日

△汇丰银行(中国)有限公司开始为部分境外客户提供海外贸易单据处理服务，以满足客户对提高信用证项下付款效率的需求。

22日

△湖北证监局在武汉举办了2008年湖北辖区上市公司董事、监事、高管培训班，全省各上市公司董事、监事和高管人员360余人参加培训。

24日

△中国工商银行股份有限公司副行长李晓鹏在武汉出席工银金融租赁有限公司与武汉地铁集团有限公司关于地铁设备租赁项目签约仪式。

26日

△襄樊市商业银行自主创新发行的理财产品“汉江信托1号”理财产品正式发行。

28日

△由中国长城资产管理公司武汉办事处控股，与宜昌市国资委下属的夷陵国有资产经营公司合作成立的湖北长宜投资有限公司正式对外挂牌营业，此举标志该办事处商业化转型平台搭建工作迈出了实质性步伐。

11月

△中国进出口银行武汉代表处发放第一笔世界银行节能转贷款配套人民币资金。

△为做实“中小企业主办银行”品牌，黄石市商业银行对中小企业融资产品进行了整合，正式推出了“融资通”公司业务。

△武汉国际信托投资公司的28家机构20,537万元刚性债务全部清理完毕，为下一步重新登记奠定了基础。

△民安保险(中国)有限公司湖北分公司成功承办2008年全国汽车摩托车越野挑战比赛赛事，并成为其唯一保险供应商。

△湖北省保险行业协会、湖北省保险学会联合召开全省保险宣传工作表彰大会，对一年来在宣传工作方面表现突出的单位和个人进行了表彰，并聘请新闻专家对全省保险业宣传工作者进行了培训。

12　月

2日

△湖北省农村信用社联合社第四批申报的16家联社20.64亿元专项央行票据，全部成功兑付。

4日

△“武汉城市圈形象卡——楚

凤卡”首发仪式在武汉举行。中国人民银行武汉分行副行长赵以邗参加首发仪式。

5日

△湖北银监局会同湖北省银行业协会举办了湖北省银行业协会10周年庆典暨2008年湖北银行业文明规范服务表彰大会，各会员单位负责人及获奖单位代表共200多人参加会议，湖北省副省长赵斌到会祝贺并讲话。

△中国农业银行股份有限公司湖北省分行个人实物黄金交易业务在省分行营业部东湖支行开场。

△湖北省启用“中国邮政储蓄银行数据集中报送系统”进行业务资金头寸管理，同时开通了大小额支付系统，新的资金调拨流程和支付结算模式，减少资金在途、备付金额度和划款手续费，进一步规范全省的资金头寸管理，提高资金使用效益。

10日

△湖北省人民政府以“兴业银行武汉分行积极促进信贷投放有效增长”为题报道该行信贷投放做法。省领导对该行积极促进信贷投放予以充分肯定。

△武汉市人民政府聘请长江证券股份有限公司担任财务顾问协议签字仪式在公司总部举行，副市长孙亚和董事长胡运钊代表双方签约。

11日

△湖北银监局下发文件鄂银监复[2008]405号正式核准崔大桥任葛洲坝集团财务有限责任公司董事长的任职资格，公司新一届董事会成立。

12日

△2008中国平安励志计划学术论坛暨颁奖典礼在华中科技大学举办，中国平安首次颁发奖学金，重奖15所高校品学兼优的大学生。

△民安保险（中国）有限公司总裁刘世宏到湖北分公司调研，并向湖北保监局领导汇报民安的经营情况。

16日

△湖北省打击非法证券活动协调小组在武汉召开全省打击非法证券活动工作研讨会，省打击非法证券活动协调小组成员单位、全省各市（州）公安、工商部门打击非法证券活动工作的负责人共120余人参加会议。

△交通银行主办、交银国际信托有限公司承办的银信业务合作研讨会在厦门召开，公司面向交通银行10家重点分行开展业务推介，与总行公司业务、私金业务等条线进一步优化了沟通渠道和合作机制。

17日

△中国建设银行股份有限公司湖北省分行与襄樊市人民政府签订银政战略合作协议，湖北省省长李鸿忠出席了签约仪式。随后，省建行与黄石、荆门、咸宁、鄂州等省内多个重点城市签订银政、银企合作协议，筛选优质重点客户及项目加大信贷投放。

18日

△武汉市第一家小额贷款公司——江岸区华创小额贷款有限公司开业，中国人民银行武汉分行行长张静参加开业仪式。

19日

△美尔雅期货经纪有限公司正式完成了增资扩股的变更手续，注册资本由3,000万元增加到5,990万元。

21日

△兴业银行股份有限公司武汉分行联合湖北省发改委、国际金融公司在武汉召开“政银合力搭建服务平台、共建‘两型’社会”湖北节能服务创新会议，湖北省人民政府副秘书长邹贤启、湖北省各地、市、州发改委领导、全省节能减排100强企业领导参加。

△宜昌市商业银行主办的“国家宏观经济形势分析高峰论坛”在武汉大学三峡学术交流中心举行。我国著名经济学家、国务院发展研究中心金融研究所副所长巴曙松教授，以“全球金融危机下我国宏观经济走势”为题作了精彩演讲。宜昌市领导李泉、艾苍松、王国斌、马学军、陈士新、王应华、各县市区领导及相关经济部门、企业负责人以及该行重点客户受邀出席。

22日

△中国邮政储蓄银行有限责任公司湖北省分行绿卡通业务上线，实现一张卡对多储种多账户的管理，实现多渠道全方位的支付结算和投资理财功能，实现客户对其账务信息的顺畅获取，并制定了重要空白凭证管理的规章制度。

23日

△湖北证监局组织召开了全省期货机构联席会，全省各期货公司总经理、副总经理和异地营业部负责人参加会议。

△财政部正式批准中国进出口银行武汉代表处升格为中国进

出口银行湖北省分行。

25日

△湖北省人民政府金融办与上海证券交易所就充分利用资本市场、推动湖北省上市公司更好更快发展签订合作协议。

△国家开发银行纪委书记徐宜仁为国家开发银行湖北省分行颁发“全国金融五一劳动奖状”。湖北省副省长赵斌、副秘书长邹贤启以及省金融办、省总工会等领导及总行工会有关同志出席了颁奖仪式。

26日

△汉口银行股份有限公司在武汉汉正街成立全市第一家小额贷款中心,以更好地满足汉正街市场中小企业的贷款需求。

△湖北开通银行卡跨行交易差错处理绿色通道。

28日

△合众人寿保险股份有限公司成功通过ISO27001信息安全管理体系认证,获得由BSI(英国标准协会)颁发的安全体系认证证书。

31日

△湖北省副省长赵斌到兴业银行股份有限公司武汉分行慰问。

12月

△中国工商银行股份有限公司湖北省分行推出WAP手机银行缴纳水费、电费、固定话费和移动话费业务功能。

△黄石市商业银行与黄石市科技局达成协议,由该行贷款1亿元,市科技局贴息1,000万元,携手打造中小科技企业融资平台,帮助中小企业渡过金融危机“融资难”问题。

△中国华融资产管理公司武汉办事处成功商业化收购中国银行湖北省分行不良资产包项目。

△永诚财产保险股份有限公司湖北分公司直属营业部签订中铁八局集团有限公司大瑞铁路工程项目经理部施工人员人意险保险协议,保额为7,500万元。

△永诚财产保险股份有限公司湖北分公司在湖北省政府采购、武汉市政府采购公务车辆保险服务招标活动中相继中标。

△渤海财产保险股份有限公司湖北分公司在湖北省政府采购公务车辆保险服务招标活动中中标。

2008年

中国平安财产保险股份有限公司、中国平安财产保险股份有限公司湖北分公司向湖北黄梅县、团风县各捐赠一所希望小学,共捐款57万元。

第六部分

统计

CHAPTER 6

FINANCIAL STATISTICS

一、湖北省金融汇总统计

湖北省金融机构(含外资)本外币信贷收支表

表6－1－1　　2008年末　　汇率:6.8346　单位:万元

来源项目名称 \ 栏目	本期余额	比年初增减数		运用项目名称 \ 栏目	本期余额	比年初增减数	
		2008年	2007年			2008年	2007年
一、各项存款	135,749,486	23,633,628	14,728,816	一、各项贷款	87,524,015	13,055,836	10,842,556
1.企事业单位存款	43,789,838	7,016,793	7,207,941	1.短期贷款	30,415,678	3,397,964	3,576,989
(1)活期存款	30,094,795	2,884,994	5,735,067	2.中长期贷款	50,017,751	8,340,251	8,130,604
(2)定期存款	13,695,043	4,131,799	1,472,874	3.信托贷款			
2.储蓄存款	68,004,121	13,098,725	3,032,309	4.委托贷款	2,193,241	650,675	209,400
(1)活期储蓄	25,020,783	3,423,464	2,920,846	5.其他贷款	1,002,400	－75,273	－160,501
(2)定期储蓄	42,983,338	9,675,261	111,463	6.票据融资	3,865,867	730,364	－907,153
3.信托存款				7.各项垫款	29,078	11,855	－6,784
4.委托存款	2,841,182	561,264	689,080	二、有价证券及投资	4,788,586	668,871	1,013,218
5.其他存款	21,114,344	2,956,846	3,799,486				
二、所有者权益	3,058,203	743,608	2,117,153				
其中:实收资本	1,987,435	－76,982	307,836				
当年结益	1,827,954	2,064,537	1,282,710				
三、其他	－46,499,001	－10,656,443	－4,990,195				
资金来源总计	**92,308,688**	**13,720,793**	**11,855,773**	**资金运用总计**	**92,308,688**	**13,720,793**	**11,855,773**

湖北省金融机构(不含外资)本外币信贷收支表

表 6－1－2　　2008 年末　　汇率:6.8346　单位:万元

来源项目名称	本期余额	比年初增减数		运用项目名称	本期余额	比年初增减数	
		2008 年	2007 年			2008 年	2007 年
一、各项存款	135,634,180	23,565,904	14,693,338	一、各项贷款	87,322,705	13,026,357	10,747,791
1.企事业单位存款	43,712,858	6,974,527	7,181,064	1.短期贷款	30,296,808	3,398,331	3,518,622
(1)活期存款	30,032,404	2,853,830	5,710,636	2.中长期贷款	49,939,223	8,305,849	8,095,938
(2)定期存款	13,680,454	4,120,697	1,470,428	3.信托贷款			
2.储蓄存款	67,971,508	13,073,442	3,027,141	4.委托贷款	2,193,241	650,675	209,400
(1)活期储蓄	25,012,454	3,418,427	2,917,692	5.其他贷款	998,487	−70,718	−162,232
(2)定期储蓄	42,959,054	9,655,015	109,449	6.票据融资	3,865,867	730,364	−907,153
3.信托存款				7.各项垫款	29,078	11,855	−6,784
4.委托存款	2,841,182	561,264	689,080	二、有价证券及投资	4,788,586	668,871	1,013,218
5.其他存款	21,108,632	2,956,671	3,796,054				
二、所有者权益	3,032,958	751,576	2,126,807				
其中:实收资本	1,959,206	−66,416	317,870				
当年结益	1,825,192	2,061,775	1,281,325				
三、其他	−46,555,847	−10,622,252	−5,059,136				
资金来源总计	92,111,291	13,695,228	11,761,009	资金运用总计	92,111,291	13,695,228	11,761,009

湖北省金融机构(含外资)人民币信贷收支表

表 6－1－3　　2008 年末　　单位:万元

来源项目名称	12 月余额	比年初增减数		运用项目名称	12 月余额	比年初增减数	
		2008 年	2007 年			2008 年	2007 年
一、各项存款	134,395,160	23,470,950	14,948,198	一、各项贷款	84,656,362	13,056,710	10,616,126
1. 企业存款	43,072,750	6,790,221	7,108,002	1. 短期贷款	29,837,172	3,635,747	3,460,425
(1)活期存款	29,586,458	2,718,771	5,673,517	(1)工业贷款	7,947,929	1,984,513	1,049,795
(2)定期存款	13,486,292	4,071,449	1,434,485	(2)商业贷款	7,505,107	－18,093	825,918
2. 财政存款	5,291,673	583,780	1,523,846	(3)建筑业贷款	1,300,852	－134,432	－39,990
3. 机关团体存款	5,155,817	994,944	737,828	(4)农业贷款	3,889,351	407,304	436,857
4. 储蓄存款	67,454,385	13,146,321	3,289,282	(5)乡镇企业贷款	193	－466	－5,282
(1)活期储蓄	24,863,486	3,435,567	2,964,469	(6)三资企业贷款	356,697	97,552	61,317
(2)定期储蓄	42,590,899	9,710,753	324,812	(7)私营企业及个体贷款	586,424	140,811	58,709
5. 农业存款	2,816,471	326,261	667,397	(8)其他短期贷款	8,250,620	1,158,558	1,073,101
6. 信托存款				其中:个人短期消费贷款	309,263	57,566	116,011
7. 委托存款	2,844,581	560,197	688,102	2. 中长期贷款	48,578,196	7,871,677	7,860,708
8. 其他存款	7,759,483	1,069,227	933,740	(1)基本建设贷款	22,777,132	3,988,317	2,004,218
二、金融债券	130,636	－1	130,006	(2)技术改造贷款	889,658	188,648	127,694
三、应付及暂收款	2,908,315	846,751	723,377	(3)其他中长期贷款	24,911,406	3,694,712	5,728,797
其中:应付及预收利息	1,318,204	436,237	410,777	其中:个人中长期消费贷款	8,840,333	854,073	2,456,057
四、同业往来	1,410,659	－245,628	916,446	3. 信托贷款			
五、系统内资金往来				4. 融资租赁	155,015	155,015	－205
六、各项准备	1,324,110	271,460	177,423	5. 委托贷款	2,193,241	650,675	209,400
其中:贷款损失准备金	1,147,729	290,547	174,016	6. 票据融资	3,864,981	732,767	－907,739
七、所有者权益	2,958,877	731,171	2,151,313	其中:贴现	3,864,981	732,767	－907,738
其中:实收资本	1,958,999	－65,560	341,051	7. 各项垫款	27,757	10,829	－6,464
当年结益	1,751,112	1,987,695	1,224,082	二、有价证券及投资	8,247,897	1,689,357	1,685,427
八、其他	－16,348,765	－912,111	－4,187,543	三、应收及预付款	926,782	－3,131,655	147,252
				其中:应收利息	221,256	52,536	69,015
				四、同业往来	158,441	44,226	－223,773
				五、系统内资金往来	30,066,618	12,349,820	2,538,753
				六、金银占款			
				七、外汇占款	－7,365	－52,921	41,770
				八、固定资产	1,918,894	189,410	－102,514
				九、库存现金	811,362	17,645	156,180
资金来源总计	126,778,991	24,162,592	14,859,220	资金运用总计	126,778,991	24,162,592	14,859,220

湖北省金融机构(不含外资)人民币信贷收支表

表 6－1－4　　2008 年末　　单位:万元

来源项目名称	12 月余额	比年初增减数 2008 年	比年初增减数 2007 年	运用项目名称	12 月余额	比年初增减数 2008 年	比年初增减数 2007 年
一、各项存款	134,298,393	23,396,196	14,930,427	一、各项贷款	84,516,082	13,003,125	10,573,468
1.企业存款	43,006,046	6,738,561	7,095,103	1.短期贷款	29,769,358	3,629,125	3,434,949
(1)活期存款	29,533,598	2,678,247	5,663,325	(1)工业贷款	7,947,929	1,984,513	1,049,795
(2)定期存款	13,472,449	4,060,314	1,431,777	(2)商业贷款	7,505,107	－18,093	825,918
2.财政存款	5,291,673	583,780	1,523,846	(3)建筑业贷款	1,300,852	－134,432	－39,990
3.机关团体存款	5,155,817	994,944	737,828	(4)农业贷款	3,889,351	407,304	436,857
4.储蓄存款	67,426,888	13,124,801	3,284,685	(5)乡镇企业贷款	193	－466	－5,282
(1)活期储蓄	24,856,445	3,431,215	2,961,780	(6)三资企业贷款	356,697	97,552	61,317
(2)定期储蓄	42,570,443	9,693,586	322,904	(7)私营企业及个体贷款	586,424	140,811	58,709
5.农业存款	2,816,471	326,261	667,397	(8)其他短期贷款	8,182,806	1,151,937	1,047,625
6.信托存款				其中:个人短期消费贷款	309,263	57,566	116,011
7.委托存款	2,844,581	560,197	688,102	2.中长期贷款	48,505,730	7,824,713	7,843,526
8.其他存款	7,756,917	1,067,654	933,466	(1)基本建设贷款	22,777,132	3,988,317	2,004,218
二、金融债券	130,636	－1	130,006	(2)技术改造贷款	889,658	188,648	127,694
三、应付及暂收款	2,906,968	846,441	722,506	(3)其他中长期贷款	24,838,940	3,647,748	5,711,614
其中:应付及预收利息	1,317,600	435,707	410,707	其中:个人中长期消费贷款	8,839,577	853,519	2,456,100
四、同业往来	1,415,112	－244,265	914,348	3.信托贷款			
五、系统内资金往来				4.融资租赁	155,015	155,015	－205
六、各项准备	1,323,756	271,275	177,410	5.委托贷款	2,193,241	650,675	209,400
其中:贷款损失准备金	1,147,374	290,363	174,003	6.票据融资	3,864,981	732,767	－907,739
七、所有者权益	2,942,859	730,486	2,156,487	其中:贴现	3,864,981	732,767	－907,738
其中:实收资本	1,943,999	－65,560	346,051	7.各项垫款	27,757	10,829	－6,464
当年结益	1,750,356	1,986,938	1,224,255	二、有价证券及投资	8,247,897	1,689,357	1,685,427
八、其他	－16,380,285	－890,992	－4,215,727	三、应收及预付款	926,164	－3,130,911	146,192
				其中:应收利息	220,389	52,339	68,647
				四、同业往来	158,441	44,226	－223,773
				五、系统内资金往来	30,066,618	12,349,820	2,538,753
				六、金银占款			
				七、外汇占款	－7,365	－52,921	41,770
				八、固定资产	1,918,509	189,025	－102,514
				九、库存现金	811,093	17,421	156,135
资金来源总计	126,637,440	24,109,142	14,815,457	资金运用总计	126,637,440	24,109,142	14,815,457

湖北省政策性银行人民币信贷收支表

表 6－1－5　　2008 年末　　单位:万元

来源项目名称	12 月余额	比年初增减数		运用项目名称	12 月余额	比年初增减数	
		2008 年	2007 年			2008 年	2007 年
一、各项存款	1,497,591	170,866	423,998	一、各项贷款	16,187,121	2,025,724	1,743,794
1.企业存款	1,388,923	154,380	384,976	1.短期贷款	5,996,234	139,216	359,329
(1)活期存款	1,173,704	177,200	314,472	(1)工业贷款			
(2)定期存款	215,219	－22,820	70,504	(2)商业贷款	5,098,426	－160,822	310,542
2.机关团体存款				(3)建筑业贷款			
3.储蓄存款				(4)农业贷款			
(1)活期储蓄				(5)乡镇企业贷款			
(2)定期储蓄				(6)三资企业贷款			
4.农业存款				(7)私营企业及个体贷款			
5.其他存款	108,669	16,486	39,022	(8)其他短期贷款	897,808	300,038	48,787
二、代理财政性存款	199,901	3,852	25,259	其中:个人短期贷款			
三、金融债券				2.中长期贷款	10,186,703	1,883,197	1,384,023
其中:政策性金融债券				(1)基本建设贷款	7,576,960	817,682	446,649
四、应付及暂收款	24,128	2,110	5,164	(2)技术改造贷款			
其中:应付及预提利息	3,477	1,860	473	(3)其他中长期贷款	2,609,743	1,065,515	937,374
五、卖出回购资产				其中:个人中长期贷款	19,343	8,644	10,699
六、向中央银行借款				3.票据融资	4,184	3,311	442
七、同业往来	951,300	714,186	202,014	其中:贴现	4,184	3,311	442
1.同业存放	951,300	714,186	202,014	4.各项垫款			
2.同业拆借				二、有价证券及投资	2,482	－48	2,530
八、系统内资金往来	13,705,076	1,364,622		三、应收及预付款	21,743	1,536	5,125
九、委托存款及委托投资基金(净)				其中:应收利息	20,836	1,644	4,144
1.委托存款及委托投资基金				四、买入返售资产			
2.减:委托贷款及委托投资				五、存放中央银行准备金存款	367,855	187,948	103,793
十、代理金融机构委托贷款基金	2,800	－340	800	六、存放中央银行特种存款			
其中:中央银行委托贷款基金				七、缴存中央银行财政性存款			
十一、各项准备	1,728	1,308	420	八、同业往来	112,481	100,500	1,741
其中:贷款损失准备金				1.存放同业	112,481	100,500	1,741
十二、所有者权益	297,843	－6,937	71,448	2.拆放同业			
其中:实收资本		－64,384	11	九、系统内资金往来			
当年结益	297,843	297,843	236,569	十、代理金融机构贷款	2,800	－340	800
十三、其他	27,240	64,938	1,141,589	其中:代理人行专项贷款			
				十一、库存现金	786	－270	62
				十二、外汇占款	12,339	－444	12,848
资金来源总计	16,707,607	2,314,606	1,870,692	**资金运用总计**	16,707,607	2,314,606	1,870,692

湖北省国有商业银行人民币信贷收支表

表 6－1－6　　2008 年末　　单位：万元

来源项目名称	12 月余额	比年初增减数 2008 年	比年初增减数 2007 年	运用项目名称	12 月余额	比年初增减数 2008 年	比年初增减数 2007 年
一、各项存款	67,787,294	12,517,150	5,019,184	一、各项贷款	33,222,885	5,154,114	3,861,614
1.企业存款	19,741,382	2,784,959	3,108,090	1.短期贷款	6,941,626	1,048,773	1,172,670
(1)活期存款	14,315,632	1,469,317	2,563,105	(1)工业贷款	3,905,129	1,092,987	477,453
(2)定期存款	5,425,750	1,315,642	544,985	(2)商业贷款	590,226	－268,664	135,182
2.机关团体存款	4,227,481	932,546	665,725	(3)建筑业贷款	404,481	－26,270	44,536
3.储蓄存款	40,784,386	8,224,800	1,103,029	(4)农业贷款	39,435	－16,933	－28,094
(1)活期储蓄	15,536,542	2,370,784	1,384,008	(5)乡镇企业贷款			
(2)定期储蓄	25,247,844	5,854,016	－280,979	(6)三资企业贷款	107,743	35,339	7,581
4.农业存款	18,127	3,399	80	(7)私营企业及个体贷款	152,849	－15,954	34,248
5.其他存款	3,015,918	571,445	142,260	(8)其他短期贷款	1,741,764	248,268	501,763
二、代理财政性存款	325,726	24,691	59,717	其中：个人短期消费贷款	134,039	21,554	30,967
三、金融债券	636	－1	6	2.中长期贷款	24,266,670	3,610,211	3,473,573
其中：政策性金融债券	636	－1	6	(1)基本建设贷款	11,496,176	1,982,767	823,805
四、应付及暂收款	1,675,151	683,113	444,708	(2)技术改造贷款	460,740	77,212	－1,237
其中：应付及预提利息	784,810	305,691	313,753	(3)其他中长期贷款	12,309,754	1,550,232	2,651,005
五、卖出回购资产				其中：个人中长期消费贷款	5,119,192	608,483	1,245,878
六、向中央银行借款	3		－30	3.票据融资	2,008,672	494,683	－776,525
七、同业往来	1,805,418	351,576	858,071	其中：贴现	2,008,672	494,683	－776,524
1.同业存放	1,805,418	351,976	858,071	4.各项垫款	5,917	448	－8,104
2.同业拆借		－400		二、有价证券及投资	407,297	－88,919	95,752
八、系统内资金往来				三、应收及预付款	457,597	－3,215,163	27,211
九、委托存款及委托投资基金(净)	2,925	－31,317	9,162	其中：应收利息	121,978	36,557	43,575
1.委托存款及委托投资基金	1,543,733	252,183	432,613	四、买入返售资产	299,136	30,592	－31,986
2.减：委托贷款及委托投资	1,540,808	283,500	423,451	五、存放中央银行准备金存款	440,773	－92,201	22,497
十、代理金融机构委托贷款基金	23,000	－350	23,350	六、存放中央银行特种存款			
其中：中央银行委托贷款基金				七、缴存中央银行财政性存款	279,958	11,079	97,763
十一、各项准备	597,575	58,847	18,450	八、同业往来	482,210	157,884	119,596
其中：贷款损失准备金	513,829	75,867	52,725	1.存放同业	463,665	208,537	94,209
十二、所有者权益	485,659	468,110	1,221,518	2.拆放同业	18,545	－50,653	25,387
其中：实收资本				九、系统内资金往来	36,544,046	11,745,313	3,232,283
当年结益	857,565	857,565	297,896	十、代理金融机构贷款	23,000	－350	23,350
十三、其他	－217,488	－400,024	－141,821	其中：代理人行专项贷款			
				十一、库存现金	348,682	15,408	39,672
				十二、外汇占款	－19,686	－45,962	24,561
资金来源总计	72,485,898	13,671,796	7,512,314	资金运用总计	72,485,898	13,671,796	7,512,314

湖北省其他商业银行人民币信贷收支表

表 6－1－7　　2008 年末　　单位:万元

来源项目名称	12 月余额	比年初增减数 2008 年	比年初增减数 2007 年	运用项目名称	12 月余额	比年初增减数 2008 年	比年初增减数 2007 年
一、各项存款	24,025,998	3,316,583	3,412,032	一、各项贷款	18,483,410	2,647,077	2,462,720
1.企业存款	13,101,903	1,701,483	2,148,262	1.短期贷款	8,081,561	902,646	793,768
(1)活期存款	8,631,174	197,993	1,946,560	(1)工业贷款	2,346,674	339,386	215,457
(2)定期存款	4,470,730	1,503,490	201,702	(2)商业贷款	1,393,590	208,874	336,132
2.机关团体存款	698,715	52,177	46,688	(3)建筑业贷款	665,786	－54,514	－86,639
3.储蓄存款	6,423,482	1,275,478	570,563	(4)农业贷款	4,380	654	－2,881
(1)活期储蓄	2,478,131	100,078	547,323	(5)乡镇企业贷款			
(2)定期储蓄	3,945,350	1,175,400	23,239	(6)三资企业贷款	223,236	83,341	20,390
4.农业存款	13,139	12,503	－1,284	(7)私营企业及个体贷款	231,627	80,095	－36,270
5.其他存款	3,788,758	274,942	647,804	(8)其他短期贷款	3,216,269	244,811	347,579
二、代理财政性存款	55,867	18,492	14,853	其中:个人短期消费贷款	105,378	30,786	40,732
三、金融债券				2.中长期贷款	9,326,954	1,441,816	2,045,094
其中:政策性金融债券				(1)基本建设贷款	2,470,809	880,970	667,523
四、应付及暂收款	453,831	22,731	180,554	(2)技术改造贷款	107,911	54,056	17,711
其中:应付及预提利息	162,950	57,603	21,233	(3)其他中长期贷款	6,748,234	506,790	1,359,860
五、卖出回购资产	319,150	173,964	82,086	其中:个人中长期消费贷款	3,302,828	179,621	1,073,215
六、向中央银行借款		－3,780	2,904	3.票据融资	1,059,144	291,262	－375,600
七、同业往来	1,736,511	639,214	82,088	其中:贴现	1,059,144	291,262	－375,600
1.同业存放	1,736,511	639,282	83,088	4.各项垫款	15,750	11,353	－543
2.同业拆借		－68	－1,000	二、有价证券及投资	716,200	－314,926	376,709
八、系统内资金往来				三、应收及预付款	194,573	－1,544	129,615
九、委托存款及委托投资基金(净)	627,945	328,085	234,016	其中:应收利息	30,982	5,149	6,141
1.委托存款及委托投资基金	1,446,586	408,249	612,911	四、买入返售资产	913,594	41,762	714,002
2.减:委托贷款及委托投资	818,641	80,164	378,895	五、存放中央银行准备金存款	451,399	28,593	19,739
十、代理金融机构委托贷款基金				六、存放中央银行特种存款			
其中:中央银行委托贷款基金				七、缴存中央银行财政性存款	59,193	47,012	415
十一、各项准备	261,951	58,524	50,548	八、同业往来	174,710	151,382	－45,237
其中:贷款损失准备金	248,419	59,095	44,427	1.存放同业	174,710	156,837	－45,135
十二、所有者权益	455,970	192,568	100,009	2.拆放同业		－5,455	－102
其中:实收资本				九、系统内资金往来	7,294,109	2,318,847	548,819
当年结益	512,762	512,762	406,855	十、代理金融机构贷款			
十三、其他	444,397	151,346	97,360	其中:代理人行专项贷款			
				十一、库存现金	95,207	－12,876	43,450
				十二、外汇占款	－775	－7,600	6,221
资金来源总计	28,381,619	4,897,727	4,256,450	资金运用总计	28,381,619	4,897,727	4,256,450

湖北省城市商业银行人民币信贷收支表

表 6－1－8　　2008 年末　　单位:万元

来源项目名称	12 月余额	比年初增减数 2008 年	比年初增减数 2007 年	运用项目名称	12 月余额	比年初增减数 2008 年	比年初增减数 2007 年
一、各项存款	5,408,231	666,227	976,769	一、各项贷款	3,345,703	363,540	663,504
1.企业存款	2,954,772	90,201	822,578	1.短期贷款	1,707,504	373,489	374,768
(1)活期存款	2,449,138	12,322	708,994	(1)工业贷款	461,374	141,551	89,437
(2)定期存款	505,634	77,879	113,584	(2)商业贷款	421,458	203,072	61,946
2.机关团体存款	104,603	－22,450	73,156	(3)建筑业贷款	86,192	－52,692	39,553
3.储蓄存款	1,670,998	380,707	24,273	(4)农业贷款	4,415	1,965	2,190
(1)活期储蓄	688,971	129,766	32,872	(5)乡镇企业贷款	193	－466	－721
(2)定期储蓄	982,027	250,941	－8,599	(6)三资企业贷款	25,718	－21,128	33,346
4.农业存款	1,800	1,639	93	(7)私营企业及个体贷款	75,764	－30,435	50,286
5.其他存款	676,058	216,130	56,669	(8)其他短期贷款	632,390	131,622	98,731
二、代理财政性存款	138,641	14,720	56,222	其中:个人短期消费贷款	4,967	677	3,579
三、金融债券				2.中长期贷款	1,350,529	49,587	168,773
其中:政策性金融债券				(1)基本建设贷款	408,827	－5,426	14,392
四、应付及暂收款	90,961	16,887	15,051	(2)技术改造贷款	6,005	2,231	－278
其中:应付及预提利息	38,843	16,212	3,655	(3)其他中长期贷款	935,697	52,782	154,659
五、卖出回购资产	118,400	118,400	－98,000	其中:个人中长期消费贷款	106,773	－18,779	51,753
六、向中央银行借款	5,000	5,000		3.票据融资	282,611	－58,333	117,352
七、同业往来	108,679	35,010	47,209	其中:贴现	282,611	－58,333	117,352
1.同业存放	105,578	35,148	47,567	4.各项垫款	5,059	－1,203	2,611
2.同业拆借	3,101	－138	－358	二、有价证券及投资	1,702,311	585,835	55,501
八、委托存款及委托投资基金(净)	－3,557	19,940	－24,733	三、应收及预付款	75,608	11,446	42,474
1.委托存款及委托投资基金	52,689	1,431	3,533	其中:应收利息	839	－5,460	－211
2.减:委托贷款及委托投资	56,246	－18,509	28,266	四、买入返售资产	6,990	－64,129	64,293
九、代理金融机构委托贷款基金	4,560	－19,940	24,500	五、存放中央银行准备金存款	913,326	90,267	358,838
其中:中央银行委托贷款基金				六、存放中央银行特种存款			
十、各项准备	126,938	38,126	50,707	七、缴存中央银行财政性存款	62,920	5,641	26,221
其中:贷款损失准备	75,584	21,897	15,711	八、同业往来	170,560	49,361	41,761
十一、所有者权益	489,748	34,411	257,574	1.存放同业	168,175	62,868	31,978
其中:实收资本	371,080	8,800	206,068	2.拆放同业	2,385	－13,507	9,783
当年结益	54,786	54,786	43,027	九、代理金融机构贷款	1,000		－200
十二、其他	－150,519	120,969	－31,352	其中:代理人行专项贷款			
				十、库存现金	57,936	6,588	23,378
				十一、外汇占款	728	1,201	－1,823
资金来源总计	6,337,082	1,049,750	1,273,947	资金运用总计	6,337,082	1,049,750	1,273,947

湖北省农村信用社人民币信贷收支表

表 6－1－9

2008 年末

单位：万元

来源项目名称	12 月余额	比年初增减数 2008 年	比年初增减数 2007 年	运用项目名称	12 月余额	比年初增减数 2008 年	比年初增减数 2007 年
一、各项存款	12,935,740	2,239,598	1,893,691	一、各项贷款	7,448,278	1,147,733	1,100,809
1.企业存款	874,461	223,706	66,877	1.短期贷款	5,473,283	600,721	516,726
(1)活期存款	38,376	38,376	－30	(1)工业贷款			
(2)定期存款	836,085	185,330	66,907	(2)商业贷款			
2.机关团体存款	112,065	19,717	－6,882	(3)建筑业贷款			
3.储蓄存款	9,009,177	1,690,749	1,092,262	(4)农业贷款	3,811,951	407,112	451,038
(1)活期储蓄	2,920,894	407,106	469,359	(5)乡镇企业贷款			－4,561
(2)定期储蓄	6,088,283	1,283,643	622,903	(6)三资企业贷款			
4.农业存款	2,781,057	306,372	670,151	(7)私营企业及个体贷款	15,685	－3,394	13,244
5.其他存款	158,980	－946	71,283	(8)其他短期贷款	1,645,647	197,003	57,005
二、代理财政性存款	404,111	117,068	149,751	其中：个人短期消费贷款	41,601	－2,196	27,794
三、金融债券				2.中长期贷款	1,506,172	363,345	527,945
其中：政策性金融债券				(1)基本建设贷款	1,217	－240	－19,203
四、应付及暂收款	403,227	65,504	17,897	(2)技术改造贷款			
其中：应付及预提利息	171,592	6,523	54,895	(3)其他中长期贷款	1,504,955	363,585	547,148
五、卖出回购资产	1,067,994	－152,847	162,598	其中：个人中长期消费贷款	71,846	16,437	－9,158
六、向中央银行借款	11,213	－89,066	34,134	3.票据融资	467,792	183,436	56,566
七、同业往来	84,294	－73,073	57,619	其中：贴现	467,792	183,436	56,566
1.同业存放	75,010	－72,576	59,145	4.各项垫款	1,031	231	－428
2.同业拆借	9,284	－497	－1,526	二、有价证券及投资	5,156,629	1,708,715	860,790
八、委托存款及委托投资基金(净)	239,188	101,917	－95,418	三、应收及预付款	117,836	51,182	－7,807
1.委托存款及委托投资基金	481,821	168,065	－204,244	其中：应收利息	45,319	14,086	14,926
2.减：委托贷款及委托投资	242,633	66,148	－108,826	四、买入返售资产	60,717	－175,382	61,990
九、代理金融机构委托贷款基金	463,208	170,971	219,150	五、存放中央银行准备金存款	2,025,080	－158,858	494,688
其中：中央银行委托贷款基金				六、存放中央银行特种存款	160,283	117,529	42,754
十、各项准备	264,843	98,164	56,853	七、缴存中央银行财政性存款	1,932	－401	－12,333
其中：贷款损失准备	248,384	110,573	55,216	八、同业往来	732,512	485,340	－14,978
十一、所有者权益	649,962	－12,884	194,192	1.存放同业	686,772	476,466	－4,540
其中：实收资本	965,232	－149,999	99,877	2.拆放同业	45,740	8,874	－10,438
当年结益	141,546	141,546	83,570	九、代理金融机构贷款	475,237	167,275	185,063
十二、其他	－167,378	866,672	56,994	其中：代理人行专项贷款			
				十、库存现金	177,869	－10,992	36,522
				十一、外汇占款	29	－117	－37
资金来源总计	16,356,402	3,332,024	2,747,461	资金运用总计	16,356,402	3,332,024	2,747,461

湖北省邮政储汇局人民币信贷收支表

表 6－1－10　　2008 年末　　单位:万元

来源项目名称	12 月余额	比年初增减数 2008 年	比年初增减数 2007 年	运用项目名称	12 月余额	比年初增减数 2008 年	比年初增减数 2007 年
一、各项存款	9,783,389	1,797,610	506,000	一、各项贷款	154,248	129,547	24,701
1. 企业存款	229,242	229,242		1. 短期贷款	153,893	129,192	24,701
(1)活期存款	201,368	201,368		(1)工业贷款			
(2)定期存款	27,874	27,874		(2)商业贷款			
2. 机关团体存款	12,953	12,953		(3)建筑业贷款			
3. 储蓄存款	9,538,846	1,553,067	506,000	(4)农业贷款	29,170	14,506	14,664
(1)活期储蓄	3,231,907	423,481	535,171	(5)乡镇企业贷款			
(2)定期储蓄	6,306,939	1,129,586	－29,171	(6)三资企业贷款			
4. 农业存款	2,348	2,348		(7)私营企业及个体贷款	110,499	110,499	
5. 其他存款				(8)其他短期贷款	14,224	4,187	10,037
二、代理财政性存款	24,598	24,598		其中:个人短期贷款	14,224	4,187	10,037
三、金融债券				2. 中长期贷款	355	355	
其中:政策性金融债券				(1)基本建设贷款			
四、应付及暂收款	214,400	124,193	13,052	(2)技术改造贷款			
其中:应付及预提利息	143,412	53,205	13,052	(3)其他中长期贷款	355	355	
五、卖出回购资产				其中:个人中长期贷款			
六、向中央银行借款				3. 票据融资			
七、同业往来	33,981	33,981		其中:贴现			
1. 同业存放	33,981	33,981		4. 各项垫款			
2. 同业拆借				二、有价证券及投资			
八、系统内资金往来				三、应收及预付款	5,685	5,685	
九、委托存款及委托投资基金(净)				其中:应收利息	321	321	
1. 委托存款及委托投资基金	19,108	19,108		四、买入返售资产			
2. 减:委托贷款及委托投资	19,108	19,108		五、存放中央银行准备金存款			
十、代理金融机构委托贷款基金				六、存放中央银行特种存款	75,827	－2,173,322	－546,650
其中:中央银行委托贷款基金				七、缴存中央银行财政性存款			
十一、各项准备				八、同业往来	24,774	－2,977	12,991
其中:贷款损失准备				1. 存放同业	24,774	－2,977	12,991
十二、所有者权益				2. 拆放同业			
其中:实收资本				九、系统内资金往来			
当年结益				十、代理金融机构贷款			
十三、其他	－9,665,222	－4,001,879	－1,014,879	其中:代理人行专项贷款			
				十一、库存现金	130,612	19,570	13,131
				十二、外汇占款			
资金来源总计	391,146	－2,021,497	－495,827	资金运用总计	391,146	－2,021,497	－495,827

湖北省财务公司人民币信贷收支表

表 6－1－11　　2008 年末　　单位:万元

来源项目名称	12 月余额	比年初增减数 2008 年	比年初增减数 2007 年	运用项目名称	12 月余额	比年初增减数 2008 年	比年初增减数 2007 年
一、各项存款	7,684,628	1,919,026	1,429,833	一、各项贷款	5,664,438	1,530,502	857,162
1. 企业存款	4,715,363	1,554,589	662,841	1. 短期贷款	1,405,257	425,089	268,126
(1)活期存款	2,724,206	581,670	201,176	(1)工业贷款	1,234,753	410,590	295,752
(2)定期存款	1,991,157	972,919	461,665	(2)商业贷款	1,407	－553	－1,477
2. 机关团体存款				(3)其他短期贷款	169,097	15,052	－26,149
3. 委托存款及投资基金	2,880,423	289,125	773,213	2. 中长期贷款	1,868,347	476,202	294,756
(1)委托存款	2,193,241	655,788	209,400	3. 委托贷款	2,193,241	655,788	209,400
(2)委托投资基金	687,182	－366,663	563,813	4. 信托贷款			
4. 信托存款				其中:中长期信托贷款			
5. 保证金存款	81,941	73,895	2,433	5. 抵押贷款			
6. 其他存款	6,901	1,417	－8,654	6. 票据融资	42,578	－181,592	85,085
二、金融债券	130,000		130,000	其中:贴现	42,578	－181,592	85,085
三、应付及暂收款	40,303	－23,932	33,417	7. 融资租赁	155,015	155,015	－205
其中:应付及预提利息	12,516	920	3,732	8. 各项垫款			
四、长期借款				二、委托投资	683,872	34,147	160,507
五、证券业务占款			－55	三、投资	218,474	－209,177	290,884
六、卖出回购资产	406,905	76,331	－191,386	1. 短期投资	77,237	21,016	－3,000
七、向中央银行借款				2. 长期投资	141,237	－230,193	293,884
八、同业往来	5,000	5,000	－50,000	四、应收及预付款	24,222	16,097	－4,473
1. 同业存放				其中:应付利息	99	26	72
2. 同业拆借	5,000	5,000	－50,000	五、证券业务占款	10	－1,564	1,574
九、代理金融机构贷款基金				六、经营租赁			
其中:中央银行委托贷款基金				七、买入返售资产			
十、各项准备	70,565	22,691	14,367	八、存放中央银行准备金存款	317,221	－200,692	315,048
其中:贷款损失准备	61,158	22,931	15,189	九、存放中央银行特种存款			
十一、所有者权益	630,317	31,082	271,647	十、同业往来	884,636	595,716	－100,358
其中:实收资本	457,687	140,023	39,978	1. 存放同业	884,636	595,716	－97,153
当年结益	103,162	103,162	159,782	2. 拆放同业			－3,205
十一、其他	－1,174,845	－265,169	－117,483	十一、代理金融机构贷款			
				其中:代理人行专项贷款			
				十二、现金			－4
				十三、外币占款			
资金来源总计	7,792,873	1,765,029	1,520,340	资金运用总计	7,792,873	1,765,029	1,520,340

湖北省信托投资公司人民币信贷收支表

表 6－1－12　　2008 年末　　单位：万元

来源项目名称	12 月余额	比年初增减数 2008 年	比年初增减数 2007 年	运用项目名称	12 月余额	比年初增减数 2008 年	比年初增减数 2007 年
一、各项存款		－17,223	－24	一、各项贷款	10,000	4,887	－27,367
1. 信托存款				1. 信托贷款			
2. 委托存款		－11,690	6	其中：中长期信托贷款			
(1)委托存款		－11,690	6	2. 委托贷款		－5,113	
(2)委托投资基金				3. 抵押贷款			
3. 保证金存款		－5,507	－30	4. 票据融资			
4. 其他存款		－26		其中：贴现			
二、金融债券				5. 融资租赁			
三、应付及暂收款	4,967	－44,166	14,167	6. 各项垫款			
其中：应付及预提利息		－6,307	457	7. 其他贷款	10,000	10,000	－27,367
四、长期借款				二、委托投资			
五、证券业务款项				三、投资	44,505	7,878	8,354
六、卖出回购资产				1. 短期投资	44,505	36,010	8,495
七、向中央银行借款				2. 长期投资		－28,132	－141
八、同业往来		－8,284	－1,393	四、应收及预付款	28,900	－150	－45,860
1. 同业存放				其中：应收利息	15	15	
2. 同业拆借		－8,284	－1,393	五、证券业务占款			
九、代理金融机构贷款基金				六、经营租赁			
其中：中央银行委托专项贷款基金				七、买入返售资产			
十、各项准备	157	－6,385	－10,245	八、存放中央银行准备金存款	28	1	1
其中：贷款损失准备			－5,575	九、存放中央银行特种存款			
十一、所有者权益	150,316	4,510	54,613	十、同业往来			
其中：实收资本	150,000		10,117	1. 存放同业			
当年结益	－352	－352	－73	2. 拆放同业			
十二、其他	－72,006	84,158	－121,994	十一、代理金融机构贷款			
				其中：代理人行专项贷款			
				十二、库存现金	1	－6	－4
				十三、外币占款			
资金来源总计	83,434	12,610	－64,876	资金运用总计	83,434	12,610	－64,876

湖北省金融机构累放累收统计表

表 6－1－13

2008 年末

单位:万元

项目名称	累计发放		累计收回		贷款增减额		平均余额		周转次数		周转天数	
	2008 年	2007 年	2008 年	2007 年	2008 年	2007 年	2008 年	2007 年	2008 年	2007 年	2008 年	2007 年
贷款合计	89,276,722	73,850,309	77,672,533	64,217,829	11,604,189	9,632,480	79,122,965	68,727,061	0.98	0.93	372.45	392.47
1.短期贷款	38,245,621	29,121,026	35,097,255	25,962,865	3,148,366	3,158,161	30,069,582	27,378,110	1.17	0.95	311.97	384.21
(1)工业贷款	10,025,363	6,816,332	8,803,774	6,193,129	1,221,589	623,203	7,480,381	6,129,525	1.18	1.01	309.32	361.39
(2)商业贷款	6,219,746	4,730,924	5,842,686	3,958,309	377,061	772,616	7,999,022	7,713,936	0.73	0.51	500.00	715.69
(3)建筑业贷款	2,412,167	1,589,838	2,483,748	1,515,989	−71,581	73,849	1,493,814	1,523,899	1.66	0.99	219.88	368.69
(4)农业贷款	2,079,352	2,261,175	1,806,878	1,880,331	272,474	380,844	4,191,327	3,930,708	0.43	0.48	848.84	760.42
(5)乡镇企业贷款	342,721	268,429	241,140	224,305	101,581	44,124	49,724	37,710	4.85	5.95	75.26	61.34
(6)三资企业贷款	829,640	415,476	729,228	353,381	100,412	62,096	318,409	210,449	2.29	1.68	159.39	217.26
(7)私营企业及个体贷款	354,145	345,210	308,951	347,141	45,194	−1,931	198,657	197,882	1.56	1.75	233.97	208.57
(8)其他短期贷款	15,982,487	12,693,642	14,880,850	11,490,281	1,101,636	1,203,361	8,338,249	7,634,001	1.78	1.51	205.06	241.72
其中:个人短期消费贷款	834,598	658,367	785,224	601,004	49,374	57,363	252,394	185,067	3.11	3.25	117.36	112.31
2.中长期贷款	22,757,585	19,764,347	15,228,368	12,214,713	7,529,217	7,549,634	46,040,732	37,197,870	0.33	0.33	1,106.06	1,106.06
(1)基本建设贷款	7,655,414	5,754,127	4,306,593	4,039,809	3,348,821	1,714,318	20,637,984	17,415,141	0.21	0.23	1,738.10	1,586.96
(2)技术改造贷款	239,819	181,789	106,234	144,624	133,585	37,165	740,496	600,930	0.14	0.24	2,607.14	1,520.83
(3)其他中长期贷款	14,862,352	13,828,431	10,815,541	8,030,280	4,046,812	5,798,151	24,662,252	19,181,799	0.44	0.42	829.55	869.05
其中:个人中长期消费贷款	3,628,699	4,067,139	2,891,219	1,860,467	737,480	2,206,672	8,428,238	6,558,320	0.34	0.28	1,073.53	1,303.57
3.票据融资	28,112,654	24,829,119	27,197,846	25,897,729	914,808	−1,068,609	2,987,838	4,122,472	9.10	6.28	40.11	58.12
4.各项垫款	160,863	135,817	149,065	142,523	11,797	−6,706	24,813	28,609	6.01	4.98	60.73	73.29

湖北省金融机构现金收支统计表

表 6－1－14

2008 年末

单位:万元

收入项目	实际数		比上年同期增减%		支出项目	实际数		比上年同期增减%	
	12 月份	年累计	12 月份	年累计		12 月份	年累计	12 月份	年累计
一、商品销售收入	1,856,546	20,664,374	9	7	一、工资性及个人其他支出	1,297,280	13,676,069	12	3
二、服务业收入	775,480	8,987,136	－2	－2	二、农副产品采购支出	541,695	5,353,143	15	7
三、行政税费收入	219,618	2,317,802	5	19	三、工矿及其他产品采购支出	250,452	2,682,244	9	5
四、城乡个体经营收入	619,891	6,460,582	25	10	四、行政企业管理与经营费支出	915,587	9,262,283	－5	－7
五、储蓄存款收入	13,764,203	155,530,289	－3	－3	五、城乡个体经营支出	727,060	7,545,655	9	2
六、其他金融性公司收入	79,088	899,086	2	－22	六、储蓄存款支出	14,282,204	155,566,885	－2	－2
七、居民归还贷款收入	349,556	2,662,228	－26	－10	七、其他金融性公司支出	99,799	956,766	84	1
八、汇兑收入	78,203	797,512	17	3	八、居民提取贷款支出	139,903	1,636,967	23	－17
九、有价证券及其他投资性收入	47,446	428,950	13	53	九、汇兑支出	67,993	589,262	37	－11
十、其他收入	1,318,514	13,513,136	19	16	十、有价证券支出	47,422	511,109	181	203
其中:兑换外币收入	17,816	171,037	28	22	十一、其他支出	1,296,518	12,818,000	22	11
收入合计	19,108,544	212,261,094		－1	其中:兑换外币支出	3,044	70,734	－69	－51
系统内现金收入	7,452,573	78,438,018	16	5	支出合计	19,665,912	210,598,382	1	－1
由人行发行库领取现金	1,332,175	12,410,236	27	－1	系统内现金支出	7,452,573	78,439,741	16	5
由其他行、社业务领取现金	218,863	2,052,749	27	－5	交回人行发行库现金	822,881	14,040,258	1	3
前期业务库存	737,656	9,136,533	15	11	交回其他行、社业务库现金	227,966	2,085,849	34	－7
					本期业务库存	680,480	9,134,399		10
收入总计	28,849,812	314,298,629	5	1	支出总计	28,849,812	314,298,629	5	1
					投放(＋)、回笼(－)	557,369	－1,662,712	191	36
					附:代发工资	965,388	9,837,085	19	20

湖北省金融机构(含外资)外汇信贷收支表

表 6－1－15　　2008 年末　　单位:万美元

来源项目名称	12 月余额	比年初增减数 2008 年	比年初增减数 2007 年	运用项目名称	12 月余额	比年初增减数 2008 年	比年初增减数 2007 年
一、各项存款	198,157	35,021	－17,659	一、各项贷款	419,575	27,320	54,768
1. 单位活期存款	74,377	27,542	10,893	1. 短期贷款	84,644	－26,827	22,404
其中:中资企业存款	30,655	9,679	1,006	(1)境内短期贷款	84,644	－26,784	22,404
外商投资企业存款	16,028	9,613	2,263	其中:中资企业贷款	58,505	－11,314	21,504
2. 单位定期存款	30,543	10,227	6,221	外商投资企业贷款	16,173	－9,742	1,172
其中:中资企业存款	20,137	4,374	6,615	(2)境外短期贷款		－43	
外商投资企业存款	3,762	2,703	109	2. 中长期贷款	210,628	77,822	43,260
3. 储蓄存款	80,434	－1,340	－27,706	(1)境内中长期贷款	173,204	40,398	43,260
其中:定期存款	57,419	－1,164	－23,540	其中:中资企业贷款	49,715	－4,745	－3,098
4. 信托存款				外商投资贷款	11,061	－826	－857
5. 委托存款	－497	114	86	(2)境外中长期贷款	37,423	37,423	
6. 其他类存款	12,840	－1,360	－7,598	3. 进出口贸易融资	17,085	－9,391	6,660
7. 境外存款	460	－162	445	4. 票据融资	130	－321	104
二、境外筹资	17,030	－935	－1,673	其中:贴现	130	－205	6
三、同业存放	2,229	1,111	－223	5. 融资租赁			
其中:境外同业存放	7	5	2	6. 信托贷款			
四、应付及暂收款	62,282	21,412	24,559	7. 委托贷款			
其中:应付及预提利息	3,026	－3,483	－605	8. 各项垫款	193	194	
五、同业拆入	997	150	847	9. 境外筹资转贷款	106,896	－14,157	－17,660
其中:境外同业拆入	997	150	847	二、有价证券及投资	500		－41
六、外汇买卖	－1,079	－7,515	7,830	三、应收及预付款	57,354	13,465	22,090
其中:结售汇	－1,235	－7,526	8,820	其中:应收及预付利息	2,918	－2,213	－1,572
七、境内联行存放	176,506	－12,342	62,318	四、存放同业	862	－130	170
八、境外联行存放	205	－1,123	－2,020	其中:存放境外同业	795	－43	82
九、证券业务款项				五、拆放同业			－63
十、各项准备	2,964	－379	－1,765	其中:拆放境外同业			－63
其中:贷款损失准备金	2,128	－743	－1,594	六、存放境内联行			
十一、所有者权益	14,533	2,638	－3,604	七、存放境外联行		－79	－764
其中:实收资本	4,161	－1,296	－3,891	八、证券业务占款			
当年结益	11,243	11,243	8,026	九、库存现金	4,410	－599	－183
十二、其他	8,876	1,940	7,369				
资金来源总计	482,701	39,977	75,977	资金运用总计	482,701	39,977	75,977

湖北省金融机构(不含外资)外汇信贷收支表

表 6－1－16　　2008 年末　　单位:万美元

栏目 来源项目名称	12 月余额	比年初增减数		栏目 运用项目名称	12 月余额	比年初增减数	
		2008 年	2007 年			2008 年	2007 年
一、各项存款	195,445	35,809	−20,152	一、各项贷款	410,649	30,050	47,343
1.单位活期存款	72,982	28,733	8,902	1.短期贷款	77,174	−26,351	17,679
其中:中资企业存款	30,101	9,985	212	(1)境内短期贷款	77,174	−26,351	17,679
外商投资企业存款	15,188	10,499	1,066	其中:中资企业贷款	54,005	−11,314	17,004
2.单位定期存款	30,434	10,225	6,248	外商投资企业贷款	13,203	−9,309	947
其中:中资企业存款	20,137	4,374	6,615	(2)境外短期贷款			
外商投资企业存款	3,653	2,701	136	2.中长期贷款	209,741	79,484	40,856
3.储蓄存款	79,686	−1,904	−27,791	(1)境内中长期贷款	172,518	42,262	40,856
其中:定期存款	56,859	−1,622	−23,560	其中:中资企业贷款	49,615	−2,845	−5,098
4.信托存款				外商投资贷款	10,475	−916	−1,207
5.委托存款	−497	114	86	(2)境外中长期贷款	37,222	37,222	
6.其他类存款	12,840	−1,360	−7,598	3.进出口贸易融资	16,516	−8,800	6,363
7.境外存款				4.票据融资	130	−321	104
二、境外筹资	17,030	−935	−1,673	其中:贴现	130	−205	6
三、向中央银行借款				5.融资租赁			
四、中央银行存款				6.信托贷款			
五、同业存放	2,631	216	1,023	其中:境外			
其中:境外同业存放	7	5	2	7.委托贷款			
六、应付及暂收款	61,934	21,276	24,482	8.各项垫款	193	194	
其中:应付及预提利息	3,011	−3,483	−602	9.境外筹资转贷款	106,896	−14,157	−17,660
七、同业拆入			−3,000	二、有价证券及投资	500		−41
其中:境外同业拆入				其中:境外			
八、外汇买卖	−1,079	−7,515	7,830	三、应收及预付款	57,157	13,359	22,089
其中:结售汇	−1,235	−7,526	8,820	其中:应收及预付利息	2,816	−2,189	−1,615
九、境内联行存放	172,272	−11,385	56,930	四、存放中央银行	2,406	−517	1,982
十、境外联行存放	205	−123	−717	其中:缴存准备金	653	402	153
十一、证券业务款项				五、存放同业	774	18	−66
十二、各项准备	2,946	−278	−1,697	其中:存放境外同业	707	106	−155
其中:贷款损失准备金	2,110	−642	−1,526	六、拆放同业			
十三、所有者权益	13,183	3,735	−3,189	其中:拆放境外同业			
其中:实收资本	2,225	26	−3,467	七、存放境内联行			
当年结益	10,950	10,950	7,813	八、存放境外联行		−26	−81
十四、其他	11,144	1,391	11,137	九、证券业务占款			
				十、库存现金	4,225	−694	−252
资金来源总计	475,710	42,190	70,973	资金运用总计	475,710	42,190	70,973

湖北省城市商业银行外汇信贷收支表

表 6－1－17　　2008 年末　　单位：万美元

来源项目名称	12 月余额	比年初增减数		运用项目名称	12 月余额	比年初增减数	
		2008 年	2007 年			2008 年	2007 年
一、各项存款	1,892	－363	1,174	一、各项贷款	268	－519	562
1.单位活期存款	1,528	－249	1,238	1.短期贷款	237	－375	412
其中：中资企业存款			－25	(1)境内短期贷款	237	－375	412
外商投资企业存款			－418	其中：中资企业贷款	237	－375	412
2.单位定期存款			－21	其中：外商投资企业贷款			
其中：中资企业存款				(2)境外短期贷款			
外商投资企业存款			－21	2.中长期贷款			
3.储蓄存款	259	－135	－25	(1)境内中长期贷款			
其中：定期存款	242	－130	－11	其中：中资企业贷款			
4.其他类存款	105	21	－18	外商投资企业贷款			
5.境外存款				(2)境外中长期贷款			
二、境内中长期借款				3.进出口贸易融资	31	－144	150
三、卖出回购资产				4.票据融资			
四、境外筹资				其中：贴现			
五、向中央银行借款				5.各项垫款			
六、中央银行存款				6.境外筹资转贷款			
七、应付及暂收款	7	1	－3	二、投资	500		300
其中：应付及预提利息	5		－1	1.购买有价证券	500		300
八、同业存放			－535	其中：购买境外有价证券			
(1)境内同业存放			－535	2.其他投资			
(2)境外同业存放				其中：投资境外			
九、同业拆入				三、应收及预付款	44	44	
(1)境内同业拆入				其中：应收及预付利息	44	44	
(2)境外同业拆入				四、买入返售资产			
十、委托基金存款(净)				五、存放中央银行	191	148	－16
十一、外汇买卖	107	107	－147	其中：缴存准备金	117	74	43
其中：结售汇			297	六、存放同业	3,737	774	－195
十二、境内联行存放	1,979	－21	2,000	(1)存放境内同业	3,112	441	－187
十三、境外联行存放				(2)存放境外同业	625	333	－8
十四、各项准备				七、拆放同业			
其中：贷款损失准备				(1)拆放境内同业			
十五、所有者权益	254	108	－1,780	(2)拆放境外同业			
其中：实收资本			－2,000	八、存放境内联行			
当年结益	254	254	146	九、存放境外联行			
十六、其他	539	602	－70	十、库存现金	38	－13	－12
资金来源总计	**4,778**	**434**	**639**	**资金运用总计**	**4,778**	**434**	**639**

湖北省农村信用合作社外汇信贷收支表

表 6-1-18　　2008 年末　　单位:万美元

来源项目名称	12 月余额	比年初增减数 2008 年	比年初增减数 2007 年	运用项目名称	12 月余额	比年初增减数 2008 年	比年初增减数 2007 年
一、各项存款	119	−279	129	一、各项贷款			
1. 单位活期存款	93	84	5	1. 短期贷款			
其中:中资企业存款	32	23	7	(1)境内短期贷款			
外商投资企业存款	61	61	−2	其中:中资企业贷款			
2. 单位定期存款		−8	−1	其中:外商投资企业贷款			
其中:中资企业存款				(2)境外短期贷款			
外商投资企业存款		−8	−1	2. 中长期贷款			
3. 储蓄存款	26	−355	125	(1)境内中长期贷款			
其中:定期存款	19	−256	65	其中:中资企业贷款			
4. 其他类存款				外商投资企业贷款			
5. 境外存款				(2)境外中长期贷款			
二、境内中长期借款				3. 进出口贸易融资			
三、卖出回购资产				4. 票据融资			
四、境外筹资				其中:贴现			
五、向中央银行借款				5. 各项垫款			
六、中央银行存款				6. 境外筹资转贷款			
七、应付及暂收款	5	−1		二、投资			
其中:应付及预提利息	5	−1		1. 购买有价证券			
八、同业存放				其中:购买境外有价证券			
(1)境内同业存放				2. 其他投资			
(2)境外同业存放				其中:投资境外			
九、同业拆入				三、应收及预付款			
(1)境内同业拆入				其中:应收及预付利息			
(2)境外同业拆入				四、买入返售资产			
十、委托基金存款(净)				五、存放中央银行	10	−8	3
十一、外汇买卖	5	−15	−4	其中:缴存准备金	4	−9	3
其中:结售汇	5	−15	2,584	六、存放同业	325	−276	140
十二、境内联行存放		−200		(1)存放境内同业	260	−267	110
十三、境外联行存放				(2)存放境外同业	65	−9	30
十四、各项准备				七、拆放同业			
其中:贷款损失准备				(1)拆放境内同业			
十五、所有者权益	9	9	14	(2)拆放境外同业			
其中:实收资本				八、存放境内联行			
当年结益	9	9	14	九、存放境外联行			
十六、其他	200	200		十、库存现金	3	−2	−4
资金来源总计	338	−286	139	**资金运用总计**	338	−286	139

湖北省财务公司外汇信贷收支表

表 6－1－19　　2008 年末　　单位:万美元

来源项目名称	12 月余额	比年初增减数 2008 年	比年初增减数 2007 年	运用项目名称	12 月余额	比年初增减数 2008 年	比年初增减数 2007 年
一、各项存款	80	－22	－844	一、各项贷款	4,240	3,800	－1,860
1.企业存款	80	－22	－844	1.短期贷款	4,240	3,800	－1,860
其中:定期存款		－9		2.中长期贷款			
2.信托存款				3.信托贷款			
3.委托存款				其中:中长期信托贷款			
4.其他存款				4.委托贷款			
二、境内中长期筹资				5.融资租赁			
三、境外筹资				6.票据融资			
四、证券业务款项				其中:贴现			
五、卖出回购资产				7.各项垫款			
六、同业存放				8.境外筹资转贷款			
其中:境外同业存放				二、信托投资			
七、同业拆入	2,400	2,400	－3,000	1.短期信托投资			
其中:境外同业拆入				其中:境外			
八、外汇买卖				2.中长期信托投资			
九、应付及暂收款	44	44	－9	其中:境外			
其中:应付及预提利息	44	44	－9	三、投资			
十、各项准备	38	38	－20	1.购买有价证券			
其中:贷款损失准备金	38	38	－20	其中:购买境外有价证券			
十一、所有者权益	2,384	－204	164	2.其他投资			
其中:实收资本	2,225	26	33	其中:投资境外			
当年结益	151	151	164	四、证券业务占款			
十二、其他	1,437	806	974	五、经营租赁			
				六、买入返售资产			
				七、应收及预付款项	5	5	
				其中:应收及预付利息	5	5	
				八、存放中央银行	6	－2	－19
				其中:缴存准备金	6	－2	－19
				九、存放同业	2,132	－741	－856
				其中:存放境外同业			
				十、拆放同业			
				其中:拆放境外同业			
				十一、库存现金			
资金来源总计	6,383	3,062	－2,735	资金运用总计	6,383	3,062	－2,735

湖北省信托投资公司外汇信贷收支表

表 6－1－20　　2008 年末　　单位:万美元

来源项目名称 ＼ 栏目	12 月余额	比年初增减数		运用项目名称 ＼ 栏目	12 月余额	比年初增减数	
		2008 年	2007 年			2008 年	2007 年
一、各项存款				一、各项贷款			－562
1.信托存款				1.短期信托贷款			
2.委托存款				其中:境外短期			
3.其他存款				2.中长期信托贷款			
二、境内中长期筹资				其中:境外中长期			
三、境外筹资				3.委托贷款			
四、证券业务款项				4.融资租赁			
五、卖出回购资产				5.票据融资			
六、同业存放				其中:贴现			
其中:境外同业存放				6.各项垫款			
七、同业拆入				7.境外筹资转贷款			
其中:境外同业拆入				8.其他贷款			－562
八、外汇买卖		－51	－456	二、信托投资			
九、应付及暂收款			－96	1.短期信托投资			
其中:应付及预提利息				其中:境外			
十、各项准备		－2	－14	2.中长期信托投资			
其中:贷款损失准备金			－14	其中:境外			
十一、所有者权益		48	－337	三、投资			－341
其中:实收资本			－1,500	1.购买有价证券			
当年结益				其中:购买境外有价证券			
十二、其他		4		2.其他投资			－341
				其中:投资境外			
				四、证券业务占款			
				五、经营租赁			
				六、买入返售资产			
				七、应收及预付款项			
				其中:应收及预付利息			
				八、存放中央银行			
				其中:缴存准备金			
				九、存放同业			
				其中:存放境外同业			
				十、拆放同业			
				其中:拆放境外同业			
				十一、库存现金		－1	
资金来源总计		－1	－903	资金运用总计		－1	－903

湖北省证券经营机构经营情况统计表

表 6－1－21　　2008 年末　　单位:元

营业部名称	手续费及佣金收入	营业收入	营业支出	净利润	代理买卖证券款	银行存款－自有资金	总资金账户(户)	机构资金账户(户)	个人资金账户(户)	期末指定与托管证券市值
华泰证券有限责任公司孝感长征路证券营业部	83,389,259.09	86,193,475.30	26,098,332.63	57,400,514.42	332,450,785.81	209,478.64	60,679	18	60,661	1,140,206,191.00
长江证券股份有限公司荆州屈原路证券营业部	73,217,956.71	80,547,808.70	22,624,577.43	57,055,835.40	335,390,228.95	18,101.01	56,269	48	56,221	1,366,550,756.01
国信证券有限责任公司武汉京汉大道证券营业部	77,578,695.69	77,929,535.75	25,123,319.78	51,037,832.96	488,809,109.11	539,717.12	72,314	84	72,230	1,733,643,878.15
长江证券股份有限公司武汉武珞路证券营业部	65,581,928.43	74,969,038.59	24,837,819.00	50,069,167.75	550,382,469.13	45,147.72	50,684	128	50,556	2,695,656,001.81
中信建投证券有限责任公司襄樊市襄城鼓楼巷证券营业部	59,912,440.12	62,541,518.41	16,315,861.53	46,274,055.38	2,147,942,121.99	663,549.69	51,282	20	51,262	852,812,783.46
长江证券股份有限公司仙桃仙桃大道证券营业部	51,547,710.27	54,392,261.14	10,758,881.38	43,633,379.76	171,803,364.45	571,363.46	35,859	15	35,844	551,289,202.50
长江证券股份有限公司武汉友谊路证券营业部	46,443,017.27	69,392,715.87	26,486,838.15	42,902,878.77	377,954,121.31	208,170.90	46,113	113	46,000	823,982,188.46
长江证券股份有限公司荆门白庙路证券营业部	51,449,025.66	56,296,812.55	15,997,612.91	40,287,012.03	246,855,467.53	355,075.75	47,476	39	47,437	1,102,042,998.36
长江证券股份有限公司十堰人民北路证券营业部	51,467,881.79	56,773,167.72	16,761,501.75	39,997,135.02	206,061,698.12	528,521.90	45,836	20	45,816	802,095,406.62
华泰证券有限责任公司宜昌滨湖路证券营业部	64,310,473.12	61,880,875.22	19,397,725.09	39,380,850.89	334,582,354.62	572,942.29	83,514		83,514	1,285,667,215.77
中银国际证券有限责任公司武汉武珞路证券营业部	77,127,471.92	87,999,876.80	46,940,735.13	39,368,118.84	239,380,138.81	64,995.48	21,442	58	21,384	746,876,768.14
招商证券股份有限公司武汉中北路证券营业部	84,845,852.92	100,705,205.58	46,433,746.65	38,240,060.30	598,597,797.90	2,590.13	84,462	157	84,305	2,687,865,946.65
中信证券股份有限公司武汉建设大道证券营业部	60,408,580.05	60,410,623.72	23,570,839.15	36,866,179.57	439,955,013.57	4,597,471.87	59,820	390	59,430	1,953,596,857.71

续表 6－1－21

营业部名称	手续费及佣金收入	营业收入	营业支出	净利润	代理买卖证券款	银行存款－自有资金	总资金账户(户)	机构资金账户(户)	个人资金账户(户)	期末指定与托管证券市值
兴业证券股份有限公司武汉青年路证券营业部	44,512,512.80	56,247,320.62	26,569,796.02	30,366,930.52	422,052,131.13	710,316.36	32,653	458	32,195	1,399,954,478.90
华泰证券有限责任公司黄冈西湖一路证券营业部	48,957,777.80	50,495,933.79	19,171,473.86	30,088,285.03	142,729,224.62	719,947.01	31,334	14	31,320	531,690,505.64
中信建投证券有限责任公司十堰市朝阳中路证券营业部	41,723,469.06	43,633,138.89	14,112,289.06	29,565,059.86	178,732,004.67	204,077.12	39,954	32	39,922	772,467,581.32
长江证券股份有限公司宜昌夷陵大道证券营业部	37,666,892.02	42,045,691.47	13,431,097.74	28,629,121.04	166,870,080.97	142,293.04	52,930	36	52,894	805,652,159.56
中国银河证券股份有限公司襄樊证券营业部	50,666,353.82	54,567,511.40	16,878,320.47	28,075,256.89	177,541,243.09	904,282.05	50,705	26	50,679	696,834,340.94
长城证券有限责任公司武汉江汉北路证券营业部	46,261,796.27	49,219,097.99	21,708,309.38	27,480,706.90	280,368,426.40	49,636.42	55,813	45	55,768	974,933,749.00
中信建投证券有限责任公司武汉市中北路证券营业部	35,519,925.61	39,597,750.43	12,648,507.64	27,035,928.62	379,609,295.11	21,488.39	30,719	34	30,685	745,126,550.84
长江证券股份有限公司黄石武汉路证券营业部	36,487,030.95	39,869,272.52	12,999,044.12	26,885,780.11	155,318,264.21	28,930.85	56,791	42	56,749	656,487,928.07
申银万国证券股份有限公司襄樊人民广场证券营业部	38,847,794.19	42,644,649.84	15,906,557.82	26,703,956.07	157,633,738.07	27,852.69	37,366	16	37,350	593,478,873.16
联合证券有限责任公司十堰公园路证券营业部	54,411,060.76	55,784,951.41	27,994,745.44	26,581,697.62	219,433,693.95	426,863.51	48,847	6	48,841	803,025,831.32
长江证券股份有限公司武汉彭刘杨路证券营业部	35,597,734.77	40,586,575.58	14,838,929.69	25,677,488.81	193,056,949.51	404,650.72	39,083	38	39,045	658,322,803.76
中银国际证券有限责任公司武汉黄孝河路证券营业部	43,326,659.69	48,717,342.59	23,386,454.71	23,813,791.64	356,727,411.41	231,815.94	54,739	77	54,662	1,451,050,444.35
中信建投证券有限责任公司荆州市北京西路证券营业部	29,845,563.68	31,945,469.62	8,404,049.43	23,584,780.28	155,543,887.87	380,851.98	25,327	5	25,322	505,338,180.29

续表 6-1-21

营业部名称	手续费及佣金收入	营业收入	营业支出	净利润	代理买卖证券款	银行存款—自有资金	总资金账户(户)	机构资金账户(户)	个人资金账户(户)	期末指定与托管证券市值
申银万国证券股份有限公司武汉中山路证券营业部	34,760,770.52	40,763,834.22	17,616,685.32	23,160,895.08	164,801,055.81	64,003.83	22,990	59	22,931	545,183,071.15
万联证券有限责任公司鄂州滨湖北路证券营业部	27,861,441.10	28,785,245.09	6,481,482.66	22,336,239.93	119,594,106.93	158,756.44	26,204		26,204	469,080,025.30
华泰证券有限责任公司武汉武珞路证券营业部	47,180,565.12	51,333,773.41	27,074,379.58	21,823,947.35	350,459,965.69	473,842.86	41,822	122	41,700	1,217,713,410.40
广发证券股份有限公司武汉沿江大道证券营业部	34,527,690.84	35,574,067.91	10,170,869.47	21,297,258.34	215,466,436.60	338,090.20	126,249	253	125,996	637,537,072.50
申银万国证券股份有限公司武汉青年路证券营业部	32,803,237.76	37,119,163.80	16,297,930.55	20,831,646.92	132,316,950.03	129,584.49	29,073	53	29,020	470,321,968.90
中国银河证券股份有限公司宜昌新世纪证券营业部	35,898,567.60	41,681,989.61	14,283,221.24	20,402,553.87	155,850,547.04	46,655.52	26,931	21	26,910	1,656,906,705.81
中国建银投资证券有限责任公司潜江江汉路证券营业部	31,322,206.87	32,746,039.06	12,535,675.78	20,212,448.29	174,726,714.77	115,139.41	25,943	4	25,939	593,193,617.92
国泰君安证券股份有限公司襄樊襄城南街证券营业部	25,292,355.81	26,966,709.20	6,340,210.40	19,807,802.33	100,974,285.35	14,213.57	26,634	11	26,623	735,422,887.25
海通证券股份有限公司武汉分公司江大路证券营业部	32,658,450.39	42,934,539.20	20,644,811.27	19,694,591.67	229,774,204.33	263,926.71	42,581	172	42,409	1,292,060,652.63
华泰证券有限责任公司荆州北京中路证券营业部	27,911,271.70	30,141,051.03	9,826,799.02	19,074,263.70	201,731,699.48	1,426,168.38	27,617	8	27,609	476,356,402.07
中信建投证券有限责任公司武汉市建设八路证券营业部	24,049,483.85	27,508,487.37	9,037,527.86	18,585,802.70	157,872,192.83	116,621.18	29,361	15	29,346	524,081,067.07
长江证券股份有限公司武汉沿港路证券营业部	25,555,701.65	30,937,308.19	11,760,735.09	18,450,968.40	180,278,754.78	126,194.15	30,663	38	30,625	1,004,348,995.48
国泰君安证券股份有限公司宜昌珍珠路证券营业部	23,783,799.22	26,269,003.32	6,863,458.61	18,359,620.35	132,714,823.88	228,173.82	30,418	21	30,397	10,238,676,316.43

续表 6－1－21

营业部名称	手续费及佣金收入	营业收入	营业支出	净利润	代理买卖证券款	银行存款－自有资金	总资金账户(户)	机构资金账户(户)	个人资金账户(户)	期末指定与托管证券市值
中国银河证券股份有限公司荆门证券营业部	31,483,619.83	32,750,757.52	8,652,728.59	17,968,334.59	115,867,861.01	29,613.89	28,483	6	28,477	454,610,396.26
华泰证券有限责任公司恩施舞阳大街证券营业部	28,012,556.05	28,784,405.41	10,292,667.40	17,723,296.92	69,981,762.54	537,853.15	19,765		19,765	272,706,955.95
广发证券股份有限公司荆州北京路证券营业部	30,954,756.55	31,307,641.87	8,131,678.56	17,127,261.94	214,141,142.42	114,400.94	34,866	5	34,861	527,403,243.93
申银万国证券股份有限公司宜昌西陵一路证券营业部	26,666,857.86	30,561,372.80	13,458,355.64	17,102,345.62	158,323,925.35	290,482.38	21,466	18	21,448	411,017,232.32
中信建投证券有限责任公司宜昌市解放路证券营业部	24,865,342.94	26,237,851.02	9,262,220.49	17,023,526.74	100,690,884.83	245,927.27	24,180	22	24,158	392,651,642.10
国泰君安证券股份有限公司武汉洞庭街证券营业部	15,503,527.93	17,823,480.20	7,251,443.18	16,451,056.70	180,379,961.47	1,234.46	25,948	24	25,924	9,414,702,394.54
长江证券股份有限公司武汉珞瑜路证券营业部	21,596,511.64	25,661,445.49	9,350,838.48	16,316,802.50	184,846,398.16	98,495.22	17,734	77	17,657	590,311,531.09
光大证券股份有限公司武汉紫阳路证券营业部	25,454,983.78	29,357,856.02	13,134,097.63	16,206,178.11	155,469,379.70	63,908.46	28,319	74	28,245	543,940,457.14
中信建投证券有限责任公司黄石市颐阳路证券营业部	24,624,110.30	27,345,045.37	11,221,600.05	16,168,815.02	107,666,255.12	89,318.72	28,960	10	28,950	493,361,210.95
广发证券股份有限公司武汉和平大道证券营业部	28,791,576.55	29,058,832.27	7,825,010.47	15,801,558.45	262,920,247.12	109,247.60	42,928	32	42,896	721,007,796.43
广发证券股份有限公司武汉京汉大道证券营业部	30,698,142.79	34,087,729.96	13,382,871.79	15,448,434.29	413,567,658.86	294,492.48	47,127	146	46,981	2,751,288,708.75
长江证券股份有限公司武汉胜利街证券营业部	25,968,303.06	29,488,782.25	14,430,871.57	14,934,870.54	263,869,346.12	152,372.72	18,017	42	17,975	807,454,665.76
国泰君安证券股份有限公司荆州北京中路证券营业部	19,099,567.63	20,987,373.89	5,483,579.11	14,679,635.36	144,355,106.99	80,167.65	17,914	7	17,907	461,579,420.30

续表 6－1－21

营业部名称	手续费及佣金收入	营业收入	营业支出	净利润	代理买卖证券款	银行存款－自有资金	总资金账户(户)	机构资金账户(户)	个人资金账户(户)	期末指定与托管证券市值
万联证券有限责任公司黄石天津路证券营业部	23,660,456.38	26,701,952.20	12,058,052.35	14,651,701.74	145,870,338.91	202,533.93	27,728	6	27,722	443,029,039.03
申银万国证券股份有限公司黄石黄石大道证券营业部	24,152,610.91	26,864,482.55	12,410,598.94	14,432,152.09	114,640,977.08	133,964.42	30,867	58	30,809	436,977,579.67
海通证券股份有限公司武汉分公司中北路证券营业部	29,514,859.89	35,660,469.48	18,872,676.82	14,167,946.62	202,365,738.79	87,469.63	26,984	119	26,865	829,269,768.08
国泰君安证券股份有限公司武汉紫阳东路证券营业部	17,903,573.82	20,936,556.63	5,968,804.06	14,062,322.72	180,724,737.99	289,545.28	17,287	131	17,156	503,599,339.86
中国银河证券股份有限公司武汉武珞路证券营业部	23,870,605.34	26,061,230.36	7,603,338.26	13,828,372.48	148,517,875.90	394,164.42	25,694		25,694	548,722,005.70
金元证券股份有限公司武汉洪山路证券营业部	35,457,836.67	37,259,009.52	23,755,396.32	13,568,862.55	195,979,621.83	101,472.80	21,252	11	21,241	648,687,184.82
中国建银投资证券有限责任公司武汉徐东路证券营业部	27,818,108.84	29,574,397.97	16,485,477.42	13,005,030.90	197,443,966.13	340,385.53	29,917	46	29,871	533,620,278.73
湘财证券有限责任公司武汉和平大道证券营业部	21,220,659.92	21,225,888.89	9,364,287.96	11,826,520.61	185,161,278.27	52,854.87	13,109	39	13,070	407,086,849.65
国泰君安证券股份有限公司宜昌云集路证券营业部	16,024,628.32	17,555,431.17	4,791,929.05	11,582,824.04	93,865,206.88	21,554.34	23,078	11	23,067	451,189,145.56
广发证券股份有限公司武汉万松园路证券营业部	22,963,276.00	24,935,567.00	9,640,617.00	11,384,249.00	175,473,348.00	154,752.00	30,539	107	30,432	627,562,470.00
广发证券股份有限公司黄石颐阳路证券营业部	20,582,935.88	21,457,835.66	6,330,282.17	11,298,398.80	86,933,218.40	108,563.30	21,840	3	21,837	308,176,660.20
齐鲁证券有限责任公司武汉宝丰路证券营业部	17,227,016.58	19,692,027.85	8,718,722.87	10,973,304.98	124,423,352.85		13,242	26	13,216	399,655,972.00
中国银河证券股份有限公司武汉汉阳证券营业部	19,988,058.24	22,783,120.91	8,378,503.14	10,594,781.55	137,884,693.12	11,965.06	29,564	11	29,553	450,365,125.60

续表 6－1－21

营业部名称	手续费及佣金收入	营业收入	营业支出	净利润	代理买卖证券款	银行存款－自有资金	总资金账户(户)	机构资金账户(户)	个人资金账户(户)	期末指定与托管证券市值
江南证券有限责任公司武汉新华路证券营业部	20,516,107.56	21,823,868.06	11,936,670.18	9,769,608.68	105,734,506.47	111,009.32	16,466	25	16,441	257,646,866.53
光大证券股份有限公司武汉新华路证券营业部	15,485,625.59	18,865,522.06	9,233,188.28	9,585,477.28	126,012,171.53	10,080.44	18,700	79	18,621	439,491,324.51
华泰证券股份有限公司武汉首义路证券营业部	32,025,935.24	33,626,350.86	21,626,494.79	9,331,121.07	222,278,626.97	1,250,041.97	31,576	35	31,541	865,337,289.91
广发证券股份有限公司武汉珞瑜路证券营业部	18,052,504.30	19,588,762.29	7,272,977.42	9,187,212.48	160,231,038.45	297,705.80	20,792	30	20,762	521,152,164.70
万联证券有限责任公司荆门长宁大道证券营业部	14,529,158.28	14,535,739.89	5,500,251.51	9,031,172.60	79,604,711.53	147,791.86	15,657	1	15,656	230,802,211.70
中国银河证券股份有限公司武汉四唯路证券营业部	16,320,581.05	18,085,061.01	5,866,849.61	8,948,968.32	249,415,386.10	16,877.88	53,415	30	53,385	931,201,983.07
华泰证券有限责任公司当阳子龙路证券营业部	15,640,866.29	15,674,231.45	5,918,252.65	8,851,464.91	62,987,611.96	988,292.34	20,507	11	20,496	228,447,810.82
中国银河证券股份有限公司武汉花桥证券营业部	17,553,829.23	19,333,379.73	7,995,985.91	8,208,640.29	134,520,599.68	59,701.02	22,375	46	22,329	484,387,181.25
华融证券股份有限公司武汉解放大道证券营业部	17,520,592.89	18,715,146.51	7,858,674.50	8,142,354.01	85,884,409.95	398,999.13	17,462	5	17,457	343,309,419.63
中国建银投资证券有限责任公司武汉台北路证券营业部	21,483,879.48	22,618,838.29	14,620,546.14	8,048,026.37	183,946,211.17	62,936.91	20,670	42	20,628	429,424,124.13
广发证券股份有限公司武汉珞狮北路证券营业部	15,418,355.56	16,501,452.46	6,352,486.65	7,578,657.30	115,341,891.67	82,593.79	16,432	25	16,407	407,517,777.37
华泰证券股份有限公司武汉西马路证券营业部	24,675,713.94	25,241,365.58	16,090,168.53	6,900,099.51	188,799,593.99	1,356,146.67	24,901	103	24,798	546,023,468.49
英大证券有限责任公司武汉鹦鹉大道证券营业部	12,712,168.80	14,839,401.02	7,902,628.44	6,808,405.54	112,710,946.73	84,740.88	15,249	21	15,228	914,274,203.07

续表 6－1－21

营业部名称	手续费及佣金收入	营业收入	营业支出	净利润	代理买卖证券款	银行存款－自有资金	总资金账户(户)	机构资金账户(户)	个人资金账户(户)	期末指定与托管证券市值
东海证券有限责任公司武汉建设大道证券营业部	25,495,656.95	28,135,273.53	19,330,396.48	6,615,304.38	106,083,146.56	55,009.50	8,448	26	8,422	249,827,918.97
中国银河证券股份有限公司武汉汉阳大道证券营业部	13,409,637.33	14,688,486.29	6,274,485.36	6,226,567.20	90,490,021.36	45,748.36	18,184	25	18,159	354,175,311.75
广发证券股份有限公司武汉黄孝河路证券营业部	12,861,269.65	13,794,848.73	5,396,195.81	6,174,718.23	191,836,985.39	36,975.52	41,125	51	41,074	653,849,776.81
华泰证券有限责任公司武汉青山和平大道证券营业部	18,878,821.32	19,752,547.88	12,034,879.11	5,972,044.40	152,096,639.06	510,062.00	34,437	39	34,398	610,889,551.42
中山证券有限责任公司武汉新华下路证券营业部	14,003,156.29	14,781,599.85	7,730,451.27	5,893,455.04	113,666,777.93	64,217.76	17,887	25	17,862	476,459,044.59
平安证券有限责任公司武汉建设大道证券营业部	14,629,750.32	15,876,912.46	9,505,555.40	5,599,947.02	97,315,607.56	30,020,557.70	11,409	14	11,395	317,519,327.82
东方证券股份有限公司武汉二七路证券营业部	12,198,187.01	14,167,107.38	8,252,689.20	5,507,133.12	66,454,812.31	45,342.56	7,773	17	7,756	211,302,626.44
广发证券股份有限公司武汉民权路证券营业部	11,410,296.41	12,187,150.85	4,507,312.90	5,431,597.88	83,260,520.05	54,223.80	21,226	16	21,210	331,622,179.06
中国银河证券股份有限公司武汉洪山证券营业部	20,080,351.16	23,299,457.62	15,882,608.90	5,309,765.82	210,746,864.61	46,545.58	32,525	30	32,495	767,813,475.59
安信证券股份有限公司武汉胜利街证券营业部	14,050,639.79	15,614,931.33	10,471,913.79	5,167,234.92	137,984,890.77	40,291.93	13,654	14	13,640	305,993,887.01
广发证券股份有限公司武汉武珞路证券营业部	10,596,707.75	11,525,743.49	4,827,216.27	5,005,423.37	84,348,869.85	47,191.39	36,398	36	36,362	332,256,385.10
闽发证券有限责任公司武汉台北一路证券营业部	10,747,895.59	11,834,680.34	5,692,487.93	4,851,313.61	107,282,418.04	1,505,002.95	7,515	24	7,491	281,192,981.53
上海远东证券有限责任公司宜昌东山大道证券营业部	11,435,239.37	11,436,401.68	6,929,363.05	4,498,946.73	76,930,626.31	8,740.97	5,553	4	5,549	204,085,905.11

续表 6－1－21

营业部名称	手续费及佣金收入	营业收入	营业支出	净利润	代理买卖证券款	银行存款－自有资金	总资金账户(户)	机构资金账户(户)	个人资金账户(户)	期末指定与托管证券市值
宏源证券股份有限公司武汉东湖路证券营业部	17,923,944.75	20,387,413.03	13,589,826.88	4,405,378.43	157,984,562.23	8,177.64	5,075	46	5,029	697,895,025.27
安信证券股份有限公司武汉东湖路证券营业部	9,838,640.33	10,143,725.92	5,914,625.66	4,282,314.00	74,743,167.58	100,019.55	5,293	22	5,271	289,414,342.35
中国银河证券股份有限公司武汉自由路证券营业部	9,778,827.20	10,866,733.13	5,110,746.12	4,184,930.29	101,982,261.52	45,117.54	17,350	27	17,323	520,682,848.48
招商证券股份有限公司武汉航空路证券营业部	13,593,033.37	15,287,333.87	9,766,097.81	4,031,174.42	80,178,387.40	3,912.66	17,491	23	17,468	379,674,419.68
广发证券股份有限公司武汉鹦鹉大道证券营业部	8,787,462.95	8,946,954.26	3,799,832.55	3,870,102.18	65,492,533.36	20,235.28	11,657	49	11,608	210,899,825.90
长江证券股份有限公司襄樊建华路证券营业部	9,012,570.55	9,744,958.85	6,876,109.92	2,867,729.51	36,005,181.41	416,284.10	9,881	5	9,876	309,733,637.81
国信证券股份有限公司武汉桃山新村证券营业部	9,953,178.41	11,091,061.50	7,599,083.14	2,610,169.16	96,351,954.76	3,654,693.28	9,938		9,938	252,023,726.91
国泰君安证券股份有限公司武汉解放大道证券营业部	22,548,811.98	24,929,501.30	12,756,014.92	2,233,466.20	171,684,684.43	190,171.89	22,462	24	22,438	430,607,115.36
信泰证券经纪有限责任公司武汉青年路证券营业部	12,061,077.92	13,619,755.04	10,698,981.05	2,185,956.63	90,446,607.46	39,075.16	11,578	16	11,562	221,262,965.79
国都证券有限责任公司武汉解放大道证券营业部	6,505,270.68	8,567,011.07	7,422,777.67	877,526.95	29,432,025.87	351,182.55	2,738	17	2,721	109,237,678.44
上海远东证券有限责任公司武汉球场路证券营业部	8,205,637.51	8,210,835.01	7,549,278.83	590,875.18	100,878,400.70	10,014.50	3,142	16	3,126	146,897,661.60
东北证券有限责任公司武汉香港路证券营业部	7,772,279.35	10,259,493.31	9,927,721.98	328,563.64	96,024,941.78	369,713.65	6,482	23	6,459	540,102,165.89
闽发证券有限责任公司荆州拥军路证券营业部	1,830,990.29	1,989,314.84	2,422,639.35	－440,420.42	11,554,102.83	5,218.72	1,295		1,295	32,582,465.59
广发证券股份有限公司宜昌东山大道证券营业部	809,324.60	942,622.69	1,576,787.90	－634,165.21	13,781,335.97	36,812.53	1,150	3	1,147	31,120,492.54
合计	2,999,168,867.63	3,293,840,351.63	1,344,609,055.99	1,793,406,690.21	20,606,213,076.97	62,735,700.20	3,101,173	4,772	3,096,401	88,495,647,457.11

注：本表以各证券经营机构“净利润”的降序排序。

湖北省证券经营机构交易情况统计表

表 6－1－22　　2008 年末　　单位：元

营业部名称	A 股	B 股(折人民币)	基金	债券	权证	债券回购	交易量合计
中银国际证券有限责任公司武汉武珞路证券营业部	35,768,618,322.28	43,243,757.07	500,149,639.93	16,281,476.11	23,677,181,813.74		60,005,475,009.13
招商证券股份有限公司武汉中北路证券营业部	50,327,551,571.06	165,120,756.42	983,686,286.97	467,209,630.76	8,052,650,251.62		59,996,218,496.83
国信证券有限责任公司武汉京汉大道证券营业部	46,826,717,374.60	62,877,865.73	545,517,936.01	131,356,007.30	6,330,985,837.98		53,897,455,021.62
长城证券有限责任公司武汉江汉北路证券营业部	30,116,035,597.90	17,696,259.25	563,811,141.46	112,401,077.31	17,384,313,260.59		48,194,257,336.51
兴业证券股份有限公司武汉青年路证券营业部	34,779,980,179.30	46,808,282.93	943,727,635.57	265,708,968.90	9,357,227,062.09	53,600,000.00	45,447,052,128.79
长江证券股份有限公司武汉友谊路证券营业部	39,856,856,395.20	54,424,517.01	338,495,014.30	259,836,327.31	2,862,008,754.38		43,371,621,008.20
华泰证券有限责任公司孝感长征路证券营业部	28,439,823,659.00		477,218,582.00	40,452,854.00	12,708,893,808.00		41,666,388,903.00
中国银河证券股份有限公司宜昌新世纪证券营业部	14,507,614,027.23	17,258,761.46	133,677,740.87	380,293,025.73	26,025,573,863.95		41,064,417,419.24
长江证券股份有限公司武汉武珞路证券营业部	32,063,953,649.34	66,341,915.33	273,514,721.93	270,499,414.54	3,285,646,134.46		35,959,955,835.60
长江证券股份有限公司荆州屈原路证券营业部	23,372,229,958.20	19,987,625.43	187,335,787.03	23,630,232.79	11,439,765,084.65		35,042,948,688.10
华泰证券有限责任公司武汉武珞路证券营业部	26,016,462,180.26	72,314,104.00	793,251,022.97	138,371,604.71	6,755,032,166.17		33,775,431,078.11
中信建投证券有限责任公司武汉市中北路证券营业部	27,581,726,341.24	41,725,608.66	203,977,662.76	10,683,854.20	2,874,850,588.64		30,712,964,055.50
中信证券股份有限公司武汉建设大道证券营业部	26,741,774,579.24	70,105,206.89	1,184,180,628.06	174,392,070.83	2,437,319,441.18		30,607,771,926.20
华泰证券有限责任公司宜昌滨湖路证券营业部	23,924,185,648.95	40,391,061.01	191,339,132.16	205,508,268.01	3,215,267,398.11		27,576,691,508.24
中银国际证券有限责任公司武汉黄孝河路证券营业部	20,236,589,773.13	50,679,300.20	155,053,420.15	56,323,420.73	5,077,905,767.26		25,576,551,681.47
华泰证券股份有限公司武汉首义路证券营业部	19,669,956,813.68	37,392,408.63	188,753,088.21	155,566,531.67	3,611,298,808.27		23,662,967,650.46
中国银河证券股份有限公司武汉四唯路证券营业部	18,338,989,733.45	30,833,018.48	127,683,087.08	48,859,305.82	4,464,328,473.05		23,010,693,617.88
国泰君安证券股份有限公司武汉解放大道证券营业部	21,440,008,689.10	31,647,603.41	74,832,639.71	24,719,334.96	1,343,660,038.70		22,914,868,305.88
长江证券股份有限公司仙桃仙桃大道证券营业部	19,438,789,552.00	8,982,233.15	139,572,218.30	19,069,165.20	2,252,945,147.00		21,859,358,315.65

续表 6－1－22

营业部名称	A股	B股(折人民币)	基金	债券	权证	债券回购	交易量合计
江南证券有限责任公司武汉新华路证券营业部	15,493,637,081.70	3,268,527.09	67,542,410.23	16,640,505.06	6,232,012,058.38		21,813,100,582.46
申银万国证券股份有限公司武汉中山路证券营业部	18,775,633,155.89	107,917,287.95	310,673,406.18	261,303,771.90	2,263,973,316.75	58,100,000.00	21,777,600,938.67
中信建投证券有限责任公司襄樊市襄城鼓楼巷证券营业部	18,602,673,215.12	12,444,624.55	158,774,727.09	7,070,631.56	2,178,473,577.55		20,959,436,775.87
中国银河证券股份有限公司襄樊证券营业部	14,949,986,348.93	11,571,979.57	254,301,431.72	23,456,896.80	5,349,584,435.74		20,588,901,092.76
长江证券股份有限公司荆门白庙路证券营业部	17,668,955,621.87	16,296,633.26	111,173,651.04	36,331,152.09	2,041,581,560.08		19,874,338,618.34
海通证券股份有限公司武汉分公司江大路证券营业部	16,639,590,809.00	33,715,736.00	230,614,427.00	41,388,046.00	2,733,106,547.00		19,678,415,565.00
国泰君安证券股份有限公司襄樊襄城南街证券营业部	7,985,167,366.27	15,659,958.21	82,263,077.54	9,897,970.27	11,553,096,001.59		19,646,084,373.88
华泰证券有限责任公司黄冈西湖一路证券营业部	15,920,139,079.03		28,856,147.81	193,951,621.13	3,496,877,800.74		19,639,824,648.71
华泰证券股份有限公司武汉西马路证券营业部	13,798,237,043.01	55,684,977.07	170,265,460.90	39,379,627.39	5,473,446,426.45		19,537,013,534.82
广发证券股份有限公司武汉京汉大道证券营业部	17,320,512,485.00	35,757,181.34	213,595,821.90	21,232,484.69	1,622,803,008.75		19,213,900,981.68
联合证券有限责任公司十堰公园路证券营业部	15,959,544,749.69	18,125,024.14	164,576,950.11	33,284,922.90	2,689,067,734.99		18,864,599,381.83
中国建银投资证券有限责任公司潜江江汉路证券营业部	12,520,533,696.63	9,088,777.80	119,356,925.08	7,290,464.34	6,015,032,690.79		18,671,302,554.64
中国建银投资证券有限责任公司武汉徐东路证券营业部	14,221,242,656.20	27,737,883.25	174,809,164.19	34,159,861.01	4,171,369,729.83	8,500,000.00	18,637,819,294.48
金元证券股份有限公司武汉洪山路证券营业部	15,429,165,611.57	15,601,042.55	122,674,008.84	89,817,546.68	2,561,133,687.29		18,218,391,896.93
长江证券股份有限公司武汉彭刘杨路证券营业部	16,129,766,974.31	42,427,643.93	216,149,995.37	27,732,593.58	1,584,412,891.78		18,000,490,098.97
光大证券股份有限公司武汉紫阳路证券营业部	15,319,064,449.38	390,026.91	341,179,999.09	19,620,904.29	2,216,765,934.17		17,897,021,313.84
广发证券股份有限公司武汉沿江大道证券营业部	16,286,668,579.38	43,815,027.40	162,574,062.60	25,985,385.53	1,356,397,187.05		17,875,440,241.96
广发证券股份有限公司武汉黄孝河路证券营业部	15,777,824,202.06	21,773,320.48	168,176,499.53	25,235,517.13	1,782,951,624.86		17,775,961,164.06
长江证券股份有限公司武汉胜利街证券营业部	14,943,750,661.96	2,426,942.27	321,951,048.48	16,907,160.05	2,204,051,273.68		17,489,087,086.44
中国建银投资证券有限责任公司武汉台北路证券营业部	11,853,811,350.30	12,238,358.42	77,929,527.77	5,106,832.82	5,468,358,763.30		17,417,444,832.61

续表 6－1－22

营业部名称	A股	B股(折人民币)	基金	债券	权证	债券回购	交易量合计
申银万国证券股份有限公司武汉青年路证券营业部	14,488,498,761.98	116,868,255.88	184,191,308.45	14,616,400.86	2,571,534,064.60		17,375,708,791.77
长江证券股份有限公司十堰人民北路证券营业部	15,280,779,882.28	18,306,401.95	140,065,736.66	34,663,807.72	1,519,325,619.84		16,993,141,448.45
广发证券股份有限公司荆州北京路证券营业部	14,328,931,433.30	18,798,816.73	106,000,488.08	8,156,173.42	2,258,626,462.57		16,720,513,374.10
海通证券股份有限公司武汉分公司中北路证券营业部	13,356,190,329.70	33,017,501.54	220,885,949.13	208,283,488.96	2,858,936,322.46		16,677,313,591.79
湘财证券有限责任公司武汉和平大道证券营业部	14,503,963,323.33	29,922,079.05	249,893,436.18	95,606,832.57	1,778,033,094.73		16,657,418,765.86
广发证券股份有限公司武汉和平大道证券营业部	15,359,123,434.38	14,346,866.62	176,442,497.41	40,890,977.24	1,031,550,943.55		16,622,354,719.20
华泰证券有限责任公司荆州北京中路证券营业部	13,645,467,149.61	16,815,561.17	114,294,175.21	16,542,333.68	2,061,934,526.36		15,855,053,746.03
中国银河证券股份有限公司武汉武珞路证券营业部	11,102,852,842.00	18,669,793.31	699,580,082.80	25,181,678.52	3,873,204,692.90		15,719,489,089.53
华泰证券有限责任公司武汉青山和平大道证券营业部	10,557,688,645.73	23,096,801.55	49,380,330.95	33,377,599.59	5,043,077,345.22		15,706,620,723.04
长江证券股份有限公司武汉沿港路证券营业部	13,438,198,143.00	40,300,565.06	225,917,525.80	41,215,797.76	1,758,149,317.40		15,503,781,349.02
东海证券有限责任公司武汉建设大道证券营业部	13,827,865,114.20	31,943.75	34,587,828.51	2,897,729.45	1,496,277,245.98		15,361,659,861.89
长江证券股份有限公司黄石武汉路证券营业部	13,036,326,565.76	14,411,609.94	139,356,462.33	13,104,647.14	2,083,851,544.18		15,287,050,829.35
中信建投证券有限责任公司十堰市朝阳中路证券营业部	13,222,430,006.36	57,835,743.57	141,142,693.12	10,862,284.59	1,669,560,663.61		15,101,831,391.25
长江证券股份有限公司宜昌夷陵大道证券营业部	12,783,597,783.04	10,630,976.82	156,423,519.89	39,633,161.84	1,974,375,300.24		14,964,660,741.83
广发证券股份有限公司武汉万松园路证券营业部	13,764,949,681.00	27,315,809.00	110,779,577.00	18,158,058.00	980,262,275.00		14,901,465,400.00
中信建投证券有限责任公司荆州市北京西路证券营业部	12,867,694,014.26	36,161,179.49	87,534,163.77	4,543,701.97	1,718,564,691.97		14,714,497,751.46
光大证券股份有限公司武汉新华路证券营业部	12,848,655,379.52	13,681,725.46	163,481,141.66	47,067,341.41	1,476,280,669.27		14,549,166,257.32
国泰君安证券股份有限公司武汉紫阳东路证券营业部	12,407,858,927.84	46,941,375.51	149,025,657.09	6,474,527.74	984,246,303.96		13,594,546,792.14
申银万国证券股份有限公司襄樊人民广场证券营业部	12,306,302,964.87	15,938,634.88	111,393,329.27	3,184,674.07	1,062,025,362.07	64,900,000.00	13,563,744,965.16
国泰君安证券股份有限公司荆州北京中路证券营业部	13,115,815,569.25	10,881,785.17	119,776,614.10	11,317,065.46	303,438,425.51		13,561,229,459.49

续表 6－1－22

营业部名称	A股	B股(折人民币)	基金	债券	权证	债券回购	交易量合计
中国银河证券股份有限公司武汉花桥证券营业部	10,608,966,750.59	16,065,947.72	127,450,947.65	45,557,608.71	2,585,757,371.95		13,383,798,626.62
安信证券股份有限公司武汉胜利街证券营业部	9,540,774,416.41	8,511,712.82	59,571,966.67	4,276,317.49	3,541,212,539.48		13,154,346,952.87
齐鲁证券有限责任公司武汉宝丰路证券营业部	10,593,733,000.00	16,013,579.00	112,740,947.00	8,963,640.00	2,282,304,082.00		13,013,755,248.00
中国银河证券股份有限公司武汉洪山证券营业部	11,193,018,736.00	46,704,379.50	511,415,265.30	34,592,763.67	1,163,428,436.43		12,949,159,580.90
中信建投证券有限责任公司宜昌市解放路证券营业部	11,758,128,453.62	5,237,814.96	110,278,229.15	15,886,598.79	780,956,852.52		12,670,487,949.04
申银万国证券股份有限公司宜昌西陵一路证券营业部	11,265,788,917.45	12,617,913.58	271,380,910.47	14,621,380.99	1,093,908,438.97		12,658,317,561.46
宏源证券股份有限公司武汉东湖路证券营业部	10,413,108,266.90	17,587,527.74	37,900,898.31	4,062,364.22	2,096,168,026.44		12,568,827,083.61
中信建投证券有限责任公司黄石市颐阳路证券营业部	9,589,687,067.32	13,501,698.77	277,078,999.09	1,260,094,235.35	1,210,790,914.18		12,351,152,914.71
国泰君安证券股份有限公司宜昌珍珠路证券营业部	10,572,160,000.00	49,385,253.30	85,710,000.00	29,434,498.34	1,425,460,000.00		12,162,149,751.64
广发证券股份有限公司武汉珞瑜路证券营业部	10,823,362,442.00	9,690,599.55	105,711,738.20	66,543,011.89	1,123,759,140.00		12,129,066,931.64
长江证券股份有限公司武汉珞瑜路证券营业部	10,540,071,261.00	28,692,633.89	266,902,506.32	117,209,525.50	1,153,069,610.31		12,105,945,537.02
万联证券有限责任公司鄂州滨湖北路证券营业部	10,542,206,112.95	14,154,224.23	114,406,442.92	3,887,936.66	1,393,107,394.69		12,067,762,111.45
中国银河证券股份有限公司武汉汉阳证券营业部	9,176,549,400.53	17,759,003.89	108,222,613.55	17,510,872.13	2,718,482,137.03		12,038,524,027.13
万联证券有限责任公司黄石天津路证券营业部	9,955,536,429.11	92,733,399.58	84,844,927.63	39,358,549.42	971,317,152.32	528,400,000.00	11,672,190,458.06
信泰证券经纪有限责任公司武汉青年路证券营业部	8,926,659,945.51	3,886,581.34	100,721,520.26	34,330,853.73	2,347,331,775.97		11,412,930,676.81
中信建投证券有限责任公司武汉市建设八路证券营业部	10,272,423,547.03	15,223,924.12	77,252,511.76	14,935,785.23	834,183,298.21		11,214,019,066.35
中国银河证券股份有限公司荆门证券营业部	9,223,241,900.15	12,770,594.82	104,991,105.03	2,105,400.32	1,225,785,731.75		10,568,894,732.07
申银万国证券股份有限公司黄石黄石大道证券营业部	9,197,166,829.36	41,317,028.96	67,533,924.79	10,888,645.13	1,044,452,203.80	2,300,000.00	10,363,658,632.04
国泰君安证券股份有限公司武汉洞庭街证券营业部	8,587,075,453.86	10,396,801.46	95,987,426.58	104,358,006.28	1,183,151,817.14		9,980,969,505.32
中国银河证券股份有限公司武汉汉阳大道证券营业部	8,073,739,842.90	24,377,656.89	95,057,917.79	325,084.75	1,778,256,414.22		9,971,756,916.55

续表 6－1－22

营业部名称	A股	B股(折人民币)	基金	债券	权证	债券回购	交易量合计
上海远东证券有限责任公司宜昌东山大道证券营业部	7,232,707,790.68		40,742,040.49	40,609,531.81	2,655,039,857.86		9,969,099,220.84
华泰证券有限责任公司恩施舞阳大街证券营业部	7,908,605,912.03	1,922,125.50	90,021,376.27	22,795,077.72	1,702,024,697.09		9,725,369,188.61
广发证券股份有限公司武汉珞狮北路证券营业部	8,398,304,900.00	13,300,343.21	105,170,390.50	33,432,093.38	769,529,200.52		9,319,736,927.61
东方证券股份有限公司武汉二七路证券营业部	7,326,658,583.50	1,319,469.25	65,519,753.91	1,974,111.08	1,923,163,981.39		9,318,635,899.13
闽发证券有限责任公司武汉台北一路证券营业部	6,802,691,149.00	13,291,935.97	26,565,325.10	4,989,552.01	2,322,082,115.00	47,302,659.00	9,216,922,736.08
中山证券有限责任公司武汉新华下路证券营业部	7,757,762,912.70	3,844,913.64	34,642,404.81	2,473,396.49	1,389,211,084.11	100,000.00	9,188,034,711.75
平安证券有限责任公司武汉建设大道证券营业部	8,143,310,092.82	21,143,967.48	107,998,041.05	3,634,213.07	818,005,929.67		9,094,092,244.09
安信证券股份有限公司武汉东湖路证券营业部	6,461,802,385.99	20,741,049.47	44,736,481.90	53,579,362.52	1,864,704,964.35		8,445,564,244.23
国泰君安证券股份有限公司宜昌云集路证券营业部	7,219,940,000.00	23,152,438.00	33,890,000.00	1,402,263.00	1,055,250,000.00		8,333,634,701.00
招商证券股份有限公司武汉航空路证券营业部	6,952,766,944.48	25,999,456.74	67,467,385.58	15,336,382.92	1,031,963,187.87		8,093,533,357.59
广发证券股份有限公司黄石颐阳路证券营业部	7,179,597,789.00	4,202,882.33	60,636,259.77	805,392.76	699,943,298.50		7,945,185,622.36
华融证券股份有限公司武汉解放大道证券营业部	7,577,402,201.12	1,180.32	26,764,630.60	2,605,002.45	203,380,229.94		7,810,153,244.43
中国银河证券股份有限公司武汉自由路证券营业部	5,614,510,562.69	9,535,878.52	67,859,635.29	78,984,624.09	1,862,776,221.77		7,633,666,922.36
广发证券股份有限公司武汉武珞路证券营业部	6,743,847,223.00	8,093,724.80	68,330,601.35	7,860,242.74	643,442,316.30		7,471,574,108.19
广发证券股份有限公司武汉民权路证券营业部	6,671,527,898.80	2,864,714.21	65,017,307.23	15,611,462.93	533,318,955.14		7,288,340,338.31
英大证券有限责任公司武汉鹦鹉大道证券营业部	6,074,731,523.56	3,849,345.76	54,630,827.58	43,784,967.27	726,718,544.91		6,903,715,209.08
万联证券有限责任公司荆门长宁大道证券营业部	5,979,223,192.13	6,274,326.42	37,446,839.43	4,055,710.78	734,227,576.99		6,761,227,645.75
国信证券股份有限公司武汉桃山新村证券营业部	4,838,634,724.34	6,223,811.37	36,526,206.20	4,121,104.10	1,819,759,527.52		6,705,265,373.53
华泰证券有限责任公司当阳子龙路证券营业部	5,636,423,909.08	2,951,906.49	82,287,077.76	4,097,391.62	495,405,019.70		6,221,165,304.65
广发证券股份有限公司武汉鹦鹉大道证券营业部	4,736,992,266.86	4,939,139.56	19,448,481.09	4,743,100.76	593,743,875.87		5,359,866,864.14

续表 6－1－22

营业部名称	A 股	B 股(折人民币)	基金	债券	权证	债券回购	交易量合计
东北证券有限责任公司武汉香港路证券营业部	4,169,149,978.83	2,880,920.20	21,285,774.25	943,857.43	1,125,773,552.25		5,320,034,082.96
长江证券股份有限公司襄樊建华路证券营业部	4,025,991,296.69	51,145.16	47,175,693.09	546,706.65	560,474,905.98		4,634,239,747.57
上海远东证券有限责任公司武汉球场路证券营业部	3,758,643,799.85		7,276,532.05	773,556.61	453,244,955.02		4,219,938,843.53
国都证券有限责任公司武汉解放大道证券营业部	3,541,269,392.79	2,311,497.75	14,709,284.67	3,466,585.92	394,660,035.17		3,956,416,796.30
闽发证券有限责任公司荆州拥军路证券营业部	1,223,640,114.98	131,320.36	4,667,332.24	94,467.21	211,476,137.92		1,440,009,372.71
广发证券股份有限公司宜昌东山大道证券营业部	384,365,927.59	477,269.97	23,118,196.85	49,204,939.66	235,112,538.28		692,278,872.35
合计	1,464,500,860,379.07	2,563,877,702.30	18,952,463,322.88	6,643,602,923.67	323,431,920,868.56	763,202,659.00	1,816,855,927,855.48

注:本表以各证券经营机构“交易量合计”的降序排序。

湖北省期货公司经营情况统计表

表 6－1－23

2008 年末

机构名称	注册资本（亿元）	资产总额（万元）	净资产（万元）	净资本（万元）	客户保证金（万元）	代理交易量（手）	代理交易额（亿元）	手续费净收入（万元）	利息净收入（万元）	投资收益（万元）	公允价值变动收益（万元）	营业收入小计（万元）	营业税金及附加（万元）	业务及管理费（万元）	营业支出小计（万元）	营业利润（万元）	净利润（万元）	客户开户数（户）
长江期货有限公司	1.00	41,312.32	11,068.91	8,547.28	29,683.42	6,592,053.00	3,610.15	3,031.71	441.30	－102.41		3,370.60	175.21	2,530.26	2,857.66	512.94	600.42	11,259.00
美尔雅期货经纪公司	0.60	36,530.86	9,560.80	8,719.96	23,583.31	6,806,032.00	3,832.50	4,271.36	399.96	109.38	－942.70	3,838.00	246.15	2,546.59	3,011.82	826.18	617.00	12,582.00
湘财祈年期货经纪公司	0.78	19,063.36	7,252.98	6,930.21	11,644.52	5,230,261.00	2,486.88	1,865.14	125.70	82.61		2,073.45	157.35	2,241.94	2,492.42	－418.97	－424.38	3,561.00
合计	2.38	96,906.54	27,882.69	24,197.45	64,911.25	18,628,346.00	9,929.53	9,168.22	966.96	89.58	－942.70	9,282.05	578.71	7,318.79	8,361.90	920.15	793.04	27,402.00

湖北省期货营业部经营情况统计表

表 6－1－24

2008 年末

营业部名称	代理交易金额（亿元）	代理交易量	营业利润（元）	手续费净收入（元）	客户权益（元）	营业利润（元）	开户数（户）
中期期货汉口营业部	6,369.59	15,285,794	15,290,967.67	31,913,149.91	290,133,479.80	15,290,967.67	2,071
长江期货直属营业部	3,169.26	5,041,051	8,868,398.48	29,709,286.43	224,521,017.05	8,868,398.48	10,555
中期期货武昌营业部	1,400.62	2,582,535	6,501,921.09	10,766,536.39	77,073,119.99	6,501,921.09	1,184
美尔雅期货直属营业部	1,770.34	3,577,580	4,414,235.00	21,294,273.07	88,631,004.20	4,414,235.00	7,411
美尔雅期货黄石营业部	676.48	623,603	3,545,578.65	9,459,435.18	89,196,494.90	3,545,578.65	798
美尔雅期货荆州营业部	425.13	789,238	617,624.21	4,042,533.46	21,225,116.12	617,624.21	835
南证期货汉口营业部	519.95	1,075,307	472,852.59	2,303,321.93	43,536,919.82	472,852.59	1,768
美尔雅期货武昌营业部	484.76	907,851	412,650.63	4,153,971.29	18,394,714.53	412,650.63	1,421
长江期货孝感营业部	33.65	81,945	245,681.39	956,338.74	2,450,574.25	245,681.39	208
湘财期货直属营业部	521.64	1,106,774	202,826.28	3,696,784.05	19,940,690.01	202,826.28	834
万达期货武汉营业部	58.58	157,978	197,094.66	508,869.28	15,930,374.58	197,094.66	169
美尔雅期货襄樊营业部	283.35	527,994	123,791.32	2,026,288.70	6,532,453.12	123,791.32	1,066
长江期货鄂州营业部	269.61	600,948	35,907.32	203,183.57	3,649,425.47	35,907.32	88
中航期货武汉营业部	138.66	270,878	－5,275.95	849,222.51	7,835,707.87	－5,275.95	204
中钢期货武汉营业部	64.72	108,144	－21,036.54	356,307.29	6,813,936.51	－21,036.54	147
中期期货襄樊营业部	3.02	8,813	－79,817.59	42,350.24	9,528,459.33	－79,817.59	26
长江期货潜江营业部	51.98	92,398	－74,380.50	102,564.18	1,573,192.51	－74,380.50	44
长江期货随州营业部	0.01	210	－120,430.20		86,391.90	－120,430.20	18
美尔雅期货十堰营业部	35.73	82,397	－172,826.14	608,316.20	2,706,707.63	－172,826.14	287
美尔雅期货宜昌营业部	83.18	172,593	－282,903.52	588,457.77	5,932,752.67	－282,903.52	453
华闻期货武汉营业部	109.04	263,589	－429,089.67	766,909.47	2,877,129.33	－429,089.67	95
广发期货武汉营业部	65.68	158,467	－780,728.74	314,900.01	7,213,551.90	－780,728.74	256
合计	16,534.98	33,516,087	38,963,040.44	124,662,999.67	945,783,213.49	38,963,040.44	29,938

湖北省上市公司主要财务数据统计表

表 6－1－25　　2008 年末　　单位:万元

证券代码	证券简称	负债及股东权益总计	所有者权益	营业总收入	营业利润	利润总额	净利润	每股收益(元)	净资产收益率(%)
600005.SH	武钢股份	7,331,363.71	2,771,438.16	7,333,870.62	631,004.81	635,029.51	519,042.40	0.66	18.76
600068.SH	葛洲坝	3,170,349.73	548,184.86	1,936,963.03	86,939.68	92,392.36	84,634.18	0.49	17.79
000783.SZ	长江证券	1,819,097.09	460,335.70	207,324.19	97,276.68	98,052.18	70,162.72	0.42	15.24
600801.SH	华新水泥	1,071,635.36	491,244.30	634,945.96	46,248.60	57,694.45	53,494.01	1.14	11.31
600743.SH	华远地产	488,981.56	165,908.65	225,602.72	54,484.55	55,232.65	41,566.63	0.52	26.12
600006.SH	东风汽车	1,111,421.57	582,511.12	1,243,149.66	39,238.35	42,982.24	41,460.96	0.16	6.03
000422.SZ	湖北宜化	1,130,685.42	313,548.36	713,072.08	39,891.11	41,554.37	40,786.74	0.49	13.41
000707.SZ	双环科技	527,923.19	224,296.58	344,496.64	34,335.60	34,470.79	33,285.73	0.38	9.70
000926.SZ	福星股份	721,611.84	358,587.53	320,142.59	42,205.43	41,993.34	33,055.91	0.47	9.24
002194.SZ	武汉凡谷	225,851.81	189,252.96	140,940.82	34,165.28	35,537.04	32,909.20	0.77	17.39
600141.SH	兴发集团	303,293.69	117,906.02	267,567.64	41,877.47	37,327.62	30,972.28	1.17	26.18
600035.SH	楚天高速	297,854.32	248,730.00	71,706.41	40,201.64	40,432.50	30,176.52	0.32	12.13
000501.SZ	鄂武商 A	517,812.91	153,692.05	662,971.64	37,496.30	37,512.35	27,457.50	0.36	14.15
600879.SH	火箭股份	523,175.01	286,040.36	232,989.06	30,764.34	31,034.80	24,455.26	0.46	8.93
600498.SH	烽火通信	565,438.75	278,847.84	342,696.17	16,695.79	22,632.34	23,468.29	0.43	7.13
000708.SZ	大冶特钢	339,835.24	175,665.80	750,177.10	11,354.20	17,892.16	20,088.08	0.45	11.44
000668.SZ	荣丰控股	110,066.33	58,242.14	285,105.39	14,642.85	25,326.30	19,112.48	1.26	34.70
000759.SZ	武汉中百	414,676.81	157,988.50	864,912.55	20,991.88	24,005.27	17,159.13	0.31	10.99
600745.SH	中茵股份	164,413.77	33,697.06	77,111.39	9,139.78	20,220.16	16,948.43	0.48	56.99
000553.SZ	沙隆达 A	204,948.19	111,638.87	221,734.32	26,116.34	23,435.36	16,911.08	0.29	15.73
600298.SH	安琪酵母	203,432.32	98,849.94	131,127.21	14,538.87	15,165.96	14,311.66	0.39	12.07
000939.SZ	凯迪电力	697,035.76	250,175.06	185,513.58	21,157.58	23,292.46	14,295.03	0.11	2.82
000826.SZ	合加资源	235,784.45	103,246.46	52,315.14	13,249.25	13,964.78	11,419.55	0.27	11.83
000852.SZ	江钻股份	154,194.45	92,532.93	133,262.07	13,113.07	12,898.77	10,842.68	0.33	11.44
600079.SH	人福科技	255,424.91	124,010.63	102,436.95	11,772.88	11,748.54	10,187.57	0.20	7.77

续表 6－1－25

证券代码	证券简称	负债及股东权益总计	所有者权益	营业总收入	营业利润	利润总额	净利润	每股收益(元)	净资产收益率(%)
600568.SH	ST 潜药	166,139.38	61,623.75	248,065.42	10,500.43	10,923.42	9,937.83	0.33	9.90
000952.SZ	广济药业	120,261.15	83,701.13	57,178.28	11,402.79	11,726.59	9,734.61	0.39	12.80
000520.SZ	长航凤凰	574,690.36	155,735.13	267,649.51	7,930.37	10,766.88	8,026.06	0.11	5.07
000988.SZ	华工科技	240,193.17	116,366.31	120,748.83	5,767.84	9,634.20	7,639.47	0.17	6.17
600993.SH	马应龙	116,288.95	87,142.52	80,963.10	8,596.58	8,944.90	7,199.67	0.87	10.30
600260.SH	凯乐科技	236,223.61	137,860.47	115,856.69	8,753.36	8,663.68	6,882.35	0.26	4.97
900956.SH	东贝 B 股	198,293.92	57,433.49	190,869.72	5,200.92	6,242.51	5,993.07	0.14	6.88
600168.SH	武汉控股	317,686.14	163,177.38	23,746.35	4,073.17	6,860.58	5,718.46	0.13	3.89
600703.SH	三安光电	86,104.11	48,113.15	21,316.11	6,197.12	6,197.53	5,205.05	0.21	10.82
000883.SZ	三环股份	409,648.45	117,749.79	403,754.93	4,689.89	6,740.22	5,110.07	0.11	3.49
600681.SH	S*ST 万鸿	10,760.82	－48,469.77	843.17	－3,096.51	4,847.44	4,847.44	0.24	
600345.SH	长江通信	160,170.70	108,258.81	50,980.90	3,030.44	4,524.62	3,453.01	0.10	2.10
600133.SH	东湖高新	245,424.16	86,598.08	27,873.83	1,271.06	4,625.55	2,929.57	0.11	3.68
000785.SZ	武汉中商	238,006.34	60,306.72	316,100.85	3,950.74	5,472.68	2,846.64	0.15	6.97
600136.SH	ST 道博	19,910.56	6,881.53	8,801.60	2,615.53	2,594.13	2,214.41	0.21	33.17
002013.SZ	中航精机	62,401.30	43,048.46	35,626.85	1,932.77	2,252.91	2,193.25	0.21	5.57
000627.SZ	天茂集团	197,952.09	151,277.09	90,928.21	1,204.09	1,706.70	1,714.08	0.03	1.20
600107.SH	美尔雅	124,415.41	54,292.94	31,638.28	2,478.66	2,285.98	1,583.41	0.04	2.85
600976.SH	武汉健民	115,903.16	76,123.56	83,535.18	1,817.74	2,462.50	1,554.72	0.10	2.15
002159.SZ	三特索道	77,207.49	40,755.62	18,156.88	3,196.59	2,907.91	1,407.65	0.09	2.86
000678.SZ	襄阳轴承	77,823.89	46,860.45	49,015.15	1,744.15	2,474.31	1,320.48	0.04	2.85
000971.SZ	*ST 迈亚	76,538.85	14,908.05	11,822.61	－3,699.51	1,141.86	1,141.86	0.05	8.23
000665.SZ	武汉塑料	78,007.59	23,936.20	48,134.55	705.78	1,654.43	1,117.65	0.04	4.80
600086.SH	东方金钰	123,058.97	46,115.37	73,216.84	1,608.74	1,569.83	1,021.32	0.02	1.57
600184.SH	新华光	114,271.64	50,572.05	75,014.62	625.49	915.74	868.01	0.07	2.20
600566.SH	洪城股份	82,961.35	50,618.36	21,298.60	874.68	906.13	841.96	0.08	1.66

续表 6－1－25

证券代码	证券简称	负债及股东权益总计	所有者权益	营业总收入	营业利润	利润总额	净利润	每股收益(元)	净资产收益率(%)
000670.SZ	S*ST 天发	24,190.73	22,557.15	11,387.34	1,295.80	1,327.91	560.46	0.01	1.22
000821.SZ	京山轻机	133,944.26	112,728.71	52,095.26	542.79	797.12	471.09	0.02	0.47
600774.SH	汉商集团	148,549.37	56,287.81	59,293.94	－2,071.97	714.95	235.23	0.03	1.19
600275.SH	*ST 昌鱼	307,743.77	31,752.78	3,324.47	34.99	606.66	125.59		0.31
600885.SH	力诺太阳	80,065.68	12,048.25	63,166.87	－919.97	－3,549.31	－4,700.20	－0.36	－61.44
600293.SH	三峡新材	202,590.57	68,463.47	74,211.99	－3,488.54	－7,358.94	－7,352.43	－0.21	－10.89
600355.SH	精伦电子	65,400.30	56,175.54	18,862.32	－8,154.42	－7,962.99	－7,723.21	－0.31	－13.75
000760.SZ	博盈投资	56,944.97	18,900.82	50,176.71	－6,286.93	－9,757.92	－9,761.76	－0.41	－53.71
600769.SH	祥龙电业	117,033.52	65,238.31	83,672.98	－15,902.69	－15,337.53	－14,915.84	－0.40	－22.86
000615.SZ	湖北金环	105,049.31	57,906.47	60,409.81	－16,957.96	－17,224.33	－16,464.57	－0.78	－28.51
600421.SH	*ST 国药	7,899.00	－25,009.74	1,913.08	－27,965.06	－27,876.92	－27,876.92	－1.42	
200770.SZ	*ST 武锅 B	286,787.93	－21,453.69	112,107.13	－38,072.43	－37,256.84	－35,767.28	－1.19	
000966.SZ	长源电力	1,299,368.56	187,156.52	447,141.53	－96,167.33	－98,632.36	－97,685.68	－1.51	－59.02
合计	29,692,219.72	10,880,310.93	20,993,035.37	1,308,161.55	1,399,361.02	1,119,850.55	0.33	10.29	

注：本表以各上市公司“净利润”的降序排序。

湖北省上市公司股权结构统计表

表 6－1－26　　2008 年末　　单位:万股

证券代码	证券简称	总股本	流通 A 股	限售 A 股	A 股合计	流通 B 股	限售 B 股	B 股合计	流通股合计	限售股合计	股改前非流通股
600005.SH	武钢股份	783,800.00	313,520.00	470,280.00	783,800.00				313,520.00	470,280.00	
600006.SH	东风汽车	200,000.00	79,800.00	120,200.00	200,000.00				79,800.00	120,200.00	
000783.SZ	长江证券	167,480.00	85,594.30	81,885.70	167,480.00				85,594.30	81,885.70	
600068.SH	葛洲坝	166,540.92	78,581.74	87,959.18	166,540.92				78,581.74	87,959.18	
600035.SH	楚天高速	93,165.25	43,425.02	49,740.23	93,165.25				43,425.02	49,740.23	
600743.SH	华远地产	77,812.91	7,820.00	69,992.91	77,812.91				7,820.00	69,992.91	
000926.SZ	福星股份	70,522.77	52,382.90	18,139.86	70,522.77				52,382.90	18,139.86	
000627.SZ	天茂集团	67,679.49	49,479.49	18,200.00	67,679.49				49,479.49	18,200.00	
000520.SZ	长航凤凰	67,472.23	48,631.55	18,840.68	67,472.23				48,631.55	18,840.68	
000553.SZ	沙隆达 A	59,392.32	24,169.72	12,222.60	36,392.32	23,000.00		23,000.00	47,169.72	12,222.60	
000759.SZ	武汉中百	56,050.53	53,137.64	2,912.89	56,050.53				53,137.64	2,912.89	
000966.SZ	长源电力	55,414.20	32,447.30	22,966.90	55,414.20				32,447.30	22,966.90	
000422.SZ	湖北宜化	54,237.81	48,155.50	6,082.31	54,237.81				48,155.50	6,082.31	
600879.SH	火箭股份	54,069.39	40,419.29	13,650.10	54,069.39				40,419.29	13,650.10	
600275.SH	*ST 昌鱼	50,883.72	33,126.80	17,756.92	50,883.72				33,126.80	17,756.92	
000501.SZ	鄂武商 A	50,724.86	43,283.38	7,441.48	50,724.86				43,283.38	7,441.48	
000707.SZ	双环科技	46,414.58	34,637.47	11,777.10	46,414.58				34,637.47	11,777.10	
000708.SZ	大冶特钢	44,940.85	18,588.79	26,352.05	44,940.85				18,588.79	26,352.05	
600168.SH	武汉控股	44,115.00	19,035.75	25,079.25	44,115.00				19,035.75	25,079.25	
002194.SZ	武汉凡谷	42,760.00	10,838.00	31,922.00	42,760.00				10,838.00	31,922.00	
000826.SZ	合加资源	41,335.61	23,284.28	18,051.33	41,335.61				23,284.28	18,051.33	
600498.SH	烽火通信	41,000.00	17,941.11	23,058.89	41,000.00				17,941.11	23,058.89	
600801.SH	华新水泥	40,360.00	8,911.19	15,048.81	23,960.00	7,823.87	8,576.13	16,400.00	16,735.06	23,624.94	
600079.SH	人福科技	38,908.57	32,524.52	6,384.05	38,908.57				32,524.52	6,384.05	
600769.SH	祥龙电业	37,497.72	28,237.58	9,260.14	37,497.72				28,237.58	9,260.14	

续表 6－1－26

证券代码	证券简称	总股本	流通 A 股	限售 A 股	A 股合计	流通 B 股	限售 B 股	B 股合计	流通股合计	限售股合计	股改前非流通股
000939.SZ	凯迪电力	36,848.00	23,835.57	13,012.43	36,848.00				23,835.57	13,012.43	
600107.SH	美尔雅	36,000.00	26,871.13	9,128.87	36,000.00				26,871.13	9,128.87	
600086.SH	东方金钰	35,228.17	16,073.07	19,155.10	35,228.17				16,073.07	19,155.10	
000821.SZ	京山轻机	34,523.88	34,519.34	4.54	34,523.88				34,519.34	4.54	
600293.SH	三峡新材	34,450.26	19,959.42	14,490.84	34,450.26				19,959.42	14,490.84	
000988.SZ	华工科技	32,890.00	32,889.34	0.66	32,890.00				32,889.34	0.66	
600745.SH	中茵股份	32,737.49	5,352.74	27,384.75	32,737.49				5,352.74	27,384.75	
000852.SZ	江钻股份	30,800.00	10,007.29	20,792.71	30,800.00				10,007.29	20,792.71	
000678.SZ	襄阳轴承	30,107.98	21,661.03	8,446.95	30,107.98				21,661.03	8,446.95	
200770.SZ	*ST 武锅 B	29,700.00			17,200.00	12,500.00		12,500.00	12,500.00		17,200.00
000883.SZ	三环股份	28,538.77	19,175.36	9,363.41	28,538.77				19,175.36	9,363.41	
600133.SH	东湖高新	27,559.22	15,479.14	12,080.08	27,559.22				15,479.14	12,080.08	
000670.SZ	S*ST 天发	27,220.91	15,466.88		27,220.91				15,466.88		11,754.03
600298.SH	安琪酵母	27,140.00	17,553.30	9,586.70	27,140.00				17,553.30	9,586.70	
600260.SH	凯乐科技	26,382.00	26,382.00		26,382.00				26,382.00		
600141.SH	兴发集团	25,200.00	19,680.16	5,519.84	25,200.00				19,680.16	5,519.84	
000952.SZ	广济药业	25,170.55	23,575.78	1,594.77	25,170.55				23,575.78	1,594.77	
000785.SZ	武汉中商	25,122.17	16,111.89	9,010.28	25,122.17				16,111.89	9,010.28	
600703.SH	三安光电	24,618.49	7,033.86	17,584.64	24,618.49				7,033.86	17,584.64	
600355.SH	精伦电子	24,604.46	17,451.27	7,153.19	24,604.46				17,451.27	7,153.19	
000971.SZ	*ST 迈亚	24,310.00	15,705.59	8,604.41	24,310.00				15,705.59	8,604.41	
000760.SZ	博盈投资	23,685.23	14,361.73	9,323.50	23,685.23				14,361.73	9,323.50	
900956.SH	东贝 B 股	23,500.00			12,000.00	11,500.00		11,500.00	11,500.00		12,000.00
000615.SZ	湖北金环	21,167.73	15,026.01	6,141.72	21,167.73				15,026.01	6,141.72	
600681.SH	S*ST 万鸿	20,806.80	10,852.38		20,806.80				10,852.38		9,954.42
600345.SH	长江通信	19,800.00	10,793.58	9,006.42	19,800.00				10,793.58	9,006.42	

续表 6－1－26

证券代码	证券简称	总股本	流通 A 股	限售 A 股	A 股合计	流通 B 股	限售 B 股	B 股合计	流通股合计	限售股合计	股改前非流通股
600421.SH	*ST 国药	19,560.00	14,059.57	5,500.43	19,560.00				14,059.57	5,500.43	
000665.SZ	武汉塑料	17,748.86	11,593.96	6,154.90	17,748.86				11,593.96	6,154.90	
600774.SH	汉商集团	17,457.54	11,857.28	5,600.25	17,457.54				11,857.28	5,600.25	
600885.SH	力诺太阳	15,374.38	14,028.50	1,345.88	15,374.38				14,028.50	1,345.88	
600976.SH	武汉健民	15,339.86	13,605.61	1,734.25	15,339.86				13,605.61	1,734.25	
000668.SZ	荣丰控股	14,684.19	4,987.78		14,684.19				4,987.78		9,696.41
600568.SH	ST 潜药	12,546.66	8,537.19	4,009.47	12,546.66				8,537.19	4,009.47	
002159.SZ	三特索道	12,000.00	7,613.52	4,386.48	12,000.00				7,613.52	4,386.48	
002013.SZ	中航精机	10,710.00	7,489.58	3,220.42	10,710.00				7,489.58	3,220.42	
600566.SH	洪城股份	10,630.80	9,087.00	1,543.80	10,630.80				9,087.00	1,543.80	
600184.SH	新华光	10,500.00	5,594.81	4,905.19	10,500.00				5,594.81	4,905.19	
600136.SH	ST 道博	10,444.40	7,735.24	2,709.16	10,444.40				7,735.24	2,709.16	
600993.SH	马应龙	9,210.55	6,804.75	2,405.80	9,210.55				6,804.75	2,405.80	
合计		3,356,898.08	1,786,785.96	1,446,107.25	3,293,498.08	54,823.87	8,576.13	63,400.00	1,841,609.83	1,454,683.38	60,604.87

注:本表以各上市公司“总股本”的降序排序。

湖北省上市公司分配方案

表 6－1－27　　2008 年末

证券代码	证券简称	每股分红送转(元)	每股股利(税前)(元)	每股红股(股)	每股转增股本(股)	是否分红
002194.SZ	武汉凡谷	0.6	0.3		0.3	有分转
600141.SH	兴发集团	0.45	0.25		0.2	有分转
002013.SZ	中航精机	0.25	0.05	0.2		有分转
600743.SH	华远地产	0.25	0.25			有分转
600801.SH	华新水泥	0.15	0.15			有分转
000926.SZ	福星股份	0.1	0.1			有分转
000759.SZ	武汉中百	0.1	0.1			有分转
600168.SH	武汉控股	0.045	0.045			有分转
600079.SH	人福科技	0.042	0.042			有分转
000988.SZ	华工科技	0.035	0.035			有分转
600745.SH	中茵股份					不分转
600184.SH	新华光					不分转
600703.SH	三安光电					不分转
002159.SZ	三特索道					不分转
600568.SH	ST 潜药					不分转
000665.SZ	武汉塑料					不分转
600774.SH	汉商集团					不分转
000615.SZ	湖北金环					不分转
600133.SH	东湖高新					不分转
000971.SZ	*ST 迈亚					不分转
000785.SZ	武汉中商					不分转
600355.SH	精伦电子					不分转
000678.SZ	襄阳轴承					不分转
000826.SZ	合加资源					不分转
000952.SZ	广济药业					不分转
000939.SZ	凯迪电力					不分转
600769.SH	祥龙电业					不分转
000966.SZ	长源电力					不分转
000821.SZ	京山轻机					不分转
000501.SZ	鄂武商 A					不分转
000627.SZ	天茂集团					不分转
200770.SZ	*ST 武锅 B					不分转
900956.SH	东贝 B 股					不分转
000668.SZ	荣丰控股					有分转
600993.SH	马应龙			0.4	0.4	有分转
600136.SH	ST 道博					不分转

续表 6－1－27

证券代码	证券简称	每股分红送转(元)	每股股利(税前)(元)	每股红股(股)	每股转增股本(股)	是否分红
600566.SH	洪城股份					有分转
000852.SZ	江钻股份				0.3	有分转
600345.SH	长江通信					有分转
600681.SH	S*ST 万鸿					不分转
600976.SH	武汉健民					有分转
600885.SH	力诺太阳					不分转
600421.SH	*ST 国药					不分转
000760.SZ	博盈投资					不分转
000670.SZ	S*ST 天发					不分转
600086.SH	东方金钰					不分转
600298.SH	安琪酵母					有分转
600498.SH	烽火通信					有分转
000708.SZ	大冶特钢					有分转
000883.SZ	三环股份					有分转
600293.SH	三峡新材					不分转
000553.SZ	沙隆达 A					有分转
600260.SH	凯乐科技			1		有分转
600107.SH	美尔雅					不分转
600275.SH	*ST 昌鱼					不分转
000707.SZ	双环科技					不分转
600879.SH	火箭股份				0.5	有分转
600035.SH	楚天高速					有分转
000422.SZ	湖北宜化					有分转
000520.SZ	长航凤凰					有分转
600068.SH	葛洲坝					有分转
600006.SH	东风汽车					有分转
000783.SZ	长江证券					有分转
600005.SH	武钢股份					有分转

湖北省保险公司经营状况汇总表

表 6－1－28　　2008 年末　　单位:万元

保险机构	原保险保费收入				赔款及给付			简单赔付率%	保险金额及责任限额(亿元)	签单数量(万)
	本期金额	上年同期	同比%	市场份额%	本期金额	上年同期	同比%			
中国人民财产保险股份有限公司湖北省分公司	297,572.88	242,834.09	22.54%	51.03%	218,638.31	138,859.35	57.45%	73.47%	13,383.28	434.01
中国太平洋财产保险股份有限公司湖北分公司	58,054.98	37,740.03	53.83%	9.95%	34,762.91	28,705.68	21.10%	59.88%	5,007.24	76.18
中国平安财产保险股份有限公司湖北分公司	39,303.92	42,717.36	−7.99%	6.74%	31,513.81	23,531.58	33.92%	80.18%	2,351.60	22.35
天安保险股份有限公司湖北省分公司	21,376.80	21,056.35	1.52%	3.67%	24,007.81	16,593.40	44.68%	112.31%	977.51	15.02
太平保险有限公司湖北分公司	22,973.81	20,154.93	13.99%	3.94%	15,027.07	15,097.94	−0.47%	65.41%	1,574.07	12.77
中国大地财产保险股份有限公司湖北分公司	15,977.72	17,639.06	−9.42%	2.74%	12,539.18	7,457.27	68.15%	78.48%	1,160.00	11.60
永安财产保险股份有限公司湖北分公司	14,673.34	14,355.24	2.22%	2.52%	11,356.41	9,660.65	17.55%	77.39%	407.63	13.02
华安财产保险股份有限公司湖北分公司	6,694.13	1,010.18	562.66%	1.15%	1,338.82	3,142.32	−57.39%	20.00%	59.01	3.22
中华联合财产保险公司湖北分公司	59,820.25	50,603.08	18.21%	10.26%	44,817.41	37,678.19	18.95%	74.92%	1,381.58	31.32
永诚财产保险股份有限公司湖北分公司	12,376.55	5,636.36	119.58%	2.12%	4,043.33	1,717.85	135.37%	32.67%	743.29	5.18
华泰财产保险股份有限公司湖北省分公司	1,809.17	1,480.68	22.18%	0.31%	990.88	1,002.41	−1.15%	54.77%	140.06	0.71
安邦财产保险股份有限公司湖北分公司	5,126.28	7,624.49	−32.77%	0.88%	4,860.25	5,974.33	−18.65%	94.81%	86.94	4.36
都邦财产保险股份有限公司湖北分公司	7,142.31	4,545.92	57.11%	1.22%	4,684.29	796.62	488.02%	65.59%	221.29	7.65
天平汽车保险股份有限公司湖北分公司	4,650.29	4,741.85	−1.93%	0.80%	2,960.29	734.92	302.80%	63.66%	93.50	3.85
阳光财产保险股从有限公司湖北省分公司	8,614.81	4,103.68	109.93%	1.48%	3,394.01	402.92	742.35%	39.40%	370.93	4.89
中国信用保险公司武汉营业管理部	1,608.94			0.28%	−54.01			−3.36%	15.61	0.00
渤海财产保险股份有限公司湖北分公司	4,414.45			0.76%	534.16			12.10%	83.91	2.82
民安保险(中国)有限公司湖北分公司	983.78			0.17%	54.26			5.52%	83.71	0.51
合计	583,174.41	476,243.30	22.45%	18%	415,469.21	291,355.43	42.60%	71.24%	28,141.17	649.46
国寿股份	950,014.73	569,481.74	66.82%	36.70%	209,543.00	228,501.84	−8.30%	22.06%	312,064.37	327.94
国寿存续	69,253.41	83,158.96	−16.72%	2.68%	67,350.11	83,423.79	−19.27%	97.25%	1.91	3.11
中国太平洋人寿保险股份有限公司湖北分公司	277,124.52	169,297.40	63.69%	10.71%	36,687.85	20,396.93	79.87%	13.24%	1,008.66	82.63
中国平安人寿保险股份有限公司湖北分公司	274,944.11	216,121.18	27.22%	10.62%	48,179.98	37,978.09	26.86%	17.52%	1,452.84	15.42
泰康人寿保险股份有限公司湖北分公司	261,987.08	138,239.02	89.52%	10.12%	54,696.95	23,325.32	134.50%	20.88%	802.30	38.19
新华人寿保险股份有限公司湖北分公司	330,309.09	103,935.70	217.80%	12.76%	19,453.49	5,821.65	234.16%	5.89%	536.58	38.47

续表 6－1－28

保险机构	原保险保费收入				赔款及给付			简单赔付率%	保险金额及责任限额（亿元）	签单数量（万）
	本期金额	上年同期	同比%	市场份额%	本期金额	上年同期	同比%			
太平人寿保险有限公司湖北分公司	70,707.52	52,856.10	33.77%	2.73%	2,228.43	1,907.82	16.81%	3.15%	123.99	10.60
生命人寿保险股份有限公司湖北分公司	97,039.30	64,905.32	49.51%	3.75%	1,419.18	1,302.93	8.92%	1.46%	53.33	5.54
合众人寿保险股份有限公司湖北分公司	54,643.83	32,369.28	68.81%	2.11%	1,562.85	776.52	101.26%	2.86%	222.55	5.06
信诚人寿保险有限公司湖北省分公司	22,119.59	15,260.59	44.95%	0.85%	1,021.00	660.41	54.60%	4.62%	75.14	3.25
长城人寿保险股份有限公司湖北省分公司	21,881.74	13,824.78	58.28%	0.85%	456.56	294.85	54.84%	2.09%	161.16	1.44
平安养老保险股份有限公司湖北分公司	273.03			0.01%	2.81			1.03%	0.58	0.00
中国人民人寿保险股份有限公司湖北省分公司	100,190.89	1,619.15	60.88	3.87%	742.92			0.74%	156.68	4.52
嘉禾人寿保险股份有限公司湖北分公司	16,579.11			0.64%	78.36			0.47%	76.11	1.16
海尔纽约人寿保险有限公司湖北分公司	851.26	16.16		0.03%	17.58			2.07%	3.72	0.30
阳光人寿保险股份有限公司湖北分公司	25,944.80			1.00%	10.10			0.04%	23.55	1.37
中国人民健康保险股份有限公司湖北分公司	13,991.61			0.54%	9.47			0.07%	22.62	1.69
招商信诺人寿保险有限公司湖北分公司	239.63			0.01%	0.42			0.17%	18.54	1.84
民生人寿保险股份有限公司湖北分公司	236.73			0.01%					0.39	0.05
合计	2,588,331.96	1,461,085.38	77.15%	81.61%	443,461.04	404,390.16	9.66%	17.13%	316,805.03	542.60
总计	**3,171,506.37**	**1,937,328.68**	**63.71%**	**100.00%**	**858,930.25**	**695,745.59**	**23.45%**	**27.08%**	**344,946.20**	**1,192.06**

湖北省财产保险公司各市(州)经营情况汇总表

表 6－1－29　　2008 年末　　单位:万元

地区	保费收入				赔款支出			简单赔付率%	保险金额及责任限额(亿元)	签单数量(万)
	本期金额	上年同期	同比%	全省占比%	本期金额	上年同期	同比%			
武汉市	228,817.77	196,000.63	16.74%	39.24%	154,742.03	123,502.00	25.30%	67.62%	16,330.72	163.31
黄石市	26,993.30	22,615.11	19.36%	4.63%	17,295.12	11,263.22	53.55%	64.07%	1,146.17	20.32
襄樊市	40,144.40	32,171.23	24.78%	6.88%	27,354.50	17,984.83	52.10%	68.14%	1,250.06	41.38
荆州市	48,661.85	34,538.42	40.89%	8.34%	30,351.21	18,318.63	65.68%	62.37%	1,647.05	59.89
宜昌市	55,795.36	48,869.56	14.17%	9.57%	39,103.10	30,737.60	27.22%	70.08%	2,287.42	44.85
十堰市	30,994.96	27,488.91	12.75%	5.31%	23,810.67	16,875.58	41.10%	76.82%	1,010.54	39.02
孝感市	24,283.67	17,732.63	36.94%	4.16%	20,737.87	10,062.06	106.10%	85.40%	723.93	57.49
荆门市	32,576.09	24,417.29	33.41%	5.59%	27,331.90	16,285.28	67.83%	83.90%	794.89	40.40
鄂州市	11,084.81	8,700.06	27.41%	1.90%	9,044.10	4,558.73	98.39%	81.59%	381.46	13.63
黄冈市	29,421.92	20,375.31	44.40%	5.05%	20,990.67	12,291.16	70.78%	71.34%	929.15	99.84
咸宁市	15,357.54	12,617.61	21.72%	2.63%	12,457.60	8,115.59	53.50%	81.12%	628.79	32.69
随州市	13,873.03	10,422.39	33.11%	2.38%	10,753.46	8,114.22	32.53%	77.51%	268.25	13.78
恩施州	25,169.73	19,409.60	29.68%	4.32%	20,878.95	12,389.25	68.52%	82.95%	742.73	22.87
本级		884.56			618.03	857.29	－27.91%			
合计	583,174.41	476,243.30	22.45%	100.00%	415,469.21	291,355.43	42.60%	71.24%	28,141.17	649.46

湖北省人身保险公司各市(州)经营情况汇总表

表 6－1－30　　2008 年末　　单位:万元

地区	保费收入				赔款支出			简单赔付率%	保险金额及责任限额(亿元)	签单数量(万)
	本期金额	上年同期	同比%	全省占比%	本期金额	上年同期	同比%			
武汉市	791,702.74	464,386.31	70.48%	30.59%	170,131.69	131,029.74	29.84%	21.49%	7,069.75	88.36
黄石市	107,904.36	66,230.76	62.92%	4.17%	22,081.69	17,986.48	22.77%	20.46%	428.19	19.87
襄樊市	247,295.33	142,622.07	73.39%	9.55%	33,269.88	53,805.46	－38.17%	13.45%	1,205.39	58.13
荆州市	275,623.87	161,124.23	71.06%	10.65%	47,620.37	37,563.68	26.77%	17.28%	302,304.83	60.88
宜昌市	242,747.60	144,390.13	68.12%	9.38%	40,192.94	38,359.80	4.78%	16.56%	1,196.43	103.82
十堰市	162,588.13	88,282.75	84.17%	6.28%	33,768.15	28,814.58	17.19%	20.77%	1,528.93	30.95
孝感市	144,641.73	67,471.30	114.38%	5.59%	14,146.76	15,513.22	－8.81%	9.78%	557.42	25.29
荆门市	173,071.70	92,482.45	87.14%	6.69%	23,131.48	19,675.08	17.57%	13.37%	659.99	50.65
鄂州市	39,720.69	19,435.10	104.38%	1.53%	4,682.31	5,587.27	－16.20%	11.79%	224.47	7.95
黄冈市	195,397.23	104,421.28	87.12%	7.55%	19,678.97	23,704.85	－16.98%	10.07%	467.49	43.53
咸宁市	71,394.53	37,106.74	92.40%	2.76%	11,663.83	10,459.51	11.51%	16.34%	449.55	19.09
随州市	75,130.84	27,653.30	171.69%	2.90%	9,413.32	8,978.40	4.84%	12.53%	275.35	17.46
恩施州	61,113.20	40,586.99	50.57%	2.36%	13,679.67	12,823.97	6.67%	22.38%	437.24	16.64
本级		4,891.97				88.11				
合计	2,588,331.96	1,461,085.38	77.15%	100.00%	443,461.04	404,390.16	9.66%	17.13%	316,805.03	542.60

二、金融机构分行分司统计

（一）银行业

中国人民银行湖北省信贷收支表

表 6－2－1－1　　2008 年末　　单位:万元

来源项目名称 \ 栏目	12 月余额	比年初增减数		运用项目名称 \ 栏目	12 月余额	比年初增减数	
		2008 年	2007 年			2008 年	2007 年
一、财政存款	4,062,521	300,176	1,229,054	一、金融机构贷款	615,816	－135,508	23,676
其中:中央财政存款				1.政策性银行贷款			
地方财政存款	4,062,521	300,177	1,672,186	2.国有商业银行贷款			－30
二、金融机构存款	4,584,194	－132,826	1,430,165	3.其他商业银行贷款			
1.政策性银行存款	368,861	188,951	103,895	4.城市商业银行贷款	5,000	5,000	
2.国有商业银行存款	449,884	－114,316	34,278	5.城市信用社贷款	68,100		－100
3.其他商业银行存款	451,398	28,592	21,266	6.农村信用社贷款	8,634	－89,066	34,131
4.城市商业银行	915,060	92,002	358,836	7.资产管理公司贷款			
5.城市信用社	74	－3	－16,536	8.其他金融机构贷款	528,477	－13,472	－33,179
6.农村信用社	1,998,003	－73,265	614,389	9.再贴现	5,605	－37,970	22,854
7.资产管理公司				其中:国有商业银行			
8.其他金融机构存款	400,914	－254,787	314,037	二、专项贷款			
三、金融机构特种存款	160,279	114,525	45,753	三、金银占款			
四、邮政储蓄转存款	362	－2,249,551	－546,041	四、外汇占款			
五、商业银行划来财政性存款	409,083	65,224	129,332	五、有价证券及投资			
六、卖出回购证券				六、买入返售证券			
七、中央银行债券				七、存放金融机构			
八、货币发行							
九、国家资本							
十、当年结益	－216,956	－216,956	－236,376				
十一、其他	－8,383,667	1,983,900	－2,028,211				
资金来源总计	**615,816**	**－135,508**	**23,676**	**资金运用总计**	**615,816**	**－135,508**	**23,676**

国家开发银行湖北省人民币信贷收支表

表 6－2－1－2　　2008 年末　　单位:万元

来源项目名称	12 月余额	比年初增减数		运用项目名称	12 月余额	比年初增减数	
		2008 年	2007 年			2008 年	2007 年
一、各项存款	909,797	131,930	162,435	一、各项贷款	9,676,080	1,567,507	924,531
1.企业存款	909,775	131,907	162,435	1.短期贷款	614,192	294,192	5,000
(1)活期存款	751,855	164,618	98,564	(1)工业贷款			
(2)定期存款	157,920	－32,711	63,871	(2)商业贷款			
2.机关团体存款				(3)建筑业贷款			
3.储蓄存款				(4)农业贷款			
(1)活期储蓄				(5)乡镇企业贷款			
(2)定期储蓄				(6)三资企业贷款			
4.农业存款				(7)私营企业及个体贷款			
5.其他存款	23	23		(8)其他短期贷款	614,192	294,192	5,000
二、代理财政性存款				其中:个人短期贷款			
三、金融债券				2.中长期贷款	9,061,888	1,273,315	919,531
其中:政策性金融债券				(1)基本建设贷款	7,576,960	817,682	446,649
四、应付及暂收款	14,491	2,503	3,454	(2)技术改造贷款			
其中:应付及预提利息	3,356	1,739	473	(3)其他中长期贷款	1,484,928	455,633	472,882
五、卖出回购资产				其中:个人中长期贷款	19,343	8,644	10,699
六、向中央银行借款				3.票据融资			
七、同业往来	502,503	500,500	－30,097	其中:贴现			
1.同业存放	502,503	500,500	－30,097	4.各项垫款			
2.同业拆借				二、有价证券及投资	2,482	－48	2,530
八、系统内资金往来	8,444,187	1,097,134		三、应收及预付款	19,945	1,277	5,090
九、委托存款及委托投资基金(净)				其中:应收利息	19,139	1,333	4,228
1.委托存款及委托投资基金				四、买入返售资产			
2.减:委托贷款及委托投资				五、存放中央银行准备金存款	339,403	182,312	112,796
十、代理金融机构委托贷款基金				六、存放中央银行特种存款			
其中:中央银行委托贷款基金				七、缴存中央银行财政性存款			
十一、各项准备				八、同业往来	5,633	－939	750
其中:贷款损失准备				1.存放同业	5,633	－939	750
十二、所有者权益	175,940	17,582	29,756	2.拆放同业			
其中:实收资本				九、系统内资金往来			
当年结益	175,940	175,940	158,346	十、代理金融机构贷款			
十三、其他	8,964	15	892,996	其中:代理人行专项贷款			
				十一、库存现金			
				十二、外汇占款	12,339	－444	12,848
资金来源总计	10,055,882	1,749,665	1,058,544	**资金运用总计**	10,055,882	1,749,665	1,058,544

国家开发银行湖北省外汇信贷收支表

表 6－2－1－3　　2008 年末　　单位:万美元

来源项目名称	12 月余额	比年初增减数		运用项目名称	12 月余额	比年初增减数	
		2008 年	2007 年			2008 年	2007 年
一、各项存款	19,152	12,854	4,262	一、各项贷款	238,757	94,467	56,558
1. 单位活期存款	4,132	3,897	－1,801	1. 短期贷款	35,000	21,000	12,400
其中:中资企业存款				(1)境内短期贷款	35,000	21,000	12,400
外商投资企业存款				其中:中资企业贷款	35,000	21,000	12,400
2. 单位定期存款	12,907	6,919	5,988	其中:外商投资企业贷款			
其中:中资企业存款	12,907	6,919	5,988	(2)境外短期贷款			
外商投资企业存款				2. 中长期贷款	145,974	82,915	53,608
3. 储蓄存款				(1)境内中长期贷款	108,751	45,693	53,608
其中:定期存款				其中:中资企业贷款			
4. 其他类存款	2,113	2,038	75	外商投资企业贷款			
5. 境外存款				(2)境外中长期贷款	37,222	37,222	
二、境内中长期借款				3. 进出口贸易融资			
三、卖出回购资产				4. 票据融资			
四、境外筹资				其中:贴现			
五、向中央银行借款				5. 各项垫款			
六、中央银行存款				6. 境外筹资转贷款	57,783	－9,447	－9,449
七、应付及暂收款	9	－14	22	二、投资			
其中:应付及预提利息	9	－14	22	1. 购买有价证券			
八、同业存放				其中:购买境外有价证券			
(1)境内同业存放				2. 其他投资			
(2)境外同业存放				其中:投资境外			
九、同业拆入				三、应收及预付款	1,464	－3	113
(1)境内同业拆入				其中:应收及预付利息	1,456	196	－94
(2)境外同业拆入				四、买入返售资产			
十、委托基金存款(净)				五、存放中央银行			
十一、外汇买卖	1,805	55	1,750	其中:缴存准备金			
其中:结售汇	1,805	55	1,750	六、存放同业			
十二、境内联行存放	216,553	78,853	51,002	(1)存放境内同业			
十三、境外联行存放				(2)存放境外同业			
十四、各项准备				七、拆放同业			
其中:贷款损失准备				(1)拆放境内同业			
十五、所有者权益	2,705	2,710	－355	(2)拆放境外同业			
其中:实收资本				八、存放境内联行			
当年结益	2,705	2,705	－5	九、存放境外联行			
十六、其他	－4	5	－9	十、库存现金			
资金来源总计	240,220	94,464	56,672	资金运用总计	240,220	94,464	56,672

国家开发银行湖北省分行各项贷款累放、累收统计表

表 6－2－1－4　　2008 年末　　单位:万元

项目	累放额	累收额
一、各项贷款	4,109,401	2,541,894
1.短期贷款	1,163,097	294,192
工业贷款		
商业贷款		
建筑业贷款		
农业贷款		
乡镇企业贷款		
三资企业贷款		
私营及个体贷款		
其他短期贷款	1,163,097	294,192
其中:个人短期消费贷款		
2.中期流动资金贷款		
3.中长期贷款	1,378,797	1,273,315
基本建设贷款	1,366,672	738,704
技术改造贷款		
其他中长期贷款	12,124	534,611
其中:个人中长期消费贷款	9	8,643
4.票据融资		
5.各项垫款		

国家开发银行湖北省分行资产负债表

表 6－2－1－5　　2008 年末　　单位：元

资产	年初数	年末数	负债和所有者权益(或股东权益)	年初数	年末数
资产			负债		
现金及银行存款	2,921,776.53	1,524,860.04	向中央银行借款		
存放中央银行款项	1,570,915,726.32	3,394,031,267.48	联行存放款项	88,878,525,217.78	107,168,650,642.31
贵金属			同业及其他金融机构存放款项	20,027,495.26	5,025,029,577.37
存放联行款项	5,364,236,600.44	7,926,253,115.81	拆入资金		
存放同业款项	65,716,224.86	56,330,281.72	交易性金融负债		
拆出资金			衍生金融负债		
交易性金融资产			卖出回购金融资产款		
衍生金融资产			吸收存款	8,238,701,424.65	10,406,923,397.02
买入返售金融资产			应付职工薪酬		
应收款项类金融资产			应交税费	90,349,781.37	104,857,368.28
应收利息	270,105,928.99	290,886,619.11	应付利息	17,789,979.15	34,139,256.65
其他应收款	9,092,278.29	8,600,262.82	其他应付款	5,691,689.02	6,490,136.60
发放贷款和垫款	91,625,467,419.25	113,078,848,286.12	预计负债		
可供出售金融资产			应付债券		
持有至到期投资			递延所得税负债		
长期股权投资	25,300,000.00	24,815,196.14	其他负债	0.04	8,418,268.64
投资性房地产			负债合计	97,251,085,587.27	122,754,508,646.87
固定资产	8,131,360.13	14,849,344.04	所有者权益(或股东权益)		
在建工程	40,950.00	25,000.00	实收资本(或股本)	100,000,000.00	100,000,000.00
固定资产清理			其中:国有资本	100,000,000.00	100,000,000.00
无形资产	64,280.46	54,297.04	外商资本		
商誉			资本公积	119,500.00	
长期待摊费用		2,600,436.42	减:库存股		
抵债资产			盈余公积		
递延所得税资产			一般风险准备		
其他资产			未分配利润	1,590,787,458.00	1,944,310,319.87
			外币报表折算差额		
			归属于母公司所有者权益合计	1,690,906,958.00	2,044,310,319.87
			少数股东权益		
			所有者权益(或股东权益)合计	1,690,906,958.00	2,044,310,319.87
资产总计	98,941,992,545.27	124,798,818,966.74	负债和所有者权益(或股东权益)总计	98,941,992,545.27	124,798,818,966.74

国家开发银行湖北省分行本外币汇总损益表

表 6－2－1－6　　2008 年末　　单位:万元

项目	上年数	本年数
一、营业收入	1,967,713,897.62	2,430,824,370.12
(一)利息净收入	1,736,756,097.52	2,249,202,232.89
利息收入	5,839,495,249.74	7,519,800,893.70
利息支出	4,102,739,152.22	5,270,598,660.81
(二)手续费及佣金净收入	235,486,036.11	187,697,620.42
手续费及佣金收入	244,691,947.72	193,080,791.11
手续费及佣金支出	9,205,911.61	5,383,170.69
(三)投资收益(损失以“－”号填列)		
其中:对联营企业和合营企业的投资收益		
(四)公允价值变动收益(损失以“－”号填列)		
(五)其他收入	－4,528,236.01	－6,075,483.19
汇兑收益(损失以“－”号填列)	－4,528,236.01	－6,075,483.19
其他业务收入		
二、营业支出	374,913,648.19	485,237,430.25
(一)营业税金及附加	311,227,876.36	396,223,726.69
(二)业务及管理费	61,898,841.83	89,013,703.56
(三)资产减值损失或呆账损失(转回金额以“－”号填列)		
(四)其他业务成本	1,786,930.00	
三、营业利润(亏损以“－”号填列)	1,592,800,249.43	1,945,586,939.87
加:营业外收入	181,732.09	154,176.00
减:营业外支出	2,194,523.52	1,430,796.00
四、利润总额(亏损以“－”号填列)	1,590,787,458.00	1,944,310,319.87
减:所得税费用		
五、净利润(亏损以“－”号填列)	1,590,787,458.00	1,944,310,319.87
归属于母公司所有者的净利润		
少数股东损益		
六、每股收益		
(一)基本每股收益(元)		
(二)稀释每股收益(元)		

中国农业发展银行湖北省人民币信贷收支表

表 6－2－1－7　　2008 年末　　单位：万元

来源项目名称	12 月余额	比年初增减数 2008 年	比年初增减数 2007 年	运用项目名称	12 月余额	比年初增减数 2008 年	比年初增减数 2007 年
一、各项存款	587,794	38,936	261,563	一、各项贷款	6,511,041	458,217	819,263
1. 企业存款	479,148	22,473	222,541	1. 短期贷款	5,382,042	－154,976	354,329
(1)活期存款	421,849	12,582	215,908	(1)工业贷款			
(2)定期存款	57,299	9,891	6,633	(2)商业贷款	5,098,426	－160,822	310,542
2. 机关团体存款				(3)建筑业贷款			
3. 储蓄存款				(4)农业贷款			
(1)活期储蓄				(5)乡镇企业贷款			
(2)定期储蓄				(6)三资企业贷款			
4. 农业存款				(7)私营企业及个体贷款			
5. 其他存款	108,646	16,463	39,022	(8)其他短期贷款	283,616	5,846	43,787
二、代理财政性存款	199,901	3,852	25,259	其中：个人短期贷款			
三、金融债券				2. 中长期贷款	1,124,815	609,882	464,492
其中：政策性金融债券				(1)基本建设贷款			
四、应付及暂收款	9,637	－393	1,710	(2)技术改造贷款			
其中：应付及预提利息	121	121		(3)其他中长期贷款	1,124,815	609,882	464,492
五、卖出回购资产				其中：个人中长期贷款			
六、向中央银行借款				3. 票据融资	4,184	3,311	442
七、同业往来	448,797	213,686	232,111	其中：贴现	4,184	3,311	442
1. 同业存放	448,797	213,686	232,111	4. 各项垫款			
2. 同业拆借				二、有价证券及投资			
八、系统内资金往来	5,260,889	267,488		三、应收及预付款	1,798	259	35
九、委托存款及委托投资基金(净)				其中：应收利息	1,697	311	－84
1. 委托存款及委托投资基金				四、买入返售资产			
2. 减：委托贷款及委托投资				五、存放中央银行准备金存款	28,452	5,636	－9,003
十、代理金融机构委托贷款基金	2,800	－340	800	六、存放中央银行特种存款			
其中：中央银行委托贷款基金				七、缴存中央银行财政性存款			
十一、各项准备	1,728	1,308	420	八、同业往来	106,848	101,439	991
其中：贷款损失准备				1. 存放同业	106,848	101,439	991
十二、所有者权益	121,903	－24,519	41,692	2. 拆放同业			
其中：实收资本		－64,384	11	九、系统内资金往来			
当年结益	121,903	121,903	78,223	十、代理金融机构贷款	2,800	－340	800
十三、其他	18,276	64,923	248,593	其中：代理人行专项贷款			
				十一、库存现金	786	－270	62
				十二、外汇占款			
资金来源总计	6,651,725	564,941	812,148	资金运用总计	6,651,725	564,941	812,148

中国农业发展银行湖北省分行资产负债表

表 6－2－1－8　　2008 年末　　单位:元

资产	期初数	期末数	负债及所有者(或股东)权益	期初数	期末数
流动资产			流动负债		
现金及银行存款	10,780,958.46	8,311,454.61	短期存款	6,524,188,918.53	6,795,201,244.04
贵金属			短期储蓄存款		
存放中央银行款项	228,182,804.33	284,553,325.18	向中央银行借款		
存放联行款项			联行存放款项	49,934,014,511.12	52,608,820,689.90
存放同业款项	54,093,330.37	1,068,458,091.91	票据融资		
拆放同业			同业存放款项	2,351,116,780.41	4,487,963,725.79
贴现	8,725,000.00	41,841,762.00	同业拆入		
短期贷款	51,951,005,710.40	52,916,236,120.41	卖出回购证券款项		
贸易融资		880,000.00	汇出汇款		
应收利息	13,890,366.89	16,993,218.69	应解汇款	904,662.78	417,575.00
应收股利			存入短期保证金	920,141,692.90	1,063,938,145.76
其他应收款	1,532,711.25	998,747.15	应付利息		1,210,475.83
减:坏账准备			应付职工工资	7,080,818.12	6,735,206.32
短期投资			应交税金及附加	68,840,508.95	70,691,667.23
减:短期投资跌价准备			应付股利(利润)		
买入返售资产			其他应付款	24,497,412.15	17,841,607.33
待摊费用			预提费用		
一年内到期的长期投资			发行短期债券		
其他流动资产			预计负债		
流动资产合计	52,268,210,881.70	54,338,272,719.95	一年内到期长期负债	4,000,000.00	1,000,000.00
长期资产			递延收益		
中长期贷款	5,026,740,000.00	11,052,265,000.00	其他流动负债	1,034,751.03	774,355.18
非应计贷款(逾期贷款)	3,541,825,694.34	1,099,306,335.15	流动负债合计	59,835,820,055.99	65,054,594,692.38
减:贷款损失准备			长期负债		
*减:呆账准备			长期存款		16,550,000.00
长期投资			长期储蓄存款		
长期股权投资			存入长期保证金		
长期债权投资			长期借款		
减:长期投资减值准备			发行长期债券		
合并价差			长期应付款		
长期投资合计			其他长期负债	643,852,483.12	643,852,483.12
减:不良资产处置损失专项准备			长期负债合计	643,852,483.12	660,402,483.12
固定资产原价	545,525,803.54	554,549,289.03	递延税项		
减:累计折旧	149,258,640.32	165,796,360.42	递延税款贷项		
固定资产净值	396,267,163.22	388,752,928.61	负债合计	60,479,672,539.11	65,714,997,175.50

续表 6－2－1－8

资产	期初数	期末数	负债及所有者(或股东)权益	期初数	期末数
减:固定资产减值准备			少数股东权益		
固定资产净额	396,267,163.22	388,752,928.61	所有者权益(或股东)权益		
固定资产清理			实收资本		
在建工程	11,988,824.00	13,845,019.00	国家资本		
减:在建工程减值准备			集体资本		
长期资产合计	8,976,821,681.56	12,554,169,282.76	法人资本		
无形资产及其他资产			其中:国有法人资本		
无形资产	9,495,481.54	9,210,819.79	个人资本		
减:无形资产减值准备			外商资本		
长期待摊费用			资本公积	37,191,128.28	
抵债资产	49,745,719.00	49,745,719.00	盈余公积	934,242.94	
减:抵债资产减值准备	4,200,000.00	17,276,973.00	一般准备		
其他长期资产			本年利润		
无形资产及其他资产合计	55,041,200.54	41,679,565.79	未分配利润	782,275,853.47	1,219,124,393.00
递延税项			外币报表折算差额		
递延税款借项			所有者权益(或股东)权益合计	820,401,224.69	1,219,124,393.00
资产总计	**61,300,073,763.80**	**66,934,121,568.50**	**负债和所有者(或股东)权益总计**	**61,300,073,763.80**	**66,934,121,568.50**

中国农业发展银行湖北省分行损益表

表 6－2－1－9　　2008 年末　　单位:元

收入项目	金额	支出项目	金额
贷款利息收入	3,206,628,023.30	存款及债券利息支出	72,520,265.69
国际贸易融资利息收入	175,667.73	金融机构往来支出	1,982,811,730.81
外汇贷款利息收入		业务管理费	275,509,602.18
金融机构往来收入	567,685,774.75	其他营业支出	63,878,434.48
其他营业收入	20,695,662.82	营业税金及附加	176,785,762.47
营业外收入	3,599,671.37	营业外支出	8,139,611.19
收入小计	3,798,784,799.97	支出小计	2,579,645,406.82
纯损		纯益	1,219,139,393.15
合计	**3,798,784,799.97**	**合计**	**3,798,784,799.97**

中国工商银行股份有限公司湖北省人民币信贷收支表

表 6－2－1－10　　2008 年末　　单位：万元

来源项目名称	12 月余额	比年初增减数 2008 年	比年初增减数 2007 年	运用项目名称	12 月余额	比年初增减数 2008 年	比年初增减数 2007 年
一、各项存款	18,281,196	3,383,562	378,667	一、各项贷款	10,184,086	1,703,963	1,205,216
1. 企业存款	5,326,400	927,125	464,944	1. 短期贷款	1,802,280	289,144	116,571
(1)活期存款	3,753,502	566,406	371,535	(1)工业贷款	1,299,544	266,911	31,958
(2)定期存款	1,572,898	360,719	93,409	(2)商业贷款	65,589	－30,194	21,561
2. 机关团体存款	882,647	208,253	93,091	(3)建筑业贷款	82,949	8,852	670
3. 储蓄存款	11,101,977	2,080,409	－260,707	(4)农业贷款	1,000	10	300
(1)活期储蓄	3,868,360	527,274	131,150	(5)乡镇企业贷款			
(2)定期储蓄	7,233,617	1,553,135	－391,857	(6)三资企业贷款	600	－1,800	－2,496
4. 农业存款	8,821	1,278	－503	(7)私营企业及个体贷款	6,147	640	3,316
5. 其他存款	961,351	166,496	81,842	(8)其他短期贷款	346,451	44,725	61,263
二、代理财政性存款	176,486	－16,377	50,897	其中：个人短期贷款	6,224	－3,947	1,511
三、金融债券				2. 中长期贷款	7,931,913	1,386,594	1,333,658
其中：政策性金融债券				(1)基本建设贷款	4,098,195	644,416	262,655
四、应付及暂收款	408,600	166,280	88,897	(2)技术改造贷款			
其中：应付及预提利息	227,139	84,692	91,012	(3)其他中长期贷款	3,833,718	742,178	1,071,002
五、卖出回购资产				其中：个人中长期贷款	1,356,939	199,007	256,330
六、向中央银行借款				3. 票据融资	449,357	27,883	－245,013
七、同业往来	521,083	240,239	103,356	其中：贴现	449,357	27,883	－245,013
1. 同业存放	521,083	240,239	103,356	4. 各项垫款	536	342	0
2. 同业拆借				二、有价证券及投资	214,415	－61,345	37,295
八、系统内资金往来				三、应收及预付款	11,397	104,295	10,041
九、委托存款及委托投资基金(净)	2,698	171	－1,135	其中：应收利息	13,446	2,926	9,946
1. 委托存款及委托投资基金	10,511	－251	－40,642	四、买入返售资产	77,378	42,914	20,615
2. 减：委托贷款及委托投资	7,814	－422	－39,506	五、存放中央银行准备金存款	50,002	－8,460	1,936
十、代理金融机构委托贷款基金				六、存放中央银行特种存款			
其中：中央银行委托贷款基金				七、缴存中央银行财政性存款	194,133	9,073	52,946
十一、各项准备	91,864	－15,577	7,197	八、同业往来	720	－200,233	200,081
其中：贷款损失准备	84,651	－14,914	9,017	1. 存放同业	720	－200,233	200,081
十二、所有者权益	187,638	－18,752	147,171	2. 拆放同业			
其中：实收资本				九、系统内资金往来	8,999,316	2,049,714	361,400
当年结益	240,672	240,672	207,534	十、代理金融机构贷款			
十三、其他	145,235	－100,778	1,115,726	其中：代理人行专项贷款			
				十一、库存现金	83,354	－1,154	1,246
				十二、外汇占款			
资金来源总计	19,814,802	3,638,768	1,890,775	资金运用总计	19,814,802	3,638,768	1,890,775

中国工商银行股份有限公司湖北省外汇信贷收支表

表 6－2－1－11　　2008 年末　　单位：万美元

来源项目名称	12 月余额	比年初增减数 2008 年	比年初增减数 2007 年	运用项目名称	12 月余额	比年初增减数 2008 年	比年初增减数 2007 年
一、各项存款	15,640	913	－4,834	一、各项贷款	2,937	－17,616	5,889
1. 单位活期存款	7,198	1,515	336	1. 短期贷款		－12,200	2,539
其中：中资企业存款	4,756	1,286	85	(1)境内短期贷款		－12,200	2,539
外商投资企业存款	2,429	1,157	－315	其中：中资企业贷款		－12,200	2,539
2. 单位定期存款	1,036	755	－477	其中：外商投资企业贷款			
其中：中资企业存款	1,036	755	－477	(2)境外短期贷款			
外商投资企业存款				2. 中长期贷款	1,000		961
3. 储蓄存款	7,047	－776	－2,039	(1)境内中长期贷款	1,000		961
其中：定期存款	5,068	－62	－1,837	其中：中资企业贷款	1,000		961
4. 其他类存款	358	－581	－2,655	外商投资企业贷款			
5. 境外存款				(2)境外中长期贷款			
二、境内中长期借款				3. 进出口贸易融资	1,150	－5,294	2,469
三、卖出回购资产				4. 票据融资			
四、境外筹资	787	－122	－79	其中：贴现			
五、向中央银行借款				5. 各项垫款			
六、中央银行存款				6. 境外筹资转贷款	787	－122	－79
七、应付及暂收款	278	－198	188	二、投资			
其中：应付及预提利息	90	－58	－7	1. 购买有价证券			
八、同业存放	1,209	667	386	其中：购买境外有价证券			
(1)境内同业存放	1,209	667	386	2. 其他投资			
(2)境外同业存放				其中：投资境外			
九、同业拆入				三、应收及预付款	287	285	－6
(1)境内同业拆入				其中：应收及预付利息			
(2)境外同业拆入				四、买入返售资产			
十、委托基金存款(净)				五、存放中央银行	115	41	－51
十一、外汇买卖	15	－9		其中：缴存准备金			
其中：结售汇				六、存放同业	63	－67	64
十二、境内联行存放				(1)存放境内同业	63	－62	59
十三、境外联行存放				(2)存放境外同业		－5	4
十四、各项准备	306	302	－117	七、拆放同业			
其中：贷款损失准备	22	19	－117	(1)拆放境内同业			
十五、所有者权益	884	－402	83	(2)拆放境外同业			
其中：实收资本				八、存放境内联行	22,816	18,348	－8,049
当年结益	884	884	1,286	九、存放境外联行			
十六、其他	7,476	－154	2,114	十、库存现金	376	6	－105
资金来源总计	26,594	996	－2,259	资金运用总计	26,594	996	－2,259

中国工商银行股份有限公司湖北省分行存款、贷款情况表

表 6－2－1－12　　2008 年末　　单位：万元

存款项目	期末余额	比上期增减数		比年初增减数		贷款项目	期末余额	比上期增减数		比年初增减数	
		2008 年	2007 年	2008 年	2007 年			2008 年	2007 年	2008 年	2007 年
各项存款总计	18,917,430	590,180	－334,458	3,638,313	440,340	各项贷款总计	10,204,160	395,333	－70,259	1,573,902	1,240,843
一、各项存款	18,388,086	583,456	－161,440	3,393,771	334,243	(一)按客户分类					
(一)按合同期限分类						1. 个人客户贷款	1,613,645	40,619	31,232	257,927	321,125
1. 活期存款	9,129,739	668,195	－236,016	1,477,766	518,127	2. 法人客户贷款	8,590,515	354,713	－101,491	1,315,975	919,719
2. 定期存款	9,258,347	－84,739	74,576	1,916,005	－183,884	(二)按业务分类					
其中：通知存款	118,001	5,604	－5,136	2,681	32,019	1. 公司贷款	8,141,158	213,034	28,645	1,288,092	1,164,732
(二)按业务分类						2. 个人贷款	1,613,645	40,619	31,232	257,927	321,125
1. 对公存款	7,066,764	292,307	－243,040	1,279,921	606,988	3. 票据贴现	449,357	141,679	－130,137	27,883	－245,013
(1)公司存款	4,954,225	155,528	－156,425	824,495	400,887	4. 银行卡透支					
(2)机构存款	2,112,540	136,779	－86,615	455,425	206,102	(三)按合同期限分类					
2. 储蓄存款	11,150,144	289,747	77,808	2,080,100	－279,971	1. 短期贷款	2,260,032	158,951	－169,310	189,039	－98,740
(1)定期存款	7,268,256	68,963	37,296	1,550,298	－408,786	2. 中长期贷款	7,944,127	236,381	99,051	1,384,863	1,339,583
(2)活期存款	3,881,888	220,784	40,512	529,802	128,815	3. 减：间接银团贷款资金					
3. 保证金存款	171,178	1,401	3,792	33,750	7,225	(四)按品种分类					
(1)公司保证金存款	171,172	1,401	4,162	33,898	23,281	1. 一般流动资金贷款	1,880,972	－6,206	－11,377	141,065	147,104
(2)个人保证金存款	6		－370	－148	－16,056	2. 项目贷款	5,253,807	195,717	－28,648	872,599	620,683
二、同业存放	529,344	6,724	－173,018	244,542	106,098	3. 房地产开发贷款	1,006,378	23,524	68,670	274,427	396,944
						4. 票据贴现	449,357	141,679	－130,137	27,883	－245,013
						5. 个人住房贷款	1,234,396	25,186	28,470	157,388	242,513
						6. 个人消费贷款	128,766	6,701	－2,969	37,672	15,328
						7. 个人经营性贷款	250,483	8,732	5,731	62,867	63,284
						8. 银行卡透支					
						9. 减：间接银团贷款资金					

中国工商银行股份有限公司湖北省分行各项贷款累放累收统计表

表 6－2－1－13　　2008 年末　　单位：万元

项目	累计发放		累计收回	
	本月放出	本年放出	本月收回	本年收回
一、各项贷款	1,191,185	8,393,589	769,893	6,670,583
1.短期贷款	303,439	2,241,234	259,882	1,955,132
工业贷款	196,459	1,343,412	188,077	1,182,228
商业贷款	24,829	181,455	22,715	169,637
建筑业贷款	8,695	101,430	8,075	83,415
农业贷款	120	520		110
乡镇企业贷款				
三资企业贷款		7,005		4,705
私营及个体贷款				
其他短期贷款	73,337	607,412	41,015	515,037
其中：个人短期消费贷款	2,279	51,554	2,067	54,911
2.中期流动资金贷款				
3.中长期贷款	541,675	3,223,841	305,619	1,815,257
基本建设贷款	269,683	1,499,390	166,232	803,338
技术改造贷款				
其他中长期贷款	271,992	1,724,451	139,387	1,011,919
其中：个人中长期消费贷款	104,124	517,835	70,421	303,050
4.票据融资	346,071	2,927,978	204,392	2,900,095
5.各项垫款		536		100

中国工商银行股份有限公司湖北省分行资产负债表

表 6－2－1－14　　　　2008 年末　　　　单位：万元

资产	本期余额	比上期		比年初		负债及所有者权益	本期余额	比上期		比年初	
		2008 年	2007 年	2008 年	2007 年			2008 年	2007 年	2008 年	2007 年
一、各项贷款净额	10,119,357	387,027	−76,227	1,588,691	1,232,742	一、各项存款	18,388,086	583,456	−161,440	3,393,771	334,243
（一）各项贷款	10,204,160	395,333	−70,259	1,573,902	1,240,843	其中：1. 对公存款	7,066,764	292,307	−243,040	1,279,921	606,988
其中：1. 一般流动资金贷款	1,880,972	−6,206	−11,377	141,065	147,104	2. 储蓄存款	11,150,144	289,747	77,808	2,080,100	−279,971
2. 项目贷款	5,253,807	195,717	−28,648	872,599	620,683	3. 保证金存款	171,178	1,401	3,792	33,750	7,225
3. 房地产贷款	1,006,378	23,524	68,670	274,427	396,944	其中：1. 活期存款	9,129,739	668,195	−236,016	1,477,766	518,127
4. 个人消费贷款	128,766	6,701	−2,969	37,672	15,328	2. 定期存款	9,258,347	−84,739	74,576	1,916,005	−183,884
5. 个人经营性贷款	250,483	8,732	5,731	62,867	63,284	二、同业存放	529,344	6,724	−173,018	244,542	106,098
6. 个人住房贷款	1,234,396	25,186	28,470	157,388	242,513	三、同业拆入					
7. 票据贴现	449,357	141,679	−130,137	27,883	−245,013	四、卖出回购款项					
其中：1. 个人客户贷款	1,613,645	40,619	31,232	257,927	321,125	五、发行债券					
2. 法人客户贷款	8,590,515	354,713	−101,491	1,315,975	919,719	六、其他付息负债	417,213	5,113	3,411	−1,682	582
（二）减：贷款损失准备	−84,803	−8,306	−5,969	14,790	−8,101	七、无息负债	540,670	97,066	33,789	58,281	−59,591
二、投资净额	145,534	5,155	6,783	−1,345	97,295	其中：应付利息	227,399	−13,688	45,408	83,868	90,882
1. 债券投资	145,534	5,155	6,783	−1,345	97,295	负债总计	19,875,313	692,360	−297,258	3,694,913	381,332
2. 股权投资						股东权益	193,680	47,257	97,442	−22,106	147,172
3. 减：投资减值准备						一、股本					
三、拆放同业						二、公积金	5,835	5,119	−591	6,980	−1,479
四、存放同业	1,150	−509	−9,422	−200,750	200,513	三、一般风险准备					
五、存放中央银行款项	50,787	162	2,917	−8,216	1,498	四、未分配利润	187,844	42,139	98,033	−29,086	148,651
六、买入返售资产	77,378	77,378	−30,666	42,914	20,615	其中：利润	187,844	42,139	70,668	187,844	216,930
七、其他生息资产	9,155,258	270,487	−11,584	2,285,976	−953,217	手续费及佣金收入	97,160	15,789	14,003	97,160	83,962
八、非生息资产	528,680	1,735	−82,900	−33,190	−72,762						
其中：应收利息	1,274	−228	−5,954	190	510						
九、减：其他各项减值准备	−9,150	−1,818	1,284	−1,274	1,821						
资产总计	20,068,993	739,617	−199,816	3,672,806	528,504	**负债及所有者权益总计**	20,068,993	739,617	−199,816	3,672,806	528,504

中国工商银行股份有限公司湖北省分行利润表

表 6－2－1－15　　2008 年末　　单位:元

项目	上年数	本年数
一、营业收入	4,868,657,522.25	5,599,791,304.85
（一）利息净收入	4,013,486,288.23	4,621,411,304.42
利息收入	6,613,739,831.70	8,382,792,128.41
利息支出	2,600,253,543.47	3,761,380,823.99
（二）手续费及佣金净收入	766,539,578.58	947,288,201.59
手续费及佣金收入	839,743,980.14	998,948,319.02
手续费及佣金支出	73,204,401.56	51,660,117.43
（三）投资收益（损失以“－”号填列）	60,077,865.98	30,600,000.00
其中:对联营企业和合营企业的投资收益		
（四）公允价值变动收益（损失以“－”号填列）		
（五）其他收入	28,553,789.46	
汇兑收益（损失以“－”号填列）	25,126,706.83	－714,587.85
其他业务收入	3,427,082.63	1,206,386.69
二、营业支出	2,843,973,065.40	3,150,102,390.36
（一）营业税金及附加	331,717,663.71	435,803,079.77
（二）业务及管理费	2,405,588,790.96	2,646,516,822.49
（三）资产减值损失提取（转回以“－”号填列）	100,259,482.46	63,101,502.38
（四）其他业务成本	6,407,128.27	4,680,985.72
三、营业利润（亏损以“－”号填列）	2,024,684,456.85	2,449,688,914.49
加:营业外收入	174,424,047.17	49,656,244.41
减:营业外支出	29,804,074.27	32,206,606.41
四、利润总额（亏损以“－”号填列）	2,169,304,429.75	2,467,138,552.49
减:所得税费用		588,694,024.41
五、净利润（亏损以“－”号填列）	2,169,304,429.75	1,878,444,528.08
归属于母公司所有者的净利润		
少数股东损益		

中国农业银行股份有限公司湖北省人民币信贷收支表

表 6－2－1－16　　2008 年末　　单位:万元

来源项目名称	12 月余额	比年初增减数 2008 年	比年初增减数 2007 年	运用项目名称	12 月余额	比年初增减数 2008 年	比年初增减数 2007 年
一、各项存款	20,450,042	3,953,106	2,282,837	一、各项贷款	7,697,355	1,244,833	1,001,592
1. 企业存款	5,981,149	940,353	1,220,755	1. 短期贷款	2,638,230	860,495	541,053
(1)活期存款	4,372,178	554,112	1,033,873	(1)工业贷款	1,432,853	745,121	262,417
(2)定期存款	1,608,972	386,241	186,882	(2)商业贷款	270,500	－227,505	117,797
2. 机关团体存款	696,458	265,180	44,099	(3)建筑业贷款	160,206	－47,449	12,679
3. 储蓄存款	13,518,335	2,771,395	1,012,165	(4)农业贷款	38,435	－16,643	－28,614
(1)活期储蓄	5,975,722	1,040,178	604,908	(5)乡镇企业贷款			
(2)定期储蓄	7,542,614	1,731,217	407,257	(6)三资企业贷款			
4. 农业存款				(7)私营企业及个体贷款	132,039	－19,330	35,130
5. 其他存款	254,099	－23,822	5,818	(8)其他短期贷款	604,196	426,300	141,643
二、代理财政性存款	119,488	46,592	7,445	其中:个人短期贷款	54,269	20,444	10,200
三、金融债券		－1		2. 中长期贷款	4,303,278	236,450	706,979
其中:政策性金融债券		－1		(1)基本建设贷款	1,408,056	358,796	215,041
四、应付及暂收款	702,270	352,699	177,446	(2)技术改造贷款			
其中:应付及预提利息	239,570	103,581	76,756	(3)其他中长期贷款	2,895,222	－122,346	491,938
五、卖出回购资产		－68,837	－155,819	其中:个人中长期贷款	842,994	118,981	258,510
六、向中央银行借款				3. 票据融资	754,787	148,830	－246,660
七、同业往来	341,559	169,262	32,733	其中:贴现	754,787	148,830	－246,659
1. 同业存放	341,559	169,662	33,733	4. 各项垫款	1,061	－942	220
2. 同业拆借		－400	－1,000	二、有价证券及投资	54,779	－3,232	25,640
八、系统内资金往来				三、应收及预付款	274,573	－3,333,418	－71,784
九、委托存款及委托投资基金(净)	78	－31,459	11,081	其中:应收利息	1,404	178	374
1. 委托存款及委托投资基金	407,311	146,599	156,720	四、买入返售资产	144,380	66,011	－64,463
2. 减:委托贷款及委托投资	407,234	178,057	145,639	五、存放中央银行准备金存款	111,323	2,907	－10,813
十、代理金融机构委托贷款基金	23,000	－350	23,350	六、存放中央银行特种存款			
其中:中央银行委托贷款基金				七、缴存中央银行财政性存款	61,735	29,359	17,817
十一、各项准备	248,116	148,890	8,035	八、同业往来	470	－174	－8,727
其中:贷款损失准备	234,208	135,754	10,125	1. 存放同业	470	419	－1,704
十二、所有者权益	182,423	362,427	1,024,429	2. 拆放同业		－593	－7,022
其中:实收资本				九、系统内资金往来	13,209,794	6,723,114	2,565,328
当年结益	182,084	182,084	－179,822	十、代理金融机构贷款	23,000	－350	23,350
十三、其他	－354,389	－197,286	98,289	其中:代理人行专项贷款			
				十一、库存现金	134,689	5,742	31,802
				十二、外汇占款	487	253	83
资金来源总计	21,712,586	4,735,044	3,509,824	资金运用总计	21,712,586	4,735,044	3,509,824

中国农业银行股份有限公司湖北省外汇信贷收支表

表 6－2－1－17　　2008 年末　　单位：万美元

来源项目名称	12 月余额	比年初增减数 2008 年	比年初增减数 2007 年	运用项目名称	12 月余额	比年初增减数 2008 年	比年初增减数 2007 年
一、各项存款	9,999	2,654	222	一、各项贷款	5,986	－2,372	379
1.单位活期存款	2,617	－104	910	1.短期贷款	2,918	－1,058	1,377
其中：中资企业存款				(1)境内短期贷款	2,918	－1,058	1,377
外商投资企业存款				其中：中资企业贷款	500	－887	1,379
2.单位定期存款	4,710	3,638	176	其中：外商投资企业贷款	363	－1,188	834
其中：中资企业存款				(2)境外短期贷款			
外商投资企业存款				2.中长期贷款	2,475	－577	－21
3.储蓄存款	2,445	－279	－1,214	(1)境内中长期贷款	2,475	－577	－21
其中：定期存款	2,061	－266	－987	其中：中资企业贷款		62	－136
4.其他类存款	228	－601	350	外商投资企业贷款	2,475	－525	47
5.境外存款				(2)境外中长期贷款			
二、境内中长期借款				3.进出口贸易融资	323	－920	－479
三、卖出回购资产				4.票据融资	9	9	
四、境外筹资				其中：贴现	9	9	
五、向中央银行借款				5.各项垫款	190	191	
六、中央银行存款				6.境外筹资转贷款	71	－17	－498
七、应付及暂收款	36,472	21,513	10,680	二、投资			
其中：应付及预提利息	90	21	－3	1.购买有价证券			
八、同业存放	37	－34	32	其中：购买境外有价证券			
(1)境内同业存放	37	－34	32	2.其他投资			
(2)境外同业存放				其中：投资境外			
九、同业拆入				三、应收及预付款	36,170	14,033	11,276
(1)境内同业拆入				其中：应收及预付利息	24	19	－2
(2)境外同业拆入				四、买入返售资产			
十、委托基金存款(净)	－643	47	5	五、存放中央银行	20	－932	934
十一、外汇买卖	71	39	13	其中：缴存准备金			
其中：结售汇	71	39	13	六、存放同业	303	－475	599
十二、境内联行存放		－8,855	2,583	(1)存放境内同业	303	－475	599
十三、境外联行存放				(2)存放境外同业			
十四、各项准备	94	－69	8	七、拆放同业			
其中：贷款损失准备		－153	4	(1)拆放境内同业			
十五、所有者权益	13	632	－673	(2)拆放境外同业			
其中：实收资本				八、存放境内联行	5,653	5,653	
当年结益	13	13	－618	九、存放境外联行			
十六、其他	2,424	3	324	十、库存现金	335	22	4
资金来源总计	**48,467**	**15,930**	**13,193**	**资金运用总计**	**48,467**	**15,930**	**13,193**

中国农业银行股份有限公司湖北省分行各项存、贷款情况表

表 6-2-1-18　　2008 年末　　单位:万元

项目	各项存款(本外币合并)		各项贷款(本外币合并)	
	余额	比年初增减额	余额	比年初增减额
全省合计	20,518,383	3,966,161	7,738,265	1,303,239
武汉市	5,322,825	855,748	3,548,033	902,584
黄石市	877,408	176,090	294,432	−32,656
十堰市	1,350,987	251,147	402,998	41,044
荆州市	1,801,798	446,879	418,304	26,158
三峡	1,616,002	316,761	934,137	133,639
襄樊市	1,994,824	336,456	464,001	16,783
孝感市	1,185,365	284,507	297,331	15,143
荆门市	1,312,991	294,459	304,177	1,067
鄂州市	398,892	63,562	172,321	22,106
黄冈市	1,663,180	355,208	302,099	121,255
咸宁市	741,102	117,272	203,494	14,253
恩施州	559,773	123,608	213,637	28,292
随州市	632,470	125,407	85,637	17,329
潜江市	301,785	68,704	20,765	4,883
仙桃市	368,642	75,196	46,971	−10,436
天门市	390,338	75,184	29,928	1,792
省分行机关	2	−27		

中国农业银行股份有限公司湖北省分行人民币各项贷款累放累收情况表

表 6－2－1－19　　2008 年末　　单位:万元

项目	贷款累计发放	贷款累计收回
一、各项贷款累计发放额	8,005,939	6,761,214
1.贷款	5,757,352	4,659,460
(1)短期贷款	3,799,951	3,015,789
短期工业类贷款	1,676,971	1,180,931
短期商业类贷款	478,504	575,708
短期建筑业类贷款	204,577	196,117
短期农业类贷款	202,759	70,964
其他行业短期贷款	1,237,140	992,069
其中:个人消费贷款	165,640	149,470
(2)中长期贷款	1,957,402	1,643,671
中长期工业类贷款	522,987	408,906
中长期商业类贷款	25,427	33,554
中长期建筑业类贷款	186,458	148,309
中长期农业类贷款	330,617	370,877
其他行业中长期贷款	891,912	682,026
其中:个人消费贷款	114,200	79,643
2.贸易融资	41,989	43,728
3.累计贴现及转贴现	2,206,598	2,057,896
4.其他贷款		130
(1)各项垫款		130
(2)转贷款		
5.买入回售企事业单位证券		
6.买入票据		
二、调整项	－3,364,805	

中国农业银行股份有限公司湖北省分行资产负债表

表 6－2－1－20　　2008 年末　　单位：元

资产	期初数	期末数	负债及所有者权益	期初数	期末数
一、流动资产	95,079,110,630.25	172,033,122,787.11	一、流动负债	83,825,591,297.18	119,202,104,567.65
现金及银行存款	1,362,232,358.85	1,513,886,179.95	短期存款	42,816,105,079.23	49,352,186,335.68
其中：现金	1,362,232,358.85	1,513,886,179.95	短期储蓄存款	36,193,124,911.20	59,684,540,791.32
贵金属			向中央银行借款		
存放中央银行款项	1,153,716,339.84	1,114,585,094.15	联行存放款项		
存放联行款项	64,220,319,493.06	132,484,349,266.98	其中：系统内存放款项(负债方)		
其中：存放系统内款项	64,268,755,787.82	132,625,235,682.55	拨入备付金		1,920.00
拨付备付金			联行往来	48,435,443.96	123,885,051.55
联行往来(借方)			外汇买卖		
外汇买卖(借方)		34,061.30	其他业务买卖		17,105,153.32
其他业务买卖(借方)			其他业务往来		
其他业务往来(借方)		71,648.00	预缴利润		
预缴利润(借方)			票据融资		
存放同业款项	90,317,814.95	25,429,383.37	其中：贴现融资		
其中：存放境内同业	90,317,814.95	25,429,383.37	回购票据		
存放境外同业			同业存放款项	1,708,188,516.09	3,418,109,103.29
拆出资金	355,549,338.77		其中：境内同业存放	1,708,188,516.09	3,418,109,103.29
其中：拆放境内	355,549,338.77		境外同业存放		
拆放境外			拆入资金	4,000,000.00	
其中：拆放金融性公司			其中：境内拆入	4,000,000.00	
短期应计贷款	27,247,681,440.43	35,186,645,655.12	引进国外短期资金		
其中：贷款	20,998,753,075.84	27,488,322,464.44	其中：金融性公司拆入		
贴现及转贴现净值	6,059,562,543.62	7,548,477,865.75	卖出回购证券		
逾期短期贷款	189,365,820.97	149,845,324.93	卖出回购信贷资产款项		
贸易融资	155,989,682.29	50,312,831.99	汇出汇款	653,088.30	228,610.27
其中：进出口押汇	94,080,180.41	36,028,816.41	应解汇款		191,628,685.15
其他贸易融资	61,909,501.88	14,284,015.58	保证金		1,462,903,519.37
应收利息	16,205,344.19	177,160,927.95	应付利息	1,364,893,703.59	2,401,829,388.40
其中：应收利息	16,205,344.19	14,796,738.71	应付工资	277,041,043.20	265,188,421.91
待核销利息			应付职工福利	13,479,613.64	
其他应收款	250,366,589.91	98,863,999.70	应交税金及附加	136,586,059.16	128,982,316.06
其中：业务应收款	2,323,573.96	21,653,865.25	其他应付款	632,971,818.13	1,718,977,444.26
买入票据			其中：业务应付款	132,768,248.74	73,300,907.69
期收款项		3,049,537.06	期付款项	193,370.34	
其他应收			其他应付		
减：坏账准备	3,404,172.54	95,161,773.93	发行短期债券	6,250.00	
短期投资			一年内到期的长期负债		
其中：国库券			其他流动负债	678,541,214.64	577,529,951.94
买入返售资产	230,136,400.50	1,443,802,325.50	其中：委托及代理负债	273,348,184.85	

续表 6－2－1－20

资产	期初数	期末数	负债及所有者权益	期初数	期末数
其中：回售证券			财政性存款	405,193,029.79	577,529,951.94
回售票据			二、长期负债	86,664,441,066.83	94,587,434,273.28
回售信贷资产	230,136,400.50	1,443,802,325.50	长期存款	15,037,428,925.61	18,826,676,454.40
一年内到期的长期债券投资			长期储蓄存款	71,475,567,649.05	75,665,896,831.62
其中：国库券			长期借款		
其他流动资产		33,248,896.33	其中：引进国外长期资金		
其中：委托及代理资产		33,248,896.33	发行长期债券		
待处理流动资产净损失			长期应付款		
二、长期资产	74,017,502,068.95	43,929,567,774.20	其他长期负债	151,444,492.17	94,860,987.26
中长期应计贷款	37,563,003,552.48	40,992,582,019.09	其中：待清理负债		
其中：中期贷款	15,617,093,120.60	15,346,475,986.41	购入外汇营运资金		
长期贷款	21,685,068,827.89	25,607,860,614.88	分支行营运资金		
逾期中长期贷款	260,841,603.99	38,245,417.80	负债总计	170,490,032,364.01	213,789,538,840.93
非应计贷款	34,325,321,016.37	1,153,112,526.91	三、所有者权益	－590,878,047.43	3,089,470,909.06
减：呆账准备	995,716,323.29	2,342,079,787.42	实收资本(股本)	1,254,336,447.51	1,264,336,447.51
长期投资	581,426,973.45	547,791,822.01	资本公积		
其中：长期股权投资			盈余公积		
长期债券投资	581,426,973.45	537,791,822.01	其中：公益金		
其中：国库券	581,426,973.45	537,791,822.01	本年利润		
减：长期投资减值准备	5,040,029.69		未分配利润	－1,845,214,494.94	1,825,134,461.55
固定资产原值	3,625,732,665.44	3,782,581,818.29			
减：累计折旧	1,219,391,460.55	331,634,037.57			
减：固定资产减值准备		50,322,557.65			
固定资产净值	2,406,341,204.89	3,400,625,223.07			
固定资产清理	－3,748,057.79	3,015,655.72			
在建工程	145,913,732.53	174,520,314.82			
三、无形资产	21,446,573.83	879,926,252.45			
其中：土地使用权		888,450,775.79			
四、其他资产	781,095,043.55	36,392,936.23			
长期待摊费用	28,439,633.48	21,584,043.36			
待处理抵债资产	231,270,961.51				
减：抵债资产减值准备					
其他长期资产	521,384,448.56	14,808,892.87			
其中：待清理资产	490,110,911.24	8,236,747.01			
待核销损失					
外汇营运资金占款					
营运资金调拨					
待处理固定资产净损失					
资产总计	**169,899,154,316.58**	**216,879,009,749.99**	**负债及所有者权益总计**	**169,899,154,316.58**	**216,879,009,749.99**
或有资产	13,319,191,822.12	12,320,134,392.28	或有负债	13,319,191,822.12	12,320,134,392.28

中国农业银行股份有限公司湖北省分行利润表

表 6－2－1－21　　2008 年末　　单位:元

收入项目	金额	支出项目	金额
贷款利息收入	5,462,710,060.05	利息支出	3,850,169,298.94
金融机构往来收入	15,333,430,399.34	金融机构往来支出	11,991,850,885.78
中间业务收入	981,081,715.83	管理费用	2,641,772,109.37
其他营业收入	50,629,809.20	手续费支出	23,719,812.45
投资收益	17,766,384.15	其他营业支出	353,352,610.26
营业外收入	182,132,412.29	营业税及附加	365,484,513.58
		营业外支出	67,011,630.86
		资产减值准备支出	912,640,149.08
		所得税支出	905,731.31
收入小计	22,027,750,780.86	支出小计	20,206,906,741.63
税前亏损		税前利润	1,821,749,770.54
净亏损		净利润	1,820,844,039.23
总计	**22,027,750,780.86**	**总计**	**22,027,750,780.86**

中国银行股份有限公司湖北省人民币信贷收支表

表 6－2－1－22　　2008 年末　　单位：万元

来源项目名称	12 月余额	比年初增减数 2008 年	比年初增减数 2007 年	运用项目名称	12 月余额	比年初增减数 2008 年	比年初增减数 2007 年
一、各项存款	8,327,818	1,769,248	339,163	一、各项贷款	4,111,166	561,013	494,987
1. 企业存款	3,713,384	762,608	586,850	1. 短期贷款	1,258,045	108,626	182,329
(1)活期存款	2,691,106	411,720	445,299	(1)工业贷款	590,285	64,198	64,239
(2)定期存款	1,022,278	350,888	141,551	(2)商业贷款	141,009	－19,586	－427
2. 机关团体存款				(3)建筑业贷款	99,276	20,009	43,248
3. 储蓄存款	4,320,062	931,412	－192,616	(4)农业贷款			
(1)活期储蓄	1,253,603	155,541	40,098	(5)乡镇企业贷款			
(2)定期储蓄	3,066,459	775,871	－232,714	(6)三资企业贷款	107,143	37,139	10,077
4. 农业存款				(7)私营企业及个体贷款	4,616	－6	－1,643
5. 其他存款	294,372	75,228	－55,071	(8)其他短期贷款	315,716	6,872	66,835
二、代理财政性存款	5,149	－9,008	3,928	其中：个人短期贷款	27,232	3,376	－419
三、金融债券			6	2. 中长期贷款	2,635,735	425,206	348,235
其中：政策性金融债券			6	(1)基本建设贷款	870,231	－13,032	105,530
四、应付及暂收款	158,535	51,692	－8,580	(2)技术改造贷款	150,624	28,734	－39,231
其中：应付及预提利息	95,179	36,302	6,024	(3)其他中长期贷款	1,614,880	409,504	281,936
五、卖出回购资产				其中：个人中长期贷款	1,018,938	117,306	243,182
六、向中央银行借款			－30	3. 票据融资	216,676	27,816	－34,263
七、同业往来	286,707	98,232	118,938	其中：贴现	216,676	27,816	－34,263
1. 同业存放	286,707	98,232	118,938	4. 各项垫款	710	－635	－1,314
2. 同业拆借				二、有价证券及投资	55,475	－194	37,806
八、系统内资金往来				三、应收及预付款	69,202	30,258	1,057
九、委托存款及委托投资基金(净)				其中：应收利息	59,574	27,622	1,144
1. 委托存款及委托投资基金	374,298	－2,502	266,714	四、买入返售资产			
2. 减：委托贷款及委托投资	374,298	－2,502	266,714	五、存放中央银行准备金存款	121,557	－41,299	－15,091
十、代理金融机构委托贷款基金				六、存放中央银行特种存款			
其中：中央银行委托贷款基金				七、缴存中央银行财政性存款	11,801	－9,393	12,789
十一、各项准备	213,240	－45,826	28,831	八、同业往来	476,248	411,653	－14,765
其中：贷款损失准备	194,977	－44,966	34,080	1. 存放同业	462,608	459,878	－55,389
十二、所有者权益	116,463	131,979	23,518	2. 拆放同业	13,640	－48,225	40,624
其中：实收资本				九、系统内资金往来	4,200,485	1,053,221	332,257
当年结益	135,808	135,808	11,986	十、代理金融机构贷款			
十三、其他	－45,601	－34,546	365,992	其中：代理人行专项贷款			
				十一、库存现金	36,550	2,727	－1,752
				十二、外汇占款	－20,173	－46,215	24,478
资金来源总计	9,062,311	1,961,771	871,766	资金运用总计	9,062,311	1,961,771	871,766

中国银行股份有限公司湖北省外汇信贷收支表

表 6－2－1－23　　2008 年末　　单位:万美元

来源项目名称	12 月余额	比年初增减数		运用项目名称	12 月余额	比年初增减数	
		2008 年	2007 年			2008 年	2007 年
一、各项存款	56,634	4,081	－6,795	一、各项贷款	114,743	－20,218	－4,831
1.单位活期存款	12,785	4,783	490	1.短期贷款	22,111	－12,387	12,370
其中:中资企业存款	12,746	4,745	490	(1)境内短期贷款	22,111	－12,387	12,370
外商投资企业存款				其中:中资企业贷款	9,900	－6,960	11,674
2.单位定期存款	1,337	－1,910	2,611	其中:外商投资企业贷款	11,000	－5,184	－758
其中:中资企业存款	1,337	－1,910	2,778	(2)境外短期贷款			
外商投资企业存款				2.中长期贷款	57,521	－2,117	－11,143
3.储蓄存款	39,558	472	－9,244	(1)境内中长期贷款	57,521	－2,117	－11,143
其中:定期存款	29,534	－2,319	－9,081	其中:中资企业贷款	48,615	－1,817	－6,199
4.其他类存款	2,954	736	－652	外商投资企业贷款	8,000		－500
5.境外存款				(2)境外中长期贷款			
二、境内中长期借款				3.进出口贸易融资	3,016	－1,987	－43
三、卖出回购资产				4.票据融资			
四、境外筹资				其中:贴现			
五、向中央银行借款				5.各项垫款	3	3	
六、中央银行存款				6.境外筹资转贷款	32,092	－3,730	－6,015
七、应付及暂收款	3,079	－3,034	－692	二、投资			
其中:应付及预提利息	2,393	－3,408	－536	1.购买有价证券			
八、同业存放	10,555	3,882	1,867	其中:购买境外有价证券			
(1)境内同业存放	10,548	3,877	1,865	2.其他投资			
(2)境外同业存放	7	5	2	其中:投资境外			
九、同业拆入				三、应收及预付款	1,695	－1,889	－1,521
(1)境内同业拆入				其中:应收及预付利息	1,158	－2,386	－1,514
(2)境外同业拆入				四、买入返售资产			
十、委托基金存款(净)				五、存放中央银行	487	－26	244
十一、外汇买卖	－2,968	－6,574	3,397	其中:缴存准备金			
其中:结售汇	－2,955	－6,519	3,364	六、存放同业	17	17	－1,815
十二、境内联行存放	45,103	－16,022	－7,164	(1)存放境内同业			－1,815
十三、境外联行存放	205	－123	－717	(2)存放境外同业	17	17	
十四、各项准备	1,550	－368	－1,965	七、拆放同业			
其中:贷款损失准备	1,522	－367	－1,359	(1)拆放境内同业			
十五、所有者权益	2,882	－2,361	581	(2)拆放境外同业			
其中:实收资本				八、存放境内联行			
当年结益	2,882	2,882	5,240	九、存放境外联行			－68
十六、其他	1,525	－1,470	2,980	十、库存现金	1,623	127	－517
资金来源总计	118,565	－21,989	－8,508	资金运用总计	118,565	－21,989	－8,508

中国银行股份有限公司湖北省分行资产负债比较表

表 6－2－1－24　　2008 年末　　单位：万元

资产	2008 年末	占比	2007 年末	增减额	增减百分比	负债及所有者权益	2008 年末	占比	2007 年末	增减额	增减百分比
现金及存放中央银行款项	184,264.46	1.93%	215,953.99	－31,689.53	－14.67%	向中央银行借款					
存放同业款项	3,893,436.11	40.83%	2,701,189.02	1,192,247.10	44.14%	同业及其他金融机构存放款项	351,790.12	3.69%	240,738.43	111,051.69	46.13%
贵金属	926.24	0.01%	582.49	343.75	59.01%	拆入资金	10,050.38	0.11%	1,000.00	9,050.38	905.04%
拆出资金	466,735.31	4.89%	54,474.14	412,261.17	756.80%	交易性金融负债					
交易性金融资产						衍生金融负债	19,272.61	0.20%	5.09	19,267.52	378494.84%
衍生金融资产	20,259.84	0.21%	1,196.22	19,063.62	1593.66%	卖出回购金融资产款					
买入返售金融资产						吸收存款	8,736,521.05	91.61%	6,991,242.30	1,745,278.75	24.96%
应收利息	53,412.46	0.56%	19,472.75	33,939.71	174.29%	应付职工薪酬	18,412.05	0.19%	9,662.52	8,749.53	90.55%
发放贷款和垫款	4,687,969.46	49.16%	4,280,130.43	407,839.04	9.53%	应交税费	7,560.67	0.08%	5,999.58	1,561.09	26.02%
可供出售金融资产						应付利息	97,441.25	1.02%	62,841.79	34,599.46	55.06%
持有至到期投资						预计负债	1,628.55	0.02%	1,820.40	－191.85	－10.54%
贷款及应收款项类债券	55,426.09	0.58%	55,618.41	－192.32	－0.35%	发行债券					
长期股权投资						递延所得税负债					
投资性房地产						其他负债	50,785.50	0.53%	34,202.26	16,583.24	48.49%
固定资产	130,318.41	1.37%	113,479.39	16,839.03	14.84%	负债合计	9,293,462.18	97.45%	7,347,512.36	1,945,949.82	26.48%
无形资产	25,681.39	0.27%	27,277.97	－1,596.58	－5.85%	股本(营运资金)	106,960.66	1.12%	106,960.66		
商誉						资本公积					
递延税资产						减:库藏股					
其他资产	18,091.84	0.19%	7,866.54	10,225.31	129.98%	盈余公积					
						一般风险准备					
						未分配利润	136,098.77	1.43%	22,768.32	113,330.45	497.76%
						外币折算差额					
						归属于母公司股东权益合计	243,059.43	2.55%	129,728.98	113,330.45	87.36%
						少数股东权益					
						股东权益合计	243,059.43	2.55%	129,728.98	113,330.45	87.36%
资产总计	9,536,521.61	100.00%	7,477,241.34	2,059,280.28	27.54%	**负债和股东权益总计**	9,536,521.61	100.00%	7,477,241.34	2,059,280.28	27.54%

注:本表数据未经审计,未经调整,为基础数据。

中国银行股份有限公司湖北省分行损益比较表

表 6－2－1－25　　2008 年末　　单位:万元

项目	2008 年末	2007 年末	增减额	增减百分比
一、营业收入	282,700.56	230,035.09	52,665.47	22.89%
利息净收入	223,123.74	188,122.91	35,000.83	18.61%
利息收入	402,806.67	303,326.83	99,479.84	32.80%
利息支出	179,682.93	115,203.92	64,479.01	55.97%
手续费及佣金净收入	47,095.41	33,895.61	13,199.80	38.94%
手续费及佣金收入	47,692.20	35,356.78	12,335.43	34.89%
手续费及佣金支出	596.79	1,461.17	－864.38	－59.16%
投资收益	3,854.92	5,579.90	－1,724.98	－30.91%
其中:对联营企业和合营企业的投资收益				
公允价值变动损益	－110.28	1,123.46	－1,233.74	－109.82%
汇兑损益	76.82	96.93	－20.11	－20.75%
其他业务收入	8,659.95	1,216.28	7,443.67	612.00%
二、营业支出	128,020.24	188,932.18	－60,911.93	－32.24%
营业税金及附加	19,459.90	15,417.44	4,042.46	26.22%
业务及管理费	151,434.41	134,815.90	16,618.52	12.33%
资产减值损失	－48,028.27	37,489.56	－85,517.83	－228.11%
其他业务成本	5,154.20	1,209.28	3,944.92	326.22%
三、营业利润	154,680.32	41,102.91	113,577.40	276.32%
加:营业外收入	1,358.08	2,214.58	－856.50	－38.68%
减:营业外支出	595.05	－6,958.97	7,554.03	108.55%
四、利润总额	155,443.34	50,276.47	105,166.88	209.18%
减:所得税费用	19,344.57	27,508.15	－8,163.58	－29.68%
五、税后利润	136,098.77	22,768.32	113,330.45	497.76%
归属于本行股东的净利润	136,098.77	22,768.32	113,330.45	497.76%
少数股东损益				

注:本表数据未经审计,未经调整,为基础数据。

中国建设银行股份有限公司湖北省人民币信贷收支表

表 6－2－1－26　　　　2008 年末　　　　单位:万元

来源项目名称	12 月余额	比年初增减数 2008 年	比年初增减数 2007 年	运用项目名称	12 月余额	比年初增减数 2008 年	比年初增减数 2007 年
一、各项存款	20,728,238	3,411,234	2,018,517	一、各项贷款	11,230,277	1,644,305	1,159,820
1.企业存款	4,720,449	154,873	835,541	1.短期贷款	1,243,071	－209,493	332,717
(1)活期存款	3,498,847	－62,921	712,398	(1)工业贷款	582,446	16,756	118,840
(2)定期存款	1,221,602	217,794	123,143	(2)商业贷款	113,128	8,621	－3,749
2.机关团体存款	2,648,376	459,113	528,535	(3)建筑业贷款	62,050	－7,682	－12,061
3.储蓄存款	11,844,011	2,441,584	544,187	(4)农业贷款		－300	220
(1)活期储蓄	4,438,857	647,791	607,852	(5)乡镇企业贷款			
(2)定期储蓄	7,405,154	1,793,793	－63,665	(6)三资企业贷款			
4.农业存款	9,306	2,121	583	(7)私营企业及个体贷款	10,046	2,742	－2,555
5.其他存款	1,506,096	353,543	109,671	(8)其他短期贷款	475,401	－229,630	232,022
二、代理财政性存款	24,603	3,484	－2,553	其中:个人短期贷款	46,314	1,681	19,675
三、金融债券	636			2.中长期贷款	9,395,744	1,561,961	1,084,702
其中:政策性金融债券	636			(1)基本建设贷款	5,119,694	992,587	240,579
四、应付及暂收款	405,745	112,442	186,946	(2)技术改造贷款	310,116	48,478	37,994
其中:应付及预提利息	222,922	81,116	139,961	(3)其他中长期贷款	3,965,934	520,896	806,129
五、卖出回购资产				其中:个人中长期贷款	1,900,321	173,189	487,856
六、向中央银行借款	3			3.票据融资	587,852	290,153	－250,589
七、同业往来	661,311	－160,394	597,299	其中:贴现	587,852	290,153	－250,589
1.同业存放	661,311	－160,394	597,299	4.各项垫款	3,610	1,684	－7,010
2.同业拆借				二、有价证券及投资	82,628	－24,148	－4,988
八、系统内资金往来				三、应收及预付款	102,425	－16,299	87,898
九、委托存款及委托投资基金(净)	150	－30	－784	其中:应收利息	47,553	5,831	32,111
1.委托存款及委托投资基金	751,612	108,337	49,821	四、买入返售资产	77,378	－78,333	11,862
2.减:委托贷款及委托投资	751,462	108,367	50,605	五、存放中央银行准备金存款	157,891	－45,349	46,465
十、代理金融机构委托贷款基金				六、存放中央银行特种存款			
其中:中央银行委托贷款基金				七、缴存中央银行财政性存款	12,289	－17,959	14,212
十一、各项准备	44,354	－28,640	－25,612	八、同业往来	8,869	－56,763	－55,890
其中:贷款损失准备	－7	－7	－497	1.存放同业	2,864	－54,123	－47,600
十二、所有者权益	－865	－7,544	26,400	2.拆放同业	6,005	－2,640	－8,290
其中:实收资本				九、系统内资金往来	10,134,451	1,919,264	465,234
当年结益	299,001	299,001	258,197	十、代理金融机构贷款			
十三、其他	36,122	2,259	－1,067,226	其中:代理人行专项贷款			
				十一、库存现金	94,089	8,093	8,375
				十二、外汇占款			
资金来源总计	21,900,297	3,332,811	1,732,988	资金运用总计	21,900,297	3,332,811	1,732,988

中国建设银行股份有限公司湖北省外汇信贷收支表

表 6－2－1－27　　2008 年末　　单位:万美元

栏目 来源项目名称	12 月余额	比年初增减数		栏目 运用项目名称	12 月余额	比年初增减数	
		2008 年	2007 年			2008 年	2007 年
一、各项存款	15,623	1,143	－4,178	一、各项贷款	25,337	－6,678	－2,420
1. 单位活期存款	4,826	－67	1,246	1. 短期贷款	6,000	－7,002	－678
其中:中资企业存款			－504	(1)境内短期贷款	6,000	－7,002	－678
外商投资企业存款			1,771	其中:中资企业贷款			－678
2. 单位定期存款	1,166	－238	－5	其中:外商投资企业贷款			
其中:中资企业存款			－150	(2)境外短期贷款			
外商投资企业存款			－155	2. 中长期贷款	2,771	1,825	－685
3. 储蓄存款	6,163	－40	－4,056	(1)境内中长期贷款	2,771	1,825	－685
其中:定期存款	4,952	30	－4,619	其中:中资企业贷款			－104
4. 其他类存款	3,468	1,488	－1,363	外商投资企业贷款			－600
5. 境外存款				(2)境外中长期贷款			
二、境内中长期借款				3. 进出口贸易融资	403	－660	561
三、卖出回购资产				4. 票据融资			
四、境外筹资	16,243	－813	－1,594	其中:贴现			
五、向中央银行借款				5. 各项垫款			
六、中央银行存款				6. 境外筹资转贷款	16,163	－841	－1,618
七、应付及暂收款	1,537	57	－220	二、投资			
其中:应付及预提利息	118	－68	80	1. 购买有价证券			
八、同业存放	80	－837	－340	其中:购买境外有价证券			
(1)境内同业存放	80	－837	－340	2. 其他投资			
(2)境外同业存放				其中:投资境外			
九、同业拆入				三、应收及预付款	2,663	1,298	23
(1)境内同业拆入				其中:应收及预付利息	42	－70	53
(2)境外同业拆入				四、买入返售资产			
十、委托基金存款(净)				五、存放中央银行	526	339	126
十一、外汇买卖				其中:缴存准备金	526	339	126
其中:结售汇				六、存放同业	4,709	3,414	1,154
十二、境内联行存放		－1,350	1,350	(1)存放境内同业	4,709	3,414	1,154
十三、境外联行存放				(2)存放境外同业			
十四、各项准备				七、拆放同业			
其中:贷款损失准备				(1)拆放境内同业			
十五、所有者权益	857	694	－145	(2)拆放境外同业			
其中:实收资本				八、存放境内联行	1,442	1,442	－4,174
当年结益	857	857	167	九、存放境外联行			
十六、其他	723	462	－49	十、库存现金	386	－459	115
资金来源总计	35,063	－644	－5,176	资金运用总计	35,063	－644	－5,176

中国建设银行股份有限公司湖北省分行分地区存贷款情况

表 6－2－1－28　　　　2008 年末　　　　单位:亿元

地区名称	一般性存款	企业存款	储蓄存款	各项贷款	公司类贷款	个人类贷款
全省总计	1,887.48	805.09	1,082.39	956.48	759.21	197.26
省区小计	978.01	389.16	588.85	370.91	312.54	58.36
黄石市	79.13	34.79	44.34	35.10	27.56	7.54
襄樊市	202.55	74.49	128.06	74.53	51.89	22.64
荆州市	157.66	56.20	101.46	29.91	25.57	4.34
十堰市	110.95	57.17	53.77	59.25	49.93	9.32
孝感市	74.19	25.28	48.92	32.34	28.98	3.35
荆门市	87.76	28.81	58.96	26.65	25.57	1.09
鄂州市	18.68	10.79	7.89	12.57	11.50	1.08
黄冈市	130.38	51.16	79.21	35.11	30.19	4.92
咸宁市	34.09	14.00	20.09	14.36	12.84	1.52
随州市	41.92	15.57	26.35	4.86	4.07	0.78
恩施州	40.70	20.91	19.79	46.24	44.44	1.79
武汉小计	909.47	415.93	493.54	585.57	446.67	138.90
营业部	145.57	73.38	72.19	110.63	81.45	29.18
省直	212.10	114.07	98.02	105.46	82.12	23.34
江岸	157.10	83.14	73.96	142.13	127.44	14.69
钢城	170.22	62.90	107.31	91.60	66.72	24.88
开发区	132.77	45.24	87.52	82.22	51.96	30.27
东西湖	23.82	12.91	10.91	11.37	4.54	6.83
蔡甸	12.11	4.15	7.95	5.11	2.25	2.85
江夏	18.59	6.98	11.61	3.79	1.61	2.18
黄陂	13.55	6.30	7.25	6.84	4.59	2.25
新洲	23.65	6.84	16.81	26.41	23.99	2.42
汉龙						

中国建设银行股份有限公司湖北省分行分地区存贷款增减情况

表 6－2－1－29　　2008 年末　　单位:亿元

地区名称	一般性存款	企业存款	储蓄存款	各项贷款	公司类贷款	个人类贷款
全省总计	303.54	84.01	219.53	133.17	112.91	20.26
省区小计	178.41	61.03	117.38	77.52	61.13	16.40
黄石市	12.47	4.87	7.60	5.45	2.76	2.68
襄樊市	35.73	10.45	25.28	16.52	11.39	5.12
荆州市	30.67	10.24	20.44	6.53	4.73	1.81
十堰市	20.76	10.14	10.62	14.45	13.73	0.72
孝感市	14.05	2.78	11.28	7.18	6.17	1.01
荆门市	13.81	3.36	10.45	6.41	6.01	0.39
鄂州市	4.89	3.00	1.89	5.38	4.63	0.74
黄冈市	27.86	11.89	15.97	2.87	0.77	2.11
咸宁市	5.46	1.75	3.71	−0.95	−1.40	0.45
随州市	5.55	0.02	5.54	1.64	1.12	0.52
恩施州	7.14	2.53	4.61	12.05	11.21	0.83
武汉小计	125.13	22.98	102.15	55.65	51.78	3.86
营业部	29.01	14.62	14.39	31.80	32.74	−0.95
省直	26.12	6.46	19.66	7.46	5.56	1.90
江岸	28.94	12.81	16.14	16.81	14.58	2.23
钢城	25.20	3.15	22.06	−0.47	0.46	−0.93
开发区	3.41	−13.18	16.60	−6.69	−5.50	−1.18
东西湖	5.19	2.82	2.37	1.31	0.60	0.71
蔡甸	−4.70	−6.70	1.99	0.94	0.55	0.38
江夏	4.99	1.64	3.35	1.12	0.66	0.46
黄陂	4.63	2.26	2.37	1.91	1.24	0.66
新洲	2.33	−0.91	3.24	1.46	0.88	0.58
汉龙						

中国建设银行股份有限公司湖北省分行人民币贷款发放、回收及余额统计表

表 6－2－1－30　　2008 年末　　单位:万元

项目	年初余额	本年累计发放	本年累计回收	不良贷款核销	本年回收抵债资产	本年会计错账调整	本年机构撤并	本年其他调整项	报告期止余额	其中:保全资产类借新还旧贷款余额	清收利息类借新还旧贷款余额	补充资料:贷款户数(户)
合计	8,691,476	6,492,810	5,045,060	22,409					10,116,818			25,025
一、财政性贷款	2,345	37							2,382			
二、委托贷款	686,591	171,646	138,759						719,478			7,397
其中:人民银行委托贷款	5,490								5,490			
三、信贷资金贷款合计	8,002,540	6,321,127	4,906,301	22,409					9,394,958			17,628
1.短期贷款	1,427,165	2,267,209	2,495,693	474				−7	1,198,214			511
(1)工业流动资金贷款	445,650	839,483	810,744	440					473,949			94
(2)商业流动资金贷款	99,277	147,632	135,330						111,579			38
(3)建筑业流动资金贷款	60,534	83,061	81,544						62,051			
(4)房地产业流动资金贷款	200	49	249									15
(5)农业流动资金贷款	300		300									
(6)进出口贸易融资	10,087	19,990	20,032						10,045			1
(7)短期个人住房贷款	719	3,471	3,891					−6	305			7
(8)短期个人再交易住房贷款	237	565	688						114			2
(9)短期个人住房最高额抵押贷款	8,829	6,773	11,546						4,056			8
(10)短期个人商业用房贷款	814	1,939	2,367						386			
(11)短期个人汽车消费贷款	348	4,069	4,157						260			
(12)短期个人住房装修贷款	11	99	107						3			
(13)短期个人耐用消费品贷款												
(14)短期个人消费额度贷款	25,948	38,766	32,401					−1	32,314			122
(15)短期个人助学贷款	1	18	15						4			
(16)短期个人助业贷款	1,442	5,211	3,443						3,210			
(17)短期个人买方信贷												
(18)个人信用卡贷款	280	2,407	2,441						246			59
(19)短期个人质押贷款	2,784	19,627	18,076						4,335			46
(20)短期下岗失业人员小额担保贷款												
(21)短期个人其他贷款												8

续表 6－2－1－30

项目	年初余额	本年累计发放	本年累计回收	不良贷款核销	本年回收抵债资产	本年会计错账调整	本年机构撤并	本年其他调整项	报告期止余额	其中:保全资产类借新还旧贷款余额	清收利息类借新还旧贷款余额	补充资料:贷款户数(户)
(22)其他短期贷款	769,704	1,094,049	1,368,362	34					495,357			111
其中:单位汽车消费贷款												
2.中长期贷款	6,308,557	2,983,864	1,609,043	21,935				7	7,661,437			16,976
(1)公司客户基本建设贷款	2,284,874	1,017,439	249,812	38					3,052,463			66
(2)机构客户基本建设贷款	275,316	138,900	65,051						349,165			2
(3)房地产开发贷款	450,972	327,733	212,599	42					566,064			23
(4)公司客户技术改造贷款	243,727	71,503	36,706	88					278,436			10
(5)机构客户技术改造贷款	910		732						178			
(6)中长期个人住房贷款	1,111,330	333,068	201,191	30				6	1,243,172			9,846
(7)中长期个人再交易住房贷款	67,656	14,458	15,972						66,142			380
(8)中长期个人住房最高额抵押贷款	104,035	20,081	28,445						95,671			359
(9)中长期个人商业用房贷款	226,131	90,023	61,757						254,397			3,811
(10)中长期个人汽车消费贷款	41,254	12,900	28,636						25,518			1,688
(11)中长期个人住房装修贷款	1,830	275	1,562	7					536			
(12)中长期个人耐用消费品贷款	6		6									
(13)中长期个人消费额度贷款	154,653	111,618	59,176					1	207,094			508
(14)中长期个人助学贷款	1,452	286	801						937			85
(15)中长期个人助业贷款	20,144	24,977	11,409						33,712			
(16)中长期个人买方信贷												
(17)中长期个人质押贷款	122	636	548						210			1
(18)中长期下岗失业人员小额担保贷款												
(19)中长期个人其他贷款	1		1									
(20)其他中长期贷款	1,324,144	819,967	634,639	21,730					1,487,742			197
其中:单位购房贷款	211	20	175						56			
单位买方信贷												
其中:邮电买方信贷												
工程机械担保贷款												
3.票据融资	264,892	1,010,084	743,280						531,696			140
4.各项垫款	1,926	59,970	58,285						3,611			1

中国建设银行股份有限公司湖北省分行资产负债表

表 6－2－1－31　　2008 年末　　单位:万元

资产	期末余额	年初余额	负债和股东权益	期末余额	年初余额
资产			负债		
现金及存放中央银行款项	206,982.48	281,288.56	向中央银行借款	3.00	3.00
存放同业款项	34,828.68	65,990.36	同业及其他金融机构存放款项	545,804.35	688,012.25
贵金属			拆入资金		
拆出资金	236.36	397.36	交易性金融负债		
交易性金融资产			衍生金融负债	36,018.60	51,673.20
衍生金融资产	37,735.59	53,058.91	卖出回购金融资产款		
买入返售金融资产	77,377.61	121,311.21	吸收存款	19,060,104.78	16,064,618.30
发放贷款和垫款	9,557,987.82	8,230,450.51	应付利息	198,333.22	127,133.97
应收利息	25,495.76	22,151.71	应付职工薪酬	22,141.24	18,855.07
可供出售金融资产			应交税费	15,591.53	18,125.99
应收款项投资			预计负债	44,892.97	5,421.66
持有至到期投资	49,965.70	58,114.44	应付债券	636.86	636.86
长期股权投资			递延所得税负债		
资产支持证券			其他负债	97,842.29	54,252.58
投资性房地产			负债合计	20,021,368.84	17,028,732.87
固定资产	175,759.13	173,363.83	股东权益		
在建工程	12,146.92	5,631.80	股本		
无形资产	43,562.19	44,905.37	资本公积		
商誉			减:库存股		
递延所得税资产			盈余公积		
其他资产	9,805,025.32	7,983,331.61	一般风险准备		
			未分配利润	5,734.73	11,262.79
			外币报表折算差额		
			股东权益合计	5,734.73	11,262.79
资产总计	20,027,103.57	17,039,995.66	负债和股东权益总计	20,027,103.57	17,039,995.66

中国建设银行股份有限公司湖北省分行利润表

表 6－2－1－32　　2008 年末　　单位:万元

项目	本期金额	本年累计金额
一、营业收入	51,618.81	618,160.57
利息净收入	38,937.65	500,067.92
利息收入	74,330.14	867,596.24
利息支出	35,392.49	367,528.32
手续费及佣金净收入	12,601.45	106,673.98
手续费及佣金收入	13,273.07	110,438.84
手续费及佣金支出	671.62	3,764.86
投资收益(损失以"－"号填列)	－250.89	9,820.19
公允价值变动收益(损失以"－"号填列)	251.70	331.28
汇兑收益(损失以"－"号填列)	－433.57	－745.63
其他业务收入	512.48	2,012.83
二、营业支出	114,984.82	358,977.68
营业税金及附加	4,441.13	42,191.75
业务及管理费	30,940.60	227,490.43
资产减值损失	76,410.40	75,394.53
其他业务成本	3,192.69	13,900.97
三、营业利润(亏损以"－"号填列)	－63,366.00	259,182.89
加:营业外收入	1,603.02	7,471.06
减:营业外支出	705.08	2,045.76
四、利润总额(亏损总额以"－"号填列)	－62,468.07	264,608.19
减:所得税费用	25.58	58.84
五、净利润(净亏损以"－"号填列)	－62,493.65	264,549.35

交通银行股份有限公司湖北省人民币信贷收支表

表 6－2－1－33　　2008 年末　　单位:万元

来源项目名称	12 月余额	比年初增减数		运用项目名称	12 月余额	比年初增减数	
		2008 年	2007 年			2008 年	2007 年
一、各项存款	6,427,001	1,073,265	716,218	一、各项贷款	4,350,726	671,983	468,721
1.企业存款	3,622,724	575,038	544,974	1.短期贷款	1,438,758	－180,821	－26,635
(1)活期存款	2,175,173	－119,868	549,781	(1)工业贷款	531,615	56,283	70,868
(2)定期存款	1,447,551	694,906	－4,807	(2)商业贷款	199,414	－26,576	54,399
2.机关团体存款	59,456	－10,149	－24,941	(3)建筑业贷款	235,621	－83,485	－79,279
3.储蓄存款	2,084,168	406,360	72,785	(4)农业贷款	2,700	2,674	－2,896
(1)活期储蓄	789,415	617	179,587	(5)乡镇企业贷款			
(2)定期储蓄	1,294,753	405,743	－106,802	(6)三资企业贷款			
4.农业存款	538	527	11	(7)私营企业及个体贷款	18,290	2,825	3,668
5.其他存款	660,115	101,489	123,389	(8)其他短期贷款	451,118	－132,542	－73,395
二、代理财政性存款	8,216	－7,264	－3,694	其中:个人短期贷款	8,628	1,438	1,102
三、金融债券				2.中长期贷款	2,689,675	816,231	511,061
其中:政策性金融债券				(1)基本建设贷款	771,891	354,124	269,217
四、应付及暂收款	166,231	－29,365	100,274	(2)技术改造贷款	85,671	49,211	20,306
其中:应付及预提利息	51,900	21,087	83	(3)其他中长期贷款	1,832,113	412,896	221,538
五、卖出回购资产	47,687	47,687		其中:个人中长期贷款	530,597	66,953	107,024
六、向中央银行借款		－3,780	3,780	3.票据融资	222,293	36,573	－15,705
七、同业往来	123,790	42,858	－41,348	其中:贴现	222,293	36,573	－15,705
1.同业存放	123,790	42,858	－41,348	4.各项垫款			
2.同业拆借				二、有价证券及投资	560,583	－119,496	315,074
八、系统内资金往来				三、应收及预付款	86,255	727	66,542
九、委托存款及委托投资基金(净)	254,777	241,439	3,004	其中:应收利息	1,388	718	363
1.委托存款及委托投资基金	397,556	282,145	49,464	四、买入返售资产	82,067	39,053	16,861
2.减:委托贷款及委托投资	142,779	40,706	46,460	五、存放中央银行准备金存款	61,964	－26,302	－31,134
十、代理金融机构委托贷款基金				六、存放中央银行特种存款			
其中:中央银行委托贷款基金				七、缴存中央银行财政性存款	10,853	320	491
十一、各项准备	41,224	6,372	8,507	八、同业往来	281	－285	－8,472
其中:贷款损失准备	41,224	6,372	8,507	1.存放同业	281	－195	－8,472
十二、所有者权益	139,034	64,801	16,822	2.拆放同业		－90	
其中:实收资本				九、系统内资金往来	2,094,960	867,763	30,161
当年结益	139,034	139,034	110,541	十、代理金融机构贷款			
十三、其他	61,071	－5,625	63,359	其中:代理人行专项贷款			
				十一、库存现金	21,342	－3,331	8,634
				十二、外汇占款		－44	44
资金来源总计	7,269,031	1,430,388	866,922	资金运用总计	7,269,031	1,430,388	866,922

交通银行股份有限公司湖北省外汇信贷收支表

表 6－2－1－34 2008 年末 单位:万美元

来源项目名称	12 月余额	比年初增减数 2008 年	比年初增减数 2007 年	运用项目名称	12 月余额	比年初增减数 2008 年	比年初增减数 2007 年
一、各项存款	22,462	1,833	－2,373	一、各项贷款	5,330	－7,646	1,168
1.单位活期存款	8,639	3,563	1,832	1.短期贷款	2,069	－6,501	360
其中:中资企业存款	3,078	1,639	124	(1)境内短期贷款	2,069	－6,501	360
外商投资企业存款	1,338	907	－231	其中:中资企业贷款	2,069	－6,501	360
2.单位定期存款	3,266	1,887	96	其中:外商投资企业贷款			
其中:中资企业存款	3,266	1,887	96	(2)境外短期贷款			
外商投资企业存款				2.中长期贷款		－1,470	390
3.储蓄存款	9,042	－1,406	－5,154	(1)境内中长期贷款		－1,470	390
其中:定期存款	5,021	754	－1,288	其中:中资企业贷款		－390	390
4.其他类存款	1,515	－2,211	853	外商投资企业贷款			
5.境外存款				(2)境外中长期贷款			
二、境内中长期借款				3.进出口贸易融资	3,190	489	309
三、卖出回购资产				4.票据融资	71	－164	109
四、境外筹资				其中:贴现	71	－163	109
五、向中央银行借款				5.各项垫款			
六、中央银行存款				6.境外筹资转贷款			
七、应付及暂收款	20,204	6,081	12,364	二、投资			
其中:应付及预提利息	91	3	24	1.购买有价证券			
八、同业存放	466	235	145	其中:购买境外有价证券			
(1)境内同业存放	466	235	145	2.其他投资			
(2)境外同业存放				其中:投资境外			
九、同业拆入				三、应收及预付款	14,625	2,690	9,905
(1)境内同业拆入				其中:应收及预付利息		－6	6
(2)境外同业拆入				四、买入返售资产			
十、委托基金存款(净)	71	－5	76	五、存放中央银行	117	－24	78
十一、外汇买卖		－6	6	其中:缴存准备金			
其中:结售汇		－6	6	六、存放同业	581	157	－527
十二、境内联行存放				(1)存放境内同业	581	157	－527
十三、境外联行存放				(2)存放境外同业			
十四、各项准备	129	10	29	七、拆放同业			
其中:贷款损失准备	129	10	29	(1)拆放境内同业			
十五、所有者权益	934	370	－177	(2)拆放境外同业			
其中:实收资本				八、存放境内联行	19,841	12,295	616
当年结益	934	934	564	九、存放境外联行		－26	－13
十六、其他	－3,469	－1,233	1,288	十、库存现金	303	－161	131
资金来源总计	40,797	7,285	11,358	资金运用总计	40,797	7,285	11,358

交通银行股份有限公司武汉分行人民币贷款累放累收统计表

表6－2－1－35　　2008年末　　单位:万元

贷款累放项目	余额	贷款累收项目	余额
一、贷款累放额	6,558,775	二、贷款累收额	5,885,759
1.短期贷款累放额	3,062,234	1.短期贷款累收额	3,247,580
(1)工业贷款累放额	648,565	(1)工业贷款累收额	589,193
(2)商业贷款累放额	275,631	(2)商业贷款累收额	302,112
(3)建筑业贷款累放额	261,518	(3)建筑业贷款累收额	346,459
(4)农业贷款累放额	2,892	(4)农业贷款累收额	218
(5)乡镇企业贷款累放额		(5)乡镇企业贷款累收额	
(6)三资企业贷款累放额		(6)三资企业贷款累收额	
(7)私营企业及个体贷款累放额	22,185	(7)私营企业及个体贷款累收额	19,444
(8)其他短期贷款累放额	1,851,443	(8)其他短贷款累收额	1,990,154
其中:个人短期消费贷款	59,917	其中:个人短期消费贷款	58,525
2.中长期贷款累放额	1,424,628	2.中长期贷款累收额	602,839
(1)基本建设贷款累放额	431,025	(1)基本建设贷款累收额	71,781
(2)技术改造贷款累放额	55,760	(2)技术改造贷款累收额	6,550
(3)其他中长期贷款累放额	937,843	(3)其他中长期贷款累收额	524,508
其中:个人中长期消费贷款	189,996	其中:个人中长期消费贷款	126,300
3.票据融资累放额	2,068,859	3.票据融资累收额	2,032,286
4.各项垫款累放额	3,054	4.各项垫款累收额	3,054
调整项	－1,033		

交通银行股份有限公司武汉分行资产负债表

表 6-2-1-36　　2008 年末　　单位:元

资产	期末余额	负债及所有者权益	期末余额
流动资产		流动负债	
现金及银行存款	234,235,616.58	短期存款	36,311,586,564.73
其中:现金	234,235,616.58	短期储蓄存款	19,480,705,761.89
贵金属		财政性存款	82,167,754.89
存中央银行款项	736,170,173.88	向中央银行借款	
其中:准备金存款		同业存放款项	1,269,783,401.04
其中:备付金存款	627,644,173.88	联行存放款项	
存放同业款项	42,522,570.40	拆入资金	
存放联行款项	22,306,067,107.17	应解汇款	94,195,116.03
拆出资金		汇出汇款	366,906,201.17
短期贷款	13,925,965,472.78	委托存款	10,453,277.18
应收进出口押汇	419,023,708.71	应付代理证券款项	
应收账款	13,924,621.81	卖出回购证券款	
其他应收款	45,512,651.80	应付账款	525,357,779.90
贴现	2,227,799,333.13	其他应付款	677,423,938.44
短期投资	-2,542,141,103.95	存入短期保证金	4,246,991,220.56
委托贷款及委托投资		应付工资	66,610,949.25
自营证券		应付福利费	
代理证券		应交税金	-5,889,076.75
买入返售证券		应付利润	
待处理流动资产净损失		预提费用	492,038.40
其他流动资产	346,815,429.74	发行短期债券	
一年内到期的长期投资	866,822,056.84	其他流动负债	1,229,384,561.76
流动资产合计	38,622,717,638.89	一年内到期的长期负债	990,933,016.55
长期资产		流动负债合计	65,347,102,505.04
中长期贷款	26,887,277,661.48	长期负债	
逾期贷款	411,415,916.03	长期存款	3,112,899,787.63
减:呆账准备	421,097,410.74	长期储蓄存款	1,283,636,813.48
应收租赁款		存入长期保证金	284,389,069.32
减:未收租赁收益		应付转租赁租金	
应收转租赁款		发行长期债券	
租赁资产		长期借款	
减:待转租赁资产		长期应付款	
经营租赁资产		其他长期负债	
减:经营租赁资产折旧		长期负债合计	4,680,925,670.43
长期投资	4,739,007,458.86	所有者权益	
固定资产原值	976,155,867.01	实收资本	
减:累计折旧	307,815,961.63	资本公积	
减:固定资产减值准备		盈余公积	
固定资产净值	668,339,905.38	一般准备	
固定资产清理	20,581.92	未分配利润	1,454,149,299.27
在建工程	18,194,061.78	其中:本年利润	1,454,149,299.27
待处理固定资产净损失		所有者权益合计	1,454,149,299.27
长期资产合计	32,303,158,174.71		
无形、递延及其他资产			
无形资产	3,205,289.05		
递延资产	20,817,502.44		
其他长期资产	532,278,869.65		
其他资产合计	556,301,661.14		
资产总计	71,482,177,474.74	**负债及所有者权益总计**	71,482,177,474.74

交通银行股份有限公司武汉分行损益明细表

表 6-2-1-37　　2008 年末　　单位:元

收入项目名称	余额	支出项目名称	余额
利息收入	2,985,374,720.15	利息支出	1,468,283,842.18
金融企业往来收入	708,465,335.05	金融企业往来支出	283,668,681.03
中央银行往来利息收入	9,754,979.23	中央银行往来利息支出	
同业往来利息收入	149,746,845.75	同业往来利息支出	121,684,732.00
其中:存放同业利息收入	221,690.24	其中:同业存放利息支出	735,981.55
拆放同业利息收入	149,525,155.51	同业拆放利息支出	120,948,750.45
系统内往来利息收入	509,286,630.33	系统内往来利息支出	149,624,090.61
联行往来利息收入	20,661,399.95	联行往来利息支出	124,752.50
其他金融企业往来收入	19,015,479.79	其他金融企业往来支出	12,235,105.92
其中:拆放金融公司利息收入	19,015,479.79	其中:向金融公司拆借利息支出	327,129.17
管理费收入		管理费支出	
手续费收入	139,888,040.15	手续费支出	21,058,433.27
汇兑收益	41,395,984.40	汇兑损失	387,512.57
证券买卖差价收入	−328,470.07	营业费用	546,085,118.30
租赁收益		其他营业支出	97,522,277.07
其他营业收入	56,976,187.57	固定资产折旧	55,809,947.98
投资收益	203,842,692.77	呆账准备金支出	
其中:国债投资收益	42,125,511.23	其他营业支出	41,712,329.09
营业外收入	9,961,735.60	发行债券利息支出	360.00
固定资产盘盈收入		营业税及附加	177,965,242.04
固定资产清理收入	89,757.73	营业税	161,786,583.67
出纳长款收入	67,679.48	城市维护建设税	11,325,060.86
罚款收入	3,038.96	教育费附加	4,853,597.51
其他营业外收入	9,801,259.43	营业外支出	96,455,459.89
		固定资产盘亏	
		固定资产清理净损失	1,898,806.49
		出纳短款	
		培训经费支出	
		公益救济性捐赠	2,200,000.00
		结算赔款支出	
		其他损失	45,149.00
		罚款支出	
		其他支出	92,311,504.40
		以前年度损益调整	
		所得税	
收入小计	4,145,576,225.62	支出小计	2,691,426,926.35
纯损		税后利润	1,454,149,299.27
合计	**4,145,576,225.62**	**合计**	**4,145,576,225.62**

招商银行股份有限公司武汉分行人民币信贷收支表

表 6－2－1－38

2008 年末

单位：万元

来源项目名称	12 月余额	比年初增减数		运用项目名称	12 月余额	比年初增减数	
		2008 年	2007 年			2008 年	2007 年
一、各项存款	3,916,632	681,210	484,244	一、各项贷款	2,883,715	430,845	445,469
1.企业存款	1,591,331	234,327	251,924	1.短期贷款	1,247,533	165,974	168,689
(1)活期存款	1,093,283	63,231	204,656	(1)工业贷款	236,673	30,202	44,206
(2)定期存款	498,048	171,096	47,268	(2)商业贷款	128,643	25,856	29,394
2.机关团体存款	46,616	－1,482	5,055	(3)建筑业贷款	74,425	－30,309	16,494
3.储蓄存款	1,943,384	442,911	130,853	(4)农业贷款	1,500	－900	2,400
(1)活期储蓄	984,317	106,700	206,285	(5)乡镇企业贷款			
(2)定期储蓄	959,067	336,211	－75,432	(6)三资企业贷款	114,141	50,950	－431
4.农业存款				(7)私营企业及个体贷款	80,242	39,559	2,900
5.其他存款	335,301	5,454	96,412	(8)其他短期贷款	611,909	50,616	73,726
二、代理财政性存款	46,807	25,395	18,067	其中:个人短期贷款	26,119	11,934	9,217
三、金融债券				2.中长期贷款	1,367,200	130,777	409,114
其中:政策性金融债券				(1)基本建设贷款	178,211	7,204	－15,333
四、应付及暂收款	64,059	26,277	－5,442	(2)技术改造贷款	6,740	－855	－5,395
其中:应付及预提利息	25,566	10,604	1,803	(3)其他中长期贷款	1,182,249	124,428	429,842
五、卖出回购资产	16,000	－14,000		其中:个人中长期贷款	886,451	77,940	349,657
六、向中央银行借款				3.票据融资	265,857	132,418	－132,334
七、同业往来	351,096	120,961	60,615	其中:贴现	265,857	132,418	－132,334
1.同业存放	351,096	120,961	60,615	4.各项垫款	3,125	1,676	
2.同业拆借				二、有价证券及投资		－56,940	25,612
八、系统内资金往来				三、应收及预付款	6,172	－564	2,123
九、委托存款及委托投资基金(净)				其中:应收利息	5,738	－567	1,957
1.委托存款及委托投资基金	156,900	－126,195	167,050	四、买入返售资产	6,762	－493,161	498,673
2.减:委托贷款及委托投资	156,900	－126,195	167,050	五、存放中央银行准备金存款	83,394	28,967	－11,934
十、代理金融机构委托贷款基金				六、存放中央银行特种存款			
其中:中央银行委托贷款基金				七、缴存中央银行财政性存款	46,670	45,430	－119
十一、各项准备	73,192	3,514	7,790	八、同业往来	375	－52,650	51,038
其中:贷款损失准备	64,775	4,876	5,752	1.存放同业	375	－52,650	51,038
十二、所有者权益	69,960	85,105	10,878	2.拆放同业			
其中:实收资本				九、系统内资金往来	1,512,814	1,003,478	－31,837
当年结益	95,926	95,926	55,271	十、代理金融机构贷款			
十三、其他	27,981	－27,337	415,124	其中:代理人行专项贷款			
				十一、库存现金	25,825	－4,280	12,250
				十二、外汇占款			
资金来源总计	4,565,727	901,125	991,276	资金运用总计	4,565,727	901,125	991,276

招商银行股份有限公司武汉分行外汇信贷收支表

表 6－2－1－39　　2008 年末　　单位:万美元

来源项目名称	12 月余额	比年初增减数 2008 年	比年初增减数 2007 年	运用项目名称	12 月余额	比年初增减数 2008 年	比年初增减数 2007 年
一、各项存款	16,704	3,293	－3,971	一、各项贷款	5,138	－8,002	3,692
1. 单位活期存款	6,984	3,154	1,150	1. 短期贷款	2,263	－4,943	731
其中:中资企业存款	5,706	2,647	966	(1)境内短期贷款	2,263	－4,943	731
外商投资企业存款	1,241	519	169	其中:中资企业贷款	2,011	－2,918	2,360
2. 单位定期存款	1,383	112	－2,075	其中:外商投资企业贷款	252	－2,025	－1,629
其中:中资企业存款	1,106	152	－2,280	(2)境外短期贷款			
外商投资企业存款	277	－40	205	2. 中长期贷款		－1,091	－154
3. 储蓄存款	7,696	997	－1,768	(1)境内中长期贷款		－1,091	－154
其中:定期存款	4,267	552	－1,087	其中:中资企业贷款		－700	
4. 其他类存款	641	－970	－1,278	外商投资企业贷款		－391	－154
5. 境外存款				(2)境外中长期贷款			
二、境内中长期借款				3. 进出口贸易融资	2,875	－1,962	3,126
三、卖出回购资产				4. 票据融资		－6	－11
四、境外筹资				其中:贴现			
五、向中央银行借款				5. 各项垫款			
六、中央银行存款				6. 境外筹资转贷款			
七、应付及暂收款	43	－84	63	二、投资			
其中:应付及预提利息	43	－18	5	1. 购买有价证券			
八、同业存放	170	－1,072	795	其中:购买境外有价证券			
(1)境内同业存放	170	－1,072	795	2. 其他投资			
(2)境外同业存放				其中:投资境外			
九、同业拆入				三、应收及预付款	49	35	1
(1)境内同业拆入				其中:应收及预付利息	49	35	1
(2)境外同业拆入				四、买入返售资产			
十、委托基金存款(净)				五、存放中央银行	145	16	4
十一、外汇买卖	1	－1	2,418	其中:缴存准备金			
其中:结售汇				六、存放同业	678	33	61
十二、境内联行存放		－78	78	(1)存放境内同业	678	33	61
十三、境外联行存放				(2)存放境外同业			
十四、各项准备	730	－92	521	七、拆放同业			
其中:贷款损失准备	328	－92	119	(1)拆放境内同业			
十五、所有者权益	1,163	1,853	－526	(2)拆放境外同业			
其中:实收资本				八、存放境内联行	11,770	11,770	－4,390
当年结益	1,163	1,163	－19	九、存放境外联行			
十六、其他	－401	－2	3	十、库存现金	630	－35	13
资金来源总计	**18,410**	**3,817**	**－619**	**资金运用总计**	**18,410**	**3,817**	**－619**

招商银行股份有限公司武汉分行各项贷款累放、累收统计表

表 6-2-1-40　　2008 年末　　单位:万元

项目	累计发放	累计收回
一、各项贷款	7,534,338	7,103,493
1.短期贷款	2,859,182	2,693,208
工业贷款	758,157	727,955
商业贷款	308,256	282,400
建筑业贷款	146,500	176,809
农业贷款	1,500	2,400
乡镇企业贷款		
三资企业贷款	232,885	181,935
私营及个体贷款	92,264	52,705
其他短期贷款	1,319,620	1,269,004
其中:个人短期消费贷款	66,615	54,681
2.中期流动资金贷款		
3.中长期贷款	748,258	617,481
基本建设贷款	109,253	102,049
技术改造贷款	1,500	2,355
其他中长期贷款	637,505	513,077
其中:个人中长期消费贷款	276,342	198,402
4.票据融资	3,913,215	3,780,797
5.各项垫款	13,683	12,007

招商银行股份有限公司武汉分行资产负债表

表 6－2－1－41　　2008 年末　　单位：元

资产	年初数	年末数	负债及所有者权益	年初数	年末数
流动资产			流动负债		
现金及银行存款	353,436,062.70	305,344,728.03	短期存款	14,153,603,737.52	15,998,767,639.17
贵金属			短期储蓄存款	14,665,418,918.92	18,495,723,606.25
存入中央银行款项	566,106,635.57	1,310,544,159.37	财政性存款	391,201,101.91	443,252,408.24
存放同业款项	577,377,312.10	50,027,066.93	向中央银行借款		
存放联行款项	4,763,233,359.16	15,402,622,409.17	票据融资		
拆放同业			同业存放款项	2,392,049,962.80	3,522,531,773.42
拆放金融性公司			联行存放款项	77,139,067.37	
短期贷款	10,603,173,470.46	11,951,297,477.69	同业拆入		
应收进出口押汇	420,313,091.50	205,556,970.49	金融性公司拆入		
应收账款	29,212,912.16	60,720,632.41	应解汇款	489,984,337.99	153,637,265.07
减:坏账准备	－592,456.00	－1,335,128.34	汇出汇款	49,726,184.04	56,258,012.55
其他应收款	4,310,398.71	4,343,517.90	委托存款		
贴现	1,334,390,402.46	2,658,570,795.16	应付代理证券款项		
短期投资			卖出回购证券款		
减:短期投资跌价准备			卖出回购贷款	300,000,000.00	160,000,000.00
委托贷款及委托投资			应付账款	154,098,452.45	258,590,993.32
自营证券			存入短期保证金	3,261,620,917.11	3,152,965,014.27
代理证券			其他应付款	142,347,630.19	194,658,667.10
买入返售款项	4,999,232,115.13	67,615,764.00	应付工资	31,071,384.60	98,142,324.56
待处理流动资产净损失			应付福利费		1817790.95
一年内到期长期债权投资			应交税金	57,695,112.63	89,346,035.97
待摊费用	10,398,557.10	21,865,014.51	应付股利		
流动资产合计	23,660,591,861.05	32,037,173,407.32	预提费用	1,872,971.56	1,018,085.16
长期资产			发行短期债券		
中期贷款	3,732,981,395.44	3,007,058,000.00	一年内到期的长期负债		
长期贷款	9,182,705,191.20	11,169,486,817.32	流动负债合计	36,167,829,779.09	42,626,709,616.03
逾期贷款	214,586,139.22	195,705,783.03	长期负债		
减:呆账准备	－629,623,776.11	－670,120,008.83	长期存款	154,430,000.00	1,046,415,066.00
应收租赁款			长期储蓄存款	828,121,253.49	1,463,132,692.72
减:未收租赁收益			保证金	527,303.90	20,077,522.10
租赁资产			应付转租赁租金		
减:待转租赁资产			发行长期债券		
经营租赁资产			长期借款		
减:经营租赁资产折旧			长期次级债		

续表 6－2－1－41

资产	年初数	年末数	负债及所有者权益	年初数	年末数
长期股权投资	604,225,479.18		长期应付款		
减:长期投资减值准备			长期负债合计	983,078,557.39	2,529,625,280.82
固定资产原值	319,214,225.39	370,557,751.53	其他负债		
减:累计折旧	－163,519,242.58	－213,011,554.23	其他负债		
固定资产净值	155,694,982.81	157,546,197.30	递延税项		
减:固定资产减值准备			递延税款贷项		
固定资产净额	155,694,982.81	157,546,197.30	交易性金融负债		
固定资产清理	13,667.60	32,121.56	负债合计	37,150,908,336.53	45,156,334,896.88
在建工程			所有者权益		
减:在建工程减值准备			实收股本		
待处理固定资产净损失			资本公积		
长期资产合计	13,260,583,079.34	13,859,708,910.38	盈余公积	－571,204,295.20	
无形资产及其他资产			其中:法定公益金		
无形资产			一般准备		
减:无形资产减值准备			未分配利润		
长期待摊费用	27,955,170.72	43,216,625.52	本年利润	369,396,069.79	778,964,046.34
其他资产	126,556,226.71	105,484,380.75	所有者权益合计	－201,808,225.41	778,964,046.34
减:其他资产减值准备	－126,586,226.70	－110,284,380.75			
无形资产及其他资产合计	27,925,170.73	38,416,625.52			
递延税项					
递延税款借项					
交易性金融资产					
可供销售金融资产					
持有至到期金融资产					
其他应收投资款					
资产总计	36,949,100,111.12	45,935,298,943.22	负债及所有者权益总计	36,949,100,111.12	45,935,298,943.22

招商银行股份有限公司武汉分行损益表

表 6－2－1－42　　2008 年末　　单位:元

收入项目	金额	支出项目	金额
一、利息收入	1,953,409,711.40	一、利息支出	600,433,720.01
二、金融企业往来收入	489,712,424.99	二、金融企业往来支出	257,175,017.08
三、租赁收益		三、内部计价支出	2,128,037.94
四、内部计价收入	5,634,447.46	四、资产准备支出	64,885,718.26
五、对公中间业务收入	141,576,533.23	五、手续费支出	14,175,123.98
六、对私中间业务收入	76,445,152.72	六、营业费用	577,477,237.34
七、工本邮电费收入	6,997,023.31	七、营业税金及附加	125,842,676.49
八、投资收益	8,011,745.39	八、其他营业支出	500.00
九、营业外收入	2,345,891.50	九、汇兑损失	40,273.67
		十、营业外支出	3,355,896.71
		十一、所得税	259,654,682.11
收入合计	2,684,132,930.00	支出合计	1,905,168,883.59
纯损		纯益	778,964,046.41
总计	**2,684,132,930.00**	**总计**	**2,684,132,930.00**

中国民生银行股份有限公司武汉分行人民币信贷收支表

表 6－2－1－43　　2008 年末　　单位:万元

来源项目名称 \ 栏目	12 月余额	比年初增减数		运用项目名称 \ 栏目	12 月余额	比年初增减数	
		2008 年	2007 年			2008 年	2007 年
一、各项存款	3,181,022	361,184	481,039	一、各项贷款	2,534,973	53,742	261,600
1.企业存款	1,774,247	215,894	208,353	1.短期贷款	1,081,843	1,908	－38,723
(1)活期存款	1,312,253	97,606	231,568	(1)工业贷款	427,965	－5,924	－40,946
(2)定期存款	461,994	118,288	－23,215	(2)商业贷款	45,000	16,000	－14,300
2.机关团体存款	975	－289	764	(3)建筑业贷款	11,050	－17,108	－46,954
3.储蓄存款	830,879	127,151	36,567	(4)农业贷款			
(1)活期储蓄	237,651	19,211	－10,001	(5)乡镇企业贷款			
(2)定期储蓄	593,228	107,940	46,568	(6)三资企业贷款	21,000	21,000	－12,800
4.农业存款				(7)私营企业及个体贷款	104,299	53,025	－73,353
5.其他存款	574,921	18,428	235,355	(8)其他短期贷款	472,529	－65,085	149,630
二、代理财政性存款	464	23	441	其中:个人短期贷款	3,238	－351	3,314
三、金融债券				2.中长期贷款	1,414,304	41,146	328,284
其中:政策性金融债券				(1)基本建设贷款	259,455	144,650	74,970
四、应付及暂收款	42,825	7,015	6,121	(2)技术改造贷款			－1,000
其中:应付及预提利息	27,422	4,952	10,717	(3)其他中长期贷款	1,154,849	－103,504	254,314
五、卖出回购资产				其中:个人中长期贷款	628,782	15,138	176,059
六、向中央银行借款				3.票据融资	38,826	10,688	－27,961
七、同业往来	138,651	－30,293	－161,670	其中:贴现	38,826	10,688	－27,961
1.同业存放	138,651	－30,293	－104,670	4.各项垫款			
2.同业拆借			－57,000	二、有价证券及投资	22,382	－87,334	14,005
八、系统内资金往来				三、应收及预付款	16,158	1,792	684
九、委托存款及委托投资基金(净)		－1,289	－45	其中:应收利息	6,880	1,068	1,536
1.委托存款及委托投资基金	102,001	8,085	41,061	四、买入返售资产		－36,000	
2.减:委托贷款及委托投资	102,001	9,374	41,106	五、存放中央银行准备金存款	37,767	－19,947	6,489
十、代理金融机构委托贷款基金				六、存放中央银行特种存款			
其中:中央银行委托贷款基金				七、缴存中央银行财政性存款	2	2	
十一、各项准备	23,670	－2,261	2,953	八、同业往来	6,835	2,697	10
其中:贷款损失准备	23,584	－2,347	2,953	1.存放同业	6,835	2,697	10
十二、所有者权益	40,490	－16,828	20,005	2.拆放同业			
其中:实收资本				九、系统内资金往来	806,629	410,367	140,336
当年结益	40,490	40,490	57,320	十、代理金融机构贷款			
十三、其他	11,073	7,869	77,452	其中:代理人行专项贷款			
				十一、库存现金	13,440	109	3,019
				十二、外汇占款	9	－8	153
资金来源总计	3,438,195	325,420	426,296	资金运用总计	3,438,195	325,420	426,296

中国民生银行股份有限公司武汉分行外汇信贷收支表

表 6－2－1－44　　2008 年末　　单位：万美元

来源项目名称	12 月余额	比年初增减数 2008 年	比年初增减数 2007 年	运用项目名称	12 月余额	比年初增减数 2008 年	比年初增减数 2007 年
一、各项存款	3,058	－4,623	－1,996	一、各项贷款			－9,277
1. 单位活期存款	735	－1,401	－495	1. 短期贷款			－8,704
其中：中资企业存款	358	－1,455	142	(1)境内短期贷款			－8,704
外商投资企业存款	208	－5	－646	其中：中资企业贷款			－8,704
2. 单位定期存款		－12	12	其中：外商投资企业贷款			
其中：中资企业存款		－12	12	(2)境外短期贷款			
外商投资企业存款				2. 中长期贷款			
3. 储蓄存款	2,183	－1,635	－1,809	(1)境内中长期贷款			
其中：定期存款	1,505	－1,354	－1,718	其中：中资企业贷款			
4. 其他类存款	140	－1,575	296	外商投资企业贷款			
5. 境外存款				(2)境外中长期贷款			
二、境内中长期借款				3. 进出口贸易融资			－573
三、卖出回购资产				4. 票据融资			
四、境外筹资				其中：贴现			
五、向中央银行借款				5. 各项垫款			
六、中央银行存款				6. 境外筹资转贷款			
七、应付及暂收款	21	－26	－71	二、投资			
其中：应付及预提利息	20	－26	－71	1. 购买有价证券			
八、同业存放	17	－57	39	其中：购买境外有价证券			
(1)境内同业存放	17	－57	39	2. 其他投资			
(2)境外同业存放				其中：投资境外			
九、同业拆入				三、应收及预付款	4	－31	－59
(1)境内同业拆入				其中：应收及预付利息	4	－31	－59
(2)境外同业拆入				四、买入返售资产			
十、委托基金存款(净)				五、存放中央银行	265	265	
十一、外汇买卖	－11	－25	19	其中：缴存准备金			
其中：结售汇	－11	－25	－3	六、存放同业	225	－83	－287
十二、境内联行存放				(1)存放境内同业	225	－83	－287
十三、境外联行存放				(2)存放境外同业			
十四、各项准备			－92	七、拆放同业			
其中：贷款损失准备			－92	(1)拆放境内同业			
十五、所有者权益	59	－38	－219	(2)拆放境外同业			
其中：实收资本				八、存放境内联行	2,520	－5,127	7,554
当年结益	59	59	100	九、存放境外联行			
十六、其他	14	－211	215	十、库存现金	144	－4	－36
资金来源总计	**3,158**	**－4,980**	**－2,105**	**资金运用总计**	**3,158**	**－4,980**	**－2,105**

中国民生银行股份有限公司武汉分行损益表

表 6－2－1－45 　　2008 年末 　　单位:元

项目	本期数	本年累计数
一、营业收入	2,265,880,850.05	2,265,880,850.05
利息收入	1,830,365,130.26	1,830,365,130.26
金融机构往来收入	411,063,031.69	411,063,031.69
手续费收入		
汇兑收益	1,259,818.81	1,259,818.81
投资收益		
中间业务收入	40,078,975.48	40,078,975.48
其他营业收入	－16,886,106.19	－16,886,106.19
二、营业支出	1,746,523,699.27	1,746,523,699.27
利息支出	666,347,513.97	666,347,513.97
金融机构往来支出	276,231,034.51	276,231,034.51
手续费支出	19,537,670.45	19,537,670.45
营业费用	491,095,669.70	491,095,669.70
汇兑损失	64,228.90	64,228.90
其他营业支出	293,247,581.74	293,247,581.74
三、营业税金及附加	108,566,802.63	108,566,802.63
四、营业利润	410,790,348.15	410,790,348.15
加:营业外收入	10,078,715.05	10,078,715.05
减:营业外支出	－976,471.11	－976,471.11
五、利润总额	419,892,592.09	419,892,592.09
减:所得税		
加/减:以前年度损益调整	－11,316,896.33	－11,316,896.33
六、净利润(净亏损以负号填列)	408,575,695.76	408,575,695.76

中国光大银行股份有限公司武汉分行人民币信贷收支表

表 6－2－1－46　　2008 年末　　单位:万元

来源项目名称	12 月余额	比年初增减数		运用项目名称	12 月余额	比年初增减数	
		2008 年	2007 年			2008 年	2007 年
一、各项存款	1,296,743	69,382	138,359	一、各项贷款	1,130,094	50,852	281,798
1.企业存款	788,567	－28,482	162,730	1.短期贷款	412,203	－41,403	152,906
(1)活期存款	545,356	－70,600	170,320	(1)工业贷款	149,404	－56,364	62,090
(2)定期存款	243,211	42,118	－7,590	(2)商业贷款	53,859	1,169	25,071
2.机关团体存款	120,023	65,989	－19,045	(3)建筑业贷款	92,000	24,700	67,300
3.储蓄存款	198,003	45,517	－19,628	(4)农业贷款			
(1)活期储蓄	75,737	－4,718	10,649	(5)乡镇企业贷款			
(2)定期储蓄	122,266	50,235	－30,277	(6)三资企业贷款	15,500	－7,500	10,460
4.农业存款				(7)私营企业及个体贷款	388	－1,309	374
5.其他存款	190,150	－13,642	－23,788	(8)其他短期贷款	101,052	－2,099	－12,389
二、代理财政性存款				其中:个人短期贷款	1,228	－506	147
三、金融债券				2.中长期贷款	597,371	－20,339	147,368
其中:政策性金融债券				(1)基本建设贷款	5,100		5,100
四、应付及暂收款	28,811	295	15,024	(2)技术改造贷款			
其中:应付及预提利息	5,859	269	－393	(3)其他中长期贷款	592,271	－20,339	142,268
五、卖出回购资产				其中:个人中长期贷款	360,770	50,566	98,709
六、向中央银行借款			－876	3.票据融资	114,660	106,734	－17,411
七、同业往来	1,472	－39,052	5,719	其中:贴现	114,660	106,734	－17,411
1.同业存放	1,472	－38,984	6,719	4.各项垫款	5,860	5,860	－1,065
2.同业拆借		－68	－1,000	二、有价证券及投资	10,080	－497	6,709
八、系统内资金往来	168,928	168,928		三、应收及预付款	3,880	－3,824	1,378
九、委托存款及委托投资基金(净)	126,258	37,887	61,975	其中:应收利息	2,593	46	－498
1.委托存款及委托投资基金	332,919	142,348	149,732	四、买入返售资产	1,688	－31,776	11,063
2.减:委托贷款及委托投资	206,661	104,461	87,757	五、存放中央银行准备金存款	30,955	－16,190	15,689
十、代理金融机构委托贷款基金				六、存放中央银行特种存款			
其中:中央银行委托贷款基金				七、缴存中央银行财政性存款	317	134	156
十一、各项准备	22,331	21,398	778	八、同业往来	500,576	492,203	－109,686
其中:贷款损失准备	20,892	20,892		1.存放同业	500,576	497,568	－109,584
十二、所有者权益	25,997	4,626	9,335	2.拆放同业		－5,365	－102
其中:实收资本				九、系统内资金往来		－200,856	－7,312
当年结益	35,596	35,596	30,402	十、代理金融机构贷款			
十三、其他	11,343	24,455	－28,292	其中:代理人行专项贷款			
				十一、库存现金	4,293	－2,127	2,227
				十二、外汇占款			
资金来源总计	1,681,883	287,919	202,022	资金运用总计	1,681,883	287,919	202,022

中国光大银行股份有限公司武汉分行外汇信贷收支表

表 6－2－1－47　　2008 年末　　单位:万美元

来源项目名称 \ 栏目	12 月余额	比年初增减数		运用项目名称 \ 栏目	12 月余额	比年初增减数	
		2008 年	2007 年			2008 年	2007 年
一、各项存款	4,923	3,490	－171	一、各项贷款	1,021	－834	626
1.单位活期存款	2,837	2,583	－195	1.短期贷款		－1,435	268
其中:中资企业存款	111	31	－46	(1)境内短期贷款		－1,435	268
外商投资企业存款				其中:中资企业贷款		－1,435	268
2.单位定期存款	729	398	255	其中:外商投资企业贷款			
其中:中资企业存款			－29	(2)境外短期贷款			
外商投资企业存款				2.中长期贷款			
3.储蓄存款	1,342	541	－248	(1)境内中长期贷款			
其中:定期存款	1,160	493	－280	其中:中资企业贷款			
4.其他类存款	15	－32	17	外商投资企业贷款			
5.境外存款				(2)境外中长期贷款			
二、境内中长期借款				3.进出口贸易融资	1,021	601	358
三、卖出回购资产				4.票据融资			
四、境外筹资				其中:贴现			
五、向中央银行借款				5.各项垫款			
六、中央银行存款				6.境外筹资转贷款			
七、应付及暂收款	51	－410	419	二、投资			
其中:应付及预提利息	51	17	－7	1.购买有价证券			
八、同业存放				其中:购买境外有价证券			
(1)境内同业存放				2.其他投资			
(2)境外同业存放				其中:投资境外			
九、同业拆入	248	－63		三、应收及预付款	13	－418	429
(1)境内同业拆入	248	－63		其中:应收及预付利息	13	6	5
(2)境外同业拆入				四、买入返售资产			
十、委托基金存款(净)	3	－2	5	五、存放中央银行	66	21	－41
十一、外汇买卖				其中:缴存准备金			
其中:结售汇				六、存放同业	690	252	300
十二、境内联行存放		－41	40	(1)存放境内同业	690	252	300
十三、境外联行存放				(2)存放境外同业		0	
十四、各项准备	9	9		七、拆放同业		－70	
其中:贷款损失准备	9	9		(1)拆放境内同业		－70	
十五、所有者权益	158	－5	58	(2)拆放境外同业			
其中:实收资本				八、存放境内联行	4,064	4,064	－972
当年结益	158	158	141	九、存放境外联行			
十六、其他	507	4	－5	十、库存现金	45	－33	4
资金来源总计	5,899	2,982	346	**资金运用总计**	5,899	2,982	346

中国光大银行股份有限公司武汉分行资产负债表

表 6－2－1－48　　2008 年末　　单位:元

资产	期初数	期末数	负债及股东权益	期初数	期末数
资产			负债		
现金及银行存款	69,385,750.75	46,024,663.50	对公存款	10,587,997,247.71	11,149,445,036.20
贵金属			储蓄存款	1,758,641,390.35	2,140,917,713.80
存放中央银行款项	474,535,781.91	314,126,375.20	向中央银行借款		
存放同业款项	59,860,039.74	5,052,912,872.75	同业存放款项	404,554,285.33	14,751,895.62
存放联行款项	1,891,750,473.61		联行存放款项		1,646,015,535.02
拆出资金	58,432,650.00		同业拆入款项	21,929,016.76	16,929,016.78
买入返售金融资产	331,665,629.92	16,880,802.00	卖出回购金融资产款		
发放贷款和垫款	10,799,932,584.24	10,155,001,631.94	应解汇款	69,738,886.66	56,582,448.73
贸易融资	39,908,210.33	69,707,594.59	汇出汇款	5,749,000.00	2,748,000.00
贴现	78,547,147.07	1,131,056,790.19	应付利息	58,192,078.12	61,931,371.09
信贷资产减值准备		209,538,159.17	其他应付款	47,898,796.75	22,834,605.75
应收利息	25,975,609.25	26,832,658.75	交易性金融负债		
其他应收款	20,838,284.01	6,743,631.29	衍生金融负债		
交易性金融资产			应付债券		
衍生金融资产			长期借款		
可供出售金融资产			应付职工薪酬	12,917,805.12	40,063,725.26
持有至到期投资	103,012,234.46	100,807,593.30	应交税费	132,958,716.22	147,551,158.80
长期股权投资	2,745,000.00		应付股利		
固定资产原值	221,658,880.27	203,868,090.08	预计负债	1,180,000.00	
减:累计折旧	75,213,872.38	81,364,683.65	递延所得税负债		
固定资产净值	146,445,007.89	122,503,406.43	其他负债	923,023,654.52	1,276,470,188.23
投资性房地产			负债合计	14,024,780,877.54	16,576,240,695.28
固定资产清理			股东权益		
在建工程			股本		
无形资产	143,833.33	198,633.33	资本公积		
商誉			盈余公积		
长期待摊费用	7,702,347.86	7,245,264.20	一般风险准备		
抵债资产	131,584,051.77		未分配利润	224,835,020.24	270,797,341.49
递延所得税资产			其中:本年利润		
其他资产	7,151,261.64	6,534,278.47	股东权益合计	224,835,020.24	270,797,341.49
资产总计	**14,249,615,897.78**	**16,847,038,036.77**	**负债和股东权益总计**	**14,249,615,897.78**	**16,847,038,036.77**

中信银行股份有限公司武汉分行人民币信贷收支表

表 6－2－1－49　　2008 年末　　单位:万元

来源项目名称	12 月余额	比年初增减数 2008 年	比年初增减数 2007 年	运用项目名称	12 月余额	比年初增减数 2008 年	比年初增减数 2007 年
一、各项存款	3,538,032	467,984	908,222	一、各项贷款	2,616,396	504,658	417,593
1.企业存款	1,971,638	273,466	625,943	1.短期贷款	1,398,950	416,905	195,480
(1)活期存款	1,361,888	229,922	468,328	(1)工业贷款	320,369	122,416	100,603
(2)定期存款	609,751	43,544	157,615	(2)商业贷款	303,173	49,673	－18,074
2.机关团体存款	165,470	68,352	－5,718	(3)建筑业贷款	25,980	17,430	－8,050
3.储蓄存款	591,188	75,842	201,073	(4)农业贷款			
(1)活期储蓄	100,045	－25,968	79,894	(5)乡镇企业贷款			
(2)定期储蓄	491,142	101,810	121,178	(6)三资企业贷款	57,295	14,290	29,010
4.农业存款				(7)私营企业及个体贷款	826	－6,374	6,950
5.其他存款	809,735	50,324	86,925	(8)其他短期贷款	691,308	219,471	85,041
二、代理财政性存款				其中:个人短期贷款	1,662	－3,472	1,966
三、金融债券				2.中长期贷款	1,071,537	126,928	222,868
其中:政策性金融债券				(1)基本建设贷款	553,200	112,700	134,335
四、应付及暂收款	53,844	13,732	9,872	(2)技术改造贷款	5,000		4,000
其中:应付及预提利息	13,323	3,904	2,635	(3)其他中长期贷款	513,337	14,228	84,533
五、卖出回购资产				其中:个人中长期贷款	275,034	716	106,951
六、向中央银行借款				3.票据融资	145,908	－39,175	－756
七、同业往来	547,704	242,222	77,844	其中:贴现	145,908	－39,175	－756
1.同业存放	547,704	242,222	77,844	4.各项垫款			
2.同业拆借				二、有价证券及投资	112,031	－20,304	19,280
八、系统内资金往来				三、应收及预付款	13,734	4,964	109
九、委托存款及委托投资基金(净)	167,943	60,630	82,925	其中:应收利息	9,578	1,193	2,680
1.委托存款及委托投资基金	246,197	71,278	49,528	四、买入返售资产	8,617	2,550	4,525
2.减:委托贷款及委托投资	78,254	10,648	－33,397	五、存放中央银行准备金存款	24,748	14,106	－5,682
十、代理金融机构委托贷款基金				六、存放中央银行特种存款			
其中:中央银行委托贷款基金				七、缴存中央银行财政性存款	590	409	－30
十一、各项准备	21,651	7,945	2,519	八、同业往来	10,069	－43,970	51,517
其中:贷款损失准备	21,586	7,937	2,511	1.存放同业	10,069	－43,970	51,517
十二、所有者权益	61,638	30,370	10,540	2.拆放同业			
其中:实收资本				九、系统内资金往来	1,630,179	347,462	98,574
当年结益	81,817	81,817	54,198	十、代理金融机构贷款			
十三、其他	36,316	－24,755	－490,912	其中:代理人行专项贷款			
				十一、库存现金	11,582	－4,172	9,067
				十二、外汇占款	－818	－7,574	6,059
资金来源总计	4,427,127	798,129	601,010	**资金运用总计**	4,427,127	798,129	601,010

中信银行股份有限公司武汉分行外汇信贷收支表

表 6－2－1－50　　2008 年末　　单位:万美元

来源项目名称	12 月余额	比年初增减数		运用项目名称	12 月余额	比年初增减数	
		2008 年	2007 年			2008 年	2007 年
一、各项存款	20,694	11,624	－481	一、各项贷款	3,671	－2,906	－4,265
1.单位活期存款	17,933	14,455	1,103	1.短期贷款	1,438	－2,962	－2,255
其中:中资企业存款	2,345	2,271	－1,353	(1)境内短期贷款	1,438	－2,962	－2,255
外商投资企业存款	9,036	8,206	296	其中:中资企业贷款		－4,400	－2,000
2.单位定期存款	321	－3,024	577	其中:外商投资企业贷款	1,438	1,438	
其中:中资企业存款	321	－3,024	577	(2)境外短期贷款			
外商投资企业存款				2.中长期贷款			－2,090
3.储蓄存款	2,200	467	－783	(1)境内中长期贷款			－2,090
其中:定期存款	1,578	493	－990	其中:中资企业贷款			
4.其他类存款	241	－273	－1,378	外商投资企业贷款			
5.境外存款				(2)境外中长期贷款			
二、境内中长期借款				3.进出口贸易融资	2,183	107	183
三、卖出回购资产				4.票据融资	50	－51	－103
四、境外筹资				其中:贴现	50	－51	－103
五、向中央银行借款				5.各项垫款			
六、中央银行存款				6.境外筹资转贷款			
七、应付及暂收款	35	26	－12	二、投资			
其中:应付及预提利息	35	28	－12	1.购买有价证券			
八、同业存放	1,594	1,275	50	其中:购买境外有价证券			
(1)境内同业存放	1,594	1,275	50	2.其他投资			
(2)境外同业存放				其中:投资境外			
九、同业拆入				三、应收及预付款	15	7	－10
(1)境内同业拆入				其中:应收及预付利息	14	7	－8
(2)境外同业拆入				四、买入返售资产			
十、委托基金存款(净)	72	74		五、存放中央银行			
十一、外汇买卖	－120	－1,045	836	其中:缴存准备金			
其中:结售汇	－156	－1,058	814	六、存放同业	855	98	176
十二、境内联行存放			－583	(1)存放境内同业	855	329	356
十三、境外联行存放				(2)存放境外同业		－231	－181
十四、各项准备	26	－16	－23	七、拆放同业			
其中:贷款损失准备	26	－16	－23	(1)拆放境内同业			
十五、所有者权益	569	212	52	(2)拆放境外同业			
其中:实收资本				八、存放境内联行	18,707	14,970	3,738
当年结益	569	569	432	九、存放境外联行			
十六、其他	509	－8	－135	十、库存现金	133	－28	65
资金来源总计	**23,380**	**12,142**	**－295**	**资金运用总计**	**23,380**	**12,142**	**－295**

中信银行股份有限公司武汉分行人民币贷款累放累收统计表

表 6－2－1－51　　2008 年末　　单位:万元

项目名称	累计发放		累计收回		贷款增减额		平均余额		周转次数(次)		周转天数(天)	
	2008 年	2007 年	2008 年	2007 年	2008 年	2007 年	2008 年	2007 年	2008 年	2007 年	2008 年	2007 年
贷款合计	5,652,693.50	5,868,196.75	5,147,735.19	5,450,604.16	504,958.31	417,592.59	2,341,705.67	17,399.69	2.20	313.26	165.91	1.17
1.短期贷款	2,202,895.58	1,993,260.92	1,785,690.46	1,797,780.81	417,205.12	195,480.11	1,143,895.21	8,145.00	1.56	220.72	233.97	1.65
(1)工业贷款	409,484.03	253,512.83	286,768.47	152,909.83	122,715.56	100,603.00	244,566.33	4,191.79	1.17	36.48	311.97	10.01
(2)商业贷款	579,754.71	545,036.80	530,082.21	563,110.50	49,672.51	−18,073.70	253,687.26	−753.07	2.09	−747.75	174.64	−0.49
(3)建筑业贷款	49,280.00	14,250.00	31,850.00	22,300.00	17,430.00	−8,050.00	23,357.08	−335.42	1.36	−66.48	268.38	−5.49
(4)农业贷款												
(5)乡镇企业贷款												
(6)三资企业贷款	88,245.00	53,750.00	73,955.00	24,740.00	14,290.00	29,010.00	53,380.00	1,208.75	1.39	20.47	262.59	17.83
(7)私营企业及个体贷款		7,300.00	7,200.00	350.00	−7,200.00	6,950.00	1,833.33	289.58	3.93	1.21	92.88	301.65
(8)其他短期贷款	1,076,131.84	1,119,411.28	855,834.78	1,034,370.47	220,297.06	85,040.81	567,071.20	3,543.37	1.51	291.92	241.72	1.25
其中:个人短期消费贷款	13,285.75	18,371.97	15,931.72	16,406.24	−2,645.97	1,965.72	3,805.91	81.91	4.19	200.31	87.11	1.82
2.中期流动资金贷款												
3.中长期贷款	619,037.20	673,451.36	492,109.17	450,583.17	126,928.03	222,868.19	1,060,314.16	9,286.17	0.46	48.52	793.48	7.52
(1)基本建设贷款	336,500.00	388,570.92	223,800.00	254,236.00	112,700.00	134,334.92	523,815.99	5,597.29	0.43	45.42	848.84	8.04
(2)技术改造贷款		4,000.00				4,000.00	5,000.00	166.67				
(3)其他中长期贷款	282,537.20	280,880.44	268,309.17	196,347.17	14,228.03	84,533.27	531,498.18	3,522.22	0.50	55.75	730.00	6.55
其中:个人中长期消费贷款	83,227.44	181,377.32	82,510.95	74,426.59	716.49	106,950.73	279,035.04	4,456.28	0.30	16.70	1,216.67	21.86
4.票据融资	2,829,978.02	3,201,391.93	2,869,152.86	3,202,147.63	−39,174.84	−755.70	137,453.60	−31.49	20.87	−101,695.18	17.49	
5.各项垫款	782.70	92.55	782.70	92.55			42.69		18.33		19.91	

中信银行股份有限公司武汉分行资产负债表

表 6－2－1－52　　2008 年末　　单位:元

资产	期初数	期末数	负债及所有者权益	期初数	期末数
流动资产			流动负债		
货币资金	168,123,673.69	124,889,066.62	短期存款	14,512,255,427.89	18,129,441,177.32
存放中央银行款项	108,230,013.50	253,378,622.97	短期储蓄存款	1,743,961,822.40	1,511,720,757.47
存放同业款项	590,438,801.31	159,146,665.24	财政性存款		
减:存放同业减值准备			向中央银行借款		
存放联行款项	16,062,234,289.81	17,035,087,233.33	同业存放款项	3,076,624,208.68	5,585,967,658.67
拆放同业			联行存放款项	2,982,936,467.82	276,491,418.45
其中:拆放金融性公司			同业拆入		
减:存放同业减值准备			其中:金融性公司拆入		
短期贷款	10,094,846,033.38	14,051,368,230.07	票据融资		
短期投资			减:贴现业务递延支出		
减:短期投资跌价准备			应解汇款	60,470,325.48	35,527,482.01
贴现	1,857,676,970.33	1,462,482,779.61	汇出汇款	384,948,145.70	147,836,019.85
减:递延买断贴现业务利息收益			应付账款	94,660,856.04	135,619,094.63
应收进出口押汇	143,097,378.89	167,934,035.12	其他应付款	253,242,533.92	280,444,371.08
应收利息	84,363,532.98	96,767,240.75	预收利税		
其他应收款	3,477,650.27	40,461,686.24	应付工资	55,204,153.69	117,823,917.62
减:坏账准备	558,970.51	642,215.01	应付福利费	1,588,849.36	
存出保证金			应交税金	231,624,257.99	201,325,860.09
买入返售资产	60,673,001.00	86,171,496.00	应付利润		
减:买入返售业务递延收益			卖出回购资产		
待摊费用	4,355,445.68	4,275,168.33	存入短期保证金	2,960,618,781.43	3,504,313,907.13
一年内到期的长期债券投资			预提费用	29,999.96	1,542,343.36
其他流动资产			一年内到期的长期负债		
流动资产合计	29,163,914,623.71	33,472,882,655.35	货币兑换		
长期资产			预计负债		
中长期贷款	9,431,735,902.80	10,697,645,927.13	其他流动负债	1,081,284,166.15	873,566,816.06
逾期贷款	38,235,567.20	34,794,007.77	流动负债合计	27,439,449,996.51	30,801,620,823.95
减:呆账准备	139,363,046.89	217,670,031.32	长期负债		
应收租赁款			长期存款	5,074,750,604.10	4,510,151,765.96
减:未实现租赁收益			长期储蓄存款	3,524,549,877.24	4,550,580,453.12
租赁资产			长期借款		
减:租赁减值准备			发行长期债券		
长期债权投资	1,323,345,095.85	1,120,308,514.74	存入长期保证金	3,436,952,044.58	4,552,946,212.70
长期股权投资			其他长期负债		

续表 6－2－1－52

资产	期初数	期末数	负债及所有者权益	期初数	期末数
减:长期投资减值准备			长期负债合计	12,036,252,525.92	13,613,678,431.78
拨付所属资本			递延税款贷项	17,119,681.71	8,949,881.82
固定资产原值	286,209,930.67	293,131,486.37	负债合计	39,492,822,204.14	44,424,249,137.55
减:累计折旧	57,243,937.29	64,470,023.88	少数股东权益		
固定资产净值	228,965,993.38	228,661,462.49	所有者权益		
减:固定资产减值准备			营运资金	245,919,500.00	284,009,500.00
在建工程			本年利润		655,254,961.85
减:在建工程减值准备			未分配利润	337,093,397.92	
在建工程净值			外币报表折算差额		
固定资产清理			所有者权益合计	583,012,897.92	939,264,461.85
待处理固定资产净损失					
长期资产合计	10,882,919,512.34	11,863,467,427.98			
无形资产及其他资产					
无形资产	4,764,883.20	4,569,516.00			
减:无形资产减值准备					
无形资产净值	4,764,883.20	4,569,516.00			
长期待摊费用	20,265,158.58	22,587,627.97			
抵债资产					
减:抵债资产减值准备					
外币兑换					
其他资产					
无形资产及其他资产合计	29,000,966.01	27,163,516.07			
递延税款借项					
资产总计	40,075,835,102.06	45,363,513,599.40	负债及所有者权益总计	40,075,835,102.06	45,363,513,599.40

中信银行股份有限公司武汉分行损益表

表 6－2－1－53　　2008 年末　　单位:元

收入项目	期间收入金额	本年收入金额	支出项目	期间收入金额	本年收入金额
一、利息收入	153,395,197.41	1,791,486,490.85	一、利息支出	47,660,771.30	592,950,734.14
二、金融企业往来收入	1,580,263.70	87,954,621.08	二、金融企业往来支出	17,939,784.35	231,624,492.84
三、掉期收入		5,102,465.74	三、掉期支出	246,666.67	2,834,364.03
四、系统内往来利息收入	29,012,685.80	289,406,369.15	四、系统内往来利息支出	2,876,664.41	56,884,587.37
五、交易业务损益	1,716,239.07	17,757,227.66	五、信用卡业务支出	1,851,290.91	6,369,628.04
六、投资收益	8,687,448.06	54,077,989.89	六、手续费支出	313,865.68	4,792,693.09
七、证券买卖损益			七、计提贷款损失准备	26,960,880.48	81,306,984.43
八、银行卡业务收入	2,616,827.20	8,973,512.38	八、计提资产减值准备	743,334.59	2,714,395.39
九、中间业务收入	6,417,859.70	62,932,692.50	九、业务费用	20,873,903.35	186,103,710.55
十、其他营业收入	2,561,475.41	43,022,074.35	十、管理费用	25,357,105.08	227,836,251.22
十一、营业外收入	386,851.10	2,641,191.98	十一、营业税金及附加	9,205,222.37	106,252,954.55
			十二、营业外支出	1,491,193.77	6,636,627.23
			十三、所得税	11,931,726.93	201,792,250.85
收入小计	206,374,847.45	2,363,354,635.58	支出小计	167,452,409.89	1,708,099,673.73
			本期纯益	38,922,437.56	655,254,961.85
合计	206,374,847.45	2,363,354,635.58	合计	206,374,847.45	2,363,354,635.58

华夏银行股份有限公司武汉分行人民币信贷收支表

表 6－2－1－54

2008 年末

单位:万元

来源项目名称	12 月余额	比年初增减数		运用项目名称	12 月余额	比年初增减数	
		2008 年	2007 年			2008 年	2007 年
一、各项存款	1,700,258	275,594	213,792	一、各项贷款	1,293,570	173,287	129,920
1. 企业存款	1,030,571	222,687	121,445	1. 短期贷款	559,637	193,150	30,994
(1)活期存款	502,402	−14,740	93,257	(1)工业贷款	80,130	42,014	7,759
(2)定期存款	528,169	237,427	28,188	(2)商业贷款	5,500	1,960	−2,535
2. 机关团体存款	248,308	−24,245	61,702	(3)建筑业贷款	53,000	11,920	−6,720
3. 储蓄存款	289,695	43,946	84,893	(4)农业贷款			
(1)活期储蓄	92,516	−1,801	25,099	(5)乡镇企业贷款			
(2)定期储蓄	197,179	45,747	59,794	(6)三资企业贷款	15,300	4,601	−5,849
4. 农业存款				(7)私营企业及个体贷款	23,911	−5,669	18,710
5. 其他存款	131,684	33,206	−54,248	(8)其他短期贷款	381,796	138,324	19,629
二、代理财政性存款	380	343	37	其中:个人短期贷款	25,407	1,301	18,340
三、金融债券				2. 中长期贷款	729,813	31,848	121,715
其中:政策性金融债券				(1)基本建设贷款	185,262	90,887	63,249
四、应付及暂收款	57,934	13,548	34,292	(2)技术改造贷款	4,000	−800	−200
其中:应付及预提利息	9,470	4,966	573	(3)其他中长期贷款	540,551	−58,239	58,666
五、卖出回购资产	3,000	3,000		其中:个人中长期贷款	133,401	−7,681	827
六、向中央银行借款				3. 票据融资	3,714	−50,179	−22,301
七、同业往来	781,879	706,470	45,861	其中:贴现	3,714	−50,179	−22,301
1. 同业存放	781,879	706,470	45,861	4. 各项垫款	406	−1,532	−488
2. 同业拆借				二、有价证券及投资	4,368	−30,328	−8,515
八、系统内资金往来				三、应收及预付款	41,654	888	39,920
九、委托存款及委托投资基金(净)			−3,386	其中:应收利息	31	−65	71
1. 委托存款及委托投资基金			−3,386	四、买入返售资产	608,811	608,811	
2. 减:委托贷款及委托投资				五、存放中央银行准备金存款	21,460	6,940	−8,942
十、代理金融机构委托贷款基金				六、存放中央银行特种存款			
其中:中央银行委托贷款基金				七、缴存中央银行财政性存款	448	431	−63
十一、各项准备	18,588	−285	4,851	八、同业往来	1,216	−235	−2,494
其中:贷款损失准备	15,168	−396	1,562	1. 存放同业	1,216	−235	−2,494
十二、所有者权益	40,229	16,373	12,009	2. 拆放同业			
其中:实收资本				九、系统内资金往来	676,039	267,209	6,542
当年结益	41,263	41,263	28,622	十、代理金融机构贷款			
十三、其他	52,345	12,238	−147,136	其中:代理人行专项贷款			
				十一、库存现金	7,047	254	4,018
				十二、外汇占款		24	−65
资金来源总计	2,654,613	1,027,281	160,321	资金运用总计	2,654,613	1,027,281	160,321

华夏银行股份有限公司武汉分行外汇信贷收支表

表 6－2－1－55　　2008 年末　　单位:万美元

来源项目名称	12 月余额	比年初增减数 2008 年	比年初增减数 2007 年	运用项目名称	12 月余额	比年初增减数 2008 年	比年初增减数 2007 年
一、各项存款	2,352	－1,870	1,293	一、各项贷款	2,290	360	343
1.单位活期存款	978	－2,267	2,822	1.短期贷款	850	－376	165
其中:中资企业存款	76	28	16	(1)境内短期贷款	850	－376	165
外商投资企业存款	247	－188	381	其中:中资企业贷款		－226	
2.单位定期存款	481	78	－46	其中:外商投资企业贷款	150	－850	1,000
其中:中资企业存款	165	62	－346	(2)境外短期贷款			
外商投资企业存款	316	16	300	2.中长期贷款			
3.储蓄存款	590	67	－1,495	(1)境内中长期贷款			
其中:定期存款	547	261	－1,653	其中:中资企业贷款			
4.其他类存款	303	252	12	外商投资企业贷款			
5.境外存款				(2)境外中长期贷款			
二、境内中长期借款				3.进出口贸易融资	1,440	845	69
三、卖出回购资产				4.票据融资		－109	109
四、境外筹资				其中:贴现			
五、向中央银行借款				5.各项垫款			
六、中央银行存款				6.境外筹资转贷款			
七、应付及暂收款	8	－1	－28	二、投资			
其中:应付及预提利息	8	－1	－25	1.购买有价证券			
八、同业存放				其中:购买境外有价证券			
(1)境内同业存放				2.其他投资			
(2)境外同业存放				其中:投资境外			
九、同业拆入				三、应收及预付款		－1	－1
(1)境内同业拆入				其中:应收及预付利息		－1	－1
(2)境外同业拆入				四、买入返售资产			
十、委托基金存款(净)				五、存放中央银行	6	－24	15
十一、外汇买卖	5	7	－8	其中:缴存准备金			
其中:结售汇		3	－9	六、存放同业	102	48	－33
十二、境内联行存放				(1)存放境内同业	102	48	－33
十三、境外联行存放				(2)存放境外同业			
十四、各项准备	61	－82	－35	七、拆放同业			
其中:贷款损失准备	32	－82	－64	(1)拆放境内同业			
十五、所有者权益	217	87	63	(2)拆放境外同业			
其中:实收资本				八、存放境内联行	143	－2,211	930
当年结益	217	217	130	九、存放境外联行			
十六、其他	－49	－2	2	十、库存现金	53	－33	33
资金来源总计	2,594	－1,861	1,287	资金运用总计	2,594	－1,861	1,287

华夏银行股份有限公司武汉分行贷款累放、累收统计表

表 6－2－1－56　　2008 年末　　单位:元

	累放金额	累收金额
各项贷款合计	39,008,230,000	37,275,360,000
1.短期贷款	6,967,700,000	5,036,200,000
(1)工业贷款	968,000,000	547,860,000
(2)商业贷款	45,000,000	25,400,000
(3)建筑业贷款	630,000,000	510,800,000
(4)农业贷款		
农户贷款(农信社专用)		
农业经济组织贷款(农信社专用)		
农户小额信用贷款(农信社专用)		
农户联保贷款(农信社专用)		
(5)乡镇企业贷款		
(6)三资企业贷款	296,010,000	250,000,000
(7)私营企业及个体贷款	218,680,000	275,370,000
(8)其他短期贷款	4,810,010,000	3,426,770,000
其中:个人短期消费贷款	315,410,000	302,400,000
3.中长期贷款	2,641,960,000	2,323,480,000
(1)基本建设贷款	1,162,780,000	253,910,000
(2)技术改造贷款		8,000,000
(3)其他中长期贷款	1,479,180,000	2,061,570,000
其中:个人中长期消费贷款	343,680,000	420,490,000
4.票据融资	29,389,030,000	29,890,820,000
5.各项垫款	9,540,000	24,860,000
*.调整项(仅累放用)		

华夏银行股份有限公司武汉分行资产负债表

表 6－2－1－57　　2008 年末　　单位：元

资产	期初数	期末数	负债及所有者权益	期初数	期末数
流动资产			流动负债		
现金及银行存款	78,319,458.94	85,348,783.95	短期存款	11,072,963,258.51	12,835,402,596.19
其中：现金	74,238,398.39	74,074,169.57	短期储蓄存款	960,477,342.11	928,068,742.02
贵金属			财政性存款	434,938.88	3,806,381.40
存放中央银行款项	147,531,183.54	219,489,738.28	向中央银行借款		
存放同业款项	18,426,981.93	19,104,323.67	同业存放款项	755,685,351.00	7,820,289,664.67
存放同业款项减值准备			联行存放款项		
存放同业款项净额	18,426,981.93	19,104,323.67	同业拆入		
存放联行款项	4,260,799,253.51	6,769,421,564.57	金融性公司拆入		
拆放同业			贴现资金		
拆放同业款项减值准备			卖出回购证券款		
拆放同业款项净额			汇出汇款	290,380,260.84	375,690,000.00
拆放金融性公司			应解汇款	17,570,807.44	26,420,465.98
拆放金融性公司减值准备			委托存款		
拆放金融性公司净额			代理业务资金		
短期贷款	3,716,232,918.91	5,631,200,623.09	卖出回购信贷资产款		30,000,000.00
应收进出口押汇	43,475,120.76	100,844,769.86	衍生金融负债		
议付信用证款项			存入短期保证金	968,936,879.63	1,306,026,964.24
应收利息	3,569,513.97	4,336,906.36	应付利息	49,827,766.51	96,583,558.92
其他应收款	41,667,962.43	38,205,427.03	应付工资	21,204,841.58	49,919,915.97
减：坏账准备	32,968,182.14	30,570,268.28	应付福利费		
应收款项净额	12,269,294.26	11,972,065.11	应交税金	8,946,610.92	15,009,438.34
贴现	546,862,554.08	37,139,999.43	应付利润		
短期投资			其他应付款	149,251,968.96	127,687,818.90
减：短期投资跌价准备			预计负债		
短期投资净额			预提费用		
委托贷款及委托投资			发行短期债券		
买入返售资产		6,088,107,356.22	递延收益		
交易性金融资产			一年内到期的长期负债		
可供出售金融资产			其他流动负债	110,000,000.00	233,340,000.00
可供出售投资减值准备			流动负债合计	14,405,680,026.38	23,848,245,546.63
可供出售投资净额			长期负债		
递延支出			长期存款		58,000,000.00
待处理流动资产净损失			长期储蓄存款	1,535,183,968.87	2,009,099,553.98
衍生金融资产			存入长期保证金		
其他流动资产			转贷款资金		

续表 6－2－1－57

资产	期初数	期末数	负债及所有者权益	期初数	期末数
流动资产合计	8,823,916,765.93	18,962,629,224.18	次级债		
长期资产			混合资本债券		
中长期贷款	6,956,202,951.44	7,297,089,661.01	金融债券		
逾期贷款	20,278,471.82	5,026,053.83	长期应付款		
呆滞贷款	60,711,028.45	20,684,053.25	其他长期负债		
呆账贷款			长期负债合计	1,535,183,968.87	2,067,099,553.98
减:贷款损失准备	163,947,761.07	153,837,689.56	递延所得税负债		
持有至到期投资	346,958,227.71	43,676,767.99	负债合计	15,940,863,995.25	25,915,345,100.61
持有至到期投资减值准备			股东权益		
持有至到期投资净额	346,958,227.71	43,676,767.99	股本		
租赁资产			资本公积		
减:待转租赁资产			盈余公积		
长期投资			其中:公益金		
减:长期投资减值准备			一般准备		
长期投资净额			未分配利润	248,056,424.33	417,117,654.93
固定资产原价	187,376,775.21	194,142,300.63	股东权益合计	248,056,424.33	417,117,654.93
减:累计折旧	60,409,145.61	71,452,042.22			
固定资产净值	126,967,629.60	122,690,258.41			
减:固定资产减值准备					
固定资产净额	126,967,629.60	122,690,258.41			
固定资产清理					
在建工程					
减:在建工程减值准备					
在建工程净额					
长期资产合计	7,347,170,547.95	7,335,329,104.93			
无形资产及其他资产					
无形资产					
减:无形资产减值准备					
无形资产净额					
长期待摊费用	16,523,984.82	18,324,321.68			
待处理抵债资产	3,580,932.68	21,821,155.37			
减:抵债资产减值准备	2,271,811.80	5,641,050.62			
待处理抵债资产净额	1,309,120.88	16,180,104.75			
其他长期资产					
无形资产及其他资产合计	17,833,105.70	34,504,426.43			
递延所得税资产					
资产总计	16,188,920,419.58	26,332,462,755.54	负债及所有者权益总计	16,188,920,419.58	26,332,462,755.54

华夏银行股份有限公司武汉分行损益表

表 6－2－1－58　　2008 年末　　单位:元

项目	本年累计数
一、营业收入	1,778,516,788.40
利息收入	910,027,812.16
金融企业往来收入	830,482,706.64
手续费收入	31,288,843.12
证券销售差价收入	
公允价值变动损益	
租赁收益	
汇兑收益	6,717,426.48
其他营业收入	
二、营业支出	1,306,186,730.85
利息支出	283,466,813.23
金融企业往来支出	711,319,197.52
手续费支出	5,891,095.86
营业费用	273,203,556.72
汇兑损失	
其他营业支出	484,138.20
资产损失准备支出	31,821,929.32
三、营业税金及附加	54,975,756.16
四、营业利润	417,354,301.39
加:投资收益	10,072,881.16
加:营业外收入	3,053,067.84
减:营业外支出	3,025,287.37
五、利润总额	427,454,963.02
减:所得税	10,337,308.07
六、净利润	417,117,654.95

兴业银行股份有限公司武汉分行人民币信贷收支表

表 6－2－1－59　　2008 年末　　单位:万元

来源项目名称	12 月余额	比年初增减数 2008 年	比年初增减数 2007 年	运用项目名称	12 月余额	比年初增减数 2008 年	比年初增减数 2007 年
一、各项存款	1,580,867	88,698	－10,867	一、各项贷款	1,443,263	369,225	197,581
1.企业存款	866,449	－24,573	－63,399	1.短期贷款	626,356	109,499	64,339
(1)活期存款	676,475	－59,770	10,563	(1)工业贷款	323,543	69,002	51,941
(2)定期存款	189,974	35,197	－73,962	(2)商业贷款	5,000	－2,500	2,700
2.机关团体存款				(3)建筑业贷款	139,126	5,455	－14,815
3.储蓄存款	207,351	83,676	15,469	(4)农业贷款	180	－1,120	－2,385
(1)活期储蓄	82,495	11,513	26,257	(5)乡镇企业贷款			
(2)定期储蓄	124,856	72,163	－10,788	(6)三资企业贷款			
4.农业存款	12,601	11,976	－1,295	(7)私营企业及个体贷款	3,671	－1,962	4,481
5.其他存款	494,466	17,619	38,358	(8)其他短期贷款	154,836	40,624	22,417
二、代理财政性存款				其中:个人短期贷款	2,006	－1,926	－1,534
三、金融债券				2.中长期贷款	678,199	145,946	146,845
其中:政策性金融债券				(1)基本建设贷款	149,525	52,340	45,985
四、应付及暂收款	15,823	5,634	1,636	(2)技术改造贷款	4,500	4,500	
其中:应付及预提利息	12,613	5,961	1,099	(3)其他中长期贷款	524,174	89,106	100,860
五、卖出回购资产	300,150	184,964	82,086	其中:个人中长期贷款	305,583	－14,377	159,451
六、向中央银行借款				3.票据融资	136,675	112,757	－14,613
七、同业往来	412,603	195,418	97,752	其中:贴现	136,675	112,757	－14,613
1.同业存放	412,603	195,418	97,752	4.各项垫款	2,033	1,023	1,010
2.同业拆借				二、有价证券及投资	2,883	121	2,096
八、系统内资金往来				三、应收及预付款	3,053	1,381	29
九、委托存款及委托投资基金(净)				其中:应收利息	2,936	1,389	－18
1.委托存款及委托投资基金	44,496	－830	24,562	四、买入返售资产	287,716	121,132	96,100
2.减:委托贷款及委托投资	44,495	－830	24,562	五、存放中央银行准备金存款	18,164	7,781	5,301
十、代理金融机构委托贷款基金				六、存放中央银行特种存款			
其中:中央银行委托贷款基金				七、缴存中央银行财政性存款	302	278	－21
十一、各项准备	22,271	5,316	15,261	八、同业往来	153,255	151,968	－1,771
其中:贷款损失准备	22,231	5,276	15,261	1.存放同业	153,255	151,968	－1,771
十二、所有者权益	29,138	5,602	8,013	2.拆放同业			
其中:实收资本				九、系统内资金往来	457,364	－165,996	13,277
当年结益	29,138	29,138	23,536	十、代理金融机构贷款			
十三、其他	9,605	1,231	119,918	其中:代理人行专项贷款			
				十一、库存现金	4,458	973	1,207
				十二、外汇占款			
资金来源总计	2,370,458	486,863	313,799	资金运用总计	2,370,458	486,863	313,799

兴业银行股份有限公司武汉分行外汇信贷收支表

表 6－2－1－60　　2008 年末　　单位：万美元

来源项目名称	12 月余额	比年初增减数 2008 年	比年初增减数 2007 年	运用项目名称	12 月余额	比年初增减数 2008 年	比年初增减数 2007 年
一、各项存款	3,790	2,563	－2,965	一、各项贷款	48	－475	16
1.单位活期存款	485	191	－412	1.短期贷款	48	－452	20
其中：中资企业存款	74	－90	122	(1)境内短期贷款	48	－452	20
外商投资企业存款	392	262	－534	其中：中资企业贷款	48	48	－480
2.单位定期存款	3,000	2,288	－1,390	其中：外商投资企业贷款		－500	500
其中：中资企业存款		－446	446	(2)境外短期贷款			
外商投资企业存款	3,000	2,734	－53	2.中长期贷款			
3.储蓄存款	217	17	－109	(1)境内中长期贷款			
其中：定期存款	125	57	－101	其中：中资企业贷款			
4.其他类存款	88	67	－1,054	外商投资企业贷款			
5.境外存款				(2)境外中长期贷款			
二、境内中长期借款				3.进出口贸易融资		－23	－4
三、卖出回购资产				4.票据融资			
四、境外筹资				其中：贴现			
五、向中央银行借款				5.各项垫款			
六、中央银行存款				6.境外筹资转贷款			
七、应付及暂收款	4	2	－61	二、投资			
其中：应付及预提利息	4	2	－56	1.购买有价证券			
八、同业存放				其中：购买境外有价证券			
(1)境内同业存放				2.其他投资			
(2)境外同业存放				其中：投资境外			
九、同业拆入				三、应收及预付款		－1	
(1)境内同业拆入				其中：应收及预付利息		－1	
(2)境外同业拆入				四、买入返售资产			
十、委托基金存款(净)				五、存放中央银行	452	－330	705
十一、外汇买卖				其中：缴存准备金			
其中：结售汇				六、存放同业	760	311	－552
十二、境内联行存放		－618	615	(1)存放境内同业	760	311	－552
十三、境外联行存放				(2)存放境外同业			
十四、各项准备	3	－8	11	七、拆放同业			
其中：贷款损失准备	3	－8	11	(1)拆放境内同业			
十五、所有者权益	31	22	9	(2)拆放境外同业			
其中：实收资本				八、存放境内联行	2,502	2,502	－2,614
当年结益	31	31	9	九、存放境外联行			
十六、其他	1	4		十、库存现金	67	－42	54
资金来源总计	3,829	1,965	－2,391	**资金运用总计**	3,829	1,965	－2,391

兴业银行股份有限公司武汉分行各项贷款累放、累收统计表

表 6－2－1－61　　2008 年末　　单位:万元

项目	累放额	累收额
各项贷款合计	4,866,491.20	4,497,266.78
1.短期贷款	955,613.94	846,113.65
(1)工业贷款	491,824.38	422,822.64
(2)商业贷款	5,000.00	7,500.00
(3)建筑业贷款	189,287.00	183,831.40
(4)农业贷款	4,180.00	5,300.00
农户贷款(农信社专用)		
农业经济组织贷款(农信社专用)		
农户小额信用贷款(农信社专用)		
农户联保贷款(农信社专用)		
(5)乡镇企业贷款		
(6)三资企业贷款		
(7)私营企业及个体贷款		
(8)其他短期贷款	265,322.56	226,659.61
其中:个人短期消费贷款	6,710.30	8,635.47
2.中长期贷款	1,885,898.39	1,739,955.00
(1)基本建设贷款	502,510.00	450,170.00
(2)技术改造贷款	4,500.00	
(3)其他中长期贷款	1,378,888.39	1,289,785.00
其中:个人中长期消费贷款	45,568.94	59,948.91
3.票据融资	2,012,357.10	1,899,600.00
4.各项垫款	12,621.77	11,598.13
*.调整项(仅累放用)		

兴业银行股份有限公司武汉分行资产负债表

表 6－2－1－62　　2008 年末　　单位:元

资产	上期余额	本期余额	负债及所有者权益	上期余额	本期余额
资产			负债		
现金及存放中央银行款项	361,208,569.05	261,835,979.11	向中央银行借款		
存放同业款项	1,582,722,619.06	1,585,761,384.82	同业及其他金融机构存放款项	4,806,868,057.05	4,126,041,166.76
贵金属			拆入资金		
拆出资金			交易性金融负债		
交易性金融资产			衍生金融负债		
衍生金融资产			卖出回购金融资产款	3,001,504,298.26	3,001,504,298.26
买入返售金融资产	2,882,164,439.21	2,877,164,439.21	吸收存款	15,464,408,595.48	16,068,078,569.42
其中:买入企事业单位回售证券			应付职工薪酬	21,184,399.02	21,570,449.02
应收利息	27,186,497.67	29,378,735.83	应交税费	4,193,693.03	4,400,186.30
发放贷款及垫款	14,211,314,724.46	14,196,806,798.25	应付利息	124,626,245.72	126,450,866.97
可供出售金融资产			预计负债		
持有至到期投资	28,820,395.39	28,822,598.55	应付债券		
长期股权投资			递延所得税负债		
投资性房地产			其他负债	8,053,432,227.30	8,005,851,781.87
固定资产	21,422,155.38	21,422,155.38	负债合计	31,476,217,515.86	31,353,897,318.60
无形资产	454,226.91	454,226.91	所有者权益(或股东权益)		
递延所得税资产			股本		
其他资产	12,654,337,561.46	12,645,890,496.54	资本公积		
			盈余公积		
			一般风险准备		
			未分配利润	293,413,672.73	293,639,496.00
			减:库存股		
			所有者权益(或股东权益)合计	293,413,672.73	293,639,496.00
资产总计	31,769,631,188.59	31,647,536,814.60	负债及所有者权益总计	31,769,631,188.59	31,647,536,814.60

兴业银行股份有限公司武汉分行损益表

表 6－2－1－63　　2008 年末　　单位:元

项目	本期发生数	本期累计余额
一、营业收入		
利息收入	70,266,628.20	883,283,488.00
金融企业往来收入	71,780,804.34	545,068,875.42
中间业务收入	3,685,981.66	36,526,887.15
其他营业收入		
汇兑损益	1,355,737.08	4,253,555.10
贵金属买卖损益		
投资收益	68,297.96	923,589.06
价值变动损益		
营业外收入	29,733.55	33,653.55
收入合计	147,187,182.79	1,470,090,048.28
二、营业支出		
利息支出	27,911,994.95	354,993,026.41
金融企业往来支出	69,738,129.82	523,508,629.76
手续费支出	223,754.60	2,171,289.68
业务及管理费	17,867,186.44	166,710,606.75
折旧费用	545,029.92	5,432,617.68
营业税金及附加	5,113,254.18	50,953,145.59
其他营业支出		
资产损失	41,589,273.49	72,105,587.84
营业外支出	233,451.52	575,648.47
支出合计	163,222,074.92	1,176,450,552.18
以前年度损益调整		
三、利润总额	－16,034,892.13	293,639,496.10
减:所得税		
四、净利润	－16,034,892.13	293,639,496.10

上海浦东发展银行股份有限公司武汉分行人民币信贷收支表

表 6－2－1－64　　2008 年末　　单位:万元

来源项目名称	12 月余额	比年初增减数		运用项目名称	12 月余额	比年初增减数	
		2008 年	2007 年			2008 年	2007 年
一、各项存款	1,523,158	115,041	332,043	一、各项贷款	1,521,963	268,958	174,407
1.企业存款	918,803	77,845	189,363	1.短期贷款	776,344	78,460	170,691
(1)活期存款	606,245	4,892	115,347	(1)工业贷款	243,475	75,132	36,455
(2)定期存款	312,558	72,953	74,016	(2)商业贷款	168,026	3,773	68,998
2.机关团体存款	30,611	6,389	－14,575	(3)建筑业贷款	30,309	17,594	－15,501
3.储蓄存款	172,834	8,085	34,569	(4)农业贷款			
(1)活期储蓄	76,034	－10,313	25,029	(5)乡镇企业贷款			
(2)定期储蓄	96,800	18,398	9,540	(6)三资企业贷款			
4.农业存款				(7)私营企业及个体贷款			
5.其他存款	400,910	22,722	122,686	(8)其他短期贷款	334,534	－18,039	80,739
二、代理财政性存款		－2		其中:个人短期贷款	27,981	16,875	5,932
三、金融债券				2.中长期贷款	624,593	132,422	135,060
其中:政策性金融债券				(1)基本建设贷款	298,185	69,085	90,000
四、应付及暂收款	17,676	－17,298	17,306	(2)技术改造贷款	2,000	2,000	
其中:应付及预提利息	11,700	2,867	4,061	(3)其他中长期贷款	324,408	61,337	45,060
五、卖出回购资产	108,489	108,489		其中:个人中长期贷款	150,899	－6,755	54,497
六、向中央银行借款				3.票据融资	116,700	53,750	－131,344
七、同业往来	309,775	286,871	－24,466	其中:贴现	116,700	53,750	－131,344
1.同业存放	309,775	286,871	－24,466	4.各项垫款	4,326	4,326	
2.同业拆借				二、有价证券及投资	2,847	300	1,469
八、系统内资金往来	37,774	37,774		三、应收及预付款	22,909	－7,141	18,638
九、委托存款及委托投资基金(净)	78,966	－10,582	89,548	其中:应收利息	1,570	1,099	175
1.委托存款及委托投资基金	144,483	32,684	111,799	四、买入返售资产	248,759	248,759	
2.减:委托贷款及委托投资	65,517	43,266	22,251	五、存放中央银行准备金存款	110,041	21,299	17,850
十、代理金融机构委托贷款基金				六、存放中央银行特种存款			
其中:中央银行委托贷款基金				七、缴存中央银行财政性存款	7	5	
十一、各项准备	34,285	11,993	7,850	八、同业往来	252,781	248,187	－406
其中:贷款损失准备	34,220	11,953	7,842	1.存放同业	252,781	248,187	－406
十二、所有者权益	34,467	1,112	10,363	2.拆放同业			
其中:实收资本				九、系统内资金往来		－273,663	29,499
当年结益	34,467	34,467	33,355	十、代理金融机构贷款			
十三、其他	19,597	－27,296	－188,603	其中:代理人行专项贷款			
				十一、库存现金	4,855	－593	2,579
				十二、外汇占款	25	－9	6
资金来源总计	2,164,187	506,102	244,042	资金运用总计	2,164,187	506,102	244,042

上海浦东发展银行股份有限公司武汉分行外汇信贷收支表

表 6-2-1-65　　2008 年末　　单位:万美元

来源项目名称	12 月余额	比年初增减数		运用项目名称	12 月余额	比年初增减数	
		2008 年	2007 年			2008 年	2007 年
一、各项存款	1,889	−2,196	1,468	一、各项贷款	754	−442	323
1.单位活期存款	849	−1,556	1,408	1.短期贷款		−460	86
其中:中资企业存款	663	−1,194	1,029	(1)境内短期贷款		−460	86
外商投资企业存款	27	−519	489	其中:中资企业贷款		−260	−114
2.单位定期存款	39	−648	687	其中:外商投资企业贷款			
其中:中资企业存款				(2)境外短期贷款			
外商投资企业存款				2.中长期贷款			
3.储蓄存款	786	182	168	(1)境内中长期贷款			
其中:定期存款	679	148	147	其中:中资企业贷款			
4.其他类存款	215	−174	−795	外商投资企业贷款			
5.境外存款				(2)境外中长期贷款			
二、境内中长期借款				3.进出口贸易融资	754	18	237
三、卖出回购资产				4.票据融资			
四、境外筹资				其中:贴现			
五、向中央银行借款				5.各项垫款			
六、中央银行存款				6.境外筹资转贷款			
七、应付及暂收款	135	−2,678	1,939	二、投资			
其中:应付及预提利息	4	−2	−4	1.购买有价证券			
八、同业存放				其中:购买境外有价证券			
(1)境内同业存放				2.其他投资			
(2)境外同业存放				其中:投资境外			
九、同业拆入				三、应收及预付款	123	−2,692	1,942
(1)境内同业拆入				其中:应收及预付利息	6	−3	
(2)境外同业拆入				四、买入返售资产			
十、委托基金存款(净)				五、存放中央银行			
十一、外汇买卖	9	1	3	其中:缴存准备金			
其中:结售汇	4	−1	1	六、存放同业	141	93	−299
十二、境内联行存放				(1)存放境内同业	141	93	−299
十三、境外联行存放				(2)存放境外同业			
十四、各项准备				七、拆放同业			
其中:贷款损失准备				(1)拆放境内同业			
十五、所有者权益	55	−7	9	(2)拆放境外同业			
其中:实收资本				八、存放境内联行	1,008	−1,796	1,409
当年结益	55	55	62	九、存放境外联行			
十六、其他	−2	−3	−17	十、库存现金	60	−46	27
资金来源总计	2,086	−4,883	3,402	资金运用总计	2,086	−4,883	3,402

上海浦东发展银行股份有限公司武汉分行
贷款累放累收统计表

表 6－2－1－66　　2008 年末　　单位:万元

项目名称	累放额	累收额
各项贷款	1,852,253	1,583,292
1.短期贷款	967,456	889,080
(1)工业贷款	307,817	232,685
(2)商业贷款	199,704	200,820
(3)建筑业贷款	28,820	10,965
(4)农业贷款		
农户贷款(农信社专用)		
农业经济组织贷款(农信社专用)		
农户小额信用贷款(农信社专用)		
农户联保贷款(农信社专用)		
(5)乡镇企业贷款		
(6)三资企业贷款		
(7)私营企业及个体贷款		
(8)其他短期贷款	431,115	444,610
其中:个人短期消费贷款	28,308	11,304
2.中长期贷款	295,671	163,160
(1)基本建设贷款	122,644	53,559
(2)技术改造贷款	2,000	
(3)其他中长期贷款	171,027	109,601
其中:个人中长期消费贷款	30,125	36,789
3.票据融资	563,496	509,747
4.各项垫款	25,630	21,305
*.调整项(仅累放用)		

上海浦东发展银行股份有限公司武汉分行资产负债表

表 6－2－1－67　　2008 年末　　单位:万元

资产	金额	负债及所有者权益	金额
现金	5,267	短期存款	944,227
存放央行	110,048	短期储蓄存款	168,090
存放同业	253,744	长期存款	110,780
拆出资金		长期储蓄存款	10,103
发放贷款及垫款(毛额)	1,527,110	保证金	298,766
其中:逾期贷款	14,904	其他存款	469
贷款呆账准备	34,220	同业存放	309,776
交易性金融资产		拆入资金	
可供出售金融资产		卖出回购资产	108,489
持有至到期金融资产		应解汇款及临时存款	3,607
分为贷款和应收款的金融资产	2,847	汇出汇款单	162
买入返售金融资产	248,759	应交税费	1,759
衍生金融资产		应付利息	10,207
应收利息	1,614	轧抵后系统内往来贷方	
固定资产	2,413	其他负债	138,539
无形资产	13	负债合计	2,104,974
递延所得税资产		未分配利润	
其他资产	22,222	所有者权益合计	34,844
其中:轧抵后系统内往来借方	22,222		34,844
资产总计	2,139,818	负债及所有者权益总计	2,139,818

上海浦东发展银行股份有限公司武汉分行损益表

表 6－2－1－68　　2008 年末　　单位:万元

项目	余额
一、营业收入	74,467
利息净收入	67,317
利息收入	117,882
贷款利息收入	103,133
债券利息收入	100
金融机构往来利息收入	6,521
系统内往来利息收入	8,128
利息支出	50,565
存款利息支出	30,014
金融机构往来利息支出	7,331
系统内往来利息支出	13,220
手续费净收入	6,430
手续费收入	7,116
手续费支出	686
汇兑收益	276
其他营业收入	444
二、营业支出	39,611
营业税金及附加	6,103
营业费用	21,508
资产减值损失	11,993
其他营业支出	7
三、营业利润	34,856
加:营业外收入	4
减:营业外支出	17
四、利润总额	34,843

广东发展银行股份有限公司武汉分行人民币信贷收支表

表 6－2－1－69　　2008 年末　　单位:万元

来源项目名称 \ 栏目	12 月余额	比年初增减数		运用项目名称 \ 栏目	12 月余额	比年初增减数	
		2008 年	2007 年			2008 年	2007 年
一、各项存款	862,285	184,225	148,982	一、各项贷款	708,710	123,527	85,631
1.企业存款	537,573	155,281	106,929	1.短期贷款	539,937	158,974	76,027
(1)活期存款	358,099	67,320	102,740	(1)工业贷款	33,500	6,625	－117,519
(2)定期存款	179,474	87,961	4,189	(2)商业贷款	484,975	139,519	190,479
2.机关团体存款	27,256	－52,388	5,356	(3)建筑业贷款	4,275	－711	886
3.储蓄存款	105,980	41,990	13,982	(4)农业贷款			
(1)活期储蓄	39,921	4,837	4,524	(5)乡镇企业贷款			
(2)定期储蓄	66,059	37,153	9,458	(6)三资企业贷款			
4.农业存款				(7)私营企业及个体贷款			
5.其他存款	191,476	39,342	22,715	(8)其他短期贷款	17,187	13,541	2,181
二、代理财政性存款		－3	2	其中:个人短期贷款	9,109	5,493	2,248
三、金融债券				2.中长期贷款	154,262	36,857	22,779
其中:政策性金融债券				(1)基本建设贷款	69,980	49,980	
四、应付及暂收款	6,628	2,893	1,471	(2)技术改造贷款			
其中:应付及预提利息	5,097	2,993	655	(3)其他中长期贷款	84,282	－13,123	22,779
五、卖出回购资产		－81,526	81,526	其中:个人中长期贷款	31,311	－2,879	20,040
六、向中央银行借款				3.票据融资	14,511	－72,304	－13,175
七、同业往来	208,150	188,094	－22,403	其中:贴现	14,511	－72,304	－13,175
1.同业存放	208,150	188,094	－22,403	4.各项垫款			
2.同业拆借				二、有价证券及投资	1,026	－448	979
八、系统内资金往来				三、应收及预付款	758	233	192
九、委托存款及委托投资基金(净)			－5	其中:应收利息	268	268	－125
1.委托存款及委托投资基金	22,034	－1,266	23,101	四、买入返售资产		－113,639	113,639
2.减:委托贷款及委托投资	22,034	－1,266	23,106	五、存放中央银行准备金存款	62,906	11,939	32,102
十、代理金融机构委托贷款基金				六、存放中央银行特种存款			
其中:中央银行委托贷款基金				七、缴存中央银行财政性存款	4	3	1
十一、各项准备	4,739	4,532	39	八、同业往来	4,282	2,508	－5,984
其中:贷款损失准备	4,739	4,532	39	1.存放同业	4,282	2,508	－5,984
十二、所有者权益	15,017	1,407	2,044	2.拆放同业			
其中:实收资本				九、系统内资金往来	322,826	269,785	5,613
当年结益	15,031	15,031	13,610	十、代理金融机构贷款			
十三、其他	6,067	－5,412	20,990	其中:代理人行专项贷款			
				十一、库存现金	2,365	291	449
				十二、外汇占款	9	11	24
资金来源总计	1,102,886	294,210	232,646	资金运用总计	1,102,886	294,210	232,646

广东发展银行股份有限公司武汉分行外汇信贷收支表

表 6－2－1－70　　2008 年末　　单位:万美元

来源项目名称	12 月余额	比年初增减数 2008 年	比年初增减数 2007 年	运用项目名称	12 月余额	比年初增减数 2008 年	比年初增减数 2007 年
一、各项存款	931	599	－177	一、各项贷款	130	－870	1,000
1. 单位活期存款	284	166	110	1. 短期贷款		－1,000	1,000
其中:中资企业存款	76	67	4	(1)境内短期贷款		－1,000	1,000
外商投资企业存款	208	99	106	其中:中资企业贷款			
2. 单位定期存款	60	－1	－139	其中:外商投资企业贷款		－1,000	1,000
其中:中资企业存款				(2)境外短期贷款			
外商投资企业存款	60	－1	－139	2. 中长期贷款			
3. 储蓄存款	132	－21	－140	(1)境内中长期贷款			
其中:定期存款	101	－23	－121	其中:中资企业贷款			
4. 其他类存款	455	455	－8	外商投资企业贷款			
5. 境外存款				(2)境外中长期贷款			
二、境内中长期借款				3. 进出口贸易融资	130	130	
三、卖出回购资产				4. 票据融资			
四、境外筹资				其中:贴现			
五、向中央银行借款				5. 各项垫款			
六、中央银行存款				6. 境外筹资转贷款			
七、应付及暂收款	2	－3	－1	二、投资			
其中:应付及预提利息	2	－2	－2	1. 购买有价证券			
八、同业存放	258	－268	112	其中:购买境外有价证券			
(1)境内同业存放	258	－268	112	2. 其他投资			
(2)境外同业存放				其中:投资境外			
九、同业拆入				三、应收及预付款	1	－2	－3
(1)境内同业拆入				其中:应收及预付利息	1	－2	－3
(2)境外同业拆入				四、买入返售资产			
十、委托基金存款(净)				五、存放中央银行			
十一、外汇买卖	1	1	3	其中:缴存准备金			
其中:结售汇	1	1	3	六、存放同业	143	59	11
十二、境内联行存放		－245	245	(1)存放境内同业	143	59	11
十三、境外联行存放				(2)存放境外同业			
十四、各项准备				七、拆放同业			
其中:贷款损失准备				(1)拆放境内同业			
十五、所有者权益	7	7	－11	(2)拆放境外同业			
其中:实收资本				八、存放境内联行	896	896	－813
当年结益	7	7		九、存放境外联行			
十六、其他				十、库存现金	29	8	－24
资金来源总计	1,199	91	171	资金运用总计	1,199	91	171

广东发展银行股份有限公司武汉分行各项贷款累放、累收统计表

表6－2－1－71　　　　2008年末　　　　单位:万元

项目	上月余额	本月累放额	本月累收额	本月余额	年累放额	年累收额
各项贷款总计	677,025	176,919	148,602	705,342	1,866,137	1,745,978
一、短期贷款	508,433	76,966	48,830	536,569	795,824	640,219
1.工业贷款	32,750	5,250	4,500	33,500	56,600	49,975
2.商业贷款	456,818	68,421	43,632	481,607	714,275	578,124
3.建筑业贷款	4,275			4,275		711
4.农业贷款						
5.乡镇企业贷款						
6.三资企业贷款						
7.私营企业及个体贷款						
8.其他短期贷款	14,590	3,295	698	17,187	24,949	11,409
其中:个人短期消费贷款	8,134	1,445	470	9,109	12,157	6,665
二、中长期贷款	156,028	3,189	4,955	154,262	76,168	39,310
1.基本建设贷款	69,980			69,980	49,980	
2.技术改造贷款						
3.其他中长期贷款	86,048	3,189	4,955	84,282	26,188	39,310
其中:个人中长期消费贷款	31,711	159	559	31,311	4,770	7,649
三、票据融资	12,564	96,764	94,817	14,511	994,145	1,066,449
四、各项垫款						
五、调整项(只在累放方填报)						

广东发展银行股份有限公司武汉分行资产负债表

表 6－2－1－72　　2008 年末　　单位：元

资产	期初数	期末数	负债及所有者权益	期初数	期末数
流动资产			流动负债		
现金及银行存款	32,293,074.71	25,632,598.20	短期存款	3,605,331,512.38	4,506,316,790.38
贵金属			短期储蓄存款	625,678,009.52	1,026,005,710.90
存放中央银行款项	509,682,196.26	629,090,794.36	财政性存款	796,465,907.10	272,564,330.55
存放同业款项	23,870,500.45	52,650,643.20	向中央银行借款		
存放联行款项	540,248,149.48	3,398,986,998.88	同业存放款项	238,910,003.90	2,099,151,996.72
拆放同业			联行存放款项		
拆放金融性公司			同业拆入		
短期贷款	3,878,173,797.28	5,305,268,289.00	金融性公司拆入		
应收进出口押汇	300,000.00	44,100,813.82	存入短期保证金	1,319,014,783.90	1,781,682,044.50
应收账款	929,622.84	2,776,620.86	应解汇款	16,104,497.75	8,556,687.96
其他应收款	5,234,963.45	4,898,441.02	汇出汇款	982,237.11	14,474,829.00
减：坏账准备			委托存款		
贴现	868,151,335.79	145,113,100.19	应付代理证券款项		
交易性金融资产			卖出回购资产	815,258,832.27	
可供出售金融资产			应付账款	21,501,446.99	51,110,473.40
委托贷款及委托投资			其他应付款	4,078,848.30	3,260,525.25
代理证券			应付工资	4,718,293.55	4,768,213.53
买入返售资产	1,136,393,935.06		应付福利费		
待处理流动资产净损失			应交税金	7,249,376.00	7,401,287.81
其他流动资产	806.62	0.20	应付利润		
流动资产合计	6,995,278,381.94	9,608,518,299.73	预提费用		
长期资产			一年内到期的长期负债		
中长期贷款	1,171,923,000.87	1,465,099,785.64	其他流动负债	20,150,000.00	0.06
逾期贷款	6,226,142.97	136,401,392.28	流动负债合计	7,475,443,748.77	9,775,292,890.06
减：贷款损失准备	2,069,274.22	47,394,010.34	长期负债		
持有至到期投资			长期存款	416,384,265.50	1,042,183,475.31
应收款项投资	13,823,100.00	10,262,900.00	长期储蓄存款	24,537,930.65	42,234,871.22
长期股权投资			存入长期保证金	1,334,224.42	6,925,582.44
固定资产原值	32,430,988.85	39,366,569.87	长期应付款		
减：累计折旧	12,789,460.78	17,290,842.07	其他长期负债	26,660,827.13	1,474,414.29
减：固定资产减值准备			长期负债合计	468,917,247.70	1,092,818,343.26
固定资产净值	19,641,528.07	22,075,727.80	负债合计	7,944,360,996.47	10,868,111,233.32
固定资产清理			所有者权益		
在建工程			实收资本	134,000,000.00	184,000,000.00
减：在建工程减值准备			资本公积		
待处理固定资产净损失			盈余公积		
长期资产合计	1,209,544,497.69	1,586,445,795.38	一般准备		
无形、递延及其他资产			未分配利润	136,103,844.08	150,629,574.09
无形资产	826,990.50	513,524.55	外币报表折算差额	0.18	－0.26
减：无形资产减值准备			所有者权益合计	270,103,844.26	334,629,573.83
递延资产	8,814,970.60	7,263,187.49			
其他长期资产					
减：抵债资产减值准备					
其他资产合计	9,641,961.10	7,776,712.04			
资产总计	8,214,464,840.73	11,202,740,807.15	**负债及所有者权益总计**	8,214,464,840.73	11,202,740,807.15

广东发展银行股份有限公司武汉分行损益表

表 6-2-1-73　　2008 年末　　单位:元

项目	上年数/本期数	本年累计数
一、营业收入	492,095,267.80	652,603,230.25
利息收入	388,057,112.87	553,931,590.12
金融企业往来收入	87,034,440.38	76,970,150.61
手续费收入	16,025,203.80	19,703,057.72
公允价值变动收益		
汇兑收益	978,510.75	1,997,531.80
其他营业收入		900.00
二、营业支出	333,051,474.30	467,909,705.16
利息支出	73,603,992.74	128,594,902.58
金融企业往来支出	166,953,128.47	176,332,283.82
手续费支出	1,970,479.03	2,090,337.27
营业费用	104,294,152.50	115,269,348.05
汇兑损失		
其他营业支出	−13,770,278.44	45,622,833.44
三、营业税金及附加	23,335,696.19	33,686,318.44
四、营业利润	135,708,097.31	151,007,206.65
加:投资收益	568,848.27	
加:营业外收入	7,211.55	100,192.24
减:营业外支出	180,312.73	336,385.46
加:以前年度损益调整		
加:外币损益折算差	−0.32	0.02
五、利润总额	136,103,844.08	150,771,013.45
减:所得税		141,439.36
六、净利润	136,103,844.08	150,629,574.09

汉口银行股份有限公司人民币信贷收支表

表 6－2－1－74

2008 年末

单位:元

资金来源项目	年末余额	上年末余额	比上年末		资金运用项目	年末余额	上年末余额	比上年末	
			增减额	增减%				增减额	增减%
一、各项存款	3,399,403	3,025,837	373,566	12.35	一、各项贷款	2,127,424	1,939,063	188,361	9.71
1.企业存款	1,945,321	1,943,857	1,464	0.08	1.短期贷款	1,086,765	843,618	243,147	28.82
(1)活期存款	1,716,831	1,730,475	－13,644	－0.79	(1)工业贷款	235,599	117,125	118,474	101.15
(2)定期存款	228,490	213,382	15,108	7.08	(2)商业贷款	280,486	154,548	125,938	81.49
2.机关团体存款					(3)建筑业贷款	41,314	88,360	－47,046	－53.24
3.储蓄存款	1,076,411	843,811	232,600	27.57	(4)农业贷款	3,660		3,660	
(1)活期储蓄	476,838	391,220	85,618	21.88	(5)乡镇企业贷款	100	500	－400	－80.00
(2)定期储蓄	599,573	452,591	146,982	32.48	(6)三资企业贷款	12,050	36,456	－24,406	－66.95
4.农业存款	1		1		(7)私营企业及个体贷款	39,992	59,034	－19,042	－32.26
5.其他存款	377,670	238,169	139,501	58.57	(8)其他短期贷款	473,564	387,595	85,969	22.18
二、代理财政性存款	97,651	91,441	6,210	6.79	其中:个人短期消费贷款	3,256	709	2,547	359.24
三、金融债券					2.中长期贷款	887,097	862,690	24,407	2.83
其中:政策性金融债券					(1)基本建设贷款	266,809	289,474	－22,665	－7.83
四、应付及暂收款	51,756	37,760	13,996	37.07	(2)技术改造贷款	1,876		1,876	
其中:应付及预提利息	23,646	11,181	12,465	111.48	(3)其他中长期贷款	618,412	573,216	45,196	7.88
五、卖出回购资产	78,400		78,400		其中:个人中长期消费贷款	83,661	107,584	－23,923	－22.24
六、向中央银行借款					3.票据融资	153,432	232,069	－78,637	－33.89
七、同业往来	106,879	123,794	－16,915	－13.66	其中:贴现	153,432	232,069	－78,637	－33.89
1.同业存放	103,778	120,555	－16,777	－13.92	4.各项垫款	130	686	－556	－81.05
2.同业拆借	3,101	3,239	－138	－4.26	二、有价证券及投资	1,258,982	817,623	441,359	53.98
八、委托存款及委托投资基金(净)	－3,560				三、应收及预付款	65,918	44,300	21,618	48.80
1.委托存款及委托投资基金	17,681	57,415	－39,734	－69.20	其中:应收利息	23	12	11	91.67
2.减:委托贷款及委托投资	21,241	57,415	－36,174	－63.00	四、买入返售资产	6,990	105,149	－98,159	－93.35
九、代理金融机构委托贷款基金	3,560		3,560		五、存放中央银行准备金存款	487,493	522,817	－35,324	－6.76
其中:中央银行委托贷款基金					六、存放中央银行特种存款				
十、各项准备	95,131	66,675	28,456	42.68	七、缴存中央银行财政性存款	56,484	56,616	－132	－0.23
其中:贷款损失准备	45,821	31,667	14,154	44.70	八、同业往来	39,272	28,219	11,053	39.17
十一、所有者权益	314,911	301,358	13,553	4.50	1.存放同业	38,157	17,104	21,053	123.09
其中:实收资本	224,785	224,785			2.拆放同业	1,115	11,115	－10,000	－89.97
当年结益	36,280	30,374	5,906	19.44	九、代理金融机构贷款				
十二、其他	－54,438	－94,161	39,723	－42.19	其中:代理人行专项贷款				
					十、库存现金	46,402	39,390	7,012	17.80
					十一、外汇占款	728	－473	1,201	－253.91
资金来源总计	4,089,693	3,552,704	536,989	15.11	资金运用总计	4,089,693	3,552,704	536,989	15.11

汉口银行股份有限公司各项贷款累放、累收统计表

表 6－2－1－75　　2008 年末　　单位:万元

项目	累计发放		累计收回		贷款增加额	
	2008 年	2007 年	2008 年	2007 年	2008 年	2007 年
贷款合计	2,285,962	2,291,206	2,097,601	1,897,158	188,361	394,048
1.短期贷款	1,544,187	1,146,407	1,301,041	886,560	243,146	259,847
(1)工业贷款	304,197	177,895	185,724	149,381	118,473	28,514
(2)商业贷款	378,050	220,148	252,112	169,772	125,938	50,376
(3)建筑业贷款	62,119	94,890	109,165	76,980	－47,046	17,910
(4)农业贷款						
(5)乡镇企业贷款	100	1,000	500	1,780	－400	－780
(6)三资企业贷款	17,775	53,856	42,181	25,230	－24,406	28,626
(7)私营企业及个体贷款	33,883	76,044	71,350	43,447	－37,467	32,597
(8)其他短期贷款	748,063	522,574	640,009	419,970	108,054	102,604
其中:个人短期消费贷款	31,169	13,193	30,718	13,426	451	－233
2.中长期贷款	243,825	255,206	219,419	182,687	24,406	72,519
(1)基本建设贷款	99,898	82,187	122,563	107,273	－22,665	－25,086
(2)技术改造贷款	1,876			400	1,876	－400
(3)其他中长期贷款	142,051	173,019	96,856	75,014	45,195	98,005
其中:个人中长期消费贷款	15,397	56,536	20,876	19,681	－5,479	36,855
3.票据融资	488,610	889,463	567,248	827,911	－78,638	61,552
4.各项垫款	9,340	130	9,893		－553	130

汉口银行股份有限公司资产负债表

表 6-2-1-76　　2008 年末　　单位:千元

资产	2008 年末	2007 年末	负债和所有者权益(或股东权益)	2008 年末	2007 年末
资产			负债		
现金及存放中央银行款项	5,919,424	6,195,091	向中央银行借款		
存放同业款项	1,813,328	387,761	同业及其他金融机构存放款项	2,622,822	1,205,570
贵金属			拆入资金	31,007	32,393
拆出资金	23,921	100,000	交易性金融负债		
交易性金融资产	2,559,673	307,664	衍生金融负债		
衍生金融资产			卖出回购金融资产款	984,000	
买入返售金融资产	309,902	1,051,491	吸收存款	34,573,461	31,297,717
应收利息	154,633	141,761	应付职工薪酬	83,224	79,891
发放贷款及垫款	20,732,128	18,936,804	应交税费	65,130	52,537
可供出售金融资产	4,364,556	2,820,496	应付利息	240,018	149,185
持有至到期投资	4,602,552	3,889,761	预计负债		
应收款项类投资	1,110,913	1,023,549	应付债券		
长期股权投资	15,612	15,612	递延所得税负债	34,276	
投资性房地产	377,430	386,674	其他负债	962,355	983,364
固定资产	427,650	441,456	负债合计	39,596,293	33,800,658
在建工程	9,210	9,210	股东权益		
无形资产	2,653	2,600	股本	2,247,846	2,247,846
递延所得税资产	173,216	174,695	资本公积	614,725	453,714
其他资产	443,246	855,922	减:库存股		
			盈余公积	73,207	36,824
			一般风险准备	170,000	100,000
			未分配利润	337,975	101,506
			外币报表折算差额		
			归属于母公司的股东权益合计	3,443,753	2,939,889
			少数股东权益		
			股东权益合计	3,443,753	2,939,889
资产总计	43,040,046	36,740,548	**负债和所有者权益(或股东权益)总计**	43,040,046	36,740,548

汉口银行股份有限公司利润表

表 6－2－1－77　　2008 年末　　单位:千元

项目	2008 年	2007 年
一、营业收入	1,285,293	1,067,160
利息净收入	1,172,896	933,324
利息收入	1,876,586	1,419,135
利息支出	703,689	485,811
手续费及佣金净收入	31,547	25,385
手续费及佣金收入	40,299	31,821
手续费及佣金支出	8,752	6,436
投资收益(损失以"－"号填列)	15,458	85,679
公允价值变动净收益(损失以"－"号填列)	30,601	－1,929
汇兑收益(损失以"－"号填列)	－3,129	－4,361
其他业务收入	37,919	29,062
二、营业支出	868,467	770,716
营业税金及附加	85,633	63,776
业务及管理费	492,259	435,964
资产减值损失	278,622	260,831
其他业务成本	11,952	10,146
三、营业利润(亏损以"－"号填列)	416,826	296,444
加:营业外收入	50,607	14,888
减:营业外支出	28,725	24,234
四、利润总额(亏损总额以"－"号填列)	438,708	287,097
减:所得税费用	74,882	113,454
五、净利润(净亏损以"－"号填列)	363,826	173,643
六、每股收益		
(一)基本每股收益(元)	0.16	0.25
(二)稀释每股收益(元)		

黄石市商业银行股份有限公司信贷收支表

表 6－2－1－78　　2008 年末　　单位:万元

资产	金额	负债及所有者权益	金额
(一)流动资产	329,204	(一)短期负债	268,243
1.现金	1,982	1.活期存款	211,133
其中:借方发生额		工业存款	3,766
贷方发生额		商业存款	16,056
2.存放央行准备金	90,991	私营个体存款	6,680
3.存放同业款项	32,157	建筑业存款	5,445
4.存放联行款项	892	其他企业存款	127,877
系统内资金往来		活期储蓄	51,309
其中:存放二级准备金		2.委托基金	12,191
系统外资金往来	892	3.向央行借款	
5.拆放同业	100	六个月	
6.短期贷款	112,380	三个月	
工业贷款	35,713	二十天	
商业贷款	10,865	再贴现	
建筑业贷款	6,412	4.同业存放款	
农业贷款	355	国有银行存放	
个人经营性贷款	9,048	农信存放	
私营企业贷款	5,469	保险公司存放	
其他短期贷款	44,518	其他商业银行存放	
其他企业贷款	27,744	5.同业拆借	
短期抵押贷款	16,774	6.联行存放	52
其他类贷款		电子联行往来	
7.贴现	67,064	系统内资金往来	52
8.委托贷款	12,190	系统外资金往来	
9.不良贷款		7.应付及暂收款	5,704
10.短期投资	10,000	应付工资	570
11.应收及预付款	1,438	应付福利费	
应收款项	1,438	应交税金	1,110
其中:应收利息	1	应付股利	142
其他应收款	1,437	应付利息	2,664
12.待处理财产损失		预提费用	
13.其他流动资产	10	其他应付款	1,203
(二)长期资产	113,373	暂收款	15
1.中长期贷款	68,235	8.汇出汇款	
基本建设贷款	5,430	9.应解汇款及临时存款	2,191
个人经营性贷款	3,632	10.保证金	36,972
其他贷款	59,173	11.其他流动负债	
个人消费贷款	9,795	(二)定期负债	136,403
其中:住房贷款	9,321	定期存款	136,403
长期抵押贷款	21,075	单位定期	31,865
其他类中长期贷款	28,303	个人储蓄定期	104,538
2.长期投资	33,676	(三)呆账准备金	6,845
3.固定资产净值	6,137	一般准备	720
固定资产原值	8,913	专项准备	6,125
累计折旧	2,776	(四)所有者权益	31,086
4.在建工程		1.实收资本	20,078
5.无形资产	4,962	2.资本公积	2,179
6.递延资产	103	3.盈余公积	1,302
7.其他资产	260	4.未分配利润	5,050
		5.本年利润	
		6.一般准备金	2,477
资产总计	442,577	负债及所有者权益总计	442,577

黄石市商业银行股份有限公司各项贷款累放累收统计表

表 6-2-1-79　　2008 年末　　单位:万元

项目	年初数	累放数	年初数+累放数	累收数	本期余额	累收数+本期余额
各项贷款总计	211,218	377,418	588,636	340,957	247,679	588,636
1.短期贷款	107,030	151,566	258,596	146,216	112,380	258,596
(1)工业贷款	33,013	38,090	71,103	35,390	35,713	71,103
(2)商业贷款	7,408	13,157	20,565	9,700	10,865	20,565
(3)建筑业贷款	8,270	8,150	16,420	10,008	6,412	16,420
(4)农业贷款	50	355	405	50	355	405
(5)乡镇企业贷款	65		65	65		65
(6)私营及个体贷款	3,828	5,195	9,023	3,554	5,469	9,023
(7)其他短期贷款	54,396	86,619	141,015	87,449	53,566	141,015
其中:个人短期消费贷款		52	52	52		52
2.中长期贷款	71,227	28,176	99,403	31,168	68,235	99,403
(1)基建贷款	2,700	4,300	7,000	1,570	5,430	7,000
(2)其他中长期贷款	68,527	23,876	92,403	29,598	62,805	92,403
其中:个人中长期消费贷款	6,400	4,854	11,254	1,459	9,795	11,254
3.票据融资	32,961	197,676	230,637	163,573	67,064	230,637

黄石市商业银行股份有限公司资产负债表

表 6-2-1-80　　2008 年末　　单位:元

资产	2008 年 12 月 31 日	2007 年 12 月 31 日	负债与所有者权益	2008 年 12 月 31 日	2007 年 12 月 31 日
资产			负债		
现金及存放中央银行款项	929,731,771.79	739,771,509.60	向中央银行借款		
存放同业款项	330,490,404.00	202,059,479.18	同业及其他金融机构存放款项		12,353.15
贵金属			拆入资金		
拆出资金	1,000,000.00	1,000,000.00	交易性金融负债		
交易性金融资产			衍生金融负债		
衍生金融资产			卖出回购金融资产款		
买入返售金融资产			吸收存款	3,860,628,495.42	3,342,438,765.29
应收利息	6,652.59	114,301.37	应付职工薪酬	5,700,066.44	5,946,960.93
发放贷款及垫款	2,415,534,224.65	2,065,929,140.44	应交税费	16,649,077.47	11,595,644.91
可供出售金融资产			应付利息	26,641,254.90	21,162,173.08
持有至到期投资	436,463,651.73	496,982,842.47	预计负债		
长期股权投资			应付债券		
投资性房地产			递延所得税负债		
固定资产	61,368,904.50	41,144,200.45	其他负债	20,484,507.21	40,646,752.39
无形资产	49,623,454.26	50,681,147.82	负债合计	3,930,103,401.44	3,421,802,649.75
递延所得税资产	6,487,753.35		股东权益		
其他资产	10,258,113.67	34,749,086.04	股本	200,779,167.00	168,779,167.00
			资本公积	21,788,780.48	5,788,780.48
			减:库存股		
			盈余公积	18,479,010.20	15,353,403.43
			一般风险准备	24,770,000.00	10,000,000.00
			未分配利润	45,044,571.42	10,707,706.71
			股东权益合计	310,861,529.10	210,629,057.62
资产总计	4,240,964,930.54	3,632,431,707.37	负债与所有者权益总计	4,240,964,930.54	3,632,431,707.37

黄石市商业银行股份有限公司利润表

表 6－2－1－81　　2008 年末　　单位:元

项目	2008 年	2007 年
一、营业收入	152,455,489.71	115,687,757.20
利息净收入	135,540,386.51	105,246,886.40
利息收入	194,006,944.07	152,894,736.24
利息支出	58,466,557.56	47,647,849.84
手续费及佣金净收入	1,344,012.14	848,949.26
手续费及佣金收入	2,492,770.95	1,509,582.22
手续费及佣金支出	1,148,758.81	660,632.96
投资收益	15,571,091.06	9,591,921.54
公允价值变动损益		
汇兑收益		
其他业务收入		
二、营业支出	84,983,718.88	64,529,771.32
营业税金及附加	10,375,172.82	8,056,211.99
业务及管理费	52,408,546.06	44,177,989.58
资产减值损失	22,200,000.00	12,295,569.75
其他业务成本		
三、营业利润(亏损以"－"号填列)	67,471,770.83	51,157,985.88
加:营业外收入	1,377,849.73	466,712.70
减:营业外支出	97,000.00	62,474.23
四、利润总额	68,752,620.56	51,562,224.35
减:所得税费用	14,189,437.55	15,654,637.71
五、净利润	54,563,183.01	35,907,586.64
六、每股收益	0.27	0.21
(一)基本每股收益		
(二)稀释每股收益		

荆州市商业银行股份有限公司人民币信贷收支表

表 6－2－1－82　　2008 年末　　单位:万元

栏目 资金来源项目	余额	比上年末增减数		栏目 资金运用项目	余额	比上年末增减数	
		2008 年	2007 年			2008 年	2007 年
一、各项存款	431,960	63,039	43,795	一、各项贷款	216,702	43,427	26,229
1.企业存款	172,050	30,460	14,432	1.短期贷款	82,264	9,352	15,170
(1)活期存款	114,568	23,668	21,165	(1)工业贷款	42,956	3,966	5,815
(2)定期存款	57,482	6,792	－6,733	(2)商业贷款	9,902	7,092	－5,135
2.城镇储蓄存款	181,348	41,408	11,120	其中:收购贷款			
(1)活期储蓄	58,308	7,954	6,493	(3)建筑业贷款	1,480	－5,220	6,545
(2)个人定期储蓄存款	123,040	33,454	4,627	(4)农业贷款		－2,000	2,000
3.农业存款	1	－1	2	(5)乡镇企业贷款			
4.信托存款				(6)三资企业贷款	1,450	430	850
5.其他存款	74,093	－13,020	19,890	(7)私营企业及个体贷款	5,109	3,638	1,056
6.财政性存款	4,468	4,192	－1,649	(8)其他短期贷款	21,367	1,446	4,039
二、发行金融债券				2.中期流动资金贷款			
其中:发行政策性金融债券				3.中长期贷款	103,649	26,692	－203
三、国家投资债券				(1)基本建设贷款	54,690	26,840	15,500
四、卖出回购证券	194,675	115,433	32,772	(2)技术改造贷款			
五、向中央银行借款				(3)其他中长期贷款	48,959	－148	－15,703
六、同业往来	145	－2	7	4.贴现	29,533	7,407	9,982
1.同业存放	145	－2	7	5.各项垫款	1,256	－24	1,280
2.同业拆借				二、国家投资债券贷款			
七、委托存款及委托投资基金				三、有价证券及投资	293,402	132,976	47,617
1.委托存款				四、买入返售资产			
2.委托投资基金				五、缴存准备金存款	73,784	10,367	17,813
八、代理金融机构委托贷款基金	1,000		1,000	六、存放中央银行特种存款			
其中:中央银行委托贷款基金				七、存放中央银行财政性存款	6,416	5,897	－2,450
九、所有者权益	41,799	1,712	10,378	八、同业往来	2,955	－11,733	8,957
其中:实收资本	38,868	800	8,000	1.存放同业	2,955	－11,733	8,957
当年结益	2,392	2,392	2,055	2.拆放同业			
十、其他	－73,222	262	12,485	九、代理金融机构贷款	1,000		1,000
				其中:代理人行专项贷款			
				十、库存现金	2,098	－488	1,271
				十一、外汇占款			
资金来源总计	596,357	180,446	100,437	资金运用总计	596,357	180,446	100,437

荆州市商业银行股份有限公司贷款累放累收统计表

表 6－2－1－83　　2008 年末　　单位:万元

项目	累放额	累收额
各项贷款合计	262,953	219,526
1.短期贷款	141,115	134,068
(1)工业贷款	57,130	57,056
(2)商业贷款	11,682	8,006
(3)建筑业贷款	1,980	8,310
(4)农业贷款	110	2,155
农户贷款(农信社专用)		
农业经济组织贷款(农信社专用)		
农户小额信用贷款(农信社专用)		
农户联保贷款(农信社专用)		
(5)乡镇企业贷款		
(6)三资企业贷款	550	1,360
(7)私营企业及个体贷款	4,919	2,361
(8)其他短期贷款	64,744	54,820
其中:个人短期消费贷款	1,544	1,715
2.中长期贷款	52,412	23,414
(1)基本建设贷款	5,120	955
(2)技术改造贷款		
(3)其他中长期贷款	47,292	22,459
其中:个人中长期消费贷款	335	1,379
3.票据融资	68,883	61,476
4.各项垫款	543	568
*.调整项(仅累放用)		

荆州市商业银行股份有限公司资产负债表

表 6－2－1－84　　2008 年末　　单位:万元

资产	期初数	期末数	比期初增减 增减额	比期初增减 增(减)幅	负债及所有者权益	期初数	期末数	比期初增减 增减额	比期初增减 增(减)幅
流动资产					流动负债				
现金及银行存款	2,587	2,095	－492	－19%	短期存款	175,931	190,122	14,191	8%
存放中央银行款项	63,936	80,199	16,263	25%	短期储蓄存款	54,721	65,923	11,202	20%
存放同业款项	14,688	2,954	－11,734	－80%	财政性存款	275	4,470	4,195	1525%
存放联行款项					向中央银行借款				
拆放同业					同业存放款项	146	145	－1	－1%
短期贷款	72,253	80,139	7,886	11%	同业拆入				
应收账款	1,280	501	－779	0%	应解汇款	1,919	1,466	－453	－24%
其他应收款	5,890	2,383	－3,507	－60%	汇出汇款				
贴现	22,126	29,533	7,407	33%	委托存款	2,954	2,974	20	1%
短期投资	2,888		－2,888		卖出回购证券	79,242	194,675	115,433	146%
委托贷款及委托投资	2,954	2,974	20	1%	应付账款	4,094	4,659	565	14%
买入返售证券				100%	其他应付款	11,714	3,271	－8,443	－72%
待处理流动资产净损失	1,456		－1,456	－100%	存入短期保证金	11,513	10,037	－1,476	－13%
其他流动资产	568	558	－10	－2%	应付工资	221	300	79	36%
流动资产合计	190,626	201,336	10,710	6%	应付福利费				0%
长期资产					应缴税金	866	1,080	214	25%
中长期贷款	75,722	103,549	27,827	37%	应付利润		1	1	
逾期贷款	1,895	2,225	330	17%	预提费用	172	461	289	
减:贷款呆账准备	－4,612	－5,971	－1,359	29%	其他流动负债	81	48	－33	－41%
长期投资	157,538	293,402	135,864	86%	流动负债合计	343,849	479,632	135,783	39%
减:投资风险准备	－98	－98			长期负债				
固定资产原值	13,008	13,100	92	1%	长期存款	39,343	44,711	5,368	14%
减:累计折旧	－4,274	－4,989	－715	17%	长期储蓄存款	85,219	115,230	30,011	35%
固定资产净值	8,734	8,111	－623	－7%	其他长期负债				
固定资产清理					长期应付款	52	63	11	21%
在建工程					长期负债合计	124,614	160,004	35,390	28%
待处理固定资产净损失					负债类合计	468,463	639,636	171,173	37%
长期资产合计	239,179	401,218	162,039	68%	所有者权益				
无形、递延及其他资产					实收资本	38,068	38,868	800	2%
无形资产	140	137	－3	－2%	资本公积	137	137		
递延资产	654	805	151	23%	盈余公积	75	228	153	204%
其他资产	76,761	76,410	－351		未分配利润	617	1,037	420	68%
无形、递延及其他资产合计	77,555	77,352	－203		所有者权益合计	38,897	40,270	1,373	4%
资产总计	**507,360**	**679,906**	**172,546**	**34%**	**负债及所有权益总计**	**507,360**	**679,906**	**172,546**	**34%**

荆州市商业银行股份有限公司损益表

表6－2－1－85　　2008年末　　单位:万元

项目	同期数	本期数	本期比同期	
			增减额	增减幅
一、营业收入	13,473	18,149	4,676	35%
1.利息收入	11,577	15,920	4,343	38%
2.金融机构往来利息收入	1,627	1,752	125	8%
3.手续费收入	226	193	－33	－15%
4.其他营业收入	43	284	241	560%
二、营业支出	13,215	17,344	4,129	31%
1.利息支出	5,474	7,779	2,305	42%
2.金融机构往来利息支出	2,198	3,017	819	37%
3.手续费支出	27	27		
4.营业费用	4,778	5,783	1,005	21%
其中:人事费用	2,241	3,111	869	39%
固定费用	843	898	55	6%
营业费用	1,694	1,774	81	5%
5.固定资产折旧	738	738		
6.其他营业支出				
三、营业税金及附加	675	935	259	38%
四、营业利润	－417	－129	288	－69%
加:投资收益	4,298	7,456	3,158	73%
加:营业外收入	449	215	－234	－52%
减:营业外支出	29	51	22	76%
减:以前年度损益调整	71	83	12	17%
五、拨备前利润总额	4,230	7,408	3,178	75%
减:坏账核销	1,368	3,483	2,115	155%
减:提取专项拨备	459	860	401	87%
减:提取坏账准备		755	755	
减:提取一般拨备	420		－420	－100%
减:所得税	795	780	－15	－2%
六、净利润	1,188	1,530	342	29%

孝感市商业银行股份有限公司人民币信贷收支表

表 6－2－1－86　　2008 年末　　单位:万元

资金来源项目	年末余额	比上年增减数	资金运用项目	年末余额	比上年增减数
一、各项存款	198,018	27,238	一、各项贷款	134,115	22,297
1.企业存款	84,864	－2,988	1.短期贷款	107,783	18,332
(1)活期存款	56,028	－14,356	(1)工业贷款	37,748	－5,463
(2)定期存款	28,836	11,368	(2)商业贷款	20,283	5,418
2.机关团体存款			其中:收购贷款		
3.储蓄存款	89,722	24,318	(3)建筑业贷款	24,066	4,218
(1)活期储蓄	18,299	2,092	(4)农业贷款		
(2)定期储蓄	71,423	22,226	(5)乡镇企业贷款		
4.农业存款			(6)三资企业贷款		
5.其他存款	23,432	5,908	(7)私营企业及个体贷款	3,540	1,210
二、代理财政性存款	34,546	7,913	(8)其他短期贷款	22,146	12,949
三、金融债券			其中:个人短期消费贷款		
其中:政策性金融债券			2.中长期贷款	22,351	336
四、应付及暂收款	2,823	569	(1)基本建设贷款	4,060	－1,455
其中:应付及预提利息	1,623	830	(2)技术改造贷款	3,527	
五、卖出回购证券			(3)其他中长期贷款	14,764	1,791
六、向中央银行借款			其中:个人中长期消费贷款		－96
七、同业往来	1,500	1,500	3.票据融资	3,981	3,629
1.同业存放	1,500	1,500	其中:贴现	3,981	3,629
2.同业拆借			4.各项垫款		
八、委托存款及委托投资基金(净)			二、有价证券及投资	19,768	4,000
1.委托存款及委托投资基金	900		三、应收及预付款	1,507	－438
2.减:委托贷款及委托基金	900		其中:应收利息	758	－459
九、代理金融机构委托贷款基金			四、买入返售证券		－15,970
其中:中央银行委托贷款基金			五、存放中央银行准备金存款	48,787	16,276
十、各项准备	3,990	699	六、存放中央银行特种存款		
其中:贷款呆账准备金	3,971	699	七、缴存中央银行财政性存款		
十一、所有者权益	23,542	5,473	八、同业往来	21,720	14,850
其中:实收资本	20,064	4,800	1.存放同业	21,050	17,850
当年结益	2,340	2,340	2.拆放同业	670	－3,000
十二、其他	－36,562	－2,189	九、代理金融机构贷款		
			其中:代理人行专项贷款		
			十、库存现金	1,960	188
			十一、外汇占款		
资金来源总计	227,857	41,203	资金运用总计	227,857	41,203

注:本表不含外币信贷收支统计,全行存款＝各项存款＋代理财政性存款。

孝感市商业银行股份有限公司各项贷款累放累收统计表

表 6-2-1-87　　2008 年末　　单位:万元

项目名称	累计发放		累计收回		贷款增加额	
	2007 年	2008 年	2007 年	2008 年	2007 年	2008 年
贷款合计	117,753	162,129	101,256	139,832	16,497	22,297
1.短期贷款	109,698	150,958	98,957	133,072	10,741	17,886
(1)工业贷款	42,502	47,929	37,169	52,793	5,333	-4,864
(2)商业贷款	19,015	30,734	25,092	27,087	-6,077	3,647
(3)建筑业贷款	24,640	28,807	13,778	23,520	10,862	5,287
(4)农业贷款						
(5)乡镇企业贷款						
(6)三资企业贷款						
(7)私营企业及个体贷款	11,603	8,648	12,671	8,149	-1,068	499
(8)其他短期贷款	11,938	34,840	10,247	21,523	1,691	13,317
其中:个人短期消费贷款						
2.中长期流动资金贷款						
3.中长期贷款	8,055	6,547	2,299	6,117	5,756	430
(1)基本建设贷款	500		63	955	437	-955
(2)技术改造贷款						
(3)其他中长期贷款	7,555	6,547	2,236	5,162	5,319	1,385
其中:个人中长期消费贷款	56				56	
4.票据融资		4,624		643		3,981
5.各项垫款						

孝感市商业银行股份有限公司资产负债表

表 6－2－1－88　　2008 年末　　单位:元

项目	上期余额		本期余额	
	借方	贷方	借方	贷方
一、资产类	2,219,621,192.61	43,527,216.19	2,653,429,092.50	50,419,592.72
(一)流动资产	1,559,349,399.03	31,745.97	1,934,844,355.76	31,745.97
现金	17,716,165.17		19,605,492.38	
存放中央银行准备金存款	325,106,626.37		487,871,044.39	
存放同业清算款项	5,542,383.20		5,692,983.33	
存放同业一般款项	26,463,709.02		204,810,841.63	
拆放同业	36,703,600.00		6,703,600.00	
个人消费贷款	1,719,181.51		648,069.93	
短期信用贷款	3,850,000.00		443,802.03	
短期保证贷款	117,700,000.00		190,600,000.00	
短期抵押质押贷款	731,879,110.39		853,584,000.00	
贴现	3,518,398.00		39,810,153.12	
应收利息	12,172,448.98		7,582,769.92	
减:坏账准备		31,745.97		31,745.97
其他应收款	7,277,776.39		7,491,599.03	
证券回购协议借出款	269,700,000.00		110,000,000.00	
短期债券投资				
(二)长期资产	634,688,549.42	43,495,470.22	693,001,492.58	50,387,846.75
逾期贷款	36,562,169.97		32,557,660.91	
半年以内逾期贷款	24,474,485.47		156,000.00	
半年以上逾期贷款	2,289,680.00		31,876,456.41	
呆滞贷款	9,788,004.50		525,204.50	
呆账贷款	10,000.00			
减:贷款呆账准备金		32,718,391.70		39,708,229.71
中长期信用贷款				
中长期保证贷款	20,600,000.00		38,252,417.90	
中长期抵押质押贷款	202,347,463.59		185,255,751.31	
长期债券投资	157,577,081.03		197,582,187.39	
减:长期债券投资减值准备		156,432.05		156,432.05
其他投资	100,000.00		100,000.00	
投资风险准备金				
待处理抵债资产	147,957,616.76		159,154,774.78	
固定资产	64,759,250.89		73,600,013.11	
减:累计折扣		10,620,646.47		10,523,184.99
固定资产清理	4,784,967.18		4,784,967.18	
在建工程			1,713,720.00	
长期待摊费用				
待处理财产损失				

续表 6－2－1－88

项目	上期余额		本期余额	
	借方	贷方	借方	贷方
(三)无形及其他资产	25,583,244.16		25,583,244.16	
无形资产	1,118,000.00		1,118,000.00	
其他资产	24,465,244.16		24,465,244.16	
二、负债类		1,996,680,840.22		2,368,878,356.94
(一)流动负债		1,330,028,339.42		1,366,290,019.73
活期存款		682,865,372.77		553,031,463.11
通知存款		20,977,317.35		7,251,383.23
活期储蓄存款		162,067,985.95		182,991,977.57
代理财政预算外资金		266,328,613.47		345,459,377.32
同业一般款项				15,000,000.00
应解汇款及临时存款		168,960.90		1,223,515.44
保证金		175,071,879.01		233,103,867.30
应付利息		7,935,883.11		16,228,436.29
资金清算应付款		1,351,358.54		432,814.00
其他应付款		8,553,350.72		7,546,690.45
应付工资		1,770,284.16		1,819,133.00
应付福利费		14,243.80		48,757.65
应交税金		1,536,118.95		1,904,191.11
预提费用		1,165,088.90		
应付利息税		221,881.79		248,413.26
(二)长期负债		666,652,500.80		1,002,588,337.21
定期存款		174,680,909.46		288,359,942.04
定期储蓄存款		491,971,591.34		714,228,395.17
三、资产负债共同类	1,658,007,800.83	1,656,736,113.17	2,020,491,692.28	2,019,212,939.62
委托业务	10,281,400.00	9,002,647.34	10,281,400.00	9,002,647.34
委托存款		9,002,647.34		9,002,647.34
委托贷款	10,281,400.00		10,281,400.00	
系统内往来	1,647,726,400.83	1,647,733,465.83	2,000,210,292.28	2,000,210,292.28
支行系统内存款	1,157,865,573.57	1,157,865,573.57	1,426,468,328.69	1,426,468,328.69
系统内拆借	489,860,827.26	489,860,827.26	573,741,963.59	573,741,963.59
待支付清算款项		7,065.00		
营运资金			10,000,000.00	10,000,000.00
拨出营运资金			10,000,000.00	
拨入营运资金				10,000,000.00
四、所有者权益		180,684,823.86		235,409,895.50
实收资本		152,635,000.00		200,635,000.00
资本公积		11,000,000.00		11,000,000.00
盈余公积		758,544.54		1,667,028.66
本年利润				
利润分配		16,291,279.32		22,107,866.84
总计	3,877,628,993.44	3,877,628,993.44	4,673,920,784.78	4,673,920,784.78

孝感市商业银行股份有限公司损益表

表 6－2－1－89　　2008 年末　　单位:元

项目名称	本期数	本年累计数
一、营业收入	21,581,483.54	175,231,633.75
利息收入	12,118,188.73	103,944,107.82
金融机构往来利息收入	9,030,913.43	69,685,446.42
手续费收入	312,493.38	1,213,938.51
其他经营收入	119,888.00	388,141.00
二、营业支出	25,502,389.30	148,579,841.69
利息支出	8,862,794.37	51,502,647.74
金融机构往来支出	6,828,578.65	59,087,020.46
手续费支出	13,603.30	310,338.49
营业费用	5,174,374.32	23,935,330.08
固定资产折旧费	678,193.66	2,709,659.92
提取准备金	3,500,000.00	10,500,000.00
其他营业支出	444,845.00	534,845.00
三、营业税金及附加	1,759,864.40	6,012,632.72
四、营业利润	－5,680,770.16	20,639,159.34
投资收益	1,819,291.90	7,425,024.63
营业外收入		13,112.00
减:营业外支出	4,196,735.33	4,683,163.22
减:以前年度损益调整		
五、利润总额	－8,058,213.59	23,394,132.75
减:所得税		1,508,944.26
六、净利润	－8,058,213.59	21,885,188.49

宜昌市商业银行股份有限公司资产负债表

表 6－2－1－90　　2008 年末　　单位:元

项目	年末数	年初数	项目	年末数	年初数
一、流动资产	4,924,453,261.88	3,562,569,736.13	一、流动负债	6,045,444,667.48	5,231,883,189.83
现金及银行存款	46,521,798.68	49,558,472.64	短期存款	3,593,869,941.05	3,412,923,900.15
贵金属			短期储蓄存款	732,686,207.93	617,704,434.27
存放中央银行款项	1,675,452,510.03	904,138,028.19	短期信托存款		
存放联行款项			委托存款	197,414,236.53	112,715,236.53
存放同业款项	206,067,972.71	230,298,659.01	财政性存款		1,370,933.83
缴存准备金			向中央银行借款		
拆出资金	5,000,000.00	10,067,000.00	联行存放款项	474,036.19	505,108.96
其中:拆放金融性公司			同业存放款项	1,551,128.95	121,904,009.23
贴现	271,204,148.36	529,156,064.53	拆入资金		
短期贷款	2,208,014,587.03	1,473,720,995.27	其中:金融性公司拆入		
其中:抵押、质押贷款			应付账款	47,269,027.59	32,944,906.34
应收进出口押汇			其他应付款	24,136,534.04	13,336,961.61
应收账款	3,858,011.44	54,600,724.26	卖出回购证券款	400,000,000.00	290,900,000.00
其中:应收利息			存入短期保证金	994,395,452.02	598,187,284.11
减:坏账准备			应解汇款	25,493,838.69	13,560,564.37
其他应收款	27,356,866.91	36,822,301.27	汇出汇款		
短期投资	230,000,000.00	90,068,218.36	应付利息		
其中:国库券			应付工资	3,844,454.92	3,783,421.70
信托贷款			应付福利费		
委托贷款及委托投资	197,399,000.00	112,700,000.00	应交税金	20,116,764.80	7,361,170.53
*清算备付金			应付利润	4,192,783.70	4,685,028.20
*交易保证金			预提费用		
*自营证券			发行短期债券		
*减:自营证券跌价准备			*质押借款		
*应收股利			*代买卖证券款		
*代理证券			*代发行证券款		
*代兑付债券			*代兑付债券款		
*受托资产			*受托资金		
*待转发行费用			一年内到期的长期负债		
*待摊费用	378,000.00	381,000.00	其他流动负债	261.07	230.00
买入返售证券			二、长期负债	2,636,856,110.34	1,956,109,318.69
一年内到期的长期债券投资			长期存款	1,253,454,005.40	848,921,711.40
其中:国库券			长期信托存款		
待处理流动资产净损失		2,020,000.00	长期储蓄存款	744,963,974.07	580,346,241.19

续表 6－2－1－90

项目	年末数	年初数	项目	年末数	年初数
其他流动资产	53,200,366.72	69,038,272.60	应付转租赁租金		
二、长期资产	3,056,647,996.12	2,860,268,253.71	存入长期保证金	638,438,130.87	526,841,366.10
中长期贷款	2,272,631,672.66	2,046,947,020.33	发行长期债券		
其中:抵押、质押贷款			长期借款		
逾期贷款	167,755,849.20	181,421,016.93	*应付债券		
减:呆账准备	107,200,967.48	62,200,967.48	长期应付款		
中长期信托贷款			其他长期负债		
应收租赁款			其中:住房周转金		
减:未实现租赁收益			三、少数股东权益		
应收转租赁款			四、所有者权益	615,587,490.54	604,722,501.36
租赁资产			实收资本(股本)	572,852,500.00	572,852,500.00
减:待转租赁资产			国家资本		
△经营租赁资产			集体资本		
△减:经营租赁资产折旧			法人资本		
长期投资	584,311,849.61	587,050,989.55	其中:国有法人资本		
其中:国库券			个人资本		
合并价差			外商资本		
减:投资风险准备			资本公积	1,300,000.00	1,883,860.65
固定资产原价	93,781,387.19	77,635,219.99	*一般风险准备	16,092,661.94	11,152,470.82
减:累计折旧	48,102,869.56	42,079,921.69	盈余公积	14,477,339.42	12,610,426.37
固定资产净值	45,678,517.63	35,555,298.30	其中:公益金		
固定资产清理	1,581,037.36	23,984.00	未确认的投资损失		
在建工程	91,890,037.14	71,470,912.08	未分配利润	10,864,989.18	6,223,243.52
待处理固定资产净损失			外币折算差额		
*交易席位费					
*长期待摊费用					
三、无形、递延及其他资产	1,316,787,010.36	1,369,877,020.04			
无形资产	533,190,292.08	139,919,172.21			
递延资产	2,930,020.68	1,547,965.73			
其他长期资产	780,666,697.60	1,228,409,882.10			
资产总计	9,297,888,268.36	7,792,715,009.88	负债及所有者权益总计	9,297,888,268.36	7,792,715,009.88

宜昌市商业银行股份有限公司利润及利润分配表

表 6－2－1－91　　2008 年末　　单位:元

项目	本年金额	上年金额
一、营业收入	449,185,442.36	403,303,659.65
(一)利息收入	271,722,505.61	217,016,999.62
(二)金融企业往来收入	155,605,302.15	169,824,747.46
其中:1.缴存央行存款利息收入	17,508,516.13	10,637,248.32
2.行社往来利息收入	123,700,398.76	134,313,171.45
3.存放同业款项利息收入	2,352,395.38	1,770,960.18
4.转贴现利息收入	4,104,773.69	11,750,400.25
5.拆放资金利息收入	3,088,902.14	7,560,858.36
6.其他利息收入	4,850,316.05	3,792,108.90
(三)手续费收入	19,166,441.34	13,776,591.96
(四)自营证券差价收入		
(五)证券发行收入		
(六)买入返售证券收入		
(七)租赁收益		
(八)汇兑收益		
(九)其他营业收入	2,691,193.26	2,685,320.61
其中:收回已核销的呆账		
二、营业支出	383,671,391.67	316,326,898.54
(一)利息支出	119,772,568.03	81,362,806.77
1.单位活期存款利息支出	28,727,586.78	23,491,263.61
2.单位定期存款利息支出	37,959,490.25	17,262,231.77
3.活期储蓄存款利息支出	4,422,394.59	4,529,334.11
4.定期储蓄存款利息支出	20,817,441.16	17,120,024.96
5.通知存款利息支出	2,160,054.37	1,156,002.05
6.其他利息支出	25,685,600.88	17,803,950.27
其中:借款利息支出		
(二)金融企业往来支出	135,475,593.06	158,262,542.74
其中:1.转贴现利息支出	3,021,198.89	11,361,567.94
2.行社往来利息支出	123,700,398.76	134,313,171.45
3.同业存放款项利息支出	490,684.13	1,117,484.48
4.其他利息支出	7,827,654.56	11,222,076.09
5.拆入资金利息支出	381,476.72	248,242.78
(三)手续费支出	2,180,180.46	1,524,230.92
(四)营业费用	71,917,034.71	54,791,423.83
(五)卖出回购证券支出		
(六)自营证券跌价损失		

续表 6-2-1-91

项目	本年金额	上年金额
（七）汇兑损失		
（八）其他营业支出	54,326,015.41	20,385,894.28
其中：计提呆账准备	45,000,000.00	11,506,275.66
三、营业税金及附加	16,440,487.85	13,074,751.53
（一）营业税	14,679,007.01	11,673,885.29
（二）城市维护建设税	1,027,530.49	817,171.97
（三）其他税款及附加	733,950.35	583,694.27
四、营业利润	49,073,562.84	73,902,009.58
其中：外币业务利润		
加：（一）投资收益	23,427,675.42	17,655,432.72
其中：国库券收益		3,635,434.71
（二）补贴收入		
（三）营业外收入	5,395,819.80	799,995.17
（四）以前年度损益调整	30,776.67	
减：营业外支出	58,295,942.62	85,469,697.57
五、利润总额	19,631,892.11	6,887,739.90
减：所得税	8,766,902.93	664,496.38
少数股东损益		
加：未确认的投资损失		
六、净利润	10,864,989.18	6,223,243.52
加：年初未分配利润	6,223,243.52	30,374,007.14
其他转入		－3,627,312.11
七、可供分配利润	17,088,232.70	32,969,938.55
加：（一）盈余公积补亏		
（二）其他		
*其中：不良资产处置损失专项准备		
减：（一）提取盈余公积	1,866,973.05	7,871,043.71
其中：公益金		
（二）应付利润（股利）		7,723,180.50
（三）提取一般风险准备	4,356,270.47	11,152,470.82
（四）转增资本的利润		
八、未分配利润	10,864,989.18	6,223,243.52

注：带*号科目仅由工、农、中、建行以及国家开发银行填列。

襄樊市商业银行股份有限公司信贷收支表

表 6-2-1-92　　2008 年末　　单位:万元

项目	金额	项目	金额
一、资产类总计	237,342	二、负债及所有者权益总计	237,342
(一)流动资产	199,086	(一)短期负债	162,902
1.现金	842	1.活期存款	146,251
2.存放央行款项	44,746	工业存款	20,319
3.存放同业款项	53,249	商业存款	12,023
4.存放联行款项		建筑企业存款	4,076
5.拆放同业款项		农业存款	1,249
6.短期贷款	91,872	私营个体存款	286
工业贷款	25,845	其他企业存款	95,938
商业贷款	26,385	活期储蓄	12,360
建筑业贷款	11,510	2.向中央银行借款	5,000
农业贷款		3.同业存放	60
私营个体贷款	1,037	4.联行存放	12
其他短期贷款	27,095	5.应付及暂收款	10,889
7.贴现	1,481	应付工资	290
8.委托贷款	201	应付福利费	178
9.应收及预付款	1,643	应交税金	492
应收账款	22	应付利润	285
其中:应收利息	22	应付利息	1,524
其他应收款	1,621	其他应付款	8,120
10.一年内到期的长期投资	5,052	6.汇出汇款	
11.待处理财产损失		7.应解汇款及临时存款	489
12.其他流动资产		8.保证金	
(二)长期资产	38,256	9.委托存款	201
1.中长期贷款	34,118	(二)定期负债	54,161
基本建设贷款		定期存款	54,161
其他贷款	34,118	单位定期存款	46,617
2.长期投资		个人储蓄定期存款	7,544
3.固定资产净值	3,909	(三)呆账准备金	3,427
固定资产原值	4,627	(四)所有者权益	16,852
累计折旧	718	1.实收资本	10,000
4.在建工程		2.资本公积	198
无形资产	229	3.盈余公积	346
5.递延资产		4.一般风险准备	1,726
6.其他资产		5.未分配利润	818
		6.本年利润	3,764
		利息收入	10,804
		金融机构往来收入	951
		手续收入	159
		其他营业收入	
		投资收益	126
		营业外收入	35
		利息支出	2,826
		金融机构往来支出	575
		手续支出	70
		营业费用	2,548
		营业税金及附加	625
		营业外支出	50
		固定资产折旧	227
		提取准备	136
		所得税	1,254
		以前年度损益调整	
		附报:正常贷款	107,594

襄樊市商业银行股份有限公司贷款累放累收统计表

表6-2-1-93　　2008年末　　单位:万元

项目	年初数	累放数	年初数+累放数	累收数	本期余额	累收数+本期余额
各项贷款总计	123,250	87,879	211,129	83,658	127,471	211,129
1.短期贷款	66,392	68,610	135,002	43,130	91,872	135,002
(1)工业贷款	25,051	26,145	51,196	25,351	25,845	51,196
(2)商业贷款	17,347	18,345	35,692	9,307	26,385	35,692
(3)建筑业贷款	11,675	600	12,275	765	11,510	12,275
(4)农业贷款						
(5)私营个体贷款	2,020		2,020	983	1,037	2,020
(6)其他短期贷款	10,299	23,520	33,819	6,724	27,095	33,819
其中:个人短期消费贷款						
2.中长期贷款	56,338	4,300	60,638	26,520	34,118	60,638
(1)基建贷款						
(2)其他中长期贷款	56,338	4,300	60,638	26,520	34,118	60,638
其中:个人中长期消费贷款						
3.票据融资	520	14,969	15,489	14,008	1,481	15,489

襄樊市商业银行股份有限公司资产负债表

表 6－2－1－94　　2008 年末　　单位:万元

资产	年初数	期末数	负债及所有者权益	年初数	期末数
流动资产			流动负债		
现金	245	842	短期存款	139,837	133,891
存放中央银行款项	42,466	44,746	短期储蓄存款	5,498	12,360
存放同业款项	37,987	53,249	向中央银行借款		5,000
短期贷款	64,658	84,145	同业存放款项		60
待处理抵债资产			存放联行款项		12
应收账款	31	22	同业拆入	10,000	
其他应收款	182	1,621	应解汇款	345	489
贴现	520	1,481	委托存款	300	201
委托贷款及委托投资	300	201	应付账款	1,153	1,524
一年内到期的长期投资	5,219	5,052	其他应付款	160	8,120
流动资产合计	151,608	191,359	应付工资	110	290
中长期贷款	56,338	34,118	应付福利费	71	178
逾期贷款	947	4,166	应交税金	814	492
呆滞贷款	456	3,230	应交代扣利息税		
呆账贷款	331	331	应付利润	539	285
减:贷款呆账准备	3,291	3,427	流动负债合计	158,827	162,902
长期投资			长期存款	33,573	46,617
固定资产原值	4,415	4,627	长期储蓄存款	3,892	7,544
减:累计折旧	491	718	保证金		
固定资产净值	3,924	3,909	长期负债合计	37,465	54,161
长期资产合计	58,705	42,327	所有者权益		
其他资产			实收资本	10,000	10,000
无形资产	229	229	资本公积	198	198
递延资产	38		盈余公积	141	346
其他资产合计	267	229	其中:公益金	47	47
			一般风险准备	1,726	1,726
			未分配利润	2,223	4,582
			所有者权益合计	14,288	16,852
资产总计	210,580	233,915	负债及所有者权益总计	210,580	233,915

襄樊市商业银行股份有限公司利润表

表 6－2－1－95　　2008 年末　　单位:万元

项目	上年数	本年数
一、营业收入	10,221	11,914
其中:利息收入	9,110	10,804
金融机构往来利息收入	1,068	951
手续费收入	43	159
其他营业收入		
二、营业成本	5,294	6,246
其中:利息支出	2,508	2,826
金融机构往来利息支出	379	575
手续费支出	4	70
营业费用	2,403	2,775
其他营业支出		
三、营业税金及附加	523	625
四、投资收益	126	126
五、营业利润	4,530	5,169
加:营业外收入	40	35
减:营业外支出	44	50
六、扣除资产损失准备后利润总额	4,526	5,154
减:资产减值损失	1,327	136
七、扣除资产损失准备后利润总额	3,199	5,018
减:所得税	1,151	1,254
以前年度损益调整		
八、净利润	2,048	3,764
加:年初未分配利润	945	2,223
加:其他转入		
九、可供投资者分配的利润	2,993	5,987
减:提取法定盈余公积	94	205
提取法定公益金	47	
十、可供投资者分配的利润	2,852	5,782
提取任意盈余公积		
应付普通股股利	629	1,200
十一、未分配利润	2,223	4,582

法国兴业银行(中国)有限公司武汉分行外汇信贷收支表

表 6-2-1-96　　2008 年末　　单位:万美元

来源项目名称	12 月余额	比年初增减数		运用项目名称	12 月余额	比年初增减数	
		2008 年	2007 年			2008 年	2007 年
一、各项存款	144	126	−108	一、各项贷款	1,000		1,000
1.单位活期存款	142	126	−108	1.短期贷款	1,000		1,000
其中:中资企业存款				(1)境内短期贷款	1,000		1,000
外商投资企业存款	142	126	−108	其中:中资企业贷款			
2.单位定期存款	2			其中:外商投资企业贷款	1,000		1,000
其中:中资企业存款				(2)境外短期贷款			
外商投资企业存款				2.中长期贷款			
3.储蓄存款				(1)境内中长期贷款			
其中:定期存款				其中:中资企业贷款			
4.其他类存款				外商投资企业贷款			
5.境外存款				(2)境外中长期贷款			
二、境内中长期借款				3.进出口贸易融资			
三、卖出回购证券				4.票据融资			
四、境外筹资				其中:贴现			
五、向中央银行借款				5.各项垫款			
六、中央银行存款				6.境外筹资转贷款			
七、应付及暂收款	16	1	16	二、投资			
其中:应付及预提利息		−13	13	1.购买有价证券			
八、同业存放				其中:购买境外有价证券			
(1)境内同业存放				2.其他投资			
(2)境外同业存放				其中:投资境外			
九、同业拆入				三、应收及预付款	8	−20	−2
(1)境内同业拆入				其中:应收及预付利息	6	−20	−2
(2)境外同业拆入				四、买入返售证券			
十、委托基金存款(净)				五、存放中央银行	1	−3	−2
十一、外汇买卖				其中:缴存准备金		−2	−3
其中:结售汇				六、存放同业	17	−362	5
十二、境内联行存放	−359	41	−220	(1)存放境内同业	17	−362	5
十三、境外联行存放		−1,000	1,000	(2)存放境外同业			
十四、各项准备	10	10		七、拆放同业		−400	400
其中:贷款损失准备	10	10		(1)拆放境内同业		−400	400
十五、所有者权益	1,215	−9	26	(2)拆放境外同业			
其中:实收资本	1,204		88	八、存放境外联行		−53	−683
当年结益	2	2	26	九、库存现金			
十六、其他	−2	−6	3				
资金来源总计	**1,025**	**−837**	**718**	**资金运用总计**	**1,025**	**−837**	**718**

汇丰银行(中国)有限公司武汉分行人民币信贷收支表

表 6－2－1－97　　2008 年末　　单位:万元

来源项目名称	12 月余额	比年初增减数		运用项目名称	12 月余额	比年初增减数	
		2008 年	2007 年			2008 年	2007 年
一、各项存款	44,987	23,261	17,485	一、各项贷款	85,304	−1,390	42,658
1.企业存款	25,913	11,084	12,685	1.短期贷款	64,334	3,142	25,476
(1)活期存款	19,650	7,529	9,977	(1)工业贷款			
(2)定期存款	6,263	3,555	2,708	(2)商业贷款			
2.机关团体存款				其中:收购贷款			
3.储蓄存款	16,795	10,887	4,528	(3)建筑业贷款			
(1)活期储蓄	4,803	2,128	2,676	(4)农业贷款			
(2)定期储蓄	11,991	8,759	1,853	(5)乡镇企业贷款			
4.农业存款				(6)三资企业贷款			
5.其他存款	2,280	1,290	271	(7)私营企业及个体贷款			
二、代理财政性存款				(8)其他短期贷款	64,334	3,142	25,476
三、金融债券				其中:个人短期贷款			
其中:政策性金融债券				2.中期流动资金贷款			
四、应付及暂收款	400	−621	854	3.中长期贷款	20,970	−4,532	17,182
其中:应付及预提利息	285	211	69	(1)基本建设贷款			
五、卖出回购资产				(2)技术改造贷款			
六、向中央银行借款				(3)其他中长期贷款	20,970	−4,532	17,182
七、同业往来	9,917	3,660	6,257	其中:个人中长期贷款	462	260	−42
1.同业存放	9,917	3,660	6,257	4.票据融资			
2.同业拆借				其中:贴现			
八、委托存款及委托投资基金(净)				5.各项垫款			
1.委托存款及委托投资基金				二、有价证券及投资			
2.减:委托贷款及委托投资				三、应收及预付款	461	−205	364
九、代理金融机构委托贷款基金				其中:应收利息	461	−205	364
其中:中央银行委托贷款基金				四、买入返售资产			
十、各项准备	286	116	13	五、存放中央银行准备金存款	1,922	−3,041	−320
其中:贷款损失准备	286	116	13	六、存放中央银行特种存款			
十一、所有者权益	6,569	907	−14,844	七、缴存中央银行财政性存款			
其中:实收资本	5,000	0	−15,000	八、同业往来	90	−390	−5,598
当年结益	939	939	156	1.存放同业	90	−390	−5,598
十二、其他	25,618	−32,350	27,339	2.拆放同业			
				九、代理金融机构贷款			
				其中:代理人行专项贷款			
				十、库存现金			
				十一、外汇占款			
资金来源总计	87,777	−5,027	37,105	资金运用总计	87,777	−5,027	37,105

汇丰银行(中国)有限公司武汉分行外汇信贷收支表

表 6-2-1-98　　2008 年末　　单位:万美元

来源项目名称	12 月余额	比年初增减数 2008 年	2007 年	运用项目名称	12 月余额	比年初增减数 2008 年	2007 年
一、各项存款	2,197	−14	1,330	一、各项贷款	7,638	−2,964	6,372
1. 单位活期存款	940	−695	1,162	1. 短期贷款	6,470	−476	3,725
其中:中资企业存款	554	−306	794	(1)境内短期贷款	6,470	−433	3,725
外商投资企业存款	385	−388	369	其中:中资企业贷款	4,500		4,500
2. 单位定期存款	107	2	−27	其中:外商投资企业贷款	1,970	−433	−775
其中:中资企业存款				(2)境外短期贷款		−43	
外商投资企业存款	107	2	−27	2. 中长期贷款	625	−1,872	2,350
3. 储蓄存款	720	555	64	(1)境内中长期贷款	536	−1,960	2,350
其中:定期存款	539	448	8	其中:中资企业贷款		−2,000	2,000
4. 其他类存款			−1	外商投资企业贷款	536	40	350
5. 境外存款	431	123	131	(2)境外中长期贷款	89	89	
二、境内中长期借款				3. 进出口贸易融资	543	−616	297
三、卖出回购证券				4. 票据融资			
四、境外筹资				其中:贴现			
五、向中央银行借款				5. 各项垫款			
六、中央银行存款				6. 境外筹资转贷款			
七、应付及暂收款	313	137	42	二、投资			
其中:应付及预提利息	5	4	−17	1. 购买有价证券			
八、同业存放	82	82		其中:购买境外有价证券			
(1)境内同业存放	82	82		2. 其他投资			
(2)境外同业存放				其中:投资境外			
九、同业拆入	847		847	三、应收及预付款	111	3	47
(1)境内同业拆入				其中:应收及预付利息	89	−9	42
(2)境外同业拆入	847		847	四、买入返售证券			
十、委托基金存款(净)				五、存放中央银行	15	−27	−3
十一、外汇买卖				其中:缴存准备金			−30
其中:结售汇				六、存放同业	26	−30	−712
十二、境内联行存放	4,528	−2,225	6,769	(1)存放境内同业	26	−30	−712
十三、境外联行存放			−2,303	(2)存放境外同业			
十四、各项准备	8	−110	−68	七、拆放同业			−63
其中:贷款损失准备	8	−110	−68	(1)拆放境内同业			
十五、所有者权益	244	257	−1,680	(2)拆放境外同业			−63
其中:实收资本	732	47	−1,881	八、存放境外联行			
当年结益	262	262	264	九、库存现金	180	98	61
十六、其他	−251	−1,048	766				
资金来源总计	7,969	−2,921	5,702	资金运用总计	7,969	−2,921	5,702

东亚银行(中国)有限公司武汉分行人民币信贷收支表

表 6－2－1－99

2008 年末

单位:万元

来源项目名称	12 月余额	比年初增减数 2008 年	比年初增减数 2007 年	运用项目名称	12 月余额	比年初增减数 2008 年	比年初增减数 2007 年
一、各项存款	51,779	51,493	286	一、各项贷款	54,975	54,975	
1. 企业存款	40,791	40,576	215	1. 短期贷款	3,480	3,480	
(1)活期存款	33,210	32,996	215	(1)工业贷款			
(2)定期存款	7,581	7,581		(2)商业贷款			
2. 机关团体存款				其中:收购贷款			
3. 储蓄存款	10,702	10,633	69	(3)建筑业贷款			
(1)活期储蓄	2,238	2,225	13	(4)农业贷款			
(2)定期储蓄	8,464	8,409	55	(5)乡镇企业贷款			
4. 农业存款				(6)三资企业贷款			
5. 其他存款	286	284	3	(7)私营企业及个体贷款			
二、代理财政性存款				(8)其他短期贷款	3,480	3,480	
三、金融债券				其中:个人短期贷款			
其中:政策性金融债券				2. 中期流动资金贷款			
四、应付及暂收款	947	930	17	3. 中长期贷款	51,495	51,495	
其中:应付及预提利息	319	319		(1)基本建设贷款			
五、卖出回购资产				(2)技术改造贷款			
六、向中央银行借款				(3)其他中长期贷款	51,495	51,495	
七、同业往来	41,000	41,000		其中:个人中长期贷款	295	295	
1. 同业存放	41,000	41,000		4. 票据融资			
2. 同业拆借				其中:贴现			
八、委托存款及委托投资基金(净)				5. 各项垫款			
1. 委托存款及委托投资基金				二、有价证券及投资			
2. 减:委托贷款及委托投资				三、应收及预付款	157	－539	695
九、代理金融机构委托贷款基金				其中:应收利息	406	403	4
其中:中央银行委托贷款基金				四、买入返售资产			
十、各项准备	68	68		五、存放中央银行准备金存款	2,023	1,912	110
其中:贷款损失准备	68	68		六、存放中央银行特种存款			
十一、所有者权益	9,448	－222	9,670	七、缴存中央银行财政性存款			
其中:实收资本	10,000		10,000	八、同业往来	261	－749	1,010
当年结益	－183	－183	－330	1. 存放同业	261	－749	1,010
十二、其他	－45,557	－37,445	－8,113	2. 拆放同业			
				九、代理金融机构贷款			
				其中:代理人行专项贷款			
				十、库存现金	269	224	45
				十一、外汇占款			
资金来源总计	57,685	55,824	1,861	资金运用总计	57,685	55,824	1,861

东亚银行(中国)有限公司武汉分行外汇信贷收支表

表 6-2-1-100　　2008 年末　　单位:万美元

来源项目名称	12 月余额	比年初增减数 2008 年	比年初增减数 2007 年	运用项目名称	12 月余额	比年初增减数 2008 年	比年初增减数 2007 年
一、各项存款	371	−900	1,272	一、各项贷款	288	235	53
1. 单位活期存款	313	−623	936	1. 短期贷款			
其中:中资企业存款				(1)境内短期贷款			
外商投资企业存款	313	−623	936	其中:中资企业贷款			
2. 单位定期存款				其中:外商投资企业贷款			
其中:中资企业存款				(2)境外短期贷款			
外商投资企业存款				2. 中长期贷款	262	209	53
3. 储蓄存款	29	8	21	(1)境内中长期贷款	150	97	53
其中:定期存款	22	9	12	其中:中资企业贷款	100	100	
4. 其他类存款				外商投资企业贷款	50	50	
5. 境外存款	29	−285	314	(2)境外中长期贷款	112	112	
二、境内中长期借款				3. 进出口贸易融资	26	26	
三、卖出回购证券				4. 票据融资			
四、境外筹资				其中:贴现			
五、向中央银行借款				5. 各项垫款			
六、中央银行存款				6. 境外筹资转贷款			
七、应付及暂收款	18	−1	19	二、投资			
其中:应付及预提利息	10	10		1. 购买有价证券			
八、同业存放				其中:购买境外有价证券			
(1)境内同业存放				2. 其他投资			
(2)境外同业存放				其中:投资境外			
九、同业拆入	150	150		三、应收及预付款	78	123	−45
(1)境内同业拆入				其中:应收及预付利息	7	5	2
(2)境外同业拆入	150	150		四、买入返售证券			
十、委托基金存款(净)				五、存放中央银行	8	−18	26
十一、外汇买卖				其中:缴存准备金			
其中:结售汇				六、存放同业	115	−1,068	1,183
十二、境内联行存放	65	1,226	−1,161	(1)存放境内同业	27	−920	947
十三、境外联行存放				(2)存放境外同业	88	−148	236
十四、各项准备			1	七、拆放同业			
其中:贷款损失准备			1	(1)拆放境内同业			
十五、所有者权益	−109	−1,346	1,237	(2)拆放境外同业			
其中:实收资本		−1,369	1,369	八、存放境外联行			
当年结益	30	30	−77	九、库存现金	6	−3	8
十六、其他	−1	141	−142				
资金来源总计	495	−731	1,226	**资金运用总计**	495	−731	1,226

湖北省农村信用社联合社分地区存贷款情况表

表 6－2－1－101　　2008 年末　　单位：万元

项目	各项存款			各项贷款		
	余额	比年初	增幅(%)	余额	比年初	增幅(%)
合计	13,164,043	2,302,094	21.19%	7,451.377	1,141,724	18.09%
武汉市	3,523,441	602,755	20.64%	2,329.355	473,455	25.51%
黄石市	313,441	82,051	35.46%	150.670	21,417	16.57%
十堰市	1,111,126	196,877	21.53%	672.179	88,023	15.07%
荆州市	1,145,223	196,455	20.71%	614.889	104,856	20.56%
宜昌市	1,032,634	200,698	24.12%	498.929	85,281	20.62%
襄樊市	1,080,448	147,590	15.82%	571.518	69,326	13.80%
鄂州市	240,148	28,414	13.42%	169.440	－13,456	－7.36%
荆门市	583,694	90,990	18.47%	305.560	34,726	12.82%
孝感市	716,629	112,132	18.55%	471.258	75,721	19.14%
黄冈市	1,126,638	237,039	26.65%	581,900	98,625	20.41%
咸宁市	450,772	78,771	21.17%	273,301	14,753	5.71%
随州市	557,188	95,566	20.70%	236,748	8,094	3.54%
恩施州	503,192	103,938	26.03%	287,158	41,196	16.75%
仙桃市	314,023	53,722	20.64%	99,473	15,364	18.27%
天门市	230,740	35,995	18.48%	94,040	15,153	19.21%
潜江市	204,490	33,891	19.87%	81,113	8,198	11.24%
神农架林区	30,216	5,210	20.83%	13,846	992	7.72%

湖北省农村信用社联合社各季度末人民币存、贷款余额统计表

表 6－2－1－102　　2008 年末　　单位：万元

季度	存款			贷款		
	余额	比上季	增幅(%)	余额	比上季	增幅(%)
一季度	12,140,034	1,278,079	11.77	7,117,709	808,024	12.81
二季度	12,567,113	427,079	3.52	7,224,185	106,476	1.50
三季度	12,991,920	424,807	3.38	7,316,438	92,253	1.28
四季度	13,164,043	172,123	1.32	7,451,377	134,939	1.84

湖北省农村信用社联合社各项贷款累放累收统计表

表 6－2－1－103　　2008 年末　　单位：万元

项目	累放额	比同期	累收额	比同期
合计	6,950,934	516,649	5,823,334	481,386
1.农户贷款	1,777,150	－362,098	1,637,518	－57,530
2.农业经济组织贷款	252,513	107,533	264,606	153,116
3.农村工商业贷款	1,235,226	403,538	635,381	97,450
4.其他贷款	3,686,045	367,676	3,285,520	288,633

中国邮政储蓄银行有限责任公司湖北省分行人民币信贷收支表

表 6－2－1－104　　2008 年末　　单位:万元

项目	金额
一、资产类总计	10,075,476
(一)流动资产	10,075,121
1.现金	130,612
2.存放中央银行准备金存款	75,827
3.存放同业款项	24,774
4.短期贷款	153,893
农业贷款	29,170
其中:农户贷款	15,572
农户联保贷款	13,598
农业经济组织贷款	
农村工商业贷款	
农户小额信用贷款	
其他短期贷款	124,723
其中:个体户及个人经营性贷款	110,499
个人消费贷款	14,224
其中:住房贷款	31
个人住房装修贷款	305
汽车贷款	266
助学贷款	
大件耐用消费品贷款	10
旅游贷款	10
其他贷款	13,602
5.委托贷款及委托投资	19,108
6.应收及预付款项	5,685
应收款项	5,685
应收账款	321
其中:应收利息	321
其他应收款	5,364
7.其他流动资产	9,665,222
(二)长期资产	355
二、负债及所有者权益类总计	10,075,476
(一)短期负债	3,739,983
1.活期存款	3,473,174
工业存款	9,242
商业存款	19,885
建筑企业存款	5,729

续表 6－2－1－104

项目	金额
农业存款	2,348
私营企业及个体户存款	1,568
其他企业存款	164,944
活期储蓄	3,231,907
活期储蓄存款	3,231,907
储蓄账户存款	3,231,907
财政存款	24,598
中央财政存款	
地方财政存款	7,633
财政预算外存款	16,965
机关团体存款	12,953
2.委托基金存款及投资基金	19,108
3.向中央银行借款	
4.同业存放款	33,301
商业性银行同业存款	28,301
金融性公司存放	5,000
5.应付及暂收款	214,400
应付款项	214,400
应付利息	143,412
其他应付款	70,988
应解汇款及临时存款	
(二)定期负债	6,335,493
1.定期存款	6,334,813
企事业单位定期存款	27,874
单位定期存款	26,065
单位通知存款	1,809
个人定期储蓄存款	6,306,939
定期储蓄存款	6,297,507
个人通知存款	9,432
2.同业存放定期款项	680
三、贷款总计	154,248
农、林、牧、渔业贷款	29,170
对境外贷款	
个人贷款	125,078
其中：个人消费贷款	14,224
购房贷款	31
个人购房贷款	31

湖北省邮政金融业务发展情况统计表

表 6－2－1－105

2008 年末

项目／地区	邮政储蓄业务		绿卡业务		代理保险业务		邮政汇兑业务		公司业务		资产业务			
											小额质押贷款		小额贷款	
	余额(亿元)	市场占有率(%)	新增发卡(张)	累计卡户(户)	代理保费(亿元)	代理保费收入(万元)	国内汇兑开发笔数(万笔)	国内汇兑开发金额(亿元)	余额(万元)	对公结算量(亿元)	发放(万元)	结余(万元)	发放(万元)	结余(万元)
合计	954.77	14.16	3,146,728	11,995,227	45.30	16,839.30	568.30	120.41	303,122	137.04	87,157.5	20,637.4	147,900.6	133,115.0
武汉市	139.60	5.85	557,531	1,742,583	6.33	1,920.60	182.20	34.84	86,630	51.26	7,301.8	810.6	13,866.3	12,513.8
黄石市	33.52	12.83	95,798	341,375	1.67	651.39	22.01	4.39	9,145	6.30	5,493.3	1,923.2	5,614.0	4,788.7
襄樊市	104.77	18.23	284,354	1,239,782	3.74	1,493.07	32.44	5.89	23,825	9.99	6,775.5	1,519.5	18,451.4	16,146.7
荆州市	112.01	21.09	281,083	1,213,669	4.56	1,511.17	47.49	12.21	19,708	7.49	7,567.3	1,663.9	15,797.0	13,277.1
宜昌市	65.90	13.06	253,177	963,267	3.33	1,342.38	39.80	7.62	21,576	13.17	7,507.0	1,610.4	14,257.5	13,040.9
十堰市	60.16	17.80	250,818	893,673	3.69	1,200.43	29.46	7.47	12,437	5.46	6,346.3	1,396.3	9,095.2	8,525.6
孝感市	66.41	18.77	210,288	833,863	4.31	1,694.03	30.65	7.49	33,351	15.28	6,411.5	1,455.2	8,520.9	7,909.4
荆门市	50.43	16.42	129,009	519,107	2.24	827.99	26.11	4.86	11,364	4.99	4,904.5	777.2	8,253.0	7,566.1
鄂州市	20.88	21.37	43,232	188,391	1.01	455.14	8.57	2.00	6,188	1.63	3,929.7	1,308.0	2,923.5	2,669.8
黄冈市	84.86	18.28	238,769	1,008,093	3.71	1,601.11	31.35	7.36	15,340	6.24	12,733.0	3,498.8	15,568.7	14,423.4
咸宁市	37.00	19.91	209,443	801,798	1.78	631.18	21.68	5.98	15,728	3.27	3,879.6	1,198.4	9,766.6	8,756.9
随州市	44.94	21.12	121,337	497,088	3.58	1,506.67	16.36	3.96	17,493	0.90	3,631.3	709.0	6,107.0	5,515.7
恩施市	54.69	31.97	258,061	944,528	1.71	548.01	38.25	9.52	8,223	2.59	4,215.5	1,121.5	8,771.3	8,252.8
仙桃市	30.95	27.88	96,922	302,164	0.98	350.97	7.54	1.91	5,037	2.20	2,219.2	625.0	4,217.1	3,647.8
潜江市	18.59	16.82	44,526	212,744	0.90	400.18	10.02	1.93	10,275	3.45	3,198.0	874.8	2,871.5	2,683.7
天门市	29.25	26.59	70,173	286,211	1.75	704.98	11.11	2.67	6,258	2.59	973.9	121.7	3,504.8	3,111.1
神农架林区	0.79	15.48	2,207	6,891			3.18	0.31	544	0.23	70.2	23.9	314.8	285.6

注：1. 由于四舍五入的原因，总计数与分项相加数略有误差。

2. 邮政国内汇兑开发笔数本身细总不符，以总数为准。

中国邮政储蓄银行有限责任公司湖北省分行资产负债表

表 6－2－1－106　　2008 年末　　单位:元

资产	期末余额	负债和所有者权益(或股东权益)	期末余额
资产		负债	
现金及存放中央银行款项	2,196,571,897.08	向中央银行借款	
存放同业款项	248,173,473.09	同业及其他金融机构存放款项	339,815,800.83
贵金属		拆入资金	
拆出资金		交易性金融负债	
交易性金融资产		衍生金融负债	
衍生金融资产		卖出回购金融资产款	
买入返售金融资产		吸收存款	98,081,995,705.86
应收利息	3,217,106.05	应付职工薪酬	11,110,373.60
发放贷款和垫款	1,542,384,678.00	应交税费	3,798,895.12
可供出售金融资产		应付利息	1,430,301,932.94
持有至到期投资		预计负债	
长期股权投资		应付债券	
投资性房地产		递延所得税负债	
固定资产	94,562,452.01	其他负债	3,904,559,229.72
无形资产		负债合计	103,771,581,938.07
递延所得税资产		所有者权益	
其他资产	99,686,672,331.84	实收资本	
		资本公积	
		减:库存股	
		盈余公积	
		一般风险准备	
		未分配利润	
		外币报表折算差额	
		所有者权益合计	
资产总计	103,771,581,938.07	负债和所有者权益总计	103,771,581,938.07

中国邮政储蓄银行有限责任公司湖北省分行利润表

表 6－2－1－107　　2008 年末　　单位:元

项目	本年累计金额
一、营业收入	387,745,275.78
利息净收入	1,365,958,954.76
利息收入	3,669,464,319.27
利息支出	2,303,505,364.51
手续费及佣金净收入	－978,322,151.80
手续费及佣金收入	170,611,661.73
手续费及佣金支出	1,148,933,813.53
投资收益(损失以"－"号填列)	
其中:对联营企业和合营企业的投资收益	
公允价值变动收益(损失以"－"号填列)	
汇兑收益(损失以"－"号填列)	107,593.03
其他业务收入	879.79
二、营业支出	394,903,802.94
营业税金及附加	11,406,166.48
业务及管理费	383,353,102.65
资产减值损失	142,771.87
其他业务成本	1,761.94
三、营业利润(亏损以"－"号填列)	－7,158,527.16
加:营业外收入	400,061.00
减:营业外支出	240,130.30
四、利润总额(亏损总额以"－"号填列)	－6,998,596.46
减:所得税费用	
五、净利润(净亏损以"－"号填列)	－6,998,596.46

中国华融资产管理公司武汉办事处资产负债表

表 6－2－1－108　　2008 年末　　单位：元

资产	年初数	期末数	负债及所有者权益	年初数	期末数
流动资产			流动负债		
现金	19,482.22	25,111.44	短期借款		
银行存款	6,386,969.75	39,149,592.85	应付账款		
存放人民银行款项			应付工资	12,404.70	1,972,747.52
短期投资			应付福利费	271,497.76	
减:短期投资跌价损失准备			应付奖励基金	5,054,024.15	1,628,674.15
短期投资净额			应付利润		
应收账款			其他应付款	1,444,297.39	35,243,674.51
其他应收款	670,561.82	670,561.82	预提费用	307,697.31	908,500.00
待摊费用			未交税金	277,092.48	61,669.93
代发行证券			代发行证券款		
待转发行费用			系统内往来	92,787,864.57	381,305,211.18
一年内到期的长期债券投资			一年内到期的长期负债		
系统内往来			其他流动负债		
其他流动资产			流动负债合计	100,154,878.36	421,120,477.29
流动资产合计	7,077,013.79	39,845,266.11	长期负债		
待处置不良资产			租赁保证金		
购入贷款	9,187,915,994.21	9,159,958,770.98	长期借款		
购入贷款应收利息	1,298,499,281.84	1,295,977,482.83	应付债券		
小计	10,486,415,276.05	10,455,936,253.81	向人民银行再贷款		
减:待处置不良贷款损失准备	10,282,401,436.61	10,251,922,414.37	拨入收购资金	15,512,370,128.56	15,512,370,128.56
购入贷款净额	204,013,839.44	204,013,839.44	减:上划处置资金	2,638,463,754.84	2,724,294,740.50
待处置贷款	101,852,353.79	74,989,879.55	拨入收购资金净额	12,873,906,373.72	12,788,075,388.06
待处置贷款应收利息	1,221,742.86	401,137.18	应付拨入收购资金利息	2,694,726,305.54	2,988,283,596.48
减:贷款呆账准备	947,014.70	870,746.12	拨入营运资金	16,206,185.70	16,206,185.70
待处置贷款净额	102,127,081.95	74,520,270.61	其他长期负债		
待处置资产	790,971,960.24	722,968,744.56	长期负债合计	15,584,838,864.96	15,792,565,170.24
(1)材料物资			负债合计	15,684,993,743.32	16,213,685,647.53
(2)应收款项			所有者权益		
(3)机器设备	15,440.00	15,440.00	实收资本		
(4)运输工具	31,900.00	11,900.00	资本公积		
(5)房屋和建筑物	664,891.00	664,891.00	盈余公积		
(6)在建工程			未分配利润	－4,283,555,966.66	－4,627,500,342.91
(7)股权	781,641,856.36	715,025,856.36	减:待处置不良贷款损失	10,282,401,436.61	10,251,922,414.37
(8)土地使用权	7,985,861.20	7,250,657.20	外币会计报表折算差异		－180,409.76
(9)其他无形资产			所有者权益合计	－14,565,957,403.27	－14,879,603,167.04

续表 6-2-1-108

资产	年初数	期末数	负债及所有者权益	年初数	期末数
(10)其他	632,011.68				
减:待处置资产减值准备					
待处置资产净额	790,971,960.24	722,968,744.56			
待处置不良资产合计	1,097,112,881.63	1,001,502,854.61			
商业收购和专项贷款					
商业收购资产		279,271,898.99			
专项贷款					
专项贷款应收利息					
减:专项贷款损失准备					
专项贷款净值					
实物资产追加投资					
商业收购和专项贷款合计		279,271,898.99			
长期资产					
租赁资产					
长期股权投资					
长期债券投资					
减:长期投资减值准备					
长期投资净额					
固定资产原价	26,240,893.33	25,213,897.72			
减:累计折旧	11,494,448.70	11,826,436.94			
固定资产净值	14,746,444.63	13,387,460.78			
固定资产清理					
拨付收购资金					
减:上划处置资金					
拨付收购资金净值					
应收拨付收购资金利息					
拨付营运资金					
长期资产合计	14,746,444.63	13,387,460.78			
无形资产及其他资产					
无形资产					
长期待摊费用	100,000.00	75,000.00			
其他长期资产					
无形资产及其他资产合计	100,000.00	75,000.00			
资产总计	1,119,036,340.05	1,334,082,480.49	负债及所有者权益总计	1,119,036,340.05	1,334,082,480.49

中国长城资产管理公司武汉办事处资产负债表

表 6－2－1－109　　2008 年末　　单位:元

资产	期初数	期末数	负债及所有者权益	期初数	期末数
流动资产			流动负债		
现金	17,179.60	11,202.35	短期借款		
银行存款	3,115,057.43	13,103,315.97	系统内存放款项	21,183,050,126.73	21,170,053,982.27
存放中央银行款项			应付账款	46,907,268.05	83,397,602.62
存放系统内款项	93,639,013.26	141,427,193.76	应付工资	1,265,636.68	2,865,533.33
短期投资			应付福利费		
减:短期投资跌价准备			应付利润	1,951,706.65	13,066,591.51
短期投资净额			其他应付款		
应收账款	11,171,202.75	3,972,407.57	预提费用	182,550.58	158,600.65
其他应收款	559,182.24	563,682.24	应交税金		
待摊费用			待发行证券款		
待发行证券			一年内到期的长期负债		
待转发行费用			其他流动负债	21,233,357,288.69	21,269,542,310.38
一年内到期长期债券投资			流动负债合计		
外币兑换	40,664,524.31		长期负债		
其他流动资产			向人民银行再贷款		
流动资产合计	149,166,159.59	159,077,801.89	长期借款		
待处置不良资产			租赁保证金		
购入贷款	14,326,424,207.62	14,326,424,207.62	应付债券		
购入贷款应收利息	538,094,528.68	538,094,528.68	其他长期负债		
小计	14,864,518,736.30	14,864,518,736.30	长期负债合计		
待处置不良贷款损失准备	14,864,518,736.30	14,864,518,736.30	负债合计	21,233,357,288.69	21,269,542,310.38
购入贷款净额			所有者权益		
待处置贷款	505,581,137.93	456,890,691.23	实收资本		
待处置贷款应收利息	32,556,267.36	30,288,330.62	资本公积		
减:贷款呆账准备			盈余公积		
待处置贷款净额	538,137,405.29	487,179,021.85	本年利润		
待处置资产	90,561,641.82	119,327,926.21	未分配利润	－5,633,398,440.75	－5,683,626,351.83
(1)物资材料			减:待处置不良贷款损失	14,864,518,736.30	14,864,518,736.30
(2)应收账款			拨入营运资金	66,774,846.06	65,854,841.31
(3)机器设备			减:拨付营运资金		
(4)运输工具	300,000.00		所有者权益合计	－20,431,142,330.99	－20,482,290,246.82
(5)房屋和建筑物	919,225.82	26,816,322.59			
(6)在建工程					
(7)股权	80,152,416.00	83,321,603.62			
(8)土地所有权	9,190,000.00	9,190,000.00			

续表 6-2-1-109

资产	期初数	期末数	负债及所有者权益	期初数	期末数
(9)其他无形资产					
(10)其他待处置资产					
减:待处置物减值准备					
待处置物净额	90,561,641.82	119,327,926.21			
待处置不良资产合计	628,699,047.11	606,506,948.06			
长期资产					
租赁资产					
长期股权投资	5,489,504.75	4,220,000.00			
长期债券投资					
减:长期投资减值准备					
长期投资净额	5,489,504.75	4,220,000.00			
固定资产原值	36,950,656.13	36,745,447.13			
减:累计折旧	18,090,409.87	19,320,550.24			
固定资产净值	18,860,246.26	17,424,896.89			
固定资产清理		22,416.73			
在建工程					
长期资产合计	24,349,751.01	21,667,313.62			
无形资产及其他资产					
无形资产					
长期待摊费用					
其他长期资产					
无形资产及其他资产合计					
资产总计	802,214,957.70	787,252,063.56	负债及所有者权益总计	802,214,957.70	787,252,063.56

中国长城资产管理公司武汉办事处利润及利润分配表

表 6－2－1－110　　2008 年末　　单位:元

项目	上年数	本年数
一、收益合计	70,377,655.69	－7,864,896.67
1.利息收入	76,663.23	111,126.57
其中:存放系统内款项利息收入		
2.咨询服务收入	2,100,000.00	900,000.00
3.证券发行收入		
4.其他收入	2,937,031.60	2,138,880.00
其中:中间业务收入	1,457,606.00	2,000,480.00
5.债权重组收益	30,020,402.23	19,386,856.41
6.处置资产收益		973,651.42
7.租赁收益	1,098,203.60	1,306,027.20
8.投资收益(损失以"－"号表示)	74,002,413.26	7,983,086.04
9.汇兑收益(损失以"－"号表示)	－39,857,058.23	－40,664,524.31
二、支出和损失合计	10,435,553.07	22,353,992.78
1.利息支出		1,230,082.08
其中:系统内存放款项利息支出		1,230,082.08
2.证券发行成本		
3.其他支出		
其中:中间业务支出		
4.债权重组损失	10,435,553.07	20,848,378.78
5.处置资产损失		275,531.92
三、营业费用	21,792,090.20	20,307,434.83
四、营业利润	38,150,012.42	－50,526,324.28
加:营业外收入	40,599.12	506,440.12
减:营业外支出	10,556,840.57	208,026.92
五、扣除资产减值准备损失前的利润总额	27,633,770.97	－50,227,911.08
减:资产减值损失		
六、扣除资产减值准备损失后利润总额	27,633,770.97	－50,227,911.08
加:年初未分配利润	－5,661,032,211.72	－5,633,398,440.75
盈余公积转入		
七、可供分配的利润	－5,633,398,440.75	－5,683,626,351.83
减:提取法定盈余公积		
应付利润		
转增资本的利润		
八、未分配利润	－5,633,398,440.75	－5,683,626,351.83

中国东方资产管理公司武汉办事处资产负债表

表 6-2-1-111　　2008 年末　　单位:元

资产	期初数	期末数	负债和所有者权益	期初数	期末数
流动资产			流动负债		
现金	19,445.73	24,311.87	短期借款		
银行存款	90,153,807.78	71,042,632.75	应付短期债券		
存放人民银行款项			应付账款	36,141,534.57	57,676,386.46
短期投资			应付工资	1,477,654.25	1,201,170.93
减:短期投资跌价准备			应付福利费		
短期投资净额			应付利润		
应收账款			其他应付款	701,725.57	59,393,844.99
减:坏账准备			预提费用		
应收账款净额			应交税金	313,163.85	54,119.06
其他应收款	2,198,144.53	1,651,951.07	代发行证券款		
待摊费用			一年内到期的长期负债		
代发行证券			其他流动负债	12,318,146,539.18	11,455,947,053.82
待转发行费用			流动负债合计	12,356,780,617.42	11,574,272,575.26
一年内到期的长期债券投资			长期负债		
其他流动资产	75,576,719.75		租赁保证金		
流动资产合计	167,948,117.79	72,718,895.69	长期借款		
待处置不良资产			应付债券		
购入贷款	5,853,145,826.43	5,853,145,826.43	向人民银行再贷款		
购入贷款应收利息	438,688,503.61	438,688,503.61	其他长期负债		
小计	6,291,834,330.04	6,291,834,330.04	长期负债合计		
减:待处置不良贷款损失准备	6,291,834,330.04	6,291,834,330.04	负债合计	1,356,780,617.42	11,574,272,575.26
购入贷款净额			所有者权益		
待处置贷款	5,708,894,414.80	5,166,615,160.02	实收资本		
待处置贷款应收利息	64,089,613.39	27,650,306.60	资本公积		
减:贷款呆账准备	1,076,177,399.51	679,051,161.12	盈余公积		
待处置贷款净额	4,696,806,628.68	4,515,214,305.50	未分配利润	−936,972,493.89	−393,931,195.57
待处置资产	248,815,356.27	287,156,126.27	减:待处置不良贷款损失	6,291,834,330.04	6,291,834,330.04
(1)材料物资			所有者权益合计	−7,228,806,823.93	−6,685,765,525.61
(2)应收款项		32,800,000.00			
(3)机器设备	250,000.00	250,000.00			
(4)运输工具					
(5)房屋和建筑物	868,518.63	868,518.63			
(6)在建工程					
(7)股权	247,470,959.64	253,237,607.64			
(8)土地使用权					

续表 6-2-1-111

资产	期初数	期末数	负债和所有者权益	期初数	期末数
(9)其他无形资产					
(10)其他	225,878.00				
减:待处置资产减值准备	124,351.86	124,351.86			
待处置资产净额	248,691,004.41	287,031,774.41			
长期资产					
租赁资产					
长期股权投资					
长期债券投资					
减:长期投资减值准备					
长期投资净额					
固定资产原价	19,601,834.00	18,800,344.00			
减:累计折旧	5,073,791.39	5,258,269.95			
固定资产净值	14,528,042.61	13,542,074.05			
固定资产清理					
在建工程					
长期资产合计	14,528,042.61	13,542,074.05			
无形资产及其他资产					
无形资产					
长期待摊费用					
其他长期资产					
无形资产及其他资产合计					
资产总计	5,127,973,793.49	4,888,507,049.65	负债和所有者权益总计	5,127,973,793.49	4,888,507,049.65

中国东方资产管理公司武汉办事处利润表

表 6－2－1－112　　2008 年末　　单位:元

项目	上年累计数	本年累计数
一、收益合计	366,161,616.40	53,092,527.85
1.利息收入	670,612.07	628,443.63
2.咨询服务收入		
3.证券发行收入		
4.其他收入	676,370.00	267,318.00
5.债权重组收益	431,120,091.72	115,189,846.18
6.处置资产收益	2,464,088.20	
7.租赁收益		
8.投资收益(损失以“－”号填列)		
9.汇兑收益(损失以“－”号填列)	－68,769,545.59	－62,993,079.96
二、费用和损失合计	1,304,003,322.21	447,111,187.12
1.利息支出	398,422,247.07	379,805,058.31
2.证券发行成本		
3.其他支出	23,635,318.28	16,082,234.44
4.营业费用	547,693,496.38	15,494,282.86
5.债权重组损失	334,252,260.48	35,729,611.51
6.处置资产损失		
三、营业利润	－937,841,705.81	－394,018,659.27
加:营业外收入	871,942.48	103,858.42
减:营业外支出	5,334.93	16,394.72
四、利润总额	－936,975,098.26	－393,931,195.57

中国信达资产管理公司武汉办事处资产负债表

表 6-2-1-113　　2008 年末　　单位:元

资产	年初数	年末数	负债及所有者权益	年初数	年末数
流动资产			流动负债		
现金	9,556.68	8,430.11	短期借款		
银行存款	63,140,301.37	1,599,320.95	应付账款	60,329,523.29	
存放人民银行款项			应付工资		
短期投资			应付福利费		
减:短期投资跌价准备			应付利润		
短期投资净额			其他应付款	1,903,126.16	2,272,543.58
应收账款	1,000,000.00		预提费用		
其他应收款	3,000.00		未交税金	517,352.59	159,023.70
待摊费用			代发行证券款		
代发行证券			集中上划资金		
待转发行费用			其他流动负债	-74,015,136.63	-75,641,750.36
上划资金	4,416,600,772.30	4,575,241,571.01	流动负债合计	-11,265,134.59	-73,210,183.08
一年内到期的长期债券投资			长期负债		
其他流动资产			应付购入贷款款项		
流动资产合计	4,480,753,630.35	4,576,849,322.07	租赁保证金		
待处置不良资产			长期借款		
购入贷款	12,827,575,091.13	12,808,261,556.95	向人民银行再贷款	386,915,566.84	446,853,564.29
购入贷款应收利息	1,289,474,659.30	1,286,611,181.08	应付债券	4,194,000,000.00	4,718,250,000.00
小计	14,117,049,750.43	14,094,872,738.03	拨入债券资金	23,053,282,364.04	23,026,415,224.97
减:待处置不良贷款损失准备	14,117,049,750.43	14,094,872,738.03	拨入央行再贷款资金	3,240,002,233.50	3,035,881,459.40
购入贷款净额			系统内借入款项		
待处置贷款	1,730,160,361.11	1,384,678,232.42	其他长期负债	206,919,656.58	220,361,285.72
待处置贷款应收利息	159,379,605.08	162,557,820.29	长期负债合计	31,081,119,820.96	31,447,761,534.38
减:贷款呆账准备	279,587,315.15	556,523,704.32	负债合计	31,069,854,686.37	31,374,551,351.30
待处置贷款净额	1,609,952,651.04	990,712,348.39	所有者权益		
待处置资产	1,381,624,033.82	1,271,373,646.21	实收资本		
(1)材料物资	36,154.69	36,154.69	资本公积		
(2)应收款项	104,218,489.76	310,000.00	盈余公积		
(3)机器设备			本年利润		
(4)运输工具	26,680.06	26,680.06	未分配利润	-9,410,650,936.00	-10,357,034,013.97
(5)房屋和建筑物	6,976,415.92	6,329,101.05	减:待处置不良贷款损失	14,117,049,750.43	14,094,872,738.03
(6)在建工程			外币会计报表折算差额	-56,594,695.99	-84,258,849.73
(7)股权	1,264,652,152.00	1,260,271,704.91	所有者权益合计	-23,584,295,382.42	-24,536,165,601.73
(8)土地使用权	5,714,141.39	4,400,005.50			

续表 6-2-1-113

资产	年初数	年末数	负债及所有者权益	年初数	年末数
(9)其他无形资产					
(10)其他					
减:待处置资产减值准备	2,553,366.11	2,553,366.11			
待处置资产净额	1,379,070,667.71	1,268,820,280.10			
待处置不良资产合计	2,989,023,318.75	2,259,532,628.49			
长期资产					
租赁资产					
长期股权投资					
长期债券投资					
减:长期投资减值准备					
长期投资净额					
固定资产原价	25,275,843.82	5,788,149.94			
减:累计折旧	9,849,392.67	3,846,931.12			
固定资产净值	15,426,451.15	1,941,218.82			
固定资产清理	21,809.36				
拨付债券资金					
拨付央行再贷款资金					
系统内借出款项					
长期资产合计	15,448,260.51	1,941,218.82			
无形及其他资产					
无形资产					
长期待摊费用	334,094.34	62,580.19			
其他长期资产					
无形资产、其他资产合计	334,094.34	62,580.19			
资产总计	7,485,559,303.95	6,838,385,749.57	负债及所有者权益总计	7,485,559,303.95	6,838,385,749.57

中国信达资产管理公司武汉办事处利润表

表 6－2－1－114　　2008 年末　　单位：元

项目	上年数	本年数
一、收益合计	312,001,702.65	211,579,992.70
1. 利息收入	479,683.59	238,161.10
2. 咨询服务收入	4,750,000.00	2,550,000.00
3. 证券发行收入		
4. 其他收入	264,596.94	713,493.63
5. 债权重组收益	8,180,056.37	2,273,035.48
6. 处置资产收益	297,760,115.75	205,671,969.16
7. 租赁收益	400,000.00	133,333.33
8. 投资收益(损失以"－"号填列)	167,250.00	
9. 汇兑净收益(损失以"－"号填列)		
二、费用和损失合计	1,772,282,811.28	1,142,613,433.13
1. 利息支出	609,003,228.24	595,403,881.74
2. 证券发行成本		
3. 其他支出	10,000.00	73,095.00
4. 营业费用	81,424,963.26	456,615,299.87
5. 债权重组损失	1,004,789,163.42	39,003,237.41
6. 处置资产损失	77,055,456.36	51,517,919.11
三、营业利润	－1,460,281,108.63	－931,033,440.43
加:营业外收入	12,000.00	28,173.00
减:营业外支出	39,703.31	2,195,249.71
四、利润总额	－1,460,308,811.94	－933,200,517.14

交银国际信托有限公司资产负债表

表 6－2－1－115　　2008 年末　　单位：元

资产	年末数	年初数	负债及所有者权益	年末数	年初数
资产			负债		
货币资金	674,338,888.22	1,166,262,933.99	应付职工薪酬	4,133,853.88	2,523,059.30
交易性金融资产	6,931,800.00	16,826,349.00	应交税费	11,916,853.81	6,335,021.14
可供出售金融资产	923,071.20	68,120,620.17	递延所得税负债		7,057,490.24
应收款项类投资	422,300,000.00		其他负债	33,254,566.13	34,020,899.48
发放贷款和垫款	100,000,000.00		负债合计	49,305,273.82	49,936,470.16
固定资产	34,119,369.99	4,935,048.16	所有者权益		
在建工程		16,000,000.00	实收资本	1,200,000,000.00	12,000,000.00
无形资产	4,885,881.35	1,815,000.00	资本公积		21,172,470.74
递延所得税资产	2,830,334.31	1,094.86	盈余公积	1,110,622.11	433,040.43
其他资产	14,082,149.86	1,478,299.00	信托赔偿准备	555,311.05	216,520.21
			一般风险准备	1,000,000.00	
			未分配利润	8,440,287.95	3,680,843.64
			所有者权益合计	1,211,106,221.11	37,502,875.02
资产总计	1,260,411,494.93	1,275,439,345.18	负债及所有者权益总计	1,260,411,494.93	87,439,345.18

交银国际信托有限公司利润表

表 6－2－1－116　　2008 年末　　单位：元

项目	本年累计数	上年累计数
一、营业收入	64,144,515.63	23,470,507.64
利息净收入	16,692,777.66	8,019,816.71
利息收入	16,692,777.66	8,019,816.71
利息支出		
手续费及佣金净收入	29,437,238.66	28,444.45
投资收益(损失以“－”号填列)	－83,253,258.37	14,450,057.47
公允价值变动收益(损失以“－”号填列)	－9,749,129.00	－4,379.44
汇兑收益(损失以“－”号填列)		－25.22
其他业务收入	111,017,486.68	976,593.67
二、营业支出	54,698,269.51	16,063,128.69
营业税金及附加	9,279,546.79	1,042,653.45
业务及管理费	43,851,493.92	15,984,785.45
资产减值损失	1,567,228.80	－1,000,000.00
其他业务成本		35,689.79
三、营业利润(亏损以“－”号填列)	9,446,246.12	7,407,378.95
加:营业外收入	570,927.65	2,699,737.57
减:营业外支出	212,086.22	
四、利润总额(亏损总额以“－”号填列)	9,805,087.55	10,107,116.52
减:所得税费用	3,029,270.72	4,093,801.54
五、净利润(净亏损以“－”号填列)	6,775,816.83	6,013,314.98

武汉钢铁集团财务有限责任公司资产负债表

表 6－2－1－117　　2008 年末　　单位：元

资产	期末余额	年初余额	负债和所有者权益	期末余额	年初余额
流动资产			流动负债		
货币资金	7,491,513,869.50	1,790,949,775.36	短期借款		
＊结算备付金			＊向中央银行借款		
＊拆出资金			＊同业及其他金融机构存放款项		
交易性金融资产	11,184,544.20	5,892,339.32	＊吸收存款	17,512,579,706.98	7,631,958,741.02
＊衍生金融资产			＊拆入资金	164,030,400.00	
应收票据			交易性金融负债		
应收账款			衍生金融负债		
预付款项			应付票据		
应收利息	325,844.73		应付账款		
应收股利			预收款项		
其他应收款	1,135,638.79	910,389.80	＊卖出回购金融资产款	2,570,103,293.00	2,956,791,450.00
＊买入返售金融资产			＊应付手续费及佣金		
存货			应付职工薪酬	2,737,485.26	2,619,090.15
其中：原材料			应交税费	47,265,397.19	65,341,852.68
产成品（库存商品）			应付利息	44,488,827.96	46,797,062.81
一年内到期的非流动资产			应付股利	5,266,376.77	5,266,376.77
其他流动资产	4,478,743,187.92	2,866,287,068.04	其他应付款	13,231,992.57	11,267,337.33
流动资产合计	11,982,903,085.14	4,664,039,572.52	＊代理买卖证券款		
非流动资产			＊代理承销证券款		
＊发放贷款及垫款	14,048,623,378.25	10,040,372,537.04	一年内到期的非流动负债		
可供出售金融资产	198,023,825.09	190,417,651.02	其他流动负债	3,032,083,788.80	1,464,693,788.80
持有至到期投资			流动负债合计	23,391,787,268.53	12,184,735,699.56
长期应收款			非流动负债		
长期股权投资	48,312.00	48,312.00	长期借款		
投资性房地产			应付债券	1,300,000,000.00	1,300,000,000.00
固定资产	55,099,357.04	55,503,146.86	长期应付款		
减：累计折旧	30,870,687.19	29,183,026.53	专项应付款		
减：固定资产减值准备			预计负债		
固定资产净额	24,228,669.85	26,320,120.33	递延所得税负债		
在建工程			其他非流动负债		
工程物资			非流动负债合计	1,300,000,000.00	1,300,000,000.00
固定资产清理			负债合计	24,691,787,268.53	13,484,735,699.56
无形资产	630,736.79	916,034.14	所有者权益（或股东权益）		
开发支出			实收资本（或股本）	1,000,000,000.00	1,000,000,000.00
商誉			资本公积	170,150,000.00	170,150,000.00
长期待摊费用			减：库存股		
递延所得税资产	42,667,724.62	28,662,862.01	盈余公积	110,517,377.49	86,052,076.02
其他非流动资产			＊一般风险准备	145,614,162.38	104,483,372.60
非流动资产合计	14,314,222,646.60	10,286,737,516.54	未分配利润	179,056,923.34	105,355,940.88
			外币报表折算差额		
			归属于母公司所有者权益合计	1,605,338,463.21	1,466,041,389.50
			少数股东权益		
			所有者权益（或股东权益）合计	1,605,338,463.21	1,466,041,389.50
资产总计	**26,297,125,731.74**	**14,950,777,089.06**	**负债和所有者权益总计**	**26,297,125,731.74**	**14,950,777,089.06**

注：表中带＊科目为财务公司填列项目。

武汉钢铁集团财务有限责任公司利润及利润分配表

表 6－2－1－118　　2008 年末　　单位:元

项目	本年累计数
一、营业总收入	754,904,287.31
其中:营业收入	1,796,736.00
＊利息收入	750,394,371.43
＊手续费及佣金收入	2,713,179.88
二、营业总成本	454,406,596.18
其中:营业成本	
＊利息支出	291,871,013.82
＊手续费及佣金支出	565,002.37
营业税金及附加	39,600,797.77
销售费用	
管理费用	25,373,068.26
财务费用	
资产减值损失	96,996,713.96
加:公允价值变动收益(损失以"－"号填列)	
投资收益(损失以"－"号填列)	35,022,828.49
其中:对联营企业和合营企业的投资收益	
＊汇兑收益(损失以"－"号填列)	－12,591,084.88
三、营业利润(亏损以"－"号填列)	322,929,434.74
加:营业外收入	53,400.57
减:营业外支出	400,000.00
其中:非流动资产处置损失	
四、利润总额(亏损总额以"－"号填列)	322,582,835.31
减:所得税费用	77,929,820.72
五、净利润(净亏损以"－"号填列)	244,653,014.59
其中:归属于母公司所有者的净利润	244,653,014.59
少数股东损益	
加:(一)年初未分配利润	105,355,940.88
(二)盈余公积补亏	
(三)其他调整因素	
六、可供分配的利润	350,008,955.47
减:(一)提取法定盈余公积	24,465,301.47
(二)提取职工奖励及福利基金	
(三)提取储备基金	
(四)提取企业发展基金	
(五)利润归还投资	
(六)其他	41,130,789.78
七、可供投资者分配的利润	284,412,864.22
减:(一)应付优先股股利	
(二)提取任意盈余公积	
(三)应付普通股股利(应付利润)	105,355,940.88
(四)转作资本(股本)的普通股股利	
(五)其他	
八、未分配利润	179,056,923.34

注:表中带＊科目为财务公司填列项目。

三江航天集团财务有限责任公司资产负债表

表 6－2－1－119　　2008 年末　　单位:元

资产	期末余额	年初余额	负债和所有者权益	期末余额	年初余额
资产			负债		
现金及存放中央银行款项	370,155,653.06	461,701,581.87	向中央银行借款		
存放同业款项	717,639,713.12	617,794,953.96	同业及其他金融机构存放款项		
贵金属			拆入资金		
拆出资金			交易性金融负债		
交易性金融资产	123,177,690.85	149,091,812.87	衍生金融负债		
衍生金融资产			卖出回购金融资产款		
买入返售金融资产			吸收存款	2,840,101,396.99	2,470,147,157.36
应收利息		725,508.00	应付职工薪酬	4,288,364.82	4,548,186.42
发放贷款和垫款	1,893,576,766.95	1,527,206,554.92	应交税费	42,304,742.40	41,418,113.93
其他应收款	1,153,595.66	32,042,475.28	应付利息	5,485,155.08	9,092,575.85
可供出售金融资产	37,229,058.64	7,229,058.64	应付股利		
持有至到期投资	193,014,767.73	199,581,000.00	其他应付款	5,283,654.10	24,089,929.72
长期股权投资			递延所得税负债		7,301,093.00
投资性房地产			其他负债	2,441,120,000.00	2,065,495,290.21
固定资产	403,060.70	442,867.19	负债合计	5,338,583,313.39	4,622,092,346.49
无形资产			所有者权益		
递延所得税资产	19,947,755.59	5,967,501.23	实收资本	300,000,000.00	300,000,000.00
其他资产	2,445,206,908.37	2,070,357,198.58	资本公积	172,460.00	172,460.00
			减:库存股		
			盈余公积	43,290,398.94	33,495,111.36
			一般风险准备	21,965,334.13	17,878,834.61
			未分配利润	108,794,463.84	106,238,889.24
			外币报表折算差额	－11,300,999.63	－7,737,129.16
			所有者权益合计	462,921,657.28	450,048,166.05
资产总计	5,801,504,970.67	5,072,140,512.54	负债和所有者权益总计	5,801,504,970.67	5,072,140,512.54

三江航天集团财务有限责任公司利润表

表 6-2-1-120　　2008 年末　　单位:元

项目	本期金额	上年同期金额
一、营业收入	137,466,626.51	219,165,220.26
利息净收入	151,787,632.19	74,692,597.45
利息收入	172,992,931.09	108,266,560.19
利息支出	21,205,298.90	33,573,962.74
手续费及佣金净收入	17,222,623.10	180,372.09
手续费及佣金收入	17,417,290.47	380,391.22
手续费及佣金支出	194,667.37	200,019.13
投资收益(损失以“一”号填列)	34,454,722.56	145,879,578.74
其中:对联营企业和合营企业的投资收益		
公允价值变动收益(损失以“一”号填列)	−65,998,351.34	−1,587,328.02
汇兑收益(损失以“一”号填列)		
其他业务收入		
二、营业支出	15,974,424.37	65,122,724.53
营业税金及附加	6,953,843.46	4,636,077.28
业务及管理费	6,974,871.70	57,255,818.41
资产减值损失	2,045,709.21	3,230,828.84
其他业务成本		
三、营业利润(亏损以“一”号填列)	121,492,202.14	154,042,495.73
加:营业外收入	21,000.00	
减:营业外支出	595,592.90	
四、利润总额(亏损总额以“一”号填列)	120,917,609.24	154,042,495.73
减:所得税费用	23,365,096.83	44,004,693.89
五、净利润(净亏损以“一”号填列)	97,552,512.41	110,037,801.84
六、每股收益		
(一)基本每股收益		
(二)稀释每股收益		

东风汽车财务有限公司人民币信贷收支表

表 6－2－1－121　　2008 年末　　单位:千元

来源项目名称 \ 栏目	12 月余额	运用项目名称 \ 栏目	12 月余额
一、各项存款	1,477,336	一、各项贷款	1,129,334
1.企业存款	602,724	1.短期贷款	71,617
(1)活期存款	516,424	(1)工业贷款	62,563
(2)定期存款	86,300	(2)商业贷款	
2.机关团体存款		(3)其他短期贷款	9,054
3.委托存款及投资基金	827,482	2.中长期贷款	219,595
(1)委托存款	827,482	3.委托贷款	827,482
(2)委托投资基金		4.信托贷款	
4.信托存款		其中:中长期信托贷款	
5.保证金存款	47,130	5.抵押贷款	
6.其他存款		6.票据融资	10,340
二、金融债券		其中:贴现	10,340
三、应付及暂收款	914	7.融资租赁	300
其中:应付及预提利息	914	8.各项垫款	
四、长期借款		二、委托投资	
五、证券业务占款		三、投资	7
六、卖出回购资产	495	1.短期投资	
七、向中央银行借款		2.长期投资	7
八、同业往来		四、应收及预付款	17,230
1.同业存放		其中:应收利息	
2.同业拆借		五、证券业务占款	
九、代理金融机构贷款基金		六、经营租赁	
其中:央行委托贷款基金		七、买入返售资产	
十、各项准备	3,469	八、存放中央银行准备金存款	111,054
其中:贷款损失准备	3,469	九、存放中央特种存款	
十一、所有者权益	77,601	十、同业往来	305,417
其中:实收资本	55,877	1.存放同业	305,417
本年利润	14,043	2.拆放同业	
十二、其他	3,227	十一、代理金融机构贷款	
		其中:代理人行专项贷款	
		十二、现金	
		十三、外币占款	
资金来源总计	1,563,042	资金运用总计	1,563,042

东风汽车财务有限公司资产负债表

表 6－2－1－122　　2008 年末　　单位:元

资产	年初余额	期末余额	负债和所有者权益(或股东权益)	年初余额	期末余额
资产			负债		
现金及存放中央银行款项	1,559,068,037.06	1,110,535,884.65	向中央银行借款		
存放同业款项	1,041,961,832.66	3,054,172,891.14	同业及其他金融机构存放款项		
贵金属			拆入资金		
拆出资金			交易性金融负债		
交易性金融资产	65,000.00	65,000.00	衍生金融负债		
衍生金融资产			卖出回购金融资产款	4,953,601.00	4,953,601.00
买入返售金融资产			吸收存款	4,123,320,422.36	6,027,244,106.97
应收利息			应付职工薪酬	3,421,210.40	2,907,147.97
发放贷款和垫款	2,474,707,193.52	2,980,831,055.70	应交税费	23,194,248.35	12,317,578.77
其中:公司贷款	615,271,683.89	625,633,518.42	应付利息	25,530.00	9,137,670.00
汽车贷款	1,669,780,801.00	2,286,487,231.00	代理业务负债	5,788,593,021.16	8,274,823,474.00
贴现	191,972,092.81	103,398,402.99	预计负债		
减:贷款损失准备	2,317,384.18	34,688,096.71	应付债券		
代理业务资产	5,788,593,021.16	8,274,823,474.00	递延所得税负债		
可供出售金融资产			其他负债	290,962,557.82	490,545,793.33
持有至到期投资			其中:存入保证金	283,730,588.98	471,296,232.14
长期股权投资	1,838,193.36		负债合计	10,234,470,591.09	14,821,929,372.04
投资性房地产			所有者权益(或股东权益)		
固定资产	2,269,778.44	2,209,590.72	实收资本(或股本)	558,770,352.40	558,770,352.40
无形资产			资本公积	61,584.28	
递延所得税资产			减:库存股		
其他资产	123,422.90	175,302,348.21	盈余公积	12,736,822.29	44,899,857.73
其中:应收手续费及佣金			一般风险准备	24,789,911.94	31,908,865.01
其他应收款	123,422.90	172,302,348.21	未分配利润	37,797,217.10	140,431,797.24
长期应收款		3,000,000.00	所有者权益(或股东权益)合计	634,155,888.01	776,010,872.38
资产总计	10,868,626,479.10	15,597,940,244.42	**负债和所有者权益(或股东权益)总计**	10,868,626,479.10	15,597,940,244.42

东风汽车财务有限公司利润表

表 6－2－1－123　　2008 年末　　单位:元

项目	本月数	本年累计数
一、营业收入	26,340,028.52	268,395,235.36
利息净收入	22,464,392.86	227,484,012.14
利息收入	27,263,673.62	276,162,504.47
公司贷款利息收入	3,010,335.31	39,334,527.33
汽车贷款利息收入	17,465,288.00	173,292,967.46
贴现利息收入	424,199.44	4,186,698.65
金融机构往来收入	6,363,850.87	59,348,311.03
利息支出	4,799,280.76	48,678,492.33
存款利息支出	4,769,197.43	48,641,967.89
金融机构往来支出	30,083.33	36,524.44
手续费及佣金净收入	3,647,164.48	40,483,574.54
手续费及佣金收入	3,647,164.48	40,483,574.54
手续费及佣金支出		
投资收益(损失以“－”号填列)	128,161.18	128,161.18
其中:对联营企业和合并企业的投资收益		
公允价值变动收益(损失以“－”号填列)		
汇兑收益(损失以“－”号填列)		
其他业务收入	100,310.00	299,487.50
二、营业支出	22,291,066.86	59,893,031.88
营业税金及附加	1,229,864.86	12,868,122.76
业务及管理费	4,439,032.34	14,383,580.59
资产减值损失	16,613,669.66	32,601,412.53
其他业务成本	8,500.00	39,916.00
三、营业利润(亏损以“－”号填列)	4,048,961.66	208,502,203.48
加:营业外收入		
减:营业外支出		200,000.00
四、利润总额(亏损总额以“－”号填列)	4,048,961.66	208,302,203.48
减:所得税费用	4,476,329.58	47,487,026.28
五、净利润(净亏损以“－”号填列)	－427,367.92	160,815,177.20
六、每股收益		
(一)基本每股收益		
(二)稀释每股收益		

三峡财务有限责任公司现金流量表

表 6－2－1－124　　2008 年末　　单位:元

项目	2008 年度	2007 年度
一、经营活动产生的现金流量		
客户存款和同业存放款项净增加额		1,881,050,289.77
客户贷款及垫款净减少额	787,293,719.99	
存放中央银行款项净减少额	932,138,608.84	
收取利息、手续费及佣金的现金	299,602,475.39	267,530,200.31
收到委托及代理业务资金净额		4,033,060,082.63
回购业务融入资金净增加额	1,494,000,000.00	
收到其他与经营活动有关的现金	16,014,109.04	716,712.00
经营活动现金流入小计	3,529,048,913.26	6,182,357,284.71
客户存款和同业存放款项净减少额	445,515,368.15	
客户贷款及垫款净增加额		661,347,740.09
存放中央银行款项净增加额		687,269,665.16
支付客户存款利息、手续费及佣金的现金	114,455,251.68	144,097,867.01
支付委托及代理业务资金净额	4,008,103,890.72	
回购业务融入资金净减少额		2,546,000,000.00
支付给职工以及为职工支付的现金	10,719,025.66	9,578,207.23
支付的各项税费	271,903,053.49	70,124,886.20
支付其他与经营活动有关的现金	62,746,408.06	29,924,668.18
经营活动现金流出小计	4,913,442,997.76	4,148,343,033.87
经营活动产生的现金流量净额	－1,384,394,084.50	2,034,014,250.84
二、投资活动产生的现金流量		
收回投资收到的现金	1,736,651,167.10	2,802,558,891.62
取得投资收益收到的现金	145,713,611.48	729,572,904.26
收到其他与投资活动有关的现金	500.00	1,550.00
投资活动现金流入小计	1,882,365,278.58	3,532,133,345.88
投资支付的现金	1,585,334,623.09	3,827,941,340.86
购建固定资产、无形资产和其他长期资产支付的现金	1,234,855.00	867,135.00
支付其他与投资活动有关的现金		
投资活动现金流出小计	1,586,569,478.09	3,828,808,475.86
投资活动产生的现金流量净额	295,795,800.49	－296,675,129.98
三、筹资活动产生的现金流量		
吸收投资所收到的现金	1,000,000,000.00	400,000,000.00
发行债券所收到的现金		
收到其他与筹资活动有关的现金		
筹资活动现金流入小计	1,000,000,000.00	400,000,000.00
偿还债务支付的现金		
分配利润、偿付利息所支付的现金	80,000,000.00	100,000,000.00
支付其他与筹资活动有关的现金		
筹资活动现金流出小计	80,000,000.00	100,000,000.00
筹资活动产生的现金流量净额	920,000,000.00	300,000,000.00
四、汇率变动对现金及现金等价物的影响		
五、现金及现金等价物净增加额	－168,598,284.01	2,037,339,120.86
加:期初现金及现金等价物余额	4,608,870,911.80	2,571,531,790.94
六、期末现金及现金等价物余额	4,440,272,627.79	4,608,870,911.80

三峡财务有限责任公司资产负债表

表 6－2－1－125　　2008 年末　　单位：元

资产	期末余额	年初余额	负债及所有者权益	期末余额	年初余额
资产			负债		
现金及银行存款	4,440,272,627.79	4,608,870,911.80	短期借款		
存放中央银行款项	619,424,198.18	1,551,562,807.02	同业及其他金融机构存放款项		
结算备付金	100,042.90	15,741,439.64	拆入资金		
拆出资金			交易性金融负债		
交易性金融资产	387,984,226.34	243,346,648.02	衍生金融负债		
衍生金融资产			卖出回购金融资产款	1,494,000,000.00	
买入返售金融资产			吸收存款	5,610,119,583.79	6,055,634,951.94
应收利息	106,155.00	3,214,800.00	应付职工薪酬	1,460,277.06	304,106.12
发放贷款和垫款	3,326,732,080.45	4,106,152,863.24	应交税费	63,006,458.29	258,946,388.76
代理业务资产			应付利息	7,717,595.00	225,775.00
可供出售金融资产	966,925,098.96	3,379,910,824.02	代理业务负债	33,096,523.79	4,041,200,414.51
持有至到期投资			预计负债		
长期股权投资	218,000,000.00		应付债券		
投资性房地产			递延所得税负债	26,777,625.05	479,087,263.38
固定资产	14,386,672.74	14,500,876.56	负债合计	7,237,370,450.47	10,836,220,574.90
无形资产	1,749,757.57	2,147,227.57	所有者权益		
长期待摊费用			实收资本	2,400,000,000.00	1,000,000,000.00
递延所得税资产	22,497,785.33		资本公积	89,148,162.55	1,368,031,504.96
其他资产	48,276,875.10	2,798,890.00	盈余公积	144,397,693.28	136,803,523.35
			一般风险准备	87,577,100.00	30,000,000.00
			未分配利润	87,962,114.06	557,191,684.66
			所有者权益合计	2,809,085,069.89	3,092,026,712.97
			其他负债	1,192,387.49	821,675.19
资产总计	10,046,455,520.36	13,928,247,287.87	**负债及所有者权益总计**	10,046,455,520.36	13,928,247,287.87

三峡财务有限责任公司利润表

表 6－2－1－126　　2008 年末　　单位:元

项目	2008 年	2007 年
一、营业收入	205,151,466.93	910,805,395.29
利息净收入	178,488,289.40	85,928,002.39
利息收入	270,387,736.37	200,042,052.29
利息支出	91,899,446.97	114,114,049.90
手续费及佣金净收入	－3,941,530.69	18,895,268.25
手续费及佣金收入	26,106,094.02	46,533,769.94
手续费及佣金支出	30,047,624.71	27,638,501.69
投资收益(损失以“－”号填列)	145,713,611.48	729,572,904.26
其中:对联营企业和合营企业的投资收益		
公允价值变动收益(损失以“－”号填列)	－115,108,903.26	76,409,220.39
汇兑收益(损失以“－”号填列)		
其他业务收入		
二、营业支出	122,411,449.80	80,252,182.66
营业税金及附加	20,800,908.71	47,882,532.67
业务及管理费	29,038,385.28	25,763,339.71
资产减值损失	72,572,155.81	6,606,310.28
其他业务成本		
三、营业利润(亏损以“－”号填列)	82,740,017.13	830,553,212.63
加:营业外收入	2,500.00	1,550.00
减:营业外支出	2,000,000.00	
四、利润总额(亏损总额以“－”号填列)	80,742,517.13	830,554,762.63
减:所得税费用	4,800,817.80	245,888,015.17
五、净利润(净亏损以“－”号填列)	75,941,699.33	584,666,747.46

葛洲坝集团财务有限责任公司资产负债表

表 6－2－1－127　　2008 年末　　单位:元

资产	年末余额	年初余额	负债及所有者权益	年末余额	年初余额
资产			负债		
现金及银行存款	365,723,837.33	324,761,100.10	短期借款		
其中:现金	514.69	6,918.76	同业及其他金融机构存放款项		
存放中央银行款项	122,845,663.58	332,858,588.81	拆入资金	50,000,000.00	
结算备付金			交易性金融负债		
拆出资金			衍生金融负债		
交易性金融资产			卖出回购金融资产款		344,000,000.00
衍生金融资产			吸收存款	1,198,648,855.52	1,050,221,485.68
买入返售金融资产			应付利息	8,807,663.90	12,176,877.14
应收票据			其他应付款	－15,060,985.36	－16,674,172.02
应收利息			应付职工薪酬	2,417,894.47	1,991,075.47
其他应收款	63,622,417.97	43,804,084.02	代理业务负债	2,674,000,000.00	2,923,987,000.00
发放贷款和垫款	1,199,914,667.60	1,259,166,687.60	应交税费	13,004,570.74	34,160,642.06
代理业务资产	2,674,000,000.00	2,923,987,000.00	应付股利		
可供出售金融资产			预计负债		
持有至到期投资	10,000,000.00	10,000,000.00	应付债券		
长期股权投资	19,503,000.00	19,503,000.00	递延所得税负债		
投资性房地产			其他负债		
固定资产	50,781,160.40	52,940,594.64	负债合计	3,931,817,999.27	4,349,862,908.33
在建工程			所有者权益		
固定资产清理			实收资本	500,000,000.00	500,000,000.00
无形资产	1,512,965.00	1,738,973.00	资本公积	578,298.28	578,298.28
长期待摊费用	178,545.21	262,571.13	盈余公积	16,919,089.09	12,626,559.24
递延所得税资产	10,169,710.50	10,169,710.50	一般风险准备	1,493,834.96	1,064,581.98
其他资产			未分配利润	67,442,745.99	115,059,961.97
			其中:本年利润	42,925,298.42	116,477,429.03
			所有者权益合计	586,433,968.32	629,329,401.47
资产总计	**4,518,251,967.59**	**4,979,192,309.80**	**负债及所有者权益总计**	**4,518,251,967.59**	**4,979,192,309.80**
表外应收利息	234,828.36	613,463.60	担保业务余额	204,651,600.00	482,450,000.00

葛洲坝集团财务有限责任公司利润表

表 6－2－1－128　　2008 年末　　单位:元

项目	本年合计数	上年合计数
一、营业收入	123,089,350.14	190,686,714.21
贷款利息收入	79,898,529.33	58,269,794.58
金融机构往来收入	12,740,318.46	6,964,541.10
手续费收入	1,955,456.72	4,231,304.71
投资收益(损失以"－"号填列)	29,104,906.99	121,867,846.12
其中:对联营企业和合营企业的投资收益		
公允价值变动收益(损失以"－"号填列)		
汇兑收益(损失以"－"号填列)	－2,280,261.93	－2,374,390.16
其他业务收入	1,670,400.57	1,727,617.86
二、营业支出	66,561,849.04	49,278,205.41
存款利息支出	20,234,880.24	12,184,677.54
金融机构往来支出	23,209,725.98	7,980,241.84
手续费支出	3,180,809.97	159,627.27
业务及管理费	17,223,002.80	18,644,483.78
资产减值损失	－4,905,996.00	－510,258.60
其他业务成本	1,288,793.31	232,773.88
营业税金及附加	6,330,632.74	10,586,659.70
三、营业利润(亏损以"－"号填列)	56,527,501.10	141,408,508.80
加:营业外收入	7,560.00	9,470.00
减:营业外支出	68,680.00	9,234.90
四、利润总额(亏损总额以"－"号填列)	56,466,381.10	141,408,743.90
减:所得税费用	13,541,082.68	24,931,314.87
五、净利润(净亏损以"－"号填列)	42,925,298.42	116,477,429.03

（二）证券业

长江证券股份有限公司资产负债表

表 6－2－2－1　　2008 年末　　单位：元

资产	2008 年 12 月 31 日	2007 年 12 月 31 日	负债和股东权益	2008 年 12 月 31 日	2007 年 12 月 31 日
资产			负债		
货币资金	11,320,370,339.10	16,358,978,130.16	短期借款		
其中:客户资金存款	9,552,449,179.98	14,143,581,355.02	其中:质押借款		
结算备付金	1,547,537,575.84	1,987,306,573.24	拆入资金		
其中:客户备付金	1,227,139,676.06	1,685,037,722.36	交易性金融负债		206,730,390.72
拆出资金			衍生金融负债		
交易性金融资产	3,827,617,718.95	2,021,015,902.67	卖出回购金融资产款	1,751,920,000.00	879,099,898.50
衍生金融资产			代理买卖证券款	10,837,004,917.79	15,900,836,422.26
买入返售金融资产			代理承销证券款		
应收利息	7,469,460.04	15,799,532.47	应付职工薪酬	345,843,140.51	473,022,418.62
存出保证金	86,637,121.27	1,552,074,351.76	应交税费	92,201,541.96	1,073,444,599.62
可供出售金融资产	196,235,824.99	1,857,103,401.66	应付利息	62,959.13	4,560,993.26
持有至到期投资		29,200,000.00	预计负债	81,000,000.00	81,000,000.00
长期股权投资	381,543,908.74	329,074,876.44	长期借款		
投资性房地产			应付债券		
固定资产	287,863,174.38	269,467,393.73	递延所得税负债	4,375,098.29	296,778,727.98
无形资产	20,239,239.52	23,918,636.26	其他负债	159,982,806.86	190,889,658.74
其中:交易席位费	7,259,565.16	14,021,313.88	负债合计	13,272,390,464.54	19,106,363,109.70
递延所得税资产	81,518,602.86	31,007,394.63	股东权益		
其他资产	93,150,225.46	107,375,917.44	股本	1,674,800,000.00	1,674,800,000.00
			资本公积	272,280,255.62	1,023,620,194.23
			减:库存股		
			盈余公积	346,811,247.11	277,753,880.66
			一般风险准备	346,811,247.11	277,753,880.66
			交易风险准备	304,940,042.77	235,882,676.32
			未分配利润	1,632,149,934.00	1,986,148,368.89
			股东权益合计	4,577,792,726.61	5,475,959,000.76
资产总计	17,850,183,191.15	24,582,322,110.46	负债和股东权益总计	17,850,183,191.15	24,582,322,110.46

长江证券股份有限公司利润表

表 6－2－2－2　　2008 年末　　单位:元

项目	2008 年度	2007 年度
一、营业收入	1,976,042,402.78	4,876,396,161.93
手续费及佣金净收入	1,123,498,821.52	2,084,150,218.99
其中:代理买卖证券业务净收入	1,076,023,170.82	2,065,023,070.35
证券承销业务净收入	24,915,300.00	11,697,954.80
受托客户资产管理业务净收入	10,006,330.95	7,429,193.84
利息净收入	126,808,437.57	99,962,926.01
投资收益(损失以"－"号填列)	902,957,193.25	2,407,996,779.56
其中:对联营企业和合营企业的投资收益	51,873,030.74	41,001,387.50
公允价值变动收益(损失以"－"号填列)	－287,401,089.88	182,410,450.64
汇兑收益(损失以"－"号填列)	－3,199,359.82	－4,394,996.43
其他业务收入	113,378,400.14	106,270,783.16
二、营业支出	1,015,004,765.62	1,486,460,120.16
营业税金及附加	118,818,173.10	222,046,129.78
业务及管理费	783,555,356.68	1,246,769,944.82
资产减值损失	106,877,158.69	15,511,508.65
其他业务成本	5,754,077.15	2,132,536.91
三、营业利润(亏损以"－"号填列)	961,037,637.16	3,389,936,041.77
加:营业外收入	12,567,885.87	2,820,494.54
减:营业外支出	8,324,475.43	33,466,746.34
四、利润总额(亏损总额以"－"号填列)	965,281,047.60	3,359,289,789.97
减:所得税费用	274,707,383.14	1,000,463,026.82
五、净利润(净亏损以"－"号填列)	690,573,664.46	2,358,826,763.15
六、每股收益		
(一)基本每股收益(元/股)		
(二)稀释每股收益(元/股)		

天风证券经纪有限责任公司资产负债表

表 6－2－2－3　　2008 年末　　单位：元

资产	合并数		母公司数		负债和所有者(股东)权益	合并数		母公司数	
	期末数	期初数	期末数	期初数		期末数	期初数	期末数	期初数
流动资产					流动负债				
货币资金	653,379,789.60	526,918,466.40	588,940,645.62	526,918,466.40	短期借款				
其中:客户资金存款	525,105,510.07	382,818,959.31	494,581,585.58	382,818,959.31	其中:质押借款				
结算备付金	158,703,331.87	390,225,336.05	158,703,331.87	390,225,336.05	拆入资金				
其中:客户备付金	158,703,331.87	390,223,605.40	158,703,331.87	390,223,605.40	交易性金融负债				
拆出资金					衍生金融负债				
交易性金融资产					卖出回购金融资产款				
衍生金融资产					代理买卖证券款	739,110,752.75	774,162,887.18	654,682,626.07	774,162,887.18
买入返售金融资产					代理承销证券款				
应收利息					应付职工薪酬	584,930.53	988,303.08	361,008.23	988,303.08
存出保证金	63,273,411.41	2,879,120.00	2,757,870.00	2,879,120.00	应交税费	1,389,257.72	30,360,518.23	857,563.97	30,360,518.23
可供出售金融资产					应付利息	14,461.54	2,224,884.57	14,461.54	2,224,884.57
持有至到期投资					预计负债				
长期股权投资	1,400,000.00		43,350,000.00		长期借款				
投资性房地产					应付债券				
固定资产	31,917,310.32	14,996,281.50	18,915,055.15	14,996,281.50	递延所得税负债				
无形资产	5,597,204.36	3,917,746.98	4,965,687.69	3,917,746.98	其他负债	13,412,548.28	3,315,082.92	11,110,552.08	3,315,082.92
其中:交易席位费	1,950,000.00	1,950,000.00	1,950,000.00	1,950,000.00	负债合计	754,511,950.82	811,051,675.98	667,026,211.89	811,051,675.98
递延所得税资产	3,739,232.33	3,058,901.53	3,289,715.41	3,058,901.53	所有者(股东)权益				
其他资产	56,662,169.74	41,245,193.55	39,004,889.88	41,245,193.55	实收资本(股本)	181,000,000.00	181,000,000.00	181,000,000.00	181,000,000.00
					资本公积	19,559,275.41	19,559,275.41	19,559,275.41	19,559,275.41
					减:库存股				
					盈余公积				
					一般风险准备				
					交易风险准备				
					未分配利润	−7,544,742.58	−28,369,905.38	−7,658,291.68	−28,369,905.38
					外币报表折算差额				
					归属于母公司所有者(股东)权益合计	193,014,532.83	172,189,370.03	192,900,983.73	172,189,370.03
					少数股东权益	27,145,965.98			
					所有者(股东)权益合计	220,160,498.81	172,189,370.03	192,900,983.73	172,189,370.03
资产总计	974,672,449.63	983,241,046.01	859,927,195.62	983,241,046.01	负债和所有者(股东)权益总计	974,672,449.63	983,241,046.01	859,927,195.62	983,241,046.01

天风证券经纪有限责任公司利润表

表 6－2－2－4

2008 年末

单位:元

项目	合并数	母公司数	
	本期累计数	本期累计数	上期累计数
一、营业收入	115,925,625.79	108,823,301.40	187,276,968.81
手续费及佣金净收入	107,958,629.42	101,748,345.42	182,367,526.86
其中:代理买卖证券业务净收入			
证券承销业务净收入			
受托客户资产管理业务净收入			
利息净收入	8,480,451.68	7,588,411.29	5,717,613.35
投资收益(损失以"－"号填列)			
其中:对联营企业和合营企业的投资收益			
公允价值变动收益(损失以"－"号填列)			
汇兑收益(损失以"－"号填列)	－513,455.31	－513,455.31	－808,381.40
其他业务收入			210.00
二、营业支出	90,774,648.79	83,989,773.86	93,000,303.75
营业税金及附加	6,404,957.23	6,060,529.68	10,306,136.26
业务及管理费	81,937,860.53	75,497,413.15	76,739,255.92
资产减值损失	2,431,831.03	2,431,831.03	5,954,911.57
其他业务成本			
三、营业利润	25,150,977.00	24,833,527.54	94,276,665.06
加:营业外收入	4,328,287.47	4,239,770.71	20,770.47
减:营业外支出	1,664,162.68	1,658,635.99	149,611.05
四、利润总额	27,815,101.79	27,414,662.26	94,147,824.48
减:所得税费用	6,880,842.80	6,703,048.56	37,213,887.32
五、净利润	20,934,258.99	20,711,613.70	56,933,937.16
其中:归属于母公司所有者的净利润	20,825,162.80	20,711,613.70	56,933,937.16
少数股东损益	109,096.19		

（三）保险业

中国人民财产保险股份有限公司湖北省分公司业务统计表

表 6－2－3－1　　2008 年末　　单位：千元

公司	保险金额		保费收入	
	累计	增速（%）	累计	增速（%）
湖北省	1,383,004,115	11.77	2,974,787	22.51
武汉市	730,204,219	45.46	1,044,406	16.09
黄石市	59,723,425	－14.59	127,749	15.22
十堰市	59,124,884	－8.62	170,406	7.80
襄樊市	72,218,073	－7.69	209,279	37.77
荆州市	82,185,935	－7.99	242,137	38.35
宜昌市	99,876,826	0.82	303,686	11.94
鄂州市	33,245,716	72.94	67,211	26.30
荆门市	45,210,386	－33.12	184,924	40.48
孝感市	47,585,344	5.47	177,429	38.27
黄冈市	58,413,273	－4.25	129,627	12.36
咸宁市	52,308,563	－7.86	113,047	28.47
恩施州	37,974,441	－39.02	134,204	30.45
随州市	4,933,030	－77.68	70,682	68.25

中国太平洋财产保险股份有限公司湖北分公司业务统计表

表 6-2-3-2　　2008 年末　　单位:万元

保险机构	保费收入		
	本期累计数	同比增减	同比增减%
武汉市	28,340.64	11,000.94	63.44
黄石市	3,096.31	819.12	35.97
襄樊市	3,095.02	673.22	27.8
荆州市	4,479.26	1,775.72	65.68
宜昌市	4,530.79	2,170.04	91.92
十堰市	1,105.74	204.42	22.68
孝感市	1,672.35	716.31	74.92
荆门市	2,212.86	251.27	12.81
鄂州市	631.10	26.27	4.34
黄冈市	3,892.98	1,178.04	43.39
咸宁市	51.21		
随州市	885.99	315.93	55.42
恩施市	4,060.71	1,132.45	38.67
合计	58,054.96	20,263.73	53.83

中国平安财产保险股份有限公司湖北分公司业务统计表

表 6－2－3－3　　2008 年末　　单位：元、件

保险机构		湖北省
保费收入	合计	393,039,161.84
	企业财产保险	48,702,945.70
	机动车辆保险	273,397,227.82
	货物运输保险	12,950,372.60
	责任保险	14,307,646.21
	工程保险	12,205,225.73
	信用保证保险	4,368,837.39
	农业保险	
	短期健康保险	7,180,992.14
	意外伤害保险	18,463,018.36
	其他保险	1,462,895.89
保户储金及投资款		186,496.40
赔付支出	合计	315,138,130.70
	企业财产保险	53,714,655.01
	机动车辆保险	223,695,836.99
	货物运输保险	3,429,897.31
	责任保险	9,023,926.01
	工程保险	7,442,884.30
	信用保证保险	507,050.88
	农业保险	
	短期健康保险	8,017,129.61
	意外伤害保险	7,463,153.18
	其他保险	1,843,597.41
	赔案件数	79,544.00
未决赔款		68,006,461.82

中国平安财产保险股份有限公司湖北分公司资产负债表

表 6－2－3－4　　2008 年末　　单位:元

资产	年初数	期末数	负债和所有者权益(或股东权益)	年初数	期末数
资产	10,310,086.92	7,840,720.65	负债		
货币资金			短期借款		
其中:银行存放央行款项			向中央银行借款		
银行存放同业款项			同业及其他金融机构存放款项		
存放同业款项			存入保证金		
结算备付金			拆入资金		
其中:客户备付金			交易性金融负债		
贵金属			衍生金融负债		
拆出资金			卖出回购金融资产款		
交易性金融资产			吸收存款		
衍生金融资产			代理买卖证券款		
买入返售金融资产			代理承销证券款		
应收利息			预收保费	6,038,098.12	11,504,179.37
应收股利			预收赔付款		
应收账款			应付手续费及佣金		
应收保费	58,374,377.03	30,830,454.53	应付分保账款	8,518,276.26	7,338,732.02
应收管理费			应付职工薪酬	1,613,486.55	－1,119,777.25
应收代位追偿款	2,684,778.29	2,944,354.23	应交税费	3,891,407.05	3,778,293.55
应收分保账款	16,821,592.51	13,042,638.41	应付利息		
应收分保未到期责任准备金	39,626,654.44	35,240,059.35	应付赔付款	12,421,249.64	14,544,306.13
应收分保未决赔款准备金	－13,068,748.43	－14,620,563.73	应付保单红利		
应收分保寿险责任准备金			保户储金及投资款	190,496.40	186,496.40
应收分保长期健康险责任准备金			未到期责任准备金	242,761,568.50	225,485,344.42
其他应收款	9,199,981.70	8,282,807.74	未决赔款准备金	97,518,131.17	90,413,054.39
保户质押贷款			寿险责任准备金		
发放贷款及垫款			长期健康险责任准备金		
系统内非寿险往来	252,979,441.47	237,430,851.12	长期借款		
系统内寿险往来			应付债券		
存出保证金			预计负债		
定期存款			货币兑换	－56,831.17	－0.02
可供出售金融资产			独立账户负债		
持有至到期投资			递延所得税负债		
套期工具			其他负债	10,201,227.25	6,696,632.14
被套期项目			负债合计	383,097,109.77	358,827,261.13
长期股权投资			所有者权益(或股东权益)		
存出资本保证金			实收资本(或股本)		
投资性房地产			上级拨入资金	25,000,000.00	25,000,000.00
固定资产	15,090,700.69	15,081,810.46	资本公积		
无形资产			其中:可供出售资产的公允价值变动		
独立账户资产			减:库存股		
递延所得税资产			盈余公积		
其他资产	5,763,702.55	7,560,557.52	一般风险准备		
			本年利润		－39,809,106.85
			未分配利润	－10,314,542.60	－384,463.99
			外币报表折算差额		
			归属于母公司的股东权益合计		
			少数股东权益		
			所有者权益合计	14,685,457.40	－15,193,570.84
资产总计	397,782,567.17	343,633,690.29	负债和所有者权益(或股东权益)总计	397,782,567.17	343,633,690.29

中国平安财产保险股份有限公司湖北分公司利润表

表 6－2－3－5　　2008 年末　　单位:元

项目	本期数	本年累计数
一、营业收入	20,421,570.88	356,586,821.14
已赚保费	20,374,649.45	356,340,408.78
保险业务收入	19,991,984.46	393,039,161.82
其中:分保费收入		
减:分出保费	333,001.39	49,235,910.65
提取未到期责任准备金	－715,666.38	－12,537,157.61
利息收入		
利息支出		
手续费及佣金净收入		
手续费及佣金收入		
手续费及佣金支出		
投资收益/损失	9,168.02	66,509.52
其中:对联营企业和合营企业的投资收益		
公允价值变动净收益/损失		
汇兑收益/损失	－41,557.18	－41,318.61
其他业务收入	79,310.59	221,221.45
二、营业支出	26,019,840.75	395,438,683.75
退保金		
赔付支出	39,629,526.01	315,138,130.70
减:摊回保险责任准备金	4,324,677.65	47,252,661.24
提取保险责任准备金	－37,558,600.82	－7,105,076.79
减:摊回保险责任准备金	－11,611,703.89	－1,551,815.29
保单红利支出		
分保费用		
营业税金及附加	1,831,245.85	22,742,137.42
保险业务手续费及佣金支出	5,757,968.36	38,039,366.13
业务及管理费	10,135,529.26	89,379,220.99
减:摊回分保费用	832,406.74	17,275,495.01
其他业务成本	48,320.49	500,014.16
资产减值损失	－278,767.90	－278,767.90
三、营业利润	－5,598,269.87	－38,851,862.61
加:营业外收入	－5,847.15	19,496.13
减:营业外支出	262,674.08	585,260.97
四、利润总额	－5,866,791.10	－39,417,627.45
减:所得税费用	391,479.40	391,479.40
五、净利润	－6,258,270.50	－39,809,106.85
六、每股收益		
(一)基本每股收益		
(二)稀释每股收益		

天安保险股份有限公司湖北省分公司业务统计表

表 6－2－3－6　　2008 年末　　单位：万元、万件

保险机构	保费收入										储金	赔案件数	赔付支出										未决赔款
	合计	企业财产保险	机动车辆保险	货物运输保险	责任保险	信用保证保险	农业保险	短期健康保险	意外伤害保险	其他保险			合计	企业财产保险	机动车辆保险	货物运输保险	责任保险	信用保证保险	农业保险	短期健康保险	意外伤害保险	其他保险	
武汉市	5,641.60	1,266.07	3,893.28	66.27	42.11	−0.30		108.14	264.08	1.94		16,032	6,244.72	376.45	4,520.28	34.05	48.34			24.01	15.29	1,226.31	2,900.15
黄石市	498.60	35.40	373.59	45.24	6.47			6.66	26.41	4.83		1,483	566.88	61.07	486.40					3.30	16.08	0.02	338.62
襄樊市	1,297.94	99.53	1,143.67	13.15	2.04	25.20		5.35	8.44	0.54		3,648	1,337.44	32.38	1,279.07		0.73	5.00		9.87	9.49	0.90	693.32
荆州市	1,859.79	48.97	1,594.90	31.48	58.21			22.87	103.37			3,061	1,589.38	15.46	1,431.38	24.69	44.84			26.72	46.15	0.15	621.31
宜昌市	4,612.80	411.40	3,961.52	109.15	14.59			19.23	81.48	15.41		11,708	4,319.98	57.59	3,783.87	5.09	6.17			7.91	91.70	367.66	842.18
十堰市	952.56	35.72	841.58	0.13	28.37	−0.14		23.50	21.59	1.81		1,809	444.12	1.18	405.50		9.96			13.78	13.71		155.15
孝感市	432.56	11.63	398.99		2.28			0.65	19.02			954	306.29	2.87	286.42		1.54			8.34	6.83	0.30	277.43
荆门市	1,603.12	151.39	1,375.94	3.29	19.56			4.25	48.70			2,744	5,857.11	4,847.62	969.61					20.83	18.66	0.40	552.21
鄂州市	305.14	2.43	287.97	0.50	6.30			0.16	7.79			794	256.53	2.38	252.47		0.21				1.39	0.09	145.88
黄冈市	680.32	23.78	633.18		8.64			1.24	13.47			1,602	606.93	1.26	602.15		0.95			0.72	1.32	0.52	307.40
咸宁市	415.10	5.46	395.60	1.81	3.80			1.49	6.94			1,111	556.39	6.74	501.59		42.36			3.14	2.48	0.08	173.25
随州市	1,366.23	4.90	1,272.34	1.10	10.82			38.03	39.04			3,338	1,199.92	8.68	1,135.38		21.86			9.58	20.69	3.74	339.27
恩施州	1,710.36	73.34	1,276.64	0.38	193.37			32.48	132.13	2.04		4,096	1,265.21	33.15	1,083.81		41.69			32.70	68.38	5.47	554.05
合计	21,376.13	2,170.03	17,449.20	272.51	396.55	24.77		264.05	772.45	26.57		52,380	24,550.92	5,446.82	16,737.93	63.83	218.64	5.00		160.89	312.17	1,605.64	7,900.29

天安保险股份有限公司湖北省分公司资产负债表

表 6-2-3-7　　2008 年末　　单位:元

资产	年初余额	期末余额	负债及所有者权益	年初余额	期末余额
流动资产			流动负债		
货币资金	12,611,803.57	2,245,701.21	存入保证金		
其中:现金		116,346.74	交易性金融负债		
活期存款	12,604,324.92	2,115,855.15	其中:本金		
大面额协议存款			公允价值变动		
其他定期存款			卖出回购金融资产款		
银行存款汇率评估	7,478.65	13,499.32	应付票据		
其他货币资金			应付手续费	978,157.81	1,758,845.58
结算备付金			其中:保险业务	978,157.81	1,758,845.58
存出保证金			投资业务		
交易性金融资产			应付分保账款		
其中:投资成本			其中:分出业务		
公允价值变动			分入业务		
买入返售金融资产			预估账单		
应收票据			预收保费	1,996,749.01	2,586,629.64
应收保费	13,714,880.31	25,212,305.21	应付职工薪酬	3,084,800.59	2,391,359.90
预付赔款	6,717,898.78	6,337,418.19	应交税费	1,678,293.83	1,382,512.08
应收股利			应付利息		
应收利息			应付股利		
应收保户储金			应付赔付款	9,137,948.74	11,145,395.73
应收代位追偿款			其中:结案赔款	9,112,370.50	11,038,643.57
应收分保账款			预付赔款	16,000.00	98,000.00
其中:分出业务			垫付赔款	8,000.00	15,880.00
分入业务			应付退保款	381,483.64	217,783.82
预估账单			其他应付款	2,506,434.45	4,533,058.31
应收分保未到期责任准备金			预提费用		5,000.00
应收分保未决赔款准备金			预计负债		
其中:已发生已报告			递延收益		
已发生未报告			未到期责任准备金	121,035,239.41	112,581,767.15
预估间接理赔费用			未决赔款准备金	60,333,062.77	97,173,150.83
其他应收款	2,004,572.99	1,820,789.97	其中:已发生已报告	48,138,081.43	79,002,911.53
内部往来	159,667,242.67	205,065,841.72	已发生未报告	11,829,824.84	15,952,107.54
减:坏账准备	224,273.56	14,325,924.73	预估间接理赔费用	365,156.50	2,218,131.76
低值易耗品	614,652.50	627,292.50	保户储金		
物料用品			流动负债合计	201,132,170.25	233,775,503.04
损余物资			长期负债		
待摊费用	438,116.40	433,716.30	应付债券		
持有至到期投资			货币转换		
其中:投资成本			保险保障基金		

续表6－2－3－7

资产	年初余额	期末余额	负债及所有者权益	年初余额	期末余额
利息调整			长期应付款		
应计利息			递延所得税负债		
减:持有至到期投资减值准备			长期负债合计		
可供出售金融资产			负债合计	201,132,170.25	233,775,503.04
其中:投资成本			所有者权益(或股东权益)		
公允价值变动			实收资本(或股本)		
利息调整			资本公积		
应计利息			其中:股本溢价		
待处理流动资产损益			可供出售金融资产公允价值变动		
贷款			外币资本折算差额		
流动资产合计	195,544,893.66	227,417,140.37	长期股权投资变动		
长期投资			盈余公积		
长期股权投资			其中:法定盈余公积		
其中:投资成本			任意盈余公积		
损益调整			一般风险准备		
其他权益变动			未分配利润		
减:长期股权投资减值准备			其中:本年累计净利润		
长期投资合计			历年未分配利润		
固定资产			外币报表折算差额		
固定资产	8,613,201.86	9,179,327.81	所有者权益合计		
减:累计折旧	3,835,212.57	5,070,145.78			
固定资产净值	4,777,989.29	4,109,182.03			
减:固定资产减值准备					
固定资产净额	4,777,989.29	4,109,182.03			
在建工程					
减:在建工程减值准备					
在建工程净额					
固定资产清理					
待处理固定资产损益					
固定资产合计	4,777,989.29	4,109,182.03			
无形资产及其他资产					
无形资产					
减:无形资产累计摊销					
无形资产减值准备					
无形资产净额					
长期待摊费用	527,512.52	166,285.16			
存出资本保证金					
递延所得税资产	281,774.78	2,082,895.48			
无形资产及其他资产合计	809,287.30	2,249,180.64			
资产总计	201,132,170.25	233,775,503.04	负债及所有者权益总计	201,132,170.25	233,775,503.04

天安保险股份有限公司湖北省分公司利润表

表 6－2－3－8　　2008 年末　　单位:元

项目	累计数
一、营业收入	18,048,274.75
已赚保费	17,976,696.26
保险业务收入	14,724,923.52
其中:保费收入	14,724,923.52
分保费收入	
减:分出保费	
提取未到期责任准备金	－3,251,772.74
其中:原保险合同	－3,251,772.74
再保险合同	
投资净收益	
其中:交易性金融资产	
可供出售金融资产	
持有至到期投资	
公允价值变动净收益	
股权投资收益	
买入返售金融资产利息	
汇兑净收益	1,075.04
利息收入	15,908.09
其中:大面额协议存款利息	
其他定期存款利息	
活期存款利息	15,908.09
其他业务收入	54,595.36
二、营业支出	42,582,372.76
赔付总支出	28,530,423.33
其中:赔付支出	28,530,423.33
其中:本年起保赔款	9,598,800.71
历年起保赔款	18,931,622.62
分保赔付支出	
减:摊回赔付支出	
提取未决赔款准备金	－8,978,854.62
其中:已发生已报告	－7,775,845.57
已发生未报告	－1,007,217.56
预估间接理赔费用	－195,791.49
减:摊回未决赔款准备金	
手续费支出	1,503,045.91
分保费用	
营业税金及附加	876,750.92
业务及管理费	6,549,356.05
其中:保险保障基金	147,249.22
减:摊回分保费用	
利息支出	
其中:卖出回购金融资产利息	
债券利息	
再保保证金利息	
其他业务支出	
资产减值损失	14,101,651.17
三、营业利润(亏损以"－"号填列)	－24,534,098.01
加:营业外收入	
减:营业外支出	241,024.00
四、利润总额(亏损以"－"号填列)	－24,775,122.01
减:所得税费用	
五、净利润(亏损以"－"号填列)	－24,775,122.01

太平保险有限公司湖北分公司业务统计表

表 6－2－3－9　　2008 年末　　单位：万元

保险机构	保费收入											储金	赔案件数(件)	赔款支出										期初未决赔款	期末未决赔款
	合计	企业财产保险	机动车辆保险	货物运输保险	船舶险	其他财产保险	责任保险	信用保证保险	农业保险	短期健康保险	意外伤害保险			合计	企业财产保险	机动车辆保险	货物运输保险	其他财产保险	责任保险	信用保证保险	农业保险	短期健康保险	意外伤害保险		
武汉市	10,799.56	902.03	8,184.93	723.70	50.57	357.76	161.73				418.84		21,470	4,964.15	575.55	3,732.07	150.93	180.50	101.20			0.02	223.88	2,073.65	3,015.02
黄石市	2,807.05	152.46	1,893.73	197.87	45.35	8.52	25.70				483.41		3,142	1,207.21	63.35	846.21	82.54	15.11	36.37				163.63	352.98	426.22
襄樊市	881.85	61.16	774.19	29.60		－16.49	6.77				26.62		1,737	442.91	26.77	341.91	0.00	0.82	1.71				71.70	223.81	268.79
荆州市	1,474.16	209.05	1,154.40	17.09		32.83	5.87				54.92		1,593	519.72	48.55	364.72	2.97	63.16	0.46				39.86	163.84	209.97
宜昌市	2,676.07	278.82	1,917.04	93.51	58.87	22.30	64.70				240.83		5,286	1,600.74	391.86	755.70	11.85	127.00	30.33			42.00	242.00	273.71	869.95
十堰市	1,038.89	110.49	849.91	11.75			10.66				56.09		1,696	901.22	2.05	362.05		527.41	4.32				5.39	528.19	186.17
孝感市	879.04	20.14	797.34	1.39		6.58	2.87				50.72		1,066	236.60	6.76	217.61		0.44	0.00				11.79	61.19	138.72
荆门市	1,279.15	48.78	1,177.18	0.79		9.98	17.34				25.07		2,574	424.42	12.38	352.65		20.67	8.46				30.26	87.36	186.29
鄂州市																									
黄冈市																									
咸宁市																									
随州市																									
恩施州	1,116.08	107.46	624.34	3.40	4.48	66.01	114.30				196.08		1,745	1,528.97	29.73	237.80	2.93	1,054.89	69.15			21.98	112.49	165.68	375.29
合计	22,951.84	1,890.39	17,373.07	1,079.10	159.28	487.49	409.93				1,552.58		40,309	11,825.94	1,157.00	7,210.72	251.22	1,990.00	252.00			64.00	901.00	3,930.42	5,676.42

太平保险有限公司湖北分公司资产负债表

表 6－2－3－10　　2008 年末　　单位：元

资产	年初数	期末数	负债及所有者权益	年初数	期末数
资产			负债		
货币资金	5,203,803.78	2,282,541.96	短期借款		
拆出资金			存入保证金		
交易性金融资产			拆入资金		
衍生金融资产			交易性金融负债		
买入返售金融资产			衍生金融负债		
应收利息			卖出回购金融资产款		
应收保费	11,924,294.63	8,593,767.40	应付手续费及佣金	1,779,590.89	2,056,209.91
应收代位追偿款			预收保费	3,925,325.22	5,926,878.47
应收分保账款			应付职工薪酬	2,266,426.57	3,864,704.35
应收分保未到期责任准备金	14,781,602.17	17,795,379.14	应交税费	3,425,472.72	1,461,455.42
应收分保未决赔款准备金	6,820,818.08	21,331,538.09	应付赔付款	4,053,141.61	15,964,423.36
应收分保寿险责任准备金			其他应付款	1,045,987.99	2,387,433.04
应收分保长期健康险责任准备金			其中：保险保障基金		206,289.76
保户质押贷款			应付保单红利		
存出保证金			应付分保账款		
定期存款			未到期责任准备金	99,712,792.56	106,800,551.41
可供出售金融资产			未决赔款准备金	50,858,727.78	85,716,441.49
持有至到期投资			其中：已发生未报告未决赔款准备金	11,278,895.31	29,432,626.96
长期股权投资			寿险责任准备金		
存出资本保证金			长期健康险责任准备金		
投资性房地产			保户储金及投资款		
固定资产	13,271,206.93	12,218,303.88	其中：理财险保户投资金		
无形资产			长期借款		
独立账户资产			应付债券		
递延所得税资产			卫星发射保险基金		
其他资产	3,690,961.71	11,924,724.49	递延所得税负债		
其中：预付账款	761,776.56	9,223,645.60	独立账户负债		
坏账准备	－11,504.52	－18,559.99	系统往来（贷项）		
其他应收款	1,292,435.49	1,304,865.87	内部往来（贷项）	－91,695,744.93	－94,673,442.36
低值易耗品			其他负债	1,342,417.06	2,125,992.46
待摊费用	402,850.00	599,174.23	负债合计	76,714,137.47	131,630,647.55
损余物资			所有者权益（或股东权益）		
在建工程			实收资本（或股本）		
长期待摊费用	1,245,404.18	815,598.78	资本公积		
抵债资产			减：库存股		
待处理财产损益			盈余公积		
货币兑换			一般风险准备		
贷款			未分配利润	－21,021,450.17	－57,484,392.59
			其中：本年利润		－36,462,942.42
			外币报表折算差额		
			少数股东权益		
			所有者权益合计	－21,021,450.17	－57,484,392.59
资产总计	55,692,687.30	74,146,254.96	**负债及所有者权益总计**	55,692,687.30	74,146,254.96

太平保险有限公司湖北分公司利润表

表 6－2－3－11　　2008 年末　　单位:元

项目	本期数	本年累计数
一、营业收入	15,324,545.59	186,705,837.01
已赚保费	15,308,897.40	186,852,172.35
保险业务收入	16,159,135.42	229,738,126.52
其中:分保费收入		
减:分出保费	4,354,192.71	38,832,444.81
提取未到期责任准备金	－3,503,954.69	4,053,509.36
投资收益		
其中:对联营企业和合营企业的投资收益		
公允价值变动收益		
汇兑收益	4,851.37	－204,926.64
其他业务收入	10,796.82	58,591.30
二、营业支出	21,983,310.15	222,887,786.89
退保金		
赔付支出	27,610,119.89	150,270,740.10
减:摊回赔付支出	11,778,538.78	32,610,774.48
提取保险责任准备金	－6,572,000.19	35,181,490.51
减:摊回保险责任准备金	－5,988,523.55	14,485,029.35
保单红利支出		
分保费用		
营业税金及附加	905,231.15	12,988,818.07
手续费及佣金支出	2,359,033.87	28,019,166.65
业务及管理费	3,046,620.22	55,122,035.98
减:摊回分保费用	－405,760.45	11,605,716.06
其他业务成本		
资产减值损失	18,559.99	7,055.47
三、营业利润	－6,658,764.56	－36,181,949.88
加:营业外收入	2.64	7.46
减:营业外支出	1,000.00	281,000.00
四、利润总额	－6,659,761.92	－36,462,942.42
减:所得税费用		
五、净利润	－6,659,761.92	－36,462,942.42
以前年度损益调整		

中国大地财产保险股份有限公司湖北分公司保费收入及赔款支出统计表

表 6－2－3－12　　2008 年末　　单位:万元

保险机构	保费收入									赔款件数(件)	赔款支出								
	合计	机动车险	交强险	企财险	货动险	责任险	意外险	健康险	其他险		合计	机动车险	交强险	企财险	货动险	责任险	意外险	健康险	其他险
武汉市	7,697	3,270	1,167	975	847	187	690	22	539	14,946	5,626	2,388	1,006	900	719	29	158	3	422
黄石市	884	494	240	58	24	26	35		7	2,255	968	520	324	78	6	11	29		
襄樊市	927	452	387	35	7	11	21		14	2,734	994	455	513	9		3	6		6
荆州市	1,108	466	449	45	7	21	91		29	2,546	932	414	427	39	1	11	26		13
宜昌市	1,133	336	518	123	2	10	22		121	2,358	804	294	356	74		5	20		56
十堰市	1,486	732	546	20		71	92		25	3,669	1,114	588	445	1		14	19		47
孝感市	309	111	123	58		1	11		5	749	362	118	183	49		11	1		
荆门市	719	238	310	11	1	3	33	96	27	2,653	772	330	255	4	9		24	118	32
咸宁市	597	243	246	15		22	21	33	17	1,489	512	221	243	3		7	13	25	1
随州市	21	7	14							1									
恩施州	1,098	296	339	10	1	55	80		316	1,840	455	234	189				22		10
总计	15,978	6,644	4,340	1,350	888	408	1,096	151	1,100	35,240	12,538	5,562	3,941	1,157	736	93	317	146	587

中国大地财产保险股份有限公司湖北分公司资产负债表

表 6－2－3－13　　2008 年末　　单位:元

资产	年初数	期末数	负债及所有者权益	年初数	期末数
资产			负债		
货币资金	3,621,625.85	1,984,714.94	短期借款		
拆出资金			拆入资金		
交易性金融资产			交易性金融负债		
衍生金融资产			衍生金融负债		
买入返售金融资产			卖出回购金融资产款		
应收利息			预收保费	727,094.67	2,986,801.19
应收保费	7,965,220.07	12,634,303.70	应付手续费及佣金	1667622.09	
应收代位追偿款			应付分保账款		
应收分保账款			应付职工薪酬	457,043.49	1,426,228.68
应收分保未到期责任准备金	2,256,428.64	6,941,740.29	应交税费	1,028,886.97	751,385.79
应收分保未决赔款准备金	3,986,558.08	7,148,238.48	应付赔付款	1767935.49	8,617,089.03
应收分保寿险责任准备金			应付保单红利		
应收分保长期健康险责任准备金			保户储金及投资款		
保户质押贷款			未到期责任准备金	80,073,819.48	70,870,787.98
定期存款			未决赔款准备金	65,543,199.84	61,141,746.90
可供出售金融资产			寿险责任准备金		
持有至到期投资			长期健康险责任准备金		
长期股权投资			长期借款		
存出资本保证金			应付债券		
投资性房地产			独立账户负债		
固定资产	6,877,563.92	5,388,131.65	递延所得税负债		
无形资产			其他负债	－121,943,768.54	－108,005,337.93
独立账户资产			负债合计	29,321,833.49	37,788,701.64
递延所得税资产			所有者权益(或股东权益)		
其他资产			实收资本(或股本)		
	4614436.93	3691572.58	资本公积		
			减:库存股		
			盈余公积		
			一般风险准备		
			未分配利润		
			所有者权益(或股东权益)合计		
资产总计	29,321,833.49	37,788,701.64	负债及所有者权益总计	29,321,833.49	37,788,701.64

中国大地财产保险股份有限公司湖北分公司利润表

表 6－2－3－14　　2008 年末　　单位：元

项目	本期数	本年累计数
一、营业收入	11,153,521.34	158,096,312.53
已赚保费	11,145,923.12	158,031,656.04
保险业务收入	10,185,950.90	161,638,290.99
其中分保费收入		1,861,107.33
减：分出保费	－26,475.57	17,431,409.45
提取未到期责任准备金	－933,496.65	－13,824,774.50
投资收益（损失以"－"列示）		
其中：对联营企业和合营企业的投资收益		
公允价值变动收益（损失以"－"列示）		
汇兑收益（损失以"－"列示）	25218.17	25218.17
其他业务收入	－17,619.95	39,438.32
二、营业支出	13,252,855.95	164,737,247.21
退保金		
赔付支出	17,110,305.18	125,391,776.63
减：摊回赔付支出	1,233,287.46	8,457,977.45
提取保险责任准备金	－5,311,260.82	－4,395,450.07
减：摊回保险责任准备金	－815,328.40	3,161,680.40
保单红利支出		
分保费用		465,276.83
营业税金及附加	602,212.84	8,992,400.42
手续费及佣金支出	145,951.67	8,807,877.95
业务及管理费	1,042,093.29	42,318,511.53
减：摊回分保费用	－29,305.10	5,224,095.98
其他业务支出	52,207.75	607.75
资产减值损失		
三、营业利润（损失以"－"列示）	－2,099,334.61	－6,640,934.68
加：营业外收入		
减：营业外支出		233,205.01
四、利润总额（损失以"－"列示）	－2,099,334.61	－6,874,139.69
减：所得税费用		
五、净利润（损失以"－"列示）	－2,099,334.61	－6,874,139.69
六、每股收益		
（一）基本每股收益		
（二）稀释每股收益		

永安财产保险股份有限公司湖北分公司分地区保险业务统计表

表 6－2－3－15　　2008 年末　　单位:万元

保险机构	机车险	财产险	意外险	合计
武汉市	4,757.95	2,043.66	392.36	7,193.97
黄石市	571.55	85.43	31.10	688.07
襄樊市	2,105.62	571.41	155.35	2,832.38
荆州市	875.81	231.32	109.24	1,216.38
宜昌市	953.89	93.87	56.99	1,104.75
十堰市	782.42	66.63	57.93	906.99
荆门市	568.52	74.99	87.29	730.80
总计	10,615.77	3,167.32	890.25	14,673.34

永安财产保险股份有限公司湖北分公司资产负债表

表 6－2－3－16　　2008 年末　　单位:元

资产	上年数	本年数	负债和股东权益	上年数	本年数
资产			负债		
货币资金	13,303,119.03	10,977,378.99	短期借款		
拆出资金			拆入资金		
交易性金融资产			交易性金融负债		
衍生金融资产			衍生金融负债		
买入返售金融资产			卖出回购金融资产款		
应收保费	8,964,022.93	2,566,421.45	预收保费	686,666.55	3,305,522.36
应收分保账款	7,111,784.39	13,407,745.08	应付手续费及佣金		
应收分保未到期责任准备金	10,247,953.28	9,996,144.71	应付分保账款	4,434,963.88	11,646,808.74
应收分保未决赔款准备金	12,323,884.15	10,767,761.23	应付职工薪酬	2,752,371.55	4,767,338.69
保户质押贷款			应交税费	1,739,819.42	3,339,802.37
定期存款			应付赔付款	3,359,288.33	5,693,005.91
可供出售金融资产			应付保单红利		
持有至到期投资			保户储金及投资款		
长期股权投资			未到期责任准备金	81,306,370.03	89,132,664.29
存出资本保证金			未决赔款准备金	54,617,335.07	64,970,833.83
投资性房地产			长期借款		
固定资产	3,106,656.22	2,423,964.65	应付债券		
无形资产			独立账户负债		
独立账户资产			递延所得税负债		
递延所得税资产			其他负债	－62,102,675.72	－86,510,151.25
其他资产	2,685,028.34	2,916,492.49	负债合计	86,794,139.11	96,345,824.94
			所有者权益		
			股本		
			资本公积		
			盈余公积		
			一般风险准备		
			未分配利润	－29,051,690.77	－43,289,916.34
			股东权益合计	－29,051,690.77	－43,289,916.34
资产总计	57,742,448.34	53,055,908.60	负债和股东权益总计	57,742,448.34	53,055,908.60

永安财产保险股份有限公司湖北分公司利润表

表 6－2－3－17　　2008 年末　　单位:元

项目	上年数	本年数
一、营业收入	129,888,338.35	119,857,682.80
1.已赚保费	129,741,931.89	119,696,156.86
保险业务收入	143,552,375.03	146,733,381.83
其中:保费收入	143,552,375.03	146,733,381.83
分保费收入		
减:分出保费	15,410,699.08	18,959,122.14
提取未到期责任准备金	－1,600,255.94	8,078,102.83
2.投资净收益		
3.公允价值变动净收益		
4.汇兑净收益		
5.其他业务收入	146,406.46	161,525.94
其中:利息收入	146,406.46	121,599.04
二、营业支出	158,709,036.63	162,972,261.72
1.赔付总支出	96,606,456.79	113,564,119.43
其中:赔款支出	96,606,456.79	113,564,119.43
分保赔款支出		
2.摊回赔付支出(减项)	13,861,534.10	13,389,849.56
3.提取保险责任准备金	35,132,841.19	10,353,498.76
减:摊回保险责任准备金	12,323,884.15	－1,556,122.92
4.手续费及佣金支出	6,096,467.10	9,252,641.04
5.分保费用		
6.退保金		
7.保单红利支出		
8.营业税金及附加	8,086,920.55	8,771,417.84
9.业务及管理费	43,855,874.61	42,006,819.23
减:摊回分保费用	5,561,033.76	8,777,717.91
10.其他业务支出		
其中:利息支出		
11.资产减值损失	676,928.40	－364,790.03
三、营业利润	－28,820,698.28	－43,114,578.92
其中:承保利润	－28,290,176.34	－43,640,894.89
加:营业外收入		
减:营业外支出	181,649.04	163,858.77
四、利润总额	－29,002,347.32	－43,278,437.69
减:所得税费用	49,343.45	11,478.65
五、净利润	－29,051,690.77	－43,289,916.34

华安财产保险股份有限公司湖北分公司保险业务统计表

表 6－2－3－18 2008 年末 单位:元

险种名称	保费收入		手续费支出		赔款支出	
	本月数	本年累计数	本月数	本年累计数	本月数	本年累计数
财产一切险		686.80				17,875.80
财产基本险	1,540.00	35,832.55	810.00	9,159.40		2,000.00
财产综合险	1,919.99	372,100.59	3,979.99	55,589.88	25,413.00	29,777.99
华安机动车牌证损失保险	40.00	740.00				
国内货物水路、陆路运输保险		990,124.00	156.00	149,421.00		
海洋运输货物保险	49.34	15,961.10	12.11	2,767.54		
航空运输货物保险	2,298.16	38,802.99	2,983.99	7,006.31		
陆路运输货物保险	0.09	67.80	0.01	9.91		
摩托车险						22,051.52
二代车险					12,385.98	1,629,368.30
机动车强制保险		265,815.91		19,036.07	537,316.93	3,773,282.31
摩托车强制保险						4,024.59
拖拉机强制保险					58,951.43	257,332.16
机动车辆商业保险		－1,017.30			11,502.75	1,857,454.34
机动车辆商业保险[2008]		222,034.31	22,512.85	65,160.34	184,619.48	1,752,721.99
机动车强制保险[2008]	1,830,786.04	5,398,814.26	88,586.08	113,316.76	84,426.64	278,215.66
摩托车强制保险[2008]	360.00	2,160.00	19.20	24.00		
机动车辆商业保险[2008]	3,565,322.24	8,913,140.19	328,914.21	473,686.98	203,920.18	536,356.54
公众责任保险		8,340.00		756.00		53,120.00
雇主责任保险		20,327.99		1,973.69		40,083.35
医疗机构职业责任保险					35,500.00	35,500.00
中小学校责任保险						157.64
华安犬类宠物饲养人责任保险		50.00				
水路陆路承运人责任险		－2,052.00			581,000.00	893,089.00
国家助学贷款信用保险		48,486,128.31			317,622.98	336,764.34
华安学生幼儿平安人身意外伤害保险		8,547.60			5,973.46	28,108.30
建筑工程团体人身意外伤害险	1,076.85	49,837.88	409.60	7,472.85		13,394.69
个人意外伤害保险	12,600.00	80,553.57	9,380.00	16,100.00		6,663.37
乘客人身意外伤害综合险						20,100.00
机动车指定驾乘人员意外伤害保险	200.00	500.00			82,762.77	271,079.71
路路通意外伤害保险		－23,759.00		89.25		
居民生活用电意外险	30.00	160.00				
借款人人身意外伤害保险		8,193.75		45.00		16,100.00
团体意外伤害险		140,551.50	2,553.08	18,301.39	14,594.64	416,813.44
华安短期意外伤害险		4,020.00		603.00		
华安路路通意外伤害险	120.00	2,955.00				
华安我爱我家意外险		3,054.00				
华安闪亮人身意外伤害保险	5,470.00	50,290.00				
三年意外险(理财)	37,934.63	1,558,034.30			125,850.00	851,797.10
三年意外险(金龙)	73.49	59,978.03				60,200.00
个人贷款抵押房屋保险	－3,560.81	－70,797.80				
华安家庭财产保险	336.00	1,036.00	22.40	116.20		
三年家财险(金龙)	73.49	60,038.91				
华安幸福家园家庭财产保险		2,350.00				
机器损坏险		167,810.01		25,171.50		10,791.00
电脑保险						38,979.00
华安餐饮业综合险		8,000.00				
华安安全燃气保险	204.00	1,236.00				
华安健康一生团体住院医疗保险						2,589.20
华安团体重大疾病保险		15,980.00				
华安成长相伴学生幼儿住院医疗保险		44,634.80			8,462.30	132,420.37
合计	5,456,873.51	66,941,262.05	460,339.52	965,807.07	2,290,302.54	13,388,211.71

华安财产保险股份有限公司湖北分公司资产负债表

表 6－2－3－19　　2008 年末　　单位:元

资产	年初余额	期末余额	负债和所有者权益(或股东权益)	年初余额	期末余额
资产			负债		
货币资金	10,740,090.94	6,346,328.52	短期借款		
其中:现金			拆入资金		
拆出资金			交易性金融负债		
交易性金融资产			衍生金融负债		
衍生金融资产			卖出回购金融资产款		
买入返售金融资产			预收保费	110,571.05	487,486.72
应收利息			应付手续费及佣金		
应收保费	154,146.48	7,974.62	应付分保账款	159,706.26	709,406.53
应收代位追偿款			应付职工薪酬	198,620.12	1,399,178.65
应收分保账款	691,091.38	653,021.87	应交税费	－38,799.26	963,646.89
应收分保未到期责任准备金	1,115,150.72	15,392,544.26	应付赔付款		
应收分保未决赔款准备金	2,246,797.23	867,233.08	应付保单红利		
应收分保寿险责任准备金			保户储金及投资款	1,001,890,000.00	1,602,910,000.00
应收分保长期健康险责任准备金			未到期责任准备金	9,482,402.33	52,099,467.02
保户质押贷款			未决赔款准备金	15,349,925.42	8,306,577.69
定期存款			寿险责任准备金		
可供出售金融资产			长期健康险责任准备金		
持有至到期投资			长期借款		
长期股权投资			应付债券		
存出资本保证金			独立账户负债		
投资性房地产			递延所得税负债		
固定资产	2,255,083.00	58,622,714.64	其他负债	35,406,270.95	110,028,566.45
其中:固定资产原值	3,259,137.71	60,289,082.45	其中:其他应付款	4,171,274.75	199,324.19
累计折旧	1,004,054.71	1,666,367.81	预提费用		
无形资产			上级拨入营运资金	2,226,002.73	2,226,002.73
独立账户资产			外币兑换		
递延所得税资产	292,962.00		应付利息	29,011,689.72	107,605,998.04
其他资产	984,813,193.73	279,726.09	负债合计	1,062,558,696.87	1,776,904,329.95
其中:内部往来	942,527,915.69	1,667,020,093.60	所有者权益(或股东权益)		
其他应收款	31,637,890.78	1,649,581,665.56	实收资本(或股本)		
预付赔款	394,057.72	4,847,485.24	资本公积		
长期待摊费用	10,010,469.00	796,624.76	减:库存股		
在建工程		11,675,985.54	盈余公积		
拨付下属机构营运资金			一般风险准备		
			未分配利润	－60,250,181.39	－27,714,693.27
			所有者权益(或股东权益)合计	－60,250,181.39	－27,714,693.27
资产总计	1,002,308,515.48	1,749,189,636.68	负债和所有者权益(或股东权益)总计	1,002,308,515.48	1,749,189,636.68

华安财产保险股份有限公司湖北分公司利润表

表 6-2-3-20　　2008 年末　　单位:元

项目	本月数	本年累计数
一、营业收入	1,246,872.77	18,245,417.54
已赚保费	1,209,390.07	17,730,871.29
保险业务收入	5,456,873.51	66,941,262.05
其中:分保费收入		
减:分出保费	365,680.78	20,870,719.61
提取未到期责任准备金	3,881,802.66	28,339,671.15
投资收益(损失以"一"号填列)		
其中:对联营企业和合营企业的投资收益		
公允价值变动收益(损失以"一"号填列)		
汇兑收益(净损失以"一"号填列)	505.67	—163,002.53
其他业务收入	36,977.03	677,548.78
二、营业支出	7,822,507.36	45,799,166.52
退保金		
赔付支出	2,290,302.54	13,388,211.71
减:摊回赔付支出	258,330.68	1,399,703.50
提取保险责任准备金	214,200.29	—7,043,347.73
减:摊回保险责任准备金	13,659.54	—1,379,564.15
保单红利支出		
分保费用		
营业税金及附加	305,038.78	3,756,967.88
手续费及佣金支出	460,339.52	965,807.07
业务及管理费	4,678,579.51	33,051,627.60
减:摊回分保费用	124,628.93	7,114,079.64
其他业务成本	214,733.35	8,758,186.46
资产减值损失	55,932.52	55,932.52
三、营业利润(亏损以"一"号填列)	—6,575,634.59	—27,553,748.98
加:营业外收入	1,885.42	17,646.53
减:营业外支出		105,300.08
四、利润总额(亏损总额以"一"号填列)	—6,573,749.17	—27,641,402.53
减:所得税费用	73,290.74	73,290.74
五、净利润(净亏损以"一"填列)	—6,647,039.91	—27,714,693.27
六、每股收益		
(一)基本每股收益		
(二)稀释每股收益		

永诚财产保险股份有限公司湖北分公司业务统计表

表 6－2－3－21　　2008 年末　　单位：百万元、万件

保险机构	保费收入										储金	赔案件数	赔付支出										未决赔款
	合计	企业财产保险	机动车辆保险	货物运输保险	责任保险	信用保证保险	农业保险	短期健康保险	意外伤害保险	其他保险			合计	企业财产保险	机动车辆保险	货物运输保险	责任保险	信用保证保险	农业保险	短期健康保险	意外伤害保险	其他保险	
武汉市	76.68	14.31	39.21	0.90	0.95				3.43	17.88		0.75	25.37	3.82	18.39	0.07	0.06				0.80	2.23	13.45
黄石市	7.21	0.82	5.89	0.01	0.05				0.16	0.28		0.04	0.72		0.71							0.01	0.72
襄樊市	14.28	0.36	13.47	0.02	0.02				0.38	0.03		0.22	7.54	0.61	6.81						0.12		2.37
荆州市	7.61	0.01	6.83	0.03	0.08				0.33	0.33		0.04	0.76		0.74						0.02		1.01
宜昌市	13.48	0.58	9.80	0.11	0.97				1.54	0.48		0.24	5.39	0.17	4.10		0.37				0.72	0.03	2.33
十堰市	0.95		0.88		0.01				0.06				0.12		0.11							0.01	0.02
荆门市	3.55	0.12	3.23		0.07				0.08	0.05		0.02	0.53	0.01	0.51							0.01	0.26
合计	123.76	16.20	79.31	1.07	2.15				5.98	19.05		1.31	40.43	4.61	31.37	0.07	0.43				1.66	2.29	20.16

永诚财产保险股份有限公司湖北分公司资产负债表

表 6－2－3－22　　2008 年末　　单位：元

资产	年初数	期末数	负债和所有者权益(或股东权益)	年初数	期末数
资产			负债		
货币资金	283,398.10	1,220,815.07	短期借款		
拆出资金			拆入资金		
交易性金融资产			交易性金融负债		
衍生金融资产			衍生金融负债		
买入返售金融资产			卖出回购金融资产款		
应收利息			预收保费	801,956.61	2,238,296.82
应收保费	6,819,533.89	15,267,848.83	应付手续费及佣金		
应收代位追偿款			应付分保账款	3,718,541.32	14,879,730.88
应收分保账款	746,914.76	9,463,940.98	应付职工薪酬	430,627.80	551,636.41
减:坏账准备	175,237.22	735,842.44	应交税费	761,474.33	582,579.09
应收分保未到期责任准备金	4,395,671.53	17,942,569.12	应付赔付款	1,041,193.67	3,053,039.60
应收分保未决赔款准备金	1,904,935.54	8,492,530.40	应付保单红利		
应收分保寿险责任准备金			保户储金及投资款		
应收分保长期健康险责任准备金			未到期责任准备金	38,223,932.08	63,728,613.35
保户质押贷款			未决赔款准备金	14,127,506.87	34,488,691.87
定期存款			寿险责任准备金		
可供出售金融资产			长期健康险责任准备金		
持有至到期投资			长期借款		
长期股权投资			应付债券		
存出资本保证金			独立账户负债		
投资性房地产			递延所得税负债		
固定资产	2,219,659.22	3,298,612.14	其他负债	−23,765,032.50	−37,311,487.08
无形资产			负债合计	35,340,200.18	82,211,100.94
独立账户资产			所有者权益(或股东权益)		
递延所得税资产			实收资本(或股本)		
其他资产	1,328,132.95	2,209,074.04	资本公积		
			减:库存股		
			盈余公积		
			一般风险准备		
			未分配利润	−17,817,191.41	−25,051,552.81
			所有者权益(或股东权益)合计	−17,817,191.41	−25,051,552.81
资产总计	17,523,008.77	57,159,548.14	负债和所有者权益(或股东权益)总计	17,523,008.77	57,159,548.13

注：本表内数据为折合人民币数据。

永诚财产保险股份有限公司湖北分公司利润表

表 6－2－3－23　　2008 年末　　单位:元

项目	本期数	本年累计数
一、营业收入	7,092,949.97	71,675,962.52
已赚保费	6,876,529.50	71,440,483.86
保险业务收入	20,862,935.63	123,765,498.33
其中:分保费收入		
减:分出保费	7,988,706.25	40,367,230.79
提取未到期责任准备金	5,997,699.88	11,957,783.68
投资收益		
其中:对联营企业和合营企业的投资收益		
公允价值变动收益		
汇兑收益	165,691.64	165,691.64
其他业务收入	50,728.83	69,787.02
二、营业支出	5,224,509.33	78,797,646.88
退保金		
赔付支出	6,111,595.34	40,433,343.47
减:摊回赔付支出	1,864,210.02	6,666,905.23
提取保险责任准备金	1,299,722.10	20,361,185.00
减:摊回保险责任准备金	－657,605.62	6,587,594.86
保单红利支出		
分保费用		
营业税金及附加	1,201,788.03	7,113,344.68
手续费及佣金支出	822,620.74	9,670,246.51
业务及管理费	3,628,747.07	30,149,021.27
减:摊回分保费用	3,239,725.54	16,239,217.27
其他业务成本	3,019.35	3,617.53
资产减值损失	－3,396,653.36	560,605.78
三、营业利润	1,868,440.64	－7,121,684.36
加:营业外收入		
减:营业外支出	10,000.00	112,677.03
四、利润总额	1,858,440.64	－7,234,361.39
减:所得税费用		
五、净利润	1,858,440.64	－7,234,361.39
六、每股收益		
(一)基本每股收益		
(二)稀释每股收益		

注:本表内数据为折合人民币数据。

华泰财产保险股份有限公司湖北省分公司业务统计表

表 6－2－3－24　　2008 年末　　单位:元

项目	保费收入
企业财产保险	782,672.17
工程保险	2,510,201.21
机器损坏保险	15,219.20
家庭财产保险	88.00
责任保险	40,540.00
船舶险	2,325,380.00
货物运输保险	333,394.53
机动车辆保险(商业)	7,907,240.75
机动车辆保险(交强险)	3,487,388.19
居安理财保险	145,129.67
房屋保险	－1,021.06
意外伤害保险	545,467.41
合计	18,091,700.07

华泰财产保险股份有限公司湖北省分公司资产负债表

表 6－2－3－25　　2008 年末　　单位：元

资产	年初数	期末数	负债及股东权益	年初数	期末数
资产			负债		
货币资金	723,533.62	206,306.30	短期借款		
拆出资金			拆入资金		
交易性金融资产			交易性金融负债		
衍生金融资产			衍生金融负债		
买入返售金融资产			卖出回购金融资产款		
应收利息			预收保费	119,763.51	336,346.54
应收保费	190,001.57	846,509.53	应付手续费	227,534.45	360,118.18
应收代位追偿款			应付分保账款	1,622,466.06	3,334,204.34
应收分保账款	1,267,270.57	3,425,150.93	应付职工薪酬	331,934.54	495,422.81
应收分保未到期责任准备金	3,818,590.43	6,920,251.84	应交税费	73,103.72	126,387.86
应收分保未决赔款准备金	1,170,198.21	1,226,187.64	应付赔款	366,049.24	486,967.11
保户质押贷款			应付保单红利		
定期存款			保户储金		98,626,618.74
可供出售金融资产			未到期责任准备金	8,400,670.26	12,999,535.80
持有至到期投资			未决赔款准备金	5,511,401.23	6,075,865.09
长期股权投资			长期借款		
存出资本保证金			应付债券		
投资性房地产			独立账户负债		
固定资产	741,986.00	740,340.37	递延所得税负债		
无形资产			其他负债	－3,948,379.59	－100,347,541.49
独立账户资产			负债合计	12,704,543.42	22,493,924.98
递延所得税资产			股东权益		
其他资产	912,905.54	917,798.22	股本		
			资本公积		
			减:库存股		
			盈余公积		
			一般风险准备		
			未分配利润	－3,880,057.48	－8,211,380.15
			股东权益合计	－3,880,057.48	－8,211,380.15
资产总计	8,824,485.94	14,282,544.83	**负债和股东权益总计**	8,824,485.94	14,282,544.83

华泰财产保险股份有限公司湖北省分公司利润表

表 6－2－3－26　　2008 年末　　单位：元

项目	本期数	本年累计数
一、营业收入	1,214,216.13	11,515,465.87
已赚保费	1,213,388.28	11,503,891.36
保险业务收入	1,706,623.96	18,091,700.07
其中：分保费收入		
减：分出保费	460,716.36	5,090,604.58
提取未到期责任准备金	32,519.32	1,497,204.13
利息净收入	880.01	4,235.05
利息收入	880.01	4,235.05
利息支出		
投资收益		
公允价值变动收益		
汇兑收益	－52.16	5,558.80
其他业务收入		1,780.66
二、营业支出	2,284,417.60	15,733,401.86
赔付支出	1,293,686.71	9,908,813.77
减：摊回分保赔款	395,215.25	3,822,462.76
提取未决赔款准备金	93,201.82	564,463.86
减：摊回未决赔款准备金	265,472.17	55,989.43
保单红利支出		
分保费用支出		
营业税金及附加	87,851.34	930,172.54
手续费支出	275,922.45	2,188,971.19
业务及管理费	1,097,082.23	7,455,262.77
减：摊回分保费用	163,583.09	1,657,454.43
其他业务成本		
资产减值损失	260,943.56	221,624.35
三、营业利润	－1,070,201.47	－4,217,935.99
加：营业外收入		
减：营业外支出		101,096.28
四、利润总额	－1,070,201.47	－4,319,032.27
减：所得税费用		12,290.40
五、净利润	－1,070,201.47	－4,331,322.67

安邦财产保险股份有限公司湖北分公司保费收入及赔款支出统计表

表 6－2－3－27

2008 年末

单位:万元

地区	保费收入									赔款件数(件)	赔款支出								
	合计	机动车险	交强险	企财险	货动险	责任险	意外险	健康险	其他险		合计	机动车险	交强险	企财险	货动险	责任险	意外险	健康险	其他险
武汉市	1,250	653	447	121		11	19				1,212	797	202	9	5		10		189
黄石市	124	76	28	17	1	1					118	75	24			1	12		7
襄樊市	506	245	215	20	1	18	7				637	331	269	17	3		2		15
荆州市	448	249	168	25			5				692	401	272			1			18
宜昌市	198	71	75	35	8	3	7				201	82	70		4	27	4		14
十堰市	391	184	176			5	14		12		476	251	192				19		14
孝感市	163	72	70	9			1		11		212	95	107						10
荆门市	416	215	179	7		1	12		2		239	114	81	22			11		11
鄂州市	35	23	10	1			1				62	48	9						5
黄冈市	227	93	128				6				197	75	94			9	10		9
咸宁市	37	15	22								31	19	7						5
随州市	367	191	160	11		3	2				322	184	93	3	1		31		10
恩施州	116	53	61				3				23	11	7						5
汉江	839	535	293	6			5				427	294	111	9					13
总计	5,118	2,674	2,032	253	10	42	80		25		4,849	2,776	1,538	60	13	38	99		325

安邦财产保险股份有限公司湖北分公司资产负债表

表 6－2－3－28　　2008 年末　　单位:元

资产	期末数	年初数	负债及所有者权益	期末数	年初数
资产			负债		
货币资金			短期借款		
拆出资金	8,057,642.30	4,381,942.64	拆入资金		
交易性金融资产			交易性金融负债		
衍生金融资产			衍生金融负债		
买入返售金融资产			卖出回购金融资产款		
应收利息		30,205.48	预收保费	824,167.17	1,021,446.12
应收保费	473,454.58	1,144,702.04	应付手续费及佣金	631,567.88	257,516.32
应收代位追偿款			应付分保账款		
应收分保账款			应付职工薪酬	157,698.69	358,234.44
应收分保未到期责任准备金	467,786.10	835,170.49	应交税费	1,059,965.75	1,119,394.87
应收分保未决赔款准备金	2,813,789.65	914,918.69	应付赔付款	1,585,149.21	1,478,219.57
应收分保寿险责任准备金			应付保单红利	8,194,438.27	4,776,305.88
应收分保长期健康险责任准备金			保户储金及投资款	286,682,380.00	120,032,380.00
保户质押贷款			未到期责任准备金	26,776,134.10	39,239,860.07
定期存款		2,000,000.00	未决赔款准备金	37,261,617.29	32,771,896.38
可供出售金融资产			寿险责任准备金		
持有至到期投资			长期健康险责任准备金		
长期股权投资			长期借款		
存出资本保证金			应付债券		
投资性房地产			独立账户负债		
固定资产	16,851,227.19	6,022,979.56	递延所得税负债	949,409.77	1,098,524.59
无形资产			其他负债	1,211,049.21	1,956,739.45
独立账户资产			负债合计	365,333,577.34	204,110,517.69
递延所得税资产	2,130,202.89	1,534,779.03	所有者权益(或股东权益)		
其他资产	258,014,066.69	126,268,853.03	实收资本(或股本)		
			资本公积		
			减:库存股		
			盈余公积		
			一般风险准备		
			未分配利润	−76,525,407.94	−60,976,966.73
			所有者权益(或股东权益)合计	−76,525,407.94	−60,976,966.73
资产总计	288,808,169.40	143,133,550.96	负债和所有者权益(或股东权益)总计	288,808,169.40	143,133,550.96

安邦财产保险股份有限公司湖北分公司利润表

表 6－2－3－29　　2008 年末　　单位：元

项目	本期数	本年累计数
一、营业收入	62,678,077.83	62,678,077.83
已赚保费	62,301,511.01	62,301,511.01
保费业务收入	51,262,840.38	51,262,840.38
其中：分保费收入		
减：分出保费	1,057,670.95	1,057,670.95
提取未到期责任准备金	－12,096,341.58	－12,096,341.58
投资收益（损失以“－”号填列）		
其中：对联营企业和合营企业的投资收益		
公允价值变动收益（损失以“－”号填列）		
汇兑收益（损失以“－”号填列）		
其他业务收入	376,566.82	376,566.82
二、营业支出	78,516,008.64	78,516,008.64
退保金		
赔付支出	48,602,492.65	48,602,492.65
减：摊回赔付支出	813,857.95	813,857.95
提取保险责任准备金	4,489,720.91	4,489,720.91
减：摊回保险责任准备金	1,898,870.96	1,898,870.96
保单红利支出		
分保费用		
营业税金及附加	2,818,400.33	2,818,400.33
手续费及佣金支出	3,721,634.32	3,721,634.32
业务及管理费	18,517,729.23	18,517,729.23
减：摊回分保费用	398,742.08	398,742.08
其他业务成本	3,484,397.39	3,484,397.39
资产减值损失	－6,895.20	－6,895.20
三、营业利润（亏损以“－”号填列）	－15,837,930.81	－15,837,930.81
加：营业外收入	4,718.82	4,718.82
减：营业外支出	459,767.90	459,767.90
四、利润总额（亏损总额以“－”列示）	－16,292,979.89	－16,292,979.89
减：所得税费用	－744,538.68	－744,538.68
五、净利润（净亏损以“－”列示）	－15,548,441.21	－15,548,441.21
六、每股收益		
（一）基本每股收益		
（二）稀释每股收益		

都邦财产保险股份有限公司湖北分公司资产负债表

表 6－2－3－30　　2008 年末　　单位：元

资产	年初数	期末数	负债及所有者权益	年初数	期末数
资产			负债及所有者权益		
现金			短期借款		
银行存款	962,286.91	5,378,963.70	存入保证金		
其中：定期存款			拆入资金		
其他货币资金			交易性金融负债		
结算备付金			卖出回购金融资产款		
存出保证金			应付票据		
拆出资金			应付手续费及佣金		
交易性金融资产			应付赔付款	1,236,994.88	2,541,913.93
买入返售金融资产			预收保费	134,956.77	868,192.31
应收票据			预收赔付款		
应收保费	440,390.34	8,782,542.78	应付职工薪酬	－415.26	395,542.54
预付赔付款	8,000.00	50,000.00	应交税费	208,662.00	469,570.99
应收股利			应付股利		
应收利息		276,550.13	应付利息		
应收保户储金			其他应付款	87,826.48	914,756.56
应收代位追偿款			应付保单红利		
应收分保账款			应付分保账款		
应收分保未到期责任准备金	1,460,748.33	12,705,703.69	预提费用		
应收分保未决赔款准备金	28,979.20	2,231,170.25	预计负债		
其他应收款	662,608.41	505,194.39	递延收益		
坏账准备	－5,221.08	－87,826.97	长期借款		
贷款			未到期责任准备金	24,563,364.51	29,989,253.99
贷款损失准备			未决赔款准备金	2,503,521.71	18,381,056.58
材料采购			保户储金及投资款		24,240,000.00
包装物及低值易耗品	159,834.50	76,998.75	独立账户负债		
抵债资产			长期应付款		
抵债资产减值准备			未确认融资费用		
损余物资			递延所得税负债		
损余物资减值准备			外汇买卖(货币兑换)	－106.02	
待摊费用	50,476.18		系统内往来	－9,170,540.28	－7,958,193.48
独立账户资产			衍生工具		
持有至到期投资			套期工具		
持有至到期投资减值准备			被套期项目		
可供出售金融资产			负债合计	19,564,264.79	69,842,093.42
可供出售金融资产减值准备			所有者权益		

续表 6－2－3－30

资产	年初数	期末数	负债及所有者权益	年初数	期末数
长期股权投资			实收资本		
长期股权投资减值准备			资本公积		
投资性房地产			盈余公积		
投资性房地产减值准备			一般风险准备		
长期应收款			利润分配	－11,742,466.44	－34,605,705.62
未实现融资收益			库存股		
存出资本保证金			外币报表折算差额		
固定资产	3,738,601.97	5,652,029.10	少数股东权益		
累计折旧	－283,477.31	－1,229,973.40	所有者权益合计	－11,742,466.44	－34,605,705.62
固定资产减值准备					
在建工程					
在建工程减值准备					
固定资产清理					
无形资产					
累计摊销					
无形资产减值准备					
商誉					
商誉减值准备					
长期待摊费用	598,570.89	895,035.38			
递延所得税资产					
待处理财产损益					
衍生金融资产					
资产总计	7,821,798.34	35,236,387.80	负债及所有者权益总计	7,821,798.35	35,236,387.80

都邦财产保险股份有限公司湖北分公司利润表

表 6－2－3－31　　2008 年末　　单位:元

项目	本期数	本年累计数
一、营业收入	－6,948,098.17	51,308,875.66
已赚保费	－6,974,585.69	51,256,579.44
保险业务收入	3,669,227.04	71,423,068.64
其中:原保费收入	3,669,227.04	71,423,068.64
分保费收入		
减:分出保费	20,629,876.61	25,985,728.58
提取未到期责任准备金	－9,986,063.88	－5,819,239.38
投资收益(损失以"－"号填列)	6,136.65	18,447.03
其中:对联营企业和合营企业的投资收益		
公允价值变动收益(损失以"－"号填列)		
汇兑收益(损失以"－"号填列)	－191.29	－3,561.27
其他业务收入	20,542.16	37,410.46
二、综合赔款支出	－6,412,892.03	48,911,758.74
赔款支出	6,885,399.54	46,842,852.55
其中:赔付支出	6,885,399.54	46,842,852.55
分保赔款支出		
减:摊回赔付支出	10,036,010.44	11,606,437.63
提取保险责任准备金	－1,497,393.65	15,877,534.87
减:摊回保险责任准备金	1,764,887.48	2,202,191.05
三、保险业务支出	－3,916,030.15	25,166,954.20
保单红利支出		
分保费用		
营业税金及附加	221,568.27	4,085,065.48
手续费及佣金支出	881,922.96	7,150,386.75
业务及管理费	3,149,232.01	23,111,231.06
减:摊回分保费用	8,251,356.96	9,262,332.66
其他业务成本		
资产减值损失	82,603.57	82,603.57
四、营业利润(亏损以"－"号填列)	3,380,824.01	－22,769,837.28
加:营业外收入		
减:营业外支出	591.68	92,431.70
五、利润总额(亏损总额以"－"号填列)	3,380,232.33	－22,862,268.98
减:所得税费用	970.20	970.20
以前年度损益调整		
六、净利润(净亏损以"－"号填列)	3,379,262.13	－22,863,239.18
七、每股收益		
(一)基本每股收益		
(二)稀释每股收益		

天平汽车保险股份有限公司湖北分公司业务统计表

表 6－2－3－32　　2008 年末　　单位：元

项目	保费收入
机动车辆交强险	23,734,303.03
摩托车交强险	21,000.00
机动车辆商业险－车损险	11,834,622.26
机动车辆商业险－车损险附加险	2,434,124.73
机动车辆商业险－商业三责险	7,039,644.66
机动车辆商业险－商业三责险附加险	853,093.04
人身意外伤害保险	585,859.42
国内水路陆路货物运输险	270.85
合计	46,502,917.99

天平汽车保险股份有限公司湖北分公司资产负债表

表 6－2－3－33　　2008 年末　　单位：元

资产	年初数	期末数	负债及所有者权益	年初数	期末数
资产			负债		
货币资金	346,960.13	38,805.96	短期借款		
拆出资金			拆入资金		
交易性金融资产			交易性金融负债		
衍生金融资产			衍生金融负债		
买入返售金融资产			卖出回购金融资产款		
应收利息			预收保费	801,540.28	1,811,158.30
应收保费	901,549.00	38,573.60	应付手续费及佣金	479,584.54	355,345.91
应收代位追偿款			应付分保账款		
应收分保账款			应付职工薪酬	70,536.55	31,145.92
应收分保未到期责任准备金	5,460,525.04	7,573,222.47	应交税费	546,855.06	477,621.01
应收分保未决赔款准备金	1,325,393.66	2,965,350.76	应付赔付款	671,526.45	661,652.40
保户质押贷款			应付保单红利		
定期存款			保户储金及投资款		
可供出售金融资产			未到期责任准备金	27,734,197.16	24,093,992.04
持有至到期投资			未决赔款准备金	5,639,319.28	11,822,972.48
长期股权投资			长期借款		
存出资本保证金			应付债券		
投资性房地产			独立账户负债		
固定资产	357,971.11	607,869.18	递延所得税负债		
无形资产			其他负债	49,303.82	582,022.50
独立账户资产			负债合计	35,992,863.14	39,835,910.56
递延所得税资产			所有者权益(或股东权益)		
其他资产	24,082,897.36	30,185,845.56	实收资本(或股本)		
			资本公积		
			减:库存股		
			盈余公积		
			一般风险准备		
			未分配利润	－3,517,566.84	1,573,756.97
			所有者权益合计	－3,517,566.84	1,573,756.97
资产总计	**32,475,296.30**	**41,409,667.53**	**负债及所有者权益总计**	**32,475,296.30**	**41,409,667.53**

天平汽车保险股份有限公司湖北分公司利润表

表 6－2－3－34　　2008 年末　　单位:元

项目	本期数	累计数
一、营业收入	4,492,620.52	42,587,872.34
已赚保费	4,483,549.81	42,574,958.64
保险业务收入	6,416,931.49	46,502,917.99
其中:分保费收入		
减:分出保费	1,809,361.83	9,680,861.90
提取未到期责任准备金	124,019.85	－5,752,902.55
投资收益(损失以"－"号填列)		
其中:对联营企业和合营企业的投资收益		
公允价值变动收益(损失以"－"号填列)		
汇兑收益(损失以"－"号填列)		
其他业务收入	9,070.71	12,913.70
二、营业支出	－201,483.65	40,931,682.69
赔付支出	2,265,372.92	29,602,887.28
减:摊回赔付支出	650,234.80	3,805,540.46
提取保险责任准备金	－594,614.26	6,183,653.20
减:摊回保险责任准备金	2,965,350.76	1,639,957.10
分保费用		
营业税金及附加	372,182.05	2,697,169.22
手续费及佣金支出	328,513.42	3,982,303.06
业务及管理费	1,759,664.81	7,776,766.31
减:摊回分保费用	712,219.96	3,860,820.01
其他业务成本		18.26
资产减值损失	－4,797.07	－4,797.07
三、营业利润(亏损以"－"号填列)	4,694,104.17	1,656,189.65
加:营业外收入		28.85
减:营业外支出		82,461.53
四、利润总额(亏损总额以"－"号填列)	4,694,104.17	1,573,756.97
减:所得税费用		
五、净利润(净亏损以"－"填列)	4,694,104.17	1,573,756.97
六、每股收益		
(一)基本每股收益		
(二)稀释每股收益		

阳光财产保险股份有限公司湖北省分公司分地区保险业务统计表

表 6－2－3－35　　2008 年末　　单位:万元

地区	车险	财产险	意健险	合计
武汉市	2,640.52	672.45	315.75	3,628.72
黄石市	761.22	162.46	110.23	1,033.92
荆州市	841.07	59.40	49.42	949.89
荆门市	786.54	106.78	28.99	922.31
襄樊市	977.48	40.23	119.48	1,137.19
潜江市	281.55	13.54	4.23	299.32
宜昌市	332.14	29.38	46.84	408.35
黄冈市	195.35	32.45	6.31	234.11
十堰市	1.00			1.00
总计	**6,816.87**	**1,116.69**	**681.25**	**8,614.81**

阳光财产保险股份有限公司湖北省分公司资产负债表

表 6－2－3－36　　2008 年末　　单位:元

资产	年初数	期末数	负债及股东权益	年初数	期末数
资产			负债		
货币资金	1,626,694.34	5,076,770.56	短期借款		
拆出资金			拆入资金		
交易性金融资产			交易性金融负债		
衍生金融资产			衍生金融负债		
买入返售金融资产			卖出回购金融资产款		
应收利息			预收保费	1,588,731.63	1,634,714.18
应收保费	4,057,286.82	3,954,856.23	应付手续费	785,598.25	699,787.29
应收代位追偿款			应付分保账款		
应收分保账款			应付职工薪酬	773,993.62	1,262,578.38
应收分保未到期责任准备金	3,299,380.66	3,623,550.65	应交税费	657,164.28	1,502,219.71
应收分保未决赔款准备金	453,119.70	1,669,432.03	应付赔付款	651,979.74	2,951,989.36
定期存款			应付保单红利		
可供出售金融资产			保户储金及投资款		
持有至到期投资			未到期责任准备金	26,625,615.89	43,049,187.97
长期股权投资			未决赔款准备金	5,508,511.54	25,894,635.87
存出资本保证金			长期借款		
投资性房地产			应付债券		
固定资产	2,606,848.24	4,337,022.27	独立账户负债		
无形资产			递延所得税负债		
独立账户资产			其他负债	－10,126,836.66	－23,812,563.01
递延所得税资产			负债总计	26,464,758.29	53,182,549.75
其他资产	1,251,467.64	1,791,045.59	股东权益		
			股本		
			资本公积		
			减:库存股		
			盈余公积		
			一般风险准备		
			未分配利润	－13,169,960.89	－32,729,872.42
			股东权益合计	－13,169,960.89	－32,729,872.42
资产总计	13,294,797.40	20,452,677.33	负债及股东权益总计	13,294,797.40	20,452,677.33

阳光财产保险股份有限公司湖北省分公司利润表

表 6－2－3－37　　2008 年末　　单位：元

项目	本期数	本年累计数
一、营业收入	6,582,794.16	63,357,189.01
已赚保费	6,557,700.77	63,318,588.50
保险业务收入	6,795,069.67	86,148,104.32
其中：分保费收入		
减：分出保费	150,051.20	6,730,113.73
提取未到期责任准备金	87,317.70	16,099,402.09
投资收益(损失以“－”号填列)		
其中：对联营企业和合营企业的投资收益		
公允价值变动收益(损失以“－”号填列)		
汇兑收益(损失以“－”号填列)	－0.91	－0.91
其他业务收入	25,094.30	38,601.42
二、营业支出	11,404,101.33	82,903,720.65
赔付支出	5,262,592.58	33,940,073.12
减：摊回赔付支出	125,516.16	3,033,012.91
提取未决赔款准备金	2,044,183.64	20,386,124.33
减：摊回分保未决赔款准备金	118,850.26	1,216,312.33
保单红利支出		
分保费用		
营业税金及附加	366,959.65	4,918,365.14
手续费支出	267,242.98	2,099,309.68
业务及管理费	3,480,084.11	25,741,167.84
减：摊回分保费用	54,919.77	2,133,678.96
其他业务成本		
资产减值损失	282,324.56	2,201,684.74
三、营业利润(亏损以“－”号填列)	－4,821,307.17	－19,546,531.64
加：营业外收入		260
减：营业外支出		13,639.89
四、利润总额(亏损以“－”号填列)	－4,821,307.17	－19,559,911.53
减：所得税费用		
五、净利润(净亏损以“－”号填列)	－4,821,307.17	－19,559,911.53
六、每股收益		
(一)基本每股收益		
(二)稀释每股收益		

渤海财产保险股份有限公司湖北分公司业务统计表

表 6－2－3－38　　　　2008 年末　　　　单位:元、件

保险机构	保费收入										储金	赔案件数	赔付支出										未决赔款
	合计	企业财产保险	机动车辆保险	货物运输保险	责任保险	信用保证保险	农业保险	短期健康保险	意外伤害保险	其他保险			合计	企业财产保险	机动车辆保险	货物运输保险	责任保险	信用保证保险	农业保险	短期健康保险	意外伤害保险	其他保险	
武汉市	28,819,626.61	656,575.49	25,270,278.23	37,367.42	111,635.00			147,416.75	844,336.84	1,752,016.88		2,121.00	4,786,332.37		4,589,446.10					29,457.32	16,862.60	150,566.35	3,424,192.32
襄樊市	1,687,516.85	14,163.37	1,645,400.52	5,671.90				6,424.66	15,256.40	600.00		165.00	43,649.90		43,649.90								468,406.52
荆州市	2,449,933.42		2,411,093.02		1,050.00			2,653.80	35,136.60			31.00	25,595.26		25,595.26								314,948.13
十堰市	4,354,973.64	117,970.13	4,059,184.93		735.00			30,648.70	84,500.18	61,934.70		126.00	318,865.29		317,820.49						1,044.80		313,739.08
荆门市	6,466,543.83	63,381.63	6,366,293.43	13,785.00	4,108.97			3,032.16	15,942.64			40.00	160,051.92		159,653.22						398.70		153,370.70
咸宁市	365,925.55	3,996.00	331,177.00		500.00			4,077.63	3,740.37	22,434.55		6.00	7,090.83		6,641.83					449.00			26,132.21
合计	44,144,519.90	856,086.62	40,083,427.13	56,824.32	118,028.97			194,253.70	998,913.03	1,836,986.13		2,489.00	5,341,585.57		5,142,806.80					29,906.32	18,306.10	150,566.35	4,700,788.96

渤海财产保险股份有限公司湖北分公司资产负债表

表 6－2－3－39　　2008 年末　　单位:元

资产	期末数	负债和所有者权益(或股东权益)	期末数
资产		负债	
货币资金	711,599.37	短期借款	
拆出资金		拆入资金	
交易性金融资产		交易性金融负债	
衍生金融资产		衍生金融负债	
买入返售金融资产		卖出回购金融资产款	
应收利息		预收保费	1,052,122.00
应收保费	766,568.68	应付手续费及佣金	956,130.26
应收代位追偿款		应付分保账款	
应收分保账款		应付职工薪酬	1,857,209.58
减:坏账准备		应交税费	797,014.36
应收分保未到期责任准备金	3,466,115.06	应付赔付款	615,388.69
应收分保未决赔款准备金	326,634.99	应付保单红利	
应收分保寿险责任准备金		保户储金及投资款	
应收分保长期健康险责任准备金		未到期责任准备金	29,576,041.48
保户质押贷款		未决赔款准备金	4,700,788.96
定期存款		寿险责任准备金	
可供出售金融资产		长期健康险责任准备金	
持有至到期投资		长期借款	
长期股权投资		应付债券	
存出资本保证金		独立账户负债	
投资性房地产		递延所得税负债	
固定资产	2,342,892.51	其他负债	163,497.55
无形资产	8,753.32	负债合计	39,718,192.88
独立账户资产		所有者权益(或股东权益)	
递延所得税资产		实收资本(或股本)	
其他资产	15,860,223.43	资本公积	
		减:库存股	
		盈余公积	
		一般风险准备	
		未分配利润	－16,235,405.52
		所有者权益(或股东权益)合计	－16,235,405.52
资产总计	**23,482,787.36**	**负债和所有者权益(或股东权益)总计**	**23,482,787.36**

注:本表内数据为折合人民币数据。

渤海财产保险股份有限公司湖北分公司利润表

表 6－2－3－40　　2008 年末　　单位:元

项目	本年累计数
一、营业收入	12,970,657.50
已赚保费	12,964,871.53
保险业务收入	44,144,519.90
其中:分保费收入	
减:分出保费	5,069,721.95
提取未到期责任准备金	26,109,926.42
投资收益	5,785.97
其中:对联营企业和合营企业的投资收益	
公允价值变动收益	
汇兑收益	
其他业务收入	
二、营业支出	29,206,066.55
退保金	
赔付支出	5,341,585.57
减:摊回赔付支出	542,514.28
提取保险责任准备金	4,700,788.96
减:摊回保险责任准备金	326,634.99
保单红利支出	
分保费用	
营业税金及附加	2,538,442.34
手续费及佣金支出	3,085,569.63
业务及管理费	15,977,483.57
减:摊回分保费用	1,568,654.25
其他业务成本	
资产减值损失	
三、营业利润	－16,235,409.05
加:营业外收入	3.52
减:营业外支出	－0.01
四、利润总额	－16,235,405.52
减:所得税费用	
五、净利润	－16,235,405.52
六、每股收益	
(一)基本每股收益	
(二)稀释每股收益	

注:本表内数据为折合人民币数据。

中国人寿保险股份有限公司湖北省分公司业务统计表

表 6－2－3－41　　2008 年末　　单位：千元

保险机构	总保费		长期寿险业务												短险业务		长险风险型首年保费	
			寿险小计		首年新单		其中:期交		其中:十年以上期交		趸交		续收					
	保费	比同期增减%	保费	比同期增减%	保费	比同期增减%	保费	比同期增减%	保费	比同期增减%	保费	比同期增减%	保费	续收率%	保费	比同期增减%	收入	比同期增减%
武汉市	1,613,638	57.6	1,513,676	62.9	999,146	96.6	147,801	−9.6	57,148	7.9	851,345	147	514,530	88.1	99,962	5.6	120,967	−23.5
黄石市	446,542	38.8	423,254	41.8	293,095	76.4	60,835	1	15,981	−6.7	232,260	119.2	130,159	87.9	23,288	0.5	50,148	5.2
襄樊市	837,241	71	786,363	78.8	591,112	116	89,899	−3.1	25,461	−1.1	501,213	177.1	195,251	86.5	50,878	2.4	70,166	23.2
荆州市	1,052,551	56.8	1,001,209	59.7	755,264	82	114,355	0.3	37,699	0.9	640,909	112.9	245,945	87.1	51,342	15.4	92,078	−1.5
宜昌市	985,838	73.3	935,085	78.1	649,647	131.7	118,585	6.9	36,944	−23.9	531,062	213.2	285,438	90	50,753	16.3	102,594	14.9
十堰市	758,722	74.6	695,534	75.5	521,710	127.1	71,848	10.3	28,669	33.4	449,862	173.3	173,824	85.1	63,188	65.2	58,531	18.9
孝感市	748,864	105.5	722,184	111.9	564,627	161.8	74,824	15.6	24,156	−7	489,803	224.5	157,557	85	26,680	12.9	57,301	3.5
荆门市	757,176	62.5	726,812	66.9	552,459	92	77,325	−9.3	19,947	−8.1	475,134	134.8	174,353	83.9	30,364	−0.4	55,597	−19.2
随州市	444,544	213.9	431,143	237.2	366,918	367.9	53,530	54.3	20,707	4.4	313,388	616.7	64,225	84	13,401	−2.5	46,410	62.7
黄冈市	896,989	83.3	856,286	88.7	631,131	125	124,000	23.2	45,118	12.1	507,131	181.9	225,155	86.8	40,703	14.1	104,334	14.8
咸宁市	353,427	28.4	330,300	31.1	221,667	41.5	48,836	−2.2	17,962	−11.4	172,831	62	108,633	84.9	23,127	−0.9	37,970	5
鄂州市	269,339	66.8	256,956	70.5	178,986	115.6	37,644	19.5	12,118	−14.6	141,342	174.3	77,970	83.6	12,383	15.3	32,183	5.8
恩施市	356,384	17.2	322,227	18.9	179,343	29.8	52,135	−1.8	27,602	−3.8	127,208	49.6	142,884	83.3	34,157	3.7	45,045	22.1
合计	9,521,251	66.7	9,001,027	71.5	6,505,104	108.9	1,071,616	4.4	369,512	−1.2	5,433,488	160.4	2,405,923	86.6	520,224	12	873,324	3.7

中国太平洋人寿保险股份有限公司湖北分公司人身险业务统计表

表 6-2-3-42　　2008 年末　　单位:千元

湖北分公司		本月实际保费收入	本年 1-12 月实际保费收入	上年同期实际保费收入	同期比(%)	分公司全年计划	分公司全年计划达成率(%)
人身险合计		171,150	2,769,756	1,685,375	64	2,153,320	129
个人营销	小计	91,633	1,161,498	1,052,914	10	1,166,320	100
	个人寿险	89,130	1,131,510	1,022,976	11	1,141,320	99
	其中:个人寿险新保	14,716	268,284	345,596	-22	290,000	93
	新保期缴	14,201	243,911	283,574	-14	290,000	84
	新保趸缴	515	24,373	62,022	-61		
	其中:个人寿险续保	74,414	863,226	677,380	27	851,320	101
	短期意外险	1,970	22,123	21,073	5	25,000	88
	短期健康险	533	7,865	8,864	-11		
团体直销	小计	3,044	101,393	164,197	-38	216,000	47
	传统寿险	316	26,816	71,089	-62	170,000	34
	分红险、万能险	497	30,220	59,729	-49		
	短期意外险	1,889	33,400	23,987	39	36,000	93
	短期健康险	342	10,957	9,392	-88	10,000	4
银行保险	小计	76,473	1,506,865	468,264	222	771,000	195
	传统寿险	118	893	1,582	-44	15,000	6
	分红险、万能险	76,324	1,505,491	463,055	225	750,000	201
	短期意外险	25	414	3,160	-87	6,000	7
	短期健康险	6	67	467	-86		

中国太平洋人寿保险股份有限公司湖北分公司保险业务统计表

表 6－2－3－43 2008 年末 单位:万元

业绩 地区	个人业务保费收入										团体业务保费收入		代理业务保费收入		保费收入总计	
	新契约期末有效保费						续期保费		合计							
	期缴		趸缴		小计											
	本期	累计	本期	累计	本期	累计	本期	累计	本期	累计	本期	累计	本期	累计	本期	累计
武汉市	138	2,275	34	767	172	3,042	784	8,608	956	11,650	111	5,068	3,585	57,118	4,652	73,836
黄石市	18	247	5	32	23	279	212	2,320	235	2,599	4	561	6	367	245	3,527
襄樊市	106	1,940	35	608	141	2,548	761	8,530	902	11,078	35	1,464	327	6,878	1,264	19,420
荆州市	282	5,521	79	1,219	361	6,740	1,376	16,090	1,737	22,830	23	307	576	12,266	2,336	35,403
宜昌市	208	2,769	36	792	244	3,561	1,117	13,793	1,361	17,354	38	537	647	17,532	2,046	35,423
十堰市	44	807	6	243	50	1,050	499	5,097	549	6,147	8	205	674	10,215	1,231	16,567
孝感市	101	943	12	132	113	1,075	241	2,267	354	3,342	2	35	426	10,700	782	14,077
荆门市	36	1,031	26	268	62	1,299	177	2,111	239	3,410	5	98	291	4,486	535	7,994
鄂州市	11	240	1	26	12	266	78	950	90	1,216	1	8	7	440	98	1,664
黄冈市	299	5,744	45	1,021	344	6,765	1,377	16,837	1,721	23,602	62	1,285	620	16,725	2,403	41,612
咸宁市	51	631	11	126	62	757	83	1,097	145	1,854	1	69	147	4,759	293	6,682
随州市	63	1,080	9	151	72	1,231	231	2,706	303	3,937	1	184	189	5,722	493	9,843
恩施州	65	1,163	1	50	66	1,213	505	5,918	571	7,131	13	319	151	3,478	735	10,928
合计	1,422	24,391	300	5,435	1,722	29,826	7,441	86,324	9,163	116,150	304	10,140	7,646	150,686	17,113	276,976

中国太平洋人寿保险股份有限公司湖北分公司资产负债表

表 6－2－3－44　　2008 年末　　单位:元

资产	年初数	年末数	负债及股东权益	年初数	年末数
资产			负债		
货币资金	24,217,865.44	54,981,301.19	短期借款		
拆出资金			拆入资金		
交易性金融资产			交易性金融负债		
衍生金融资产			衍生金融负债		
买入返售金融资产			卖出回购金融资产款		
应收利息			预收保费	9,634,407.41	83,650,212.40
应收保费	41,328,803.52	42,818,699.10	应付手续费及佣金	4,365,188.12	5,667,761.83
应收代位追偿款			应付分保账款		
应收分保账款			应付职工薪酬	14,071,827.46	7,974,256.88
应收分保未到期责任准备金			应交税费	1,829,659.99	－3,751,201.92
应收分保未决赔款准备金			应付赔付款		
应收分保寿险责任准备金			应付保单红利	32,177,476.44	40,120,021.62
应收分保长期健康险责任准备金			保户储金及投资款	25,826,106.53	17,411,158.30
保户质押贷款	5,994,260.00	8,994,103.00	未到期责任准备金	33,464,004.40	37,397,459.92
定期存款			未决赔款准备金	25,633,541.06	24,035,455.47
可供出售金融资产			寿险责任准备金	4,461,560,813.50	6,474,279,792.54
持有至到期投资			长期健康险责任准备金	167,485,912.87	233,393,573.85
长期股权投资	1,494,100.00	1,494,100.00	长期借款		
存出资本保证金			应付债券		
投资性房地产			独立账户负债		
固定资产	60,653,176.52	57,397,758.53	递延所得税负债		
无形资产			其他负债	－4,583,327,138.19	－6,695,562,546.66
独立账户资产			负债合计	192,721,799.59	224,615,944.23
递延所得税资产			股东权益		
其他资产	59,033,594.11	58,929,982.41	股本		
			资本公积		
			减:库存股		
			盈余公积		
			一般风险准备		
			未分配利润		
			股东权益合计		
资产总计	192,721,799.59	224,615,944.23	**负债及股东权益总计**	192,721,799.59	224,615,944.23

中国太平洋人寿保险股份有限公司湖北分公司利润表

表 6－2－3－45　　2008 年末　　单位:元

项目	本期数	本年累计数
一、营业收入	168,419,428.50	2,778,620,937.67
已赚保费	167,582,561.98	2,767,311,720.86
保险业务收入	167,911,378.18	2,771,245,176.38
其中:分保费收入		
减:分出保费		
提取未到期责任准备金	328,816.20	3,933,455.52
投资收益(损失以“－”号填列)	75,175.24	232,037.59
其中:对联营企业和合营企业的投资收益		
公允价值变动净收益(净损失以“－”号填列)		
汇兑收益(损失以“－”号填列)		
其他业务收入	761,691.28	11,077,179.22
二、营业支出	458,541,626.67	3,058,694,221.70
赔付总支出	25,853,691.84	366,878,489.09
减:摊回赔付支出		
提取保险责任准备金	369,992,399.30	2,077,028,554.43
减:摊回保险责任准备金		
手续费及佣金支出	17,087,335.34	199,898,351.44
分保费用		
退保金	12,227,904.57	199,438,329.14
保户红利支出	2,712,232.56	33,588,147.66
营业税金及附加	208,551.90	2,715,728.77
业务及管理费	30,440,458.55	178,860,994.76
减:摊回分保费用		
其他业务支出	19,052.61	285,626.41
资产减值损失		
三、营业利润(亏损以“－”号填列)	－290,122,198.17	－280,073,284.03
加:营业外收入	6,263.24	15,657.24
减:营业外支出	9,646.89	129,596.96
四、利润总额(亏损总额以“－”号填列)	－290,125,581.82	－280,187,223.75
减:所得税费用		
五、净利润(净亏损以“－”号填列)	－290,125,581.82	－280,187,223.75
六、每股收益		
(一)基本每股收益		
(二)稀释每股收益		

中国平安人寿保险股份有限公司湖北分公司业务统计表

表 6－2－3－46　　2008 年末　　单位：万元、人、个

项目 / 地区	个人业务保费收入										团体业务保费收入		代理业务保费收入		保费收入总计		营销员规模人力	团体外勤人数	代理外勤人数	银行网点数
	新契约期末有效保费						续期保费		合计											
	期缴		趸缴		小计															
	本期	累计	本期	累计	本期	累计	本期	累计	本期	累计	本期	累计	本期	累计	本期	累计				
武汉市	1,841	28,706	2	7	1,843	28,713	8,203	76,701	10,047	105,414			2,994	21,178	13,041	126,592	6,200		64	488
黄石市	143	2,304			143	2,304	704	6,788	848	9,091					848	9,091	486			
襄樊市	337	5,913		5	337	5,918	2,111	18,363	2,448	24,281					2,448	24,281	1,567		9	11
荆州市	466	6,436		1	466	6,437	2,034	20,812	2,501	27,250			302	3,919	2,802	31,168	2,032		14	138
宜昌市	540	7,716			540	7,716	2,108	19,890	2,648	27,607			268	1,268	2,916	28,875	1,888		11	177
十堰市	136	2,346			136	2,346	877	7,846	1,013	10,192			505	2,962	1,518	13,154	604		10	99
孝感市	46	680			46	680	77	696	122	1,376			256	354	378	1,730	266		7	25
荆门市	208	2,905		1	208	2,906	611	6,111	819	9,018			51	82	869	9,100	784		10	30
鄂州市	7	97			7	97	7	83	14	180					14	180	30			
黄冈市	11	73			11	73	2	32	13	105					13	105	79			
咸宁市	61	999			61	999	83	745	144	1,744			22	27	166	1,771	360		7	22
随州市	10	190			10	190	5	24	15	214			74	135	89	349	117		7	40
恩施州																				
合计	3,807	58,365	2	14	3,809	58,378	16,821	158,092	20,630	216,470			4,472	29,925	25,103	246,395	14,413		139	1,030

中国平安人寿保险股份有限公司湖北分公司资产负债表

表 6－2－3－47　　2008 年末　　单位:元

资产	金额	负债和所有者权益	金额
资产		负债	
货币资金	40,373,256.97	短期借款	
其中:银行存放央行款项		向央行借款	
银行存放同业款项		同业及其他金融机构存放款项	
结算备付金		存入保证金	
其中:客户备付金		拆入资金	
贵金属		交易性金融负债	
拆出资金		衍生金融负债	
交易性金融资产		卖出回购金融资产款	
衍生金融资产		吸收存款	
买入返售金融资产		代理买卖证券款	
应收利息	1,198,038.08	代理承销证券款	
应收股利		预收保费	7,774,745.41
应收账款		预收赔付款	
应收保费	80,147,537.83	应付手续费及佣金	37,290,336.60
应收管理费		应付分保账款	
应收代位追偿款		应付职工薪酬	9,399,734.97
应收分保账款		应交税费	13,601,405.01
应收分保未到期责任准备金	10,804,477.18	应付利息	
应收分保未决赔款准备金	13,439,898.48	应付赔付款	142,490,262.29
应收分保寿险责任准备金	54,143,785.37	应付保单红利	37,985,857.03
应收分保长期健康险责任准备	115,229,080.98	保户储金及投资款	36,466,059.66
其他应收款	4,779,330.13	未到期责任准备会	63,858,223.24
保户质押贷款	63,758,321.99	未决赔款准备金	42,270,240.23
发放贷款及垫款		寿险责任准备金	8,487,694,720.33
系统内非寿险往来		长期健康险责任准备金	1,232,622,783.81
内部往来		长期借款	
系统内寿险往来	9,910,107,124.66	长期债券	
存出保证金		预计负债	
定期存款		货币兑换	
可供出售金融资产		独立账户负债	
持有至到期投资		递延所得税负债	
套期工具		其他负债	34,275,472.22
被套期项目		负债合计	10,145,729,840.80
长期股权投资		所有者权益(或股东权益)	
存出资本保证金		实收资本(或股本)	
投资性房地产		上级拨入资金	50,000,000.00
固定资产	32,919,727.72	资本公积	
无形资产		其中:可供出售资产的公允	
独立账户资产		减:库存股	
递延所得税资产		盈余公积	
其他资产	18,973,111.54	一般风险准备	
		本年利润	150,356,863.08
		未分配利润	－213,012.95
		外币报表折算差额	
		归属于母公司所有者权益合计	
		少数股东权益	
		所有者权益合计	200,143,850.13
资产总计	10,345,873,690.93	**负债和所有者权益总计**	10,345,873,690.93

中国平安人寿保险股份有限公司湖北分公司利润表

表 6－2－3－48　　2008 年末　　单位:元

项目	本期数	本年累计数
一、营业收入	299,923,530.80	2,731,331,917.95
已赚保费	298,588,781.34	2,721,099,950.44
保险业务收入	299,374,718.43	2,749,441,128.66
其中:分保费收入		
减:分出保费	1,603,188.06	31,661,862.84
提取未到期责任准备金	－817,250.97	－3,320,684.62
银行业务利息净收入	381,949.31	3,657,219.60
利息收入	381,949.31	3,657,219.60
利息支出		
手续费及佣金净收入		
手续费及佣金收入		
手续费及佣金支出		
投资收益		
其中:对联营企业和合营企业的投资收益		
公允价值变动收益		
汇兑收益	－85.50	－726.12
其他业务收入	952,885.65	6,575,474.03
二、营业支出	96,443,966.68	2,580,985,317.22
退保金	60,973,316.79	320,934,567.76
赔付支出	32,960,782.87	481,799,830.74
减:摊回赔付支出	2,823,261.57	25,536,441.59
提取保险责任准备金	102,161,647.17	1,418,663,557.88
减:摊回保险责任准备金	174,871,027.60	177,309,698.18
保单红利支出		
分保费用		
营业税金及附加	－119,185.12	2,917,751.86
保险业务手续费及佣金支出	37,360,597.24	371,208,597.85
业务及管理费	36,388,953.71	182,277,214.10
减:摊回分保费用	79,918.51	5,134,776.61
其他业务成本	4,492,061.70	11,164,713.40
资产减值损失		
三、营业利润	203,479,564.12	150,346,600.73
加:营业外收入	164,026.06	499,549.56
减:营业外支出	253,497.21	489,287.21
四、利润总额	203,390,092.97	150,356,863.08
减:所得税费用		
五、净利润	203,390,092.97	150,356,863.08
六、每股收益		
(一)基本每股收益		
(二)稀释每股收益		

泰康人寿保险股份有限公司湖北分公司保险业务分地区统计表

表 6－2－3－49　　2008 年末　　单位：万元

保险机构	保费收入											有效保单件数(件)	赔款及给付													退保
	合计	个人业务			银保业务			团体业务			其中：新单保费		合计	个人业务				银保业务				团体业务				
		人寿保险	意外保险	健康保险	人寿保险	意外保险	健康保险	人寿保险	意外保险	健康保险				赔款	死伤医疗	满期	年金	赔款	死伤医疗	满期	年金	赔款	死伤医疗	满期	年金	
武汉市	88,349.52	25,719.29	286.48	5,807.96	37,394.53	0.06	0.02	17,647.23	646.84	847.11	62,658.31	56.78	52,771.30	1,067.48	771.53	103.20	1,164.68		33.91	14,708.02		749.72	33.37		19,335.91	14,803.47
黄石市	18,862.93	5,642.72	47.85	492.80	12,607.62	−0.02	0.04		47.94	23.99	15,444.01	8.59	4,621.64	92.91	78.68	16.03	175.31		19.78	585.98		9.88				3,643.07
襄樊市	31,064.60	8,171.39	97.54	920.98	21,619.67	−0.01	0.26	147.82	89.52	17.42	25,458.82	22.17	7,186.56	259.04	144.66	11.62	188.11		79.38	1,698.38		16.24	1.82			4,787.30
荆州市	17,827.09	4,216.21	33.54	369.48	13,041.10	−0.02		5.29	141.64	19.84	15,239.36	7.31	3,250.53	61.33	110.03	4.04	73.20		30.93	1,843.59		8.08				1,119.33
宜昌市	17,506.31	11,612.91	116.29	1,000.49	4,770.72	−0.02	0.22	2.83	2.65	0.21	9,743.88	21.39	3,943.31	226.60	131.53	65.18	303.32		14.78	1,764.52		3.31				1,434.07
十堰市	9,253.28	4,089.08	35.12	500.28	4,618.49		0.03	9.01	1.21	0.07	6,620.53	6.55	4,865.06	159.12	114.99	29.05	138.59		0.31	3,069.67		0.05				1,353.27
孝感市	19,233.71	4,049.06	23.83	205.94	14,925.73	−0.01			26.26	2.90	17,095.02	6.60	3,048.91	20.20	37.09		58.55		34.55	1,622.01		6.13				1,270.37
荆门市	28,135.25	9,100.38	74.46	457.78	18,517.15	−0.01	0.02	0.93	3.74	−19.21	23,245.23	14.21	2,827.53	99.78	110.89	19.82	106.63	0.02	26.02	1,405.09		24.68				1,034.60
鄂州市	4,034.57	2,143.60	9.46	62.60	1,812.88				5.90	0.13	3,109.48	1.91	187.80	14.47	19.29		11.38					5.00				137.65
黄冈市	17,675.62	7,362.25	44.63	425.97	9,838.53	−0.04	0.01		2.57	1.71	13,372.95	10.99	1,775.88	66.95	151.57	13.00	85.21		41.10	304.67		1.80				1,111.58
咸宁市	6,093.10	5,528.77	57.30	398.52	24.10	−0.01	0.01		76.74	7.67	2,693.10	8.54	1,396.14	130.80	82.03	11.50	89.13		4.12	509.95		19.28				549.34
随州市	666.21	649.54	2.49	14.18							438.75	0.65	41.34	7.17	12.86		7.56									13.74
恩施州	3,284.89	2,764.06	5.98	22.17	487.50				3.10	2.07	2,805.17	1.71	135.46	1.62	5.66					31.47						96.71
合计	261,987.08	91,049.26	834.96	10,679.16	139,658.02	−0.09	0.62	17,813.11	1,048.12	903.92	197,924.60	167.38	86,051.46	2,207.48	1,770.84	273.46	2,401.66	0.02	284.88	27,543.34		844.17	35.19		19,335.91	31,354.52

泰康人寿保险股份有限公司湖北分公司资产负债表

表 6－2－3－50 2008 年末 单位:元

资产	年初数	期末数	负债及所有者权益	年初数	期末数
资产			负债		
货币资金	6,833,826.66	7,311,856.97	短期借款		
拆出资金			拆入资金		
交易性金融资产			交易性金融负债		
衍生金融资产			衍生金融负债		
买入返售金融资产			卖出回购金融资产款		
应收利息	1,399.91	6,790.23	预收保费	6,504,089.22	5,203,245.68
应收保费	25,615,272.25	37,107,884.72	应付手续费及佣金	16,152,971.90	22,201,729.42
应收代位追偿款			应付分保账款	318,318.77	1,074,147.26
应收分保账款	880,737.40	2,382,609.51	应付职工薪酬	3,831,450.83	12,883,416.12
应收分保未到期责任准备金	1,258,606.41	1,083,142.99	应交税费	－1,791,284.76	－723,538.51
应收分保未决赔款准备金	313,925.47	636,171.57	应付赔付款	20,963,252.47	28,913,329.40
应收分保寿险责任准备金	11,736,804.68	10,527,438.57	应付保单红利	168,901,165.93	181,338,880.61
应收分保长期健康险责任准备金	113,083.98	142,799.44	保户储金及投资款	3,972,916.29	4,999,261.73
保户质押贷款	146,000.00	587,700.00	未到期责任准备金	35,192,009.77	36,406,282.90
定期存款			未决赔款准备金	6,706,078.18	7,862,621.87
可供出售金融资产			寿险责任准备金	3,580,952,373.21	4,955,296,563.28
持有至到期投资			长期健康险责任准备金	217,185,771.98	259,651,959.66
长期股权投资			长期借款		
存出资本保证金			应付债券		
投资性房地产			独立账户负债		
固定资产	8,114,641.83	11,570,761.20	递延所得税负债		
无形资产			系统往来	－3,639,863,111.86	－4,925,292,194.04
独立账户资产			其他负债	53,140,085.43	15,663,659.24
递延所得税资产	1,849,776.21	5,399,861.34	负债合计	472,166,087.36	605,479,364.62
其他资产	4,164,508.45	9,743,958.63	所有者权益		
			实收资本		
			资本公积		
			减:库存股		
			盈余公积		
			一般风险准备		
			未分配利润	－411,137,504.11	－518,978,389.45
			所有者权益合计	－411,137,504.11	－518,978,389.45
资产总计	61,028,583.25	86,500,975.17	负债及所有者权益总计	61,028,583.25	86,500,975.17

泰康人寿保险股份有限公司湖北分公司利润表

表 6－2－3－51　　2008 年末　　单位:元

项目	本期数	累计数
一、营业收入	－139,310.30	2,616,800,773.36
已赚保费	－139,310.30	2,613,930,543.55
保险业务收入		2,619,870,767.43
其中:分保费收入		
减:分出保费	139,310.30	4,550,487.33
提取未到期责任准备金		1,389,736.55
投资收益(损失以"－"号填列)		225,406.13
其中:对联营企业和合营企业的投资收益		
公允价值变动损益		
汇兑收益(损失以"－"号填列)		
其他业务收入		2,644,823.68
二、营业支出	－725,686.32	2,727,902,973.25
退保金	319,332.88	313,864,488.98
赔付支出		546,969,457.70
减:摊回赔付支出	1,045,019.20	4,677,705.88
提取保险责任准备金		1,417,966,921.44
减:摊回保险责任准备金		－857,404.55
保单红利支出		57,721,040.61
分保费用		
营业税金及附加		1,115,355.90
手续费及佣金支出		219,741,301.85
业务及管理费		166,914,539.97
减:摊回分保费用		825,559.41
其他业务成本		8,255,727.54
资产减值损失		
三、营业利润(亏损以"－"号填列)	586,376.02	－111,102,199.89
加:营业外收入		182,625.42
减:营业外支出		359,285.84
四、利润总额(亏损总额以"－"号填列)	586,376.02	－111,278,860.31
减:所得税费用	－3,078,144.73	－3,437,974.97
其中:当期所得税		112,110.16
递延所得税	－3,078,144.73	－3,550,085.13
五、净利润(净亏损以"－"号填列)	3,664,520.75	－107,840,885.34
六、每股收益		
(一)基本每股收益		
(二)稀释每股收益		

新华人寿保险股份有限公司湖北分公司业务统计表

表 6－2－3－52　　2008 年末　　单位：万元

项目	保险金额	保费收入		赔款或给付支出			退保	赔付率(%)
		总金额	一年期保费收入	总金额	赔款支出	满期给付		
合计	5,365,769.68	330,309.09	2,504.72	16,772.38	1,036.64	15,735.74	19,369.60	5.08
人寿险	1,070,763.49	319,944.20	17.79	15,735.74		15,735.74	18,311.00	4.92
意外险	4,137,986.58	937.63	936.79	190.24	190.24		0.14	20.29
健康险	157,019.61	9,427.26	1,550.14	846.40	846.40		1,058.46	8.98

新华人寿保险股份有限公司湖北分公司分地区业务统计表

表 6－2－3－53　　2008 年末　　单位：万元

保险机构	个人业务保费收入			团体业务保费收入	代理业务保费收入	保费收入总计
	新契约有效保费	续期保费	合计			
武汉市	9,936.21	14,297.70	24,233.91	2,325.66	45,774.19	72,333.76
黄石市	2,689.10	2,575.61	5,264.71	63.25	12,152.63	17,480.59
襄樊市	3,953.53	7,015.56	10,969.09	94.50	21,631.71	32,695.30
荆州市	2,642.06	4,561.25	7,203.31	143.51	47,237.74	54,584.56
宜昌市	1,852.05	5,259.97	7,112.02	33.16	5,607.49	12,752.67
十堰市	2,062.99	2,044.77	4,107.76	66.62	15,586.30	19,760.68
孝感市	4,499.88	4,746.01	9,245.89	30.93	18,997.10	28,273.92
荆门市	2,611.18	3,128.05	5,739.23	80.58	17,774.53	23,594.35
鄂州市	1,277.19	1,219.10	2,496.29	13.89	3,074.13	5,584.31
黄冈市	2,273.02	2,404.71	4,677.73	66.19	18,215.89	22,959.81
咸宁市	2,297.08	2,411.63	4,708.71	43.07	13,861.30	18,613.08
随州市	1,622.85	1,518.19	3,141.04	20.63	13,504.62	16,666.28
恩施州	2,512.41	1.24	2,513.65		2,496.14	5,009.79
合计	40,229.55	51,183.79	91,413.34	2,981.99	235,913.76	330,309.09

新华人寿保险股份有限公司湖北分公司资产负债表

表 6－2－3－54 2008 年末 单位:元

资产	年初数	期末数	负债及所有者权益	年初数	期末数
流动资产			流动负债		
现金	35,463.10	20,437.45	短期借款		
银行存款	32,707,611.57	28,689,557.95	拆入资金		
其他货币资金			应付手续费	2,062,799.38	7,820,797.15
短期投资			应付佣金	6,745,908.72	9,770,800.86
短期投资跌价准备			应付分保账款	511,260.64	469,743.79
拆出资金			预收保费	7,003,471.89	9,101,622.87
保户质押贷款	3,434,798.80	5,654,674.86	预收分保账款		
应收利息			存入分保准备金		
应收保费	15,947,635.95	46,886,442.38	存入保证金		
应收分保账款	1,103,093.75	939,858.32	应付工资	4,566,373.20	6,504,207.20
其他应收款	2,178,801.85	3,626,049.03	应付福利费		
应收款小计	19,229,531.55	51,452,349.73	应付保户红利		
减:坏账准备			应付利润		
应收款项净额	19,229,531.55	51,452,349.73	应交税金	2,911,649.53	－2,335,578.80
预付赔款			卖出回购证券款		
存出分保准备金			其他应付款	32,231,074.04	32,323,791.18
存出保证金			预提费用		
买入返售证券			未决赔款准备金	3,374,562.44	5,643,401.37
物料用品	3,564,665.18	4,428,606.84	未到期责任准备金	10,429,909.87	12,050,050.85
低值易耗品	2,057,796.81	3,206,566.56	保户储金	1,462,612.32	1,843,184.25
待摊费用	923,130.21	3,067,134.67	一年内到期的长期负债		
系统内部往来	2,691,321,859.34	5,064,918,152.93	其他流动负债		
内部往来			流动负债合计	71,299,622.03	83,192,020.72
待处理流动资产损失			长期负债		
一年内到期的长期债			长期责任准备金		
其他流动资产			寿险责任准备金	2,555,887,954.99	5,166,668,328.41
流动资产合计	2,753,274,856.56	5,161,437,480.99	长期健康险责任准备	169,495,865.46	217,817,280.56
长期投资			保险保障基金		
投资风险准备			长期借款		
长期债券投资			长期应付款		
长期股权投资			应付债券		
固定资产			其他长期负债		
固定资产原值	14,281,385.69	57,098,485.42	长期负债合计	2,725,383,820.45	5,384,485,608.97
减:累计折旧	－6,868,960.64	－9,101,688.13	独立账户负债		
固定资产净值	7,412,425.05	47,996,797.29	独立账户未实现利得		
在建工程	33,860,898.00		负债合计	2,796,683,442.48	5,467,677,629.69
固定资产清理			所有者权益		
待处理固定资产净损			实收资本		
固定资产合计	41,273,323.05	47,996,797.29	资本公积		
无形资产及其他资产			盈余公积		
无形资产	24,500.00	25,687.50	其中:公益金		
长期待摊费用	2,110,762.87	4,847,874.89	总准备金		
存出资金保证金			未分配利润		
抵债物资			本年利润		－253,362,789.02
其他长期资产			所有者权益合计		－253,362,789.02
长期应收款					
无形资产及其他资产合计	2,135,262.87	4,873,562.39			
独立账户资产					
资产总计	2,796,683,442.48	5,214,307,840.67	**负债及所有者权益总计**	2,796,683,442.48	5,214,314,840.67

新华人寿保险股份有限公司湖北分公司损益表

表 6－2－3－55　　2008 年末　　单位:元

项目	本期数	本年累计数
一、保险业务收入	238,240,144.73	3,303,090,869.47
1.保费收入	238,240,144.73	3,303,090,869.47
2.分保费收入		
二、保险业务支出	72,064,885.54	892,506,732.93
1.死伤医疗给付	2,574,304.47	18,543,486.16
2.满期给付	1,299,019.85	157,357,361.81
3.年金给付	2,525,771.51	8,399,429.14
4.退保金	16,704,813.59	193,695,952.89
5.赔款支出	1,106,104.73	10,366,365.69
减:摊回分保赔款	77,655.27	702,994.88
6.分出保费	142,821.80	1,318,712.99
7.分保赔款支出		
8.分保费用支出		
9.手续费支出	6,687,107.68	89,767,816.07
10.佣金支出	8,778,584.39	189,181,787.63
11.营业税金及附加	－5,578,893.28	－143,472.70
12.营业费用	37,939,259.42	225,170,203.41
减:摊回分保费用	36,353.35	447,915.28
13.提取保险保障基金		
三、准备金提转差	222,039,023.09	2,662,873,640.28
1.提存未决赔款准备金	1,472,878.23	2,268,838.93
减:转回未决赔款准备金		
2.提存未到期责任准备金	－910,353.44	1,503,012.83
减:转回未到期责任准备金		
3.提存寿险责任准备金	213,072,197.41	2,610,780,373.42
减:转回寿险责任准备金		
4.提存长期健康险责任准备金	8,404,300.89	48,321,415.10
减:转回长期健康险责任准备金		
四、承保利润	－55,863,763.90	－252,289,503.74
加:投资收益		
利息收入	83,738.44	646,068.48
其他收入	4,050.00	33,931.00
汇兑收益		
买入返售证券收入		
独立账户收益		
减:利息支出		
保户利差支出		
卖出回购证券支出		
其他支出	－15,094.54	68,352.86
独立账户费用		
五、营业利润	－55,760,880.92	－251,677,857.12
加:营业外收入	2.15	13,707.34
减:营业外支出	85,582.52	1,654,361.91
六、利润总额	－55,846,461.29	－253,318,511.69
减:所得税	15,305.07	44,277.33
七、净利润	－55,861,766.36	－253,362,789.02

太平人寿保险有限公司湖北分公司业务统计表

表 6-2-3-56　　2008 年末　　单位:万元

险种	本年累计数	渠道	本年累计数
寿险	65,058.59	个人保险	24,775.71
意外险	1,206.28	团体保险	651.82
健康险	4,442.65	银行代理	45,279.99
总计	70,707.52	总计	70,707.52

太平人寿保险有限公司湖北分公司分地区业务统计表

表 6-2-3-57　　2008 年末　　单位:万元

保险机构	保险金额
武汉市	29,985.90
黄石市	2,151.20
襄樊市	6,039.23
荆州市	8,581.91
宜昌市	8,785.73
十堰市	8,404.86
荆门市	2,933.87
黄冈市	2,057.20
咸宁市	250.74
随州市	1,430.34
潜江市	86.55
总计	70,707.52

太平人寿保险有限公司湖北分公司资产负债表

表 6－2－3－58　　2008 年末　　单位:元

资产	年初数	期初数	期末数	负债及所有者权益	年初数	期初数	期末数
流动资产				流动负债			
现金	38,622.43	83,194.50	13,950.42	应付手续费	1,631,635.61	430,583.39	457,482.82
银行存款	1,581,760.10	3,039,590.17	81,390,138.49	应付佣金	3,487,364.98	2,209,280.38	3,628,539.95
短期投资				应付分保账款			
短期投资跌价准备				预收保费	811,344.51	637,684.81	1,278,909.10
保户质押贷款	7,093,457.87	4,968,037.82	4,917,814.74	预收分保赔款			
应收利息	4,827.69	24,660.68	25,475.03	应付工资	1,516,010.18	2,044,009.01	1,405,671.37
应收保费	3,257,170.37	4,734,757.24	5,427,090.95	应付福利费			
应收分保合同准备金	1,247,758.07	1,361,943.44	1,567,437.39	应付保户利差	3,133,878.51	2,834,374.57	923,714.63
买入返售证券				应交税金	924,266.83	507,914.36	811,114.57
其他应收款	2,475,072.24	1,964,737.14	2,083,130.96	卖出回购证券款			
备用金		83,000.00		其他应付款	2,458,000.30	2,598,512.82	2,216,367.95
物料用品	93,350.82	85,876.25	83,810.57	预提费用	168,229.06	1,201,157.44	849,052.63
低值易耗品				未决赔款准备金	2,117,833.76	4,289,907.88	4,836,789.14
待摊费用	1,708,328.84	763,748.61	323,232.67	其中:已发生未报告	1,972,021.53	3,893,632.05	3,950,479.46
其他流动资产				未到期责任准备金	7,544,458.51	9,222,852.65	9,154,651.75
流动资产合计	17,500,348.43	17,109,545.85	95,832,081.22	系统内往来	−278,782,516.40	−437,971,614.54	−368,345,950.40
固定资产				保户储金及投资款	194,687.39	2,622,951.71	2,338,684.66
固定资产原值	3,929,425.28	4,588,082.47	4,640,143.47	应付利息			
房屋及建筑物				其他流动负债			
电子计算机	3,061,900.08	3,589,301.53	3,641,362.53	流动负债合计	−254,794,806.76	−409,372,385.52	−340,444,971.83
办公处理设备	105,510.00	112,510.00	112,510.00	寿险责任准备金	357,110,062.94	508,460,121.03	523,089,845.54
电器设备	361,332.00	469,802.00	469,802.00	长期健康险责任准备金	12,721,039.20	18,372,510.11	20,174,609.90
通讯设备	142,688.20	158,473.94	158,473.94	保险保障基金		526,062.09	
交通运输设备	257,995.00	257,995.00	257,995.00	其他长期负债			
安全保卫设备				长期负债合计	369,831,102.14	527,358,693.23	543,264,455.44
医疗设备				负债合计	115,036,295.38	117,986,307.71	202,819,483.61
自有物业装修费				所有者权益			
累计折旧	1,767,523.11	2,598,333.82	2,678,261.25	实收资本			
房屋及建筑物				资本公积			
电子计算机	1,436,829.82	2,108,197.23	2,172,308.12	未分配利润	−95,064,417.48	−97,244,394.93	−103,447,358.78
办公处理设备	40,823.82	59,643.89	61,424.88	其中:本年未分配利润		−2,179,977.45	−8,382,941.30
电器设备	107,595.87	177,639.03	185,079.60	其中:年初未分配利润	−95,064,417.48	−95,064,417.48	−95,064,417.48
通讯设备	27,046.61	52,692.56	55,202.61	所有者权益合计	−95,064,417.48	−97,244,394.93	−103,447,358.78
交通运输设备	155,226.99	200,161.11	204,246.04				
安全保卫设备							
医疗设备							
自有物业装修费							
固定资产净值	2,161,902.17	1,989,748.65	1,961,882.22				
在建工程							
固定资产清理							
固定资产合计	2,161,902.17	1,989,748.65	1,961,882.22				
其他长期资产							
无形资产							
长期待摊费用	309,627.30	1,642,618.28	1,578,161.39				
存出资本保证金							
长期债券投资							
长期权益投资							
其他长期资产							
其他长期资产合计	309,627.30	1,642,618.28	1,578,161.39				
资产总计	19,971,877.90	20,741,912.78	99,372,124.83	负债及所有者权益总计	19,971,877.90	20,741,912.78	99,372,124.83

太平人寿保险有限公司湖北分公司利润表

表 6－2－3－59　　2008 年末　　单位:元

项目	本期数	本年累计数
保费收入	22,063,298.64	299,858,958.05
意外险	566,492.61	6,722,014.52
健康险	2,590,120.86	26,782,141.73
寿险	17,890,978.52	257,621,155.51
年金	1,015,706.65	8,733,646.29
死伤医疗给付	90,000.00	2,265,216.27
满期给付		9,749.15
年金给付	20,250.00	225,150.97
退保金	2,143,737.49	27,102,658.82
赔款支出	1,056,351.82	10,137,495.58
减:摊回分保赔款	645,522.36	1,391,691.95
分出保费	1,036,874.60	2,493,289.61
手续费支出	529,835.62	6,086,045.08
佣金支出	3,639,049.34	32,285,622.66
营业税金及附加	81,088.98	432,593.40
营业费用	5,612,325.22	53,956,120.30
减:摊回分保费用	166,632.66	395,161.61
提取保险保障基金	26,104.40	552,166.49
保险业务支出合计	13,423,542.45	133,759,254.77
提存未决赔款准备金	4,466,394.87	31,048,371.38
减:转回未决赔款准备金	3,934,393.31	28,404,623.17
提存未到期责任准备金	8,139,223.46	101,390,384.80
减:转回未到期责任准备金	8,319,526.46	99,947,661.79
提存寿险责任准备金	522,934,332.00	5,498,557,844.88
减:转回寿险责任准备金	508,931,152.87	5,336,179,842.30
提存长期健康险责任准备金	20,148,508.61	191,697,116.73
减:转回长期健康险责任准备金	18,306,753.63	184,436,827.82
准备金提转差	16,196,632.67	173,724,762.71
承保利润	－7,556,876.48	－7,625,059.43
加:投资收益		
利息收入	41,056.81	561,978.29
买入返售证券收入		
其他收入	17,677.14	346,148.57
汇兑收益		
减:利息支出		
卖出回购证券支出		
保单红利支出	－1,395,178.68	1,558,438.73
其他支出		
营业利润	－6,102,963.85	－8,275,371.30
加:营业外收入		
减:营业外支出	100,000.00	107,570.00
加:以前年度损益调整		
利润总额	－6,202,963.85	－8,382,941.30
减:所得税		
净利润	－6,202,963.85	－8,382,941.30

生命人寿保险股份有限公司湖北分公司业务统计表

表 6-2-3-60　　2008 年末　　单位:万元、人、个

地区	个人营销业务保费收入			团体业务保费收入	代理业务保费收入	合计	营销员规模人数	团体外勤人数	代理外勤人数	银行网点数
	新契约有效保费	续期保费	合计							
武汉市	1,277.42	1,425.53	2,702.95	1,173.30	34,473.44	38,349.69	299	19	53	196
黄石市	692.03	394.69	1,086.71	37.35	5,275.57	6,399.63	201	2	11	42
襄樊市	1,827.63	923.34	2,750.97	43.75	22,124.49	24,919.22	597	3	30	98
荆州市	814.38	591.57	1,405.96	134.58	2,525.61	4,066.15	216	4	9	42
宜昌市	1,534.17	768.71	2,302.87	1,720.81	6,020.70	10,044.38	441	5	12	49
十堰市	443.65	89.71	533.36	51.34	840.00	1,424.70	152	4	8	23
孝感市	405.07	160.98	566.05	34.54	1,830.63	2,431.22	128	1	7	24
荆门市	2,096.76	800.52	2,897.28	35.47	3,232.08	6,164.83	666	2	10	66
鄂州市										
黄冈市	1,124.46	468.62	1,593.08	506.00	1,140.40	3,239.47	543	1	6	44
咸宁市										
随州市										
恩施州										
合计	10,215.57	5,623.67	15,839.24	3,737.14	77,462.92	97,039.30	3,243	41	146	584

生命人寿保险股份有限公司湖北分公司资产负债表

表 6－2－3－61　　2008 年末　　单位:元

资产	期初余额	期末余额	负债和所有者权益	期初余额	期末余额
资产			负债		
货币资金	17,800,315.97	1,728,719.11	拆入资金		
拆出资金			交易性金融负债		
交易性金融资产			衍生金融负债		
买入返售金融资产			卖出回购金融资产款		
应收利息	1,113.00	1,255.00	预收保费	18,339,547.51	5,320,912.14
应收保费	5,215,462.05	8,821,734.05	应付手续费及佣金	5,679,759.19	4,433,035.76
应收代位追偿款			应付分保账款		
应收分保账款			应付职工薪酬	1,327,243.49	3,327,800.43
应收分保未到期责任准备金	1,153,019.57	1,163,730.02	应交税费	603,583.32	635,856.49
应收分保未决赔款准备金	71,305.76	234,989.38	应付赔付款	3,589,886.87	3,430,911.27
应收分保寿险责任准备金			应付保单红利	16,899,610.11	27,081,771.15
应收分保长期健康险责任准备金			保户储金及投资款	903,887.67	172,858.60
保户质押贷款	4,930,682.00	7,586,985.00	未到期责任准备金	9,219,033.04	6,978,678.29
定期存款			未决赔款准备金	2,002,905.57	3,309,828.45
可供出售金融资产			寿险责任准备金	1,029,342,416.37	1,702,633,250.49
持有至到期投资			长期健康险责任准备金	4,895,265.42	10,016,952.09
长期股权投资			长期借款		
存出资本保证金			应付债券		
投资性房地产			独立账户负债		
固定资产	5,881,025.72	4,526,387.67	递延所得税负债		
无形资产	367,941.26	286,494.21	其他负债	－873,600,987.14	－1,621,792,263.86
独立账户资产			负债合计	219,202,151.42	145,549,591.30
递延所得税资产			所有者权益		
其他资产	3,943,758.00	3,501,848.07	实收资本		
			资本公积		
			盈余公积		
			一般风险准备		
			未分配利润	－179,837,528.09	－117,697,448.79
			所有者权益合计	－179,837,528.09	－117,697,448.79
资产总计	39,364,623.33	27,852,142.51	负债和所有者权益总计	39,364,623.33	27,852,142.51

生命人寿保险股份有限公司湖北分公司利润表

表 6－2－3－62　　2008 年末　　单位:元

项目	本期数	本年累计数
一、营业收入	35,671,627.33	969,756,567.37
已赚保费	35,622,382.95	969,410,995.93
保险业务收入	38,387,032.88	970,392,977.55
其中:分保费收入		
减:分出保费	2,494,699.47	3,233,046.82
提取未到期责任准备金	269,950.46	－2,251,065.20
投资收益		
公允价值变动收益		
汇兑收益		
其他业务收入	49,244.38	345,571.44
二、营业支出	56,961,805.17	907,488,453.28
退保金	12,100,521.56	76,279,691.75
赔付支出	1,579,864.29	14,191,799.97
减:摊回赔付支出	488,204.14	625,630.91
提取保险责任准备金	28,513,175.58	679,719,443.67
减:摊回保险责任准备金	93,412.75	163,683.62
保单红利支出	700,608.67	10,752,525.83
分保费用		
营业税金及附加	53,405.64	562,394.23
手续费及佣金支出	6,013,709.85	59,042,201.56
业务及管理费	9,447,214.62	68,661,709.04
减:摊回分保费用	897,928.73	1,146,167.73
其他业务成本	25,910.29	207,229.20
资产减值损失	6,940.29	6,940.29
三、营业利润	－21,290,177.84	62,268,114.09
加:营业外收入	14,959.73	－25,733.64
减:营业外支出	34,472.79	100,701.15
减:以前年度损益调整		
四、利润总额	－21,309,690.90	62,141,679.30
减:所得税费用		
五、净利润	－21,309,690.90	62,141,679.30

合众人寿保险股份有限公司保费收入统计表

表 6－2－3－63　　2008 年末　　单位:元

项目	本期数	本年累计数
保费收入合计	454,247,966.70	5,450,506,418.80
个险保费收入	180,738,125.31	1,863,511,806.89
银行保险保费收入	264,409,920.97	3,318,753,732.88
团险保费收入	9,099,920.42	268,240,879.03

注:"本期数"指 2008 年 12 月当月保费收入数据,"本年数"指 2008 年 1—12 月保费收入数据。

合众人寿保险股份有限公司资产负债表

表 6－2－3－64　　2008 年末　　单位:万元

资产	年初数	期末数	负债及所有者权益	年初数	期末数
资产			负债		
货币资金	59,595	44,949	准备金类负债	426,155	810,397
投资资产	412,282	935,860	其他负债	26,538	249,355
固定资产	54,663	66,668	负债合计	452,693	1,059,752
其他资产	19,537	32,682	所有者权益		
			股本	66,658	66,658
			资本公积	95,858	104,267
			未分配利润	－69,132	－150,518
			所有者权益合计	93,384	20,407
资产总计	546,077	1,080,159	负债及所有者权益总计	546,077	1,080,159

合众人寿保险股份有限公司利润表

表 6－2－3－65　　2008 年末　　单位:万元

项目	本期数	累计数
一、营业收入	53,945	562,815
二、营业支出	74,487	646,276
三、营业利润	－20,542	－83,461
四、利润总额(亏损总额以"－"号填列)	－20,568	－84,188
五、净利润(净亏损以"－"填列)	－17,765	－81,385

合众人寿保险股份有限公司湖北分公司保险业务统计表

表 6－2－3－66　　2008 年末　　单位:万元

项目	保险金额	保费收入	赔款或给付支出			退保	赔付率(%)
			总金额	赔款支出	给付支出		
人寿险	477,984.84	51,749.21	315.88		315.88	11,154.41	0.61
意外险	1,697,042.32	531.46	111.92	111.92			21.06
健康险	416,734.67	2,370.73	1,135.05	1,070.14	64.91	11.53	47.88
合计	2,591,761.83	54,651.40	1,562.85	1,182.06	380.79	11,165.94	2.86

合众人寿保险股份有限公司湖北分公司分地区保险业务统计表

表 6－2－3－67　　2008 年末　　单位:万元

保险机构	个人业务保费收入			团体业务保费收入	代理业务保费收入	保费收入总计
	新契约有效保费	续期保费	合计			
武汉市	1,237.23	1,234.65	2,471.88	1,711.09	19,284.73	23,467.69
黄石市	591.85	105.37	697.22	4.40		701.62
襄樊市	723.49	598.35	1,321.83	3.28	3,655.60	4,980.71
荆州市	1,342.27	718.71	2,060.97	8.43	4,443.12	6,512.52
宜昌市	2,020.64	1,728.88	3,749.53	32.19	2,090.16	5,871.87
十堰市	1,117.65	770.08	1,887.73	7.85		1,895.58
孝感市	719.80	119.73	839.53	3.91	231.10	1,074.53
荆门市	558.90	169.64	728.54	4.91	1,367.81	2,101.26
鄂州市	182.27	123.26	305.53			305.53
黄冈市	1,903.97	844.85	2,748.82	0.39	3,992.92	6,742.12
咸宁市	287.23	56.99	344.22	3.94		348.17
随州市	401.67	248.13	649.80			649.80
恩施州						
合计	11,086.97	6,718.63	17,805.60	1,780.38	35,065.43	54,651.40

合众人寿保险股份有限公司湖北分公司资产负债表

表 6－2－3－68　　2008 年末　　单位:元

资产	期初数	期末数	负债和所有者权益(或股东权益)	期初数	期末数
资产			负债		
货币资金	1,046,174.65	15,287,379.84	短期借款		
拆出资金			存入保证金		
交易性金融资产			拆入资金		
衍生金融资产			交易性金融负债		
买入返售金融资产			衍生金融负债		
应收利息	91,111.95	189,930.41	卖出回购金融资产款		
应收保费	7,405,596.90	9,011,448.08	应付手续费及佣金	3,638,027.00	6,460,725.17
应收管理费[养老]			应付营销费[养老]		
应收代位追偿款			预收保费	1,103,881.58	820,853.91
应收分保账款	278,414.23	462,255.49	应付职工薪酬	304,924.89	2,067,402.96
应收分保未到期责任准备金	80,339.77	32,554.19	应交税费	363,558.62	474,550.71
应收分保未决赔款准备金			保险保障基金		
应收分保寿险责任准备金	147,411.30	261,636.24	应付赔付款	5,865.79	67,255.78
应收分保长期健康险责任准备金	226,076.47	33,581.53	其他应付款	3,256,033.93	4,024,327.29
保户质押贷款	2,976,647.22	4,173,442.93	应付保单红利	8,414,031.16	12,495,352.70
贷款			应付分保账款	755,788.15	892,862.50
存出保证金			未到期责任准备金	8,311,173.67	9,486,395.97
定期存款			未决赔款准备金	673,589.23	4,319,936.04
可供出售金融资产			其中:已发生未报告未决赔款准备金	521,679.35	4,202,073.50
持有至到期投资			寿险责任准备金	515,653,029.07	859,916,207.48
长期股权投资			长期健康险责任准备金	2,766,642.15	5,757,373.20
存出资本保证金			保户储金及投资款	-	262,673.64
投资性房地产			长期借款		
固定资产	4,754,374.97	4,747,890.04	应付债券		
无形资产			卫星发射保险基金		
独立账户资产			递延所得税负债		
递延所得税资产			独立账户负债		
系统内往来	441,329,520.53	717,708,817.77	系统内往来		
内部往来			内部往来		
其他资产	1,794,166.94	3,433,115.03	其他负债	225,950.00	9,333.34
			负债合计	545,472,495.24	907,055,250.69
			所有者权益(或股东权益)		
			股本		
			资本公积		
			减:库存股		
			盈余公积		
			一般风险准备		
			未分配利润	−85,342,660.31	−151,713,199.14
			外币报表折算差额		
			少数股东权益		
			所有者权益合计	−85,342,660.31	−151,713,199.14
资产总计	460,129,834.93	755,342,051.55	负债和所有者权益总计	460,129,834.93	755,342,051.55

合众人寿保险股份有限公司湖北分公司利润表

表 6－2－3－69　　2008 年末　　单位:元

项目	本期数	累计数
一、营业收入	38,139,950.06	545,377,428.61
已赚保费	38,100,361.45	545,078,223.37
保险业务收入		546,438,305.60
其中:分保费收入		
减:分出保费	－296,539.61	137,074.35
提取未到期责任准备金	－2,486,224.60	1,223,007.88
投资收益(损失以"－"号填列)		
其中:对联营企业和合营企业的投资收益		
公允价值变动收益(损失以"－"号填列)		
买入返售证券收入		
汇兑收益(损失以"－"号填列)		
其他业务收入	39,588.61	299,205.24
二、营业支出	59,604,518.79	611,497,360.90
退保金	3,361,743.55	111,659,373.90
赔付支出	2,902,795.02	15,628,484.23
减:摊回赔付支出	155,010.57	204,045.35
提取保险责任准备金	27,609,163.37	350,900,256.27
减:摊回保险责任准备金	15,473.78	－78,270.00
保单红利支出	5,976,168.12	6,273,996.42
分保费用		
营业税金及附加	11,989.37	307,905.70
手续费及佣金支出	7,924,710.54	63,339,810.54
业务及管理费	11,885,166.53	63,539,975.93
减:摊回分保费用	－102,545.74	29,584.14
其他业务成本	720.90	2,917.40
资产减值损失		
三、营业利润(亏损以"－"号填列)	－21,464,568.73	－66,119,932.29
加:营业外收入		
减:营业外支出	13,965.02	250,606.54
四、利润总额(亏损总额以"－"号填列)	－21,478,533.75	－66,370,538.83
减:所得税费用		
五、净利润(净亏损以"－"填列)	－21,478,533.75	－66,370,538.83
六、每股收益		
(一)基本每股收益		
(二)稀释每股收益		

信诚人寿保险有限公司湖北省分公司业务统计表

表 6－2－3－70　　2008 年末　　单位：百万元、万件

保险机构	保费收入														有效保单件数	赔款及给付									退保
	合计	个人业务						团体业务						其中：新单保费		合计	个人业务				团体业务				
		人寿保险				意外伤害险	健康险	人寿保险				意外伤害险	健康险				赔款	死伤医疗给付	满期给付	年金给付	赔款	死伤医疗给付	满期给付	年金给付	
		合计	普通寿险产品	分红产品	其他产品			合计	普通寿险产品	分红产品	其他产品														
武汉市	189.36	162.46	4.30	53.43	104.73	3.29	22.04	0.05	0.05			0.69	0.83	113.24	5.67	9.15	6.94	1.44	0.15		0.62				8.20
黄石市																									
襄樊市	17.95	15.92	0.27	1.53	14.12	0.41	1.60						0.02	12.61	0.66	0.68	0.39	0.28			0.01				1.29
荆州市	2.95	2.37	0.13	1.16	1.08	0.12	0.44						0.02	2.56	0.12	0.05	0.04				0.01				
宜昌市	10.93	9.47	0.27	1.82	7.38	0.27	1.17						0.02	7.06	0.34	0.31	0.19	0.09			0.03				1.04
十堰市																									
孝感市																									
荆门市																									
鄂州市																									
黄冈市																									
咸宁市																									
随州市																									
恩施州																									
合计	221.19	190.22	4.97	57.94	127.31	4.09	25.25	0.05	0.05			0.69	0.89	135.47	6.79	10.19	7.56	1.81	0.15		0.67				10.53

信诚人寿保险有限公司湖北省分公司资产负债表

表 6－2－3－71　　2008 年末　　单位:元

资产	年初数	期末数	负债及所有者权益	年初数	期末数
资产			负债		
货币资金	12,866,845.40	10,508,083.58	短期借款		
拆出资金			拆入资金		
交易性金融资产			交易性金融负债		
衍生金融资产			衍生金融负债		
买入返售金融资产			卖出回购金融资产款		
应收保费	9,933,062.08	14,667,417.55	预收保费	618,070.42	846,032.57
应收分保账款	3,070,194.21	4,760,056.51	应付手续费及佣金	12,527,685.44	11,639,707.67
应收分保未到期责任准备金	1,361,166.89	1,530,355.51	应付分保账款	3,081,314.36	4,171,368.52
应收分保未决赔款准备金	628,753.36	772,566.85	应付职工薪酬	217,765.20	344,835.55
应收分保寿险责任准备金	105,894.12	1,219,415.09	应交税费	1,073,513.42	1,463,348.79
应收分保长期健康险责任准备金	74,095.06	160,455.62	应付赔付款	191,877.47	1,328,800.10
保户质押贷款	6,494.60	126,054.50	应付保单红利	760,772.07	1,168,292.71
定期存款			保户储金及投资款		
结构性存款			未到期责任准备金	7,573,034.96	9,459,952.56
可供出售金融资产			未决赔款准备金	1,615,509.95	2,161,953.81
持有至到期投资			寿险责任准备金	107,053,342.87	240,780,023.69
长期股权投资			长期健康险责任准备金	2,527,452.95	5,451,743.03
存出资本保证金			长期借款		
固定资产	5,397,554.28	1,790,940.39	应付债券		
无形资产	240,409.50	84,775.85	独立账户负债		
独立账户资产			递延所得税负债		
递延所得税资产			其他负债	5,954,315.63	4,620,841.90
其他资产	26,845,707.48	126,920,078.66	负债合计	143,194,654.74	283,436,900.90
			所有者权益		
			实收资本		
			资本公积		
			盈余公积		
			一般风险准备		
			未分配利润	−82,664,477.76	−120,896,700.79
			所有者权益合计	−82,664,477.76	−120,896,700.79
资产总计	60,530,176.98	162,540,200.11	负债及所有者权益总计	60,530,176.98	162,540,200.11

信诚人寿保险有限公司湖北省分公司利润表

表 6－2－3－72　　2008 年末　　单位:元

项目	本期数	本年累计数
一、营业收入	24,726,407.02	216,486,422.42
已赚保费	24,693,918.69	216,272,164.17
保险业务收入	26,388,686.52	221,195,869.67
其中:分保费收入		
减:分出保费	745,484.86	3,205,976.52
提取未到期责任准备金	949,282.97	1,717,728.98
投资净收益		
公允价值变动净收益		
汇兑净收益		
其他业务收入	32,488.33	214,258.25
二、营业支出	39,243,875.14	255,175,158.64
赔付总支出	1,338,835.57	10,209,952.91
减:摊回赔付支出	411,553.84	3,954,636.25
提取保险责任准备金	27,957,592.04	137,197,359.04
减:摊回保险责任准备金	1,353,425.10	1,343,695.02
手续费及佣金支出	4,813,791.60	45,280,663.05
分保费用		
退保金	855,137.26	10,537,472.28
保单红利支出	887,231.26	887,231.26
营业税金及附加	10,712.35	250,131.14
业务及管理费	5,196,957.19	56,178,537.40
减:摊回分保费用	53,302.59	81,888.38
其他业务支出	1,899.40	14,031.21
资产减值损失		
三、营业利润	－14,517,468.12	－38,688,736.22
加:营业外收入		
减:营业外支出		
四、利润总额	－14,517,468.12	－38,688,736.22
减:所得税费用		
五、净利润	－14,517,468.12	－38,688,736.22

平安养老保险股份有限公司湖北分公司保险业务情况一览表

表 6－2－3－73　　2008 年末　　单位:万元

项目	保费收入	给付金额	赔付率(%)
合计	61,843.98	4,413.53	77.25
人寿保险	52,311.92	4,256.45	
意外保险	3,894.12		31.73
健康保险	5,637.94	157.08	101.37

平安养老保险股份有限公司湖北分公司保险业务分地区统计表

表 6－2－3－74　　2008 年末　　单位:万元

业绩／地区	团体业务保费收入
武汉市	38,417.01
黄石市	687.06
襄樊市	10,381.33
荆州市(含潜江市、仙桃市)	1,776.90
宜昌市	1,764.12
十堰市	8,220.83
荆门市	596.73
合计	61,843.98

平安养老保险股份有限公司湖北分公司资产负债表(一)

表 6-2-3-75　　2008 年末　　单位:元

资产	年初数	期末数	负债和所有者权益	年初数	期末数
资产			负债		
货币资金	32,791.80	124,622.37	短期借款		
其中:银行存放央行款项			向央行借款		
银行存放同业款项			同业及其他金融机构存放款项		
结算备付金			存入保证金		
其中:客户备付金			拆入资金		
贵金属			交易性金融负债		
拆出资金			衍生金融负债		
交易性金融资产			卖出回购金融资产款		
衍生金融资产			吸收存款		
买入返售金融资产			代理买卖证券款		
应收利息			代理承销证券款		
应收股利			预收保费		
应收账款			预收赔付款		
应收保费			应付手续费及佣金	161,800.17	
应收管理费		69,399.49	应付分保账款		
应收代位追偿款			应付职工薪酬	232,772.85	207,885.29
应收分保账款			应交税费	22,222.02	186,234.67
应收分保未到期责任准备金			应付利息		
应收分保未决赔款准备金			应付赔付款		758.27
应收分保寿险责任准备金			应付保单红利		−272.82
应收分保长期健康险责任准备金			保户储金及投资款	59,455,356.23	124,388,453.33
其他应收款	59,976,325.75	128,603.89	未到期责任准备金		
保户质押贷款			未决赔款准备金		
发放贷款及垫款			寿险责任准备金		1,806,610.85
系统内非寿险往来			长期健康险责任准备金		
内部往来		−1,757,754.00	长期借款		
系统内寿险往来	−1,358,767.19	117,207,714.77	长期债券		
存出保证金(证券公司)		200,000.00	预计负债		
定期存款			货币兑换		
可供出售金融资产			独立账户负债		
持有至到期投资			递延所得税负债		
套期工具			其他负债	158,278.73	191,554.28
被套期项目			负债合计	60,030,430.00	126,781,223.87
长期股权投资			所有者权益(或股东权益)		
存出资本保证金			实收资本(或股本)		
投资性房地产			上级拨入资金		
固定资产	171,877.36	883,046.07	资本公积		
无形资产			其中:可供出售资产的公允		
独立账户资产			减:库存股		
递延所得税资产			盈余公积		
其他资产	3,564.00	58,638.80	一般风险准备		
			本年利润		−9,866,952.48
			未分配利润	−1,204,638.28	
			外币报表折算差额		
			归属于母公司所有者权益合计		
			少数股东权益		
			所有者权益合计	−1,204,638.28	−9,866,952.48
资产总计	58,825,791.72	116,914,271.39	**负债和所有者权益总计**	58,825,791.72	116,914,271.39

注:该表为所有对外业务汇总统计。

平安养老保险股份有限公司湖北分公司资产负债表(二)

表 6－2－3－76　　　　2008 年末　　　　单位:元

资产	年初数	期末数	负债和所有者权益	年初数	期末数
资产			负债		
货币资金	2,761.91	1,820.76	短期借款		
其中:银行存放央行款项			向央行借款		
银行存放同业款项			同业及其他金融机构存放款项		
结算备付金			存入保证金		
其中:客户备付金			拆入资金		
贵金属			交易性金融负债		
拆出资金			衍生金融负债		
交易性金融资产			卖出回购金融资产款		
衍生金融资产			吸收存款		
买入返售金融资产			代理买卖证券款		
应收利息			代理承销证券款		
应收股利			预收保费	1,088,225.43	3,141,593.38
应收账款			预收赔付款		
应收保费	193,163.05	535,015.49	应付手续费及佣金	1,002,268.38	943,224.89
应收管理费			应付分保账款		
应收代位追偿款			应付职工薪酬	1,734,448.40	1,977,547.55
应收分保账款			应交税费	223,361.53	563,233.12
应收分保未到期责任准备金	7,966,141.27	10,785,418.73	应付利息		
应收分保未决赔款准备金	5,264,440.27	13,411,345.48	应付赔付款	4,439,504.14	4,352,235.77
应收分保寿险责任准备金	25.79	16.68	应付保单红利	－3,314,064.37	3,677,336.57
应收分保长期健康险责任准备金			保户储金及投资款	25,935,964.09	36,466,059.66
其他应收款	206,740.00	251,790.00	未到期责任准备金	41,044,457.42	39,267,776.90
保户质押贷款			未决赔款准备金	22,028,543.90	37,817,601.07
发放贷款及垫款			寿险责任准备金	1,296,511,374.79	1,298,962,844.43
系统内非寿险往来			长期健康险责任准备金		
内部往来	1,072,602,567.84	1,181,986,060.26	长期借款		
系统内寿险往来	324,434,522.02	192,568,865.82	长期债券		
存出保证金			预计负债		
定期存款			货币兑换		
可供出售金融资产			独立账户负债		
持有至到期投资			递延所得税负债		
套期工具			其他负债	73,990,492.33	17,747,468.59
被套期项目			负债合计	1,464,684,576.04	1,444,916,921.93
长期股权投资			所有者权益(或股东权益)		
存出资本保证金			实收资本(或股本)		
投资性房地产			上级拨入资金	2,000,000.00	2,000,000.00
固定资产	739,166.56	565,262.89	资本公积		
无形资产			其中:可供出售资产的公允		
独立账户资产			减:库存股		
递延所得税资产			盈余公积		
其他资产	827,557.62	950,696.75	一般风险准备		
			本年利润		－45,860,629.07
			未分配利润	－54,447,489.71	
			外币报表折算差额		
			归属于母公司所有者权益合计		
			少数股东权益		
			所有者权益合计	－52,447,489.71	－43,860,629.07
资产总计	1,412,237,086.33	1,401,056,292.86	负债和所有者权益总计	1,412,237,086.33	1,401,056,292.86

注:该表为对外团险汇总统计。

平安养老保险股份有限公司湖北分公司利润表(一)

表 6-2-3-77　　2008 年末　　单位:元

项目	本期数	本年累计数
一、营业收入	96,138.76	4,525,473.49
已赚保费		2,730,326.61
保险业务收入		2,730,326.61
其中:分保费收入		
减:分出保费		
提取未到期责任准备金		
年金业务收入	76,779.04	76,875.04
账户管理费收入	48	144
投资管理费收入	51,696.15	51,696.15
受托费收入	25,034.89	25,034.89
手续费及佣金净收入		
手续费及佣金收入		
手续费及佣金支出		
投资收益	169.35	698.48
其中:对联营企业和合营企业的投资收益		
公允价值变动收益		
汇兑收益		
其他业务收入	19,190.37	1,717,573.36
二、营业支出	1,635,437.04	14,392,425.97
退保金	28,320.38	808,891.61
赔付支出	758.27	28,140.96
减:摊回赔付支出		
提取保险责任准备金	-28,242.99	1,806,610.85
减:摊回保险责任准备金		
保单红利支出		
分保费用		
营业税金及附加	131,836.13	131,836.13
保险业务手续费及佣金支出	-1,949.28	-62,913.22
业务及管理费	1,504,714.53	11,679,859.64
减:摊回分保费用		
其他业务成本		
资产减值损失		
三、营业利润	-1,539,298.28	-9,866,952.48
加:营业外收入		
减:营业外支出		
四、利润总额	-1,539,298.28	-9,866,952.48
减:所得税费用		
五、净利润	-1,539,298.28	-9,866,952.48
六、每股收益		
(一)基本每股收益		
(二)稀释每股收益		

注:该表为所有对外业务汇总统计。

平安养老保险股份有限公司湖北分公司利润表(二)

表 6-2-3-78　　2008 年末　　单位:元

项目	本期数	本年累计数
一、营业收入	36,428,774.43	231,107,525.85
已赚保费	36,155,782.85	230,074,254.01
保险业务收入	35,609,965.53	256,369,121.59
其中:分保费收入		
减:分出保费	1,529,576.26	30,890,825.56
提取未到期责任准备金	-2,075,393.58	-4,595,957.98
银行业务利息净收入	190.28	403.32
利息收入	190.28	403.32
利息支出		
手续费及佣金净收入		
手续费及佣金收入		
手续费及佣金支出		
投资收益		
其中:对联营企业和合营企业的投资收益		
公允价值变动收益		
汇兑收益		
其他业务收入	272,801.30	1,032,868.52
二、营业支出	29,983,948.76	276,952,319.24
退保金	38,677,110.09	84,262,988.20
赔付支出	9,008,395.78	113,758,456.80
减:摊回赔付支出	2,818,488.39	25,434,851.29
提取保险责任准备金	-12,219,305.29	90,164,322.56
减:摊回保险责任准备金	5,779,194.44	8,146,896.10
保单红利支出		
分保费用		
营业税金及附加	485,786.29	2,327,865.77
保险业务手续费及佣金支出	1,663,211.04	13,890,808.49
业务及管理费	849,058.74	10,063,102.06
减:摊回分保费用	17,835.41	4,868,801.41
其他业务成本	135,210.35	935,324.16
资产减值损失		
三、营业利润	6,444,825.67	-45,844,793.39
加:营业外收入	550	1,453.61
减:营业外支出	17,289.29	17,289.29
四、利润总额	6,428,086.38	-45,860,629.07
减:所得税费用		
五、净利润	6,428,086.38	-45,860,629.07
六、每股收益		
(一)基本每股收益		
(二)稀释每股收益		

注:该表为对外团险汇总统计。

中国人民人寿保险股份有限公司湖北省分公司业务统计表

表 6－2－3－79　　2008 年末　　单位：万元

保险机构	总保费收入	风险型保费及投资型管理费收入	寿险及长期健康险首年保费收入	寿险及长期健康险期交首年保费收入	短期人身险保费收入	意外险保费收入
湖北省	100,190.88		97,578.76	2,486.33		125.79

中国人民人寿保险股份有限公司湖北分公司分地区业务统计表

表 6－2－3－80　　2008 年末　　单位：万元、人

保险机构	保费收入														承保人次	赔款及支出									退保
	合计	个人业务						团体业务						其中：新单保费		合计	个人业务				团体业务				
		人寿保险				意外伤害保险	健康保险	人寿保险				意外伤害保险	健康保险				赔款	死伤医疗给付	满期给付	年金给付	赔款	死伤医疗给付	满期给付	年金给付	
		合计	普通寿险产品	分红产品	其他			合计	普通寿险产品	分红产品	其他														
湖北省	100,190.88	28,079.83	96.90	885.05	26,806.89	16.11	274.88	72,111.05	1.42	35,290.70	36,402.44	109.67	306.82	99,976.12	72,730	742.92	4.72	20.73			73.65			643.82	959.15

中国人民人寿保险股份有限公司湖北省分公司资产负债表

表6-2-3-81　　2008年末　　单位:元

资产	年初数	期末数	负债及所有者权益	年初数	期末数
资产			负债		
货币资金	1,795,819.65	2,406,373.44	短期借款		
拆出资金			拆入资金		
交易性金融资产			交易性金融负债		
衍生金融资产			衍生金融负债		
买入返售金融资产			卖出回购金融资产款		
应收利息			预收保费		57,116,653.76
应收保费		1,017,831.00	应付手续费及佣金	145,509.05	4,888,002.40
应收代位追偿款			应付分保账款		
应收分保账款			应付职工薪酬	1,194,094.26	6,546,962.20
应收分保未到期责任准备金			应交税费	110,583.38	352,544.78
应收分保未决赔款准备金			应付赔付款		
应收分保寿险责任准备金			应付保单红利		4,751,992.00
应收分保长期健康险责任准备金			保户储金及投资款		466,314.33
保户质押贷款		757,167.48	未到期责任准备金	19,938.00	1,321,456.00
定期存款			未决赔款准备金		483,845.00
可供出售金融资产			寿险责任准备金	15,688,908.00	982,755,559.00
持有至到期投资			长期健康险责任准备金	5,241.00	2,555,073.00
长期股权投资			长期借款		
存出资本保证金			应付债券		
投资性房地产			独立账户负债		
固定资产	1,298,787.80	4,887,240.24	递延所得税负债		
无形资产			其他负债	600,800.50	1,299,837.83
独立账户资产			负债合计	17,765,074.19	1062,538,240.30
递延所得税资产			所有者权益		
系统往来	7,495,632.10	969,836,087.45	实收资本(股本)		
委托资产			资本公积		
其他资产	1,550,017.90	3,521,668.26	盈余公积		
			一般风险准备		
			未分配利润	-5,624,816.74	-80,111,872.43
			以前年度损益科目		
			外币折算差异		
			所有者权益合计	-5,624,816.74	-80,111,872.43
资产总计	12,140,257.45	982,426,367.87	负债及所有者权益总计	12,140,257.45	982,426,367.87

中国人民人寿保险股份有限公司湖北省分公司利润表

表 6－2－3－82　　2008 年末　　单位:元

项目	本期数	累计数
一、营业收入	69,618,850.01	1000,838,148.61
已赚保费	69,561,416.49	1000,607,339.83
保险业务收入	69,676,155.49	1001,908,857.83
其中:分保费收入		
减:分出保费		
减:提取未到期责任准备金	114,739.00	1,301,518.00
投资收益	61.48	5,143.69
其中:对联营企业和合营企业的投资收益		
公允价值变动收益		
汇兑收益		
其他业务收入	57,372.04	225,665.09
二、营业支出	92,157,866.90	1075,325,204.30
退保金	884,951.54	9,591,494.15
赔付支出	2,606,725.47	7,429,197.89
减:摊回赔付支出		
提取保险责任准备金	70,482,397.00	970,100,328.00
减:摊回保险责任准备金		
保单红利支出		4,751,992.00
分保费用		
营业税金及附加	34,202.38	300,287.44
手续费及佣金支出	4,611,759.34	35,513,160.16
业务及管理费	8,785,839.17	47,638,744.66
减:摊回分保费用		
其他业务成本		
资产减值损失		
三、营业利润	－22,539,016.89	－74,487,055.69
加:营业外收入		
减:营业外支出		
四、利润总额	－22,539,016.89	－74,487,055.69
减:所得税费用		
五、净利润	－22,539,016.89	－74,487,055.69

嘉禾人寿保险股份有限公司湖北分公司业务统计表

表 6－2－3－83　　2008 年末　　单位:万元

保险机构	个人业务保费收入	银行保险业务保费收入	团体业务保费收入	代理业务保费收入	合计
武汉市	348.89	10,823.50	1,217.10	2,688.76	15,078.25
襄樊市	104.37	60.50	5.68		170.55
宜昌市	74.35	1,069.80	4.35		1,148.50
荆门市	73.63	107.80			181.43

嘉禾人寿保险股份有限公司湖北分公司资产负债表

表 6－2－3－84　　2008 年末　　单位：元

资产	年初数	期末数	负债及所有者权益	年初数	期末数
资产			负债		
货币资金	769,775.74	1,583,023.80	短期借款		
拆出资金			存入保证金		
交易性金融资产			拆入资金		
衍生金融资产			交易性金融负债		
买入返售金融资产			衍生金融负债		
应收利息		400.83	卖出回购金融资产款		
应收保费		549,601.80	应付手续费及佣金	253,596.22	1,148,816.77
应收管理费(养老)			应付营销费用(养老)		
应收代位追偿款			预收保费		
应收分保账款			应付职工薪酬	275,400.25	1,199,814.16
应收分保未到期责任准备金			应交税费	381,114.59	41,868.45
应收分保未决赔款准备金			保险保障基金		
应收分保寿险责任准备金		757,159.18	应付赔付款		
应收分保长期健康险责任准备金			其他应付款	151,333.28	2,999,986.99
保户质押贷款		47,500.00	应付保单红利	2,354.40	725,243.99
贷款			应付分保账款		757,159.18
存出保证金			未到期责任准备金	19,239.31	1,581,529.01
定期存款			未决赔款准备金		394,932.13
可供出售金融资产			其中:已发生未报告未决赔款准备金		91,932.80
持有至到期投资			寿险责任准备金	5,332,195.23	150,692,495.02
长期股权投资			长期健康险责任准备金	6,514.63	99,075.98
存出资本保证金			保户储金及投资款		
投资性房地产			长期借款		
固定资产	814,512.82	1,994,037.31	应付债券		
无形资产			卫星发射保险基金		
独立账户资产			递延所得税负债		
递延所得税资产			独立账户负债		
系统内往来	1,089,604.35	131,429,292.70	其他负债	687,670.00	38,334.04
内部往来(借项)			负债合计	7,109,417.91	159,679,255.72
其他资产	1,344,343.00	2,565,427.93	所有者权益(或股东权益)		
			实收资本(或股本)		
			资本公积		
			减:库存股		
			盈余公积		
			一般风险准备		
			未分配利润	−3,091,182.00	−20,752,812.17
			外币报表折算差额		
			少数股东权益		
			所有者权益合计	−3,091,182.00	−20,752,812.17
资产总计	4,018,235.91	138,926,443.55	负债及所有者权益总计	4,018,235.91	138,926,443.55

嘉禾人寿保险股份有限公司湖北分公司利润表

表 6－2－3－85　　2008 年末　　单位:元

项目	本月数	本年累计数
一、营业收入	20,177,626.83	122,784,157.01
已赚保费	20,174,659.63	122,776,965.60
保险业务收入	20,810,824.78	165,791,080.57
其中:分保费收入		
减:分出保费	847,115.00	41,451,825.27
提取未到期责任准备金	－210,949.85	1,562,289.70
管理费收入(养老)		
投资收益(损失以“－”号填列)	2,967.20	7,191.41
其中:对联营企业和合营企业的投资收益		
公允价值变动收益(损失以“－”号填列)		
汇兑收益(损失以“－”号填列)		
其他业务收入		
二、营业支出	24,842,320.01	140,435,787.14
退保金	342,111.35	1,301,747.84
赔付支出	248,410.21	783,587.44
减:摊回赔付支出	376,893.43	376,893.43
提取未决赔款准备金	5,209.86	394,932.13
减:摊回未决赔款准备金		
提取寿险责任准备金	18,678,787.85	145,360,299.79
减:摊回寿险责任准备金	18,754.72	40,613,938.48
提取长期健康险责任准备金	52,547.61	92,561.35
减:摊回长期健康险责任准备金		
保单红利支出	722,966.03	722,966.03
分保费用		
营业税金及附加	－72,705.71	－129,520.17
手续费及佣金支出	2,620,147.31	18,318,560.40
企业年金营销费用		
业务及管理费	2,539,304.91	19,573,373.97
减:摊回分保费用	－101,188.74	4,991,889.73
其他业务成本		
资产减值损失		
以前年度损益调整		
三、营业利润(亏损以“－”号填列)	－4,664,693.18	－17,651,630.13
加:营业外收入	833.33	9,999.96
减:营业外支出		20,000.00
四、利润总额(亏损总额以“－”号填列)	－4,663,859.85	－17,661,630.17
减:所得税费用		
五、净利润(净亏损以“－”填列)	－4,663,859.85	－17,661,630.17
其中:少数股东损益		
六、每股收益		－0.02
(一)基本每股收益		－0.02
(二)稀释每股收益		－0.02

海尔纽约人寿保险有限公司湖北分公司业务统计表

表 6－2－3－86　　2008 年末　　单位:万元、人

业绩 地区	个人业务保费收入						团体业务保费收入		代理业务保费收入		保费收入总计		营销员规模人力	团体外勤人数	代理外勤人数	银行网点数
	新契约有效保费		续期保费		合计											
	本期	累计	本期	累计	本期	累计	本期	累计	本期	累计	本期	累计				
武汉市	83.42	830.39	18.34	20.86	101.76	851.26					101.76	851.26	115		115	
合计	83.42	830.39	18.34	20.86	101.76	851.26					101.76	851.26	115		115	

海尔纽约人寿保险有限公司湖北分公司资产负债表

表 6－2－3－87　　2008 年末　　单位:元

资产	合并上报数	负债及所有者权益	合并上报数
资产		负债	
货币资金	768,242.02	短期借款	
拆出资金		存入保证金	
交易性金融资产		拆入资金	
衍生金融资产		交易性金融负债	
买入返售金融资产		衍生金融负债	
应收利息		卖出回购金融资产款	
应收保费	230,245.00	应付手续费及佣金	147,521.09
应收管理费(养老)		应付营销费用(养老)	
应收代位追偿款		预收保费	112,383.00
应收分保账款	56,406.68	应付职工薪酬	391,338.65
应收分保未到期责任准备金	48,630.58	应交税费	58,553.23
应收分保未决赔款准备金		保险保障基金	15,662.24
应收分保寿险责任准备金		应付赔付款	4,651.10
应收分保长期健康险责任准备金		其他应付款	58,003.29
保户质押贷款	1,172.00	应付保单红利	32,512.16
贷款		应付分保账款	36,193.28
存出保证金		未到期责任准备金	240,532.92
定期存款		未决赔款准备金	18,955.51
可供出售金融资产		其中:已发生未报告未决赔款准备金	18,377.31
持有至到期投资		寿险责任准备金	3,504,541.48
长期股权投资		长期健康险责任准备金	301,876.34
存出资本保证金		保户储金及投资款	
投资性房地产		长期借款	
固定资产	2,054,491.02	应付债券	
无形资产	193,590.88	卫星发射保险基金	
独立账户资产		递延所得税负债	
递延所得税资产		独立账户负债	
系统内往来(借项)		系统往来(贷项)	10,223,927.73
内部往来(借项)		内部往来(贷项)	
其他资产	2,153,579.63	其他负债	136,177.00
	5,506,367.81	负债合计	15,282,829.02
		所有者权益(或股东权益)	
		实收资本(或股本)	
		资本公积	
		减:库存股	
		盈余公积	
		一般风险准备	
		未分配利润	−9,776,461.21
		外币报表折算差额	
		少数股东权益	
		所有者权益合计	−9,776,461.21
资产总计	5,388,796.92	负债及所有者权益总计	5,506,367.81

海尔纽约人寿保险有限公司湖北分公司利润表

表 6－2－3－88　　2008 年末　　单位:元

项目	合并累计上报数
一、营业收入	8,234,092.98
已赚保费	8,224,351.14
保险业务收入	8,512,561.00
其中:分保费收入	
减:分出保费	111,807.70
提取未到期责任准备金	176,402.16
管理费收入(养老)	
投资收益(损失以"－"号填列)	
其中:对联营企业和合营企业的投资收益	
公允价值变动收益(损失以"－"号填列)	
汇兑收益(损失以"－"号填列)	
其他业务收入	9,741.84
二、营业支出	15,500,464.62
退保金	33,441.79
赔付支出	175,786.19
减:摊回赔付支出	62,419.25
提取未决赔款准备金	18,955.51
减:摊回未决赔款准备金	
提取寿险责任准备金	3,471,909.28
减:摊回寿险责任准备金	
提取长期健康险责任准备金	293,443.62
减:摊回长期健康险责任准备金	
保单红利支出	31,492.61
分保费用	
营业税金及附加	13,881.50
手续费及佣金支出	2,331,161.01
营销费用(养老)	
业务及管理费	9,214,458.98
减:摊回分保费用	21,646.62
其他业务成本	
资产减值损失	
三、营业利润(亏损以"－"号填列)	－7,266,371.64
加:营业外收入	19,980.00
减:营业外支出	3,936.16
四、利润总额(亏损总额以"－"号填列)	－7,250,327.80
减:所得税费用	
五、净利润(净亏损以"－"填列)	－7,250,327.80
其中:少数股东损益	
六、每股收益	
(一)基本每股收益	
(二)稀释每股收益	

阳光人寿保险股份有限公司湖北分公司业务统计表

表 6－2－3－89

2008 年末

单位：百万元

保险机构	保费收入																有效保单件数(万件)	赔付支出									退保金
	合计	个人业务							团体业务							其中：新单保费		合计	个人业务				团体业务				
		人寿保险					意外伤害险	健康险	人寿保险					意外伤害险	健康险												
		小计	普通寿险	分红寿险	投资连结保险	万能保险			小计	普通寿险	分红寿险	投资连结保险	万能保险						赔款支出	死伤医疗给付	满期给付	年金给付	赔款支出	死伤医疗给付	满期给付	年金给付	
武汉市	231.63	228.29	0.06	225.52		2.71	0.02	0.39	2.30		2.30			0.45	0.18	231.63	1.09	0.10		0.08			0.02				0.82
黄石市	19.80	19.77	0.01	17.83		1.92	0.01	0.03								19.80	0.12										0.08
襄樊市	1.36	1.34	0.01	0.20		1.13		0.02								1.36	0.03										
荆州市	4.85	4.83	0.01	3.98		0.84		0.02								4.85	0.05										
十堰市	0.52	0.51		0.10		0.40		0.02								0.52	0.02										
荆门市	0.88	0.87	0.01	0.26		0.61		0.01								0.88	0.03										
黄冈市	0.39	0.37		0.21		0.16		0.02								0.39	0.02										
合计	259.45	255.98	0.11	248.09		7.78	0.03	0.51	2.30		2.30			0.45	0.18	259.45	1.35	0.10		0.08			0.02				0.91

阳光人寿保险股份有限公司湖北分公司各地区保险业务情况表

表 6－2－3－90

2008 年末

单位：百万元

地区名称	全部业务		人身险业务		保险金额(亿元)
	保费收入	同比增长(%)	保费收入	同比增长(%)	
武汉市	231.65		231.65		39.05
黄石市	19.80		19.80		2.29
襄樊市	0.39		0.39		4.31
荆州市	0.88		0.88		2.42
十堰市	0.52		0.52		0.37
荆门市	4.85		4.85		0.79
黄冈市	1.36		1.36		1.44

中国人民健康保险股份有限公司湖北分公司业务统计表

表 6－2－3－91

2008 年末

单位:万元

合计	团体寿险						个人寿险					
	人寿险	意外险	健康险	其中:银代	其中:分红万能、投连	小计	人寿险	意外险	健康险	其中:银代	其中:分红万能、投连	小计
13,991.62		49.75	970.68			1,020.43		85.93	12,885.26	12,886.59	938.60	12,971.19

民生人寿保险股份有限公司湖北分公司业务统计表

表 6－2－3－92

2008 年末

单位:万元

保险机构	个人业务保费收入	银行保险业务保费收入	团体业务保费收入	代理业务保费收入	合计
武汉市	104.02	80.10	0.87	51.74	236.73

民生人寿保险股份有限公司湖北分公司资产负债表

表 6－2－3－93　　2008 年末　　单位:元

资产	年初数	期末数	负债和所有者权益	年初数	期末数
资产			负债		
货币资金		233,936.08	短期借款		
拆出资金			存入保证金		
交易性金融资产			拆入资金		
衍生金融资产			交易性金融负债		
买入返售金融资产			衍生金融负债		
应收利息			卖出回购金融资产款		
应收保费			应付手续费及佣金		455,342.49
应收管理费(养老)			应付营销费用(养老)		
应收代位追偿款			预收保费		42,961.91
应收分保账款			应付职工薪酬		414,459.19
应收分保未到期责任准备金		17,267.73	应交税费		135,161.91
应收分保未决赔款准备金			保险保障基金		
应收分保寿险责任准备金			应付赔付款		10,436.09
应收分保长期健康险责任准备金			其他应付款		431,676.18
保户质押贷款			应付保单红利		7,741.67
贷款			应付分保账款		
存出保证金			未到期责任准备金		33,600.38
定期存款			未决赔款准备金		
可供出售金融资产			其中:已发生未报告未决赔款准备金		
持有至到期投资			寿险责任准备金		1,323,784.83
长期股权投资			长期健康险责任准备金		15,638.01
存出资本保证金			保户储金及投资款		
投资性房地产			长期借款		
固定资产		1,599,152.28	应付债券		
无形资产			卫星发射保险基金		
独立账户资产			递延所得税负债		
递延所得税资产			独立账户负债		
系统内往来(借方)			系统内往来(贷方)		4,052,573.38
内部往来(借项)			内部往来(贷项)		
其他资产		1,050,815.01	其他负债		4,200.00
			负债合计		6,927,576.04
			所有者权益(或股东权益)		
			实收资本(或股本)		
			资本公积		
			减:库存股		
			盈余公积		
			一般风险准备		
			未分配利润		－4,026,404.94
			外币报表折算差额		
			少数股东权益		
			所有者权益合计		－4,026,404.94
资产总计		2,901,171.10	负债和所有者权益总计		2,901,171.10

民生人寿保险股份有限公司湖北分公司利润表

表 6－2－3－94　　2008 年末　　单位：元

项目	本月数	本年累计数
一、营业收入	1,279,005.44	2,352,649.83
已赚保费	1,277,831.55	2,350,954.99
保险业务收入	1,284,430.24	2,367,287.64
其中：分保费收入		
减：分出保费		
提取未到期责任准备金	6,598.69	16,332.65
管理费收入(养老)		
投资收益(损失以“－”号填列)	1,013.89	1,444.84
其中：对联营企业和合营企业的投资收益		
公允价值变动收益(损失以“－”号填列)		
汇兑收益(损失以“－”号填列)		
其他业务收入	160.00	250.00
二、营业支出	3,447,340.05	6,379,054.77
退保金		
赔付支出		
减：摊回赔付支出		
提取未决赔款准备金		
减：摊回未决赔款准备金		
提取寿险责任准备金	803,932.69	1,323,784.83
减：摊回寿险责任准备金		
提取长期健康险责任准备金	5,876.21	15,638.01
减：摊回长期健康险责任准备金		
保单红利支出	7,741.67	7,741.67
分保费用		
营业税金及附加	45,172.55	102,127.03
手续费及佣金支出	1,513,794.33	1,823,756.85
营销费用(养老)		
业务及管理费	1,070,822.60	3,106,006.38
减：摊回分保费用		
其他业务成本		
资产减值损失		
三、营业利润(亏损以“－”号填列)	－2,168,334.61	－4,026,404.94
加：营业外收入		
减：营业外支出		
四、利润总额(亏损总额以“－”号填列)	－2,168,334.61	－4,026,404.94
减：所得税费用		
五、净利润(净亏损以“－”填列)	－2,168,334.61	－4,026,404.94
其中：少数股东损益		
六、每股收益		
(一)基本每股收益		
(二)稀释每股收益		

三、信用卡（银行卡）业务统计

中国工商银行股份有限公司湖北省分行牡丹卡业务统计表

表 6－3－1　　2008 年末　　单位：张、台

行名	贷记卡发卡量			准贷记卡发卡量			借记卡发卡量			POS 数量			ATM 数量			CDM 数量		
	VISA 卡	MASTER 卡	小计	VISA 卡	MASTER 卡	小计	VISA 卡	其他借记卡	小计	本行 POS	他行共享 POS	小计	本行 ATM	他行共享 ATM	小计	本行 CDM	他行共享 CDM	小计
武汉市			738,313			64,704			2,602,918				409		409	134		134
黄石市			40,488			3,099			218,446				34		34	11		11
襄樊市			74,694			294,486			388,106				57		57	9		9
荆州市			137,157			10,053			563,479				65		65	17		17
三　峡			174,830			131,063			462,955				69		69	14		14
十堰市			56,451			1,816			314,146				40		40	14		14
孝感市			52,473			4,013			426,740				46		46	15		15
荆门市			56,311			4,475			323,620				40		40	10		10
鄂州市			23,412			1,179			101,244				13		13	3		3
黄冈市			46,004			7,127			335,526				39		39	8		8
咸宁市			36,540			6,983			247,689				26		26	6		6
随州市			32,195			952			172,959				20		20	5		5
恩施州			20,661			5,510			178,429				24		24	8		8
总计			1,489,529			535,460			6,336,257				882		882	254		254

中国农业银行股份有限公司湖北省分行金穗卡业务统计表

表 6－3－2　　2008 年末　　单位：张、台

行名	贷记卡发卡量		准贷记卡发卡量			借记卡发卡量			POS 数量			ATM 数量			CDM 数量		
	VISA 卡	小计	VISA 卡	MASTER 卡	小计	VISA 卡	其他借记卡	小计	本行 POS	他行共享 POS	小计	本行 ATM	他行共享 ATM	小计	本行 CDM	他行共享 CDM	小计
武汉市		80,084			－554			675,328			1,670			322			6
黄石市		7,898						199,136			221			40			5
襄樊市		15,403			－6			329,839			1,324			83			1
荆州市		18,604			10			343,688			1,454			97			
宜昌市		22,546						269,681			1,283			77			
十堰市		12,285			21			243,916			992			54			
孝感市		10,851			－2			233,725			831			54			
荆门市		14,050			15			193,035			651			41			
鄂州市		4,546			2			70,390			333			24			1
黄冈市		10,855			1			365,549			977			73			
咸宁市		7,909						198,159			508			47			2
随州市		5,659						141,280			430			31			
恩施州		7,875			7			81,428			379			27			
仙桃市		1,767						85,759			217			21			
潜江市		2,541						68,180			261			18			
天门市		2,552						81,862			260			19			
神农架林区																	
总计		225,425			－506			3,580,955			11,791			1,028			15

注：神农架林区的 CDM 数量并入十堰市计算。

中国银行股份有限公司湖北省分行银行卡业务统计表

表 6－3－3　　2008 年末　　单位:张、台

行名	贷记卡发卡量		准贷记卡发卡量			借记卡发卡量			POS 数量			ATM 数量			CDM 数量		
	VISA 卡	小计	VISA 卡	MASTER 卡	小计	VISA 卡	其他借记卡	小计	本行 POS	他行共享 POS	小计	本行 ATM	他行共享 ATM	小计	本行 CDM	他行共享 CDM	小计
武汉市		77,208			732,686			2,448,513			451	159		159	54		54
黄石市		7,257			5,701			96,476			59	19		19	3		3
襄樊市		7,112			5,026			60,825			43	22		22	3		3
荆州市		8,720			3,202			198,835			33	20		20	1		1
宜昌市		8,955			9,187			210,085			36	28		28	3		3
十堰市		5,399			2,143			231,538			38	13		13			
孝感市		6,483			1,196			152,149			23	15		15			
荆门市		5,853			1,601			117,027			30	14		14	2		2
鄂州市		3,078			2,138			191,975			21	8		8	1		1
黄冈市		4,976			1,956			95,258			18	17		17			
咸宁市		2,616			1,637			57,728			16	11		11	1		1
随州市		2,256			1,545			71,787			12	5		5			
恩施州		2,126			683			103,651			30	7		7	1		1
仙桃市												7		7	1		1
潜江市												10		10	1		1
天门市												4		4			
总计		142,039			768,701			4,035,847			810	359		359	71		71

中国建设银行股份有限公司湖北省分行银行卡业务统计表

表 6－3－4　　2008 年末　　单位：张、台

行名	贷记卡发卡量			准贷记卡发卡量			借记卡发卡量			POS 数量			ATM 数量			CDM 数量		
	VISA 卡	MASTER 卡	小计	VISA 卡	MASTER 卡	小计	VISA 卡	其他借记卡	小计	本行 POS	他行共享 POS	小计	本行 ATM	他行共享 ATM	小计	本行 CDM	他行共享 CDM	小计
武汉市	184,228	121,656	309,697	28,563	49,899		3,162,001	916,807	4,078,808				315	315	315	159	159	159
黄石市	12,799	14,691	32,942	5,321	9,310		304,683	190,201	494,884				39	39	39	19	19	19
襄樊市	22,222	32,792	69,370	7,731	9,901		493,056	460,417	953,473				79	79	79	9	9	9
荆州市	15,850	23,088	49,940	2,101	3,661		667,848	246,436	914,284				84	84	84	5	5	5
十堰市	12,860	34,005	45,278	9,277	7,259		294,383	116,081	410,464				37	37	37	5	5	5
孝感市	12,370	12,166	29,283	2,295	3,100		458,671	69,299	527,970				40	40	40	5	5	5
荆门市	4,720	18,188	27,310	4,023	5,271		338,462	235,152	573,614				49	49	49	13	13	13
鄂州市	3,979	1,503	6,400	2,845	536		74,632	7,910	82,542				13	13	13	2	2	2
黄冈市	9,455	7,816	29,930	4,284	910		670,880	362,225	1,033,105				60	60	60	12	12	12
咸宁市	4,988	7,453	11,558	2,564	1,744		183,571	214,597	398,168				56	56	56	4	4	4
随州市	3,591	6,651	10,952	567	1,299		184,279	67,690	251,969				19	19	19	10	10	10
恩施州	3,673	7,768	11,942	244	1,016		129,553	92,195	221,748				19	19	19	6	6	6
总计	290,735	287,777	634,602	69,815	93,906		6,962,019	2,979,010	9,941,029				810	810	810	249	249	249

交通银行股份有限公司武汉分行信用卡(银行卡)业务统计表

表 6－3－5　　2008 年末　　单位：张、台

行名	贷记卡发卡量		准贷记卡发卡量			借记卡发卡量			POS 数量			ATM 数量			CDM 数量(含 CRS)		
	VISA 卡	小计	VISA 卡	MASTER 卡	小计	VISA 卡	其他借记卡	小计	本行 POS	他行共享 POS	小计	本行 ATM	他行共享 ATM	小计	本行 CDM	他行共享 CDM	小计
武汉市		305,416			2,324		1,809,229	1,809,229	3,543		3,543						
黄石市		13,666			119		430,667	430,667									
宜昌市		15,887			127		131,824	131,824	103		103						
总计		334,969			2,570		2,371,720	2,371,720	3,646		3,646						

招商银行股份有限公司武汉分行银行卡业务统计表

表 6－3－6

2008 年末

单位:张、台

行名	贷记卡发卡量		准贷记卡发卡量			借记卡发卡量			POS 数量			ATM 数量			CDM 数量		
	VISA 卡	小计	VISA 卡	MASTER 卡	小计	VISA 卡	其他借记卡	小计	本行 POS	他行共享 POS	小计	本行 ATM	他行共享 ATM	小计	本行 CDM	他行共享 CDM	小计
武汉市		188,754			78,297		2,618,270	2,696,567				271		271			
黄石市		15,003			7,256		179,336	186,592				24		24			
宜昌市		18,323			11,542		247,100	258,642				36		36			
总计		722,080			97,095		3,044,706	3,141,801				331		331			

中国光大银行股份有限公司武汉分行阳光卡业务统计表

表 6－3－7

2008 年末

单位:张、台

行名	贷记卡发卡量			准贷记卡发卡量			借记卡发卡量			POS 数量			ATM 数量			CDM 数量		
	VISA 卡	MASTER 卡	小计	VISA 卡	MASTER 卡	小计	VISA 卡	其他借记卡	小计	本行 POS	他行共享 POS	小计	本行 ATM	他行共享 ATM	小计	本行 CDM	他行共享 CDM	小计
武汉市	231,071		231,071					614,328	614,328	1,450		1,450	79		79			
总计	231,071		231,071					614,328	614,328	1,450		1,450	79		79			

中信银行股份有限公司武汉分行银行卡业务统计表

表 6－3－8

2008 年末

单位:张、台

行名	贷记卡发卡量		准贷记卡发卡量			借记卡发卡量			POS 数量			ATM 数量			CDM 数量(含 CRS)		
	VISA 卡	小计	VISA 卡	MASTER 卡	小计	VISA 卡	其他借记卡	小计	本行 POS	他行共享 POS	小计	本行 ATM	他行共享 ATM	小计	本行 CDM	他行共享 CDM	小计
武汉市	217,952	217,952															
总计	217,952	217,952															

华夏银行股份有限公司武汉分行银行卡业务统计表

表 6－3－9

2008 年末

单位：张、台

行名	贷记卡发卡量		准贷记卡发卡量			借记卡发卡量			POS 数量			ATM 数量			CDM 数量		
	VISA 卡	小计	VISA 卡	MASTER 卡	小计	VISA 卡	其他借记卡	小计	本行 POS	他行共享 POS	小计	本行 ATM	他行共享 ATM	小计	本行 CDM	他行共享 CDM	小计
武汉市	4,718	9,384				330,091	200,526	530,617	333		333	62		62	13		13

兴业银行股份有限公司武汉分行兴业卡业务统计表

表 6－3－10

2008 年末

单位：张、台

行名	贷记卡发卡量		准贷记卡发卡量			借记卡发卡量			POS 数量			ATM 数量			CDM 数量		
	VISA 卡	小计	VISA 卡	MASTER 卡	小计	VISA 卡	其他借记卡	小计	本行 POS	他行共享 POS	小计	本行 ATM	他行共享 ATM	小计	本行 CDM	他行共享 CDM	小计
武汉市	88,224	88,224					333,237	333,237				20		20	46		46

上海浦东发展银行股份有限公司武汉分行银行卡业务统计表

表 6－3－11

2008 年末

单位：张、台

行名	贷记卡发行量		准贷记卡发行量			借记卡发行量			POS 数量			ATM 数量			CDM 数量		
	VISA 卡	小计	VISA 卡	MASTER 卡	小计	VISA 卡	其他借记卡	小计	本行 POS	他行共享 POS	小计	本行 ATM	他行共享 ATM	小计	本行 CDM	他行共享 CDM	小计
武汉市	8,969	8,969					343,953	343,953		392	392	118		118			

广东发展银行股份有限公司武汉分行广发卡业务统计表

表 6－3－12

2008 年末

单位：张、台

行名	贷记卡发卡量		准贷记卡发卡量			借记卡发卡量			POS 数量			ATM 数量			CDM 数量		
	VISA 卡	小计	VISA 卡	MASTER 卡	小计	VISA 卡	其他借记卡	小计	本行 POS	他行共享 POS	小计	本行 ATM	他行共享 ATM	小计	本行 CDM	他行共享 CDM	小计
武汉市		61,670						113,701				16		16	24		24

汉口银行股份有限公司九通卡业务统计表

表 6－3－13　　2008 年末

项目	单位	数量
发卡量	万张	358
九通卡业务交易金融累计	万元	1,330,320
九通卡业务交易量	笔	5,980
ATM	台	105
POS	台	2,952
累计消费金额	万元	182,600
POS 交易业务量	万笔	338
特约商户	家	2,330

黄石市商业银行股份有限公司九通卡业务统计表

表 6－3－14　　2008 年末　　单位：张、台

行名	贷记卡发行量		准贷记卡发行量			借记卡发行量			POS 数量			ATM 数量			CDM 数量		
	VISA 卡	小计	VISA 卡	MASTER 卡	小计	VISA 卡	其他借记卡	小计	本行 POS	他行共享 POS	小计	本行 ATM	他行共享 ATM	小计	本行 CDM	他行共享 CDM	小计
黄石市商业银行							225,453	225,453	204		204	17		17	2		2

注：该行九通卡 2008 年累计消费金额为 9,991 万元。

荆州市商业银行股份有限公司九通卡业务统计表

表 6－3－15　　2008 年末

项目	单位	数量
发卡量	张	60,354
存款余额	万元	20,867
POS 消费佣金收入	万元	12
九通卡业务其他收入	万元	8
银行网点数	个	29
自助机具台数	台	8
特约商户数	户	201
POS 设备台数	台	232

孝感市商业银行股份有限公司银行卡业务统计表

表 6－3－16　　2008 年末　　单位：张、台

借记卡发卡量	POS 数量	ATM 数量
34,947	53	10

襄樊市商业银行股份有限公司银行卡业务统计表

表 6－3－17　　2008 年末

项目	单位	数量
发卡量	万张	1.43
卡业务交易金融累计	万元	11,400.02
卡业务交易量	万笔	11.23
ATM	台	7
POS	台	
累计消费金额	万元	1,475.35
POS 交易业务量	万笔	1.15
特约商户	家	

湖北省农村信用社联合社福卡业务统计表

表 6－3－18　　2008 年末

项目	单位	数量
发卡量	张	5,728,342
福卡业务交易金融累计	万元	20,014,205
福卡业务交易量	笔	44,027,752
ATM	台	406
POS	台	1,789
累计消费金额	万元	673,870
POS 交易业务量	笔	1,249,538
特约商户	家	1,789

湖北省农村信用社联合社分地区福卡业务统计表

表 6－3－19　　2008 年末　　单位：张、台

行名	贷记卡发行量		准贷记卡发行量			借记卡发行量			POS 数量			ATM 数量			CDM 数量		
	VISA 卡	小计	VISA 卡	MASTER 卡	小计	VISA 卡	其他借记卡	小计	本行 POS	他行共享 POS	小计	本行 ATM	他行共享 ATM	小计	本行 CDM	他行共享 CDM	小计
武汉市							1,059,435	1,059,435		733	733		72	72			
黄石市							220,185	220,185		84	84		11	11			
十堰市							498,729	498,729		176	176		25	25			
荆州市							385,482	385,482		52	52		80	80			
宜昌市							460,411	460,411		256	256		29	29			
襄樊市							623,870	623,870		106	106		14	14			
孝感市							412,269	412,269		37	37		30	30			
荆门市							296,048	296,048		95	95		31	31			
鄂州市							102,323	102,323		17	17		4	4			
黄冈市							478,017	478,017		18	18		32	32			
咸宁市							392,168	392,168		76	76		18	18			
恩施州							275,642	275,642		34	34		25	25			
随州市							192,009	192,009		22	22		21	21			
天门市							85,348	85,348		26	26		3	3			
潜江市							135,650	135,650		49	49		5	5			
仙桃市							88,997	88,997		6	6		4	4			
神农架林区							21,759	21,759		2	2		2	2			
总计							5,728,342	5,728,342		1,789	1,789		406	406			

中国邮政储蓄银行有限责任公司湖北省分行绿卡业务统计表

表 6－3－20　　2008 年末　　单位:张、台

行名	借记卡发卡量	ATM 数量
武汉市	557,531	227
黄石市	95,798	68
襄樊市	284,354	106
荆州市	281,083	135
宜昌市	253,177	74
十堰市	250,818	45
孝感市	210,288	101
荆门市	129,009	45
鄂州市	43,232	18
黄冈市	238,769	126
咸宁市	209,443	37
随州市	121,337	49
恩施州	258,061	78
仙桃市	96,922	25
潜江市	44,526	18
天门市	70,173	23
神农架林区	2,207	1
合计	3,146,728	1,176

四、金融机构和人员统计

(一)机构和人员综合统计

湖北省银行业机构人员、机构情况统计表

表 6－4－1－1　　　　单位：家、台、人

行别	合计	一级分行	一级分行营业部	二级分行	二级分行营业部	支行	分理处	储蓄所	离行式自助银行	机构变动情况						人员情况			
										比年初	新设	升格	降格	撤销	ATM	在册	比年初	在岗	比年初
国家开发银行湖北省分行	1	1														151	14	164	14
中国农业发展银行湖北省分行	93	1	1	11	8	72										2,187	21	2,187	46
政策性银行	**94**	**2**	**1**	**11**	**8**	**72**										**2,338**	**35**	**2,351**	**60**
中国工商银行湖北省分行	650	1	1			372	189	77		－15				15		28,696	－265	17,561	－129
中国农业银行湖北省分行	964	1	1	12		374	556	5	15	－14	3	41		－17	1,043	18,038	3,619	18,038	－43
中国银行湖北省分行	393	1		11		257	122		2	－5	1	26		6	393	8,493	68	7,666	150
中国建设银行湖北省分行	600	1	1	11		382	167	8	30	－21				21	936	12,654	－14	11,289	82
中国建设银行三峡分行	54	1	1			36	12	4							22	1,729	－32	1,572	－14
交通银行武汉分行	109	1		13	3	61	1		30	12	13			1	15	1,826	211	1,786	214
国有商业银行	**2,770**	**6**	**4**	**57**	**3**	**1,482**	**858**	**94**	**77**	**－43**	**17**	**67**		**26**	**2,409**	**71,436**	**3,587**	**57,912**	**260**
招商银行武汉分行	92	1	1			27			63	3	7			4	10	1,266	184	1,607	196
中国光大银行武汉分行	33	1	1			14			17						90	486	56	486	56
中国民生银行武汉分行	74	1	1			17			55						217	715	40	715	40
华夏银行武汉分行	32	1	1			13			17	4	5			1	59	432	42	540	33
中信银行武汉分行	56	1	1			17			37	5	5				3	591	41	625	57
上海浦东发展银行武汉分行	65	1	1			12			51	7	8			1		444	8	444	8
兴业银行武汉分行	29	1	1			11			16	6	6				70	325	23	325	23
广东发展银行武汉分行	19	1				9			9	6	6				44	269	35	316	43
股份制商业银行	**400**	**8**	**7**			**120**			**265**	**31**	**37**			**6**	**493**	**4,528**	**429**	**5,058**	**456**
汉口银行	95	1	1			86			7		1			1		2,029	89	1,923	32
黄石市商业银行	14	1				12			1	1	1				16	279	13	213	5
荆州市商业银行	29	1				28				－1				1	8	489	28	434	1
宜昌市商业银行	21	1				20				2	2				3	598	21	521	18
孝感市商业银行	11	1				10				2	2				10	257	18	220	11
襄樊市商业银行	6	1				5				1	1				5	134	31	134	31
城市商业银行	**176**	**6**	**1**			**161**			**8**	**5**	**7**			**2**	**42**	**3,786**	**200**	**3,445**	**98**
汇丰银行(中国)有限公司武汉分行	4	1				3									5	109	16	109	16

续表 6－4－1－1

行别	合计	一级分行	一级分行营业部	二级分行	二级分行营业部	支行	分理处	储蓄所	离行式自助银行	机构变动情况					ATM	人员情况			
										比年初	新设	升格	降格	撤销		在册	比年初	在岗	比年初
法国兴业银行武汉分行	1	1														10	6	10	6
东亚银行(中国)有限公司武汉分行	1	1													2	64	15	64	15
外资银行	6	3				3									7	183	37	183	37
中国华融资产管理公司武汉办事处	1	1														40	－12	40	－12
中国长城资产管理公司武汉办事处	1	1														66	－4	61	－4
中国东方资产管理公司武汉办事处	1	1														49	－2	49	－2
中国信达资产管理公司武汉办事处	1	1														58	－60	58	－60
资产管理公司	4	4														213	－78	208	－78
中国电力财务有限公司华中分公司	1	1														178	23	178	23
武汉钢铁集团财务有限责任公司	1	1														55	2	55	2
三江航天集团财务有限公司	1	1														28	1	27	1
东风汽车财务有限公司	1	1														63	10	61	10
中石化财务有限公司	1	1														11		11	
葛洲坝集团财务有限责任公司	1	1														64	－1	69	－1
三峡财务有限责任公司	1	1														65	12	65	8
财务公司	7	7														464	47	466	43
交银国际信托投资有限公司	1	1														78	24	86	29
邮政储蓄银行	1,497	1		13	13	786		684							1,160	5,568		3,657	
湖北省农村信用社联合社	2,186	2	1	22	23	330	1,668	140		－34	4	2		38	215	33,801	708	26,070	520
黄石滨江农村信用社联合社	10	1				9									4	96		127	31
宜昌夷陵农村信用社联合社	23	1				6	16			－6				6	3	347	－2	269	1
农村合作银行	33	2				15	16			－6				6	7	443	－2	396	32
仙桃北农商村镇银行	1					1									1	12		12	
咸丰常农商村镇银行	1			1												11	1	11	1
恩施常农商村镇银行	1			1						1	1					10	10	10	10
嘉鱼吴江村镇银行	1					1										11		11	
随州曾都汇丰村镇银行	1			1												34	12	34	12
大冶国开村镇银行	1	1														13		13	
宜城国开村镇银行	1	1														14	－2	14	－2
汉川农银村镇银行	1	1								1	1					10	10	10	10
村镇银行	8	3		3		2				2	2				1	115	31	115	31
公安花旗贷款有限责任公司	1					1				1	1					7	7	8	8
贷款公司	1					1				1	1					7	7	8	8
合计	7,183	45	14	106	47	2,972	2,542	918	350	－44	68	69		78	4,334	122,960	5,025	99,955	1,496

湖北省保险机构、人员统计表

表 6－4－1－2

类别	名称	机构(个) 合计	正式机构小计	总公司	分公司	中心支公司	支公司	营业部	保险营销服务部(个)	高级管理人员(人) 合计	总公司	分公司	中心支公司	支公司	营业部
财产保险	中国人民财产保险股份有限公司湖北省分公司	510	344		1	13	108	222	166	401		5	66	108	222
	中国太平洋财产保险股份有限公司湖北分公司	70	63		1	11	50	1	7	90		4	36	50	
	中国平安财产保险股份有限公司湖北分公司	74	32		1	12	19		42	34		2	13	19	
	天安保险股份有限公司湖北省分公司	53	20		1	12	7		33	32		4	21	7	
	太平保险有限公司湖北分公司	40	22		1	8	13		18	37		3	21	13	
	中国大地财产保险股份有限公司湖北分公司	60	22		1	7	13	1	38	32		3	15	13	1
	永安财产保险股份有限公司湖北分公司	25	12		1	9	2		13	24		4	18	2	
	华安财产保险股份有限公司湖北分公司	45	9		1	8			36	13		3	10		
	中华联合财产保险公司湖北分公司	102	95		1	12	82		7	117		3	32	82	
	永诚财产保险股份有限公司湖北分公司	13	11		1	9		1	2	13		3	9		1
	华泰财产保险股份有限公司湖北省分公司	5	3		1		2		2	5		3		2	
	安邦财产保险股份有限公司湖北分公司	49	20		1	14	5		29	25		6	14	5	
	都邦财产保险股份有限公司湖北分公司	22	16		1	7	8		6	20		5	7	8	
	天平汽车保险股份有限公司湖北分公司	5	1		1				4	1		1			
	阳光财产保险股从有限公司湖北省分公司	25	18		1	7	9	1	7	20		3	7	9	1
	中国出口信用保险公司武汉营业管理部	1	1		1					1		1			
	渤海财产保险股份有限公司湖北分公司	8	6		1	5			2	8		3	5		
	民安保险(中国)有限公司湖北分公司	6	4		1	3			2	6		3	3		
	合计	1,113	699		18	137	318	226	414	879		59	277	318	225
人寿保险	中国人寿保险股份有限公司湖北省分公司	1,176	325		1	13	101	210	851	384		5	68	101	210
	中国太平洋人寿保险股份有限公司湖北分公司	209	41		1	13	27		168	70		4	39	27	
	中国平安人寿保险股份有限公司湖北分公司	67	20		1	11	8		47	29		5	16	8	
	泰康人寿保险股份有限公司湖北分公司	194	15		1	11	3		179	28		5	20	3	
	新华人寿保险股份有限公司湖北分公司	85	12		1	11			73	20		4	16		
	太平人寿保险有限公司湖北分公司	35	11		1	9	1		24	15		5	9	1	
	生命人寿保险股份有限公司湖北分公司	39	9		1	8			30	24		2	22		
	合众人寿保险股份有限公司湖北分公司	46	11	1	1	9			35	14		4	10		
	信诚人寿保险有限公司湖北省分公司	6	1		1				5	3		3	—		
	长城人寿保险股份有限公司湖北省分公司	12	4		1	3			8	6		3	3		
	平安养老保险股份有限公司湖北分公司	4	4		1	3				5		2	3		
	中国人民人寿保险股份有限公司湖北省分公司	25	20		1	9	10		5	22		3	9	10	
	嘉禾人寿保险股份有限公司湖北分公司	8	4		1	3			4	5		2	3		
	海尔纽约人寿保险有限公司湖北分公司	1	1		1					1		1			
	阳光人寿保险股份有限公司湖北分公司	8	7		1	6			1	10		4	6		
	中国人民健康保险股份有限公司湖北分公司	2	1		1				1	2		2			
	招商信诺人寿保险有限公司湖北分公司	1	1		1										
	民生人寿保险股份有限公司湖北分公司	1	1		1					1		1			
	合计	1,919	488	1	18	109	150	210	1,431	639		55	224	150	210
总计		3,032	1,187	1	36	246	468	436	1,845	1,518		114	501	468	435

注:1.高级管理人员统计口径以《保险公司董事和高级管理人员任职资格管理规定》(中国保监会令[2006]4号)为准。
2.持有保险经营许可证但已不再正常开展业务的机构,不统计高级管理人员。

(二)人员结构统计

中国银行业监督管理委员会湖北监管局

表6-4-2-1

年龄结构			文化结构			职称结构		
年龄档次	人数(人)	比重(%)	文化水平	人数(人)	比重(%)	职称档次	人数(人)	比重(%)
35岁以下	134	15.19	博士	7	0.79	高级职称	84	9.52
36—45岁	473	53.63	硕士及研究生班	55	6.24	中级职称	505	57.26
46—50岁	147	16.67	本科	524	59.41	初级职称	206	23.36
51—60岁	128	14.51	大专及以下	296	33.56			
合计	882	100.00	合计	882	100.00	合计	795	90.14

中国证券监督管理委员会湖北监管局

表6-4-2-2

年龄结构			文化结构			职称结构		
年龄档次	人数(人)	比重(%)	文化水平	人数(人)	比重(%)	职称档次	人数(人)	比重(%)
30岁以下	23	31.08	博士	3	4.05	高级职称	9	12.16
31—40岁	29	39.19	硕士及研究生班	31	41.89	中级职称	10	13.51
41—50岁	18	24.32	本科	29	39.20	初级职称	10	13.51
51—60岁	4	5.41	大专及以下	11	14.86			
合计	74	100.00	合计	74	100.00	合计	29	39.18

中国保险监督管理委员会湖北监管局

表6-4-2-3

年龄结构			文化结构			职称结构		
年龄档次	人数(人)	比重(%)	文化水平	人数(人)	比重(%)	职称档次	人数(人)	比重(%)
35岁以下	40	70.17	博士	2	3.51	高级职称	11	19.30
36—40岁	8	14.04	硕士及研究生班	26	45.61	中级职称	20	35.09
41—50岁	8	14.04	本科	27	47.37	初级职称	9	15.79
51—60岁	1	1.75	大专及以下	2	3.51			
合计	57	100.00	合计	57	100.00	合计	40	70.18

国家外汇管理局湖北省分局

表6-4-2-4

年龄结构			文化结构			职称结构		
年龄档次	人数(人)	比重(%)	文化水平	人数(人)	比重(%)	职称档次	人数(人)	比重(%)
30岁以下	10	15.87	博士			高级职称	10	15.87
31—40岁	25	39.69	硕士及研究生班	27	42.86	中级职称	37	58.73
41—50岁	21	33.33	本科	26	41.27	初级职称	4	6.35
51—60岁	7	11.11	大专及以下	10	15.87			
合计	63	100.00	合计	63	100.00	合计	51	80.95

国家开发银行湖北省分行

表 6-4-2-5

年龄结构			文化结构			职称结构		
年龄档次	人数(人)	比重(%)	文化水平	人数(人)	比重(%)	职称档次	人数(人)	比重(%)
30 岁以下	60	39.74	博士	8	5.30	高级职称	29	19.21
31—40 岁	53	35.10	硕士及研究生班	71	47.02	中级职称	56	37.09
41—50 岁	32	21.19	本科	65	43.05	初级职称	37	24.50
51—60 岁	6	3.97	大专及以下	7	4.63			
合计	151	100.00	合计	151	100.00	合计	122	80.80

注:不含内退、离退休员工 28 人。

中国农业发展银行湖北省分行

表 6-4-2-6

年龄结构			文化结构			职称结构		
年龄档次	人数(人)	比重(%)	文化水平	人数(人)	比重(%)	职称档次	人数(人)	比重(%)
30 岁以下	416	19.65	博士	2	0.09	高级职称	68	3.21
31—40 岁	549	25.93	硕士及研究生班	34	1.61	中级级称	818	38.64
41—50 岁	855	40.39	本科	921	43.50	初级职称	666	31.46
51—60 岁	297	14.03	大专及以下	1,149	54.27			
合计	2,117	100.00	合计	2,106	99.48	合计	1,552	73.31

中国进出口银行武汉代表处

表 6-4-2-7

年龄结构			文化结构			职称结构		
年龄档次	人数(人)	比重(%)	文化水平	人数(人)	比重(%)	职称档次	人数(人)	比重(%)
30 岁以下	12	63.15	博士			高级职称	3	15.79
31—40 岁	2	10.53	硕士及研究生班	11	57.89	中级职称	3	15.79
41—50 岁	3	15.79	本科	6	31.58	初级职称	1	5.26
51—60 岁	2	10.53	大专及以下	2	10.53			
合计	19	100.00	合计	19	100.00	合计	7	36.84

中国工商银行股份有限公司湖北省分行

表 6-4-2-8

年龄结构			文化结构			职称结构		
年龄档次	人数(人)	比重(%)	文化水平	人数(人)	比重(%)	职称档次	人数(人)	比重(%)
30 岁以下	740	4.58	博士	2	0.01	高级职称	238	1.47
31—40 岁	6,141	38.02	硕士及研究生班	264	1.63	中级职称	5,218	32.31
41—50 岁	8,461	52.38	本科	5,648	34.97	初级职称	7,599	47.05
51—60 岁	810	5.01	大专及以下	10,237	63.38			
合计	16,152	100.00	合计	16,152	100.00	合计	13,055	80.83

中国农业银行股份有限公司湖北省分行

表 6－4－2－9

年龄结构			文化结构			职称结构		
年龄档次	人数(人)	比重(%)	文化水平	人数(人)	比重(%)	职称档次	人数(人)	比重(%)
30 岁以下	1,480	8.21	博士	4	0.02	高级职称	151	0.84
31—40 岁	9,072	50.30	硕士及研究生班	344	1.91	中级职称	3,123	17.31
41—50 岁	6,945	38.50	本科	4,498	24.94	初级职称	7,854	43.54
51—60 岁	540	2.99	大专及以下	13,191	73.13			
合计	18,037	100.00	合计	18,037	100.00	合计	11,128	61.69

中国银行股份有限公司湖北省分行

表 6－4－2－10

年龄结构			文化结构			职称结构		
年龄档次	人数(人)	比重(%)	文化水平	人数(人)	比重(%)	职称档次	人数(人)	比重(%)
30 岁以下	1,399	14.84	博士	1	0.01	高级职称	157	1.67
31—40 岁	4,203	44.57	硕士及研究生班	140	0.01	中级职称	2,436	25.84
41—50 岁	2,744	29.10	本科	3,330	35.32	初级职称	3,048	32.33
51—60 岁	1,083	11.49	大专及以下	5,958	63.18			
合计	9,429	100.00	合计	9,429	100.00	合计	5,641	59.84

中国建设银行股份有限公司湖北省分行

表 6－4－2－11

年龄结构			文化结构			职称结构		
年龄档次	人数(人)	比重(%)	文化水平	人数(人)	比重(%)	职称档次	人数(人)	比重(%)
30 岁以下	309	3.18	博士	4	0.04	高级职称	290	2.98
30—40 岁	4,901	50.40	硕士及研究生班	173	1.78	中级职称	4,110	42.26
41—50 岁	3,091	31.78	本科	3,159	32.48	初级职称	4,403	45.28
51—60 岁	1,424	14.64	大专及以下	6,389	65.70			
合计	9,725	100.00	合计	9,725	100.00	合计	8,803	90.52

交通银行股份有限公司武汉分行

表 6－4－2－12

年龄结构			文化结构			职称结构		
年龄档次	人数(人)	比重(%)	文化水平	人数(人)	比重(%)	职称档次	人数(人)	比重(%)
30 岁以下	685	37.51	博士	6	0.33	高级职称	19	1.04
31—40 岁	705	38.61	硕士及研究生班	99	5.42	中级职称	344	18.84
41—50 岁	313	17.14	本科	1,096	60.02	初级职称	1,193	65.33
51—60 岁	123	6.74	大专及以下	625	34.23			
合计	1,826	100.00	合计	1,826	100.00	合计	1,556	85.21

招商银行股份有限公司武汉分行

表 6－4－2－13

年龄结构			文化结构			职称结构		
年龄档次	人数(人)	比重(%)	文化水平	人数(人)	比重(%)	职称档次	人数(人)	比重(%)
30 岁以下	808	63.27	博士			高级职称	19	1.49
31—40 岁	318	24.90	硕士及研究生班	143	11.20	中级职称	182	14.25
41—50 岁	124	9.71	本科	786	61.55	初级职称	104	8.14
51—61 岁	27	2.12	大专及以下	348	27.25			
合计	1,277	100.00	合计	1,277	100.00	合计	305	23.88

中国民生银行股份有限公司武汉分行

表 6－4－2－14

年龄结构			文化结构			职称结构		
年龄档次	人数(人)	比重(%)	文化水平	人数(人)	比重(%)	职称档次	人数(人)	比重(%)
30 岁以下	331	53.73	博士			高级职称	6	0.97
31—40 岁	223	36.20	硕士及研究生班	42	6.82	中级职称	103	16.72
41—50 岁	49	7.96	本科	344	55.84	初级职称	37	6.01
51—60 岁	13	2.11	大专及以下	230	37.34			
合计	616	100.00	合计	616	100.00	合计	146	23.70

中国光大银行股份有限公司武汉分行

表 6－4－2－15

年龄结构			文化结构			职称结构		
年龄档次	人数(人)	比重(%)	文化水平	人数(人)	比重(%)	职称档次	人数(人)	比重(%)
30 岁以下	212	43.71	博士			高级职称	93	19.18
31—40 岁	193	39.79	硕士及研究生班	87	17.94	中级职称	106	21.85
41—50 岁	67	13.82	本科	263	54.23	初级职称	183	37.73
51—60 岁	13	2.68	大专及以下	135	27.83			
合计	485	100.00	合计	485	100.00	合计	382	78.76

中信银行股份有限公司武汉分行

表 6－4－2－16

年龄结构			文化结构			职称结构		
年龄档次	人数(人)	比重(%)	文化水平	人数(人)	比重(%)	职称档次	人数(人)	比重(%)
30 岁以下	292	49.40	博士	3	0.51	高级职称	35	5.92
31—40 岁	242	40.95	硕士及研究生班	65	11.00	中级职称	156	26.40
41—50 岁	54	9.14	本科	398	67.34	初级职称	111	18.78
51—60 岁	3	0.51	大专及以下	125	21.15			
合计	591	100.00	合计	591	100.00	合计	302	51.10

华夏银行股份有限公司武汉分行

表 6－4－2－17

年龄结构			文化结构			职称结构		
年龄档次	人数(人)	比重(%)	文化水平	人数(人)	比重(%)	职称档次	人数(人)	比重(%)
30 岁以下	139	32.18	博士	1	0.23	高级职称	10	2.32
31—40 岁	212	49.07	硕士及研究生班	27	6.25	中级职称	141	32.64
41—50 岁	76	17.59	本科	300	69.45	初级职称	281	65.05
51—60 岁	5	1.16	大专及以下	104	24.07			
合计	432	100.00	合计	432	100.00	合计	432	100.00

兴业银行股份有限公司武汉分行

表 6－4－2－18

年龄结构			文化结构			职称结构		
年龄档次	人数(人)	比重(%)	文化水平	人数(人)	比重(%)	职称档次	人数(人)	比重(%)
30 岁以下	135	40.18	博士			高级职称	6	1.78
31—40 岁	160	47.62	硕士及研究生班	39	11.61	中级职称	55	16.37
41—50 岁	40	11.90	本科	256	76.19	初级职称	60	17.86
51—60 岁	1	0.30	大专及以下	41	12.20			
合计	336	100.00	合计	336	100.00	合计	121	36.01

上海浦东发展银行股份有限公司武汉分行

表 6－4－2－19

年龄结构			文化结构			职称结构		
年龄档次	人数(人)	比重(%)	文化水平	人数(人)	比重(%)	职称档次	人数(人)	比重(%)
30 岁以下	242	54.63	博士			高级职称	13	2.93
30—40 岁	167	37.70	硕士及研究生班	34	7.68	中级职称	62	14.00
40—45 岁	27	6.09	本科	299	67.49	初级职称	31	7.00
45 岁以上	7	1.58	大专及以下	110	24.83			
合计	443	100.00	合计	443	100.00	合计	105	23.93

广东发展银行股份有限公司武汉分行

表 6－4－2－20

年龄结构			文化结构			职称结构		
年龄档次	人数(人)	比重(%)	文化水平	人数(人)	比重(%)	职称档次	人数(人)	比重(%)
30 岁以下	172	54.43	博士			高级职称	6	1.90
30—40 岁	105	33.23	硕士及研究生班	38	12.03	中级职称	51	16.14
41—50 岁	38	12.03	本科	174	55.06	初级职称	31	9.81
51—60 岁	1	0.31	大专及以下	104	32.91			
合计	316	100.00	合计	316	100.00	合计	88	27.85

汉口银行股份有限公司

表 6－4－2－21

年龄结构			文化结构			职称结构		
年龄档次	人数(人)	比重(%)	文化水平	人数(人)	比重(%)	职称档次	人数(人)	比重(%)
30 岁以下	564	31.01	博士			高级职称	22	1.21
31—40 岁	893	49.09	硕士及以上	55	3.02	中级职称	342	18.80
41—50 岁	280	15.39	本科	1,057	58.11	初级职称	19	1.04
51—60 岁	82	4.51	大专及以下	707	38.87			
合计	1,819	100.00	合计	1,819	100.00	合计	383	21.05

黄石市商业银行股份有限公司

表 6－4－2－22

年龄结构			文化结构			职称结构		
年龄档次	人数(人)	比重(%)	文化水平	人数(人)	比重(%)	职称档次	人数(人)	比重(%)
30 岁以下	110	41.83	博士			高级职称	3	1.14
30—40 岁	109	41.44	硕士及研究生班	5	1.9	中级职称	60	22.81
41—50 岁	40	15.21	本科	87	33.08	初级职称	48	18.25
51—60 岁	4	1.52	大专及以下	171	65.02			
合计	263	100.00	合计	263	100.00	合计	111	42.20

荆州市商业银行股份有限公司

表 6－4－2－23

年龄结构			文化结构			职称结构		
年龄档次	人数(人)	比重(%)	文化水平	人数(人)	比重(%)	职称档次	人数(人)	比重(%)
35 岁以下	274	56.03	博士			高级职称		
35—40 岁	99	20.25	硕士及研究生班	10	2.05	中级职称		
41—45 岁	40	8.18	本科	152	31.08	初级职称		
46—50 岁	48	9.82	大专及以下	327	66.87			
51—54 岁	14	2.86						
55 岁及以上	14	2.86						
合计	489	100.00	合计	489	100.00	合计		

孝感市商业银行股份有限公司

表 6－4－2－24

年龄结构			文化结构			职称结构		
年龄档次	人数(人)	比重(%)	文化水平	人数(人)	比重(%)	职称档次	人数(人)	比重(%)
30 岁以下	49	21.03	博士			高级职称	5	2.15
31—40 岁	123	52.79	硕士及研究生班	5		中级职称	10	4.29
41—50 岁	54	23.18	本科	51		初级职称	218	93.56
51—60 岁	7	3.00	大专及以下	177				
合计	233	100.00	合计	233	100.00	合计	233	100.00

宜昌市商业银行股份有限公司

表 6－4－2－25

年龄结构			文化结构			职称结构		
年龄档次	人数(人)	比重(%)	文化水平	人数(人)	比重(%)	职称档次	人数(人)	比重(%)
30 岁以下	264	40.62	博士	1	0.15	高级职称	7	1.08
31－40 岁	218	33.54	硕士及研究生班	15	2.31	中级职称	76	11.69
41－50 岁	89	13.69	本科	234	36.00	初级职称	81	12.46
51－60 岁	79	12.15	大专及以下	400	61.54			
合计	650	100.00	合计	650	100.00	合计	164	25.23

襄樊市商业银行股份有限公司

表 6－4－2－26

年龄结构			文化结构			职称结构		
年龄档次	人数(人)	比重(%)	文化水平	人数(人)	比重(%)	职称档次	人数(人)	比重(%)
30 岁以下	55	41.04	博士			高级职称	3	2.24
31－40 岁	44	32.84	硕士及研究生班	4	2.99	中级职称	28	20.90
41－50 岁	33	24.63	本科	63	47.01	初级职称	8	5.97
51－61 岁	2	1.49	大专及以下	67	50.00			
合计	134	100.00	合计	134	100.00	合计	39	29.11

汇丰银行(中国)有限公司武汉分行

表 6－4－2－27

年龄结构			文化结构			职称结构		
年龄档次	人数(人)	比重(%)	文化水平	人数(人)	比重(%)	职称档次	人数(人)	比重(%)
30 岁以下	91	83.49	博士			高级职称		
31－40 岁	15	13.76	硕士及研究生班	20	18.35	中级职称		
41－50 岁	2	1.83	本科	80	73.79	初级职称		
51－60 岁	1	0.92	大专及以下	9	8.26			
合计	109	100.00	合计	109	100.00	合计		

东亚银行(中国)有限公司武汉分行

表 6－4－2－28

年龄结构			文化结构			职称结构		
年龄档次	人数(人)	比重(%)	文化水平	人数(人)	比重(%)	职称档次	人数(人)	比重(%)
30 岁以下	38	59.38	博士			高级职称		
31－40 岁	23	35.94	硕士及研究生班	12	18.75	中级职称		
41－50 岁	1	1.56	本科	49	76.56	初级职称		
51－60 岁	2	3.12	大专及以下	3	4.69			
合计	64	100.00	合计	64	100.00	合计		

瑞穗实业银行(中国)有限公司武汉分行

表 6－4－2－29

年龄结构			文化结构			职称结构		
年龄档次	人数(人)	比重(%)	文化水平	人数(人)	比重(%)	职称档次	人数(人)	比重(%)
30 岁以下	14	48.27	博士			高级职称		
30—40 岁	12	41.37	硕士及研究生班	14	48.27	中级职称		
41—50 岁	1	3.46	本科	14	48.27	初级职称		
51—60 岁	2	6.90	大专及以下	1	3.46			
合计	29	100.00	合计	29	100.00	合计		

湖北省农村信用社联合社

表 6－4－2－30

年龄结构			文化结构			职称结构		
年龄档次	人数(人)	比重(%)	文化水平	人数(人)	比重(%)	职称档次	人数(人)	比重(%)
30 岁及以下	4,761	18.26	博士	3	0.01	高级职称	49	0.19
31—40 岁	13,010	49.91	硕士及研究生班	71	0.27	中级职称	2,078	7.97
41—50 岁	7,087	27.18	本科	3,957	15.18	初级职称	10,784	41.37
51—60 岁	1,212	4.65	大专及以下	22,039	84.54			
合计	26,070	100.00	合计	26,070	100.00	合计	12,911	49.53

中国邮政储蓄银行有限责任公司湖北省分行

表 6－4－2－31

年龄结构			文化结构			职称结构		
年龄档次	人数(人)	比重(%)	文化水平	人数(人)	比重(%)	职称档次	人数(人)	比重(%)
30 岁以下	7	8.05	博士			高级职称	11	12.63
31—40 岁	50	57.47	硕士及研究生班	5	5.75	中级职称	24	27.59
41—50 岁	23	26.43	本科	53	60.92	初级职称	25	28.74
51—60 岁	7	8.05	大专及以下	29	33.33			
合计	87	100.00	合计	87	100.00	合计	60	68.96

中国华融资产管理公司武汉办事处

表 6－4－2－32

年龄结构			文化结构			职称结构		
年龄档次	人数(人)	比重(%)	文化水平	人数(人)	比重(%)	职称档次	人数(人)	比重(%)
30 岁以下	10	20.41	博士	1	2.04	高级职称	12	24.49
31—40 岁	14	28.57	硕士及研究生班	8	16.33	中级职称	11	22.45
41—50 岁	21	42.86	本科	31	63.27	初级职称	3	6.12
51—60 岁	4	8.16	大专及以下	9	18.36			
合计	49	100.00	合计	49	100.00	合计	26	53.06

中国长城资产管理公司武汉办事处

表 6－4－2－33

年龄结构			文化结构			职称结构		
年龄档次	人数(人)	比重(%)	文化水平	人数(人)	比重(%)	职称档次	人数(人)	比重(%)
30 岁以下	8	12.12	博士			高级职称	9	13.64
31—40 岁	23	34.85	硕士及研究生班	12	18.18	中级职称	30	45.45
41—50 岁	21	31.82	本科	38	57.58	初级职称	7	10.61
51—60 岁	14	21.21	大专及以下	16	24.24			
合计	66	100.00	合计	66	100.00	合计	46	69.70

中国东方资产管理公司武汉办事处

表 6－4－2－34

年龄结构			文化结构			职称结构		
年龄档次	人数(人)	比重(%)	文化水平	人数(人)	比重(%)	职称档次	人数(人)	比重(%)
30 岁以下	4	8.16	博士			高级职称	4	8.16
31—40 岁	13	26.53	硕士及研究生班	4	8.16	中级职称	23	46.94
41—50 岁	25	51.02	本科	22	44.90	初级职称	13	26.53
51—60 岁	7	14.29	大专及以下	23	46.94			
合计	49	100.00	合计	49	100.00	合计	40	81.63

中国信达资产管理公司武汉办事处

表 6－4－2－35

年龄结构			文化结构			职称结构		
年龄档次	人数(人)	比重(%)	文化水平	人数(人)	比重(%)	职称档次	人数(人)	比重(%)
30 岁以下	3	6.98	博士生	1	2.33	高级职称	8	18.60
31—40 岁	21	48.83	硕士及研究生班	7	16.28	中级职称	25	58.14
41—50 岁	16	37.21	本科	29	67.44	初级职称	6	13.95
51—60 岁	3	6.98	大专及以下	6	13.95			
合计	43	100.00	合计	43	100.00	合计	39	90.69

交银国际信托有限公司

表 6－4－2－36

年龄结构			文化结构			职称结构		
年龄档次	人数(人)	比重(%)	文化水平	人数(人)	比重(%)	职称档次	人数(人)	比重(%)
30 岁以下	31	36.47	博士	4	4.71	高级职称		
30—39 岁	35	41.18	硕士及研究生班	37	43.53	中级职称		
40 岁以上	19	22.35	本科	39	45.88	初级职称		
			大专及以下	5	5.88			
合计	85	100.00	合计	85	100.00	合计		

武汉国际信托投资有限公司

表 6－4－2－37

年龄结构			文化结构			职称结构		
年龄档次	人数(人)	比重(%)	文化水平	人数(人)	比重(%)	职称档次	人数(人)	比重(%)
30 岁以下	2	12.50	博士	1	6.25	高级职称	3	18.75
31—40 岁	6	37.50	硕士及研究生班	5	31.25	中级职称	6	37.50
41—50 岁	4	25.00	本科	7	43.75	初级职称	1	6.25
51—60 岁	4	25.00	大专及以下	3	18.75			
合计	16	100.00	合计	16	100.00	合计	10	62.50

武汉钢铁集团财务有限责任公司

表 6－4－2－38

年龄结构			文化结构			职称结构		
年龄档次	人数(人)	比重(%)	文化水平	人数(人)	比重(%)	职称档次	人数(人)	比重(%)
30 岁以下	22	39.29	博士			高级职称	14	25.00
31—40 岁	24	42.86	硕士及研究生班	13	23.21	中级职称	20	35.71
41—50 岁	8	14.28	本科	36	64.29	初级职称	6	10.72
51—60 岁	2	3.57	大专及以下	7	12.50			
合计	56	100.00	合计	56	100.00	合计	40	71.43

中国电力财务有限公司华中分公司

表 6－4－2－39

年龄结构			文化结构			职称结构		
年龄档次	人数(人)	比重(%)	文化水平	人数(人)	比重(%)	职称档次	人数(人)	比重(%)
30 岁以下	15	8.57	博士			高级职称	38	21.71
31—40 岁	106	60.57	硕士及研究生班	17	9.72	中级职称	78	44.57
41—50 岁	40	22.86	本科	129	73.71	初级职称	17	9.71
51—60 岁	14	8.00	大专及以下	29	16.57			
合计	175	100.00	合计	175	100.00	合计	133	75.99

三江航天集团财务有限责任公司

表 6－4－2－40

年龄结构			文化结构			职称结构		
年龄档次	人数(人)	比重(%)	文化水平	人数(人)	比重(%)	职称档次	人数(人)	比重(%)
30 岁以下	7	25.93	博士			高级职称	3	11.11
31—40 岁	14	51.85	硕士及研究生班	4	14.82	中级职称	12	44.44
41—50 岁	5	18.52	本科	11	40.74	初级职称	1	3.70
51—60 岁	1	3.70	大专及以下	12	44.44			
合计	27	100.00	合计	27	100.00	合计	16	59.25

东风汽车财务有限公司

表 6－4－2－41

年龄结构			文化结构			职称结构		
年龄档次	人数(人)	比重(%)	文化水平	人数(人)	比重(%)	职称档次	人数(人)	比重(%)
30 岁以下	28	45.90	博士			高级职称	7	11.47
31—40 岁	26	42.62	硕士及研究生班	1	1.64	中级职称	17	27.87
41—50 岁	6	9.84	本科	53	86.89	初级职称	15	24.59
51—60 岁	1	1.64	大专及以下	7	11.47			
合计	61	100.00	合计	61	100.00	合计	39	63.93

三峡财务有限责任公司

表 6－4－2－42

年龄结构			文化结构			职称结构		
年龄档次	人数(人)	比重(%)	文化水平	人数(人)	比重(%)	职称档次	人数(人)	比重(%)
30 岁以下	22	33.85	博士(含在读)	3	4.62	高级职称	15	23.08
31—40 岁	30	46.15	硕士及研究生班	16	24.62	中级职称	21	32.31
41—50 岁	9	13.85	本科	36	55.38	初级职称	1	1.54
50 岁以上	4	6.15	大专及以下	10	15.38			
合计	65	100.00	合计	65	100.00	合计	37	56.92

葛洲坝集团财务有限责任公司

表 6－4－2－43

年龄结构			文化结构			职称结构		
年龄档次	人数(人)	比重(%)	文化水平	人数(人)	比重(%)	职称档次	人数(人)	比重(%)
30 岁以下	9	14.06	博士			高级职称	17	26.56
31—40 岁	24	37.50	硕士及研究生班	8	12.50	中级职称	24	37.5
41—50 岁	23	35.94	本科	29	45.31	初级职称	14	21.88
50 岁以上	8	12.50	大专及以下	27	42.19			
合计	64	100.00	合计	64	100.00	合计	55	85.94

长江证券股份有限公司

表 6－4－2－44

年龄结构			文化结构			职称结构		
年龄档次	人数(人)	比重(%)	文化水平	人数(人)	比重(%)	职称档次	人数(人)	比重(%)
25 岁以下	851	29.13	博士	11	0.38	高级职称		
25—35 岁	1,365	46.73	硕士及研究生班	406	13.90	中级职称		
35—45 岁	611	20.92	本科	1,242	42.52	初级职称		
45 岁以上	94	3.22	大专及以下	1,262	43.20			
合计	2,921	100.00	合计	2,921	100.00	合计		

天风证券经纪有限责任公司

表 6－4－2－45

年龄结构			文化结构			职称结构		
年龄档次	人数(人)	比重(%)	文化水平	人数(人)	比重(%)	职称档次	人数(人)	比重(%)
35 岁以下	116	50.00	博士	1	0.43	高级职称	3	1.29
35－50 岁	93	40.09	硕士及研究生班	22	9.48	中级职称	6	2.58
50 岁以上	23	9.91	本科	108	46.55	初级职称	177	76.30
			大专及以下	101	43.54			
合计	232	100.00	合计	232	100.00	合计	186	80.17

广发证券股份有限公司湖北分公司

表 6－4－2－46

年龄结构			文化结构			职称结构		
年龄档次	人数(人)	比重(%)	文化水平	人数(人)	比重(%)	职称档次	人数(人)	比重(%)
30 岁以下	36	16.51	博士			高级职称	5	2.29
31－40 岁	163	74.77	硕士及研究生班	17	7.80	中级职称	45	20.64
41－50 岁	19	8.72	本科	171	78.44	初级职称	47	21.56
50 岁以上			大专及以下	30	13.76			
合计	218	100.00	合计	218	100.00	合计	97	44.49

国泰君安证券股份有限公司武汉分公司

表 6－4－2－47

年龄结构			文化结构			职称结构		
年龄档次	人数(人)	比重(%)	文化水平	人数(人)	比重(%)	职称档次	人数(人)	比重(%)
30 岁以下	16	10.96	博士			高级职称		
31－40 岁	73	50.00	硕士及研究生班	10	6.84	中级职称		
41－50 岁	39	26.71	本科	68	46.58	初级职称		
50 岁以上	18	12.33	大专及以下	68	46.58			
合计	146	100.00	合计	146	100.00	合计		

中国人民财产保险股份有限公司湖北省分公司

表 6－4－2－48

年龄结构			文化结构			职称结构		
年龄档次	人数(人)	比重(%)	文化水平	人数(人)	比重(%)	职称档次	人数(人)	比重(%)
30 岁以下	332	12.12	博士	1	0.04	高级职称	61	2.22
31－40 岁	785	28.65	硕士及研究生班	63	2.30	中级职称	634	23.14
41－50 岁	1,058	38.61	本科	762	27.81	初级职称	811	29.60
51－60 岁	565	20.62	大专及以下	1,914	69.85			
合计	2,740	100.00	合计	2,740	100.00	合计	1,506	54.96

中国太平洋财产保险股份有限公司湖北分公司

表 6-4-2-49

年龄结构			文化结构			职称结构		
年龄档次	人数(人)	比重(%)	文化水平	人数(人)	比重(%)	职称档次	人数(人)	比重(%)
30岁以下	526	45.03	博士			高级职称	26	2.23
31—40岁	334	28.60	硕士及研究生班	46	3.94	中级职称	263	22.52
41—50岁	278	23.80	本科	375	32.10	初级职称	465	39.80
51—60岁	30	2.57	大专及以下	747	63.96			
合计	1,168	100.00	合计	1,168	100.00	合计	754	64.55

中国平安财产保险股份有限公司湖北分公司

表 6-4-2-50

年龄结构			文化结构			职称结构		
年龄档次	人数(人)	比重(%)	文化水平	人数(人)	比重(%)	职称档次	人数(人)	比重(%)
30岁以下	284	40.63	博士			高级职称		
31—40岁	224	32.04	硕士及研究生班	13	1.86	中级职称		
41—50岁	163	23.32	本科	237	33.91	初级职称		
51—60岁	28	4.01	大专及以下	449	64.23			
合计	699	100.00	合计	699	100.00	合计		

天安保险股份有限公司湖北省分公司

表 6-4-2-51

年龄结构			文化结构			职称结构		
年龄档次	人数(人)	比重(%)	文化水平	人数(人)	比重(%)	职称档次	人数(人)	比重(%)
30岁以下	243	36.76	博士			高级职称	16	2.40
31—40岁	254	38.43	硕士及研究生班	14	2.12	中级职称	40	6.05
41—50岁	136	20.57	本科	130	19.67	初级职称	24	3.63
51—60岁	28	4.24	大专及以下	517	78.21			
合计	661	100.00	合计	661	100.00	合计	80	12.08

太平保险有限公司湖北分公司

表 6-4-2-52

年龄结构			文化结构			职称结构		
年龄档次	人数(人)	比重(%)	文化水平	人数(人)	比重(%)	职称档次	人数(人)	比重(%)
30岁以下	153	28.07	博士			高级职称	8	1.47
31—40岁	239	43.85	硕士及研究生班	12	2.20	中级职称	56	10.27
41—50岁	124	22.75	本科	115	21.10	初级职称	33	6.06
51—60岁	29	5.33	大专及以下	418	76.70			
合计	545	100.00	合计	545	100.00	合计	97	17.80

中国大地财产保险股份有限公司湖北分公司

表 6－4－2－53

年龄结构			文化结构			职称结构		
年龄档次	人数(人)	比重(%)	文化水平	人数(人)	比重(%)	职称档次	人数(人)	比重(%)
30岁以下	154	35.48	博士			高级职称	19	4.38
31－40岁	157	36.18	硕士及研究生班	7	1.61	中级职称	33	7.60
41－50岁	98	22.58	本科	115	26.50	初级职称	109	25.12
51－60岁	25	5.76	大专及以下	312	71.89			
合计	434	100.00	合计	434	100.00	合计	161	37.10

永安财产保险股份有限公司湖北分公司

表 6－4－2－54

年龄结构			文化结构			职称结构		
年龄档次	人数(人)	比重(%)	文化水平	人数(人)	比重(%)	职称档次	人数(人)	比重(%)
30岁以下	50	21.93	博士			高级职称	6	2.63
31－40岁	98	42.98	硕士及研究生班	7	3.07	中级职称	66	28.95
41－50岁	65	28.51	本科	90	39.47	初级职称	98	42.98
51－60岁	15	6.58	大专及以下	131	57.46			
合计	228	100.00	合计	228	100.00	合计	170	74.56

华安财产保险股份有限公司湖北分公司

表 6－4－2－55

年龄结构			文化结构			职称结构		
年龄档次	人数(人)	比重(%)	文化水平	人数(人)	比重(%)	职称档次	人数(人)	比重(%)
30岁以下	208	66.88	博士	1	0.32	高级职称		
31－40岁	72	23.15	硕士及研究生班	2	0.64	中级职称	5	1.61
41－50岁	29	6.43	本科	118	37.95	初级职称	1	0.32
51－60岁	2	0.64	大专及以下	190	61.09			
合计	311	100.00	合计	311	100.00	合计	6	1.93

中华联合财产保险股份有限公司湖北分公司

表 6－4－2－56

年龄结构			文化结构			职称结构		
年龄档次	人数(人)	比重(%)	文化水平	人数(人)	比重(%)	职称档次	人数(人)	比重(%)
30岁以下	486	37.59	博士			高级职称	17	1.31
31－40岁	561	43.39	硕士及研究生班	12	0.93	中级职称	107	8.28
41－50岁	221	17.09	本科	251	19.41	初级职称	112	8.66
51－60岁	25	1.93	大专及以下	1,030	79.66			
合计	1,293	100.00	合计	1,293	100.00	合计	236	18.25

永诚财产保险股份有限公司湖北分公司

表 6－4－2－57

年龄结构			文化结构			职称结构		
年龄档次	人数(人)	比重(%)	文化水平	人数(人)	比重(%)	职称档次	人数(人)	比重(%)
30 岁以下	31	40.26	博士			高级职称	3	3.90
31—40 岁	27	35.06	硕士及研究生班	5	6.49	中级职称	17	22.08
41—50 岁	16	20.78	本科	40	51.95	初级职称	8	10.38
51—60 岁	3	3.90	大专及以下	32	41.56			
合计	77	100.00	合计	77	100.00	合计	28	36.36

华泰财产保险股份有限公司湖北省分公司

表 6－4－2－58

年龄结构			文化结构			职称结构		
年龄档次	人数(人)	比重(%)	文化水平	人数(人)	比重(%)	职称档次	人数(人)	比重(%)
30 岁以下	22	41.51	博士			高级职称	2	3.77
31—40 岁	23	43.40	硕士及研究生班	1	1.89	中级职称	2	3.77
41—50 岁	8	15.09	本科	20	37.74	初级职称	2	3.77
51—60 岁			大专及以下	32	60.38			
合计	53	100.00	合计	53	100.00	合计	6	11.31

安邦财产保险股份有限公司湖北分公司

表 6－4－2－59

年龄结构			文化结构			职称结构		
年龄档次	人数(人)	比重(%)	文化水平	人数(人)	比重(%)	职称档次	人数(人)	比重(%)
30 岁以下	68	40.00	博士			高级职称	2	1.18
31—40 岁	70	41.18	硕士及研究生班	6	3.53	中级职称	50	29.41
41—50 岁	26	15.29	本科	70	41.18	初级职称	68	40.00
51—60 岁	6	3.53	大专及以下	94	55.29			
合计	170	100.00	合计	170	100.00	合计	120	70.59

都邦财产保险股份有限公司湖北分公司

表 6－4－2－60

年龄结构			文化结构			职称结构		
年龄档次	人数(人)	比重(%)	文化水平	人数(人)	比重(%)	职称档次	人数(人)	比重(%)
30 岁以下	53	53.00	博士	1	1.00	高级职称	6	6.00
31—40 岁	24	24.00	硕士及研究生班	3	3.00	中级职称	12	12.00
41—50 岁	20	20.00	本科	65	65.00	初级职称	23	23.00
51—60 岁	3	3.00	大专及以下	31	31.00			
合计	100	100.00	合计	100	100.00	合计	41	41.00

阳光财产保险股份有限公司湖北省分公司

表 6－4－2－61

年龄结构			文化结构			职称结构		
年龄档次	人数(人)	比重(%)	文化水平	人数(人)	比重(%)	职称档次	人数(人)	比重(%)
30岁以下	55	39.85	博士			高级职称	5	3.62
31—40岁	49	35.51	硕士及研究生班	9	6.52	中级职称	10	7.25
41—50岁	30	21.74	本科	51	36.96	初级职称	10	7.25
51—60岁	4	2.90	大专及以下	78	56.52			
合计	138	100.00	合计	138	100.00	合计	25	18.12

中国出口信用保险公司武汉营业管理部

表 6－4－2－62

年龄结构			文化结构			职称结构		
年龄档次	人数(人)	比重(%)	文化水平	人数(人)	比重(%)	职称档次	人数(人)	比重(%)
30岁以下	12	60.00	博士			高级职称	1	5.00
31—40岁	5	25.00	硕士及研究生班	9	45.00	中级职称	2	10.00
41—50岁	3	15.00	本科	7	35.00	初级职称		
51—60岁			大专及以下	4	20.00			
合计	20	100.00	合计	20	100.00	合计	3	15.00

渤海财产保险股份有限公司湖北分公司

表 6－4－2－63

年龄结构			文化结构			职称结构		
年龄档次	人数(人)	比重(%)	文化水平	人数(人)	比重(%)	职称档次	人数(人)	比重(%)
30岁以下	47	35.88	博士			高级职称	3	2.29
31—40岁	60	45.80	硕士及研究生班	5	3.82	中级职称	25	19.08
41—50岁	22	16.79	本科	79	60.30	初级职称	44	33.59
51—60岁	2	1.53	大专及以下	47	35.88			
合计	131	100.00	合计	131	100.00	合计	72	54.96

民安保险(中国)有限公司湖北分公司

表 6－4－2－64

年龄结构			文化结构			职称结构		
年龄档次	人数(人)	比重(%)	文化水平	人数(人)	比重(%)	职称档次	人数(人)	比重(%)
30岁以下	11	22.44	博士			高级职称	1	3.70
31—40岁	32	65.30	硕士及研究生班	5	10.20	中级职称	1	3.70
41—50岁	5	10.20	本科	20	40.82	初级职称	14	51.85
50岁以上	1	2.00	大专及以下	24	48.98			
合计	49	100.00	合计	49	100.00	合计	16	59.25

中国平安人寿保险股份有限公司湖北分公司

表 6－4－2－65

年龄结构			文化结构			职称结构		
年龄档次	人数(人)	比重(%)	文化水平	人数(人)	比重(%)	职称档次	人数(人)	比重(%)
30岁以下	547	50.65	博士			高级职称	3	0.28
31－40岁	419	39.00	硕士及研究生班	19	1.76	中级职称	31	2.87
41－50岁	99	9.17	本科	556	51.48	初级职称	53	4.91
51－60岁	15	1.18	大专及以下	505	46.76			
合计	1,080	100.00	合计	1,080	100.00	合计	87	8.06

注：统计对象为公司全体内勤员工及银行保险内勤。

泰康人寿保险股份有限公司湖北分公司

表 6－4－2－66

年龄结构			文化结构			职称结构		
年龄档次	人数(人)	比重(%)	文化水平	人数(人)	比重(%)	职称档次	人数(人)	比重(%)
30岁以下	512	46.63	博士			高级职称	21	1.91
31－40岁	463	42.17	硕士及研究生班	15	1.37	中级职称	113	10.29
41－50岁	114	10.38	本科	300	27.32	初级职称	54	4.92
50岁以上	9	0.82	大专及以下	783	71.31			
合计	1,098	100.00	合计	1,098	100.00	合计	188	17.12

新华人寿保险股份有限公司湖北分公司

表 6－4－2－67

年龄结构			文化结构			职称结构		
年龄档次	保险营销员比重(%)	内勤人员比重(%)	文化水平	保险营销员比重(%)	内勤人员比重(%)	职称档次	保险营销员比重(%)	内勤人员比重(%)
20岁以下	1.00	0.40	本科以上	5.00	35.00	3年以上	3.00	47.00
20－40岁	55.00	91.00	大专	16.00	45.00	1－3年	15.00	33.00
40岁以上	44.00	8.60	高中及以下	79.00	20.00	1年以下	82.00	20.00
合计	100.00	100.00	合计	100.00	100.00	合计	100.00	100.00

注：2008年，新华人寿保险股份有限公司湖北分公司保险营销员共10,122人，内勤人员共960人。

太平人寿保险有限公司湖北分公司

表 6－4－2－68

年龄结构			文化结构			职称结构		
年龄档次	人数(人)	比重(%)	文化水平	人数(人)	比重(%)	职称档次	人数(人)	比重(%)
30岁以下	273	73.78	博士			高级职称	8	2.16
31－40岁	85	22.97	硕士及研究生班	3	0.81	中级职称	62	16.76
41－50岁	12	3.25	本科	213	57.57	初级职称	113	30.54
51－60岁			大专及以下	154	41.62			
合计	370	100.00	合计	370	100.00	合计	183	49.46

生命人寿保险股份有限公司湖北分公司

表 6－4－2－69

年龄结构			文化结构			职称结构		
年龄档次	人数(人)	比重(%)	文化水平	人数(人)	比重(%)	职称档次	人数(人)	比重(%)
30 岁以下	208	41.27	博士			高级职称	9	1.79
31—40 岁	239	47.42	硕士及研究生班	5	0.99	中级职称	37	7.34
41—50 岁	52	10.32	本科	139	27.58	初级职称	20	3.97
51—60 岁	5	0.99	大专及以下	360	71.43			
合计	504	100.00	合计	504	100.00	合计	66	13.10

合众人寿保险股份有限公司

表 6－4－2－70

年龄结构			文化结构			职称结构		
年龄档次	人数(人)	比重(%)	文化水平	人数(人)	比重(%)	职称档次	人数(人)	比重(%)
30 岁以下	354	70.80	博士	4	0.80	高级职称	14	2.80
31—40 岁	118	23.60	硕士及研究生班	90	18.00	中级职称	49	9.80
41—50 岁	24	4.80	本科	315	63.00	初级职称	32	6.40
51—60 岁	4	0.80	大专及以下	91	18.20			
合计	500	100.00	合计	500	100.00	合计	95	19.00

合众人寿保险股份有限公司湖北分公司

表 6－4－2－71

年龄结构			文化结构			职称结构		
年龄档次	人数(人)	比重(%)	文化水平	人数(人)	比重(%)	职称档次	人数(人)	比重(%)
30 岁以下	220	51.64	博士			高级职称		
31—40 岁	167	39.21	硕士及研究生班	7	1.64	中级职称	27	6.34
41—50 岁	34	7.98	本科	172	40.38	初级职称	42	9.86
50 岁以上	5	1.17	大专及以下	247	57.98			
合计	426	100.00	合计	426	100.00	合计	69	16.20

信诚人寿保险有限公司湖北省分公司

表 6－4－2－72

年龄结构			文化结构			职称结构		
年龄档次	人数(人)	比重(%)	文化水平	人数(人)	比重(%)	职称档次	人数(人)	比重(%)
30 岁以下	45	30.61	博士			高级职称	4	2.72
31—40 岁	97	65.99	硕士及研究生班	5	3.40	中级职称	4	2.72
41—50 岁	5	3.40	本科	78	53.06	初级职称		
51—60 岁			大专及以下	64	43.54			
合计	147	100.00	合计	147	100.00	合计	8	5.44

平安养老保险股份有限公司湖北分公司

表6－4－2－73

年龄结构			文化结构			职称结构		
年龄档次	人数(人)	比重(%)	文化水平	人数(人)	比重(%)	职称档次	人数(人)	比重(%)
30岁以下	99	50.51	博士			高级职称		
31—40岁	65	33.16	硕士及研究生班	7	3.57	中级职称		
41—50岁	24	12.25	本科	124	63.27	初级职称		
51—60岁	8	4.08	大专及以下	65	33.16			
合计	196	100.00	合计	196	100.00	合计		

中国人民人寿保险股份有限公司湖北省分公司

表6－4－2－74

年龄结构			文化结构			职称结构		
年龄档次	人数(人)	比重(%)	文化水平	人数(人)	比重(%)	职称档次	人数(人)	比重(%)
30岁以下	45	26.63	博士			高级职称	4	2.37
31—40岁	72	42.60	硕士及研究生班	8	4.73	中级职称	29	17.16
41—50岁	50	29.59	本科	87	51.48	初级职称	14	8.28
51—60岁	2	1.18	大专及以下	74	43.79			
合计	169	100.00	合计	169	100.00	合计	47	27.81

嘉禾人寿保险股份有限公司湖北分公司

表6－4－2－75

年龄结构			文化结构			职称结构		
年龄档次	人数(人)	比重(%)	文化水平	人数(人)	比重(%)	职称档次	人数(人)	比重(%)
30岁以下	50	61.73	博士			高级职称	1	1.23
31—40岁	28	34.57	硕士及研究生班			中级职称	1	1.23
41—50岁	3	3.70	本科	31	38.27	初级职称	1	1.23
51—60岁			大专及以下	50	61.73			
合计	81	100.00	合计	81	100.00	合计	3	3.69

海尔纽约人寿保险有限公司湖北分公司

表6－4－2－76

年龄结构			文化结构			职称结构		
年龄档次	人数(人)	比重(%)	文化水平	人数(人)	比重(%)	职称档次	人数(人)	比重(%)
30岁以下	15	78.95	博士			高级职称		
31—40岁	4	21.05	硕士及研究生班	3	15.79	中级职称		
41—50岁			本科	12	63.16	初级职称		
51—60岁			大专及以下	4	21.05			
合计	19	100.00	合计	19	100.00	合计		

阳光人寿保险股份有限公司湖北分公司

表 6-4-2-77

年龄结构			文化结构			职称结构		
年龄档次	人数(人)	比重(%)	文化水平	人数(人)	比重(%)	职称档次	人数(人)	比重(%)
30岁以下	89	49.17	博士			高级职称	5	2.76
30—40岁	63	34.81	硕士及研究生班	7	3.87	中级职称	17	9.39
41—50岁	25	13.81	本科	109	60.22	初级职称	16	8.84
51—60岁	4	2.21	大专及以下	65	35.91			
合计	181	100.00	合计	181	100.00	合计	38	20.99

中国人民健康保险股份有限公司湖北分公司

表 6-4-2-78

年龄结构			文化结构			职称结构		
年龄档次	人数(人)	比重(%)	文化水平	人数(人)	比重(%)	职称档次	人数(人)	比重(%)
30岁以下	41	61.19	博士(含在读)			高级职称	2	2.99
31—40岁	20	29.85	硕士及研究生班	7	10.45	中级职称		
41—50岁	6	8.96	本科	44	65.67	初级职称	5	7.46
50岁以上			大专及以下	16	23.88			
合计	67	100.00	合计	67	100.00	合计	7	10.45

民生人寿保险股份有限公司湖北分公司

表 6-4-2-79

年龄结构			文化结构			职称结构		
年龄档次	人数(人)	比重(%)	文化水平	人数(人)	比重(%)	职称档次	人数(人)	比重(%)
30岁以下	35	52.24	博士	1	1.49	高级职称		
30—40岁	24	35.82	硕士及研究生班	4	5.97	中级职称	2	3.00
41—50岁	8	11.94	本科	40	59.70	初级职称		
51—60岁			大专及以下	22	32.84			
合计	67	100.00	合计	67	100.00	合计	2	3.00

五、国民经济统计

湖北省国民经济和社会发展统计公报

2008 年是极不平凡的一年。面对历史罕见的雨雪低温冰冻等严重自然灾害和严峻复杂的国际国内经济形势，全省上下深入贯彻落实科学发展观，按照党中央、国务院和省委省政府的决策部署，同心同德，顽强拼搏，克难奋进，沉着应对各种不利因素的影响和冲击，全省经济呈现增长较快、物价回稳、结构优化、民生改善的良好格局，各项社会事业全面进步。

一、综合

2008 年，全省完成生产总值 11,330.38 亿元，按可比价格计算，比上年增长 13.4%，连续 5 年保持两位数增长。其中：第一产业完成增加值 1,780.00 亿元，增长 6.0%；第二产业完成增加值 4,963.61 亿元，增长 16.6%；第三产业完成增加值 4,586.77 亿元，增长 12.4%。三次产业结构由 2007 年的 14.9∶43.0∶42.1 调整为 15.7∶43.8∶40.5。在第三产业中，金融保险业增长 8.2%，批发和零售业增长 12.8%，住宿和餐饮业增长 12.0%，房地产业增长 0.9%，其他服务业增长 15.8%。

居民消费价格总指数为 6.3%，涨幅比上年提高 1.5 个百分点，其中：城市上涨 5.5%，农村上涨 7.4%。分类别看，食品类价格上涨 15.1%，衣着类价格下降 2.1%，医疗保健及个人用品类价格上涨 3.5%，娱乐教育文化用品及服务类价格下降 0.9%，居住类价格上涨 6.9%。工业品出厂价格上涨 6.1%，原材料、燃料、动力购进价格上涨 10.9%，农业生产资料价格上涨 27.2%。

年末全省从业人员 3,607 万人，比上年末增加 23 万人，其中城镇就业人员 1,337 万人，比上年末增加 15 万人。据省劳动和社会保障部门统计，年末城镇登记失业率为 4.2%，比上年末下降 0.01 个百分点。

经济和社会发展中存在的主要困难和问题有：农民工返乡增多，农民增收压力加大；工业增幅回落，亏损额上升；房地产开发走低，销售面积下降；节能减排、资源环境与就业的压力仍然较大。

二、农业

全年农林牧渔业增加值达到 1,780.00 亿元，按可比价计算比上年增长 6.0%。粮食种植面积 390.67 万公顷，比上年减少 7.47 万公顷；棉花种植面积 54.30 万公顷，增加 2.88 万公顷；油料种植面积 133.96 万公顷，增加 16.79 万公顷。粮食总产量 2,227.23 万吨，比上年增产 41.79 万吨，增长 1.9%；棉花总产量 51.30 万吨，减产 4.43 万吨，减 7.9%；油料产量 283.56 万吨，增产 28.81 万吨，增长 11.3%（主要农产品产量见表 6－5－1）。

全省当年造林面积 14.51 万公顷，比上年增长 2.4%，零星植树达到 1.80 亿株，木材采伐量 174.10 万立方米，增长 8.5%。

表 6－5－1　2008 年全省主要农产品产量

单位：万吨

产品名称	产量	比上年增长%
粮食	2,227.23	1.9
棉花	51.30	－7.9
油料	283.56	11.3
花生	57.49	18.3
油菜籽	214.89	11.2
麻类	4.76	－10.5
烟叶	11.80	22.2
茶叶	13.03	24.1
水果(不含果用瓜)	377.66	13.3
蔬菜	2,890.67	8.9

畜牧、水产业稳步增长。生猪出栏 3,498.3 万头，比上年增长 11.7%；水产品产量达到 313.39 万吨，增长 5.2%。

农村用电量 97.94 亿千瓦时，比上年增长 11.6%；化肥施用量 326.91 万吨，增长 9.0%。

三、工业和建筑业

工业生产保持较快增长。全省规模以上工业完成增加值 3,842.33 亿元，按可比价格计算，比上年增长 21.6%。其中：国有及国有控股企业完成增加值 1,721.46 亿元，增长 14.0%；国有企业增加值 779.05 亿元，增长 15.9%；集体企业增加值 47.49 亿元，增长 14.0%；股份合作企业增加值 24.52 亿元，增长 15.6%；股份制企业增加值 1,969.52 亿元，增长 24.6%；外商及港澳台投资企业增加值 812.16 亿元，增长 16.7%；其他经济类型企业增加值 209.58 亿元，增长 32.8%。轻工业增加值 1,112.93 亿元，增长 23.0%；重工业增加值 2,729.40 亿元，增长 20.5%。轻重工业结构由 2007 年的 28.0：72.0 变为 29.0：71.0。

工业产品结构改善，高新技术产业增长较快。全省高新技术产业增加值 1,104.94 亿元，比上年增长 24.2%，占规模以上工业增加值的比重达 28.8%（主要工业产品产量见表 6—5—2）。

表 6－5－2 2008 年主要工业产品产量

产品名称	单位	产量	比上年增长%
纱	万吨	126.11	6.6
布	亿米	36.37	18.2
化纤	万吨	11.92	－15.4
卷烟	亿支	1,245.66	8.2
家用电冰箱	万台	29.03	－41.0
房间空调器	万台	493.74	12.2
原煤	万吨	727.10	18.9
原油	万吨	83.92	－1.9
发电量	亿千瓦小时	1,743.20	13.4
其中：水电	亿千瓦小时	1,192.75	28.4
钢	万吨	1,991.47	9.6
钢材	万吨	2,150.84	15.4
十种有色金属	万吨	76.87	7.7
其中：铜	万吨	27.10	6.2
水泥	万吨	6,211.95	16.7
硫酸	万吨	527.00	13.0
纯碱	万吨	90.27	3.6
烧碱	万吨	47.57	7.5
化肥（折 100%）	万吨	589.85	6.5
发电设备	万千瓦	181.14	－30.1
其中：汽车	万辆	84.93	10.0
轿车	万辆	31.71	－4.9
移动电话机	万部	367.53	4.4

工业产销衔接较好，经济效益继续提高。全省工业完成销售产值 12,108.59 亿元，比上年增长 29.3%，其中：钢铁、汽车、石化、电子信息、食品五个重点行业实现销售收入超千亿元，工业产品销售率为 97.9%。1－11 月全省工业经济效益综合指数为 208.08，比上年提高 18.79 个百分点，经济效益综合指数及增幅均为近几年来最好水平。1－11 月全省工业企业实现利润 632.69 亿元，比上年增长 8.8%；其中国有及国有控股企业实现利润 385.82 元，下降 2.0%。

建筑业发展步伐加快，全年资质以内建筑企业完成施工产值 2,597.65 亿元，比上年增长 23.1%；实现利润 93.57 亿元，增长 74.6%；税金 62.82 亿元，增长 28.9%。建筑单位房屋建筑施工面积 16,251.1 万平方米，其中招投标承包面积 12,215.8 万平方米，招投标面为 75.0%。建筑企业劳动生产率为 19 万元/人，增长 13.8%；新开工房屋建筑施工面积 9,460.1 万平方米，比上年减少 688.9 万平方米。

四、固定资产投资

全社会完成固定资产投资 5,798.56 亿元，比上年增长 27.9%，其中城镇以上项目投资 5,332.67 亿元，增长 29.1%；房地产开发投资 892.67 亿元，增长 23.7%。按经济类型划分，国有经济投资 2,237.52 亿元，增长 23.7%；集体经济投资 261.45 亿元，增长 68.0%；城乡私营个体投资 1,242.19 亿元，增长 37.9%；其他经济投资 2,057.40 亿元，增长 23.2%。按产业划分，全省三次产业投资分别为 231.25 亿元、2,344.36 亿元和 3,222.95 亿元，分别增长 54.8%、37.0% 和 20.5%。

全省 89 个重点建设项目完成投资 851.87 亿元，占城镇以上项目投资的 16.0%。新增的主要生产能力有：原煤开采79.9 万吨/年、发电机组容量 650 万千瓦、新建高速公路 76 公里、电气化铁路主线正线交付运营里程 186 公里。

五、国内贸易

全年实现社会消费品零售总额 4,965.82 亿元，比上年增长 23.3%。分城乡看，城市实现零售额 3,486.46 亿元，比上年增长 23.3%；县及县以下实现零售额 1,479.37 亿元，增长 23.2%。分行业看，批发业实现零售额 637.82 亿元，增长 25.3%；零售业 3,437.46 亿元，增长 22.6%；住宿和餐饮业 661.90 亿元，增长 25.0%；其他行业 228.64 亿元，增长 22.8%。

六、对外经济

全年实现外贸进出口总额 205.67 亿美元，比上年增长 38.4%，其中：出口 115.92 亿美元，增长 41.8%；进口 89.75 亿美元，增长 34.3%。新批外商直接投资项目 343 个，总投资在 1,000 万美元以上的外商投资企业 103 家。全年外商直接投资及其他投资 41.14 亿美元，比上年增长 17.5%；其中，外商直接投资 32.45 亿美元，增长 17.3%；外商其他投资 8.70 亿美元，增长 18.1%。国外经济合作业务完成营业额15.20亿美元，新签合同额33.10亿美元，分别增长1.45倍和69.4%。

七、交通、邮电和旅游

全年完成货物周转量1,938.01亿吨公里，比上年增长4.8%；旅客周转量1,053.7亿人公里，增长11.6%。

邮电通信业完成邮电业务总量712.1亿元，比上年增长22.5%。长途光缆线路总长度2.76万公里；局用交换机达到1,795万门，当年新增47万门；固定电话用户1,178.7万户，减少100万户；移动电话用户达到2,528.7万户，新增588.1万户。全省电话普及率为65.1部/百人。计算机宽带互联网用户286.4万户。

全年国内旅游人数11,678.26万人次，比上年增长15.2%；国内旅游收入713.43亿元，增长17.1%。入境旅游人数118.75万人次，比上年下降9.9%。国际旅游外汇收入4.42亿美元，增长7.3%。

八、财政、金融和保险

全年完成财政总收入1,338.04亿元，比上年增长20.0%，其中地方一般预算收入710.24亿元，增长20.3%，其中，税收收入537.14亿元，增长23.8%。全年财政支出1,638.03亿元，比上年增长28.2%。

年末全省金融机构各项存款余额13,574.95亿元，比年初增加2,363.36亿元。其中：城乡居民储蓄存款余额6,800.41亿元，增加1,309.87亿元。金融机构各项贷款余额8,752.01亿元，比年初增加1,305.19亿元。其中：短期贷款余额3,401.57亿元，增加339.80亿元；中长期贷款5,001.78亿元，增加834.03亿元。

全年保费收入317.15亿元，增长63.7%。其中，财产险公司实现保费收入58.32亿元，增长22.5%；人身险公司保费收入258.83亿元，增长77.2%。支付各类赔款及给付85.89亿元，同比增长23.5%，其中，财产险公司赔款41.55亿元，同比增长42.6%；人身险公司赔付44.35元，同比增长9.7%。

九、教育和科学技术

年末全省普通高等教育招生37.6万人，在校生118.5万人，毕业生35.2万人；研究生招生3万人，在校研究生8.3万人，毕业生2.4万人；普通高等学校毛入学率达到27.8%；各类中等职业教育招生36.4万人，在校生101万人，毕业生26.5万人；普通高中招生43.9万人，在校生132.2万人，毕业生45万人；普通初中在校生261.2万人，小学在校生360.8万人，幼儿园在园幼儿74.3万人。

科学研究和技术开发取得新的成果，全年共取得省部级以上科技成果800项。其中，基础理论成果19项，应用技术成果750项，软科学成果31项。全年共签订技术合同6,684项，技术合同成交金额60.8亿元，比上年增长15.8%。

全省科学研究与实验发展(R&D)经费支出138亿元，比上年增长16.5%，占生产总值的1.22%。全年安排“863”计划331项(课题)，经费2.07亿元，“973”计划92项，经费8,493万元。争取国家高技术产业发展项目23个，项目总投资12亿元，安排国家资金1.64亿元，银行贷款3亿元。

全省具备向社会出具检测报告的产品质量监督检验机构有139个，其中国家产品质量监督检验中心7个。全省通过CNAL认可的检测/校准实验室66家。累计有5,226家企业通过ISO9000体系认证；企业获得强制性认证证书4,002张。法定计量技术机构有106个，强制检定计量器具127.5万台件。

全省天气雷达观测站点有10个，卫星云图接受站点17个。地震前兆台站网1个，前兆台站20个；数字测震台网1个，测震台站30个。

十、文化、卫生和体育

全省共有艺术表演团体90个，群艺馆、文化馆113个，公共图书馆104个，博物馆107个，电影放映管理机构105个，放映单位1,536个。广播电台11座，电视台12座，有线电视用户712.25万户。全年出版全国性和省级报纸18.8亿份，各类期刊2.29亿册，图书1.39亿册(张)。

全省共有卫生机构11,151个，卫生技术人员23.6万人，病床床位16.7万张；卫生防疫、防治机构222个，卫生防疫技术人员9,439人。

全省运动健儿在国际比赛中共获得9枚金牌、3枚银牌和8枚铜牌。在全国比赛中，15人获第一名，15人获第二名，24人获第三名。全年销售体育彩票16.20亿元，居全国第10位。

十一、人口、人民生活和社会保障

年末全省常住人口为5,711万人。全年出生人口55.98万人，出生率为9.21‰；死亡人口39.51万人，死亡率为6.5‰，人口自然增长率为2.71‰。

城乡居民收入继续增加，城镇居民人均可支配收入13,152.86元，比上年增长14.5%；农民人均纯收入4,656.38元，增长16.5%。

社会保障进一步加强，年末全省参加基本养老保险人数932.1万人，比上年增加45万人，其中：在职职工680.4万人，离退休人员251.7万人；参加失业保险人数422.92万人；参加医疗保险人数714.8万人，增加70.3万人。年末全省企业参加基本养老保险离退休人员195.1万人，100%实现了养老金按时足额发放；全年累计领取失业保险金人数15万人。全省城镇居民最低生活保障对象143.8万人，农村居民最低生活保障人数146万人，城乡大病医疗救助7.6万人次，国家抚恤、补助各类优抚对象38.8万人。

社会福利事业不断发展，年末全省各类社会福利收养床位20.2万张，收养18.1万人，城镇社区服务设施7,328个。全年销售社会福利彩票28.1亿元。

十二、资源和环境

年末全省耕地面积3,274.30千公顷，比上年增加47.68千公顷，增长1.5%。单位生产总值能耗超额完成目标，化学需氧量和二氧化硫排放量分别下降2.5%和3.0%，均完成了减排目标。

长江干流水质总体较好，15个监测断面的水质Ⅰ—Ⅲ类的占100%。与上年相比，长江水质总体无明显变化。

全省17个市、州、直管市、神农架林区中，按二氧化硫、二氧化氮、总悬浮颗粒物或可吸入颗粒物年均浓度综合评价，神农架林区空气质量符合国家一级标准，占重点城市的5.9%；10个城市符合国家二级标准，占重点城市的58.8%；6个城市符合国家三级标准，占重点城市的35.3%。

全省累计已发现矿种146种，累计已查明资源储量的矿种92种。2008年国土资源调查及地质勘查新发现中、小型矿产地3处。

全省各级环境监测机构100个，环境监测人员1,904人。全省自然保护区达到63个，其中国家级生态示范区9个；省级自然保护区15个，自然保护区总面积109.53万公顷。

注：本公报所列数据为初步统计数。

湖北省主要经济指标

表6-5-3

指标名称	本月		累计	
	当月值	同比±%	累计值	同比±%
一、工业				
1.工业增加值(当年价,亿元)			3,842.33	21.60
在总计中:轻工业			1,112.93	23.00
重工业			2,729.40	20.50
在总计中:国有企业			779.05	15.90
集体工业			47.49	14.00
其他			3,015.79	23.30
2.工业总产值(当年价,亿元)	1,055.40	10.40	12,355.70	29.40
3.工业销售产值(当年价,亿元)	1,056.77	10.20	12,108.59	29.30
4.工业产销率(%)	100.13	-0.20	98.00	-0.10
5.工业经济效益(上月)				
①产品销售收入(亿元)			10,847.75	31.70
②利润总额(亿元)			632.69	8.80
③亏损面(%)				
④亏损企业亏损额(亿元)			112.77	278.80
⑤产品销售率(%)			97.60	-0.20
⑥资产负债率(%)			56.30	2.60
⑦工业经济综合效益指数%			208.10	18.80
二、固定资产投资(亿元)			5,332.67	29.10
在总计中:基本建设				
技术改造				
房地产开发			892.67	23.30
施工项目(个)			15,469.00	23.00
新开工项目(个)			11,964.00	25.30
三、社会消费品零售总额(亿元)	535.67	22.50	4,965.82	23.30
居民消费价格指数(以上年为100)	102.00	2.00	106.30	6.30
商品零售物价指数(以上年为100)			106.30	6.30
四、进出口总额(亿美元)	14.64	-4.00	205.67	38.40
其中:出口	8.80	1.20	115.92	41.80
进口	5.85	-11.00	89.75	34.30
五、地方财政收入(亿元)	75.26	19.40	710.24	20.30
财政支出(亿元)	518.05	35.80	1,638.03	28.20
其中:基本建设支出				
支农支出				

注:经济效益指标为上月数。

湖北省分地区主要经济金融指标统计表

表 6－5－4　　2008 年末　　单位：亿元

项目	地区	湖北省	武汉市	黄石市	十堰市	荆州市	宜昌市	鄂州市	荆门市	襄樊市	孝感市	黄冈市	咸宁市	恩施州	随州市
各项存款	本月余额	13,429.84	6,570.09	476.46	577.00	729.98	1,002.40	157.98	425.48	831.67	503.07	635.13	278.93	289.42	279.26
	本月比年初	2,339.62	1,168.15	100.46	103.00	143.25	119.17	30.70	81.05	148.06	99.63	134.42	53.67	57.45	52.35
企业存款	本月余额	4,300.60	2,928.06	156.62	135.00	120.48	309.22	34.51	71.22	154.44	89.88	86.67	53.27	62.02	36.89
	本月比年初	673.86	473.05	34.32	16.00	25.00	26.66	4.16	14.69	15.46	15.36	21.68	10.59	9.73	1.47
其中：活期存款	本月余额	2,953.36	2,022.73	109.91	97.00	80.56	170.99	24.60	49.92	110.88	64.43	65.72	40.70	52.84	25.01
	本月比年初	267.82	140.76	17.06	16.00	14.08	11.09	2.59	10.25	10.91	9.82	15.51	7.93	10.40	－0.77
城乡储蓄存款	本月余额	6,742.69	2,385.47	261.21	338.00	531.17	504.78	97.69	307.07	574.78	353.88	464.22	185.85	171.07	212.80
	本月比年初	1,312.48	900.92	169.07	281.65	32.63	8,451.61	1,300.31	59.74	105.04	67.36	86.91	32.99	36.43	42.07
其中：农户储蓄存款	本月余额	900.92	143.52	22.09	60.00	94.15	86.03	23.87	50.43	87.31	58.09	94.42	29.81	39.15	49.27
	本月比年初	169.07	25.97	5.52	12.00	16.99	19.50	6.07	9.21	15.50	8.90	17.50	4.49	9.02	3.47
农业存款	本月余额	281.65	170.90	4.89	27.00	9.92	9.89	2.14	5.58	9.56	6.02	9.86	8.89	6.82	4.11
	本月比年初	32.63	23.54	0.67	4.00	－1.12	0.18	0.50	－0.78	－1.99	0.77	3.23	1.85	0.11	0.63
各项贷款	本月余额	8,451.61	5,366.09	230.21	235.00	305.24	698.41	78.38	206.41	373.35	243.81	296.71	122.03	157.16	80.72
	本月比年初	1,300.31	864.96	19.61	28.00	5.52	52.54	3.04	19.21	57.85	33.16	34.31	6.81	31.39	4.79
短期贷款	本月余额	2,976.94	1,620.68	93.72	99.00	169.69	195.78	35.93	109.52	165.58	129.46	126.59	58.27	39.48	54.81
	本月比年初	362.91	267.28	0.51	13.00	－19.26	－1.61	－8.85	3.85	17.25	3.74	－34.76	－4.15	2.93	－0.64
工业贷款	本月余额	794.79	499.50	44.19	22.00	25.34	67.04	11.43	15.27	34.42	31.63	10.60	13.12	2.18	5.67
	本月比年初	198.45	155.46	0.33	14.00	－4.79	－10.43	－0.20	2.37	8.08	5.17	－4.71	0.47	－0.02	－2.11
商业贷款	本月余额	750.51	265.49	15.86	19.00	81.97	33.69	6.48	58.54	74.72	53.17	56.96	13.95	5.51	22.98
	本月比年初	－1.81	14.72	－2.36	3.00	－10.08	2.31	－5.51	0.98	1.28	－6.90	－24.62	－4.29	1.42	－0.87
其中：农副产品收购贷款	本月余额														
	本月比年初														
乡镇企业贷款	本月余额	113.07	0.01				0.01								
	本月比年初	12.71	－0.04												
农业贷款	本月余额	649.58	66.75	8.91	37.00	33.40	33.60	10.77	22.24	32.28	24.93	42.80	14.82	22.75	19.02
	本月比年初	100.46	11.36	－2.45	7.00	－3.12	5.73	－1.52	－0.02	1.13	－2.68	－2.84	－1.38	4.60	0.24
中长期贷款	本月余额	3,798.55	3,347.55	103.71	117.00	102.87	421.95	35.34	90.68	193.02	91.96	117.49	62.25	117.43	25.10
	本月比年初	701.53	482.80	20.48	5.00	15.50	53.32	12.23	11.56	34.80	16.38	23.31	11.00	28.72	5.80
其中：基本建设贷款	本月余额	2,277.71	1,696.73	27.00	36.00	40.98	183.43	10.28	49.49	84.06	25.35	41.67	15.08	57.83	5.05
	本月比年初	398.83	283.86	5.27	11.00	5.88	21.46	7.93	4.87	15.76	4.71	8.81	1.68	13.58	1.66
技术改造贷款	本月余额	88.96	61.02	2.18	10.00	2.63	3.31			3.90	5.27	0.20	0.61	0.35	
	本月比年初	18.86	11.12	0.35		1.71	0.17	－0.10		2.53	4.69	－0.03	－0.07		

续表 6－5－4

项目	地区	湖北省	武汉市	黄石市	十堰市	荆州市	宜昌市	鄂州市	荆门市	襄樊市	孝感市	黄冈市	咸宁市	恩施州	随州市
库存现金	本月余额	81.11	27.59	3.96	3.00	5.60	6.26	0.98	3.77	6.04	3.99	6.68	3.02	3.08	2.11
	本月比年初	1.74	−2.37	0.61		0.29	0.85	−0.12	−0.22	0.62	0.30	0.43	0.64	−0.43	0.33
现金收入合计	年累计	21,226.11	8,472.10	80.50	92.00	1,550.00	1,418.76	336.25	966.76	1,578.73	1,037.08	1,289.31	659.68	556.88	544.90
	累计比同期	−187.19		−4.97	41.00	−25.34	−121.79	3.50	−15.20	−110.06	19.36	1.00	41.27	51.35	22.51
商品销售收入	年累计	2,066.44	895.07	7.72	8.00	185.53	123.61	35.43	78.01	122.40	74.47	137.48	33.63	35.05	69.96
	累计比同期	141.57	16.00	6.31	−6.00	19.51	−5.87	−6.01	12.27	14.84	5.54	−12.00	−1.58	−3.86	16.32
储蓄存款收入	年累计	15,553.03	551.68	60.04	66.00	1,117.15	1,095.58	265.06	739.47	1,220.85	689.45	912.09	524.22	403.41	369.26
	累计比同期	−559.62	−4.00	−20.67	21.00	−37.36	−107.71	15.94	−38.27	−131.68	−10.98	3.00	30.75	47.22	15.29
现金支出合计	年累计	21,059.84	8,273.65	87.37	98.00	1,526.19	1,413.52	344.57	957.99	1,554.83	1,044.04	1,284.66	669.93	565.50	556.15
	累计比同期	−231.05		−0.20	50.00	−29.05	−126.75	3.39	−19.32	−112.16	17.09	1.00	42.25	46.26	24.35
工资性支出	年累计	1,367.61	576.65	3.62	6.00	121.39	74.78	17.19	32.90	97.48	60.72	120.84	31.60	47.99	26.42
	累计比同期	40.85	4.00	2.90	8.00	21.79	−22.36	1.40	−0.03	26.45	0.87	−8.00	4.76	5.18	−12.20
农副产品采购支出	年累计	535.31	90.40	0.48	1.00	99.50	26.71	6.45	46.84	67.28	35.77	56.16	4.42	15.66	22.31
	累计比同期	33.57	9.00	1.30		9.12	−13.75	−0.65	0.93	16.12	2.34	8.00	−0.28	3.66	5.52
储蓄存款支出	年累计	15,556.69	5,997.28	69.08	72.00	1,081.40	1,129.33	274.50	738.70	1,193.02	710.67	928.88	540.16	405.49	370.54
	累计比同期	−386.55	−2.00	−19.10	38.00	−18.32	−70.05	13.22	−34.17	−136.34	−4.17	5.00	20.79	31.84	−4.03
行政管理费支出	年累计	926.23	453.69	4.48	3.00	56.80	88.91	6.20	30.30	39.30	42.17	37.45	22.49	17.76	15.65
	累计比同期	−66.34	−5.00	−0.11	2.00	−12.08	−8.97	0.20	−7.39	−4.41	−1.13	−12.00	−2.73	−0.04	2.66
投放(＋)回笼(－)	年累计	−166.27	−198.45	6.87	6.00	−23.81	−5.24	8.32	−8.77	−23.90	6.96	−4.65	10.25	8.62	11.25
	累计比同期	−43.86		4.77	9.00	−3.71	−4.96	−0.11	−4.12	−2.10	−2.27		0.98	−5.09	1.84
人平城乡储蓄(元/人)	本月余额	11,180.05	26,773.00	10,332.74	9,970.00	8,270.33	12,573.66	9,196.08	10,235.73	9,876.04	6,876.82	6,382.79	6,595.83	4,374.34	8,185.00
	本月比年初	2,176.23	5,406.00	3,696.48	1,858.00	1,549.69	2,710.70	2,051.08	1,991.50	1,804.88	1,308.93	1,661.18	1,170.80	903.34	1,618.00
人平城镇储蓄(元/人)	本月余额	23,427.75	37,935.00	19,067.76	7,662.00	19,021.54	31,827.44	13,584.84	14,749.69	22,897.00	15,126.14	22,371.45	21,110.62	26,828.88	18,797.00
	本月比年初	4,585.49	7,710.00	6,564.95	1,390.00	3,592.61	6,789.38	3,415.84	2,904.61	4,205.81	2,989.43	1,279.64	3,855.32	3,747.59	3,812.00
人平农户储蓄(元/人)	本月余额	2,546.78	4,784.00	1,733.48	2,308.00	2,282.37	3,187.54	4,581.57	4,002.17	2,365.44	1,820.70	1,680.07	1,434.48	1,145.16	2,848.00
	本月比年初	477.95	866.00	872.60	462.00	411.87	722.37	930.57	730.54	420.00	278.93	560.52	216.21	398.11	515.00
工业增加值(当年价)	本月余额		1,388.00	258.20	202.00	173.85	452.22	126.50	172.17	318.32	170.28	141.30	113.40	39.86	87.91
	累计比同期(%)		20.30%	12.60%	8.10%	24.50%	22.80%	26.06%	25.03%	28.10%	27.60%	30.60%	30.00%	33.00%	21.70%
社会商品零售总额	本月余额		1,850.05	215.65	210.00	370.60	388.19	104.89		410.29	270.45	282.30	137.05	93.80	152.32
	累计比同期(%)		21.80%	23.20%	23.50%	23.70%	24.60%	24.01%		24.80%	23.90%	26.21%	29.50%	23.50%	21.40%
固定资产投资完成额	本月余额		2,252.05	232.67	185.00	290.00	523.46	150.01		373.77	231.18	370.90	209.09	124.25	113.65
	累计比同期(%)		30.00%	29.37%	30.90%	37.60%	34.10%	42.90%		40.60%	51.10%	43.50%	51.10%	19.50%	44.00%
财政收入	本月余额		376.91	61.00	44.00	18.71	44.27	25.31		30.00	39.30	59.62	14.32	15.40	6.68
	累计比同期(%)		27.20%	18.51%	19.50%	22.70%	24.50%	20.80%		25.10%	25.30%	31.17%	29.10%	18.00%	22.00%

六、人民银行和武汉辖内金融统计

(一)武汉辖内金融汇总统计

武汉地区金融机构(含外资)本外币信贷收支表

表 6-6-1-1　　2008 年末　　单位:万元

资金来源项目 \ 栏目	12 月余额	比年初增减数		资金运用项目 \ 栏目	12 月余额	比年初增减数	
		2008 年	2007 年			2008 年	2007 年
一、各项存款	66,801,504	11,845,378	6,870,882	一、各项贷款	56,323,718	9,383,203	6,634,901
1. 企事业单位存款	29,891,520	4,940,933	4,662,185	1. 短期贷款	16,767,392	2,903,266	1,989,807
(1)活期存款	20,641,867	1,550,771	3,745,935	2. 中长期贷款	34,871,012	5,484,793	5,250,572
(2)定期存款	9,249,653	3,390,162	916,250	3. 信托贷款			
2. 储蓄存款	24,280,229	4,781,383	648,793	4. 委托贷款	1,708,177	724,738	-131,148
(1)活期储蓄	9,378,099	1,092,997	1,027,938	5. 其他贷款	859,547	603	17,337
(2)定期储蓄	14,902,130	3,688,387	-379,144	6. 票据融资	2,098,974	259,155	-490,102
3. 信托存款				7. 各项垫款	18,617	10,647	-1,566
4. 委托存款	2,318,147	972,357	79,492	二、有价证券及投资	2,285,476	-125,952	465,145
5. 其他存款	10,311,608	1,150,705	1,480,412				
二、所有者权益	2,079,871	439,213	464,569				
其中:实收资本	585,908	-176,559	180,765				
当年结益	1,448,543	1,505,848	1,007,716				
三、其他	-10,272,180	-3,027,340	-235,405				
资金来源总计	58,609,194	9,257,251	7,100,046	资金运用总计	58,609,194	9,257,251	7,100,046

注:本表中含国开行和华电财务公司市外存款 182.23 亿元,贷款 456.14 亿元。

武汉地区金融机构(含外资)可比口径人民币信贷收支表

表 6－6－1－2　　2008 年末　　单位:万元

来源项目名称	12 月余额	比年初增减数		运用项目名称	12 月余额	比年初增减数	
		2008 年	2007 年			2008 年	2007 年
一、各项存款	65,700,939	11,681,548	7,082,602	一、各项贷款	53,660,905	9,247,571	6,642,393
1. 企业存款	29,280,609	4,730,559	4,609,692	1. 短期贷款	16,206,771	3,122,636	1,964,314
(1)活期存款	20,227,303	1,407,596	3,674,828	(1)工业贷款	4,995,025	1,660,483	439,815
(2)定期存款	9,053,306	3,322,963	934,864	(2)商业贷款	2,654,898	370,550	464,921
2. 财政存款	768,903	107,548	6,659	(3)建筑业贷款	930,140	－78,801	－73,649
3. 机关团体存款	2,328,500	161,960	325,500	(4)农业贷款	667,549	154,543	－9,011
4. 储蓄存款	23,854,677	4,816,657	850,356	(5)乡镇企业贷款	100	－400	－780
(1)活期储蓄	9,253,421	1,108,805	1,069,466	(6)三资企业贷款	273,116	94,925	51,634
(2)定期储蓄	14,601,256	3,707,852	－219,110	(7)私营企业及个体贷款	279,261	50,331	16,298
5. 农业存款	1,709,037	235,486	428,767	(8)其他短期贷款	6,406,682	871,005	1,075,086
6. 信托存款				其中:个人短期消费贷款	181,522	19,369	80,725
7. 委托存款	2,318,757	971,623	78,658	2. 中长期贷款	33,475,478	4,973,921	5,301,366
8. 其他存款	5,440,456	657,716	782,969	(1)基本建设贷款	16,967,255	2,911,395	1,733,815
二、金融债券	130,012		130,006	(2)技术改造贷款	610,228	111,244	158,339
三、应付及暂收款	1,319,255	289,203	445,928	(3)其他中长期贷款	15,897,995	1,951,282	3,409,213
其中:应付及预收利息	417,397	20,367	229,448	其中:个人中长期消费贷款	6,683,934	392,303	1,859,305
四、同业往来	1,879,364	266,157	693,699	3. 信托贷款			
五、系统内资金往来				4. 融资租赁	155,015	155,015	－205
六、各项准备	749,010	203,733	78,325	5. 委托贷款	1,708,177	724,738	－131,148
其中:贷款损失准备金	641,064	195,021	51,681	6. 票据融资	2,098,148	261,619	－490,688
七、所有者权益	1,993,079	421,091	503,573	其中:贴现	2,098,148	261,619	－490,688
其中:实收资本	560,718	－165,171	214,012	7. 各项垫款	17,316	9,641	－1,247
当年结益	1,380,990	1,438,295	966,096	二、有价证券及投资	3,569,032	205,353	555,858
八、其他	－3,780,946	－442,593	－2,012,473	三、应收及预付款	625,235	－426,247	158,191
				其中:应收利息	139,352	33,492	35,126
				四、同业往来	42,148	－63,957	－110,960
				五、系统内资金往来	9,135,843	3,486,336	－454,341
				六、金银占款			
				七、外汇占款	－7,756	－53,020	28,783
				八、固定资产	689,381	46,763	700
				九、库存现金	275,925	－23,661	101,037
资金来源总计	67,990,713	12,419,139	6,921,661	资金运用总计	67,990,713	12,419,139	6,921,661

注:本表中含华电财务公司和国开行市外存款数据 172.58 亿元,贷款数据 367.94 亿元。

武汉地区商业银行人民币信贷收支表

表 6－6－1－3　　　　2008 年末　　　　单位:万元

栏目 来源项目名称	12 月余额	比年初增减数		栏目 运用项目名称	12 月余额	比年初增减数	
		2008 年	2007 年			2008 年	2007 年
一、各项存款	52,546,516	7,964,095	5,775,702	一、各项贷款	35,891,838	5,304,210	4,462,311
1. 企业存款	23,816,075	2,799,646	4,116,591	1. 短期贷款	11,828,429	1,775,717	1,524,643
(1)活期存款	16,662,667	551,884	3,488,964	(1)工业贷款	3,785,402	1,103,809	285,484
(2)定期存款	7,153,408	2,247,761	627,627	(2)商业贷款	1,921,019	334,538	404,160
2. 机关团体存款	2,327,095	160,555	324,821	(3)建筑业贷款	877,490	－84,301	－22,399
3. 储蓄存款	21,023,715	4,331,458	668,645	(4)农业贷款	7,140	－5,149	－11,688
(1)活期储蓄	8,052,889	1,022,987	903,099	(5)乡镇企业贷款	100	－400	－780
(2)定期储蓄	12,970,826	3,308,471	－234,454	(6)三资企业贷款	273,116	94,925	51,634
4. 农业存款	21,126	13,372	－951	(7)私营企业及个体贷款	269,394	40,464	18,586
5. 其他存款	5,358,505	659,066	666,596	(8)其他短期贷款	4,694,768	291,832	799,646
二、代理财政性存款	316,368	8,038	87,961	其中:个人短期消费贷款	151,159	28,710	57,495
三、金融债券	12		6	2. 中长期贷款	22,075,254	3,019,429	3,606,146
其中:政策性金融债券	12		6	(1)基本建设贷款	8,567,152	1,781,150	868,619
四、应付及暂收款	1,094,870	360,491	272,754	(2)技术改造贷款	295,226	56,095	46,841
其中:应付及预提利息	358,320	141,157	86,356	(3)其他中长期贷款	13,212,876	1,182,184	2,690,687
五、卖出回购资产	19,000	－96,186	－37,914	其中:个人中长期消费贷款	6,380,345	303,783	1,791,024
六、向中央银行借款		－3,780	2,904	3. 票据融资	1,971,345	499,228	－667,232
七、同业往来	3,084,277	883,151	784,356	其中:贴现	1,971,345	499,228	－667,232
1. 同业存放	3,084,277	883,351	784,356	4. 各项垫款	16,810	9,835	－1,247
2. 同业拆借		－200		二、有价证券及投资	2,161,863	52,433	372,118
八、系统内资金往来				三、应收及预付款	534,721	－436,761	201,778
九、委托存款及委托投资基金(净)	600,747	293,760	219,356	其中:应收利息	109,497	32,725	26,708
1. 委托存款及委托投资基金	2,258,292	381,683	897,246	四、买入返售资产	1,109,720	－51,405	821,645
2. 减:委托贷款及委托投资	1,657,545	87,923	677,890	五、存放中央银行准备金存款	1,024,241	－17,262	354,217
十、代理金融机构委托贷款基金	6,560	－16,940	23,500	六、存放中央银行特种存款			
其中:中央银行委托贷款基金				七、缴存中央银行财政性存款	289,850	46,480	94,474
十一、各项准备	585,863	142,650	57,532	八、同业往来	369,069	281,527	－81,578
其中:贷款损失准备金	495,466	129,872	26,660	1. 存放同业	353,304	347,218	－130,061
十二、所有者权益	1,302,950	454,779	281,095	2. 拆放同业	15,765	－65,691	48,483
其中:实收资本	239,785		169,504	九、系统内资金往来	18,461,080	4,984,003	1,095,559
当年结益	1,117,883	1,117,883	621,739	十、代理金融机构贷款	3,000	3,000	－1,200
十三、其他	501,241	99,541	－32,682	其中:代理人行专项贷款			
				十一、库存现金	233,145	－24,167	86,426
				十二、外汇占款	－20,125	－52,459	28,820
资金来源总计	60,058,404	10,089,599	7,434,571	资金运用总计	60,058,404	10,089,599	7,434,571

武汉地区农村信用社人民币信贷收支表

表 6－6－1－4　　2008 年末　　单位:万元

栏目 来源项目名称	12 月余额	比年初增减数		栏目 运用项目名称	12 月余额	比年初增减数	
		2008 年	2007 年			2008 年	2007 年
一、各项存款	3,514,692	602,309	643,653	一、各项贷款	2,329,355	473,455	423,461
1.企业存款	343,465	118,053	44,641	1.短期贷款	1,641,140	402,139	111,984
(1)活期存款	18,185	18,185		(1)工业贷款			
(2)定期存款	325,280	99,868	44,641	(2)商业贷款			
2.机关团体存款			－2,926	(3)建筑业贷款			
3.储蓄存款	1,435,226	259,772	159,933	(4)农业贷款	657,478	156,761	2,677
(1)活期储蓄	610,060	52,075	89,361	(5)乡镇企业贷款			
(2)定期储蓄	825,166	207,697	70,572	(6)三资企业贷款			
4.农业存款	1,687,660	221,863	429,718	(7)私营企业及个体贷款			－2,288
5.其他存款	48,341	2,621	12,287	(8)其他短期贷款	983,662	245,378	111,595
二、代理财政性存款	38,014	155	14,555	其中:个人短期消费贷款	20,641	－12,567	20,327
三、金融债券				2.中长期贷款	597,550	122,252	219,795
其中:政策性金融债券				(1)基本建设贷款			
四、应付及暂收款	109,763	44,707	16,529	(2)技术改造贷款			
其中:应付及预提利息	26,965	－583	9,639	(3)其他中长期贷款	597,550	122,252	219,795
五、卖出回购资产	308,404	－240,572	94,579	其中:个人中长期消费贷款	64,651	20,764	－17,579
六、向中央银行借款				3.票据融资	90,159	－50,742	91,682
七、同业往来	2,341	－9,952	－1,541	其中:贴现	90,159	－50,742	91,682
1.同业存放	1,241	－9,952	137	4.各项垫款	506	－194	
2.同业拆借	1,100		－1,678	二、有价证券及投资	1,302,868	146,131	176,166
八、委托存款及委托投资基金(净)	9,833	－40,298	－9,556	三、应收及预付款	23,221	－4,961	3,674
1.委托存款及委托投资基金	106,448	－10,628	－113,688	其中:应收利息	10,382	－742	4,138
2.减:委托贷款及委托投资	96,615	29,670	－104,132	四、买入返售资产		－83,400	65,990
九、代理金融机构委托贷款基金	94,311	8,569	77,292	五、存放中央银行准备金存款	391,705	41,565	155,720
其中:中央银行委托贷款基金				六、存放中央银行特种存款			
十、各项准备	101,065	43,498	17,269	七、缴存中央银行财政性存款	225		
其中:贷款损失准备	89,059	40,939	16,018	八、同业往来	21,417	4,035	7,718
十一、所有者权益	39,210	－121,431	62,550	1.存放同业	19,155	4,076	7,731
其中:实收资本		－158,119	34,391	2.拆放同业	2,262	－41	－13
当年结益	37,011	37,011	27,947	九、代理金融机构贷款	104,144	－31,729	67,763
十二、其他	－18,778	262,018	－6,989	其中:代理人行专项贷款			
				十、库存现金	25,891	4,024	7,886
				十一、外汇占款	29	－117	－37
资金来源总计	4,198,855	549,003	908,341	资金运用总计	4,198,855	549,003	908,341

武汉地区邮政储蓄银行人民币信贷收支表

表 6－6－1－5　　　　2008 年末　　　　单位:万元

来源项目名称	12 月余额	比年初增减数		运用项目名称	12 月余额	比年初增减数	
		2008 年	2007 年			2008 年	2007 年
一、各项存款	1,478,857	308,548	21,778	一、各项贷款	13,544	13,544	
1.企业存款	81,465	81,465		1.短期贷款	13,466	13,466	
(1)活期存款	75,066	75,066		(1)工业贷款			
(2)定期存款	6,399	6,399		(2)商业贷款			
2.机关团体存款	1,405	1,405		(3)建筑业贷款			
3.储蓄存款	1,395,736	225,427	21,778	(4)农业贷款	2,931	2,931	
(1)活期储蓄	590,472	33,743	77,006	(5)乡镇企业贷款			
(2)定期储蓄	805,264	191,684	－55,227	(6)三资企业贷款			
4.农业存款	251	251		(7)私营企业及个体贷款	9,867	9,867	
5.其他存款				(8)其他短期贷款	668	668	
二、代理财政性存款	3,510	3,510		其中:个人短期贷款	668	668	
三、金融债券				2.中长期贷款	78	78	
其中:政策性金融债券				(1)基本建设贷款			
四、应付及暂收款	63,340	－70,700	129,707	(2)技术改造贷款			
其中:应付及预提利息	17,325	－116,715	129,707	(3)其他中长期贷款	78	78	
五、卖出回购资产				其中:个人中长期贷款			
六、向中央银行借款				3.票据融资			
七、同业往来				其中:贴现			
1.同业存放				4.各项垫款			
2.同业拆借				二、有价证券及投资			
八、系统内资金往来				三、应收及预付款	367	100	－226
九、委托存款及委托投资基金(净)				其中:应收利息	27	27	
1.委托存款及委托投资基金	3,896	3,896		四、买入返售资产			
2.减:委托贷款及委托投资	3,896	3,896		五、存放中央银行准备金存款	12,346	12,346	－78,835
十、代理金融机构委托贷款基金				六、存放中央银行特种存款		－362,141	
其中:中央银行委托贷款基金				七、缴存中央银行财政性存款			
十一、各项准备				八、同业往来	12,023	9,475	1,859
其中:贷款损失准备				1.存放同业	12,023	9,475	1,859
十二、所有者权益				2.拆放同业			
其中:实收资本				九、系统内资金往来			
当年结益				十、代理金融机构贷款			
十三、其他	－1,490,622	－571,549	－221,965	其中:代理人行专项贷款			
				十一、库存现金	16,805	－3,515	6,722
				十二、外汇占款			
资金来源总计	55,085	－330,191	－70,479	资金运用总计	55,085	－330,191	－70,479

武汉地区财务公司人民币信贷收支表

表 6－6－1－6　　2008 年末　　单位：万元

来源项目名称	12 月余额	比年初增减数 2008 年	比年初增减数 2007 年	运用项目名称	12 月余额	比年初增减数 2008 年	比年初增减数 2007 年
一、各项存款	5,892,675	2,389,460	367,410	一、各项贷款	4,725,096	1,689,503	409,669
1.企业存款	4,041,464	1,585,734	446,402	1.短期贷款	1,286,977	578,182	107,484
(1)活期存款	2,647,984	584,837	171,104	(1)工业贷款	1,209,623	556,674	154,331
(2)定期存款	1,393,480	1,000,897	275,298	(2)商业贷款			
2.机关团体存款				(3)其他短期贷款	77,354	21,508	－46,847
3.委托存款及投资基金	1,769,347	729,851	－69,978	2.中长期贷款	1,540,283	415,322	348,676
(1)委托存款	1,708,177	729,851	－131,148	3.委托贷款	1,708,177	729,851	－131,148
(2)委托投资基金	61,170		61,170	4.信托贷款			
4.信托存款				其中：中长期信托贷款			
5.保证金存款	81,864	73,875	2,499	5.抵押贷款			
6.其他存款			－11,513	6.票据融资	34,644	－188,867	84,862
二、金融债券	130,000		130,000	其中：贴现	34,644	－188,867	84,862
三、应付及暂收款	30,602	－3,462	8,588	7.融资租赁	155,015	155,015	－205
其中：应付及预提利息	11,431	1,076	2,817	8.各项垫款			
四、长期借款				二、委托投资	61,170		61,170
五、证券业务占款				三、投资	57,315	－1,040	－3,310
六、卖出回购资产	257,505	－38,669	28,814	1.短期投资	33,439	6,553	－2,187
七、向中央银行借款				2.长期投资	23,876	－7,593	－1,123
八、同业往来			－50,000	四、应收及预付款	17,848	14,103	－6,243
1.同业存放				其中：应付利息	88	15	73
2.同业拆借			－50,000	五、证券业务占款			
九、代理金融机构贷款基金				六、经营租赁			
其中：中央银行委托贷款基金				七、买入返售资产			
十、各项准备	61,926	23,970	13,769	八、存放中央银行准备金存款	242,994	－86,477	222,883
其中：贷款损失准备	56,539	24,210	14,578	九、存放中央银行特种存款			
十一、所有者权益	299,589	64,371	37,625	十、同业往来	884,636	595,716	－100,358
其中：实收资本	170,933			1.存放同业	884,636	595,716	－97,153
本年利润	89,611	89,611	63,080	2.拆放同业			－3,205
十二、其他	－683,290	－223,917	47,601	十一、代理金融机构贷款			
				其中：代理人行专项贷款			
				十二、现金			－4
				十三、外币占款			
资金来源总计	5,989,059	2,211,805	583,807	资金运用总计	5,989,059	2,211,805	583,807

武汉地区信托投资公司人民币信贷收支表

表 6－6－1－7　　2008 年末　　单位:万元

来源项目名称	12 月余额	比年初增减数 2008 年	比年初增减数 2007 年	运用项目名称	12 月余额	比年初增减数 2008 年	比年初增减数 2007 年
一、各项存款		－17,223	－24	一、各项贷款	10,000	4,887	－27,367
1. 信托存款				1. 信托贷款			
2. 委托存款		－11,690	6	其中:中长期信托贷款			
(1)委托存款		－11,690	6	2. 委托贷款		－5,113	
(2)委托投资基金				3. 抵押贷款			
3. 保证金存款		－5,507	－30	4. 票据融资			
4. 其他存款		－26		其中:贴现			
二、金融债券				5. 融资租赁			
三、应付及暂收款	4,967	－44,166	14,167	6. 各项垫款			
其中:应付及预提利息		－6,307	457	7. 其他贷款	10,000	10,000	－27,367
四、长期借款				二、委托投资			
五、证券业务款项				三、投资	44,505	7,878	8,354
六、卖出回购资产				1. 短期投资	44,505	36,010	8,495
七、向中央银行借款				2. 长期投资		－28,132	－141
八、同业往来		－8,284	－1,393	四、应收及预付款	28,900	－150	－45,860
1. 同业存放				其中:应收利息	15	15	
2. 同业拆借		－8,284	－1,393	五、证券业务占款			
九、代理金融机构贷款基金				六、经营租赁			
其中:中央银行委托专项贷款基金				七、买入返售资产			
十、各项准备	157	－6,385	－10,245	八、存放中央银行准备金存款	28	1	1
其中:贷款损失准备			－5,575	九、存放中央银行特种存款			
十一、所有者权益	150,316	4,510	54,613	十、同业往来			
其中:实收资本	150,000		10,117	1. 存放同业			
当年结益	－352	－352	－73	2. 拆放同业			
十二、其他	－72,006	84,158	－121,994	十一、代理金融机构贷款			
				其中:代理人行专项贷款			
				十二、库存现金	1	－6	－4
				十三、外币占款			
资金来源总计	83,434	12,610	－64,876	资金运用总计	83,434	12,610	－64,876

武汉地区金融机构累放累收统计表

表 6－6－1－8

2008 年末

单位:万元

项目名称	累计发放		累计收回		贷款增减额		平均余额		周转次数		周转天数	
	2008 年	2007 年	2008 年	2007 年	2008 年	2007 年	2008 年	2007 年	2008 年	2007 年	2008 年	2007 年
贷款合计	64,178,290	48,789,739	56,663,515	43,939,435	7,514,776	4,850,305	36,700,424	31,346,531	1.54	1.40	237	261
1.短期贷款	26,553,226	17,816,912	24,246,106	16,034,282	2,307,120	1,782,629	12,867,084	11,377,331	1.88	1.41	194	259
(1)工业贷款	6,239,395	3,783,705	5,381,285	3,494,117	858,110	289,588	3,218,713	2,775,316	1.67	1.26	219	290
(2)商业贷款	3,632,323	2,460,066	3,261,834	2,072,237	370,489	387,829	1,874,460	1,572,856	1.74	1.32	210	277
(3)建筑业贷款	2,081,048	1,193,333	2,156,133	1,205,782	−75,085	−12,449	980,980	998,439	2.20	1.21	166	302
(4)农业贷款	185,575	170,750	152,824	202,839	32,751	−32,089	588,043	552,997	0.26	0.37	1,404	986
(5)乡镇企业贷款	100	1,000	500	1,780	−400	−780	475	2,429	1.05	0.73	348	500
(6)三资企业贷款	699,976	303,323	605,051	251,889	94,925	51,434	223,258	138,444	2.71	1.82	135	201
(7)私营企业及个体贷款	298,702	268,774	259,511	273,956	39,191	−5,182	173,538	170,011	1.50	1.61	243	227
(8)其他短期贷款	13,416,107	9,635,961	12,428,968	8,531,683	987,139	1,104,278	5,807,617	5,166,839	2.14	1.65	171	221
其中:个人短期消费贷款	446,359	455,655	420,059	405,767	26,300	49,888	156,830	113,880	2.68	3.56	136	103
2.中长期贷款	16,036,792	12,188,452	11,291,258	8,467,561	4,745,534	3,720,891	22,393,659	17,716,556	0.50	0.48	730	760
(1)基本建设贷款	6,033,331	2,831,089	3,389,469	2,193,333	2,643,862	637,756	8,177,042	6,397,055	0.41	0.34	890	1,074
(2)技术改造贷款	113,422	121,772	57,328	71,961	56,094	49,811	250,890	231,212	0.23	0.31	1,587	1,177
(3)其他中长期贷款	9,890,039	9,235,591	7,844,462	6,202,266	2,045,577	3,033,325	13,965,727	11,088,289	0.56	0.56	652	652
其中:个人中长期消费贷款	2,664,308	3,112,935	2,360,409	1,424,872	303,899	1,688,063	6,309,939	5,085,791	0.37	0.28	986	1,304
3.票据融资	21,471,584	18,708,658	21,019,105	19,360,676	452,479	−652,018	1,427,684	2,242,216	14.72	8.63	25	42
4.各项垫款	116,689	75,718	107,045	76,916	9,644	−1,198	11,997	10,428	8.92	7.38	41	49

注:周转天数＝(至报告期末的累计收回数/贷款平均数)/报告期月份数×12,周转天数＝365/周转次数。

武汉地区金融机构现金收支统计表

表 6－6－1－9　　2008 年末　　单位:万元

收入项目	实际数		比上年同期增减		比上年同期增减%		支出项目	实际数		比上年同期增减		比上年同期增减%	
	本月份	年累计	本月份	年累计	本月份	年累计		本月份	年累计	本月份	年累计	本月份	年累计
一、商品销售收入	788,632	8,950,676	73,786	1,213,222	10	16	一、工资性及个人其他支出	562,512	5,766,474	74,311	212,618	15	4
二、服务业收入	242,588	2,930,371	－20,421	－387,398	－8	－12	二、农副产品采购支出	80,602	903,982	19,543	72,819	32	9
三、行政税费收入	31,730	462,214	－13,288	102,438	－30	28	三、工矿及其他产品采购支出	73,646	819,160	－28,824	－146,106	－28	－15
四、城乡个体经营收入	172,078	1,539,536	41,218	－61,420	32	－4	四、行政企业管理与经营费支出	447,674	4,536,942	－27,854	－245,161	－6	－5
五、储蓄存款收入	5,516,790	61,463,818	－408,796	－2,715,444	－7	－4	五、城乡个体经营支出	218,737	2,243,169	－10,977	－65,105	－5	－3
六、其他金融性公司收入	38,498	430,424	－7,127	－230,959	－16	－35	六、储蓄存款支出	5,409,129	59,972,825	－352,291	－1,167,044	－6	－2
七、居民归还贷款收入	60,963	580,792	－28,551	－4,504	－32	－1	七、其他金融性公司支出	70,308	493,159	44,889	59,924	177	14
八、汇兑收入	16,666	141,870	－228	－7,296	－1	－5	八、居民提取贷款支出	24,891	474,099	6,931	16,497	39	4
九、有价证券及其他投资性收入	40,594	359,729	2,592	214,786	7	148	九、汇兑支出	13,393	126,879	5,314	－9,578	66	－7
十、其他收入	740,578	7,861,572	179,100	2,157,378	32	38	十、有价证券支出	29,545	341,445	16,371	217,711	124	176
其中:兑换外币收入	15,716	145,876	3,345	31,440	27	27	十一、其他支出	698,761	7,058,381	144,028	1,399,927	26	25
							其中:兑换外币支出	1,094	38,422	－6,509	－47,176	－86	－55
收入合计	7,649,115	84,721,001	－181,715	280,803	－2		支出合计	7,629,198	82,736,515	－108,558	346,503	－1	
							投放(＋)、回笼(－)	－19,917	－1,984,486	73,156	65,700	－79	－3
							附:代发工资	573,591	5,703,225	70,560	893,688	14	19

武汉地区金融机构(含外资)可比口径外汇信贷收支表

表 6—6—1—10　　2008 年末　　单位:万美元

来源项目名称	12 月余额	比年初增减数 2008 年	比年初增减数 2007 年	运用项目名称	12 月余额	比年初增减数 2008 年	比年初增减数 2007 年
一、各项存款	161,028	32,789	−139,865	一、各项贷款	389,608	44,004	−194,614
1.单位活期存款	60,657	23,504	−25,148	1.短期贷款	82,027	−24,488	−87,143
其中:中资企业存款	21,850	7,770	−15,448	(1)境内短期贷款	82,027	−24,445	−87,100
外商投资企业存款	14,162	8,889	−5,307	其中:中资企业贷款	55,891	−9,040	−50,513
2.单位定期存款	28,728	11,048	−13,322	外商投资企业贷款	16,173	−9,742	−31,315
其中:中资企业存款	18,511	3,983	−8,602	(2)境外短期贷款		−43	−42
外商投资企业存款	3,762	2,703	−886	2.中长期贷款	204,187	83,137	−61,631
3.储蓄存款	62,264	−823	−83,788	(1)境内中长期贷款	166,763	45,713	−61,631
其中:定期存款	44,022	168	−61,506	其中:中资企业贷款	43,584	490	−39,646
4.信托存款				外商投资贷款	11,061	−826	−12,191
5.委托存款	−89	95	277	(2)境外中长期贷款	37,423	37,423	
6.其他类存款	9,008	−872	−17,706	3.进出口贸易融资	12,856	−2,437	−8,480
7.境外存款	460	−162	−177	4.票据融资	121	−330	−346
二、境外筹资	11,524	−812	−14,211	其中:贴现	121	−214	−328
三、同业存放	2,046	1,160	−1,280	5.融资租赁			
其中:境外同业存放	7	5		6.信托贷款			
四、应付及暂收款	44,549	21,854	−10,411	7.委托贷款			
其中:应付及预提利息	2,536	−3,228	−6,384	8.各项垫款	190	191	−632
五、同业拆入	997	150		9.境外筹资转贷款	90,227	−12,069	−36,382
其中:境外同业拆入	997	150		二、有价证券及投资	500		−541
六、外汇买卖	−1,157	−7,531	1,466	三、应收及预付款	40,541	14,434	−9,023
其中:结售汇	−1,293	−7,543	2,566	其中:应收及预付利息	2,605	−2,152	−4,893
七、境内联行存放	194,216	4,492	−31,353	四、存放同业	854	−125	−812
八、境外联行存放	205	−1,123	−3,348	其中:存放境外同业	795	−38	−756
九、证券业务款项				五、拆放同业			−63
十、各项准备	2,269	−234	−2,775	其中:拆放境外同业			−63
其中:贷款损失准备金	1,612	−441	−2,337	六、存放境内联行			
十一、所有者权益	12,699	3,298	−13,555	七、存放境外联行		−79	−843
其中:实收资本	3,686	−1,322	−9,096	八、证券业务占款			
当年结益	9,884	9,884		九、库存现金	3,284	−567	−3,606
十二、其他	6,410	3,623	5,830				
资金来源总计	434,787	57,667	−209,502	**资金运用总计**	434,787	57,667	−209,502

注:来源项目中含国开行市外存款数据 1.41 亿美元,运用项目中含国开行市外贷款数据 12.90 亿美元。

武汉地区财务公司外汇信贷收支表

表 6－6－1－11　　2008 年末　　单位:万美元

来源项目名称	12 月余额	比年初增减数		运用项目名称	12 月余额	比年初增减数	
		2008 年	2007 年			2008 年	2007 年
一、各项存款	80	－22	－844	一、各项贷款	3,800	3,800	－2,000
1.企业存款	80	－22	－844	1.短期贷款	3,800	3,800	－2,000
其中:定期存款		－9		2.中长期贷款			
2.信托存款				3.信托贷款			
3.委托存款				其中:中长期信托贷款			
4.其他存款				4.委托贷款			
二、境内中长期筹资				5.融资租赁			
三、境外筹资				6.票据融资			
四、证券业务款项				其中:贴现			
五、卖出回购资产				7.各项垫款			
六、同业存放				8.境外筹资转贷款			
其中:境外同业存放				二、信托投资			
七、同业拆入	2,400	2,400	－3,000	1.短期信托投资			
其中:境外同业拆入				其中:境外			
八、外汇买卖				2.中长期信托投资			
九、应付及暂收款	44	44	－9	其中:境外			
其中:应付及预提利息	44	44	－9	三、投资			
十、各项准备	38	38	－20	1.购买有价证券			
其中:贷款损失准备金	38	38	－20	其中:购买境外有价证券			
十一、所有者权益	1,887	－226	138	2.其他投资			
其中:实收资本	1,750			其中:投资境外			
当年结益	129	129	138	四、证券业务占款			
十二、其他	1,437	806	974	五、经营租赁			
				六、买入返售资产			
				七、应收及预付款项	5	5	
				其中:应收及预付利息	5	5	
				八、存放中央银行	6	－2	－19
				其中:缴存准备金	6	－2	
				九、存放同业	2,075	－763	－742
				其中:存放境外同业			
				十、拆放同业			
				其中:拆放境外同业			
				十一、库存现金			
资金来源总计	5,886	3,040	－2,761	资金运用总计	5,886	3,040	－2,761

(二)金融机构分行分司统计

中国人民银行武汉地区人民币信贷收支表

表 6-6-2-1

2008 年末

单位:万元

来源项目名称	12 月余额	比年初增减数		运用项目名称	12 月余额	比年初增减数	
		2008 年	2007 年			2008 年	2007 年
一、财政存款	266,230	1,423	-88,600	一、金融机构贷款	522,566	-52,230	-10,326
其中:中央财政存款				1. 政策性银行贷款			
地方财政存款	266,230	1,423	-88,600	2. 国有商业银行贷款			
二、金融机构缴存准备金存款	2,484,268	5,158	971,681	3. 其他商业银行贷款			
1. 政策性银行存款	359,106	189,259	103,765	4. 城市商业银行贷款			
2. 国有商业银行存款	261,791	-102,464	86,597	5. 城市信用社贷款	60,100		
3. 其他商业银行存款	420,915	31,137	31,612	6. 农村信用社贷款			
4. 城市商业银行	483,529	-39,288	278,738	7. 资产管理公司贷款			
5. 城市信用社				8. 其他金融机构贷款	458,053	-13,068	-33,180
6. 农村信用社	725,933	28,401	249,027	9. 再贴现	4,413	-39,162	22,854
7. 资产管理公司				其中:国有商业银行			
8. 其他金融机构存款	232,994	-101,887	221,942	二、专项贷款			
三、金融机构特种存款				三、金银占款			
四、邮政储蓄转存款	362	-499,946	-107,410	四、外汇占款			
五、商业银行划来财政性存款	292,905	25,126	94,311	五、有价证券及投资			
六、卖出回购证券				六、买入返售证券			
七、中央银行债券				七、存放金融机构			
八、货币发行							
九、国家资本							
十、当年结益	-64,124	-64,124	-57,305				
十一、其他	-2,457,075	480,133	-823,003				
资金来源总计	522,566	-52,230	-10,326	资金运用总计	522,566	-52,230	-10,326

中国农业发展银行湖北省分行营业部资产负债表

表 6－6－2－2　　2008 年末　　单位:元

资产	期初数	期末数	负债及所有者权益	期初数	期末数
流动资产			流动负债		
现金及银行存款	797,653.93	827,920.86	短期存款	1,249,275,968.56	1,550,536,132.34
存放中央银行款项	41,996,694.76	54,515,678.84	向中央银行借款		
存放联行款项			联行存放款项	6,435,696,714.21	7,063,252,812.24
存放同业款项	9,656,791.72	19,803,696.31	票据融资		
拆放同业			同业存放款项	100,000,000.00	1,000,000,000.00
贴现		20,000,000.00	同业拆入		
短期贷款	7,270,206,166.26	8,050,787,034.17	卖出回购证券款项		
贸易融资			汇出汇款		
应收利息	840,261.15	2,037,300.73	应解汇款		
应收股利			存入短期保证金	241,044,266.37	298,180,809.47
其他应收款	28,971.11	290,181.61	应付利息		
短期投资			应付工资	62,011.59	77.26
一年内到期的长期投资			应付福利费		
其他流动资产			应交税金及附加	13,174,568.65	11,538,625.58
流动资产合计	7,323,526,538.93	8,148,261,812.52	其他应付款	686,996.90	696,550.68
长期资产			发行短期债券		
中长期贷款	564,000,000.00	1,995,250,000.00	一年内到期长期负债		
其中:抵押、质押贷款			其他流动负债	56,109.87	769,385.18
非应计贷款(逾期贷款)	371,072,733.61	83,880,389.78	流动负债合计	8,039,996,636.15	9,924,974,392.75
减:贷款损失准备			长期负债		
*减:呆账准备			长期存款		
长期投资			长期借款		
长期投资合计			发行长期债券		
固定资产原值	28,350,907.12	27,313,756.30	长期应付款		
减:累计折旧	9,058,670.32	9,002,157.69	其他长期负债	70,520,000.00	70,520,000.00
固定资产净值	19,292,236.80	18,311,598.61	长期负债合计	70,520,000.00	70,520,000.00
减:固定资产减值准备			负债合计	8,110,516,636.15	9,995,494,392.75
固定资产净额	19,292,236.80	18,311,598.61	少数股东权益		
固定资产清理			所有者权益		
在建工程			实收资本		
长期资产合计	954,364,970.41	2,097,441,988.39	资本公积	638,068.54	
无形递延及其他资产			盈余公积		
无形资产	33,210.00	26,568.00	其中:法定公益金		
长期待摊费用			一般准备		
抵债资产			未分配利润	166,770,014.65	250,235,976.16
其他长期资产			外币报表折算差额		
无形资产及其他资产合计	33,210.00	26,568.00	所有者权益合计	167,408,083.19	250,235,976.16
资产总计	8,277,924,719.34	10,245,730,368.91	**负债及所有者权益总计**	8,277,924,719.34	10,245,730,368.91

中国农业发展银行湖北省分行营业部损益表

表 6－6－2－3　　2008 年末　　单位:元

收入项目	金额	支出项目	金额
贷款利息收入	484,612,230.68	存款及债券利息支出	24,378,653.16
金融机构往来收入	64,667,779.02	金融机构往来支出	214,129,362.83
其他营业收入	3,103,930.66	业务管理费	32,879,958.44
其中:代理保险手续费收入	1,352,521.05	其他营业支出	3,839,868.04
营业外收入	886,951.45	营业税金及附加	26,825,520.57
		营业外支出	1,002,129.51
收入小计	553,291,468.71	支出小计	303,055,492.55
纯损		纯益	250,235,976.16
合计	553,291,468.71	合计	553,291,468.71

中国邮政储蓄银行有限责任公司武汉市分行资产负债表

表 6－6－2－4　　2008 年末　　单位:元

资产	年初数	期末数	负债	年初数	期末数
现金	203,197,192.44	168,051,327.09	定期储蓄存款	6,135,799,559.42	7,943,453,702.83
人行存款	3,621,408,851.50		活期储蓄存款	5,300,286,105.19	5,904,721,162.79
存放同业款项	25,482,819.64	120,227,860.23	定活两便储蓄存款	50,184,213.63	20,107,835.27
资金往来		14,270,019,868.01	通知存款	216,821,174.82	89,081,070.59
应收利息			应付利息	105,224,508.74	172,882,880.26
应收款项	2,670,889.81	3,395,666.33	应付款项	617,590,152.07	458,844,013.72
存放上级款项	8,573,621,645.04	8,105,800.00	下级存放款项		
拆放同业款项			同业拆入		
短期债券投资			卖出回购证券		
其他短期投资			应交收入	475,684.56	－19,290,143.80
短期投资跌价准备			汇兑结算款项		
买入返售证券					
长期债券投资					
其他长期投资					
长期投资减值准备					
票据贴现					
短期贷款					
中长期贷款					
逾期贷款					
呆滞贷款					
资产总计	12,426,381,398.43	14,569,800,521.66	负债总计	12,426,381,398.43	14,569,800,521.66

中国邮政储蓄银行有限责任公司武汉市分行绿卡业务统计表

表 6－6－2－5　　2008 年末

项目	单位	数量
借记卡发卡量	万张	174.26
POS 交易业务量	万笔	235.66
累计消费金额	亿元	45.1
ATM	台	229

(三)金融机构和人员统计

1.机构和人员综合统计

武汉市银行业机构人员、机构情况统计表

表 6－6－3－1－1　　　　单位:家、台、人

行别	合计	一级分行	一级分行营业部	二级分行	二级分行营业部	支行	分理处	储蓄所	离行式自助银行
国家开发银行湖北省分行	1	1							
中国农业发展银行湖北省分行	9	1	1			7			
政策性银行	10	2	1			7			
中国工商银行湖北省分行	215	1	1			111	21	81	
中国农业银行湖北省分行	175	1	1			87	82	4	12
中国银行湖北省分行	131	1				121	8		1
中国建设银行湖北省分行	236	1	1			162	50	7	15
交通银行武汉分行	78	1		12		41			24
国有商业银行	835	5	3	12		522	161	92	52
招商银行武汉分行	72	1	1			19			51
中国光大银行武汉分行	33	1	1			14			17
中国民生银行武汉分行	74	1	1			17			55
华夏银行武汉分行	32	1	1			13			17
中信银行武汉分行	55	1	1			16			37
上海浦东发展银行武汉分行	65	1	1			12			51
兴业银行武汉分行	29	1	1			11			16
广东发展银行武汉分行	19	1				9			9
股份制商业银行	379	8	7			111			253
汉口银行	94	1				86			7
城市商业银行	94	1				86			7
汇丰银行(中国)有限公司武汉分行	4	1				3			
法国兴业银行武汉分行	1	1							
东亚银行(中国)有限公司武汉分行	1	1							
外资银行	6	3				3			
中国华融资产管理公司武汉办事处	1	1							
中国长城资产管理公司武汉办事处	1	1							
中国东方资产管理公司武汉办事处	1	1							
中国信达资产管理公司武汉办事处	1	1							
资产管理公司	4	4							
中国电力财务有限公司华中分公司	1	1							
武汉钢铁集团财务有限责任公司	1	1							
三江航天集团财务有限公司	1	1							
东风汽车财务有限公司	1	1							
中石化财务有限公司	1	1							
财务公司	5	5							
交银国际信托投资有限公司	1	1							
邮政储蓄银行	196	1		1	1	112		81	
农村信用社	249	2	1	15	15	69	146	1	
合计	1,779	32	12	28	16	910	307	174	312

续表 6－6－3－1－1

行别	机构变动情况						人员情况			
	比年初	新设	升格	降格	撤销	ATM	在册	比年初	在岗	比年初
国家开发银行湖北省分行							151	14	164	14
中国农业发展银行湖北省分行							260	18	260	18
政策性银行							**411**	**32**	**424**	**32**
中国工商银行湖北省分行							4,322	−180	3,676	−254
中国农业银行湖北省分行							4,898	5	3,546	−11
中国银行湖北省分行	1	1	4			192	3,195	73	2,979	107
中国建设银行湖北省分行	−7				7	426	4,830	36	4,553	62
交通银行武汉分行	9	9				6	1,310	154	1,276	156
国有商业银行	**3**	**10**	**4**		**7**	**624**	**18,555**	**88**	**16,030**	**60**
招商银行武汉分行	2	6			4	10	1,058	158	1,329	163
中国光大银行武汉分行						90	486	56	486	56
中国民生银行武汉分行						217	715	40	715	40
华夏银行武汉分行	4	5			1	59	432	42	540	33
中信银行武汉分行	4	4				3	565	15	599	31
上海浦东发展银行武汉分行	7	8			1		444	8	444	8
兴业银行武汉分行	6	6				70	325	23	325	23
广东发展银行武汉分行	6	6				44	269	35	316	43
股份制商业银行	**29**	**35**			**6**	**493**	**4,294**	**377**	**4,754**	**397**
汉口银行	−1				1		2,012	72	1,906	15
城市商业银行	**−1**				**1**		**2,012**	**72**	**1,906**	**15**
汇丰银行(中国)有限公司武汉分行						5	109	16	109	16
法国兴业银行武汉分行							10	6	10	6
东亚银行(中国)有限公司武汉分行						2	64	15	64	15
外资银行						**7**	**183**	**37**	**183**	**37**
中国华融资产管理公司武汉办事处							40	−12	40	−12
中国长城资产管理公司武汉办事处							66	−4	61	−4
中国东方资产管理公司武汉办事处							49	−2	49	−2
中国信达资产管理公司武汉办事处							58	−60	58	−60
资产管理公司							**213**	**−78**	**208**	**−78**
中国电力财务有限公司华中分公司							178	23	178	23
武汉钢铁集团财务有限责任公司							55	2	55	2
三江航天集团财务有限公司							28	1	27	1
东风汽车财务有限公司							63	10	61	10
中石化财务有限公司							11		11	
财务公司							**335**	**36**	**332**	**36**
交银国际信托投资有限公司							78	24	86	29
邮政储蓄银行						**229**	**721**		**527**	
农村信用社	**−2**	**1**	**1**		**3**	**12**	**3,635**	**129**	**3,297**	**133**
合计	**29**	**46**	**5**		**17**	**1,365**	**30,437**	**717**	**27,747**	**661**

2. 人员结构统计

中国人民银行武汉分行营业管理部

表 6－6－3－2－1

年龄结构			文化结构			职称结构		
年龄档次	人数(人)	比重(%)	文化水平	人数(人)	比重(%)	职称档次	人数(人)	比重(%)
30 岁以下	13	4.73	博士	1	0.36	高级职称	10	3.64
31－40 岁	63	22.91	硕士及研究生班	46	16.73	中级职称	128	46.55
41－50 岁	125	45.45	本科	123	44.73	初级职称	76	27.64
51－60 岁	74	26.91	大专及以下	105	38.18			
合计	275	100.00	合计	275	100.00	合计	214	77.83

中国农业发展银行湖北省分行营业部

表 6－6－3－2－2

年龄结构			文化结构			职称结构		
年龄档次	人数(人)	比重(%)	文化水平	人数(人)	比重(%)	职称档次	人数(人)	比重(%)
30 岁以下	58	21.40	博士			高级职称	15	5.53
31－40 岁	73	26.94	硕士及研究生班	5	1.85	中级职称	83	30.63
41－50 岁	97	35.79	本科	148	54.61	初级职称	71	26.20
51－60 岁	43	15.87	大专及以下	118	43.54			
合计	271	100.00	合计	271	100.00	合计	169	62.36

中国邮政储蓄银行有限责任公司武汉市分行

表 6－6－3－2－3

年龄结构			文化结构			职称结构		
年龄档次	人数(人)	比重(%)	文化水平	人数(人)	比重(%)	职称档次	人数(人)	比重(%)
30 岁以下	230	34.13	博士			高级职称		
31－40 岁	305	45.25	硕士及研究生班	13	1.93	中级职称	28	4.15
41－50 岁	123	18.25	本科	106	15.73	初级职称	6	0.89
51－60 岁	16	2.37	大专及以下	555	82.34			
合计	674	100.00	合计	674	100.00	合计	34	5.04

附载：

中部六省主要经济指标表

表 6－7－1　　2008 年末　　单位:亿元

	江西		湖北		湖南		安徽		河南		山西	
	累计	同比±%	累计	同比±%	累计	同比±%	累计	同比±%	累计	同比±%	累计	同比±%
一、地区生产总值	6,480.33	12.60	11,330.38	13.40	11,156.64	12.80	8,874.20	12.70	18,407.78	12.10	6,938.73	8.30
第一产业	1,060.40	4.80	1,780.00	6.00	2,007.40	5.30	1,418.10	6.20	2,658.80	5.50	302.50	2.50
第二产业	3,414.90	16.60	4,963.61	16.60	4,933.08	14.90	4,137.40	16.40	10,477.92	14.90	4,265.80	7.40
第三产业	2,005.10	10.10	4,586.77	12.40	4,216.16	13.30	3,318.70	11.00	5,271.06	10.20	2,370.50	10.60
二、工业增加值	2,323.52	21.90	3,842.33	21.60	3,570.85	18.40	3,259.70	22.00	7,305.39	19.80	3,509.60	6.50
产销率(%)	98.55	0.02	98.00	－0.10	98.70	－1.10	97.70	－0.40	98.40		97.35	－0.50
工业企业利润总额	303.10	15.00	632.69	8.75	341.60	－16.30	330.30	285.00	1,979.60	23.30	641.00	38.40
亏损工业企业亏损总额	68.40	194.30	112.77	278.78	116.20	280.80	82.10	39.00	163.10	258.30	121.20	241.60
三、全社会固定资产投资	4,738.60	43.50	5,798.56	27.90	5,650.00	0.32	6,788.90	33.30	10,469.57	30.70	3,635.10	24.20
城镇固定资产投资	4,317.92	46.10	5,133.31	30.70	4,820.60	33.60	5,936.17	33.60	8,700.11	31.60	3,194.51	22.90
其中:住宅投资	444.72	25.50	658.27	29.60			1,003.96	51.60	946.16	48.00		
其中:第一产业	94.24	113.70	116.46	92.60	63.90	31.10	182.60	66.40	256.54	90.90	66.90	37.60
第二产业	2,549.24	70.40	2,250.21	38.70	2,039.70	38.90	2,959.50	30.30	4,901.46	33.50	1,770.30	14.60
第三产业	1,902.95	18.50	2,966.00	21.20	2,892.00	29.60	3,646.80	34.40	3,542.11	26.40	1,461.30	36.20
四、社会消费品零售总额	2,082.79	23.70	4,965.82	23.30	4,119.70	22.70	2,963.50	23.40	5,662.50	23.20	2,356.50	23.10
五、海关进出口总值(亿美元)	137.49	45.50	205.67	38.40	125.66	29.70	204.35	28.30	175.28	37.10	143.90	24.30
其中:出口(亿美元)	76.85	41.20	115.92	41.80	84.09	29.10	113.52	28.80	107.13	27.90	92.45	41.50
进口(亿美元)	60.64	51.40	89.75	34.30	41.56	31.10	90.83	27.60	68.14	54.50	51.45	1.90
六、地方财政一般预算收入	488.60	25.30	710.20	20.30	722.70	19.10	724.57	33.30	1,009.10	17.10	747.88	25.10
地方财政一般预算支出	1,208.40	33.50	1,638.03	28.20	1,587.20	26.80	1,622.80	30.50	2,283.90	22.20	1,313.10	25.90
七、城镇居民人均可支配收入(元)	12,866.40	14.70	13,152.86	14.50	13,821.20	12.40	12,990.35	13.20	13,231.10	15.30	13,119.05	13.40
农民人均现金收入(元)	4,697.00	14.60	4,656.38	16.50	4,512.50	15.60	4,202.00	18.10	4,454.00	7.20	4,097.20	11.80
八、居民消费价格指数	106.00	6.00	106.30	6.30	106.00	6.00	106.20	6.20	107.00	7.00	107.20	7.20
商品零售价格指数	106.10	6.10	106.30	6.30	105.60	5.60			107.50	7.50	107.20	3.00
农业生产资料价格指数	119.90	19.90	127.20	27.20	126.50	26.50			120.90	20.90	118.70	13.40
工业品出厂价格指数	106.40	6.40	106.10	6.10	109.30	9.30	108.40	8.40	112.10	12.10	122.40	22.40
原材料燃料动力购进价格指数	114.20	14.20	110.90	10.90	112.00	12.00	112.40	12.40	111.90	11.90	118.30	18.30

中部六省主要金融指标表

表 6－7－2 2008 年末 单位:亿元

	江西		湖北		湖南		安徽		河南		山西	
	余额	比年初±	余额	比年初±	余额	比年初±	余额	比年初±	余额	比年初±	余额	比年初±
一、各项存款	7,261.96	1,307.00	13,574.99	2,363.37	10,971.70	1,816.11	10,389.08	1,903.86	15,340.08	2,670.90	12,827.61	2,721.06
1. 企业存款	1,871.07	307.11	4,379.00	701.70	2,752.86	321.71	3,080.07	497.67	3,458.50	421.82	3,294.15	610.94
2. 储蓄存款	4,193.64	803.88	6,800.42	1,309.86	6,587.88	1,225.33	5,674.42	1,098.48	9,568.85	1,701.38	7,086.69	1,621.62
二、各项贷款	4,613.25	758.20	8,752.42	1,305.59	7,115.35	1,285.36	7,030.25	1,209.35	10,439.75	1,489.05	6,041.91	738.29
1. 短期贷款	1,964.99	245.44	3,041.57	339.79	2,879.53	377.23	2,983.33	322.88	5,185.65	507.94	2,795.02	263.53
2. 中长期贷款	2,352.27	396.81	5,001.79	834.04	3,849.70	719.46	3,635.34	801.37	4,322.60	639.63	2,763.58	489.33

第七部分
金融机构名录

CHAPTER 7
FINANCIAL INSTITUTIONS

一、机构、负责人名录

中国人民银行武汉分行

党委书记、行　长：张　静
党委委员、副行长：马天禄
党委委员、工会主任：肖作霞
党委委员、纪委书记：田　力
党委委员、副行长：林建华
党委委员、副行长：赵以邗
党委委员、武汉分行营业管理部主任：徐　涌
助理巡视员：杨成平
助理巡视员：谢晓炳

办公室
负责人：李　斌
电　话：027－87327300

法律事务处
负责人：李翠娥
电　话：027－87327423

货币信贷管理处
负责人：易寿生
电　话：027－87327219

金融稳定处
负责人：马运生
电　话：027－87327035

调查统计处
负责人：刘建国
电　话：027－87327437

会计财务处
负责人：程福庆
电　话：027－87327089

支付结算处
负责人：熊会明
电　话：027－87327091

科技处
负责人：田　耕
电　话：027－87327396

货币金银处
负责人：向诗猛
电　话：027－87327449

国库处
负责人：严信华
电　话：027－87327426

内审处
负责人：甘武松
电　话：027－87327332

人事处
负责人：王道新
电　话：027－87327370

金融研究处
负责人：刘伟林
电　话：027－87327465

征信管理处
负责人：刘　东
电　话：027－87327410

综合业务处
负责人：江成会
电　话：027－87327340

国际收支处
负责人：吴丽琳
电　话：027－87128211

经常项目管理处
负责人：陈建良
电　话：027－87327182

资本项目管理处
负责人：陈　玥
电　话：027－87327115

事后监督中心
负责人：郑忠丽
电　话：027－87815602

反洗钱处
负责人：孙玉刚
电　话：027－87327069

保卫处
负责人：张卫星
电　话：027－87327129

离退休干部处
负责人：汪群声
电　话：027－87327310

宣传部
负责人：王佑元

电　话:027－87327257

纪委

负责人:程　松

电　话:027－87327409

机关党委办公室

负责人:谈桂林

电　话:027－87327375

工会办

负责人:杨　涛

电　话:027－87327452

团委

负责人:张华华

电　话:027－87327467

后勤服务中心

负责人:雷玉宁

电　话:027－87327327

湖北钱币博物馆

负责人:张能斌

电　话:027－87891014

金融生态办

负责人:张旅萍

电　话:027－87327175

金融时报记者站

负责人:江海生

电　话:027－87327467

地　址:湖北省武汉市武昌中南路69号

邮　编:430071

电　话:027－87327300

传　真:027－87327300

中国银行业监督管理委员会湖北监管局

局　长:李怀珍

副局长:何学良　廖平之　阙方平　段银弟

办公室

负责人:秦汉锋

政策法规处

负责人:彭绪军

国有银行一处

负责人:甄少民

国有银行二处

负责人:陈　涛

股份制银行监管处

负责人:周　刚

城市商业银行监管处

负责人:万晓春

非银行机构监管处

负责人:刘爱军

合作金融机构监管处

负责人:陈任武

外资银行和资产管理公司监管处

负责人:赵想林

直管监管办监管处

负责人:喻小平

统计信息处

负责人:胡继红

财务会计处

负责人:许白贞

监察室(纪委)

负责人:毛少明

人事处

负责人:罗　勇

机关党委

负责人:潘炜碧

后勤服务中心

负责人:甘永强

地　址:湖北省武汉市汉口建设大道743号

邮　编:430015

电　话:027－85565001

传　真:027－85565155

中国证券监督管理委员会湖北监管局

局　长:黄有根

副局长:王广幼　周四波

纪委书记:金建华

办公室

负责人:何庆文

上市公司监管一处

负责人:刘兴兵

上市公司监管二处

负责人:郑秀荣

机构监管处

负责人:韩宙飞

稽查一处

负责人:杨建国

稽查二处

负责人:周鸣华

期货监管处

负责人:葛力明

党委办公室

负责人:屈 伟

信息调研处

负责人:王佐强

地 址:湖北省武汉市洪山区珞喻路540号
邮 编:430079
电 话:027—87460020
传 真:027—87460021

中国保险监督管理委员会湖北监管局

局 长:左绪文
副局长:焦清平
副局长:姚庆海

办公室

负责人:马全平
电 话:027—88937789

财产保险监管处

负责人:杨元明
电 话:027—88937760

人身保险监管处

负责人:王 柱
电 话:027—88937750

保险中介监管处

负责人:罗 迈
电 话:027—88937720

统计研究处

负责人:周红雨
电 话:027—88937730

法制处

负责人:张作华
电 话:027—88937761

人事教育处

负责人:刘华姣
电 话:027—88937785

地 址:湖北省武汉市武昌区友谊大道2号新长江广场A座
邮 编:430061
电 话:027—88937700
传 真:027—88937701
电子邮箱:circhb@126.com

国家外汇管理局湖北省分局

局 长:张 静

外汇检查处(综合业务处)

负责人:江成会
电 话:027—87327342

国际收支处

负责人:吴丽琳
电 话:027—87126307

经常项目管理处

负责人:陈建良
电 话:027—87327249

资本项目管理处

负责人:陈 玥
电 话:027—87327166

地 址:湖北省武汉市武昌中南路69号
邮 编:430071
电 话:027—87327340

国家开发银行湖北省分行

行 长:林 放
副行长:张道洋 杨德高 罗斯佳

工会主席:罗斯佳

办公室

负责人:曾桂林

电　话:027—86759509

业务发展处

负责人:谢长淮

电　话:027—86753512

经营管理处

负责人:施曾文

电　话:027—86759581

金融合作处

负责人:朱启星

电　话:027—86759612

国际业务合作处

负责人:李公胜

电　话:027—86759551

风险管理处

负责人:祝　飞

电　话:027—86759598

法律事务办公室

负责人:何才明

电　话:027—86759721

评审处

负责人:曾宪林

电　话:027—86759671

客户一处

负责人:鲁　红

电　话:027—86759768

客户二处

负责人:吴恒跃

电　话:027—86759638

客户三处

负责人:汪俊洪

电　话:027—86759692

客户四处

负责人:张学贵

电　话:027—86759529

客户五处

负责人:刘建新

电　话:027—86759689

财会处

负责人:王志雄

电　话:027—86759539

人事处

负责人:余长波

电　话:027—86759715

纪检监察办公室

负责人:徐建华

电　话:027—86759716

信息科技处

负责人:杨祖元

电　话:027—86759672

地　址:湖北省武汉市武昌区东湖大道181号楚天传媒大厦A座

邮　编:430077

电　话:027—86759555　86759777

传　真:027—86759666

中国进出口银行武汉代表处

首席代表:王新权

副首席代表:耿志忠

地　址:湖北省武汉市武胜路泰合广场41楼

邮　编:430033

电　话:027—85712403

传　真:027—85712314

中国农业发展银行湖北省分行

党委书记、行　长:丁　伟

党委副书记、副行长、工会主席:沙伏清

党委委员、副行长:郭善求

党委委员、副行长:吴亚平

党委委员、副行长、纪委书记:刘先权

地　址:湖北省武汉市武昌区中北路215号

邮　编:430077

电　话:027—87252007

传　真:027—87252081

中国工商银行股份有限公司湖北省分行

行　长:左新亚
副行长:宋士卿　陈新民　明道欣　彭正江
副行长兼营业部总经理:王芝斌
纪委书记:赵　斌
办公室
　负责人:张金星
　电　话:027-88726063

地　址:湖北省武汉市武昌区解放路372号
邮　编:430060
电　话:027-88726061　88726022

中国农业银行股份有限公司湖北省分行

行　长:易映森
副行长:唐绪斌　周翼鸿　万水庭　曹伯坚　李新平　章跃进
工会主席:孙金权
办公室
　负责人:王修常
　电　话:027-68875658

地　址:湖北省武汉市武昌中北路66号A座
邮　编:430071
电　话:027-68875258
传　真:027-87326693

中国银行股份有限公司湖北省分行

行　长:王少俊
副行长:陈大林　宁效云　郑国雨
纪委书记:高晓波
总稽核:鲁　元
行长助理:贺燕军

地　址:湖北省武汉市汉口建设大道677号
邮　编:430022
电　话:027-85562866

中国建设银行股份有限公司湖北省分行

行　长:王　江
副行长:陈汉华　刘力耕　张　进
纪委书记:王继光
工会主席:卢久生
风险总监:梁德顺
巡视员:陶恒喜
办公室
　负责人:石章振
　电　话:027-65776111

地　址:湖北省武汉市汉口建设大道709号
邮　编:430015
电　话:027-65776111
传　真:027-65775881

交通银行股份有限公司武汉分行

行　长:李杨勇
副行长:高新华　朱军先　龚　青
纪委书记:张德军
办公室
　负责人:罗选甫
　电　话:027-85487040
人力资源部
　负责人:余　晖
　电　话:027-85487269
资产负债管理部
　负责人:孙　瑞
　电　话:027-85487147
预算财务部
　负责人:李　文

电　话:027－85487252

公司业务部

负责人:李山红

电　话:027－85487185

国际业务部

负责人:杨奇志

电　话:027－85487063

资产保全部

负责人:陈日新

电　话:027－85487247

个人金融业务部

负责人:汪一红

电　话:027－85487199

零售信贷管理部

负责人:童　军

电　话:027－85487037

会计结算部

负责人:郭燕平

电　话:027－85487251

授信管理部

负责人:冯学平

电　话:027－85487236

风险监控部

负责人:朱大星

电　话:027－85487200

检查督导组

负责人:肖　敏

电　话:027－85487320

法律合规部

负责人:康　灵

电　话:027－85487267

信息技术部

负责人:杨海元

电　话:027－85487149

电子银行部

负责人:陈志宏

电　话:027－85487067

监察室

负责人:马朝平

电　话:027－85487322

保卫部

负责人:朱建勋

电　话:027－85487208

宣传部

负责人:刘以宾

电　话:027－85487332

员工工作部

负责人:解赤兵

电　话:027－85487281

总务部

负责人:杨大智

电　话:027－85487230

地　址:湖北省武汉市汉口建设大道847号

邮　编:430015

电　话:027－85487103

招商银行股份有限公司武汉分行

行　长:段昌峰

副行长:钟德胜　蔡东球　彭才茂

工会主任:蔡东球(兼)

办公室

负责人:王　晖

电　话:027－85495556

人力资源部

负责人:冀　华

电　话:027－85495618

计划财务部

负责人:谈继彬

电　话:027－85495508

会计部

负责人:张立真

电　话:027－85495528

零售银行部

负责人:焦　旸

电　话:027－85495559

个人信贷部

负责人:陈　薇

电　话:027－85495651

公司银行部

负责人:李　军

电　话:027－85495638

同业银行部
负责人:陈 岚
电 话:027－85495589
国际业务部
负责人:陈 慧
电 话:027－85495683
信贷管理部
负责人:孙 汉
电 话:027－85495847
授信审批部
负责人:王国清
电 话:027－85495628
法律与合规部
负责人:王 皖
电 话:027－85495645
信息技术部
负责人:姜孝正
电 话:027－85495598
监察保卫部
负责人:王道传
电 话:027－85495548
投行及资金交易部
负责人:龚慎华
电 话:027－85495576
操作服务中心
负责人:骆东翔
电 话:027－85495699
客户服务中心
负责人:祁丽莎
电 话:027－85495849
票据中心
负责人:周红杰
电 话:027－85495572
行政后勤管理中心
负责人:黄永昕
电 话:027－85495608

地 址:湖北省武汉市汉口建设大道518号招银大厦裙楼
邮 编:430022
电 话:027－85495535
传 真:027－85495505
电子邮箱:whbgs@cmbchina.com

中国民生银行股份有限公司武汉分行

行 长:桂新明
副行长:王南平 张春方
行长助理:庞广己
工会主任:王南平
办公室
负责人:张 昊
电 话:027－82789948
纪检监察室
负责人:武珧华
电 话:027－82789822
人力资源部
负责人:武晓华
电 话:027－82789822
保卫处
负责人:王 湛
电 话:027－82789940
计划财务部
负责人:李 艳
电 话:027－82789808
授信评审部
负责人:吴险峰
电 话:027－82789809
资产监控部
负责人:何雄兵
电 话:027－82789949
金融同业部
负责人:英林汉
电 话:027－82789928
票据业务部
负责人:胡 莹
电 话:027－82780398
公司银行管理部
负责人:芦胜红
电 话:027－82789891
法律合规部
负责人:贾永科
电 话:027－82789891
零售市场营销部
负责人:叶世明

电　话:027－65683918

零售个贷营销部

负责人:叶世明

电　话:027－65683918

零售个贷管理部

负责人:陈　刚

电　话:027－65683916

零售运营保障部

负责人:余小兰

电　话:027－65683968

科技部

负责人:周　波

电　话:027－65683998

会计部

负责人:王晓东

电　话:027－82789838

地　址:湖北省武汉市汉口江汉路20号
邮　编:430014
电　话:027－82789811
传　真:027－82789807

中国光大银行股份有限公司武汉分行

行　长:倪体洲

副行长:王增斌　陈　平　李　华

风险总监:王大锋

办公室

负责人:吴寿林

电　话:027－82801976

人力资源部

负责人:贾荣康

电　话:027－82801985

计划财务部

负责人:李　征

电　话:027－82802118

清算结算中心

负责人:刘志英

电　话:027－82839646

放款审核中心

负责人:高家富

电　话:027－82796210

现金及自助服务中心

负责人:王世菊

电　话:027－82796212

风险管理部

负责人:何永喜

电　话:027－82796322

法律合规部

负责人:陈　曲

电　话:027－82796344

信息科技部

负责人:张良祥

电　话:027－82788601

公司业务部

负责人:张云皓

电　话:027－82796359

投行同业部

负责人:唐红斌

电　话:027－82796259

贸易金融部

负责人:赵　勇

电　话:027－82796333

理财业务部

负责人:熊福林

电　话:027－82801973

个贷业务部

负责人:陈　钧

电　话:027－82796361

信用卡部

负责人:王　莉

电　话:027－88053110

资产保全部

负责人:张文才

电　话:027－82796227

地　址:湖北省武汉市汉口沿江大道143号
邮　编:430014
电　话:027－82796306
传　真:027－82801976

中信银行股份有限公司武汉分行

行　长:徐学敏
副行长:杨　威　漆　伟
行长助理:夏　平　周青松
工会主席:石学娟

办公室
负责人:刘应书
电　话:027—85355196

公司银行部
负责人:许文蔚
电　话:027—85355102

资金资本市场部
负责人:王　飞
电　话:027—85355165

零售银行部
负责人:周青松
电　话:027—85355277

国际业务部
负责人:谢爱华
电　话:027—85355105

信贷管理部
负责人:殷丽明
电　话:027—85355258

信用审查部
负责人:朱汉明
电　话:027—85355206

资产保全部
负责人:王　恺
电　话:027—85355316

计划财务部
负责人:彭　凯
电　话:027—85355293

会计管理部
负责人:徐嘉红
电　话:027—85355298

合规审计部
负责人:王　莹
电　话:027—85355077

人力资源部
负责人:王　静
电　话:027—85355128

信息技术部
负责人:冷　炜
电　话:027—85355095

党群监察部
负责人:石学娟
电　话:027—85355238

行政保卫部
负责人:王永文
电　话:027—85355018

机构业务部
负责人:孙　茜
电　话:027—85355218

汽车金融业务部
负责人:于晓红
电　话:027—85355189

信用卡中心
负责人:罗柏林
电　话:027—85355116

地　址:湖北省武汉市汉口建设大道747号
邮　编:430015
电　话:027—85355111

华夏银行股份有限公司武汉分行

行　长:史泽夫
副行长:周　平　张南洋　赵草梓　姜　军
工会主任:周　平

办公室
负责人:司德明
电　话:027—87266602

人力资源部
负责人:陈　红
电　话:027—87266603

计划财务部
负责人:王学杰
电　话:027—87266606

公司业务部
负责人:曾立新

电　话:027—87266680

个人业务部

负责人:刘　荣

电　话:027—87266630

国际业务部

负责人:王小舟

电　话:027—87266690

会计部

负责人:郑蔓莉

电　话:027—87266626

信息技术部

负责人:徐文江

电　话:027—87266636

信用风险管理部

授信审批中心

负责人:谢翼春

电　话:027—87266618

信贷支持中心

负责人:梅积武

电　话:027—87265256

资产保全中心

负责人:李光义

电　话:027—87266616

地　址:湖北省武汉市武昌区民主路786号

邮　编:430071

电　话:027—87266666

传　真:027—87266601

兴业银行股份有限公司武汉分行

行　长:于晓青

副行长:陈仲平　唐青林

行长助理:但文化　王凌云

工会主任:余　敏

综合部

负责人:但文化(兼)

电　话:027—86798828

计划财务部

负责人:王凌云(兼)

电　话:027—86798893

风险管理部

负责人:鲁　琨

电　话:027—86798808

同业业务部

负责人:高　萍

电　话:027—86798896

零售事业部

负责人:陆　勇

电　话:027—86798855

公司业务部

负责人:王　勇

电　话:027—86798985

国际业务部

负责人:金　波

电　话:027—86798830

会计结算部

负责人:刘　斌

电　话:027—86798919

业务拓展一部

负责人:刘　媛

电　话:027—86798917

业务拓展二部

负责人:吕金娇

电　话:027—86798820

业务拓展三部

负责人:张　卉

电　话:027—86798839

业务拓展四部

负责人:侯京华

电　话:027—86798848

房地产业务部

负责人:余启超

电　话:027—86798849

贸易融资部

负责人:王　刚

电　话:027—86798906

地　址:湖北省武汉市武昌区中北路156号长源大厦

邮　编:430077

电　话:027—86798891

上海浦东发展银行股份有限公司武汉分行

行　长:陈连华
副行长:陈海宁　李炜杰　赵博林　曾少清
办公室
负责人:刘平杰
电　话:027－82761985
人力资源部
负责人:伍　兰
电　话:027－82761652
运营管理部
负责人:王　丹
电　话:027－82767678
信息科技部
负责人:伍晓力
电　话:027－67810872
信用运营中心
负责人:方德敏
电　话:027－82761681
作业中心
负责人:鲁　莉
电　话:027－67810815
合规部
负责人:聂洪颜
电　话:027－82767298
审计特派办
负责人:王美净
电　话:027－82767103
财务会计核算中心
负责人:刘招军
电　话:027－82761690
投行业务部
负责人:阳映辉
电　话:027－82761130
中小客户部
负责人:李代祥
电　话:027－82761680
贸易金融部
负责人:翟艳红
电　话:027－82761656
财富管理部
负责人:张东荣
电　话:027－67810869
银行卡及渠道部
负责人:关文君
电　话:027－67810850
个人信贷部
负责人:陈云杰
电　话:027－67810892
公司银行业务管理部
负责人:袁昌松
电　话:027－82761129
个人银行发展管理部
负责人:李炜杰(兼任)
电　话:027－67810842
风险管理部
负责人:李　凡
电　话:027－82761668
授信审查部
负责人:邓光艳
电　话:027－82761658
资金财务部
负责人:汪素萍
电　话:027－82767138

地　址:湖北省武汉市汉口沿江大道133号广源大厦12楼
邮　编:430014
电　话:027－82761650
传　真:027－82761651
网　址:www.spdb.com.cn

广东发展银行股份有限公司武汉分行

行　长:姜利兵
副行长:刘恩奇　刘智达
行长助理:庞志凌　郑永俊
纪委书记、工会主席:刘智达
办公室
负责人:文晓梦
电　话:027－85354805

监察室
负责人:程 植
电 话:027-85354530
稽核部
负责人:郭志勤
电 话:027-85354536
科技部
负责人:易 兵
电 话:027-85354786
保卫部
负责人:梁 征
电 话:027-85354531
财会部
负责人:毛湘红
电 话:027-85354768
中小客户部
负责人:郑永俊(兼)
电 话:027-85354758
资金部
负责人:彭小建
电 话:027-85354816
票据保理部
负责人:赵 青
电 话:027-85354821
信贷管理部
负责人:刘直清
电 话:027-85354807
国际业务部
负责人:梁 青
电 话:027-85354806
个人银行部
负责人:周 琼
电 话:027-85725100
信用卡部
负责人:赵元江
电 话:027-87304736
营业部
负责人:向 东
电 话:027-85354908

地 址:湖北省武汉市江汉区新华下路特8号
邮 编:430015
电 话:027-85354567
传 真:027-85354848

汉口银行股份有限公司

董事长、党委书记:王春汉
副董事长、行长、党委副书记:张 朝
监事长、党委委员:白俊伟
副行长、党委委员、工会主席:朱永彤
副行长、党委委员:阮绪洲
副行长、党委委员:李 玲
党委委员、纪委书记:童慧东
副行长、党委委员:雷丰新
董事会秘书:丁 锐
行长助理:徐 欣
行长助理:严 骏
风险总监:詹天乐
工会副主席:徐晓金 迟爱民
办公室
负责人:汪 颖
电 话:027-82656374
董事会办公室
负责人:张连勤
电 话:027-82656569
监事会办公室
负责人:冯 毅
电 话:027-82656589
公司银行管理部
负责人:徐 欣(兼)
电 话:027-82656152
零售银行管理部
负责人:肖 潇
电 话:027-82656502
金融市场部
负责人:孟又迁
电 话:027-82656747
风险管理部
负责人:詹天乐(兼)
电 话:027-82656469
法律合规部
负责人:刘建伟
电 话:027-82656200
授信审查部
负责人:李伟明
电 话:027-82656287
资产保全部

负责人:杨 卫
电 话:027—82727105

审计部
负责人:李筱丽
电 话:027—82656083

计划财务部
负责人:李 宁
电 话:027—82656551

会计管理部
负责人:刘江娇
电 话:027—82656233

营运部
负责人:刘行侃
电 话:027—82656219

国际结算部
负责人:孙 伟
电 话:027—82656481

机构管理部
负责人:史焕伟
电 话:027—82656694

信息科技部
负责人:韩震宇
电 话:027—82656124

人力资源部
负责人:严 骏(兼)
电 话:027—82656451

后勤管理部
负责人:邓 军
电 话:027—82656036

安全保卫部
负责人:尉廷学
电 话:027—82656020

党办
负责人:刘 琼
电 话:027—82656039

监察室
负责人:杨 卫(兼)
电 话:027—82656079

地 址:湖北省武汉市汉口建设大道933号
邮 编:430015
电 话:027—82656666
传 真:027—82656099
电子邮箱:webmaster@hkbcbank.com

黄石市商业银行股份有限公司

董事长:胡世耘
监事长:纪大臣
行 长:周瑞福
副行长:石云送 王胜利
工会主任:张德祥

办公室
负责人:周秋容
电 话:0714—6538399

党群人事部
负责人:张德祥
电 话:0714—6532299

稽核监控办
负责人:周 艳
电 话:0714—6516598

公司业务部
负责人:郭习豪
电 话:0714—6530081

个私业务部
负责人:罗朝军
电 话:0714—6535129

计划财务部
负责人:柯 宁
电 话:0714—6537388

科技发展部
负责人:乔永福
电 话:0714—6536799

资产保全部
负责人:黄冬香
电 话:0714—6537398

风险管理部
负责人:曹树明
电 话:0714—6518109

地 址:湖北省黄石市延安路28号
邮 编:435000
电 话:0714—6538399
传 真:0714—6537399
电子邮箱:hssyyh2004@126.com

荆州市商业银行股份有限公司

董事长:吴荣城
行　长:王登明
监事长:尹银火
副行长:杨　涛　熊家赋　何生标
工会主席:李佐年
副行长级调研员:叶　青　左绪焱
董事会秘书:杨家鹏

董事会办公室
　　负责人:杨家鹏
　　电　话:0716－8514879
综合办公室
　　负责人:邹辽军
　　电　话:0716－8420190
人力资源部
　　负责人:孙素梅
　　电　话:0716－8420289
计划财务部
　　负责人:谭红梅
　　电　话:0716－8420070
风险管理部
　　负责人:周望成
　　电　话:0716－8450186
公司金融部
　　负责人:张光平
　　电　话:0716－8420920
个人金融部
　　负责人:蒋成功
　　电　话:0716－8420386
会计结算部
　　负责人:高　莹
　　电　话:0716－8450138
科技开发部
　　负责人:胡祖国
　　电　话:0716－8420578
资金营运部
　　负责人:张邦勇
　　电　话:0716－8420339
监察内审部
　　负责人:胡　陵
　　电　话:0716－8420286
安全保卫部
　　负责人:段金明
　　电　话:0716－8420308
行长室法律顾问
　　负责人:窦小兵
　　电　话:0716－8514906
事后监督中心
　　负责人:邓泽红
　　电　话:0716－8447006
票据业务中心
　　负责人:袁誉松
　　电　话:0716－8420389
微小企业贷款管理部
　　负责人:程少华
　　电　话:0716－8215256
小企业贷款管理部
　　负责人:陆晶晶
　　电　话:0716－8126152
授信执行部
　　负责人:蒋成功
　　电　话:0716－8420386
新机构筹建办公室
　　负责人:孙卫东
　　电　话:0716－8420109
工会办公室
　　负责人:邓延军
　　电　话:0716－8514675

地　址:湖北省荆州市江津西路68号
邮　编:434000
电　话:0716－8420190
传　真:0716－8420033
邮　箱:Jzcb－001@gmail.com

孝感市商业银行股份有限公司

党委书记、董事长:李少平
党委委员、副行长:刘传德　付长清
副行长:熊竹寒
党委副书记、纪委书记:艾　钧
工会主席:吴改桥

行长助理:朱和平

董事会办公室

负责人:丁华春

电　话:0712—2857439

办公室

负责人:张　驰

电　话:0712—2851448

人力资源部

负责人:张红萍

电　话:0712—2851110

会计结算部

负责人:魏新华

电　话:0712—2852006

财务资金部

负责人:黄敦建

电　话:0712—2852007

风险管理部

负责人:吴刚强

电　话:0712—2858540

公司业务部

负责人:刘云清

电　话:0712—2844993

授信审查部

负责人:陈　漫

电　话:0712—2466057

放款中心

负责人:柳善刚

电　话:0712—2466350

零售业务部

负责人:李　洁

电　话:0712—2851910

科技开发部

负责人:陶坤华

电　话:0712—2852681

稽核(合规)部

负责人:胡登胜

电　话:0712—2841939

监察保卫部

负责人:李云克

电　话:0712—2466022

党工团办公室

负责人:张　驰(兼)

电　话:0712—2851448

地　址:湖北省孝感市槐荫大道175号

邮　编:432000

电　话:0712—2851448

传　真:0712—2844770

宜昌市商业银行股份有限公司

行　长:文耀清

纪委书记:吴发坤

副行长:何清平　黄　兴

工会主席:邓淑珍

行务办公室

负责人:杨馥华

电　话:0717—6268500

董事会办公室/工会

负责人:陈玉平

电　话:0717—6268518

人力资源部

负责人:郜祖君

电　话:0717—6268528

财务管理部

负责人:刘学云

电　话:0717—6268538

稽核内控部

负责人:闫星羽

电　话:0717—6268548

信息技术部

负责人:崔文胜

电　话:0717—6268676

安全保卫部

负责人:范　季

电　话:0717—6268578

计划资金部

负责人:胡　俊

电　话:0717—6268609

信贷管理部

负责人:陈立新

电　话:0717—6268568

授信审查部

负责人:李　强

电　话:0717—6268558

公司金融部

负责人:张绍赟

电　话:0717－6268669

个人金融部

负责人:胡艳明

电　话:0717－6268636

会计结算部

负责人:何　红

电　话:0717－6268658

机构金融部

负责人:郑汉琼

电　话:0717－6268593

资产保全部

负责人:陈新国

电　话:0717－6268629

个人消费信贷中心

负责人:雷　轲

电　话:0717－6268590

地　址:湖北省宜昌市珍珠路109号

邮　编:443000

电　话:0717－6744972

电子邮箱:bgs@yccb.net

网　址:www.yccb.net

襄樊市商业银行股份有限公司

董事长:张逯平

副行长:褚如松

纪委书记:谷志锋

办公室

负责人:严　力

电　话:0710－3277220

人力资源部

负责人:张相武

电　话:0710－3273581

计划财务部

负责人:江国新

电　话:0710－3272151

科技信息部

负责人:明　辉

电　话:0710－3273557

工会

负责人:冯　菁

电　话:0710－3277922

风险资产管理部

负责人:郭书建

电　话:0710－3272792

信贷管理部

负责人:张光新

电　话:0710－3273890

稽核部

负责人:徐孝芬

电　话:0710－3277005

市场拓展部

负责人:李　雄

电　话:0710－3277282

会计结算部

负责人:王贵喜

电　话:0710－3273993

票据部

负责人:丁红刚

电　话:0710－3276590

公司一部

负责人:王杰凡

电　话:0710－3273580

公司二部

负责人:张自勇

电　话:0710－3273776

地　址:湖北省襄樊市长虹北路5号

邮　编:441057

电　话:0710－3274598

传　真:0710－3274598

法国兴业银行(中国)有限公司武汉分行

行　长:陈　璐

地　址:湖北省武汉市汉口建设大道518号招银大厦901室

邮　编:430022
电　话:027—85722001
传　真:027—85743173

汇丰银行(中国)有限公司武汉分行

行　长:韩　艺
副行长:乐　静
工会主任:熊　珊
办公室
　负责人:易呈雯
　电　话:027—65779865

地　址:湖北省武汉市汉口建设大道568号新世界国贸大厦18楼01—07、15—16室
邮　编:430022
电　话:027—65779888
传　真:027—85267198
电子邮箱:hsbcwun@hsbc.com.cn

东亚银行(中国)有限公司武汉分行

行　长:林洁霖
副行长:黄志明　胡　君　钟戚俭　汪令新
工会主席:钟戚俭

地　址:湖北省武汉市汉口建设大道933号禧邦可广场A区1、9、10楼
邮　编:430015
电　话:027—82261668
传　真:027—82261666
电子邮箱:wuhan@hkbea.com

荷兰银行有限公司武汉代表处

首席代表:刘　静

地　址:湖北省武汉市汉口建设大道568号新世界国贸大厦Ⅰ座4007室
邮　编:430022
电　话:027—85267999
传　真:027—68850561

瑞穗实业银行(中国)有限公司武汉分行

行　长:安井诚
副行长:菊地原翼
营业科
　负责人:横山卓史
　电　话:027—83425000—2100
总务资金外汇科
　负责人:朱　霞
　电　话:027—83425000—2200
业务科
　负责人:兰　茜
　电　话:027—83425000—2300
会计风险管理科
　负责人:吴　艳
　电　话:027—83425000—2400
合规管理科
　负责人:戴晓岚
　电　话:027—83425000—2500

地　址:湖北省武汉市汉口建设大道634号新世界中心写字楼A座5楼
邮　编:430032
电　话:027—83425000
传　真:027—83425160

湖北省农村信用社联合社

理事长:徐　新
副理事长、副主任:周富贵
副理事长:刘必金
副主任:刘志高
纪委书记:沈金生

办公室

负责人:王服文

电　话:027－87369712

人事教育处

负责人:程贤文

电　话:027－87369703

发展研究处

负责人:朱思爽

电　话:027－87369702

信贷管理处

负责人:杨东升

电　话:027－87369709

风险管理处

负责人:冯　春

电　话:027－87369706

财会统计处

负责人:童才庆

电　话:027－87369707

稽核监察处

负责人:朱继诚

电　话:027－87369713

安全保卫处

负责人:付佑国

电　话:027－87369763

资金管理中心

负责人:戴志强

电　话:027－85497332

网络信息中心

负责人:王伟东

电　话:027－85497406

地　址:湖北省武汉市武昌区水果湖路272号

邮　编:430071

电　话:027－87123368

传　真:027－87369722

电子邮箱:fzyjc2008@163.com

中国邮政储蓄银行有限责任公司湖北省分行

行　长:席新国

副行长:李丽灿　冯龙跃　朱和平　胡小琼

工会主任:朱和平

办公室

负责人:黄顺进

电　话:027－85879191

人力资源部

负责人:李汉桥

电　话:027－85872822

计划财务部

负责人:邓建华

电　话:027－65600506

信贷业务一部

负责人:黄如涛

电　话:027－65650816

信贷业务二部

负责人:熊友林

电　话:027－85882023

个人业务部

负责人:喻亚清

电　话:027－85874209

公司业务部

负责人:黄薇珈

电　话:027－85882057

审计部

负责人:鄢红兵

电　话:027－85630610

风险合规部

负责人:汪　飞

电　话:027－85630917

科技渠道部

负责人:荣卫东

电　话:027－85877156

地　址:湖北省武汉市汉口火车站金家墩邮政枢纽南楼特1号

邮　编:430023

电　话:027－85876922

传　真:027－85881457

电子邮箱:hbchjbgs@163.com

中国银联股份有限公司湖北分公司

总经理:张永涛
副总经理:汪　博
助理总经理:张　勇
办公室
负责人:汪　洋
电　话:027－85497031
技术部
负责人:叶　强
电　话:027－85497039
业务部
负责人:严继平
电　话:027－85497100
市场部
负责人:肖　琼
电　话:027－85497085

地　址:湖北省武汉市汉口建设大道618号武银大厦17楼
邮　编:430015
电　话:027－85497015
传　真:027－85497023
电子邮箱:hubei@chinaunionpay.com

中国华融资产管理公司武汉办事处

总经理:王永定
副总经理:李　鹏　龙志林
纪委书记:李　鹏
综合管理部
负责人:李淑琴
电　话:027－88318257
业务一部
负责人:张中尧
电　话:027－88310729
业务二部
负责人:闵乙铎
电　话:027－88316658
业务三部
负责人:袁　波
电　话:027－88060896
业务四部
负责人:段建生
电　话:027－88319045
业务五部
负责人:李户南
电　话:027－88061709
业务六部
负责人:秦伶琍
电　话:027－88316658
风险管理部
负责人:冯　平
电　话:027－88075005

地　址:湖北省武汉市武昌体育街特1号
邮　编:430060
电　话:027－88318257

中国长城资产管理公司武汉办事处

党委书记、总经理:王　平
党委委员、副总经理:张明富
党委委员、副总经理、纪委书记:周来望
工会主席:周来望
综合管理部(办公室)
负责人:桂　梵
电　话:027－86784656
资产经营部
负责人:徐中喜
电　话:027－86781860
业务拓展部
负责人:沈莿芳
电　话:027－86771322
项目审核部
负责人:申秋红
电　话:027－86771261
资金财务部

负责人：向延平
电　话：027－86793626

监察审计部
负责人：程建中
电　话：027－86771009

资产经营二部
负责人：易映松
电　话：027－86771776

地　址：湖北省武汉市武昌区东湖路155号
邮　编：430077
电　话：027－86771095
传　真：027－86771101

中国东方资产管理公司武汉办事处

副总经理(主持工作)：熊月桥
副总经理：李　娜　刘　波
工会主任：沈忠文
办公室
负责人：王　玮
电　话：027－85713022

地　址：湖北省武汉市硚口区武胜路134号泰合广场34、35楼
邮　编：430033
电　话：027－85712816

中国信达资产管理公司武汉办事处

党委书记、主　任：程　辉
党委委员、副主任：赵光春
党委委员、副主任：王季明
工会主任：王季明
综合管理部
负责人：杨东辉
电　话：027－87820503

资金财务部
负责人：周志文
电　话：027－87832765

审核委办公室
负责人：廖祥剑
电　话：027－87820490

法律事务部
负责人：吴雪松
电　话：027－87832722

业务一(二)部
负责人：桂千层
电　话：027－87820493

业务三部
负责人：卢振宇
电　话：027－87832751

地　址：湖北省武汉市武昌中南路1号
邮　编：430071
电　话：027－87832741
传　真：027－87813704
电子邮箱：wuxuesong@cindamc.com.cn

交银国际信托有限公司

董事长：金大建
监事长：周兴文
总经理：赵　炯
副总经理：李依贫　王达轩　徐思新

地　址：湖北省武汉市汉口建设大道847号瑞通广场B座16、17楼
邮　编：430015
电　话：027－85487350
电子邮箱：jygx@bocommtrust.com

武汉国际信托投资有限公司

董事长：万泽源
总经理：李群元
顾　问：李先德

副总经理:刘厚荣
财务总监:彭　静
总经理助理:吴宏亮　曹　阳　阮应武
董事会秘书:元粮钢
综合管理部
　负责人:洪　路
　电　话:027－59604698
财务管理部
　负责人:邓思炎
　电　话:027－59604688
债务清偿组
　负责人:刘厚荣
　电　话:027－59604619
招商秘书组
　负责人:曹　阳
　电　话:027－59604630
资料申报组
　负责人:吴宏亮
　电　话:027－59604686

地　址:湖北省武汉市汉口江汉路26号正信大厦807室
邮　编:430014
电　话:027－59604685
传　真:027－59604683

武汉钢铁集团财务有限责任公司

董事长:邓崎琳
经　理:姚文中
副经理:曹桂春
综合管理部
　负责人:陈庆丰
　电　话:027－86856251
计划信贷部
　负责人:万定利
　电　话:027－86890588
营业部
　负责人:王　玫　吴太喜
　电　话:027－86306039
财务部
　负责人:夏　力
　电　话:027－86890599
稽核部
　负责人:刘　艳
　电　话:027－86306036
投资部
　负责人:张春生
　电　话:027－86489790
信息技术部
　负责人:魏　峰
　电　话:027－86306063
物保部
　负责人:肖政军
　电　话:027－86890598

地　址:湖北省武汉市青山区红钢城沿港路3号
邮　编:430080
电　话:027－86807763
传　真:027－86856252

中国电力财务有限公司 华中分公司

总经理:薛　山
副总经理:牟　鹏　彭穗华
总会计师:罗用超
总经理工作部
　负责人:陈建银

地　址:湖北省武汉市武昌区徐东路117号
邮　编:430062
电　话:027－86768425
传　真:027－59801500
电子邮箱:li_xiaopu@zdc.com.cn

三江航天集团财务有限责任公司

董事长:黄学明
副总负责人(主持工作):王小红
工会主席:纪云芳(总会计师兼)
综合管理部

负责人:尹晓艳
电　话:027－83562300
计划财务部
负责人:李怡恺
电　话:027－83562292
客户服务部
负责人:郑福梅
电　话:027－83562296
投资理财部
负责人:张　昕
电　话:027－83562298
审计稽核部
负责人:吴　琦
电　话:027－83562297
营业部
负责人:曹玉秋
电　话:027－83562294

地　址:湖北省武汉市汉口常青路45号
邮　编:430023
电　话:027－83562299
传　真:027－83562299

东风汽车财务有限公司

董事长:刘章民
总经理:马　华
工会分会主席:马以忠(兼)
办公室(综合管理部)
负责人:刘　建
电　话:027－84283124
财务会计部
负责人:张卫东
电　话:027－84283100
汽车金融部
负责人:马以忠
电　话:027－84283112
公司金融部
负责人:朱　恪(兼)
电　话:027－84283119
资金营运部
负责人:朱　恪(兼)
电　话:027－84283115
风险管理部
负责人:丁国祥
电　话:027－84283118
审计部
负责人:谭雄飞
电　话:027－84283117

地　址:湖北省武汉市武汉经济技术开发区东风大道10号
邮　编:430056
电　话:027－84283124
传　真:027－84283123
电子邮箱:dffc－zhglb@dfl.com.cn

三峡财务有限责任公司

总经理:金才玖
副总经理:谢　峰　李镇光
监事长:徐绪明
综合管理部
负责人:魏　明
电　话:0717－6767074
计划财务部
负责人:毕家俊
电　话:0717－6853651
研究发展部
负责人:王　锋
电　话:0717－6767038
投资银行部
负责人:王桂萍
电　话:0717－6762372
信贷部
负责人:张　明
电　话:0717－6767512
代理业务部
负责人:邵有佩
电　话:0717－6851679
信息技术部
负责人:徐　明

电　话:0717—6853683

营业部

负责人:聂　华

电　话:0717—6850680

稽核审计部

负责人:魏　玲

电　话:0717—6762580

地　址:湖北省宜昌市东山大道80号

邮　编:443002

电　话:0717—6762340

传　真:0717—6853684

电子邮箱:liu_yunde@ctgpc.com.cn

葛洲坝集团财务有限责任公司

董事长:崔大桥

总经理:李涛宇

副总经理:邹定波

总稽核:朱　华

办公室

负责人:向立志

电　话:0717—6719729

党群部

负责人:毛　飞

电　话:0717—6719728

计划财会部

负责人:郭小强

电　话:0717—6715542

信贷部

负责人:朱江华

电　话:0717—6719749

投资部

负责人:李云志

电　话:0717—6712409

资金部

负责人:刘馨海

电　话:0717—6715541

稽核部

负责人:余建国

电　话:0717—6716826

风险管理部

负责人:杨守金

电　话:0717—6729949

营业部

负责人:赵小东

电　话:0717—6714020

科技部

负责人:刘启晖

电　话:0717—6711191

保卫部

负责人:杨宏达

电　话:0717—6719723

地　址:湖北省宜昌市石子岭路3号葛洲坝金融大厦

邮　编:443002

电　话:0717—6719729　6715540

传　真:0717—6771447

长江证券股份有限公司

董事长:胡运钊

总　裁:李格平

常务副总裁:胡　刚

副总裁:马　莉　李国洪　吴丕斌　徐锦文

工会主席:万友思

地　址:湖北省武汉市汉口新华路特8号长江证券大厦

邮　编:430015

电　话:027—65799999

传　真:027—85481900

电子邮箱:cjsc@cjsc.com.cn

天风证券经纪有限责任公司

法定代表人:孟庆山

董事长:余　磊

总　裁:张　军

副总裁:吴建钢

工会主席:孙财心

办公室(行政管理部)

负责人:胡伟政
电　话:027－87618882
信息技术部
负责人:蒋秋伟
电　话:0755－26980885
经纪业务部
负责人:谢红伟
电　话:028－86712449
存管中心
负责人:孙　伟
电　话:0755－26980953
人力资源部
负责人:李　琪
电　话:028－86712445
研究咨询部
负责人:蒋　志
电　话:028－86605430
合规部
负责人:易仁涛
电　话:027－87618998
稽核部
负责人:江　水
电　话:028－86712320
计划财务部
负责人:孙　坤
电　话:027－87618886
企业策划部
负责人:刘　翔
电　话:027－87618871

地　址:湖北省武汉市东湖开发区关东园路2号高科大厦4楼
邮　编:430074
电　话:027－87618889
传　真:027－87618863
网　址:www.tfzq.com
电子邮箱:bianjibu@tfzq.com

广发证券股份有限公司湖北分公司

总经理:彭　涛
工会主席:彭　涛
办公室
负责人:夏书芳
电　话:027－82763246

地　址:湖北省武汉市汉口沿江大道133号3楼
邮　编:430014
电　话:027－82763246
传　真:027－82763274

国泰君安证券股份有限公司武汉分公司

总经理:晏剑波
风控专员:田世巨
营销总监:熊东平
营运总监:段天成
机构客户总监:乔史群
办公室
负责人:游　泓
电　话:13607194880
财务部
负责人:叶　伟
电　话:13907176781
电脑部
负责人:徐　刚
电　话:13871238050

地　址:湖北省武汉市武昌区紫阳东路77号18楼
邮　编:430070
电　话:027－87300557
传　真:027－87300535

海通证券股份有限公司武汉分公司

总经理:崔华平
副总经理:屠慧敏
办公室

负责人:陈泽平
电　话:027—82433503

地　址:湖北省武汉市江岸区江大路2号
邮　编:430019
电　话:027—82433516
传　真:027—82433500

中银万国证券股份有限公司湖北总部

总经理:樊炳清
办公室
负责人:王彦丽
电　话:027—88924006
投行部
负责人:余　洋
电　话:027—88924006

地　址:湖北省武汉市武昌区中山路341号
邮　编:430064
电　话:027—88927516

中国银河证券股份有限公司武汉管理部

总经理:骆学葵

地　址:湖北省武汉市武昌区中南路61号
邮　编:430071
电　话:027—87841731
传　真:027—87841731

中国人民财产保险股份有限公司湖北省分公司

党委书记、总经理:周德新
副总经理:贺杰锋　高文敏　武　强
纪委书记、工会主任:廖　健
办公室主任:孙　智

地　址:湖北省武汉市汉口建设大道426号
邮　编:430030
传　真:027—83641862
24小时客服电话:95518

中国太平洋财产保险股份有限公司湖北分公司

总经理:吴　刚
副总经理:余跃辉　李建军
总经理助理:黄发敏
高级专务:胡自汞
办公室
负责人:熊江林
电　话:027—85487537
人力资源部
负责人:黄兰英
电　话:027—85487533
计划财务部
负责人:吕亚文
电　话:027—85487573
市场群工部
负责人:王永萍
电　话:027—85487951
合规管理部
负责人:杜厚钦
电　话:027—85487572
法律事务部
负责人:王功夷
电　话:027—85487531
车险业务管理部
负责人:季卫平
电　话:027—85487580
非车险业务管理部
负责人:李林峰
电　话:027—85487895
金融保险部
负责人:瞿　平

电　话:027—85487125

电销营销部

负责人:陈国强

电　话:027—85807271

信息技术部

负责人:索　侠

电　话:027—85487708

车险渠道业务部

负责人:项　凡

电　话:027—85487142

地　址:湖北省武汉市汉口建设大道847号瑞通广场B座

邮　编:430015

电　话:027—85487562

中国平安财产保险股份有限公司湖北分公司

总经理:原廷会

副总经理:金　耘　邹风山　马晓岗

人力资源部

负责人:李　桥

电　话:027—85744006

办公室

负责人:袁　丹

电　话:027—85744059

稽核部

负责人:刘　伟

电　话:027—85744011

财务部

负责人:张旭明

电　话:027—85744008

市场企划部

负责人:姜　宇

电　话:027—85744062

培训部

负责人:周　良

电　话:027—85744064

车险经营部

负责人:何　莹

电　话:027—85744053

财产险经营部

负责人:曾文亮

电　话:027—85744056

意健险经营部

负责人:王　珏

电　话:027—85744070

财产险理赔部

负责人:聂　浩

电　话:027—85744275

客户服务部

负责人:彭艳芬

电　话:027—85744126

车险意健险理赔部

负责人:王国全

电　话:027—85744281

武汉地区服务中心

负责人:欧阳佳寒

电　话:027—83631011

地　址:湖北省武汉市江汉区建设大道518号招银大厦18、24、27楼

邮　编:430022

电　话:027—85744027

咨询投诉电话:95512

天安保险股份有限公司湖北省分公司

总经理:葛　飞

总经理助理:孙中林

工会主席:吴向泽

行政及组织人事部

负责人:邹东亚

电　话:027—85551266—8106

计划财务部

负责人:王　萍

电　话:027—85551266—8131

内控部

负责人:张　敏

电　话:027—85551266—8170

业务及营销管理部

负责人:丁 宁

电 话:027—85551266—8111

理赔及客户关系管理部

负责人:朱晓敏

电 话:027—85551266—8168

资金结算中心湖北分部

负责人:谭 敏

电 话:027—85551266—8158

营业部

负责人:张 捷

电 话:027—85551266—8201

地 址:湖北省武汉市汉口新华下路特8号长江证券大厦8楼

邮 编:430015

电 话:027—85551266

传 真:027—85481820

太平保险有限公司湖北分公司

总经理:奚新国

副总经理:张中华

财务总监:莫崇莲

办公室

负责人:罗 勇

电 话:027—82862222

电 话:027—82862746

计划财务部

负责人:杨秋霖

电 话:027—82865036

人力资源部

负责人:郭 旋

电 话:027—82862996

非车险部

负责人:李春安

电 话:027—82866876

车险部

负责人:李勇刚

电 话:027—82865936

人身险部

负责人:胡汉军

电 话:027—82867376

客户服务部

负责人:戴 巍

电 话:027—82868196

销售管理部

负责人:颜 辉

电 话:027—82867386

审计部

负责人:朱红平

电 话:027—82865406

大项目部

负责人:王 华

电 话:027—82861836

地 址:湖北省武汉市汉口香港路26号

邮 编:430015

电 话:027—82862746

传 真:027—82862156

地 址:湖北省武汉市汉口香港路96号远洋大厦1楼

邮 编:430019

电 话:027—82862222

传 真:027—82440963

中国大地财产保险股份有限公司湖北分公司

总经理:林玉良

副总经理:杨效麟 魏智敏

办公室

负责人:李明君

永安财产保险股份有限公司湖北分公司

总经理:胡 锴

总经理助理:黄海洲

办公室

负责人:傅 杰

电　话:027－59527856

人力资源管理部

负责人:胡国华

电　话:027－59527868

计划财务部

负责人:朱致伟

电　话:027－59527857

合规审计部

负责人:王晓林

电　话:027－59527859

车险管理部

负责人:王　奇

电　话:027－59527884

财产险管理部

负责人:张世玉

电　话:027－59527893

人身险管理部

负责人:王彭未

电　话:027－59527875

稽核审计部

负责人:沈　松

电　话:027－59527865

统计信息部

负责人:吴仁杰

电　话:027－59527880

地　址:湖北省武汉市江岸区沿江大道208号

邮　编:430010

电　话:027－59527888

传　真:027－59527867

网　址:www.yaichb.com.cn

华安财产保险股份有限公司湖北分公司

总经理:吴　域

副总经理:龚志平

综合管理部

负责人:刘江华

电　话:027－65778060

人力资源部

负责人:徐　蕾

电　话:027－65778061

计划财务部

负责人:金　浪

电　话:027－65778086

业务发展部

负责人:杨　棟

电　话:027－65778085

客户服务部

负责人:邓　珩

电　话:027－59508663

承保中心

负责人:杨东明

电　话:027－65778090

客户关系管理部

负责人:龚志平

电　话:027－65778077

稽核调查部华中分部

负责人:胡立明

电　话:027－65778052

地　址:湖北省武汉市汉口建设大道568号新世界国贸大厦A座906室

邮　编:430022

电　话:027－65778080

传　真:027－59508628

中华联合财产保险股份有限公司湖北分公司

总经理:王道成

副总经理:欧阳友涛　田　轶

办公室

负责人:邱卫兵

电　话:027－82766318

计财部

负责人:王华亮

电　话:027－82761537

人力资源部

负责人:田正鸿

电　话:027－82766383

稽核审计部

负责人:田正鸿(兼)

电　话:027—82766383

财产及大项目部

负责人:欧燕雄

电　话:027—82766390

承保中心

负责人:杨志海

电　话:027—82761542

理赔中心

负责人:颜菊枝

电　话:027—82767115

客户服务中心

负责人:吕细雄

电　话:027—82767362

农险部

负责人:沈传宝

电　话:027—82761493

销售管理部

负责人:沈传宝(兼)

电　话:027—82761493

地　址:湖北省武汉市汉口沿江大道133号

邮　编:430014

电　话:027—82767026

传　真:027—82761539

电子邮箱:zhbxhb2005@yahoo.com.cn

永诚财产保险股份有限公司湖北分公司

总经理:李腊丁

副总经理:韩　俐

总经理助理:贾红敏

工会主任:韩　俐(兼任)

办公室

负责人:陈钟斌

电　话:027—68850383

人事部

负责人:黄艳丽

电　话:027—68850303—2736

财务部

负责人:郑　巍

电　话:027—68850363

车险部

负责人:孙雷霆

电　话:027—68850364

财产险管理部

负责人:陈建雄

电　话:027—68850371

公司业务部

负责人:周　虹

电　话:027—68850367

市场开发部

负责人:邹　峡

电　话:027—68850382

地　址:湖北省武汉市汉口建设大道568号新世界国贸大厦Ⅰ座11楼1106室

邮　编:430022

电　话:027—68850303

传　真:027—68850365

网　址:www.alltrust.com.cn

华泰财产保险股份有限公司湖北省分公司

总经理:董玉祥

助理总经理:魏　涤

行政人事部

负责人:苏　燕

电　话:027—68822205

计划财务部

负责人:陆　群

电　话:027—68822268

车险管理部

负责人:吴玥青

电　话:027—68822255

非车险承保部

负责人:龚　炜

电　话:027—68822282

地　址:湖北省武汉市汉口建设大道971号新光大厦9楼
邮　编:430010
电　话:027－68822288
传　真:027－68822211
电子邮箱:hubei@ehuatai.com

安邦财产保险股份有限公司湖北分公司

总经理:刘立刚
副总经理:周守鹏
副总经理:胡云飞
财务部
　负责人:董　琳
　电　话:027－59503648
销售推动部
　负责人:周守鹏(兼)
　电　话:027－59503614
车贷险部
　负责人:周守鹏(兼)
　电　话:027－59503658
银保部
　负责人:周守鹏(兼)
　电　话:027－59503629
渠道部
　负责人:熊诗杨
　电　话:027－59503629
理赔部
　负责人:杨立成
　电　话:027－59502312
客服事业部
　负责人:彭云鹏
　电　话:027－59503673

地　址:湖北省武汉市汉口建设大道847号瑞通广场B座20楼
邮　编:430015
电　话:027－59503623
传　真:027－59503610

都邦财产保险股份有限公司湖北分公司

总经理:赵景奇
副总经理:刘玥杉
总经理助理:冯海涛
人事行政部
　负责人:魏　伟
　电　话:027－85556060
财务部
　负责人:才　华
　电　话:027－85556060
车险部
　负责人:王　桥
　电　话:027－85556060
财产险部
　负责人:冯海涛(兼)
　电　话:027－85556060
市场部
　负责人:魏　伟(兼)
　电　话:027－85556060
理赔服务中心
　负责人:蔡　方
　电　话:027－85556060

地　址:湖北省武汉市汉口新华路139号凯盟大厦6楼
电　话:027－85556060
传　真:027－85556070
邮　编:430022
全国统一服务热线:4008895586
24小时服务热线:027－85556000　85556111

天平汽车保险股份有限公司湖北分公司

总经理:刘　洪
总经理助理:王昌洪
工会主任:韩同高
综合管理部

负责人:韩同高
电 话:027—59523062

财务部

负责人:郑晟雯
电 话:027—59523059

业务管理部

负责人:陈卫珍
电 话:027—59523065

销售管理部

负责人:刘树宏
电 话:027—59523121

分销商支持一部

负责人:吴 丹
电 话:027—59523072

分销商支持二部

负责人:沈敬琳
电 话:027—59523073

核损管理部

负责人:张发平
电 话:027—59523067

核赔部

负责人:李 明
电 话:027—59523058

地 址:湖北省武汉市江汉区建设大道568号新世界国贸大厦38楼
邮 编:430022
电 话:027—59523060
传 真:027—59523070
电子邮箱:hantg@tpaic.com

阳光财产保险股份有限公司湖北省分公司

总经理:梁德生
副总经理:陈双桥
副总经理:石甫军

人事行政部

负责人:章芳蕾
电 话:027—85653099

财务部

负责人:张广斌
电 话:027—85653250

销售管理部

负责人:侯 青
电 话:027—85653062

专属渠道部

负责人:孙贲斌
电 话:027—85653159

非车险部

负责人:闵 涛
电 话:027—85653170

公司业务部

负责人:汪芝兰
电 话:027—85653169

客户服务部

负责人:袁家宏
电 话:027—85653170

车险部

负责人:郑泽红
电 话:027—85653265

出单管理部

负责人:姚宝平
电 话:027—85653063

地 址:湖北省武汉市汉口沿江大道69号长航集团大厦4楼
邮 编:430014
电 话:027—85653230
传 真:027—85653230

中国出口信用保险公司武汉营业管理部

总经理:叶小剑

地 址:湖北省武汉市汉口江汉北路8号金茂大楼20楼
邮 编:430015
电 话:027—59508888
传 真:027—59882808
电子邮箱:wuhan@sinosure.com.cn

渤海财产保险股份有限公司湖北分公司

总经理:刘天赋
副总经理:刘雪涛
总经理助理:李妙艳
办公室
负责人:周　林
电　话:027—87715618
人事部
负责人:黄莉莉
电　话:027—87715618
财务部
负责人:王永朝
电　话:027—87715686
销售管理部
负责人:姜曙光
电　话:027—87715638
客户服务部
负责人:周晓陵
电　话:027—87715628
车险部
负责人:刘军荣
电　话:027—87715698
财产险管理部
负责人:肖　燕
电　话:027—87715646
市场开发部
负责人:黄红凡
电　话:027—87715648

地　址:湖北省武汉市武昌区中北路66号金穗大厦B座7楼
邮　编:430071
电　话:027—87715678
传　真:027—87715666
网　址:www.bpic.com.cn

民安保险(中国)有限公司湖北分公司

总经理:曾晓琪
副总经理:邓秋鸣　庄有才
行政人事部
负责人:王存美
电　话:027—68838981
财务部
负责人:李树卉
电　话:027—68838989
运营支持部
负责人:曾小波
电　话:027—68838969
经代\车商管理部
负责人:万　鹏
电　话:027—68838958
直销\个代管理部
负责人:袁　泉
电　话:027—68838985

地　址:湖北省武汉市汉口解放大道634号新世界中心写字楼B座23楼
邮　编:430030
电　话:027—68838981　68838966
传　真:027—68838986
网　址:www.95506.com

中国人寿保险股份有限公司湖北省分公司

党委书记、总经理:谢振龙
党委委员、副总经理:朱新生
党委委员、副总经理:张　杰
党委委员、副总经理:吕德志
党委委员、总经理助理:陈盛银
党委委员、纪委书记、工会主任:王杏梅
党委委员、财务总监:李　伟
办公室
负责人:杨新华
电　话:027—68871068

地　址:湖北省武汉市武昌区丁字桥路37号
邮　编:430070
电　话:027—68871068
传　真:027—68871008

中国太平洋人寿保险股份有限公司湖北分公司

总经理:周　波
副总经理:杨嘉怀　童树德
总经理助理:张宏声　李常胜
个人业务部
电　话:027－59209540
个人业务培训部
电　话:027－59209546
团险业务部
电　话:027－59209549
银行保险部
电　话:027－59209591
保费部
电　话:027－59209521
营运部
电　话:027－59209512
人力资源部
电　话:027－59209563
办公室
电　话:027－59209506
信息技术部
电　话:027－59209552
财务会计部
电　话:027－59209527
合规与风险管理部
电　话:027－59209519

地　址:湖北省武汉市汉口建设大道847号瑞通广场B座
邮　编:430015
客户服务电话:95500

中国平安人寿保险股份有限公司湖北分公司

总经理:饶劲松
副总经理:陈　健　李伍清　章　华　余　峻
工会主席:陈　健
行政部
负责人:史述才
电　话:027－85743009
人事部
负责人:白忠勇
电　话:027－85743605
企划部
负责人:黄　楠
电　话:027－85743117
财务部
负责人:陈　红
电　话:027－85743321
稽核监察部
负责人:陈敏芳
电　话:027－85743220
培训部
负责人:杨　宁
电　话:027－85743532
营销企划部
负责人:刘志保
电　话:027－85743342
营销管理部
负责人:张剑波
电　话:027－85743207
区域拓展部
负责人:左　妍
电　话:027－85743550
客户服务部
负责人:肖　娟
电　话:027－85743705
保费部
负责人:高　蓓
电　话:027－85743567
发展运营部
负责人:柳　疆
电　话:027－85743159
两核管理部
负责人:许红俊
电　话:027－85743041
银行保险部
负责人:任景勤
电　话:027－85743375

地　址:湖北省武汉市江汉区建设大道518号招银大

厦2、20、25、26、30楼
邮 编:430022
电 话:027-85743195
咨询投诉电话:95511

泰康人寿保险股份有限公司湖北分公司

总经理:尹建新
副总经理:易汉生 易 红 王建立
工会主席:易 红
办公室
负责人:覃 丰
电 话:027-85510570

地 址:湖北省武汉市硚口区武胜路泰合广场20、21楼
邮 编:430033
电 话:027-85510990
传 真:027-85857817

新华人寿保险股份有限公司湖北分公司

总经理:赵子良
副总经理:张前斌 杜 巍 李 平
市场总监:陈 峰
办公室
负责人:南哲元
电 话:027-59609318
计划财务处
负责人:王 珩
电 话:027-59609711
人力资源处
负责人:刘 炜
电 话:027-59609699
运营管理中心
负责人:马 捷
电 话:027-59609299
营销业务处
负责人:陈 黎
电 话:027-59609222
武汉营销管理中心
负责人:王林锋
电 话:027-59609735
尊一理财中心
负责人:陈 峰
电 话:027-59609788
银行业务处
负责人:许东升
电 话:027-59609500
武汉银行保险中心
负责人:喻守权
电 话:027-59609501
法人业务处
负责人:李予军
电 话:027-59609601
保费处
负责人:王山宇
电 话:027-59609669
信息技术处
负责人:袁小川
电 话:027-59609599

地 址:湖北省武汉市武昌区中南路2号中建广场B座18、19、20、21楼
邮 编:430071
电 话:027-59609797
传 真:027-59609666
电子邮箱:wuhan@newchinalife.com

太平人寿保险有限公司湖北分公司

总经理:张永滟
助理总经理:杨洪军
助理总经理:王广华
办公室
负责人:赵昌松
电 话:027-59317711
财务部
负责人:李春华

电　话:027—59317755

企划部

负责人:郑　毅

电　话:027—59317885

人力资源部

负责人:孟晓云

电　话:027—59317700

运营服务部

负责人:邢　涛

电　话:027—59317789

个人业务部

负责人:张奇峰

电　话:027—59317723

个险管理本部

负责人:于　屹

电　话:027—59317746

教育培训部

负责人:魏淑秋

电　话:027—59317747

银行保险销售支援部

负责人:陈　歆

电　话:027—59317880

银行保险业务发展部

负责人:巴　瑛

电　话:027—59317897

新业务发展部

负责人:郑　毅

电　话:027—59317885

保费部

负责人:肖　力

电　话:027—59317739

地　址:湖北省武汉市汉口解放大道634号新世界中心写字楼13、14楼

邮　编:430015

客户服务电话:027—59315676

生命人寿保险股份有限公司湖北分公司

总经理:万金坤

副总经理:王　林

副总经理:何义军

总经理助理:龚孟焦

办公室

负责人:李　军

电　话:027—87260188—6039

个人营销部

负责人:黄　平

电　话:027—87260188—6076

银行代理部

负责人:李文胜

电　话:027—87260188—6050

团体保险部

负责人:王福荣

电　话:027—87260188—6688

营运部

负责人:汪　青

电　话:027—87260188—6019

地　址:湖北省武汉市武昌区中南路12号湖北建设大厦A座17楼

邮　编:430071

电　话:027—87260188

合众人寿保险股份有限公司

董事长:戴　皓

监事长:张丽萍

总　裁:陈炳根

总裁助理:刘校君　曾海燕　陆峥嵘　姜　燕

总精算师:王　晴

董事长办公室

负责人:崔照辉

电　话:010—59949999—88788

监事会办公室

负责人:陈文容

电　话:010—59949999—88175

人力资源部

负责人:孙国军

电　话:010—59949999—88191

精算企划部

负责人:张永强
电　话:010－59949999－88117

代理业务部
负责人:李　翔
电　话:010－59949999－88688

保费部
负责人:李　征
电　话:027－85481688－89168

信息管理中心
负责人:王卫东
电　话:010－59949999－88168

总公司办公室
负责人:陈晓伟
电　话:010－59949999－88588

团体业务部
电　话:010－59949999

培训部
电　话:027－85481688

市场部
电　话:027－85481688

投资管理部
负责人:黄劲松
电　话:010－59949999－88288

物控部
负责人:李国辉
电　话:010－59949999－88028

稽核监察部
负责人:陈文容
电　话:010－59949999－88175

营销部
负责人:章晓斌
电　话:027－85481688－89388

财务部
负责人:葛海燕
电　话:027－85481688－89888

运营中心
负责人:陈秉玺
电　话:010－59949999－88067

风险合规管理部
负责人:汤洪洋
电　话:010－59949999－88188

地　址:湖北省武汉市江汉区新华下路15号区政府大楼7、8楼
邮　编:430015
电　话:027－85481688
传　真:027－85481844

合众人寿保险股份有限公司湖北分公司

总经理:吴佩锋
总经理助理:衡建民　周　玲　胡国华　陈　军

人力资源部
负责人:王　勇
电　话:027－85481698－86880

办公室
负责人:吴忠铭
电　话:027－85481698－86886

财务部
负责人:李艳婷
电　话:027－85481698－86996

营销部
负责人:杨　涛
电　话:027－85481698－86148

保费部
负责人:崔英莲
电　话:027－8548169－86110

培训部
负责人:李济民
电　话:027－85481698－86885

团险部
负责人:李　瞻
电　话:027－85481698－86266

银行代理部
负责人:吴世财
电　话:027－85481698－86618

运营部
负责人:林湘丽
电　话:027－85481698－86883

地　址:武汉市汉口建设大道566号新世界国贸大厦Ⅱ座9楼
邮　编:430015
电　话:027－85481698

信诚人寿保险有限公司湖北省分公司

总经理:赵　刚
副总经理:汪葆华　周朝晖
办公室(机构发展及行政部)
负责人:董九新
电　话:027—68850580—6810

地　址:湖北省武汉市汉口建设大道568号新世界国贸大厦Ⅰ座10楼
邮　编:430022
电　话:027—68850580
传　真:027—68850433

平安养老保险股份有限公司湖北分公司

总经理(主持工作):程延龙
副总经理:刘　炜
销售总监:王中奎
工会主席:林满珍
人事行政部
负责人:余　莺
电　话:027—85743997

地　址:湖北省武汉市汉口建设大道518号招银大厦30楼
邮　编:430022
电　话:027—85743997
传　真:027—85743997
电子邮箱:yuying1@pingan.com.cn

中国人民人寿保险股份有限公司湖北省分公司

总经理:钱晓勤
副总经理:刘　杰　陈周云
销售总监:任丹琪
综合部
负责人:高　翔
电　话:027—87267759
财务部
负责人:徐成伦
电　话:027—87267781
团险部
负责人:卢昌斌
电　话:027—87267739
互动部
负责人:杜平志
电　话:027—87267796
银保部
负责人:李成农
电　话:027—87267757
业管/客服部
负责人:童　辉
电　话:027—87267772

地　址:湖北省武汉市武昌区民主路782号洪广大厦11楼
邮　编:430071
电　话:027—87267749
传　真:027—87267770
咨询投诉电话:027—87267742

嘉禾人寿保险股份有限公司湖北分公司

总经理:张　俊
副总经理:孟　巍　左维华
综合管理部
负责人:彭　英
电　话:027—82737666—65058
计划财务部
负责人:王群志
电　话:027—82737666—65059
运营管理部
负责人:董　勰
电　话:027—82737666—65060
个人业务部
负责人:鲁　颂

电　话:027－82737666－65061

银行保险部

负责人:陈　斌

电　话:027－82737666－65065

团体保险部

负责人:彭利军

电　话:027－82737666－65063

续期保费部

负责人:郭　昊

电　话:027－82737666－65064

地　址:湖北省武汉市江岸区沿江大道五福路2号

邮　编:430010

电　话:027－82737666

客服热线:95581

海尔纽约人寿保险有限公司湖北分公司

总经理:刘兴宇

办公室

负责人:王　峰(业务营运经理)

电　话:027－85448558－2018

地　址:湖北省武汉市江汉区解放大道686号世界贸易大厦15楼

邮　编:430022

电　话:027－85448558

传　真:027－85448040

阳光人寿保险股份有限公司湖北分公司

总经理:何幼生

副总经理:余洪山　张亚民　胡文周

人事行政部

负责人:毛新云

电　话:027－87158286

营销部

负责人:马居易

电　话:027－87158336

培训部

负责人:庞　艳

电　话:027－87158296

银行保险部

负责人:闵志杰

电　话:027－87158290

团险业务部

负责人:闵道韵

电　话:027－87158267

经代部

负责人:张　军

电　话:027－87158251

财务部

负责人:曾前锋

电　话:027－87158326

运营部

负责人:吴道俊

电　话:027－87158386

地　址:湖北省武汉市洪山区珞喻路78号长江传媒大厦5楼

邮　编:430074

电　话:027－87158283

传　真:027－87158280

中国人民健康保险股份有限公司湖北分公司

副总经理(主持工作):黄选林

总经理助理:周敦刚

人事行政/计划财务部

负责人:任边疆

电　话:027－82703508

运营中心

负责人:吴娟漪

电　话:027－82703566

个险销售部

负责人:周　勇

电　话:027－82703539

团险销售部

负责人:闻小明

电　话:027—82703528

银保销售部

负责人:李晓敏

电　话:027—82703568

地　址:湖北省武汉市汉口建设大道933号禧邦可广场A座8楼

邮　编:430015

电　话:027—82703509

传　真:027—82703555

网　址:www.picchealth.com

招商信诺人寿保险有限公司湖北分公司

总经理:万文英

副总经理:易　东

办公室

负责人:陈艳思　王　静

电　话:027—68838708

地　址:湖北省武汉市汉口解放大道634号新世界中心A座10楼A8号

邮　编:430022

电　话:027—68838708

传　真:027—68838770

民生人寿保险股份有限公司湖北分公司

副总经理:杨丽华

总经理助理:黄　俊　曹祥涛

综合管理部

负责人:肖　明

电　话:027—87718501

财务部

负责人:孙东河

电　话:027—87718608

运营部

负责人:杨　荣

电　话:027—87718599

个人业务部

负责人:刘　红

电　话:027—87718511

培训部

负责人:郭　义

电　话:027—87718648

营销本部

负责人:石晓飞

电　话:027—87718508

银行保险部

负责人:罗　帆

电　话:027—87718585

多元销售部

电　话:027—87718523

地　址:湖北省武汉市武昌区武珞路442号新时代商务中心21楼

邮　编:430070

电　话:95596(咨询投诉电话)

027—87718600(行政)

湖北省银行业协会

会　长:王少俊

专职副会长:陈慈洲

监事长:苗海军

秘书长:郝　飚

综合培训部

负责人:禹泽民

电　话:027—86789605

维权自律部

负责人:陈鄂顺

电　话:027—86789622

地　址:湖北省武汉市武昌区紫阳东路77号伟鹏大厦15楼

邮　编:430070

电　话:027－86789605
传　真:027－86789605

武汉证券业协会

理事长:李格平
副理事长:余　磊　晏剑波　关也渡　李忠文
骆学葵
副秘书长:沈继银

地　址:湖北省武汉市武昌区珞喻路540号
邮　编:430079
电　话:027－87800079
传　真:027－87804721

湖北省保险行业协会

会　长:谢振龙
秘书长:肖永村
综合部
主　任:董王四
电　话:027－88937809
产险业务部
主　任:肖正辉
电　话:027－88937806
寿险业务部
主　任:王　茜
电　话:027－88937806
学会宣传部
主　任:王定海
电　话:027－88937807

地　址:武汉市武昌区友谊大道2号2008新长江广场A座19楼
邮　编:430061
电　话:027－88937801
传　真:027－88937810

二、分支机构名录

(一)银行业

中国人民银行武汉分行

表 7-2-1-1

机构名称	地址	负责人	电话	邮编
中国人民银行武汉分行营业管理部	武汉市常青花园 2 小区 40 号楼 C 座	徐涌	027-85789185	430023
中国人民银行黄石市中心支行	黄石市团城山开发区桂林南路 2 号	丁平	0714-6353315	435003
中国人民银行襄樊市中心支行	襄樊市襄城区胜利街 9 号	王安明	0710-3627305	441021
中国人民银行荆州市中心支行	荆州市江津西路 258 号	邓亚平	0716-8256091	434000
中国人民银行宜昌市中心支行	宜昌市云集路 22 号	马骏	0717-6223920	443000
中国人民银行十堰市中心支行	十堰市朝阳中路 53 号	占再清	0719-8665088	442000
中国人民银行孝感市中心支行	孝感市长征路 15 号	张绍基	0712-2846073	432100
中国人民银行荆门市中心支行	荆门市掇刀区深圳大道(东)16 号	刘俊	0724-6088644	448124
中国人民银行鄂州市中心支行	鄂州市凤凰路 31 号	胡振	0711-3871682	436000
中国人民银行黄冈市中心支行	黄冈市黄州大道 24 号	赵军	0713-8350532	438000
中国人民银行咸宁市中心支行	咸宁市温泉双鹤路 9 号	宋剑锋	0715-8158051	437100
中国人民银行随州市中心支行	随州市烈山大道 728 号	田光武	0722-3318178	441300
中国人民银行恩施州中心支行	恩施市施州大道 26 号	常青	0718-8222886	445000

中国银行业监督管理委员会湖北监管局

表 7-2-1-2

机构名称	地址	负责人	邮编
黄石银监分局	黄石市团城山开发区桂林南路	佘方勇	435003
襄樊银监分局	襄樊市襄城新街 4 号	张文运	441021
荆州银监分局	荆州市荆中路 12 号	胡宗义	431020
宜昌银监分局	宜昌市西陵一路 7 号勤业大厦 14-16 楼	陈萍	443000
十堰银监分局	十堰市北京北路 95 号	陈建郧	442000
孝感银监分局	孝感市长征路 283 号	梁正翔	432000
荆门银监分局	荆门市金虾路 41 号	邱承金	448000
鄂州银监分局	鄂州市凤凰路 31 号	焦开刚	436000
黄冈银监分局	黄冈市黄州区赤壁一路	叶国政	438000
咸宁银监分局	咸宁市淦河大道 54 号	任国庆	437100

续表 7－2－1－2

机构名称	地址	负责人	邮编
随州银监分局	**随州市烈山大道 58 号**	**陈孝华**	**441300**
恩施银监分局	**恩施市施州大道 155 号金安大厦**	**张恩全**	**445000**
黄陂监管办	武汉市黄陂区前川街黄陂大道 311 号	彭国平	430300
蔡甸监管办	武汉市蔡甸区蔡甸大道 985 号	龚敢敢	430100
江夏监管办	武汉市江夏区纸坊街熊廷弼路 145 号	马　波	430200
新洲监管办	武汉市新洲区邾城街齐安大道 348 号	周青松	430400
仙桃监管办	仙桃市桃源大道东段 1 号	郭坤明	433000
潜江监管办	潜江市章华南路 1 号	尹述新	433100
天门监管办	天门市竟陵鸿渐大道 145 号	陈金安	431700
神农架监管办	神农架林区松柏镇	海　柱	442400

国家外汇管理局湖北省分局

表 7－2－1－3

机构名称	地址	负责人	电话	邮编
国家外汇管理局黄石市中心支局	**黄石市团城山桂林南路 2 号**	**丁　平**	**0714－6356899**	**435000**
国家外汇管理局襄樊市中心支局	**襄樊市襄城区胜利街 9 号**	**王安明**	**0710－3627226**	**441021**
国家外汇管理局老河口市支局	老河口市胜利路 67 号	刘江鹏	0710－8239088	441800
国家外汇管理局枣阳市支局	枣阳市大西街 21 号	吴新家	0710－6219958	441200
国家外汇管理局荆州市中心支局	**荆州市沙市江津西路 258 号**	**邓亚平**	**0716－8514320**	**434000**
国家外汇管理局仙桃市支局	仙桃市桃园大道 2 号	陈卫华	0728－3275583	433000
国家外汇管理局潜江市支局	潜江市园林镇湖滨路 8 号	刘　奇	0728－6242236	433100
国家外汇管理局天门市支局	天门市竟陵镇西寺路	陈晓夫	0728－5226034	431700
国家外汇管理局石首市支局	石首市绣林镇绣林大道 16 号	马德清	0716－7296680	434400
国家外汇管理局宜昌市中心支局	**宜昌市云集路 22 号**	**马　骏**	**0717－6223843**	**443000**
国家外汇管理局枝江市支局	枝江市迎宾大道 170 号	刘景彬	0717－4224688	443200
国家外汇管理局宜都市支局	宜都市陆城长江大道 29 号	阎青平	0717－4822013	443300
国家外汇管理局十堰市中心支局	**十堰市朝阳中路 53 号**	**占再清**	**0719－8665261**	**442000**
国家外汇管理局丹江口支局	丹江口市人民路 26 号	赵　耀	0719－5238266	442700
国家外汇管理局孝感市中心支局	**孝感市长征路**	**张绍基**	**0712－2823552**	**432100**
国家外汇管理局云梦县支局	云梦县梦泽大道	付　刚	0712－4333158	432500
国家外汇管理局荆门市中心支局	**荆门市掇刀区深圳大道(东)16 号**	**刘　俊**	**0724－6088301**	**444800**
国家外汇管理局钟祥市支局	钟祥市承天大道东 2 号	黄卫春	0724－4230198	431900
国家外汇管理局鄂州市中心支局	**鄂州市凤凰路 31 号**	**胡　振**	**0711－3857177**	**436000**
国家外汇管理局黄冈市中心支局	**黄冈市团黄大道 24 号**	**赵　军**	**0713－8353450**	**438000**
国家外汇管理局麻城市支局	麻城市金桥大道	张治平	0713－2956656	438300

续表 7－2－1－3

机构名称	地址	负责人	电话	邮编
国家外汇管理局武穴市支局	武穴市广济大道 144 号	张卫星	0713－6222468	435400
国家外汇管理局蕲春县支局	蕲春县漕河镇	赵延平	0713－7217399	435300
国家外汇管理局咸宁市中心支局	**咸宁温泉滨河北路 9 号**	**宋剑锋**	**0715－8158166**	**437100**
国家外汇管理局赤壁市支局	赤壁市沿河大道 41 号	杜雄斌	0715－5250896	437300
国家外汇管理局随州市中心支局	**随州市烈山大道 728 号**	**田光武**	**0722－3323088**	**441300**
国家外汇管理局恩施州中心支局	**恩施市施州大道 26 号**	**常　青**	**0718－8221356**	**445000**

中国农业发展银行湖北省分行

表 7－2－1－4

机构名称	地址	负责人	电话	邮编
中国农业发展银行湖北省分行营业部	**武汉市武昌区中北路 215 号**	**郭扬华**	**027－87252146**	**430077**
中国农业发展银行武汉市汉口支行	武汉市江岸区解放公园路 50 号永成大厦 3 楼	殷　卫	027－82618706	430010
中国农业发展银行武汉市东西湖区支行	武汉市东西湖区吴家山二雅路海景花园南区 B 栋综合楼 1－3 楼	吕永金	027－83256200	430040
中国农业发展银行武汉市汉南支行	武汉市武汉经济技术开发区沌阳大道 108 号	吴怀宝	027－84212920	430056
中国农业发展银行武汉市蔡甸区支行	武汉市蔡甸区汉阳大街 840 号	吴泽雄	027－69813702	430100
中国农业发展银行武汉市江夏区支行	武汉市江夏区纸坊街江夏大道 167－2 号	姜茂烈	027－81822869	430200
中国农业发展银行武汉市黄陂区支行	武汉市黄陂区前川街西寺大道 128 号	彭学林	027－85903749	430300
中国农业发展银行武汉市新洲区支行	武汉市新洲区邾城街齐安大道 88 号	汪国胜	027－89351565	430400
中国农业发展银行黄石市分行	**黄石市黄石港区明珠花园 20 号**	**安邦昶**	**0714－6258032**	**435000**
中国农业发展银行黄石市分行营业部	黄石市黄石港区明珠花园 20 号	刘富权	0714－6288323	435000
中国农业发展银行阳新县支行	阳新县兴国大道文化宫东路	贾希宏	0714－7327456	435200
中国农业发展银行大冶市支行	大冶市育才路 23 号	吴让胜	0714－8712382	435100
中国农业发展银行襄樊市分行	**襄樊市檀溪路 48 号**	**贾荣慧**	**0710－3536338**	**441021**
中国农业发展银行襄樊市分行营业部	襄樊市檀溪路 48 号	甘淑琴	0710－3536800	441021
中国农业发展银行襄樊市襄阳区支行	襄樊市松鹤路特 9 号	易祖海	0710－3159836	441100
中国农业发展银行南漳县支行	南漳县城关镇玉印路	顾家平	0710－5242066	441500
中国农业发展银行谷城县支行	谷城县粉阳路 24 号	龚建华	0710－7335270	441700

续表 7－2－1－4

机构名称	地址	负责人	电话	邮编
中国农业发展银行保康县支行	保康县城关镇清溪路 95 号	文一东	0710－5811938	441600
中国农业发展银行老河口市支行	老河口市北京路 254 号	田　洪	0710－8234058	441800
中国农业发展银行枣阳市支行	枣阳市人民路	张甲明	0710－6350921	441200
中国农业发展银行宜城市支行	宜城市振兴路 288 号	钱道佳	0710－4253981	441400
中国农业发展银行荆州市分行	**荆州市江津西路 28 号**	**王统坤**	**13972111666**	**434020**
中国农业发展银行荆州市分行营业部	荆州市江津西路 28 号	陈必山	13507211326	434020
中国农业发展银行江陵县支行	江陵县荆洪路 156 号	黄文平	13907210478	434100
中国农业发展银行公安县支行	公安县斗湖堤镇荆江河路 51 号	杨　锐	13307210690	434300
中国农业发展银行监利县支行	监利县容城镇江城路 29 号	杨　磊	13907213166	433300
中国农业发展银行石首市支行	石首市绣林大道 200 号	张宗国	13886629068	434400
中国农业发展银行洪湖市支行	洪湖市新堤镇沿河西路 50 号	张早玉	13507266566	433200
中国农业发展银行松滋市支行	松滋市金松开发区金松大道 38 号	禹邦槐	13908617456	434200
中国农业发展银行宜昌市分行	**宜昌市体育场路 6 号**	**汪道洁**	**0717－6435678**	**443000**
中国农业发展银行宜昌市分行营业部	宜昌市体育场路 6 号	杨文彬	0717－6435878	443000
中国农业发展银行夷陵区支行	宜昌市黄金路	喻　晓	0717－7832178	443100
中国农业发展银行秭归县支行	秭归县茅坪镇平湖大道 7 号	余　斌	0717－2882268	443600
中国农业发展银行长阳土家族自治县支行	长阳县龙舟坪镇沿江路 93 号	彭行桂	0717－5333446	443500
中国农业发展银行五峰土家族自治县支行	五峰县五峰镇沿河西路 40 号	王洪刚	0717－5823339	443400
中国农业发展银行宜都市支行	宜都市陆城园林大道 40 号	谢辉雄	0717－4837658	443300
中国农业发展银行当阳市支行	当阳市玉阳办事处长坂坡路 20 号	宋友葆	0717－3231681	444100
中国农业发展银行枝江市支行	枝江市迎宾大道西段 98－1 号	谭　忠	0717－4243971	443200
中国农业发展银行十堰市分行	**十堰市东岳路 13 号**	**孙重勤**	**13907280993**	**442000**
中国农业发展银行十堰市分行营业部	十堰市东岳路 13 号	孟少华	13907288906	442000
中国农业发展银行郧县支行	郧县城关镇师范路 10 号	汪　勇	13387131699	442500
中国农业发展银行郧西县支行	郧西县郧西大道 73 号	廖景芬	13508675988	442600
中国农业发展银行竹山县支行	竹山县城关镇人民路 211 号	陈德佳	13986880906	442200
中国农业发展银行竹溪县支行	竹溪县城关镇幸福路	卢玉林	13872765880	442300
中国农业发展银行房县支行	房县神龙路 96 号	卢启菊	13707287805	442100
中国农业发展银行丹江口市支行	丹江口市丹赵路 265 号	朱立周	13508670596	442700
中国农业发展银行孝感市分行	**孝感市槐荫大道 191 号**	**陈则高**	**0712－2836628**	**432000**
中国农业发展银行孝感市分行营业部	孝感市槐荫大道 191 号	陈晓红	13907290398	432000
中国农业发展银行孝昌县支行	孝昌县古城大道	杨　凯	0712－4764657	432900
中国农业发展银行云梦县支行	云梦县楚王城大道 79 号	褚景明	0712－4331368	432500

续表 7-2-1-4

机构名称	地址	负责人	电话	邮编
中国农业发展银行大悟县支行	大悟县长征路 144 号	褚观宗	0712—7222212	432800
中国农业发展银行应城市支行	应城市城王桥路 1 号	夏荣华	0712—2136215	432400
中国农业发展银行安陆市支行	安陆市碧涢路 114 号	王汉云	0712—5253520	432600
中国农业发展银行汉川市支行	汉川市白云庵路 2 号	刘海生	0712—8279808	431600
中国农业发展银行荆门市分行	**荆门市象山大道 83 号**	**邓俊波**	**0724—2333262**	**448000**
中国农业发展银行荆门市分行营业部	荆门市象山大道 83 号	雷家庆	0724—2360552	448000
中国农业发展银行沙洋县支行	沙洋县洪岭大道 16 号	杨问林	0724—8563755	448200
中国农业发展银行京山县支行	京山县新市镇轻机大道 4 号	曾浩发	0724—7322758	431800
中国农业发展银行钟祥市支行	钟祥市郢中镇王府大道 46 号	秦兴涌	0724—4263212	431900
中国农业发展银行鄂州市分行	**鄂州市滨湖北路 21 号**	**伍能松**	**0711—3851742**	**436000**
中国农业发展银行黄冈市分行	**黄冈市赤壁大道 79 号**	**同祥汉**	**0713—8367983**	**438000**
中国农业发展银行黄冈市分行营业部	黄冈市赤壁大道 79 号	陈继祥	0713—8623338	438000
中国农业发展银行团风县支行	团风县益民路	叶甲付	0713—6150930	436800
中国农业发展银行浠水县支行	浠水县建设大道	陈仁祥	0713—4260591	438200
中国农业发展银行蕲春县支行	蕲春县蕲春大道 415 号	江玉萍	0713—7232373	435300
中国农业发展银行黄梅县支行	黄梅县人民大道 329 号	徐亚军	0713—3322497	435500
中国农业发展银行英山县支行	英山县温泉路 42 号	吴任红	0713—7011072	436700
中国农业发展银行罗田县支行	罗田县胜利街 54 号	胡维俭	0713—5053012	436600
中国农业发展银行红安县支行	红安县金沙小区 15 号	李平高	0713—5184136	438400
中国农业发展银行麻城市支行	麻城市金桥大道 28 号	唐尚寅	0713—2921778	438300
中国农业发展银行武穴市支行	武穴市窝陂塘路 16 号	郭熙光	0713—6221086	435400
中国农业发展银行咸宁市分行	**咸宁市咸宁大道 21 号**	**杨道权**	**0715—8208008**	**437100**
中国农业发展银行咸宁市分行营业室	咸宁市咸宁大道 21 号	赵　娟	0715—8208001	437100
中国农业发展银行咸安区支行	咸宁市咸安区长安大道 95 号	徐新民	0715—8337072	437000
中国农业发展银行通山县支行	通山县通羊镇新城路 193 号	程贤诚	0715—2360343	437600
中国农业发展银行崇阳县支行	崇阳县崇阳大道 36 号	邓国甫	0715—3398272	437500
中国农业发展银行通城县支行	通城县隽水镇隽水大道 362 号	李盛华	0715—4322778	437400
中国农业发展银行嘉鱼县支行	嘉鱼县鱼岳镇发展大道 122 号	熊继明	0715—6359151	437200
中国农业发展银行赤壁市支行	赤壁市体育馆路 91 号	李琼伟	0715—5355028	437300
中国农业发展银行随州市分行	**随州市青年路 78 号**	**刘忠庆**	**0722—3226198**	**441300**
中国农业发展银行随州市分行营业室	随州市青年路 78 号	施公平	0722—3227589	441300
中国农业发展银行广水市支行	广水市永阳大道 13 号	倪运武	0722—6243299	432700
中国农业发展银行恩施州分行	**恩施市清江东路 5 号**	**孙　诚**	**0718—8245139**	**445000**
中国农业发展银行恩施市支行	恩施市清江东路 5 号	简志武	0718—8235888	445000

续表 7－2－1－4

机构名称	地址	负责人	电话	邮编
中国农业发展银行利川市支行	利川市清江路 84 号	俞 斌	0718－7288088	445400
中国农业发展银行建始县支行	建始县邺州镇广润路 17 号	侯玉魁	0718－3228888	445300
中国农业发展银行咸丰县支行	咸丰县楚蜀大道 40 号	李 云	0718－6826988	445600
中国农业发展银行巴东县支行	巴东县信陵镇金堂路 44 号	谭立国	0718－4224388	444300
中国农业发展银行宣恩县支行	宣恩县珠山镇民族路 26 号	林险峰	0718－5835818	445500
中国农业发展银行来凤县支行	来凤县翔凤镇园林路 1 号	张 方	0718－6286008	445700
中国农业发展银行鹤峰县支行	鹤峰县容美镇车站路 108 号	李 杰	0718－5263558	445800
中国农业发展银行仙桃市支行	仙桃市仙桃大道中段 62A 号	胡重喜	0728－3203588	431700
中国农业发展银行潜江市支行	潜江市章华南路 24 号	许良东	0728－6493331	433100
中国农业发展银行天门市支行	天门市竟陵钟惺大道 55 号	陈国舫	0728－5336948	431700

中国工商银行股份有限公司湖北省分行

表 7－2－1－5

机构名称	地址	负责人	电话	邮编
中国工商银行股份有限公司湖北省分行营业部	**武汉市汉口江汉路 17 号**	**王芝斌**	**027－82812541**	**430021**
中国工商银行股份有限公司武汉江岸支行	武汉市江岸区中山大道 988 号		027－82846476	430014
中国工商银行股份有限公司武汉汉口支行	武汉市江岸区江汉路 60 号		027－82815277	430014
中国工商银行股份有限公司武汉牡丹支行	武汉市汉口江汉路 18 号		027－82853589	430014
中国工商银行股份有限公司武汉国通支行	武汉市江岸区中山大道 988 号 4 楼		027－82808155	430014
中国工商银行股份有限公司武汉黄浦支行	武汉市江岸区黄浦大街 259 号		027－82897835	430012
中国工商银行股份有限公司武汉长江支行	武汉市江岸区香港路 181 号		027－85752888	430019
中国工商银行股份有限公司武汉江汉支行	武汉市江汉区前进二路 12 号		027－85834204	430022
中国工商银行股份有限公司武汉天安支行	武汉市汉口江汉区单洞路 18 号		027－85846232	430022
中国工商银行股份有限公司武汉硚口支行	武汉市硚口区中山大道 3－33 号		027－83786089	430033
中国工商银行股份有限公司武汉汉正街支行	武汉市硚口区利济南路 35 号		027－85370669	430031
中国工商银行股份有限公司武汉汉阳支行	武汉市汉阳区鹦鹉大道 35 号		027－84841617	430050
中国工商银行股份有限公司武汉经济技术开发区支行	武汉市武汉经济技术开发区创业道 26 号		027－84893019	430056
中国工商银行股份有限公司武汉武昌支行	武汉市武昌区彭刘杨路体育街口		027－88052816	430060

续表 7－2－1－5

机 构 名 称	地 址	负责人	电 话	邮 编
中国工商银行股份有限公司武汉水果湖支行	武汉市武昌区东湖路 65 号		027－87898501	430071
中国工商银行股份有限公司武汉徐家棚支行	武汉市武昌区和平大道 531 号		027－86811448	430062
中国工商银行股份有限公司武汉中南支行	武汉市武昌区中北路 40 号		027－87277091	430070
中国工商银行股份有限公司武汉江南支行	武汉市武昌区民主路 721 号		027－87821493	430071
中国工商银行股份有限公司武汉青山区支行	武汉市青山区和平大道 1538 号		027－86863262	430080
中国工商银行股份有限公司武汉洪山支行	武汉市洪山区珞珈山路 17 号		027－87648244	430072
中国工商银行股份有限公司武汉东湖开发区支行	武汉市洪山区鲁巷冷水铺		027－87498122	430074
中国工商银行股份有限公司武汉东西湖支行	武汉市东西湖区吴西路 1 号		027－83891005	430040
中国工商银行股份有限公司武汉蔡甸支行	武汉市蔡甸区汉阳大街 600 号		027－84942807	430100
中国工商银行股份有限公司武汉江夏支行	武汉市江夏区纸坊新街 35 号		027－87952916	430200
中国工商银行股份有限公司武汉黄陂支行	武汉市黄陂区板桥大道 132 号		027－85932452	430300
中国工商银行股份有限公司武汉新洲区支行	武汉市新洲区新洲大街 124 号		027－86921915	430400
中国工商银行股份有限公司黄石分行	**黄石市南京路 18 号**	**陈安健**	**0714－6224507**	**435000**
中国工商银行股份有限公司黄石挹江支行	黄石市黄石大道 781 号		0714－6236436	435000
中国工商银行股份有限公司黄石黄石港支行	黄石市黄石大道 1240 号		0714－6510012	435000
中国工商银行股份有限公司黄石石灰窑支行	黄石市上窑新城路口		0714－6239925	435001
中国工商银行股份有限公司黄石石料山支行	黄石市沿湖路 443 号		0714－6223421	435002
中国工商银行股份有限公司黄石大冶钢厂支行	黄石市黄石大道 318 号		0714－6293647	435000
中国工商银行股份有限公司黄石下陆支行	黄石市下陆区下陆大道 108 号		0714－5315286	435004
中国工商银行股份有限公司黄石铁山支行	黄石市铁山区铁山大道 14 号		0714－5418904	435006
中国工商银行股份有限公司大冶支行	大冶市城关民主路 16 号		0714－8712825	435100
中国工商银行股份有限公司阳新支行	阳新县兴国镇兴国大道		0714－7322338	435200

续表 7－2－1－5

机构名称	地址	负责人	电话	邮编
中国工商银行股份有限公司襄樊分行	**襄樊市前进路 69 号**	**班建伟**	**0710－3811264**	**441003**
中国工商银行股份有限公司襄樊襄城支行	襄樊市襄城西街 2 号		0710－3512745	441021
中国工商银行股份有限公司襄樊樊东支行	襄樊市大庆东路 240 号		0710－3405629	441001
中国工商银行股份有限公司襄樊樊西支行	襄樊市樊城区长虹路 204 号		0710－3221850	441002
中国工商银行股份有限公司襄樊高新技术产业支行	襄樊市东汽襄樊基地		0710－3311285	441004
中国工商银行股份有限公司襄樊解放桥支行	襄樊市解放路 204 号		0710－3460946	441000
中国工商银行股份有限公司襄樊襄阳支行	襄樊市襄阳区航空路 81 号		0710－2823140	441104
中国工商银行股份有限公司襄樊科技开发支行	襄樊市人民路 279 号		0710－3155721	441001
中国工商银行股份有限公司襄樊长征路支行	襄樊市丹江路 28 号		0710－3461728	441000
中国工商银行股份有限公司枣阳支行	枣阳市大北街 4 号		0710－6223524	441200
中国工商银行股份有限公司老河口支行	老河口市秋丰路 62 号		0710－8362863	441800
中国工商银行股份有限公司荆州分行	**荆州市沙市区北京中路 352 号**	**熊祖金**	**0716－8213066**	**434000**
中国工商银行股份有限公司荆州沙市支行	荆州市沙市区北京东路 151 号		0716－8233625	434000
中国工商银行股份有限公司荆州区支行	荆州市荆州区屈原路 4 号		0716－8466243	434100
中国工商银行股份有限公司荆州玉桥开发区支行	荆州市沙市区玉桥开发区江津东路 158 号		0716－8310303	434000
中国工商银行股份有限公司荆州中山路支行	荆州市沙市区中山路 75 号		0716－8215994	434000
中国工商银行股份有限公司荆州红门路支行	荆州市沙市区江汉北路 88 号		0716－8228728	434000
中国工商银行股份有限公司荆州北京路支行	荆州市沙市区北京中路凤凰城		0716－4306982	434000
中国工商银行股份有限公司荆州解放路支行	荆州市沙市区北京西路 384 号		0716－8228311	434000
中国工商银行股份有限公司公安支行	公安县油江路 2 号		0716－5238752	434300
中国工商银行股份有限公司监利支行	监利县容城镇江城路		0716－3263391	433300
中国工商银行股份有限公司松滋支行	松滋市新江口镇乐乡大道 85 号		0716－6222215	434200

续表 7－2－1－5

机构名称	地址	负责人	电话	邮编
中国工商银行股份有限公司石首支行	石首市笔架山路 96 号		0716－7272994	434400
中国工商银行股份有限公司洪湖支行	洪湖市宏伟南路 63 号		0716－2425416	433200
中国工商银行股份有限公司仙桃支行	仙桃市仙桃大道中段 45 号		0728－3249740	433000
中国工商银行股份有限公司潜江支行	潜江市园林办事处章华中路 41 号		0728－6242974	433100
中国工商银行股份有限公司三峡分行	**宜昌市夷陵路 141－2 号**	**曾沫冰**	**0717－6484471**	**443000**
中国工商银行股份有限公司三峡坝区支行	宜昌市三峡坝区十三小区		0717－6613442	443133
中国工商银行股份有限公司三峡铁路坝支行	宜昌市西陵一路 73 号		0717－6853074	443000
中国工商银行股份有限公司三峡临江支行	宜昌市夷陵路 144 号		0717－6494280	443000
中国工商银行股份有限公司三峡夷陵支行	宜昌市夷陵区东湖大道 10 号		0717－7822260	443100
中国工商银行股份有限公司三峡伍家岗支行	宜昌市夷陵路 443 号		0717－6561422	443001
中国工商银行股份有限公司三峡牡丹支行	宜昌市果园二路		0717－6442315	443000
中国工商银行股份有限公司远安支行	远安县鸣凤镇鸣凤大道 57 号		0717－3812289	444200
中国工商银行股份有限公司兴山支行	兴山县古夫镇昭君路 14 号		0717－2582302	443711
中国工商银行股份有限公司三峡江南支行	宜都市陆城长江大道 70 号		0717－4822840	443300
中国工商银行股份有限公司当阳支行	当阳市端直街 29 号		0717－3223685	444100
中国工商银行股份有限公司枝江支行	枝江市马家店镇马店路 35 号		0717－4212394	443200
中国工商银行股份有限公司巴东支行	巴东县信陵镇金堂路 2 号		0717－4222421	444300
中国工商银行股份有限公司十堰分行	**十堰市张湾区公园路 6 号**	**梁新贵**	**0719－8665676**	**442000**
中国工商银行股份有限公司十堰六堰支行	十堰市朝阳中路 4 号		0719－8661073	442000
中国工商银行股份有限公司十堰东汽支行	十堰市张湾区公园路 60 号		0719－8662943	442000
中国工商银行股份有限公司十堰五堰支行	十堰市茅箭区人民北路 37 号		0719－8662592	442000
中国工商银行股份有限公司十堰城西支行	十堰市张湾区车城西路 116 号		0719－8521048	442000

续表 7－2－1－5

机 构 名 称	地 址	负责人	电 话	邮 编
中国工商银行股份有限公司十堰人民路支行	十堰市人民南路 14 号		0719－8882259	442000
中国工商银行股份有限公司十堰茅箭支行	十堰市茅箭区武当路 23 号		0719－8781102	442012
中国工商银行股份有限公司十堰白浪开发区支行	十堰市白浪开发区汽配城 F 区 8 号		0719－8311476	442013
中国工商银行股份有限公司武当山经济开发区支行	丹江口市武当山特区太和路 22 号		0719－5666924	442714
中国工商银行股份有限公司郧县支行	郧县城关解放路 40 号		0719－7233646	442500
中国工商银行股份有限公司丹江口支行	丹江口市均州一路 244 号		0719－5222275	442700
中国工商银行股份有限公司神农架林区支行	神农架林区松柏镇常青路 88 号		0719－3332872	442400
中国工商银行股份有限公司孝感分行	**孝感市园林二路**	**杨中林**	**0712－2821525**	**432100**
中国工商银行股份有限公司孝感孝南支行	孝感市长征路理丝小区 1 号		0712－2324840	432100
中国工商银行股份有限公司孝感孝天支行	孝感市长征路 28 号		0712－2321613	432100
中国工商银行股份有限公司孝感长征支行	孝感市长征路南段		0712－2821603	432100
中国工商银行股份有限公司应城支行	应城市蒲阳大道 180 号		0712－3224171	432400
中国工商银行股份有限公司安陆支行	安陆市碧陨路 63 号		0712－5223866	432600
中国工商银行股份有限公司汉川支行	汉川市城关西湖大道 2 号		0712－8282065	432300
中国工商银行股份有限公司荆门分行	**荆门市象山大道 44 号**	**周从玉**	**0724－2360079**	**448000**
中国工商银行股份有限公司荆门东宝支行	荆门市金虾路 122 号		0724－2340271	448000
中国工商银行股份有限公司荆门石化工业区支行	荆门市白庙路 33 号		0724－2200858	448002
中国工商银行股份有限公司荆门文峰支行	荆门市象山大道 75 号		0724－2334242	448000
中国工商银行股份有限公司京山支行	京山县新市镇京源大道 3 号		0724－7321260	431800
中国工商银行股份有限公司钟祥支行	钟祥市郢中镇阳春大街 50 号		0724－4223558	431900
中国工商银行股份有限公司天门支行	天门市竟陵陆羽大道 22 号		0728－5222248	431700
中国工商银行股份有限公司黄冈分行	**黄冈市黄州开发区**	**罗新华**	**0713－8822464**	**438000**

续表 7－2－1－5

机 构 名 称	地 址	负责人	电 话	邮 编
中国工商银行股份有限公司黄冈黄州支行	黄冈市黄州区宝塔路		0713－8355954	438000
中国工商银行股份有限公司红安支行	红安县城关镇胜利街		0713－5242525	438400
中国工商银行股份有限公司浠水支行	浠水县清泉镇丽文路		0713－4232137	436200
中国工商银行股份有限公司蕲春支行	蕲春县蕲春大道 446 号		0713－7222821	436300
中国工商银行股份有限公司麻城支行	麻城市陵园路		0713－2912468	438300
中国工商银行股份有限公司武穴支行	武穴市北川路		0713－6222796	435400
中国工商银行股份有限公司咸宁分行	**咸宁市温泉淦河大道 66 号**	**李焕成**	**0715－8256991**	**437100**
中国工商银行股份有限公司咸宁泉山支行	咸宁市泉山路 1 号		0715－8256200	437100
中国工商银行股份有限公司咸宁咸安支行	咸宁市咸安区长安大道 84 号		0715－8323192	437000
中国工商银行股份有限公司崇阳支行	崇阳县解放路 140 号		0715－3395123	437300
中国工商银行股份有限公司赤壁支行	赤壁市城西路 5 号		0715－5222683	437300
中国工商银行股份有限公司恩施分行	**恩施市施州大道 30 号**	**魏鹏程**	**0718－8222826**	**445000**
中国工商银行股份有限公司恩施城区支行	恩施市航空路 222 号		0718－8224522	445000
中国工商银行股份有限公司建始支行	建始县邺州镇邺州大道 47 号		0718－3222903	445300
中国工商银行股份有限公司来凤支行	来凤县翔凤镇解放路 35 号		0718－6282245	445700
中国工商银行股份有限公司利川支行	利川市解放东路 103 号		0718－7282244	445400
中国工商银行股份有限公司鄂州支行	鄂州市武昌大道 312 号	张迎春	0711－3872240	436000
中国工商银行股份有限公司随州支行	随州市烈山大道 493 号	何　峰	0722－3313274	441300
中国工商银行股份有限公司广水支行	广水市应山办事处东大街 164 号		0722－6232115	432700

中国农业银行股份有限公司湖北省分行

表 7－2－1－6

机构名称	地址	负责人	电话	邮编
中国农业银行股份有限公司湖北省分行营业部	**武汉市汉口建设大道 646 号**	**万水庭**	**027－85796466**	**430014**
中国农业银行股份有限公司武汉直属支行	武汉市汉口建设大道 648 号	杨 军	027－85551865	430015
中国农业银行股份有限公司武汉市江岸支行	武汉市江岸区香港路 82 号	陈凯明	027－82440945	430019
中国农业银行股份有限公司武汉金穗支行	武汉市江岸区云林街 25 号	周玉坤	027－85776409	430015
中国农业银行股份有限公司武汉江汉支行	武汉市江汉区前进一路 181－1 号	刘明尧	027－85853995	430022
中国农业银行股份有限公司武汉市汉口支行	武汉市江汉区新华路 231 号	刘 俊	027－85720221	430022
中国农业银行股份有限公司武汉市长江支行	武汉市汉口解放大道 1397 号	李智源	027－85777413	430022
中国农业银行股份有限公司武汉市硚口支行	武汉市硚口区建设大道 131 号	杜功刚	027－83649922	430033
中国农业银行股份有限公司武汉市江北支行	武汉市硚口区多福路 2 号	张仁宗	027－85376262	430030
中国农业银行股份有限公司武汉市汉阳支行	武汉市汉阳大道 184－186 号	艾毓斌	027－84846714	430050
中国农业银行股份有限公司武汉市开发区支行	武汉市经济技术开发区创业大道 128 号银城大厦	刘林涛	027－84892711	430056
中国农业银行股份有限公司武汉市武昌支行	武汉市武昌区友谊大道 2 号	张玮斌	027－59809839	430064
中国农业银行股份有限公司武汉市东湖支行	武汉市武昌区中北路 66 号津津花园 C 座	刘 蔷	027－87326577	430071
中国农业银行股份有限公司武汉市江城支行	武汉市武昌区八一路 9 号星星大厦 10－11 楼	谢作明	027－87818632	430071
中国农业银行股份有限公司武汉市青山支行	武汉市青山区红钢城和平大道 1530 号	徐小梅	027－86313277	430080
中国农业银行股份有限公司武汉市江南支行	武汉市洪山区珞喻路 87 号	叶希锋	027－87870808	430070
中国农业银行股份有限公司武汉市洪山支行	武汉市洪山区荣泰小区 6 栋	胡春华	027－87863603	430072
中国农业银行股份有限公司武汉市东西湖支行	武汉市东西湖区东吴大道 490 号	古海帆	027－83891378	430040
中国农业银行股份有限公司武汉市蔡甸支行	武汉市蔡甸区蔡甸街新福路 298 号	潘喜荣	027－84943450	430100
中国农业银行股份有限公司武汉市江夏支行	武汉市江夏区纸坊大街 464 号	别必科	027－87952326	430200
中国农业银行股份有限公司武汉市黄陂支行	武汉市黄陂区前川街理林大道 93 号	黄桂生	027－85931634	430300
中国农业银行股份有限公司武汉市新洲支行	武汉市新洲区邾城街衡州大道 65 号	胡 泉	027－89356682	430400

续表 7－2－1－6

机构名称	地址	负责人	电话	邮编
中国农业银行股份有限公司黄石市分行	**黄石市环湖路 19 号**	**王志祥**	**0714－6303366**	**435000**
中国农业银行股份有限公司黄石市黄石港支行	黄石市沈家营沈家花园	李从喜	0714－6574185	435000
中国农业银行股份有限公司黄石市石灰窑支行	黄石市武汉路综合楼(武汉路与市府路交汇处)	方志华	0714－6263675	435000
中国农业银行股份有限公司黄石市团城山支行	黄石市杭州路 4 号	陈有进	0714－6371996	435000
中国农业银行股份有限公司黄石市胜阳港支行	黄石市广场路 37 号	洪　渊	0714－6248661	435000
中国农业银行股份有限公司阳新县支行	阳新县兴国大道 124 号	李儒龙	0714－7325266	435200
中国农业银行股份有限公司大冶市支行	大冶市大冶大道 110 号	张国顺	0714－8638958	435100
中国农业银行股份有限公司襄樊分行	**襄樊市襄城檀溪路 105 号**	**伍华农**	**0710－3552807**	**441021**
中国农业银行股份有限公司襄城支行	襄樊市襄城区南街 28 号	闻新勇	0710－3511923	441021
中国农业银行股份有限公司樊西支行	襄樊市樊城区建设路 5 号	谭峥辉	0710－3422508	441000
中国农业银行股份有限公司樊东支行	襄樊市高新区春园路 9 号	张化平	0710－3246485	441003
中国农业银行股份有限公司襄阳支行	襄樊市襄阳区张湾镇航空路 132 号	李少勇	0710－2819515	441104
中国农业银行股份有限公司南漳县支行	南漳县城关镇水镜路 169 号	程正海	0710－5236966	441500
中国农业银行股份有限公司谷城县支行	谷城县城关镇粉水路 48 号	李　涛	0710－7232704	441700
中国农业银行股份有限公司保康县支行	保康县城关镇光千路 145 号	王定传	0710－5816588	441600
中国农业银行股份有限公司老河口市支行	老河口市胜利路 6 号	杨世凯	0710－8304231	441800
中国农业银行股份有限公司枣阳市支行	枣阳市民主路 36 号	曹可舜	0710－6313468	441200
中国农业银行股份有限公司宜城市支行	宜城市汉江路 11 号	张华鹏	0710－4212198	441400
中国农业银行股份有限公司荆州市分行	**荆州市荆州区东环路 60 号**	**卢永辉**	**0716－8426267**	**434020**
中国农业银行股份有限公司荆州市直属支行	荆州市荆州区荆东路 47 号	张开平	0716－8451643	434020
中国农业银行股份有限公司荆州市沙市支行	荆州市沙市区北京路 124 号	胡红斌	0716－8225913	434020
中国农业银行股份有限公司荆州市江津支行	荆州市沙市区塔桥路 34 号	梁红光	0716－4303086	434020

续表 7－2－1－6

机构名称	地址	负责人	电话	邮编
中国农业银行股份有限公司荆州市荆州支行	荆州市江津西路 18 号	李建民	0716－8264471	434020
中国农业银行股份有限公司江陵县支行	江陵县郝穴镇荆洪路	蔡 广	0716－4738567	434100
中国农业银行股份有限公司公安县支行	公安县斗湖堤镇油江路 320 号	叶洪波	0716－5226417	434300
中国农业银行股份有限公司监利县支行	监利县容城镇交通路 258 号	朱 红	0716－3262821	433300
中国农业银行股份有限公司石首市支行	石首市东方大道 38 号	卢 峰	0716－7272623	434400
中国农业银行股份有限公司洪湖市支行	洪湖市新堤办事处玉沙路 27 号	陈 斌	0716－2430495	433200
中国农业银行股份有限公司松滋市支行	松滋市新江口镇乐乡大道 83 号	吴宏伟	0716－6222626	434200
中国农业银行股份有限公司三峡分行	**宜昌市云集路 17 号**	**方先明**	**0717－6253416**	**443000**
中国农业银行股份有限公司三峡分行城中支行	宜昌市胜利四路 26 号	张贤兵	0717－6485988	443000
中国农业银行股份有限公司三峡分行西陵支行	宜昌市云集路 43 号	郭可敬	0717－6226708	443000
中国农业银行股份有限公司三峡分行东山支行	宜昌市西陵二路 69 号－2	龙德珍	0717－6909666	443000
中国农业银行股份有限公司三峡分行伍家支行	宜昌市东山大道 402 号	王利华	0717－6552707	443000
中国农业银行股份有限公司三峡分行点军支行	宜昌市点军区江南路 128 号	刘 波	0717－6671163	443004
中国农业银行股份有限公司三峡分行猇亭支行	宜昌市猇亭区金猇路 109 号	倪 强	0717－6514984	443007
中国农业银行股份有限公司三峡分行夷陵支行	宜昌市东山大道 102 号	黄启军	0717－6251355	443000
中国农业银行股份有限公司三峡分行江北支行	宜昌市夷陵路 35 号	肖 宇	0717－6901608	443000
中国农业银行股份有限公司三峡葛洲坝支行	宜昌市夷陵路 22 号	叶勇军	0717－6901588	443000
中国农业银行股份有限公司三峡分行宜昌支行	宜昌市夷陵区小溪塔街办明珠路 1 号	孔德忠	0717－7101819	443100
中国农业银行股份有限公司秭归县支行	秭归县城平湖大道 13 号	肖俊波	0717－2882087	443600
中国农业银行股份有限公司远安县支行	远安县鸣凤大道 12 号	张俊波	0717－3812280	444200
中国农业银行股份有限公司兴山县支行	兴山县古夫镇昭君路 15 号	蒋思念	0717－2580021	443711
中国农业银行股份有限公司长阳土家族自治县支行	长阳县龙舟坪镇清江路 46 号	李永红	0717－5333281	443500

续表 7－2－1－6

机构名称	地址	负责人	电话	邮编
中国农业银行股份有限公司五峰土家族自治县支行	五峰县五峰镇沿河东路 4 号	李友军	0717－5821422	443400
中国农业银行股份有限公司宜都市支行	宜都市陆城园林大道 40 号	沈　民	0717－4821121	443300
中国农业银行股份有限公司当阳市支行	当阳市长坂路 116 号	陈　溶	0717－3222782	444100
中国农业银行股份有限公司枝江市支行	枝江市马家店迎宾大道 168 号	袁廷华	0717－4212286	443200
中国农业银行股份有限公司十堰分行	**十堰市人民南路 20 号**	**魏　明**	**0719－8898618**	**442000**
中国农业银行股份有限公司十堰市人民路支行	十堰市人民南路 25 号	田世林	0719－8889665	442000
中国农业银行股份有限公司十堰市茅箭支行	十堰市武当路 41 号	彭前进	0719－8209056	442012
中国农业银行股份有限公司十堰市张湾支行	十堰市公园路 71 号	张成军	0719－8269173	442001
中国农业银行股份有限公司十堰市车城支行	十堰市东岳路 5 号	雷　红	0719－8679117	442000
中国农业银行股份有限公司十堰市高新区支行	十堰市白浪中路 126 号	韩　鹏	0719－8318488	442013
中国农业银行股份有限公司郧县支行	郧县城关镇兴郧南街	钟　铸	0719－7232051	442500
中国农业银行股份有限公司郧西县支行	郧西县郧西大道 63 号	朱富西	0719－6227774	442600
中国农业银行股份有限公司竹山支行	竹山县城关镇人民路 94 号	许立新	0719－4225477	442200
中国农业银行股份有限公司竹溪县支行	竹溪县城关镇人民路 10 号	张维祥	0719－2726318	442300
中国农业银行股份有限公司房县支行	房县城关镇南街 12 号	刘　丹	0719－3224171	442100
中国农业银行股份有限公司丹江口市支行	丹江口市均州一路 31 号	刘兴华	0719－5223670	442700
中国农业银行股份有限公司武当山旅游经济开发区支行	丹江口市武当山镇	王胜斌	0719－5665321	442714
中国农业银行股份有限公司孝感分行	**孝感市长征路 137 号**	**黄利荣**	**0712－2869689**	**432000**
中国农业银行股份有限公司孝感市长征路支行	孝感市长征路 137 号	谈清太	0712－2869712	432000
中国农业银行股份有限公司孝南区支行	孝感市槐荫大道 482 号	钟从发	0712－2822286	432100
中国农业银行股份有限公司孝昌县支行	孝昌县洪花路中段	梁宏刚	0712－4763270	432900
中国农业银行股份有限公司云梦县支行	云梦县城关建设东路 1 号	徐宏桥	0712－4322152－8818	432500

续表 7－2－1－6

机构名称	地址	负责人	电话	邮编
中国农业银行股份有限公司大悟县支行	大悟县长征路 223 号	李　帆	0712－7221750	432800
中国农业银行股份有限公司应城市支行	应城市育才路 5 号	江良彬	0712－3240870	432400
中国农业银行股份有限公司安陆市支行	安陆市解放路东端	钟　叶	0712－5265238	432600
中国农业银行股份有限公司汉川市支行	汉川市城关仙女大道 15 号	周　卫	0712－8276758	431600
中国农业银行股份有限公司荆门市分行	**荆门市白云大道 52 号**	**王宏华**	**0724－2333922**	**448000**
中国农业银行股份有限公司荆门市东宝区支行	荆门市象山大道 37 号	董　晓	0724－2343980	448000
中国农业银行股份有限公司荆门掇刀区支行	荆门市掇刀区深圳大道 9 号	刘俊龙	0724－2441104	448124
中国农业银行股份有限公司荆门象山支行	荆门市中天街 57 号	陈启学	0724－6035201	448000
中国农业银行股份有限公司荆门市向阳支行	荆门市象山一路 15 号	熊少琨	0724－6081600	448000
中国农业银行股份有限公司沙洋县支行	沙洋县荆河路 44 号	梅春明	0724－8561031	448200
中国农业银行股份有限公司京山县支行	京山县新市镇沿河南路 9 号	周元发	0724－6201801	431800
中国农业银行股份有限公司钟祥市支行	钟祥市郢中镇承天大道中路 1 号	张　哲	0724－4222988	431900
中国农业银行股份有限公司五三农场支行	荆门市屈家岭管理区国税局南对门	刘海峰	0724－7412039	431821
中国农业银行股份有限公司鄂州市分行	**鄂州市文星大道国贸大厦**	**桂珍雄**	**0711－3222955**	**436000**
中国农业银行股份有限公司鄂州市分行鄂城支行	鄂州市文星路 110 号	姜建辉	0711－3871783	436000
中国农业银行股份有限公司鄂州市分行南浦支行	鄂州市南浦路 129 号	李焱林	0711－5905829	436000
中国农业银行股份有限公司鄂州市分行文星支行	鄂州市文星路 60 号	魏国华	0711－3222652	436000
中国农业银行股份有限公司鄂州市分行国贸支行	鄂州市南浦路特 1 号国贸大厦 1 楼	马　苏	0711－3243685	436000
中国农业银行股份有限公司鄂州市分行古楼支行	鄂州市南浦路 59 号	胡首民	0711－3223416	436000
中国农业银行股份有限公司鄂州迎宾大道支行	鄂州市石山路	余长安	0711－3352472	436003
中国农业银行股份有限公司黄冈市分行	**黄冈市黄州区新港路 2 号**	**彭景平**	**13597609388**	**438000**
中国农业银行股份有限公司黄冈宝塔支行	黄冈市黄州区宝塔大道 70 号	周水银	13307256259	438000

续表 7－2－1－6

机构名称	地址	负责人	电话	邮编
中国农业银行股份有限公司团风县支行	**团风县得胜大道 36 号**	**熊早华**	**13607259101**	**438800**
中国农业银行股份有限公司浠水县支行	浠水县清泉镇丽文北路 157 号	胡亚珑	13995935555	438200
中国农业银行股份有限公司蕲春县支行	蕲春县漕河镇蕲春大道	田建国	13508658099	435300
中国农业银行股份有限公司黄梅县支行	黄梅县黄梅镇五祖大道 265 号	洪　涛	13907254820	435500
中国农业银行股份有限公司英山县支行	英山县温泉镇金石路 64 号	张正佳	13707257516	438700
中国农业银行股份有限公司罗田县支行	罗田县凤山镇义水北路	王蔚东	13907251648	438600
中国农业银行股份有限公司红安县支行	红安县将军大道 1 号	邹传福	18956565959	438400
中国农业银行股份有限公司麻城市支行	麻城市将军路 73 号	蔡　智	13907251189	438300
中国农业银行股份有限公司武穴市支行	武穴市永宁大道西 39 号	喻金国	13339972819	435400
中国农业银行股份有限公司龙感湖农场支行	黄冈市龙感湖农工商大道 17 号	王任山	13807251896	435503
中国农业银行股份有限公司咸宁分行	**咸宁市温泉淦河大道 37 号**	**詹国林**	**0715－8255579**	**437100**
中国农业银行股份有限公司咸安区支行	咸宁市咸安区长安大道 69 号	李清波	0715－8314318	437000
中国农业银行股份有限公司温泉支行	咸宁市温泉淦河大道 45 号	吴新洲	0715－8257149	437100
中国农业银行股份有限公司通山县支行	通山县通羊镇新城路 192 号	胡　蔚	0715－2360103	437600
中国农业银行股份有限公司崇阳县支行	崇阳县天城镇桃溪大道 184 号	黄光明	0715－3395514	437500
中国农业银行股份有限公司通城县支行	通城县隽水镇隽水大道 152 号	吴正华	0715－4322610	437400
中国农业银行股份有限公司嘉鱼市支行	嘉鱼县鱼岳镇沙阳大道 125 号	金运宏	0715－6322765	437200
中国农业银行股份有限公司赤壁市支行	赤壁市沿河大道书院街 2 号	吴秋霖	0715－5358938	437300
中国农业银行股份有限公司随州分行	**随州市青年路 81 号**	**张晓华**	**0722－3313611**	**441300**
中国农业银行股份有限公司随州市曾都支行	随州市解放路 43 号	张金国	0722－3230199	441300
中国农业银行股份有限公司广水市支行	广水市航空南路 57 号	杨侠然	0722－6236913	432700
中国农业银行股份有限公司恩施州分行	**恩施市清江东路 15 号**	**吴博文**	**0718－8222588**	**445000**

续表 7－2－1－6

机构名称	地址	负责人	电话	邮编
中国农业银行股份有限公司恩施市支行	恩施市航空大道 115 号	韩世超	0718－8211473	445000
中国农业银行股份有限公司恩施经济开发区支行	恩施市施州大道 314 号	章　明	0718－8413326	445000
中国农业银行股份有限公司利川市支行支行	利川市教场路 25 号	冯克文	0718－7282167	445400
中国农业银行股份有限公司建始县支行	建始县业州镇业州大道 170 号	张　毅	0718－3223117	445300
中国农业银行股份有限公司咸丰县支行	咸丰县高乐山镇文化路 22 号	陈　勇	0718－6824388	445600
中国农业银行股份有限公司巴东县支行	巴东县金堂路 23 号	易继龙	0718－4227712	444300
中国农业银行股份有限公司宣恩县支行	宣恩县民族路 24 号	李　勇	0718－5833188	445500
中国农业银行股份有限公司来凤县支行	来凤县翔凤镇渝鄂大道 20 号	江丁轩	0718－6283174	445700
中国农业银行股份有限公司鹤峰县支行	鹤峰县容美镇胜利路 20 号	李世家	0718－5282940	445800
中国农业银行股份有限公司仙桃支行	仙桃市沔阳大道 72 号	王浩虹	0728－3265598	433000
中国农业银行股份有限公司潜江支行	潜江市园林办事处章华中路 39 号	杨清华	0728－6243814	433100
中国农业银行股份有限公司天门支行	天门市竟陵人民大道(中)118 号	方　华	0728－5228693	431700
中国农业银行股份有限公司神农架林区支行	神农架林区松柏镇常青路 46 号	田映柱	0719－3332717	442400

中国银行股份有限公司湖北省分行

表 7－2－1－7

机构名称	地址	邮编
中国银行股份有限公司武汉汉口支行	武汉市江岸区中山大道 593 号	430021
中国银行股份有限公司武汉江岸支行	武汉市江岸区澳门路 232 号	430010
中国银行股份有限公司武汉花桥支行	武汉市汉口解放大道 1320 号	430013
中国银行股份有限公司武汉江汉支行	武汉市江汉区新华路 314 号	430022
中国银行股份有限公司武汉宝丰支行	武汉市汉口青年路 316 号	430015
中国银行股份有限公司武汉汉阳支行	武汉市汉阳区汉阳大道 182 号	430050
中国银行股份有限公司武汉经济技术开发区支行	武汉市经济技术开发区神龙大街 128 号	430056
中国银行股份有限公司武汉中北支行	武汉市武昌区中北路岳家嘴 1 号	430077
中国银行股份有限公司武汉青山支行	武汉市青山区和平大道 1284 号(中银大厦 1—5 楼)	430083

续表 7－2－1－7

机构名称	地址	邮编
中国银行股份有限公司武汉洪山支行	武汉市武昌区中山路 43 号	430061
中国银行股份有限公司武汉东湖开发区支行	武汉市洪山区卓刀泉路 39 号	430079
中国银行股份有限公司武汉江汉路支行	武汉市江岸区中山大道 593 号 3－4 楼	430021
中国银行股份有限公司武汉江南支行	武汉市武昌区临江大道 76 号	430083
中国银行股份有限公司黄石分行	**黄石市团城山桂林路 1 号**	**435000**
中国银行股份有限公司黄石胜阳港支行	黄石市胜阳港 1 号	435000
中国银行股份有限公司黄石黄石港支行	黄石市黄石大道 1299 号	435002
中国银行股份有限公司黄石八卦嘴支行	黄石市沿湖路 439 号	435000
中国银行股份有限公司黄石下陆支行	黄石市下陆大道 38 号	435005
中国银行股份有限公司黄石交通路支行	黄石市交通路 51 号	435000
中国银行股份有限公司黄石颐阳路支行	黄石市黄石颐阳路 28 号	435000
中国银行股份有限公司黄石南湖支行	黄石市武汉路 107 号	435000
中国银行股份有限公司黄石沈家营支行	黄石市黄石大道 1061 号	435002
中国银行股份有限公司黄石纺织路支行	黄石市延安路 143 号	435002
中国银行股份有限公司黄石金龙支行	黄石市黄石大道 1195 号	435002
中国银行股份有限公司黄石一门支行	黄石市黄石大道 310 号	435000
中国银行股份有限公司黄石铁山支行	黄石市铁山区胜利路 29 号	435006
中国银行股份有限公司黄石东方支行	黄石市老下陆街 15 号	435004
中国银行股份有限公司大冶支行	大冶市城北开发区东风路 21 号	435100
中国银行股份有限公司大冶天桥分理处	大冶市东岳路街道办事处新华路 15－3 号	435100
中国银行股份有限公司大冶育才路分理处	大冶市大冶市育才路 1 号	435100
中国银行股份有限公司大冶铜花分理处	大冶市城北新区新冶大道铜草花园大门右侧	435100
中国银行股份有限公司襄樊分行	**襄樊市松鹤路 7 号**	**441002**
中国银行股份有限公司襄樊火电厂支行	襄樊市余家湖电厂联络大道	441141
中国银行股份有限公司襄樊樊东支行	襄樊市长征路 28 号	441000
中国银行股份有限公司襄樊丹江路支行	襄樊市丹江路 21 号	441000
中国银行股份有限公司襄樊樊西支行	襄樊市长虹路中段 47 号	441002
中国银行股份有限公司襄樊县府路分理处	襄樊市朝阳路 2－1 号	441000
中国银行股份有限公司襄樊供电局分理处	襄樊市长虹路 15 号	441002
中国银行股份有限公司襄樊五一分理处	襄樊市人民路 31 号	441002
中国银行股份有限公司襄樊建设路分理处	襄樊市建设路 24 号	441002
中国银行股份有限公司襄樊前进路口分理处	襄樊市前进路 247 号	441000
中国银行股份有限公司襄樊长虹北路分理处	襄樊市长虹路 128 号	441002
中国银行股份有限公司襄樊襄城支行	襄樊市襄城东街 11 号	441021
中国银行股份有限公司襄樊胜利街分理处	襄樊市襄城区胜利街 178 号	441021
中国银行股份有限公司襄樊西门分理处	襄樊市檀溪路 297 号	441021
中国银行股份有限公司襄樊新街口支行	襄樊市襄城新街 15 号	441021

续表 7-2-1-7

机构名称	地址	邮编
中国银行股份有限公司襄樊万山分理处	襄樊市襄城区襄轴 1 号路顺安三路	441021
中国银行股份有限公司襄樊檀溪支行	襄樊市长虹南路特 1 号(璟江花园 1 楼)	441021
中国银行股份有限公司襄樊汽车产业经济技术开发区支行	襄樊市东汽襄樊基地老区 1 号门旁	441004
中国银行股份有限公司襄樊高新技术开发区支行	襄樊市春园路 33 号	441003
中国银行股份有限公司襄樊铁路分理处	襄樊市新华路 37 号	441003
中国银行股份有限公司襄樊火车站分理处	襄樊市中原路 2 号	441000
中国银行股份有限公司襄樊中原分理处	襄樊市中原路 31 号	441000
中国银行股份有限公司枣阳支行	枣阳市大南街 1 号(大十字街)	441200
中国银行股份有限公司枣阳东城分理处	枣阳市书院街 92 号	441200
中国银行股份有限公司枣阳南城分理处	枣阳市光武路 42 号	441200
中国银行股份有限公司枣阳西城分理处	枣阳市前进路	441200
中国银行股份有限公司宜城支行	宜城市振兴路 290 号	441400
中国银行股份有限公司宜城城关分理处	宜城市皇城街	441400
中国银行股份有限公司谷城支行	谷城县粉阳路 55 号	441700
中国银行股份有限公司谷城县府街分理处	谷城县城关镇县府街 45 号	441700
中国银行股份有限公司谷城粉阳路分理处	谷城县城关镇粉阳路 50 号	441700
中国银行股份有限公司老河口支行	老河口市北京路 1 号	441800
中国银行股份有限公司荆州分行	**荆州市荆州区金堂路**	**434100**
中国银行股份有限公司荆州大桥支行	荆州市江津西路 277 号	434100
中国银行股份有限公司荆州沙市支行	荆州市沙市区江津中路 217 号	434000
中国银行股份有限公司荆州北京路支行	荆州市沙市区北京中路 340 号	434000
中国银行股份有限公司荆州长港路分理处	荆州市沙市区长港路	434000
中国银行股份有限公司荆州解放路分理处	荆州市沙市区北京中路 366 号 1—2 档	434000
中国银行股份有限公司荆州中心分理处	荆州市沙市区江汉南路 29 号	434000
中国银行股份有限公司荆州章华支行	荆州市沙市区北京东路 274 号	434000
中国银行股份有限公司荆州长江大学分理处	荆州市沙市区南湖路 110 号	434000
中国银行股份有限公司荆州旭东分理处	荆州市沙市区北京东路	434000
中国银行股份有限公司荆州银卫分理处	荆州市沙市区航空路新生大市场 A3 号	434000
中国银行股份有限公司荆州黎园分理处	荆州市沙市区长港路 80 号	434000
中国银行股份有限公司荆州古城支行	荆州市荆州区江津西路 41 号	434100
中国银行股份有限公司荆州荆陵支行	荆州市荆州区荆江中路 50 号	434100
中国银行股份有限公司荆州城南开发区分理处	荆州市荆州区郢都路 7 号	434100
中国银行股份有限公司荆州郢都分理处	荆州市荆州区荆中路 171 号	434100
中国银行股份有限公司荆州荆城支行	荆州市荆州区荆中路 85 号	434100
中国银行股份有限公司江陵支行	江陵县郝穴镇永济路	434139
中国银行股份有限公司监利支行	监利县容城镇宝合门 10 号	433300

续表 7－2－1－7

机　构　名　称	地　　址	邮编
中国银行股份有限公司监利朱河支行	监利县朱河镇永兴路 195 号	433325
中国银行股份有限公司监利天府分理处	监利县容城镇天府中路	433300
中国银行股份有限公司松滋支行	松滋市新江口镇乐乡大道 78 号	434200
中国银行股份有限公司松滋中源分理处	松滋市新江口镇民主大道 137 号	434200
中国银行股份有限公司松滋中河分理处	松滋市新江口镇民主大道 192 号	434200
中国银行股份有限公司公安支行	公安县斗湖堤镇荆江大道	434300
中国银行股份有限公司公安南平开发区支行	公安县南平镇南正街 21 号	434318
中国银行股份有限公司公安潺陵分理处	公安县斗湖堤镇五九路	434300
中国银行股份有限公司石首支行	石首市绣林大道 19 号	434400
中国银行股份有限公司石首城东支行	石首市建设路	434400
中国银行股份有限公司洪湖支行	洪湖市新堤办事处宏伟南路 2 号	433200
中国银行股份有限公司洪湖城中支行	洪湖市新堤办事处宏伟南路 74 号	433200
中国银行股份有限公司三峡分行	**宜昌市胜利四路 10 号**	**443000**
中国银行股份有限公司宜昌伍家支行	宜昌市夷陵大道 193 号	443000
中国银行股份有限公司宜昌港窑路分理处	宜昌市港窑路 26 号	443000
中国银行股份有限公司宜昌杨岔路分理处	宜昌市东山大道 346 号	443000
中国银行股份有限公司宜昌伍临路分理处	宜昌市伍临路 9 号	443000
中国银行股份有限公司宜昌北山支行	宜昌市东山大道 155 号	443000
中国银行股份有限公司宜昌长江市场分理处	宜昌市长江市场	443005
中国银行股份有限公司宜昌东山支行	宜昌市深圳路 28 号	443005
中国银行股份有限公司宜昌葛洲坝支行	宜昌市西陵一路 83 号	443000
中国银行股份有限公司宜昌葛樵分理处	宜昌市葛樵二路 8 号	443000
中国银行股份有限公司宜昌东苑分理处	宜昌市城东大道 12 号 1 号楼 C 区 27	443000
中国银行股份有限公司宜昌果园路分理处	宜昌市夷陵路 49 号	443000
中国银行股份有限公司宜昌中山路分理处	宜昌市中山路 99 号	443000
中国银行股份有限公司宜昌二马路分理处	宜昌市二马路 9 号	443000
中国银行股份有限公司宜昌西陵支行	宜昌市东湖一路东湖市场	443000
中国银行股份有限公司宜昌东兴支行	宜昌市西陵一路 22 号	443000
中国银行股份有限公司宜昌夷陵支行	宜昌市夷陵区平湖大道 7 号	443100
中国银行股份有限公司宜昌晓溪塔分理处	宜昌市夷陵区东湖大道 21 号	443100
中国银行股份有限公司宜昌新恒基分理处	宜昌市夷陵区 20 号	443100
中国银行股份有限公司宜昌猇亭分理处	宜昌市猇亭区正大路 57 号	443007
中国银行股份有限公司宜都支行	宜都市陆城长江大道 22 号	443300
中国银行股份有限公司宜都枝城支行	宜都市枝城双城路	443300
中国银行股份有限公司宜都城南分理处	宜都市陆城镇长江大道 50 号	443300
中国银行股份有限公司枝江支行	枝江市马家店镇迎宾大道 102 号	443200
中国银行股份有限公司枝江马店路支行	枝江市团结路 34 号	443200

续表 7-2-1-7

机构名称	地址	邮编
中国银行股份有限公司枝江江汉大道分理处	枝江市马家店镇江汉大道中段	443200
中国银行股份有限公司当阳支行	当阳市玉阳环城东路	444100
中国银行股份有限公司当阳城区分理处	当阳市玉阳镇玉阳路 55 号	444100
中国银行股份有限公司长阳支行	长阳土家族自治县龙舟坪镇清江路 40 号 A28	443500
中国银行股份有限公司秭归支行	秭归县茅坪镇平湖大道 10－A	443600
中国银行股份有限公司秭归迎和分理处	秭归县茅坪镇建平路 13 号	443600
中国银行股份有限公司十堰分行	**十堰市人民中路 30 号**	**442000**
中国银行股份有限公司十堰张湾支行	十堰市公园路 62 号	442000
中国银行股份有限公司十堰东岳路分理处	十堰市东岳路 30 号	442000
中国银行股份有限公司十堰东汽中心医院分理处	十堰市大岭路 10 号	442000
中国银行股份有限公司十堰车城支行	十堰市车城路 17 号	442000
中国银行股份有限公司十堰东风支行	十堰市汉江南路 16 号	440253
中国银行股份有限公司十堰六堰分理处	十堰市人民北路 13 号	442000
中国银行股份有限公司十堰朝阳分理处	十堰市朝阳中路 20 号	442000
中国银行股份有限公司十堰茅箭支行	十堰市人民南路 96 号	442000
中国银行股份有限公司十堰经济开发区分理处	十堰市白浪中路 39 号	442000
中国银行股份有限公司十堰亨运分理处	十堰市人民南路 4 号	442000
中国银行股份有限公司竹溪支行	竹溪县城关镇人民路 54 号	442300
中国银行股份有限公司房县支行	房县城关镇房陵大道 6 号	442100
中国银行股份有限公司竹山支行	竹山县城关镇人民路 41 号	442218
中国银行股份有限公司郧县支行	郧县城关镇解放路 52 号	442500
中国银行股份有限公司郧县前进分理处	郧县城关镇东岭街	442500
中国银行股份有限公司丹江口支行	丹江口市车站路	442700
中国银行股份有限公司丹江口电站路支行	丹江口市大坝一路	442700
中国银行股份有限公司丹江口长虹分理处	丹江口市丹二路	442700
中国银行股份有限公司丹江口大坝二路支行	丹江口市大坝二路	442700
中国银行股份有限公司武当山旅游经济开发区支行	十堰市武当山旅游经济特区太和路 2 号	442714
中国银行股份有限公司神农架支行	神农架林区松柏镇常青路 19 号	442400
中国银行股份有限公司孝感分行	**孝感市长征路 76 号**	**432000**
中国银行股份有限公司孝感航天支行	孝感市北京路 81 号	432000
中国银行股份有限公司孝感中银分理处	孝感市体育西路西段	432000
中国银行股份有限公司孝感三江分理处	孝感市文化东路 066 大门口	432000
中国银行股份有限公司孝感东苑分理处	孝感市北京路东苑小区西大门口	432000
中国银行股份有限公司孝感孝南支行	孝感市长征路 14 号	432000
中国银行股份有限公司孝感Ｏ六六支行	孝感市文化东路 27 号	432000
中国银行股份有限公司孝感北京路分理处	孝感市北京路 266 号	432000
中国银行股份有限公司应城支行	应城市东大街 13 号	432400

续表 7－2－1－7

机构名称	地址	邮编
中国银行股份有限公司应城城南分理处	应城市广场大道 20 号	432400
中国银行股份有限公司安陆支行	安陆市文昌路 35 号	432600
中国银行股份有限公司安陆儒学路支行	安陆市儒学路 60 号	432600
中国银行股份有限公司安陆友谊分理处	安陆市碧涢路 112 号	432600
中国银行股份有限公司云梦支行	云梦县梦泽大道 15 号	432500
中国银行股份有限公司云梦文化分理处	云梦县城关梦泽大道 2 号	432500
中国银行股份有限公司云梦城中分理处	云梦县城关建设路中段	432500
中国银行股份有限公司汉川支行	汉川市城关镇西正街 23 号	431600
中国银行股份有限公司汉川西街分理处	汉川市城关镇西街 37 号	431600
中国银行股份有限公司汉川中心分理处	汉川市城关镇欢乐街 34 号	431600
中国银行股份有限公司大悟支行	大悟县城关镇西岳大道 168 号	432800
中国银行股份有限公司大悟府前街支行	大悟县城关镇府前街	432800
中国银行股份有限公司大悟中兴分理处	大悟县城关镇兴华路 8 号	432800
中国银行股份有限公司大悟长发分理处	大悟县城关镇长征路 77 号	432800
中国银行股份有限公司荆门分行	**荆门市金虾路 50 号**	**448000**
中国银行股份有限公司荆门东宝支行	荆门市海慧路 18 号	448000
中国银行股份有限公司荆门浏河分理处	荆门市象山二路 7 号	448000
中国银行股份有限公司荆门长宁分理处	荆门市长宁大道 59－13 号	448000
中国银行股份有限公司荆门中心分理处	荆门市中天街 1 号	448000
中国银行股份有限公司荆门北门分理处	荆门市北门路 15 号	448000
中国银行股份有限公司荆门金虾分理处	荆门市金虾路北端	448000
中国银行股份有限公司荆门石化工业区支行	荆门市白庙路 43 号	448002
中国银行股份有限公司荆门国寿分理处	荆门市象山大道 118－1 号	448000
中国银行股份有限公司荆门热电厂支行	荆门市白庙路 94 号	448002
中国银行股份有限公司荆门白庙支行	荆门市白庙路 52 号	448002
中国银行股份有限公司荆门掇刀支行	荆门市虎牙大道 52 号	448010
中国银行股份有限公司钟祥支行	钟祥市郢中镇王府大道 1 号	431900
中国银行股份有限公司钟祥石城支行	钟祥市郢中镇石城大道西路 10 号	431900
中国银行股份有限公司钟祥大东门支行	钟祥市郢中镇承天大道 47 号	431900
中国银行股份有限公司京山支行	京山县新市镇京源大道 169 号	431800
中国银行股份有限公司京山新市分理处	京山县新市镇京源大道	431800
中国银行股份有限公司京山京源西路支行	京山县新市镇京源大道西	431800
中国银行股份有限公司鄂州分行	**鄂州市文星大道 88 号**	**436000**
中国银行股份有限公司鄂州大桥分理处	鄂州市武昌大道 382 号	436000
中国银行股份有限公司鄂州澜湖分理处	鄂州市凤凰路中段 67 号	436000
中国银行股份有限公司鄂州广场分理处	鄂州市滨湖北路万豪时代公寓	436000
中国银行股份有限公司鄂州南门支行	鄂州市明塘西路 39 号	436000

续表 7－2－1－7

机 构 名 称	地 址	邮编
中国银行股份有限公司鄂州葛店经济技术开发区分理处	鄂州市葛店经济开发区 5 号路口	430072
中国银行股份有限公司鄂州鄂城支行	鄂州市官柳北路 334－348 号	436000
中国银行股份有限公司鄂州大西门分理处	鄂州市江碧路 45 号附 8 号	436000
中国银行股份有限公司鄂州南浦北路分理处	鄂州市南浦北路 10 号	436000
中国银行股份有限公司鄂州吴都支行	鄂州市文星大道 77 号	436000
中国银行股份有限公司黄冈分行	**黄冈市黄州区西湖二路 29 号**	**438000**
中国银行股份有限公司黄冈东坡分理处	黄冈市东门路 33 号	438000
中国银行股份有限公司黄冈城区支行	黄冈市黄州区八一路 80 号	438000
中国银行股份有限公司黄冈宝塔分理处	黄冈市黄州区八一路 46 号	438000
中国银行股份有限公司黄冈开发区分理处	黄冈市黄州开发区新港二路 126 号	438000
中国银行股份有限公司黄冈长城分理处	黄冈市黄州大道 136 号	438000
中国银行股份有限公司黄冈黄州分理处	黄冈市黄州区宝塔路 26 号	438000
中国银行股份有限公司红安支行	红安县城关镇建设西街 6 号	438400
中国银行股份有限公司麻城支行	麻城市将军路 61 号	438300
中国银行股份有限公司罗田支行	罗田县凤山镇义水北路 201 号	438600
中国银行股份有限公司浠水支行	浠水县清泉镇宪司坳街 88 号	438200
中国银行股份有限公司浠水汇丰分理处	浠水县清泉镇新华正街 72 号	438200
中国银行股份有限公司蕲春支行	蕲春县漕河镇蕲阳南路 58 号	435300
中国银行股份有限公司蕲春蕲州分理处	蕲春县蕲州镇馋头尖 1 号	435300
中国银行股份有限公司武穴支行	武穴市北川路 26 号	435400
中国银行股份有限公司黄梅支行	黄梅县黄梅镇人民大道 476 号	435500
中国银行股份有限公司黄梅小池分理处	黄梅县小池镇精品街南路 38 号	435500
中国银行股份有限公司咸宁分行	**咸宁市温泉淦河大道 68 号**	**437100**
中国银行股份有限公司咸宁温泉支行	咸宁市温泉路 58 号	437100
中国银行股份有限公司咸宁一号桥分理处	咸宁市温泉路 13 号	437100
中国银行股份有限公司咸宁岔路口分理处	咸宁市温泉路 85 号	437100
中国银行股份有限公司咸宁咸安支行	咸宁市咸安区永安长安大道 52 号	437000
中国银行股份有限公司咸宁南山分理处	咸宁市咸安区永安大道 113－1 号	437000
中国银行股份有限公司咸宁中城分理处	咸宁市咸安区永安怀德路 17 号	437000
中国银行股份有限公司通城支行	通城县隽水镇隽水大道 160 号	437400
中国银行股份有限公司通城银山分理处	通城县隽水镇民主路 150 号	437400
中国银行股份有限公司通城玉立分理处	通城县玉立大道 218 号	437400
中国银行股份有限公司嘉鱼支行	嘉鱼县鱼岳镇沙阳大道 111 号	437200
中国银行股份有限公司崇阳支行	崇阳县天城镇民主路 21 号	437500
中国银行股份有限公司崇阳天城支行	崇阳县天城镇沿河路 341 号	437500
中国银行股份有限公司赤壁支行	赤壁市沿河大道	437300

续表 7－2－1－7

机 构 名 称	地 址	邮编
中国银行股份有限公司赤壁赤马港支行	赤壁市河北大道	437300
中国银行股份有限公司赤壁中达分理处	赤壁市大桥路 6 号	437300
中国银行股份有限公司通山分理处	通山县通羊镇洋都大道和九宫路交叉处	437600
中国银行股份有限公司随州支行	随州市大十字街 87 号	441300
中国银行股份有限公司随州曾都支行	随州市烈山大道 69 号	441300
中国银行股份有限公司随州解放路分理处	随州市解放路 25 号	441300
中国银行股份有限公司随州四方大成分理处	随州市烈山大道 195 号	441300
中国银行股份有限公司随州舜源分理处	随州市舜井大道 152 号	441300
中国银行股份有限公司随州广场分理处	随州市烈山大道乌龙巷拨社印刷厂旁	441300
中国银行股份有限公司广水支行	广水市应山办事处永阳大道 24 号	432700
中国银行股份有限公司广水武胜支行	广水市广水办事处武元路 142 号	432721
中国银行股份有限公司广水应山支行	广水市应山办事处西正街 65 号	432700
中国银行股份有限公司恩施分行	**恩施市航空路 35 号**	**445000**
中国银行股份有限公司恩施舞阳支行	恩施市东风大道 15 号	445000
中国银行股份有限公司恩施施州大道支行	恩施市施州大道 53 号	445000
中国银行股份有限公司恩施土桥坝分理处	恩施市舞阳大道 223 号	445000
中国银行股份有限公司恩施小渡船分理处	恩施市施州大道 47 号	445000
中国银行股份有限公司巴东支行	巴东县信陵镇楚天路 39 号	444300
中国银行股份有限公司建始支行	建始县业州镇业州大道 125 号	445300
中国银行股份有限公司来凤支行	来凤县翔凤镇渝鄂路	445700
中国银行股份有限公司鹤峰支行	鹤峰县容美镇中坝路 45 号	444800
中国银行股份有限公司仙桃支行	仙桃市复州大道 172 号	433000
中国银行股份有限公司仙桃复州支行	仙桃市仙桃大道西端	433000
中国银行股份有限公司仙桃南区支行	仙桃市仙桃大道 36 号	433000
中国银行股份有限公司仙桃商城支行	仙桃市沔阳大道 43 号	433000
中国银行股份有限公司仙桃西端支行	仙桃市沔阳大道 2 号	433000
中国银行股份有限公司仙桃钱沟支行	仙桃市沔阳大道 69 号	433000
中国银行股份有限公司仙桃长虹支行	仙桃市长虹路 4 号	433000
中国银行股份有限公司仙桃花源支行	仙桃市大新路 50 号	433000
中国银行股份有限公司潜江支行	潜江市园林办事处章华中路 29 号	433100
中国银行股份有限公司潜江江河分理处	潜江市园林办事处章华南路 26 号	433100
中国银行股份有限公司潜江园林支行	潜江市园林办事处东风路 85 号	433100
中国银行股份有限公司潜江工艺分理处	潜江市园林办事处江汉路 6 号	433100
中国银行股份有限公司潜江广华支行	潜江市广华办事处广华大道	433124
中国银行股份有限公司潜江三电分理处	潜江市江汉油田向阳区友谊路电力大楼	433123
中国银行股份有限公司潜江开发分理处	潜江市江汉油田向阳区工农路 1 号 02 号房 1 楼	433123
中国银行股份有限公司潜江向阳支行	潜江市广华向阳矿区	433123

续表 7－2－1－7

机构名称	地址	邮编
中国银行股份有限公司潜江广聚分理处	潜江市广华办事处小区 2 栋 1 楼	433124
中国银行股份有限公司潜江广源分理处	潜江市广华办事处广华大道	433124
中国银行股份有限公司天门支行	天门市竟陵船闸北路 20 号	431700
中国银行股份有限公司天门岳口支行	天门市岳口解放大道 94 号	431702
中国银行股份有限公司天门竟陵支行	天门市竟陵鸿渐路 56 号	431700
中国银行股份有限公司天门茶圣分理处	天门市竟陵人民大道(西)53 号	431700
中国银行股份有限公司天门庆云分理处	天门市竟陵钟惺大道 88 号	431700
中国银行股份有限公司天门东方分理处	天门市竟陵人民大道(东)68 号	431700

中国建设银行股份有限公司湖北省分行

表 7－2－1－8

机构名称	地址	负责人	电话	邮编
中国建设银行股份有限公司湖北省分行营业部	**武汉市汉口建设大道 709 号**	**张绍恩**	**027－65775251**	**430015**
中国建设银行股份有限公司武汉省直支行	武汉市武昌区中南路 1 号	王正新	027－87894347	430071
中国建设银行股份有限公司武汉江岸支行	武汉市汉口解放大道 1328 号	蒋　勇	027－82740122	430010
中国建设银行股份有限公司武汉钢城支行	武汉市武昌区纺机路 33 号	虢春华	027－86864442	430063
中国建设银行股份有限公司武汉开发区支行	武汉市武汉经济技术开发区创业道 10 号	程志伟	027－84897068	430056
中国建设银行股份有限公司武汉东西湖支行	武汉市东西湖吴家山东吴大道 171 号	熊小勇	027－83891338	430040
中国建设银行股份有限公司武汉蔡甸支行	武汉市蔡甸区蔡甸街新福路 492 号	董国飞	027－84942045	430100
中国建设银行股份有限公司武汉黄陂支行	武汉市黄陂百秀街 30 号	李长城	027－61002026	430300
中国建设银行股份有限公司武汉新洲支行	武汉市新洲区新洲大街 134 号	章培毅	027－86921337	430400
中国建设银行股份有限公司武汉江夏支行	武汉市江夏区纸坊街兴新街 357 号	张叶文	027－87953545	430200
中国建设银行股份有限公司武汉汉龙支行	武汉市江岸区澳门路 112 号	李　翎	027－82432670	430016
中国建设银行股份有限公司黄石分行	**黄石市颐阳路 560 号**	**陶霄云**	**0714－6224698**	**435000**
中国建设银行股份有限公司襄樊分行	**襄樊市长征路 34 号**	**王　波**	**0710－3461796**	**441000**
中国建设银行股份有限公司荆州分行	**荆州市荆北路 20 号**	**艾国正**	**0716－8450029**	**434100**

续表 7－2－1－8

机构名称	地址	负责人	电话	邮编
中国建设银行股份有限公司十堰分行	十堰市朝阳北路 2 号	李　明	0719－8697866	442000
中国建设银行股份有限公司孝感分行	孝感市城站路 38 号	三　鑫	0712－2854802	432000
中国建设银行股份有限公司荆门分行	荆门市象山一路 19 号	徐汉丹	0724－2378163	448000
中国建设银行股份有限公司鄂州分行	鄂州市滨湖路北路特 1 号	吴元斌	0711－3222063	436000
中国建设银行股份有限公司黄冈分行	黄冈开发区新港大道 118 号	江沂斌	0713－8826388	438000
中国建设银行股份有限公司咸宁分行	咸宁市温泉潜山路 32 号	段　健	0715－8256001	437100
中国建设银行股份有限公司随州分行	随州市沿河大道 98 号	代士玉	0722－3262388	441300
中国建设银行股份有限公司恩施分行	恩施市东风大道 571 号	王启驷	0718－8294104	445000

交通银行股份有限公司武汉分行

表 7－2－1－9

机构名称	地址	负责人	电话	邮编
交通银行股份有限公司武汉分行营业部	武汉市汉口建设大道 847 号	魏静怡	027－85487169	430015
交通银行股份有限公司武汉江岸支行	武汉市江岸区解放大道 1501 号	尤卫红	027－85711753	430016
交通银行股份有限公司武汉三阳路支行	武汉市江岸区三阳路 88 号	王雅琳	027－82728642	430014
交通银行股份有限公司武汉南京路支行	武汉市江岸区胜利街福宁阁 1 楼	肖丽萍	027－82839955	430014
交通银行股份有限公司武汉保成路支行	武汉市江岸区江汉二路 135 号	李　静	027－82813610	430014
交通银行股份有限公司武汉香港路支行	武汉市江岸区建设大道 702 号	易　燕	027－85482156	430015
交通银行股份有限公司武汉花桥支行	武汉市汉口江大路 18 号	张永华	027－82618325	430019
交通银行股份有限公司武汉江大路支行	武汉市汉口江大路 98 号	张学芳	027－82631651	430019
交通银行股份有限公司武汉竹叶支行	武汉市汉口江大路 163－165 号	田　昱	027－82624461	430019
交通银行股份有限公司武汉解放公园路支行	武汉市汉口惠济路 213 号	孙文英	027－82863051	430012

续表 7－2－1－9

机构名称	地址	负责人	电话	邮编
交通银行股份有限公司武汉二七支行	武汉市汉口解放大道 2251 号	汪　柯	027－82873814	430022
交通银行股份有限公司武汉江汉支行	武汉市江汉区新华下路 27 号	车　敬	027－85616197	430015
交通银行股份有限公司武汉大兴路支行	武汉市江汉区沿河大道 68 号	汪　芳	027－85671152	430015
交通银行股份有限公司武汉天安支行	武汉市江汉区单洞路特 1 号	马志荣	027－85424675	430022
交通银行股份有限公司武汉友谊路支行	武汉市江汉区友谊路 108 号	杨　君	027－85813452	430022
交通银行股份有限公司武汉北湖支行	武汉市江汉区青年路 356 号	吴正彬	027－85782023	430015
交通银行股份有限公司武汉高雄支行	武汉市江汉区北湖正街 6 号	寇重阳	027－85805757	430015
交通银行股份有限公司武汉六渡桥支行	武汉市江汉区满春街中山大道 600 号	余　洁	027－85368366	430020
交通银行股份有限公司武汉发展大道支行	武汉市汉口发展大道 166 号	田理德	027－85617564	430023
交通银行股份有限公司武汉振兴路支行	武汉市江汉区振兴路 288 号	阮　曾	027－83556766	430023
交通银行股份有限公司武汉硚口支行	武汉市硚口区建设大道 613 号	刘　华	027－83626527	430030
交通银行股份有限公司武汉营房新村支行	武汉市硚口宝丰路 93 号	何　莉	027－83621926	430030
交通银行股份有限公司武汉宝丰路支行	武汉市硚口区解放大道 586 号	赵　慧	027－83777213	430030
交通银行股份有限公司武汉利北路支行	武汉市汉口解放大道 634 号武汉新世界中心	曹颖炜	027－83778380	430032
交通银行股份有限公司武汉崇仁路支行	武汉市硚口区崇仁路 112 号	王　红	027－83764362	430030
交通银行股份有限公司武汉汉正街支行	武汉市汉口汉正街第一道 B1 区域蓝宝石座 1 楼	熊　超	027－85641585	430030
交通银行股份有限公司武汉太平洋支行	武汉市硚口区解放大道 509 号	王志国	027－83888792	430030
交通银行股份有限公司武汉古田支行	武汉市硚口区解放大道 213 号	李　涛	027－83832056	430030
交通银行股份有限公司武汉生活村支行	武汉市古田二路 39 号	陈　雯	027－83823501	430033
交通银行股份有限公司武汉汉阳支行	武汉市汉阳区鹦鹉大道 103 号	童　波	027－84845472	430050
交通银行股份有限公司武汉七里支行	武汉市汉阳区汉阳大道七里晴川 114－115 号	吴　锦	027－84872626	430050
交通银行股份有限公司武汉二桥支行	武汉市汉阳区玫瑰园西路特 1 号	张　剑	027－84871177	430050

续表 7－2－1－9

机构名称	地址	负责人	电话	邮编
交通银行股份有限公司武汉钟家村支行	武汉市汉阳区汉阳大道 166 号	文慧	027－84822634	430050
交通银行股份有限公司武汉经济技术开发区支行	武汉市武汉经济技术开发区创业路 16 号	周志伟	027－84896978	430056
交通银行股份有限公司武汉武昌支行	武汉市武昌区中南路 80 号	阮翔	027－87321675	430071
交通银行股份有限公司武汉大东门支行	武汉市武昌区民主路 524 号	叶萍	027－87367154	430071
交通银行股份有限公司武汉中华路支行	武汉市武昌区解放路 456 号	程建星	027－88870205	430060
交通银行股份有限公司武汉解放路支行	武汉市武昌区彭刘杨路 229 号	廖文峰	027－88862676	430060
交通银行股份有限公司武汉傅家坡支行	武汉市武昌区武珞路 356 号	明明	027－87364650	430070
交通银行股份有限公司武汉丁字桥支行	武汉市武昌区丁字桥 37 号	何慧芳	027－68871220	430070
交通银行股份有限公司武汉水果湖支行	武汉市武昌区中北路 98 号	谢嵘	027－87829950	430077
交通银行股份有限公司武汉东亭支行	武汉市武昌区黄鹂路 30 号	邹萍	027－86783060	430077
交通银行股份有限公司武汉徐东支行	武汉市武昌区徐东路 117 号	王灿坤	027－86768331	430077
交通银行股份有限公司武汉雄楚支行	武汉市武昌区雄楚大街 268 号	林文	027－87397116	430070
交通银行股份有限公司武汉东湖新技术开发区支行	武汉市武昌武珞路 798 号	朱琪	027－87862600	430070
交通银行股份有限公司武汉珞喻路支行	武汉市武昌区珞喻路 312 号	潘慧	027－87874793	430079
交通银行股份有限公司武汉卓刀泉支行	武汉市洪山区卓刀泉南路特 1 号	胡莹	027－87448402	430079
交通银行股份有限公司武汉鲁巷支行	武汉市东湖新技术开发区鲁巷光谷街 1 号	丁强	027－67885245	430073
交通银行股份有限公司武汉青山支行	武汉市青山区沿港路 1 号	姚斌	027－86864213	430080
交通银行股份有限公司武汉任家路支行	武汉市青山区和平大道 747 号	夏燕	027－86302361	430080
交通银行股份有限公司武汉武青支行	武汉市武昌区纺机路江南花园 1 栋 107 号	刘俊	027－86617377	430060
交通银行股份有限公司武汉钢都支行	武汉市青山区钢都花园 123 街（A3 区）	张梦陵	027－86569806	430081
交通银行股份有限公司武汉东西湖支行	武汉市东西湖吴家山东吴大道 84 号	闵启伟	027－83250706	430040
交通银行股份有限公司武汉阳逻支行	武汉市阳逻平江东路北侧	陈汉杰	027－86961992	430415

续表 7－2－1－9

机构名称	地址	负责人	电话	邮编
交通银行股份有限公司黄石分行	**黄石市颐阳路380号**	**汪道锦**	**0714－6238934**	**435000**
交通银行股份有限公司黄石分行营业部	黄石市颐阳路380号	王　雄	0714－6249292	435000
交通银行股份有限公司黄石胜阳港支行	黄石市劳动路108号	郭瑟闻	0714－6222600	435000
交通银行股份有限公司黄石冶钢支行	黄石市黄石大道314号	陈树华	0714－6480596	435000
交通银行股份有限公司黄石大桥支行	黄石市黄石大道1267号	宋　春	0714－6521119	435000
交通银行股份有限公司黄石开发区支行	黄石市桂林北路3号	曹　龙	0714－6356933	435000
交通银行股份有限公司黄石下陆支行	黄石市下陆大道13号	华先本	0714－5315938	435000
交通银行股份有限公司黄石大冶支行	黄石市大冶东风路8号	张君前	0714－8719110	435000
交通银行股份有限公司黄石广场路支行	黄石市广场路65号	胡继东	0714－6213874	435000
交通银行股份有限公司黄石芜湖路支行	黄石市黄石大道820号	胡高平	0714－6264986	435000
交通银行股份有限公司黄石沈家营支行	黄石市沈下路8号	田　展	0714－6571622	435000
交通银行股份有限公司黄石铁山支行	黄石市铁山大道23号	周　杨	0714－5415881	435000
交通银行股份有限公司黄石新华支行	黄石市大冶新华路133号	周国安	0714－8721188	435000
交通银行股份有限公司黄石花湖支行	黄石市宜黄路888号	程又河	0714－6237970	435000
交通银行股份有限公司襄樊分行	**襄樊市沿江大道特8号**	**李　俊**	**0710－3421850**	**441000**
交通银行股份有限公司襄樊分行营业部	襄樊市沿江大道特8号	汪　毅	0710－3421858	441001
交通银行股份有限公司宜昌分行	**宜昌市胜利四路22号**	**叶逢高**	**0717－6484982**	**443000**
交通银行股份有限公司宜昌营业部	宜昌市胜利四路22号	梁　军	0717－6485462	443000
交通银行股份有限公司宜昌西陵支行	宜昌市西陵一路28号	姜　宜	0717－6748148	443000
交通银行股份有限公司宜昌西坝支行	宜昌市西坝建设路24号	王章文	0717－6271704	443000
交通银行股份有限公司宜昌宜港支行	宜昌市夷陵路180号	彭锦峰	0717－6493425	443000
交通银行股份有限公司宜昌伍家支行	宜昌市白沙路1号	杨泽孝	0717－6562882	443000
交通银行股份有限公司宜昌环东支行	宜昌市环城东路145号	杨　军	0717－6741853	443000

续表 7－2－1－9

机构名称	地址	负责人	电话	邮编
交通银行股份有限公司宜昌红星支行	宜昌市二马路 24 号	占先来	0717－6241703	443000
交通银行股份有限公司宜昌夷陵支行	宜昌市夷陵区夷陵路 79 号	黄　斌	0717－7820177	443000
交通银行股份有限公司宜昌车站支行	宜昌市东山大道 120 号	杨志勇	0717－6440524	443000
交通银行股份有限公司宜昌葛洲坝支行	宜昌市东山大道 2－1 号	段　钢	0717－6852165	443000

招商银行股份有限公司武汉分行

表 7－2－1－10

机构名称	地址	负责人	电话	邮编
招商银行股份有限公司武汉分行营业部	武汉市江汉区建设大道 518 号招银大厦裙楼	李　妍	027－85743084	430022
招商银行股份有限公司武汉花桥支行	武汉市江岸区解放公园路 50 号永成大厦 1－2 楼	李建华	027－82639001	430019
招商银行股份有限公司武汉解放公园支行	武汉市江岸区解放大道 1338 号汉飞青年城 1 楼	罗　兵	027－82732910	430010
招商银行股份有限公司武汉青岛路支行	武汉市江岸区青岛路 5 号	杨　辉	027－82803139	430014
招商银行股份有限公司武汉循礼门支行	武汉市江汉区解放大道 1411 号	胡晓明	027－85751963	430022
招商银行股份有限公司武汉硚口支行	武汉市硚口区解放大道 612 号	杨　洁	027－83756645	430030
招商银行股份有限公司武汉汉阳支行	武汉市汉阳区鹦鹉大道 27 号铜锣湾广场 1 楼	肖胜虎	027－85482025	430022
招商银行股份有限公司武汉开发区支行	武汉市汉阳经济开发区创业大道 2 号	周学平	027－84213745	430056
招商银行股份有限公司武汉武昌支行	武汉市武昌区中南路 14 号	肖　磊	027－87257688	430071
招商银行股份有限公司武汉中铁支行	武汉市武昌区中山路 347 号中铁大厦 1 楼	陈小宇	027－88866855	430070
招商银行股份有限公司武汉首义支行	武汉市武昌区首义路 118 号	曹作芳	027－88066968	430061
招商银行股份有限公司武汉徐东支行	武汉市武昌区徐东大街 18 号销品茂 1 楼 B 区	王家瑶	027－68898098	430062
招商银行股份有限公司武汉水果湖支行	武汉市武昌区水果湖横路 15 号	张铁芳	027－87848341	430071
招商银行股份有限公司武汉青山支行	武汉市青山区工业三路鑫发大厦	胡建军	027－86363698	430080
招商银行股份有限公司武汉东湖支行	武汉市洪山区珞喻路 189 号	胡红艳	027－87883856	430079

续表 7－2－1－10

机构名称	地址	负责人	电话	邮编
招商银行股份有限公司武汉雄楚支行	武汉市洪山区雄楚大街 268 号	刘哲	027－87298958	430070
招商银行股份有限公司武汉光谷支行	武汉市东湖新技术开发区鲁巷光谷广场光谷步行街 1 号	李萍	027－67885231	430070
招商银行股份有限公司武汉洪山路支行	武汉市洪山路 16 号水果湖统战部大楼 1 楼	雷静	027－87718237	430072
招商银行股份有限公司武汉东西湖支行	武汉市东西湖区吴家山田园街 1138 号兆丰花园 1 楼	罗建祥	027－83225852	430040
招商银行股份有限公司黄石支行	黄石市劳动路 11 号	严立新	0714－6256870	430062
招商银行股份有限公司黄石挹江支行	黄石市武汉路 203 号	谢政	0714－6267658	430062
招商银行股份有限公司黄石下陆支行	黄石市下陆区下陆大道 44 号	周红军	0714－5320201	430062
招商银行股份有限公司黄石经济开发区支行	黄石市杭州西路 76 号	韩英	0714－6351696	430062
招商银行股份有限公司宜昌支行	宜昌市夷陵路 70 号	余志罡	0717－6251730	443000
招商银行股份有限公司宜昌西陵支行	宜昌市夷陵路 20 号	肖刚	0717－6852894	443000
招商银行股份有限公司宜昌中山路支行	宜昌市中山路 16 号	黄波	0717－6742113	443000
招商银行股份有限公司宜昌葛洲坝支行	宜昌市樵湖二路 9 号	祝捷	0717－6793848	443000

中国民生银行股份有限公司武汉分行

表 7－2－1－11

机构名称	地址	负责人	电话	邮编
中国民生银行股份有限公司武汉三阳支行	武汉市江岸区三阳路 128 号	田丰	027－82701007	430013
中国民生银行股份有限公司武汉京汉支行	武汉市江岸区京汉大道 894 号	王靖	027－82792757	430014
中国民生银行股份有限公司武汉花桥支行	武汉市江岸区黄孝河路 46 号	杨启顺	027－82601130	430019
中国民生银行股份有限公司武汉发展支行	武汉市江岸区发展大道 395－399 号 1、2 楼	赵予胜	027－82652940	430019
中国民生银行股份有限公司武汉青年支行	武汉市江汉区青年路 82 号元辰国际大厦裙楼 1、2 楼	赵迎春	027－85480326	430015
中国民生银行股份有限公司武汉新华支行	武汉市江汉区新华路 139 号	严凤美	027－85499027	430022
中国民生银行股份有限公司武汉汉正街支行	武汉市硚口区利济南路 25 号	刘建宏	027－85539627	430030

续表 7－2－1－11

机构名称	地址	负责人	电话	邮编
中国民生银行股份有限公司武汉硚口支行	武汉市硚口区解放大道 1079 号	唐丹	027－83661567	430030
中国民生银行股份有限公司武汉沌口支行	武汉市沌口经济技术开发区创业道 2 号	赵菁	027－84211592	430056
中国民生银行股份有限公司武汉武昌支行	武汉市武昌区中山路 312 号凤凰大厦 A 座 1、2 楼	胡小康	027－88914199	430061
中国民生银行股份有限公司武汉东湖支行	武汉市武昌区武珞路 288－1 号	程华	027－87271008	430070
中国民生银行股份有限公司武汉中南支行	武汉市武昌区中北路 1 号	亠红	027－87892549	430071
中国民生银行股份有限公司武汉水果湖支行	武汉市武昌区洪山路 28 号	陈浄直	027－87271213	430071
中国民生银行股份有限公司武汉青山支行	武汉市青山区红钢城沿港路 2 号	骆新伟	027－86850315	430080
中国民生银行股份有限公司武汉徐东支行	武汉市洪山区徐东大街 31 号	沈艳萍	027－86729335	430063
中国民生银行股份有限公司武汉光谷支行	武汉市洪山区珞喻路华光大道 18 号	马丽君	027－87617377	430074
中国民生银行股份有限公司武汉洪山支行	武汉市洪山区珞喻路 424 号	尤明亮	027－87526519	430079

中国光大银行股份有限公司武汉分行

表 7－2－1－12

机构名称	地址	负责人	电话	邮编
中国光大银行股份有限公司武汉分行营业部	武汉市汉口沿江大道 143 号	王新忠	027－82796280	430014
中国光大银行股份有限公司武汉汉口支行	武汉市江汉区姑嫂树路 15 号	章灵洁	027－85876573	430024
中国光大银行股份有限公司武汉江汉支行	武汉市江汉路 257 号	张津	027－85410075	430022
中国光大银行股份有限公司武汉新华支行	武汉市江汉区新华路 186 号	王艳	027－59318805	430022
中国光大银行股份有限公司武汉桥口支行	武汉市硚口区解放大道 355 号	炼炳望	027－83881482	430034
中国光大银行股份有限公司武汉汉阳支行	武汉市汉阳区王家湾十升路特 1 号	张三忠	027－59405100	430051
中国光大银行股份有限公司武汉开发区支行	武汉市汉阳区拦江路 219 号	郑浩荣	027－84842238	430050
中国光大银行股份有限公司武汉武昌支行	武汉市洪山区鲁磨路 118 号	申学军	027－87785180	430074
中国光大银行股份有限公司武汉中南支行	武汉市武昌区八一路 9 号	王能文	027－87891757	430071

续表 7－2－1－12

机构名称	地址	负责人	电话	邮编
中国光大银行股份有限公司武汉紫阳支行	武汉市武昌区紫阳路 228 号	易芳	027－88067633	430064
中国光大银行股份有限公司武汉中北支行	武汉市武昌区中北路 148 号	黄小红	027－87897527	430071
中国光大银行股份有限公司武汉青山支行	武汉市青山区冶金大道 14 号	孙勇	027－86852656	430080
中国光大银行股份有限公司武汉洪山支行	武汉市洪山区武珞路 745 号	汪蔚	027－87868055	430074
中国光大银行股份有限公司武汉黄鹤楼支行	武汉市武昌区解放路 466－472 号	吕为农	027－88720618	430060
中国光大银行股份有限公司武汉东湖支行(筹)	武汉市东湖新技术开发区南湖南路 8 号	张启斌	027－87055706	430074

中信银行股份有限公司武汉分行

表 7－2－1－13

机构名称	地址	负责人	电话	邮编
中信银行股份有限公司武汉分行营业部	武汉市江汉区建设大道 747 号中信银行大厦(长江日报路口)	胡伟	027－85355211	430015
中信银行股份有限公司武汉分行江汉路支行	武汉市江岸区江汉路 120 号(武汉中心百货商场对面)	钱伟	027－82781666	430014
中信银行股份有限公司武汉分行汉口支行	武汉市江汉区发展大道 176 号(汉口火车站对面兴城大厦 1 楼)	胡建虹	027－65681045	430023
中信银行股份有限公司武汉分行竹叶山支行	武汉市江岸区黄孝河路 99 号(竹叶山汽车市场对面)	王鹏	027－82638888	430010
中信银行股份有限公司武汉分行王家墩支行	武汉市硚口区建设大道 384 号(湖北省公路局大楼 1 楼)	刘德莉	027－83669219	430071
中信银行股份有限公司武汉分行汉正街支行	武汉市江汉区汉正街多福路 8 号(中心商城 1－2 楼)	曹莉	027－85386888	430031
中信银行股份有限公司武汉分行新世界支行	武汉市硚口区解放大道 634 号新世界中心 A 座 3 楼	李庆来	027－83735066	430030
中信银行股份有限公司武汉分行汉阳支行	武汉市汉阳区鹦鹉大道 130 号特 1 号(翠微路口)	程万里	027－84840466	430050
中信银行股份有限公司武汉分行开发区支行	武汉市武汉经济技术开发区神龙街 122 号	徐玉洁	027－82411111	430056
中信银行股份有限公司武汉分行东风支行	武汉市武汉经济技术开发区东风大道特 1 号东风大厦附楼	徐玉洁	027－84282900	430056
中信银行股份有限公司武汉分行武昌支行	武汉市武昌区解放路 175 号(解放路与紫阳路口)	何巍	027－88325311	430080
中信银行股份有限公司武汉分行水果湖支行	武汉市武昌区水果湖横路 11 号(1 路电车起点站对面)	曾卫国	027－87122288	430030
中信银行股份有限公司武汉分行梨园支行	武汉市武昌区徐东大街 351 号(长源电力商务中心 1 楼)	吴纯	027－88566326	430077

续表 7－2－1－13

机构名称	地址	负责人	电话	邮编
中信银行股份有限公司武汉分行青山支行	武汉市青山区和平大道1544号(青山商场旁)	李敏林	027－86866910	430060
中信银行股份有限公司武汉分行武钢支行	武汉市徐东友谊大道508号(万利广场1－2楼)	李敏林	027－86615680	430062
中信银行股份有限公司武汉分行东湖支行	武汉市洪山区珞喻路218号(武汉数码港旁)	王　艺	027－87806166	430074
中信银行股份有限公司武汉分行东西湖支行	武汉市东西湖大道(107国道)1818号金山大厦1楼	孙晓军	027－83080699	430040
中信银行股份有限公司黄石支行	黄石市黄石港区天津路129号	夏　平	0714－6222225	435000

华夏银行股份有限公司武汉分行

表 7－2－1－14

机构名称	地址	负责人	电话	邮编
华夏银行股份有限公司武汉分行营业部	武汉市武昌区民主路786号	杨　伟	027－87266648	430022
华夏银行股份有限公司武汉分行汉口支行	武汉市汉口建设大道558号	王　波	027－85491832	430022
华夏银行股份有限公司武汉分行江岸支行	武汉市江汉区前进四路227号	柳　非	027－82791679	430022
华夏银行股份有限公司武汉分行解放支行	武汉市江岸区解放大道1070号西马路口	王　颖	027－82755128	430014
华夏银行股份有限公司武汉分行滨江支行	武汉市江岸区三阳路11号	肖志勇	027－82779528	430010
华夏银行股份有限公司武汉分行江汉支行	武汉市江汉区常青路常宁里特1号(台银大厦)	刘　勇	027－83363056	430023
华夏银行股份有限公司武汉分行硚口支行	武汉市汉口建设大道316号	叶　曼	027－83655396	430033
华夏银行股份有限公司武汉分行开发区支行	武汉市武汉经济技术开发区神龙街126号	王书杰	027－84210076	430056
华夏银行股份有限公司武汉分行武昌支行	武汉市武昌区中北路24号	贾艳敏	027－87277636	430072
华夏银行股份有限公司武汉分行雄楚支行	武汉市洪山区珞狮北路441号	胡耀华	027－87299098	430070
华夏银行股份有限公司武汉分行徐东支行	武汉市武昌友谊大道508号时尚欧洲9号楼	霍德璞	027－86616016	430062
华夏银行股份有限公司武汉分行洪山支行	武汉市洪山区珞狮北路2号	高　波	027－87215257	430072
华夏银行股份有限公司武汉分行东湖支行	武汉市洪山区珞喻路吴家湾邮科院特1号	张世强	027－87690336	430074
华夏银行股份有限公司武汉分行东西湖支行	武汉市东西湖区吴家山街东吴大道138号	李兴桃	027－83224638	430040

兴业银行股份有限公司武汉分行

表 7－2－1－15

机构名称	地址	负责人	电话	邮编
兴业银行股份有限公司武汉分行营业部	武汉市武昌区中北路156号长源大厦	洪 灵	027－86798967	430077
兴业银行股份有限公司武汉江岸支行	武汉市汉口球场路44－7号	张婉红	027－82449719	430022
兴业银行股份有限公司武汉长江支行	武汉市江岸区解放大道1276号俊华雅苑	刘 琳	027－82728766	430016
兴业银行股份有限公司武汉汉口支行	武汉市汉口青年路277号	沈先文	027－83636766	430035
兴业银行股份有限公司武汉建设支行	武汉市江岸区解放公园路83号金色华府1栋1单元1－2楼	蒋红玲	027－82659738	430010
兴业银行股份有限公司武汉硚口支行	武汉市汉口解放大道582号同馨花园	夏若兰	027－83776799	430030
兴业银行股份有限公司武汉汉正街支行	武汉市硚口区汉正街多福路商城北区1－2楼	曹 毅	027－85372228	430000
兴业银行股份有限公司武汉经济开发区支行	武汉市武汉经济技术开发区创业路140号	文敦勇	027－84897089	430056
兴业银行股份有限公司武汉武昌支行	武汉市武昌区友谊大道特2号新长江广场裙楼	阮雄华	027－88845766	430060
兴业银行股份有限公司武汉青山支行	武汉市武昌区友谊大道996号华城广场24栋	刘 宏	027－86501735	430063
兴业银行股份有限公司武汉水果湖支行	武汉市武昌东湖路98号	翁 浩	027－87304332	430071
兴业银行股份有限公司武汉东湖支行	武汉市洪山区珞喻路58号国际商务大厦	胡奇文	027－87168589	430079
兴业银行股份有限公司武汉光谷支行	武汉市东湖新技术开发区关山一路保利花园17栋A座1楼	李 卉	027－87420089	430030

上海浦东发展银行股份有限公司武汉分行

表 7－2－1－16

机构名称	地址	负责人	电话	邮编
上海浦东发展银行股份有限公司武汉分行营业部	武汉市武昌区洪山路1号(洪山广场中国电信旁)	刘利兵	027－67810865	430071
上海浦东发展银行股份有限公司武汉分行江汉支行	武汉市江汉区新华下路特8号(江汉区政府旁)	陆 慧	027－65799717	430015
上海浦东发展银行股份有限公司武汉分行光谷支行	武汉市洪山区珞喻路716号(华乐商务中心一楼)	谭海涛	027－87538699	430074
上海浦东发展银行股份有限公司武汉分行沿江支行	武汉市江岸区沿江大道133号(江汉路步行街入口)	俞 波	027－82761401	430014
上海浦东发展银行股份有限公司武汉分行沌口支行	武汉市沌口经济技术开发区东风三路1号(东合中心C座)	胡立国	027－84297626	430056

续表 7－2－1－16

机　构　名　称	地　　址	负责人	电　话	邮　编
上海浦东发展银行股份有限公司武汉分行武昌支行	武汉市武昌区紫阳路 268 号（紫阳路中百仓储旁）	王　翔	027－88058057	430064
上海浦东发展银行股份有限公司武汉分行江岸支行	武汉市江岸区建设大道 976 号（武汉晚报对面）	李　刚	027－82650746	430015
上海浦东发展银行股份有限公司武汉分行青山支行	武汉市青山区友谊大道 996 号（华城广场）	刘天伦	027－86501241	430063
上海浦东发展银行股份有限公司武汉分行硚口支行	武汉市硚口区解放大道 1045 号（宝丰时代大厦）	黄　伟	027－83612730	430030
上海浦东发展银行股份有限公司武汉分行常青支行	武汉市江汉区常青路常宁里特 1 号	苏　青	027－83363110	430024
上海浦东发展银行股份有限公司武汉分行关山支行	武汉市东湖开发区关山一路创业街特一号 103	龙迎宾	027－87420285	430074
上海浦东发展银行股份有限公司武汉分行香港路支行	武汉市江汉区香港路 8 号	方　璐	027－82420100	430015

广东发展银行股份有限公司武汉分行

表 7－2－1－17

机　构　名　称	地　　址	负责人	电　话	邮　编
广东发展银行股份有限公司武汉江岸支行	武汉市江岸区大智路 123 号	姜　杰	027－82805161	430014
广东发展银行股份有限公司武汉硚口支行	武汉市硚口区解放大道 558 号葛洲坝大酒店	俞　骅	027－83807133	430032
广东发展银行股份有限公司武汉沌口支行	武汉市沌口开发区东风大道 518 号金凯购物中心	庞志凌	027－84297219	430056
广东发展银行股份有限公司武汉武昌支行	武汉市武昌区水果湖横路 11－13 号	谌赞伟	027－87308611	430071
广东发展银行股份有限公司武汉武珞支行	武汉市武昌区武珞路 568 号	吴嘉宏	027－87259940	430060
广东发展银行股份有限公司武汉徐东支行	武汉市武昌区徐东大街 18 号武汉销品茂 1 楼	彭丽斯	027－68898081	430062
广东发展银行股份有限公司武汉青山支行	武汉市青山区工业大道 3 号一冶科技大楼	胡建国	027－86854646	430080
广东发展银行股份有限公司武汉东西湖支行	武汉市东西湖区吴家山四明路特 1 号	杯　芬	027－83890921	430040
广东发展银行股份有限公司武汉东湖支行	武汉市武昌珞喻路 548 号武汉科技会展中心 1 楼	邓　凯	027－67880676	430079

汉口银行股份有限公司

表 7-2-1-18

机构名称	地址	邮编
汉口银行股份有限公司营业部	武汉市江汉区建设大道 933 号	430015
汉口银行股份有限公司马场路支行	武汉市江汉区发展大道 188 号(武汉市公安局办公楼 1 楼 107 室)	430023
汉口银行股份有限公司一元路支行	武汉市江岸区胜利街 206 号	430014
汉口银行股份有限公司胜利街支行	武汉市江岸区胜利街 123 号	430014
汉口银行股份有限公司黄石路支行	武汉市江岸区黄石路 1 号	430018
汉口银行股份有限公司球场路支行	武汉市江岸区球场路 46 号	430010
汉口银行股份有限公司二七支行	武汉市江岸区解放大道 1738－1740 号	430011
汉口银行股份有限公司张自忠路支行	武汉市江岸区胜利街 306 号	430010
汉口银行股份有限公司循礼门支行	武汉市江岸区京汉大道 858 号	430010
汉口银行股份有限公司黄浦支行	武汉市江岸区京汉大道 1191 号	430010
汉口银行股份有限公司五福路支行	武汉市江岸区中山大道 1412 号	430010
汉口银行股份有限公司解放公园路支行	武汉市江岸区解放公园路 53 号	430010
汉口银行股份有限公司北湖支行	武汉市江汉区新华下路特 8 号 1－2 楼	430015
汉口银行股份有限公司青年路支行	武汉市江汉区青年路 269 号	430015
汉口银行股份有限公司长江日报路支行	武汉市江汉区长江日报路 47 号	430015
汉口银行股份有限公司复兴村支行	武汉市江汉区复兴村 15 栋 1 楼	430021
汉口银行股份有限公司台北路支行	武汉市江岸区台北路 149 号	430015
汉口银行股份有限公司红旗渠路支行	武汉市江汉区红旗渠路 95 号 1 楼	430021
汉口银行股份有限公司王家巷支行	武汉市江汉区沿江大道 52 号	430020
汉口银行股份有限公司前进一路支行	武汉市江汉区前进一路 169 号	430022
汉口银行股份有限公司民生路支行	武汉市江汉区统一街 234 号	430014
汉口银行股份有限公司前进支行	武汉市江汉区江汉二路 4 号	430014
汉口银行股份有限公司顺道街支行	武汉市硚口区利济北路 80－3 号	430031
汉口银行股份有限公司游艺路支行	武汉市硚口区顺道街 155 号	430031
汉口银行股份有限公司万达商业广场支行	武汉市江汉区万达商业广场沃尔玛超市 1 楼 33－37 号商铺	430014
汉口银行股份有限公司中山大道支行	武汉市硚口区中山大道 279 号	430031
汉口银行股份有限公司汉正街支行	武汉市硚口区利济南路 107－109 号	430031
汉口银行股份有限公司江汉桥支行	武汉市硚口区汉正街 460 号	430031
汉口银行股份有限公司民族路支行	武汉市江汉区大兴路 21 号	430031
汉口银行股份有限公司第一大道支行	武汉市硚口区汉正街西区翡翠座 1F27－29、S28－30	430031
汉口银行股份有限公司集家嘴支行	武汉市江汉区汉正街 831 号	430031
汉口银行股份有限公司宝庆街支行	武汉市硚口区汉正街金昌轻纺城 E 区 43 号	430031
汉口银行股份有限公司清芬路支行	武汉市江汉区清芬 1 路 46 号	430031
汉口银行股份有限公司武胜路支行	武汉市硚口区中山大道 171 号	430030

续表 7－2－1－18

机构名称	地址	邮编
汉口银行股份有限公司航空路支行	武汉市硚口区航空路 1—5 号	430030
汉口银行股份有限公司京汉大道支行	武汉市硚口区京汉大道 168 号中侨大厦	430030
汉口银行股份有限公司宝丰路支行	武汉市硚口区宝丰路 23 号 1 号楼天骄国际 1 楼	430030
汉口银行股份有限公司解放大道支行	武汉市硚口区解放大道 537 号	430030
汉口银行股份有限公司古田支行	武汉市硚口区解放大道 135 号	430030
汉口银行股份有限公司建设大道支行	武汉市硚口区汉口建设大道 418 号	430030
汉口银行股份有限公司宗关支行	武汉市硚口区解放大道 353 号	430030
汉口银行股份有限公司钟家村支行	**武汉市汉阳区鹦鹉大道 184 号**	**430050**
汉口银行股份有限公司鹦鹉大道支行	武汉市汉阳区鹦鹉大道 502 号	430050
汉口银行股份有限公司汉阳大道支行	武汉市汉阳区汉阳大道 590 号	430050
汉口银行股份有限公司龙阳大道支行	武汉市汉阳区龙阳大道特 8 号	430050
汉口银行股份有限公司江汉二桥支行	武汉市汉阳区汉阳大道 698 号	430050
汉口银行股份有限公司武汉经济技术开发区支行	武汉市武汉经济技术开发区创业路 10 号	430056
汉口银行股份有限公司大东门支行	**武汉市武昌区中山路 440 号**	**430060**
汉口银行股份有限公司千家街支行	武汉市武昌区中山路 500 号	430060
汉口银行股份有限公司梅苑支行	武汉市武昌区付家坡梅苑小区 8 号	430060
汉口银行股份有限公司南大门支行	武汉市武昌区栅栏口 1 号	430060
汉口银行股份有限公司紫阳路支行	武汉市武昌区首义新村 26 栋 9 号	430060
汉口银行股份有限公司保安街支行	武汉市武昌区解放路 251 号	430060
汉口银行股份有限公司解放路支行	武汉市武昌区解放路 429 号	430060
汉口银行股份有限公司付家坡支行	武汉市武昌区武珞路 393 号	430060
汉口银行股份有限公司积玉桥支行	**武汉市武昌区和平大道 29 号**	**430062**
汉口银行股份有限公司中山路支行	武汉市武昌区中山路 307 号	430061
汉口银行股份有限公司小东门支行	武汉市武昌区新民主路 532 号	430071
汉口银行股份有限公司民主路支行	武汉市武昌区民主路 385 号	430061
汉口银行股份有限公司洪山路支行	**武汉市武昌区洪山路 33 号**	**430070**
汉口银行股份有限公司中南路支行	武汉市武昌区中南路 79 号	430072
汉口银行股份有限公司水果湖支行	武汉市武昌区东湖路 1—3 号	430071
汉口银行股份有限公司东亭路支行	武汉市武昌区黄鹂路 51 号	430071
汉口银行股份有限公司华电支行	武汉市武昌区徐东路 178 号	430062
汉口银行股份有限公司红钢城支行	**武汉市青山区沿港路 5 号**	**430080**
汉口银行股份有限公司钢花支行	武汉市青山区建设二路 58 号	430080
汉口银行股份有限公司工业二路支行	武汉市青山区冶金大道 12 号	430080
汉口银行股份有限公司任家路支行	武汉市青山区任家路特 1 号	430080
汉口银行股份有限公司武珞路支行	**武汉市武昌区武珞路 586 号**	**430070**
汉口银行股份有限公司珞狮路支行	武汉市武昌区珞狮路 8—3 号	430070
汉口银行股份有限公司街道口支行	武汉市武昌区武珞路 745 号	430070

续表 7－2－1－18

机构名称	地址	邮编
汉口银行股份有限公司雄楚大街支行	武汉市洪山区雄楚大街 229 号	430070
汉口银行股份有限公司卓刀泉支行	武汉市洪山区珞喻路 188－2 号	430070
汉口银行股份有限公司珞珈山支行	武汉市武昌区珞珈山东中区珞南二路 8 栋西边	430070
汉口银行股份有限公司华农大支行	武汉市武昌区华中农业大学校门外梧桐路 5 号	430070
汉口银行股份有限公司虎泉支行	武汉市武昌区卓刀泉路 126 号	430070
汉口银行股份有限公司发展大道支行	武汉市江岸区发展大道 363 号	430081
汉口银行股份有限公司竹叶山支行	武汉市江岸区竹叶山汽车市场 65－67 号	430081
汉口银行股份有限公司东西湖支行	武汉市东西湖区吴家山吴中路 288 号	430040
汉口银行股份有限公司舵落口支行	武汉市东西湖区舵落口大市场内东西湖特 1 号	430040
汉口银行股份有限公司徐东路支行	武汉市武昌区徐东小区 21 栋	430062
汉口银行股份有限公司余家头支行	武汉市武昌区余家头特 8 号	430063
汉口银行股份有限公司东湖新技术开发区支行	武汉市洪山区珞喻路 540 号	430079
汉口银行股份有限公司关山支行	武汉市东湖新技术开发区华光大道特 1 号	430074
汉口银行股份有限公司新路支行	武汉市江岸区胜利街 295 号	430014
汉口银行股份有限公司鄂州分行	鄂州市鄂城区文星路 59 号	436000

黄石市商业银行股份有限公司

表 7－2－1－19

机构名称	地址	负责人	电话	邮编
黄石市商业银行股份有限公司营业部	黄石市延安路 28 号	田青松	0714－6522482	435001
黄石市商业银行股份有限公司信联支行	黄石市劳动路 96 号	张文晖	0714－6233214	435000
黄石市商业银行股份有限公司集兴支行	黄石市颐阳路 129 号	赵　波	0714－6213262	435000
黄石市商业银行股份有限公司科技支行	黄石市武汉路 275 号	熊建平	0714－6221264	435000
黄石市商业银行股份有限公司开发区支行	黄石市杭州路 98 号	詹　莹	0714－6351839	435003
黄石市商业银行股份有限公司团城山支行	杭州西路 36 号财苑小区	黄　婷	0714－6350309	435003
黄石市商业银行股份有限公司花湖支行	黄石市湖滨大道 1858 号(人事局 1 楼)	范　平	0714－6575075	435003
黄石市商业银行股份有限公司新下陆支行	黄石市下陆大道 81 号	那建新	0714－5317102	435004
黄石市商业银行股份有限公司下陆支行	黄石市老下陆神牛路口	唐克勤	0714－5317223	435004
黄石市商业银行股份有限公司铁山支行	黄石市铁山大道 28 号	蒋军旭	0714－5418490	435005

续表 7－2－1－19

机 构 名 称	地 址	负责人	电 话	邮 编
黄石市商业银行股份有限公司八卦嘴支行	黄石市沿湖路 417 号	亶 玲	0714－6332066	435000
黄石市商业银行股份有限公司黄金山支行	黄石市工业新区金山街道办事处综合楼 1 楼	石 浩	0714－8631764	435111
黄石市商业银行股份有限公司阳新支行	阳新县陵园大道 70 号	刘银会	0714－7321026	435200
黄石市商业银行股份有限公司大冶支行	大冶市湖滨路湖滨大楼 1 号	陈松林	0714－8712666	435100

荆州市商业银行股份有限公司

表 7－2－1－20

机 构 名 称	地 址	负责人	电 话	邮 编
荆州市商业银行股份有限公司营业部	荆州市江津西路 68 号	张海英	0716－8420538	434020
荆州市商业银行股份有限公司长江支行	荆州市沙市区北京中路 356 号	鲁 平	0716－4316666	434000
荆州市商业银行股份有限公司楚都支行	荆州市荆州区荆东路 54 号	张 虹	0716－8442244	434100
荆州市商业银行股份有限公司春风支行	荆州市沙市区航空路 1 楼 A1 室	张惠芬	0716－8212343	434000
荆州市商业银行股份有限公司大庆路支行	荆州市沙市区金龙路 45 号－4 号	贺 君	0716－8257298	434000
荆州市商业银行股份有限公司电力支行	荆州市沙市区江津路 259 号	张红平	0716－8519810	434000
荆州市商业银行股份有限公司广厦支行	荆州市沙市区北湖小路产权管理中心新大楼附楼 2 号	鲁 平	0716－4316666	434000
荆州市商业银行股份有限公司红门路支行	荆州市沙市区红门路 26 号	张 剑	0716－8124326	434000
荆州市商业银行股份有限公司红苑支行	荆州市沙市区塔桥路 35 号	张应梅	0716－8519810	434000
荆州市商业银行股份有限公司江北支行	荆州市沙市区江汉路 51 号	胡红杰	0716－8122372	434000
荆州市商业银行股份有限公司江汉支行	荆州市沙市区江汉南路 7 号	黄 涛	0716－4315555	434000
荆州市商业银行股份有限公司江津路支行	荆州市沙市区江津西路 287 号	蔡 荣	0716－8268801	434000
荆州市商业银行股份有限公司荆城支行	荆州市荆州区荆北路 212 号	蔡 赟	0716－8496001	434100
荆州市商业银行股份有限公司荆南路支行	荆州市荆州区荆南路 30 号	李兰华	0716－8452055	434100
荆州市商业银行股份有限公司荆中路支行	荆州市荆州区拥军路 1 号	宁旭强	0716－8453756	434100
荆州市商业银行股份有限公司开发区支行	荆州市沙市区豉湖路 17 号	陈 思	0716－4300000	434000

续表 7－2－1－20

机构名称	地址	负责人	电话	邮编
荆州市商业银行股份有限公司廖子河支行	荆州市沙市区廖子河路 8 号蓝特商贸区 P2 区 353、354 室	刘　宣	0716－4302111	434000
荆州市商业银行股份有限公司新城支行	荆州市沙市区江津西路 288 号投资广场市政府服务中心 3 楼	张应梅	0716－8519810	434000
荆州市商业银行股份有限公司兴业支行	荆州市荆州区迎宾路 10 号 2 楼、3 楼	金贵焰	0716－8469186	434000
荆州市商业银行股份有限公司银海支行	荆州市沙市区北京中路 272 号	万立松	0716－8124559	434100
荆州市商业银行股份有限公司中山路支行	荆州市沙市区中山路 B 栋 B01、B02、B03 室	陈彩舞	0716－8236106	434000
荆州市商业银行股份有限公司沙市支行	荆州市沙市区北京西路 412－9 号	姚　戈	0716－8513247	434000
荆州市商业银行股份有限公司集联支行	荆州市沙市区公园路 2 号	赵洪涛	0716－4317688	434000
荆州市商业银行股份有限公司荆州支行	荆州市荆州区迎宾路 10 号	马先明	0716－8444936	434000
荆州市商业银行股份有限公司石首市支行	石首市绣林大道 54 号	肖文忠	0716－7291059	434000
荆州市商业银行股份有限公司松滋市支行	松滋市新江口镇金松大道 65 号	鲁　庆	0716－6267000	434000

孝感市商业银行股份有限公司

表 7－2－1－21

机构名称	地址	负责人	电话	邮编
孝感市商业银行股份有限公司营业部	孝感市槐荫大道 175 号	夏文杰	0712－2846661	432000
孝感市商业银行股份有限公司丹阳支行	孝感市城站路 98 号	江峻峰	0712－2322225	432000
孝感市商业银行股份有限公司槐荫支行	孝感市园北路	刘　志	0712－2847988	432000
孝感市商业银行股份有限公司三里棚支行	孝感市城站路 82 号	涂云舟	0712－2311689	432000
孝感市商业银行股份有限公司阳光女子支行	孝感市乾坤大道	王　燕	0712－2466638	432000
孝感市商业银行股份有限公司开发区支行	孝感市文化路 41 号	曾德辉	0712－2837498	432000
孝感市商业银行股份有限公司天仙支行	孝感市槐荫大道 29 号	戴　培	0712－2823590	432000
孝感市商业银行股份有限公司长征支行	孝感市长征路 225 号	祝道斌	0712－2311266	432000
孝感市商业银行股份有限公司兴源支行	孝感市长征路 2 号	张彦田	0712－2837548	432000
孝感市商业银行股份有限公司安陆支行	安陆市碧涢路 109 号	李精林	0712－5220899	432000
孝感市商业银行股份有限公司汉川支行	汉川市人民大道 209 号	马圣斌	0712－8396815	432000

宜昌市商业银行股份有限公司

表 7－2－1－22

机 构 名 称	地 址	负责人	电 话	邮 编
宜昌市商业银行股份有限公司总行营业部	宜昌市珍珠路 109 号	付 涛	0717－6268509	443000
宜昌市商业银行股份有限公司石板溪支行	宜昌市夷陵路 22 号	胡念东	0717－6855384	443000
宜昌市商业银行股份有限公司西陵支行	宜昌市西陵二路 25－27 号	霍 明	0717－6737591	443000
宜昌市商业银行股份有限公司环东支行	宜昌市环城东路 9 号	谢兆海	0717－6744617	443000
宜昌市商业银行股份有限公司东门支行	宜昌市西陵一路 70 号	谭惠予	0717－6771690	443000
宜昌市商业银行股份有限公司滨江支行	宜昌市沿江大道 95 号	覃德铭	0717－6911066	443000
宜昌市商业银行股份有限公司猇亭支行	宜昌市猇亭区猇亭大道	邓怒修	0717－6240574	443000
宜昌市商业银行股份有限公司云集支行	宜昌市解放路 51 号	陈 清	0717－6225375	443000
宜昌市商业银行股份有限公司南湖支行	宜昌市滨湖路 4 号	钟育红	0717－6223130	443000
宜昌市商业银行股份有限公司铁路坝支行	宜昌市夷陵路 52 号	黄 义	0717－6441307	443000
宜昌市商业银行股份有限公司万寿桥支行	宜昌市夷陵路 123 号	姚 虹	0717－6482169	443000
宜昌市商业银行股份有限公司五一广场支行	宜昌市伍家中心区 36 号	马传庆	0717－6556481	443000
宜昌市商业银行股份有限公司三峡支行	宜昌市东山大道 119 号	曾晓波	0717－6453182	443000
宜昌市商业银行股份有限公司胜利支行	宜昌市夷陵路 120 号	蒋斌渊	0717－6484642	443000
宜昌市商业银行股份有限公司白龙岗支行	宜昌市胜利四路 50 号	江 斌	0717－6454025	443000
宜昌市商业银行股份有限公司葛洲坝支行	宜昌市樵湖二路 10 号	李先贵	0717－6851111	443000
宜昌市商业银行股份有限公司东山支行	宜昌市东山隧道北口	尚红斌	0717－6333291	443000
宜昌市商业银行股份有限公司江南支行	宜昌市江南大道 115 号	刘汉东	0717－6671237	443000
宜昌市商业银行股份有限公司东湖支行	宜昌市东湖一路	宋友华	0717－6850697	443000
宜昌市商业银行股份有限公司晓溪塔支行	宜昌市夷陵区东湖路 5 号	王 文	0717－7829506	443000
宜昌市商业银行股份有限公司宜都支行	宜都市名都花园秀水苑 1 号	陶鸣东	0717－4839801	443000

续表 7－2－1－22

机构名称	地址	负责人	电话	邮编
宜昌市商业银行股份有限公司当阳支行	当阳市长坂路 209 号	讯运龙	0717－3220666	443000
宜昌市商业银行股份有限公司枝江支行	枝江市公园路 3 号	周　进	0717－4212371	443000

襄樊市商业银行股份有限公司

表 7－2－1－23

机构名称	地址	负责人	电话	邮编
襄樊市商业银行股份有限公司营业部	襄樊市樊城区长虹北路 5 号	丁晓丽	0710－3278222	441057
襄樊市商业银行股份有限公司襄城支行	襄樊市襄城区石壶巷	王雨霖	0710－3536844	441002
襄樊市商业银行股份有限公司车城支行	襄樊市汽车产业开发区车城一区	高　湘	0710－3310599	441004
襄樊市商业银行股份有限公司长虹支行	襄樊市樊城区长虹路 47 号	宋　兵	0710－3457279	441000
襄樊市商业银行股份有限公司樊城支行	襄樊市樊城区东风路 8 号	田　娟	0710－3485397	441003
襄樊市商业银行股份有限公司汉江支行	襄樊市樊城区炮铺街特 1 号	路　颖	0710－3485726	441003

汇丰银行(中国)有限公司武汉分行

表 7－2－1－24

机构名称	地址	负责人	电话	邮编
汇丰银行(中国)有限公司武汉分行新世界中心支行	武汉市汉口解放大道 632 号新世界中心 C 座地面层及 7 楼	王峻波	027－83850666	430030
汇丰银行(中国)有限公司武汉分行光谷中心支行	武汉市武昌区珞喻路 726 号武汉华美达光谷大酒店内 2 楼商铺 03、04 室	李　晖	027－65779888	430074
汇丰银行(中国)有限公司武汉分行中南支行	武汉市武昌区武珞路 442 号新时代商务中心首层东群楼商铺和 3 楼 04 及 05 单元办公楼	齐　昱	027－65779888	430064

湖北省农村信用社联合社

表 7－2－1－25

机　构　名　称	地　　址	负责人	电　话	邮　编
武汉市农村信用社合作社联合社	**武汉市汉口建设大道新华路口信合大厦**	**刘必金**	**027－85497188**	**430015**
武汉市农村信用社合作社联合社营业部	武汉市汉口建设大道新华路口信合大厦	杨云昊	027－85497412	430015
武汉市农村信用合作社联合营业部	武汉市汉口台北路 100 号	张　凯	027－85769209	430022
武汉市长丰农村信用合作社	武汉市汉口解放大道 1009 号(兴隆大厦 1－4 楼)	陈建波	027－83608069	430033
武汉市后湖农村信用合作社	武汉市江岸区建设大道 828 号	王华斌	027－82863950	430010
武汉市先锋农村信用合作社	武汉市江汉区新华下路 198－200 号	王宏玲	027－85607123	430023
武汉市汉阳农村信用合作社	武汉市汉阳区鹦鹉大道 289 号	王小乔	027－84516347	430050
武汉市沌阳农村信用合作社	武汉市经济技术开发区绿岛大厦	徐维松	027－84790831	430056
武汉市农村信用合作社武昌营业部	武汉市武昌区中山路 338 号	周　勇	027－88859344	430060
武汉市和平农村信用合作社	武汉市青山区罗家路特 3 号	程　辉	027－86558155	430080
武汉市江南农村信用合作社联合社	武汉市洪山区武珞路 586 号	周　楠	027－87647172	430070
武汉市东西湖区吴家山农村信用合作社	武汉市东西湖区吴家山梨花园小区特 2 号	廖正清	027－83218643	430040
武汉市汉南区农村信用合作社联合社	武汉市汉南区纱帽镇汉南大道 233 号	王　峰	027－84859751	430090
武汉市蔡甸区农村信用合作社联合社	武汉市蔡甸区树藩大街 1321 号	龚乃新	027－69812648	430100
武汉市江夏区农村信用合作联社	武汉市江夏区纸坊镇纸坊大街 36 号	余振华	027－81826617	430200
武汉市黄陂区农村信用合作社联合社	武汉市黄陂区前川街百秀街	周开华	027－61006158	430300
武汉市新洲区农村信用合作社联合社	武汉市新洲区邾城发展新区龙腾大道烟波路口	石东齐	027－89350869	430400
湖北省农村信用社联合社黄石办事处	**黄石市颐阳路 597 号**	**马泽军**	**0714－3803098**	**435000**
黄石滨江农村合作银行	黄石市颐阳路 598 号	张旗开	0714－3803075	435000
阳新县农村信用合作联社	阳新县兴国镇陵园大道 62 号	刘志海	0714－7323939	435200
大冶市农村信用合作联社	大冶市城北开发区观山路 28 号	胡　艺	0714－8766673	435100
襄樊市农村信用合作社联合社	**襄樊市襄城区东街 20 号**	**胡可平**	**0710－3512528**	**441021**
襄樊市城区农村信用合作联社	襄樊市襄阳区城关航空路 159 号	刘书勇	0710－2829368	441104
南漳县农村信用合作联社	南漳县城关镇水镜路 138 号	陈守成	0710－5240160	441500
谷城县农村信用合作联社	谷城县城关粉阳路 70 号	陈　涛	0710－7331901	441700
保康县农村信用合作联社	保康县城关镇光千路 225 号	谢启敏	0710－5816528	441600

续表 7－2－1－25

机构名称	地址	负责人	电话	邮编
老河口市农村信用合作联社	老河口市东启街 8 号	陈万平	0710－8225378	441800
枣阳市农村信用合作联社	枣阳市人民路 62 号	李　伟	0710－6311100	441200
宜城市农村信用合作联社	宜城市振兴大道 262 号	魏道梁	0710－4225296	441400
荆州市农村信用合作社联合社	**荆州市江津中路 255 号**	**段文杰**	**0716－8516591**	**434000**
沙市区农村信用合作联社	荆州市江津中路 218 号	康继锋	0716－8564648	434000
荆州区农村信用合作联社	荆州市江津西路 12 号	赵振权	0716－8859769	434100
江陵县农村信用合作联社	江陵县郝穴镇荆洪路 215 号	朱思亮	0716－4733949	434100
公安县农村信用合作联社	公安县斗湖堤镇荆江大道 89 号	邹刚健	0716－5236299	434300
监利县农村信用合作联社	监利县江城路 56 号	桑茂芳	0716－3328931	433300
石首市农村信用合作联社	石首市中山街 51 号	刘代华	0716－7288445	434400
洪湖市农村信用合作联社	洪湖市宏伟北路 8 号	田维军	0716－2211260	433200
松滋市农村信用合作联社	松滋市新江口镇民主路 235 号	朱远伦	0716－6222926	424200
湖北省农村信用社联合社宜昌办事处	**宜昌市夷陵区平云一路 38 号**	**赵　林**	**0717－7839588**	**443100**
宜昌市城郊农村信用合作联社	宜昌市西陵区云集路 5 号	易克兵	0717－6444949	443000
宜昌夷陵农村合作银行	宜昌市夷陵区平云一路 38 号	涂深洪	0717－7824123	443100
秭归县农村信用合作联社	秭归县茅坪镇平湖大道	董家文	0717－2882332	443600
远安县农村信用合作联社	远安县鸣凤大道 73 号	王　勇	0717－3813881	444200
兴山县农村信用合作联社	兴山县古夫镇昭君路 20 号	向　炯	0717－2585400	443711
长阳县农村信用合作联社	长阳县龙舟坪镇清江路 18 号	艾　国	0717－5328006	443500
五峰县农村信用合作联社	五峰县五峰镇正街 45 号	胡必宪	13972556208	443400
宜都市农村信用合作联社	宜都市清江大道 29 号	覃　彦	0717－4821754	443300
当阳市农村信用合作联社	当阳市长坂路 146 号	黄本森	0717－3223052	444100
枝江市农村信用合作联社	枝江市马家店镇迎宾大道 26 号	余祥林	0717－4212667	443200
十堰市农村信用合作社联合社	**十堰市朝阳中路 11 号**	**李维林**	**0719－8115365**	**442000**
十堰市城区农村信用合作联社	十堰市柳林路 20 号城区农村信用联社	陈明斌	0719－8650192	442000
郧县农村信用合作联社	郧县兴郧路 23 号	邱世华	0719－7238309	442500
郧西县农村信用合作联社	郧西县郧西大道 74 号	张化平	0719－6234348	442600
竹山县农村信用合作联社	竹山县城关镇人民路 15 号	刘玉山	0719－4221928	442200
竹溪县农村信用合作联社	竹溪县建设路 659 号	李　斌	0719－2728234	442300
房县农村信用合作联社	房县城关镇南街 28 号	邓兆华	0719－3243909	442100
丹江口市农村信用合作联社	丹江口市均州二路 86 号	胡古进	0719－5220136	442700
武当山农村信用合作联社	武当山特区玉虚路 74 号	刘爱国	0719－5667628	442714
孝感市农村信用合作社联合社	**孝感市槐荫大道 90 号**	**陈万开**	**0712－2461862**	**432000**
孝南区农村信用合作联社	孝感市孝南区长征路 21 号	高林发	0712－2855708	432100
孝昌县农村信用合作联社	孝昌县东洪花大道 13 号	夏苏兵	0712－4768101	432900
云梦县农村信用合作联社	云梦县楚环大道 187 号	季建明	0712－4225075	432500

续表 7－2－1－25

机构名称	地址	负责人	电话	邮编
大悟县农村信用合作联社	大悟县城关镇西岳大道 76 号	饶建华	0712－7232287	432800
应城市农村信用合作联社	应城市粮贸街 8 号	陈国志	0712－3244490	432400
安陆市农村信用合作联社	安陆市碧陨大道 78 号	肖作平	0712－5259766	432600
汉川市农村信用合作联社	汉川市城关镇西湖大道 10 号	黄金平	0712－8299752	431600
荆门市农村信用合作社联合社	**荆门市金龙泉大道 8 号**	**李继美**	**0724－2389599**	**448000**
荆门市东宝区农村信用合作联社	荆门市象山大道 38 号	宋诗华	0724－2371291	448000
沙洋县农村信用合作联社	沙洋县荷花大道 40 号	李旭华	0724－8596005	448200
京山县农村信用合作联社	京山县新市大道 2 号	王健强	0724－7328440	431800
钟祥市农村信用合作联社	钟祥市莫愁大道 46 号	谢旭阳	0724－4263128	431900
鄂州市农村信用合作联社	**鄂州市鄂城区古城南路 65 号**	**张泽武**	**0711－3240212**	**436000**
黄冈市农村信用合作社联合社	**黄冈市黄州区赤壁大道 70 号**	**赵雁鸿**	**0713－8663671**	**438000**
黄州区农村信用合作联社	黄冈市黄州大道 46 号	秦宏京	0713－8387151	438000
团风县农村信用合作联社	团风县团黄大道 14 号	贺彦兵	0713－6150806	438800
浠水县农村信用合作联社	浠水县清泉镇车站路 119 号	黎旺云	0713－4226241	438200
蕲春县农村信用合作联社	蕲春县蕲春大道 211 号	肖同云	0713－7263582	435300
黄梅县农村信用合作联社	黄梅县黄梅镇古塔西路 250 号	梅素益	0713－3321330	435500
英山县农村信用合作联社	英山县温泉镇新桥北路 68 号	祖同发	0713－7010106	438700
罗田县农村信用合作联社	罗田县凤山镇义水北路	王　武	0713－5059708	438600
红安县农村信用合作联社	红安县将军大道 53 号	何　涛	0713－5243537	438400
麻城市农村信用合作联社	麻城市金桥大道 17 号	喻同旭	0713－2910521	438300
武穴市农村信用合作联社	武穴市广济大道东 10 号	刘怡钧	0713－6225041	435400
湖北省农村信用社联合社咸宁办事处	**咸宁市咸安区长安大道 138 号**	**汪自国**	**0715－8233885**	**437000**
咸宁市咸安区农村信用合作联社	咸宁市咸安区长安大道 139 号	张卫东	0715－8233907	437000
通山县农村信用合作联社	通山县通羊镇新城路	李　诚	0715－8233752	437600
崇阳县农村信用合作联社	崇阳县沿河大道 345 号	余　毅	0715－8233854	437500
通城县农村信用合作联社	通城县隽水镇隽水大道 262 号	余　炼	0715－8233798	437400
嘉鱼县农村信用合作联社	嘉鱼县鱼岳镇沙阳大道 69 号	赵国威	0715－8233963	437200
赤壁市农村信用合作联社	赤壁市河北大道 267 号	蔡建葵	0715－8233705	437300
随州市农村信用合作联社	**随州市舜井大道 89 号**	**程中良**	**0722－3241918**	**441300**
广水市农村信用合作联社	广水市永阳大道 46 号	甘　军	0722－6263596	432700
湖北省农村信用社联合社恩施办事处	**恩施市东风大道 81 号**	**谭　平**	**0718－8411741**	**445000**
恩施市农村信用合作联社	恩施市航空路 186 号	周法进	0718－8210660	445000
利川市农村信用合作联社	利川市清源大道 57 号	邓进耀	0718－7286015	445400
建始县农村信用合作联社	建始县邺州镇健康路 9 号	陈振文	0718－3223523	445300
咸丰县农村信用合作联社	咸丰县高乐山镇解放路 49 号	向声福	0718－6822464	445600
巴东县农村信用合作联社	巴东县信陵镇金堂路 56 号	王燕飞	0718－4226197	444300

续表 7－2－1－25

机　构　名　称	地　　址	负责人	电　话	邮　编
宣恩县农村信用合作联社	宣恩县民族路 51 号	陈达清	0718－5831905	445500
来凤县农村信用合作联社	来凤县翔凤镇接龙路 21 号	谢文军	0718－6283935	445700
鹤峰县农村信用合作联社	鹤峰县容美镇沿河路 104 号	谭文凯	0718－5282798	445800
仙桃市农村信用合作联社	仙桃市沔阳大道 100 号	陈义斌	0728－3233266	433000
天门市农村信用合作联社	天门市竟陵人民大道中 126 号	傅国胜	0728－5233266	431700
潜江市农村信用合作联社	潜江市江汉路 36 号	呙中明	0728－6232660	433100
神农架林区农村信用合作联社	神农架松柏镇中心街 7 号	赵国成	0719－3332108	442400

中国邮政储蓄银行有限责任公司湖北省分行

表 7－2－1－26

机　构　名　称	地　　址	电　话	邮　编
中国邮政储蓄银行有限责任公司武汉市分行	武汉市江汉区金家墩特 1 号	13707180878	430023
中国邮政储蓄银行有限责任公司武汉市武昌区支行	武汉市武昌彭刘杨路 215 号	13397183298	430063
中国邮政储蓄银行有限责任公司武汉市江岸区支行	武汉市汉口上海路 14 号	13807114979	430026
中国邮政储蓄银行有限责任公司武汉市江汉区支行	武汉市汉口高雄路 150－152 号惠东小区	13659877768	430015
中国邮政储蓄银行有限责任公司武汉市硚口区支行	武汉市汉口武胜路 67 号	13886040378	430030
中国邮政储蓄银行有限责任公司武汉市青山区支行	武汉市青山区和平大道 1148 号	13377896299	430080
中国邮政储蓄银行有限责任公司武汉市东西湖区支行	武汉市东西湖区东吴大道 57 号	13397182717	430045
中国邮政储蓄银行有限责任公司武汉市汉阳区支行	武汉市汉阳区七里二村 123 号	13886181221	430075
中国邮政储蓄银行有限责任公司武汉市洪山区支行	武汉市洪山武珞路 366 号	13339991937	430070
中国邮政储蓄银行有限责任公司武汉市蔡甸区支行	武汉市蔡甸区幺堤路 27 号	13971600688	430100
中国邮政储蓄银行有限责任公司武汉市江夏区支行	武汉市江夏区纸坊北华街特 1 号	13307133578	430200
中国邮政储蓄银行有限责任公司武汉市黄陂区支行	武汉市黄陂区前川民安街 23 号	13971228632	432200
中国邮政储蓄银行有限责任公司武汉市新洲区支行	武汉市新洲区新洲大街 46 号	13871009938	431400
中国邮政储蓄银行有限责任公司黄石市分行	黄石市团城山杭州西路 98 号	0714－6368568	435000

续表 7—2—1—26

机构名称	地址	电话	邮编
中国邮政储蓄银行有限责任公司阳新县支行	阳新县兴国镇五马坊正街 52 号	0714—7335209	435200
中国邮政储蓄银行有限责任公司大冶市支行	大冶市东风路 13 号	0714—8764888	435100
中国邮政储蓄银行有限责任公司十堰市分行	**十堰市人民南路 18 号**	**0719—8897802**	**442000**
中国邮政储蓄银行有限责任公司郧县支行	郧县城关镇东岭街 114 号	0719—7232343	442500
中国邮政储蓄银行有限责任公司郧西县支行	郧西县城关镇郧西大道 48 号	0719—6225868	442600
中国邮政储蓄银行有限责任公司竹山县支行	竹山县城关镇人民路 9 号	0719—4225112	442200
中国邮政储蓄银行有限责任公司竹溪县支行	竹溪县建设路 113 号	0719—2729113	442300
中国邮政储蓄银行有限责任公司房县支行	房县城关镇房陵大道	0719—3223135	442100
中国邮政储蓄银行有限责任公司丹江口市支行	丹江口市丹江大道丹江 8 号	0719—5233817	442700
中国邮政储蓄银行有限责任公司宜昌市分行	**宜昌市福绥路 47 号**	**13872556799**	**443000**
中国邮政储蓄银行有限责任公司宜昌市夷陵区支行	宜昌市夷陵区夷兴大道 50 号	0717—7839400—8025	443100
中国邮政储蓄银行有限责任公司远安县支行	远安县鸣凤镇鸣凤大道	0717—3821911	444200
中国邮政储蓄银行有限责任公司兴山县支行	兴山县古夫镇丰邑大道 3 号	0717—2587819	443700
中国邮政储蓄银行有限责任公司秭归县支行	秭归县茅坪镇屈原路 7 号	0717—2882999	443600
中国邮政储蓄银行有限责任公司长阳县支行	长阳县龙舟坪镇清江路 261 号	0717—5335580	443500
中国邮政储蓄银行有限责任公司五峰县支行	五峰县五峰镇正街 17 号	0717—5824350	443400
中国邮政储蓄银行有限责任公司宜都市支行	宜都市陆城镇清江路	0717—4828101	443300
中国邮政储蓄银行有限责任公司当阳市支行	当阳市玉阳办事处环城东路	0717—3238829	444100
中国邮政储蓄银行有限责任公司枝江市支行	枝江市马家店镇马店路 39 号	0717—4200888	443200
中国邮政储蓄银行有限责任公司襄樊市分行	**襄樊市前进路 111 号**	**0710—3345172**	**441003**
中国邮政储蓄银行有限责任公司襄樊市襄阳区支行	襄樊市襄阳区城关镇交通路 2 号	0710—2817869	441100
中国邮政储蓄银行有限责任公司南漳县支行	南漳县城关镇水镜路东端	0710—5266252	441500

续表 7-2-1-26

机构名称	地址	电话	邮编
中国邮政储蓄银行有限责任公司谷城县支行	谷城县城关镇县府路 62 号	0710-7234323	441700
中国邮政储蓄银行有限责任公司保康县支行	保康县城关镇河西路 33 号	0710-5822920	441600
中国邮政储蓄银行有限责任公司老河口市支行	老河口市胜利路 26 号	0710-8221282	441800
中国邮政储蓄银行有限责任公司枣阳市支行	枣阳市前进路 62 号	0710-6236476	441200
中国邮政储蓄银行有限责任公司宜城市支行	宜城市襄沙大道 118 号	0710-4225565	441400
中国邮政储蓄银行有限责任公司鄂州市分行	**鄂州市鄂城区江碧路 49 号**	**0711-3201560**	**436000**
中国邮政储蓄银行有限责任公司荆门市分行	**荆门市金龙泉大道 2 号**	**0724-2387099**	**448000**
中国邮政储蓄银行有限责任公司京山县支行	京山县京源大道 46 号	0724-7329499	431800
中国邮政储蓄银行有限责任公司沙洋县支行	沙洋县平湖路 28 号	0724-8551888	448200
中国邮政储蓄银行有限责任公司钟祥市支行	钟祥市安陆府西路 2 号	0724-4208789	431900
中国邮政储蓄银行有限责任公司孝感市分行	**孝感市北正街 56 号**	**0712-2953800**	**432000**
中国邮政储蓄银行有限责任公司孝昌县支行	孝昌县东洪花大道中段	0712-4763319	432900
中国邮政储蓄银行有限责任公司大悟县支行	大悟县兴华路 180 号	0712-7233792	432800
中国邮政储蓄银行有限责任公司云梦县支行	云梦县楚王城大道 185 号	0712-4227619	432500
中国邮政储蓄银行有限责任公司应城市支行	应城市大智路 21 号	0712-3220437	432400
中国邮政储蓄银行有限责任公司安陆市支行	安陆市碧陨路 84 号	0712-2920819	432601
中国邮政储蓄银行有限责任公司汉川市支行	汉川市北桥街 55 号	0712-8382508	431600
中国邮政储蓄银行有限责任公司荆州市分行	**荆州市沙市区江津中路 214 号**	**0716-8566219**	**434000**
中国邮政储蓄银行有限责任公司监利县支行	监利县容城镇江城路 60 号	0716-3328219	433300
中国邮政储蓄银行有限责任公司江陵县支行	江陵县郝穴镇江陵大道	0716-4729002	434100
中国邮政储蓄银行有限责任公司石首市支行	石首市绣林镇绣林大道 143 号	0716-7292886	434400
中国邮政储蓄银行有限责任公司洪湖市支行	洪湖市新堤办事处宏伟南路 18 号	0716-2441816	433200

续表 7－2－1－26

机构名称	地址	电话	邮编
中国邮政储蓄银行有限责任公司公安县支行	公安县斗湖堤镇潺陵大道 108 号	0716－5150429	434300
中国邮政储蓄银行有限责任公司松滋市支行	松滋市新江口镇金松大道 69 号	0716－6268828	434200
中国邮政储蓄银行有限责任公司黄冈市分行	**黄冈市黄州区胜利街 70－1 号**	**0713－8670566**	**438000**
中国邮政储蓄银行有限责任公司黄冈市黄州区支行	黄冈市黄州区胜利街 26 号	0713－8350316	438000
中国邮政储蓄银行有限责任公司团风县支行	团风县团风镇团黄路特 9 号	0713－6157588	438800
中国邮政储蓄银行有限责任公司红安县支行	红安县城南大道	0713－5185369	438400
中国邮政储蓄银行有限责任公司罗田县支行	罗田县凤山镇万密斋大道 8 号	0713－5059065	438600
中国邮政储蓄银行有限责任公司英山县支行	英山县温泉镇毕升大道	0713－7060488	438700
中国邮政储蓄银行有限责任公司浠水县支行	浠水县清泉镇丽文北路 290 号	0713－4236095	438200
中国邮政储蓄银行有限责任公司蕲春县支行	蕲春县蕲春火车站右侧	0713－7218266	435300
中国邮政储蓄银行有限责任公司黄梅县支行	黄梅县黄梅大道 325 号	0713－3351773	435500
中国邮政储蓄银行有限责任公司麻城市支行	麻城市将军北路 119 号	0713－2923968	438300
中国邮政储蓄银行有限责任公司武穴市支行	武穴市正街 13 号	0713－6216319	435400
中国邮政储蓄银行有限责任公司咸宁市分行	**咸宁市温泉路 15 号**	**018907245266**	**437100**
中国邮政储蓄银行有限责任公司咸宁市咸安区支行	咸宁市咸安区永安淦河大道 79 号	018907249956	437000
中国邮政储蓄银行有限责任公司嘉鱼县支行	嘉鱼县鱼岳镇沙阳大道 125 号	018907247908	437200
中国邮政储蓄银行有限责任公司通城县支行	通城县隽水镇隽水大道 348 号	018971809716	437400
中国邮政储蓄银行有限责任公司崇阳县支行	崇阳县天城镇解放路 255 号	018971809878	437500
中国邮政储蓄银行有限责任公司通山县支行	通山县通羊镇新城	018972812598	437600
中国邮政储蓄银行有限责任公司赤壁市支行	赤壁市体育路 2 号	018971815599	437300
中国邮政储蓄银行有限责任公司随州市分行	**随州市汉东路 30 号**	**0722－3252999**	**441300**
中国邮政储蓄银行有限责任公司广水市支行	广水市东大街 123 号	0722－3069316	432700

续表 7－2－1－26

机构名称	地址	电话	邮编
中国邮政储蓄银行有限责任公司恩施州分行	**恩施市施州大道 58 号**	**0718－8261068**	**445000**
中国邮政储蓄银行有限责任公司利川市支行	利川市清江大道 287 号	0718－7281238	445400
中国邮政储蓄银行有限责任公司建始县支行	建始县业州镇龙七路 17 号	0718－3220284	445300
中国邮政储蓄银行有限责任公司巴东县支行	巴东县信陵镇北京大道 152 号	0718－4334902	444300
中国邮政储蓄银行有限责任公司宣恩县支行	宣恩县珠山镇贡水路 59 号	0718－5831001	445500
中国邮政储蓄银行有限责任公司咸丰县支行	咸丰县高乐山镇解放路 41 号	0718－6822220	445600
中国邮政储蓄银行有限责任公司来凤县支行	来凤县翔凤镇凤中路 27 号	0718－6288588	445700
中国邮政储蓄银行有限责任公司鹤峰县支行	鹤峰县容美镇车站路 12 号	0718－5261715	445800
中国邮政储蓄银行有限责任公司仙桃市支行	仙桃市勉阳大道 51 号	0728－3329073	433000
中国邮政储蓄银行有限责任公司潜江市支行	潜江市章华南路 35 号	0728－6955385	433100
中国邮政储蓄银行有限责任公司天门市支行	天门市竟陵鸿渐路 50 号	0728－5343898	431700
中国邮政储蓄银行有限责任公司神农架林区支行	神农架林区松柏镇常青路 34 号	0719－3333720	442400

(二)证券业

1. 证券经营机构

长江证券股份有限公司

表 7-2-2-1-1

机构名称	地址	负责人	电话	邮编
长江证券股份有限公司武汉胜利街证券营业部	武汉市江岸区胜利街 315 号	舒 煜	027-51227888	430010
长江证券股份有限公司武汉友谊路证券营业部	武汉市江汉区友谊路 99 号	陈彩萍	027-85867616	430022
长江证券股份有限公司武汉彭刘杨路证券营业部	武汉市武昌区彭刘杨路 266 号	李丽屏	027-88060688	430061
长江证券股份有限公司武汉武珞路证券营业部	武汉市武昌区武珞路 288 号	陈水元	027-87273337	430070
长江证券股份有限公司武汉武珞路证券营业部咸宁服务部	咸宁市淦河大道 65 号	喻 庆	0715-82655536	437100
长江证券股份有限公司武汉青山友谊大道证券营业部	武汉市青山区友谊大道 999 号	景美荣	027-86575618	430080
长江证券股份有限公司武汉珞喻路证券营业部	武汉市洪山区珞喻路 218 号武汉数码港 8 楼	谢红波	027-87808180	430079
长江证券股份有限公司黄石武汉路证券营业部	黄石市黄石港区武汉路 26 号	刘 璞	0714-6228729	435000
长江证券股份有限公司荆州荆中路证券营业部	荆州市荆州区荆中路 2 号 3 楼	叶 红	0716-8453537	434100
长江证券股份有限公司荆州荆中路证券营业部公安服务部	公安县斗湖堤镇荆江大道 178 号	张开兰	0716-5234517	434300
长江证券股份有限公司宜昌夷陵大道证券营业部	宜昌市伍家区夷陵大道 150 号	陈 浩	0717-6484366	443003
长江证券股份有限公司十堰人民北路证券营业部	十堰市矛箭区人民北路 1 号	陈 健	0719-8665355	442000
长江证券股份有限公司十堰人民北路证券营业部丹江口服务部	丹江口市均州 2 路	李桂禹	0719-5210249	442700
长江证券股份有限公司荆门白庙路证券营业部	荆门市掇刀区白庙路 14 号	龙 涛	0724-2345165	448002
长江证券股份有限公司荆门白庙路证券营业部京山服务部	京山县新市镇轻机大道 116 号	张启铭	0724-7321727	431800
长江证券股份有限公司荆门白庙路证券营业部钟祥服务部	钟祥市郢中镇王府大道 2 号建设银行 2 楼	张富林	0724-4231501	431900
长江证券股份有限公司仙桃仙桃大道证券营业部	仙桃市仙桃大道 47 号	姚小林	0728-3317390	433000

天风证券经纪有限责任公司

表 7－2－2－1－2

机构名称	地址	负责人	电话	邮编
天风证券经纪有限责任公司成都走马街证券营业部	成都市走马街街 55 号友谊广场 B 座 6 楼	徐 姝	028－86604877	610021
天风证券经纪有限责任公司什邡蓥峰北路证券营业部	什邡市方亭城区强华步行街 5、6 号	文小松	0838－8220951	618400
天风证券经纪有限责任公司江油金轮干道证券营业部	江油市金轮干道 134 号 1 楼、2 楼	张 力	0816－6788898	621700
天风证券经纪有限责任公司成都林荫街证券营业部	成都市林荫街五号华西大厦 2 楼	陈 璐	028－85445582	610041
天风证券经纪有限责任公司成都武侯祠大街证券营业部	成都市武侯祠大街 266 号华达商城 4 楼	刘 江	028－82913858	610041
天风证券经纪有限责任公司新津武阳中路证券营业部	新津县武阳中路 54 号办公大楼 2 楼	李 迅	028－82525489	611430
天风证券经纪有限责任公司资阳西门桥街证券营业部	资阳市西门桥街 27 号	彭智颖	0832－6181259	641300
天风证券经纪有限责任公司深圳爱国路证券营业部	深圳市罗湖区爱国路 3019 号新丰大厦 3 楼	顾永刚	0755－25785055	518020
天风证券经纪有限责任公司大连天河路证券营业部	大连市甘井子区天河路 81 号	屈春梅	0411－86518308	116031
天风证券经纪有限责任公司大连中山路证券营业部	大连市沙河口区中山路 572 号星海旺座	李继军	0411－39529001	116023
天风证券经纪有限责任公司大连普兰店商业大街证券营业部	大连市普兰店商业大街 86 号	杨占桥	0411－39151597	116200
天风证券经纪有限责任公司南京营业部	南京市白下区建邺路 98 号舜天大厦 1 楼	李继荣	025－66673356	210004

广发证券股份有限公司湖北分公司

表 7－2－2－1－3

机构名称	地址	负责人	电话	邮编
广发证券股份有限公司湖北分公司武汉黄孝河路营业部	武汉市江岸区黄孝河路 1 号王府花园 4 楼	万 里	027－82600907	430019
广发证券股份有限公司湖北分公司武汉万松园营业部	武汉市江汉区解放大道 557 号中山广场 201、301 室	江 珊	027－85803732	430022
广发证券股份有限公司湖北分公司武汉京汉大道营业部	武汉市京汉大道 897 号球场街路口	孙海英	027－59208638	430016
广发证券股份有限公司湖北分公司武汉沿江大道第一营业部	武汉市沿江大道 133 号广源大厦 3 楼	王 刚	027－82763087	430014
广发证券股份有限公司湖北分公司武汉鹦鹉大道营业部	武汉市汉阳区鹦鹉大道 142 号	高 民	027－84847427	430050
广发证券股份有限公司湖北分公司武汉珞喻路营业部	武汉市洪山区鲁巷冷水铺 1 号	杨 敏	027－59700294	430074

续表 7－2－2－1－3

机构名称	地址	负责人	电话	邮编
广发证券股份有限公司湖北分公司武汉武珞路营业部	武汉市武昌区武珞路 455 号	罗　宏	027－87304484	430071
广发证券股份有限公司湖北分公司武汉和平大道营业部	武汉市青山区和平大道 1264 号	金燕来	027－86856326	430080
广发证券股份有限公司湖北分公司武汉珞狮北路营业部	武汉市洪山区珞狮路 91 号	杯锦波	027－87863842	430072
广发证券股份有限公司湖北分公司黄石颐阳路营业部	黄石市颐阳路 163 号	张　健	0714－6233008	435000
广发证券股份有限公司湖北分公司荆州北京路营业部	荆州市沙市区北京路 169 号洪城综合楼	徐　林	0716－8221923	434000
广发证券股份有限公司湖北分公司宜昌东山大道营业部	宜昌市东山大道 119 号三峡日报社新闻大厦 5 楼	李志会	0717－6221122	443000
广发证券股份有限公司湖北分公司随州舜井大道营业部	随州市舜井大道 37 号	彭鹏举	0722－3230800	441300

中信建投证券有限责任公司华中地区营业部

表 7－2－2－1－4

机构名称	地址	负责人	电话	邮编
中信建投证券有限责任公司武汉中北路证券营业部	武汉市武昌区中北路 18 号	李红兵	027－87310601	430071
中信建投证券有限责任公司武汉建设八路证券营业部	武汉市青山区建设八路 19 号	管　林	027－86348219	430080
中信建投证券有限责任公司江夏证券服务部	武汉市江夏区纸坊兴新街 357 号	郭景文	027－87953979	430200
中信建投证券有限责任公司新洲证券服务部	武汉市新洲区邾城街红旗路（广场 1 栋 2 楼）	陈　戬	027－89354861	430400
中信建投证券有限责任公司黄石颐阳路证券营业部	黄石市颐阳路 15 号	李文朝	0714－8259720	435000
中信建投证券有限责任公司襄樊襄城鼓楼巷证券营业部	襄樊市襄城区鼓楼巷 1 号	胡德雄	0710－3533141	441021
中信建投证券有限责任公司老河口证券服务部	老河口市东启街 32 号	李　慧	0710－8242288	441800
中信建投证券有限责任公司荆州北京西路证券营业部	荆州市北京西路 408 号	任永庭	0716－8511619	434000
中信建投证券有限责任公司宜昌解放路证券营业部	宜昌市解放路 15 号	张晓明	0717－6223960	443000
中信建投证券有限责任公司十堰朝阳中路证券营业部	十堰市朝阳中路 8 号	闻富民	0719－8652015	442000
中信建投证券有限责任公司郧县证券服务部	郧县解放路 48 号	刍新祥	0719－7224930	442500

国泰君安证券股份有限公司武汉分公司

表 7－2－2－1－5

机构名称	地址	负责人	电话	邮编
国泰君安证券股份有限公司武汉分公司解放大道营业部	武汉市汉口解放大道 606 号	周春艳	027－83764360	430032
国泰君安证券股份有限公司武汉分公司洞庭街营业部	武汉市江岸区洞庭街 48 号君安大厦	徐　华	027－82805616	430014
国泰君安证券股份有限公司武汉分公司紫阳东路营业部	武汉市武昌区紫阳东路 77 号 1－2 楼	杜　娟	027－87250605	430070
国泰君安证券股份有限公司武汉分公司襄樊营业部	襄樊市襄城南街 1 号	宋　冰	0710－3550913	441021
国泰君安证券股份有限公司武汉分公司荆州营业部	荆州市便河东路(沙隆达广场东)华城 5 号楼 4 楼	雷志弘	0716－8237780	434000
国泰君安证券股份有限公司武汉分公司宜昌珍珠路营业部	宜昌市珍珠路 78 号	张卫民	0717－6770928	443000
国泰君安证券股份有限公司武汉公司宜昌四新路营业部	宜昌市四新路 2 号	玉立新	0717－6733168	443000

海通证券股份有限公司武汉分公司

表 7－2－2－1－6

机构名称	地址	负责人	电话	邮编
海通证券武汉江大路第一证券营业部	武汉市江岸区江大路 2 号	刘士汉	027－82433516	430019
海通证券武汉中北路证券营业部	武汉市武昌区中北路 146 号	周丽华	027－86620202	430070

申银万国证券股份有限公司湖北总部

表 7－2－2－1－7

机构名称	地址	负责人	电话	邮编
申银万国证券股份有限公司武汉青年路证券营业部	武汉市江汉区青年路 277 号	黄　黔	027－83636080	430015
申银万国证券股份有限公司武汉青年路证券营业部东西湖证券服务部	武汉市东西湖区吴家山东吴大道 97 号	汪乔力	027－83243338	430040
申银万国证券股份有限公司武汉中山路证券营业部	武汉市武昌区中山路 341 号	赵前程	027－88854619	430064
申银万国证券股份有限公司武汉中山路证券营业部蔡甸证券服务部	武汉市蔡甸区蔡甸街幸福路 631 号	熊诗炎	027－88854619	430100
申银万国证券股份有限公司黄石黄石大道证券营业部	黄石市黄石大道 820 号	刘　丹	0714－6233077	435000

续表 7－2－2－1－7

机构名称	地址	负责人	电话	邮编
申银万国证券股份有限公司黄石黄石大道证券营业部浠水证券服务部	黄石市浠水县清泉镇丽文大道工行 2 楼	杨春胜	0713－4226184	438200
申银万国证券股份有限公司襄樊人民广场证券营业部	襄樊市人民广场文渊楼	张汉华	0710－3484171	441000
申银万国证券股份有限公司襄樊人民广场证券营业部襄阳证券服务部	襄樊市襄阳县航空路 163 号	姜广良	0710－2810525	441000
申银万国证券股份有限公司襄樊人民广场证券营业部宜城证券服务部	宜城市襄沙大道农业银行 2 楼	李　宇	0710－4252320	441400
申银万国证券股份有限公司宜昌西陵一路证券营业部	宜昌市西陵一路 72 号	陈先权	0717－6747248	443000
申银万国证券股份有限公司宜昌西陵一路证券营业部宜昌宜陵区证券服务部	宜昌市夷陵大道 62 号	侯立东	0717－7200275	443003

中国银河证券股份有限公司武汉管理部

表 7－2－2－1－8

机构名称	地址	负责人	电话	邮编
中国银河证券武汉花桥证券营业部	武汉市江岸区解放公园路 52－2 号天晖大厦	龚爱民	027－82607560	430019
中国银河证券武汉四唯路证券营业部	武汉市江岸区汉口四唯路 39 号	萱林涛	027－82726673	430014
中国银河证券武汉汉阳证券营业部	武汉市汉阳区汉阳鹦鹉大道 75 号	胡军林	027－84846587	430050
中国银河证券武汉汉阳大道证券营业部	武汉市汉阳大道 642 号金龙花园 11 号楼	李　冲	027－84875291	430050
中国银河证券武汉汉阳大道证券营业部沌口开发区证券服务部	武汉市武汉经济技术开发区车城北街“湘隆·时代商业中心”D 区 1 栋	赵　峰	027－84892540	430060
中国银河证券武汉积玉桥证券营业部	武汉市武昌区积玉桥玉桥新都 6、7 号裙楼	吕　刚	027－88238322	430061
中国银河证券武汉中南证券营业部	武汉市武昌区中南路 61 号	骆学葵	027－87812280	430071
中国银河证券武汉武珞路证券营业部	武汉市武珞路 382 号	左　钢	027－87876648	430070
中国银河证券襄樊证券营业部	襄樊市建设路 5 号	陈传华	0710－3468967	441000
中国银河证券襄樊证券营业部枣阳证券服务部	枣阳市襄阳路 16 号财富广场	余蓉艳	0710－6243951	441200
中国银河证券宜昌新世纪证券营业部	宜昌市云集路 21 号金龙大厦	李　英	0717－6251001	443000
中国银河证券荆门证券营业部	荆门市象山大道 118 号	刘　兵	0724－2301902	448000
中国银河证券荆门证券营业部沙洋县证券服务部	荆门市沙洋县建设街 31 号	王　威	0724－8558762	448200

华泰证券有限责任公司武汉管理部

表 7－2－2－1－9

机构名称	地址	负责人	电话	邮编
华泰证券武汉西马路证券营业部	武汉市西马路 85 号幸源雅城 A 座 2 楼	李玮	027－85558891	430015
华泰证券武汉首义路证券营业部	武汉市武昌区首义路 95 号首义名居 1 号楼 1－3 楼	杨兴武	027－59723306	430060
华泰证券青山和平大道证券营业部	武汉市青山区和平大道 1532 号	彭超	027－86851509	430018
华泰证券荆州北京中路证券营业部	荆州市北京中路 346 号	吴青炜	0716－8249970	434000
华泰证券荆州北京中路证券营业部石首市证券服务部	石首市中山路 1 号	左峰	0716－7298172	430018
华泰证券宜昌隆康路证券营业部	宜昌市隆康路 10 号	王波	0717－6227758	443000
华泰证券宜昌隆康路证券营业部枝江市证券服务部	枝江市马家店迎宾大道 55 号	邓民	0717－4226594	430018
华泰证券当阳子龙路证券营业部	当阳市子龙路 33 号	张传斌	0717－3252258	444100
华泰证券宜昌滨湖路证券营业部宜都市证券服务部	宜都市长江大道 29 号	罗书玮	0717－4834786	430018
华泰证券孝感长征路证券营业部	孝感市长征路 29 号	赵昌涛	0712－2323784	432100
华泰证券孝感长征路证券营业部汉川市证券服务部	汉川市西正街 22 号	丁香	0712－8282232	430018
华泰证券孝感城站路证券营业部应城市证券服务部	应城市蒲阳大道 178 号	魏智敏	0712－3227096	430018
华泰证券黄冈赤壁大道证券营业部	黄冈市黄州区赤壁大道 8 号	田志武	0713－8613901	430018
华泰证券黄冈赤壁大道证券营业部麻城市证券服务部	麻城市新建街 57 号	陈小兵	0713－2924738	430018
华泰证券黄冈赤壁大道证券营业部武穴市证券服务部	武穴市民主路 187 号	李忠润	0713－6236455	430018
华泰证券恩施舞阳大街证券营业部	恩施市舞阳大街 50 号	李德宏	0718－8237938	430018

湖北省其他证券经营机构

表 7－2－2－1－10

机构名称	地址	负责人	电话	邮编
中国建银投资证券武汉香港路证券营业部	武汉市江岸区香港路 145 号	李德胜	027－59509977	430015
中国建银投资证券武汉徐东路证券营业部	武汉市洪山区徐东大街 58 号	刘晓	027－86717749	430062
中国建银投资证券潜江江汉路证券营业部	潜江市江汉路 21 号	王艺	0728－6244754	433100
中国建银投资证券潜江江汉路证券营业部广华证券服务部	潜江市江汉油田广华大道 38 号工商银行大厦 2、3 楼	程昊	0728－6519273	433124

续表 7-2-2-1-10

机构名称	地址	负责人	电话	邮编
万联证券黄石天津路证券营业部	黄石市天津路 17 号	徐松	0714-6268011	435000
万联证券荆门长宁大道证券营业部	荆门市长宁大道 28 号	曹麒麟	0724-2338632	448000
万联证券鄂州滨湖北路证券营业部	鄂州市滨湖北路 2 号	严卫东	0711-3214107	436000
中银国际证券武汉黄孝河路证券营业部	武汉市江岸区黄孝河路特 1 号	熊春林	027-82622806	430019
中银国际证券司武汉武珞路证券营业部	武汉市武昌区武珞路 346 号	万毅	027-87275084	430070
招商证券武汉航空路证券营业部	武汉市硚口区航空路 1-5 号	杨林	027-83646284	430030
招商证券武汉中北路证券营业部	武昌中北路 158 号帅府商通大厦	张银	027-86776831	430071
中信证券武汉建设大道证券营业部	武汉市建设大道 747 号中信大厦 3 楼	陈诗聪	027-85355300	430015
长城证券武汉江汉北路证券营业部	武汉市江汉北路 8 号	夏俊伟	027-85560419	430012
国信证券武汉京汉大道证券营业部	武汉市京汉大道江汉路口江汉路 257 号	文德军	027-85851319	430014
国信证券武汉桃山新村证券营业部	武汉市洪山路 60 号	李劲	027-87898108	430071
英大证券司武汉鹦鹉大道证券营业部	武汉市汉阳区鹦鹉大道 35 号	龚滨	027-84593372	430050
光大证券武汉新华路证券营业部	江汉区新华路 272 号新华大厦 3 层	魏增亮	027-85783829	430015
光大证券武汉紫阳路证券营业部	武汉市紫阳路 195 号建行大厦裙楼 11、12 楼	袁立华	027-88060341	430060
平安证券武汉建设大道证券营业部	武汉市江汉区建设大道 518 号招银大厦	许国祥	027-85743310	430022
华融(原德恒)证券武汉解放大道证券营业部	武汉市汉口解放大道 610 号	闵捷	027-83755736	430030
齐鲁证券武汉宝丰路证券营业部	武汉市宝丰路 6 号	江斌	027-59307281	430030
安信证券武汉胜利街证券营业部	武汉市江岸区胜利街 115 号	左小洪	027-82779865	430017
安信证券武汉东湖路证券营业部	武汉市东湖路 48 号	王启亮	027-87845838	430071
江南证券武汉新华路证券营业部	武汉市新华路 139 号凯盟大厦 4 楼	饶早华	027-59508992	430022
东北证券武汉香港路证券营业部	武汉市江汉区香港路 292 号	陶青松	027-59532505	430019
东海证券武汉证券营业部	武汉建设大道 611 号	苏琳芳	027-83669339	430030
兴业证券武汉青年路证券营业部	武汉市江汉区青年路 308 号	王锐	027-85730491	430022
湘财证券武汉和平大道证券营业部	武汉市余家头和平大道才盛街特 1 号柴林大厦	陈先权	027-86552855	430062
东兴证券武汉台北一路证券营业部	武汉市台北一路 17-19 号环亚大厦 B 座 1-3 层	高义兵	027-85740311	430015
东方证券武汉市建设大道证券营业部	武汉市二七路星海蓝天花园 15 栋 1、2 楼	万宁	027-82893005	430030
宏源证券武汉东湖路营业部	武汉市东湖路 76 号广苑大厦	韩世坤	027-87257101	430071
信泰证券武汉青年路营业部	武汉市江汉区青年路 153 号嘉鑫大厦 6 层	周艺	027-83632207	430014

续表 7－2－2－1－10

机构名称	地址	负责人	电话	邮编
国都证券武汉解放大道证券营业部	武汉市江岸区解放大道 1070 号财富大厦主楼 2 楼	汤克勤	027－82754601	430017
中山证券武汉新华下路证券营业部	武汉市江汉区新华下路 21 号南德大厦	刘立人	027－85609696	430014
金元证券武汉洪山路证券营业部	武汉洪山路 2 号省科技大厦 E 座	林再文	027－87838714	430070
联合证券十堰公园路证券营业部	十堰市公园路 48 号张湾大厦 2－4 楼	李治华	0719－8225859	442000
上海远东证券武汉球场路证券营业部	武汉市江岸区球场路 44－7 号	高　红	027－82410983	430015
上海远东证券宜昌东山路证券营业部	宜昌西陵区东山大道 95 号	许俊文	0717－6319052	443000

2. 期货经营机构

湖北辖区期货经营机构名录

表 7－2－2－2－1

机构名称	地址	负责人	电话	邮编
长江期货有限公司	**武汉市汉口新华路特 8 号长江证券大厦**	**谭显荣**	**027－85860988**	**430015**
长江期货有限公司孝感营业部	孝感市文化路 2 号宇济文化广场 3 楼 304 号	曾　实	0712－2108908	432000
长江期货有限公司潜江营业部	潜江市广华区广华街 1 号教苑大厦	史　萍	0728－6503585	430000
长江期货有限公司随州营业部	随州市曾都区烈山大道 174 号	柯　荣	13487013722	441300
长江期货有限公司鄂州营业部	鄂州市南浦路 131 号农行南浦支行 2 楼	李保国	0711－3220509	436000
美尔雅期货经纪公司	**武汉市江汉北路 8 号金茂大楼展厅 4 楼**	**王长松**	**027－85725715**	**430022**
美尔雅期货经纪公司武昌营业部	武汉市武昌区中南路 7 号中商广场写字楼 B 座 1707－1709 号	潘　洪	027－87831986	430070
美尔雅期货经纪公司黄石营业部	黄石市大冶市东风路 27 号	刘珍平	0714－6283887	435100
美尔雅期货经纪公司荆州营业部	荆州市北京中路 219 号广源大厦 12 楼	孙　斌	0716－8512605	434000
美尔雅期货经纪公司襄樊营业部	襄樊市樊城区解放路 18 号米公小学门面 2 楼	付艳华	0710－3472966	441000
美尔雅期货经纪公司十堰营业部	十堰市人民北路 68 号大都会广场写字楼 21 楼	李　昶	0719－8662689	442000

续表 7-2-2-2-1

机构名称	地址	负责人	电话	邮编
美尔雅期货经纪公司宜昌营业部	宜昌市东山大道时代天骄 10 楼	黄燕子	0717-6451518	443000
湘财祈年期货经纪公司	武汉市新华路 139 号凯盟大厦 701 室	薛　平	027-85499380	430022
南证期货经纪公司汉口营业部	武汉市解放大道单洞口 1 号武汉国际大厦 B 座 11 楼	宋松林	027-85838610	430000
中国国际期货武汉营业部	武汉市江汉区建设大道 566 号新世界国贸大厦 2 座 7 楼	佘　莉	027-82772366	430071
中国国际期货武昌营业部	武汉市武昌中南路 1 号国际金融大厦 1708 室	刘小平	027-87898576	430070
中国国际期货襄樊营业部	襄樊市樊城区长虹路 323 号金座大厦 7 层 3 号	三　轩	027-85267838	441000
中航期货武汉营业部	武汉市武昌区紫阳东路 77 号伟鹏大厦 5 楼 F 座	于　俊	027-87250552	430070
华闻期货武汉营业部	武汉市汉口建设大道 847 号瑞通广场 B 座 11 楼	彭必启	027-62661811	430070
中钢期货武汉营业部	武汉市汉口新华路 139 号凯盟大厦 3 楼	许　峰	13349833333	430022
广发期货武汉营业部	武汉市汉口建设大道 709 号建银大厦 1758 室	朱　沙	027-85486799	430015
河南万达武汉营业部	武汉市江汉区台北一路 26 号环亚大厦 B 座 1401 室	陈扬发	027-85760838	430022

3. 上市公司

湖北省上市公司名录

表 7-2-2-3-1

证券代码	证券简称	公司名称	注册资本（万元）	法人代表	员工总数（人）	办公地址	电话	邮编
600005.SH	武钢股份	武汉钢铁股份有限公司	783,815.23	邓崎琳	32,053	武汉市青山区厂前	027-86807873,86802031	430083
600068.SH	葛洲坝	中国葛洲坝集团股份有限公司	166,540.92	杨继学	33,125	武汉市解放大道 558 号葛洲坝大酒店 B 座 7 楼	027-83790455	430033
000783.SZ	长江证券	长江证券股份有限公司	167,480.00	胡运钊	2,921	武汉市江汉区新华路特 8 号	027-65799866	430015
600801.SH	华新水泥	华新水泥股份有限公司	40,360.00	陈木森	7,975	武汉市关山二路特 1 号国际企业中心 5 号楼	027-87773896,87773898	430073
600743.SH	华远地产	华远地产股份有限公司	77,812.91	任志强	193	北京市西城区北展北街 11 号华远企业号 11 号楼	010-68036688-526 010-68036966	100044
600006.SH	东风汽车	东风汽车股份有限公司	200,000.00	徐　平	8,254	武汉市汉阳经济技术开发区创业路 136 号	027-84287908,84287977	430056
000422.SZ	湖北宜化	湖北宜化化工股份有限公司	54,237.81	蒋远华	2,339	宜昌市沿江大道 52 号	0717-6442268	443000
000707.SZ	双环科技	湖北双环科技股份有限公司	46,414.58	张忠华	4,177	应城市东马坊团结大道 26 号	0712-3591099	432407
000926.SZ	福星股份	湖北福星科技股份有限公司	70,522.77	谭功炎	5,210	汉川市沉湖镇福星街 1 号	0712-8740018,8741411	431608
002194.SZ	武汉凡谷	武汉凡谷电子技术股份有限公司	55,588.00	孟庆南	3,948	武汉市江夏区关凤路藏龙岛工业园	027-59830202	430200
600141.SH	兴发集团	湖北兴发化工集团股份有限公司	30,240.00	李国璋	3,568	宜昌市兴山县古夫镇昭君路昭君山庄	0717-6760850,6760939	443700
600035.SH	楚天高速	湖北楚天高速公路股份有限公司	93,165.25	张世杰	804	武汉市汉阳区龙阳大道 9 号	027-84863942	430051
000501.SZ	鄂武商 A	武汉武商集团股份有限公司	50,724.86	刘江超	12,117	武汉市汉口解放大道 690 号	027-85714295	430022
600879.SH	火箭股份	长征火箭技术股份有限公司	54,069.39	刘眉玄	8,764	武汉市建设大道 847 号瑞通广场 B 座 21 楼	027-85487719,88530279	430015
600498.SH	烽火通信	烽火通信科技股份有限公司	41,000.00	童国华	5,063	武汉市洪山区关东科技园东信路 6 号	027-87693885	430073
000708.SZ	大冶特钢	大冶特殊钢股份有限公司	44,940.85	蔡星海	3,213	黄石市黄石大道 316 号	0714-6297373	435001
000668.SZ	荣丰控股	荣丰控股集团股份有限公司	14,684.19	王　征		北京宣武区广安门外大街 305 号荣丰嘉园 2 号楼 10 楼	010-51757676	200135

续表 7-2-2-3-1

证券代码	证券简称	公司名称	注册资本（万元）	法人代表	员工总数（人）	办公地址	电话	邮编
000759.SZ	武汉中百	武汉中百集团股份有限公司	56,050.53	汪爱群	19,474	武汉市江汉区江汉路 129 号中百商厦 24－25 楼	027－82832006,8008802006	430021
600745.SH	中茵股份	中茵股份有限公司	32,737.49	高建荣	189	黄石市团城山 6 号小区	0714－3066686,3066675	435003
000553.SZ	沙隆达 A	湖北沙隆达股份有限公司	59,392.32	李作荣	4,095	荆州市北京东路 93 号	0716－8208632,8208232	434001
600298.SH	安琪酵母	安琪酵母股份有限公司	27,140.00	俞学锋	900	宜昌市中南路 24 号	0717－6369865	443003
000939.SZ	凯迪电力	武汉凯迪电力股份有限公司	36,848.00	陈义龙	51	武汉市东湖新技术开发区江夏大道特 1 号	027－67869270	430223
000826.SZ	合加资源	合加资源发展股份有限公司	41,335.61	文一波	509	宜昌市西陵区绿萝路 77 号	0717－6442936	443000
000852.SZ	江钻股份	江汉石油钻头股份有限公司	30,800.00	张召平	1,639	武汉市东湖新技术开发区华工园一路 5 号	027－87925236	430223
600079.SH	人福科技	武汉人福高科技产业股份有限公司	38,908.57	王学海	3,078	武汉市洪山区关山街鲁磨路 369 号	027－87596276,87597232	430074
600568.SH	ST 潜药	湖北潜江制药股份有限公司	12,546.66	许德来	606	潜江市章华南路特 1 号	027－59409632	430056
000952.SZ	广济药业	湖北广济药业股份有限公司	25,170.55	何　谧	1,118	武穴市江堤路 1 号	0713－6216068	435400
000520.SZ	长航凤凰	长航凤凰股份有限公司	67,472.23	刘锡汉	10,276	武汉市汉口民权路 39 号汇江大厦	027－85321845,85703197	430021
000988.SZ	华工科技	华工科技产业股份有限公司	32,890.00	马新强	2,816	武汉市东湖高新技术开发区华中科技大学科技园华工科技产业大厦	027－87180126	430223
600993.SH	马应龙	马应龙药业集团股份有限公司	9,210.55	陈　平	1,207	武汉市武昌南湖周家湾 100 号	027－87291519,87389583	430064
600260.SH	凯乐科技	湖北凯乐科技股份有限公司	26,382.00	朱弟雄	1,715	荆州市公安县斗湖堤城关	027－87250890	434300
900956.SH	东贝 B 股	黄石东贝电器股份有限公司	23,500.00	杨百昌	2,194	黄石市铁山区武黄路 5 号	0714－5415858	435006
600168.SH	武汉控股	武汉三镇实业控股股份有限公司	44,115.00	陈莉茜	393	武汉市武昌区友谊大道长江隧道出口处长江隧道公司管理大楼	027－85725739	430015
600703.SH	三安光电	三安光电股份有限公司	24,618.49	林秀成	763	荆州市沙市区高新技术开发区三湾路 72 号	0716－4138696	434000
000883.SZ	三环股份	湖北三环股份有限公司	28,538.77	舒　健	8,913	武汉市武汉东湖新技术开发区东信路 18 号	027－87609688	430074
600681.SH	S*ST 万鸿	万鸿集团股份有限公司	20,806.80	许伟文	783	武汉市武昌区武珞路 28 号长信大厦 4 楼	027－88066666	430060
600345.SH	长江通信	武汉长江通信产业集团股份有限公司	19,800.00	熊瑞忠	563	武汉市东湖开发区关东工业园文华路 2 号	027－67840308	430074

续表 7－2－2－3－1

证券代码	证券简称	公司名称	注册资本（万元）	法人代表	员工总数（人）	办公地址	电话	邮编
600133.SH	东湖高新	武汉东湖高新集团股份有限公司	27,559.22	罗廷元	278	武汉市洪山区华光大道1号东湖高新大楼	027－87172021 027－87172038	430074
000785.SZ	武汉中商	武汉中商集团股份有限公司	25,122.17	严规方	7,302	武汉市武昌区中南路9号	027－87362507	430071
600136.SH	ST道博	武汉道博股份有限公司	10,444.40	杜晓玲	55	武汉市东湖新技术开发区关凤大道特2号当代国际花园C座3－2楼	027－81732221	430205
002013.SZ	中航精机	湖北中航精机科技股份有限公司	12,852.00	王承海	598	襄樊市高新区追日路8号	0710－3345433－8045 0710－3345433－8030	441003
000627.SZ	天茂集团	天茂实业集团股份有限公司	67,679.49	刘益谦	1,611	荆门市杨湾路132号	0724－2223218	448000
600107.SH	美尔雅	湖北美尔雅股份有限公司	36,000.00	杨闻孙	3,485	黄石市团城山开发区美尔雅工业园	0714－6360298,6360299	435003
600976.SH	武汉健民	武汉健民药业集团股份有限公司	15,339.86	赵江华	834	武汉市江汉区建设大道747号中信银行大厦11楼	027－85355035	430015
002159.SZ	三特索道	武汉三特索道集团股份有限公司	12,000.00	齐　民	846	武汉市武昌区八一路483号1号楼	027－87341809,87341812	430072
000678.SZ	襄阳轴承	襄阳汽车轴承股份有限公司	30,107.98	高少兵	2,168	襄樊市襄城区轴承路1号	0710－3577209	441022
000971.SZ	*ST迈亚	湖北迈亚股份有限公司	24,310.00	唐常军	1,972	仙桃市勉阳大道131号	0728－3275828	433000
000665.SZ	武汉塑料	武汉塑料工业集团股份有限公司	17,748.86	徐亦平	1,276	武汉市经济技术开发区沌阳大道156号武塑工业园1号楼	027－59405215	430056
600086.SH	东方金钰	湖北东方金钰股份有限公司	35,228.17	赵兴龙	247	广东省深圳市罗湖区贝丽北路东方金钰珠宝大厦3楼	0755－25266298	518020
600184.SH	新华光	湖北新华光信息材料股份有限公司	10,500.00	高汝森	818	襄樊市长虹北路67号	0710－3342132	441057
600566.SH	洪城股份	湖北洪城通用机械股份有限公司	10,630.80	王洪运	612	荆州市红门路3号	0716－8221198	434000
000670.SZ	S*ST天发	舜元地产发展股份有限公司	27,220.91	陈炎表	55	上海市长宁区天山西路799号北大青鸟产业园6楼	021－52197189	200335
000821.SZ	京山轻机	湖北京山轻工机械股份有限公司	34,523.88	孙友元	1,773	荆门市京山县经济技术开发区轻机工业园	0724－7210972	431800
600774.SH	汉商集团	武汉市汉商集团股份有限公司	17,457.54	张宪华	2,048	武汉市汉阳大道134号	027－84843197	430050
600275.SH	*ST昌鱼	湖北武昌鱼股份有限公司	50,883.72	翦英海	320	鄂州市鄂城区南浦南路特1号	0711－3200330 010－65801695	436000
600885.SH	力诺太阳	武汉力诺太阳能集团股份有限公司	15,374.38	吴有民	1,478	武汉市建设大道568号新世界国贸大厦I座16楼	027－68850733	430022
600293.SH	三峡新材	湖北三峡新型建材股份有限公司	34,450.26	徐　麟	1,498	当阳市经济技术开发区	0717－3280108	444105

续表 7－2－2－3－1

证券代码	证券简称	公司名称	注册资本（万元）	法人代表	员工总数（人）	办公地址	电话	邮编
600355.SH	精伦电子	精伦电子股份有限公司	24,604.46	张学阳	734	武汉市东湖新技术开发区光谷大道 70 号	027－87921111－3221	430223
000760.SZ	博盈投资	湖北博盈投资股份有限公司	23,685.23	胡和建	582	北京市朝阳区亮马桥路 39 号第一上海中心 C 座 412 室	010－84535388－808 010－84535388－809 010－5231009	100016
600769.SH	祥龙电业	武汉祥龙电业股份有限公司	37,497.72	杨守峰	3,622	武汉市洪山区葛化街化工路 31 号	027－87602482	430078
000615.SZ	湖北金环	湖北金环股份有限公司	21,167.73	蒋　岚	3,001	襄樊市樊城区陈家湖	0710－2105321,2108234	441133
600421.SH	*ST 国药	武汉国药科技股份有限公司	19,560.00	夏协安	136	武汉市武昌武珞路 628 号亚洲贸易广场 B 座	027－87654767	430070
200770.SZ	*ST 武锅 B	武汉锅炉股份有限公司	29,700.00	杨国威	2,335	武汉市武珞路 586 号	027－87879708,87652719	430070
000966.SZ	长源电力	国电长源电力股份有限公司	55,414.20	张玉新	4,850	武汉市武昌区徐东大街 117 号华中电力金融大厦	027－86610541,86610545 86610546,86610547	430067

（三）保险业

1. 保险公司

中国人民财产保险股份有限公司湖北省分公司

表 7－2－3－1－1

机构名称	地址	负责人	电话	邮编
中国人民财产保险股份有限公司武汉市分公司	**武汉市鹦鹉大道 136 号**	**高文敏**	**027－84779966**	**430050**
中国人民财产保险股份有限公司武汉市汉口支公司	武汉市汉口香港路 177 号	徐　勇	027－85768712	430015
中国人民财产保险股份有限公司武汉市江岸支公司	武汉市汉口球场路 44－8 号	杨建林	027－82410134	430016
中国人民财产保险股份有限公司武汉市江汉支公司	武汉市江汉区新华下路 63 号南达大楼内	林　峰	027－65602916	430015
中国人民财产保险股份有限公司武汉市硚口支公司	武汉市汉口中山大道 207－213 号	钱　欣	027－83785169	430033
中国人民财产保险股份有限公司武汉市汉阳支公司	武汉市汉阳区鹦鹉大道 99 号	杨行生	027－84843807	430052
中国人民财产保险股份有限公司武汉市武昌支公司	武汉市武昌区中山路 378 号	崔　斌	027－88876369	430061
中国人民财产保险股份有限公司武汉市青山支公司	武汉市青山区友谊大道现代花园梅竹园 111 栋	段艳林	027－51609268	430080
中国人民财产保险股份有限公司武汉市洪山支公司	武汉市武昌区武珞路 673 号	徐卫兵	027－87884230	430070
中国人民财产保险股份有限公司武汉市东西湖支公司	武汉市东西湖区吴家山东吴大道 214 号	黄凌波	027－83891453	430040
中国人民财产保险股份有限公司武汉市蔡甸支公司	武汉市蔡甸区汉阳大道 780 号	胡　超	027－84941777	430100
中国人民财产保险股份有限公司武汉市江夏支公司	武汉市江夏区纸坊大街 520 号	刘炎周	027－87952874	430200
中国人民财产保险股份有限公司武汉市黄陂支公司	武汉市黄陂区前川街黄陂大道	方旺保	027－61002088	430300
中国人民财产保险股份有限公司武汉市新洲支公司	武汉市新洲区邾城新区齐安大道	姚福洲	027－89352967	430400
中国人民财产保险股份有限公司武汉市武汉经济技术开发区支公司	武汉市经济开发区创业道 139 号	朱琪花	027－84892151	430056
中国人民财产保险股份有限公司湖北省分公司营业部	武汉市武昌区中北路 163 号	徐　兵	027－87818011	430071
中国人民财产保险股份有限公司湖北省分公司国际营业部	武汉市汉口黄浦大街 27 号 15－16 楼	唐　钧	027－82412833	430070
中国人民财产保险股份有限公司武汉东湖新技术开发区营业部	武汉市东湖高新技术开发区珞喻路 546 号武汉科技会展中心	郑　武	027－67880732	430079

续表 7－2－3－1－1

机 构 名 称	地 址	负责人	电 话	邮 编
中国人民财产保险股份有限公司武汉市直属第一营业部	武汉市汉口解放大道 1714 号	陈 琳	027－86771722	430073
中国人民财产保险股份有限公司武汉市江南营业部	武汉市武昌区民主路 717 号金都华庭 3 楼	马晓慧	027－50704654	430060
中国人民财产保险股份有限公司武汉市电子商务营业部	武汉市汉阳鹦鹉大道 136 号	柯超英	027－84776628	430050
中国人民财产保险股份有限公司武汉市东风营业部	武汉市经济技术开发区创业路 139 号	杨 琳	027－84899298	430056
中国人民财产保险股份有限公司武汉市国际营业部	武汉市汉口建设大道 426 号	李 星	027－59528109	430030
中国人民财产保险股份有限公司武汉市直属第三营业部	武汉市洪山区雄楚大街 268 号 C 座 9 楼	张 震	027－87293099	430071
中国人民财产保险股份有限公司武汉市分公司营业部	武汉市汉阳区鹦鹉大道 136 号	柯超英	027－84776628	430050
中国人民财产保险股份有限公司武汉市分公司直属营销服务部	武汉市汉口黄浦大街 27 号	石 少		430014
中国人民财产保险股份有限公司武汉市汉阳支公司汉阳营销服务部	武汉市汉阳大道 633 号	龚忠全		430050
中国人民财产保险股份有限公司湖北省分公司营业部江北营销服务部	武汉市江岸区香港路 92 号综合楼 C2－1 号	王冠冠		430000
中国人民财产保险股份有限公司武汉市车商营销服务部	武汉市汉阳区鹦鹉大道 136 号	陈秋生		430050
中国人民财产保险股份有限公司黄石市分公司	**黄石市湖滨大道明珠花园 9 号**	**陈海涛**	**0714－6288087**	**435000**
中国人民财产保险股份有限公司黄石市西塞山支公司	黄石市湖滨大道明珠花园 9 号	胡汉平	0714－6232566	435000
中国人民财产保险股份有限公司黄石市黄石港支公司	黄石市湖滨大道明珠花园 9 号	马尚学	0714－6222601	435000
中国人民财产保险股份有限公司黄石市下陆支公司	黄石市老下陆大道 16 号	刘细明	0714－5316900	435004
中国人民财产保险股份有限公司黄石市铁山支公司	黄石市铁山大道 84 号	何汉忠	0714－5416145	435006
中国人民财产保险股份有限公司黄石市分公司河口营业部	黄石市河口镇	张 岱	0714－6229868	435007
中国人民财产保险股份有限公司黄石市分公司团城山营销服务部	黄石市皇姑岭	王瑞石		435000
中国人民财产保险股份有限公司大冶支公司	大冶市东风路	黄应宗	0714－8721822	435100
中国人民财产保险股份有限公司大冶支公司陈贵营业部	大冶市陈贵镇	陈迪胜	0714－8996500	435124
中国人民财产保险股份有限公司大冶支公司还地桥营业部	大冶市还地桥镇	黄燮祥	0714－8810083	435112
中国人民财产保险股份有限公司大冶支公司汪仁营业部	大冶市汪仁镇	占文倩	0714－8810083	435109

续表 7－2－3－1－1

机 构 名 称	地 址	负责人	电 话	邮 编
中国人民财产保险股份有限公司阳新支公司	阳新县兴国镇陵园大道 43 号	王炳生	0714－7323285	435200
中国人民财产保险股份有限公司阳新支公司富池营业部	阳新县富池镇大闸湖	李名华	0714－7531118	435229
中国人民财产保险股份有限公司襄樊市分公司	**襄樊市环城南路 128 号**	**李开华**	**0710－3522148**	**441021**
中国人民财产保险股份有限公司襄樊市分公司营业部	襄樊市环城南路 128 号	陈向东	0710－3550607	441021
中国人民财产保险股份有限公司襄樊市分公司人民路营业部	襄樊市人民路 93 号	张治国	0710－3463660	441000
中国人民财产保险股份有限公司襄樊市分公司春园路营业部	襄樊市樊城区春园路 73 号	石　峰	0710－3463661	441003
中国人民财产保险股份有限公司襄樊市分公司襄樊营销服务部	襄樊市长虹路 148 号南光实业公司大楼附楼 4 楼	黎　凡		441000
中国人民财产保险股份有限公司襄樊市分公司长虹路营销服务部	襄樊市春园西路 4 号	谢林涛		441021
中国人民财产保险股份有限公司谷城支公司	谷城县粉阳路 66 号	程鸿斌	0710－7232566	441700
中国人民财产保险股份有限公司谷城支公司石花营业部	谷城县石花镇武当路 1 号	皮满生	0710－3463671	441700
中国人民财产保险股份有限公司谷城支公司粉阳路营销服务部	谷城县粉阳路 66 号	皮满生		441700
中国人民财产保险股份有限公司南漳支公司	南漳县苗蒲路 12 号	赵兴健	0710－5242800	441500
中国人民财产保险股份有限公司南漳支公司武安营业部	南漳县武安镇	刘文明	0710－3463668	441500
中国人民财产保险股份有限公司南漳支公司龙门营业部	南漳县龙门镇	邹明华	0710－3463669	441500
中国人民财产保险股份有限公司南漳支公司巡检营业部	南漳县巡检镇	杨德志	0710－3463670	441500
中国人民财产保险股份有限公司南漳支公司南漳营销服务部	南漳县城关苗卜路 12 号	海红伟		441500
中国人民财产保险股份有限公司南漳支公司东巩营销服务部	南漳县东巩镇	李学文		441528
中国人民财产保险股份有限公司保康支公司	保康县城关镇东街 64 号	王清平	0710－5812882	441600
中国人民财产保险股份有限公司保康支公司光千营销服务部	保康县城关镇东街 64 号	邓显荣		441601
中国人民财产保险股份有限公司枣阳支公司	枣阳市襄阳路 111 号	李　超	0710－6228486	441200
中国人民财产保险股份有限公司枣阳支公司枣阳营销服务部	枣阳市襄阳路 111 号	徐元春		441200
中国人民财产保险股份有限公司枣阳支公司兴隆营业部	枣阳市兴隆镇	李厚江	0710－3463675	441200

续表 7－2－3－1－1

机构名称	地址	负责人	电话	邮编
中国人民财产保险股份有限公司宜城支公司	宜城市交通路	王海丰	0710－4212593	441400
中国人民财产保险股份有限公司宜城支公司小河营业部	宜城市小河镇	王新安	0710－3463677	441400
中国人民财产保险股份有限公司宜城支公司郑集营业部	宜城市郑集镇	陈明功	0710－3463678	441400
中国人民财产保险股份有限公司宜城支公司璞河营业部	宜城市璞河镇	宋　阳	0710－3463679	441400
中国人民财产保险股份有限公司宜城支公司讴乐营业部	宜城市讴乐镇	蔡选华	0710－3463680	441400
中国人民财产保险股份有限公司宜城支公司雷河营业部	宜城市雷河镇	黎功才	0710－3463681	441400
中国人民财产保险股份有限公司宜城支公司宜城营销服务部	宜城市交通路	陈明功		441400
中国人民财产保险股份有限公司老河口支公司	老河口市北京路 68 号	王道泽	0710－8233334	441800
中国人民财产保险股份有限公司老河口支公司张集营业部	老河口市张集镇	吕福祥	0710－3463672	418000
中国人民财产保险股份有限公司老河口支公司孟楼营业部	老河口市孟楼镇	王绍军	0710－3463673	418000
中国人民财产保险股份有限公司老河口支公司洪山咀营业部	老河口市洪山咀	齐　勇	0710－3463674	418000
中国人民财产保险股份有限公司襄樊市襄城支公司	襄樊市环城南路 128 号	邓中心	0710－3553607	441021
中国人民财产保险股份有限公司襄樊市樊城支公司	襄樊市长征路 129 号	韩卫东	0710－3661163	441000
中国人民财产保险股份有限公司襄樊市樊城支公司太平店营业部	襄樊市太平店镇	范晓红	0710－3463676	441000
中国人民财产保险股份有限公司襄樊市樊城支公司樊城营销服务部	襄樊市长征路 129 号	韩卫东		441000
中国人民财产保险股份有限公司襄樊市樊城支公司太平店营销服务部	襄樊市太平店镇	范小红		441000
中国人民财产保险股份有限公司襄樊市樊城支公司牛首营销服务部	襄樊市牛首镇	韩卫东		441000
中国人民财产保险股份有限公司襄樊市襄阳支公司	襄樊市樊城区春园路 73 号	吕雁胜	0710－3820392	441003
中国人民财产保险股份有限公司襄樊市襄阳支公司黄集营业部	襄樊市襄阳区黄集镇	朱至举	0710－3463662	441000
中国人民财产保险股份有限公司襄樊市襄阳支公司黄渠河营业部	襄樊市襄阳区黄渠河乡	周建平	0710－3463663	441000
中国人民财产保险股份有限公司襄樊市襄阳支公司双沟营业部	襄樊市襄阳区双沟镇	朱　明	0710－3463664	441000
中国人民财产保险股份有限公司襄樊市襄阳支公司张湾营业部	襄樊市襄阳区张湾镇	晋宏先	0710－3463665	441000

续表 7－2－3－1－1

机 构 名 称	地 址	负责人	电 话	邮 编
中国人民财产保险股份有限公司襄樊市襄阳支公司化纤厂营业部	襄樊市襄阳区湖北化纤厂	吕雁胜	0710－3463666	441000
中国人民财产保险股份有限公司襄樊市襄阳支公司张集营销服务部	襄樊市襄阳区张集镇	晋宏先		441112
中国人民财产保险股份有限公司襄樊市襄阳支公司东津营销服务部	襄樊市襄阳区东津镇	吕雁胜		441106
中国人民财产保险股份有限公司襄樊市襄阳支公司古驿营销服务部	襄樊市襄阳区古驿镇	周建平		441122
中国人民财产保险股份有限公司襄樊市襄阳支公司伙牌营销服务部	襄樊市襄阳区伙牌镇	郭金玉		441116
中国人民财产保险股份有限公司襄樊市襄阳支公司程河营销服务部	襄樊市襄阳区程河乡	郭　丽		441111
中国人民财产保险股份有限公司襄樊市襄阳支公司朱集营销服务部	襄樊市襄阳区朱集乡	朱　明		441115
中国人民财产保险股份有限公司襄樊市襄阳支公司峪山营销服务部	襄樊市襄阳区峪山镇	朱社军		441108
中国人民财产保险股份有限公司襄樊市襄阳支公司黄龙营销服务部	襄樊市襄阳区黄龙镇	朱至举		441009
中国人民财产保险股份有限公司襄樊市襄阳支公司石桥营销服务部	襄樊市襄阳区石桥镇	马卫军		441128
中国人民财产保险股份有限公司襄樊市襄阳支公司龙王营销服务部	襄樊市襄阳区龙王镇	朱　明		441129
中国人民财产保险股份有限公司襄樊市襄樊汽车产业经济技术开发区支公司	襄樊市汽车产业开发区东风汽车大道	夏金平	0710－3311008	441004
中国人民财产保险股份有限公司襄樊市襄樊汽车产业经济技术开发区支公司米庄营业部	襄樊市汽车产业开发区米庄镇	张洪成	0710－3463667	441004
中国人民财产保险股份有限公司荆州市分公司	**荆州市荆州区荆东路6号**	**周英强**	**0716－8467205**	**434020**
中国人民财产保险股份有限公司荆州市荆州支公司	荆州市荆州区黄金堂路9号	孔凡波	0716－8468819	434020
中国人民财产保险股份有限公司荆州市沙市支公司	荆州市沙市区玉桥小区	涂光辉	0716－8317880	434000
中国人民财产保险股份有限公司荆州市中山支公司	荆州市北京中路259号	刘　飞	0716－8191048	434020
中国人民财产保险股份有限公司荆州市江汉支公司	荆州市沙市区园林东路	严良举	0716－8243347	434000
中国人民财产保险股份有限公司荆州市分公司江汉营业部	荆州市沙市区江汉北路	沈　冰	0728－6501758	434000
中国人民财产保险股份有限公司荆州市分公司玉桥营业部	荆州市沙市区江津路玉桥小区	武文军	0728－6501759	434000
中国人民财产保险股份有限公司荆州市荆州支公司纪南营业部	荆州市荆州区纪南镇	熊义杰	0716－8468819	434034

续表 7－2－3－1－1

机构名称	地址	负责人	电话	邮编
中国人民财产保险股份有限公司荆州市荆州支公司弥市营业部	荆州市弥市镇西街 192 号	邹金华	0716－8468819	434035
中国人民财产保险股份有限公司荆州市荆州支公司荆州营业部	荆州市荆州北路教委楼	刘　涛	0716－8468819	434020
中国人民财产保险股份有限公司荆州市沙市支公司岑河营业部	荆州市河镇岑沙路	谢德明	0716－4731499	434010
中国人民财产保险股份有限公司荆州市沙市支公司观音当营业部	荆州市沙市区观音当镇	符　华	0716－6222454	434012
中国人民财产保险股份有限公司荆州市分公司古城营销服务部	荆州市荆州区黄金堂路 21 号	涂光辉		434020
中国人民财产保险股份有限公司荆州市公司北京路营销服务部	荆州市沙市区北京路 90 号附 4 号	唐　俊		434000
中国人民财产保险股份有限公司荆州市沙市支公司沙市营销服务部	荆州市沙市区江津东路 168 号	徐振华		434000
中国人民财产保险股份有限公司公安支公司	公安县油江路 29 号	郑志平	0716－5225421	434300
中国人民财产保险股份有限公司公安支公司斗湖堤营业部	公安县斗湖堤镇	易玉善	0716－5225421	434300
中国人民财产保险股份有限公司公安支公司夹竹园营业部	公安县夹竹园镇	刘谢军	0716－5225421	434311
中国人民财产保险股份有限公司公安支公司藕池营业部	公安县藕池镇	李光林	0716－5225421	434305
中国人民财产保险股份有限公司公安支公司狮子口营业部	公安县狮子口镇	雷立军	0716－5225421	434316
中国人民财产保险股份有限公司公安支公司章庄铺营业部	公安县章庄铺镇	汪治才	0716－5225421	434324
中国人民财产保险股份有限公司公安支公司闸口营业部	公安县闸口镇	邓德芳	0716－5225421	434309
中国人民财产保险股份有限公司公安支公司孟家溪营业部	公安县孟家溪镇	罗承龙	0716－5225421	434322
中国人民财产保险股份有限公司公安支公司南平营业部	公安县南平镇	郑志平	0716－5225421	434318
中国人民财产保险股份有限公司公安支公司埠河营业部	公安县埠河镇	腾秋芳	0716－5225421	434302
中国人民财产保险股份有限公司公安支公司斑竹当营业部	公安县斑竹当镇	胡　兵	0716－5225421	434315
中国人民财产保险股份有限公司公安支公司黄山头营业部	公安县黄山头镇	王亚华	0716－5225421	434312
中国人民财产保险股份有限公司公安支公司公安营销服务部	公安县斗湖堤镇油江路 29 号	聂　志		434300
中国人民财产保险股份有限公司监利支公司	监利县天府中路 3 号	唐　俊	0716－3271195	433300
中国人民财产保险股份有限公司监利支公司毛市营业部	监利县毛市镇	黄华城	0716－3271195	433315

续表 7－2－3－1－1

机 构 名 称	地 址	负责人	电 话	邮 编
中国人民财产保险股份有限公司监利支公司白螺营业部	监利县白螺镇	季凤梧	0716－3271195	433332
中国人民财产保险股份有限公司监利支公司大垸营业部	监利县大垸农场	余向阳	0716－3271195	433321
中国人民财产保险股份有限公司监利支公司朱河营业部	监利县朱河镇	段宝旺	0716－3271195	433325
中国人民财产保险股份有限公司江陵支公司	江陵县郝穴镇车站路	刘守钊	0716－4730816	434100
中国人民财产保险股份有限公司江陵支公司郝穴营业部	江陵县郝穴镇花园路 1 号	徐晓玲	0716－6222454	434100
中国人民财产保险股份有限公司江陵支公司江陵营销服务部	江陵县郝穴镇	张文胜		434100
中国人民财产保险股份有限公司松滋支公司	松滋市乐乡大道 62 号	周大雄	0716－6222454	434200
中国人民财产保险股份有限公司松滋支公司宛市营业部	松滋市宛市镇集镇街	吕万一	0716－6222454	434205
中国人民财产保险股份有限公司松滋支公司沙道观营业部	松滋市沙道观镇	龚星光	0716－6222454	434204
中国人民财产保险股份有限公司松滋支公司刘家场营业部	松滋市刘家场镇人民路	郭　俊	0716－6222454	434217
中国人民财产保险股份有限公司松滋支公司西斋营业部	松滋市西斋镇建设路	陈业军	0716－6222454	434216
中国人民财产保险股份有限公司松滋支公司老城营业部	松滋市老城镇东街	邓小中	0716－6222454	434200
中国人民财产保险股份有限公司松滋支公司新江口营销服务部	松滋市新江口镇乐乡大道	邓永立		434200
中国人民财产保险股份有限公司石首支公司	石首市中山路 18 号	毕仁发	0716－7273024	434400
中国人民财产保险股份有限公司石首支公司调关营业部	石首市调关镇	王崇新	0716－7273024	434404
中国人民财产保险股份有限公司石首支公司大垸营业部	石首市大垸农场	彭　琼	0716－7273024	434401
中国人民财产保险股份有限公司石首支公司新厂营业部	石首市新厂镇	王劲松	0716－7273024	434401
中国人民财产保险股份有限公司石首支公司团山营业部	石首市团山镇	韩银强	0716－7273024	434415
中国人民财产保险股份有限公司洪湖支公司	洪湖市新洪路 82 号	陈启树	0716－2423631	433200
中国人民财产保险股份有限公司洪湖支公司峰口营业部	洪湖市峰口镇	宋家洪	0716－2423631	433200
中国人民财产保险股份有限公司洪湖支公司城关营业部	洪湖市城关镇	李长华	0716－2423631	433200
中国人民财产保险股份有限公司洪湖支公司大同湖营业部	洪湖市大同湖农场	孙新兰	0716－2423631	433221

续表 7－2－3－1－1

机　构　名　称	地　　址	负责人	电　话	邮　编
中国人民财产保险股份有限公司洪湖支公司汊河营业部	洪湖市汊河镇	白冰峰	0716－2423631	433211
中国人民财产保险股份有限公司宜昌市分公司	**宜昌市沿江大道 80－A 号**	**韩爱周**	**0717－6732894**	**443000**
中国人民财产保险股份有限公司宜昌市分公司营业部	宜昌市夷陵路 64 号	徐　凡	0717－6734707	443000
中国人民财产保险股份有限公司宜昌市分公司东山营业部	宜昌市开发区发展大道 41 号 18 栋 3 号	李玉梅	0717－6339516	443000
中国人民财产保险股份有限公司宜昌市分公司营销服务部	宜昌市夷陵路 64 号	赵　刚		443000
中国人民财产保险股份有限公司宜昌市西陵支公司	宜昌市西陵一路 7 号	代　伟	0717－6737107	443000
中国人民财产保险股份有限公司宜昌分公司点军营业部	宜昌市点军区江南大道 159 号	李新俊	0717－6671210	443000
中国人民财产保险股份有限公司宜昌市伍家支公司	宜昌市夷陵路 160－6 号	赵红平	0717－6482528	443000
中国人民财产保险股份有限公司宜昌市伍家支公司伍家岗营业部	宜昌市伍临路 20 号	曾　海	0717－6482528	443000
中国人民财产保险股份有限公司宜昌市猇亭营业部	宜昌市猇亭区金猇路 67 号	黄开梅	0717－6511474	443000
中国人民财产保险股份有限公司宜昌市夷陵支公司	宜昌市夷陵区小溪塔正安街 6 号	汪　华	0717－7827840	443100
中国人民财产保险股份有限公司宜昌市夷陵支公司分乡营业部	宜昌市夷陵区分乡镇分乡场 9 组	王思林	0717－7827840	443105
中国人民财产保险股份有限公司宜昌市夷陵支公司鸦鹊岭营业部	宜昌市夷陵区鸦鹊岭汉宜路 108 号	田开玉	0717－7827840	443113
中国人民财产保险股份有限公司宜昌市夷陵支公司雾渡河营业部	宜昌市夷陵区雾渡河镇居委会 2 组	张　涛	0717－7827840	443143
中国人民财产保险股份有限公司宜昌市夷陵支公司夷陵营销服务部	宜昌市夷陵区小溪塔正安街 6 号	田仁富		443100
中国人民财产保险股份有限公司宜昌市夷陵支公司龙泉营销服务部	宜昌市夷陵区龙泉镇村 6 组	谢　军		443112
中国人民财产保险股份有限公司宜昌市夷陵支公司乐天溪营销服务部	宜昌市夷陵区乐天溪镇乐天路 238 号	朱应锋		443124
中国人民财产保险股份有限公司宜昌市夷陵支公司樟村坪营销服务部	宜昌市夷陵区樟村坪镇丁家河 5 组	刘天林		443145
中国人民财产保险股份有限公司宜昌市葛洲坝支公司	宜昌市沿江大道 34 号	战胜昌	0717－6737992	443000
中国人民财产保险股份有限公司葛洲坝支公司中心营业部	宜昌市北门外正街 124 号	吴建荣	0717－6737992	443000
中国人民财产保险股份有限公司三峡坝区支公司	宜昌市三峡坝区八河口培训中心院内	望联华	0717－6764236	443133
中国人民财产保险股份有限公司远安支公司	远安县鸣凤镇鸣凤大道 21 号	王志波	0717－3813250	444200

续表 7－2－3－1－1

机 构 名 称	地 址	负责人	电 话	邮 编
中国人民财产保险股份有限公司远安支公司洋坪营业部	远安县洋坪镇桥头	杨世森	0717－3776449	444200
中国人民财产保险股份有限公司远安支公司鸣凤营业部	远安县鸣凤镇鸣凤大道 21 号	罗 东	0717－3813250	444200
中国人民财产保险股份有限公司远安支公司远安营销服务部	远安县鸣凤大道 21 号	庄建华		444200
中国人民财产保险股份有限公司远安支公司荷花营销服务部	远安县苟家垭镇垭狮路	崔金桥		444211
中国人民财产保险股份有限公司兴山支公司	兴山县古夫镇高阳大道	梅 进	0717－2584545	443711
中国人民财产保险股份有限公司秭归支公司	宜昌市秭归县茅坪镇平湖大道 53 号	周晟川	0717－2880789	443600
中国人民财产保险股份有限公司秭归支公司茅坪营业部	宜昌市茅坪镇平湖大道 53 号	周立鹏	0717－2883928	443600
中国人民财产保险股份有限公司秭归支公司归州营业部	秭归县归州镇	向维华	0717－2883928	443600
中国人民财产保险股份有限公司秭归支公司两河口营销服务部	秭归县两河口镇	郑光宗		443613
中国人民财产保险股份有限公司秭归支公司郭家坝营销服务部	秭归县郭家坝镇	何训华		443621
中国人民财产保险股份有限公司长阳土家族自治县支公司	长阳县龙舟坪镇清江路 33 号	陈 明	0717－5321167	443500
中国人民财产保险股份有限公司五峰土家族自治县支公司	五峰县五峰镇沿河西路 47 号	陈圣权	0717－5821568	443400
中国人民财产保险股份有限公司长阳土家族自治县支公司磨市营业部	长阳县磨市镇	郑兴桃	0717－5321167	443500
中国人民财产保险股份有限公司长阳土家族自治县支公司资丘营业部	长阳县资丘镇	杜选平	0717－5321167	443500
中国人民财产保险股份有限公司长阳土家族自治县支公司隔河岩营业部	长阳县津洋口镇	余黎明	0717－5321167	443500
中国人民财产保险股份有限公司长阳土家族自治县支公司磨市营销服务部	长阳县磨市镇	覃祥操		443505
中国人民财产保险股份有限公司长阳土家族自治县支公司大堰营销服务部	长阳县大堰乡	钟华凤		443506
中国人民财产保险股份有限公司长阳土家族自治县支公司都镇湾营销服务部	长阳县都镇湾镇	李 波		443509
中国人民财产保险股份有限公司长阳土家族自治县支公司鸭子口营销服务部	长阳县鸭子口乡	胡兴龙		443512
中国人民财产保险股份有限公司长阳土家族自治县支公司高家堰营销服务部	长阳县高家堰镇	向希淦		443517
中国人民财产保险股份有限公司长阳土家族自治县支公司贺家坪营销服务部	长阳县贺家坪镇	羿 华		443518

续表 7—2—3—1—1

机构名称	地址	负责人	电话	邮编
中国人民财产保险股份有限公司长阳土家族自治县支公司榔坪营销服务部	长阳县榔坪镇	杨林波		443522
中国人民财产保险股份有限公司长阳土家族自治县支公司渔峡口营销服务部	长阳县渔峡口镇	覃松涛		443516
中国人民财产保险股份有限公司长阳土家族自治县支公司资丘营销服务部	长阳县资丘镇	黄远平		443514
中国人民财产保险股份有限公司长阳土家族自治县支公司隔河岩营销服务部	长阳县津洋口镇	刘　峰		443501
中国人民财产保险股份有限公司五峰土家族自治县支公司渔洋关营业部	五峰县渔洋关镇南北路 99 号	段正权	0717—5759498	443400
中国人民财产保险股份有限公司五峰土家族自治县支公司五峰营销服务部	五峰县五峰镇沿河西路 47 号	陈圣权		443400
中国人民财产保险股份有限公司五峰土家族自治县支公司采花营销服务部	五峰县采花长茂司	周临庵		443408
中国人民财产保险股份有限公司五峰支公司湾潭营销服务部	五峰县湾潭镇下街	刘启芬		443402
中国人民财产保险股份有限公司五峰土家族自治县支公司长乐坪营销服务部	五峰县长乐坪镇下街 8 号	陈大春		443412
中国人民财产保险股份有限公司宜都支公司	宜都市陆城长江大道 24 号	王少林	0717—4823997	443300
中国人民财产保险股份有限公司宜都支公司陆城营业部	宜都陆城长江大道 24 号	陈启玉	0717—4823997	443300
中国人民财产保险股份有限公司宜都支公司枝城营业部	宜都市枝城街道办事处	周泽民	0717—4823997	443300
中国人民财产保险股份有限公司宜都支公司毛湖淌营业部	宜都市王家畈乡	江光荣	0717—4823997	443300
中国人民财产保险股份有限公司宜都支公司聂家河营业部	宜都市聂家河镇	朱祚胜	0717—4823997	443300
中国人民财产保险股份有限公司宜都支公司松木坪营销服务部	宜都市松木坪镇	郑联新		443314
中国人民财产保险股份有限公司宜都支公司红花套营销服务部	宜都市红花套镇	陈富祥		443300
中国人民财产保险股份有限公司宜都支公司陆城营销服务部	宜都市陆城长江大道 24 号	陈启玉		443300
中国人民财产保险股份有限公司宜都支公司枝城营销服务部	宜都市枝城镇	周泽民		443311
中国人民财产保险股份有限公司宜都支公司聂家河营销服务部	宜都市聂家河镇	朱祚胜		443306
中国人民财产保险股份有限公司当阳支公司	当阳市玉阳南正街 1 号	龙江洪	0717—3222484	444100
中国人民财产保险股份有限公司当阳支公司半月营业部	当阳市半月先锋街	席光新	0717—3440365	444100

续表 7－2－3－1－1

机构名称	地址	负责人	电话	邮编
中国人民财产保险股份有限公司当阳支公司慈化营业部	当阳市坝陵办事处慈窑路	应方伟	0717－3500550	444100
中国人民财产保险股份有限公司当阳支公司育溪营业部	当阳市育溪大公桥路	王新平	0717－3361908	444100
中国人民财产保险股份有限公司当阳支公司草埠湖营业部	当阳市草埠湖管理区镇荆路	张俊梅	0717－3483259	444100
中国人民财产保险股份有限公司当阳支公司王店营业部	当阳市王店镇	王传钰	0717－3430434	444100
中国人民财产保险股份有限公司当阳支公司当阳营销服务部	当阳市玉阳镇南正街 1 号	熊锦红		444100
中国人民财产保险股份有限公司当阳支公司河溶营销服务部	当阳市河溶镇	张　群		444116
中国人民财产保险股份有限公司当阳支公司庙前营销服务部	当阳市庙前镇	袁志江		444119
中国人民财产保险股份有限公司当阳支公司两河营销服务部	当阳市两河镇	王学运		444114
中国人民财产保险股份有限公司枝江支公司	枝江市马家店迎宾大道西段	朱春明	0717－4213319	443200
中国人民财产保险股份有限公司枝江支公司江口营业部	枝江市江口镇	任心国	0717－4213319	443200
中国人民财产保险股份有限公司枝江支公司安福寺营业部	枝江市安福寺镇	张永红	0717－4213319	443200
中国人民财产保险股份有限公司枝江支公司问安营业部	枝江市问安镇	宋爱民	0717－4213319	443200
中国人民财产保险股份有限公司枝江支公司马家店营业部	枝江市马家店迎宾大道西段	李春芳	0717－4213319	443200
中国人民财产保险股份有限公司枝江支公司枝江营销服务部	枝江市马家店迎宾大道西段	任心国		443200
中国人民财产保险股份有限公司枝江支公司白洋营销服务部	枝江市白洋镇	姚祥武		443208
中国人民财产保险股份有限公司枝江支公司七星台营销服务部	枝江市七星台镇	李启荣		443204
中国人民财产保险股份有限公司枝江支公司百里洲营销服务部	枝江市百里洲镇	付红芹		443205
中国人民财产保险股份有限公司枝江支公司姚家港营销服务部	枝江市姚家港镇	张华斌		443206
中国人民财产保险股份有限公司枝江支公司仙女营销服务部	枝江市仙女镇	杨小兵		443201
中国人民财产保险股份有限公司十堰市分公司	**十堰市朝阳中路 77 号**	**徐　阳**	**0719－8660995**	**442000**
中国人民财产保险股份有限公司十堰市分公司营业部	十堰市十堰小区 20 栋	陈　武	0719－8688195	442000
中国人民财产保险股份有限公司十堰市分公司人民北路营销服务部	十堰市人民北路 5 号	樊友雄		442000

续表 7－2－3－1－1

机构名称	地址	负责人	电话	邮编
中国人民财产保险股份有限公司十堰市分公司大连路营销服务部	十堰市大连路 3 号	肖春		442000
中国人民财产保险股份有限公司十堰市茅箭支公司	十堰市十堰小区 20 栋	王启明	0719－8884338	442000
中国人民财产保险股份有限公司十堰市茅箭支公司顾家岗营业部	十堰市武当路 13 号	罗保林	0719－8267618	442012
中国人民财产保险股份有限公司十堰市茅箭支公司白浪营业部	十堰市白浪中路 117 号	杨永洪	0719－8884338	442013
中国人民财产保险股份有限公司十堰市张湾支公司	十堰市东岳路 80 号 2 楼	项永久	0719－8673298	442001
中国人民财产保险股份有限公司十堰市张湾支公司西城开发区营业部	十堰市方山路 14 号	余海燕	0719－8541288	442003
中国人民财产保险股份有限公司十堰市东风汽车工业区支公司	十堰市东岳路古台市场	韩勇	0719－8222941	442001
中国人民财产保险股份有限公司郧县支公司	郧县城关沿江大道 63 号	肖安堂	0719－7232241	442500
中国人民财产保险股份有限公司郧县支公司鲍峡营业部	郧县鲍峡镇	闵永贵	0719－7222437	442517
中国人民财产保险股份有限公司郧县支公司郧县营销服务部	郧县城关沿江大道 63 号	肖安堂		442500
中国人民财产保险股份有限公司郧西支公司	郧西县城关镇光明街 170 号	江艳	0719－6225788	442500
中国人民财产保险股份有限公司郧西支公司上津营业部	郧西县上津镇	王执廷	0719－6227823	442500
中国人民财产保险股份有限公司竹山支公司	竹山县广场路 19 号	柯炜	0719－4225078	442200
中国人民财产保险股份有限公司竹山支公司得胜营业部	竹山县得胜镇	陶俊义	0719－4611055	442216
中国人民财产保险股份有限公司竹山支公司竹山营销服务部	竹山县广场路 19 号	全照平		442200
中国人民财产保险股份有限公司竹山支公司宝丰营销服务部	竹山县宝丰镇施洋大道路口交管站院内	全照山		442200
中国人民财产保险股份有限公司竹溪支公司	竹溪县城关镇建设路 527 号	李均东	0719－2726767	442200
中国人民财产保险股份有限公司竹溪支公司竹溪营销服务部	竹溪县城关镇建设路 527 号	李青		442200
中国人民财产保险股份有限公司房县支公司	房县房陵大道	王洪军	0719－3220450	442100
中国人民财产保险股份有限公司房县支公司房县营销服务部	房县房陵大道	汪群		442100
中国人民财产保险股份有限公司丹江口支公司	丹江口市均州二路	计俊松	0719－5222777	442700
中国人民财产保险股份有限公司武当山旅游经济特区支公司	丹江口市武当山特区太和路	肖贤武	0719－5666755	442714

续表 7-2-3-1-1

机构名称	地址	负责人	电话	邮编
中国人民财产保险股份有限公司武当山旅游经济特区支公司六里坪营业部	丹江口市六里坪镇	肖育红	0719-5713276	442716
中国人民财产保险股份有限公司武当山旅游经济特区支公司浪河营销服务部	丹江口市浪河镇浪河大道4号	李光先		442300
中国人民财产保险股份有限公司孝感市分公司	**孝感市文化路36号**	**李国斌**	**0712-2823353**	**432000**
中国人民财产保险股份有限公司孝感市直属支公司	孝感市文化路36号	赵 勇	0712-2325681	432000
中国人民财产保险股份有限公司孝感市分公司营业部	孝感市长征二路13号	汤望三	0712-2822740	432000
中国人民财产保险股份有限公司孝感市分公司文化路营销服务部	孝感市文化路123号	王承志	0712-2321018	432000
中国人民财产保险股份有限公司孝感市开发区营销服务部	孝感市北京路48号15号楼	肖立志	0712-2341567	432000
中国人民财产保险股份有限公司云梦支公司	云梦县城关镇梦泽大道8号	徐超斌	0712-4325293	432500
中国人民财产保险股份有限公司云梦支公司安平路营销服务部	云梦县梦泽大道8号	曾 勇	0712-4335152	432500
中国人民财产保险股份有限公司孝昌支公司	孝昌县花园镇转盘南侧	徐 进	0712-4762168	432900
中国人民财产保险股份有限公司孝昌支公司花园大道营销服务部	孝昌县花园镇转盘南500米107国道东侧	刘晓风	0712-4762168	432900
中国人民财产保险股份有限公司大悟支公司	大悟县城关镇西岳大道	幸保峰	0712-7233289	432800
中国人民财产保险股份有限公司大悟支公司西岳大道营销服务部	大悟县城关镇西岳大道	杨 春	0712-7230539	432800
中国人民财产保险股份有限公司应城支公司	应城市蒲阳大道142号	彭 敏	0712-3220387	432400
中国人民财产保险股份有限公司应城支公司东马坊营业部	应城市藤西街59号	魏益阶	0712-2325682	432400
中国人民财产保险股份有限公司应城支公司长江埠营业部	应城市车站路	左金明	0712-2325683	432400
中国人民财产保险股份有限公司应城支公司蒲阳路营销服务部	应城市蒲阳大道85号	王四平	0712-2931318	432400
中国人民财产保险股份有限公司安陆支公司	安陆市碧涢路17号	刘俊伟	0712-5253534	432600
中国人民财产保险股份有限公司安陆支公司碧涢路营销服务部	安陆市碧涢路86号	张 兵	0712-5254996	432600
中国人民财产保险股份有限公司汉川支公司	汉川市城关西湖大道8号	高 山	0712-8281968	431600
中国人民财产保险股份有限公司汉川支公司分水营业部	汉川市分水镇交通大道	黄正平	0712-8782400	431600
中国人民财产保险股份有限公司汉川支公司电厂营业部	汉川市红星电厂大道	方天池	0712-8410188	431600

续表 7－2－3－1－1

机构名称	地址	负责人	电话	邮编
中国人民财产保险股份有限公司汉川支公司马口营业部	汉川市马口镇金马大道	付宗年	0712－8410189	431600
中国人民财产保险股份有限公司汉川支公司脉旺营业部	汉川市脉旺镇正街	周向阳	0712－8410190	431600
中国人民财产保险股份有限公司汉川支公司西湖路营销服务部	汉川市城关西湖大道 8 号	付宗年	0712－8281968	431600
中国人民财产保险股份有限公司荆门市分公司	**荆门市象山大道 45 号**	**彭保国**	**0724－2338892**	**448000**
中国人民财产保险股份有限公司荆门市分公司营业部	荆门市象山大道 45 号	王德金	0716－2339356	448000
中国人民财产保险股份有限公司荆门市分公司石化营业部	荆门市象山大道 45 号	刘文涛	0716－2339630	448000
中国人民财产保险股份有限公司荆门市分公司掇刀营业部	荆门市深圳大道 21 号	刘代华	0716－2440080	448000
中国人民财产保险股份有限公司荆门市分公司荆门营销服务部	荆门市象山大道 45 号	彭永梅		448001
中国人民财产保险股份有限公司荆门市东宝支公司盐池营业部	荆门市东宝区石桥驿街	张青山	0716－8641305	448153
中国人民财产保险股份有限公司沙洋支公司	沙洋县胜利一街 78 号	郭兆耀	0716－8551011	448200
中国人民财产保险股份有限公司沙洋支公司李市营业部	沙洋县李市镇	罗开洪	0716－7413055	448278
中国人民财产保险股份有限公司沙洋支公司沈集营业部	荆门市沈集镇	陈　贵	0716－7413056	448265
中国人民财产保险股份有限公司沙洋支公司马良营业部	沙洋县马良镇	姚俊华	0716－7413057	448261
中国人民财产保险股份有限公司沙洋支公司十里营业部	沙洋县十里铺	金邦敏	0716－7413058	448269
中国人民财产保险股份有限公司沙洋支公司曾集营业部	沙洋县曾集镇	肖桥雄	0716－7413060	448267
中国人民财产保险股份有限公司沙洋支公司沙洋营业部	沙洋县沙洋镇	张金罗	0716－7413061	448200
中国人民财产保险股份有限公司沙洋支公司后港营业部	沙洋县后港镇	江家顺	0716－7413063	448272
中国人民财产保险股份有限公司沙洋支公司五里营销服务部	沙洋县五里镇	李贵密		448268
中国人民财产保险股份有限公司沙洋支公司拾桥营销服务部	沙洋县拾桥镇	肖修龙		448270
中国人民财产保险股份有限公司沙洋支公司高阳营销服务部	沙洋县高阳镇	陈培俊		448264
中国人民财产保险股份有限公司荆门市分公司沙洋监狱管理局营业部	沙洋农场管理局	尹述才	0716－7413064	448200
中国人民财产保险股份有限公司京山支公司	京山县新市镇京源大道 49 号	刘达宏	0716－7331148	431800

续表 7－2－3－1－1

机构名称	地址	负责人	电话	邮编
中国人民财产保险股份有限公司京山支公司孙桥营业部	京山县孙桥镇京安路	吴红星	0716－7402145	431815
中国人民财产保险股份有限公司京山支公司钱场营业部	京山县钱场镇	安　杰	0716－7572439	431818
中国人民财产保险股份有限公司京山支公司永隆营业部	京山县永隆镇人民路	张在斌	0716－7472343	431825
中国人民财产保险股份有限公司京山支公司屈家岭营业部	京山县屈家岭管理区建设路 42 号	杨远方	0716－7413048	431821
中国人民财产保险股份有限公司京山支公司京山营销服务部	京山县新市镇京源大道 48 号	张维俊		431800
中国人民财产保险股份有限公司钟祥支公司	钟祥市郢中镇王府大道 1 号	李志喜	0716－4263367	431900
中国人民财产保险股份有限公司钟祥支公司郢中营业部	钟祥市郢中镇承天中路 1 号	彭桂林	0716－4858272	431900
中国人民财产保险股份有限公司钟祥支公司磷矿营业部	钟祥市磷矿镇	邱华明	0716－4949496	431915
中国人民财产保险股份有限公司钟祥支公司旧口营业部	钟祥市旧口镇	涂元森	0716－4057383	431928
中国人民财产保险股份有限公司钟祥支公司胡集营业部	钟祥市胡集镇	孙平俊	0716－4858272	431911
中国人民财产保险股份有限公司钟祥支公司石牌营业部	钟祥市石牌镇	胡家红	0716－4017838	431922
中国人民财产保险股份有限公司钟祥支公司柴湖营业部	钟祥市柴湖镇	张文建	0716－4018152	431924
中国人民财产保险股份有限公司钟祥支公司双河营业部	钟祥市双河镇	胡中华	0716－4836340	431913
中国人民财产保险股份有限公司钟祥支公司洋梓营销服务部	钟祥市洋梓镇	周启国		431901
中国人民财产保险股份有限公司钟祥支公司张集营销服务部	钟祥市张集镇	宁建秀		431935
中国人民财产保险股份有限公司钟祥支公司冷水营销服务部	钟祥市冷水镇	高凤琴		431921
中国人民财产保险股份有限公司钟祥支公司丰乐营销服务部	钟祥市丰乐镇	吴定荣		431906
中国人民财产保险股份有限公司钟祥支公司东桥营销服务部	钟祥市东桥镇	谢厚国		431933
中国人民财产保险股份有限公司荆门东宝支公司	荆门市象山大道 45 号	蔡巨文	0716－2331729	448000
中国人民财产保险股份有限公司荆门市东宝支公司白庙营业部	荆门市象山大道 45 号	任　伟	0716－2333251	448002
中国人民财产保险股份有限公司荆门市东宝支公司泉口营业部	荆门市象山大道 45 号	全正道	0716－2333251	448001
中国人民财产保险股份有限公司荆门市东宝支公司马河营业部	荆门市东宝区马河街 35 号	吕亚军	0716－8701016	448157

续表 7－2－3－1－1

机 构 名 称	地 址	负责人	电 话	邮 编
中国人民财产保险股份有限公司荆门市东宝支公司龙泉营业部	荆门市象山大道 45 号	张 鑫	0716－2333251	448001
中国人民财产保险股份有限公司荆门市东宝支公司漳河营业部	荆门市东宝区烟灯镇民主街 35 号	孙邦杰	0716－8682347	448000
中国人民财产保险股份有限公司荆门市东宝支公司子陵营业部	荆门市东宝区子陵街	石维宏	0716－8641305	448115
中国人民财产保险股份有限公司鄂州市分公司	**鄂州市武昌大道 308 号**	**黄正刚**	**0711－3873518**	**436000**
中国人民财产保险股份有限公司鄂州市分公司营业部	鄂州市武昌大道 308 号	胡 圻	0711－3858517	436000
中国人民财产保险股份有限公司鄂州市鄂城支公司	鄂州市武昌大道 243 号	李庆峰	0711－3859618	436000
中国人民财产保险股份有限公司鄂城营销服务部	鄂州市武昌大道 243 号	陈建华		436000
中国人民财产保险股份有限公司鄂州市华容支公司	鄂州市华容区潘楚大道 197 号	熊志涛	0711－3873099	436030
中国人民财产保险股份有限公司鄂州市分公司梁子湖营业部	鄂州市梁子湖区太和镇新街	夏祖树	0711－2412403	436040
中国人民财产保险股份有限公司鄂州市分公司葛店开发区营业部	鄂州市葛店经济开发区 6 号公寓	邵传文	0711－3873099	436070
中国人民财产保险股份有限公司黄冈市分公司	**黄冈市黄州大道 29 号**	**吴立新**	**0713－8352059**	**438000**
中国人民财产保险股份有限公司黄冈分公司营业部	黄冈市黄州大道	桂海水	0713－8362888	438000
中国人民财产保险股份有限公司黄冈分公司营业部开发区办事处	黄冈市开发区	龙 纯	0713－8362888	438000
中国人民财产保险股份有限公司黄冈分公司电厂营业部	黄冈市开发区 106 国道边	孙 波	0713－8357088	438000
中国人民财产保险股份有限公司黄冈市分公司营业部火车站营销服务部	黄冈市火车站	吴佑生		438000
中国人民财产保险股份有限公司黄冈市分公司营业部路口营销服务部	黄冈市黄州路口镇	何运杰		438021
中国人民财产保险股份有限公司红安支公司	红安县城关红坪大道 23 号	翁振宇	0713－5252988	438400
中国人民财产保险股份有限公司红安县支公司八里营业部	红安县八里湾镇	许桂兰	0713－5252988	438400
中国人民财产保险股份有限公司红安县支公司七里营业部	红安县七里坪镇	韩晓波	0713－5252988	438400
中国人民财产保险股份有限公司英山支公司	英山县温泉镇莲花路 13 号	肖丽娜	0713－7012552	438700
中国人民财产保险股份有限公司英山县支公司方家咀营业部	英山县方家咀乡	李 游	0713－8352059	438700
中国人民财产保险股份有限公司英山县支公司温泉营业部	英山县温泉镇金石路	胡继林	0713－8352059	438700

续表 7－2－3－1－1

机构名称	地址	负责人	电话	邮编
中国人民财产保险股份有限公司罗田支公司	罗田县义水北路 197 号	丁少松	0713－5052725	438600
中国人民财产保险股份有限公司罗田县支公司三里畈营业部	罗田县三里畈	林志坤	0713－5682119	438600
中国人民财产保险股份有限公司罗田支公司三里畈营销服务部	罗田县三里畈镇	何正平		438621
中国人民财产保险股份有限公司罗田支公司胜利营销服务部	罗田县胜利镇	林志坤		438627
中国人民财产保险股份有限公司浠水支公司	浠水县清泉镇丽文路	苏义虎	0713－4233794	438200
中国人民财产保险股份有限公司浠水县支公司散花营业部	浠水县白莲镇散花大道	陈朝辉	0713－8352059	438218
中国人民财产保险股份有限公司浠水县支公司巴河营业部	浠水县巴河镇巴河正街	曾祥发	0713－8352059	438208
中国人民财产保险股份有限公司浠水县支公司白莲营业部	浠水县白莲镇白莲大道	刘卫国	0713－8352059	438218
中国人民财产保险股份有限公司浠水县支公司兰溪营业部	浠水县兰溪镇西坳街	徐国启	0713－8352059	438205
中国人民财产保险股份有限公司蕲春支公司	蕲春县市府大道 1 号	骆中全	0713－7222534	435300
中国人民财产保险股份有限公司蕲春县支公司蕲州营业部	蕲春县蕲州二里湖大道	胥金发	0713－7514473	435300
中国人民财产保险股份有限公司蕲春县支公司横车营业部	蕲春县横车镇正街	王银生	0713－7644475	435300
中国人民财产保险股份有限公司蕲春支公司漕河营销服务部	蕲春县漕河镇蕲春大道 668 号	骆中友		438625
中国人民财产保险股份有限公司黄梅支公司	黄梅县政府路 87 号	何　流	0713－3326089	435500
中国人民财产保险股份有限公司黄梅支公司新开营销服务部	黄梅县新开镇	石朝阳		435505
中国人民财产保险股份有限公司黄梅支公司小池营销服务部	黄梅县小池镇	牛春梅		435501
中国人民财产保险股份有限公司黄梅支公司孔龙营销服务部	黄梅县孔龙镇	黄茂全		435520
中国人民财产保险股份有限公司团风支公司	团风县团风大道 26 号	石晓宜	0713－6151228	438800
中国人民财产保险股份有限公司团风县支公司淋山河营业部	团风县淋山河镇	吴艳姣	0713－6151558	438803
中国人民财产保险股份有限公司团风县支公司但店营业部	团风县但店镇	易　啸	0713－6151558	438812
中国人民财产保险股份有限公司团风县支公司总路咀营业部	团风县总路咀镇	汪新元	0713－6151558	438816
中国人民财产保险股份有限公司团风县支公司回龙山营业部	团风县回龙镇	熊丽萍	0713－6151558	438820

续表 7-2-3-1-1

机构名称	地址	负责人	电话	邮编
中国人民财产保险股份有限公司麻城支公司	麻城市陵园路51号	孙依平	0713-2918947	438300
中国人民财产保险股份有限公司麻城市支公司宋埠营业部	麻城市宋埠镇	彭书林	0713-2062435	438307
中国人民财产保险股份有限公司麻城市支公司黄金桥营业部	麻城市黄金桥开发区	吴文烈	0713-2910856	438300
中国人民财产保险股份有限公司麻城市支公司白果营业部	麻城市白果镇	王成富	0713-2625183	438313
中国人民财产保险股份有限公司武穴支公司	武穴市武穴镇五金巷3号	张志平	0713-6223304	435400
中国人民财产保险股份有限公司武穴市支公司花桥营业部	武穴市花桥镇	程国权	0713-6572400	435415
中国人民财产保险股份有限公司武穴市支公司龙坪营业部	武穴市龙坪镇会元街	曾　剑	0713-6572400	435402
中国人民财产保险股份有限公司武穴市支公司田镇营业部	武穴市田镇	王水胜	0713-6572400	435406
中国人民财产保险股份有限公司武穴市支公司梅川营业部	武穴市梅川镇	蔡林涛	0713-6732395	435411
中国人民财产保险股份有限公司黄州区支公司	黄冈市黄州大道29号	彭三军	0713-8357088	438000
中国人民财产保险股份有限公司黄州营销服务部	黄冈市黄州大道29号	张敏政		438000
中国人民财产保险股份有限公司黄冈分公司龙感湖营业部	黄冈市龙感湖农场交通北路18号	朱鸿钧	0713-8352059	435500
中国人民财产保险股份有限公司咸宁市分公司	**咸宁市温泉镇温泉路43号**	**张本胜**	**0715-8256117**	**437100**
中国人民财产保险股份有限公司咸宁市分公司营业部	咸宁市温泉路43号	李天佑	0715-8263159	437100
中国人民财产保险股份有限公司咸宁市分公司咸安支公司	咸宁市咸安区长安大道50号	方　辉	0715-8326020	437000
中国人民财产保险股份有限公司咸宁分公司直属营销服务部	咸宁市温泉镇温泉路43号	龚　平		437100
中国人民财产保险股份有限公司咸宁分公司营业部温泉营销服务部	咸宁市温泉镇温泉路43号	李继军		437100
中国人民财产保险股份有限公司咸宁分公司永安营销服务部	咸宁市长安大道大畈村四村	朱建忠		437000
中国人民财产保险股份有限公司咸宁分公司赤壁营销服务部	赤壁市赤马港办事处河北大道299号	刘建国		437303
中国人民财产保险股份有限公司嘉鱼支公司	嘉鱼县鱼岳镇沙阳大道110号	肖永松	0715-6322670	437200
中国人民财产保险股份有限公司嘉鱼支公司潘湾营业部	嘉鱼县潘湾镇通武街	秦先河	0715-6322670	437200
中国人民财产保险股份有限公司嘉鱼支公司鱼岳营业部	嘉鱼县鱼岳镇鱼岳镇黄中街1号	许万平	0715-6322670	437200

续表 7－2－3－1－1

机构名称	地址	负责人	电话	邮编
中国人民财产保险股份有限公司通城支公司	通城县湘汉路273号	胡雄文	0715－4322063	437400
中国人民财产保险股份有限公司崇阳支公司	崇阳县天城镇崇阳大道	王　康	0715－3395116	437500
中国人民财产保险股份有限公司崇阳支公司白霓营业部	崇阳县白霓镇	陈红英	0715－5866484	437500
中国人民财产保险股份有限公司通山支公司	通山县通羊镇新城路37号	石　磊	0715－2395565	437600
中国人民财产保险股份有限公司通山支公司洪港营业部	通山县洪港镇	梅光日	0715－2811155	437600
中国人民财产保险股份有限公司通山支公司横石营业部	通山县横石镇九宫路30号	周学章	0715－2501662	437600
中国人民财产保险股份有限公司赤壁支公司	赤壁市沿河大道213号	黄元新	0715－5222058	437300
中国人民财产保险股份有限公司赤壁支公司蒲纺营业部	赤壁市陆水湖办事处六米桥	李学林	0715－5515898	437300
中国人民财产保险股份有限公司赤壁支公司官塘营业部	赤壁市官塘驿镇	饶　进	0715－5677825	437300
中国人民财产保险股份有限公司赤壁支公司赵李桥营业部	赤壁市赵李镇前进街	孙晓斌	0715－5866483	437300
中国人民财产保险股份有限公司随州市分公司	**随州市汉东路142号**	**邱右铭**	**0722－3229918**	**441300**
中国人民财产保险股份有限公司随州市分公司营销服务部	随州市舜井大道84号	肖大林		441300
中国人民财产保险股份有限公司随州市分公司西城营销服务部	随州市烈山大道77号	薛家品		441300
中国人民财产保险股份有限公司随州市分公司曾都支公司	随州市舜井大道49号	陈大志	0722－3588379	441300
中国人民财产保险股份随州市曾都支公司唐镇营业部	随州市曾都区唐县镇北园村一组	肖华清	0722－4716278	441329
中国人民财产保险股份随州市曾都支公司万和营业部	随州市曾都区万和大道196号	梁广才	0722－4692128	441313
中国人民财产保险股份有限公司随州市曾都支公司三里岗营销服务部	随州市三里岗香菇街	陈良军		441325
中国人民财产保险股份有限公司随州市曾都支公司柳林营销服务部	随州市柳林街	程正义		441323
中国人民财产保险股份有限公司随州市曾都支公司均川营销服务部	随州市均川镇水晶路桥头	夏　寒		441322
中国人民财产保险股份有限公司随州市曾都支公司何店营销服务部	随州市何店镇中心大道62号	卢观生		441332
中国人民财产保险股份有限公司随州市曾都支公司洛阳营销服务部	随州市洛阳镇随络公路	孙茂江		441333
中国人民财产保险股份有限公司随州市曾都支公司府河营销服务部	随州市府河镇骆家可街道	冯家武		441328

续表 7－2－3－1－1

机 构 名 称	地 址	负责人	电 话	邮 编
中国人民财产保险股份有限公司随州市曾都支公司万福营销服务部	随州市万福店襄汉大道	何 云		441331
中国人民财产保险股份有限公司随州市曾都支公司淅河营销服务部	随州市淅河镇	陈星春		441326
中国人民财产保险股份有限公司随州市曾都支公司殷店营销服务部	随州市殷店神农路 123 号	陈 强		441304
中国人民财产保险股份有限公司随州市曾都支公司小林营销服务部	随州市小林天梯大道	喻先华		441307
中国人民财产保险股份有限公司随州市曾都支公司厉山营销服务部	随州市厉山神农大道	晏昌全		441309
中国人民财产保险股份有限公司随州市曾都支公司新街营销服务部	随州市新街居委会	张九洲		441334
中国人民财产保险股份有限公司随州市曾都支公司安居营销服务部	随州市安居镇	聂小和		441315
中国人民财产保险股份有限公司随州市曾都支公司环潭营销服务部	随州市环潭镇文昌街九组	黎长宗		441316
中国人民财产保险股份有限公司随州市曾都支公司洪山营销服务部	随州市洪山镇洪山路	冯从文		441318
中国人民财产保险股份有限公司随州市分公司东城支公司	随州市汉东路 26 号	杨延国	0722－3222143	441300
中国人民财产保险股份有限公司广水支公司	广水市应山办事处广安路 53 号	刘小波	0722－6239328	432700
中国人民财产保险股份有限公司广水支公司直属营销服务部	广水市三里河应十大道 187 号	何诗华		442700
中国人民财产保险股份有限公司广水支公司马坪营销服务部	广水市马坪镇	程世菊		432731
中国人民财产保险股份有限公司广水支公司长岭营销服务部	广水市长岭镇	张银光		432732
中国人民财产保险股份有限公司广水支公司骆店营销服务部	广水市骆店镇	刘 贵		432709
中国人民财产保险股份有限公司广水支公司余店营销服务部	广水市余店镇	张大万		432706
中国人民财产保险股份有限公司广水支公司广水营销服务部	广水市解放路 33 号	陈华富		432700
中国人民财产保险股份有限公司广水支公司杨寨营销服务部	广水市杨寨镇	连培春		432724
中国人民财产保险股份有限公司广水支公司十里营销服务部	广水市十里街	刘泽国		432702
中国人民财产保险股份有限公司广水支公司吴店营销服务部	广水市吴店镇	何诗华		432713
中国人民财产保险股份有限公司广水支公司蔡河营销服务部	广水市蔡河镇	刘 海		432712
中国人民财产保险股份有限公司恩施土家族苗族自治州分公司	**恩施市东风大道 286 号**	**王 辉**	**0718－8222639**	**445000**

续表 7－2－3－1－1

机构名称	地址	负责人	电话	邮编
中国人民财产保险股份有限公司恩施州分公司营业部	恩施市东风大道 286 号	郭　雨	0718－8251516	445000
中国人民财产保险股份有限公司恩施州分公司直属营销服务部	恩施市航空大道 220 号	刘　杰		445000
中国人民财产保险股份有限公司恩施支公司	恩施市航空大道 220 号	尹和应	0718－8225572	445000
中国人民财产保险股份有限公司建始支公司	建始县人民大道 38 号	宋先军	0718－3223719	445300
中国人民财产保险股份有限公司建始支公司红岩营业部	建始县红岩镇	宋先军	0718－3223719	445300
中国人民财产保险股份有限公司巴东支公司	巴东县信陵镇西壤坡沿江大道 195 号	谭华清	0718－4332143	444300
中国人民财产保险股份有限公司巴东支公司野三关营业部	巴东县野三关镇	余　辉	0718－4714555	444300
中国人民财产保险股份有限公司宣恩支公司	宣恩县民族路 45 号	谢　杨	0718－5832583	445500
中国人民财产保险股份有限公司宣恩支公司沙道营业部	宣恩县沙道镇	许　玲	0718－5832583	445500
中国人民财产保险股份有限公司咸丰支公司	咸丰县解放大道 55 号	陈洪文	0718－6822260	445600
中国人民财产保险股份有限公司来凤支公司	来凤县渝鄂大道 46 号	徐　静	0718－6282952	445700
中国人民财产保险股份有限公司来凤支公司大河营业部	来凤县大河镇	徐　静	0718－6282952	445700
中国人民财产保险股份有限公司鹤峰支公司	鹤峰县甫子路 1 号	徐吉述	0718－5282426	445800
中国人民财产保险股份有限公司鹤峰支公司下坪营业部	鹤峰县下坪镇	柳庆君	0718－5282426	445800
中国人民财产保险股份有限公司利川支公司	利川市清江大道 321 号	曹　耕	0718－7282659	445400
中国人民财产保险股份有限公司利川支公司建南营业部	利川市建南镇	曹　耕	0718－7282659	445400
中国人民财产保险股份有限公司利川支公司团堡营业部	利川市团堡镇建新街	覃仁云	0718－7282659	445400
中国人民财产保险股份有限公司仙桃支公司	仙桃市沔阳大道 9 号	郭　威	0728－3221355	433000
中国人民财产保险股份有限公司潜江支公司	潜江市章华南路 17 号	别卫军	0728－6248300	433100
中国人民财产保险股份有限公司潜江支公司浩口营业部	潜江市浩口镇	樊哲清	0728－6248300	433116
中国人民财产保险股份有限公司潜江支公司园林营业部	潜江市园林镇	别必学	0728－6248300	433100
中国人民财产保险股份有限公司潜江支公司渔洋营业部	潜江市渔洋镇	代龙堂	0728－6248300	433135

续表 7－2－3－1－1

机　构　名　称	地　址	负责人	电　话	邮　编
中国人民财产保险股份有限公司潜江支公司熊口营业部	潜江市熊口镇	郭　艾	0728－6248300	433136
中国人民财产保险股份有限公司潜江支公司龙湾营业部	潜江市龙湾镇	杨新华	0728－6248300	433139
中国人民财产保险股份有限公司潜江支公司周矶营业部	潜江市周矶镇	刘国柱	0728－6248300	433114
中国人民财产保险股份有限公司潜江支公司竹根滩营业部	潜江市竹根滩镇	黄文银	0728－6248300	433131
中国人民财产保险股份有限公司潜江支公司张金营业部	潜江市张金镇	陈　刚	0728－6248300	433140
中国人民财产保险股份有限公司潜江支公司潜江营销服务部	潜江市章华南路 17 号	孙　莉		433100
中国人民财产保险股份有限公司江汉油田支公司	潜江市广华寺广二站	胡智波	0728－6501757	433124
中国人民财产保险股份有限公司江汉油田支公司向阳营业部	潜江市油田向阳	刘献荣	0728－6501757	433123
中国人民财产保险股份有限公司江汉油田支公司广华营业部	潜江市广华寺	谢　珍	0728－6501757	433123
中国人民财产保险股份有限公司江汉油田支公司五七营销服务部	潜江市五七大道	周　华		433100
中国人民财产保险股份有限公司江汉油田支公司矿东营销服务部	潜江市周矶镇	杨　军		433114
中国人民财产保险股份有限公司天门支公司	天门市陆羽大道 50 号	何新华	0724－5236740	431700
中国人民财产保险股份有限公司天门支公司岳口营业部	天门市岳口镇解放大道 133 号	刘文斌	0716－7413049	431702
中国人民财产保险股份有限公司天门支公司皂市营业部	天门市皂市镇花园大道 2 号	董中红	0716－7413050	431703
中国人民财产保险股份有限公司天门支公司干驿营业部	天门市干驿镇人民大道 162 号	刘子仙	0716－7413051	431714
中国人民财产保险股份有限公司天门支公司拖市营业部	天门市拖市乡富民街 12 号	李南京	0716－7413052	431710
中国人民财产保险股份有限公司天门支公司石河营业部	天门市石河镇新建街 28 号	张少斌	0716－7413053	431706
中国人民财产保险股份有限公司天门支公司九真营业部	天门市九真镇天北大道	田正平	0716－7413054	431705
中国人民财产保险股份有限公司天门支公司蒋湖营销服务部	天门市国营蒋湖农场	龙晓凤		431725
中国人民财产保险股份有限公司天门支公司渔薪营销服务部	天门市渔薪镇	彭杏忠		431709
中国人民财产保险股份有限公司天门支公司马湾营销服务部	天门市马湾镇	杨国稳		431715
中国人民财产保险股份有限公司天门支公司龙尾山营销服务部	天门市李场龙尾山	欧阳庆容		431704

续表 7－2－3－1－1

机构名称	地址	负责人	电话	邮编
中国人民财产保险股份有限公司天门支公司多宝营销服务部	天门市多宝镇	王士忠		431722
中国人民财产保险股份有限公司天门支公司汪场营销服务部	天门市汪场镇	李府斌		431717
中国人民财产保险股份有限公司神农架林区支公司	神农架林区松柏镇	刘玉玲	0719－3332858	442400
中国人民财产保险股份有限公司神农架林区支公司木鱼营业部	神农架林区木鱼镇	李进先	0719－3332858	442400

中国太平洋财产保险股份有限公司湖北分公司

表 7－2－3－1－2

机构名称	地址	负责人	电话	邮编
中国太平洋财产保险股份有限公司湖北武汉营业部	武汉市江岸区京汉大道特 1 号未来家园 1、2 楼	丁 强	13986006510	430015
中国太平洋财产保险股份有限公司湖北汉口双墩营销服务部	武汉市硚口区建设大道 138－1 号	邹佳松	027－85487562	430015
中国太平洋财产保险股份有限公司湖北江岸支公司	武汉市沿江大道 228 号江景大厦 A 栋 11 楼	丁 强	027－82740753	430010
中国太平洋财产保险股份有限公司湖北竹叶山营销服务部	武汉市江岸区竹叶山	杨 敏	027－85487207	430015
中国太平洋财产保险股份有限公司湖北硚口支公司	武汉市硚口区京汉大道 472 号 4 楼 B 座	韩 穗	027－83774780	430030
中国太平洋财产保险股份有限公司湖北汉阳支公司	武汉市汉阳区汉阳大道 630 号	宋 强	027－84629695	430051
中国太平洋财产保险股份有限公司湖北开发区支公司	武汉市经济技术开发区三角湖路 3 号东合中心 B 座 801 室	段丹辉	027－84892790	430056
中国太平洋财产保险股份有限公司湖北沌口创业道营销服务部	武汉市经济技术开发区创业道 157 号	苏聚辉	027－85487562	430056
中国太平洋财产保险股份有限公司湖北武昌支公司	武汉市武昌区中南路中南大厦 80 号三门 8 楼	梁立芳	027－87321268	430071
中国太平洋财产保险股份有限公司湖北武昌友谊大道营销服务部	武汉市武昌友谊大道保险营销服务部	吕新民	027－85487562	430063
中国太平洋财产保险股份有限公司湖北青山支公司	武汉市青山区和平大道 963 号	刘 明	027－86320731	430080
中国太平洋财产保险股份有限公司湖北蔡甸支公司	武汉市蔡甸区堤湖路 34 号	尹启国	027－84624192	430100
中国太平洋财产保险股份有限公司湖北新洲支公司	武汉市新州区衡洲大街 168 号	黄自雄	13907126662	430400
中国太平洋财产保险股份有限公司湖北黄石中心支公司	**黄石市大智路 1 号**	**智 辉**	**0714－6210533**	**435000**
中国太平洋财产保险股份有限公司湖北大冶支公司	黄石市大冶市东风路 17 号	杨朝晖	0714－3103360	435000

续表 7－2－3－1－2

机构名称	地址	负责人	电话	邮编
中国太平洋财产保险股份有限公司湖北阳新支公司	黄石市阳新县新国镇枫林路148号	汤兆林	0714－6221874	435000
中国太平洋财产保险股份有限公司湖北团城山营销服务部	黄石市开发区团城山皇姑岭（车管所内）	彭家胜	0714－6351109	435000
中国太平洋财产保险股份有限公司湖北襄樊中心支公司	**襄樊市长征路118号**	**陈家德**	**0710－3482819**	**441000**
中国太平洋财产保险股份有限公司湖北高新技术开发区支公司	襄樊市高新区车城大道1号阳光绿岛商铺1楼	满全珍	0710－3310689	441000
中国太平洋财产保险股份有限公司湖北南漳支公司	南漳县城关镇商业街25号	陈治保	0710－5230727	441000
中国太平洋财产保险股份有限公司湖北枣阳支公司	枣阳市前进路26号	石运平	0710－6221555	441000
中国太平洋财产保险股份有限公司湖北宜城支公司	宜城市襄沙大道96号	黄成林	0710－4227449	441000
中国太平洋财产保险股份有限公司湖北老河口支公司	老河口市北京路225－1号	周一峰	0710－8308698	441000
中国太平洋财产保险股份有限公司湖北荆州中心支公司	**荆州市江津西路68号商银大厦16楼**	**许甫光**	**0716－8420012**	**434000**
中国太平洋财产保险股份有限公司湖北公安支公司	公安县斗湖堤镇荆江大道16号	田兴祖	0716－8420050	434000
中国太平洋财产保险股份有限公司湖北监利支公司	监利县江城大道11号计划生育局1楼	何体寿	0716－3325216	434000
中国太平洋财产保险股份有限公司湖北松滋支公司	松滋市乐乡大道45号	骆绪成	0716－8420050	434000
中国太平洋财产保险股份有限公司湖北石首支公司	石首市笔架山96号	罗启发	0728－7272488	434000
中国太平洋财产保险股份有限公司湖北洪湖支公司	洪湖市玉沙路39号	黄　文	0716－2439150	434000
中国太平洋财产保险股份有限公司湖北宜昌中心支公司	**宜昌市二马路30号**	**黄发敏**	**0717－6242485**	**443000**
中国太平洋财产保险股份有限公司湖北猇亭支公司	宜昌市猇亭区猇亭大道158号	陈继河	0717－6242485	443000
中国太平洋财产保险股份有限公司湖北夷陵支公司	宜昌市夷陵区夷兴大道195号	李绪柏	0717－8242485	443000
中国太平洋财产保险股份有限公司湖北兴山支公司	兴山县古夫镇香溪大道39号	万义政	0717－6242485	443000
中国太平洋财产保险股份有限公司湖北长阳支公司	长阳县龙舟坪镇环城北路202号	李兰轩	0717－8242485	443000
中国太平洋财产保险股份有限公司湖北宜都支公司	宜都市陆城清江大道56号	郑联新	0717－4820286	443000
中国太平洋财产保险股份有限公司湖北当阳支公司	当阳市子龙路46号	何洪斌	0717－3252185	443000
中国太平洋财产保险股份有限公司湖北枝江支公司	枝江市迎宾大道102号	王建修	0717－4282463	443000

续表 7－2－3－1－2

机构名称	地址	负责人	电话	邮编
中国太平洋财产保险股份有限公司湖北十堰中心支公司	**十堰市朝阳中路 81 号**	**陶旭松**	**0716－8681358**	**442000**
中国太平洋财产保险股份有限公司湖北丹江口支公司	十堰市丹江口市均州一路 258 号	吴京洲	0719－5228088	442000
中国太平洋财产保险股份有限公司湖北孝感中心支公司	**孝感市乾坤大道 8 号**	**余国夫**	**0712－2915186**	**432000**
中国太平洋财产保险股份有限公司湖北应城支公司	应城市育才路 23 号	李春山	0712－3244100	432000
中国太平洋财产保险股份有限公司湖北汉川支公司	汉川市城关镇西湖大道	杨　进	0712－2869698	432000
中国太平洋财产保险股份有限公司湖北荆门中心支公司	**荆门市白云大道 78 号**	**文晓英**	**0724－2360997**	**448000**
中国太平洋财产保险股份有限公司湖北京山支公司	京山县新市大道	周恒安	0724－7323323	448000
中国太平洋财产保险股份有限公司湖北钟祥支公司	钟祥市郢中镇王府大道 42 号	刘从华	0724－4264199	448000
中国太平洋财产保险股份有限公司湖北鄂州中心支公司	**鄂州市凤凰路阳光大厦 10 楼**	**陈永登**	**0711－3870299**	**436000**
中国太平洋财产保险股份有限公司湖北黄冈中心支公司	**黄冈市黄州大道 68 号**	**肖同旺**	**0713－8355890**	**438000**
中国太平洋财产保险股份有限公司湖北红安支公司	红安县城关园艺大道科技大楼	吴福星	0713－5253895	438000
中国太平洋财产保险股份有限公司湖北英山支公司	英山县城南毕生大道 1 号	佘炳炎	0713－7022539	438000
中国太平洋财产保险股份有限公司湖北罗田支公司	罗田县凤山镇民建街 37 号	余孝祖	0713－5065189	438000
中国太平洋财产保险股份有限公司湖北浠水支公司	浠水县学堂路 6 号	占叔光	0713－8350266	438000
中国太平洋财产保险股份有限公司湖北蕲春支公司	黄冈市蕲春县齐昌大道 288 号	郑子能	0713－8350266	438000
中国太平洋财产保险股份有限公司湖北黄梅支公司	黄梅县黄梅大道 239 号	吴文金	0713－3352236	438000
中国太平洋财产保险股份有限公司湖北麻城支公司	麻城市金桥大道 58 号	王　俊	0713－2915038	438000
中国太平洋财产保险股份有限公司湖北武穴支公司	武穴市民主路 211 号 1－2 楼	张云荣	0713－6265289	438000
中国太平洋财产保险股份有限公司湖北咸宁中心支公司	**咸宁市咸宁大道 95 号**	**王新平**	**15671816789**	**437100**
中国太平洋财产保险股份有限公司湖北随州中心支公司	**随州市交通大道 209 号**	**卢晓农**	**0722－3244988**	**441300**
中国太平洋财产保险股份有限公司湖北广水支公司	广水市应山沿河大道康复医院对面	叶庆波	0722－3243499	441300
中国太平洋财产保险股份有限公司湖北恩施中心支公司	**恩施市航空路 199 号**	**杨　茂**	**0718－8233190**	**445000**

续表 7－2－3－1－2

机 构 名 称	地 址	负责人	电 话	邮 编
中国太平洋财产保险股份有限公司湖北建始支公司	建始县邺州镇团结路 32 号	邓建华	0718－3224084	445000
中国太平洋财产保险股份有限公司湖北巴东支公司	巴东县信凌镇北京大道 46 号	汪义顺	0718－4390916	445000
中国太平洋财产保险股份有限公司湖北宣恩支公司	宣恩县兴隆大道人民武装部办公大楼 1 楼	向裕娥	0718－5824719	445000
中国太平洋财产保险股份有限公司湖北咸丰支公司	咸丰县高乐山镇楚罗大道 B 段	杨秀海	0718－6824783	445000
中国太平洋财产保险股份有限公司湖北来凤支公司	来凤县翔凤镇渝鄂路 43 号	杨家祥	0718－6289965	445000
中国太平洋财产保险股份有限公司湖北利川支公司	利川市清源大道 49 号	郭有平	0718－7286719	445000
中国太平洋财产保险股份有限公司湖北仙桃支公司	仙桃市仙桃大道复州花园城市大厦西 3 楼	吴汉涛	0728－3317381	433000
中国太平洋财产保险股份有限公司湖北潜江支公司	潜江市章华南路 30 号经管局 2 楼	吉耀华	0728－6493666	433100
中国太平洋财产保险股份有限公司湖北天门支公司	天门市西寺路 36 号	卿军华	0728－5224239	431700

中国平安财产保险股份有限公司湖北分公司

表 7－2－3－1－3

机 构 名 称	地 址	负责人	电 话	邮 编
中国平安财产保险股份有限公司湖北分公司武汉市江岸支公司	武汉市汉口建设大道 518 号招银大厦 18 楼	邓 暖	027－85743206	430022
中国平安财产保险股份有限公司湖北分公司武汉市硚口支公司	武汉市汉口建设大道 518 号招银大厦 27 楼	范明明	027－85743160	430022
中国平安财产保险股份有限公司湖北分公司武汉市汉阳支公司	武汉市汉阳区二桥玫瑰园东村 1－9 号	曾祥辉	027－84862051	430050
中国平安财产保险股份有限公司武汉经济开发区营销服务部	武汉市汉阳区二桥玫瑰园东村 1－9 号	刘永红	027－84863372	430056
中国平安财产保险股份有限公司湖北分公司武汉市武昌支公司	武汉市武昌雄楚大街特 1 号(天欣花园综合楼 1 楼)	胡学军	027－67125887	430060
中国平安财产保险股份有限公司湖北分公司武汉市青山支公司	武汉市武昌雄楚大街特 1 号(天欣花园综合楼 1 楼)	喻朝阳	027－67125912	430060
中国平安财产保险股份有限公司黄石中心支公司	**黄石市黄石大道 512 号**	**贺学兵**	**0714－6267968**	**435000**
中国平安财产保险股份有限公司大冶支公司	大冶市东风东路 27－1－3 号	刘泽宇	0714－8737773	435100
中国平安财产保险股份有限公司阳新支公司	阳新县兴国大道 38 号	张正亮	0714－3676166	435200
中国平安财产保险股份有限公司襄樊中心支公司	**襄樊市汉江路 12 号樊东农行大楼 1 楼**	**杨 俊**	**0710－3237007**	**441000**

续表 7-2-3-1-3

机构名称	地址	负责人	电话	邮编
中国平安财产保险股份有限公司枣阳支公司	枣阳市襄阳路108号	叶正新	0710-6230438	441200
中国平安财产保险股份有限公司襄樊中心支公司谷城营销服务部	谷城县城关康乐路东方家园		0710-7239366	441700
中国平安财产保险股份有限公司襄樊中心支公司南漳营销服务部	南漳县城关关玉印玉溪小区9号楼	李四艳	0710-5234969	441500
中国平安财产保险股份有限公司襄樊中心支公司宜城营销服务部	宜城市襄沙路73号		0710-4222973	441400
中国平安财产保险股份有限公司荆州中心支公司	**荆州区沙市区北京西路406号**	**廖 俊**	**0716-8448447**	**434000**
中国平安财产保险股份有限公司荆州中心支公司公安营销服务部	公安县斗湖堤镇长江路128号	孙继芝	0716-5223219	434300
中国平安财产保险股份有限公司荆州中心支公司监利营销服务部	监利县容城大道39号		0716-3270908	433300
中国平安财产保险股份有限公司荆州中心支公司松滋营销服务部	松滋市新江镇乐山大道58号		0716-6238960	434200
中国平安财产保险股份有限公司荆州中心支公司石首营销服务部	石首市湘鄂路6号	王辉龙	0716-7817786	434400
中国平安财产保险股份有限公司宜昌中心支公司	**宜昌市胜利四路22号交行大厦10楼**		**0717-6488899**	**443000**
中国平安财产保险股份有限公司夷陵支公司	宜昌市夷陵区平云路10号	阮俊华	0717-7875668	443000
中国平安财产保险股份有限公司宜昌中心支公司宜都营销服务部	宜都市陆城城河大道61号		0714-4842250	443300
中国平安财产保险股份有限公司宜昌中心支公司枝江营销服务部	枝江市迎宾大道89号贵枝花园	张照华	0717-4210168	443200
中国平安财产保险股份有限公司十堰中心支公司	**十堰市人民中路58号**	**蒋治文**	**0719-8119650**	**442000**
中国平安财产保险股份有限公司十堰中心支公司郧县营销服务部	郧县城关武阳岭汽车客运站综合楼2楼	明瑞兵	0719-7225499	442500
中国平安财产保险股份有限公司十堰中心支公司房县营销服务部	房县城关镇房陵大道130号	郑朝启	0719-3224558	442100
中国平安财产保险股份有限公司丹江口支公司	丹江口市丹江大道市工商局1楼	沈丽郧	0719-5236799	442700
中国平安财产保险股份有限公司孝感中心支公司	**孝感市交通东路30号**	**韩 军**	**0712-2328728**	**432000**
中国平安财产保险股份有限公司应城支公司	应城市粮贸街48-58号	余春华	0712-3220222	432400
中国平安财产保险股份有限公司孝感中心支公司云梦营销服务部	云梦县楚王城大道81号	范晓春	0712-4332148	432500
中国平安财产保险股份有限公司孝感中心支公司安陆营销服务部	安陆市碧涢路52号	淳德超	0712-5264018	432600
中国平安财产保险股份有限公司汉川支公司	汉川市仙女山办事处仙女大道	张诗才	0712-8273788	431602

续表 7－2－3－1－3

机构名称	地址	负责人	电话	邮编
中国平安财产保险股份有限公司荆门中心支公司	**荆门市白云大道 3 号**	**李　响**	**0724－2366855**	**448000**
中国平安财产保险股份有限公司荆门中心支公司天门营销服务部	天门市竟陵西寺路实华酒楼 1 楼	翁月娥	0728－5261146	431700
中国平安财产保险股份有限公司荆门中心支公司沙洋营销服务部	沙洋县洪岭大道北 38 号		0728－8568558	448200
中国平安财产保险股份有限公司荆门中心支公司京山营销服务部	京山县大龙京都花园 B 区 27 号	秦　军	0728－7333458	431800
中国平安财产保险股份有限公司鄂州中心支公司	**鄂州市滨湖北路 8 号**	**夏海燕**	**0711－3876368**	**436000**
中国平安财产保险股份有限公司黄冈中心支公司	**黄冈市黄州大道 87 号**	**周志宏**	**0713－8381366**	**438000**
中国平安财产保险股份有限公司武穴支公司	武穴市民主路 100 号	张　文	0713－6277866	435400
中国平安财产保险股份有限公司黄冈中心支公司罗田营销服务部	罗田县凤山镇前进街 74 号	潘巧玲	0713－5091226	438600
中国平安财产保险股份有限公司黄冈中心支公司浠水营销服务部	浠水县丽文北路 180 号	高　志	0713－4238855	438200
中国平安财产保险股份有限公司蕲春支公司	蕲春县漕河镇蕲阳南路 58 号	梅礼华	0713－7253614	435300
中国平安财产保险股份有限公司黄梅支公司	黄梅县黄梅大道 398 号		0713－3353111	435500
中国平安财产保险股份有限公司麻城支公司	麻城市金桥大道 118 号	程沁芳	0713－2951668	438300
中国平安财产保险股份有限公司咸宁中心支公司	**咸宁市新区市农业局大厦实验楼 2 楼**	**詹晓青**	**0715－8255587**	**438300**
中国平安财产保险股份有限公司咸宁中心支公司崇阳营销服务部	崇阳县崇阳大道 9 号	殷雄军	0715－3326018	437000
中国平安财产保险股份有限公司赤壁支公司	赤壁市赤马巷办事处 3 号路	张晓明	0715－5336678	437500
中国平安财产保险股份有限公司随州中心支公司	**随州市烈山大道 224 号**	**彭松林**	**0722－3319719**	**437303**
中国平安财产保险股份有限公司随州中心支公司广水营销服务部	广水市应山广安路 72 号	张丽萍	0722－6236071	441300
中国平安财产保险股份有限公司恩施中心支公司	**恩施市机场路 41 号**	**王　翔**	**0718－8441115**	**432701**
中国平安财产保险股份有限公司恩施中心支公司建始营销服务部	建始县业州镇人民大道 76 号		0718－3233528	445000
中国平安财产保险股份有限公司恩施中心支公司巴东营销服务部	巴东县信陵镇北京大道	朱兴群	0718－4331574	445300
中国平安财产保险股份有限公司恩施中心支公司咸丰营销服务部	咸丰县大坝路 88 号		0718－6891686	444300
中国平安财产保险股份有限公司恩施中心支公司来凤营销服务部	来凤县育红桥 12 号	李建国	0718－6282150	445600

续表 7－2－3－1－3

机构名称	地址	负责人	电话	邮编
中国平安财产保险股份有限公司恩施中心支公司利川营销服务部	利川市清江大道 333 号	吴　辉	0718－7266531	445700
中国平安财产保险股份有限公司仙桃支公司	仙桃市广电大厦 2 楼	张铁彬	0728－3241809	445400
中国平安财产保险股份有限公司潜江支公司	潜江市章华南路 36 号	张　晶	0728－6238478	433000
中国平安财产保险股份有限公司潜江支公司广华营销服务部	潜江市广华五七大道	李再权	0728－6238498	433100

天安保险股份有限公司湖北省分公司

表 7－2－3－1－4

机构名称	地址	负责人	电话	邮编
天安保险股份有限公司湖北省分公司新车共保营销服务部	武汉市江岸区黄孝河路竹叶山汽车市场环宇汽车超市 2 楼	曹新汉	027－83634205	430019
天安保险股份有限公司湖北省分公司江岸支公司	武汉市江岸区江汉路正信大厦 8 楼	包　刚	027－82618197	430014
天安保险股份有限公司湖北省分公司硚口支公司	武汉市硚口区解放大道宝丰路 1 号	肖作武	027－83601563	430032
天安保险股份有限公司湖北省分公司武昌支公司	武汉市武昌区中南路 81 号	刘小敏	027－86793385	430071
天安保险股份有限公司湖北省分公司洪山支公司	武汉市洪山区珞喻路 237 号	向绍山	027－87526645	430074
天安保险股份有限公司湖北省分公司开发区营销服务部	武汉市经济开发区沌阳大街 108 号	程新元	027－84675997	430056
天安保险股份有限公司湖北省分公司黄石中心支公司	**黄石市颐阳路 699 号**	**王颂青**	**0714－6220001**	**435000**
天安保险股份有限公司湖北省分公司大冶营销部	大冶市新冶大道 28 号	张爱合	0714－8762272	435000
天安保险股份有限公司湖北省分公司襄樊中心支公司	**襄樊市长征路 76 号 3 楼**	**水乾宇**	**0710－3459655**	**441000**
天安保险股份有限公司湖北省分公司老河口营销部	老河口市秋丰路与北京路交叉处综合楼 1 楼	黄应梅	0710－8360388	441000
天安保险股份有限公司湖北省分公司枣阳营销部	枣阳市襄阳路 120 号	水光跃	0710－6240366	441000
天安保险股份有限公司湖北省分公司宜城营销部	宜城市襄沙大道 95 号	樊明志	0710－4581418	441000
天安保险股份有限公司湖北省分公司荆州中心支公司	**荆州市沙市区江津西路 288 号**	**万为富**	**0716－4701333**	**434000**
天安保险股份有限公司湖北省分公司监利营销部	监利县容城大道 88 号	代和平	0716－3323384	434000
天安保险股份有限公司湖北省分公司石首营销部	石首市绣林大道 54 号	陈旭明	0716－7979099	434000

续表 7－2－3－1－4

机构名称	地址	负责人	电话	邮编
天安保险股份有限公司湖北省分公司宜昌中心支公司	**宜昌市西陵一路 9 号**	**代　明**	**0717－6733666**	**443000**
天安保险股份有限公司湖北省分公司夷陵营销部	宜昌市小溪塔东湖路 4 号	刘南波	0717－7826659	443000
天安保险股份有限公司湖北省分公司长阳营销部	长阳县龙舟坪镇沿江路 98 号凤鳌宾馆	朱发文	0717－5321310	443000
天安保险股份有限公司湖北省分公司宜都营销部	宜都市城河大道 48 号	邹祖平	0717－4821099	443000
天安保险股份有限公司湖北省分公司当阳营销部	当阳市友谊路 9 号	郑英雄	0717－3250118	443000
天安保险股份有限公司湖北省分公司枝江营销部	枝江市马家店公园路 13 号	王洪发	0717－4219630	443000
天安保险股份有限公司湖北省分公司十堰中心支公司	**十堰市朝阳中路 10 号国税局大厦 1－2 楼**	**朱新民**	**0719－8657008**	**442000**
天安保险股份有限公司湖北省分公司房县营销部	房县城关镇小西镇小西关	毛明荣	0719－3231333	442000
天安保险股份有限公司湖北省分公司孝感中心支公司	**孝感市香澳路 5 号 W1 栋 8 楼**	**柯汉明**	**0712－2461313**	**442000**
天安保险股份有限公司湖北省分公司应城营销部	应城市王桥路 9 号档案大楼 1 楼	魏　冰	0712－3257318	442000
天安保险股份有限公司湖北省分公司汉川营销部	汉川市仙女大道外贸大楼 4 楼	冯汉元	0712－8282078	442000
天安保险股份有限公司湖北省分公司荆门中心支公司	**荆门市金龙泉大道 7 号**	**林　庆**	**0724－6805657**	**448000**
天安保险股份有限公司湖北省分公司沙洋营销部	沙洋县洪岭大道 22 号	方先喜	0724－8566288	448000
天安保险股份有限公司湖北省分公司钟祥营销部	钟祥市承天中路 13 号	蒋开华	0724－4262172	448000
天安保险股份有限公司湖北省分公司鄂州中心支公司	**鄂州市南浦路南浦花园**	**张文平**	**0711－3212588**	**448000**
天安保险股份有限公司湖北省分公司黄冈中心支公司	**黄冈市黄州大道 40 号**	**尤建义**	**0713－8811866**	**438000**
天安保险股份有限公司湖北省分公司黄梅营销部	黄梅县黄梅大道 287 号	黄　伟	0713－8937098	438000
天安保险股份有限公司湖北省分公司罗田营销部	罗田县凤山镇民建街 1 号 3 楼	吴　敏	0713－5058600	438000
天安保险股份有限公司湖北省分公司红安营销部	红安县城关镇园艺村 66 号	吴兴江	0713－5243166	438000
天安保险股份有限公司湖北省分公司咸宁中心支公司	**咸宁市长安大道 159 号**	**覃　萍**	**0715－8134801**	**437100**
天安保险股份有限公司湖北省分公司通城营销部	通城县隽水镇秀水北路 61 号	李清保	0715－4355978	437100
天安保险股份有限公司湖北省分公司赤壁营销部	赤壁市赤马港周画路 338 号盐业大楼 1 楼	蔡正斌	0715－8336928	437100

续表 7－2－3－1－4

机 构 名 称	地 址	负责人	电 话	邮 编
天安保险股份有限公司湖北省分公司随州中心支公司	随州市舜井大道89号	佘江国	0722－3322629	441300
天安保险股份有限公司湖北省分公司恩施中心支公司	恩施市施州大道151号1楼	李立明	0718－8215957	445000
天安保险股份有限公司湖北省分公司利川营销部	利川市清源大道111号利川市审计局大楼1楼	向智杨	0718－7265919	445000
天安保险股份有限公司湖北省分公司巴东营销部	巴东县信陵镇西壤坡小区教育局宿舍区1楼3－4号	吴 赟	0718－4335396	445000
天安保险股份有限公司湖北省分公司来凤营销部	来凤县翔凤镇渝鄂路21号来凤县电信大楼3楼	向学锋	0718－6286499	445000
天安保险股份有限公司湖北省分公司咸丰营销部	咸丰县楚蜀大道下段	毛皇权	0718－6890668	445000
天安保险股份有限公司湖北省分公司仙桃支公司	仙桃市仙桃大道中段9号(仙桃市规划局楼1楼)	李 梅	0728－3322369	445000
天安保险股份有限公司湖北省分公司潜江支公司	潜江市章华南路40号	张 峰	0728－6496311	445000
天安保险股份有限公司湖北省分公司天门支公司	天门市竟陵钟惺大道55号	周崇仿	0728－5334676	445000

太平保险有限公司湖北分公司

表 7－2－3－1－5

机 构 名 称	地 址	负责人	电 话	邮 编
太平保险有限公司武昌支公司	武汉市洪山区路狮北路2号樱花大厦A栋20楼	范军波	027－87862166	430072
太平保险有限公司东湖开发区支公司	武汉市洪山区光华大道18号高科大厦	范 军	027－87610911	430073
太平保险有限公司东西湖支公司	武汉市东西湖大道1818号金山大厦A座4楼	李砚堂	027－52352665	430040
太平保险有限公司黄石中心支公司	黄石市黄石港区交通路特1号口岸联检大楼8楼	赵 国	0714－6251777	435000
太平保险有限公司襄樊中心支公司	襄樊市丹江路18号工商银行长征路支行办公楼2楼	乐和平	0710－3453777	441000
太平保险有限公司荆州中心支公司	荆州市江津路288号投资广场17楼A座	刘滔滔	0716－8271200	434000
太平保险有限公司宜昌中心支公司	宜昌市夷陵路38号九州大厦A座7楼	张 平	0717－6450000	443000
太平保险有限公司十堰中心支公司	十堰市公园路11号图书馆4楼	林 江	0719－8684888	442000
太平保险有限公司孝感中心支公司	孝感市乾坤大道8号乾坤购物写字楼15层	胡晓波	0712－2465725	432000
太平保险有限公司荆门中心支公司	荆门市白云大道3号	张 林	0724－6806229	448000
太平保险有限公司恩施中心支公司	恩施市东风大道571号州建行2楼	刘 军	0718－8294191	445000

中国大地财产保险股份有限公司湖北分公司

表 7－2－3－1－6

机构名称	地址	负责人	电话	邮编
中国大地财产保险股份有限公司湖北分公司营业部	**武汉市武昌区民主路 782 号洪广大酒店 23 楼**	**颜　辉**	**027－87267801**	**430070**
中国大地财产保险股份有限公司武汉市汉口支公司	武汉市汉口建设大道 618 号信合大厦 9 楼	谭　敏	027－85497357	430015
中国大地财产保险股份有限公司武汉市竹叶山营销服务部	武汉市江岸区黄孝河路竹叶山汽车市场环宇汽车超市 2 楼	何国莉	027－87267817	430000
中国大地财产保险股份有限公司武汉市江汉营销部	武汉市江汉区建设大道 625 号金华大厦 10 楼 02 室	周厚洋	027－83667577	430030
中国大地财产保险股份有限公司武汉市双墩营销服务部	武汉市硚口区建设大道 138－1 号	何国莉	027－87267817	430000
中国大地财产保险股份有限公司武汉市汉阳营销部	武汉市汉阳陶家岭特 1 号 2 楼	普建爽	027－84620609	430050
中国大地财产保险股份有限公司武汉市武昌支公司	武汉市武昌区民主路 782 号洪广大酒店 23 楼	刘双梅	027－87267825	430070
中国大地财产保险股份有限公司武昌友谊大道营销服务部	武汉市武昌区友谊大道特 8 号	何国莉	027－87267817	430000
中国大地财产保险股份有限公司武汉市青山支公司	武汉市青山区和平大道 1290 号青山广场 B 座 12 楼	王景军	027－86339231	430080
中国大地财产保险股份有限公司武汉市光谷支公司	武汉市洪山区鲁磨路 6 号	韩　宇	027－87690776	430071
中国大地财产保险股份有限公司武汉市东西湖台商投资区支公司	武汉市汉口东西湖东吴大道 325 号	李建民	027－83080869	430040
中国大地财产保险股份有限公司黄石中心支公司	**黄石市湖滨大道 1627－26 号**	**刘　俊**	**0714－6551298**	**435000**
中国大地财产保险股份有限公司团城山营销服务部	黄石市团成山开发区皇姑岭	程彩虹	0714－6348601	443300
中国大地财产保险股份有限公司大冶营销部	大冶市新冶大道 13 号	王礼林	0714－8771693	443300
中国大地财产保险股份有限公司阳新营销部	阳新县陵园大道 46 号	郑伟涛	13034420423	443300
中国大地财产保险股份有限公司鄂州支公司	鄂州市文星大道 88 号(中行大楼 1 楼)	张文平	0711－5904999	436000
中国大地财产保险股份有限公司襄樊中心支公司	**襄樊市春园西路火炬大厦 15 楼**	**曹　辉**	**0710－3277717**	**441003**
中国大地财产保险股份有限公司谷城营销部	谷城县城关镇银城大道土地整理中心大楼	黄春雷	0710－7245770	441600
中国大地财产保险股份有限公司保康营销部	保康县光千路 209 号 2 楼	黄全胜	0710－5815588	441600
中国大地财产保险股份有限公司枣阳营销部	枣阳市民主路 24 号	肖良坤	0710－6321505	441200
中国大地财产保险股份有限公司宜城营销部	宜城市襄沙大道 95 号(中国人寿大楼 1 楼)	尚万强	0710－4281590	441400
中国大地财产保险股份有限公司荆州中心支公司	**荆州市江津西路 288 号投资广场 17 楼 B 座**	**付荆陵**	**0716－4166571**	**434000**

续表 7－2－3－1－6

机　构　名　称	地　　址	负责人	电　话	邮　编
中国大地财产保险股份有限公司江陵营销部	江陵县郝穴镇荆洪路 201 号工商局 1 楼	荣　谨	0716－4738693	434100
中国大地财产保险股份有限公司公安营销部	公安县潺陵大道东段中国联通大厦 1 楼	邹利民	0716－5156386	434300
中国大地财产保险股份有限公司监利营销部	监利县容城玉沙大道水产局 1 楼	罗　鸿	0716－3322865	433300
中国大地财产保险股份有限公司仙桃支公司	仙桃文化步行街中街 9A－2888 号	罗远波	0728－3311660	433100
中国大地财产保险股份有限公司潜江营销部	潜江市园林镇办事处章华南路 2 号	侯应华	0728－8151225	433100
中国大地财产保险股份有限公司天门营销部	天门竟陵钟惺大道 87 号	程新明	0728－5340515	431700
中国大地财产保险股份有限公司宜昌中心支公司	**宜昌市西陵区 18 号中环广场 8 楼 805－807 室**	**胡运芬**	**0717－6451598**	**443000**
中国大地财产保险股份有限公司长阳营销部	长阳县龙舟坪镇环城东路 065 号	李江波	0717－5330499	443500
中国大地财产保险股份有限公司宜都营销部	宜都市陆城园林大道杏林村 A 栋 1 楼	邹郁甫	0717－4840188	443300
中国大地财产保险股份有限公司当阳营销部	当阳市长坂路 166 号	程必福	0717－3232396	444100
中国大地财产保险股份有限公司枝江营销部	枝江市马家店江汉大道 15 号	江诗浩	0717－4216165	443200
中国大地财产保险股份有限公司十堰中心支公司	**十堰市朝阳中路 2 号科器大厦 12 楼**	**温沁阳**	**0719－8677709**	**442000**
中国大地财产保险股份有限公司十堰高新技术开发区支公司	十堰市白浪经济技术开发区柯家垭二组 7 号	吴小刚	0719－8317900	442000
中国大地财产保险股份有限公司郧西营销部	郧西县城关镇西安大道 387 号	徐晓刚	0719－6222869	442600
中国大地财产保险股份有限公司竹山营销部	竹山县城关镇人民路 33 号 4 楼	陈祖军	0719－4222850	442200
中国大地财产保险股份有限公司竹溪营销服务部	十堰市竹溪县鄂陕大道 336 号	余志国	0719－2730168	442300
中国大地财产保险股份有限公司房县营销部	房县城关镇房陵东路 144 号	赵国寿	0719－3221178	442100
中国大地财产保险股份有限公司孝感支公司	**孝感市交通西路 393 号**	**陈思文**	**0712－2322952**	**432000**
中国大地财产保险股份有限公司安陆营销部	安陆市碧涢路 48 号	张明月	0712－5265590	432600
中国大地财产保险股份有限公司汉川营销部	汉川市人民大道 270 号	李杏芳	0712－8395200	431600
中国大地财产保险股份有限公司荆门中心支公司	**荆门市白云大道 48 号(交通局)**	**刘云立**	**0724－2379188**	**448000**
中国大地财产保险股份有限公司京山支公司	京山县新市镇轻机大道 78 号	郑　杰	0724－7221088	431800

续表 7－2－3－1－6

机构名称	地址	负责人	电话	邮编
中国大地财产保险股份有限公司钟祥支公司	钟祥市郢中镇安陆府东路40号	陈剑	0724－6313629	431900
中国大地财产保险股份有限公司咸宁中心支公司	**咸宁市温泉长安大道208号**	**贺友萍**	**0712－8129766**	**437100**
中国大地财产保险股份有限公司通山营销部	通山县通羊镇大众小区46号	徐德勇	0715－2360338	437600
中国大地财产保险股份有限公司崇阳营销部	崇阳县崇阳大道	沈怡良	0715－3368976	437500
中国大地财产保险股份有限公司通城营销部	通城县隽水镇五里大道36号	罗勇刚	0715－4338877	437400
中国大地财产保险股份有限公司嘉鱼营销部	嘉鱼县鱼岳镇麒麟路103号	刘和平	0715－6351078	437200
中国大地财产保险股份有限公司赤壁营销部	赤壁市河北大道交委生态大道特1号	吴刚	0715－5338832	437300
中国大地财产保险股份有限公司随州支公司	**随州市青年路190号**	**匡贵以**	**0722－3221386**	**441300**
中国大地财产保险股份有限公司广水营销部	广水市广安路21号	连培春	0722－7165590	441300
中国大地财产保险股份有限公司恩施支公司	**恩施市施州大道208号**	**吴红梅**	**0718－8412986**	**445000**
中国大地财产保险股份有限公司利川营销部	利川市腾龙大道22号	杨再荣	0718－7289799	445400
中国大地财产保险股份有限公司建始营销部	建始县邺州大道115号	周德玉	0718－3228310	445300
中国大地财产保险股份有限公司咸丰营销部	咸丰县楚蜀大道	卢兆平	0718－6890533	445300
中国大地财产保险股份有限公司巴东营销部	巴东县信陵镇中环路云沱商务局1楼	向长敏	0718－4332111	444300

永安财产保险股份有限公司湖北分公司

表 7－2－3－1－7

机构名称	地址	负责人	电话	邮编
永安财产保险股份有限公司武汉江岸支公司	武汉市江岸区沿江大道208号	付清泉	027－59527138	430010
永安财产保险股份有限公司汉口中心支公司	**武汉市江岸区黄孝河路109号**	**刘伟**	**027－82261077**	**430023**
永安财产保险湖北分公司汉口双墩营销服务部	武汉市硚口区建设大道138－1号	胡斌	027－85355668	430000
永安财产保险股份有限公司汉阳中心支公司	**武汉市汉阳墨水湖北路170号**	**李满林**	**027－84610366**	**430040**
永安财产保险股份有限公司武昌中心支公司	**武汉市武昌区中北路146号**	**胡斌**	**027－86779950**	**430071**

续表 7－2－3－1－7

机构名称	地址	负责人	电话	邮编
永安财产保险股份有限公司湖北分公司武昌友谊大道营销服务部	武汉市武昌区友谊大道特 8 号	刘晓燕	027－59527858	430000
永安财产保险股份有限公司东湖支公司	武汉市武昌区中北路 146 号	胡　斌	027－86779950	430071
永安财产保险股份有限公司黄石中心支公司	**黄石市黄石港黄石大道 897 号**	**夏祖余**	**0714－6211700**	**435000**
永安财产保险股份有限公司黄石中心支公司团城山营销服务部	黄石市开发区团城山皇姑岭	涂海红	0714－6217798	435000
永安财产保险股份有限公司襄樊中心支公司	**襄樊市中原路 39 号金路宾馆 12 楼**	**刘保华**	**0710－3270820**	**441000**
永安财产保险股份有限公司襄樊中心支公司南漳营销服务部	南漳县城关镇水镜路 55 号	孙龙军	0710－5242666	441500
永安财产保险股份有限公司襄樊中心支公司谷城营销服务部	谷城县城关镇粉阳路供电所 1 楼	鲁福成	0710－7330555	441700
永安财产保险股份有限公司襄樊中心支公司老河口营销服务部	老河口市秋丰路 62 号	徐洪勤	0710－8360555	441800
永安财产保险股份有限公司襄樊中心支公司枣阳营销服务部	枣阳市执法大队	徐志成	0710－6239777	441200
永安财产保险股份有限公司荆州中心支公司	**荆州市沙市北湖路 34 号大桥局办公楼 1、2 楼**	**刘　勇**	**0716－8251218**	**434000**
永安财产保险股份有限公司潜江营销服务部	潜江市育才路中段	彭毅恒	0728－6251566	433100
永安财产保险股份有限公司松滋营销服务部	松滋市新江口镇金松大道 28 号	庹新东	0716－6269230	434200
永安财产保险股份有限公司宜昌中心支公司	**宜昌市西陵一路 7 号勤业商务大厦**	**袁　宁**	**0717－6756788**	**443000**
永安财产保险股份有限公司十堰中心支公司	**十堰市朝阳中路 67 号**	**刘立勋**	**0719－8620211**	**442000**
永安财产保险股份有限公司十堰中心支公司丹江营销服务部	丹江口市车站路 5 号	陈　胜	0719－8620133	442700
永安财产保险股份有限公司荆门中心支公司	**荆门市雨霖路 2 号**	**刘德贵**	**0724－2300306**	**448000**
永安财产保险股份有限公司荆门中心支公司钟祥营销服务部	钟祥市莫愁大道农业局南侧	朱选国	0724－4262615	431900
永安财产保险股份有限公司荆门中心支公司京山营销服务部	京山县新市镇新市大道 89 号（2 楼北）	丁远高	0724－2300559	431800
永安财产保险股份有限公司鄂州营销服务部	鄂州市滨湖西路 109 号	彭家胜	0711－3388248	436000

华安财产保险股份有限公司湖北分公司

表 7－2－3－1－8

机构名称	地址	负责人	电话	邮编
华安财产保险股份有限公司汉口中心支公司	武汉市汉口建设大道 568 号新世界国贸大厦 A 座 906 室	杨 楝	027－65778085	430022
华安财产保险股份有限公司汉阳中心支公司	武汉市经济开发区东风阳光城第 A2 栋 1 楼 3 号商铺	罗修梅	027－59407501	430051
华安财产保险股份有限公司武昌中心支公司	武汉市武昌区八一路 9 号星星大厦 4 楼	张 立	027－59821679	430071
华安财产保险股份有限公司襄樊中心支公司	襄樊市樊城区春园西路 8 号汇升苑写字楼 5 楼	匡锦利	0710－3081898	441000
华安财产保险股份有限公司荆州中心支公司	荆州市江津西路 17 号紫荆御景小区 109、209 号商铺	熊 欣	0716－4316199	434000
华安财产保险股份有限公司宜昌中心支公司	宜昌市东山大道 95 号清江大厦 24 楼	杨光华	0717－6310007	443000
华安财产保险股份有限公司十堰中心支公司	十堰市车城南路 42 号	魏燕萍	0719－8899708	442000
华安财产保险股份有限公司荆门中心支公司	荆门市象山大道 130 号	聂华生	0724－6802068	448000

中华联合财产保险股份有限公司湖北分公司

表 7－2－3－1－9

机构名称	地址	负责人	电话	邮编
中华联合财产保险股份有限公司湖北分公司江岸支公司	武汉市汉口沿江道大道 133 号广源大厦 5 楼	魏传训	027－82761132	430014
中华联合财产保险股份有限公司湖北分公司江汉支公司	武汉市汉口万松园路 199 号圣陶沙酒店 A 座 3 楼	杨志海	027－85265508	430022
中华联合财产保险股份有限公司湖北分公司硚口支公司	武汉市硚口区解放大道 1007 号兴隆大厦 10－11 楼	丁 勇	027－83638185	430030
中华联合财产保险股份有限公司湖北分公司汉阳支公司	武汉市汉阳大道 626 号	丁子寿	027－87913369	430050
中华联合财产保险股份有限公司湖北分公司沌口支公司	武汉市经济技术开发区龙阳大道 212 号湖北路桥 19 楼	熊建斌	027－84653763	430065
中华联合财产保险股份有限公司湖北分公司武昌支公司	武汉市武昌区中北路 158 号长源大厦帅府商通 1 楼	徐平安	027－86783021	430010
中华联合财产保险股份有限公司湖北分公司青山支公司	武汉市青山区建设四路 38 街康馨大厦 2－3 号	余启明	027－86861072	430080
中华联合财产保险股份有限公司湖北分公司洪山支公司	武汉市洪山区邮科院特 1 号湖北信息产业大厦 15 楼	汪 洪	027－87690716	430073
中华联合财产保险股份有限公司湖北分公司东西湖支公司	武汉市东西湖区二雅路人民法院东侧(原东城院内)	田正鸿	027－83215696	430040
中华联合财产保险股份有限公司湖北分公司蔡甸支公司	武汉市武汉市蔡甸区树藩大街 1587 号	杨道凌	027－84946717	430100

续表 7－2－3－1－9

机　构　名　称	地　址	负责人	电　话	邮　编
中华联合财产保险股份有限公司湖北分公司江夏支公司	武汉市江夏区北华街新邮政局大楼1、2楼	张　勤	027－81822955	430200
中华联合财产保险股份有限公司湖北分公司黄陂支公司	武汉市黄陂区大道319号	汪杏兰	027－61108873	430300
中华联合财产保险股份有限公司湖北分公司新洲支公司	武汉市新洲区邾城云梦街特1号	林荣松	027－89352789	430400
中华联合财产保险股份有限公司湖北分公司黄石中心支公司	**黄石市团城山开发区桂林南路1号**	**吴礼斌**	**0714－6372700**	**435000**
中华联合财产保险股份有限公司湖北分公司阳新支公司	阳新县东坡路28号	陈华荣		435200
中华联合财产保险股份有限公司湖北分公司大冶支公司	大冶市金湖大道26－1号	张　正	0714－8737386	435100
中华联合财产保险股份有限公司湖北分公司襄樊中心支公司	**襄樊市星火路一号公交调度大楼4楼**	**王安平**	**0710－3486600**	**441000**
中华联合财产保险股份有限公司湖北分公司襄城支公司	襄樊市襄城胜德宾馆3楼	陈全意	0710－3510799	441021
中华联合财产保险股份有限公司湖北分公司樊城支公司	襄樊市星火路一号公交调度大楼4楼	贵万辉	0710－3462000	441000
中华联合财产保险股份有限公司湖北分公司襄阳支公司	襄樊市襄阳区张湾镇航空路8号安达运输有限公司2楼	乔红斌	0710－2822316	441100
中华联合财产保险股份有限公司湖北分公司南漳支公司	南漳县水镜路邮政大楼1楼	黎　军	0710－5266285	441500
中华联合财产保险股份有限公司湖北分公司谷城支公司	谷城县西大街粉阳路56号	陈必连	0710－7333327	441700
中华联合财产保险股份有限公司湖北分公司保康支公司	保康县物资局1楼	周全甫	0710－5819192	441600
中华联合财产保险股份有限公司湖北分公司老河口支公司	老河口市大桥路交通宾馆3楼	李世杰	0710－8220770	441800
中华联合财产保险股份有限公司湖北分公司枣阳支公司	枣阳市国税局1楼	施　谦	0710－6223623	441200
中华联合财产保险股份有限公司湖北分公司宜城支公司	宜城市邮政局1楼	李景新	0710－4281138	441400
中华联合财产保险股份有限公司湖北分公司荆州中心支公司	**荆州市沙市区金龙路48－8号(太岳路与金龙路交汇处)**	**沈传宝**	**0716－8211758**	**434002**
中华联合财产保险股份有限公司湖北分公司公安支公司	公安县荆江大道116号(电信局大楼3楼)	王　波	0716－5222991	434300
中华联合财产保险股份有限公司湖北分公司监利支公司	监利县江城大道46号	董吉春	0716－3325698	433000
中华联合财产保险股份有限公司湖北分公司石首支公司	石首市绣林大道248号(盐业公司大楼1、2楼)	孙贤鸿	0716－7813778	434400
中华联合财产保险股份有限公司湖北分公司洪湖支公司	洪湖市州陵大道55号(晨光公司大楼1楼)	程忠平	0716－2202138	433200
中华联合财产保险股份有限公司湖北分公司松滋支公司	松滋市金松大道69号	陈　杰	0716－6230935	434100

续表 7－2－3－1－9

机构名称	地址	负责人	电话	邮编
中华联合财产保险股份有限公司湖北分公司仙桃支公司	仙桃市仙桃大道东段 2 号	杨建辉	0728－3330815	433000
中华联合财产保险股份有限公司湖北分公司潜江支公司	潜江市章华南路 15 号	冯晓强	0728－6640119	433100
中华联合财产保险股份有限公司湖北分公司江汉油田支公司	潜江市广华大道 80 号	贺小军	0728－6516080	433124
中华联合财产保险股份有限公司湖北分公司宜昌中心支公司	**宜昌市西陵一路勤业大厦 9－11 楼**	**夏昌军**	**0717－6756808**	**443000**
中华联合财产保险股份有限公司湖北分公司猇亭支公司	宜昌市猇亭区正大路 61 号	王全新	0717－6511602	443007
中华联合财产保险股份有限公司湖北分公司夷陵支公司	宜昌市夷陵区晓溪塔黄金卡新客运站旁	李　平	0717－7825222	443000
中华联合财产保险股份有限公司湖北分公司秭归支公司	秭归县茅坪镇桔颂路 15 号	崔海泉	0717－2885318	443600
中华联合财产保险股份有限公司湖北分公司远安支公司	远安县鸣凤镇鸣凤大道 43 号(广播电视局 1 楼)	杜红刚	0717－3814288	444200
中华联合财产保险股份有限公司湖北分公司兴山支公司	兴山县古夫镇妃台路 1 号(昭君广场旁)	罗道艳	0717－2588585	443711
中华联合财产保险股份有限公司湖北分公司长阳支公司	长阳县龙舟坪环城东路 3 号(博物馆旁)	曾凡武	0717－5332729	443500
中华联合财产保险股份有限公司湖北分公司五峰支公司	五峰县五峰镇小北门 20 号	王兰芳	0717－5823190	443400
中华联合财产保险股份有限公司湖北分公司宜都支公司	宜都市陆城清江大道 29 号(信用联社附楼)	胡宗年	0717－4820222	443300
中华联合财产保险股份有限公司湖北分公司当阳支公司	当阳市玉阳办事处端直街 35 号(赵子龙塑像前)	田圣平	0717－3220588	444100
中华联合财产保险股份有限公司湖北分公司枝江支公司	枝江市马家店镇迎宾大道西段(农业发展银行对面)	张智玲	0717－4216810	443200
中华联合财产保险股份有限公司湖北分公司十堰中心支公司	**十堰市人民南路 63 号**	**郝伯琴**	**0719－8873257**	**442000**
中华联合财产保险股份有限公司湖北分公司郧县支公司	郧县城关沿江路 63 号 3 楼	李光炯	0719－7225488	442500
中华联合财产保险股份有限公司湖北分公司郧西支公司	郧西县武汉路畜牧局办公楼 2 楼	马楚渝	0719－6233702	442600
中华联合财产保险股份有限公司湖北分公司竹山支公司	竹山县亨运集团竹山公司综合楼 5 楼	但恒勇	0719－4225006	442200
中华联合财产保险股份有限公司湖北分公司竹溪支公司	竹溪县鄂陕大道	三　超	0719－2728016	442300
中华联合财产保险股份有限公司湖北分公司房县支公司	房县房陵大道农业技术推广站 1 楼	真建斌	0719－3241779	442100
中华联合财产保险股份有限公司湖北分公司丹江口支公司	丹江口市丹江大坝 250 号	苏立芬	0719－5232656	442700
中华联合财产保险股份有限公司湖北分公司孝感中心支公司	**孝感市槐荫大道 191 号**	**黄长华**	**0712－2851335**	**432000**

续表 7－2－3－1－9

机构名称	地址	负责人	电话	邮编
中华联合财产保险股份有限公司湖北分公司孝昌支公司	孝昌县107国道转盘南孝昌县征稽所办公楼2楼	管安民	0712－4766019	432900
中华联合财产保险股份有限公司湖北分公司云梦支公司	云梦县城关镇南环路0号云梦圆方汽车修理配件有限责任公司	章　庆	0712－4489311	432500
中华联合财产保险股份有限公司湖北分公司大悟支公司	大悟县发改局1楼	李孝华	0712－7230851	432800
中华联合财产保险股份有限公司湖北分公司应城支公司	应城市古城大道应黄路口光明社区5楼	杨德鸿	0712－3246089	432400
中华联合财产保险股份有限公司湖北分公司安陆支公司	安陆市第二高级中学1楼南侧	杨　剑	0712－5257208	432600
中华联合财产保险股份有限公司湖北分公司汉川支公司	汉川市霍城大道3号光华大厦(3楼、5楼、门店)	黄正芳	0712－8384383	431600
中华联合财产保险股份有限公司湖北分公司荆门中心支公司	**荆门市天鹅广场**	**周元松**	**0724－2362036**	**448000**
中华联合财产保险股份有限公司湖北分公司钟祥支公司	钟祥市工业园区安陆府路西9号	杨远珍	0724－4284026	431900
中华联合财产保险股份有限公司湖北分公司沙洋支公司	沙洋县洪岭大道北端	刘继清	0724－8560019	448200
中华联合财产保险股份有限公司湖北分公司京山支公司	京山县新市镇人民大道	李行楷	0724－7333899	431800
中华联合财产保险股份有限公司湖北分公司胡集营销服务部	钟祥市胡集镇襄沙大道8号	龚运荣	0724－4851011	431911
中华联合财产保险股份有限公司湖北分公司屈家岭营销服务部	屈家岭管理区五三大道交警中队36－1号	王雪文	0724－4851012	431821
中华联合财产保险股份有限公司湖北分公司天门支公司	天门市钟惺大道88号电信大楼	肖志毅	0724－5331135	431700
中华联合财产保险股份有限公司湖北分公司鄂州中心支公司	**鄂州市洋澜国际康城1、2楼**	**郑　璇**	**0711－3381759**	**436000**
中华联合财产保险股份有限公司湖北分公司华容支公司	鄂州市滨湖南路(洋澜国际康城)	徐美定	0711－3381759	436000
中华联合财产保险股份有限公司湖北分公司黄冈中心支公司	**黄冈市新港路2号**	**刘　广**	**0713－8808286**	**438000**
中华联合财产保险股份有限公司湖北分公司团风支公司	团风县团方大道特1号	汪志国	0713－8808295	438100
中华联合财产保险股份有限公司湖北分公司浠水支公司	浠水县丽文南路	石　涵	0713－4267687	438200
中华联合财产保险股份有限公司湖北分公司蕲春支公司	蕲春县蕲春大道95号	李雪飞	0713－8808292	435300
中华联合财产保险股份有限公司湖北分公司黄梅支公司	黄梅县五祖大道六巷142号	蒋绍国	0713－3329508	435500
中华联合财产保险股份有限公司湖北分公司英山支公司	英山县温泉镇毕升大道18号	段元凤	0713－8808291	438700
中华联合财产保险股份有限公司湖北分公司罗田支公司	罗田县凤山镇前进街8号	方世祥	0713－5056337	438600

续表 7－2－3－1－9

机　构　名　称	地　　址	负责人	电　话	邮　编
中华联合财产保险股份有限公司湖北分公司红安支公司	红安县城南大道 3 号教师村	黄从明	0713－5181033	438900
中华联合财产保险股份有限公司湖北分公司麻城支公司	麻城市将军路农业银行 1、7 楼	熊　峰	0713－2920928	438800
中华联合财产保险股份有限公司湖北分公司武穴支公司	武穴市永宁大道东 67－10 号	柴　超	0713－6218766	435400
中华联合财产保险股份有限公司湖北分公司咸宁中心支公司	**咸宁市温泉银泉大道 518 号**	**黄晓汉**	**0715－8138345**	**437100**
中华联合财产保险股份有限公司湖北分公司通山支公司	通山县新城路羊都大道 78 号	徐永强	0715－2365770	437600
中华联合财产保险股份有限公司湖北分公司崇阳支公司	崇阳县崇阳大道 171 号	雷应军	0715－3397906	437500
中华联合财产保险股份有限公司湖北分公司通城支公司	通城县隽水镇玉力大道 79 号	刘　洁	0715－4338049	437400
中华联合财产保险股份有限公司湖北分公司嘉鱼支公司	嘉鱼县沿湖东路 12 号	窦天翼	0715－6356332	437200
中华联合财产保险股份有限公司湖北分公司赤壁支公司	赤壁市陆水大道 229 号(市博物馆)2 楼	李育明	0715－5338506	437300
中华联合财产保险股份有限公司湖北分公司随州中心支公司	**随州市交通大道中端(市场开发经营管理局 1、2 楼)**	**曹永凯**	**0722－3585188**	**441300**
中华联合财产保险股份有限公司湖北分公司城区营销服务部	随州市沿河大道 17 号	朱越英	0722－3264798	441300
中华联合财产保险股份有限公司湖北分公司曾都支公司	随州市交通大道中端(市场开发经营管理局 1、2 楼)	沈德常	0722－3585188	441300
中华联合财产保险股份有限公司湖北分公司广水支公司	广水市应山办事处应十大道 1 号(三里河桥头电信大楼 1 楼)	万明涛	0722－6265585	432700
中华联合财产保险股份有限公司湖北分公司恩施中心支公司	**恩施市施州大道 57 号**	**陈　蓉**	**0718－8222379**	**445000**
中华联合财产保险股份有限公司湖北分公司利川支公司	利川市清江大道 101 号	周　武	0718－7282722	445400
中华联合财产保险股份有限公司湖北分公司建始支公司	建始县人民大道 78 号	周模云	0718－3227879	445300
中华联合财产保险股份有限公司湖北分公司咸丰支公司	咸丰县楚蜀大道 1 号	田汉平	0718－6891777	445600
中华联合财产保险股份有限公司湖北分公司巴东支公司	巴东县信陵镇北京大道 231 号	陈团圆	0718－8998899	444300
中华联合财产保险股份有限公司湖北分公司宣恩支公司	宣恩县珠山镇兴隆大道 68 号	覃爱军	0718－5823985	445500
中华联合财产保险股份有限公司湖北分公司来凤支公司	来凤县凤南路 2 号	吴发刚	0718－6288000	445700
中华联合财产保险股份有限公司湖北分公司鹤峰支公司	鹤峰县容美镇千里大街	田　琼	0718－5291256	445800

永诚财产保险股份有限公司湖北分公司

表 7－2－3－1－10

机构名称	地址	负责人	电话	邮编
永诚财产保险股份有限公司湖北分公司直属营业部	武汉市汉口建设大道 568 号新世界国贸大厦Ⅰ座 1106 室	周小梅	027－68850372	430022
永诚财产保险股份有限公司汉口中心支公司	武汉市汉口建设大道 656 号武汉国际经济贸易大楼 201 室	陈晟曦	027－85716006	430022
永诚财产保险股份有限公司汉阳中心支公司	武汉市汉阳区玫瑰园东路特 8 号香格里都大厦 B 区 8 楼 B6－B7 室	佀勇为	027－50466025	430050
永诚财产保险股份有限公司武昌中心支公司	武汉市武昌区中北路 18 号 4 楼	梅继芬	027－50704601	430071
永诚财产保险股份有限公司黄石中心支公司	黄石市颐阳路 12 号	袁联盟	0714－6258208	435000
永诚财产保险股份有限公司襄樊中心支公司	襄樊市新华路 6 号铁路分局 14 楼	洪向阳	0710－3239599	441000
永诚财产保险股份有限公司荆州中心支公司	荆州市沙市区北京西路 410 号文湖花园 2 号楼 2 楼	胡春文	0716－6466568	434000
永诚财产保险股份有限公司宜昌中心支公司	宜昌市东山大道 119 号三峡日报新闻大厦 7 楼	龚万庆	0717－6466568	443000
永诚财产保险股份有限公司十堰中心支公司	十堰市车城路 190 号市交警支队 1 楼	徐永胜	0719－8809502	442000
永诚财产保险股份有限公司荆门中心支公司	荆门市虎牙关大道 6 号	蔡　芳	0724－6800138	448000

华泰财产保险股份有限公司湖北省分公司

表 7－2－3－1－11

机构名称	地址	负责人	电话	邮编
华泰财产保险股份有限公司湖北省分公司江南支公司	武汉市汉口建设大道 971 号	冯　巍	027－68822203	430010
华泰财产保险股份有限公司湖北省分公司江北支公司	武汉市汉口建设大道 971 号	魏　年	027－68822231	430010
华泰财产保险股份有限公司湖北省分公司汉口双墩营销部	武汉市硚口区建设大道 138－1 号	吴明青	027－68822255	430030
华泰财产保险股份有限公司湖北省分公司武汉友谊大道营销服务部	武汉市武昌区友谊大道特 8 号	吴明青	027－68822256	430061

安邦财产保险股份有限公司湖北分公司

表 7－2－3－1－12

机构名称	地址	负责人	电话	邮编
安邦财产保险股份有限公司武汉硚口支公司	武汉市建设大道 847 号瑞通广场 B 座 20 楼	范红	027－59513607	430030
安邦财产保险股份有限公司黄石中心支公司	**黄石市湖滨路金翌豪庭 2 楼**	**黄开先**	**0714－6218669**	**435100**
安邦财产保险股份有限公司襄樊中心支公司	**襄樊市春园路 7 号海关大楼 1 楼、8 楼**	**程兴荣**	**0710－3276161**	**441003**
安邦财产保险股份有限公司襄樊中心支公司谷城营销服务部	谷城县银城大道 22 号	艾必香	0710－7331229	441000
安邦财产保险股份有限公司襄樊中心支公司枣阳营销服务部	枣阳市民主路 19 号	阎爱华	0710－6311866	441000
安邦财产保险股份有限公司襄樊中心支公司宜城营销服务部	宜城市襄沙大道 95 号	王道全	0710－3277755	441000
安邦财产保险股份有限公司荆州中心支公司	**荆州市沙市开发区检察院 1 楼**	**熊诗杨**	**0716－8264199**	**434000**
安邦财产保险股份有限公司荆州中心支公司监利营销服务部	监利县容城镇玉沙大道 61 号	万军	0716－3329219	434000
安邦财产保险股份有限公司荆州中心支公司松滋营销服务部	松滋市外二环大道 4 号盐业公司 1 楼	江书华	0716－6269119	434000
安邦财产保险股份有限公司宜昌中心支公司	**宜昌市西陵区云集路 25 号旅游广场 5 楼**	**戴力峰**	**0717－6253168**	**443000**
安邦财产保险股份有限公司宜昌中心支公司兴山营销服务部	兴山县古夫镇永安路桂苑小区 49 号	万能福	0717－2580188	443000
安邦财产保险股份有限公司宜昌中心支公司枝江营销服务部	枝江市中国银行枝江市支行办公楼	丁丽华	13997684038	443000
安邦财产保险股份有限公司十堰中心支公司	**十堰市人民南路 33 号四季星座 3 座 2 楼**	**王振翔**	**0719－8887559**	**442000**
安邦财产保险股份有限公司十堰中心支公司竹溪营销服务部	十堰市竹溪县鄂陕大道 431 号	李湘江	0719－2720797	442000
安邦财产保险股份有限公司十堰中心支公司丹江口营销服务部	丹江口市丹江大道 37 号水都宾馆 2 楼	张金武	0719－5235708	442000
安邦财产保险股份有限公司孝感中心支公司	**孝感市长征二路广电综合楼**	**朱凡**	**0712－2835315**	**432000**
安邦财产保险股份有限公司孝感中心支公司云梦营销服务部	云梦县南环路创基工业园	刘少清	0712－4336569	432000
安邦财产保险股份有限公司荆门中心支公司	**荆门市雨霖路 6 号房产大厦 7 楼南**	**余愿**	**0724－2320166**	**448000**
安邦财产保险股份有限公司荆门中心支公司钟祥营销服务部	钟祥市承天中路 13 号	肖家菊	0724－4281665	448000
安邦财产保险股份有限公司荆门中心支公司天门营销服务部	天门市接官路农机监理所综合楼 3 楼	谭晓水	0728－5334782	448000
安邦财产保险股份有限公司黄冈中心支公司蕲春营销服务部	蕲春县漕河新四路 5 号	洪光	0713－7101122	438600
安邦财产保险股份有限公司随州中心支公司	**随州市青年路西端（双龙寺社区办公楼 1－3 楼）**	**周宗华**	**0722－3320948**	**441300**

续表 7－2－3－1－12

机　构　名　称	地　　址	负责人	电　话	邮　编
安邦财产保险股份有限公司随州中心支公司广水营销服务部	广水市应山三环路滨河段 8 号	刘　军	0722－6261222	441300
安邦财产保险股份有限公司恩施中心支公司	恩施市学院路福海花园	肖　平	0718－8418089	445000
安邦财产保险股份有限公司汉江中心支公司	潜江市广华寺五七大道 28 号		0728－6510168	433124
安邦财产保险股份有限公司汉江中心支公司仙桃营销服务部	仙桃市仙下河南路 68 号	龚秀枝	0728－3320569	433124
安邦财产保险股份有限公司汉江中心支公司潜江支公司	潜江市育才路		0728－6510168	433124

都邦财产保险股份有限公司湖北分公司

表 7－2－3－1－13

机　构　名　称	地　　址	负责人	电　话	邮　编
都邦财产保险股份有限公司湖北分公司汉口中心支公司	武汉市硚口区中山大道 33 号硚口石油大楼	何柏林	027－83808969	430030
都邦财产保险股份有限公司湖北分公司江岸支公司	武汉市汉口建设大道 626 号武汉国际经济贸易大楼 8 楼	吴宏伟	027－85551557	430010
都邦财产保险股份有限公司湖北分公司光谷支公司	武汉市东湖高新开发区森林大道 8 号慧谷时空大厦 604－605 室	李建新	027－87617381	430015
都邦财产保险股份有限公司湖北分公司襄樊中心支公司	襄樊市大庆路 10 号商业协会大楼 3 楼	蔡　方	0710－3472655	441000
都邦财产保险股份有限公司湖北分公司荆州中心支公司	荆州市沙市区北京中路 219 号广源大厦 11 楼	魏　伟	0716－8123501	434000
都邦财产保险股份有限公司湖北分公司十堰中心支公司	十堰市人民南路 11 号	熊经国	0719－8800819	442000
都邦财产保险股份有限公司湖北分公司孝感中心支公司	孝感市长征路 89 号宇济双雅园 3 栋 2 楼	孙　阳	0712－2321488	432000
都邦财产保险股份有限公司湖北分公司荆门中心支公司	荆门市象山大道 129 号	王　桥	0724－2356868	434500
都邦财产保险股份有限公司湖北分公司黄冈中心支公司	黄冈市赤壁大道 89 号	刘德胜	0713－8206618	438000

天平汽车保险股份有限公司湖北分公司

表 7－2－3－1－14

机　构　名　称	地　　址	负责人	电　话	邮　编
天平汽车保险股份有限公司湖北分公司汉口双墩营销服务部	武汉市硚口区建设大道 138－1 号	刘树宏	027－59523121	430030

续表 7－2－3－1－14

机　构　名　称	地　　址	负责人	电　话	邮　编
天平汽车保险股份有限公司湖北分公司武昌友谊大道营销服务部	武汉市武昌区友谊大道特 8 号	冻卫珍	027－59523065	430060
天平汽车保险股份有限公司湖北分公司黄石营销服务部	黄石市团城山开发区皇姑岭 2 号	刘志峰	027－59523071	435000

阳光财产保险股份有限公司湖北省分公司

表 7－2－3－1－15

机　构　名　称	地　　址	负责人	电　话	邮　编
阳光财产保险股份有限公司汉口支公司	武汉市江汉区沿江大道 69 号长航大厦 4 楼	刘　飞	027－85653277	430020
阳光财产保险股份有限公司黄石中心支公司	黄石市黄石港区黄石大道 954 号总部经济大厦	严建军	0714－6266388	435000
阳光财产保险股份有限公司荆门中心支公司	荆门市象山大道 67 号	薛　晶	0724－6800188	448000
阳光财产保险股份有限公司荆州中心支公司	荆州市荆沙路 16 号安泰大厦 4 楼	熊远松	0716－8519601	434020
阳光财产保险股份有限公司襄樊中心支公司	襄樊市樊城区七里河 2 号中铁十一局 9 楼	颜　辉	0710－3251966	441000
阳光财产保险股份有限公司黄冈中心支公司	黄冈市黄州区八一路 46 号	鲁　林	0713－8200336	438000
阳光财产保险股份有限公司宜昌中心支公司	宜昌市胜利四路 26 号农行大厦 14 楼	李泽标	0717－6905699	443000
阳光财产保险股份有限公司十堰中心支公司	十堰市北京中路 15 号蓝之盾花园 2 楼	周文全	0719－8108800	442000
阳光财产保险股份有限公司潜江油田支公司	潜江市潜阳路 21 号	王　峰	0728－6483183	433100

渤海财产保险股份有限公司湖北分公司

表 7－2－3－1－16

机　构　名　称	地　　址	负责人	电　话	邮　编
渤海财产保险股份有限公司襄樊中心支公司	襄樊市前进路 31 号世纪金源大厦 13 楼	郭发辉	0710－3273811	441000
渤海财产保险股份有限公司荆州中心支公司	荆州市塔桥北路 39 号 7 楼	王德新	0716－8250519	434000
渤海财产保险股份有限公司十堰中心支公司	十堰市朝阳中路 19 号	潘　波	0719－8653698	442000
渤海财产保险股份有限公司荆门中心支公司	荆门市象山大道 75 号工行文峰支行 4 楼	左松涛	0724－2382606	448000
渤海财产保险股份有限公司咸宁中心支公司	咸宁市咸宁大道 19 号行政管理大楼 11 楼	朱建忠	0715－8138701	437100

民安保险(中国)有限公司湖北分公司

表 7－2－3－1－17

机构名称	地址	负责人	电话	邮编
民安保险(中国)有限公司襄樊中心支公司	襄樊市襄城区新华路6号铁道大厦11楼	刘耀国	0710－3233668	441000
民安保险(中国)有限公司荆州中心支公司	荆州市江津西路288号投资广场6楼B座	许　健	0716－8513266	434000
民安保险(中国)有限公司宜昌中心支公司	宜昌市夷陵路72号九州大厦A座26室	张超林	0717－6904618	443000

中国人寿保险股份有限公司湖北省分公司

表 7－2－3－1－18

机构名称	地址	邮编
中国人寿保险股份有限公司武汉市分公司	**武汉市汉口解放大道1070号6－15楼**	**430017**
中国人寿保险股份有限公司武汉市沌口支公司	武汉市武汉市经济开发区邮政大楼1楼	430032
中国人寿保险股份有限公司武汉市东西湖区支公司	武汉市东西湖区吴家山东吴大道214号	430040
中国人寿保险股份有限公司武汉市汉南区支公司	武汉市汉南区汉南大道324号	430090
中国人寿保险股份有限公司武汉市蔡甸区支公司	武汉市蔡甸区长寿里223号人民银行2楼	430100
中国人寿保险股份有限公司武汉市江夏区支公司	武汉市江夏区复江道人寿保险公司	430200
中国人寿保险股份有限公司武汉市黄陂区支公司	武汉市黄陂区前川镇双凤大道579号	430300
中国人寿保险股份有限公司武汉市新洲区支公司	武汉市新洲区邾城新区衡州大街101号	430415
中国人寿保险股份有限公司黄石分公司	**黄石市武汉路2号**	**435000**
中国人寿保险股份有限公司黄石市黄石港区支公司	黄石市沈下路19号	435000
中国人寿保险股份有限公司黄石分公司东方商厦营销服务部	黄石市黄石港东方商厦	435000
中国人寿保险股份有限公司西塞山区支公司	黄石市医院街166号	435000
中国人寿保险股份有限公司黄石分公司西塞营销服务部	黄石市道仕伏新街	435000
中国人寿保险股份有限公司下陆区支公司	黄石市下陆区下陆大道68号	435000
中国人寿保险股份有限公司黄石分公司冶钢大厦营销服务部	黄石市冶钢大厦15楼	435000
中国人寿保险股份有限公司黄石分公司铁山营销服务部	黄石市铁山友爱街5号	435000
中国人寿保险股份有限公司阳新县支公司	阳新县兴国镇陵园大道43号	435000
中国人寿保险股份有限公司大冶市支公司	大冶市东风东路	435000
中国人寿保险股份有限公司襄樊分公司	**襄樊市松鹤路16号**	**441000**
中国人寿保险股份有限公司襄樊分公司营业部	襄樊市炮铺街(庆德大厦)	441000
中国人寿保险股份有限公司襄樊市襄城区支公司	襄樊市襄城胜利街1号	441000
中国人寿保险股份有限公司襄樊市樊城区支公司	襄樊市人民路117号	441000

续表 7-2-3-1-18

机　构　名　称	地　　址	邮　编
中国人寿保险股份有限公司襄樊市襄阳区支公司	襄樊市春园路 4 号	441000
中国人寿保险股份有限公司襄樊分公司汽车产业开发区营业部	襄樊市汽车产业开发区车城大道	441000
中国人寿保险股份有限公司南漳县支公司	南漳县城关苗圃路 12 号	441000
中国人寿保险股份有限公司谷城县支公司	谷城县粉阳路 66 号	441000
中国人寿保险股份有限公司保康县支公司	保康县城关镇光千南路 101 号	441000
中国人寿保险股份有限公司老河口市支公司	老河口市中山路 2 号	441000
中国人寿保险股份有限公司枣阳市支公司	枣阳市人民路 44 号	441000
中国人寿保险股份有限公司宜城市支公司	宜城市襄沙大道 95 号	441000
中国人寿保险股份有限公司荆州分公司	**荆州市沙市区北京路 366 号**	**434000**
中国人寿保险股份有限公司荆州分公司营业部	荆州市沙市区北京中路	434000
中国人寿保险股份有限公司荆州市沙市区支公司	荆州市沙市区中山路 234 号	434000
中国人寿保险股份有限公司荆州市荆州区支公司	荆州市荆州区黄金堂路 9 号	434000
中国人寿保险股份有限公司江陵县支公司	江陵县郝穴镇沙洪路	434000
中国人寿保险股份有限公司公安县支公司	公安县斗湖堤镇治安路	434000
中国人寿保险股份有限公司监利县支公司	监利县容城镇天府东路	434000
中国人寿保险股份有限公司石首市支公司	石首市笔架山路 100 号	434000
中国人寿保险股份有限公司洪湖市支公司	洪湖市新堤宏伟南路 10 号	434000
中国人寿保险股份有限公司松滋市支公司	松滋市新江口镇乐乡大道 67 号	434000
中国人寿保险股份有限公司宜昌分公司	**宜昌市沿江大道 34 号**	**443000**
中国人寿保险股份有限公司宜昌分公司营业部	宜昌市夷陵大道 72 号	443000
中国人寿保险股份有限公司宜昌分公司宜昌营销服务部	宜昌市云集路 25 号	443000
中国人寿保险股份有限公司宜昌市西陵区支公司	宜昌市西陵一路 72 号	443000
中国人寿保险股份有限公司宜昌市伍家区支公司	宜昌市夷陵路 160—6 号	443000
中国人寿保险股份有限公司宜昌市猇亭区支公司	宜昌市猇亭区金岭路 8 号	443000
中国人寿保险股份有限公司宜昌市夷陵区支公司	宜昌市夷陵区晓溪塔镇西陵街 6 号(现正安街 6 号)	443000
中国人寿保险股份有限公司宜昌市葛洲坝支公司	宜昌市沿江大道 41 号	443000
中国人寿保险股份有限公司秭归县支公司	秭归县茅坪镇平湖大道 5 号	443000
中国人寿保险股份有限公司远安县支公司	远安县鸣凤镇鸣凤大道 22 号	443000
中国人寿保险股份有限公司兴山县支公司	兴山县古夫镇昭君路(16 号)	443000
中国人寿保险股份有限公司长阳土家族自治县支公司	长阳县龙舟坪镇清江路 24 号	443000
中国人寿保险股份有限公司五峰土家族自治县支公司	五峰县五峰镇沿河东路 25 号	443000
中国人寿保险股份有限公司宜都市支公司	宜都市陆城长江大道 24 号	443000
中国人寿保险股份有限公司当阳市支公司	当阳市长坂路 203 号	443000
中国人寿保险股份有限公司枝江市支公司	枝江市迎宾大道(西段)	443000
中国人寿保险股份有限公司十堰分公司	**十堰市东岳路 17 号**	**442000**
中国人寿保险股份有限公司十堰分公司营业部	十堰市人民中路 21 号	442000

续表 7－2－3－1－18

机 构 名 称	地 址	邮 编
中国人寿保险股份有限公司十堰市茅箭区支公司	十堰市东岳路 17 号	442000
中国人寿保险股份有限公司十堰市东汽工业区支公司	十堰市车城西路 9 号	442000
中国人寿保险股份有限公司郧县支公司	郧县城关镇中岭街 7 号	442000
中国人寿保险股份有限公司郧西县支公司	郧西县城关镇二街 73 号	442000
中国人寿保险股份有限公司竹山县支公司	竹山县人民广场	442000
中国人寿保险股份有限公司竹溪县支公司	竹溪县城关镇建设路 525 号	442000
中国人寿保险股份有限公司房县支公司	房县城关镇房陵大道 286 号	442000
中国人寿保险股份有限公司丹江口市支公司	丹江口市均州二路	442000
中国人寿保险股份有限公司孝感分公司	**孝感市长征二路 6 号**	**432000**
中国人寿保险股份有限公司孝感分公司营业部	孝感市长征路 80 号	432000
中国人寿保险股份有限公司孝感市孝南区支公司	孝感市槐荫大道 172 号	432000
中国人寿保险股份有限公司孝感分公司开发区营业部	孝感市建设东路	432000
中国人寿保险股份有限公司孝昌县支公司	孝昌县花元大道 1243 号	432000
中国人寿保险股份有限公司云梦县支公司	云梦县城关安平路 4 号	432000
中国人寿保险股份有限公司大悟县支公司	孝感市大悟县府前街 50 号	432000
中国人寿保险股份有限公司应城市支公司	应城市汉宜大道南临 2 号	432000
中国人寿保险股份有限公司安陆市支公司	安陆市碧涢路 86 号	432000
中国人寿保险股份有限公司汉川市支公司	汉川市人民大关道 1 号	432000
中国人寿保险股份有限公司荆门分公司	**荆门市象山大道 102 号**	**448000**
中国人寿保险股份有限公司荆门分公司营业部	荆门市象山大道 118 号	448000
中国人寿保险股份有限公司荆门分公司东宝区支公司	荆门市金虾路 4 号	448000
中国人寿保险股份有限公司荆门分公司掇刀营业部	荆门市象山大道 118 号	448000
中国人寿保险股份有限公司荆门分公司石化营业部	荆门市象山大道 102	448000
中国人寿保险股份有限公司荆门分公司象山营业部	荆门市象山大道 35 号	448000
中国人寿保险股份有限公司沙洋县支公司	沙洋县汉津大道 98 号沙洋县银利物质贸易有限公司	448000
中国人寿保险股份有限公司京山县支公司	京山县青年路 1 号	448000
中国人寿保险股份有限公司钟祥市支公司	钟祥市郢中镇承天大道西 3 号	448000
中国人寿保险股份有限公司鄂州分公司	**鄂州市武昌大道 308 号**	**436000**
中国人寿保险股份有限公司鄂州分公司营业部	鄂州市武昌大道 308 号	436000
中国人寿保险股份有限公司鄂州分公司营业部虹桥营销服务部	鄂州市鄂城区文星路 34 号	436000
中国人寿保险股份有限公司鄂州分公司营业部亚太营销服务部	鄂州市鄂城区滨湖路 180 号	436000
中国人寿保险股份有限公司鄂州分公司明塘营销服务部	鄂州市鄂城区明塘路	436000
中国人寿保险股份有限公司鄂州分公司太和营业部	鄂州市梁子湖区太和镇竹林街	436000
中国人寿保险股份有限公司鄂州市鄂城区支公司	鄂州市鄂城区滨湖西路 18 号	436000

续表 7－2－3－1－18

机构名称	地址	邮编
中国人寿保险股份有限公司鄂州市华容区支公司	鄂州市华容镇楚藩大道 197 号	436000
中国人寿保险股份有限公司黄冈分公司	**黄冈市东门路 127 号**	**438000**
中国人寿保险股份有限公司黄冈分公司营业部	黄冈市黄州区宝塔路 4 号	438000
中国人寿保险股份有限公司黄冈分公司城区营销服务部	黄冈市黄州区宝塔路 4 号	438000
中国人寿保险股份有限公司黄冈分公司龙感湖营销服务部	黄冈市龙感湖农场长青路 28 号	438000
中国人寿保险股份有限公司团风县支公司	团风县团黄大道(邮政大楼北端)	438000
中国人寿保险股份有限公司浠水县支公司	浠水县清泉镇丽文北路 198 号	438000
中国人寿保险股份有限公司蕲春县支公司	蕲春县漕河镇漕河大道 20 号	438000
中国人寿保险股份有限公司黄梅县支公司	黄梅县黄梅大道柳界路	438000
中国人寿保险股份有限公司英山县支公司	英山县温泉镇鸡鸣路 66 号	438000
中国人寿保险股份有限公司罗田县支公司	罗田县凤山镇义水南路	438000
中国人寿保险股份有限公司红安县支公司	红安县金沙大道 38 号	438000
中国人寿保险股份有限公司麻城市支公司	麻城市陵园路 51 号	438000
中国人寿保险股份有限公司武穴市支公司	武穴市广济大道东 58 号	438000
中国人寿保险股份有限公司咸宁分公司	**咸宁市温泉滨河路 5 号**	**437100**
中国人寿保险股份有限公司咸宁分公司营业部	咸宁市温泉滨河街 5 号	437100
中国人寿保险股份有限公司咸安区支公司	咸宁市咸安区长安大道 50 号	437100
中国人寿保险股份有限公司通山县支公司	咸宁市通山县通羊镇新城路 37 号	437100
中国人寿保险股份有限公司崇阳县支公司	崇阳县天城镇新建路 55 号	437100
中国人寿保险股份有限公司通城县支公司	通城县隽水镇隽水大道 140 号	437100
中国人寿保险股份有限公司嘉鱼县支公司	嘉鱼县鱼岳镇沿湖大道 19 号	437100
中国人寿保险股份有限公司赤壁市支公司	赤壁市沿河大道 215 号	437100
中国人寿保险股份有限公司随州分公司	**随州市烈山大道 99 号**	**441300**
中国人寿保险股份有限公司随州分公司营业部	随州市烈山大道 233 号	441300
中国人寿保险股份有限公司随州市曾都区支公司	随州市舜井大道 84 号	441300
中国人寿保险股份有限公司广水市支公司	广水市应山永阳大道 38 号	441300
中国人寿保险股份有限公司恩施分公司	**恩施市施州大道 37 号**	**445000**
中国人寿保险股份有限公司恩施市支公司	恩施市航空路 98 号	445000
中国人寿保险股份有限公司恩施分公司营业部	恩施市东风大道 31 号	445000
中国人寿保险股份有限公司利川市支公司	利川市清江大道 260 号	445000
中国人寿保险股份有限公司建始县支公司	建始县人民路 34 号	445000
中国人寿保险股份有限公司咸丰县支公司	咸丰县文化路 24 号	445000
中国人寿保险股份有限公司巴东县支公司	巴东县信陵镇中环大道白土坡	445000
中国人寿保险股份有限公司宣恩县支公司	宣恩县珠山镇民族路 23 号	445000
中国人寿保险股份有限公司来凤县支公司	来凤县翔凤镇渝鄂路 42 号	445000
中国人寿保险股份有限公司鹤峰县支公司	鹤峰县容美镇沿河路	445000

续表 7－2－3－1－18

机 构 名 称	地 址	邮 编
中国人寿保险股份有限公司仙桃市支公司	仙桃市仙桃大道（复州花园东端）	433000
中国人寿保险股份有限公司潜江市支公司	潜江市园林办章华大道 16 号	443100
中国人寿保险股份有限公司江汉油田支公司	潜江市广华小区	443100
中国人寿保险股份有限公司天门市支公司	天门市陆羽大道西端	431700

中国太平洋人寿保险股份有限公司湖北分公司

表 7－2－3－1－19

机 构 名 称	地 址	负责人	电 话	邮 编
中国太平洋人寿保险股份有限公司武汉中心支公司	**武汉市汉口建设大道 847 号瑞通广场 B 座 18 楼**	熊 彪	027－59209528	430015
中国太平洋人寿保险股份有限公司湖北分公司汉口营销服务部	武汉市汉口解放大道 1511 号 901－911 室	陈婷婷		430012
中国太平洋人寿保险股份有限公司武汉市硚口支公司	武汉市汉口建设大道 847 号瑞通广场 B 座 18 楼	熊 晖	027－59209592	430015
中国太平洋人寿保险股份有限公司湖北分公司硚口营销服务部	武汉市汉口建设大道 625 号金华大厦 12－2 号	刘 怡		430015
中国太平洋人寿保险股份有限公司武汉市汉阳支公司	武汉市汉阳鹦鹉大道 46 号	李 刚	027－59209592	430050
中国太平洋人寿保险股份有限公司湖北分公司汉阳营销服务部	武汉市汉南区微湖西路 259 号	杨 宣		430090
中国太平洋人寿保险股份有限公司湖北分公司武汉市汉阳区沌口营销服务部	武汉市经济技术开发区金湖花园 3 号生活区 2 栋 2－20 号	杨惠茹		430056
中国太平洋人寿保险股份有限公司武汉市武昌支公司	武汉市武昌区武珞路 288 号	汪 权	027－87830390	430062
中国太平洋人寿保险股份有限公司湖北分公司武昌营销服务部	武汉市武昌区武珞路 288 号滨湖商务中心	黄小琳		430062
中国太平洋人寿保险股份有限公司湖北分公司青山营销服务部	武汉市青山区红钢城和平大道 1542 号邮政局办公大楼 3 楼	江 军		430082
中国太平洋人寿保险股份有限公司湖北分公司光谷营销服务部	武汉市洪山区鲁巷民院路 6 号	白 云		430074
中国太平洋人寿保险股份有限公司湖北分公司东西湖营销服务部	武汉市东西湖区吴家山二雅路特 1 号	童鹏程		430040
中国太平洋人寿保险股份有限公司湖北分公司汉南营销服务部	武汉市汉南区微湖西路 259 号	杨 宣		430090
中国太平洋人寿保险股份有限公司武汉市蔡甸营销服务部	武汉市蔡甸区蔡姚路 51 号	杨 玲		430100
中国太平洋人寿保险股份有限公司湖北分公司江夏营销服务部	武汉市江夏区纸坊沙羡街 41 号	陈凤林		430200
中国太平洋人寿保险股份有限公司湖北分公司黄陂营销服务部	武汉市黄陂区黄陂大道	李岱晖		430300

续表 7－2－3－1－19

机构名称	地址	负责人	电话	邮编
中国太平洋人寿保险股份有限公司武汉市新洲支公司	武汉市新洲区衡州大道 168 号	孙万桥	027－89354916	431400
中国太平洋人寿保险股份有限公司黄石中心支公司	**黄石市大智路 1 号**	**徐晔中**	**0714－6286518**	**435000**
中国太平洋人寿保险股份有限公司黄石中心支公司交通路营销服务部	黄石市交通路 29 号	王　萍		435000
中国太平洋人寿保险股份有限公司黄石中心支公司劳动路营销服务部	黄石市劳动路 11 号	吴朝晖		435000
中国太平洋人寿保险股份有限公司黄石中心支公司下陆营销服务部	黄石下陆区福利生产办公室	周跃春		435000
中国太平洋人寿保险股份有限公司黄石中心支公司铁山营销服务部	黄石铁山区铁山大道 28 号	张文凯		435000
中国太平洋人寿保险股份有限公司黄石中心支公司阳新营销服务部	阳新县兴国镇兴国大道市政公司 2 楼	柯尊霖		435000
中国太平洋人寿保险股份有限公司黄石中心支公司大冶营销服务部	大冶市新冶大道新华书店	曹祥雄		435000
中国太平洋人寿保险股份有限公司襄樊中心支公司	**襄樊市长征路 118 号**	**李晓莉**	**0710－3483491**	**441000**
中国太平洋人寿保险股份有限公司襄樊中心支公司襄城营销服务部	襄樊市襄城襄阳人家	许　宁		441000
中国太平洋人寿保险股份有限公司襄樊中心支公司樊城支公司	襄樊市前进路世纪金源大厦	孙家美		441000
中国太平洋人寿保险股份有限公司襄樊中心支公司襄阳支公司	襄樊市化纤集团工会 2 楼	吴才安		441000
中国太平洋人寿保险股份有限公司襄樊中心支公司襄阳营销服务部	襄樊市航空路	杨兰芳		441000
中国太平洋人寿保险股份有限公司襄樊中心支公司南漳支公司	南漳县城关卞河北路 42 号	匋亚明		441000
中国太平洋人寿保险股份有限公司襄樊中心支公司保康营销服务部	保康县城关镇保康县总工会办公院内	武兴宽		441000
中国太平洋人寿保险股份有限公司襄樊中心支公司谷城营销服务部	谷城县银城大道	李建军		441000
中国太平洋人寿保险股份有限公司襄樊中心支公司老河口营销服务部	老河口市北京路 255－1 号	柳武林		441000
中国太平洋人寿保险股份有限公司襄樊中心支公司枣阳支公司	枣阳市民主路 22 号	李建军		441000
中国太平洋人寿保险股份有限公司襄樊中心支公司宜城支公司	宜城市襄沙路 91 号	罗发芹		441000
中国太平洋人寿保险股份有限公司荆州中心支公司	**荆州市江津西路 288 号**	**夏书松**	**0716－8270180**	**434000**
中国太平洋人寿保险股份有限公司荆州中心支公司沙市营销服务部	荆州市沙市区江津西路 288 号投资广场 7 楼 B 座	刘　芳		434000
中国太平洋人寿保险股份有限公司荆州中心支公司荆中路营销服务部	荆州市沙市区江津西路 288 号投资广场 7 楼 A 座	陈爱朝		434000

续表 7－2－3－1－19

机　构　名　称	地　　址	负责人	电　　话	邮　编
中国太平洋人寿保险股份有限公司荆州中心支公司江陵营销服务部	江陵县江陵大道 143 号	张全凤		434000
中国太平洋人寿保险股份有限公司荆州中心支公司公安营销服务部	公安县斗湖堤镇荆江大道华天宾馆	杨序娥		434000
中国太平洋人寿保险股份有限公司监利营销服务部	监利县江城路 11 号计生局大楼	刘承达		434000
中国太平洋人寿保险股份有限公司石首营销服务部	石首市秀林大道	覃世明		434000
中国太平洋人寿保险股份有限公司荆州中心支公司洪湖支公司	洪湖市玉沙路	黄瑞兰		434000
中国太平洋人寿保险股份有限公司荆州中心支公司松滋支公司	松滋市乐乡大道 45 号	高尚松		434000
中国太平洋人寿保险股份有限公司宜昌中心支公司	**宜昌市西陵一路 9 号**	**陈建红**	**0717－6733058**	**443000**
中国太平洋人寿保险股份有限公司宜昌中心支公司猇亭营销服务部	宜昌市猇亭路 67 号	刘玉芳		443000
中国太平洋人寿保险股份有限公司宜昌中心支公司夷陵营销服务部	宜昌市夷陵区夷兴大道 195 号	艾勋涛		443000
中国太平洋人寿保险股份有限公司宜昌中心支公司秭归营销服务部	秭归县茅坪镇屈原路 7 号	张其敏		443000
中国太平洋人寿保险股份有限公司宜昌中心支公司远安营销服务部	远安县鸣凤镇鸣凤大道 75 号	方　胜		443000
中国太平洋人寿保险股份有限公司宜昌中心支公司兴山营销服务部	兴山县古夫镇香溪道 32 号	龚　波		443000
中国太平洋人寿保险股份有限公司长阳营销服务部	长阳县龙舟坪镇清江路 10 号	彭淞华		443000
中国太平洋人寿保险股份有限公司宜昌中心支公司五峰土家族自治县营销服务部	五峰县五峰镇	郑育红		443000
中国太平洋人寿保险股份有限公司宜昌中心支公司宜都营销服务部	宜都市陆城长江大道 29 号	谭　媛		443000
中国太平洋人寿保险股份有限公司当阳营销服务部	当阳市关陵路 1 号	阎春平		443000
中国太平洋人寿保险股份有限公司宜昌中心支公司枝江支公司	枝江市马家店公园路	熊剑平		443000
中国太平洋人寿保险股份有限公司十堰中心支公司	**十堰市朝阳中路 81－1 号**	**杨　波**	**0719－8240056**	**442000**
中国太平洋人寿保险股份有限公司十堰中心支公司张湾营销服务部	十堰市朝阳中路 48 号	李红杰		442000
中国太平洋人寿保险股份有限公司十堰中心支公司郧县营销服务部	郧县城关沿江路 63 号(物资局 3 楼)	罗玉清		442000
中国太平洋人寿保险股份有限公司十堰中心支公司郧西营销服务部	郧西县城区环城西路工会大楼	王明波		442000
中国太平洋人寿保险股份有限公司十堰中心支公司竹山营销服务部	竹山县城关镇人民路 143 号	杨建岚		442000

续表 7－2－3－1－19

机　构　名　称	地　　址	负责人	电　话	邮　编
中国太平洋人寿保险股份有限公司十堰中心支公司竹溪营销服务部	竹溪县建设路邮政大楼	谢宝玉		442000
中国太平洋人寿保险股份有限公司十堰中心支公司房县营销服务部	房县南街中行大楼 2 楼	李泽平		442000
中国太平洋人寿保险股份有限公司十堰中心支公司丹江口营销服务部	丹江口市丹江大道 309 号邮政大楼中楼	杨龙弟		442000
中国太平洋人寿保险股份有限公司孝感中心支公司	**孝感市孝南区长征路中段 80 号**	**许　宁**	**0712－2319957**	**432100**
中国太平洋人寿保险股份有限公司孝感中心支公司孝昌营销服务部	孝昌县花园大道站前一路鑫鑫小区	严晓玲		442000
中国太平洋人寿保险股份有限公司孝感中心支公司云梦营销服务部	云梦县城关镇梦泽大道 96 号	胡荆丹		442000
中国太平洋人寿保险股份有限公司孝感中心支公司大悟营销服务部	大悟县府前街老干部活动中心	王　勇		442000
中国太平洋人寿保险股份有限公司孝感中心支公司应城营销服务部	应城市大智路 5 号	饶从平		442000
中国太平洋人寿保险股份有限公司汉川营销服务部	汉川市仙女山街道办事处欢乐街 6 号	侯丽云		442000
中国太平洋人寿保险股份有限公司荆门中心支公司	**荆门市象山二路 6 号**	**唐良明**	**0724－2370371**	**448000**
中国太平洋人寿保险股份有限公司荆门中心支公司沙洋营销服务部	沙洋县荷花路 52 号 1、2 楼	龙华平		448000
中国太平洋人寿保险股份有限公司荆门中心支公司京山营销服务部	京山县新市镇轻机大道 68 号	黄　斌		448000
中国太平洋人寿保险股份有限公司钟祥营销服务部	钟祥市茶庵社区办公楼 4 楼	杨建军		448000
中国太平洋人寿保险股份有限公司鄂州中心支公司	**鄂州市滨湖路特 1 号**	**夏　黎**	**0711－3256668**	**436000**
中国太平洋人寿保险股份有限公司黄冈中心支公司	**黄冈市赤壁大道 95 号**	**汪鲁义**	**0713－8811768**	**436100**
中国太平洋人寿保险股份有限公司黄冈中心支公司黄州支公司	黄冈市黄州大道 66 号	尤国民		438000
中国太平洋人寿保险股份有限公司黄冈中心支公司团风支公司	团风县团黄路	殷冬梅		438000
中国太平洋人寿保险股份有限公司黄冈中心支公司浠水支公司	浠水县建设大道	余林书		438000
中国太平洋人寿保险股份有限公司蕲春支公司	蕲春县蕲昌大道 288 号	曾　昊	0713－7228418	436300
中国太平洋人寿保险股份有限公司黄冈中心支公司黄梅支公司	黄梅县黄梅大道 360 号	朱泽兵		438000
中国太平洋人寿保险股份有限公司黄冈中心支公司英山支公司	英山县温泉镇莲花路	郭宏杰		438000
中国太平洋人寿保险股份有限公司罗田支公司	罗田县凤山镇胜利街 32 号	陈爱萍	0713－5053744	436600

续表 7－2－3－1－19

机 构 名 称	地 址	负责人	电 话	邮 编
中国太平洋人寿保险股份有限公司红安支公司	红安县园艺大道	罗向东	0713－5245016	431500
中国太平洋人寿保险股份有限公司麻城支公司	麻城市将军路 61 号	张德平	0713－2925038	436100
中国太平洋人寿保险股份有限公司黄冈中心支公司武穴支公司	武穴市永宁大道	朱建刚		438000
中国太平洋人寿保险股份有限公司咸宁中心支公司	**咸宁市温泉淦河大道 30 号**	**汤 浩**	**0715－8053359**	**437100**
中国太平洋人寿保险股份有限公司通山营销服务部	通山县通羊镇双泉社区民运小区 166 号	杨 志		437100
中国太平洋人寿保险股份有限公司咸宁中心支公司崇阳营销服务部	崇阳县天城镇崇阳大道 173 号	吴 洁		437100
中国太平洋人寿保险股份有限公司咸宁中心支公司通城营销服务部	通城县隽水镇隽水大道	何国胜		437100
中国太平洋人寿保险股份有限公司咸宁中心支公司嘉鱼营销服务部	嘉鱼县鱼岳镇连江大道	刘汉陆		437100
中国太平洋人寿保险股份有限公司咸宁中心支公司赤壁营销服务部	赤壁市河北大道 228 号	李 俊		437100
中国太平洋人寿保险股份有限公司随州中心支公司	**随州市烈山大道 260 号**	**黄海珍**		**441300**
中国太平洋人寿保险股份有限公司应山营销服务部	广水市永阳大道 22 号	毛加斌		441300
中国太平洋人寿保险股份有限公司随州中心支公司安陆营销服务部	安陆市太白大道邮政大楼 1 楼	张 勇		441300
中国太平洋人寿保险股份有限公司恩施中心支公司	**恩施市施州大道 8 号**	**魏 伟**	**0718－8252546**	**445000**
中国太平洋人寿保险股份有限公司利川支公司	利川市龙船大道 49 号	周长玲	0718－7264030	445400
中国太平洋人寿保险股份有限公司恩施中心支公司建始营销服务部	建始县邺州镇人民大道 51 号	胡晓红		445000
中国太平洋人寿保险股份有限公司恩施中心支公司咸丰营销服务部	咸丰县高乐山镇楚蜀大道	陈燕来		445000
中国太平洋人寿保险股份有限公司巴东支公司	巴东县信陵镇楚天路中国银行巴东支行办公楼 1、2 楼	王海燕	0718－4222256	443000
中国太平洋人寿保险股份有限公司恩施中心支公司宣恩营销服务部	宣恩县珠山镇兴隆小区	胡应胜		445000
中国太平洋人寿保险股份有限公司来凤支公司	来凤县翔凤镇渝鄂路 43 号	胡伶俐	0718－6274232	445700
中国太平洋人寿保险股份有限公司恩施中心支公司鹤峰营销服务部	鹤峰县容美镇沿河路 130 号	丁凤麟		445000
中国太平洋人寿保险股份有限公司仙桃支公司	**仙桃市仙桃大道 47 号**	**鲍 英**		**433000**
中国太平洋人寿保险股份有限公司潜江中心支公司	**潜江市园林办事处章华中路 5 号**	**宋明松**	**0728－6299369**	**433100**

续表 7－2－3－1－19

机构名称	地址	负责人	电话	邮编
中国太平洋人寿保险股份有限公司潜江中心支公司潜江市园林营销服务部	潜江市园林办事处江汉路 33 号	杨月红		433100
中国太平洋人寿保险股份有限公司天门支公司	天门市竟陵接官路 69 号农机安全监理所	喻　芬		431700

中国平安人寿保险股份有限公司湖北分公司

表 7－2－3－1－20

机构名称	地址	负责人	电话	邮编
中国平安人寿保险股份有限公司武汉市江岸支公司	武汉市江岸区澳门路金冠大厦附 2 楼	金　磊	027－82417470	430015
中国平安人寿保险股份有限公司湖北分公司江汉北路营销服务部	武汉市江汉北路 34 号九运大厦 5、7 楼	肖新红	027－85801583	430000
中国平安人寿保险股份有限公司湖北分公司汉口台北路营销服务部	武汉市江汉区中山大道 818 号平安大厦 23、25 楼	罗　燕	13006138952	430000
中国平安人寿保险股份有限公司湖北分公司汉口台北路营销服务部	武汉市江汉区中山大道 818 号平安大厦 25 楼	陈云华	13807172400	430000
中国平安人寿保险股份有限公司湖北分公司硚口宝丰路营销服务部	武汉市汉口解放大道宝丰路 1 号湖北商务大楼 6 楼	尹　铁	027－83611596	430030
中国平安人寿保险股份有限公司武汉市汉阳支公司	武汉市汉阳区翠微路 1 号	吴正银	027－84825456	430050
中国平安人寿保险股份有限公司武汉市武昌支公司	武汉市武昌区中南路 8 号	张　红	027－87897263	430071
中国平安人寿保险股份有限公司湖北分公司中南一路营销服务部	武汉市武昌区中北路 117 号（同成富苑 B 座）	周　明	13995694337	430071
中国平安人寿保险股份有限公司湖北分公司青山罗家路营销服务部	武汉市洪山区徐东大街 20 号团结集团办公楼 3 楼	徐　轶	027－86819101	430080
中国平安人寿保险股份有限公司湖北分公司东西湖吴家山营销服务部	武汉市东西湖区吴中路 288 号	唐志敏	027－83210889	430040
中国平安人寿保险股份有限公司湖北分公司新福路营销服务部	武汉市蔡甸区新福路 641 号	于正旺	027－69847336	430100
中国平安人寿保险股份有限公司湖北分公司江夏兴新街营销服务部	武汉市江夏区复江道北端综合楼 2、3 楼	饶建亮	027－87957653	430200
中国平安人寿保险股份有限公司湖北分公司黄陂营销服务部	武汉市黄陂区水务局 2 楼	张　刚	027－61006020	430400
中国平安人寿保险股份有限公司湖北分公司新洲邾城街营销服务部	武汉市新洲区邾城街龙腾大道 88 号	李哨斌	027－89350309	430400
中国平安人寿保险股份有限公司湖北分公司新洲阳逻街营销服务部	武汉市新洲区阳逻街新阳大道	陈　谦	027－86982703	430400
中国平安人寿保险股份有限公司黄石中心支公司	**黄石市黄石大道 954 号黄石港区总部经济大厦**	**宋　涛**	**0714－6259082**	**435000**

续表 7－2－3－1－20

机 构 名 称	地 址	负责人	电 话	邮 编
中国平安人寿保险股份有限公司黄石中心支公司颐阳路营销服务部	黄石市黄石港区黄石大道 954 号	朱 静	0714－6262865	435000
中国平安人寿保险股份有限公司黄石中心支公司下陆营销服务部	黄石市老下陆萝卜墩 6 号原工商银行大楼 1 楼	吴静波	0714－5321918	435000
中国平安人寿保险股份有限公司黄石中心支公司铁山营销服务部	黄石市广友路 1 号	刘 瑛	0714－5417320	435000
中国平安人寿保险股份有限公司黄石中心支公司大冶营销服务部	大冶市新冶大道 1－15 号 2 楼	姜 坤	0714－8895511	435100
中国平安人寿保险股份有限公司襄樊中心支公司	**襄樊市襄城东街 15 号**	**王品修**	**0710－3542571**	**441000**
中国平安人寿保险股份有限公司襄樊中心支公司长征路营销服务部	襄樊市长征路 110 号	王品修	0710－3450918	441000
中国平安人寿保险股份有限公司襄樊中心支公司谷城营销服务部	谷城县府路	汤德军	0710－7245588	441000
中国平安人寿保险股份有限公司襄樊中心支公司老河口营销服务部	老河口市北京路 1 号	张 翔	0710－8898096	441000
中国平安人寿保险股份有限公司襄樊中心支公司枣阳营销服务部	枣阳市书院路	王新峰	0710－6315577	441000
中国平安人寿保险股份有限公司襄樊中心支公司宜城营销服务部	宜城市环城路	杜海军	0710－4281361	441000
中国平安人寿保险股份有限公司荆州中心支公司	**荆州市沙市区北京路 354 号(恒泰医药公司 2 楼)**	**宋 琼**	**0716－8128709**	**434000**
中国平安人寿保险股份有限公司荆州中心支公司公安营销服务部	公安县斗湖堤镇长江路(建设银行公安县支行大楼 7 楼)	钱春巍	0716－5231254	434000
中国平安人寿保险股份有限公司荆州中心支公司监利营销服务部	监利县计划生育局 1 楼	陆剑武	0716－3323760	434000
中国平安人寿保险股份有限公司荆州中心支公司石首营销服务部	石首市绣林镇建设路 13 号新华书店 3 楼	胡恒杰	0716－7273729	434000
中国平安人寿保险股份有限公司荆州中心支公司松滋营销服务部	松滋市新江口镇乐乡大道 110 号	郑 刚	0716－6227113	434000
中国平安人寿保险股份有限公司宜昌中心支公司	**宜昌市西陵一路七一〇科技大厦**	**向 锋**	**0717－6745978**	**443000**
中国平安人寿保险股份有限公司宜昌中心支公司云集路营销服务部	宜昌市西陵一路 18 号中环广场 4 楼	龚旭青	0717－6753299	443000
中国平安人寿保险股份有限公司宜昌中心支公司隆康路营销服务部	宜昌市西陵一路 18 号中环广场 3 楼	刘 伟	0717－6753279	443000
中国平安人寿保险股份有限公司宜昌中心支公司夷陵平湖路营销服务部	宜昌市夷陵区平湖大道 7 号	袁 鹏	0717－7837298	443000
中国平安人寿保险股份有限公司宜昌中心支公司秭归营销服务部	秭归县茅坪镇平湖大道 9 号	童巧云	0717－2885987	443000
中国平安人寿保险股份有限公司宜昌中心支公司远安营销服务部	远安县鸣凤镇鸣凤大道 1 号	李阳媚	0717－3821619	443000
中国平安人寿保险股份有限公司宜昌中心支公司兴山营销服务部	兴山县古夫镇香溪大道 39 号	董先菊	0717－2585831	443000

续表 7－2－3－1－20

机构名称	地址	负责人	电话	邮编
中国平安人寿保险股份有限公司宜昌中心支公司宜都营销服务部	宜都市陆城长江大道(宜都市试验幼儿园)	王春红	0717－4842995	443000
中国平安人寿保险股份有限公司宜昌中心支公司当阳营销服务部	当阳市玉阳办事处中国银行8楼	李海峰	0717－3252395	443000
中国平安人寿保险股份有限公司宜昌中心支公司枝江营销服务部	枝江市马家店迎宾大道南侧三街五组	肖军伟	0717－4243859	443000
中国平安人寿保险股份有限公司十堰中心支公司	**十堰市朝阳北路2号金城大厦1、20楼**	**杨元祖**	**0719－8689008**	**442000**
中国平安人寿保险股份有限公司十堰中心支公司郧县营销服务部	郧县城关东岭街118号	曾　鹏	0719－7229280	442000
中国平安人寿保险股份有限公司十堰中心支公司房县营销服务部	房县房陵大道142号	柳向春	0719－3228016	442000
中国平安人寿保险股份有限公司十堰中心支公司丹江口营销服务部	丹江口市丹江大道403号科协大楼2楼东大厅	孟　超	0719－5210468	442000
中国平安人寿保险股份有限公司孝感中心支公司	**孝感市城站路人民广场大楼3楼**	**姜家曦**	**0712－2861958**	**432100**
中国平安人寿保险股份有限公司荆门中心支公司	**荆门市金宁路特1号民政局大楼附楼**	**高永洪**	**0724－2366422**	**448000**
中国平安人寿保险股份有限公司荆门中心支公司沙洋营销服务部	沙洋县汉津大道自来水公司陈家山收费处	程中华	0724－8566420	448000
中国平安人寿保险股份有限公司荆门中心支公司京山营销服务部	京山县城中路家家福购物广场4、5楼	陆启雄	0724－7224189	448000
中国平安人寿保险股份有限公司荆门中心支公司钟祥营销服务部	钟祥市郢中镇王府大道	邹雪松	0724－4268422	448000
中国平安人寿保险股份有限公司鄂州中心支公司	**鄂州市滨湖北路6号时代公寓1－3楼**	**王东明**	**0711－3857318**	**436000**
中国平安人寿保险股份有限公司黄冈中心支公司	**黄冈市宝塔路70号(农行营业部大厦3楼)**	**杨　清**	**0713－8585977**	**438000**
中国平安人寿保险股份有限公司蕲春支公司	蕲春县国宾大酒店	刘久扬	0713－7228511	435300
中国平安人寿保险股份有限公司罗田支公司	罗田县饭店5楼	方　正	0713－5057001	438600
中国平安人寿保险股份有限公司黄冈中心支公司麻城营销服务部	麻城市金桥大道8号	张　维	0713－2956359	438300
中国平安人寿保险股份有限公司咸宁中心支公司	**咸宁市淦河大道1号双鹤桥农业局中国平安人寿大楼**	**杨茂华**	**0715－8252456**	**437000**
中国平安人寿保险股份有限公司咸宁嘉鱼营销服务部	嘉鱼县电信大楼中国平安人寿大楼	刘　亮	0715－6315508	437200
中国平安人寿保险股份有限公司随州中心支公司	**随州市清河路中段南侧3号临街1、2楼**	**夏艳朋**	**0722－3318686**	**441300**
中国平安人寿保险股份有限公司仙桃支公司	仙桃市仙桃大道47号仙桃市广播电视局3楼	项杰峰	0728－3233445	433000
中国平安人寿保险股份有限公司潜江支公司	潜江市东方路与横堤路交叉路口	王　斌	0728－6250008	433100
中国平安人寿保险股份有限公司潜江支公司广华营销服务部	潜江市广华大道38号4楼	张丙玉	0728－6511989	433100

泰康人寿保险股份有限公司湖北分公司

表 7－2－3－1－21

机构名称	地址	负责人	电话	邮编
泰康人寿保险股份有限公司湖北分公司武汉营销本部	武汉市硚口区武胜路泰合广场 20 楼	张旭丽	027－85510588	430033
泰康人寿保险股份有限公司湖北分公司宝丰营销服务部	武汉市硚口区解放大道 1083 号雄鹰大厦 3 楼	罗　彬	027－83631272	430000
泰康人寿保险股份有限公司湖北分公司武胜营销服务部	武汉市硚口区解放大道 1083 号雄鹰大厦 3 楼	胡雪斌	027－83626469	430030
泰康人寿保险股份有限公司湖北分公司汉阳营销服务部	武汉市汉阳区汉商大厦汉元中心 1455 室	薛　红	027－84839799	430000
泰康人寿保险股份有限公司湖北分公司中南营销服务部	武汉市武昌区丁字桥思特大厦 4 楼	翟　民	027－87311838	430070
泰康人寿保险股份有限公司湖北分公司青山营销服务部	武汉市青山区建设四路和平公园西门内办公楼 1 楼	陶建国	027－86335031	430080
泰康人寿保险股份有限公司湖北分公司汉南营销服务部	武汉市汉南区纱帽街汉南大道 515 号(中国信合 3 楼)	徐　力	027－84755687	430090
泰康人寿保险股份有限公司湖北分公司蔡甸营销服务部	武汉市蔡甸区汉阳大街 901 号图书馆 5 楼	徐　力	027－84996663	430100
泰康人寿保险股份有限公司湖北分公司江夏营销服务部	武汉市江夏区纸坊大街 560 号	李　妹	027－87018822	430200
泰康人寿保险股份有限公司湖北分公司黄陂支公司	武汉市黄陂区前川街西寺大道 2 号商住楼 4 楼	李承丹	027－85902821	460300
泰康人寿保险股份有限公司湖北分公司新洲营销服务部	武汉市新洲区邾城街城南邮政 3 楼	陈　康	027－89358798	430400
泰康人寿保险股份有限公司湖北分公司黄石中心支公司	黄石市武汉路 30 号(原物资大楼 3、4 楼)	叶晓芹	0714－6282038	435000
泰康人寿保险股份有限公司湖北分公司下陆营销服务部	黄石市下陆区民政局 3 楼	方玲利	0714－5332081	435000
泰康人寿保险股份有限公司湖北分公司阳新营销服务部	阳新县兴国镇白杨村万有家居 3、4 楼	朱冬云	0714－7322365	435000
泰康人寿保险股份有限公司湖北分公司大冶支公司	大冶市疾病控制中心 3 楼	王新发	0714－8713437	435000
泰康人寿保险股份有限公司湖北分公司襄樊中心支公司	襄樊市春园西路 186 号海关大楼 5 楼	喻新程	0710－3277708	441002
泰康人寿保险股份有限公司湖北分公司南漳营销服务部	南漳县城关万山路 36 号外贸大厦 4 楼	曾　军	0710－5239622	441500
泰康人寿保险股份有限公司湖北分公司谷城营销服务部	谷城县康乐路老干部活动中心 2 楼	马　丽	0710－7249418	441700
泰康人寿保险股份有限公司湖北分公司老河口营销服务部	老河口市北京路 1 号 4 楼	赵雪松	0710－8228900	441800
泰康人寿保险股份有限公司湖北分公司枣阳支公司	枣阳市人民路 43 号	阮　峰	0710－6961611	441200
泰康人寿保险股份有限公司湖北分公司宜城营销服务部	宜城市振兴大道 227 号	赵正军	0710－4253757	441400
泰康人寿保险股份有限公司湖北分公司荆州中心支公司	荆州市沙市园林路 33 号人防大楼 2 楼	吴新林	0716－8218366	434000

续表 7－2－3－1－21

机　构　名　称	地　　址	负责人	电　话	邮　编
泰康人寿保险股份有限公司湖北分公司江陵营销服务部	江陵县荆洪公路江陵县粮食局办公楼	沈作佳	0716－4730884	434100
泰康人寿保险股份有限公司湖北分公司公安营销服务部	公安县荆江大道120号电信局大楼	李　平	0716－5236117	434300
泰康人寿保险股份有限公司湖北分公司监利营销服务部	监利县荼庵大道	王世礼	0716－3329241	433300
泰康人寿保险股份有限公司湖北分公司石首营销服务部	石首市南岳山路(市政府对面)	陈　健	0716－7285902	434400
泰康人寿保险股份有限公司湖北分公司洪湖支公司	洪湖市宏伟北路邮政大楼附楼2楼	唐　威	0716－2439755	433203
泰康人寿保险股份有限公司湖北分公司松滋营销服务部	松滋市金松大道049号	邓春梅	0716－6269631	434200
泰康人寿保险股份有限公司湖北分公司潜江营销服务部	潜江市东风路134号建筑公司6楼	刘小平	0728－6297555	433100
泰康人寿保险股份有限公司湖北分公司仙桃营销服务部	仙桃市文化步行街27号	唐　威	0728－3252868	433000
泰康人寿保险股份有限公司湖北分公司宜昌中心支公司	宜昌市夷陵路72号九州大厦A座21楼	屈万众	0717－6465389	443000
泰康人寿保险股份有限公司湖北分公司城区营销服务部	宜昌市夷陵路72号九州大厦A座23楼	陈　威	0717－6444208	443000
泰康人寿保险股份有限公司湖北分公司夷陵支公司(筹)	宜昌市夷陵区长江市场香山凤凰城3楼	杨川萍	0717－7834454	443100
泰康人寿保险股份有限公司湖北分公司秭归营销服务部	秭归县茅坪镇屈原路11号(盐业公司4楼)	崔家勇	0717－2884286	443600
泰康人寿保险股份有限公司湖北分公司远安营销服务部	远安县鸣凤大道13号(同明建筑6楼)	夏　玮	0717－3821398	444200
泰康人寿保险股份有限公司湖北分公司兴山营销服务部	兴山县古夫镇丰邑大道食品药品监督管理局2楼	郑家菊	0717－2586210	443711
泰康人寿保险股份有限公司湖北分公司长阳支公司(筹)	长阳土家族自治县龙舟坪镇四冲街6号(原工商龙舟坪分局)	冯　晖	0717－5330997	443500
泰康人寿保险股份有限公司湖北分公司宜都支公司(筹)	宜都陆城长江大道47号老石油公司2楼	蔡　昆	0717－4827203	443300
泰康人寿保险股份有限公司湖北分公司当阳支公司(筹)	当阳市玉阳办事处子龙路39号(电信局4楼)	吴红钰	0717－3225845	444100
泰康人寿保险股份有限公司湖北分公司枝江营销服务部	枝江市迎宾大道西段(中国银行正对面)	覃学海	0717－4226656	443200
泰康人寿保险股份有限公司湖北分公司十堰中心支公司	十堰市朝阳北路8号泰弘广场5楼(锦绣华庭)	陈代波	0719－8654988	442000
泰康人寿保险股份有限公司湖北分公司十堰营销本部	十堰市朝阳北路8号泰弘广场5楼(锦绣华庭)	张鹰鹰	0719－8208372	442000
泰康人寿保险股份有限公司湖北分公司郧县营销服务部	郧县城关镇解放路48号	孙　辉	0719－7224778	420321
泰康人寿保险股份有限公司湖北分公司郧西营销服务部	郧西县城关康复路45号	吴永恒	0719－6229158	420322
泰康人寿保险股份有限公司湖北分公司房县营销服务部	房县城关镇南大街10号	杨志建	0719－3244166	420325

续表 7－2－3－1－21

机构名称	地址	负责人	电话	邮编
泰康人寿保险股份有限公司湖北分公司丹江营销服务部	丹江口市人民路 255 号	康凯	0719－5211499	420381
泰康人寿保险股份有限公司湖北分公司孝感中心支公司	孝感市槐荫大道 251 号天仙嘉园 2 楼	詹捷	0712－2315188	432000
泰康人寿保险股份有限公司湖北分公司文化营销服务部	孝感市槐荫大道 251 号天仙嘉园 2 楼	朱永革	0712－2837575	432000
泰康人寿保险股份有限公司湖北分公司云梦营销服务部	云梦县楚王城大道 185 号	刘延钊	0712－4338368	432500
泰康人寿保险股份有限公司湖北分公司大悟营销服务部	大悟县兴华路 36 号	黄辉	0712－7226476	432800
泰康人寿保险股份有限公司湖北分公司应城营销服务部	应城市月圆小区 4 村 36－39 号	梅红霞	0712－3250992	432400
泰康人寿保险股份有限公司湖北分公司安陆营销服务部	安陆市德安北路 163 号工商局附楼 2 楼	李伟志	0712－5254271	432600
泰康人寿保险股份有限公司湖北分公司汉川营销服务部	汉川市仙女山办事处欢乐节商业局 2 楼	叶开明	0712－8277179	431600
泰康人寿保险股份有限公司湖北分公司荆门中心支公司	荆门市海慧路 9 号荆门宾馆综合楼 1、2 楼	陈从麒	0724－2346901	448000
泰康人寿保险股份有限公司湖北分公司沙洋营销服务部	沙洋县百川市场	刘新全	0724－8554888	448200
泰康人寿保险股份有限公司湖北分公司京山支公司	京山县新市镇轻机大道 68 号 4 楼	杨道仙	0724－7228038	431800
泰康人寿保险股份有限公司湖北分公司钟祥支公司(筹)	钟祥市郢中镇长寿路 8 号社会保险办公楼 3 楼	曾庆荣	0724－4234866	431900
泰康人寿保险股份有限公司湖北分公司天门支公司(筹)	天门市竟陵鸿渐路 25 号	许全林	0728－5246588	431700
泰康人寿保险股份有限公司湖北分公司天门第二营销服务部	天门市西寺路 23 号	冯念涛	0728－5226329	431700
泰康人寿保险股份有限公司湖北分公司鄂州中心支公司	鄂州市鄂城区凤凰路新天成花园 2 楼(凤凰派出所右侧)	段国强	0711－3893876	436000
泰康人寿保险股份有限公司湖北分公司鄂州营销本部	鄂州市鄂城区凤凰路新天成花园 4 楼(凤凰派出所右侧)	胡胜凯	0711－3893872	436000
泰康人寿保险股份有限公司湖北分公司黄冈中心支公司	黄冈市宝塔大道 48 号(原三峡证券大楼)	谭文波	0713－8388033	438000
泰康人寿保险股份有限公司湖北分公司黄州支公司	黄冈市宝塔大道 48 号	蔡红琼	0713－8382532	438000
泰康人寿保险股份有限公司湖北分公司浠水营销服务部	浠水县清泉镇丽文南路 99 号	涂学峰	0713－4265111	438200
泰康人寿保险股份有限公司湖北分公司蕲春营销服务部	蕲春县蕲春大道工商行政管理局 1 楼 216 号	何智敏	0713－7235789	435300
泰康人寿保险股份有限公司湖北分公司黄梅支公司	黄梅县五祖大道 138 号新华书店 1 楼博物馆旁	方松	0713－3338132	435500
泰康人寿保险股份有限公司湖北分公司英山支公司	英山县温泉镇镇政府对面 5 楼	宋立山	0713－7019646	438700
泰康人寿保险股份有限公司湖北分公司罗田营销服务部	罗田县义水北路 181 号建行办公楼 8 楼	高飞	0713－5066111	438600

续表 7－2－3－1－21

机构名称	地址	负责人	电话	邮编
泰康人寿保险股份有限公司湖北分公司红安支公司	红安县红金龙大道新华书店 4 楼	韩　飞	0713－5240011	438400
泰康人寿保险股份有限公司湖北分公司麻城支公司	麻城市林园路祠堂畈 112 号	曾全新	0713－2921515	438300
泰康人寿保险股份有限公司湖北分公司武穴支公司	武穴市北川路建委大厦 6 楼	项　萍	0713－6275848	435400
泰康人寿保险股份有限公司湖北分公司咸宁中心支公司	咸宁市温泉路 47 号(市邮政大楼 2—5 楼)	华　钢	0715－8272006	437100
泰康人寿保险股份有限公司湖北分公司温泉营销服务部	咸宁市温泉路 47 号(市邮政大楼 2—5 楼)	王　利	0715－8272559	437100
泰康人寿保险股份有限公司湖北分公司通山营销服务部	通山县南市路 170 号(电信大楼 7—9 楼)	陈晓晖	0715－2381698	437600
泰康人寿保险股份有限公司湖北分公司崇阳营销服务部	崇阳县天城镇崇阳大道 132 号	户洁丽	0715－3388748	437500
泰康人寿保险股份有限公司湖北分公司嘉鱼营销服务部	嘉鱼县发展大道江樱花园 25、26 号门面	刘　浩	0715－6358978	437200
泰康人寿保险股份有限公司湖北分公司赤壁营销服务部	赤壁市河北街金桥国际大酒店旁泰康人寿	蔡　君	0715－5353001	437300
泰康人寿保险股份有限公司湖北分公司通城营销服务部	通城县解放东路 47 号	黎　刚	0715－4336367	437400
泰康人寿保险股份有限公司湖北分公司随州中心支公司(筹)	随州市解放路水西门转盘锦榕大厦 5 楼	陈建敏	0722－3260691	441300
泰康人寿保险股份有限公司湖北分公司随州营销本部	随州市解放路水西门转盘锦榕大厦 4 楼	雷　珍	0722－3260606	441300
泰康人寿保险股份有限公司湖北分公司广水营销服务部	广水市应山办事处永阳大道 10 号工商分局 6 楼	徐　辉	0722－6237001	432700
泰康人寿保险股份有限公司湖北分公司恩施中心支公司	恩施市施州大道 2 号硒都商城 6 楼	陈尚文	0718－8233877	445000
泰康人寿保险股份有限公司湖北分公司利川支公司	利川市清源大道 158 号	郭　朔	0718－7285277	445400
泰康人寿保险股份有限公司湖北分公司建始营销服务部	建始县业州大道富民街	朱永华	0718－3229638	445300
泰康人寿保险股份有限公司湖北分公司来凤营销服务部	来凤县渝鄂路汽车大修厂 4 楼	郑朝勇	0718－6282994	445700

新华人寿保险股份有限公司湖北分公司

表 7－2－3－1－22

机构名称	地址	负责人	电话	邮编
新华人寿保险股份有限公司湖北分公司江汉营销服务部	武汉市汉口解放大道单洞路特 1 号国际大厦 A 座 19、20 楼	陈　强	027－59504050	430000
新华人寿保险股份有限公司湖北分公司江汉营销服务部	武汉市汉口解放大道 871 号化工大厦	李丽华	027－59519135	430000

续表 7－2－3－1－22

机　构　名　称	地　　址	负责人	电　话	邮　编
新华人寿保险股份有限公司湖北分公司硚口营销服务部	武汉市硚口区解放大道 1007 号兴隆大厦 12 楼	许东升	027－83610481	430000
新华人寿保险股份有限公司湖北分公司首义路营销服务部	武汉市武昌中南路 2 号中建广场 B 座 21 楼	蒋　弘	027－51817511	431000
新华人寿保险股份有限公司湖北分公司青山营销服务部	武汉市青山区罗家路才聚巷特 1 号 5 楼	张尊桥	027－59825206	430100
新华人寿保险股份有限公司湖北分公司洪山营销服务部	武汉市洪山区汪家墩龙潭大厦 11 楼	王汉云	027－59809705	430000
新华人寿保险股份有限公司湖北分公司东西湖营销服务部	武汉市东西湖吴家山四支沟华夏银行 5 楼	张安萍	15671669905	430000
新华人寿保险股份有限公司湖北分公司汉南营销服务部	武汉市汉南区农垦街亚光大厦 4 楼	王玉强	15671669882	430000
新华人寿保险股份有限公司湖北分公司蔡甸营销服务部	武汉市蔡甸区蔡甸街新福路 10 号金源达商贸有限公司办公楼	张　军	027－84997528	430100
新华人寿保险股份有限公司湖北分公司江夏营销服务部	武汉市江夏熊廷弼路宝恒大厦 3 楼、5 楼	王红兵	027－87013700	430000
新华人寿保险股份有限公司湖北分公司黄陂营销服务部	武汉市黄陂区前川街民安街 22 号	向　华	027－61004655	432200
新华人寿保险股份有限公司湖北分公司新洲营销服务部	武汉市新洲区城关齐安大道中国信合 4 楼	王国平	027－89358557	430000
新华人寿保险股份有限公司黄石中心支公司	**黄石市黄石大道 1038 号**	**杜　巍**	**13807231700**	**435000**
新华人寿保险股份有限公司黄石中心支公司阳新营销服务部	阳新县兴国镇陵园大道 60 号（养心殿 5 楼）	张　涛	0714－7339685	435200
新华人寿保险股份有限公司黄石中心支公司大冶营销服务部	大冶市湖滨路 1 号	夏爱文	0714－3817281	435100
新华人寿保险股份有限公司黄石中心支公司鄂州营销服务部	鄂州市鄂城区文星大道 147 号新都花园 1 楼	陈　文	0711－5905567	436000
新华人寿保险股份有限公司襄樊中心支公司	**襄樊市春园路 15 号火炬大厦**	**李　平**	**0710－3703288**	**441000**
新华人寿保险股份有限公司襄樊中心支公司南漳营销服务部	南漳县水镜路老干部活动中心 5 楼	王　南	0710－5238411	441500
新华人寿保险股份有限公司襄樊中心支公司谷城营销服务部	谷城县银城大道 34 号齐胜大厦	张春雁	0710－7333357	441700
新华人寿保险股份有限公司襄樊中心支公司老河口营销服务部	老河口市中山路 132 号	常　勇	0710－8228020	441800
新华人寿保险股份有限公司襄樊中心支公司枣阳营销服务部	枣阳市前进路	王光全	0710－6228977	441200
新华人寿保险股份有限公司襄樊中心支公司宜城营销服务部	宜城市自忠路 18 号	李祥燕	0710－4254155	441400
新华人寿保险股份有限公司荆州中心支公司	**荆州市沙市区江汉北路 95 号**	**邓凌云**	**0716－4317728**	**434000**
新华人寿保险股份有限公司荆州中心支公司江陵营销服务部	江陵县江陵大道 136 号	李　华	0716－4736800	434100

续表 7－2－3－1－22

机 构 名 称	地 址	负责人	电 话	邮 编
新华人寿保险股份有限公司荆州中心支公司公安营销服务部	公安县斗湖堤新建街 42 号	向丛渊	0716－5230607	434300
新华人寿保险股份有限公司荆州中心支公司监利营销服务部	监利县容城镇交通路 210 号建设银行	胡　明	0716－3180457	433000
新华人寿保险股份有限公司荆州中心支公司石首营销服务部	石首市东方大道 212 号	张中华	0716－7280333	434400
新华人寿保险股份有限公司荆州中心支公司洪湖营销服务部	洪湖市宏伟南路 32 号 4 楼	谢　晖	0716－2440567	433200
新华人寿保险股份有限公司荆州中心支公司松滋营销服务部	松滋市新江口镇乐乡大道 60 号	李　峰	0716－6220121	434200
新华人寿保险股份有限公司宜昌中心支公司	**宜昌市胜利四路 26 号农行大厦 10、11、12 楼**	**付东凯**	**15671000088**	**443000**
新华人寿保险股份有限公司宜昌中心支公司夷陵营销服务部	宜昌市夷陵区夷陵路 82 号	胡　琴	15671002308	443100
新华人寿保险股份有限公司宜昌中心支公司秭归营销服务部	秭归县茅坪镇屈原路武汉路	童建斌	15671038129	443600
新华人寿保险股份有限公司宜昌中心支公司兴山营销服务部	兴山县文化中心 3 楼		0717－2585446	443700
新华人寿保险股份有限公司宜昌中心支公司长阳营销服务部	长阳县龙舟坪镇清江路 14 号 4 楼	刘立学	15972718628	443500
新华人寿保险股份有限公司宜昌中心支公司五峰营销服务部	五峰土家族自治县渔洋关镇东西路		0717－5821229	443400
新华人寿保险股份有限公司宜昌中心支公司宜都营销服务部	宜都市陆城城乡路 118 号宜都市国税局		0717－4822389	443300
新华人寿保险股份有限公司宜昌中心支公司当阳营销服务部	当阳市环城东路东侧	曹　平	13972582068	444100
新华人寿保险股份有限公司宜昌中心支公司枝江营销服务部	枝江市马家店民主大道 67 号	袁小萍	15671038119	443200
新华人寿保险股份有限公司十堰中心支公司	**十堰市文化路 4 号荣华大厦 2、3 楼(邮电街口)**	**张文平**	**15671904588**	**442000**
新华人寿保险股份有限公司十堰中心支公司郧县营销服务部	郧县城关镇解放路 40 号		0719－7101600	442500
新华人寿保险股份有限公司十堰中心支公司郧西营销服务部	郧西县城关镇环城东路 2 号(郧西人民饭店 5 楼)		0719－6234028	442600
新华人寿保险股份有限公司十堰中心支公司竹溪营销服务部	竹溪县城关镇人民路 53 号 6 楼	陈　刚	0719－2734488	442300
新华人寿保险股份有限公司十堰中心支公司房县营销服务部	房县神农路 6 号	宋先芬	0719－3242398	442100
新华人寿保险股份有限公司十堰中心支公司丹江口营销服务部	丹江口市电信大楼 13 楼	梁保玉	0719－5223579	442700
新华人寿保险股份有限公司孝感中心支公司	**孝感市城站路 108 号**	**徐　洁**	**0712－2319978**	**432100**
新华人寿保险股份有限公司孝感中心支公司云梦营销服务部	云梦县城关大道 18 号(建行办公室 2 楼)	张建国	0712－2937716	432500

续表 7－2－3－1－22

机　构　名　称	地　址	负责人	电　话	邮　编
新华人寿保险股份有限公司孝感中心支公司大悟营销服务部	大悟县兴华路富权宾馆 5 楼	杜　飞	0712－7234696	432800
新华人寿保险股份有限公司孝感中心支公司应城营销服务部	应城市古城大道中段城南综合楼	张萍会	0712－3230936	432400
新华人寿保险股份有限公司孝感中心支公司安陆营销服务部	安陆市儒学路 25 号	梁雁霞	0712－2923036	432600
新华人寿保险股份有限公司孝感中心支公司汉川营销服务部	汉川市仙女大道（中）外贸大楼 3 楼	熊星明	0712－2931611	432300
新华人寿保险股份有限公司荆门中心支公司	**荆门市象山大道 129 号**	**龙华平**	**13607262886**	**434500**
新华人寿保险股份有限公司荆门中心支公司沙洋营销服务部	沙洋县建设街 52 号琼台信用社 3 楼	李雪莲	13044884770	448000
新华人寿保险股份有限公司湖北分公司京山营销服务部	京山县新市镇轻机大道 116 号	范明亮	13085179996	431800
新华人寿保险股份有限公司荆门中心支公司钟祥营销服务部	钟祥市郢中镇文峰路 60 号	熊剑平	13044884766	431900
新华人寿保险股份有限公司荆门中心支公司天门营销服务部	天门竟陵西寺路 24 号	易丽红	13593925289	431700
新华人寿保险股份有限公司黄冈中心支公司	**黄冈市黄州大道 61 号科研大道**	**胡晓斌**	**13871996766**	**436100**
新华人寿保险股份有限公司黄冈中心支公司团风营销服务部	团风县普济路 69 号			438000
新华人寿保险股份有限公司黄冈中心支公司浠水营销服务部	浠水县丽文北路 18 号县客运总站物业公司 2 楼	陈昌寿	0713－4233567	436200
新华人寿保险股份有限公司黄冈中心支公司蕲春营销服务部	蕲春县漕河镇漕河四路 253 号	陈纳新	0713－7231231	436300
新华人寿保险股份有限公司黄冈中心支公司黄梅营销服务部	黄梅县黄梅大道 196 号	刘文凯	0713－3330367	436500
新华人寿保险股份有限公司黄冈中心支公司英山营销服务部	英山县温泉镇金石路 21 号	王铁军	0713－7116567	436700
新华人寿保险股份有限公司黄冈中心支公司罗田营销服务部	罗田县凤山镇明建街商业中心服装店 5 楼	周长征	0713－5063567	436600
新华人寿保险股份有限公司黄冈中心支公司红安营销服务部	红安县红金龙大道电视广播局 9 楼	喻双林	13227376752	431500
新华人寿保险股份有限公司黄冈中心支公司麻城营销服务部	麻城市将军北路	张　威	0713－2917567	431600
新华人寿保险股份有限公司黄冈中心支公司武穴营销服务部	武穴市广济大道 91 号	郑晓峰	0713－6229123	436400
新华人寿保险股份有限公司咸宁中心支公司	**咸宁市长安大道 143 号**	**夏光华**	**0715－8907088**	**437000**
新华人寿保险股份有限公司咸宁中心支公司通山营销服务部	通山县新城路 184 号	付军祥	15629989669	437600
新华人寿保险股份有限公司咸宁中心支公司崇阳营销服务部	崇阳县天城镇新建路 13 号	吕青山	0715－3395580	437500

续表 7－2－3－1－22

机 构 名 称	地 址	负责人	电 话	邮 编
新华人寿保险股份有限公司咸宁中心支公司嘉鱼营销服务部	嘉鱼县鱼岳镇鱼岳大道 32 号	赵红刚	13886513206	437200
新华人寿保险股份有限公司咸宁中心支公司赤壁营销服务部	赤壁市赤马港路龙翔小区附楼	陈 岚	0715－5330667	437300
新华人寿保险股份有限公司随州中心支公司	**随州市烈山大道香港街金钟楼 109 号**	**杨 文**	**15608668528**	**441300**
新华人寿保险股份有限公司随州中心支公司广水营销服务部	广水市应山府前街 11 号	何友保	0722－6251000	432700
新华人寿保险股份有限公司恩施中心支公司	**恩施市施州大道 31 号亿利达大厦 5、6 楼**	**陈晓霞**	**15629220000**	**445000**
新华人寿保险股份有限公司恩施中心支公司利川营销服务部	利川市都亭桃花村二组	曾晓红	15629264089	445400
新华人寿保险股份有限公司恩施中心支公司建始营销服务部	建始县邺州镇广润社区建设路 13 号	易金平	15629264599	445300
新华人寿保险股份有限公司恩施中心支公司咸丰营销服务部	咸丰县高乐山镇红旗 2 路 12 号	黄爱民	15629264999	445600
新华人寿保险股份有限公司恩施中心支公司宣恩营销服务部	宣恩县珠山镇沿河北路	李 进	15629264488	445500
新华人寿保险股份有限公司恩施中心支公司鹤峰营销服务部	鹤峰县容美镇沿河路 107 号	张 泓	15629264650	445800

太平人寿保险有限公司湖北分公司

表 7－2－3－1－23

机 构 名 称	地 址	负责人	电 话	邮 编
太平人寿保险有限公司湖北分公司汉阳营销服务部	武汉市汉阳区沌口开发区创业道 10 号建设银行大楼 10 楼	夏 黎	027－84893626	430056
太平人寿保险有限公司湖北分公司武昌营销服务部	武汉市武昌区中南路 7 号中商广场写字楼 11 楼	秦晓东	027－87322662	430071
太平人寿保险有限公司湖北分公司青山营销服务部	武汉市徐东路中力企业大厦 16 楼	倪 红	027－86821353	430062
太平人寿保险有限公司湖北分公司洪山营销服务部	武汉市武昌区武珞路 568 号江天大厦 9 楼	胡建辉	027－59812707	430071
太平人寿保险有限公司湖北分公司阳逻营销服务部	武汉市新洲区阳逻街新阳大道工行阳逻开发区支行 4、5 楼	山 垚	027－86980466	430059
太平人寿保险有限公司湖北分公司江夏营销服务部	武汉市江夏区纸坊大街江夏大道 36 号商业广场 3 楼	邱晓丽	027－81810170	430200
太平人寿保险有限公司湖北分公司黄陂营销服务部	武汉市黄陂区黄陂大道 590 号水务大楼 3 楼	韩 娟	027－61108227	430300
太平人寿保险有限公司湖北分公司新洲营销服务部	武汉市新洲区邾城新区古城大道 153 号 1 楼临街大厅、3 楼	黄明志	027－89356632	430400
太平人寿保险有限公司湖北分公司黄石中心支公司	**黄石市黄石大道 796 号康佳资本大厦 4 楼**	**陈维钢**	**0714－6241686**	**435000**

续表 7－2－3－1－23

机　构　名　称	地　　址	负责人	电　话	邮　编
太平人寿保险有限公司湖北分公司襄樊中心支公司	襄樊市长虹路 45 号 3 楼	张安明	0710－3455111	441002
太平人寿保险有限公司湖北分公司荆州中心支公司	沙市便河西路 8 号港隆大厦 7 楼	刘　琼	0716－8191598	434000
太平人寿保险有限公司湖北分公司宜昌中心支公司	宜昌市西陵一路 7 号勤业商务大厦 3、11 楼	黄　季	0717－6740172	443002
太平人寿保险有限公司湖北分公司十堰中心支公司	十堰市人民南路 9 号(泰丰大厦 3 楼)	夏　坤	0719－8873286	442000
太平人寿保险有限公司湖北分公司荆门中心支公司	荆门市金龙泉大道 7 号银河大厦 7、8 楼	廖　亮	0724－2345000	448000
太平人寿保险有限公司湖北分公司黄冈中心支公司	黄冈市黄州大道 37 号人防大楼 3 楼	丁明秋	0713－8203333	438000
太平人寿保险有限公司湖北分公司咸宁中心支公司	咸宁市温泉路 33 号(农垦大厦内)	莫文娟	0715－8908000	437100
太平人寿保险有限公司湖北分公司随州中心支公司	随州市解放路 18 号邮政局 3 楼	冯文杰	0722－3238127	441300

生命人寿保险股份有限公司湖北分公司

表 7－2－3－1－24

机　构　名　称	地　　址	负责人	电　话	邮　编
生命人寿保险股份有限公司黄石中心支公司	黄石市黄石大道 796 号康家知本大厦 7 楼	罗红洁	0714－6222229	435000
生命人寿保险股份有限公司襄樊中心支公司	襄樊市樊城区丹江路 26 号	李　俊	0716－3453802	441000
生命人寿保险股份有限公司荆州中心支公司	荆州市沙市区北京西路 192 号	张应虎	0716－8110061	434000
生命人寿保险股份有限公司宜昌中心支公司	宜昌市夷陵大道 120 号	季必斌	0717－6487766	443000
生命人寿保险股份有限公司十堰中心支公司	十堰市河北路 33 号	张　云	0719－8689118	442000
生命人寿保险股份有限公司孝感中心支公司	孝感市长征路 241 信息产业大楼 3、4 楼	杨英明	0712－2328555	432000
生命人寿保险股份有限公司荆门中心支公司	荆门市长宁大道 55 号凯凌慧龙轩楼 4 楼	何　勇	0724－2365115	448000
生命人寿保险股份有限公司黄冈中心支公司	黄冈市黄州大道 88 号	周　薇	0713－8384939	438000

合众人寿保险股份有限公司湖北分公司

表 7－2－3－1－25

机 构 名 称	地 址	负责人	电 话	邮 编
合众人寿保险股份有限公司江北一营销服务部	武汉市汉口青年路 276 号 2 号楼 3 楼		027－85748413	430015
合众人寿保险股份有限公司江南营销服务部	武汉市武昌中北路 66 号金穗大厦 B 座 24 楼 1 号		027－87894510	430063
合众人寿保险股份有限公司青山营销服务部	武汉市青山区红钢城沿港路 2 号 16 楼		027－86310395	430083
合众人寿保险股份有限公司北郊营销服务部	武汉市黄陂区黄陂大道 401 号		027－61009916	430300
合众人寿保险股份有限公司黄石中心支公司	**黄石市西塞山区澄月路付 40 号(黄石市检察院附属楼)**	**刘华炜**	**0714－6303808**	**435000**
合众人寿保险股份有限公司大冶营销服务部	大冶市东风路 20 号办公大楼 5 楼		0714－8731028	435100
合众人寿保险股份有限公司襄樊中心支公司	**襄樊市樊城区解放路 52 号工商银行解放桥支行 4 楼**	**李慧敏**	**0710－3459158**	**441000**
合众人寿保险股份有限公司南漳营销服务	南漳县便河广场		0710－5235000	441500
合众人寿保险股份有限公司老河口营销服务部	老河口市北京路 80 号		0710－8896236	441800
合众人寿保险股份有限公司枣阳营销服务部	枣阳市大北街 64 号		0710－6180800	441200
合众人寿保险股份有限公司随州营销服务	随州市汉东路 48 号		0722－3235756	441300
合众人寿保险股份有限公司荆州中心支公司	**荆州市沙市区江津西路 288 号投资广场 13 楼**	**杜 勇**	**0716－8240611**	**434000**
合众人寿保险股份有限公司公安营销服务部	公安县孱陵大道县科委办公大楼 4 楼		0716－5154843	434300
合众人寿保险股份有限公司监利营销服务部	监利县容城镇江城大道交通规费征稽大楼		0716－3320667	433300
合众人寿保险股份有限公司石首营销服务部	石首市笔架山路 206 号金汇大厦 5 楼		0716－7293099	434400
合众人寿保险股份有限公司洪湖营销服务部	洪湖市文泉路中国电信大楼 A 区 8 楼		0716－2216770	433200
合众人寿保险股份有限公司松滋营销服务部	松滋市新江口镇乐乡大道 64 号		0716－6241856	434200
合众人寿保险股份有限公司宜昌中心支公司	**宜昌市夷陵路 65 号 3E 商务大厦 6 楼**	**汪诗艳**	**0717－6853878**	**443000**
合众人寿保险股份有限公司夷陵营销服务部	宜昌市夷陵区东湖大道 8 号		0717－7826608	443100
合众人寿保险股份有限公司远安营销服务部	远安县鸣凤镇鸣凤大道 73 号		0717－3815030	443200
合众人寿保险股份有限公司长阳营销服务部	长阳县龙舟坪镇清江路 46 号		0717－5334533	443500
合众人寿保险股份有限公司宜都营销服务部	宜都市清江大厦 45 号宜都市邮政局大楼		0717－4822877	443300

续表 7－2－3－1－25

机构名称	地址	负责人	电话	邮编
合众人寿保险股份有限公司当阳营销服务部	当阳市玉阳长坂路 112 号文化宫职工活动中心 5 楼		0717－3253956	444100
合众人寿保险股份有限公司枝江营销服务部	枝江市迎宾大道 55 号(台湾巨林综合大楼 2 楼)		0717－4215822	443200
合众人寿保险股份有限公司十堰中心支公司	**十堰市人民南路 63 号十堰市土地开发总公司 6 楼**	**卢 飞**	**0719－8897598**	**442000**
合众人寿保险股份有限公司郧县营销服务部	郧县城关镇解放路 117 号		0719－7235716	442500
合众人寿保险股份有限公司房县营销服务部	房县房县大道 142 号房县恒通大厦 8 楼		0719－3245789	442100
合众人寿保险股份有限公司丹江口营销服务部	丹江口市丹江大道 250 号水电调度大楼 3 楼		0719－5235038	442700
合众人寿保险股份有限公司孝感中心支公司	**孝感市长征路 21 号信合大楼 2 楼**	**胡 皞**	**0712－2839020**	**432800**
合众人寿保险股份有限公司云梦营销服务部	云梦县城关镇梦泽大道 100 号		0712－4333979	432500
合众人寿保险股份有限公司大悟营销服务部	大悟县城关镇兴华路棉花商城		0712－7222220	432800
合众人寿保险股份有限公司安陆营销服务部	安陆市碧陨路 87 号		0712－5254515	432600
合众人寿保险股份有限公司荆门中心支公司	**荆门市长宁大道中建三局综合楼 6 楼(市疾控中心对面)**	**徐 斌**	**0724－6088991**	**448000**
合众人寿保险股份有限公司钟祥营销服务部	钟祥市郢中镇莫愁大道 117 号		0724－4221202	431900
合众人寿保险股份有限公司潜江营销服务部(筹)	潜江市章华中路 67 号 087 栋		0728－6295648	433100
合众人寿保险股份有限公司鄂州中心支公司(筹)	**鄂州市古城北路万豪国际大厦附楼**	**雷卫平**	**0711－3855582**	**436000**
合众人寿保险股份有限公司黄冈中心支公司	**黄冈市黄州区八一路 46 号黄冈供水楼 4 楼**	**陈华章**	**0713－8618515**	**436100**
合众人寿保险股份有限公司浠水营销服务部	浠水县清泉镇学堂路 127 号		0713－4285515	438200
合众人寿保险股份有限公司罗田营销服务部	罗田县凤山镇义水北路 158 号 5 楼		0713－5050515	438600
合众人寿保险股份有限公司麻城营销服务部	麻城市金桥大道富康山庄第一排 8 号 4 楼(会展中心旁)		0713－2952515	438300
合众人寿保险股份有限公司咸宁中心支公司	**咸宁市温泉路 70 号(中百仓储旁)聚富时代广场 3 楼**	**赵晶韬**	**0715－8268800**	**437100**
合众人寿保险股份有限公司赤壁营销服务部	赤壁市体育馆路 1 号		0715－8271518	437300

信诚人寿保险有限公司湖北省分公司

表 7－2－3－1－26

机构名称	地址	负责人	电话	邮编
信诚人寿保险有限公司湖北省分公司国贸营销服务部	武汉市汉口建设大道 568 号新世界国贸大厦 I 座 10 楼	赵刚	027－68850580	430022
信诚人寿保险有限公司湖北省分公司世贸营销服务部	武汉市汉口解放大道 686 号世贸大厦 51 楼	胡姝	027－59221200	430032
信诚人寿保险有限公司湖北省分公司中南营销服务部	武汉市武昌区中南路 7 号中商广场 A 座 42 楼	吴勇	027－87269500	430071
信诚人寿保险有限公司湖北省分公司襄樊营销服务部	襄樊市樊城区解放路 53 号海创广场 A 座 8 楼	甘源	0710－3058866	441000
信诚人寿保险有限公司湖北省分公司宜昌营销服务部	宜昌市西陵一路 18 号中环广场 7 楼	蔡坤安	0717－6900999	443000
信诚人寿保险有限公司湖北省分公司荆州营销服务部	荆州市沙市区江津西路 288 号金紫荆投资广场大厦 11 楼 B 座	陈强	0716－8270599	434000

平安养老保险股份有限公司湖北分公司

表 7－2－3－1－27

机构名称	地址	负责人	电话	邮编
平安养老保险股份有限公司十堰中心支公司	十堰市朝阳北路 2 号金城大厦 20 楼	赵平	0719－8669507	442000
平安养老保险股份有限公司襄樊中心支公司	襄樊市区东街 15 号	陆强	0710－3537913	441000
平安养老保险股份有限公司宜昌中心支公司	宜昌市西陵一路 18 号	常立忠	0717－6753828	443000

中国人民人寿保险股份有限公司湖北分公司

表 7－2－3－1－28

机构名称	地址	负责人	电话	邮编
中国人民人寿保险股份有限公司汉口中心支公司	武汉市黄浦大街 27 号中原国际大酒店 14 楼	张爱萍	027－82863357	430010
中国人民人寿保险股份有限公司襄樊中心支公司	襄樊市新华路 6 号	张伟	0710－3279255	441003
中国人民人寿保险股份有限公司荆州中心支公司	荆州市沙市区江汉路 75 号	霍建波	0716－8565103	434000
中国人民人寿保险股份有限公司宜昌中心支公司	宜昌市沿江大道 80 号	郑宏	0717－6732609	443000
中国人民人寿保险股份有限公司十堰中心支公司	十堰市人民北路 6 号	余涛	0719－8268030	442000

续表 7－2－3－1－28

机构名称	地址	负责人	电话	邮编
中国人民人寿保险股份有限公司孝感中心支公司	孝感市长征二路44号	肖立志	0712－2846955	432000
中国人民人寿保险股份有限公司荆门中心支公司	荆门市长宁大道28号物资总公司商务大厦3楼	石秀芳	0724－2395518	448000
中国人民人寿保险股份有限公司鄂州市支公司	鄂州市武昌大道308号	艾学文	0711－3869855	436000
中国人民人寿保险股份有限公司黄冈中心支公司	黄冈市黄州大道29号	涂金水	0713－8386088	438000
中国人民人寿保险股份有限公司咸宁中心支公司	咸宁市温泉路67号	徐新武	0715－8263788	437100
中国人民人寿保险股份有限公司恩施中心支公司	恩施市施州大道48号州国税大楼15楼	张忠东	0718－8463966	445000

嘉禾人寿保险股份有限公司湖北分公司

表 7－2－3－1－29

机构名称	地址	负责人	电话	邮编
嘉禾人寿保险股份有限公司湖北分公司育才营销服务部	武汉市江岸区解放公园路50号永成大厦C栋11楼	王黎波	027－82260626	430010
嘉禾人寿保险股份有限公司湖北分公司宝丰营销服务部	武汉市硚口区宝丰路兴隆大厦8楼(解放大道1007号)	陈　萍	027－83640212	430012
嘉禾人寿保险股份有限公司湖北分公司首义营销服务部	武汉市武昌区长湖小区44号阅马场景观楼1509室	乐莉莉	027－88392913	430060
嘉禾人寿保险股份有限公司湖北分公司红钢城营销服务部	武汉市青山区和平大道1534号(红钢城新华书店7楼)	王　辉	027－86302899	430080
嘉禾人寿保险股份有限公司湖北分公司宜昌中心支公司	宜昌市东山大道119号三峡日报6楼	胡　涛	0717－6464119	443000
嘉禾人寿保险股份有限公司湖北分公司荆门中心支公司	襄樊市解放路电信营业大楼6楼	姜　霄	0710－3449851	441000
嘉禾人寿保险股份有限公司湖北分公司襄樊中心支公司	荆门市工商街30号尚舒公寓1、2楼	彭　涛	0724－2365454	448001

阳光人寿保险股份有限公司湖北分公司

表 7－2－3－1－30

机构名称	地址	负责人	电话	邮编
阳光人寿保险股份有限公司湖北分公司武汉本部	武汉市洪山区珞喻路78号长江传媒大厦5楼	马居易	027－87158336	430074
阳光人寿保险股份有限公司湖北分公司武汉本部江汉营销服务部	武汉市江岸区中山大道1166号金源世界中心C座18楼1室	徐海燕	027－59207786	430010

续表 7－2－3－1－30

机构名称	地址	负责人	电话	邮编
阳光人寿保险股份有限公司湖北分公司武汉本部青山营销服务部	武汉市青山区建设二路江城广场2单元25楼	朱传荣	027－86889499	430081
阳光人寿保险股份有限公司湖北分公司黄石中心支公司	黄石市磁湖路192号	倪玲	0714－6586777	435002
阳光人寿保险股份有限公司湖北分公司襄樊中心支公司	襄樊市大庆西路39号临江花园1号－B1－4楼	周秀有	0710－3424150	441001
阳光人寿保险股份有限公司湖北分公司荆州中心支公司	荆州市沙市区江汉北路42号交通小区2号楼	贺卫东	0716－8123068	434000
阳光人寿保险股份有限公司湖北分公司十堰中心支公司	十堰市人民南路33号四季星座B座2楼	雷冰	0719－8247907	442000
阳光人寿保险股份有限公司湖北分公司荆门中心支公司	荆门市白云大道101号现代花园4号楼3楼	陈晓芳	0724－2365225	448000
阳光人寿保险股份有限公司湖北分公司黄冈中心支公司	黄冈市黄州大道96号3－5楼	宋国庆	0713－8610838	438000

中国人民健康保险股份有限公司湖北分公司

表 7－2－3－1－31

机构名称	地址	负责人	电话	邮编
中国人民健康保险股份有限公司湖北分公司江北营销服务部	武汉市汉口黄浦大街27号中原国际大酒店12楼	王斌	027－82862522	430043

民生人寿保险股份有限公司湖北分公司

表 7－2－3－1－32

机构名称	地址	负责人	电话	邮编
民生人寿保险股份有限公司武汉营销本部	武汉市武昌区武珞路442号新时代商务中心21楼	石晓飞	027－87718508	430070

2. 保险代理机构

湖北省保险代理公司

表 7－2－3－2－1

机 构 名 称	地 址	负责人	邮 编
湖北东亚保险代理有限公司	武汉市汉口新华路 186 号福星国际商会大厦 3 楼	杨 晋	430015
湖北永太保险代理有限公司	武汉市汉口建设大道 747 号中信银行大厦 12 楼	熊 波	430015
武汉融泰保险代理有限公司	武汉市汉口解放大道 686 号世贸 4310 室	郭振锋	430017
武汉融泰保险代理有限公司荆门分公司	荆门市象山路 18 号	鲁晏平	448001
武汉弘新源保险代理有限公司	武汉洪山区武珞路 717 号兆富国际大厦 23A06 室	张 浩	430070
武汉吉顺保险代理有限公司	武汉市江岸区香港路 121 号 C 座 15 楼	贺劲松	430015
武汉长泰保险代理有限公司	武汉市江岸区金源大世界 A 座 11 楼	汪棠棣	430063
湖北天鸿保险代理有限公司	武汉市汉口火车站邮政枢纽南楼 1 楼	余开成	430023
湖北诚信保险代理有限公司	武汉市汉口江汉北路九运大厦赏荷居 1003 室	王奇生	430022
武汉宇时保险代理有限公司	武汉市雄楚大道华师后门 8－10 号	廖启凤	430000
武汉逸泰安保险代理有限公司	武汉市汉口解放大道 1087 号梅园大厦 403 室	张 鹏	430012
武汉德盛保险代理有限公司	武汉市汉口新华路 129 号远东花苑 A 座 1401 室	徐忠明	430022
湖北君上安保险代理有限公司	武汉市洪山区晒湖路江宏大厦特 1 号	陈 军	430000
武汉国旺保险代理有限公司	武汉市武昌区和平大道 666 号	黄建国	430062
湖北中兴保险代理有限公司	武汉市江汉区建设大道 538 号同成广场 A 座 1703 室	蔡 雄	430015
湖北中兴保险代理有限公司黄石分公司	黄石市沈下路 19 号	杜 勇	435000
湖北中兴保险代理有限公司黄冈分公司	黄冈市黄州区宝塔大厦 3 楼	陈吟影	435000
湖北中兴保险代理有限公司黄梅分公司	黄梅县黄梅镇东大街 1 号	潘新乔	435500
湖北蓝天保险代理有限公司	武汉市江汉区青年路 269 号泰合花园 A 栋	桂嘉蔓	430020
湖北泛华东方世纪保险代理有限公司	武汉市江岸区香港路 90 号综合楼 C1 栋 1507、1508 室	刘泽成	430015
湖北泛华东方世纪保险代理有限公司蔡甸分公司	武汉市蔡甸区蔡甸大道 850 号	张国文	430100
湖北泛华东方世纪保险代理有限公司东西湖分公司	武汉市东西湖区四支沟东西湖大道 1818 号	费军教	430040
湖北泛华东方世纪保险代理有限公司仙桃分公司	仙桃市仙桃日报社办公楼 5、6 楼	李 伟	433000
湖北泛华东方世纪保险代理公司襄樊分公司	襄樊市新华路 6 号铁道大厦 11 楼	田卫东	441000
湖北泛华东方世纪保险代理公司荆州分公司	荆州市沙市区金龙路 48 号－2	张国文	434000
湖北泛华东方世纪保险代理公司十堰分公司	十堰市茅箭区人民北路 68 号	丁红卫	442000
湖北泛华东方世纪保险代理有限公司江夏分公司	武汉市江夏区土地开发公司 5 楼	费军教	430200

续表 7-2-3-2-1

机 构 名 称	地 址	负责人	邮 编
湖北泛华东方世纪保险代理有限公司武昌分公司	武汉市武昌区武珞路 282 号思哼大厦 4 楼	朱跃刚	430070
湖北楚天保险代理有限公司	武汉市江汉区青年路 265 号嘉颐新都 402、1202、1303 室	程焱民	430032
湖北楚天保险代理有限公司孝感分公司	孝感市香澳路 422 号 2 楼	叶开明	432000
湖北翔康保险代理有限公司	武汉市武昌区徐东大街凯旋门广场 B 座 1304 室	彭翔峰	430063
湖北中力保险代理有限公司	武汉市武昌区徐东大街 35 号	朱源波	430063
湖北中力保险代理有限公司襄樊分公司	襄樊市返城区新华路 6 号	辛 春	441000
咸宁亿安保险代理有限公司	赤壁市河北大道 187 号	袁建丽	437300
咸宁亿安保险代理有限公司温泉分公司	咸宁市淦河大道 3 号 403—404 室	胡金华	437100
武汉运安保险代理有限公司	武汉市硚口区建设大道 404 号	王 峰	430015
宜昌鑫诚保险代理有限公司	宜昌市夷陵路 15 号 3E 商务大厦 904 室	杨成钢	443000
荆州恒诺保险代理有限公司	荆州市园林路 43 号 6 楼	吴 俊	434000
武汉兴业保险代理有限公司	武汉市江岸区兴业路 2 号 5 路	杜 非	430056
武汉兴业保险代理有限公司孝感分公司	孝感市体育中心体育场孝感市天应保安防盗监控 GPS 服务中心	左小丹	432000
武汉兴业保险代理有限公司恩施分公司	恩施州施州大道 314 号	张 睿	445000
武汉长城交管卡保险代理有限公司	武汉市江汉区解放大道 698 号游子乡大厦 A 座 2006 室	黄胜桥	430022
武汉利民保险代理有限公司	武汉市汉口同成广场 A 座三单元 1102 室	郭 鹏	430022
襄樊天中石保险代理有限公司	襄樊市立业路 21 号	李 敏	441000
襄樊天中石保险代理有限公司随州分公司	随州市交通大道 288 号	孙祥会	441300
襄樊天中石保险代理有限公司老河口分公司	老河口市东启街西段北侧	张国强	441803
襄樊天中石保险代理有限公司宜城分公司	宜城市西街 21 号	许世洲	441412
武汉众合四海保险代理有限公司	武汉市硚口区京汉大道 189—9 号祥和大厦 10 楼	王成刚	430022
武汉华都保险代理有限公司	武汉市洪山区珞喻路鹏程国际 A2007	孔祥华	430074
武汉华都保险代理有限公司潜江分公司	潜江市园林喻王巷 77 号	侯良才	433100
武汉尊安行保险代理有限公司	武汉市江岸区澳门路 110 号	柳汉林	430017
黄冈市大别山保险代理有限公司	黄冈市东门路 70 号	贾勇明	438000
湖北华康保险代理有限公司	襄樊市樊城区春园西路八号 6 楼	汪振武	441000
湖北华康保险代理有限公司宜昌分公司	宜昌市云集路旅游广场 25—1—514	汪清阶	443000
湖北华康保险代理有限公司荆州分公司	荆州市沙市区江津西路 287 号	洪 胜	434020
湖北华康保险代理有限公司十堰分公司	十堰市人民南路 52 号金桂庭院	孙良平	442000
湖北华康保险代理有限公司随州分公司	随州市烈山大道 205 号金钟楼 3 楼	茹 龙	441300
湖北华康保险代理有限公司荆门分公司	荆门市象山大道 86 号 4 楼	王勇军	448000
武汉世纪平安保险代理有限公司	武汉市武昌区丁字桥中南国际城 A 座 18 楼	王人镜	430063
武汉鑫永泰保险代理有限公司	武汉市汉口建设大道三眼桥王府花园 D 座 1407 室	朱红梅	430019
武汉安平保险代理有限公司	武汉市江汉区香港路 218 号华氏花园综合楼 F 座 14 楼 1606 室	邱 希	430015

续表 7－2－3－2－1

机 构 名 称	地 址	负责人	邮 编
武汉华南保险代理有限公司	武汉市东西湖区南三支沟东鑫商住乙楼 1 单元 303 室	邓先胜	430070
武汉星光灿烂保险代理有限公司	武汉市江岸区解放大道 1092 号世纪皇冠 705 室	肖 君	430015
武汉宏天保险代理有限公司	武汉市新华路 139 号凯盟大厦 1310A	石 征	430013
湖北九和保险代理有限公司	孝感市北京路 48 号	曹文光	432000
武汉辰欣保险代理责任有限公司	武汉市江岸区湖边坊村 13 号	万信杰	430017
武汉华奥保险代理有限公司	武汉市武昌区武珞路 288 号滨湖商务 402 号	宋 波	430070
武汉益鹏保险代理有限公司	武汉市东西湖区东西湖大道 7032 号	崔恒海	430040

3. 保险经纪机构

湖北省保险经纪公司

表 7－2－3－3－1

机 构 名 称	地 址	负责人	电 话	邮 编
湖北泰安福保险经纪股份有限公司	武汉市武昌区中南路 80 号中南大厦 9 楼	李竟成	027－87319989	430071
湖北泰安福保险经纪股份有限公司直属营业部	武汉市武昌区中南路 80 号中南大厦三门 9 楼	杨 红		430060
湖北泰安福保险经纪股份有限公司仙桃分公司	仙桃市出入境检验检疫局 4 楼	鲁艳芳		433000
湖北泰安福保险经纪股份有限公司宜昌分公司	宜昌市西陵培心路 1 号 B 座 9 楼	何进忠		443000
湖北泰安福保险经纪股份有限公司黄石分公司	黄石市颐阳路 645 号	程 熠		435000
湖北泰安福保险经纪股份有限公司汉口营业部	武汉市汉口中山大道 83 号	李 威		430033
湖北泰安福保险经纪股份有限公司十堰分公司	十堰市朝阳北路 2 号金城大厦 17 楼 1708 室	姜 涛		442000
湖北泰安福保险经纪股份有限公司咸宁分公司	咸宁市长安大道 208 号黄畈三组	王秋梅		437000
湖北泰安福保险经纪股份有限公司荆门分公司	荆门市象山大道 72 号 3 楼	严泽新		448001
湖北泰安福保险经纪股份有限公司襄樊分公司	襄樊市建华路 129 号园林管理局 3 楼	郑明姑		441000
湖北泰安福保险经纪股份有限公司武昌营业部	武汉市洪山区武珞路 717 号兆富大厦 28 楼	邓龙海		430070
湖北泰安福保险经纪股份有限公司青山营业部	武汉市青山区和平大道 1256 号	陈忠厚		430081
湖北泰安福保险经纪股份有限公司黄冈分公司	黄冈市龙王山路市人民检察院北综合楼中单元 3 楼右套间	刘 军		448000

续表 7-2-3-3-1

机构名称	地址	负责人	电话	邮编
湖北泰安福保险经纪股份有限公司潜江分公司	潜江市章华大道汉江河道管理局2楼	曾梅芳		431000
湖北泰安福保险经纪股份有限公司荆州分公司	荆州市沙市区北京西路186号6栋2楼	彭文莉		434020
湖北大同保险经纪有限公司	武汉市武昌区中北路156号长源大厦10楼	韩学仲	027—86765979	430077
武汉东风裕隆保险经纪有限公司	武汉市经济技术开发区龙阳大道599号	乔　阳	027—84211636	430056
东方大地(武汉)保险经纪有限公司	武汉市江汉区新华下路63号南达大楼950室	杨　晋	027—85616191	430015
武汉伟业保险经纪有限公司	武汉市洪山区徐东大街88号都市经典E8—301室	彭　勇		430077
江泰保险经纪有限公司武汉分公司	武汉市汉口建设大道568号新世界国贸大厦I座13楼12号	蓝田晓宏	027—68850436	430022
长城保险经纪有限公司武汉分公司	武汉市武昌区武珞路586号江天大厦603室	刘　煜	027—87655550	430060
韦莱保险经纪有限公司武汉分公司	武汉市汉口解放大道634号新世界中心写字楼A座2405室	范晓文	027—68838813	430030
天勤保险经纪(北京)有限公司武汉分公司	武汉市天河机场2号航站楼21号柜台	齐　莹	027—65687027	430302
长安保险经纪有限公司武汉分公司	武汉市武昌区徐东大街351号长源商务中心6楼	廖德志	027—88565143	430077
北京富诚保险经纪有限公司武汉分公司	武汉市武昌区东湖路10号水果湖广场2108室	刘　立		430071
北京新世界保险经纪有限公司武汉分公司	武汉市汉口黄浦大街27号中原国际大酒店1908室	王　僖	027—68828886	430010
恒泰保险经纪有限公司武汉分公司	武汉市江岸区江大路18号统建大江园南苑13栋1—1002室	龚达清	027—82601766	430015
大连江山保险经纪公司武汉分公司	武汉市青山区冶金大道35号B座	曹庭发	027—86802233	430083
湖北鹏程保险经纪有限公司	武汉市武昌区中北路66号津津花园B座11楼	唐桂娥	027—87835590	430071
湖北鹏程保险经纪有限公司大桥分公司	武汉市汉阳大道42号金桥嘉园1楼	乐　笛		430050
北京联合保险经纪有限公司分公司	武汉市武昌区水果湖东湖路67号	孔三顺	027—87815324	430071
北京联合保险经纪有限公司分公司武汉市东西湖区营业部	武汉市东西湖区吴家山环山路13号	林志刚		430040
北京联合保险经纪有限公司分公司武汉市营业部	武汉市江岸区蔡锷路1号	彭　丰		430017
北京联合保险经纪有限公司分公司沙市区营业部	荆州市沙市区中山路246号	邓辉利		434000
北京联合保险经纪有限公司分公司石首市营业部	石首市建设路18号	刘少锰		434400

续表 7－2－3－3－1

机构名称	地址	负责人	电话	邮编
北京联合保险经纪有限公司分公司夷陵区营业部	宜昌市晓溪塔东湖大道5号	高德全		443000
北京联合保险经纪有限公司分公司十堰市营业部	十堰市柳林路19号	聂德桂		442000
北京联合保险经纪有限公司分公司鄂州市营业部	鄂州市凤凰路76号贵宾楼5楼8503－8506室	严威		436000
北京联合保险经纪有限公司分公司黄石市营业部	黄石市杭州路100号	陈海钧		435000
北京联合保险经纪有限公司分公司咸宁市营业部	咸宁市温泉镇笔架山路39号	刘纯德		437100
北京联合保险经纪有限公司分公司荆州市营业部	荆州市荆北路17号	熊学斌		434020
北京联合保险经纪有限公司分公司黄冈市营业部	黄冈市黄州西湖三路园丁分园教学楼	姜嘉		438000
北京联合保险经纪有限公司分公司宜昌市秭归县营业部	宜昌市秭归县茅坪镇丹阳路	郑峰		443600
北京联合保险经纪有限公司分公司随州市曾都区营业部	随州市烈山大道近圣门街28号	陈明生		441300
北京联合保险经纪有限公司分公司恩施州营业部	恩施州恩施市清江东路8号	薛文华		445000
北京联合保险经纪有限公司分公司随州市营业部	随州市舜井道86号	顾德友		441300
北京联合保险经纪有限公司分公司襄樊市樊城区营业部	襄樊市樊城区长虹路冯营巷20号	郭桂梅		441000
北京联合保险经纪有限公司分公司仙桃市营业部	仙桃市仙桃大道中段15号	彭水洲		433000
北京联合保险经纪有限公司分公司襄樊市营业部	襄樊市襄城区运动路17号2幢101室	朱杰敏		433000
北京联合保险经纪有限公司分公司襄樊市谷城县营业部	谷城县粉阳路25号	欧阳瑾		441700
北京联合保险经纪有限公司分公司孝感市汉川市营业部	汉川市文化路口教育综合大楼6楼	余国平		431615
北京联合保险经纪有限公司分公司荆门市营业部	荆门市象山大道68号	刘祖洪		448000
北京联合保险经纪有限公司分公司孝感市营业部	孝感市交通大道266号	郑泽民		432000

4. 保险公估机构

湖北省保险公估公司

表 7－2－3－4－1

机构名称	地址	负责人	电话	邮编
武汉华欣保险公估有限公司	武汉市武昌区新民主路华银大厦25楼	尹海峡	027－62432538	430023
嘉仕特（武汉）保险公估有限公司	武汉市汉口黄浦大街27号三九国际大酒店11楼02室	王贞白	027－65602822	430000
湖北阳昌保险公估有限公司	赤壁市赤壁大道556号	陈夷平	0715－8252688	437300
深圳民太安保险公估有限公司湖北分公司	武汉市武昌区徐东平价侧欧洲花园6幢A单元906室	涂永华	027－88613202	430063
北京天诺嘉福保险公估有限公司武汉分公司	武汉市汉口解放大道688号武汉广场公寓楼A1座2904室	郝　鹏	027－81885556	430022
深圳市弘正达保险公估有限公司湖北分公司	武汉市汉口建设大道626号国际经济贸易大厦303室	王相峰	027－85805753	430015
湖北阳昌保险公估有限公司武汉分公司	武汉市建设大道538号同成广场C栋8楼8号	杨超华		430015
上海泰达汽车保险公估有限公司湖北分公司	武汉市汉口江岸区武房大厦21楼3房	张银国		430010

第八部分
文化

CHAPTER 8
FINANCIAL CULTURE

一、金融专题研究

充分发挥金融在农村经济发展中的职能作用

张 静
（中国人民银行武汉分行 行长 邮编 430071）

湖北是全国重要农产品基地，推进农业产业化和城镇化进程的任务比较繁重，农业投入的资金需求也十分庞大。改革开放以来，尤其是近几年来，全省金融机构认真贯彻执行中央和省委、省政府关于农村金融工作的方针政策，不断提高农村金融服务水平，促进了全省农村经济的发展。

一、金融在支持农村经济发展中发挥了积极作用

（一）灵活运用多种政策工具，金融支农资金稳步增长

一是灵活运用货币政策工具。为支持农村信用社改革，全省共发行央行票据 76.8 亿元，用于购买农村信用社不良资产和历年亏损挂账。到 2008 年 6 月末，全省共有 62 家联社经人民银行考核批准兑付专项票据，兑付金额 47.5 亿元。为壮大农村信用社支农实力，2005－2007 年，人民银行武汉分行向全省农村信用社分别发放支农再贷款余额 16.2 亿元、6.4 亿元、3.4 亿元，2008 年 1－6 月又累放 23.3 亿元。针对农村信用社的经营及流动性状况，人民银行对农村信用社的存款准备金率实行差别调整，在全省 84 家农信社中，63 家社存款准备金率为 11%，19 家社为 14.5%，2 家社为 15.5%，分别低于其他各金融机构 5.5 个百分点、2 个百分点和 1 个百分点，为全省农信社腾出可用资金约 55 亿元。

二是金融支农资金持续增长。2005－2007 年，全省县域贷款分别增加 71.6 亿元、100.3 亿元和 201.5 亿元，2008 年上半年，县域贷款增加额达到 139 亿元，相当于上年全年增加额的 70%。近几年来，农村信用社充分发挥支农“主力军”作用，从 2001 年开始在全省推广农户小额信用贷款，2005 年以来推行农户大额信用贷款，基本解决了农民生产和生活方面的贷款需求。

三是金融支农领域逐步拓宽。结合农村经济的市场化、产业化进程和需求热点，金融机构通过产品创新不断延伸服务领域，提高农村金融的覆盖面和影响力。农业银行以农户为重点，以惠农卡为载体，以农户小额贷款为推手，以农业产业化企业为纽带，以村镇银行为补充，主动延伸金融服务触角，全力推进“三农”服务工作。农业发展银行从传统的粮棉油收购业务拓展到农业基础设施项目、农村电网改造和水电、沼气等农村清洁能源建设，支持江河湖泊周边环境改造、污水和垃圾处理、村镇人居环境改造等。

（二）强化金融信贷政策指导，推动农村金融服务创新

一是推进农村金融产品创新。编写《湖北省金融创新产品及典型范例汇编》，引导金融机构突破传统、大胆尝试，将农业企业、农户拥有的林权、货物、仓单、订单、应收账款及其他动产等作为抵押担保品，为其量身定做出一些新型信贷产品，解决了部分企业或农户因抵押担保不足无法获贷的问题。如南漳县以农户的林权证作为抵押物，开创了湖北林权变贷款的先例。在此基础上，人民银行武汉分行与省林业局联合出台《关于推进森林资源资产抵押贷款工作的指导性意见》，在全省范围内推广应用了林权质押贷款的做法和经验。

二是积极探索和推广农村新型信用模式。在襄樊宜城、孝感大悟、荆州仙桃等地探索推广“行业协会＋联保基金＋银行信贷”的信用模式，由协会会员组成联保体，出资建立联保基金，会员相互监督和承担责任；农村信用社向协会发放贷款，协会负责督促会员按时还本付息，为当地农户和农村企业打开了贷款方便之门。同时在黄石阳新探索“龙头企业＋种植基地＋行社联合＋财政贴息”的信用模式，即由农行负责企业项目开发的流动资金贷款，农信社负责向种植基地农户发放小额贷款；农行给予龙头企业 3A 信用评定和每年 3,000 万元授信额度，要求企业用厂房等有效资产作抵押；县农信社

根据农户订单额和信用等级确定贷款额度，并以订单作质押。农行对企业发放的贷款实行利率下浮9%，财政按20%的标准对其利率下浮部分予以贴息；农信社对农户贷款执行基准利率7.29%，较该社发放的其他贷款利率低1.1个百分点，财政按两者之间差额的50%标准进行贴息。

三是大力推进农村金融组织创新。截至2008年8月末，全省共成立村镇银行8家，其中包括全国首家由外资银行控股的村镇银行——随州曾都汇丰村镇银行，全国首家由国有股份制商业银行控股的湖北汉川农银村镇银行，机构总量居全国第一。2008年9月，省政府发布《关于开展小额贷款公司试点工作的实施意见》，要求各个市(州)有一家小额贷款公司年内开业，2009年以后扩大试点范围。

(三)改善农村金融基础设施，加强农村金融生态建设

一是改进农村支付交易系统，提高农村金融电子化水平。支持湖北省农村信用社行内综合业务系统建设和支付系统建设，实现了个人存款的全国跨行通存通兑。推广农民工银行卡特色服务，截至2007年底，实现了农村信用社县以下98%的营业网点开通该项服务的目标。实施邮政储蓄“绿卡村”工程，全省已建成“绿卡村”1,426个，累计发卡998万张。

二是推动农村金融生态建设，提升农村金融信用水平。人民银行与地方党委、政府紧密配合，不断深化农村信用工程创建活动。

二、全省农村金融工作面临的主要困难和问题

(一)农业风险分散和补偿机制缺失

一方面全省农业政策性保险业务尚处于起步和探索阶段，保险覆盖面较低，保费额度小。另一方面农业企业大多不具备合规的担保实力，而银行类金融机构过度依赖抵押和担保抵御风险，致使农村企业因担保不足往往无法获贷。

(二)农村金融组织培育滞后

目前农村信用社已成为县域金融服务的主力军，但是“一农难支三农”，农村信用社提供的信贷支持和金融服务难以满足“三农”日益发展的需求。

(三)农村融资政策环境欠佳

在税收政策方面，从事农业贷款业务与非农贷款业务实行无差别的税负，缴纳5%的营业税。在财务制度方面，农村贷款与城市贷款没有差别，没有设计针对农村的贷款损失及核销制度。在业务考核方面，金融机构对农业贷款与非农业贷款实行无差别的考核，这必然引导资金流向非农业部门。对于农业贷款，没有考虑设计免责条款，与非农业贷款一样实行贷款“终身责任追究制”，挫伤了农贷人员的积极性。

(四)农村市场机制存在缺陷

很多农村企业由于核算制度、财务指标等方面达不到金融机构的门槛要求，无法成为金融机构的客户，对农村金融有效需求形成制约。而且与农村产权相关的确权、登记、评估、交易流转等中介服务和市场建设还不健全，农村缺乏可以抵押或担保的物品，使农村担保创新缺乏载体。同时湖北农民专业合作社、行业协会等中介组织发展步伐也相对较慢，金融机构与农户之间没有合适的信息与信用平台，既增加了金融机构的信息成本，也把很多农户排斥在金融体系之外。

三、以十七届三中全会精神为指导做好农村金融工作

(一)出台支持涉农金融机构发展的优惠措施

建议对改制后的农村信用社免征所得税期限予以延长。对各类金融机构发放的农业贷款减免营业税及附加税，其在县域地区的贷款损失按一定比例实行税前核销，其在县域地区的贷款在税前足额提取损失准备金。同时设立专项储备基金，对商业银行和农村信用社的支农贷款进行贴息，对涉农贷款损失进行一定比例的风险补偿。对粮食主产区涉农金融机构给予特殊政策安排，对农村金融机构因灾导致的贷款呆账损失或因历史原因形成的政策性“两呆”挂账，按照一定的条件给予核销，对农业贷款占比较高的涉农金融机构，下调营业税税率1—3个百分点。

(二)大力发展农村政策性担保及保险业务

认真落实鄂政办发[2008]8号文件精神，把省每年留成给县(市)新增税收的50%，足额用于补充县市信用担保机构的资本金。研究出台相应的政策鼓励企业出资参股担保公司，增补担保公司信用。积极开展农业保险补贴方式、品种和比例的试点，推动农业保险地方性法规的出台，完善多形式经营、多渠道支持的农业保险体系。

(三)在湖北率先开展政策性银行商业化改革

在湖北先行开展农发行和开发银行商业化改革和业务试点，利用政策性不良资产核销、税前拨备等方式减轻农业发展银行的历史包袱，完善农发行的公司治理结构，拓展农发行的信贷融资范围。允许开发银行在省以下适当增加营业机构，允许其开办对私存款等零售业务，便于为农村客户提供快

捷、方便的金融服务。

(四)推动新型农村金融组织和“准金融”机构的发展

适当放宽经济欠发达村镇银行的准入政策,鼓励经营比较规范的非银行金融机构和金融中介组织投资控股村镇银行。争取中央同意允许湖北省制定地方性法规,研究制定对各类农村新型金融机构的扶持政策,鼓励民间金融从“地下”走到“地上”,加快全省村镇银行和小额贷款公司的发展步伐。

(五)鼓励和引导金融机构创新信贷产品和信用模式

放宽邮政储蓄银行的资金运用政策,准许邮储银行在农村开展各类商业银行信贷业务。建议金融机构在信贷制度安排上,改变现有信贷责任终身追究制度,增加免责条款,实施扁平化管理。在授权授信管理上,实施对龙头企业的政策倾斜,采取动态授信或特别授权方式开展信用业务。在信贷产品设计上,根据县域经济资金需求特点创新业务流程和服务品种,探索以股权、仓单、应收账款、商标品牌、特约经销商经营权、专利权等有效物权作担保抵押的信贷方式。

(六)发挥地方政府在农村金融改革发展中的主导作用

建议政府积极落实与农行等国有商业银行总行之间的合作协议,采取总行直贷的方式,多渠道争取支农资金;鼓励农村信用社引入战略投资者,提高农村信用社的股权集中度;鼓励城市商业银行到县域设立分支机构,扩大农村市场的业务份额;要对农村合作经济组织大力支持,出台对弱质企业办理土地、房产抵押手续低收费政策,逐步解决农民创业过程中遇到的困难和问题。

关于金融支持武汉城市圈新型工业化发展的调查

中国人民银行武汉分行

一、金融支持武汉城市圈新型工业化情况

(一)对武汉城市圈及工业信贷投入逐年增加,促进工业经济较快发展。2007年,全省金融机构对武汉城市圈的贷款余额达到5,438.4亿元,占全省贷款余额的比重为72.5%,比2005年、2006年分别提高4.9个百分点和3.6个百分点;贷款增速为18.5%,比2006年加快2.5个百分点。调查资料表明,2007年城市圈工业贷款增加额为204亿元,比2006年多增加96亿元,占城市圈全部贷款增加额的26.5%。

(二)突出信贷重点,支持支柱产业做大做强。近年来,金融部门先后支持建设了以武钢硅钢片、“二热轧”、“二冷轧”为代表的大型钢铁技改项目,以神龙汽车、东风汽车为代表的汽车工业,以三峡工程、清江水电、襄樊火电、华润电力为代表的电力项目。调查资料显示,2007年金融部门对武汉城市圈内钢铁、汽车、石化、纺织、食品、有色、石油化工、建材和电力等行业的贷款累放额为757亿元,占城市圈贷款总额的20.3%。金融有力地促进了支柱产业的发展,汽车、石化和钢铁产业2007年主营业务收入均超过千亿元。

(三)信贷产品不断创新,及时满足新型工业化发展的新需求。为满足新型工业化发展过程中新的融资需求,金融机构围绕城市圈主导产业,大力创新信贷产品,满足企业个性化的资金需求。如工行设计了贸易融资信贷业务组合品种,支持中小企业短期的融资需求。建行创建了“成长之路”和“速贷通”两个专门的中小企业金融业务品牌;中国银行为神龙公司开立循环信用证,避免了每月反复申请开证的手续,降低了企业营运成本;中信银行、华夏银行等股份制银行也在积极探索为产业链上下游企业提供各种金融服务和产品。

(四)逐步加大对高新技术企业、工业园区和产业集群的信贷支持。近年来,金融机构逐步加大对高新技术企业和集群企业的信贷营销和支持力度。国家开发银行与我省签订了500亿元软贷款协议,目前我省已利用这项贷款建立了100亿元规模的科技投融资平台,用于支持高新区基础设施建设和科技成果产业化项目。据调查,2007年金融机构向城市圈内高新技术企业累计发放贷款106亿元,2008年前5个月又累计发放贷款75亿元。

（五）充分发挥“绿色信贷”调节作用，促进武汉城市圈“两型”社会建设。金融机构认真落实“绿色信贷”政策，对资源消耗低、环境污染少的企业给予大力支持。如孝感工行积极介入国电长源、汉新发电两户企业的燃煤电厂二氧化硫治理项目，向企业提出融资方案，并在利率上给予差别定价政策，目前已向省分行申报1.29亿元项目贷款。

二、金融与新型工业化发展不相适应的主要表现

虽然金融支持对全省新型工业化的发展起到了较好的促进作用，但与新型工业化的要求和目标相比较，金融业在支持全省新型工业化发展中仍然存在不相适应的地方。主要表现在以下几个方面：

（一）在从紧货币政策下，金融宏观调控与新型工业化较大的资金需求不相适应。一方面，发展新型工业化需要大量的资金投入；另一方面，在当前实施从紧货币政策的宏观调控形势下，商业银行的信贷规模收缩，可用资金进一步减少，将对城市圈工业尤其是城市圈内小城市工业企业融资带来不利的影响。

（二）信贷投向不尽合理，信贷资源配置与产业结构调整不相适应。一是技术改造贷款增加较少。2006年、2007年全省技术改造贷款增加额分别为3.1亿元、12.8亿元，占中长期贷款的比重分别为0.5%和1.6%。二是重工业和高耗能行业的贷款比重偏高，与新型工业化要求的大力提高能源、原材料利用效率，减少资源占用与消耗不相适应。调查数据表明，2007年对城市圈内钢铁、有色、石油、化工、建材和电力等几大高耗能行业的贷款增加额为77.45亿元，占整个工业贷款增加额的38%。这与产业结构调整方向不相适应。

（三）信贷产品创新力度不够，与企业多样化资金需求不相适应。虽然我省金融机构近年来创新了一些信贷产品，但大多局限于上级机构规定的信贷产品，结合本地实际创新的信贷产品不多。同时沿海一些发达地区使用的信贷新品种，在城市圈内推广应用也不够普及。信贷产品欠丰富，难以满足企业多样化的资金需求。

（四）“旧”的信贷管理模式与“新”的工业化进程不相适应。一是贷款门槛过高。目前银行贷款必先抵押担保，而一些企业难以满足银行的抵押担保条件，同时银行给中小企业的贷款一般是上浮利率，企业的融资成本过高，难以承受。二是银行抓大放小的经营思路，跟不上新型工业化发展的需要。目前银行为中小企业服务的意识不强，对中小企业实行较为严格的准入政策和条件限制，至使一些小企业得不到贷款支持。三是信贷审批时间过长，难以满足企业较快的资金需求。四是银行重处罚轻激励的信贷约束机制，限制了信贷人员的信贷营销积极性。

（五）企业融资渠道狭窄与新型工业化所要求的间接融资、直接融资和风险投资等多层次的融资方式不相适应。据对武汉城市圈内33户企业调查显示，2007年调查企业融资总额为109.6亿元，主要来源于贷款96亿元，占比87.6%；银行承兑汇票10.26亿元，占9.36%；商业承兑汇票3.3亿元，占3%。从调查情况看，目前工业企业融资主要依赖银行贷款、票据贴现、银行承兑汇票。通过上市、发行企业债券和短期融资券、中期票据、商业票据等方式融资有较高的资格门槛，只有少数大企业才符合条件，一般企业很难达到要求，难以从这些渠道进行融资。

三、当前武汉城市圈工业的融资状况

在当前实施从紧货币政策的情况下，企业的融资状况将出现分化，一些优质客户融资仍然较为便利，而那些非优质客户和信誉不太好的客户融资出现困难。

（一）有市场、有效益、有信用的优质大中型企业融资方式多，融资较为方便。目前，垄断性、资源性行业和区域支柱性行业中的优质客户以及在产业链中有增长潜力、盈利能力比较强的优质中小企业，都会在贷款方面得到银行积极支持。位于武汉市的武钢、武石化、东风汽车公司等大型企业融资渠道多，融资总额大。如，武钢2007年融资135.6亿元，其中贷款50.6亿元，企业债券75亿元，短期融资券10亿元；武石化融资146.3亿元，其中贷款134亿元，短期融资券8亿元，商业承兑汇票2亿元，银行承兑汇票2.2亿元等。位于其他8个城市的支柱企业也得到了金融机构的大力支持。

（二）五类企业融资困难。一是抵押担保不足的企业融资难。当前大多数银行发放贷款首先要求企业符合抵押担保条件，否则认定企业不符合信贷条件而拒绝企业的贷款申请。二是信用状况不好的企业融资难。在目前信贷管理制度下，企业信用状况是一个重要的信贷审批条件，只要信用状况达不到银行要求，企业的贷款申请就不能通过审批，企业就会处于申贷无门的境地。三是初创型企业尤其是科技型中小企业融资难。中小科技企业既难以获得银行贷款，又难以在创业板上市，也很难吸引风险资本进行投资。融资渠道狭窄，影响了科技成果的产业化及产业规模的扩大。四是不符合产业结构调整要求的企业融资难。第一，不符合国家产业政策，高耗能、高污染、资源耗费、产能过剩的行业受到银行严格的贷款限制。第二，高污染行业上市、再融资将受到限制。为进一步加强对上市公司的环保监管，国家环保总局于2008年2月份发布了《关于加强上市公司环境保护监督管理工作的指导意见》。根据该意见，钢铁、火电、建材、造纸、纺织等13类重污染行业的公司申请首发上市或再融资的，必须进行环保核查。未取得环保核查意见的，证监会不受理申请。五是中小企业和民营企业融资困难。在大企业资金充足的同时，中小企业和民营企业融资难问题仍然存在。

四、对金融支持新型工业的有关建议

金融要支持工业兴省和走新型工业化道路，必须改革现行的信贷资金管理模式，创新金融产品，大力推广产业链融资和产业集群融资，拓宽融资渠道，优化信贷投向，加大对四大高科技产业、五大传统支柱产业的资金投入。

（一）积极开展产业链融资，突破传统的评级授信、抵押担保等信贷准入条件的限制，为产业链上的核心企业和上下游企业提供灵活的金融产品和服务。

产业链融资是指银行对某一产业中的核心企业和上下游多个企业提供灵活多样的金融产品和服务的一种融资模式。与产业链上的核心企业（大企业）有比较稳定关系的原材料供应商、产品经销商、零售商等上下游企业，银行就可从“预付”、“应收”、“存货”角度为企业设计融资模式，而不需要传统的房屋土地抵押或担保。产业链融资突破了传统的评级授信、抵押担保等信贷准入条件的限制，它可帮助那些暂无信用、也无房产土地抵押、无担保的企业轻松实现融资。目前深圳发展银行、深圳市工行均开办了产业链融资品种、中信银行设计了钢铁、汽车金融特色服务方案。我省金融机构可借鉴沿海发达地区的做法，利用武汉城市圈大企业优势，在钢铁、有色、汽车等重点行业围绕武钢、新冶钢、大冶有色、东风汽车等企业展开供应链融资，为核心企业的上下游客户进行融资，切实支持一批经营良好、管理规范、产品畅销的中小企业。

（二）充分利用武汉城市圈产业集群的整体优势，开展产业集群融资，有效解决单个中小企业融资困难问题。

一是加强产业集群与各类金融机构的对接与合作，搭建产业集群新型融资平台，达到企业、银行、担保机构共赢的目的。产业集群是指以一个主导产业为核心，大量相互关联的企业及配套服务机构在近域集聚，并形成了强劲、持续的竞争优势的特色企业群。集群内各企业具有地域邻近、经营联系密切稳定、信息流动迅速充分等集群优势，同时也在长期的协作中形成了必须“诚实守信”的诚信约束，从而形成集群内的融资平台或担保机制。金融机构对产业集群进行融资，大大降低金融机构的经营风险和信贷成本，可以有效解决中小企业融资难问题。

二是设立产业集群发展专项资金。根据国家发改委2007年发布的《关于促进产业集群发展的若干意见》，现有各项财政专项资金要向产业集群公共服务平台和龙头企业倾斜，有条件的地区可设立产业集群发展专项资金，用于各种平台的构建，包括原始创新能力培育、市场升级、产品结构调整、终端产品建设、品牌发展、交易平台建设等。在这方面可以借鉴广东虎门和杭州设立产业集群发展专项资金的做法。10年前，虎门镇政府每年可支配财政收入只有几千万元，每年就拿出1,000万元来投入到服装产业的发展，这种长期的投入见到了成效，使虎门从当初的贫穷镇发展到现在全国行业内的“排头兵”。

三是开展产业集群内中小企业发行集合式企业债券方式的探索。单个中小企业规模小、资金状况不佳，很难发行企业债券。但通过产业集群，多家中小企业联合发行债券，一方面形成客观的互保机制和监督机制，降低风险；另一方面也扩大信贷规模，降低了发债成本。2007年11月，深圳市20家经营良好、成长能力强的中小企业联合发行了10.3亿元的中小企业集合债券，这是国内首只中小企业集合债券。

（三）改革现行的信贷资金管理模式。

一是银行要改变抓大放小的信贷营销策略，切实重视对小企业的金融服务。银行应将小企业金融业务作为各自的新型战略业务，进行相应的机制创新和制度创新，成立专业的小企业金融服务队伍，提高对小企业的金融服务水平。

二要创建新型高效的审批机制。银行要对传统的审贷流程进行变革，缩减不必要的环节和过程。对小企业采用差别化的授权机制，对符合一定条件的小企业的授信，实行“双人”审贷制；在贷款审批上实现规模经济，采用集中审贷模式；对小企业客户的审贷做到标准化、流程化和自动化；建立审贷授权体系，推行个人审贷权限分类制度等。

（四）调整优化信贷结构，促进工业经济结构调整，推进产业结构优化升级。

一是积极支持以电子信息产业为主体的高新技术产业发展。加强对光电子信息、新材料、先进制造业、生物医药技术等四大高科技产业的金融支持，及时满足其中的重点企业、重点项目的资金需求，优质高效提供各项金融服务。

二是加大对汽车、钢铁、石化、纺织、食品等传统支柱产业的信贷投入，支持传统优势产业做大做强。要正确处理发展高新技术产业和传统产业的关系，要用高新技术和先进适用技术改造提升传统产业，振兴装备制造业。金融部门要积极跟进，加大高新技术改造传统产业的资金投入，推动产业升级和结构调整。

三是加大节能减排、污水处理等项目的支持力度，大力促进武汉城市圈“两型”社会建设。节约资源、保护环境的生产方式是新型工业化的必然要求，金融业要进一步强化“绿色信贷”理念，加大节能减排、污水处理等项目的支持力度，严格控制“两高一剩”行业的贷款投放，努力促进湖北省经济增长方式的转变。

（五）大力开展金融产品创新，为新型工业化提供新的信贷产品。

金融机构要进一步加大金融产品创新力度，以满足企业多元化、个性化的融资需求。要积极探索利用银团贷款、项目融资、有效合同质押贷款、应收账款质押贷款等方式增加对重点产业、重点企业、重点项目的资金投入。积极探索“钢材贸易融资”、“零售链供应商融资业务”、“网贷通”，贸易融资、出口退税账户托管贷款等短期授信业务；积极探索动产抵押贷款、无形资产抵押贷款、互保联保抵押贷款等新型抵押担保贷款方式和金融租赁、典当等特色融资方式，解决企业融资难问题。

（六）扩大融资渠道，建立多层次的融资体系。

要疏通融资渠道，加强对上市公司的发掘和指导，储备一批资质好、有潜力上市后备军，积极利用上市、短期融资券、中期票据、企业债券、企业债、分离交易可转债、商业汇票等方式进行直接融资。针对武汉城市圈高科技企业密集的特点，加快建立和完善湖北的创业投融资体系，要建立完善武汉技术产权交易市场，不断完善风险投资退出渠道，扩大风险投资规模，促进科技成果向现实生产力转化。

（七）推进诚信建设，优化湖北省金融环境。

继续深入推进全省金融生态环境建设，充分发挥金融生态环境在金融资源配置中的基础性作用。发挥政府主导作用，加强金融法制建设和社会诚信建设，加强信贷征信体系和信用担保体系等金融市场辅助设施的建设，着力解决融资中的信息问题和信任问题。

中国农村改革发展的金融机制重构

阙方平

（湖北银监局 副局长 邮编 430071）

党的十七届三中全会审议通过了《中共中央关于推进农村改革发展若干重大问题的决定》（下称《决定》），该《决定》的出台，为我国农村改革发展的推进和农村金融体制的完善指明了方向，必将加快推进社会主义新农村建设，对开创中国特色社会主义事业新局面将产生重大而深远的影响。笔者从农村改革的实现目标着手，重点分析了金融支持欠缺的原因，并在此基础上明确了需要建立的一系列配套机制，以进一步加大金融支持功效，促进农村改革的逐步深入。

一、中国农村改革发展的目标：产生“六大效应”

效应一：农村财富资源的流动性效应。

从《决定》中可以发现，我国农村土地制度将发生重大变革，即从制度上允许农村土地承包经营权的流转。作为农民最重要的财富资源，其流转变动在很大程度上影响并带动农民和农村其他财富的流动，尤其是随着农村养老保险和失业保险等后续保障改革的到位，农民土地承包经营权的流转和变现逐步成为现实，而农民变现所获得的财富反过来又可以参与农村领域的其他活动，更加速了农民和农村财富的流动。

效应二：农村财富资源的规模经济效应。

按照“依法自愿有偿”的原则，农民可以将土地承包经营权进行转包、出租、转让、入股，从而实现了土地经营权向其他农户或经济组织的转移。这种经营权的流转，使得农业集约经营具备了基本条件，可促使土地使用权的获得者大规模从事农业生产，通过规模经营、科学管理、提高农业生产力，摆脱小农经济，大大提高土地的投入产出比较效益，发挥土地规模的经营效益，从而实现农村财富的增值。

效应三：农村财富资源的价格发现效应。

农村土地经营权的流转，不是随意进行的。随着土地经营权流转规模的逐步扩大，土地流转市场将会逐步形成并不断得到完善，反过来又会活跃流转交易、加大流转规模、完善流转交易程序。市场的形成必然会产生价格，即通过流转而发现土地经营权的价值和价格。土地经营权流转价格不是一成不变的，也会因地方差异形成不同的流转价格。土地经营权的流转价格，决定于很多因素，主要包括当地经济发展水平、当地产业的平均利润率、土地流转的供求关系及相邻城市土地价格水平等等，同时这种流转会逐步实现城乡土地价格的对接，实现农村土地的增值效应。

效应四：农村金融组织的孵化效应。

考虑涉农领域业务的不确定性、相对较大的风险及金融市场定位的调整，国有商业银行撤并了大量涉农领域分支机构。随着农民土地经营权流转规模的加大，农业将会得到快速发展，金融支持的基础也会不断坚实，在一定程度上会延缓涉农领域金融分支机构的撤并。同时也是最重要的一点，就是随着涉农领域经济的持续发展和国家对涉农领域金融机构和涉农领域金融业务的优惠政策，都会吸引金融机构的迁入，还会产生与涉农领域经济发展和经济主体相适应的一些金融机构，如村镇银行、贷款公司、资金互助社等等，即引导更多的新型农村金融机构孵化出来。

效应五：农村金融资源的乘数效应。

农民土地经营权的流转，可以从三个方面实现农村财富的快速增长和膨胀：一是农民通过流转土地经营权，获得一定数量的货币资产，成为其“原始存款”，通过参与其他涉农领域经济活动派生出更多财富；二是获得土地经营权的农民或经济组织，会通过规模经营、提高生产率等手段，实现财富的增值；三是适应涉农领域规模经济的快速发展、农民财富的快速增长，更多的农村金融组织不断孵化出来，尤其是农村金融服务和金融工具创新会不断涌现，所有的这些都会通过乘数效应的不断扩大和传递，农村金融财富和金融资源会不断膨胀。

效应六：农村协调发展的现代化效应。

改革开放 30 年，中国经济保持高速增长，但离现代化尚有很大一段差距。随着农村改革的不断深入，农民土地经营权的流转不断加大和规范，农业基础不断加强，农村生产生活条件不断改善，农业规模经济不断发展，农业生产力不断提高，在一定程度上推进了工业化进程；同时土地经营权的流转，不仅可以彻底根除农村土地给农民带来的禁锢，还可以实现农民和农村财富的增加和城乡的对接，缩小城乡差距，改善二元经济局面，在一定程度上也推进了城市化进程。另外，经济决定金融，农村改革发展越大，金融渗透力度将越大，经济与金融协调发展的联动机制会逐步形成，反过来也会导致我国工业化、城市化和市场化的进程大大加快，产生现代化效应。

二、中国农村改革发展的金融约束：存在四大症结

农村改革问题的核心是增加农民收入，实现途径是培育和完善农村要素市场、推动农村劳动力转移和保持农业的稳定、持续发展，所有这些都直接或间接依赖于农村金融的发展和支持。但农村领域金融成长的外生性决定了其金融资源的匮乏，农村利益的短缺形成了农业部门有限金融资源的转移，二元经济模式下特有的资本贡献方式导致了农业净剩余转化为金融资源后的流出，所有的这些症结问题都制约了农村金融支持功效的持续发挥。

症结之一：土地制度禁锢，金融支持土壤欠缺。

农村土地家庭联产承包责任制是在保留集体所有制因素的条件下实现了农民对土地的直接经营权，但它是由国家控制而由集体来承受其控制结果的一种制度安排，这种特有的农村土地产权制度在一定程度上不能适应当前农业发展的需要，甚至禁锢了农业的快速发展，从而难以吸引金融支持。其一，土地分散经营，难以获得规模效益。在现行的家庭联产承包责任制下，大部分农村地区根据集体土地的质量和数量，将土地按人口或按劳动力平均分配，这种生产组织形式使农村土地经营分散，难以形成规模效益，不利于农业生产的社会化、规模化和集约化发展。其二，分散经营使农产品供给层次低，难以获得市场优势。家庭联产承包责任制必然形成小生产与大市场的矛盾，阻碍农村市场经济发展。目前，大部分农村农产品供给结构层次低，农产品品种和品质的结构性矛盾明显。农业发展受需求约束的特征突出，而农产品品种和品质结构仍沿袭传统模式，调整滞后，造成相当部分农产品不能适销对路，农民增产不增收。其三，农村土地与城市土地权利的不平等，侵害了农民利益。依照现有法律，只有城市的国有土地才可以出让其建设使用权，而农村集体土地必须经过政府征用，变成国有土地，才可以产生出建设使用权。在征地中，政府同时扮演征地补偿标准的制定者、交易当事者和强制交易合同执行的执法者三重角色，在一定程度侵害了农民利益。

症结之二：金融缺位严重，金融服务功能弱化。

主要表现在两个方面：一方面表现为农村金融体系信用职能欠缺。农业属弱质产业，具有高投入、低产出、受自然因素影响较大的客观特征，相应的农村金融相比于传统商业银行成本更高，风险更大，而收益更低。受此影响，从1999年开始，全国上千家农村基金会全部关闭，四大国有银行大规模撤并31,000多家地县以下基层机构，信贷管理权限上收，保留的县级分支机构几乎成为单纯的储蓄所，信贷业务急剧萎缩，农村的邮政储蓄基本上只吸收储蓄不发放贷款。目前，在农村除了商业银行对县域龙头企业提供贷款外，只有农业发展银行和农村信用社提供农村金融服务。由于农业发展银行只限于提供粮棉收购贷款，大量的农村金融服务主要由农村信用社提供。这样，在农村金融市场上几乎只有农村信用社一家，导致出现了“一社难支三农”、金融缺位、支撑力严重不足的窘境。

另一方面表现为农村金融服务欠缺。一是结算渠道不畅，农村异地汇款结算难。随着商业银行网点纷纷从乡镇撤离，在乡镇保留的邮政储蓄和农村信用社只具有同城、同地汇兑结算功能，而不具备跨市、县特别是跨省等异地汇兑结算功能，更没有实现与商业银行联网，结算凭证仍通过手工传递到县城办理，原来当天即可结算的资金现在要2—3天，为农产品的外销在资金结算上设置了障碍，影响了农产品的流通和销售。二是金融产品少，金融服务种类单调，基本上只有传统的存贷业务，中间业务和外汇业务种类很少。三是农村金融部门职工素质不高，不能深入了解农村和农民的资金需求，潜在市场挖掘力度不够，客观上降低了金融服务效率。

症结之三：农村财富外流，涉农资金供求失衡。

资金需求膨胀与供给约束之间的矛盾，已经成为制约农村改革的重要瓶颈。从资金需求主体看，随着农村改革步伐的加大，农村基础设施不断改善，农业标准化生产和产业化水平持续提高，原有农户、农村经济组织和龙头企业不断壮大，经营规模持续扩张，资金需求总量不断攀升。从供给主体看，各金融机构普遍加大了信贷集约力度，利润最大化和风险最小化是其追求的根本目标，而农业“低收益高风险”的先天特征导致信贷市场配置的结果表现为信贷资金愈益远离农村经济而流向其他领域。据2007年统计数据显示，全国农村信用社吸收各项存款19,469亿元，各项贷款14,117亿元，两者差5,352亿元，其中有价证券及投资1,812亿元，净存放中央银行684亿元，拆借给其他金融机构1,152亿元，加上其他一些因素计算，估计从农村流出资金约2,000亿元，如果加上国有商业银行及邮政储蓄机构通过上存和转存方式外流的资金，这个数据将会更大。

症结之四：金融生态滞后，金融支持保障欠缺。

农村改革需要金融支持，金融支持离不开配套的保障机制，但目前农村金融运行的外部环境不够宽松，政策扶持和风险规避机制相对滞后，大部分地方政府还未能很好地在市场风险补贴、信用建设、融资中介担保、农业风险投资等方面进行制度化设计和运作。一是与农村经济金融建设相关的立法工作滞后，依法行政力度不够，有法不依，执法不严，政府信用度低，甚至司法不公现象时有发生。部分地方政府部门配合不力，协调不一。受计划经济观念长期影响，地方保护意识浓厚，重地方保护，轻金融债权维护的现象时有显现，金融维权往往受制于地方经济发展和社会稳定的需要，缺少用市场经济的眼光平等看待金融与企业两个平行的市场主体，使金融生态在市场政策等环境中时有失衡。二是非正规金融在农村相对活跃，但“草根”特征明显。农村金融市场正规金融缺位，为非正规金融的发展提供了空间。民间融资活动相对活跃，但由于市场环境和制度环境相对不成熟，作为“草根金融”，民间融资在利率定价、资金运作等方面受亲缘关系、交情深浅、生意往来额度、个人诚信程度、民间融资的机制性缺陷等原因限制了融资功能，对农村经济的支持仍有较大局限性。三是中介服务体系先天不足，建设不到位。受利益驱动影响，致使会计、审计、咨询、评估等中介机构缺乏行业约束，报告失真，少有问责，没有形成应有的市场淘汰机制和行业品牌，公信度不高，影响了金融部门的正确决策和健康发展。

三、中国农村改革发展的配套措施：构建五大机制

农村改革与农村金融支持相互依存、相互促进，是一对共生关系，我们不能从上世纪90年代末期因过分强调金融风险引致的“牺牲农村保金融”的极端，走向因过分强调“三农”发展引致的“牺牲金融保三农”的另一极端，而要找出农村部门和金融部门的利益均衡点和合作机制，通过设计一系列制度安排，将金融支持农村改革的“市场失灵”现象矫正为市场化支持机制。

机制一：政府主导，构建消除二元经济的统筹发展机制。

农村改革，离不开金融支持，治本之道，是不再仅仅就农村融资难题的表象去谈论农村金融改革，而是要深入到农村金融成长的经济社会环境中，发展农村本身，创建农村金融发展和金融支持的土壤，根本之处就在于依靠政府主导，建立统筹发展机制，推进城乡一体化建设，消除制约农村改革发展的二元经济。一要统筹空间布局，推进城乡规划一体化。坚持规划先行，打破城乡规划分割的局面，高起点、高标准、引领城乡经济社会发展一体化。以城乡一体规划打破城乡二元结构，促进平等和谐、良性互动的新型城乡。二要统筹资源配置，推进城乡产业发展一体化。科学配置城乡资源，调整优化产业结构，推动城乡资源联动发展。三要统筹城镇化发展，推进城乡建设一体化。坚持把小城镇作为统筹城乡发展的重要载体。四要统筹公共服务，推进城乡文明一体化。充分发挥政府主导作用，坚持把新增财力主要用于城乡公共教育卫生、公共文化、社会保障、生态环保服务体系，实现城乡公共服务均等化。

机制二：力求创新，构建服务农村改革的机构重塑机制。

鉴于当前市场角度的服务于农村改革和涉农经济发展的机构相对缺位，为增加支持“三农”发展的金融供给，有必要适应农村改革和发展需要，建立涉农金融机构和支农职能的重塑机制，加大支农力度。从目前实际看，就是要重塑成一个以政策性金融、合作性金融和商业性金融为主，非正规金融为辅、多种融资组织合作并存的多元化农村金融体系。按照壮大政策性金融、改组合作金融、调整商业金融、引导规范民间金融和发展其他金融的思路，为农村改革提供金融支撑保证。为此，应积极推动和支持农村信用社坚持服务“三农”的经营宗旨，逐步发展成为社区性现代化合作金融组织。推动引导农业发展银行等政策性金融支持农村改革发挥更大的作用，建议国家开发银行、中国进出口银行等政策性银行向县域和农村延伸机构或业务，支持农业大型项目的开发。农业银行要适度稳定农村地区机构和网点，继续发挥支持农业和农村经济的重要作用。进一步完善农村和农业保险体系，尽快建立健全农村保险组织，加快发展多种形式、多种渠道的农村商业性保险、政策性保险、互助性保险等。对于非正式金融，建议在更大的范围推广，让更多的农民和农业企业主参与，促进村镇银行、贷款公司和资金互助社等新型机构对农村改革的支持作用。尽快出台《放贷人条例》，规范民间借贷发展，促使个人放贷合法化，并将其纳入农村金融范畴，全盘考虑，发挥其对正规金融体系的补充作用。

机制三：矫正失灵，构建鼓励金融支持的利益补偿机制。

市场主体利益最大化的根本宗旨和农业、农村领域业务风险的相对偏高，决定了市场金融解决不了农村金融支持问题，必须通过利益补偿机制进行矫正，将金融支持农村改革调整为金融的市场行为。建议地方政府建立支农奖励基金，对支持“三农”领域发展的贷款按一定比率向金融机构进行奖励，发挥导向作用；对支持“三农”贷款按风险等状况向金融机构贴息，弥补农村资金来源的高成本；适度降低涉农领域金融机构再贷款、再贴现利率，或提高其存款准备金利息率；参考发达国家和一些发展中国家的做法，对为“三农”服务的金融机构实行营业税减半征收和所得税减免等政策；减免涉农贷款相关费用，对金融机构发放涉农贷款过程中的登记、评估等各类费用给予减免，对金融机构处置涉农不良贷款过程中的各类过户、保全等处置费用予以免除，或仅收取工本费。

机制四：健全保障，构建涉农投融资业务的风险转移机制。

鉴于涉农产业投资结果的不确定性及涉农贷款业务风险的相对较高，在对涉农金融机构业务进行利益补偿的同时，还必须辅之建立涉农投资及涉农贷款风险的转移路径。建立农村金融担保体系，建议地方政府出资建立涉农风险投资基金、涉农贷款担保基金或担保公司，主要为农户和县域中小企业直接提供担保，切实解决农户及农村个体私营经济大额融资担保难的"瓶颈"问题，还可以对企业互助担保机构和商业担保机构提供必要的再担保，控制这种金融支持可能出现的风险和损失；鉴于《决定》中明确开始探索农民土地经营权的流转，建议从制度上明晰与土地经营权流转相关的抵押、担保、登记等问题。建立涉农企业信用评级制度，建议地方农业主管部门牵头，当地银行业协会、银行监管部门、人民银行等机构积极协助，建立良好的信用环境，确保涉农金融支持的持续。建立涉农贷款保险体系，建议由国家和地方财政出资，建立专门的农业政策性保险公司，专门负责农业保险业务；目前，可继续由商业保险公司代办农业保险，但国家和政府应对投保农户和保险公司的亏损给予相应补贴；建立农业再保险制度，针对农业投资风险较大的现实，由农户、商业银行和保险公司三方协商，在农户贷款时向保险公司投保，试行农业保险贷款，既拓展了保险业务领域，又消除了农民投资和银行贷款的后顾之忧。

机制五：利益支撑，构建农村金融财富的反哺回流机制。

按照《决定》中关于"工业反哺农业"、"城市支持农村"的总体要求，建议建立农村资金回流机制，防止农村资金外流，从制度上明确各金融机构应尽的社会责任。一是对于回流并运用于农业、农村领域的存款，建议中央银行适度降低存款准备金率。二是建议明确一定比率资金用于农业、农村领域，利益上适度予以补偿。三是对邮政储蓄资金，建议将从农村吸收来的邮政储蓄资金全部或按一定比例"反哺"农村，使农民的资金大体上留在农村；建议扩展邮政储蓄银行业务范围，可考虑发放农村基础设施建设和综合能力开发等政策性贷款，也可以发放农民的基本生产、生活和农村中小企业、民营企业的商业性及支农性贷款，或者允许邮政储蓄机构与农信社或农发行签订大额存款协议，将资金交由农信社或农发行投入农业或农村地区，实现邮政储蓄资金"取之于农、用之于农"的良性互动循环。四是对国有商业银行，建议调整县域业务运作方式，根据县域经济结构及经济发展状况，给县以下营业机构一定额度的农业贷款审批权，在吸收存款的同时，要求其贷款总额中有一定比例用于支持农业和农村经济的发展，同时要求适度调低其系统内上存资金的比例和利率，以减少和解决农村资金流向城市、农业资金流向非农业领域的问题。

改革开放助推全面发展　湖北银行业实现六大历史性巨变

——湖北银行业改革开放30年回眸

湖北银监局

改革开放三十年来，湖北银行业发生了天翻地覆的变化，特别是中国银监会成立的五年来，湖北银监局紧紧围绕银监会"四四六"监管理念，以科学发展观统领银行监管工作全局，立足湖北实际，坚持以改革促进创新，以创新推动发展，在银行机构、产品种类、服务质量等方面飞跃发展，取得了辉煌成就。

一、湖北银行业的历史性巨变

三十年来，特别是湖北银监局成立以来，不断以新的监管理念和运行机制强化对全省银行业的有效监管和服务，提升金融对经济的渗透力和推动力，引领湖北银行业取得了令人瞩目的成就，实现了银行业改革发展的"六大"历史性变化。

（一）银行发展突飞猛进。从存款规模看，1978年至2007年，湖北银行系统存款余额由42.16亿元增加到11,211.11亿元，增长了266倍；从贷款规模看，贷款余额从96.78亿元增加到7,788.06亿元，增长了80倍；从资产质量看，不良贷款率由原来的30%左右下降到目前的11.8%，在中部地区位于前列；从盈利能力看，从过去微利甚至巨亏（2002年亏损额高达59.66亿元），发展到目前盈利128.59亿元。这些情况表明，湖北银行业整体实力与三十年前相比，已经跨上了一个新台阶。同时，随着经营规模、综合实力不断增强，全省银行业对经济发展的支撑作用越来越明显，渗透经济的能力越来越强。2003年至2007年五年间，全省银行业各项贷款增加额达到2,503.88亿元，增长速度47.38%，年均增速13.59%。在国家加强宏观调控的形势下，连续两年超过全省GDP增速。

（二）银行改革卓有成效。经过三十年的改革发展，湖北银行业成功实现了由“大一统”银行体系向现代银行体系的历史性转变。从原来只有中国人民银行一家，发展到现在，湖北省已拥有各类银行网点7,991家，从业人员106,971人。既有商业银行，又有政策性银行；既有大型商业银行，又有中小商业银行；既有主要服务于城市的城市商业银行，又有主要服务于农村的农村信用社和村镇银行；既有银行业金融机构，又有金融资产管理公司、信托投资公司、财务公司等非银行金融机构；既有中资金融机构，又有外资金融机构。

全省银行业改革成效突出表现在：一是大型银行活力显现。国有大型银行分支机构流程改革取得重大进展，“按岗定人、按岗定薪”的人力资源改革深入推进，并已开始引入操作风险拨备计提等国际先进的风险管理技术。通过改革，有效激发了经营创新活力，业务发展势头迅猛，代客理财、代理基金发行等中间业务快速发展，收入结构不断优化。二是农村信用社产权制度改革基本完成，以2005年7月省联社成立为标志，湖北省农村信用社统一法人改革逐步深入。截至目前，除武汉市外，以县为单位改制的农村信用社全部获批开业，并在此基础上组建了黄石滨江农村合作银行、宜昌夷陵农村合作银行，武汉市农信联社组建武汉市农村商业银行已获国务院批准，标志着我省农信社改革进入了新的历史阶段。三是新型农村金融机构成功试点。在无经验可循、统一思想认识任务重、本地金融机构又不具备发起人条件的困难情况下，坚持“市场运作、机制优先、模式多样、稳妥推进”的总体思路，积极推进村镇银行的试点。目前，已有8家村镇银行开业，成为全国村镇银行数量最多质量最高的省份，其中，仙桃北农商村镇银行是全国首家由异地金融机构发起设立的村镇银行，随州曾都汇丰村镇银行是全国首家由外资银行发起设立的村镇银行，起到了较好的激活农村金融市场作用。村镇银行试点反响强烈，广受好评，被正式写入了省十一届一次人代会《政府工作报告》。四是邮储银行正式开业。经过长时间的周密部署和积极准备，2008年1月22日，邮储银行湖北省分行正式开业，各市州分行都已挂牌开业，县以下机构也正在筹建之中，标志着湖北省邮储银行改革步入全新的历史发展阶段。

（三）对外开放有序推进。银行业对外开放是中国改革基本国策的有机组成部分，是中国经济日益融入世界经济的客观要求。顺应这一要求，湖北银行业走出了一个从封闭到放开、从排斥到吸纳的发展历程。近年来，伴随着中国银行业全面对外开放，湖北银行业加快了引进外资银行的步伐。一方面，外资银行加速布局武汉，实现了从分行向支行发展。2007年9月，东亚银行武汉分行正式开业，这是近10年来湖北乃至整个中部地区新设立的第一家外资银行分行；汇丰银行已经设立3家支行并获准开业，第4家支行正在筹建之中；日本瑞穗银行武汉分行也于2008年8月7日获准筹建。至此，进驻武汉的外资银行已达4家。此外，渣打银行等也初步达成在汉设立分支机构的意向。另一方面，外资银行实现了从城市到农村发展。2007年12月13日，香港上海汇丰银行发起设立的湖北随州曾都汇丰村镇银行有限责任公司正式挂牌开业，开启了外资银行进军中国农村市场的大幕。此外，由美国花旗银行分别在赤壁市、公安县两地设立的贷款子公司，已于9月26日正式获批筹建，这将是全国第一家由外资银行发起设立的贷款子公司。截至2008年底，我省外资银行机构数量将达到13个，除4家分行、5家支行和1个代表处外，还将在县域设立3家外资新型农村金融机构。

（四）金融风险妥善处置。过去，湖北曾是金融风险的重灾区。部分银行业金融机构内控薄弱、管理不善，隐含着严重的市场风险、操作风险、支付风险，严重威胁到全省正常的经济金融秩序。经过几十年发展，湖北省金融风险得到有效处置。全省6家城商行圆满完成了52亿元不良资产处置任务，不良贷款比例下降到5%以下，整体资产质量由全国中下游上升为中上游；6家城商行资本充足率全部达标，拨备覆盖率和资产质量大幅提升，基本达到审慎监管要求；鄂州汇源城市信用社成功退出市场，成为全国银行依法破产第一案。省国投20.63亿元巨额历史债务全部化解，并由交通银行作为战略投资者重组省国投，成为全国商业银行入股信托公司第一例。建立了"预警排查、发现报告、立案交办、性质认定、依法处置、督办通报"的非法集资处置工作新机制和处置工作流程，较好处置了50余起非法集资案。深入推进案件专项治理，实现了案件治理的常态化和机制化，遏制了案件高发势头，近年来，全省银行业连续实现发案数量、涉案金额"双下降"目标。国有商业银行进行股份制改造之后，资产质量和抗风险能力明显提升。农村信用社积极推进统一法人改革，加大了历史包袱的清理处置力度，整体抗风险能力明显提高。资产管理公司全面完成政策性处置任务并着手商业化转型，开始搭建商业化运作平台，经营风险明显降低。

（五）金融监管成效明显。三十年来，我国的银行监管由"大一统"管理逐步向专业化监管过渡。1984年，中国人民银行专门行使中央银行职能，负责对银行业实施监管。20世纪90年代以来，先后成立了中国证监会、中国保监会、中国银监会，最终形成了"一行三会"的金融分业监管框架。目前，湖北省已形成在集中统一监管体制下，政府、职能部门齐抓共管的协同监管与自律监管相结合的监管格局。湖北银监局成立后，紧紧围绕银监会"四四六"监管理念，以科学发展观为统领，以提高监管质效为核心，结合辖区实际，积极探索创新，先后试行了联动监管、标准化监管、差别监管、流程监管、原则导向监管等系列监管方式创新，实现了银行监管治理的飞跃。高举"人才兴局"旗帜，采取教育培训、干部交流、正向激励、绩效考核等有效措施，充分激发员工潜能，为监管工作提供了有力支撑。强力推进风险处置，彻底摘掉了金融风险重灾区的帽子，使湖北银行业整体跃上了新台阶。大力推进银行业改革开放，有效增强了银行业整体竞争力和抵御风险能力。强化金融服务，结合中部崛起和"两型"社会建设要求，采取了一系列改进金融服务的监管措施，有效增强了金融对经济的渗透力。由于监管有力，湖北银监局单项和整体工作先后多次受到银监会和省委、省政府的表彰，2007年，湖北银监局被省委、省政府授予"文明单位"称号，局机关被银监会党委授予"文明单位"称号，局工会被省总工会评为创先争优"优秀单位"。

（六）金融创新方兴未艾。湖北银行业三十年的发展历史，就是一部金融创新的历史。特别是湖北银监局成立以来，按照支持创新、引导创新、推动创新的工作思路，鼓励和支持辖内银行业进行自主创新，收到了明显效果。一是机构主体创新。通过大力引进外资，湖北省外资银行已达4家，是中部地区外资银行最多的城市；此外，村镇银行、贷款子公司、农村合作银行等新型金融机构正如雨后春笋迅速发展，有效激发了金融市场活力。二是金融产品创新。全省银行业先后开发了各类权利质押、动产质押和企业联保等贷款方式，为企业融资提供了便利；人民币及外汇理财产品日益丰富，银证、银保合作不断加强，较好满足了不同地区、不同行业、各个层次客户的金融服务需要。三是同业合作创新。全省银行业积极开展银团贷款、社团贷款、银行间委托代理贷款、联合发卡等多形式的同业合作，形成了"多赢"局面。银团贷款是同业合作创新的一个重要方式，不仅分散了贷款风险，而且解决了大额贷款单个银行无力承担的问题。近三年，全省银行业已成功开展的银团贷款项目16个，银团贷款666亿元，位居全国前列。四是金融服务创新。开展了"金融知识普及主题日"活动、"送金融知识下乡"活动，使金融知识进入寻常百姓家；探索落实小企业贷款"六项机制"创新，全面推进小企业贷款工作的开展，2006年、2007年连续两年被银监会考核评比为小企业贷款推进工作先进单位；精简业务流程，提高办事效率，银行排长队、客户投诉明显减少，企业、政府的满意度明显提高。五是管理手段创新。在银行机构中推行控制案件发生的"十大联动监管指引"，推广了强化内控的"总会计贵海英工作法"，开展了内控产品成果展示、评比、交流，研发并全面运行了大额票据登记核查系统，实现了票据业务的实时登录、查询和全程监控，有效防范了各类风险的发生。

二、几点启示

（一）必须坚持用科学发展观统领银行工作。科学发展观是对马克思主义的创新和发展，是我国经济社会发展的重要指导方针。在科学发展观的引领下，湖北银行业实现了发展方式从粗放型、外延型向集约型、内涵型的转变；从片面追求市场份额向重视股东利益最大化、重视社会责任的转变；从过去以存贷款利差收入为主的结构向大力发展中间业务的转变，银行业的收入结构、盈利模式得到很大改变，可持续发展的能力有了很大提升。湖北银行业三十年来的发展历程表明，只有坚持用科学发展观来指导、谋划和推动银行业各项工作，才能有效促进银行业全面、协调、可持续发展。

（二）必须坚持按金融规律办事。事物的发展都有其客观规律，顺应客观规律办事，自然一帆风顺、锦上添花，违反客观规律办事，就会事倍功半、受到惩罚。银行业发展的客观规律就是要以科学发展的世界观和方法论为指导，按照银行业的内在规律转变观念，创新发展方式，提高发展质量，走规模、速度、资本、风险、效率持续动态平衡的科学发展之路。上世纪八九十年代，受各种因素的影响，全国上下大办城市信用社、农村合作基金会，由于内部管理不善、外部监管不足、经营环境欠佳，导致金融风险积聚，严重影响到正常的金融秩序，就是违反银行业发展客观规律的典型教材，需要时刻引以为鉴。

（三）必须坚持推进银行业改革开放。三十年来，湖北银行业发展最大的突破是改革开放，最大的亮点是改革开放，一切成就的取得也都是得益于改革开放。湖北银行业改革开放的基本方向就是在银监会和湖北省委、省政府的领导下，逐步建立健全商业银行和其他银行机构分工合作、竞争有序的现代银行体系。围绕这一基本方向，经过三十年的努力，湖北银行业基本实现了从专业银行到现代公众银行的转变，从外部体制到内部经营机制的转变，从传统经营方式到现代经营模式的转变。所有这些转变，根本动力就在于改革开放，根本手段就在于改革开放。改革开放是我们认识、思考和研究解决问题的基本出发点。始终不渝坚持市场化的改革开放，是湖北银行业三十年来得出的最宝贵的经验。

（四）必须坚持用创新的思维解决发展中的问题。创新是银行业发展的不竭动力和源泉。银行监管部门始终坚持把金融创新作为稳健发展的根本动力，大力营造有利于创新的体制机制环境，积极推进银行业在各个领域的创新实践，创新渗透了银行业发展的各个方面、各个环节和各个阶段。如通过创新不良资产处置方式，帮助城商行和省国投化解历史包袱推动其走上稳健发展道路。大力引进外资银行，发展了村镇银行、贷款子公司等新型金融机构，极大地促进了全省金融体系的完善；推行了小企业贷款“六项机制”创新、支农信贷品种等系列创新，为地方经济的可持续发展提供了有力支撑；探索实施了标准化监管、差别监管、特别监管和原则导向监管，有效防范和化解了各类金融风险，保证了全省金融秩序的健康稳定。实践证明，创新是发展之源，这一条必须坚定不移，毫不放松。

（五）必须坚持做好信用环境建设。良好的社会信用环境不仅是银行业稳健发展的依托，也是经济健康发展的重要保证。历史上，由于受信用环境不佳的影响，银行业对湖北经济发展的积极推动作用并未充分显现，甚至在局部地方、局部领域，由于信贷收缩相反对经济产生了一定的抑制作用。为扭转这一不利局面，湖北省委、省政府加大了信用环境整治力度，全力打造“信用湖北”，为全省银行业健康发展营造了良好的环境。三十多年来的金融实践证明，银行业稳健发展必须依托信用环境的改善，而紧紧依靠地方党委政府的领导与支持，始终是建设良好信用环境的根本途径。

湖北辖区上市公司股权激励调研报告

黄有根
（湖北证监局　局长　邮编　430079）

一、辖区上市公司实施股权激励的现状

自2005年12月中国证监会发布《上市公司股权激励管理办法（试行）》后，2006年湖北辖区凯迪电力正式启动股权激励，开始了全省上市公司股权激励的积极探索。

（一）面对日益成熟的资本市场，越来越多的上市公司对实施股权激励持积极肯定的态度

从调查问卷的反馈看，辖内23%的公司认为股权激励是“最好的激励措施”，60.7%的公司认为股权激励是“较好的激励措施”，13.1%的公司认为股权激励“虽不是最好的激励措施，但目前并无其他更好的替代选择”，仅有3.3%的公司认为股权激励是“不是最好的激励措施，有其他更好的替代选择”。上市公司也表示股权激励与其他绩效挂钩的激励方式相比，更加能够兼顾公司的短期目标与长期目标，面向未来，有利于充分调动管理层的积极性并发挥其潜能，带领公司创造超出预期的业绩，故不能为其他激励方式所取代。因此，大多数公司及其控股股东或实际控制人对股权激励持积极态度，支持公司在合适时机和一定条件下实施股权激励。

（二）辖内上市公司股权激励工作仍处于初级阶段，实施股权激励的比例略高于全国平均水平

目前，辖区内6家上市公司已经推出股权激励计划，但与中国资本市场的飞速发展相比，建设进程依然缓慢，仍处于初级阶段。从股权激励实施进展来看，湖北辖区处于股权激励实施各阶段的上市公司比例均略高于全国平均水平。

截至2008年10月31日，全国1,604家上市公司中共有126家公司推出股权激励计划，占比7.9%，湖北64家上市公司中6家推出股权激励计划，占比9.4%；全国共有33家公司已进入股权激励实施阶段，占比2.1%，湖北有2家公司（凯迪电力、福星股份）进入实施阶段，占比3.1%；全国共有12家公司激励方案获股东大会通过即将开始实施，占比0.7%，湖北有1家公司（凯乐科技）激励方案获股东大会通过即将开始实施，占比1.6%；全国共有48家公司激励方案已获董事会通过，占比3%，湖北有3家公司（烽火通信、兴发集团、武汉凡谷）激励方案已获董事会通过，占比4.7%；全国共有33家公司已停止实施股权激励，湖北目前没有公司停止实施股权激励。

（三）市场剧烈波动和政策层面的因素，使相当部分上市公司对股权激励止步于观望

调查表明，在辖区内尚未推出股权激励计划的59家公司中，目前约有12家公司表示有实施股权激励的意向，占未实施股权激励公司数的20.3%。对于上述公司为何尚未提出明确的实施时间表而处于观望状态，公司表示主要是基于以下方面原因：一是近期证券市场波动太大，不利于股权激励方案的制定和推行；二是监管部门对上市公司实施股权激励的相关政策不断出台，国资委和证监会的审批过程不够透明，从而导致公司预期不明，实施难度难以把握；三是部分公司暂不满足公司治理的要求或正处于重大资产重组进程中，需待相关问题解决后再行考虑具体实施问题。

（四）历史原因形成了部分上市公司变相的“股权激励”，新形势下加以规范成为必然要求

在证监会和国资委正式出台股权激励相关管理办法之前，地方政府为调动公司管理层和员工的积极性，增强公司凝聚力，同时贯彻“国退民进”的思想还企业以生机和活力，曾允许并鼓励过少数公司实行职工持股计划等变相的股权激励方式。这种激励方式在当时的情况下对带动员工积极性和促进企业发展发挥了一定的作用，但是由于内部人控制等问题的存在，这种职工持股计划给上市公司利益输送创造了操作空间，并给上市公司规范运作和健康发展埋下了隐患，同时也增加了发现这种隐蔽地掏空上市公司利益的监管难度。从调研情况看，辖内少数实施了这种职工持股计划的公司纷纷表示，如果相关政策法规出台，公司愿意按照法规要求对已实施的职工持股计划进行规范，使之前的职工持股计划转变为法规所明确认可的股权激励方式，从而建立起真正有利于上市公司发展的健康

有效的长期激励机制。

(五)辖内已实施股权激励的2家上市公司进展顺利,对全省上市公司起到了良好的示范作用

凯迪电力的股权激励是基于股权分置改革方案的安排,在公司2006年和2007年经营业绩达到股改方案设定目标后,由公司第一大股东凯迪控股将用于追加对价安排的11,237,520股无偿转送给公司董事会确定的激励对象以达到激励目的,上述激励股票已于2008年6月5日正式过户登记到激励对象名下,相关激励实施完毕。福星股份于2006年9月22日公布股票期权激励计划,同年该计划获证监会无异议批复,并于2006年12月11日将计划涉及的760万股票期权授予激励对象并完成相应证券登记工作,公司2006年和2007年业绩表现已达到行权条件,现正处于第一个行权期间。这两家公司顺利实施股权激励的鲜活案例给辖内其他准备实施股权激励的公司起到了良好的引导示范作用,并以其实践经历为其他公司带来了一定的参考和借鉴意义。

二、上市公司实施股权激励存在的障碍与问题

(一)外部因素——市场剧烈波动部分消解了股权激励的作用,也降低了上市公司实施股权激励的积极性

根据调查问卷的反馈情况,对于股票市场波动对股权激励思路及实施的影响,认为市场波动不利于股权激励方案的实施的上市公司23家,占全部有效问卷的37.7%。其中包括已公布股权激励计划的两家上市公司,他们认为由于近期证券市场动荡不安,公司股价大幅缩水,行权价格与股价差异较大,使得上市公司已经报备通过的股权激励计划失去意义,公司推行股权激励难以适从,行权困难重重。合理的股价和稳定的股票市场更有利于公司实施股权激励。

而在本辖区股权激励座谈会上,部分已进行股权激励计划但尚未行权的上市公司也提出,由于市场环境出现了异常变化而造成原有股权激励计划的流产,应该给予上市公司一次根据现在市场状况修改计划的重新申报机会,在申报时提供简易程序,在方案经过修改后重新报董事会审议,再提交证监会及相关部门审核,这样可以节约时间,提高效率,促进股权激励的有效实施。

(二)政策因素——现行部分政策法规设置成为股权激励制度的局限,配套法规的不完备影响股权激励的推进

1. 国资委对股权激励收益和首次授予数量的限制在一定程度上影响了公司实施股权激励的积极性。《国有控股上市公司实施股权激励试行办法》规定,国有控股上市公司在股权激励计划有效期内,实行股权激励的董事、监事、高级管理人员预期中长期激励收入最高应控制在薪酬总水平的30%以内,《关于规范国有控股上市公司实施股权激励有关问题的补充通知》进一步明确境内上市公司及H股公司的股票期权(或股票增值权)激励收益原则上不得超过薪酬总水平的40%,境外红筹公司原则上不得超过50%,如超出上述比重,尚未行权的股票期权(或股票增值权)不再行权。根据本辖区此次调研情况,大部分国有控股上市公司认为此项限制不太合理,占比57.1%。主要理由包括:30%的比例太小,激励作用有限;对于公司而言,股本偏小,高管薪酬水平并不高,此类规定使股权激励难以起到真正意上的激励作用;同为上市公司,相对于民营企业没有限制的情况看,将国有控股上市公司的股权激励收益控制在30%以内存在局限性;该规定存在歧义,一是股权激励预期收益水平难以确定,二是本质上讲,期权是一种风险投资,也有机会成本,与薪酬没有必然联系,两者之间挂钩不妥当,三是通过期权取得的股票交易限制多、时间长,存在很多不确定因素,无法界定其收益水平,四是期权预期收益属于投资所得,薪酬属于劳动报酬所得,没有必要确定两者之间的比例关系;股权激励的初衷是充分调动管理层的积极性,带领公司创造优秀的业绩,在业绩完成甚至超标后,管理层应该获得相应的报酬,但是上述规定实际上是框定了激励对象所能获得的整体收益,这偏离了激励的初衷,影响了公司实施股权激励的积极性。除此之外,根据国资委的有关规定,上市公司股权激励的首期行权股份不能超过总股本的1%,这也引起了部分公司的争议。在关于股权激励的座谈会上,有公司表示,授予数量限额的制度设计应考虑股本大小而定,不能“一刀切”。对于股本总额大的央企控股公司,授予1%能够起到激励作用,但对于股本小的公司,如地方控股的上市公司,规模通常较小,此时授予1%的股权激励数量往往起不到激励效果,这也导致公司实施股权激励的积极性不高。

2. 在推行股权激励的同时,还需要完善股权激励引起的纳税规定,推进配套的税收法规建设。一是明确股权激励对象所获得的股票是薪金所得还是财产所得,从纳税义务发生的时间和税率上鼓励

激励对象长期持有股票，达到长期激励作用。二是明确企业所得税扣除的问题，包括能否扣除、扣除额的确定以及何时能扣除。另外，还有公司表示，由于锁定期的存在，行权时按行权价与当日市价之差交个人所得税会加重行权人的经济负担，不利于行权人行权，不利于股权激励的实施，建议改为行权人卖出股票时对上述差价征收个人所得税。

（三）企业因素——上市公司在实施股权激励过程中存在偏颇，激励水平和激励效能受到影响

1. 考核指标体系不健全。目前我国目前大多数上市公司都是实行以经营业绩为导向的考核体系，而在推出股权激励方案时，如果单纯以业绩作为考核指标，可能会给上市公司带来一些负面影响，比如人为篡改财务数据、短期行为等。根据本次调研中的调查问卷的反馈情况，对于实施股权激励的考核指标规定，有上市公司认为指标应放宽和增加灵活性，尽量尊重股东大会的意见；股权激励应坚持风险与收益对称，在考核指标的设置上既要考核当期效益情况，更要着眼于企业的长期发展；既要看盈利水平，也要看股票市值的变化。

2. 存在内部人控制问题。由于内部监控机制缺位，目前我国部分上市公司，尤其是国有控股上市公司中存在比较严重的内部人控制现象，上市公司的真正控制者不是股东而是公司的实际执行者或经营管理者，内部人通过控制董事会影响股东大会。如果对经营管理层缺乏必要的监督和约束，股权激励计划可能会被公司管理层所滥用，存在内部人控制问题的上市公司可能会更容易设置对管理层优厚回报的股权激励方案，而对利益回报的追求会导致上市公司进行短期行为，必然会损害上市公司股东利益。解决内部人控制问题是确保股权激励制度实现其初衷和价值的前提之一，因此，在推进上市公司股权激励的同时，必须采取完善外部董事和独立董事制度、增强上市公司董事会的独立性等措施，建立健全上市公司的内部监督机制。

3. 自身质量难入门槛。根据本次调研中的调查问卷的反馈情况，本辖区内部分上市公司对于实施股权激励所面临的最大障碍是不能达到股权激励相关规定的条件。具体包括以下几种情况：一是上市公司以前年度亏损过大，目前经营情况不好，如 ST 天华、ST 昌鱼、S* ST 天发、祥龙电业等；二是在公司治理层面不符合股权激励条件，如外部董事占董事会成员的比例未达到二分之一的火箭股份；三是上市公司正在重组，如力诺太阳、ST 道博等。可见良好的上市公司质量是实施股权激励的必要条件。作为监管部门，需要把加强对上市公司，尤其是对重组公司持续监管，以及督促上市公司健全和完善公司治理结构作为日常监管工作的重中之重。

（四）替代因素——部分上市公司对股权激励认识不足，选择了激励但是没有选择股权激励

根据本次调查统计，认为股权激励是较好的激励措施、但其并非唯一激励方式的上市公司 37 家，占全部有效问卷的 60.7%，其主要理由是任何激励措施都有其片面性，物质激励与包括公司归属感、事业心、成就感在内的精神激励同样重要，而且物质激励方式中除股权激励外，还包括工资、奖金等中短期激励措施；另外，认为股权激励不是最好的激励措施，有其他更好的替代选择的上市公司 2 家，占全部有效问卷的 3.3%，其主要理由是通过目标责任考核工资制度等其他方式，在操作上更为权责明确，简单易行，更能起到激励作用，而股权激励操作程序上相对复杂，时机不好把握，对公司会计处理有影响，而且股权激励是一把双刃剑，如果使用的不好，如在管理层离任前，有可能会为了最大化个人利益，而进行违法或损害投资者利益的操作，进而损害上市公司利益和投资者利益。由此可见，其他替代激励方法弱化了部分上市公司对股权激励的积极性。

三、促进和完善股权激励实施的对策和建议

（一）在实施股权激励的态度上，建议积极稳妥规范予以推进

现在我国资本市场的主要矛盾并不是股权激励不足的问题，而是上市公司治理水平不高从而产生的虚假信息披露、内幕交易、操纵市场等问题。目前在推进股权激励计划时所出现的漏洞，反映的是上市公司治理和结构的问题。因此，在股权激励的问题上，不应盲目和其他国家类比或是夸大股权激励的作用，而是应该根据现阶段我国国情，将股权激励计划作为一个对上市公司薪酬体系的补充方式来看待。在上市公司推行股权激励的过程中，必须以谨慎稳妥的态度对待，要避免出现上市公司内部人控制现象，引导股权激励在实施过程中的规范化。

除此之外，由于目前已实施股权激励的上市公司较少，关于股权激励实施的案例数量不多，所以目前应该继续稳妥地推行股权激励现有政策和规定，等更多上市公司实施股权激励、行权之后，根据在

股权激励实践中所出现的相关问题，再采取新的策略和对策，并根据上市公司的治理水平逐步推进股权激励，确保资本市场的健康发展。

（二）在实施股权激励过程中，要促进完善上市公司治理结构

在进行股权激励审批时，把公司治理水平作为重点关注事项具有重要意义。在上市公司治理结构不完善、出现内部人控制的情况下，公司管理层可能会制定不合理的激励计划，如过量的股票期权、过低的行权条件和制定不公平的行权价格等等，进而损害股东的利益；在公司管理层获得股票期权以后，由于股票期权对高管人员只在股价上升时具有激励作用，而高管人员对于股价下跌却并不需要承担责任，这可能导致高管人员在选择上市公司投资项目时倾向于选择风险大的项目而从中获利，由此损害上市公司的利益。因此，上市公司股权激励制度的推行必须以完善公司治理为前提。

将公司治理水平设置为股权激励的门槛之一，一方面鼓励公司治理规范的上市公司实施股权激励，另一方面通过审批要求来促使有实施股权激励意向的上市公司加强规范操作，进一步完善上市公司治理情况。

（三）在实施股权激励的环节中，要着力加强上市公司规范监管

对于我国上市公司而言，股权分置改革的完成和新会计准则的调整导致企业有更大的动力和灵活性去做高业绩，这使得高管层对公司业绩的价值取向变得尤为微妙。因此，在实施股权激励的同时，必须加强上市公司的监管和约束。

一是加强对公司治理的监管。要加强对董事会薪酬与考核委员会的监管，要求公司制定明确的董事会薪酬委员会议事程序，并完善其职能。要重点关注公司董事会薪酬与考核委员会是否能够保持其独立性。要督促上市公司建立完善的经营业绩考核体系，考核指标应当全面、系统，财务指标与非财务指标并重。在设计考核指标时应尽量选取适合自身特点的模式，考核指标的设计应以相对灵活的方式结合多种指标，设计不同的考核方案。可以考虑要求公司引入EVA平衡计分卡等国外的先进考核办法，从而保证股权激励的实施效果。

二是加强对信息披露的监管。对实施股权激励上市公司的信息披露制度和内容进行检查，包括：股票激励计划方案；股票激励计划的预期效果；股票激励计划的依据和原则；薪酬委员会的组成、职能议事规则；高级管理人员的薪酬的披露等。确保信息能够及时、全面、真实地披露。

三是加强对公司高管的监管。在推进上市公司股权激励的同时，必须加强对高管持股的监管，防止出现利益操纵行为。要加强对上市公司及具有持股优势的大股东、高管人员的监管，在监管工作中密切注意二级市场股价异常波动等现象，做到有异动必反应，有违规必查处，确保上市公司依法运作。要加强对内部人控制公司的监管，将解决内部人控制问题作为实施股权激励制度实现其初衷和价值的前提之一。要加强对高管股权激励收益的监管，确保上市公司高管股权激励收益信息披露的真实性，督促公司控制好股权激励的尺度，制定完善符合公司长远发展的股权激励方案。

（四）在实施股权激励的方式上，要加强对职工持股的规范

国资委《关于规范国有企业职工持股、投资的意见》（以下简称"《意见》"）等要求实质上是为了防止国有企业改制过程中通过职工持股的利益链条关系进行利益输送，进而防止国有资产流失。从这一点而言，该《意见》如果能够得到有效实施，可以在一定程度上保护国有企业资产不被内部人员通过各种利益输送手段进行侵害，对于完善公司法人治理结构、促进国有资本有进有退合理流动、规范国有企业改制和企业职工投资行为、防止国有资产流失有重要意义，有利于国有企业的长远发展。因此，作为监管部门，需要督促上市公司深刻领会国资委《意见》精神，建立和完善职工持股的相关制度，认真开展职工持股投资清查，严格控制上市公司职工持股范围，明确职工股份转让要求，依法规范职工持股形式，规范操作、强化上市公司内部管理，及时全面履行信息披露义务，防范国有资产流失，促进上市公司健康发展。

（五）在实施股权激励的政策上，建议完善配套法规体系

一是逐步完善审批程序。建议逐步补充完善报备材料清单，对于证监会要求报送的其他文件逐步补充细化，以便于公司进行充分的准备；进一步明确审核流程，给市场一个清晰明确的审核流程，增加审核透明度，构建顺畅的沟通渠道，以便于公司了解审核进程，及时披露相关信息；适当简化重新申报程序，建议对由于市场环境出现了异常变化而造成原有股权激励计划流产的，给予上市公司一次根据现在市场状况修改计划的重新申报机会，在申报时提供简易程

序，在方案经过修改后重新报董事会审议，再提交证监会及相关部门审核，提高效率，促进股权激励的有效实施。

二是配套税收法规政策。建议推动税务管理机关对股权激励所引起的纳税问题进一步明确，比如股权激励对象所获得的股票是薪金所得还是财产所得，股权激励产生的费用在企业所得税中能否扣除、扣除额的确定以及何时能扣除，等等。另外，可以从纳税义务发生的时间和税率上鼓励激励对象长期持有股票，达到长期激励作用。比如，将行权时按行权价与当日市价之差交个人所得税改为行权人卖出股票时对上述差价征收个人所得税。

三是适当放宽部分限制。一方面，建议国有资产管理部门适当放宽对股权激励收益的限制，比如将权激励收益的限制放宽至股票期权（或股票增值权）激励收益原则上不得超过薪酬总水平的一倍或两倍，以便充分发挥股权激励的作用。另一方面，要适当放宽对首期行权股份比例的限制。目前，国资委对上市公司股权激励的首期行权股份不能超过总股本1%的规定，对地方控股、规模较小的上市公司，往往起不到激励效果，导致公司实施股权激励的积极性不高。建议国资管理部门根据上市公司股本总额、经营状况等实际条件，制定更加切实可行的政策，适当放宽限制，激发上市公司提高经营管理水平的动力，实现国有资产保值增值。

关于湖北辖区证券经纪人问题的调研报告

王广幼

（湖北证监局　副局长　邮编　430079）

证券经纪人作为一项重要基础性制度安排，在2008年6月1日开始实施的《证券公司监督管理条例》中才对其法律地位予以明确，但其存在却由来已久。为了全面掌握湖北辖区证券经纪人的总体情况，深入了解经纪人发展过程中出现的新问题，提高监管工作的针对性和有效性，湖北证监局组织了有关证券经纪人问题的专题调研。调研中，通过采取问卷调查、深入现场、召开座谈会等多种形式，掌握了翔实可靠的第一手资料。现分析报告如下：

一、湖北辖区证券经纪人的总体情况

目前业内对经纪人还没有一个准确的定义，此次调查的经纪人主要是证券公司的三类人：一是证券公司正式员工中从事业务推广、市场开拓的营销人员；二是与证券公司正式员工待遇有所差别，但签订了劳动合同，享受底薪和相关福利的营销人员；三是与证券公司签订委托合同或居间合同，不享受底薪和相关福利，专门代理其招揽客户、服务客户的营销人员。

在调研中，针对营业部和经纪人分别设计了一套调查问卷，要求辖区内的106家营业部及其至少5名经纪人参加，共回收568份有效调查问卷。在问卷分析的基础上，又深入到长江证券公司总部及国信证券、中信证券等8家营业部进行实地调研，与营业部相关负责人、部分经纪人及其客户充分交流，听取他们的意见和建议。随后又召集部分营业部负责人座谈。综合分析各种调研信息，湖北辖区证券经纪人呈现如下特点：

（一）经纪人队伍总体规模大，但各机构之间规模差异较大

截至2008年10月31日，湖北辖区只有6家营业部没有实行经纪人制度，其余100家证券营业部共有证券经纪人3,097人，平均每家31名，比2007年统计的证券从业人员数还要大得多。但各证券经营机构的经纪人队伍的规模差异较大。辖区内经纪人规模排名前十位的营业部共有经纪人1,167名，占比37.7%。经纪人规模排名后十位的营业部只有经纪人34名，占比1.1%。

（二）经纪人文化素质较高，但通过证券从业资格考试比例较少

辖区经纪人中，高中、中专学历的有318人，大专学历的有1,752人，大学本科学历的有1,034人，研究生及以上学历的有

41人,具有大专和大学本科学历的人占绝大多数,但辖区内所有经纪人中具有证券从业资格的人只占到51.6%。主要原因是《证券公司监督管理条例》首次提出证券经纪人应当具有证券从业资格,到目前条例生效时间尚不足半年,经纪人大量通过从业资格考试还需要一个过程。

(三)证券经纪人收入随市场大幅波动,“靠天吃饭”现象较明显

湖北辖区内经纪人的收入两级分化较为严重,从2006年1月到2008年10月,辖区内经纪人月均工资为5,066元,最高月工资为42,479元,这在武汉市属于相对较高的水平,基本体现了金融行业工资特点。在行情最火爆的月份,辖区内资深经纪人平均每月能拿到57,229元,而初级经纪人平均每月只能拿到6,718元,两者相差8.52倍,个别顶尖经纪人甚至每月能拿到20—30万元,而个别较差经纪人依然每月只能拿到2,000—3,000元。在行情低迷的月份,资深经纪人的月工资回落至8,000元左右,初级经纪人回落至1,500元左右,这与行情火爆月份的工资相比,又相差巨大。

(四)证券经纪人队伍流动性较大,且呈逐年上升趋势

近两年辖区内每三名经纪人就有一人离开了所在机构,离职率*超过30%。经纪人的频繁流动,一方面加大了证券经营机构的招聘培训成本,不利于培养稳定、高素质的营销队伍,另一方面也加大了经纪人择业的机会成本,让经纪人没有归属感和安全感。与此相关,经纪人的高流动性导致了证券经营机构招聘频繁,2006—2008年间平均每家营业部年招聘经纪人4.4次,每次招聘约为6.5人,共招聘经纪人2,764名左右,而同期经纪人离职人数为1,996人,占招聘人数的72.2%。

(五)证券经纪人对营销贡献较大,但与利润并不成正比

通过对比近三年来营业部的利润排名与经纪人的关系,发现经纪人较多的前十家营业部的总体利润状况明显好于经纪人最少的十家营业部。在湖北辖区,利润状况最好的十家营业部平均有经纪人约为51名,比湖北辖区的平均水平31名高64.52%。但经纪人规模与营业部利润之间并不成正比关系。只有发展规模适度、风险可控、行为规范的经纪人队伍,才真正有利于证券经营机构的业务发展和利润提高。

(六)经纪人与机构法律关系多样化,经纪人管理模式差异较大

湖北辖区经纪人与机构之间存在四种类型的法律关系,分别是劳动关系、代理关系、居间关系和劳务派遣关系。辖区内比较知名的券商,比如长江证券、国信证券和中信证券等公司的经纪人与券商之间是一种劳动关系,作为证券公司的员工对外开展业务。采取委托方式的证券经纪人与机构签订委托合同,接受授权以机构名义对外招揽客户。采取居间关系的证券经纪人作为独立于证券经营机构与客户之间的第三方,促进机构与客户之间经纪合同的订立。此外,还有劳务派遣方式,主要为信泰证券和华泰证券在辖区内营业部所采用。

对于不同法律关系定位的证券经纪人,机构的管理模式各不相同。对签订劳动合同的证券经纪人,普遍实行的是紧密型管理模式,基本都被纳入正式员工进行统一管理。机构通常会强制要求这部分经纪人参加各种培训和学习,给他们提供畅通的营销渠道,执行严格的考勤制度。机构通常对这部分经纪人花费了较多的招聘、培训和工资成本,该类经纪人的收入包括底薪加提成。

对签订委托合同的证券经纪人,普遍实行的是松散型或半松散型管理模式,基本不纳入正式员工进行管理,机构通常会要求这部分经纪人参加部分培训和学习,花费的招聘、培训费用较低。这类经纪人主要依靠自身营销渠道去开展业务,工资一般不包括底薪,以拿较高比例佣金提成为主。

以居间关系存在的经纪人凭借其社会关系为机构介绍客户获取收入,通常做法是经纪人以自己名义与客户接触,将客户推荐到证券经营机构开户,依据佣金提成获得报酬。这部分经纪人基本实行松散型管理模式,不受证券公司制度约束,大部分是兼职经纪人,有些还在多个营业部兼职。对机构而言,这部分经纪人的执业风险非常难以控制。

劳务派遣制的经纪人,由劳务公司负责招聘并与之签订劳动协议,然后被派到证券经营机构工作,接受机构的管理和培训。证券经纪人的报酬由机构按月支付给劳务公司,劳务公司在收取一定管理费后支付给经纪人。如果经纪人的工作没有达到目标考核要求,

*注:离职率是指当年离开营业部(包括自动辞职和被开除)的经纪人占当时在职人数的比重。

机构根据协议可以将经纪人退还给劳务公司。

(七)经纪人招揽客户途径单一,以银行驻点为主

辖区经纪人的业务开展方式主要有银行网点(多与证券公司三方存管银行合作)、高档社区、大型企业和商场、移动营业厅、高端物业营销等渠道,开发客户手段和途径包括银行驻点宣传、发放宣传单、报纸夹带、区域短信、张贴宣传栏、社区资讯台、理财报告会等。但调研发现,目前证券经纪人主要依靠银行驻点方式,其他方式营销效果不甚明显。

二、湖北辖区证券经纪人存在的主要问题

(一)经纪人在多家证券公司任职的现象依然存在

《证券公司监督管理条例》第三十九条明确规定"证券经纪人只能接受一家证券公司的委托,进行客户招揽、客户服务等活动。"然而,在实地调研过程中发现,部分经纪人在多家证券公司任职的情况依然存在,甚至是一种较为常见的现象。比如,长城证券在汉营业部的经纪人还在中银国际的营业部任职,该经纪人在两家营业部的客户量都多达几百人。武汉有一家科技公司代理销售"指南针"炒股软件,在中银国际、申银万国在汉的营业部挂名担任经纪人,边销售炒股软件边招揽客户,招揽客户赚取的佣金提成收入甚至超过销售软件所得到的利润。

(二)经纪人违法违规或超越代理权限的行为时有发生

从调查情况和日常监管掌握的情况分析,经纪人违法违规或超越代理权限的问题仍较突出。主要表现在:代理或擅自替客户办理账户开立、注销、转移,证券认购、交易或者资金存取等事宜,甚至挪用客户资产;提供、传播虚假或者误导客户的信息,或诱使客户进行不必要的证券买卖;与客户约定分享投资收益,对客户证券买卖的收益或者赔偿证券买卖的损失做出承诺;采取贬低竞争对手、进入竞争对手营业场所劝导客户等不正当手段招揽客户;违反规定泄漏所掌握的客户信息,泄漏所在证券经营机构的商业秘密;为客户之间的融资提供担保、中介服务或者其他便利;设法拦截机构自然增长客户,离职时设法转移原有名下客户;在多家证券公司担任经纪人,为自己买卖证券,私自开展受托理财;设立非法营业网点或与网络公司、网吧合作利用其发展客户;利用网上聊天工具(QQ,MSN,POPO)从事非法投资咨询活动;未经机构许可,擅自在报刊或其他新闻媒体刊登有关证券经纪业务的各类广告、通知、信函等。上述行为属于经纪人禁止性的行为,产生原因是市场不正当竞争以及经纪人法律意识淡薄、利益驱使和道德观等问题。由于经纪人属自然人,一旦因上述行为发生纠纷和风险,客户一般会找证券公司理论,最后往往由公司承担法律责任。

(三)经纪人的高流动性带来证券经纪业务的恶性竞争

调查问卷的统计分析表明,辖区内佣金费率水平在0.5‰-3‰之间。对比2006-2008年间的佣金费率水平,呈逐年下降趋势,每年下降约0.1‰。由于收入主要来源于佣金提成,经纪人一般会选择最有利于自己的机构,而券商为了争夺优质经纪人资源,开出的条件一家比一家高,经纪人获利越来越高,券商盈利空间越来越小,甚至会出现分成比例倒挂的现象。各证券公司为了保住市场份额,完成经营目标,不得不答应经纪人降低客户佣金费率的诉求,导致佣金价格战的不断发生,对正常的市场经营和竞争秩序产生不好的影响。

(四)证券营业部未认真执行规章制度,对经纪人疏于监管

虽然大多数证券公司都制定有较为完善的经纪人管理制度,但在执行时可能会打折扣,甚至没有认真执行《证券法》和《证券公司监管条例》的相关规定。证券经营机构为了吸引经纪人,一般会放松要求,不仅是日常管理,甚至是某些业务规定也要满足经纪人的需要。尤其是对于证券经纪人的违法违规或超越代理权限的行为,证券经营机构一般都会自行处理,而不会向监管部门和证券业协会报告,甚至不让其上级公司知道。至于具体的处罚措施和手段,主要包括:警告、通告批评、责令改正、暂停发放底薪和佣金提成,扣除风险保证金,解除与经纪人的《劳动合同》或《委托合同》并开除等,但申请吊销违规经纪人的证券从业资格证书以及将涉嫌犯罪的经纪人移交司法机关处理的情况并不多。证券经营机构对经纪人的管理和处罚力度不够,在一定程度上助长了经纪人的违法违规行为。

(五)假借经纪人名义的非法证券投资咨询活动屡禁不止

在证券经纪人队伍扩张过程中,一些人打着证券经纪人的幌子,大肆从事非法证券投资咨询活动。其运作模式大致如下:不亲自出面,而是推荐自己的代理人到证券营业部挂名担任经纪人,然后以网络、报纸、电视和广播为平台,以提供投资咨询服务、帮助股民获得高额炒股收益为诱饵来招揽客户,并要求这些愿意接受投资咨询服

务的客户到指定的营业部开户并依托在某个经纪人名下，一般情况下这些客户的佣金费率都设置比较高，甚至非现场交易的佣金费率最高达到3‰，而且依托的经纪人的佣金提成比例也很高。这些人在提供投资咨询服务的同时诱导客户频繁短线交易，做大交易量以获取更多的佣金提成收入。一般来说，这类人的正式工作或多或少与证券有关，具有工作便利，在圈内小有名气，人脉较广，部分人还具有证券从业资格甚至执业资格证书，多数人事先与券商达成了默契，营业部负责人对这些人的底细和动机也比较清楚，但是为了能招揽到更多的客户，营业部默认了这些做法。比如，辖区内某广播电台经济频道的部分工作人员先推荐代理人到营业部担任经纪人，然后利用咨询股票的机会进行客户招揽，甚至直接代替客户进行股票交易。

三、规范发展证券经纪人的对策建议

（一）尽快修订出台《证券经纪人管理暂行规定》

由于2007年许多证券公司根据当时的政策要求对经纪人进行了大规模清理，而且力度很大，而目前《经纪人管理暂行规定》从2008年9月15日推出征求意见稿后仍未正式出台，很多具体要求不明朗，包括经纪人的劳动关系、权利义务、任职条件等，所以一些谨慎的证券公司普遍采取观望的态度，一部分曾经被清理掉的经纪人也对重返工作岗位心存犹豫。而《经纪人管理暂行规定》的早日出台有利于增强证券公司和经纪人的信心。另外，《证券经纪人管理暂行规定》的有关条款原则性较强，不易操作实施，有些方面需要进一步细化，以解决实际操作难的问题。

（二）建立证券经纪人执业注册登记制度和诚信档案

注册管理和诚信记录是规范发展证券经纪人的治本之策，有利于从源头上遏制经纪人的违法违规冲动。为加强证券经纪人管理，提高证券经纪人执业行为的规范性，应当建立证券经纪人注册管理制度，由证券业协会建立证券经纪人数据库和职业档案，对证券经纪人进行注册管理。另外，对于主动离职的经纪人，建议实行3—6个月的注册限制，即主动辞职的经纪人在3—6个月内限制其跳槽到其他证券公司任职，且不允许其带走客户，同一证券公司不同营业部之间的跳槽则不受此限制，这样就提高了经纪人离任成本，加大券商实施恶性竞争的难度。

诚信记录方面，一方面建立对辖区内所有证券经营机构公共的信息查询平台，实现经纪人诚信信息在辖区内证券经营机构之间共享，另一方面应该制定经纪人诚信衡量标准，即明确有哪些不良诚信记录的经纪人要被暂停或者取消执业资格。

（三）完善证券经纪人的培训制度和培训体系

各证券公司尤其是证券业协会应当制定并建立完善统一的证券经纪人培训制度和培训体系，提高证券经纪人整体业务水平和合法、合规意识。证券经纪人在从业期间必须接受持续培训，培训内容应包括协会及签约公司提供的入职培训、职业道德和风险培训、业务培训及执业后续培训、新产品培训等项目，以满足经纪人职业发展的要求，证券经纪人的培训成绩应记录存档。

（四）制定具可操作性的证券经纪人从业规范

将现阶段我国证券经纪人的从业内容、从业方式及收入来源与我国保险营销员相比较，二者存在较多相似之处：在从业内容方面，均以营销为核心，辅之以持续的客户维护；保险营销员销售的是保险产品，证券经纪人销售的是证券公司交易通道使用权和证券产品；产品销售完成后，都会与客户建立长期的服务关系；在从业方式上，多是背依公司，面向客户，借助广泛的人脉关系寻找客户对象，了解客户需求，达到营销目的。当然，二者间也有很大差异，最主要的是二者带给公司乃至行业的风险存在较大区别。保险营销员向单个客户销售单个产品，其利益来源仅与单次交易行为相关，其风险一般限于单个产品的保费；而证券经纪人的收入与客户持续的交易行为相联系，客户投入大、交易量大，经纪人的收入就高，故证券经纪人存在促使客户加大投入、增加交易量的动机。证券经纪人的道德风险、违法违规行为直接影响公司和行业的健康发展。为规范证券经纪人的执业行为，建议适当借鉴保险营销员管理办法，制定证券经纪人从业规范。

（五）建立多层次的证券经纪人监管体系

建议建立由中国证监会主导、行业自律组织和地方证监局监管、证券公司具体负责、社会公众监督的多层次的经纪人监管体系。具体来说，中国证监会负责制定相关规范，明确各方权利义务，监督规范的执行。地方证监局负责辖区内证券经纪人从业行为和证券公司管理行为的监管，通过日常监管，发现证券经纪人从业中的违法违规行为，通报给所属公司和证券业协会，并将经纪人从业的合规性、公司管理的有效性以及证券业协会的相关评价意见等作为对证券公司综合评价的指标之一。

证券业协会负责证券经纪人的从业资格管理和从业行为监督评价；制定从业规范，依法维护证券经纪人权益；对证券经纪人资格进行考核，颁发证券经纪人证书、接受执业登记注册、组织相关培训，进行执业质量年检并落实相关处罚等。证券业协会还应就证券公司对证券经纪人管理情况进行评价，对存在问题的公司提出整改意见。证券业协会应建立经纪人数据库，方便相关利益方查询证券经纪人的从业资格、情况简介、诚信及奖惩记录，这样有利于接受多方监督，防范从业风险。

由于证券经纪人是证券公司经纪业务的延伸，在规范证券经纪人执业行为的问题上，应特别强调证券公司对证券经纪人的内部监管。证券经营机构承担签约证券经纪人的管理责任，包括经纪人的选拔、岗位培训、职业教育、风险提示、档案管理、日常考核及执业评价等，定期向当地证券业协会和证监局提交本机构证券经纪人考评结果。证券公司应依据证券经纪人管理制度，强化内控管理，制定详细的公司经纪人管理细则，并通过风控、稽核、合规等部门监督执行。

二、学会、协会

湖北省金融学会

2008年，在人民银行武汉分行和中国金融学会的领导和支持下，在省社科联和省民政部门的监督指导下，湖北省金融学会加强内部管理，积极开展各项金融科研活动，促进学会与各会员单位之间的交流。学会工作成绩突出被湖北省社科联评为2006—2007年度湖北省社会科学界“十佳社团”，这是湖北省金融学会连续第三次获此殊荣。

1.精心策划，组织开展论坛和学术交流活动

一年来，湖北省金融学会把深入学习、宣传和全面贯彻落实党的十七大精神作为首要任务，围绕我国经济工作中心和当前经济金融发展过程中出现的热点、难点问题，组织高层学术论坛和学术交流活动，创出了品牌，取得了良好的社会效益。

2008年5月，湖北省金融学会、《金融时报》社和《武汉金融》杂志社联合举办“新形势下通货膨胀及治理”高层学术论坛。来自总行研究局、国务院发展研究中心、中国社科院和大专院校的10多位专家学者，围绕此轮通货膨胀的成因及发展趋势、通货膨胀目标制在我国的适用性、通货膨胀预期、通货膨胀治理的政策效应等问题展开热烈研讨，取得了丰硕成果。多家媒体对此次论坛进行了报道，《金融时报》理论前沿版5月26日用整版登载了专家学者在论坛上发言的主要内容，《中国金融》《武汉金融》设专栏推介论坛成果。

2008年1月21日，湖北省金融学会邀请中国人民银行副行长易纲研究员来汉，就当前宏观经济金融形势作关于“从紧货币政策及相关问题”的学术报告。来自分行机关、高校、学会会员单位等500多名代表出席了会议。易纲副行长着重向大家介绍了分析当前经济形势的四个有用工具：劳动生产率、全要素生产率、购买力平价和人民币有效汇率，并详细回答了与会代表提出的当前金融热点问题。

2008年8月，湖北省金融学会会同湖北省社会科学界联合会、湖北省经济学界团体联合会一道，主办了“湖北民间资本引导与利用”专家研讨会。会上来自湖北省经济金融界的近20位专家学者，就当前湖北省民间资本的状况和如何搞活民间资本等问题展开热烈讨论，提出不少宝贵意见。会后，学会将会议观点进行了汇集梳理，形成文字材料《关于我省民间资本引导与利用的对策建议》上报省政府。赵斌副省长对此次会议和政策建议给予了充分肯定。

2008年11月湖北省金融学会参加了中国金融学会组织的第14届海峡两岸金融研讨会。12月学会组织部分地、市金融学会秘书长参加中国金融学会组织的2008中国金融论坛，主题为中国金融业：金融风暴中迈向新征程——纪念中国金融改革开放30周年。

2.开展第六届湖北省金融科学研究成果奖评选工作

为了调动团体会员单位和学会会员参与金融科研活动的积极性，进一步推动全省群众性金融科研活动的开展，为金融从业人员提供学术交流平台，根据湖北省金融学会章程，7月30日学会下发了《关于开展第六届湖北省金融科学研究成果奖评选工作的通知》，开展第六届湖北省金融科学研究成果奖评选活动，征集表彰近5年来我省金融部门产生的优秀科研成果，充分展示各会员单位的群体形象和整体实力。

3.不断提高《武汉金融》质量，构建研究成果平台

为纪念《武汉金融》出刊100期，进一步扩大刊物的社会影响力，我们精心策划组织了《武汉金融》出刊百期的系列活动，包括特别策划《武汉金融》出刊100期庆祝大会；开展百期优秀文章评选；开展“通货膨胀及其治理”征文等活动，取得圆满成功。2008年，在湖北省新闻出版局组织的湖北省第六届优秀期刊评比中，《武汉金融》又一次被评为“湖北省优秀期刊”。

2008年，《武汉金融》编辑部在提高刊物质量同时，进一步加强了对专家学者的约稿工作，刊物文献的引用率明显提升，全年有20多篇文章被中国人民大学《报刊复印资料》和《中国社会科学文摘》转载。同时，为了更好地服务学会会员单位，《武汉金融》继续加大与会员单位的联系力度，不断向会员单位约稿、组稿，并为会员单位进行广告宣传，向社会展示了会员单位的科研实力和经营策略。

2008年学会还组织撰写了《中国金融年鉴》武汉分行部分、湖北省经济金融部分、《中国证券业年鉴》湖北省部分以及《湖北年鉴》有

关金融章节，总结了学会会员单位资产质量状况、业务品种、制度、市场营销理念与方式创新等各个方面的情况，加强了会员单位之间业务信息的交流，并向社会反馈了会员单位历年的工作成果，提高了会员单位的社会影响力。

（刘伟林　吕鹤年）

湖北省保险学会

湖北省保险学会成立于1985年10月，是由湖北省内从事保险理论和实务研究的单位人员组成的全省性、学术性、非营利性的社会组织，是湖北省社会科学界联合会和中国保险学会的团体会员。学会宗旨是遵守国家法律法规，执行政府方针政策，团结和组织保险界和社会有关各方，积极开展保险理论研究、学术活动和教育培训，促进湖北省保险理论水平的提高，推动保险事业的健康发展。湖北省保险学会现有团体会员单位36家，现正积极地根据学会章程，扩大、吸收全省有志于保险理论研究的业内人士及专家学者成为学会个人会员。

湖北省保险学会成立以来，在各会员公司和有关部门的大力支持下，坚持理论联系实际，积极地开展保险理论研究，不断地探讨、研究保险业出现的新问题，较好地发挥了学会职能作用，促进了湖北省保险业的健康发展。多年来学会积极组织会员公司开展专项课题研究，部分研究成果在全国保险系统获奖；近几年来，学会组织各会员公司经常进行经验交流，举办各种形式的研讨会、报告会、学术讲座等，特别是近几年积极开展了优秀论文评选活动，在全省保险系统中评出众多保险优秀论文，并结集出版了《保险理论与实践》《保险诚信理论与实践》两书，促进我省保险理论创新发展。学会既积极研究保险理论问题，又拓宽学术交流范围，积极参加全国性的学术活动。通过信息交流为湖北省保险业的发展和学会工作提供了很好的思路。学会近几年更重视发挥省级学会联系面广的优势，加强与大专院校、相关学术团体的协作，发挥他们在基础理论与相关学科上的优势，形成优势互补。同时学会针对保险业面临的新情况、新问题，除联合攻关外，还聘请专家、学者举办专题学术讲座，拓宽了行业发展思路。学会不定期举办保险行业培训班，提高了本行业干部的业务水平和综合素质，2003年学会与武汉大学合作开办保险研究生进修班，开创了产学结合培养保险业高层次人才的模式。学会在积极开展保险宣传活动、培育广大人民群众的保险意识、提高消费群体对保险的认知度、为开发潜在保险市场、扩大保险需求、树立良好行业形象等方面，做了大量的工作。

2008年，学会召开湖北保险业理论座谈会，整合我省“政产学研”力量，多形式，多渠道地开展保险理论研究活动，为学会工作打下良好基础。完成了2008《中国保险年鉴》湖北版的组稿工作，得到湖北保监局和《中国保险年鉴》编委会的好评。7月期间，举行了湖北保险行业协会、学会换届大会，为加强湖北保险两会建设，进一步发挥两会职能作用，促进湖北保险业又好又快发展，增添了新的活力。召开了湖北省保险学会第四届理事会第一次会长会议，确定了2008年第四季度全省保险理论研究方向、课题和目标。参与组织了“中部六省保险理论研讨活动”，提交大会高质量论文6篇。联合召开全省保险宣传工作表彰大会，对一年来在宣传工作方面表现突出的单位和个人进行了表彰，并聘请新闻专家就新闻的写作、特点和个性对全省保险业宣传工作者进行了培训。先后对两会期刊《湖北保险市场》和网站进行了改进和调整，新的两会期刊和网站，更加突出行业的自律特性、行业的宣传特色，成为广大会员喜闻乐见的宣传和交流平台。还按照湖北省委省政府的部署和湖北保监局的要求，重新启动了《湖北省志·保险》（1979—2000）的修改定稿工作。

湖北省保险学会还积极参加业务主管单位湖北省社会科学界联合会组织的有关学术活动。湖北省保险学会通过为会员单位提供了优质的服务，在会员单位中形成了影响力。多年来，保险学会的工作得到了业内及湖北省社会科学界联合会的高度肯定。

随着保险市场的发展和多元化的形成，湖北省保险学会会员将不断增多，保险学会服务于保险业的任务将会更加繁重。湖北省保险学会将深入学习贯彻科学发展观，充分发挥保险学会的职能作用，以适应保险业发展新起点的需要，进一步解放思想，大胆创新，努力为湖北保险业又好又快地发展做出更大贡献。

（陈　军）

湖北省钱币学会

湖北省钱币学会在中国钱币学会、湖北省民政厅和人民银行武汉分行的领导下，落实2008年中国钱币学会秘书长工作会议精神和中国钱币博物馆委员会工作要求，坚持学术研究与宣传普及并重，紧密围绕履行中央银行职能，开展各种有特色的宣传展示活动，加强内部管理，增强创新意识，推动湖北钱币研究纵深发展，切实为金融服务、为社会服务、为会员服务。

（一）加强学术研究，广泛开展交流

1.围绕湖北地方货币研究成果开展学术研讨活动，加强与会员的沟通，发挥学会组织作用和会员在钱币集藏和研究方面的优势，开展学术研究。9月湖北省钱币学会与中国铜元学会联合在武汉举办了中国第五届铜元研讨会，来自全国22个省、市、自治区90余位代表参加了会议，为历届之最。会议着重研讨湖北铜元的版式考证、近代湖北异类铜元种类及成因等议题。这次会议集全国铜元爱好者、研究者之力推动和深化了湖北地方货币——湖北铜元系列化研究，收集论文20余篇，约10万字。这次研讨活动将为后续湖北省钱币学会推出湖北钱币系列丛书之湖北铜元提供了信息和资料。

2.以学术研讨会为平台，组织开展学习交流活动。2008年中国钱币学会、中国钱币博物馆分别在内蒙和云南举办了“东北亚地区历史货币与人民币跨境流通学术研讨会”、及中国钱币与银行博物馆委员会2008年年会暨学术研讨会。钱币博物馆课题组提交的《人民币跨境流通存在的问题及对策探讨》《浅议钱币博物馆发展方向》两篇论文分别在两次在研讨会发言交流；同时分批组织十堰、黄石、鄂州、宜昌、恩施、咸宁、孝感等地市团体会员秘书长参加了上述学术会议。通过学术交流，各地市团体会员学会秘书长有机会了解其他省、地市级学会的工作情况和学会工作经验，也将带动省内各地市学会工作上一个新的台阶。

3.编辑出版钱币专刊，2008年学会收集钱币论文70余篇，经省学会秘书处编委会初审、钱币学会理事审核，选取其中56篇20万字在《武汉金融》钱币专刊上刊发。

（二）征集地方货币，构建研究基地

1.学会大力支持湖北钱币博物馆的征集工作，会长多次带学会秘书处成员参与了2008年中国嘉德春季、秋季拍卖会、诚轩拍卖活动。利用学会会员提供的藏品信息，拓宽征集湖北地方货币渠道，不断充实湖北钱币博物馆馆藏。使馆藏湖北银锭的实物达到了44个品种，汉钞达到了100多个品种。为深入研究湖北地方货币提供了第一手资料，湖北地方钱币研究基地逐步建立。

2.进行藏品清理，加强钱币保护。学会协助钱币博物馆：一是对新征集实物，登记造册，拍照归档。二是对原有藏品，重新清理盘存。钱币博物馆展品每年都有调整，年末根据展品变更情况，制作钱币博物馆展品实物录备案。

（三）扩大货币宣传，服务现实社会

2008年，钱币博物馆接待15个预约单位约1,000人次参观，并首次接待了来自新加坡的外国小学生参观。

9月，第五届中国铜元学术研讨会的代表参观了湖北钱币博物馆，对系列银锭专题展表示了浓厚的兴趣，有许多代表是第一次参观钱币类专题博物馆。来自台湾的代表对馆内藏品给予高度评价。

学会以现实金融服务为中心，积极主动，配合人民银行开展人民币反假知识宣传。在连续近三年“3·15”消费者权益保护日的这一天，与武汉理工大学金融学院的师生联合举办人民币反假知识宣传活动，使人民币反假宣传走进了学校，让更多的大学生成为了人民币反假宣传员。

（四）加强组织建设，不断深化服务

1.进一步明确工作职责与工作分工，完善学会（博物馆）的内部管理，按省民政厅的要求，完成了学会2007年度年检工作。

2.加强组织管理。一是于5月28日组织召开了常务理事会议，传达中国钱币学会2008年秘书长工作会议精神，讨论学会工作计划，审批了学会常务理事成员调整名单和申请入会的团体会员名单；发展了30名个人会员；推荐了两名同志加入中国钱币学会会员。二是加强与团体会员的联系与沟通，2005年以来在会长的率领下，坚持到在汉金融机构团体会员单位走访，听取对学会工作的意见和建议。三是支持和鼓励团体会员开展工作。如：指导十堰市钱币研究会在中国人民银行成立暨发行人民币60周年之际，举办了十堰市首届人民币实物展，同时制作了人民币宣传片《新中国钱币概况》。此次活动，在十堰市受到广大市民热烈欢迎。

3.积极参与申报中国钱币学会第三届“先进团体会员”的评选材料的准备工作；参与优秀学术成果第四届“金泉奖”申报资料准备。湖北省钱币学会参与了“展览陈列、音像作品，优秀著作、优秀论文”等四个类别的申报，共推荐14个作品参评。

4.为迎接2010年全球博物馆界的盛会——国际博物馆大会在我国上海召开，中国钱币博物馆委员会拟编辑出版《中国钱币与银行博物馆概览》。根据出版要求，学会认真准备了湖北钱币博物馆情况介绍(500字)、藏品介绍(2,000字)，重点介绍了马克思银元、湖北清代及民国银锭、湖北银元局银元票、“汉钞”等馆藏精品；邀请专业摄影师拍摄湖北钱币博物馆外景照片、展览和馆藏精品照片，选取10张汇编成册，提交中国钱币博物馆委员会编辑部。

(李立 韩园 周璇)

湖北省保险中介行业协会

【综述】

2008年，湖北省保险中介行业协会坚持科学发展，好字优先；拓宽领域，服务大局；加强监管，防范风险；统筹协调，营造环境的原则，在湖北保监局和省民政部门的监督和指导下，在各会员单位的共同努力下，达到了全国保险工作会议对保险中介行业的各项要求，较好地发挥了协会的职能。

截至2008年底，全省共有保险专业中介机构169家，其中保险代理机构106家，保险经纪机构54家，保险公估机构9家，保险兼业代理机构4,854个，保险营销员106,032人。

2008年，全省总保费收入317.14亿元，通过中介渠道实现保费收入278.42亿元，占总保费收入的87.79%，同比增长81.23%。其中，保险营销员实现保费收入118.15亿元，占总保费收入的37.25%，同比增长26.72%；保险兼业代理机构实现保费收入149.05亿元，占总保费收入的47.00%，同比增长184.34%；保险专业中介机构实现保费收入11.22亿元，占总保费收入的3.54%，同比增长40.78%。

湖北省保险中介行业协会主办的《保险中介》杂志。

【宣教工作】

为更好地宣传保险中介政策、指导保险中介工作、传播保险中介信息、引导保险中介舆论、树立保险中介形象、服务保险中介事业，协会在成立之初创办了内部刊物《会员通讯》，总计刊发9期。2008年8月，《会员通讯》取得了湖北省新闻出版局内部刊号并改版为《保险中介》，现已刊发4期。该杂志得到了中国保监会中介部、湖北保监局、会员单位及社会各界等诸多好评。

为贯彻落实2008年全省保险会议精神，提高保险服务质量，维护投保人合法权益，2008年10月协会向各保险公司一级分公司发放《人身保险、财产保险、保险中介知识简介》保险知识手册，宣传普及保险知识，培育成熟理性的消费者。

通过开展“2008年度湖北省优秀保险营销员”和“2008年度湖北省银邮代理保险之星”评选活动，对湖北省保险中介行业48名优秀保险营销员和50名银邮代理保险销售人员进行表彰和奖励，并通过《武汉晨报》、保险中介行业协会网站、《保险中介》杂志等各种渠道和媒体广泛宣传其先进事迹，并纳入社会诚信系统，接受社会公众监督，从而树立勤奋工作、爱岗敬业、遵纪守法的正面典型，推进保险营销员和银邮代理保险从业人员的职业道德建设，弘扬全省保险中介行业文明服务、诚实守信的良好风尚。

2008年9月，协会组织银邮

机构、中介公司、寿险公司等部分高管人员赴欧洲学习先进的保险公司经营理念。在参与学习考察过程中，开阔了眼界，拓展了思路，对西方保险经营理念有了更好更多的认识，有利于促进全省保险中介行业持续健康快速的发展。

【协会职能部门工作】

1.兼业代理委员会。协会成立以来，由各个银邮兼业代理会员承办，每季度定时召开“银邮代理保险业务分析会”，以增进全省银邮代理机构之间的交流与学习，促进银邮代理业务的快速发展。全省的兼业代理行政许可(新增、换证)的初审工作由协会负责审核。

2.专业中介委员会。为了规范保险中介行业的会计核算，2008年协会开展了保险专业中介财务会计培训工作。对国家相关法规、保险中介公司会计核算办法、保险中介行业税收政策及应用等知识进行了相关培训。

3.保险营销员委员会。协会全程参与了保险中介监管信息系统在全国五个地区的试点启动工作。根据《湖北省保险营销员展业登记及挂牌展业管理暂行办法》，协会负责保险营销员网络管理工作，完成了全省10万余保险营销员网上登记展业工作，并发放展业证。同时，组织全省农村保险营销员从业资格考试，共有1,392人通过了此次考核，其中1,120人取得保险代理人资格证，272人取得农村保险营销员资格证。

【统计和信息化建设】

深入开展统计执法检查，重点检查统计数据的真实性、准确性和完整性，切实抓好统计制度的全面执行。2008年协会秘书处组织和带领由各签约单位和专业会计组成的车队自律检查小组，对10家签约单位就自律公约执行情况进行了专项检查。在信息化建设上，不断加大投入，改善和提高协会的网络通讯速率和通信质量。年底，协会对原有协会网站进行了改版及信息的更新，以达到湖北保监局对加快信息化建设方面的各项要求。

【行业自律】

加强协会建设，充分发挥协会的行业自律作用。2008年11月，为维护湖北省银邮代理保险市场正常秩序，规范银邮代理保险业务经营行为，防止不正当竞争，促进银邮代理保险业务的健康发展，保护保险活动当事人的合法权益，结合湖北省银邮代理保险业务发展的实际，经湖北省银邮代理保险机构协商一致，共同制定《银邮代理保险自律公约》。

完善保险中介监管法规制度，大力推进监管现代化，抓紧监管信息化建设，建立完整的保险中介监管系统和从业人员管理信息平台，提高监管的适时性和有效性。

加大保险中介的宣传力度，提高全社会对保险中介的认知度。努力营造良好的法制环境、政策环境、市场环境和舆论环境，充分发挥政策引导和政府推动的重要作用，调动各方面的积极性和创造性，促进保险中介市场又好又快的发展。

(金　桦)

湖北省典当行业协会

湖北省典当行业协会是经湖北省民政厅批准，由全省典当行业经营机构和研究机构自愿组成的全省性、特种行业性、非营利性的社团组织，行业内入会率100%，业务上受湖北省商务厅指导。

2008年，协会坚持以行业服务、行业自律、行业协调和担任本行业代表为基本职能，认真履行协会职责，开展了一系列卓有成效的工作。主要表现为：开展行业宣传和行业调研，督导行业依法经营规范活动，维护行业和会员单位合法权益，开展行业研讨、培训、信息交流、总结推广经营管理经验，协调行业内外关系，组织行业对外交流等。此外，协会还凭借行业内人大代表政协委员参政议政的优势，积极为行业争取政策支持。2008年12月，省人大代表，协会副会长谢小青代表全省典当行业向省人大提交制定的《湖北省典当管理条例议案》，获得了省人大十一届二次会议立案，全省典当行业社会地位和作用日益提升，《湖北省典当管理条例》的颁布实施将对加快全省典当行业快速健康发展起到积极推动作用。2008年10月、11月，协会先后组织行业高管和典当业务骨干63人，分别赴江浙沪津冀豫六省(市)学习考察，这是协会成立九年来首次开展的对外学习交流活动。通过考察兄弟省(市)典当行业快速发展的成效与经验，开阔了经营视野和思路，增强了加快发展我省典当行业的紧迫感，也为省主管部门科学发展壮大典当行业提供了决策依据。

2008年，全省典当行业总体经营实力和经营水平实现了跨越式发展，全省典当公司新增25家，达到104家，注册资本总额新增5.14亿元，达到13.5亿元。新增典当公司的数量是2005年至2007年先后发展总和的50%，总的注册资本在2007年的基础上增长了61.6%，这是多年来全省典当经营机构发展最多，经营实力增长幅度最高的一年。

2008年，全省营运的79家典当公司（不含2008年的新增公司），以坚持服务中小企业，活跃经济社会生活，促进经济社会发展为宗旨，顺应当地经济社会发展需求，凭借典当简便、快捷融资的行业优势发展经营，年实现典当总额比2007年翻了一番。在实现的典当总额中，为中小企业提供的70%融资额对缓解中小企业的融资困难起到了积极作用。涌现了一批典当总额超亿元的公司和一批以中小企业为服务对象的融资专业户。其中最大典当公司年典当总额超过4亿元，专门为中小企业提供的融资额占其典当总额的90%以上。

全省典当行业依法规范经营行为，恪守平等、自愿、诚信、互利的行业原则，积极为典当融资者雪中送炭，提供应急服务，显示了国家管理部门批准设立的典当融资机构的特色，赢得了众多中小企业和融资者的信赖，随着市场不断开拓，湖北典当业发展前景光明。

（危惊涛　高清和）

附表

湖北省典当行业机构名录

表8－2－1

机构名称	地址	负责人	电话	邮编
武汉市典当行业协会	武汉市硚口区解放大道128号金叶国际12号	谢小青 林志春	027－83799299	430030
湖北楚华典当研究所	武汉市武昌丁字桥路55号“城市印象”楼金汇源投资公司	危惊涛	027－87262716	430070
武汉市裕发典当有限责任公司	武汉市江汉区中山大道479号	肖　文	027－82849453	430021
武汉市汉正典当行有限责任公司	武汉市硚口区中山大道350号东7栋	陈孝德	027－85700108	430031
武汉市五洲典当行有限责任公司	武汉市江汉区江汉四路20号	唐汉南	027－82802147	430021
武汉市台北典当行有限责任公司	武汉市江汉区台北路3号	刘云东	027－85780639	430015
武汉市和泰典当行有限责任公司	武汉市江岸区澳门路132路	黄　红	027－82863351	430016
武汉市江瀚典当有限责任公司	武汉市武昌区新民主路730号	刘学明	027－87303602	430071
武汉市汉口典当有限责任公司	武汉市汉口中山大道954号	张　军	027－82831609	430014
武汉华泰典当有限责任公司	武汉市汉口建设大道933号商业银行广场大楼A区11楼	赵　亮 张祥林	027－82620396 027－87832801	430015
湖北金旺典当有限责任公司	武汉市武昌傅家坡一路10号	王　宏	027－87890939	430070
武汉市怡生典当行有限责任公司	武汉市武昌区中北路津津花园B座8楼名阳公司	刘道富 尹三学	027－87876746	430070
武汉同盈典当有限责任公司	武汉市江岸区京汉大道华智大厦	雷文平 姚汉春	027－51227316	430074
武汉瀚洋典当有限公司	武汉市汉阳区汉阳大道642号	桂祥利	027－88111666	430050
武汉老管典当有限责任公司	武汉市硚口区中山大道246号	崔光照 王汉平	027－83793046	430031

续表 8－2－1

机 构 名 称	地 址	负责人	电 话	邮 编
湖北开泰典当有限公司	武汉市武昌区东湖路 99－3 号	段余华 刘之锋	027－87126706 13971150090	430071
武汉福源典当有限责任公司	武汉市江汉区北湖西路 6 号凤凰城门面 1106 室	宾衡陵	027－85555228	430021
武汉恒信典当有限责任公司	武汉市江汉区新华路 25 号伟业大厦 10 楼	梅忠伟	027－85766665	430010
武汉市中盛典当有限公司	武汉市江岸区友谊街车站路 50 号	张 龙	027－82857020	430015
湖北民生典当有限公司	武汉市武昌区中北路姚家岭 234 号	仇小星 扬 艳	027－87814623	430070
武汉诺宇典当有限公司	武汉市汉阳区龙灯堤 79 号	张国清 周文伟	027－84582188	430050
武汉融众典当有限公司	武汉市硚口区解放大道 128 号金叶国际 12 号	潘 敏	027－83798699	430030
湖北华生典当有限公司	武汉市东西湖区金银湖街金桥五路特 8 号	陈 刚	027－83917239	430023
湖北银丰典当有限责任公司	武汉市汉口沿江大道 144 号	杨 帆	027－59220800	430014
武汉海丰典当有限公司	武汉市江岸区澳门路 145 号	韩 潮	027－88866633	430016
武汉民众典当有限公司	武汉市江岸区合作路 47 号(小灵通高原通讯 1 楼)	魏克文	027－82722228	430022
武汉金汇源典当有限公司	武汉市武昌丁字桥路 55 号“城市印象”6 号商铺	刘华伟	027－87262700	430071
武汉融信达典当有限公司	武汉市青山区和平大道 1244 号	程方全	027－68869160	430081
湖北环球典当有限公司	武汉市武昌区中南路 10 号	张君干	027－87126070	430071
武汉惠远典当有限责任公司	武汉经济技术开发区神龙大道 8 号惠远大厦	王 欢	027－84288416	430056
湖北鼎通典当有限公司	武汉市汉口沿江大道 141 号	陈志军	027－82840039	430014
武汉君泰典当有限公司	武汉市汉口建设大道 971 号新光大厦 13 楼	骆莉平	027－88939120	430015
湖北聚鑫典当有限公司	武汉市江岸区京汉大道特 1 号未来家园 1 楼门面(市八医院旁)	朱征宇	027－82725722	430012
武汉隆华典当有限公司	武汉市江汉经济开发区江兴路 17 号京华彩印公司	宋 刚	027－83566193	430023
湖北瑞恒典当有限责任公司	武汉市武昌区积玉桥和平大道 108－6 号	闵小林	027－88219588	430060
武汉君友典当有限责任公司	武汉市汉口国际会展中心金字塔网吧	冯振宇	027－85816058	430050
湖北华中银泰典当有限公司	武汉市汉口江汉二路 181 号亚洲证券大厦 25 楼 F 室	王建华	027－85680205	430050
湖北融泰典当有限公司	武汉市武昌区首义路 95 号首义名居 1 栋 1 层 7 室	涂 翔 詹 奎	027－87827899 027－88083836	430060
武汉世纪金源典当有限公司	武汉市汉口香港路 228 号长福公寓门面	张永明 庄 华	13520905855 (陈永奇)	430015

续表 8－2－1

机构名称	地址	负责人	电话	邮编
武汉市联丰银楼典当有限公司	武汉市汉口新华西路马场小路 32 号	张友华	027－59516823	430015
武汉国泰君安典当有限公司	武汉市江岸区台北二路金融花园 10 号楼 1 楼	关 师	027－85762168	430015
武汉天久典当有限公司	武汉市武昌区东湖西路东湖熙园三号门面	王永贵	027－87838188	430017
武汉聚义典当有限公司	武汉市江岸区沿江大道 236 号	何正亮 邓 帆	027－82719822	430010
武汉通融典当有限公司	武汉市汉口解放大道 329 号香港印象 18 号商铺	孙 朔	027－83424199	430035
武汉诚盛典当有限公司	武汉市新华下路 281 号唐家墩工贸家电行政大楼	唐 辉 邵力标	027－85878606	430000
武汉中利典当有限公司	武汉市武昌区徐东大街 37 号凯旋广场 B－2106 室	林 峰	13308638888	430000
武汉金溢典当有限公司	武汉市珞瑜路 76 号卧龙剑桥春天 11－3	陈婉莲 陈阳焱	027－87056788	430074
武汉盈科典当有限公司	武汉市江汉区长青路 128 号	黄 辉 张建捷	027－85605292 027－59303140	430023
湖北蓝海典当有限公司	武汉市武昌区临江大道(九通集团)	刘志俊	027－88910885	430061
武汉市盛宇典当有限公司	武汉市武昌区中南一路	石金莲 杨佑清	027－87823381	430071
武汉富生典当有限公司	武汉市江汉区发展大道 179 号天梨豪园 A、B 栋连体商铺	陈志祥	027－85886988	430023
湖北正得利典当有限公司	武汉市武昌徐东大街 7 号华天大酒店 25 楼(菩提金投资有限公司)	冯贤刚		430000
黄石市嘉旺典当有限公司	黄石市武汉路 20 号	阮宏喜 李建兰	0714－6518333 0714－6257789	435000
黄石市海鑫典当有限公司	黄石市颐阳路 60 号	胡 娟	0714－6267276	435000
黄石市聚德典当有限责任公司	黄石市黄石大道天津路 129 号	邓 帆 杨建国	0714－3285188 0714－3285130	435000
黄石盛宇典当有限公司	黄石市黄石大道 509 号(市公安局交警大队旁)	杨佑清	0714－3280388	435000
黄石顺捷典当有限责任公司	黄石市黄石大道 396 号	李志顺 李志宏	0714－3290999 0714－3290888	435000
鄂州市民生典当有限责任公司	鄂州市南浦北路 23 号	熊国平	0711－3222656	436000
鄂州宝利典当有限责任公司	鄂州市滨湖北路 13 号	余春燕	0711－3217608	436000
湖北汇通典当有限公司	鄂州市凤凰南路莲花山风景区武昌鱼集团 6 楼财务处	鄂桂萍	0711－3876009 0711－3879668	436000
黄冈利丰典当有限责任公司	黄冈市黄州区八一路 30 号	余炳炎 纪宏中	0713－8103791	438000
湖北聚圆典当有限公司	黄冈市浠水县城关南门十字横街	谢建华	0713－4282568	438200

续表 8－2－1

机构名称	地址	负责人	电话	邮编
湖北义水典当有限公司	罗田县凤山镇义水南路 29 号	瞿建共 张中胜	0713－5052986	438600
湖北鼎记典当有限公司	黄冈市黄州东门路 9 号(通讯广场对面)湖北公正拍卖有限公司	袁　冰	0713－8353899	438000
湖北鑫兴典当有限公司	黄梅县黄梅大道 56 号	朱友良 卢　峰	0713－3351329	435500
荆州市金丰典当有限责任公司	荆州市沙市区北京西路 311 号	林雪娣	0716－8511929	434000
荆州市宏大典当有限责任公司	荆州市沙市区公园路 6 店堂	王锡安	0716－8850689	434000
荆州市金池典当有限公司	荆州市沙市区江津中路 204 号塔桥路 42 号荆州大兴建设发展有限公司	宋池全	0716－8426286	434000
荆州市鑫德典当有限公司	荆州市荆北路 18 号	涂德斌	0716－4119868	434000
荆州市鑫盛典当有限公司	公安县斗湖堤镇长江路 58 号	刘华东 魏文才 吴正家	0716－5239053	434300
荆州市诚鑫典当有限公司	荆州市荆东路 26 号富帝里娅咖啡厅	黄　风 许承西		434000
监利鸿运典当有限公司	监利县容城镇容城大道 66 号	周明华	0716－3263330	433300
宜昌华中典当有限责任公司	宜昌市隆康路 13 号－11	卢　滨	0717－6220623	443000
宜昌市五亚典当有限责任公司	宜昌市二马路 8 号	李　勇	0717－6222999 0717－6911088	443000
湖北宜昌晟信典当有限公司	宜昌市西陵区沿江大道 104 号	张　磊 周金娟	15671858766	443000
湖北宜昌信立典当有限公司	宜昌市夷陵大道 147 号	王　勇 张中乐	0717－6484200	443000
荆门市利生典当有限责任公司	荆门市海慧路 35 路	金　红	0724－2361818	448000
荆门市百信典当有限公司	荆门市金宁路 1 号民政局大楼 1 楼	张　磊	0724－2380090	448000
天门佳盛典当有限责任公司	天门市元春街 1 号	杨传新	0728－5245533	431700
仙桃市正泰典当有限责任公司	仙桃市仙桃大道中段 15 号	邹　刚	0728－3259598	433000
仙桃鑫诚典当有限公司	仙桃市仙桃大道中段 27 号(市公安局对面)	杨守贵	0728－8202036	433000
潜江市汇通典当有限公司	潜江市章华南路 9 号	许　伟	0728－6240000	433100
潜江市东颢典当有限公司	潜江市西城市场路 31 号	谢成松 宋　平	0728－6242588	433100
孝感福鑫元典当行有限责任公司	孝感市交通中路	曹　荣	0712－2323129	432000
孝感市中良典当有限责任公司	孝感市建设路 100 号孝感市武装押运公司	肖腊梅	0712－2319949	432001
随州炎帝典当有限公司	随州市沿江大道 2 号(市工电局对面)	周国飞	0722－7098888	441300
襄樊福归堂典当有限责任公司	襄樊市建设路 5 号	李能强	0710－3442469 0710－3482743	441000
襄樊聚银典当有限责任公司	襄樊市炮铺街 1 号	邹　强	0710－3489011	441000

续表 8－2－1

机构名称	地址	负责人	电话	邮编
襄樊市众晶典当有限公司	襄樊市春园路 20 号	聂传奇	0710－3259889	441000
湖北通鉴典当有限公司	襄樊市襄阳区浩然路荣华工业园产品展示楼 C 栋 1 楼	刘青云	0710－3381968 0710－3381960	441003
襄樊贵仁典当有限公司	襄樊市襄城区长虹南路盛景名门小区 1－112、113 号	任慧芳	0710－3539333	441021
谷城融金典当有限公司	谷城县粉阳路 68 号湖北融汇投资担保有限公司	付学斌	0710－7236808	441700
襄樊美亚典当有限公司	襄樊市朝阳路 12 号	张　璐 张学政	0710－3818111	441000
十堰市嘉泰典当有限责任公司	十堰市人民北路 41 号	翁天玉	0719－8674201	442000
十堰市宝利盛典当有限责任公司	十堰市茅箭区人民南路 10 号	崔正学	0719－8884313	442000
十堰天元典当有限公司	十堰市人民中路 71 号 2 楼	王　军 李经理	0719－8658510	442000
十堰市融通典当有限公司	十堰市公园路 60 号	何　伟 李　勇	0719－8212679	442000
十堰市乾宝典当有限公司	十堰市朝阳中路 8 号科器大厦 6 楼	陆兴贵	0719－8681588	442000
十堰大升典当有限公司	十堰市人民南路 52 号金桂庭院 2 号楼	黄永仙 姚　涓	0719－8871618	442000
十堰市奥达典当有限公司	十堰市老虎沟路 8 号	王国华 何世霞	0719－8673828	442000
恩施州天宝当有限责任公司	恩施市航空大道 121－4 号	杨恩利 冯　伟	0718－8248008	445000
恩施州金源典当有限公司	恩施市施州大道 29 号	秦　亢	0718－8251877	445000
利川市银泰典当有限责任公司	利川市体育街 11 号	李筱勇	0718－7266706	445400
巴东金盛典当有限公司	巴东县信陵镇巴山路 202 号	刘仕平		444300
咸宁市顺意典当有限公司	咸宁市桂花路 1 号	谢　丹	0715－8259088	437100
咸宁市融信典当有限公司	咸宁市咸宁大道 86 号	葛旺祥 郑杭伟	0715－8148869	437100

三、图书博物

2008年湖北省金融类图书目录

表8－3－1

序号	书目	出版单位
1	湖北金融年鉴(2008)	武汉出版社
2	武汉金融发展报告·2007－2008	武汉出版社
3	中国农村金融演变、创新和风险管理	湖北人民出版社
4	财政志编纂论	湖北人民出版社
5	湖北省重点行业税收负担分析	湖北人民出版社
6	中国金融前沿问题	湖北人民出版社
7	信合文心路——农村金融改革研究	湖北人民出版社
8	货币信贷政策践行新探	湖北人民出版社
9	湖北经济与金融和谐发展研究	湖北人民出版社
10	武汉城市圈金融生态环境研究	湖北人民出版社
11	从税收看湖北经济	湖北人民出版社
12	税源管理实践与创新	湖北人民出版社
13	华尔街这些事	崇文书局
14	造就“股神”巴菲特的价值投资	崇文书局

湖北钱币博物馆

（一）概况

湖北钱币博物馆位于武昌洪山广场南侧，中国人民银行武汉分行办公大楼三楼，于 2003 年 10 月 28 日开馆。馆内陈列了中国历代货币实物 3,000 余件。

为突出湖北地方货币的展示效果，在展厅中有三个独立展柜主要摆放了湖北地方银锭；中央独立展柜展出了“马克思银元”，在显著的位置展出了 23 家银行近 60 多种“汉钞”，在每个展示单元中都有那个时期的主要湖北地方货币，从而湖北地方货币的展示，达到了全部展区的三分之二。

在陈列的设计风格上尽可能使形式与内容完美的结合。为渗透出楚风楚韵，体现出湖北特色，展厅以楚国漆器的底色为基调，以漆器文饰作为基本图案，以楚国各种钱币的形状作为图案的基本参照物。同时，配以抒情委婉的楚歌声韵所形成的立体效果，使参观者走进陈列馆就能够感受到楚文化的神韵和厚重。

博物馆为落实“贴近实际、贴近群众、贴近生活”的服务宗旨，还陈列了第一套至第五套人民币票样，专设了人民币防伪展示区，应用灯箱、放大镜、紫外线等方法，为观众提供最新的防伪知识和技能信息，直观的真假人民币对照鉴别展示。

湖北钱币博物馆自成立起，不断地征集湖北地方特色货币实物，不断地利用馆藏资源开展钱币研究，如《湖北银锭》《蚁鼻钱的铸造工艺》等学术研究，并取得了成果。同时每年通过《武汉金融》出版湖北钱币研究专刊。

（二）藏品简介

湖北钱币博物馆自 2003 年 10 月 28 日开馆后，通过接收、征集、交换以及社会人士捐赠等多种途径，现有中国历代货币藏品约 1 万多件，外国货币约 200 多件。馆藏实物材质有金、银、铜、铁、铝、镍、锑、石、陶、贝、竹、布、纸等，馆藏特色及珍品以湖北地方货币为主。如：先秦时期有楚国货币的蚁鼻钱、楚大布、郢爰；清代有“宝武局”发行的多种版别的湖北铜钱，湖北官钱局、银元局等铸造发行的银锭、钱票和银元等；有近代中外银行在汉口发行和流通并负责兑换的近 60 种“汉钞”；有土地革命、抗日战争及解放战争时期，中国共产党领导的革命根据地在湖北发行的纸币、银元和铜元等等。现将馆藏精品货币实物介绍如下：

1. 镇馆之宝——“马克思银元”

本馆馆藏的马克思银元存世极为稀少，视为镇馆之宝。马克思头像银元正面主图案为马克思正面头像，长胡须，穿西装，系领带，头像上部铸有“中国苏维埃共和国造”字样。银元背面主图案有镰刀、斧头和壹元字样，顶部铸有五角星，相对应的底部有花瓣，主图与边缘环绕着装饰花纹以双层圈分开。外轮有齿。银元直径 3.9 厘米，厚 0.25 厘米，重约 28 克，含银量为 80％左右。1931 年 7 月中旬，地处鄂西北根据地的鄂北农民银行在湖北房县成立。鄂北农民银行成立后，印刷发行了兑换条和信用券，为提高苏区货币信誉，在缺乏铸造设备和技术力量的情况下，鄂北农民银行铸造了一种块状、上面打印有“维持”字样银质称量货币后，随着铸造技术的改善，开始铸造银元。有两种版式，一种是正面马克思头像，别一种正面是列宁头像，背面图案相同。1931 年末因战争时局变化，鄂北农民银行被迫停业，其造币厂解散。

镇馆之宝——“马克思银元”。

2. 襄河贸易管理分总局伍百元流通券

襄河贸易管理分总局伍百元流通券，为竖形，券宽 66mm、高 136mm，正面主图上有襄河贸易管理分总局流通券，中为行进中的火车、号码、凭券即付和边币伍百元字样，券面字样两侧为人名章，下边框印有“中华民国三十四年印”字样。背面印有“发行流通券条例”：（一）本局为调剂市面金融特发行五百元券一种；（二）凭券在本局及襄河建设银行分行及合作社官营商店即照票面兑换边币；（三）本券在襄河区各市镇流通并呈准三五专署缴纳田赋公粮关税公债一律通用；（四）本券由本局定期通告收回之。落款为局长、副局长之英文签名。豫鄂边区党委于

襄河贸易管理分总局伍百元流通券。

1940年10月在根据地成立了财政经济委员会，建立了边区贸易管理局，下设分总局，如襄河贸易管理分总局，从事管理襄南地区的贸易经济活动。1945年襄河贸易管理分总局在残酷的战争形势下，因陋就简印制了少量的襄河贸易管理分总局伍百元流通券，在襄南乡镇发行，在很短的时间就停止流通，尤其是解放后收兑销毁了一部分，故此票也极为少见。

3. 湖北省银行伍角铜印钞版

1926年11月5日湖北省立银行在汉口成立，两个月后被汉口中央银行接管。1928年11月

湖北省银行伍角铜印钞版。

1日由省财政厅拨付资本150万元，湖北省银行在汉口正式成立并开始营业。抗日战争期间(1938年8月)湖北省银行迁移恩施，抗战胜利后(1945年11月10日—12月10日)迁返汉口复业。于1949年5月16日由武汉市军事管制委员会物资接管部金融处接管。湖北省银行成立初便发行了一角、二角、五角石辅币券，之后陆续发行了五分、一元、五元、十元，共七种面额。该馆馆藏的伍角铜印钞版，是学会工作人员于80年代末出差时，在恩施州人民银行发现并收藏。钞版材质为铜，整版长442mm，宽308mm，厚为2mm(周边4mm略薄，约1.5mm)，伍角正面十二幅，以票面图案为界，尺寸长为116mm，宽为57mm。

4.“汉钞”

汉口是近代中国内地最大的贸易和金融中心，先后曾有70余家中外银行在此设立总行或分支机构，开展金融业务。1908年，浙江兴业银行汉口分行首次发行带有“汉口”字样的纸币，以后其他银行纷纷效仿。这些由汉口银行机构发行并负责兑换的纸币被称做“汉钞”，它可在武汉及其周边地区流通，信誉也较好。1927年以后，由于过量发行和政治纷争等因素，“汉钞”一度信誉大跌。1935年“法币”发行后，“汉钞”逐渐退出流通领域。湖北钱币博物馆馆藏了其中23家银行的60多个品种。在众多的外商银行中，英国麦加利银行与汇丰银行是举足轻重的，其金融活动直接影响汉口银根的松紧、洋厘的高底。1853年经英王特许，麦加利银行成立。1863年来汉临时赁屋营业，至1865年在汉口英租界内购买地皮，建立行址(洞庭街55号)正式开业。麦加利银行在中国发行的纸币，有银元票和银两票，汉口分行发行了票面为一元、五元、十元、五十元、一百元，五种银元券。湖北钱币博物馆收藏了该行1924年3月1日发行的伍拾圆、拾圆、伍圆票三种，均为稀少品种。

5. 湖北清代及民国银锭

清代至民国时期的湖北银锭种类繁杂、型制多样、造型优美、

“汉钞”。

内涵丰富，有鲜明的地方特点，在中国银锭发展中占有重要的地位。我馆馆藏这个时期湖北地区27个县市43多个品种的银锭。如：江汉关铸造的海关银锭。江汉关银锭为五十两的马蹄形锭，种类大约有十五六种。锭面砸有三个长方形戳记，一横二竖。铭文内容上方横排为“江汉关”、竖排右侧为纪年、左侧为银号名和银匠名。现发现有两种样式的戳记，均为长方形，不同之处在于，一种戳记内的文字被一方框包

湖北清代及民国银锭。

湖北银元局银元票。

围，而另一种则无框。江汉关银锭铸造的年代从光绪五年至宣统元年之间，数量以光绪年铸造的居多。铸造的银炉有“乾裕婶”、“有成号”、“协成号”；铸造工匠有“蔡春”、“蔡鸣”、“蔡长”、“王明”、“王松”、“罗芝”。江汉关银锭除五十两马蹄锭外，还有一种五两小圆锭，重 175 克，长 5.5cm，高 2.8cm，锭面正中有一方形戳记，铭文内容上方横排为“江汉关”，竖排右侧为“□税□”，左侧为“匠陶华”。这种银锭是湖北海关银中少见的品种。

6. 湖北银元局银元票

光绪十九年(1893 年)十月九日，湖广总督张之洞奏准，在武昌洗马池守备署旧址处改建湖北银元局，光绪二十年(1894 年)，正式建成投产，开铸银元。光绪二十二年(1896 年)，因湖北省市面上制钱奇缺，湖广总督奏准，湖北省银元局发行银元票，由日本印制。我馆收藏的银元票为光绪二十五年(1899 年)发行，中间直书“凭票取银元壹大元”，下端横书“重库平七钱二分”，其背面印有光绪二十五年二月二十一日官方谕示。目前仅发现湖北银元局发行的这一种纸票。

(韩　园)

附 录

APPENDIX

金融机构光荣榜

中国人民银行武汉分行

表 9－1－1

获奖单位或个人	荣誉称号	颁奖单位
中国人民银行武汉分行机关	2006－2008 年度中国人民银行文明单位	中国人民银行
中国人民银行武汉分行	中国人民银行反洗钱雷霆行动突出成果奖	中国人民银行
中国人民银行离退休干部处	中国人民银行 2005－2008 年度离退休干部工作先进集体	中国人民银行
中国人民银行工会	2008 年全省工会工作争先创优考核“优秀单位”	湖北省总工会

中国银行业监督管理委员会湖北监管局

表 9－1－2

获奖单位或个人	荣誉称号	颁奖单位
湖北银监局黄石银监分局	全国创建精神文明建设工作先进单位	中央文明委
湖北银监局恩施银监分局	2008 年度全国学习型先进班组	全国总工会
湖北银监局	深入贯彻落实科学发展观优秀理论文章优秀组织奖	中央文明委
湖北银监局	第三届中博会组织工作先进单位	湖北省委
湖北银监局办公室	银监会系统青年文明号	中国银监会
湖北银监局局团委	银监会系统五四红旗团委	中国银监会
湖北银监局统计信息处	重点课题分析特别贡献奖	中国银监会
湖北银监局财务会计处	财务决算一等奖	中国银监会
湖北银监局财务会计处	资产清查三等奖	中国银监会
湖北银监局财务会计处	中国会计改革与改革开放三十周年征文活动二等奖	中国银监会
湖北银监局孝感银监分局工会	省级模范职工之家	湖北省总工会
湖北银监局工会	全省工会工作创优争先考核“先进单位”	湖北省总工会
湖北银监局荆门银监分局统计信息工会小组	省级模范职工小家	湖北省总工会
湖北银监局	学习型组织先进单位	中国银监会工会
湖北银监局荆州银监分局工会	创争活动优秀工会	中国银监会工会
湖北银监局宜昌银监分局工会	模范职工之家	中国银监会工会
湖北银监局孝感银监分局监管二科工会小组	模范职工小家	中国银监会工会

续表 9－1－2

获奖单位或个人	荣誉称号	颁奖单位
湖北银监局宜昌银监分局女工委	五一巾帼集体	中国银监会工会
湖北银监局襄樊银监分局	纪念改革开放 30 周年优秀作品奖	中国银监会工会
湖北银监局团委	青年工作精品项目	中国银监会团委
湖北银监局	财务管理先进单位	湖北省财政厅
湖北银监局	档案管理特级单位	湖北省档案局
湖北银监局	公积金管理先进单位	湖北省公积金中心
湖北银监局仙桃监管办	第七届湖北省职工职业道德建设先进单位	湖北省职业道德建设指导协调小组
陈祖云（湖北银监局机关党委）	全国优秀工会工作者	全国总工会
闵前玉（湖北银监局十堰银监分局）	全国优秀工会积极分子	全国总工会
陈任武（湖北银监局合作处） 胡继红（湖北银监局统计处） 朱隆济（湖北银监局荆州银监分局）	2008 年度监管标兵	中国银监会
刘　芳（湖北银监局银行二处）	五一巾帼个人	中国银监会
郭剩勇（湖北银监局办公室）	青年岗位能手	中国银监会
李　伟（湖北银监局恩施银监分局）	知识型职工标兵	中国银监会
余　英（湖北银监局财会处） 董罡平（湖北银监局襄樊银监分局）	资产清查先进个人	中国银监会
陈晓明（湖北银监局咸宁银监分局）	优秀工会干部	中国银监会
陈　俊（湖北银监局后勤中心）	优秀工会积极分子	中国银监会
王国强（湖北银监局恩施银监分局）	第五届青年论坛二等奖	中国银监会
郎文天（湖北银监局荆门银监分局）	第五届青年论坛优秀奖	中国银监会
龚道林家庭（湖北银监局荆州银监分局） 徐　滔家庭（湖北银监局咸宁银监分局）	职工和谐家庭	湖北省文明办、湖北省总工会
柯国良（湖北银监局黄石银监分局）	第七届湖北省职工职业道德建设先进个人	湖北省职业道德建设指导协调小组

国家外汇管理局湖北省分局

表 9－1－3

获奖单位或个人	荣誉称号	颁奖单位
国家外汇管理局湖北省分局	2008 年全省“大通关”建设省级文明单位	湖北省人民政府
国家外汇管理局湖北省分局经常项目处	武汉市外经贸先进单位	湖北省人民政府
国家外汇管理局湖北省分局	2008 年度外商投资企业联合办公中心优质服务窗口	武汉市人民政府
国家外汇管理局湖北省分局	2008 年度先进分局（中心）	国家外汇管理局国际收支司、信息中心、外汇交易中心

续表 9－1－3

获奖单位或个人	荣誉称号	颁奖单位
国家外汇管理局湖北省分局	2008 年度外商投资企业外汇年检工作先进单位 直接投资外汇业务信息系统推广优秀分局	国家外汇管理局资本司
霍　琪(国家外汇管理局湖北省分局)	"在中国境内外币支付系统建设中工作积极、成绩突出"先进个人	中国人民银行支付结算司
刘　志(国家外汇管理局湖北省分局)	全省口岸系统精神文明创建活动"先进个人"	湖北省口岸工作领导小组、湖北省精神文明建设委员会办公室

国家开发银行湖北省分行

表 9－1－4

获奖单位或个人	荣誉称号	颁奖单位
国家开发银行湖北省分行	全国金融五一劳动奖状	中国金融工委
国家开发银行湖北省分行	办公管理先进单位	国家开发银行
国家开发银行湖北省分行	国际合作优秀分行	国家开发银行
国家开发银行湖北省分行	2008 年度合理化建议活动优秀组织	国家开发银行
国家开发银行湖北省分行	2008 年度优秀重大项目奖(南水北调中线一期(水源)主体工程项目)	国家开发银行
国家开发银行湖北省分行	第三届中博会"重要贡献奖"	湖北省人民政府
国家开发银行湖北省分行客户二处	湖北省"青年文明号"	共青团湖北省委员会
林　放(国家开发银行湖北省分行)	2008 年度个人积分奖	国家开发银行
田忠华(国家开发银行湖北省分行)	全国金融青年服务明星	中央金融团工委
孙乃波(国家开发银行湖北省分行)	国家开发银行青年岗位能手	国家开发银行
陈　妤(国家开发银行湖北省分行)	2008 年度合理化建议个人奖项：一等奖	国家开发银行
刘　坤(国家开发银行湖北省分行) 鲁　雪(国家开发银行湖北省分行) 祝　飞(国家开发银行湖北省分行) 罗妮妮(国家开发银行湖北省分行)	2008 年度合理化建议个人奖项：三等奖	国家开发银行
汪俊洪(国家开发银行湖北省分行)	湖北省优秀工会干部称号	湖北省总工会
鲁　红(国家开发银行湖北省分行)	湖北省女职工建功立业标兵	湖北省总工会
徐　琪(国家开发银行湖北省分行)	湖北省女职工之友	湖北省总工会

中国进出口银行武汉代表处

表 9－1－5

获奖单位或个人	荣誉称号	颁奖单位
中国进出口银行武汉代表处党支部	优秀基层党组织	中国进出口银行

中国农业发展银行湖北省分行

表 9－1－6

获奖单位或个人	荣誉称号	颁奖单位
中国农业发展银行十堰市分行工会委员会	全国金融模范之家	中国金融工会
中国农业发展银行汉口支行	中国银行业文明规范服务示范单位	中国银行业协会
中国农业发展银行襄樊市分行	先进集体	中国农业发展银行
中国农业发展银行黄梅县支行	先进集体、模范职工之家	中国农业发展银行
中国农业发展银行云梦县支行	模范职工之家	中国农业发展银行
甘绍群(中国农业发展银行湖北省分行)	全国金融系统优秀工会干部	中国金融工会
赵继明(中国农业发展银行湖北省分行)	全国金融系统道德建设先进个人	中国金融工会
李国虎(中国农业发展银行湖北省分行)	中国农业发展银行十大杰出青年	中国农业发展银行
谭立国(中国农业发展银行湖北省分行)	先进工作者	中国农业发展银行

中国工商银行股份有限公司湖北省分行

表 9－1－7

获奖单位或个人	荣誉称号	颁奖单位
中国工商银行股份有限公司武汉青山支行 中国工商银行股份有限公司孝感分行 中国工商银行股份有限公司广水支行	全国精神文明创建工作先进单位	中央精神文明建设领导小组
中国工商银行股份有限公司武汉三八支行	全国青年文明号	共青团中央
中国工商银行股份有限公司鄂州支行	湖北省五一劳动奖状	湖北省总工会
中国工商银行股份有限公司武汉喻家山支行 中国工商银行股份有限公司黄州八一路支行	总行级青年文明号	中国工商银行股份有限公司党委
中国工商银行股份有限公司湖北省分行	全国企业文化建设先进单位	中国企业文化研究会
张金星(中国工商银行股份有限公司湖北省分行)	全国金融五一劳动奖章	中国金融工会
李焕成(中国工商银行股份有限公司咸宁分行)	湖北省五一劳动奖章	湖北省总工会
谢　华(中国工商银行股份有限公司武汉武铁支行) 杨　静(中国工商银行股份有限公司荆州四机支行)	2008 年度中国工商银行青年岗位明星	中国工商银行股份有限公司团委
韩　笑(中国工商银行股份有限公司武汉江岸开发区支行)	中国工商银行青年英语大赛优秀奖 中国工商银行青年英语大赛青年英语之星	中国工商银行股份有限公司
凌　轲(中国工商银行股份有限公司武汉中南支行)	中国工商银行青年英语大赛青年英语之星	中国工商银行股份有限公司
王晓玲(中国工商银行股份有限公司湖北省分行)	全国金融系统思想政治工作先进个人	中国金融职工思想政治工作研究会

中国农业银行股份有限公司湖北省分行

表 9－1－8

获奖单位或个人	荣誉称号	颁奖单位
中国农业银行股份有限公司湖北省分行公安支行	全国创建文明行业工作先进单位	中央文明委
中国农业银行股份有限公司湖北省分行公安支行	全国“工人先锋号”	全国总工会
中国农业银行股份有限公司湖北省分行谷城县支行营业室 中国农业银行股份有限公司湖北省分行洪山支行营业室 中国农业银行股份有限公司湖北省分行三峡城中支行	中国银行业文明规范服务示范单位	中国银监会
中国农业银行股份有限公司湖北省分行公安支行	中国农业银行文明建设先进单位	中国农业银行
中国农业银行股份有限公司湖北省分行当阳市支行营业部 中国农业银行股份有限公司湖北省分行襄樊市襄城支行金融超市	中国农业银行青年文明号	中国农业银行股份有限公司
中国农业银行股份有限公司湖北省分行驻华容区工作队	省直新农村建设先进工作队	湖北省委、省政府办公厅
中国农业银行股份有限公司湖北省分行荆门象山支行	第七届湖北省职工职业道德建设先进单位	湖北省职业道德建设指导协调小组
易映森（中国农业银行股份有限公司湖北省分行）	2008 湖北经济十大风云人物	省委财经办、湖北日报

中国银行股份有限公司湖北省分行

表 9－1－9

获奖单位或个人	荣誉称号	颁奖单位
中国银行股份有限公司黄石分行下陆支行 中国银行股份有限公司东湖广埠屯支行	银行业文明规范服务示范单位	中国银行业协会
袁书林（中国银行股份有限公司潜江支行）	工会工作积极分子	中国金融工会

交通银行股份有限公司武汉分行

表 9－1－10

获奖单位或个人	荣誉称号	颁奖单位
交通银行股份有限公司武汉分行工会	全国模范职工之家	全国总工会
交通银行股份有限公司武汉分行个金部理财中心	湖北省工人先锋号	湖北省总工会

续表 9－1－10

获奖单位或个人	荣誉称号	颁奖单位
交通银行股份有限公司武汉分行	2008 年度武汉市纳税信用等级 A 级纳税人	武汉市人民政府
交通银行股份有限公司武汉分行工会	全市工会重点工作考核先进单位	武汉市总工会
交通银行股份有限公司武汉分行江岸支行营销科	第三届全国金融职工职业道德先进班组	中国金融工会
交通银行股份有限公司武汉分行	第七届湖北省职工职业道德建设先进单位	湖北省职业道德建设指导协调小组
交通银行股份有限公司武汉分行硚口支行	2008 年度中国银行业文明规范服务示范单位	中国银行业协会
交通银行股份有限公司武汉分行硚口支行	2008 年度湖北省银行业文明规范服务示范单位	湖北省银行业协会
交通银行股份有限公司武汉分行工会	工会工作考核一等奖	交通银行工会
肖　凡(交通银行股份有限公司武汉分行)	全国优秀工会干部	全国总工会
李杨勇(交通银行股份有限公司武汉分行)	湖北省支持工会工作企业领导人	湖北省总工会
王怀芳(交通银行股份有限公司武汉分行)	湖北省优秀工会干部	湖北省总工会
高新华(交通银行股份有限公司武汉分行)	武汉市支持工会工作企业领导人	武汉市总工会
朱军先(交通银行股份有限公司武汉分行)	武汉市五一劳动奖章	武汉市总工会

招商银行股份有限公司武汉分行

表 9－1－11

获奖单位或个人	荣誉称号	颁奖单位
招商银行股份有限公司武汉分行营业处	全国“工人先锋号” 全国金融系统“工人先锋号” 全国金融五一劳动奖状	全国总工会 中国金融工会
招商银行股份有限公司武汉分行营业部 招商银行股份有限公司武汉分行宜昌葛洲坝支行 招商银行股份有限公司武汉分行黄石挹江支行	2008 年度中国银行业文明示范单位 2008 年度湖北省银行业文明示范单位	中国银行业协会、湖北省银行业协会
招商银行股份有限公司武汉分行	2008 年度个人贷款十佳分行	招商银行股份有限公司
招商银行股份有限公司武汉分行	2008 年度十大优秀服务分行	招商银行股份有限公司
招商银行股份有限公司武汉分行	2008 年度综合发展大奖 零售中间业务收入十佳分行 代理保险业务奋勇争先奖与特殊贡献大奖 信用卡突出贡献分行 三方存管卓越分行 储蓄存款十佳分行 网点创赢优秀推广奖 高端客户拓展十佳分行 快易理财十佳分行 “鹰击长空”专业版营销竞赛优胜分行	招商银行股份有限公司
招商银行股份有限公司武汉分行	2008 年度先进单位	湖北省住房资金管理中心

中国民生银行股份有限公司武汉分行

表 9－1－12

获奖单位或个人	荣誉称号	颁奖单位
中国民生银行股份有限公司武汉分行中南支行 中国民生银行股份有限公司武汉分行营业部	2008 年度中国银行业文明规范服务示范单位	中国银行业协会
中国民生银行股份有限公司武汉分行发展支行	优秀零售支行	中国民生银行股份有限公司
中国民生银行股份有限公司武汉分行新华支行	模范职工小家	湖北省总工会
中国民生银行股份有限公司武汉分行中南支行 中国民生银行股份有限公司武汉分行营业部	湖北省银行业文明规范服务示范单位	湖北省银行业协会
黄　晨（中国民生银行股份有限公司武汉分行资产监控部）	优秀工会积极分子	中国金融工会、湖北省总工会
黄海鹰（中国民生银行股份有限公司武汉分行企业金融二部）	十佳创利团队负责人	中国民生银行股份有限公司
汪　霞（中国民生银行股份有限公司武汉分行）	十佳零售支行行长	中国民生银行股份有限公司
成　语（中国民生银行股份有限公司武汉分行零售个贷营销部）	十佳市场营销金奖（零售）	中国民生银行股份有限公司
赵　琳（中国民生银行股份有限公司武汉分行零售市场营销部）	十佳市场推动能手	中国民生银行股份有限公司
吴远志（中国民生银行股份有限公司武汉分行风险管理部）	十佳风险管理能力	中国民生银行股份有限公司

中国光大银行股份有限公司武汉分行

表 9－1－13

获奖单位或个人	荣誉称号	颁奖单位
中国光大银行股份有限公司武汉分行	2008 年度湖北省级金融机构统计工作二等奖	中国人民银行武汉分行
中国光大银行股份有限公司武汉分行	2008 年度支付清算系统运行维护先进集体	中国人民银行武汉分行
中国光大银行股份有限公司武汉分行	湖北省 2008 年度“良好银行”	湖北银监局
中国光大银行股份有限公司武汉分行	2008 年度武汉地区征信管理工作一等奖	中国人民银行武汉分行营业管理部
杜　钺（中国光大银行股份有限公司武汉分行）	2008 年度湖北省级金融机构统计先进工作者	中国人民银行武汉分行
王　祥（中国光大银行股份有限公司武汉分行）	2008 年度支付清算系统运行维护先进个人	中国人民银行武汉分行
栾海涛（中国光大银行股份有限公司武汉分行）	2008 年度武汉地区征信管理工作先进个人	中国人民银行武汉分行营业管理部

中信银行股份有限公司武汉分行

表 9－1－14

获奖单位或个人	荣誉称号	颁奖单位
中信银行股份有限公司武汉分行	2008 年度监管评级一级	中国银监会
中信银行股份有限公司武汉分行开发区支行	全国模范职工小家	全国总工会
中信银行股份有限公司武汉分行营业部 中信银行股份有限公司武汉分行江汉路支行	中国银行业文明规范服务示范单位	中国银行业协会
中信银行股份有限公司武汉分行	“2008 年度武汉地区金融统计工作”一等奖	中国人民银行武汉分行
中信银行股份有限公司武汉分行	安全用卡优质奖	中国人民银行武汉分行
中信银行股份有限公司武汉分行水果湖支行	武汉市模范职工小家	武汉市总工会
中信银行股份有限公司武汉分行青山支行	女职工建功立业示范岗	武汉市总工会
中信银行股份有限公司武汉分行营业部 中信银行股份有限公司武汉分行汉正街支行	2008 年度武汉市反假货币工作先进集体	武汉市反假货币工作联席会议办公室
徐学敏(中信银行武汉分行)	全国五一劳动奖章	全国总工会
石学娟(中信银行武汉分行工会)	优秀工会工作者	武汉市总工会
黄　杰(中信银行武汉分行计划财务部)	优秀统计员	中国人民银行武汉分行营业管理部
彭　成(中信银行武汉分行会计管理部) 张　雷(中信银行武汉分行会计管理部) 吴雄飞(中信银行股份有限公司武汉分行营业部) 黄　洲(中信银行股份有限公司武昌支行)	2008 年度武汉市反假货币工作先进个人	武汉市反假货币工作联席会议办公室

兴业银行股份有限公司武汉分行

表 9－1－15

获奖单位或个人	荣誉称号	颁奖单位
兴业银行股份有限公司武汉武昌支行	2008 年度中国银行业文明规范服务示范单位	中国银行业协会
兴业银行股份有限公司武汉分行	湖北省级金融机构金融统计工作二等奖	中国人民银行武汉分行
兴业银行股份有限公司武汉分行	2008 年度省直社会保险费缴费先进单位	湖北省地方税务局
兴业银行股份有限公司武汉分行	湖北省直年度失业保险申报缴费诚信单位	湖北省劳动就业管理局
兴业银行股份有限公司武汉分行	2007－2008 年度武汉市反假币工作先进集体	武汉市反假币工作联席会议办公室

续表 9－1－15

获奖单位或个人	荣誉称号	颁奖单位
兴业银行股份有限公司武汉分行	2008 年度武汉地区金融重点支持 签发商业承兑汇票“十佳”管理行 武汉电子支付系统业务竞赛优胜单位 武汉同城清算业务竞赛优胜单位 2008 年度武汉地区金融统计工作一等奖	中国人民银行武汉分行营业管理部
兴业银行股份有限公司武汉分行	武汉市经济保卫工作先进集体	武汉市公安局
兴业银行股份有限公司武汉分行	银银合作营销优胜奖 第三方存管营销优胜奖	兴业银行股份有限公司
王凌云(兴业银行股份有限公司武汉分行)	同业业务系统年度人物	兴业银行股份有限公司

上海浦东发展银行股份有限公司武汉分行

表 9－1－16

获奖单位或个人	荣誉称号	颁奖单位
上海浦东发展银行股份有限公司武汉分行营业部	2008 年度中国银行业文明规范服务示范单位	中国银行业协会
上海浦东发展银行股份有限公司武汉分行	金融机构支持武汉经济发展奖	武汉市人民政府
上海浦东发展银行股份有限公司武汉分行	金融统计先进单位	中国人民银行武汉分行
上海浦东发展银行股份有限公司武汉分行银行卡及渠道部	2008 安全用卡环境大检查优质奖	中国人民银行武汉分行
上海浦东发展银行股份有限公司武汉分行营业部工会小组	武汉市模范职工小家	武汉市总工会
上海浦东发展银行股份有限公司武汉分行	2008 年全市工会重点工作先进单位	武汉市总工会
上海浦东发展银行股份有限公司武汉分行运营管理部、营业部	2008 年度武汉市反假货币工作先进集体	武汉市反假货币工作联席会议办公室
上海浦东发展银行股份有限公司武汉分行营业部	2008 年度湖北省银行业文明规范服务示范单位	湖北省银行业协会
上海浦东发展银行股份有限公司武汉分行	经保系统保卫单位先进集体	武汉市公安局
上海浦东发展银行股份有限公司武汉分行银行卡及渠道部	ATM 单台跨行优胜奖	中国银联股份有限公司湖北分公司
上海浦东发展银行股份有限公司武汉分行信息科技部	2008 年度湖北省银行卡运行质量优胜奖	中国银联股份有限公司湖北分公司
胡立国(上海浦东发展银行股份有限公司武汉分行)	武汉市五一劳动奖章	武汉市总工会
汪素萍(上海浦东发展银行股份有限公司武汉分行)	优秀共产党员	中共湖北省委省直机关工作委员会
卢丹坤(上海浦东发展银行股份有限公司武汉分行)	金融统计先进个人	中国人民银行武汉分行

续表 9－1－16

获奖单位或个人	荣誉称号	颁奖单位
方　波（上海浦东发展银行股份有限公司武汉分行） 江　焰（上海浦东发展银行股份有限公司武汉分行） 朱振华（上海浦东发展银行股份有限公司武汉分行） 韩晶晶（上海浦东发展银行股份有限公司武汉分行）	2008 年度武汉市反假货币先进个人	武汉市反假货币工作联席会议办公室
许玉泉（上海浦东发展银行股份有限公司武汉分行） 闫俊岭（上海浦东发展银行股份有限公司武汉分行）	经保系统保卫干部先进个人	武汉市公安局

广东发展银行股份有限公司武汉分行

表 9－1－17

获奖单位或个人	荣誉称号	颁奖单位
广东发展银行股份有限公司武汉分行营业部	2008 年度中国银行业文明规范服务示范单位	中国银行业协会
广东发展银行股份有限公司武汉分行	武汉市纳税信用等级 A 级纳税人	武汉市国家税务局、武汉市地方税务局
广东发展银行股份有限公司武汉分行	湖北省金融机构金融统计工作评比二等奖	中国人民银行武汉分行
广东发展银行股份有限公司武汉分行营业部	2008 年度湖北省银行业文明规范服务示范单位	湖北省银行业协会
广东发展银行股份有限公司武汉分行	武汉地区金融机构金融统计工作评比二等奖	中国人民银行武汉分行营业管理部
广东发展银行股份有限公司武汉分行	2008 年度武汉地区票据交换业务组织管理优胜单位 2008 年度武汉电子支付系统业务竞赛优胜单位	中国人民银行武汉分行营业管理部
广东发展银行股份有限公司武汉分行营业部 广东发展银行股份有限公司武汉东湖支行	2007 至 2008 年度武汉市反假货币工作先进集体	武汉市反假货币工作联席会议办公室
广东发展银行股份有限公司武汉分行	2008 年奥运信息安全保障规范分行 2008 年信息科技工作先进分行 2008 年金融统计工作考评一等奖	广东发展银行股份有限公司
吴　琼（广东发展银行股份有限公司武汉分行资金部）	2008 年湖北省金融机构金融统计工作先进工作者	中国人民银行武汉分行
姜利兵（广东发展银行股份有限公司武汉分行）	2008 年度先进分行行长	广东发展银行股份有限公司
汪望珍（广东发展银行股份有限公司武汉分行市场六部）	广发营销明星	广东发展银行股份有限公司

续表 9－1－17

获奖单位或个人	荣誉称号	颁奖单位
王　勇（广东发展银行股份有限公司武汉东西湖支行）	广发服务明星	广东发展银行股份有限公司
周薇飒（广东发展银行股份有限公司武汉分行信贷管理部）	广发管理明星	广东发展银行股份有限公司
黄　欢（广东发展银行股份有限公司武汉武珞支行） 张　蕾（广东发展银行股份有限公司武汉徐东支行）	广东发展银行股份有限公司奥运服务明星	广东发展银行股份有限公司
崔　晓（广东发展银行股份有限公司武汉分行财会部） 张建军（广东发展银行股份有限公司武汉硚口支行） 余晓巍（广东发展银行股份有限公司武汉青山支行） 周　超（广东发展银行股份有限公司武汉武昌支行）	2007－2008 年度武汉市反假货币工作先进个人	武汉市反假货币工作联席会议办公室
余　飞（广东发展银行股份有限公司武汉分行营业部）	在学习贯彻党的十七大精神暨业务技能竞赛中荣获中文输入比赛第一名	广东发展银行股份有限公司工会

汉口银行股份有限公司

表 9－1－18

获奖单位或个人	荣誉称号	颁奖单位
汉口银行股份有限公司中山路支行	2008 年度中国银行业文明规范服务示范单位	中国银行业协会
汉口银行股份有限公司工会委员会	湖北省模范职工之家	湖北省总工会
汉口银行股份有限公司雄楚大道支行 汉口银行股份有限公司中山路支行 汉口银行股份有限公司红钢城支行	2008 年度湖北银行业文明规范服务示范单位	湖北银行业协会
汉口银行股份有限公司	2008 年度湖北省银行卡工作优胜单位银联标准卡推广优胜奖三等奖	中国银联股份有限公司湖北分公司
汉口银行股份有限公司	受理市场拓展优胜奖三等奖	中国银联股份有限公司湖北分公司
汉口银行股份有限公司	2008 年度武汉市信访工作先进单位	中共武汉市委
汉口银行股份有限公司	武汉市劳动关系和谐企业	武汉市创建劳动关系和谐企业活动领导小组
汉口银行股份有限公司工会委员会	2008 年度全市工会工作优秀单位	武汉市总工会
汉口银行股份有限公司工会委员会	2008 年度武汉市“创新业绩、创高效益”竞赛先进单位	武汉市劳动竞赛委员会
汉口银行股份有限公司武胜路支行工会	武汉市模范职工小家	武汉市总工会
汉口银行股份有限公司	票据交换业务组织管理优胜单位	中国人民银行武汉分行营业管理部

续表 9－1－18

获奖单位或个人	荣誉称号	颁奖单位
汉口银行股份有限公司	武汉电子支付系统业务组织管理优胜单位	中国人民银行武汉分行营业管理部
汉口银行股份有限公司武胜路支行	“十佳”管理行	中国人民银行武汉分行营业管理部
安　静(汉口银行股份有限公司)	2008 年度支付清算系统运行维护先进个人	中国人民银行武汉分行
李　宁(汉口银行股份有限公司)	武汉市优秀党务工作者	中共武汉市委
李筱丽(汉口银行股份有限公司)	武汉市 2008 年度内部审计先进工作者	武汉市审计局

黄石市商业银行股份有限公司

表 9－1－19

获奖单位或个人	荣誉称号	颁奖单位
黄石市商业银行股份有限公司	影响黄石发展 100 品牌	中共黄石市委宣传部等

荆州市商业银行股份有限公司

表 9－1－20

获奖单位或个人	荣誉称号	颁奖单位
荆州市商业银行股份有限公司	全国小企业金融服务先进单位	中国银监会
荆州市商业银行股份有限公司	全省支付清算工作先进单位	中国人民银行湖北省支付清算中心
何生标(荆州市商业银行股份有限公司)	全国小企业金融服务先进个人	中国银监会

孝感市商业银行股份有限公司

表 9－1－21

获奖单位或个人	荣誉称号	颁奖单位
孝感市商业银行股份有限公司阳光女子支行	青年文明号	共青团湖北省委
李少平(孝感市商业银行股份有限公司)	湖北省第二届“十大优秀女企业家”	湖北省妇联

襄樊市商业银行股份有限公司

表 9－1－22

获奖单位或个人	荣誉称号	颁奖单位
襄樊市商业银行股份有限公司汉江支行	2008 年全市窗口行业"讲文明、树新风、创三优、促发展"文明行业主题竞赛活动优胜单位	襄樊市委宣传部
刘　静(襄樊市商业银行股份有限公司)	2008 年全市窗口行业"讲文明、树新风、创三优、促发展"文明行业主题竞赛活动先进个人	襄樊市委宣传部

汇丰银行(中国)有限公司武汉分行

表 9－1－23

获奖单位或个人	荣誉称号	颁奖单位
汇丰银行(中国)有限公司武汉分行	中小企业贷款增量奖励	武汉市人民政府
汇丰银行(中国)有限公司武汉分行	武汉地区征信管理工作先进集体三等奖 支付清算系统先进集体	中国人民银行武汉分行

东亚银行(中国)有限公司武汉分行

表 9－1－24

获奖单位或个人	荣誉称号	颁奖单位
东亚银行(中国)有限公司武汉分行	金融统计工作二等奖 2008 年度票据交换业务考核"票据交换业务组织管理优胜单位"	中国人民银行武汉分行
梁　燕(东亚银行(中国)有限公司武汉分行)	金融统计工作优秀统计员	中国人民银行武汉分行
张　纯(东亚银行(中国)有限公司武汉分行)	金融统计工作先进工作者	中国人民银行武汉分行

湖北省农村信用社联合社

表 9－1－25

获奖单位或个人	荣誉称号	颁奖单位
武汉市联社团委	全国五四红旗团委创建单位	共青团中央
英山县农村信用合作联社	省级文明单位	湖北省委宣传部
谷城县农村信用合作联社工会	湖北省企业工会工作规范化建设二级企业工会	湖北省总工会
罗田县农村信用合作联社工会 湖北省农村信用社工会	省级模范职工小家	湖北省总工会

续表 9－1－25

获奖单位或个人	荣誉称号	颁奖单位
武汉市农村信用合作联社青年志愿者服务总队	第四届湖北十杰百优志愿服务集体	共青团湖北省委
武汉市先锋农村信用社营业室	省级青年文明号	共青团湖北省委
武汉市农村信用合作联社团委	省级五四红旗团委标兵	共青团湖北省委
秭归县农村信用合作联社党委	先进基层党组织	中共湖北省委省直机关工作委员会
武汉市先锋农村信用社营业室 武汉市后湖农村信用社汉黄分社 石首市农村信用合作联社营业部 潜江市农村信用合作联社向阳信用社 黄石滨江农村合作银行磁湖支行	2008 年度中国银行业文明规范服务示范单位	中国银行业协会
黄石滨江农村合作银行	第七届湖北省职工职业道德建设先进单位	湖北省职业道德建设指导协调小组
鄂州兴业信用社	湖北省银行业服务效率先进单位	湖北省银行业协会
石首市农村信用合作联社营业部 武汉市先锋农村信用社营业室 武汉市后湖农村信用社汉黄分社 潜江市农村信用合作联社向阳信用社 黄石滨江农村合作银行磁湖支行 随州市联社营业部 鄂州兴业信用社 仙桃市联社营业部 宜昌宜都市联社营业部	2008 年度湖北省银行业文明规范服务示范单位	湖北省银行业协会
湖北省农村信用社联合社网络信息中心	2008 年 1、2、3 季度农信银支付清算系统通存通兑业务进步奖	农信银资金清算中心
匡亦荣（黄冈市农村信用合作社联合社）	模范党员	湖北省委组织部
李敬善（保康县农村信用合作联社）	省级优秀工会工作者	湖北省总工会
李玉萍（荆门市农村信用合作社联合社）	省级优秀工会积极分子	湖北省总工会
赵冬雪（湖北省农信联社咸宁办事处）	优秀党务工作者	中共湖北省委省直机关工作委员会
随州市联社刘金定同志的家庭	湖北和谐家庭	湖北省文明委、湖北省总工会
叶文娟（随州市联社）	湖北省青年岗位能手	团省委、省劳动和社会保障厅
夏彩霞（湖北省农村信用社联合社）	2008 年支付清算系统运行先进个人	中国人民银行武汉分行
殷　松（随州市联社）	湖北省中小企业信用体系建设先进个人	中国人民银行武汉分行
吕建新（鄂州市农村信用合作联社）	湖北省审计厅内部审计先进工作者	湖北省审计厅
焦爱华（荆州市农村信用合作社联合社）	优秀交易员	全国银行业同业拆借中心中国外汇交易中心

中国邮政储蓄银行有限责任公司湖北省分行

表 9－1－26

获奖单位或个人	荣誉称号	颁奖单位
中国邮政储蓄银行有限责任公司湖北省分行	2008 年中国邮政储蓄银行银团贷款业务推广优秀奖	中国邮政储蓄银行有限责任公司
中国邮政储蓄银行有限责任公司武汉市分行洪山支行	2008 年度“文明服务示范单位”、“文明效率先进单位”	湖北省银行业协会
中国邮政储蓄银行有限责任公司湖北省分行	银联差错处理业务优质奖	中国银联股份有限公司湖北分公司

中国银联股份有限公司湖北分公司

表 9－1－27

获奖单位或个人	荣誉称号	颁奖单位
中国银联股份有限公司湖北分公司	2008 年度全市工会重点工作考核先进单位	武汉市总工会
中国银联股份有限公司湖北分公司	2008 年度发卡特别奖	中国银联股份有限公司
中国银联股份有限公司湖北分公司	2008 年度市场拓展奖	中国银联股份有限公司

中国长城资产管理公司武汉办事处

表 9－1－28

获奖单位或个人	荣誉称号	颁奖单位
中国长城资产管理公司武汉办事处	2008 年度“先进单位”	中国长城资产管理公司
共青团中国长城资产管理公司武汉办事处委员会	第五届系统青年论坛优秀组织奖	共青团中国长城资产管理公司委员会
徐中喜（中国长城资产管理公司武汉办事处） 程建中（中国长城资产管理公司武汉办事处） 万　琼（中国长城资产管理公司武汉办事处） 丁建祖（中国长城资产管理公司武汉办事处） 曾祥柏（中国长城资产管理公司武汉办事处） 刘　静（中国长城资产管理公司武汉办事处）	2008 年度“先进工作者”	中国长城资产管理公司
刘　敏（中国长城资产管理公司武汉办事处）	2008 年度“先进女职工”	中国长城资产管理公司
沈莉芳（中国长城资产管理公司武汉办事处）	2008 年度“文明家庭”	中国长城资产管理公司

续表 9－1－28

获奖单位或个人	荣誉称号	颁奖单位
刘　敏（中国长城资产管理公司武汉办事处）	第五届银监会系统青年论坛论文优秀奖 公司系统青年论坛论文三等奖	共青团中国银监会委员会、共青团中国长城资产管理公司委员会
吴四平（中国长城资产管理公司武汉办事处）	第五届公司系统青年论坛论文优秀奖	共青团中国长城资产管理公司委员会

中国信达资产管理公司武汉办事处

表 9－1－29

获奖单位或个人	荣誉称号	颁奖单位
中国信达资产管理公司武汉办事处	清算工作优秀奖	中国信达资产管理公司
张青山（中国信达资产管理公司武汉办事处） 李曙光（中国信达资产管理公司武汉办事处）	案例工作最佳项目奖	中国信达资产管理公司
舒永红（中国信达资产管理公司武汉办事处）	省直年度失业保险业务经办先进个人	湖北省劳动就业管理局

武汉钢铁集团财务有限责任公司

表 9－1－30

获奖单位或个人	荣誉称号	颁奖单位
武汉钢铁集团财务有限责任公司	湖北省 A 级纳税人	湖北省国税局、地税局
武汉钢铁集团财务有限责任公司	守合同重信用企业	湖北省企业信用促进会

中国电力财务公司华中分公司

表 9－1－31

获奖单位或个人	荣誉称号	颁奖单位
中国电力财务公司华中分公司	湖北省最佳文明单位	湖北省委、省政府
中国电力财务公司华中分公司直属营业部	巾帼文明岗	中国电力财务公司
中国电力财务公司华中分公司工会	2008 年度华中电力工委直属单位先进工会	华中电网有限公司

东风汽车财务有限公司

表 9－1－32

获奖单位或个人	荣誉称号	颁奖单位
东风汽车财务有限公司	武汉地区征信管理工作先进集体二等奖	中国人民银行武汉分行营业管理部
东风汽车财务有限公司团支部	东风汽车公司五四红旗团支部	共青团东风汽车公司委员会

三峡财务有限责任公司

表 9－1－33

获奖单位或个人	荣誉称号	颁奖单位
三峡财务有限责任公司领导班子	“四好”领导班子先进集体	三峡总公司

长江证券股份有限公司

表 9－1－34

获奖单位或个人	荣誉称号	颁奖单位
长江证券股份有限公司	第三届中博会“重要贡献奖”	湖北省人民政府
长江证券股份有限公司	省直金融企业先进单位	湖北省财政厅
长江证券股份有限公司	省直年度失业保险申报缴费诚信单位	湖北省劳动就业管理局
长江证券股份有限公司	先进基层党组织	湖北省国资委
长江证券股份有限公司	2008 年度全省创优争先“先进单位”	湖北省总工会
长江证券股份有限公司武汉武珞路证券营业部	湖北省青年文明号	共青团湖北省委、湖北省文明委
李子勇（长江证券股份有限公司清算交收部）	2008 年度沪、深证券交易所优秀会员业务联络人	上海证券交易所、深圳证券交易所
范辛亭（长江证券股份有限公司研究部）	“基金与宏观环境类”二等奖	中国证券业协会
周　纯（长江证券股份有限公司法律合规部）	湖北省青年岗位能手	湖北省劳动和社会保障厅、共青团湖北省委

天风证券经纪有限责任公司

表 9－1－35

获奖单位或个人	荣誉称号	颁奖单位
江　水（天风证券经纪有限责任公司稽核部）	先进个人	中国证监会

广发证券股份有限公司湖北分公司

表 9－1－36

获奖单位或个人	荣誉称号	颁奖单位
广发证券股份有限公司湖北分公司万松园营业部	反洗钱系列宣传先进单位	湖北证监局
广发证券股份有限公司湖北分公司	2008 年度总裁奖励基金评选“优秀团队奖”	广发证券股份有限公司
安　刚(广发证券股份有限公司湖北分公司) 杨熙宇(广发证券股份有限公司湖北分公司)	账户规范工作先进个人	中国证监会

中国人民财产保险股份有限公司湖北省分公司

表 9－1－37

获奖单位或个人	荣誉称号	颁奖单位
中国人民财产保险股份有限公司湖北省分公司	优质服务金融单位	湖北省人民政府
中国人民财产保险股份有限公司湖北省分公司	湖北省第九届守合同重信用企业	湖北省工商行政管理局
中国人民财产保险股份有限公司湖北省分公司十堰分公司	守合同重信用企业	湖北省工商行政管理局
中国人民财产保险股份有限公司湖北省分公司工会	省级模范职工之家	湖北省总工会
中国人民财产保险股份有限公司湖北省分公司	交叉销售“突出业绩奖”	中国人民保险集团公司
中国人民财产保险股份有限公司湖北省分公司利川支公司	抗灾救灾先进集体	中国人民保险集团公司
中国人民财产保险股份有限公司湖北省分公司财务会计部	会计核算质量三等奖	中国人民财产保险股份有限公司
中国人民财产保险股份有限公司湖北省分公司	保险工作宣传先进单位	湖北省保险行业协会、湖北省保险学会
中国人民财产保险股份有限公司湖北省分公司武汉分公司	守合同重信用企业	湖北省工商行政管理局、湖北省企业信用促进会
中国人民财产保险股份有限公司湖北省分公司荆门分公司	湖北省第十届消费者满意单位	湖北省消费者委员会
中国人民财产保险股份有限公司湖北省分公司宜昌分公司	2007－2008 年度湖北省消费者满意单位	湖北省消费者协会
中国人民财产保险股份有限公司湖北省分公司武汉分公司	信用建设示范企业	武汉市人民政府
中国人民财产保险股份有限公司湖北省分公司	综合治理优胜单位	武汉市人民政府综合治理委员会
中国人民财产保险股份有限公司湖北省分公司武汉分公司	科技保险先进单位	武汉市科学技术局

续表 9－1－37

获奖单位或个人	荣誉称号	颁奖单位
中国人民财产保险股份有限公司湖北省分公司	突出贡献纳税人	武汉市地税局
单何来（中国人民财产保险股份有限公司湖北省分公司武汉分公司） 廖华斌（中国人民财产保险股份有限公司湖北省分公司武汉分公司）	抗灾救灾先进个人	中国人民保险集团公司

天安保险股份有限公司湖北省分公司

表 9－1－38

获奖单位或个人	荣誉称号	颁奖单位
天安保险股份有限公司湖北省分公司	劳动保障守法诚信用人单位	湖北省劳动和社会保障厅
王　莉（天安保险股份有限公司湖北省分公司）	2008 年度湖北省保险宣传优秀通讯员	湖北省保险行业协会、湖北省保险学会

太平保险有限公司湖北分公司

表 9－1－39

获奖单位或个人	荣誉称号	颁奖单位
太平保险有限公司湖北分公司	优质服务金融单位	湖北省人民政府金融办
太平保险有限公司湖北分公司	保险宣传先进单位	湖北省保险行业协会
太平保险有限公司湖北分公司理赔部	抗灾救灾先进集体	中国保险集团
太平保险有限公司湖北分公司	爱心慈善荣誉证书	湖北省慈善总会
熊　源（太平保险有限公司湖北分公司理赔部） 成斯钢（太平保险有限公司黄石中心支公司）	抗灾救灾先进个人	中国保险集团

中国大地财产保险股份有限公司湖北分公司

表 9－1－40

获奖单位或个人	荣誉称号	颁奖单位
中国大地财产保险股份有限公司荆州中心支公司	湖北省保险业抗击雪灾先进单位	湖北保监局
龙华俊（中国大地财产保险股份有限公司黄石中心支公司） 陈　凯（中国大地财产保险股份有限公司黄石中心支公司）	湖北省保险业抗击雪灾先进个人	湖北保监局

永安财产保险股份有限公司湖北分公司

表 9－1－41

获奖单位或个人	荣誉称号	颁奖单位
永安财产保险股份有限公司湖北分公司车险管理部 永安财产保险股份有限公司襄樊中心支公司	2008 年湖北省抗灾救灾先进单位	湖北保监局
永安财产保险股份有限公司湖北分公司	2008 年度湖北省保险宣传工作先进单位	湖北省保险行业协会、湖北省保险学会
永安财产保险股份有限公司湖北分公司	2008 年度永安财产保险股份有限公司信息宣传工作先进单位	永安财产保险股份有限公司
温世安（永安财产保险股份有限公司湖北分公司办公室）	2008 年度永安财产保险股份有限公司信息宣传工作先进个人	永安财产保险股份有限公司
刘广顺（永安财产保险股份有限公司宜昌中心支公司） 温世安（永安财产保险股份有限公司湖北分公司办公室） 黄鹏飞（永安财产保险股份有限公司十堰中心支公司）	2008 年湖北省抗灾救灾先进个人	湖北保监局
温世安（永安财产保险股份有限公司湖北分公司办公室）	2008 年度湖北省保险宣传优秀通讯员	湖北省保险行业协会、湖北省保险学会

华安财产保险股份有限公司湖北分公司

表 9－1－42

获奖单位或个人	荣誉称号	颁奖单位
华安财产保险股份有限公司湖北分公司	管理创新奖	华安财产保险股份有限公司
华安财产保险股份有限公司湖北分公司荆门市南国佳苑连锁式营销服务部 华安财产保险股份有限公司湖北分公司荆门市葡萄园连锁式营销服务部 华安财产保险股份有限公司湖北分公司现代花园连锁式营销服务部	门店销售奖	华安财产保险股份有限公司
华安财产保险股份有限公司湖北分公司东风阳光城连锁式营销服务部 华安财产保险股份有限公司湖北分公司奥林匹克连锁式营销服务部	服务创新奖	华安财产保险股份有限公司

永诚财产保险股份有限公司湖北分公司

表 9－1－43

获奖单位或个人	荣誉称号	颁奖单位
永诚财产保险股份有限公司宜昌中心支公司	全省抗雪救灾工作先进集体	湖北保监局

续表 9－1－43

获奖单位或个人	荣誉称号	颁奖单位
永诚财产保险股份有限公司武昌中心支公司	2008 年度先进集体	永诚财产保险股份有限公司
朱鹏飞（永诚财产保险股份有限公司湖北分公司） 陈　侠（永诚财产保险股份有限公司襄樊中心支公司）	全省抗雪救灾工作先进个人	湖北保监局
陈建雄（永诚财产保险股份有限公司湖北分公司财产险部）	2008 年度优秀经理	永诚财产保险股份有限公司
刘向刚（永诚财产保险股份有限公司湖北分公司财务部） 陈　侠（永诚财产保险股份有限公司襄樊中心支公司）	2008 年度优秀员工	永诚财产保险股份有限公司

渤海财产保险股份有限公司湖北分公司

表 9－1－44

获奖单位或个人	荣誉称号	颁奖单位
渤海财产保险股份有限公司湖北分公司	三周年司庆“十佳先进集体”称号	渤海财产保险股份有限公司
刘天赋（渤海财产保险股份有限公司湖北分公司）	三周年司庆“十佳先进经理”称号	渤海财产保险股份有限公司

中国太平洋人寿保险股份有限公司湖北分公司

表 9－1－45

获奖单位或个人	荣誉称号	颁奖单位
中国太平洋人寿保险股份有限公司湖北分公司培训部	2008 年度个险渠道优秀培训部门	中国太平洋人寿保险股份有限公司
中国太平洋人寿保险股份有限公司湖北分公司	全省“政风行风热线”优秀上线单位	湖北省政府纠风办

中国平安人寿保险股份有限公司湖北分公司

表 9－1－46

获奖单位或个人	荣誉称号	颁奖单位
中国平安人寿保险股份有限公司湖北分公司	全省保险宣传先进单位	湖北省保险行业协会、湖北省保险学会
中国平安人寿保险股份有限公司湖北分公司	诚信维权示范单位	武汉市商务局、武汉市工商行政管理局、武汉市消费者协会、武汉商业总会

泰康人寿保险股份有限公司湖北分公司

表 9－1－47

获奖单位或个人	荣誉称号	颁奖单位
泰康人寿保险股份有限公司湖北分公司	2007－2008 年度先进基层党委	泰康人寿保险股份有限公司
泰康人寿保险股份有限公司湖北分公司	诚信维权示范单位	武汉市工商行政管理部门消费者协会
尹建新(泰康人寿保险股份有限公司湖北分公司)	“开泰杯”优秀总经理奖	泰康人寿保险股份有限公司

新华人寿保险股份有限公司湖北分公司

表 9－1－48

获奖单位或个人	荣誉称号	颁奖单位
新华人寿保险股份有限公司湖北分公司	2007－2008 年度湖北省消费者委员会消费者满意单位	湖北省消费者委员会

太平人寿保险有限公司湖北分公司

表 9－1－49

获奖单位或个人	荣誉称号	颁奖单位
太平人寿保险有限公司湖北分公司	2008 年优秀管理单位	中国保险集团
太平人寿保险有限公司湖北分公司	2008 年度银行保险双项达成全能机构	太平人寿保险有限公司
太平人寿保险有限公司湖北分公司	2008 年度先进集体	太平人寿保险有限公司
太平人寿保险有限公司湖北分公司	2008 年度计划达成奖	太平人寿保险有限公司
陈　溢(太平人寿保险有限公司湖北分公司)	太平人寿个险“十大风云人物”	太平人寿保险有限公司

合众人寿保险股份有限公司

表 9－1－50

获奖单位或个人	荣誉称号	颁奖单位
戴　皓(合众人寿保险股份有限公司)	文化助残爱心大使	中国残奥委员会、中国残疾人事业新闻宣传促进会
戴　皓(合众人寿保险股份有限公司)	2008 年度“中国最具社会责任企业家”	国家劳动和社会保障部、国际人力资源管理协会
戴　皓(合众人寿保险股份有限公司)	抗震救灾先进个人	全国工商联

阳光人寿保险股份有限公司湖北分公司

表 9－1－51

获奖单位或个人	荣誉称号	颁奖单位
阳光人寿保险股份有限公司湖北分公司经代部	2008 年度卓越创业奖	阳光人寿保险股份有限公司
阳光人寿保险股份有限公司湖北分公司营销部	2008 年度个险营销标准保费总量亚军	阳光人寿保险股份有限公司
马居易（阳光人寿保险股份有限公司湖北分公司营销部） 宋国庆（阳光人寿保险股份有限公司湖北分公司黄冈中支） 杨　芬（阳光人寿保险股份有限公司湖北分公司人事行政部品宣岗） 邓海燕（阳光人寿保险股份有限公司湖北分公司运营管理部两核岗） 周　玲（阳光人寿保险股份有限公司湖北分公司十堰中支营销培训部） 向　阳（阳光人寿保险股份有限公司湖北分公司荆门中支综合管理部） 余文胜（阳光人寿保险股份有限公司湖北分公司黄石中支综合管理部） 张斌涛（阳光人寿保险股份有限公司湖北分公司经代部）	优秀员工奖	阳光人寿保险股份有限公司

中国人民健康保险股份有限公司湖北分公司

表 9－1－52

获奖单位或个人	荣誉称号	颁奖单位
中国人民健康保险股份有限公司湖北分公司	“支持慈善事业”荣誉证书	湖北省慈善总会

组稿及编写人员

（按姓氏笔画排序）

丁　凡	元粮钢	尹长举	毛新云	王　飞	王　勤	王文军	王公明
王存美	王宇佳	王城栋	韦利军	乐思为	冯新彦	田　丁	石家洪
刘　飞	刘　洁	刘　菁	刘　静	刘　蕾	刘小溪	刘云德	刘江华
刘伟林	刘思思	刘照君	刘德胜	刘曙东	危惊涛	吕鹤年	孙　琴
孙　璐	孙宝军	朱　俊	朱卫东	朱俊峰	朱思爽	朱敬忠	严　骏
何　磊	何久香	何阳钧	余　莺	余汉勇	吴四平	吴雪松	宋连升
张　敏	张　琴	张代刚	张治安	李　立	李　威	李　斌	李红俊
李俊峰	李晓飞	李艳萍	李雪冰	李馨郁	杜　耕	杨　迪	杨　硕
杨　璐	杨正强	杨守金	汪　冰	汪　星	汪　微	汪　颖	邱卫兵
陈　卉	陈　军	陈　波	陈　玲	陈志惠	陈迪喜	陈艳思	陈敬喜
陈腾兵	周　宁	周　璇	周一宁	周尚伟	周泽民	周德清	孟　娇
易　凌	林　琳	林　磊	罗　丹	郑　毅	金　耀	金　桦	侯　青
涂丛恋	姚旷怡	姚昌平	姚苗苗	施　丹	段　瑞	祝雪琼	胡　波
胡志雄	胡和清	赵　园	赵理攀	夏季桃	夏旺春	殷成国	海　燕
秦　松	陶　军	高清和	常　青	黄莉莉	龚　榄	彭优俐	彭桂霞
彭德文	曾　晖	温世安	游　泓	琚喜臣	童前甫	董锦铭	谢　飞
韩　园	韩同高	蔡　瑰	潘丽莉	颜学军	黎小波		

编辑说明

一、《湖北金融年鉴》客观记录湖北省金融业改革与发展历程，是一部大型金融类工具书，旨在为湖北经济金融的发展提供镜鉴，为支持湖北率先在中部崛起战略服务。

二、《湖北金融年鉴》以年度为期限，每年出版一卷，本卷为第四卷，主要反映2008年湖北省金融业运行的基本情况。严格遵循“全面、客观、存史、镜鉴”的编辑方针，力求资料的全面性、真实性和连续性。

三、本卷采用条目式编排，共设“金融综合运行报告”、“金融业概况”、“各地金融运行和工作概况”、“湖北主要经济金融法规及政策”、“金融大事记”、“统计”、“金融机构名录”、“文化”八个部分，另加附录。其中，“金融综合运行报告”、“各地金融运行和工作概况”、“湖北主要经济金融法规及政策”、“统计”等部分由中国人民银行武汉分行、中国银行业监督管理委员会湖北监管局、中国证券监督管理委员会湖北监管局、中国保险监督管理委员会湖北监管局提供；其他文稿、统计等资料，由各金融机构和相关科研单位提供。

四、本卷中的各金融机构的排列顺序依照惯例，即以人民银行、金融监督管理机构、政策性银行、国有商业银行、股份制商业银行、城市商业银行、外资银行、农村信用社、邮政储蓄银行、资产管理公司、财务公司和证券公司、保险公司及其他金融机构为序排列。

五、本卷“统计”的内容，由人民银行、金融监督管理机构和各金融机构提供，统一为湖北省的统计口径；此外，特增加了武汉市的统计口径的资料（含综合统计和分机构统计）；部分统计资料由于四舍五入，总计数与分项相加数略有误差，在使用时请注意统计口径的差别、适用范围和数据的精确性；为了方便各单位使用和查阅中部六省的资料，本卷特将中部六省的综合统计资料作为“附载”收录；“金融业概况”等部分使用的有关数据，由于统计口径、方法不同，有些与“统计”部分略有出入，以“统计”部分的数据为准。

六、本卷依据其体例和篇幅，对金融大事记、湖北主要经济金融法规及政策、金融专题研究，有选择地予以收录。

七、《湖北金融年鉴》编辑委员会成员参与了本卷的编审工作；湖北省金融系统及相关单位给予了大力支持和协助；各位撰稿作者、编辑人员付出了辛勤的劳动；各金融单位为本卷提供了大量精美的图片。在此谨表示衷心感谢，并希望继续给予关心和支持。

八、对《湖北金融年鉴》的疏漏和不足之处，诚请广大读者批评指正并提出改进意见，使其日臻完善。

《湖北金融年鉴》编辑部

2009年10月

(鄂)新登字 08 号
图书在版编目(CIP)数据
湖北金融年鉴. 2009/武汉市社会科学院《湖北金融年鉴》编辑部编.
武汉:武汉出版社,2009.11
ISBN 978-7-5430-4553-8
Ⅰ.湖… Ⅱ.武… Ⅲ.金融事业-湖北省-2009-年鉴 Ⅳ.F832.763-54
中国版本图书馆 CIP 数据核字(2009)第 194147 号

编　　者:武汉市社会科学院《湖北金融年鉴》编辑部
责任编辑:孙　敏　管妮娜
出　　版:武汉出版社
社　　址:武汉市江汉区新华下路 103 号　　邮　　编:430015
电　　话:(027)85606403　85600625
http://www.whcbs.com　　E-mail:zbs@whcbs.com
印　　刷:武汉风谷(美盈)印刷设计公司　　经　　销:新华书店
开　　本:880mm×1230mm　1/16
印　　张:40.875　　字　　数:1300 千字　　插　　页:18
版　　次:2009 年 11 月第 1 版　　2009 年 11 月第 1 次印刷
定　　价:290.00 元